D1828182

KONTINGENZ

POETIK UND HERMENEUTIK

Arbeitsergebnisse einer Forschungsgruppe XVII

BISHER ERSCHIENEN:

I NACHAHMUNG UND ILLUSION
hrsg. von Hans Robert Jauß

II IMMANENTE ÄSTHETIK, ÄSTHETISCHE REFLEXION
Lyrik als Paradigma der Moderne
hrsg. von Wolfgang Iser

III DIE NICHT MEHR SCHÖNEN KÜNSTE
Grenzphänomene des Ästhetischen
hrsg. von Hans Robert Jauß

IV TERROR UND SPIEL
Probleme der Mythenrezeption
hrsg. von Manfred Fuhrmann

V GESCHICHTE – EREIGNIS UND ERZÄHLUNG
hrsg. von Reinhard Koselleck/Wolf-Dieter Stempel

VI POSITIONEN DER NEGATIVITÄT
hrsg. von Harald Weinrich

VII DAS KOMISCHE
hrsg. von Wolfgang Preisendanz/Rainer Warning

VIII IDENTITÄT
hrsg. von Odo Marquard/Karlheinz Stierle

IX TEXT und APPLIKATION
Theologie, Jurisprudenz und Literaturwissenschaft im hermeneutischen Gespräch
hrsg. von Manfred Fuhrmann/Hans Robert Jauß/Wolfhart Pannenberg

X FUNKTIONEN DES FIKTIVEN
hrsg. von Dieter Henrich/Wolfgang Iser

XI DAS GESPRÄCH
hrsg. von Karlheinz Stierle/Rainer Warning

XII EPOCHENSCHWELLE UND EPOCHENBEWUSSTSEIN
hrsg. von Reinhart Herzog/Reinhart Koselleck

XIII INDIVIDUALITÄT
hrsg. von Manfred Frank/Anselm Haverkamp

XIV DAS FEST
hrsg. von Walter Haug/Rainer Warning

XV MEMORIA
Vergessen und Erinnern
hrsg. von Anselm Haverkamp/Renate Lachmann unter Mitwirkung von Reinhart Herzog

XVI DAS ENDE
hrsg. von Karlheinz Stierle/Rainer Warning

KONTINGENZ

Herausgegeben von
Gerhart v. Graevenitz und
Odo Marquard
in Zusammenarbeit mit
Matthias Christen

1998

WILHELM FINK VERLAG MÜNCHEN

Register: Birgit Hartung

Die Deutsche Bibliothek - CIP-Einheitsaufnahme

Kontingenz / hrsg. von Gerhart v. Graevenitz und Odo Marquard in Zusammenarbeit mit Matthias Christen, – München : Fink, 1998
(Poetik und Hermaneutik ; 17)
ISBN 3-7705-3263-5 Gb.
ISBN 3-7705-3264-3 Kart.

Alle Rechte, auch die des auszugsweisen Nachdrucks, der fotomechanischen Wiedergabe und der Übersetzung, vorbehalten. Dies betrifft auch die Vervielfältigung und Übertragung einzelner Textabschnitte, Zeichnungen oder Bilder durch alle Verfahren wie Speicherung und Übertragung auf Papier, Transparente, Filme, Bänder, Platten und andere Medien, soweit es nicht §§ 53 und 54 URG ausdrücklich gestatten.

ISBN 3-7705-3263-5 (gebunden)
ISBN 3-7705-3264-3 (kartoniert)

© 1998 Wilhelm Fink Verlag, München
Satz: Reiter Kommunikations GmbH Berchtesgaden
Druck und Bindung: Graph. Großbetrieb F. Pustet, Regensburg

INHALTSVERZEICHNIS

VORWORT XI

ODO MARQUARD
Entlastung vom Absoluten. In memoriam Hans Blumenberg XVII

KARLHEINZ STIERLE
Nachruf auf Hans Robert Jauß XXVII

1. KONTINGENZ: ALLGEMEINES UND BESONDERES 1

RÜDIGER BUBNER
Die aristotelische Lehre vom Zufall. Bemerkungen in der Perspektive einer Annäherung der Philosophie an die Rhetorik 3

MICHAEL MAKROPOULOS
Kontingenz und Handlungsraum 23

FRANZ JOSEF WETZ
Die Begriffe „Zufall" und „Kontingenz" 27

HERMANN LÜBBE
Kontingenzerfahrung und Kontingenzbewältigung 35

ALOIS HAHN
Risiko und Gefahr 49

MICHAEL MAKROPOULOS
Modernität als Kontingenzkultur. Konturen eines Konzepts 55

FRANZ JOSEF WETZ
Kontingenz der Welt – ein Anachronismus? 81

2. KONTINGENZ UND WISSENSCHAFT 107

ELISABETH STRÖKER
Kontingenz und Faktizität in wissenschaftstheoretischer Perspektive 109

JOACHIM KÜPPER
Klassische Episteme und Kontingenz 117

ALFRED GIERER
Zufall und naturgesetzliche Notwendigkeit 123

HERMANN LÜBBE
„Topik", „Sinn" und die Geschichte der Zufallstheorie 141

3. KONTINGENZ: SPIELE, TEXTE, BILDER 143

HERMANN LÜBBE
Das Spiel mit dem Zufall 145

WALTER HAUG
Kontingenz als Spiel und das Spiel mit der Kontingenz. Zufall, literarisch, im Mittelalter und in der frühen Neuzeit 151

JOACHIM KÜPPER
Mittelalterlich kosmische Ordnung und rinascimentales Bewußtsein von Kontingenz. Fernando de Rojas' *Celestina* als Inszenierung sinnfremder Faktizität (mit Bemerkungen zu Boccaccio, Petrarca, Machiavelli und Montaigne) 173

ALEIDA ASSMANN
Let it be. Kontingenz und Ordnung in Schicksalsvorstellungen bei Chaucer, Boethius und Shakespeare 225

JOSEPH L. KOERNER
Bosch's Contingency 245

WALTER HAUG
Montaigne oder die dritte ‚Lösung' des Kontingenzproblems 285

DAVID WELLBERY
Der Zufall der Geburt. Sternes Poetik der Kontingenz 291

HERMANN TIMM
Kontingenzpräsentation. Schöpfung und Erlösung in der goethezeitlichen Dichtertheologie 319

GERHARD NEUMANN
Ritualisierte Kontingenz. Das paradoxe Argument des ‚Duells' im ‚Feld der Ehre' von Casanovas „Il Duello" (1780) über Kleists „Zweikampf" (1811) bis zu Arthur Schnitzlers Novelle „Casanovas Heimfahrt" (1918) 343

GERHARD NEUMANN
Statement zum Thema „Hasardeur", „Schicksalsspieler" 373

Wolfgang Preisendanz
Komik als Komplement der Erfassung von Kontingenzen 383

Renate Lachmann
Zum Zufall in der Literatur, insbesondere der phantastischen 403

Joseph L. Koerner
Contingency and the City 433

4. Bedingungen der Kontingenzdarstellung 445

David Wellbery
Mediale Bedingungen der Kontingenzsemantik 447

Wolfgang Preisendanz
Gibt es Kontingenzgattungen? 451

5. Kontingenz und Verstehen 455

Hans Robert Jauß †
Probleme des Verstehens: Das privilegierte Du und der kontingente Andere 457

Herrmann Timm
Augustinismus oder die beschnittene Liebeskontingenz 489

Alois Hahn
Kontingenz und Kommunikation 493

6. Schluss 523

Hans Robert Jauß †
Epilog auf die Forschungsgruppe ‚Poetik und Hermeneutik' 525

Namenregister 535

Sachregister 543

In Memoriam
Hans Blumenberg
und
Hans Robert Jauß

VORWORT

Die Forschungsgruppe „Poetik und Hermeneutik" hat in ihrem siebzehnten Kolloquium – das vom 19. bis 24. September 1994 in Bad Homburg stattfand – Beiträge zum Thema „Kontingenz" traktiert. Zu diesem Kolloquium wurde mit folgendem Text eingeladen:

Im geplanten Kolloquium soll das Thema Kontingenz behandelt werden. In der Literatur gibt es eine Reihe von Vorarbeiten zu diesem Thema, es gibt aber bisher keine umfassende Monographie. So ist es ein lohnendes Desiderat, das Thema mit dem spezifisch interdisziplinären Zugriff der „Poetik und Hermeneutik" zu erörtern.

1. Zur Begriffsbestimmung
Die überlieferten Kontingenzdefinitionen lauten: „Contigens est, quod nec est impossibile, nec necessarium", oder: „Contingens est, quod potest non esse" bzw. „contingens est, quod potest aliud esse". Kontingent ist also das Nichtnotwendige: das, was auch hätte nicht sein können oder auch hätte anders sein können.

2. Begriffs- und Problemgeschichtliches
Es „enthält" – schrieb 1910 Troeltsch – „das Problem der Kontingenz in nuce alle philosophischen Probleme". Im Zusammenhang der Untersuchung des Möglichen (dynaton) und des Akzidentellen (kata symbebekos) hat Aristoteles den Kontingenzbegriff vorbereitet (endechomenon); er hat auch – durch die berühmte Diskussion der „Seeschlacht" *(peri hermeneias)* – jenes Problem entdeckt, das – durch Grenze der Präszienz – später das Problem der „futura contingentia" genannt wird und das Freiheitsproblem ebenso tangiert wie die Frage nach der Nötigkeit einer dreiwertigen Logik. Marius Victorinus hat den Kontingenzbegriff latinisiert, Boethius hat ihn präzisiert und definiert, die Patristik und Scholastik hat ihn – gerade auch im Blick auf den Gottesbeweis „e contingentia mundi" – theologisiert, die spätmittelalterliche Modallogik hat ihn relogifiziert, der frühe Cartesianismus hat ihn subtilisiert, und Leibniz hat ihn – auch im Kontext der Diskussion der Vernunft- und Tatsachenwahrheiten und der Realisierung des Bestmöglichen – reontologisiert. Durch die Enttheologisierung der Philosophie in der modernen Welt und den sogenannten „Tod Gottes" wird dann der Kontingenzbegriff frei für verschiedenartigsten Gebrauch. Wo – einerseits – der Mensch als „Subjekt" und „Macher" seiner Welt primär nicht mehr mit dem, was nicht anders werden kann, sondern primär mit dem, was anders werden kann poietisch bzw. technisch umgeht, indem er es umarbeitet d. h. anders macht, nützt er das Kontingente als Material zur

„Faktur" einer künstlichen Welt der Artefakte. Darum sind auch die Ästhetiken der jüngeren Moderne ohne eine emphatische Reklamierung von Kontingenz nicht denkbar. Wo – andererseits - die Zentralstellung des „Subjekts" fällt und der Mensch nicht mehr nur als handelndes Wesen, sondern auch und vor allem als „homo patiens" begriffen wird, dem etwas – als „Faktizität" – zustößt und „widerfährt", das er verarbeiten muß („Kontingenzbewältigung"), wird der Kontingenzbegriff aktuell. Auch wegen der zunehmenden Weltkomplexität wird so – etwa in der soziologischen Systemtheorie (Luhmann) – gegenwärtig der Kontingenzbegriff zur vielfältig gebrauchten Grundvokabel vom Dienst. Von diesem Befund einer Neukonjunktur des Kontingenzbegriffs – auch mit der Frage: warum ist das so? – soll das Kolloquium ausgehen.

3. Arbeitshypothese

Als kontingenzgeschichtliche Arbeitshypothese drängt sich auf die *These vom zunehmenden Kontingenzbewußtsein.* Eine mögliche Formulierung wäre: erst – in der Antike – war alles notwendig und (fast) nichts kontingent; dann – in der christlichen Welt – war Gott notwendig und alles, was nicht Gott ist (die geschaffene Welt), kontingent; schließlich – in der modernen Welt: nach der Schwächung Gottes und der Schwächung des transzendentalen Subjekts – ist nichts mehr notwendig und alles kontingent. Die *Frage* des Kolloquiums wäre dann diese: stimmt das oder stimmt das nicht? Gegf.: inwieweit und wo stimmt es, inwieweit und wo stimmt es nicht? Wer – gegf. – waren die Protagonisten des Notwendigkeitsschwunds und der Zunahme des Kontingenzbewußtseins? Wer hat ihr Widerstand geleistet? Wie – gegf. – wurde dieser Widerstand unterlaufen? Was hat die Religion, die Kunst, die Philosophie, die Literatur, die geschichtliche Realentwicklung, die Naturwissenschaft, die Geistes- und Sozialwissenschaft zu diesem Wachstum der Kontingenzerfahrung beigetragen? Inwiefern dementiert die sich totalisierende Kontingenzerfahrung sich selber (Wetz)? Wodurch wird sie – gegf. – kompensiert, was gegf. – kompensiert sie?

4. Kontingenz und Zufall

Hierbei muß die Aufmerksamkeit auch darauf gerichtet werden, daß der Kontingenzbegriff sich einerseits etablierte durch die langsame Lösung aus der Deckungsgleichheit mit dem nur *Möglichen* (Nicht-Unmöglichen, Denkmöglichen): wo Überschneidungen fortdauern, tritt er (z. B. bei Leibniz und seiner Schule) in enge Beziehungen zum Fiktionsproblem. Wo Grenzziehungen zwischen dem Möglichen und dem Unmöglichen, zwischen dem Realen und dem Irrealen ästhetisch erprobt werden, entstehen besondere „Schreibweisen des Kontingenten" (z. B. Phantastik).

Wichtig ist auch, daß der Begriff der Kontingenz – indem er sich dramatisiert und zuspitzt – andererseits zu tun hat mit dem Begriff des *Zufälligen* und des

Zufalls. (Z. B. verdeutscht Kant „contigens" mit „zufällig"). So muß das Problem des Zufalls in das Kontingenzproblem einbezogen werden. Dabei wird die traditionelle Aversion der Philosophie und Theologie gegen den Zufall interessant („die Philosophie hat keine andere Absicht, als das Zufällige zu entfernen": Hegel; theologisch: von Zufall zu sprechen ist eine Blasphemie). Dazu gehören die Fragen:

a) Si necessarium, unde contingens? Diese Frage – zugespitzt: wenn es doch Gott gibt, warum dann das Endliche? – führt in der christlichen Tradition der Philosophie zum Kontingenzproblem der Schöpfung und später dort, wo – seit Spinoza – in die Notwendigkeitsstelle Gottes die Natur eintritt, zusammen mit dem Freiheitsproblem zur Frage nach dem Undeterminierten. Die Kontingenz als Zufall ist vielleicht die mißlungene Notwendigkeit.

b) Si contingens, unde necessarium? Diese Frage – die Motive der Deklinationslehre Epikurs und der Mutationslehre Darwins aufnimmt – wurde jüngsthin, etwa im Anschluß an Monod, radikalisiert und dadurch evolutionstheoretisch und in der Chaosforschung aktuell: wenn es das Chaos gibt, warum dann die Ordnung, und wenn es das Zufällige gibt, woher dann die Notwendigkeit? Die Notwendigkeit ist vielleicht der gelunge Zufall, die geglückte Kontingenz.

c) Zufälle – meinte zuerst Aristoteles – können dadurch entstehen, daß voneinander unabhängige Determinationsketten unvermutet aufeinandertreffen. Einer vergräbt einen Schatz, um ihn zu verstecken; ein anderer gräbt eine Grube, um einen Baum zu pflanzen: „Dies ist ein Zufall für jemanden, der eine Grube gräbt, nämlich dabei einen Schatz zu finden." Dabei ist (diesseits aller Spekulation über „die Anziehungskraft des Bezüglichen") der besondere – für den Menschen bedeutsame – Fall der, daß etwas anderes (das seinerseits determiniert ist) seiner Absicht dazwischen kommt: „Zufällig kam jemand nach Ägina, wenn er nicht deshalb hinkam, weil er wollte, sondern vom Sturm verschlagen oder von Räubern verschleppt." Es widerfährt uns etwas, was wir nicht gewollt und gewählt haben. Denn die Menschen sind nicht nur ihre – absichtsgeleiteten – Handlungen, sondern auch ihre Zufälle, ihre Kontingenzen.

d) In der ästhetischen Erfahrung sind Zufall und Kontingenz vor ihrer philosophischen und theologischen Vereinnahmung gerettet worden und haben gerade dort die Produktivität ihrer Uneinholbarkeit bewahrt. „Chaos" ist, lange vor seiner neuerlichen Besetzung durch die Naturwissenschaften, ein Leitbegriff primär ästhetischer Welterzeugung.

5. Differenzierungen im Begriff Kontingenz

Der Kontingenzbegriff – schreibt Blumenberg in der *RGG*[3] – ist „einer der wenigen Begriffe spezifisch christlicher Herkunft in der Geschichte der Metaphysik": als der kreationstheologische Kontingenzbegriff, zu dessen Wirkungsgeschichte gehört:

a) primär vorneuzeitlich die kreationstheologische Opposition zwischen Souveränität und Ohnmacht. Der kreationstheologische Kontingenzbegriff ordnet Gott die Souveränität (daß er die Wahl hat, zu schaffen oder nicht zu schaffen und so oder anders zu schaffen) und dem Kontingenten die Ohnmacht zu (daß es, wenn es geschaffen ist, nicht die Wahl hat, nicht geschaffen oder nicht so geschaffen zu sein).

b) primär neuzeitlich die *innerweltliche Reprise* dieser kreationstheologischen Opposition: sie besteht darin, beide Verfassungen (Souveränität, Ohnmacht) dem Menschen zuzusprechen.

b.1) entweder ist kontingent, „das, was auch anders sein könnte" und durch uns änderbar ist (man kann entweder Wurst essen oder Käse; vgl. – minder trivial – die Donjuanismen u. a. bei der Psychoanalytikerwahl). Hier könnte man von *Beliebigkeitskontingenz* sprechen. Gewährsleute sind einerseits – als euphorische Variante – die Romantiker, andererseits – als depressive Variante – die von Kierkegaard kritisierten Ästhetiker mit ihrer „Verzweiflung der Möglichkeiten aus Mangel an Notwendigkeit" und Sartres Kontingenz-„Ekel". Auch die Kunst ist durch Beliebigkeitslust oder Beliebigkeitslast bestimmt: sie ist entweder das „Rendezvous mit dem Zufall" (Duchamp) und das Abenteuer, das Spiel des Spielers, die Aleatorik und dgl., oder sie sucht Beliebigkeitsersparung durch „Form"; denn Form ist die Reduktion von Beliebigkeitskontingenz.

b.2) oder kontigent ist „das, was auch anders sein könnte" und gerade nicht durch uns änderbar ist (Schicksalsschläge: geschichtliche Überraschungen, militärisches Schlachtenglück, Krankheiten, Todesfälle, geboren zu sein und dgl.). Hier könnte man von *Schicksalskontingenz,* von „Fortuna" sprechen, zu der ebenso das Glück gehört, das man hat, wie das Pech mit der „Verzweiflung der Notwendigkeit aus Mangel an Möglichkeit" (Kierkegaard). Mehr als ihre Handlungen sind die Menschen ihre Schicksalszufälle: das, was sie nicht gewählt und geplant haben, sondern was ihnen zustößt, z. B. als Vergangenheit, die sie sind, ohne daß sie sie sich haben aussuchen können; als die Naturgesetze, denen sie unterliegen und die auch ganz andere hätten sein können d. h. insofern kontingent sind (Boutroux); als die ungewollten Nebenfolgen, die sie überraschen. Die Menschen sind ihre Geschichten: diese sind – als Handlungs-Widerfahrnis-Gemische – stets auch schicksalskontingent, weil sie immer auch „passieren" (Lübbe). Zum Umgang mit ihnen gehört „Kontingenzerfahrungskultur" (Lübbe), zum Umgang mit den Schicksalkontingenzen gehört die Religion (Luhmann), als „Kontingenzbewältigungspraxis" (Lübbe), die Schicksalskontingenz reduziert.

6. Kontingentes Wissen

Zum Themenfeld „Kontingenz" gehört auch jenes *Wissen, das das Wissen seines eigenen Andersseinkönnens impliziert.* Dazu – scheint es – gehört u. a.:

a) die Narration, die nicht ex ante voraussagt, was – geplant oder naturgesetzlich geregelt – kommen muß, sondern ex post erzählt, wie es gekommen ist, obwohl bzw. gerade weil es auch anders hätte kommen können und dann anders hätte erzählt werden müssen. (Neuzeitliches Erzählen hat eigene Gattungen des kontingenten Einzelfalls und seiner problematischen Rationalisierungen entwickelt, den pikaresken Roman und die Novelle.)

b) das Verstehen (einschließlich der Interpretation und der Hermeneutik), das so oder anders oder noch anders verstehen kann und versteht und verstanden hat: die Rezeptionstheorie ist die Steigerung des Kontingenzbewußtseins des hermeneutischen Wissen d. h. Verstehens. Einen radikalisierten Kontingenz-Begriff entwerfen die nach-hermeneutischen und poststrukturalistischen Paradigmen des Verstehens und des Nicht-Verstehens.

c) die Ironie, die solche Aussagen pflegt, die ihr Selbstdementi implizieren und darum auf ihr Gegenteil oder noch anderes „Gemeintes" verweisen: Ironie ist gesteigertes Kontingenzbewußtsein (Rorty).

d) der Pluralismus, bei dem es darauf ankommt, daß nicht nur eine einzige, sondern daß viele – und also andere – Positionen vertreten werden: also jeweils nicht solche, die nicht anders sein können, sondern gerade solche, die anders sein können und anders sind.

All diese – und vermutlich noch viele andere – Wissensformen sind geprägt von jener Variante des „Möglichkeitssinns", die der „Kontingenzsinn" ist mit dem Motto: „hier stehe ich und kann auch immer noch anders" (F. v. Unruh/E. Heintel) und die der „Essayist", der Versucher, praktiziert, wenn er „die Illusion einer einfachen, im Grunde ... logischen Welt" (Adorno) abschüttelt.

Die Durchführung des Kolloquiums wurde erneut – nun zum zwölften Mal – von der Werner-Reimers-Stiftung organisatorisch unterstützt und finanziell gefördert. Die Gruppe „Poetik und Hermeneutik" sagt dafür – im Namen aller Teilnehmer – der Stiftung, ihrem Vorstand, Herrn Konrad v. Krosigk, und seinen Mitarbeiterinnen, insbesondere Frau Gertrude Soentgen, herzlichen Dank. Die Herausgeber – die nicht die Erfinder des Kontingenz-Themas waren, sondern, den Üblichkeiten der Gruppe entsprechend, kontingent damit beauftragt wurden, es kolloquial zu realisieren – danken außerdem allen, die bei der Publikation des Bandes mitgeholfen haben, vor allem Herrn Matthias Christen, aber auch Frau Brigitte Bargmann, Frau Birgit Hartung, Frau Christine Becker, Frau Franziska Stein und Herrn Thomas König. Danken möchten wir schließlich dem Wilhelm Fink Verlag, der ein weiteres Mal mutig und wesentlich dazu beigetragen hat, das Abenteuer der Publikation zu einem guten Ende zu bringen.

Ihr siebzehntes Kolloquium war zugleich das letzte Kolloquium der Gruppe „Poetik und Hermeneutik". Hans Robert Jauß hat in einem „Epilog auf die Forschungsgruppe ‚Poetik und Hermeneutik'" dazu dasjenige gesagt, was dazu zu sagen ist: dieser „Epilog" beschließt die Texte dieses Bandes.

Am 28. März 1996 starb Hans Blumenberg, einer der vier Begründer der Forschungsgruppe „Poetik und Hermeneutik". Darum ist in diesen Band auch der Text jenes Vortrags aufgenommen, der am 28. August 1996 in St. Petri zu Lübeck auf Einladung des Senats der Hansestadt Lübeck und des St. Petri Kuratoriums in memoriam Hans Blumenberg, der in Lübeck geboren war, gehalten worden ist. Hans Blumenberg ist dieser siebzehnte, dieser letzte Band der „Poetik und Hermeneutik" gewidmet: als Zeichen der Dankbarkeit für jene prägenden Impulse, die die Gruppe ihm weit über die Zeit seiner aktiven Mitarbeit hinaus verdankt.

Am 1. März 1997 starb Hans Robert Jauß, derjenige der vier Begründer der Forschungsgruppe „Poetik und Hermeneutik", der wohl am meisten dafür getan hat, daß diese Gruppe zusammenfand, zusammenblieb und ihre innovative Arbeit machte. Darum ist in diesen Band auch der Nachruf auf Hans Robert Jauß aufgenommen, den Karlheinz Stierle geschrieben hat. So ist dieser siebzehnte, dieser letzte Band der „Poetik und Hermeneutik" gleichermaßen Hans Robert Jauß gewidmet: als Zeichen der Dankbarkeit für den, der von ihrem Beginn an der entscheidende Dirigent und Herzschrittmacher der Gruppe gewesen ist.

Gerhart v. Graevenitz/Odo Marquard

Odo Marquard

ENTLASTUNG VOM ABSOLUTEN
IN MEMORIAM HANS BLUMENBERG

Hans Blumenberg, der am 28. März 1996 in Altenberge in der Nähe von Münster gestorben ist, wurde am 13. Juli 1920 in Lübeck geboren. Die Hansestadt Lübeck ehrt ihn durch die heutige Erinnerungsstunde. Sie hat mich gebeten, dabei den Vortrag zu halten. Dieser Bitte entspreche ich im Blick auf einen Mann, den ich nicht nur als Philosophen über alle Maßen geschätzt, sondern auch als Menschen gemocht habe, indem ich - einige persönliche Erinnerungen an ihn ergänzend - hier eine kurze Charakteristik seines Werks versuche, das ich - wie weltweit viele Intellektuelle und Philosophen - für eines der faszinierendsten Oeuvres der deutschen Philosophie nach dem zweiten Weltkrieg halte. „Welchen gegenwärtigen Philosophen halten Sie für bedeutend?“, wurde Hans Jonas gefragt; er antwortete: „Hans Blumenberg“.

Meine Charakteristik gliedere ich in folgende vier Abschnitte: 1. Zugang; 2. Grundgedanke; 3. Schreibart; 4. Endlichkeit. Ich beginne mit Abschnitt:

1. (Zugang). - Mein Vortrag ist keine Blumenberg-Expertise; denn ein Blumenberg-Experte: das bin ich nicht. Ich bin - obwohl ich von ihm mehr als nur viel gelernt habe - kein Blumenberg-Schüler: dafür gehöre ich - acht Jahre jünger als er - doch zu sehr zu seiner Generation; auch habe ich ihn dafür - Anfang bis Mitte der 60er Jahre - zu spät kennengelernt. Ich bin auch kein Blumenberg-Forscher: keiner, dessen Absicht es war oder ist, möglichst alles von ihm gelesen, interpretiert, durchdacht zu haben und über seine Lebensumstände möglichst viel zu wissen. Gewiß, ich habe meine eigenen Schüler - etwa Franz Josef Wetz, der natürlich auch ohne mich fast gleichzeitig darauf gekommen wäre - angestiftet, sich in Blumenberg einzulesen und über ihn zu schreiben. Ich habe auch selber über Hans Blumenberg gesprochen und geschrieben: zuerst 1968 im Mythos-Band der „Poetik und Hermeneutik“; und ich habe z.B. die Laudationes auf ihn bei der Verleihung des Sigmund-Freud-Preises für wissenschaftliche Prosa der Deutschen Akademie für Sprache und Dichtung 1980 und 1982 bei der Verleihung des Ehrendoktors der philologischen Fachbereiche der Justus-Liebig-Universität Gießen an ihn geschrieben und gehalten. Aber ein Blumenberg-Experte - ich wiederhole es, damit Sie wissen, was Sie von meinen Ausführungen erwarten können und was nicht - bin ich nicht. Denn mein Zugang zu seinem Werk - das bei meinen eigenen Arbeiten freilich

ständig präsent ist, denn es fasziniert, es begeistert mich - war anders motiviert, weil es sich aus anderen Situationen ergab. Denn:

a) näher kennengelernt habe ich Hans Blumenberg, indem ich 1965 in Gießen - nur für kurze Zeit - sein engster Kollege wurde: durch Berufung auf jenen zweiten philosophischen Lehrstuhl, den er selber dort durchgesetzt hatte. Ich erinnere mich dankbar an seine Starthilfe, die er mir - dem damals noch ganz unerfahrenen philosophischen Jungprofessor - zuteil werden ließ, etwa indem er mir zeigte, wie man ein Institut leitet; dabei gestand er: „der Direktor hier sind Sie; denn mich hat man 1960" - das war, als er selber von einem Extraordinariat in Hamburg kommend Ordinarius in Gießen wurde - „vergessen, zum Direktor zu ernennen: ich habe das nicht reklamiert", fügte er hinzu, „man weiß ja nie, wofür so etwas gut sein kann." So durfte ich - was ich ohnehin ganz und gar für selbstverständlich hielt - seiner Sekretärin erlauben, auch noch nach seiner offiziellen Übersiedlung nach Bochum seine Stenorettenbänder abzutippen: auf diese Weise ist in der Ludwigstraße 12 in Gießen *Die Legitimität der Neuzeit* geschrieben worden; und seither weiß ich, daß zumindest seine dicken Bücher diktierte Bücher sind.

b) Ebenfalls 1965 wurden Hans Blumenberg, Hermann Lübbe und ich auf Vorschlag von Helmut Schelsky zu Mitgliedern des Gründungsgremiums der ostwestfälischen, der späteren Universität Bielefeld berufen. Hans Blumenbergs Interesse - und auch das war charakteristisch für ihn - galt dabei nicht dem Fach Philosophie im engeren Sinne, sondern dem Zentrum für interdisziplinäre Forschung. Und schließlich:

c) Hans Blumenberg war einer der vier Begründer der - pionierhaft interdisziplinären - Forschungsgruppe „Poetik und Hermeneutik", die 1963 in Gießen begann und zu der seit 1966 auch ich gehörte. Ihr Schrittmacher war Hans Robert Jauß, ihr dominierender Philosoph aber war zweifellos Hans Blumenberg; sein prägender Einfluß reicht weit über das siebte Kolloquium dieser Gruppe - 1974 - hinaus, nach dem er - der es gern gehabt hätte, wenn die Gruppe sich in eine brieflich agierende Korrespondenzgemeinschaft verwandelt hätte - sich aus der Forschungsgruppe zurückzog. Aber auch durch diese Wirksamkeit war er einer der entscheidenden Initiatoren interdisziplinärer Arbeit in der Philosophie.

In allen drei Situationen - als Kollege im selben Seminar, durch Koexistenz im selben Gründungsteam und durch Kooperation in der selben Forschungsgruppe - war es für mich unabdingbar, ihn und seine Philosophie zu kennen, und zwar so gut, daß ein fruchtbares Zusammenspiel möglich wurde, sozusagen - fußballtechnisch gesprochen - in blindem Verständnis auch das Spiel ohne Ball und in den freien Raum. Dazu bedurfte es nicht der auf gelehrte Weise detaillierten Blumenbergkenntnis, wohl aber einer pragmatischen Kompaktkenntnis seiner Philosophie, die freilich auf dem laufenden zu halten immer schwieriger wurde, weil sein Werk immer mehr an Umfang zunahm. Denn jetzt - nach der ungedruckt gebliebenen Kieler Dissertation und Habilitationsschrift, seinen Kopernikus-Studien und begriffsgeschichtlichen Arbeiten, seinen *Paradigmen zu einer Metaphorologie* von 1960 - erschienen seine dicken Bücher: nach der *Legitimität der Neuzeit* von 1966, 1975 *Die Genesis der kopernikanischen Welt,* 1979 *Arbeit am Mythos,* 1981 *Die Lesbarkeit der Welt,* 1986 *Lebenszeit und Weltzeit,* 1989 *Höhlenausgänge* und die zahlreichen schmaleren Bücher, z.B. *Schiffbruch mit Zuschauer, Das Lachen der Thrakerin, Die Sorge geht über den Fluß* und *Matthäuspassion.* Diese Bücher - umfangreich und thematisch vielgestaltig durch Blumenbergs stupende Gelehrsamkeit - kann man sich (konnte jedenfalls ich mir) für jene pragmatischen Kompaktkenntnis nur durch eine Reduktion ihrer Komplexität aneignen, die jener Reduktion ähnlich ist, die heute die Künstler interessiert: wieviel Bild kann man bei einem Bild weglassen, ohne daß es aufhört, ein Bild zu sein? Wieviel Theater kann man bei einem Theaterstück subtrahieren, ohne daß es aufhört, Theater zu sein? Wieviel Musik kann man bei der Musik einsparen, ohne daß sie aufhört, Musik zu sein? Ganz analog ist die Frage: wieviel kann man von Blumenbergs Werk weglassen, ohne daß das Residuum dieser Textvernichtung aufhört, wirklich Blumenberg zu sein? Für diese Reduktion - mein germanistischer Kollege Ulrich Karthaus hat mich einschlägig an Morgenstern erinnert - wäre es günstig, im Besitz zu sein einer der von Korf erfundenen „Brillen, deren Energien / ihm den Text zusammenziehn“: den ganzen Text von Blumenberg vielleicht nicht nur - obwohl auch das philosophisch ehrenwert wäre - in „Ein - Fragezeichen“, wohl aber in etwas durchaus Äquivalentes: nämlich in einen Grundgedanken. Darüber jetzt im Abschnitt:

2. (Grundgedanke). - Dieser Grundgedanke der Philosophie von Hans Blumenberg schien mir und scheint mir der Gedanke der Entlastung vom Absoluten. Die Menschen halten das Absolute nicht aus. Sie müssen - in verschiedenster Form - Distanz zu ihm gewinnen. Ich habe das zuerst in meiner Freud-Preis-Laudatio auf ihn 1980 in Darmstadt formuliert und ihn anschließend gefragt: „Sind Sie sehr unzufrieden mit dieser Interpretation?“ Drauf er, der sehr höflich sein konnte: „Unzufrieden bin ich nur damit, daß man so schnell merken kann, daß alles ungefähr auf diesen Gedanken hinausläuft.“

Das Lebenspensum der Menschen ist die Entlastung vom Absoluten, die Kultur als Arbeit an der Distanz. Darum - meine ich - geht es in der Philosophie von Hans Blumenberg. Es geht darum in der *Legitimität der Neuzeit*: die Menschen halten Gott nicht aus; darum erfinden sie - als erste Überwindung der Gnosis - das Mittelalter und - als zweite Überwindung der Gnosis - die Neuzeit: sie schützen sich vor dem „theologischen Absolutismus“ eines allzu allmächtigen Gottes, indem sie die Selbsterhaltungs- und Selbstbehauptungskultur und die wissenschaftliche Neugierkultur der Neuzeit erfinden. Und um diese Entlastung vom Absoluten geht es in Blumenbergs *Genesis der kopernikanischen Welt:* die Menschen halten das Leiden der Welt nicht aus und versuchen es darum - durch die von den Griechen gleichzeitig mit der Tragödie erfundene „Theorie" - über dem Blick auf den fernen faszinierenden Kosmos zu vergessen; aber dieser faszinierende Kosmos erweist sich - nach dessen kopernikanischer Entzauberung - als abweisende Wüste, von der die Menschen sich ihrerseits entlasten müssen durch Zustimmung zur Erde als Oase in dieser Wüste, zur Erde als menschlicher Lebenswelt. Und um Entlastung vom Absoluten ging es auch in Blumenbergs Buch *Arbeit am Mythos.* Am Anfang - der historisch immer schon verjährt ist - herrscht der „Absolutismus der Wirklichkeit"; die Abhängigkeit von dieser bedrohlichen Übermacht namens Wirklichkeit haben die Menschen durch Arbeit gemildert, insbesondere auch durch Arbeit am Mythos: indem sie die Wirklichkeit - durch „archaische", durch „mythische Gewaltenteilung" - in eine Vielzahl von Geschichten verwandeln und ihren Schrecken in Spiele. Darauf können wir Menschen nicht verzichten. Wir bleiben - meint dieses Buch, das für Blumenberg schließlich zum Goethe-Buch wird - mythenpflichtig: der Mythos ist nicht „zuendezubringen", die Geschichten, die Bilder, die Mythen haben wir niemals hinter uns. Auch Blumenbergs Buch über die *Lesbarkeit der Welt* macht dies geltend: die Menschen entlasten sich von der absoluten Wirklichkeit durch ihre distanzierende Umwandlung zum buchähnlichen Pensum von Lektüren mit dem Buch der Bücher im Hintergrund, so daß noch unsere avanciertesten Naturwissenschaftler - etwa, wo sie den „genetischen Code" entschlüsseln - Philologen und Exegeten bleiben. Auch die *Höhlenausgänge* setzen dieses Konzept der Entlastung vom Absoluten fort: es brauchen und finden und bauen die Menschen zur Entlastung von der absoluten Tödlichkeit der Außenwelt Höhlen; als unvermeidlich durch Sichtbarkeit exponierte und gefährdete Lebewesen suchen sie Schutz in diesen Höhlen und ihren Nachfolgeformen, den Institutionen, und entwickeln dort Kultur, Innerlichkeit und Reflexion, durch die sie die absolute und gefährlich direkte Wirklichkeit auf Distanz halten. So - in diesen vielförmigen Schritten - zeigt Hans Blumenberg, daß die Menschen leben, indem sie sich von jener unaushaltbar absoluten und unmittelbaren Wirklichkeit entlasten, zu der auch Gott gehört. Aber indem die Menschen sich von Gott entlasten, entlastet sich Gott zugleich von den Menschen und verläßt sie: Gott ist tot. Darum hört Blumenberg Bach - 1988 in einer neuen Rezeption der *Matthäuspassion* - als eine Art Nietzsche vor Nietzsche, indem er jene Worte zentralisiert, die in dieser Passionsgeschichte die letzten Worte des Menschensohnes am Kreuz sind: „mein Gott, mein Gott, warum hast du mich verlassen?" So ist - meine ich - dieses späte Buch von Hans Blumenberg das, was gerade auch seine frühen Bücher waren: eine radikalisierte Theodizeefrage, die keine Antwort findet.

Ich wiederhole: der Grundgedanke der Philosophie von Hans Blumenberg schien mir und scheint mir zu sein der Gedanke der Entlastung vom Absoluten. Die Menschen halten das Absolute - als Wirklichkeit und als Gott - nicht aus: sie müssen Distanz zu ihm gewinnen; und ihr Lebenspensum - die Kultur - ist die Arbeit an dieser Distanz, die allemal zugleich die Sänftigung der Einfalt durch die Vielfalt ist: durch die Entlastung von jenem einen Absoluten, das wir - als Wirklichkeit und als Gott - in seiner ungeteilten Macht nicht aushalten und nur ertragen, indem wir sie durch eine Pluralität von Umgangsformen distanzieren, durch „die Proklamation des Plurals", wie Eckhard Nordhofen das genannt hat. Es fehlt uns jenes phänomenologisch-anthropologische Buch von Hans Blumenberg, das uns vielleicht die Möglichkeit verschafft hätte, diesen Grundgedanken der Philosophie von Blumenberg noch plastischer zu fassen; eben daß die Menschen die Entlastung vom Absoluten brauchen. Diese Grundthese - meine ich - prägt auch sein schriftstellerisches Verfahren, über das ich nun einige Bemerkungen machen möchte im Abschnitt:

3. (Schreibart). - Denn auch durch die literarische Form seiner Arbeiten hat er - der argumentierte, indem er diskursiv oder aphoristisch erzählte - diese Entlastung vom Absoluten gesucht.

Hans Blumenberg war als Philosoph zugleich ein bedeutender Schriftsteller. Er hatte nicht nur die Gabe, auf sensibelste Weise Probleme zu sehen, sondern vermochte sie auch auf spannendste Weise zu explizieren. Er hat eindrucksvolle wissenschaftliche Prosa geschrieben: gewissermaßen Problemdrucksteigerungsprosa, durch die philosophische Problemlagen albtraumfähig werden in seinen - wie ich sie genannt habe - als gelehrte Wälzer getarnten Problemkrimis, die uns merkender machen für das, was los ist. Aber Hans Blumenberg hat sie nicht nur geschrieben, er hat auch gesagt, was wissenschaftliche und was philosophische Prosa ist. Von den „Paradigmen zu einer Metaphorologie" von 1960 zur allgemeineren „Theorie der Unbegrifflichkeit" im Anhang von *Schiffbruch mit Zuschauer* von 1979 weitergehend unterstreicht er: die exakte Begriffssprache ist nicht die unüberbietbare Gestalt der Wissenschaftssprache. Das cartesische Programm der Terminologisierung und Formalisierung der Wissenschaften ist unzureichend. Keine Wissenschaft und keine Philosophie kommt aus ohne Bilder und Mythen: jede ist metaphernpflichtig. Erlauben Sie mir, das salopp zu formulieren: wie beim Grog gilt: Wasser darf, Zucker soll, Rum muß sein, so gilt bei der Philosophie: Formalisierung darf, Terminologie soll, Metaphorik muß sein; sonst nämlich lohnt es nicht: dort nicht das Trinken und hier nicht das Philosophieren.

Drum auch - meinte Hans Blumenberg, hierbei ganz Hermeneutiker - darf man die philosophische Systematik nicht von ihrer Historie und auch die philosophischen Begriffe und Metaphern nicht von ihrer Geschichte trennen. Dazu gehört bei ihm - der hier in den Spuren Ernst Cassirers ging - der Schritt vom Substanzdenken zum Funktionsdenken in der Philosophie-, der Geistes-

und Wissenschaftsgeschichte. Die Geschichte - meint Hans Blumenberg - ist keine Chaussee, auf der unveränderliche Traditionssubstanzen transportiert werden, so daß dann Historiker streiten können, an welchem Chausseebaum welcher Unfall oder Straßenraub passierte, etwa der Straßenraub „Säkularisation". Sondern die Geschichte ist ein haushälterisches System von Stellen, in welche Antworten oder andere vitale Arrangements als Funktionsträger eintreten, die bei ihrem Verschwinden Vakanzen und Wiederbesetzungspflichten hinterlassen, deren Erfüllung - da fast alles mit allem zusammenhängt - Konsequenzprobleme nach sich zieht: so ist alles in offener Bewegung. Das ist Blumenbergs „Historismus", wobei er „Historismus" als Ehrentitel verstand. Dieses - mit der Metaphorik des Personalhaushalts operierende - Umbesetzungsmodell der Geschichte schärft den Blick für historische Folgelasten und ist darum - meine ich - überaus tauglich, Gesinnungsdenken durch Verantwortungsdenken zuträglich zu ersetzen.

Zugleich aber ließ Hans Blumenberg sich nicht durch die heute gängigen Metaphysikverbote schrecken. Er hielt an den großen Fragen der Philosophie fest: Gott, Welt und Mensch, Tod, Übel; z.B. an der Frage: kommt der Tod durch die Sünde oder nicht vielmehr umgekehrt die Sünde durch den Tod in die Welt?, etwa auch dadurch, daß der Mensch, das Wesen, das „zögert" und dadurch „nachdenklich" sein kann, zu wenig Lebenszeit hat, um genug zögern zu können? Er hält - besonders Franz Josef Wetz hat das in seinem Blumenberg-Buch unterstrichen - an diesen großen Fragen fest und gibt sie nicht preis. In der Tat: ich kenne keine gegenwärtige Philosophie, die - bei genauester Kenntnis der Geschichte der Metaphysikkritik - so unbefangen und fruchtbar Metaphysik treibt wie die Philosophie von Hans Blumenberg. Denkverbote hat er nie akzeptiert: so wird ihm alles philosophisch wichtig, vom phänomenologisch zu beschreibenden Alltagsbefund über die Anekdoten bis zur Literatur und Dichtung und zur Bibel. Darum läßt er sich auch kein stilistisches Genre verbieten: von der begriffsgeschichtlichen oder metapherngeschichtlichen Miszelle über die philosophische Abhandlung, das systematisch-problemgeschichtliche Fundamentalwerk, den Essay, die poetische Erzählung, die Fabel und den Aphorismus. Auch als Autor pflegte er die stilistische Gewaltenteilung und teilte - je älter er wurde - den einen Autor Hans Blumenberg in jene Vielfalt von Autoren, die er - der multiple Philosoph - in sich vereinte. Schließlich - in meinem Charakterisierungsversuch zuletzt - versuche ich auf ein Problem hinzuweisen, das Hans Blumenberg in besonderer Weise bewegt hat. Ich tue das im hier abschließenden Abschnitt:

4. (Endlichkeit). - Mein Lieblingsbuch von Hans Blumenberg ist *Lebenszeit und Weltzeit,* das er vor zehn Jahren veröffentlicht hat. Dort entwickelt Blumenberg - auf der Grundlage einer eigenwilligen und glanzvollen Interpretati-

on der „genetischen Phänomenologie" des späten Edmund Husserl - als zentrales Zeitproblem die menschliche Lebenskürze: je mehr die Menschen - nach ihrer Vertreibung aus der Lebenswelt der unmittelbaren Selbstverständlichkeiten - die sogenannte „objektive" Welt mit ihrer unfaßlich riesigen „Weltzeit" entdecken, desto unausweichlicher entdecken sie zugleich, daß ihre „Lebenszeit" eine ultrakurze „Episode" ist, limitiert durch den Tod, der unerbittlichen Grenze für ihren vital und kognitiven Weltappetit. Die „Kongruenz" von „Lebenszeit und Weltzeit" erweist sich als Wahn; die „Öffnung der Zeitschere" zwischen „Lebenszeit und Weltzeit" erweist sich als Wirklichkeit. So wird der Fristcharakter unserer Lebenszeit für Hans Blumenberg zentral: unsere Zeit ist endlich; denn jedermanns gewisseste Zukunft ist sein Tod. Das ist - hier muß ich eine frühere Interpretation von mir korrigieren und Blumenbergs brieflichen Einspruch berücksichtigen - kein empörter Protest gegen den Tod, weil er unseren Weltzugang limitiert; sondern Blumenberg sieht den Tod - etwa 1983 in seinem Selbstverständnis-Aufsatz, beispielsweise im Rekurs auf Seneca - als Freiheitsbedingung. Zitat: „‚Qui potest mori non potest cogi.' Zu deutsch vielleicht: ‚Wer sich davonzumachen weiß, ist nicht bedrückbar.'" (So weit das Blumenberg-Zitat). Doch gilt eben dies: die knappste unserer knappen Ressourcen ist unsere Lebenszeit. So erfahren wir uns als Episode; und das Buch *Lebenszeit und Weltzeit* wird zur temporalen Phänomenologie der menschlichen Endlichkeit.

Es gibt für die Menschen Vorzeichen dieser temporalen Endlichkeit: die Krankheiten. Das hat Hans Blumenberg 1982 in seinem Aufsatz „Goethes Sterblichkeit" im Blick auf Schicksalsschläge und Krankheitskrisen jenes Dichters interpretiert, mit dem er sich - nicht nur in seinem Mythos-Buch - so intensiv auseinandergesetzt hat, daß er gesagt haben soll: Goethes Geburtstag sei ihm wichtiger als sein eigener. Es war nur konsequent, daß die Endlichkeit als Sterblichkeit auch auf diese Weise ins Zentrum der philosophischen Aufmerksamkeit von Hans Blumenberg rückte. Denn die Entlastung vom Absoluten führt zum Wichtigkeitsgewinn der Endlichkeit.

Auf diese - vor allem in *Lebenszeit und Weltzeit* philosophisch explizierte - Erfahrung, keine Zeit zu haben, antwortete Hans Blumenberg in seiner Lebenspraxis durch jene Eigenheiten, die ihm den Ruf eintrugen, „schwierig" zu sein. Meine eigene Erfahrung mit ihm war das überwiegend nicht: ich empfand ihn als hilfsbereit, anregend, loyal, natürlich auch als Herausforderung und als einen, mit dem man durchaus gut auskommen konnte: dies auch wegen seines Humors und seines ausgeprägten Sinns fürs Spielerische, durch den er insbesondere intelligente Spielzüge honorierte und sich dadurch zuweilen entwaffnen ließ. Ich meine: seine Eigenheiten entstanden dadurch, daß er sein Leben - gerade angesichts der Knappheit der Lebenszeit - bewußter und rationaler einrichtete als die meisten seiner Mitmenschen. Ich erinnere mich an gute Gespräche mit ihm am 16. Oktober 1980, als er in Darmstadt den Freud-Preis erhielt. Er sagte zu mir: „Sie haben in Ihrem Leben keine Zeit verloren. Ich habe acht Jahre verloren, die ich aufholen muß." Ganz offensichtlich dachte er - ohne es auszusprechen - daran, daß er - der in der Terminologie der Nazis „Halbjude" war - 1939 nach seiner Schulzeit nicht auf die Universität durfte, darum auf kirchliche theologisch-philosophische Hochschulen in Paderborn und St. Georgen auswich und - als ihm auch das verboten wurde - im Lübecker Dräger-Werk arbeitete und so vorübergehend geschützt war, dann in ein Lager mußte, aus dem er entkam und in Lübeck versteckt wurde, bis er - nach dem Ende des Krieges - endlich studieren durfte: in Hamburg, in Kiel. Um diese verlorene Lebenszeit aufzuholen (so ist es auf mich gekommen), hat er fortan nur sechsmal in der Woche geschlafen und dadurch wöchentlich einen Arbeitstag gewonnen: möglich war das nur dadurch, daß er auch die Nacht zur Arbeitszeit machte. Das - was seine Erreichbarkeit nicht erleichterte - war die lebenspraktische Antwort auf seine Erfahrung der Zeitnot, deren Wurzeln er in *Lebenszeit und Weltzeit* philosophisch beschrieb. In diesen Zusammenhang gehört dann auch, daß er sich spätestens seit Ende der sechziger Jahre - um die verlorene Lebenszeit aufzuholen - aus der Öffentlichkeit zurückzog: keine Vorträge mehr, weg vom Wissenschaftstourismus und seinen Konversationsorgien, von den großen Verwaltungsturnieren der Gruppenuniversität, um in „haushälterischem" Umgang mit der knappen Ressource Lebenszeit sich (konzentriert auf enorme Lektürepensen und auf die Zwiesprache mit seinem Diktiergeät) völlig der Arbeit an seinen Texten zu widmen. Das war - man pflegt das zu vergessen - nicht von Anfang an so; denn er hat zunächst - über die Forschung und Lehre hinaus - viel Kraft investiert in die Arbeit für die Universität: als langjähriges Mitglied des Senats der Deutschen Forschungsgemeinschaft und z.B. auch für die institutionelle Wiederherstellung der Universität Gießen. Dann aber hatte er - und dabei mag auch eine Rolle gespielt haben, was der Universität seit 1968 angetan wurde - berechtigterweise den Eindruck, bei den institutionellen Pflichten mehr als die meisten anderen getan zu haben, so daß nun endlich einmal andere dran waren. Darum hat er sich - um die verlorene Lebenszeit aufzuholen - ab 1970 als Professor in Münster und seit 1985 als Emeritus schließlich in seine ganz private Höhle - seine Schreibhöhle in Altenberge im Münsterland - zurückgezogen und sozusagen die Klingel am Höhlenausgang abgestellt. Hans Robert Jauß, Henning Ritter und Martin Meyer haben den Mut gehabt, nicht nur durch Telephonkontakte diese Barriere hin und wieder zu überwinden. Wir anderen, und ich werfe mir das durchaus vor, haben so viel Respekt vor ihm gehabt, daß wir auch diese seine methodische Vereinsamung respektiert haben, die ihn - obwohl er sie wollte - doch wohl auch traurig gemacht hat. Er - dieser anregende, eindrucksvolle, großartige Mann, dessen besonderes Kennzeichen war: nur besondere Kennzeichen zu haben - hat vielleicht unterschätzt, wie stark er als Philosoph und Schriftsteller trotzdem präsent und wirksam war. Er hat seine letzten Arbeiten - Nachdenkliches über Thomas Manns Tagebücher und eine phänomenologische Anthropologie, von der er schon 1982 sprach, als meine Frau und ich ihn nach der Verleihung des Gießener Ehrendoktors bei uns zuhause das letzte Mal sahen - nicht mehr publiziert. „Für wen eigentlich?“, soll er gefragt haben. Ich glaube eine Antwort zu wissen, die - über seinen Tod hinaus - diese Resignation dementiert. Für wen eigentlich? Ich meine: für uns und für ihn, den wir uns, auch durch ihn selber, nicht nehmen lassen dürfen.

(Lübeck, St. Petri, 28. August 1996)

Karlheinz Stierle

NACHRUF AUF HANS ROBERT JAUß

Hans Robert Jauß oblag es, das Schlußwort zu sprechen, mit dem die Forschungsgruppe „Poetik und Hermeneutik“ nach mehr als 30 Jahren interdisziplinärer Forschung auf dem Gebiet der Geisteswissenschaften sich verabschiedet. Er hat das Erscheinen dieses letzten Bandes der Gruppe nicht mehr erlebt. Am 1. März 1997 ist er nach kurzer Krankheit verstorben.

Als einziger hat Hans Robert Jauß an allen 17 Kolloquien der Gruppe teilgenommen. Jedes ihrer Themen war eine Herausforderung für seinen beweglichen, nie ermüdenden Geist, auf die er mit ausgearbeiteten, oft grundsätzlichen Vorlagen und geistreichen Impromptus oder Statements antwortete, die oft zur Kunstform gerieten. Er gehörte zu den maßgeblichen Gründern des Kreises, und er begleitete ihn bis zum Ende mit seinem leidenschaftlichen Interesse, seinem Ideenreichtum und seiner unerbittlichen Intransigenz, mit der er seinen Freunden ihr Bestes für den Kreis abnötigte. Ohne sein Engagement, ohne seine nie schwankende Treue für die Sache und ohne sein diplomatisches Geschick hätte dieses Projekt, der Tradition der Geisteswissenschaften in den großen kulturwissenschaftlichen Auseinandersetzungen der Zeit Gehör zu verschaffen, ein Projekt, das zwar der kontinuierlichen großzügigen Förderung der Werner-Reimers-Stiftung sicher sein konnte, aber keinerlei institutionellen Status hatte, gewiß nicht so lange fortgeführt werden können.

Jauß besaß die Kunst, viele und unterschiedliche Geister an sich zu binden, weil er von der Literatur anders sprach, als das in der Philologie üblich gewesen war. Für ihn war die Literatur ein Ort des Geistes, aber auch ein Ort der Geschichte, die durch den Geist zu Figuren, wenn auch oft zu Rätselfiguren, transponiert wird. Er begriff die Literatur zugleich als Erinnerung und Hoffnung, Kritik und Utopie, vor allem aber als das Versprechen endloser Gespräche über ihren werdenden Sinn, von dem er glaubte, er könne erst zu sich kommen, wenn der unendliche Prozeß der Auslegung und des Dialogs der Auslegung ihn ergriffe. Darum war es für ihn selbstverständlich, daß die Literatur in diesem über 30 Jahre fortgehenden geisteswissenschaftlichen Gespräch eine besondere Rolle beanspruchen konnte. Denn für ihn war die Literatur das Relais, durch das der Historiker mit dem Philosophen, der Soziologe mit dem Linguisten in fruchtbare Gespräche verstrickt wurde. Er sah die Literatur der Geschichte verschwistert, ohne doch diese Metapher in die Ausdrücklichkeit einer exakten Zuordnung zu bringen. Es ging ihm vielmehr gerade um die Dynamik, die der Uneinlösbarkeit des Bildes entsprang. Während sich mancherorts die Geisteswissenschaft selbst an die Austreibung des Geistes machte, ja den Geist selbst als eine Hypostasierung verdächtigte, hielt er unbeirrt und unbeirrbar an der unabdingbaren Orientierungsfunktion der Geisteswissenschaften in der modernen Gesellschaft fest und sah sich darin in einem tiefen Einverständnis mit seinen philosophischen Freunden.

Jauß war neugierig auf alles, was intellektuellen Anspruch hatte, auch wenn es seinen Widerspruch reizte. Nichts vergnügte ihn mehr als intellektuelle Debatten, bei denen es manchmal heiß herging. Da leuchteten seine Augen, und man sah, wie sich unter der gespannten Gesichtshaut die nächsten Züge, die überraschenden Attacken und Finten vorbereiteten, die dann in gestochener Diktion, die die Arbeit des Begriffs erkennen ließ, und mit feinem schwäbischen Timbre vorgebracht wurden. Verhaßt war ihm öde Bescheidwisserei, die mit dem Gewußten nur aufzutrumpfen, nicht aber in der intellektuellen Spannung des Augenblicks das treffende Argument, die weiterführende Einsicht, die kühne Hypothese zu gewinnen verstand. Der Geist war für ihn lebendig, vielleicht sogar quecksilbrig, wie er selbst, der es kaum ruhig aushielt, sondern der unablässig in Bewegung sein mußte, in geistiger wie in körperlicher Bewegung. Kamen die Hermeneuten, von späten Diskussionen und noch späteren Lektüren übernächtigt, zum morgendlichen Kaffee zusammen, hatte er bereits als einsamer Jogger seine Runden zurückgelegt oder einen verbündeten oder widerspenstigen Geist ins Vertrauen gezogen, um die Debatten des kommenden Tages vorzubereiten.

Von Haus war Hans Robert Jauß Romanist aus der Schule von Gerhard Hess. Seine akademische Laufbahn begann in Heidelberg, wo sich dem aus dem Krieg Heimgekehrten für sein Studium der Romanischen Philologie, der Geschichte und der Philosophie ein ideales Umfeld bot. Hier fand er Freunde, denen wie ihm eine erneuerte Universität am Herzen lag. Hier begegnete er dem Einfluß der hermeneutischen Philosophie Hans Georg Gadamers, die aus der Enge eines bloß disziplinären, fraglosen philologischen Einzelwissens herausführte. Es ist hier nicht der Ort, im einzelnen auf sein Œuvre einzugehen, das mit seiner Dissertation über „Zeit und Erinnerung in Marcel Prousts *À la recherche du temps perdu*“ glanzvoll einsetzte und der Proust-Forschung neue Bahnen wies und ihn mit seiner Habilitationsschrift über die mittelalterliche Tierdichtung und seinen Untersuchungen zum Strukturwandel der allegorischen Dichtung zur Ästhetik des Mittelalters führte. Jauß' Untersuchungen zur mittelalterlichen Dichtung sind Beiträge zu einer Archäologie der Moderne, sie betreffen, in polemischer Abwendung vom statischen Mittelalterbild Ernst Robert Curtius', die Produktivität der mittelalterlichen literarischen Formen, die sich bis heute nicht erschöpft hat. Den Mittelalterstudien entsprang eine Folge von Untersuchungen, die den nachmittelalterlichen Stationen einer Poetik der Modernität galten, deren Gipfelpunkt mit Baudelaires Dichtung und Dichtungstheorie des „Peintre de la vie moderne“ erreicht ist.

Nach Lehrtätigkeit in Münster und Gießen erreichte Jauß 1966, drei Jahre nachdem in Gießen die Forschungsgruppe gegründet worden war, die neugegründete Universität Konstanz, wo er zusammen mit Wolfgang Iser das neue literaturtheoretische Paradigma der Rezeptionsästhetik ausarbeitete und damit die Literaturwissenschaft zwischen marxistischer Nachahmungsästhetik und strukturalistischer Textästhetik um eine bis dahin so gut wie unbeachtet gebliebene Fragestellung bereicherte. Das Werk als Anstoß einer sich dialogisch im Prozeß der Lektüren vollziehenden Sinnerschließung trat jetzt in den Mittelpunkt seines Interesses. Doch blieb es nicht dabei. Aus dem rezeptionsästhetischen Ansatz ging eine weitgespannte, mit literarischer Empirie gesättigte Theorie der ästhetischen Erfahrung hervor, an die sich später dann neue Studien zur Poetik der Moderne und schließlich eine leidenschaftliche Apologie der Hermeneutik und ihrer „Wege des Verstehens“ anschlossen. Wie sehr bei allen seinen hermeneutischen Erkundungen, Aufklärungen und Selbstaufklärungen die interdisziplinäre Arbeit des Kreises „Poetik und Hermeneutik“ für ihn bestimmend war, hat er selbst im Vorwort seines großen Werks über die ästhetische Erfahrung ausgesprochen. Hier fand er, dem das dialogische Denken über die Disziplinen hinaus in seinen produktiven Entgegensetzungen ein Lebenselixier war, den idealen Ort für die Erprobung seiner theoretischen Entwürfe und historischen Explorationen. Für den Kreis selbst waren diese Positionsbestimmungen zusammen mit den mündlichen Interventionen ein unersetzliches Ferment, um die Fragen weiterzutreiben und sie über die Enge der Spezialistenkenntnisse hinauszuführen. Ihm vor allem verdankte die Gruppe ihr Credo, daß Kunst und Literatur in den geistes-, kultur- und gesellschaftswissenschaftlichen Debatten eine unersetzliche hermeneutische Geltung beanspruchen können.

Hans Robert Jauß ist der letzte, von dem die Gruppe Abschied nimmt, ehe sie auseinandertritt in der Hoffnung, daß die geleistete Arbeit für andere Projekte, andere Fragen, andere Bemühungen um die Horizonte unseres geschichtlichen Daseins fruchtbar werden kann.

1. Kontingenz: Allgemeines und Besonderes

Rüdiger Bubner

Die aristotelische Lehre vom Zufall
Bemerkungen in der Perspektive einer Annäherung der Philosophie an die Rhetorik

Der Vorstoß des Aristoteles

Was ist *Zufall*? Dasjenige, für dessen Existenz es *keinen Grund* gibt. Denn gäbe es einen solchen, wäre das Ereignis, das als Zufall erscheint, vorhersehbar oder zumindest im Nachhinein erklärbar. Die Prognose stützt sich auf ein unabhängig vom eintretenden oder nicht eintretenden Ereignis verfügbares Wissen, auf das auch jede nachgereichte Erklärung rekurriert. Dieses Gründewissen ist auf Empirie bezogen, unterscheidet sich aber von den Erfahrungen, die man macht oder auch nicht, durch seine begründende Funktion. Im klassischen Sinne ist das Verfügen über Gründe mehr als angesammeltes oder methodisch perfektioniertes Erfahrungswissen, weil es zur Erfahrung, der man schlechthin ausgesetzt ist, die stabile Theorie liefert.[1]

Grund heißt nämlich dasjenige, das macht, daß etwas überhaupt ist und zwar so, wie es ist. Mithin liegen Gründe von Hause aus auf anderer Ebene als alles Zufällige. Zum Zufälligen aber gehört nun einmal das Machen bestimmter Erfahrungen. Nicht die Erfahrungsbasis unserer Weltauffassung als solche ist ein Zufallsergebnis, so als kämen wir unter gewissen Bedingungen auch ohne Erfahrungen aus. Wir sind vielmehr an das Erfahrenkönnen und Erfahrenmüssen überhaupt verwiesen. Aber der jeweilige Informationsgehalt einer bestimmten, so und nicht anders gelagerten Erfahrung untersteht der Kontingenz und darin liegt der Unterschied zum Wesen eines Grundes. Gründe sind

[1] Das beleuchtet die Anekdote, die Aristoteles von Thales aus Milet berichtet (*Pol.* 1259a 6-19, vgl. aber *EN* 1141b 4), womit eine Antwort erfolgt auf die zum bleibenden Merkmal für philosophische Weltfremdheit gewordene Geschichte, die Platon seinerseits von Thales erzählt hatte (*Theait.* 174a). Platon zielt auf die Paradoxie, daß der vorsokratische Denker dem Gelächter einer thrakischen Magd anheimfällt, weil er bei seinen Himmelsbeobachtungen in den Brunnen stürzt: denn Philosophen entsprechen nicht der Lebensumsicht von Dienstboten. Der nüchterne Aristoteles nimmt der Sache ihre ironische Spitze, indem er im Bereich des Ökonomischen dem Physiologen eine Konkurrenzmöglichkeit mit dem gesunden Menschenverstand einräumen will: die am meisten „technischen" Leistungen hängen am wenigsten vom Zufall ab (*Pol.* 1258b 36). Die Sternenkunde des Thales habe sich nämlich in der Voraussage einer günstigen Olivenernte ausgezahlt, bei der durch rechtzeitiges Monopol auf Olivenpressen dem Wissenschaftler ein Vorteil erwachsen sei. Damit habe er den gängigen Spott widerlegen wollen, weil auch Philosophen Reichtümer erwerben könnten, wenn sie nur wollten, was ihrer Natur aber widerspricht. Vgl. zum Ganzen H. Blumenberg, *Das Lachen der Thrakerin*, Frankfurt a.M. 1987.

Gegebenheiten, die unabhängig vom Eintreten oder Nicht-Eintreten bestimmter Ereignisse im Rahmen unserer Weltbegegnung einsehbar sind. In ihre begründende Funktion treten sie gerade dadurch ein, daß sie das Element des Zufalls in unserem Wissen eliminieren. In dieser Funktion sind sie weder ersetzbar noch verzichtbar. Wir bewegen uns im Bereich der Gründe immer schon jenseits der Sphäre, wo der Zufall eine Rolle spielt. Gründe sind ganz eigentlich der Anti-Zufall.

Nun könnte man sich mit dieser Einteilung begnügen. Man kann indes auch weiterfragen, wieso etwas eintritt, das als zufällig gilt, weil für es kein nötigender Grund verfügbar ist. Hier käme eine Theorie des besonderen *Grundes dieser Grundlosigkeit*, die wir Zufall nennen, in Betracht. Es ist leicht zu sehen, daß damit dem Scharfsinn eine reizvolle Aufgabe gestellt ist. Denn ein Grund für das Vorliegen oder Eintreten des Grundlosen bedeutet eine Überbrückung der eingangs aufgestellten Opposition zwischen Grund und Zufall.

Aristoteles hat als erster eine solche Theorie jedenfalls skizzenhaft geliefert. Sie scheint in mehrfacher Rücksicht unüberholt zu sein und verdient gerade unter den heutigen Auspizien des Philosophierens eine erneute Würdigung, wo das systematische Ideal sich dem Vorbild des Rhetorischen annähert. Allerdings richtete sich das Hauptinteresse des Aristoteles mitnichten auf die Theorie des Zufalls. Sie ergab sich ihm gleichsam als *Seitenzweig* einer naturwissenschaftlich-praktischen Teleologie. Da dieser prinzipielle Zusammenhang heute aber nicht mehr selbstverständlich ist, muß er zunächst einmal geklärt werden, um dem Zufallsproblem näherzukommen.

Die Auffassung von *Teleologie*, die das ganze weit gespannte Unternehmen einer Wissenschaft bei Aristoteles durchzieht, behandelt die *natürlichen und die praktischen Vorgänge* parallel. Der Impuls dazu stammt vermutlich aus der Kritik an der platonischen Ideenlehre. Es gibt Lesarten, die die Teleologie des Aristoteles als seine genuine Erfindung oder als Ausdruck einer kosmosfreundlichen Grundeinstellung der Griechen deuten. Diese Auffassungen befriedigen jedoch kaum, weil sie begrifflich zu schwach und in der Sache unscharf sind. Es war die Herausforderung in der *Ideenannahme* Platons, der sich auf die ‚zweitbeste Fahrt' des Sokrates im Vergleich mit dem vorsokratischen Naturalismus berief,[2] welche das aristotelische Philosophieren elementar in Gang setzte. Da soll es etwas geben, das nicht den Sinnen angehört und doch die Gesamtheit der Erfahrungswelt substantiell bestimmt, ebenso wie es unser praktisches Leben in eben dieser Welt steuert.

Die *Parallele* von Natur und Praxis, für die es allerdings Vorläufer etwa bei Heraklit oder Anaxagoras gibt, ist das systematische Resultat der Ideenannahme. Aristoteles bekämpft als der erste Kritiker der Ideenhypothese aus der intimen Kenntnis des Schülers den Irrtum des ‚Platonismus', indem er darin eine

---

[2] *Phaidon* 99c ff.

fälschliche Verdoppelung der Wirklichkeit diagnostiziert. Aus Platons Spätdialogen ist ersichtlich, daß dieses Mißverständnis innerhalb der Diskussionen der Akademiker aufgetaucht war und ausgeräumt werden mußte. Es ist also unwahrscheinlich, daß Platon selber dem Mißverständnis des Platonismus erlegen war. Nehmen wir an - da wir Genaues nicht wissen -, daß Aristoteles sich zum Wortführer des Kampfes gegen die *mißverstandene* Ideenhypothese im Sinne einer substantialistischen Hinterwelt gemacht hat, so folgt ganz einleuchtend, daß die Leistung, um derentwillen die Ideen eingeführt worden waren, auf andere Weise zu erbringen ist. Den Irrtum des ‚Platonismus' in Gestalt der verdoppelten Wirklichkeit galt es zu vermeiden. Gleichwohl sollte aber der systematische Gewinn nicht verspielt werden, den im Kontrast zum Materialismus der frühen griechischen Denker die Parallelbehandlung von Natur und Praxis bedeutete. Die teleologische Weltsicht des Aristoteles resultiert aus dieser Lage.

Es müssen *Strukturen* namhaft gemacht werden, welche die Naturprozesse aufschlüsseln, deren Evidenz primär von organologischer Art war, so daß die Kosmologie und Himmelslehre dem folgten. Der platonische *Timaios* hatte für die organologisch bestimmte Sicht des Weltganzen mit dem Mythos vom Demiurgen tiefsinnige Hinweise geliefert. Daneben war aber ein Reich der Praxis zu erforschen, das mit dem der Natur nicht verwechselt werden durfte. Die klassische Unterscheidung einer *theoretischen* Philosophie, die es mit dem immer Gleichen, Allgemeinen und Notwendigen zu tun hat, von der *praktischen* Philosophie, die sich der Leistung der Vernunft unter situationsspezifischen Bedingungen der Konkretion widmet, stammt bekanntlich von Aristoteles und bezeichnet den scharfen Trennungsstrich zu seinem Lehrer Platon.

Dennoch gilt auch in der eigenen Sphäre der Praxis die Suche nach *Strukturen*, die eine flexible Orientierung in der wechselnden Mannigfaltigkeit der Umstände erlauben, ähnlich wie die Strukturen der Naturprozesse die Organisation von Materie steuern. Es sind also in beiden Fällen die ins Konkrete eingelassenen und darin gestaltend wirksamen Strukturen, auf die die aristotelische Teleologie im wesentlichen blickt. Nicht ein pauschales Zweckdenken, sondern die ontologisch besser verankerte Ideenhypothese hat zu diesem Ergebnis geführt. Teleologie ist, kurz gesagt, der planmäßig in die Welt integrierte Idealismus, der einer fälschlichen Verdoppelung des Wirklichen entgeht.

Warum überhaupt Interesse am Zufall?

Kehren wir nach diesen sehr allgemeinen Vorbemerkungen zurück zum Anfang der Betrachtung. Für das Rätsel des Zufalls war der aristotelische Lösungsvorschlag als Versuch einer Begründung der Grundlosigkeit vorgestellt worden. Nun kann sich die Frage erheben, wieso philosophisch dergleichen überhaupt von Interesse sei. Die Dinge gehen ihren Gang: das Begründete und Begründbare ist unserer Einsicht zugänglich, das Übrige verläuft, wie es sich eben trifft. Wir müssen den Zufall hinnehmen, eine theoretische Herausforderung stellt er nicht dar. In der Tat meldet sich das analytische Interesse am grundlosen Eintreten des Zufälligen nicht aus *abstrakten* Totalitätsansprüchen. Es herrscht keine Erklärungssucht, die alles durchleuchten will und noch das Unerklärliche, das bloß Faktische, in ihre Obhut zu nehmen strebt, während die Weisheit darin bestünde, dem Eintritt des Kontingenten seinen Spielraum zu belassen und die damit gezogenen Grenzen unserer Zugriffsmöglichkeit auf die gesamte Breite der Realität einzuräumen.[3]

Das philosophische Interesse an der Aufklärung des Wesens des Zufalls speist sich bei Aristoteles offenkundig aus *praktischen* Quellen. Denn das Feld, wo der Zufall regiert, ist unmittelbar auch der Bereich unseres Handelns. Bereits die uralten Berufungen des Mythos auf Fortuna, die sich bis in die Trivialitäten unserer regelmäßigen Glückwünsche forterben, stellen eine kulturelle Erinnerung an die Berührungszone von Glück und Unglück mit Tun und Schicksal dar. Die Eigenart des Feldes, in dem der Zufall regiert, kennzeichnet auch das Feld, in dem unser Handeln allein tätig werden kann. Von dieser sachlichen Feststellung her stößt Aristoteles auf das Rätsel, das uns beschäftigt.

Seine Analyse läuft wiederum auf eine strukturelle Antwort hinaus. Das Reich des Zufalls und die Sphäre des Handelns haben dies gemeinsam, daß *alles auch anders sein kann* (ἐνδέχεται καὶ ἄλλως ἔχειν): Wo alles auch anders sein kann, ist nichts festgelegt. Keine Gründe stiften strikte Notwendigkeit (ἀνάγκη), keine Regelverläufe gliedern die Realität wenigstens im großen und ganzen (ὡς ἐπὶ τὸ πολύ). Die Chancen, daß dieses oder jenes eintritt, oder daß überhaupt etwas eintritt, bzw. daß es ausbleibt, sind alle gleich verteilt (ὁπότερ' ἔτυχεν).[4] Nicht einmal als Potentialität ist das Auch-anders-sein-können zu definieren, denn Potentialität setzte eine erwartbare Verwirklichung von etwas Bestimmtem als Substanz oder Akzidenz voraus. Und davon ist hier nicht auszugehen.

Angesichts des Auch-anders-sein-könnens sprechen wir tunlich von *Kontingenz*, obwohl die lateinische Etymologie des ‚contingere' auf *Zufall* verweist, was seinerseits aber die Eindeutschung von ‚accidens' darstellt. Um einer häufigen Begriffsverwirrung auszuweichen, sollte man Kontingenz nur jenen

---

[3] W. Windelband hat in seiner klugen Dissertation *Die Lehren vom Zufall*, Berlin 1870, die kausalanalytische und teleologische Betrachtung des Zufalls als ergebnislos abgewiesen, um dem Zufall eine Rolle als Prinzip unserer Begriffsbildung beim Zusammengehen des Allgemeinen mit dem Besonderen einzuräumen. Damit bereitet er die neukantianische Wissenschaftslogik des Idiographischen gegenüber dem Nomothetischen vor. Vgl. bereits A. Trendelenburg, *Logische Untersuchungen II*, Berlin 1840, S. 126f.

[4] *De interpr.* 9; vgl. *Top.* 112b.

Raum nennen, der sich *ontologisch* erschließt, wo das Auch-anders-sein-können regiert. Zufall im strengen Sinne ist dann dasjenige, was innerhalb dieses vorgängig eröffneten Raumes tatsächlich sich verwirklicht, wobei das *faktische Eintreten* einer aus einer Mehrzahl von Varianten ohne erkennbaren Grund erfolgt. Kontingenz heißt Zufälligkeit, und Zufall ist grundlos fixierte Kontingenz.

Das *Auch-anders-sein-können* schafft einen Zustand des Ausgeliefertseins, der so vieles impliziert, daß wir dessen nie und nimmer Herr werden können. Zufall bedeutet nämlich nicht etwa mangelhaftes Wissen, das durch Lernen, Forschung, soziale Interaktion oder perfektionierte Technik ausgeglichen werden könnte. Der Zufall ist nicht das, was verschwindet, wenn wir unsere Kräfte der Wirklichkeitsbeherrschung gehörig anstrengen. Der Zufall verschwindet höchstens am Ende aller Tage, weil es dann gar nichts Bestimmtes mehr gibt. Wo es gar nichts mehr gibt, kann auch nichts anders sein, und somit verliert das grundlose Auftreten von etwas Bestimmtem analytisch jeden Sinn. In der Hinsicht unterhalten der Sieg über Fortuna und die Utopie eine geheime Verwandtschaft, während das reale Handeln im Rahmen der Geschichte offensichtlich mit dem Zufall verschwistert ist.

Noch einmal also: Warum überläßt die Philosophie den Zufall nicht dem unabsehbaren Lauf der weltlichen Dinge und hält sich an das aus Gründen Wißbare? Wir würden nicht handeln können, wenn die existierenden Sachverhalte es nicht zuließen, auch anders zu sein. *Handeln* bedeutet Setzen von Wirklichkeit, die noch nicht ist. Dafür muß ein Raum eröffnet werden, weil kein Handeln überhaupt entworfen, durchgeführt und zu Erfolg oder Mißerfolg gebracht zu werden vermöchte, wenn in der Welt alles und jedes festgelegt wäre. Das Auch-anders-sein-können als ein schillerndes Gesicht der Wirklichkeit bietet jedem Handeln den eigentlichen Ansatzpunkt. Also steht Handeln mit Zufall in *Konkurrenz*. Denn das, was zufällig hätte eintreten können, ist in etwa dasjenige, dessen ich mich als Handelnder annehmen kann, indem ich es zur Sache meiner Tat mache. Wo etwas notwendig geschieht, unvermeidlich war oder als Tatsache längst festliegt, ist für das Handeln kein Ort. Nur dasjenige, was ebensogut auch ausbleiben oder anders eintreten kann, bietet unserer zielgerichteten Aktivität Raum zur Entfaltung. *Zielsetzung* als Auslöser jeder Tat ist antizipatorisches Eingreifen in das Anders-sein-können oder das *Nutzen einer Chance.*

Deshalb begleitet der Zufall das Handeln wie ein Schatten. Denn was wir aktiv als so und eben nicht anders definieren, indem wir es zum Ziel unseres Tuns erheben, hätte auch anders eintreten können, wenn wir uns jeglicher Tätigkeit enthalten würden. Sogar unterwegs, während das Handeln sich vollzieht, steht es weiter unter dem Vorzeichen des Anders-sein-könnens. Zielsetzung antizipiert zwar Festlegung, aber damit ist der gelingende Vollzug nicht garantiert, weil jedes Handeln einer zeitlichen Erstreckung bedarf. Auch der geringste

Akt, den die sprachanalytische Handlungstheorie als „basic action" isolieren wollte,[5] hat einen Anfang und ein Ende. Die Zielsetzung und ihre Realisation fallen naturgemäß nicht in eins. Jeder Vollzug erfüllt eine noch so gering anzusetzende Zeitstrecke. Sogar die minimalisierten Vollzüge wie das von der Analyse bevorzugte „Heben des Arms", das dem wittgensteinschen Beispielreservoir entstammt, setzen sich durch die Inanspruchnahme der kürzesten Zeitstrecke der anbrandenden Kontingenz aus.

Während meiner Handlung kann vielerlei anderes eintreten. Wo alles auch anders sein kann, ist Veränderung ubiquitär. Die Ausgangsbedingungen können sich ohne unser Zutun schlagartig wandeln, die Einschätzung der Lage bleibt schwankend den Umständen gemäß, das zielhaft Antizipierte kann sich später als anders geartet herausstellen, der Handlungsvollzug als solcher ist von externen Faktoren begleitet, die nicht in unserer Macht sind: parallele Einflüsse können auftreten, von anderswo Ereignisse einwirken, fremde Akteure können neue Momente ins Spiel bringen. Kurzum, daß wir im Handeln auf die Struktur des Auch-anders-sein-könnens der Wirklichkeit uns einlassen müssen, impliziert geradewegs, daß wir dem Wirken des Zufalls dabei ausgesetzt sind.

Übrigens kann man hierin den Ursprung der *Geschichtlichkeit* des Handelns[6] erkennen. Immer agieren wir in Kontexten, die weder instrumentierbar noch vollständig überschaubar sind. Deshalb stellt beispielsweise die experimentelle Anlage einer streng objektivistischen Forschung eine extreme Sondersituation dar, die durch methodische Bemühung eigens herbeigeführt werden muß. Die Strategie zur Ausschaltung von störenden Zufallsfaktoren ist in hohem Maße künstlich und wird niemals restlos gelingen. Die Geschichtlichkeit unseres realen Handelns versetzt uns hingegen in steten Kontakt mit dem Zufall, der den Verlauf der Aktion anders lenkt als erwünscht oder erwartet. Mithin erweist sich das Handeln in historischen Bezügen üblicherweise als Gemisch von Zielsetzung und dem dagegen Anderen, das sich ohne unser Zutun oder gar gegen unsere Absicht eindrängt und das Resultat im Unterschied zur puren Intention verfremdet. Darauf muß sich jeder kluge Akteur einstellen, weil die Handlungsbedingungen selber ursprünglich mit dem Regiment des Zufalls verbunden sind.

Zweckmäßigkeit Als-ob

Das aristotelische Interesse an einer Theorie des Zufalls ist demnach praktisch motiviert. Denn der Zufall spielt immer beiher, wo gehandelt wird. Die Theo-

---

[5] Z.B. A. Danto, „Basic Actions" (1965), in A. White (Hg.), *The Philosophy of Action*, Oxford 1968.

[6] Das habe ich genauer untersucht in: *Geschichtsprozesse und Handlungsnormen*, Frankfurt a.M. 1984, Teil A 1. Vgl. auch H. Lübbe, *Geschichtsbegriff und Geschichtsinteresse*, Basel 1977.

rie sieht den Konkurrenten wie einen Partner an. Zufall ist für Aristoteles eine Zweckmäßigkeit im Modus des Als-ob.[7] Zwar liegt kein natürliches Telos vor, das das Ereignis leitet. Es gibt auch keine explizite Zielsetzung, die ein identifizierbarer Akteur verantwortet. Dennoch fällt etwas zu - tritt etwas ein -, das so aussieht, als ob seine Existenz ein teleologisches Fundament besäße. Nur in *den* Horizont ist der Zufall einzuordnen. Die Als-ob-Zweckmäßigkeit ist das theoretische Mittel, mit Hilfe dessen Aristoteles die Irrationalität des Zufalls domestiziert. Dabei deckt diese Betrachtungsweise gleichermaßen die kontingenten *Naturprozesse* wie die Zufälle innerhalb der menschlichen *Handlungssphäre* ab. Das ist wichtig und kennzeichnet erneut die von der Praxis her angelegte Untersuchung des Aristoteles. Sogar die unerklärlichen Naturereignisse werden wahrgenommen als solche, die in die Handlungssphäre intervenieren. Einige von Aristoteles gewählte Beispiele mögen die Breite des Spektrums verdeutlichen. Beginnen wir mit dem bekanntesten Exempel, nämlich der Zufallsbegegnung des Schuldners mit dem Gläubiger auf dem Markt.[8]

Eine *bestimmte Handlung* liegt zugrunde, die jemanden auf den Markt führt mit dem Ziel, zum Gericht zu gehen oder ein Schauspiel zu sehen. Dies macht es *möglich*, daß etwas *anderes* eintritt, das sonst *nie* eine Realisierungsaussicht erhalten hätte und als *Zufall* gewürdigt wird, falls es sich ereignet. Im Beispiel ergibt sich eine durch die erste Handlung nicht intendierte, ihr auch nicht zwangsläufig oder regelkonform folgende Begegnung mit einer Person, die bei dem Akteur in Schulden steht. Zufällig ist weder der Gang des einen noch des anderen - beide verfolgen unabhängig voneinander ihre je eigenen Ziele. Zufällig sind ebensowenig diejenigen Handlungen, die früher beide Personen in das Verhältnis des Gläubigers und des Schuldners versetzten. Dieses Verhältnis geht vielmehr zurück auf die zielgerichteten und korrespondierenden Akte des Leihens und Borgens von Geld. Hätte der Gläubiger den Schuldner zwecks Eintreibung der Schuld aufgesucht, auf dem Markt zu einer gewissen Zeit vermutet und in der Tat dann angetroffen, läge wiederum kein Zufall vor, sondern erfolgreiche Zielverfolgung. Wäre umgekehrt der Schuldner auf den Markt gegangen, um aus Anstand oder schlechtem Gewissen eine bequeme Gelegenheit zu finden, sich seiner Belastung zu entledigen, wäre ebenfalls nur eine geschickte Planung zu konstatieren. Kämen der Gläubiger oder der Schuldner immer mit Notwendigkeit auf den Markt - etwa als Händler oder Marktaufseher - bzw. täten beide dies mit großer Regelmäßigkeit - etwa zum Geldeintreiben oder zum Einkaufen -, so ließe sich alles mit einer gewissen Sicherheit kalkulieren.

---

[7] Der treffende Ausdruck stammt von W. Wieland (*Die aristotelische Physik*, Göttingen ²1970, S. 256).

[8] *Phys.* II 5.

Allein die außergewöhnliche Konstellation, daß jemand etwas tut, das es ermöglicht, daß ein an sich nicht intendiertes oder erwartbares Ereignis Platz greifen kann, bei dem in der gegebenen Situation der sinnhafte Bezug auf das intersubjektive Schuldverhältnis relevant wird, enthält den Überraschungseffekt des Zufälligen. Normalerweise streben viele Personen auf den Markt, die mancherlei Geschäften nachgehen, einander ohne weitere Folgen begegnen oder verfehlen, obwohl sie durchaus in der einen oder anderen Relation zueinander stehen mögen, beispielsweise als Bürger einer Stadt, Nachbarn oder Kunden. Das alles bedeutet für unser Thema nichts, wird weder registriert, noch der Erzählung für würdig befunden. Nur die *Konstellation*, daß *Schuldner und Gläubiger ungewollt* zueinander geführt werden, sichert dem Casus die erforderliche Aufmerksamkeit. Also sind Praxisverhältnisse der Hintergrund, vor dem das Eintreten des Zufalls Interesse weckt, während gleichzeitig vielerlei Ähnliches abläuft, das niemanden beschäftigt und nirgends Staunen erregt. Mit dem Staunen aber beginnt nach alter Überzeugung des Platon und Aristoteles das Philosophieren. Weil man nicht genügend versteht, will man besser wissen warum.

Durchaus in Parallele dazu werden *Naturereignisse* angesehen, die aus Zufall entstehen.[9] Aristoteles nennt das Beispiel eines Dreifußes, der aus äußerem Anlaß - etwa einer Erschütterung, eines Erdbebens oder dergleichen - in eine solche Lage fällt, als sei er zum Sitzen aufgestellt. Naturaliter ereignet sich hierbei eine Als-ob-Zweckmäßigkeit. Auch der Stein, der just vom Dach fällt, als ein Fußgänger vorbeigeht, welcher dadurch zu Schaden kommt, ist der Zeitungsmeldung wert, weil es so aussieht, als ob irgendjemand zielgerichtet gehandelt hätte, um einem anderen zu schaden. Die Natur trägt aber keine Verantwortung anonymer Art für derlei Beschädigungen, weil sie nicht als Akteur angesehen werden kann.

In einer *Zwischenzone*[10] zwischen Natur und Praxis sind jene Beispiele angesiedelt, wo jemand einen Baum eingräbt und in der Erde einen Schatz findet, nach dem er auch hätte forschen können, oder wo der ungünstige Wind die Segler nach Ägina treibt, wohin sie gar nicht wollten. In solchen Fällen greifen Natur und Handeln ineinander, denn auch gekapert von Seeräubern kann man ungewollt nach Ägina verschlagen werden. Die Naturgewalt des Sturms oder die List der Räuber - an der Deutung des Zufalls im Sinne einer Als-ob-Zweckmäßigkeit ändert sich dabei nichts.

Die aristotelische Ansicht, die auf Teleologie fußt, schließt solche Zufallstheorien aus, die mit dem *Aufeinandertreffen* mehrerer, unabhängig voneinander verlaufender *Kausalreihen* rechnen. Kausalverbindungen sind in der komplexen Wirklichkeit so zahlreich, daß immer gewisse Koinzidenzen in unter-

---

[9] *Phys.* II 6, auch *Met.* VI 2, 1026b 30ff.
[10] *Met.* V 30.

schiedlichster Hinsicht festzustellen wären. Aber für die Auswahl der besonderen Fälle des Aufeinandertreffens, die unser theoretisches Interesse wecken, ist dabei kein Kriterium gegeben. Aus der indifferenten Pluralität real existierender Kausalverläufe, für deren Verbindung keine eigene Kausalursache zu entdecken ist, wählen wir indes solche Fälle aus, wo der Zufall Einfluß auf unser Leben nimmt. Das beschäftigt uns vordringlich und läßt alle übrigen Kontingenzen in gleichgültige Neutralität wegrücken. Der Vorteil der auf praktische Orientierung bezogenen Zufallsanalyse des Aristoteles gegenüber Kausalmodellen besteht darin, daß diese *Präferenz* unmittelbar einleuchtet.

Der akzidentelle Grund

Nachdem das theoretische Interesse am Zufall motiviert ist, muß genauer angegeben werden, wie Aristoteles in der Sache verfährt. Wenn man seine verstreuten Andeutungen zusammennimmt,[11] ergibt sich das folgende Bild. Ein Zufall (τύχη) liegt dann vor, wenn auf einer bestimmten Handlung, die ein Ziel verfolgt, ein Vorgang *parasitär* aufsitzt, der zwar keine Handlung darstellt, weil keine entsprechende Zielsetzung vorliegt, der an sich aber einer Handlung hätte entstammen können. Die parallel gedachten Naturkontingenzen heißen Selbstlauf (αὐτόματον) und sind vom Handeln unterschieden. Ihre Struktur wird aber gleichfalls so aufgeschlüsselt, daß ein zielgerichteter Prozeß nebenher einem Prozeß Raum gibt, der an sich teleologisch erklärbar wäre, ohne daß hier jedoch das Telos benannt werden kann.[12]

Diese komplizierte Analyse arbeitet mit *zwei Gesichtspunkten*, die aufeinander bezogen werden. Der eine Gesichtspunkt betrifft das Verhältnis von *Grund und Begründetem*, der andere das von *Substantialität und Akzidens*. Diese Beziehung macht im Kern den ingeniösen Durchbruch bei der theoretischen Bewältigung des Zufalls aus. Wir hatten gesagt, Aristoteles suche nach einer Begründung der Grundlosigkeit des Kontingenten. Die Begründung besteht darin, zwar keinen authentischen und zwingenden Grund für den fraglichen Vorgang aufzeigen zu können, dafür aber das Problem des Grundes in einen substantiellen und einen akzidentellen Aspekt zu zerlegen. Als substantiell gilt der klar faßbare Grund eines Prozesses oder einer Handlung, der nicht der fragliche ist, diesem aber so zugrundeliegt, daß er ihm die Chance einer parasitären Existenz liefert. Ohne den einen Vorgang wäre der andere nicht möglich. Allerdings ist der erste Vorgang nicht seinerseits Grund des zweiten. Das hätte klare Ableitungsverhältnisse zur Folge und führte nicht auf den Zufall,

---

[11] *Phys.* II 5f., *Met.* V 30, VI 2, *De interpr.* 9, auch *Protr.* B 12.

[12] S. *Phys.* 197b 22-30, die Reflexion auf die Etymologie des Wortteils μάτην = vergeblich im Sinne der Zwecklosigkeit.

sondern stellte bloß eine weiterführende Forschungsaufgabe zureichender Begründung dar.

Der zweite Vorgang hängt vom ersten wie ein *Akzidens* ab. „Akzidenzien" können Substanzen zukommen oder auch nicht - wie das Wort sagt. Der griechische Ausdruck συμβεβηκός bedeutet wörtlich das Mitgegangene. Ob ein Akzidens gegeben ist oder nicht, ob etwas mit etwas anderem mitgeht oder nicht, bleibt der Faktizität überlassen. Der Begründungserfolg liegt in der Angabe von etwas, das qua Substanz Grundlage für das Sein eventueller Akzidenzien ist. Ohne Substanz kein Akzidens, aber das Vorhandensein einer Substanz definiert noch nicht ipso facto das gleichzeitige Vorhandensein eines Akzidens, das wechseln kann. Der rätselhafte Zufall löst sich in der aristotelischen Betrachtung auf in den Vorgang oder das Ereignis, das möglich wurde allein deshalb, weil eine prozessuale Grundlage existierte, deren Gegebensein für sich zwar jenen Vorgang nicht nezessitiert, aber doch einen Spielraum begleitender Möglichkeiten eröffnet, aus denen eine anstatt einer anderen wirklich wurde. Warum nun diese und nicht jene oder gar überhaupt keine realisiert wurde, ist nicht mehr beantwortbar. An dieser Grenze muß der Begründungsversuch enden.

Die Wende zur Rhetorik

An die vorangehende Erörterung der aristotelischen Zufallslehre schließe ich nun einige knappe und recht sporadische Bemerkungen über ihre aktuelle Bedeutung an. Den Weg dahin öffnet die Rhetorik, denn diese eigentümliche und lange vernachlässigte Disziplin handelt ausdrücklich vom Gebrauch des Logos *bei Gelegenheit*. Man stelle die alten Vorurteile über Rhetorik beiseite, die auf Platons Kampf mit den Sophisten zum Zwecke der Rehabilitierung seines verurteilten Lehrers Sokrates zurückgehen. Rhetorik erscheint da als Produktion von Schein, als raffinierte Kunst der Täuschung und folglich als universales Mittel zur Manipulation der Seelen anderer. Diese Einschätzung von ontologischem und politischem Blickwinkel behält natürlich ihr Recht. Aber die moderne Philosophie hat in vielerlei Facetten die *pragmatische* Auffassung der Rhetorik favorisiert, die schon der erste Theoretiker dieser Disziplin vertrat, der wiederum Aristoteles heißt. Mit der pragmatischen Auffassung der Rhetorik wird die passende Gelegenheit zur Anwendung wichtig, und mit Vorhandensein oder Abwesenheit von Gelegenheiten kommt der Zufall ins Spiel.

Die Rhetorik als *Techne* stellt sich der grundsätzlichen Unverfügbarkeit der für sie einschlägigen Situationen und läßt also methodisch einen Spielraum des Auch-anders-sein-könnens offen, den keine wissenschaftliche Theorie sich erlauben darf. Wissenschaft erkennt das Sichere und läßt sich in dieser Absicht durch Margen der Unsicherheit oder des ihrer Bestimmung Entgehenden nicht beirren. Das, was jenseits der Grenzen wissenschaftlicher Erklärungs- oder Prognosefähigkeit liegt, wirkt normalerweise nicht als Faktor der Begrenzung oder Erschütterung der Exaktheit auf die wissenschaftliche Aufgabenstellung zurück, sondern gilt schlechterdings als irrelevant und unergiebig. Hingegen muß die Rhetorik sich fachgerecht darauf gerade einstellen, indem sie ein Corpus von Regeln entwickelt, wie mit dem theoretisch unbeherrschbaren Vorhandensein von geeigneten oder ungeeigneten Situationen des Redens umzugehen sei.

Der Schlüsselbegriff, den die Rhetorik hierfür anzubieten hat, heißt in der Formulierung des Aristoteles das πιθανόν. Gemeint ist das *je nach Lage der Dinge Hinreichende*, das hier und jetzt für Überzeugung Taugliche, wovon der Erfolg jedes rhetorischen Unternehmens abhängt. Was in einer Situation ausreicht, mag in einer anderen mangelhaft erscheinen. Ein kleiner Expertenzirkel verlangt andere Qualifikationen der Argumente als ein Laienpublikum; die Masse politischer Wähler ist nicht mit dem zu gewinnen, was eine Versammlung ästhetischer Connoisseure zu schätzen weiß, und der Vortrag auf einem Philosophiekongreß muß mehr und anderes bieten als das Exposé im Proseminar. Kurzum, die Situationsabhängigkeit des rhetorischen Geschäfts bedingt eine unterschiedliche Auslegung des argumentativ „Zureichenden". Daß das so ist, zeigt sich unvermeidlich am Erfolg. Da Rhetorik aber per definitionem auf erfolgsorientiertes Redehandeln bei Gelegenheit verpflichtet ist und es gleichwohl nicht vollständig in ihrer Macht liegt, stets die passende Situation zu schaffen, bleibt ein unauflöslicher und nicht vernachlässigungsfähiger Rest des Ausgeliefertseins an den Wechsel der Umstände.

Wenn sich nun in der Philosophie an mancherlei Stellen eine Wende zur Rhetorik abzeichnet, so liegt dem eine wachsende Distanz zum systematischen Selbstverständnis im erhabenen Zeichen der Wissenschaft zugrunde. Von der Antike bis zum deutschen Idealismus galt im Ernste als unbestritten die Leitvorstellung von der *Wissenschaftlichkeit* der Philosophie. Ursprünglich war die Metaphysik als die „oberste" oder „erste" Wissenschaft dazu bestimmt, den pluralen Einzelwissenschaften ihren szientifischen Anspruch eigens zu erläutern und dem gesamten Kosmos aller Wissenschaften den letztgültigen Zusammenhang zu sichern. Das Verhältnis kehrt sich um im Gefolge der Unabhängigkeit, welche gegen den Lehrbestand philosophischer Scholastik die methodisch geleitete Naturwissenschaft der Moderne sich erobert. Mit dem Drehpunkt der kantischen Revolution beginnt die Philosophie nun umgekehrt, ihren prekär gewordenen Wissenschaftsstatus durch Orientierung am autonomen Vorbild der Naturwissenschaften zu verteidigen, bis sie in Gestalt einer nachgetragenen ‚Logik der Forschung' als sekundäre Wissenschaftstheorie im Neopositivismus unseres Jahrhunderts endet.

Im partiellen Gegenzug gegen diese lang anhaltende Tendenz der Moderne besinnt sich die Philosophie auf vergessene oder nie wirklich aktualisierte

Möglichkeiten, indem sie das inzwischen fremd besetzte Paradigma der Wissenschaft aufgibt.[13] Mit einem alten Ausdruck könnte man diese ungenutzten Möglichkeiten als Formen der Psychagogik bezeichnen, wobei ‚Seelenführung' naturgemäß auf rhetorische Qualitäten zurückgreift. Vorläufer im 19. Jahrhundert kann man identifizieren in den ‚erbaulichen' Reden Kierkegaards, die den Glauben in der Sprache der Reflexion predigen, und im epochalen Wettern, Höhnen und Werben der Schriften Nietzsches, die vor den Ohren der Zeitgenossen und künftiger Generationen mit dem philosophischen Erbe Europas abrechnen, um in die Zukunft hineinzurufen.

Neuerdings gibt es ein ganzes Lager weit gestreuter Positionen, welche die Philosophie mit der Rhetorik verbinden, indem sie den Logos auf passende Gelegenheiten beziehen. Sie weichen vom Programm umfassender und grundsätzlicher Erklärung ab, um stattdessen den Akzent auf die Begrenztheit von Theorie überhaupt zu legen. Paradox genug wecken sie eine planmäßige Achtsamkeit auf die Rolle des unkalkulierbaren Zufalls. In dem Sinne darf von einer *rhetorischen Wende* in der Philosophie[14] gesprochen werden. Unter dem Titel finden sich mancherlei Bestrebungen in teilweise unerwarteter Nachbarschaft.[15]

Logos bei Gelegenheit

Eine Hauptlinie hat die Schule der *Hermeneutik* mit ihren Verzweigungen entfaltet, indem sie die Augen für die Anwendungsdimension von Verstehensleistungen öffnet. Sie knüpft explizit an das praktische Wissen der aristotelischen Tradition an und ersetzt dadurch das klassische Theoriemodell. Bei der hermeneutischen Applikation geht es um gelingendes oder mißlingendes Verstehen, womit auch der Zufall ins Spiel kommt. Bei Gadamer äußert sich das als „Okkasionalität"[16] jeder hermeneutischen Situation. Im Hintergrund steht die Existenzanalyse Heideggers, die alles Verstehen in den Umkreis der *Geworfenheit* des Daseins versetzt. Dasein ist gekennzeichnet durch seine ursprüngliche Eigenart, dazusein und dasein zu müssen, ohne Willen und Verantwortung dafür einem Subjekt in seiner autonomen Selbstsetzung oder einer transzendenten Instanz zuschreiben zu können. Also rückt Kontingenz zu einer wesentlichen Kategorie der Existenzerhellung auf.

[13] Dazu die Tübinger Dissertation von P. Ptassek, *Rhetorische Rationalität*, München 1993.

[14] Vgl. auch H. Blumenberg, „Anthropologische Annäherungen an die Aktualität der Rhetorik" (1971), in *Wirklichkeiten, in denen wir leben*, Stuttgart 1981.

[15] Jüngst erscheint ein einschlägiges Heft der *Revue Internationale de Philosophie* (Brüssel 1996) mit bemerkenswerten Einlassungen von St. Toulmin, J. Hintikka und M. Meyer.

[16] *Wahrheit und Methode*, Tübingen 1960, z.B. S. 171, 280. - S. dazu auch die ältere Studie von V. Jankélévitch, *Le Je-ne-sais-quoi et le Presque rien* (1957), Neuausg. Paris 1980, I 2: „Le charme de l'Instant et l'Occasion". Ausgehend von Gracian, dem Vater der neuzeitlichen Moralistik, behandelt der Autor das, was man ontologische Bedingungen eines Kairos nennen könnte.

Schon der existentialistische Einspruch Kierkegaards gegen Hegels sogenannten Panlogismus bildete eine frühe Parallele, die Heidegger durchaus anerkennt.[17] Gegen die *systematische Hybris*, alles begreifen zu können dank einer Selbstvermittlung des Geistes, wird im junghegelianischen Zusammenhang, dem auch Kierkegaard[18] nahesteht, die vorfindliche Gegebenheit des konkreten Menschen aufgeboten, die nicht aus Begriffen erwächst und in Begriffen nicht rekonstruierbar ist. Also muß dem Totalitätsanspruch des Geistes im Namen existentieller Kontingenz eine Grenze gesetzt werden. Wenn der Mensch seinem Wesen nach Geist ist, der Geist aber Vermittlung mit sich bedeutet, so ist, wie im „unglücklichen Bewußtsein" der hegelschen *Phänomenologie des Geistes,* der Mensch nie vollends mit sich vermittelt.[19] Es öffnet sich die *Kluft*, die sein Wesen von seiner Existenz trennt. In einem weiteren Schritt zurück taucht hinter der Stellungnahme Kierkegaards im 19. Jahrhundert die *christliche* Herkunft auf, derzufolge die schlechthinnige Inkommensurabilität der Absolutheit Gottes in der Hinwendung des Gläubigen die einzig angemessene Einstellung zur Transzendenz eröffnet.

Unter Rückgriff auf die Ressourcen einer neuzeitlich verstandenen Theodizee hat *Odo Marquard*, in persona ein Mann des Okkasionellen, seine *Apologie des Zufälligen*[20] verfaßt, die im weiten Sinne der Richtung hermeneutischer Interessen zugehört. In etwas vereinfachtem Anklang an Heidegger lautet die Grundthese: Wir Menschen sind stets mehr unsere Zufälle als unsere Wahl. Man muß sich vor dem Hintergrund der aristotelischen Untersuchung wohl fragen, was „unsere Zufälle" heißt; denn einem Subjekt die Kontingenz als Eigentum zuzuschreiben, bedeutet eine merkwürdige Besitzergreifung des Unverfügbaren a tergo. Ein so gescheit artikulierter Selbstzweifel des Philosophen konnte jedenfalls breiter öffentlicher Resonanz sicher sein, denn das skeptische Credo und der herrschende Common sense treffen sich in der Absicht, allem theoretischen Fundamentalismus eine Abfuhr zu erteilen.

Eine ähnliche Linie hat vor einer Weile *Richard Rorty* eingeschlagen,[21] als er, gestützt auf Überzeugungen des amerikanischen Pragmatismus, der sprachanalytischen Orthodoxie auszureden suchte, das klassische Begründungsideal der neuzeitlichen Erkenntnis- und Wissenschaftstheorie mit linguistischen Mitteln weiter zu verfolgen. Sprache dient der Verständigung unter Menschen,

---

[17] Vgl. inzwischen Heidegger, „Die Metaphysik des Deutschen Idealismus", in *Gesamtausgabe,* Bd. 49, Frankfurt a. M. 1991, § 11, S. 26-75.

[18] Als poetologische Ergänzung lese man Kierkegaards elegante Diatribe über die Rolle des Zufalls, der als „Anlaß" künstlerischer Schöpfung eine Art Notwendigkeit bekommt (Einleitung zur Rezension des Stücks von E. Scribe *Erste Liebe,* in S. Kierkegaard, „Entweder/Oder Erster Teil [1843]", in *Gesammelte Werke,* Jena 1922, Bd. 1, S. 211-251.

[19] Zu dem Zusammenhang immer noch: J. Wahl, *Le malheur de la conscience dans la philosophie de Hegel*, Paris 1929.

[20] Stuttgart 1986, z.B. S. 67, S. 117ff.

[21] *Philosophy and the Mirror of Nature*, Princeton 1979 (dt. Übersetzung Frankfurt a.M. 1981).

wie Rorty mit der Hermeneutik annimmt, und deshalb sind die babylonischen Türme definitiver Welterfassung durch Theorie auf Sand gebaut.

Schon die ältere Sprechaktlehre, die mit *Austin* der Frage nachging, „how to do things with words", hatte den Übergang vollzogen, der vom positivistischen Wissenschaftsglauben und seiner Fixierung auf Aussagenlogik wegführt und sich der Rhetorik annähert. Die These von der *Nähe der Sprechaktlehre zur Rhetorik* wird nur dem sprachanalytischen Dogmatismus fremd erscheinen, der in seiner Herkunftsbeschreibung von der fregeschen Semantik und ihren Folgen andere Traditionslinien nie zur Kenntnis genommen hatte. In *performativer* Hinsicht geht es aber nicht länger darum, wie die Sprache die objektive Struktur der Welt wiedergibt, sondern ob der einschlägige Sprechakt zugkräftig ausfällt. So weicht die herkömmliche Unterscheidung der wahren und falschen Sätze einer Leistungsdifferenz zwischen gelingenden und mißlingenden Äußerungen.[22] Darüber ist nur kontextbedingt zu entscheiden, weil der Erfolg beim Versuch, mit Worten etwas zu erreichen, nur im intersubjektiven Rahmen prüfbar ist.

Austin hatte die bahnbrechende Einsicht des späten Wittgenstein in den Selbstlauf allen regelgebundenen Funktionierens von Sprachspielen aufgenommen und weitergeführt. Wittgenstein seinerseits war auf die Konzeption der Sprachspiele gestoßen, als er sich von der eigenen Isomorphieforderung zwischen Ontologie und Logik aus dem frühen *Tractatus* zu verabschieden begann, um Mißverständnisse am konkreten Spielen der Spiele zu studieren und im Leerlauf eines sinnlosen Wortgebrauchs aufzudecken. Das anstandslose Funktionieren des Spiels bringt eine Fülle von Beobachtungen der Sinnstiftung in sozialer Interaktion zur Geltung, die den Vorschlag des späten Wittgenstein vielseitig fruchtbar machte. So hat man schon lange Anlaß, eine wechselseitige Annäherung zwischen der sprachpragmatischen Schule und der hermeneutischen Linie zu konstatieren.

Rorty meint nun, daß alle auf Dauer gestellten und deshalb prinzipieller Begründung bedürftigen Weltbilder unsere intellektuellen Kräfte höchst einseitig binden. Zudem seien sie im Gefolge der semantischen Debatten um „Conceptual Change" und der wissenschaftshistorischen Analyse der Logik von Paradigmenwechseln nach Th. Kuhn der Sache nach zum Scheitern verurteilt. Die glaubensfeste Verpflichtung der Konstrukteure von Weltbildern auf so etwas wie definitiv begründete Wahrheit versagt der „conversation of mankind" den geistigen Genuß und die intersubjektiv solidarisierende Bereicherung eines im Prinzip liberalen Umgangs mit einer Pluralität von Weltbildern. Eine solche Art von *Konversations-Philosophie* favorisiert konsequenterweise an Stelle der

---

[22] Austin spricht im negativen Fall von „infelicities" (*How to do Things with Words*, Cambridge 1962, z.B. S. 14ff.).

rationalistischen Strenge, die nicht weniger als Notwendigkeit verlangt, den Zufall, der unerwartete Chancen eröffnet, sofern man sich ihm überläßt.[23]

Rorty hat neben anderen auch dem französischen *Dekonstruktivismus* jenseits des Atlantik die Stimme geliehen. Von dieser Schule unter Anführung von Derrida und Paul de Man ist besonders auf die Literaturwissenschaft, aber auch auf die Philosophie eine große Faszination ausgegangen. Man kann das Phänomen in aller Kürze als negative Umkehr der Hermeneutik kennzeichnen. Die *negative Hermeneutik* forscht nicht länger auf den dominanten Spuren einer Tradition, die sich zum Klassischen verdichtet, nach *dem* Sinn, der als identisch faßbar und als gültig akzeptiert wird, sondern wendet sich stattdessen dem virtuosen Spiel mit der Ungreifbarkeit jeglichen Sinnes zu. Die Verbindlichkeit des Auslegungsthemas zerfällt in eine Vielfalt gleich möglicher Perspektiven. So gesehen verleiht der Dekonstruktivismus dem Interpretationsgeschäft des Literaturwissenschaftlers und Ästhetikers einen neuen Schub, der über die viel betretenen Pfade innerhalb der etablierten Zunft hinaustreibt. Die Philosophie gerät dadurch in die Nähe zur Rhetorik und sieht ihre platonistischen Grundlagen gut nietzscheanisch erschüttert. Denn die herkömmliche Grenzziehung zwischen Literatur und Theorie ließ den Bildungseffekt vor der Selbstgewißheit professioneller Reflexion zur Nebensache verkümmern. Mit der systematischen Grenzverwischung aber wird ein psychagogisches Potential freigesetzt, das auf die grundsätzliche Pluralität und Diversität eines „Logos bei Gelegenheit“ setzen muß.

Zur Rolle der Topik

Nach der Evokation einiger Stellungnahmen, in denen die Tendenz zur Rhetorik erkennbar wird, ist abschließend an die Rolle der *Topik* zu erinnern.[24] Seit dem Organon des Aristoteles liefert die Topik das logische Gerüst für die Rhetorik. Der „Logos bei Gelegenheit“ ist im Unterschied zum Logos der Wissenschaft auf Kontexte angewiesen. Das bedeutet aber keineswegs, daß der rhetorisch intendierte Erfolg, der die vorfindlichen Gelegenheiten zu nutzen weiß, allein dem Zufall überlassen wird. Man soll sich nicht „untechnisch“ dem grundlosen Eintreten einer der Möglichkeiten anheimgeben, die im Umkreis dessen warten, was immer auch anders sein kann. Wenn der pragmatische Redeerfolg für die Disziplin der Rhetorik keine unberechenbare Sache bleibt, die man hinzunehmen hat, wie es sich gerade trifft, dann bedarf es eines methodischen Instrumentariums.

---

[23] Neuerdings von R. Rorty: *Contingency, Irony and Solidarity*, Cambridge 1989 (dt. Übersetzung Frankfurt a.M. 1989).

[24] Ich greife Überlegungen auf, die ich an anderer Stelle ausgeführt habe (*Dialektik als Topik - Bausteine zu einer lebensweltlichen Theorie der Rationalität*, Frankfurt a.M. 1990).

Allerdings muß eingeräumt werden, daß die logische Ausstattung der Rhetorik an Stringenz derjenigen normaler Wissenschaften nachsteht. Aristoteles entfaltet seine Wissenschaftstheorie in den *Zweiten Analytiken*, indem er die formale Syllogistik der *Ersten Analytiken* auf inhaltlich auszulegende Schlüsse aus Gründen erweitert. Das syllogistische Verfahren des Schließens gewinnt nach festen Regeln neue, informationshaltige Sätze allein aus anderen, vorangehenden Sätzen. Aus den Prämissen folgt die Konklusion mit Notwendigkeit - darin liegt die Stärke der formalen Syllogistik. Wird Syllogistik aber inhaltlich ausgelegt, so erhält man eine Theorie wissenschaftlichen Beweisens (ἀπόδειξις). Wo nämlich die Prämissen auf sachlich einschlägige und in ihrer Wahrheit gesicherte Gründe zurückgreifen können, bedeutet die Subsumtion des Einzelnen eine strikte Erklärung.

Was die logische Ableitungsstruktur angeht, die hier in Anspruch genommen wird, so nähert sich das in der zeitgenössischen Wissenschaftstheorie prominente Modell der sogenannten *deduktiv-nomologischen* Erklärung ohne große Abstriche der Analyse des aristotelischen Organon, das die europäische Schulphilosophie über Jahrhunderte weitergetragen hatte.[25] Der entscheidende Unterschied liegt freilich in der Weise der Gewinnung von Prämissen. Aristoteles vertraute dafür auf reine Vernunfteinsicht des Nous,[26] wogegen die neuzeitliche Wissenschaftsauffassung eine empirische Grundlegung verlangt. Seit der anti-aristotelischen Programmschrift des *Novum Organon*, mit dem Bacon den Aufbruch neuzeitlicher Wissenschaft inspirierte, tritt an die Stelle der Schlüsse, die einer weltfremden Begriffsscholastik verdächtig sind, der Königsweg der ‚inductio'. Induktiv gelangt man von der konsequenten Sammlung empirischer Einzelbeobachtungen zu allgemeinen Gesetzen, denen allein wissenschaftliche Erklärungsfunktion zuzusprechen ist. Abgesehen von der altbekannten Problematik, wie logisch von einer Anzahl von Einzelbeobachtungen zu Allaussagen überzugehen sei, bleibt zu beachten, daß Bacon mit seiner wissenschaftlichen Induktion auf das aus der Rhetorik stammende Verfahren durch Hinführung (ἐπαγωγή) rekurriert. Das bedarf der Erläuterung.

Hinführung vom Einzelnen zum Allgemeinen erschöpft sich nicht bloß im Beibringen von Beispielen, obwohl natürlich in einer strittigen Angelegenheit ein Redner sich gern der Beispiele bedient. Er macht auf einen konkreten Fall aufmerksam, der sowohl naheliegend wie auch unstrittig ist, so daß mit Blick

---

[25] Einer der klassischen Texte ist: C.G. Hempel/P. Oppenheim, „Studies in the Logic of Explanation", in *Philosophy of Science*, Vol. 15, No 2 (April 1948). Terminologisch muß daran erinnert werden, daß korrekterweise Apodeixis als ‚demonstratio' latinisiert wird, während der häufiger verwendete Ausdruck ‚deductio' nicht völlig synonym damit ist. Der von Kant durchgesetzte Begriff einer „transzendentalen Deduktion" orientiert sich gemäß der berühmten Frage „quid juris" an juristischen Vorbildern der Zeit, was für den ganzen Deduktionismus der Kantnachfolger von nicht zu überschätzender Bedeutung ist.

[26] *An. post.* II 19.

auf ihn der fraglichen Argumentation Unterstützung erwächst. Beispiele müssen einleuchten, d.h. ihr Erläuterungswert für den strittigen Casus muß von sich aus ohne weiteres Räsonnieren zur Evidenz gelangen. In dieser Leistung schlagartiger Evidenz steckt aber ein wichtiges logisches Moment. Angeleitet wird Beispielsuche von der Vermittlung zwischen dem Konkreten, das bekannt, und einem Allgemeineren, das noch unbekannt ist. Nicht wird Fall gegen Fall gehalten, denn eine solche Liste ließe sich unendlich verlängern. Der rhetorische Effekt entsteht, wenn anhand des Unstrittigen, auf das eine beispielgebende Hinführung ausweicht, eine Übertragung in die Augen springt, die auch das zu verhandelnde Strittige in klärendes Licht rückt. Übertragung heißt hier unmittelbare Strukturanalogie zwischen dem Beispiel und dem Streitfall, die gerade deshalb überzeugt, weil sie nicht zu ferneren Reflexionen und Erörterungen zwingt.

Indem der Redner von der eigentlich interessierenden Sache abläßt, um die Aufmerksamkeit der Hörer auf ein *passendes Beispiel* zu lenken, führt er eine *Horizonterweiterung* herbei, die mittels einer strukturellen Analogie erschlossen wird. An Stelle der fortgesetzten Insistenz, mit der ein Standpunkt nur schroff gegen einen anderen zu behaupten ist, läßt sich die erfolglose Antithese dadurch auflösen, daß sozusagen eine Umwegsbetrachtung eingeführt wird. Aber was zunächst wie ein Umweg erscheinen könnte, nämlich der Ausgriff auf ein Beispiel, erweist sich in Wahrheit als eine Parallele, worin unter Vernachlässigung gewisser fallspezifischer Züge eine gemeinsame Struktur auffällig wird. Dieser Vorgang vollzieht sich, wenn das gewählte Beispiel als ein solches akzeptiert wird. Wer die Funktion von Beispielen erkennt, nimmt sowohl vom Streitfall und der darauf fixierten Rechthaberei Distanz, wie er auch den Beispielfall unmittelbar auf verallgemeinerungsfähige Züge hin transzendieren muß, um beide Fälle nun im unerwarteten Lichte ihrer Gemeinsamkeit zu würdigen. Gelingt ein solcher Überzeugungsversuch nicht, hilft vielleicht ein anderes Beispiel. Scheitert auch der zweite Versuch, müssen alternative Strategien gewählt werden. Denn wer Beispiele nicht als Beispiele versteht, stößt sich fälschlich an deren Konkretion und gerät aus der anfänglichen Verwirrung in die nächste.

Das epagogische Verfahren der Rhetorik bedient sich mit der Beibringung von Beispielen der Sonderstellung eines Logos bei Gelegenheit. Es entfaltet als regelhafte Orientierung ein Procedere, das zum Teil einer *rhetorischen Logik* wird. Denn im Unterschied zur empiristischen Induktionslogik mit ihrer Verallgemeinerung von Einzelfällen zu Gesetzeshypothesen verlangt hier der entscheidende Schritt, daß man vom Besonderen, das verhandelt wird, über ein weiteres Besonderes, das beispielhaft heranzuziehen ist, auf Gesichtspunkte kommt, die für beide Fälle aufschlußreich sind und eventuell auch in weiteren vergleichbaren Fällen Geltung beanspruchen können. Die so erreichten allgemeinen Gesichtspunkte sind die *Topoi*, über die wir im Miteinanderreden je schon verfügen können. Denn ‚Örter', auf welche die Redepartner sich gemeinsam zu stellen vermögen, sind immer schon geteilt im Sinne unproblematischer Vorverständigung. Trivialerweise heißen sie ‚Gemeinplätze'. Die Minimalbedingung umfaßt zwei Redepartner, die sie gemeinsam im Besitz haben, die Maximalbedingung umfaßt alle möglichen Mitunterredner überhaupt.

Jegliches Argumentieren muß irgendwo enden, wo es entweder von Erfolg gekrönt wird oder scheitert. Schon aus pragmatischen Gründen der Zeitverfügung und psychischen Belastbarkeit kann es nicht ins Unendliche verlängert werden. Wo das Argumentieren tatsächlich überzeugt, sind die Gemeinsamkeiten erreicht, die im gegebenen Kontext auf Abruf warten. Andernfalls würden nämlich auch diese bezweifelt und man geriete eventuell auf Metaebenen, bis man schließlich an einem Punkt landet, der den Rücklauf in der Tat beendet. Gewisse Gemeinsamkeiten sind immer schon da, auch wenn sie unthematisiert bleiben. Die jeweils gegebene Vorverständigung aufzudecken liefert erfolgreicher Argumentation die Basis. Also ist der Erfolg des Argumentierens auch nicht einfach der Sieg der Vernunft, sondern das Identifizierthaben der hier und jetzt gegebenen Gemeinsamkeiten.

Offensichtlich sind derlei Gemeinsamkeiten stets kontextabhängig. Was in der einen Lage strittig ist, birgt in anderer Lage keinen Sprengstoff. Insofern erreicht die Argumentation auch *nie die zwingende Beweiskraft*, welche wissenschaftliche Erklärungen auszeichnet, die ohne Rücksicht auf externe Umstände Geltung beanspruchen. Die Gleichsetzung von Argumentation mit Wissenschaft stellt daher eine fundamentale Verwechslung dar, wenn sie nicht bewußter Ausdruck einer modernistischen Liberalisierung des Wissenschaftskonzepts in Richtung auf „Kommunikationsgemeinschaft" ist.

Allerdings kennt Rhetorik neben der Beispielsuche auch ein Argumentationsverfahren, das auf dem „dialektischen" Schluß aufbaut. Aristoteles handelt ihn unter dem Titel des Enthymema ab, was etwa soviel wie Beherzigenswertes heißt. Hier sind Prämissen niemals unabdingbar gültig, sondern nur wahrscheinlich (ἔνδοξον). Es genügt, daß sich die meisten auf eine bestimmte Ansicht einlassen würden, weil dergleichen „in ihrer Meinung" vorkommt. Das Endoxon oder das Wahrscheinliche entspricht den verbreiteten Anschauungen und enthält eine abgemilderte Voraussetzung gegenüber den „Gründen", die jeder Vernunft schlechterdings einleuchten müssen. Auf der Basis können dialektische Schlüsse dann aber ähnlich operieren wie demonstrative Syllogismen.[27]

Die Topik behandelt nun die Verteilung der Örter, auf welche im Argumentieren vorgängig Bezug zu nehmen ist. Die Auskünfte der Topik gestalten gleichsam eine *Landkarte für alle Formen des Logos bei Gelegenheit*. Freilich

[27] Vgl. zuletzt Ch. Rapp, „Aristoteles über die Rationalität rhetorischer Argumente" (*ZfphF* 50 [1996])

herrscht auf dieser Ebene des topologisch Allgemeinen eine Abstraktheit, die im konkreten Argumentationsakt durch Findung der passenden Sachargumente aufgefüllt wird. Topik leitet nur durch Bereitstellung von Gesichtspunkten das rhetorische Geschäft instrumentell an. Argumentieren muß der Redner in der jeweiligen Situation, die mit den Umständen wechselt. Also eignet sich die Topik nicht zur endgültigen Vertreibung des Zufalls aus unserem linguistischen Umgang miteinander. Sie dämpft aber mit Hilfe der übersichtlichen Gliederung von Gesichtspunkten, die überhaupt in Frage kommen, das ungehemmte Zufallsregiment.

Hinsichtlich der oben geschilderten rhetorischen Wende der Philosophie fällt allerdings auf, daß die logische Armierung durch Topik verschwunden ist. Zwar wächst die Sekundärliteratur über traditionelle Topik, aber das Bewußtsein der vorbereitenden Ausstattung des Redens bei Gelegenheit durch Gesichtspunkte von spezifischer Allgemeinheit sinkt. Damit ist nicht gesagt, daß geschickte Redner sich geeigneter Topoi nicht länger bedienen. Die Technik wird geübt und mehr oder weniger gut beherrscht. Aber die Theorie dazu ist verschwunden. Die auf breiter Front vor sich gehende Wende zur Rhetorik hat in der Philosophie keine Erneuerung der Topik hervorgebracht. Dabei wäre dies ein Beitrag, das moderne Bedürfnis nach Logik zu befriedigen und doch dem „Logos bei Gelegenheit“ seinen unerläßlichen Spielraum zu lassen.

Michael Makropoulos

Kontingenz und Handlungsraum

Die verschiedenen Manifestationen des Kontingenten, die expressis oder impressis verbis im Laufe des Kolloquiums durchgespielt wurden, signalisieren mindestens dies eine: Kontingenz ist keine natürliche Tatsache, die allen Bestimmungen vorgängig wäre, sondern ein historisch und perspektivisch variables Reflexionsprodukt, das unauflöslich mit dem Selbstverständnis einer Gesellschaft korrespondiert. Dem entspricht, daß der Begriff der Kontingenz im Laufe der europäischen Geschichte nicht immer dasselbe erfaßte, daß ein ausgesprochenes Kontingenzbewußtsein überhaupt erst in der Neuzeit um sich greift, und daß dieses Kontingenzbewußtsein schließlich eine Zentrumsposition im Selbstverständnis der modernen Gesellschaften erhält. Dazu einige Bemerkungen, die sich am Kriterium des Handlungsraumes und seiner Wandelbarkeit orientieren.

Kontingent, so lautet die logisch-ontologische Bestimmung des Sachverhalts, ist das, was weder notwendig noch unmöglich ist. Anders gesagt: Kontingent ist das unvollständig Bestimmte und somit das, was auch anders möglich ist. Der Begriff bezeichnet damit, wie R. Bubner betont hat, nicht die reine Unbestimmtheit, sondern jenen Bereich begrenzter, also signifikanter Unbestimmtheit, in dem sich das Auch-anders-sein-Können als wirkliche Alternative manifestiert und so allererst einen Handlungsraum eröffnet. Allerdings konkretisiert sich dieses Auch-anders-sein-Können auf zwei konkurrierende, wenn nicht in bestimmten Fällen konfligierende Weisen. Einerseits konkretisiert sich Kontingenz in Handlungen, das heißt in Veränderungen, die individuellen oder kollektiven Akteuren zuschreibbar sind. Aber Kontingenz konkretisiert sich andererseits auch in Zufällen, und damit in Veränderungen, deren Eintreten schlechterdings grundlos ist - wobei Zufälle freilich erst dann von Belang sind, wenn sie Handlungen durchkreuzen. Man könnte hier den feinen, aber nicht unerheblichen Unterschied zwischen Veränderbarkeit und Veränderlichkeit fast zur kategorialen Differenz aufbauen. Jedenfalls ist der Handlungsraum gleichzeitig Zufallsbereich, und der Begriff der Kontingenz markiert damit ein erstes Problem, nämlich ein Interferenzproblem, das sich steigert, je komplexer Handlungspläne werden.

Vor dem Interferenzproblem, das sich schließlich nicht jeder Handlung tatsächlich stellt, eröffnet sich allerdings ein anderes, nämlich ein Orientierungsproblem. Wenn Handlungen als selbstmächtige Verwirklichungen einer Möglichkeit zu Ungunsten aller anderen, Selektionen von Alternativen sind, werfen sie die Frage nach dem Grund für gerade diese Selektion, für die Verwirklichung gerade dieser Möglichkeit auf. Das mag in der aristotelischen Exposition, die Bubner mit Nachdruck gegen die christliche abgrenzt, unproblematisch sein, weil Kontingenz hier ausschließlich auf menschliche Verhältnisse begrenzt und die Reichweite des Handlungsraums ein ontologisches Problem ist. Und es ist deshalb plausibel, nicht nur die Handlungskontingenz prinzipiell von der Weltkontingenz zu unterscheiden, die ihrerseits einen theologisch generierten Erkenntnistotalitätsanspruch voraussetzt, den es antik nicht gibt, sondern zudem die Handlungskontingenz auf das Interferenzproblem zu reduzieren und der phrónesis zu überantworten, weil sich das Problem der Handlungsorientierung hier nicht stellt - oder wenigstens nicht prinzipiell stellt. Aber das Orientierungsproblem stellt sich spätestens dann prinzipiell, wenn Kontingenz den Handlungsraum selbst erfaßt und damit Handlungen möglich werden, die den Handlungsraum selbst zum Gegenstand haben, sei es, um dessen Veränderlichkeit ordnungsstiftend zu begrenzen, sei es aber auch um seine Veränderbarkeit emanzipatorisch zu nutzen.

Was man in diesem Sinne als Handlungsraumkontingenz bezeichnen könnte, mag zunächst nur als undramatische Variante der christlichen Weltkontingenz erscheinen; aber in der Perspektive einer historischen Soziologie handelt es sich hier doch um etwas anderes, das möglicherweise eine eigene systematische Stelle zwischen empirischer Handlungskontingenz und transzendentaler Weltkontingenz einnehmen und das Kontingenzproblem mit Blick auf Modernität neu positionieren könnte, so daß soziale Wirklichkeitskonstruktionen als historische, also wandelbare Operationalisierungen von Kontingenz bestimmbar würden. Denn der Handlungsraum, der systematisch stets von verschiedenen Bereichen des Unverfügbaren konturiert und begrenzt wird, konnte zwar schon in der Antike ausgeweitet werden und ist ja auch in vielerlei Weise ausgeweitet worden. Aber diese Ausweitungen, wenn nicht Erweiterungen, haben aus der Perspektive des neuzeitlichen und vollends des modernen Selbstverständnisses nie die Dimension der strukturellen und damit prinzipiellen Veränderung erreicht. Erst die weitgehende Freisetzung bis dahin gebundener oder ausgegrenzter Handlungsmöglichkeiten und die selbstmächtige Erschließung neuer Handlungsmöglichkeiten in der Neuzeit, die mehr sind als bloße Erweiterungen bisheriger Möglichkeiten, hat diese Dimension erreicht, wie einerseits die historische Semantik der Ordnungs- und Wirklichkeitskonzepte und andererseits die Geschichte des sozialtheoretischen Denkens zeigt, das seit Hobbes in immer neuen Variationen das Problem der Selbstkonstitution von Sozialität stellt.

Handelt es sich im Fall der Freisetzung in der Tat um das, was H. Timm als Potentialitätsentbindung bezeichnet hat, so handelt es sich im Fall der selbstmächtigen Erschließung weit darüber hinaus geradezu um die Erfindung neuer Potentialität, wie R. Lachmann, G. Neumann und D. Wellbery für den Kernbereich des Fiktionalen, nämlich für das Ästhetische betont haben. Modernität bedeutet schließlich nicht nur Ordnungsschwund und Potentialitätsentbindung, sondern auch Ordnungssuspension und Potentialitätserschließung, und bedeutet so nicht nur nolens volens eine selbstmächtige Neubestimmung des menschlichen Handlungsraumes, sondern emphatisch - eine Neubestimmung, die sich nicht nur auf empirische Handlungsräume beschränkt, sondern auch deren Struktur erfaßt, sofern Handlungsräume fortan prinzipiell disponibel sind und gemäß emanzipatorisch-aufklärerischen Selbstverständnisses auch sein sollen. Und was antik ausschließlich Handlungen und Ereignisse kennzeichnete, nämlich auch anders möglich zu sein, das kennzeichnet in der Neuzeit und Moderne darüber hinaus auch Handlungsräume und Ereignishorizonte. Daher die These, daß von einem Kontingenzbewußtsein im emphatischen, also ebenso positivierenden wie problematisierenden Sinne des Wortes überhaupt erst mit Blick auf diese Situation die Rede sein kann, weil es sich hier eben nicht um eine Erweiterung und auch nicht um eine kontinuierliche Steigerung, sondern um eine prinzipiell andere Dimensionierung des Kontingenten handelt, die mit der radikalen Öffnung des transzendentalen und empirischen Raumes in der europäischen Neuzeit korrespondiert, und die sich seit dem 18. Jahrhundert auf mindestens drei Feldern irreversibel etabliert: technisch als Naturbeherrschung, sozial als Gestaltbarkeit von Gesellschaft, ästhetisch als Autonomisierung der Kunst. Daß damit auch das Interferenzproblem eine neue, nämlich über intersubjektive Ereignishaftigkeit hinausgehende Dimension erhält, bildet das rationale Motiv für jene spezifisch modernen sozialtechnischen Entwicklungen, in deren Zentrum nicht sosehr die sicherheitsstiftende Bewältigung von Kontingenz steht, die H. Lübbe, das Versicherungsphänomen beinahe theologisierend, hervorgehoben hat, sondern eher ihre gezielte Organisierung nach versicherungstechnisch generierten Kriterien, deren Prinzip nicht Gefahrenabwehr, sondern Risikomanagement und damit gerade nicht Bewältigung, sondern Verarbeitung von Kontingenz ist. Schließlich sind es dieselben sozialtechnischen Entwicklungen, deren implizite strategische Disposition auch auf die produktivistische Entfaltung und Optimierung individueller und kollektiver Potenzen zielt, und das ist möglicherweise der strukturelle Grund dafür, daß das moderne Kontingenzbewußtsein die Ambivalenz des Kontingenten, eben dessen Eigenschaft, gleichzeitig Handlungsraum und Zufallsbereich zu sein, am Ende anders akzentuiert als das antike und die Handlungspotentialität gegenüber der Zufallspotentialität privilegiert - so sehr privilegiert, daß sie als Verschränkung von Potentialitätsentbindung und Potentialitätserfindung weit über die aufklärerische Anthropologie und ihr Postulat der perfectibilité hinaus alle Rationalität auf ihrer Seite hat.

Franz Josef Wetz

DIE BEGRIFFE „ZUFALL“ UND „KONTINGENZ“

Die Ausdrücke Zufall und Kontingenz werden heute mehrdeutig gebraucht, nicht nur umgangssprachlich, sondern auch in philosophischen und wissenschaftlichen Texten. Ihnen haftet eine merkwürdige Vagheit an, die sie mit anderen hohen populären Begriffen wie „die Würde“ oder „das Gute“ teilen. Hier wie dort verschleiert das Pathos, das mit ihnen einherzugehen pflegt, allzu leicht deren Unbestimmtheit; häufig bleibt ihre genaue Bedeutung im jeweiligen Sprachgebrauch unklar. Die beiden Wörter genießen gerade heute in Philosophie und Wissenschaft besondere Wertschätzung, dennoch sah sich bislang kaum jemand genötigt, nach ihrem genauen Gewicht zu fragen. Dabei sollte sich schon die häufige Gleichsetzung von Zufall und Kontingenz nicht von selbst verstehen.

Bereits im Lateinischen bedeutet „contingit“ mehrerlei, etwa: es trifft sich, es ereignet sich, es trägt sich zu, es geschieht, es tritt der Fall ein, es bietet sich die Gelegenheit; außerdem: es gelingt, es glückt; ferner: es folgt, es ergibt sich, schließlich etwas wird mir zuteil, fällt mir zu, begegnet oder widerfährt mir. Das gleiche bedeutete auch die griechische Formulierung συμβαίνει, die eben im Lateinischen mit „contingit“ wiedergegeben wird.

Als ursprüngliche Bedeutung von Kontingenz wird oft das Nicht- oder Andersseinkönnen genannt. Die Werke von *Aristoteles* enthalten eine erste, genauere Darstellung dieses Begriffes. Seine diesen Themenbereich beschreibenden Ausdrücke sind τύχη[1], ἐνδεχόμενον, δυνατόν[2], αὐτόματον[3] und συμβεβηκός[4].

Um von irgendetwas sagen zu können, daß es nicht sein müßte oder anders sein könnte, als es tatsächlich ist, muß man annehmen, daß es zuvor möglich war, daß es sowohl existieren als auch nicht existieren kann. Nur dann ist es sinnvoll zu sagen, daß das, was jetzt existiert, nicht existieren müßte.

Aristoteles befaßt sich mit dieser Möglichkeit, zu sein und auch nicht zu sein, besonders in *Analytica Priora,* derzufolge nur das als möglich gelten darf, was weder unmöglich noch notwendig ist. Dieses Möglichkeitsverständnis stimmt nicht mit dem in *De interpretatione* 13 überein, wonach alles möglich ist, so-

---

[1] *De interpretatione 9; Physik B.* 4-6.
[2] *De interpretatione 13; Analytica Priora* 13.
[3] *Physik B.* 4-6.
[4] *Metaphysik* D 30, E, K 8.

fern es nicht unmöglich ist, also auch das Notwendige. Die erstere Deutung wird gelegentlich zweiseitige Möglichkeit genannt, letzteres dagegen einseitige Möglichkeit.[5] Nur dasjenige, dem die Möglichkeit, zu sein und nicht zu sein, voraus- und zugrundeliegt, die zweiseitige Möglichkeit also, müßte nicht existieren. In *De interpretatione* 9 arbeitet Aristoteles den Zeitbezug der zweiseitigen Möglichkeit heraus. Nur hinsichtlich des Zukünftigen kann gesagt werden, daß es sowohl sein als auch nicht sein kann. Vorgerückt in die Gegenwart, ist es entweder oder es ist nicht. Es müßte aber nicht sein, wenn zuvor die doppelte Möglichkeit bestand. Genaugenommen ist aber nach Aristoteles die Zukunft nicht der Ursprungsort der zweiseitigen Möglichkeit, sondern bestenfalls deren Aufenthaltsort. Ihre eigentliche Quelle ist die terrestrische Materie, die Aristoteles in seiner Physik und Metaphysik als für gegensätzliche Bestimmungen aufnahmeoffen definierte. Zwar laufe in der Natur „meistenteils" alles in der gleichen Art und Weise ab, aber eben nur meistenteils. Gelegentlich geschehe auch das Unvorhersehbare; alles komme dann ganz anders als sonst. Das sei aber nur deshalb möglich, weil die allen regelmäßig wiederkehrenden Naturprozessen zugrundeliegende Materie grundsätzlich aufnahmeoffen sei für gegensätzliche Bestimmungen. In der Regel gedeihe der Weizen, Unwetter können aber die Ernte zerstören - und das nur deswegen, weil die dem Weizen zugrundeliegende Materie aufnahmeoffen sei für solche den natürlichen Wuchs behindernde oder gar zerstörende Einwirkungen.

Ähnlich seien wir Menschen aufnahmeoffen für Umstände und Ereignisse, die uns daran hindern können, angestrebte Ziele zu erreichen. Auf dem Weg zu einem Patienten wird der Arzt von einem Hammer erschlagen, der von einem Dach herunterfällt. So stoßen vorher unverbundene Kausalketten zusammen, was nur aufgrund der erwähnten Aufnahmeoffenheit der Materie für gegensätzliche Bestimmungen möglich ist. Dabei bleibt das Zusammentreffen dieser lückenlosen Kausalketten ohne direkte Ursache. Man kann weder sagen, daß der Hammer vom Dach fällt, weil der Arzt am Haus vorübergeht, noch, daß der Arzt am Haus vorbeigeht, weil der Hammer vom Dach fällt. Solche ursachelosen Zusammentreffen von Kausalketten werden heute gewöhnlich kontingent oder zufällig genannt. Jedoch müssen sie von jedem Nicht- oder Andersseinkönnen unterschieden werden, auch wenn die Möglichkeit hierzu eine notwendige Voraussetzung für solche ursachelosen Zusammentreffen sind. Die den betroffenen Menschen oder Dingen von außen aufgezwungenen Bestimmungen kommen diesen niemals wesensnotwendig zu, sondern eben zufälligerweise.

Aristoteles unterscheidet deshalb weiter zwischen Darunterliegendem (Substanz; ὑποκείμενον, οὐσία) und Dazugekommenem (Akzidenz; συμβεβηκός),

---

[5] Vgl. J. M. Bochenski, *Formale Logik,* Freiburg/München 1956, S. 95; N. Hartmann, *Möglichkeit und Wirklichkeit,* Berlin 1938, S. 46f.

welches einmal etwas Notwendiges, einmal etwas Zufälliges sei. Von vorgegebenen Begriffen ausgehend, legt er die entsprechenden Zuordnungen fest. So enthält der Begriff Mensch notwendigerweise die Bestimmung Lebewesen, nicht aber die Bestimmung Dunkelhäutigkeit. Diese ergibt sich nicht zwingend aus dem Begriff Mensch, läßt sich diesem aber widerspruchslos hinzufügen.

In der aristotelischen Philosophie erkennt man also mindestens drei Bedeutungen von Kontingenz und Zufall: erstens das Nicht- oder Andersseinkönnen von Etwas, da es zuvor die zweifache Möglichkeit gab, zu sein und nicht zu sein; zweitens das Nicht- oder Andersseinkönnen von Etwas, weil dessen Nicht- oder Anderssein grundsätzlich gedacht werden kann; schließlich drittens das unvorhersehbare Zusammentreffen unververbundener Kausalketten.

Allerdings spricht Aristoteles selbst nie von Kontingenz und Zufall. Beides, das ἐνδέχεσθαι und das συμβαίνειν der aristotelischen Philosophie wurde im 4. Jahrhundert von Marius Victorinus zum ersten Mal mit „contingere“ übersetzt.[6] Jahrhunderte später setzte vermutlich erstmals Immanuel Kant den Begriff Kontingenz mit dem Ausdruck Zufall gleich. Seither werden beide in gleichem Sinne gebraucht.

Kant unterscheidet zwischen empirischer, intelligibler und logischer Zufälligkeit.[7] ‚Empirisch zufällig‘ nennt er alle von bestimmten Ursachen abhängigen Veränderungen, wobei der Begriff Zufälligkeit hier nichts weiter als diese Abhängigkeit bedeutet. ‚Intelligibel zufällig‘ heißt dagegen alles, dessen kontradiktorisches Gegenteil, nämlich seine Nicht-Existenz, keinen Widerspruch in sich schließt. In diesem Sinne wurde der Begriff Kontingenz vor allem in der Leibniz-Wolffschen Metaphysik verwendet. Dagegen besagt wiederum ‚logisch zufällig‘, daß die Existenz von Etwas nicht aus dessen Begriff folgt. So gesehen sind die Welt und alle Dinge darin logisch zufällig. Kant kommt es nun vor allem auf den Beweis an, daß nicht von empirischer Zufälligkeit auf intelligible Zufälligkeit geschlossen werden kann, wie es in der Leibniz-Wolffschen Metaphysik stets der Fall war. Dort schloß man aus dem Phänomen der Veränderung, daß das, was entstanden ist, ebensogut auch hätte nicht entstehen können. Tatsächlich hat alles Veränderliche einmal nicht existiert und konnte somit auch einmal nicht existieren. Es ist aber ein Irrtum zu schlußfolgern, daß sich aus dem Nichtsein von Etwas zu einem früheren Zeitpunkt die Möglichkeit des Nichtseins von diesem jetzt existierenden Etwas ergibt.

In der Zeit nach Kant bis hin zur Gegenwart gebraucht man die Begriffe Kontingenz und Zufall schon weniger streng und eindeutig. Heute scheinen sie überhaupt keine genaue Aussage mehr zu enthalten, sondern sogar jegliche

---

[6] Vgl. H. Schepers, „Möglichkeit und Kontingenz – Zur Geschichte der philosophischen Terminologie vor Leibniz“, in *Filosofia* (1963), S. 901-914.

[7] Vgl. K. Cramer, „Kontingenz in Kants Kritik der reinen Vernunft“, in B. Tuschling (Hg.), *Probleme der Kritik der reinen Vernunft,* Berlin/New York 1984, S. 143-160.

„differentia specifica" verloren zu haben. Mit Wittgenstein gesprochen kann man gegenwärtig nicht immer eine „Familienähnlichkeit" zwischen den verschiedenen Verwendungen feststellen.

Bereits A. Lasson, E. Troeltsch, W. Windelband oder N. Hartmann wiesen in der Vergangenheit auf Äquivokationen im Sprachgebrauch hin.[8] Sicherlich bedeute Kontingenz oder Zufall auch Anders- und Nichtseinkönnen. Gleichfalls sei das Zufällige oder Kontingente aber auch das Unbeabsichtigte, Ungewollte, Unbezweckte, das Willkürliche; außerdem das Unerwartete, Ungewohnte, Ungewöhnliche oder Unvorhergesehene; weiter das Undurchschaubare, Unberechenbare, Gesetz- und Regellose, das Beliebige; ferner das Unwesentliche wie auch Abweichende, Vereinzelte sowie das Einmalige, Neue, Individuelle; dann das Grund- und Ursachelose, das Unbestimmte und nicht zuletzt das Unverfügbare, Unabänderliche, das Widerfahrnis, kurz gesagt, die Fügung, die von niemandem verfügt wird, das Schicksal, das niemand geschickt hat.

Diese verschiedenen Gedankeninhalte erlauben heute nicht mehr, ohne nähere Angaben von Zufall oder Kontingenz zu sprechen. Hinzu kommt, daß die verschiedenen Bereiche, in denen davon die Rede ist, streng auseinandergehalten werden müssen, denn auch in dieser Beziehung geraten die Diskussionen leicht durcheinander. Sie rufen häufig mehr Verwirrung hervor, als daß sie offene Fragen klären. Dabei bedeuten Kontingenz und Zufall in jedem einzelnen Bereich noch nicht einmal dasselbe.

1. In der christlich-metaphysischen Tradition besagt Kontingenz, daß die gesamte Welt nicht sein müßte, da sie Schöpfung eines frei wirkenden Gottes ist, der ihre Erschaffung auch hätte unterlassen können. Davon unabhängig wird in derselben Tradition aber auch oft zwischen wesenhaft Allgemeinem und existierendem Einzelnen unterschieden, wobei ersterem der Begriff Notwendigkeit, letzterem dagegen die Begriffe Kontingenz und Zufall zugeordnet werden. Notwendig und zeitlos seien die Wesenheiten aller Dinge, zufällig und kontingent der Einzelfall, die Existenz der Dinge an diesem Ort und in diesem Augenblick. Sie gelten als vergängliche Abbilder wandelloser Wesensformen, die innerhalb der festen Seinsordnung einen wesensgemäßen Platz und eine wesensnotwendige Bedeutung haben.

Im Laufe der Neuzeit ist diese feste Seinsordnung nach und nach ins Wanken geraten. Heute nennen manche die gesamte Weltordnung kontingent, was das genaue Gegenteil von Erschaffensein bedeutet; alles gilt als zufällige Hervorbringung der Natur. Es heißt, alles hätte ebensogut auch fehlen oder ausbleiben können, da hinter dem Ganzen nicht mehr eine notwendige Wesens-

---

[8] Vgl. A. Lasson, *Über den Zufall*, Berlin 1918; E. Troeltsch, „Die Bedeutung des Begriffs der Kontingenz", in ders., *Ges. Schriften Bd. 2*, Tübingen 1913, S. 769-778; W. Windelband, *Die Lehre vom Zufall*, Berlin 1870; N. Hartmann, *Möglichkeit und Wirklichkeit*, S. 38ff.

ordnung, ein letzter Zweck oder eine göttliche Vorsehung, sondern der Zufall steht.[9] Zu dieser Weltauffassung haben vor allem die modernen Naturwissenschaften wesentlich beigetragen.

2. Allen voran ist die Evolutionstheorie zu nennen, derzufolge zwar Mutationen und Selektionen grundsätzlich zu erkennende Ursachen haben, dennoch aber zufällige Ereignisse darstellen. Beide werden angeblich ausgelöst durch das unvorhersehbare Zusammentreffen vorher unverbundener Kausalketten. Im einen Falle führe das zur inneren Veränderung einer Lebensform, im anderen Falle zu deren gewaltsamer Vernichtung von außen. Dabei gelten diese Naturprozesse durchweg als richtungs- und planlos. Die Vorgänge der Natur seien von Anfang an ein unvorhersehbares Abenteuer mit offenem Ende gewesen, und die Entstehung des Menschen darin sogar höchst unwahrscheinlich. Aber nicht nur, daß die Entwicklung vom Einzeller bis zum Menschen keineswegs so geradlinig verlief, wie oftmals dargestellt wird, nicht nur, daß die Stufenleiter des wachsenden Fortschritts äußerst problematisch ist, weil die Menschheit nur ein winziges Zweiglein an einem Ast unter Ästen eines üppigen Lebensbaums darstellt - die gesamte Entwicklung hätte auch ganz anders verlaufen können. Die Naturgeschichte des Lebens scheint nicht von Anfang an determiniert gewesen zu sein.[10]

Ähnliches liest man gelegentlich auch über die gesamte Entwicklung des Kosmos.[11] Auch diese hätte sich ganz anders zutragen können; jedenfalls sei im Weltall weder eine höhere Wesensordnung noch ein besonderer Plan zu erkennen. Mit Bloch gesprochen entspringen im Weltprozeß selbst „eine Unzahl von Möglichkeiten, die dem Anfang nicht an der Wiege gesungen worden sind“[12], wenn auch sich darin nichts ursachelos zutragen sollte.

Aber selbst das ist heute bereits äußerst fragwürdig, wenn man die Quantenmechanik bedenkt, in der von spontanem Zerfall von Atomkernen oder von Strahlungsübergängen angeregter Atome in den Grundzustand die Rede ist, also von Ereignissen, die nach allem, was wir wissen, keine Ursachen haben. Deshalb spricht man in diesem Zusammenhang sogar von absolutem Zufall, womit sich heute gelegentlich auch die Gesellschaftsphilosophie befaßt.

3. Nach Hegel hat die „philosophische Betrachtung (...) keine andere Absicht, als das Zufällige zu entfernen“[13], nach M. Foucault, R. Rorty und anderen

---

[9] Vgl. E. Köhler, *Der literarische Zufall, das Mögliche und die Notwendigkeit,* München 1973.

[10] Vgl. S. J. Gould, *Zufall Mensch,* München 1989, J. Monod, *Zufall und Notwendigkeit,* München 1971; M. Eigen/ R. Winkler, *Das Spiel – Naturgesetze steuern den Zufall,* München 1985; P. Erbrich, *Zufall,* München 1988.

[11] H. Staudinger, *Singularität und Kontingenz,* Stuttgart 1985.

[12] E. Bloch, *Das Prinzip Hoffnung,* Bd. 1, Berlin 1954, S. 222.

[13] G.W.F. Hegel, *Die Vernunft in der Geschichte,* Hamburg 1955, S. 29; vgl. D. Henrich, „Hegels Theorie über den Zufall“, in ders., *Hegel im Kontext,* Frankfurt a.M. 1971, S. 157ff.

Denkern der Gegenwart ist dagegen ein Ziel philosophischen Denkens in der Geschichte das Zufällige zu entdecken. Foucault beschreibt die Geschichte als „Ort der absoluten Kontingenz“[14], der weder von göttlicher Vorsehung noch von absoluter Vernunft beherrscht werde. Kohärenz, Totalität und Kontinuität seien der Geschichte fremde Kategorien. Erst recht stelle sie kein Fortschrittsgeschehen dar, das auf ein vorgegebenes Ziel zulaufe. Im Gegenteil werde sie von Diskontinuitäten, Konflikten, Brüchen durchzogen, welche die Eine Geschichte in eine Vielzahl von Geschichten auflösen, die ebenso regellos auftauchen, wie sie wieder verschwinden, ohne daß Menschen die eigentlichen Akteure des Geschehens wären. Die wirklichen Kräfte im Spiel der Geschichte gehorchten dem „Zufall des Kampfes“[15].

Die dehnbaren Begriffe Zufall und Kontingenz werden heute von modernen Autoren oft als geschichtsbildende Größen eingesetzt. Damit widersetzen sie sich allen ganzheitlich orientierten, etwa auf endgültige Transparenz ausgerichteten Geschichtsvorstellungen, die sich tatsächlich in ein widerspruchsvolles Gespinst von Geschichten auflösen. Dabei stehen sich zwei Deutungen der geschichtlichen Wirklichkeit gegenüber. Es ist die Alternative zwischen einer die überlieferten Traditionen bewahrenden und erneuernden Geschichtenvielfalt und einem sich radikal von unserer Vergangenheit ablösenden Modernismus verschiedenartiger Neubeschreibungen unserer selbst und unserer Kultur. Sowohl diese uns prägenden Herkunftswelten als auch unsere sich stets wandelnden Neubeschreibungen werden als Produkte von Kontingenz und Zufall beschrieben, die häufig auch als die bestimmenden Mächte unseres individuellen Lebens gelten.

4. Marquard unterscheidet in diesem Zusammenhang zwischen dem „Beliebigkeitszufälligen“ unseres Lebens, das durch eigenes Wollen und Tun verändert werden kann, und dem „Schicksalszufälligen“, das uns ohne eigenes Zutun zustößt und sich gerade nicht ändern läßt. Dabei vertritt er die Generalthese, daß unser Leben hauptsächlich von Zufällen der zweiten Art abhängt: „Wir Menschen sind stets mehr unsere Zufälle als unsere Wahl.“[16] Freud hatte einst schon weniger elegant festgestellt, „daß eigentlich alles an unserem Leben Zufall ist“[17].

In der Gegenwart ruft gerade die häufige Verwendung der Ausdrücke Zufall und Kontingenz Zweifel daran hervor, ob es Zufälliges und Kontingentes überhaupt gibt. Spinoza, Nietzsche und N. Hartmann bestritten dieses. Nach deren Auffassung wird zumeist das zufällig genannt, wofür man zwar noch

---

[14] M. Foucault, *Dispositive der Macht,* Berlin 1978, S. 27.
[15] M. Foucault, *Von der Subversion des Wissens,* Frankfurt a.M./Berlin/Wien 1978, S. 98.
[16] O. Marquard, *Apologie des Zufälligen,* Stuttgart 1986, S. 127.
[17] S. Freud, *Ges. Werke,* Bd. 8, Frankfurt a.M. 1969, S. 210.

keine Erklärung besitzt, die es aber durchaus gebe. Der Begriff Zufall sei nur ein Ausdruck für ein dem Menschen nicht mögliches Durchschauen bestehender Zusammenhänge, ein „asylum ignorantiae“. Bei eindringender Erkenntnis der Sachlage weiche das vermeintlich Zufällige aber ganz dem Notwendigen. Genaugenommen schütteln „die eisernen Hände der Notwendigkeit (...) den Würfelbecher des Zufalls“[18], meint Nietzsche. Jedoch versteht der unter Notwendigkeit weder Kausalnotwendigkeit noch Wesensnotwendigkeit, aber auch nicht logische Notwendigkeit oder irgendeine andere Folgenotwendigkeit. Für ihn bedeutet Notwendigkeit absolute Faktizität, derzufolge nur das wirklich werden kann, was wirklich ist und wirklich wird, weil es die Möglichkeit, nicht wirklich zu werden, einfach nicht gibt.

Im 20. Jahrhundert hat insbesondere N. Hartmann große Mühe darauf verwendet, die Notwendigkeit alles Geschehens nachzuweisen. Seiner Auffassung nach gibt es in der realen Welt nicht gleichzeitig die doppelte Möglichkeit, zu sein und nicht zu sein, auch wenn wir immer wieder denken, daß das jetzt Existierende nicht existieren müßte. Denn real möglich sei nur das, „dessen Bedingungen alle bis zur letzten wirklich seien“[19]. Dann ist aber „die Entscheidung zum Sein schon gefallen. Es kann nicht mehr nicht sein. So muß es also sein. Und darum ist es“[20]. Fehlt auch nur eine Bedingung, so ist es real unmöglich. Beispielsweise glauben wir von einem Felsen am Gebirgshang, daß er ins Tal hinabrollen könnte. Tatsächlich sind eine Reihe von Bedingungen erfüllt, die das zu ermöglichen scheinen: die Höhe seiner Lage, die Schwerkraft der Erde, die schiefe Ebene des Abhangs. Solange aber die letzte Bedingung fehlt, etwa eine Erschütterung durch einen Fußtritt oder Windstoß, kann der Stein nicht ins Rollen kommen, und dadurch ist das Hinabrollen real unmöglich. Das Beispiel zeigt, daß „jederzeit Identität zwischen den Bedingungen der Möglichkeit und den Bedingungen der Notwendigkeit“[21] eines Ereignisses bestehen muß. Andernfalls würde es sich nicht ereignen können. Wie mit dem Felsen am Abhang verhält es sich nach Hartmann mit allem in der Welt, die somit als geschlossener Bedingungszusammenhang vorgestellt wird. Aber selbst wenn es in der Welt „kein Zufälliges“[22] geben sollte, sie ist selbst doch völlig zufällig. Dabei wird von ihm unter „Zufälligkeit des Ganzen“[23] dessen absolute Ursachelosigkeit verstanden. Die Welt sei ursache- und zwecklos, einfach da.

Nun soll an dieser Stelle nicht die Frage erörtert werden, ob die Welt tatsächlich ein grund- und zwecklos existierender Bedingungszusammenhang ist. Bei näherem Hinsehen wird deutlich, daß Hartmanns Naturverständnis

[18] F. Nietzsche, *Kritische Studienausgabe,* Bd. 3, München/ Berlin/ New York 1980, S. 468.
[19] N. Hartmann, *Möglichkeit und Wirklichkeit,* S. 159.
[20] Ebd., S. 152.
[21] Ebd., S. 165f.
[22] Ebd., S. 147.
[23] Ebd., S. 219.

stark dem neuzeitlichen Rationalismus und der mechanistischen Physik verbunden ist, die beide heute allerdings als weitgehend überholt gelten. In verschiedener Hinsicht sollte Hartmann aber Vorbild bleiben: erstens im Bemühen, solche unbestimmten Begriffe wie Kontingenz und Zufall genau zu definieren, ehe man sie gebraucht, sowie zweitens im Zweifel, ob es das alles tatsächlich gibt, wovon man gegenwärtig mit einer gewissen Selbstverständlichkeit spricht. Denn mit den Ausdrücken Zufall und Kontingenz geht doch häufig ein Pathos einher, das mehr verschleiert als klärt und damit die inhaltliche Unbestimmtheit dieser oft bemühten, vielseitigen Sprachgebilde wirkungsvoll verdeckt.

Hermann Lübbe

KONTINGENZERFAHRUNG UND KONTINGENZBEWÄLTIGUNG

I. Kontingenzerfahrung und Kontingenzbewältigung pragmatisch

In der praktischen Philosophie nennen wir Ereignisse oder Vorgänge „kontingent", sofern sie mit Handlungen handlungssinnunabhängig interferieren. Ein nicht gerade alltagsnahes Exempel für einen Zufall dieser Art bietet uns Aristoteles, nämlich das Beispiel des Schatzfundes beim Graben. Dieses Exempel hat überlieferungsgeschichtlich topische Qualität gewonnen, und das ist kein Zufall. Es handelt sich nämlich um ein Exempel für einen besonders glücklichen Zufall und damit für eine Sorte von Zufällen, deren lebenspraktische Bewältigung uns keinerlei Schwierigkeiten zu bereiten pflegt.

In anderen und lebenspraktisch gewichtigeren Fällen macht sich Kontingenzbewältigung nicht so leicht. So oder so: Stets sind Zufälle, die uns, modern gesprochen, handlungssinnwidrig betreffen, Herausforderungen zu versuchen, sie neu in Handlungssinn zu integrieren. Wir erhofften Anglerglück und sind, obwohl wir nichts gefangen haben, hernach mit dem Beruhigungseffekt eines schlechterdings aufregungslosen Nachmittags zufrieden. Ein Unfall beendet eine ordentliche Pianistenkarriere, und eine außerordentliche Kritikerkarriere beginnt. Der Ölbohrversuch scheitert, aber dafür wird eine Thermalquelle von ungewöhnlicher Schüttung gefunden.

Es erübrigt sich, diese Struktur, nach der wir aus Zufall Sinn, Handlungssinn generieren, mit alten und neuen Geschichten zu exemplifizieren. Philosophen schätzen, statt Anschauung, theoretische Sätze. Entsprechend ließe sich unsere Regelpraxis der Kontingenzbewältigung durch Transformation des Zufalls in Handlungssinn auf der Ebene höherer verbaler Komplexität auch mit den kategorialen Mitteln der Systemtheorie beschreiben. Alsdann käme, etwa, Folgendes heraus: Funktionsstörungen offener Handlungssysteme, die sich aus der Einwirkung nicht-prognostizierbarer Vorgänge in der Systemumgebung ergeben, werden funktional integriert, und zwar durch Abänderung der die Sinngrenzen des Systems definierenden Regelgrößen, und näherhin so, daß, was zuvor störte, im transformierten System sich erhaltungsdienlich auswirkt. Indessen: Es bedarf einer solchen elaborierten Beschreibung dessen, wie wir mit dem Zufall alltagspraktisch umgehen, gar nicht: Jedermann weiß ja: wir versuchen stets, das Beste aus dem Zufall zu machen, und genau das ist hier gemeint.

In modernen Gesellschaften ist Kontingenzbewältigungspraxis institutionalisiert. Der Zwang zu dieser Institutionalisierung resultiert aus Erfahrungen mit den modernitätsabhängig rasch erreichten Grenzen individueller oder auch klein-kollektiver Kontingenzbewältigungskapazitäten. Der Verlust von Wirtschaftsgütern durch Transportunfälle ließ sich ökonomisch in der Mehrzahl der Fälle verschmerzen, solange die Menge und damit der wirtschaftliche Wert dieser Güter sich in den bescheidenen Grenzen dessen hielt, was auf Pferdefuhrwerken bewegt werden kann. Bei Seetransporten hingegen wäre mit einem Schiffsuntergang zumeist auch der wirtschaftliche Untergang des Wareneigners gegeben, wenn dieser nicht auf Rechte aus einem zuvor abgeschlossenen Transportversicherungsvertrag zurückgreifen könnte.

Tatsächlich entwickeln sich, wie man versicherungshistorisch weiß, Handel und versicherungspraktische Risikoabdeckung komplementär. Risiken - das sind Zufälle, die Handlungen handlungssinngefährdend nach aller Erfahrung mit einer gewissen statistischen Regelmäßigkeit betreffen. Im Einzelfall kann man mit ihnen nicht sicher rechnen, wohl aber im Durchschnitt vieler Fälle. Kurz: Risiken – das sind handlungssinngefährdende Zufälle mit einer gewissen oder auch ungewissen Eintrittswahrscheinlichkeit.

Noch einmal: Die Bewältigung derjenigen Kontingenz, die wir als Risiken einzuschätzen gelernt haben und die zugleich in ihren potentiellen Wirkungen sich weit über die Grenzen unserer individuellen Bewältigungskapazitäten hinaus erstrecken, bewältigen wir institutionell durch Assekuranzen. Naheliegenderweise gehört der erlernte rechnerische Umgang mit Wahrscheinlichkeiten zu den kognitiven Voraussetzungen versicherungspraktischer Kontingenzbewältigung. Historisch haben sich entsprechend das Versicherungswesen und die Wahrscheinlichkeitstheorie simultan entwickelt. Einen Lebensversicherungsvertrag könnte niemand anbieten, der nicht zuvor auf der Grundlage von Sterbetafeln sich Kenntnis durchschnittlicher Lebenserwartung in Abhängigkeit vom bereits erreichten Lebensalter verschafft hätte.

Die frühneuzeitliche Erfahrung von Risiken, die zu ihrer Kompensation der institutionalisierten Kontingenzbewältigung durch ein wahrscheinlichkeitstheoretisch basiertes Versicherungswesen bedurften, betraf in der Mehrzahl der Fälle Risiken aus handlungsinterferierenden naturalen Prozessen - Orkane bei Schiffsuntergängen, Blitzschläge bei Feuerkatastrophen, Krankheiten in Sterbefällen. Eine nächste Stufe in der Komplexität des Kontingenzbewältigungsproblems wird erreicht, wenn es sich, statt dessen, um Risiken handelt, die Handlungen und Handlungsfolgen sozial entfernter Anderer für unser eigenes Handeln bedeuten. Auf diese Erfahrung, nämlich der kontingenten Einwirkung der Handlungen sozial entfernter Anderer ausgesetzt zu sein, reagieren wir durch das, was wir „Zurechnungsexpansion" nennen sollten. Zurechnungsexpansion - der so gekennzeichnete Vorgang hat rechtliche, moralische und politische Aspekte. Exemplarisch sei die Expansion der haftrechtlichen Verbindlichkeiten herausgehoben, denen wir uns als Subjekte moderner Lebensvollzüge unterworfen finden. Ineins damit expandieren die ökonomischen

Dimensionen der Sache. In der Expansion des Haftpflichtversicherungsgeschäfts spiegelt sich beides. Was das im Kontext moderner Lebensverbringung praktisch bedeutet, sei mit ein paar Hinweisen auf haftungsrechtliche Modi aktueller Kontingenzbewältigungspraxis erläutert. Erstens finden wir uns heute kontingenzbewältigungspraktisch begünstigt, nämlich als Kunden, oder auch verpflichtet, nämlich als Hersteller, durch eine dramatisch verlaufende Produkthaftungsexpansion. PKW-Halter kennen das aus gelegentlichen Rückrufaktionen der Hersteller, die zur Vorbeugung von Produkthaftungsansprüchen in ihren Vertragswerkstätten im nachhinein typenspezifische Mängel beheben möchten, die nach statistischer Evidenz sich als risikoträchtig erwiesen haben. In der Frühzeit des Kraftfahrzeugwesens hätten die Fahrer, mangelhaft informiert, Unfälle oder sonstige Risiken bereitwillig kontingent intervenierender Höherer Gewalt oder auch eigenen Fehlern zugeschrieben. Das hat sich unter dem Druck der materiellen Dimension der Schäden aus heutiger PKW-Nutzung geändert. Die Wirkungskette aus Folgen von Mängeln benutzter Produkte, die heute von Haftpflichten des Herstellers umschlossen ist, hat sich durch Gesetzgebung und Rechtsprechung außerordentlich verlängert. Zu den Gründen dieses Vorgangs gehört, noch einmal, vor allem verbesserter Informationsstand durch die inzwischen verfügbare Unfallstatistik, die statistische Korrelationen zwischen Unfallhäufigkeit und Fahrzeugtypen sichtbar macht, die auf die Spur kausaler Beziehungen zwischen gewissen Unfalltypen einerseits und gewissen Konstruktionseigenschaften andererseits führen. Diese Entwicklung bestätigt zugleich die traditionelle Zufalls-Philosophie, dergemäß - so Spinoza - von Zufall nur „respectu defectus nostrae cognitionis" die Rede sein könne. Hier handelt es sich um einen Defekt, der inzwischen in vielen lebenspraktisch, speziell auch ökonomisch überaus relevanten Fällen, immerhin, wahrscheinlichkeitstheoretisch kompensiert werden konnte. Just darum handelt es sich, noch einmal, bei der Verwandlung des Zufalls in Risiko.

Zweitens beobachten wir gegenwärtig Zurechnungsexpansion als Expansion der Haftung für Versäumnisse in der Information der Benutzer von Produkten, die als solche fehlerfrei sind. Zur Demonstration des so beschriebenen Vorgangs wird in der einschlägigen Literatur gern die kleine amerikanische Tragödie erzählt, der ein Hündchen zum Opfer fiel, das seine Herrin nach einem Bad im Mikrowellenherd trocknen wollte. Daß dergleichen einem lebenden Haustier nicht guttut, war in der Bedienungsanleitung nicht mitgeteilt worden. Dafür hatte der Hersteller nun zu haften, und es leuchtet auch den juristischen Laien ein, wieso. Der Umgang mit Feuer, gewiß, ist dem Menschen seit den allerältesten Tagen der Ur- und Frühgeschichte vertraut. Im Mikrowellenherd lodern aber keine Flammen, deren Gefährlichkeit jeder kennt, und es glüht auch nichts wie bei den Kochplatten des Elektroherds. Kurz: Die Technik des Mikrowellenherds ist eine lebenserfahrungsferne Technik. Daraus resultieren spezielle Aufklärungspflichten für die kommerziellen Anbieter solcher Technik. Sie zu erfüllen hatte der Hersteller mit Haftungsfolgen versäumt.

Kontingenzbewältigungspraktisch handelt es sich hier also um eine Kompensation von Überraschungsschäden aus unbekannt gewesenen Nebenfolgen von Handlungen durch Haftungsansprüche aus dem Grund versäumter Aufklärungspflichten. Entsprechend expandiert überall die Aufklärungspraxis - in der Fernsehwerbung für Pharmazeutika oder auch für kosmetische Produkte zum Beispiel. „Über mögliche unerwünschte Nebenwirkungen informieren Sie Packungsbeilage, Arzt und Apotheker" - so werden wir im Anschluß an den Werbespot, der die Vorzüge des Produkts ins Bild gebracht hat, von geübten Schnellsprechern belehrt. In der Mehrzahl der Länder geschieht das entsprechend neueren gesetzlichen Vorschriften, zugleich aber schließt es vorteilhaft für die Produkthersteller gewisse Haftungsrisiken aus, woraus für uns selbst ganz neue Aufklärungspflichten betreffend die Risikoträchtigkeit unseres Handelns und Konsumierens resultieren.

Drittens expandiert in Abhängigkeit von der zivilisatorischen Evolution die materielle und soziale Größenordnung der andere jeweils kontingent betreffenden Schadensnebenfolgen unserer Handlungen. Alltagspraktisch kennt das jedermann, zum Beispiel, aus dem permanenten Anstieg der Haftpflichtversicherungsprämien, die er als PKW-Halter zu entrichten hat. Die sozial vermittelte Expansion der materiellen Dimensionen kontingenter Personenschäden machen heute versicherungspraktisch auch das ärztliche Handeln riskanter als je zuvor, und nie zuvor erfuhren sich entsprechend die Ärzte auf Versicherungsschutz mehr angewiesen als heute. Es ist dieser Zusammenhang, in welchem auch verständlich wird, daß seit einigen Jahren sogar das kontingente Faktum der eigenen Existenz, näherhin der geschädigten eigenen Existenz, zum Gegenstand von Schadensersatzklagen gemacht werden konnte, nämlich in der Konsequenz der Tatsache, daß neuerdings der Unterschied, den es macht, zu sein statt nicht zu sein, oder so zu sein statt, wie gewünscht, anders zu sein, als ein durch zurechenbare Handlungen anderer bewirkter Unterschied sich darstellt. Die Nutzung und speziell auch die irrtumsmitbestimmte Nutzung der Handlungsmöglichkeiten, die uns aus den Fortschritten der pränatalen Diagnostik zuwachsen, bewirkt das.

Jeder Medienkonsument ist schließlich mit jenen spektakulären Großkatastrophen vertraut, bei denen gestrandete Großtanker die Biotope von Meeresstränden ganzer Provinzen ruinieren, abstürzende Jumbo-Jets Vorstadtquartiere in Flammenmeere verwandeln und giftige chemische Substanzen, die bei einem trivialen Rohrleitungsbruch freigesetzt werden, eine Dorfbewohnerschaft töten.

Man erkennt auch als Laie, daß die infrastrukturabhängig wachsende Größenordnung handlungsvermittelter Risiken jenseits unbestimmter Grenzen versicherungspraktisch gar nicht mehr gehandhabt werden kann. Kontingenzbewältigung durch Risikomanagement wird in solchen Fällen zu einer öffentlichen Angelegenheit. Kategorial bedeutet das: Jenseits ungewisser Grenzen wird in komplexen Systemen die Zurechenbarkeit kontingenter Handlungsfolgen an die Adresse speziell verantwortlicher individueller oder juristischer Personen fiktiv.

Mit der Veranschaulichung dessen, was oben als spezifisch moderne Form der Kontingenzbewältigung „Zurechnungsexpansion“ genannt worden war, ließe sich weit über den haftungsrechtlichen Aspekt der Sache hinaus lange fortfahren. Das erübrigt sich hier. In der begrifflichen Quintessenz besagen die veranschaulichten Bestände: Die skizzierte Zurechenbarkeitsexpansion folgt der zivilisationsevolutionären Expansion unserer realen Abhängigkeiten und Betroffenheiten von Handlungen sozial entfernter Anderer.

Zu den moralphilosophisch interessanten Konsequenzen dieses Vorgangs gehört freilich progressive Entmoralisierung der kontingenten Folgen aus solchen Handlungen sozial entfernter Anderer. Die wachsende ökonomische und kulturelle Bedeutung des Rechtsinstituts der Gefährdungshaftung macht das evident. Ihr Sinn ist die Sicherstellung verschuldensunabhängiger haftrechtlicher Zurechenbarkeit kontingenter Handlungsfolgen. Für weite Bereiche unserer rechtlich so normierten sozialen Interaktion bleibt damit der moralische Faktor außer Betracht. Sogar in strafrechtlichen Zusammenhängen wird inzwischen die moderne Inkongruenz von technisch und sozial vermittelten weitreichenden Handlungsfolgen einerseits und konstatierbarer „Schuld“ andererseits deutlich. Die unseren Gerechtigkeitsvorstellungen entsprechenden Korrelationen von schuldabhängig zugerechneter Straftat einerseits und zuerkannter Strafe andererseits sind bei den strafrechtlich relevanten Handlungen mit den kontingenten Folgen zivilisatorischer Großkatastrophen schlechterdings nicht mehr gegeben. Eine common-sense-nahe Verhältnismäßigkeit der Strafe für Trunkenheit auf der Schiffsbrücke und ihren Katastrophenfolgen fürs Biotop ganzer Meeresbuchten besteht nicht, und wer, juristisch belehrt, schließlich eingesehen hat, was hier eigentlich strafrechtlich relevant ist und was nicht, begreift zugleich, daß jenseits ungewisser Grenzen im Kontext der modernen Zivilisation Folgen aus Handlungen immer häufiger moralisch sinnvoll nicht mehr zugerechnet werden können. Das Prinzip der Verantwortung im moralischen Sinn reicht fortschreitend weniger weit als der Bereich unbeabsichtigter und in diesem Sinne kontingenter, kausalanalytisch aber identifizierbarer Handlungsfolgen.

Analoge Erfahrungen einer modernitätsabhängig sich öffnenden Schere zwischen kontingenten Handlungswirkungen einerseits und Sanktionierbarkeit dieser Handlungen andererseits sind uns auch aus dem politischen Lebenszusammenhang inzwischen vertraut. Die Auswirkungen systemspezifischer politischer Handlungen, die nach dem Untergang der entsprechenden Systeme als „Regierungsverbrechen“ qualifiziert werden, sind nach Zahl der Betroffenen ebenso wie nach Schadensausmaß gewaltig. Es gibt die Strafe nicht - und seien es die schwersten -, die hier einen von erfüllten Gerechtigkeitsansprüchen bewirkten Rechtsfrieden stiften könnten. Das bedeutet: Rechtsförmig ist eine genugtuende Bewältigung politischer Großverbrechen prinzipiell nicht möglich, und indem nichtsdestoweniger auf ihre rechtliche Verfolgung nicht verzichtet werden kann, enthüllt sich als humaner Sinn dieser Verfolgung die Vergegenwärtigung der Einsicht, daß im modernen politischen Lebenszusammenhang die kontingenten Wirkungen unserer Handlungen sich weit über den Umkreis dessen hinauserstrecken, was moralisch oder juridisch adäquat sanktionierbar wäre.

II. Kontingenzerfahrung und Kontingenzbewältigung religiös

Vor dem Hintergrund so vieler pragmatischer, überwiegend sogar ökonomisch motivierter und juridisch institutionalisierter Kontingenzbewältigung klingt es uns eher befremdlich im Ohr, wenn man überdies auch die religiöse Lebenspraxis „Kontingenzbewältigung" nennt. Das habe ich allerdings, und zwar nicht nur beiläufig, in religionsphilosophischen Arbeiten getan. Kritik, ja Spott blieb nicht aus. Wie erbarmungswürdig wenig ist doch von der Religion gesagt, wenn man sie als Kontingenzbewältigungspraxis glaubt kennzeichnen zu sollen! Dem kann man schlechterdings nicht widersprechen. Man kommt vom Hochamt, hat zu Pfingsten an einem posaunenchorbegleiteten Waldgottesdienst teilgenommen, geht als Politiker vornweg bei einer Fronleichnamsprozession mit, und nun soll gelten, in all diesen uns wohlbekannten Fällen handele es sich um „Kontingenzbewältigung"?

Indessen: Der Effekt solcher Berufung auf den Reichtum religiösen Lebens gegen die Dürftigkeit seiner konzeptuellen Kennzeichnung ist erschlichen. Namen und Kennzeichnungen von Konzepten sind sprachliche Unterscheidungsrepräsentanten, und die vorgeschlagenen Konzepte selbst sind Vorschläge für Unterscheidungs- und Zuordnungshandlungen. Es verbindet sich mit dem Vorschlag solcher Konzepte nicht im mindesten die Insinuation, daß, wer ihre Zweckmäßigkeit eingesehen hat und die Konzepte entsprechend zu gebrauchen weiß, eben deswegen auch schon mit der Wirklichkeit des religiösen Lebens in der Fülle seiner Inhalte bekannt gemacht worden sei. Die Sache verhält sich umgekehrt: Man braucht historische und lebenspraktische Vertrautheit mit dieser Fülle, um sie unterscheidungspraktisch in nützlicher Weise konzeptualisieren zu können. Die Kennzeichnung der Religion als Kontingenzbewältigungspraxis oder auch als Kultur des Verhaltens zum Unverfügbaren ist zunächst durch eine sehr einfache Pragmatik bestimmt. Sie soll den Blick auf einige fundamentale Gegebenheiten des Lebens richten, auf die wir in religiöser Lebenspraxis tatsächlich bezogen sind und in bezug auf die es zugleich absurd wäre anzunehmen, daß diese Gegebenheiten, nämlich als Gegebenheiten manifester Kontingenzerfahrung, sich durch Transformation in Handlungssinn „bewältigen" ließen - also wie oben geschildert haftrechtlich und versicherungspraktisch, in spezifisch modernen Fällen mit dem Institut der Gefährdungshaftung oder sonstige Formen der Handhabung unserer als Risiken erfahrenen kontingenten Betroffenheiten von den Nebenfolgen der Handlungen sozial entfernter Anderer. Um Zufall durch Transformation in Handlungssinn über Zurechnungsexpansion und institutionelle Konstituierung von Verantwortung bewältigen zu können, sind wir ja, statt auf Frömmigkeit, auf ökonomische, juridische, auch technische und moralische und schließlich politische Praxis angewiesen. Religion ist faule Religion, wo sie, wo solche Praxis geboten wäre, sich statt dessen empfehlen möchte. Umgekehrt heißt das: Die Religion hat ihren lebenspraktischen Ort da, wo es ganz sinnlos wäre, im Bemühen, Kontingenz in Handlungssinn zu transformieren, auf unsere mannigfachen Vermögen, Wirklichkeiten handelnd zu verändern, zu rekurrieren. Kurz: In religiöser Lebenspraxis verhalten wir uns zu derjenigen Kontingenz, die sich der Transformation in Handlungssinn prinzipiell widersetzt.

Um welche Lebensbestände handelt es sich, die in Handlungssinn transformieren zu wollen sinnwidrig wäre? In der Beantwortung dieser Frage kann es sich nicht um die Mitteilung von Neuigkeiten, nicht um Berichte von der Forschungsfront und somit auch nicht um Gehalte handeln, die geeignet wären, unsere theoretische Neugier zu befriedigen. Es muß sich vielmehr um Lebenstatbestände handeln, die in ihrem kognitiven Gehalt vollständig trivial, zugleich aber lebenspraktisch fundamental sind. Das Faktum, daß wir sind und nicht vielmehr nicht sind, ist ein Bestand von der charakterisierten Struktur: kognitiv trivial, lebenspraktisch fundamental und schlechterdings handlungssinntranszendent, das heißt auch durch Zurechnungsexpansion prinzipiell nicht einholbar, nicht auf die Verantwortlichkeit anderer zurückbeziehbar, weder als Schadensfall noch als Gewinn bilanzierbar.

Die These ist selbstverständlich nicht, daß eine allgemeine humane Notwendigkeit bestünde, explizit die in der Philosophie bekanntlich sehr traditionsmächtigen, in jeder praktischen Hinsicht aber vollständig überflüssigen Fragen zu stellen, wieso wir sind und nicht vielmehr nicht sind, wieso überhaupt etwas ist und nicht vielmehr nicht ist, wieso wir jetzt sind und nicht vielmehr längst gewesen, dieser sind und nicht ein ganz anderer etc. Der Sinn solcher Fragen ist zunächst lediglich religionsphilosophischer Art. Ihr kultureller Ort ist nicht die Kirche, vielmehr das Philosophische Seminar. Ihr Zweck ist der der kognitiven Vergegenwärtigung einer Kontingenz, die in Handlungssinn transformieren zu sollen ersichtlich sinnwidrig wäre. Jeder Versuch, unser Dasein unter Handlungssinnaspekten zu validieren, enthüllt uns diese Sinnwidrigkeit und damit genau jene Kontingenz, die gegenüber Versuchen, sie in Handlungssinn transformieren zu wollen, sich als prinzipiell resistent erweist.

Wir mögen ja finden, es sei besser, es habe uns nie gegeben. Aber „wem passiert das schon?“ zitiert dazu Odo Marquard einen Literatenkommentar, dessen Witz die mühelose Präzision ist, mit der hier die Widersinnigkeit jedes Versuchs sichtbar gemacht wird, unserem Dasein ein bewertendes praktisches Urteil vorauslaufen lassen zu wollen. Das Faktum, daß wir sind und nicht vielmehr nicht sind, läßt sich nicht als das Resultat einer Zustimmung zu diesem Faktum auffassen, die wir am Ende eines herrschaftsfreien Diskurses erteilt hätten. Im nachhinein, gewiß, mag man alles zum besten eingerichtet finden. Aber im gegenteiligen Fall gibt es im vorhinein keine Daseinsenthaltung.

Das ist nicht Existenzphilosophie, an die man sich als an eine ephemere kulturgeschichtliche Phase unseres Jahrhunderts erinnert. Das ist vielmehr die Ausgangslage, ohne die es weder für alte noch für neue Katechismen oder Gesangbücher einen Anknüpfungspunkt gäbe.

Die zitierten traditionsreichen philosophischen Fragen von der Art, wieso wir sind und nicht vielmehr nicht sind, wieso überhaupt etwas ist nicht vielmehr nichts etc., lassen sich als Fragen zur Vergegenwärtigung absoluter, das heisst prinzipiell nicht in Handlungssinn transformierbarer Kontingenz auffassen. Was aber soll dann „Bewältigung“ dieser Kontingenz heißen und in welchem Sinne wäre Religion Kultur der Bewältigung solcher Kontingenz? Die Antwort lautet: Bewältigte absolute Kontingenz ist anerkannte absolute Kontingenz.

Es kommt hier zunächst darauf an, das, was hier „Anerkennung“ genannt wird, als einen rationalen Lebensakt zu erkennen, der unterscheidungspraktisch eigenständig neben die Lebensvollzüge tritt, in denen wir Handelnde sind. In Anerkennung der Unverfügbarkeit des Daseins handeln wir nicht, wenn anders handeln heißt, technisch oder politisch, ökonomisch oder moralisch naturale, soziale und kommunikative Wirklichkeiten zu ändern oder auch zu konservieren. In Anerkennung dessen, was indisponibel ohnehin ist, wie es ist, lassen wir alles sein, wie es ohnehin schon ist, und das Einzige, was sich im Akt dieser Anerkennung ändert, sind wir selbst, nämlich in unserem Verhältnis zu diesem Bestand.

Dabei wäre es falsch, die fragliche Anerkennung in ihrer Selbstveränderungswirkung für ein von der speziellen Absicht geleitetes Handeln zu halten, aus uns selbst einen anderen zu machen - so wie wir aus uns selbst einen anderen zu machen bemüht sind, indem wir ab morgen oder besser schon ab heute anders, insbesonders richtiger als bisher lebensführungspraktisch zu leben beginnen. In der fraglichen Anerkennung sind wir gar nicht, wie Selbstpädagogen, auf uns selbst als auf ein Handlungsobjekt bezogen, vielmehr auf das Insgesamt dessen, was allen absichtsvollen Selbstbezügen indisponibel vorausliegt, und die Selbstveränderungen, die dabei eintreten mögen, sind, wie Lebensglück, nicht Handlungszweckrealisationen, vielmehr Wirkungen richtigen Lebens.

Die „Bewältigung“ absoluter, das heißt gegen Transformation in Handlungssinn absolut resistenter Kontingenz erfolgt weder technisch noch politisch, weder ökonomisch noch moralisch, und der Ausdruck „Kontingenzbewältigung“ wäre mißverständnisträchtig, sofern er uns an dergleichen denken ließe. Gelöste Probleme sind bewältigte Probleme, und es erübrigt sich hier, die unterschiedlichen Problemtypen zu charakterisieren, auf die wir entweder technisch oder politisch oder moralisch zu antworten haben.

Aber Kontingenzvergegenwärtigung hat nicht die Struktur der Vergegenwärtigung eines Problems, das nach Lösung durch Mobilisierung problemlösungskompetenter Handlungskräfte verlangt. Noch einmal: Handelnd ändern oder konservieren wir Wirklichkeiten - naturale, soziale und kommunikative. Das ist unter dem Stichwort „Kontingenzbewältigungspraxis“ oben in einigen wenigen Hinsichten beschrieben worden. Im religiösen Akt der Anerkennung unserer schlechthinnigen Abhängigkeiten hingegen ändern sich nicht diese, vielmehr ändern wir uns, nämlich in unserem Verhältnis zu diesen Abhängigkeiten.

Der Charakteristik der Religion als Kultur der Bewältigung absoluter Kontingenz durch Anerkennung ist entgegengehalten worden, sie wäre viel zu weit gefaßt. Überhaupt sei es ein Versuch mit dekultivierenden Wirkungen, die Fülle des kulturell bei uns wie anderswo manifesten religiösen Lebens „auf den Begriff zu bringen“. Dieser Einwand kommt mit der Attitüde des gebildeten Respekts vor dem Reichtum kultureller Wirklichkeiten daher, ist aber nichtsdestoweniger ein Einwand, hinter dem sich methodisch nichts als mangelhaft elaborierter Sinn für die Pragmatik von Unterscheidungen verbirgt, die uns überdies sogar, zumal in der wissenschaftlichen Welt, alltagspraktisch vollkommen vertraut sind. Es gibt ja, seit dem 19. Jahrhundert, die allgemeine Religionswissenschaft, und niemand verspürt auch nur die geringste Schwierigkeit, jene Lebensbereiche von anderen Lebensbereichen zu unterscheiden und damit zu identifizieren, die in fachlichen Zuständigkeitsverteilungen eben der Religionswissenschaft zugewiesen werden sollen. Selbst für vormoderne Kulturen, in denen der religiöse Lebensbereich von anderen Lebensbereichen nicht getrennt ist, läßt er sich doch von diesen anderen Lebensbereichen nichtsdestoweniger unterscheiden, und die Experten für die Geschichte der Architektur und Technik des Kuppelbaus sind im Regelfall mit den Experten für die religiöse Verfassung einer Kultur, die sich ein Pantheon hat einfallen lassen, nicht identisch.

Kurz: Die Unterscheidung religiöser von sonstiger Kultur macht uns unbeschadet ihrer Untrennbarkeit keinerlei Schwierigkeiten. In einem gegebenen historischen und näherhin religionsphilosophiehistorischen Kontext unternommene Charakteristik religiöser Kultur als einer Kultur der Anerkennung handlungssinntranszendenter Kontingenz ist nichts anderes als der Versuch der Präsentation eines Schemas für jene Unterscheidungshandlungen, die wir in der Zuordnung kultureller Tatbestände zum Lebensbereich der Religion statt zum Lebensbereich der Technik, des Rechts oder der Politik ständig mühelos vollziehen.

Ein weiterer Einwand will wissen, Religion als Kultur der Anerkennung handlungssinntranszendenter Kontingenz verrate Konservativismus, nämlich die Anempfehlung einer Kultur der Hinnahme dessen, was ist, anstelle der Bewältigung dessen, was ist, durch die Praxis seiner fälligen Änderungen. Diese Argumentation reicht, wie man rasch erkennt, tief in die Tradition aufgeklärter Religionskritik zurück. Sie ist nichtsdestoweniger ein Akt jener Selbstbornierung, die, im Unterschied zu früheren Formen der Selbstbornierung, für das Aufklärungszeitalter spezifisch geworden ist. Man vergegenwärtige sich diese Zusammenhänge an Beständen, die gerade unter Bedingungen erfolgreicher Aufklärung an Aufdringlichkeit gewinnen. Man denke etwa an die Selbsterfahrungskonsequenzen realisierter Chancengleichheit - zum Beispiel im Bildungswesen. Wie ergeht es denn hier jenem Gesamtschüler, der, von denkbar günstigen äußeren Voraussetzungen getragen, gleichwohl die Erfahrung machen muß, daß seinem Bankgenossen mit ungleich geringerem Aufwand gelingt, woran er selber scheitert? Dieser junge Mensch kann nicht leben lernen, wenn offiziell nicht mehr gelten soll und niemand mehr wahrhaben will, daß gerade die maximale Förderung seiner Fähigkeiten, die ihm zuteil geworden ist, ihn schließlich in einer Lage sich wiederfinden läßt, wo er vor allem lernen muß, sich in erfahrenen Grenzen seiner Möglichkeiten einzurichten. Es wäre natürlich eine absurde Charakteristik des Religionsunterrichts, der an der fraglichen Gesamtschule stattfindet, diesem Unterricht die Funktion der Resignationsbeihilfe zuzuschreiben. Aber absurder noch wäre es, wenn der Religionsunterricht statt dessen als ein Emanzipationsbeihilfeinstitut verstanden würde und wenn somit in ihm von jenen Unverfügbarkeiten gar nicht mehr die Rede wäre, die als Objekt emanzipatorischer Bemühungen prinzipiell nicht in Frage kommen. Das würde übrigens auch jenem begünstigten Schüler nicht bekommen, dem so überaus leichtfällt, was seinem Mitschüler mißlingt. Was würde aus ihm, wenn er nicht lernte, sich zu den Bedingungen seiner Mühelosigkeiten und Könnerschaften wie zu Unverfügbarkeiten zu verhalten und sie in genau dieser Meinung zu anerkennen? Das bedeutet: Die hier gemeinte Anerkennung ist, als Anerkennung unverfügbarer Daseinskontingenz, ein grundsätzlich lebenslagenindifferenter Akt. Sie ist darin auch gerade nicht ein selbstbezogener Akt. Sie bezieht vielmehr alles ein, wovon insgesamt abhängt, daß wir sind und daß wir so sind, und die Kontingenz der Welt ist damit in sie eingeschlossen.

Kontingenzanerkennung ist somit auch nicht ein sektoral begrenzter Akt. Religiöse Kultur ist von anderen Bereichen der Kultur unterscheidbar, aber nicht abtrennbar. In der Anerkennung unverfügbarer Daseinskontingenz wird die Welt nicht in einen beherrschbaren Sektor einerseits und in einen nicht-beherrschbaren Sektor andererseits, in welchem von unserer eigenen Macht verschiedene Mächte walten, aufgeteilt. Nicht, daß in Daseinskontingenz anerkennender religiöser Lebensorientierung der Nonsens kultiviert würde, die Unterscheidung von beherrschbaren und nicht-beherrschbaren Kontingenzen sei in Wahrheit fiktiv. Nicht auch, daß wir durch sie angehalten wären, doch Versuche zur Ausweitung des Bereichs beherrschbarer Lebenskontingenz zu unterlassen, damit die Lebenserfahrung schlechthinniger Abhängigkeiten möglichst an Nach- und Eindrücklichkeit nicht verliere. Wäre es so, so hätte die religiöse Lebenskultur Reservatcharakter. Sie wäre überdies in ein Reservat verwiesen, welches unaufhaltsam schrumpft.

In Wahrheit verhalten sich die Nötigkeitsbedingungen religiöser Kultur zu den kulturevolutionsbedingten Differenzen unserer Könnerschaften gänzlich indifferent. Die Unverfügbarkeiten des Lebens, in deren Anerkennung uns selbsttäuschungsfreie Übereinstimmung mit uns selbst zuteil wird, schließen unsere Könnerschaften in ihren ihrerseits nicht-disponiblen Bedingungen ein. Damit bleibt die Autonomie, die Eigengesetzlichkeit des technischen, juridischen, moralischen und politischen Handelns unberührt. Das bedeutet: Die Religion ist nichts, was uns lehrte, eine Technik gegen eine andere technologisch zu validieren oder einer wissenschaftlichen Hypothese einer anderen gegenüber den Vorzug einzuräumen. Nichtsdestoweniger ist die Zuständigkeit religiöser Lebenskultur sektoral nicht begrenzt. Das Verhalten zum Unverfügbaren hat nicht sektorale, vielmehr integrale Bedeutung. Das läßt sich, einfach, auch folgendermaßen ausdrücken: Die Religion ist nicht für alles im Leben zuständig, aber fürs Ganze.

Der aufgeklärte Religionskritiker Karl Marx fand, wer Gott als Schöpfer der Welt bekenne, kompensiere verbliebene Inkompetenzen in der Produktion seiner Lebensvoraussetzungen, so daß, im dermaleinst erreichten Zustand unbegrenzt kompetenter Vollemanzipation, auch die Nötigkeitsbedingungen religiöser Mängelkompensation und somit die Religion selbst entfallen. Das ist, wie man sich erinnert, keine harmlose Religionskritik. Sie bot für blutige Verfolgungen der Religion im real existent gewesenen Sozialismus, zumal in seiner leninistischen Frühphase, die Legitimationsbasis.

Hat man indessen, was ja auf der kognitiven Ebene seiner vollständigen Trivialität wegen gar nicht schwerfällt, den prinzipiellen Widersinn aller Formeln erkannt, die, individuell oder kollektiv, für die Zukunft einen Zustand des Daseins als Resultat seiner Selbstergreifung verheißen, so hat man ineins damit sich jene Daseinslage vergegenwärtigt, die wir in ihrer absolut kontingenten Verfassung einzig anerkennen, aber nicht handlungspraktisch „bewältigen" können. Und diese Anerkennung, noch einmal, ist ein integraler und nicht ein sektoraler Lebensakt.

Exemplarisch heißt das: Im Bücherregal behauptet das Gesangbuch, durchaus sektoral, seinen Standplatz neben der Fülle übriger nützlicher Hausbücher vom Do-it-Yourself-Ratgeber bis hin zur aktualisierten Anleitung für die Einkommenssteuererklärung. Aber es wäre ersichtlich unsinnig zu sagen, daß, analog zu den übrigen nützlichen Lebensanleitungen, das Gesangbuch auch seinem Gegenstandsbereich nach sektoral begrenzt sei. Durchaus asymmetrisch zu den Beziehungsverhältnissen zwischen den übrigen Lebenskunden und Lebenshilfen bezieht es sich auf unser Leben integral. Von Gott und Welt ist buchstäblich die Rede, von Geburt und Tod, von Leben und Sterben und von den letzten Dingen am Ende aller Zeiten. Gewiß: Auch zum Thema „Auf Reisen" finden sich einige Strophen, aber doch nicht von der Art anderer Reiseführer, vielmehr in Erhebung der Reise, vor der man steht, zur Metapher des Lebens etc. Auch bei „Sturm- und Wassernot" gibt es etwas zu singen, „Bei reichlicher Ernte" sowie „Bei sparsamer Ernte". Aber in allen diesen und in vielen weiteren Fällen handelt es sich nicht um sektorale Spezifikationen, auf die wir kompetenzdifferenzierend zu antworten hätten. Weder dem Baedeker noch der Feuerwehr wird Konkurrenz gemacht, vielmehr vergegenwärtigt, daß wir in keiner Lebenslage der Bedingungen unseres Daseins mächtig sind, und darauf antworten die fraglichen Lieder dann mit ihrem Dank, ihren Bitten und Klagen.

Der zitierte Lebenslagenkatalog klingt natürlich etwas altväterlich, und in der Tat bezieht er sich auf Texte vom 16. bis zum 19. Jahrhundert. Andererseits haben sich natürlich Sturm- und Wassernöte inzwischen nicht erledigt und, nämlich in anderen Weltgegenden, Hungerkatastrophen bewirkende Mißernten ohnehin nicht. Nur sind inzwischen viele andere zivilisationsspezifische Nöte, zumeist als kontingente Nebenwirkungen technisch instrumentierten Handelns, hinzugekommen. Nichts steht, im Prinzip, entgegen, das bei der jeweils nächsten Gesangbuchrevision zu berücksichtigen, wenn man, auf der anderen Seite, zugleich auch zu berücksichtigen hat, daß die Bemühung, konkret zu sein, bei zunehmender Geschwindigkeit in der Änderung unserer zivilisatorischen Lebenslagen schließlich in einem sinnwidrigen Aktualismus enden müßte, der es, sozusagen auf einem höheren Abstraktionsniveau, als Vorzug erkennen läßt, sich auf das zu beschränken, was sich glaubensgeschichtlich indifferent zu dem Unterschied verhält, den es macht, ob uns Nöte aus aufgehaltenem Fortschritt oder die kontingenten Nebenfolgenlasten stattfindenden Fortschritts drücken.

Der naive Fromme und der die Vorzüge frommer Naivität reflektierende Intellektuelle erst recht wird vielleicht finden, die vorstehende Art, die Funktion des Gesangbuchs zur Funktion anderer Hausbücher in Beziehung zu setzen, sei eine Art der Beschreibung, die sich auf die Intentionen der Verfasser der Gesangbuchlieder gar nicht einläßt. Immerhin werde, zum Beispiel in jenem fraglichen Reiselied, Christus als „der rechte Weg zum Himmel" bekannt und nicht etwa Kontingenzbewältigungsbeihilfe geleistet.

Dieser Einwand ist aber buchstäblich konfus, das heißt, er konfundiert unterscheidungsbedürftige Ebenen der Betrachtung. Die These ist ja nicht, wir fänden im fraglichen Gesangbuch eine Anleitung zum Verständnis der Religion als einer Lebenspraxis, in der wir uns zur Unverfügbarkeit unserer Daseinskontingenz in ein Verhältnis setzen. Regeln für den Gebrauch des Prädikators „Religion" sind in keinem Gesangbuch zu finden, und nicht einmal das Wort „Religion" kommt, wie man erwarten durfte, in einem Gesangbuch vor. Aber was besagt das? Es besagt, daß das Gesangbuch Texte religiöser Literatur enthält und seinem institutionellen Status nach landeskirchenoffiziell ist und eben nicht ein Werk mit Beiträgen zur Religionstheorie.

Wer vom Gesangbuch in intentio directa Gebrauch macht, dankt Gott, bringt Bitten vor ihn, klagt oder singt zum Pfingstfest. Die Auskunft aber, eben darum handele es sich doch - jedenfalls in unserer hiesigen Religion oder Konfession - und nicht um „Kontingenzbewältigung durch Anerkennung unserer schlechthinnigen Abhängigkeiten", macht aus einem Reflexionsverhältnis eine windschiefe Alternative. Geschieht das, mit Blick auf den entsprechend erschlichenen Beifall der Frommen, absichtlich, so handelt es sich dabei um das, was Hegel „frommes Aufspreizen mit Christenthum" nannte.

Alois Hahn

RISIKO UND GEFAHR

Eine der wichtigsten Unterscheidungen im Zusammenhang mit der Typisierung verschiedener Formen des Umgangs mit Kontingenz dürfte die Differenz von Risiko und Gefahr sein. Dabei stellt Risiko jene Bedrohung dar, die absichtlich gewagt wird, die man also sich selbst zurechnet und die im Prinzip vermeidbar wäre, wenn man auf bestimmte Handlungen verzichtete. Gefahr hingegen rechnet man der Umwelt zu. Sie erscheint als entweder überhaupt unkontrollierbar oder doch wenigstens nicht primär durch eigene Aktionen. Das schließt natürlich nicht aus, daß man durch Eingriffe in die Umwelt diese weniger gefährlich zu gestalten sucht. Die Unterscheidung geht in der Soziologie auf Niklas Luhmann zurück. „Es ist wichtig, zwischen Risiko und Gefahr begrifflich klar zu unterscheiden. Von Risiken spricht man dann, wenn etwaige künftige Schäden auf die eigene Entscheidung zurückgeführt werden. Wer kein Flugzeug besteigt, kann nicht abstürzen. Bei Gefahren handelt es sich dagegen um von außen kommende Schäden. Um im Beispiel zu bleiben, daß man durch herabfallende Flugzeugtrümmer getötet wird. Beide Fälle behandeln die Ungewißheit eines künftigen Schadens, sind also Gegenfälle zur Sicherheit. Sie unterscheiden sich aber an der Frage, ob das Unglück auf eine Entscheidung zugerechnet wird oder nicht."[1]

Grundsätzlich könnte der Anlaß für diese Unterscheidung historisch „(...) darin gelegen haben, daß man lernen mußte, Risiken nicht nur negativ zu sehen wie Gefahren, sondern sie als Gegenstand einer absichtlichen Unternehmung betrachtet und sich für die Absorption von Risiken bezahlen läßt"[2].

Tatsächlich scheint der Begriff des Risikos seit dem ausgehenden 15. Jahrhundert[3] im Zusammenhang der Seeversicherungsgeschäfte benützt worden zu sein. Gefahren flieht man, Risiken sucht man, insofern es sich bei ihnen um gewinnträchtiges Sich-Einlassen auf Bedrohliches handelt. Wäre alles sicher, gäbe es folglich keine Kontingenz, wäre nicht nur alles bereits entschieden und

---

[1] N. Luhmann, „Verständigung über Risiken und Gefahren", in *Die politische Meinung,* Mai 1991, Nr. 258, S. 86. Ausführlicher hierzu unterdessen Luhmanns Werk: *Soziologie des Risikos.* Berlin/New York 1991.

[2] Luhmann, *Ökologische Kommunikation,* Opladen 1986, S. 139.

[3] „Der Begriff Risiko wird um 1500 aus dem Italienischen entlehnt, wo er seit dem 14. Jh. im Seeversicherungswesen Verwendung findet und von wo er sich im 15. Jh. im Mittelmeer ausgebreitet hatte" (O. Rammstedt, „Risiko", in *Historisches Wörterbuch der Philosophie,* Bd. 8, Darmstadt 1992, Sp.1045).

eigentlich langweilig, sondern es ließe sich aus dem Wagnis selbst auch kein Profit mehr ziehen. Nun sind natürlich bereits die Seeversicherungsgeschäfte der Venezianer des 15. Jahrhunderts kein bloßes tollkühnes Spiel mit Zufällen. Auch hier müssen bereits Erfahrungen und Kenntnisse von den Umständen - zumindest praktisch - die Wahrscheinlichkeit günstiger mit der Wahrscheinlichkeit ungünstiger Ausgänge in Beziehung gesetzt haben.

Der entscheidende Durchbruch für die rationale Behandlung von Kontingenz ergibt sich aber erst mit der Entdeckung (oder soll man sagen Erfindung?) der Wahrscheinlichkeitsrechnung im 17. Jahrhundert. Die genialste Anwendung findet sich dabei m.E. bei Pascal. Es geht darum, aus der Verknüpfung von Zufälligkeiten Theorien über das Notwendige zu generieren. Man kann auch formulieren: Die Sicherheit des Handelns koppelt sich ab von der Unvorhersehbarkeit bestimmter Ereignisse. Das ist ursprünglich im Kontext von Gewinnstrategien bei Glücksspielen entwickelt worden und wird bei Pascal in einer kühnen Ausdehnung des Ansatzes auf die Frömmigkeit angewandt: Man weiß nicht, ob es Gott gibt oder nicht. Nach herkömmlicher Auffassung wäre damit jede Basis für Frömmigkeit entfallen. Die Logik der Wette, die Pascal vorführt, koppelt indessen die Notwendigkeit zur Frömmigkeit völlig ab von der Existenz Gottes und unser Wissen darüber: Man muß in beiden Fällen fromm sein. Die Frömmigkeit erweist sich insofern als Eigenwert religiöser Sensibilität. Sie macht sich von der „Zufälligkeit" der Existenz oder Nicht-Existenz Gottes unabhängig. Frömmigkeit ist sozusagen vernünftig „etsi Deus non daretur". Die Überlegungen zur Wette bei Pascal sind in dieser Hinsicht eines der faszinierendsten Beispiele für die Generierung von Sicherheit aus Unsicherheit:

> Car il ne sert de rien de dire qu'il est incertain si on gagnera, et qu'il est certain qu'on hasarde, et que l'infinie distance qui est entre la certitude de ce qu'on s'expose et l'incertitude de ce qu'on gagnera égale le bien fini qu'on expose certainement à l'infini qui est incertain. Cela n'est pas ainsi. Tout joueur hasarde avec certitude pour gagner avec incertitude; et néanmoins il hasarde certainement le fini pour gagner incertainement le fini, sans pécher contre la raison. Il n'y a pas infinité de distance entre cette certitude de ce qu'on s'expose et l'incertitude du gain: cela est faux. Il y a, à la vérité, infinité entre la certitude de gagner et la certitude de perdre. Mais l'incertitude de gagner est proportionnée à la certitude de ce qu'on hasarde, selon la proportion des hasards de gain et de perte. Et de là vient que, s'il y a autant de hasards d'un côté que de l'autre, le parti est à jouer égal contre égal; et alors la certitude de ce qu'on s'expose est égale à l'incertitude du gain: tant s'en faut qu'elle en soit infiniment distante. Et ainsi notre proposition est dans une force infinie, quand il y a le fini à hasarder à un jeu où il y a pareils hasards de gain que de perte, et l'infini à gagner.[4]

Die Gefahr, daß es Gott am Ende gar nicht gebe, wird von Pascal in ein begrenztes Risiko des Verlusts endlicher Einsätze transformiert. Damit wird -

[4] Pascal, *Pensées* (éd. Sellier), Paris 1976, S. 356f. (= fr. 606 Brunschvicg).

jedenfalls auf der Ebene der Argumente - die Frömmigkeit zum Eigenwert der Vernünftigkeit, dessen Richtigkeit von der Kontingenz der Existenz oder Nicht-Existenz Gottes unabhängig wird.

Ganz ähnlich funktioniert natürlich auch die Staatstheorie von Hobbes (die Pascals im übrigen auch): Man weiß nicht, was Gerechtigkeit ist. Deshalb muß man der herrschenden Staatsgewalt gehorchen. Der Eigenwert des Gehorsams ist Friede, und zwar unabhängig davon, ob die Herrschaft gerecht oder ungerecht ist. Auch hier wird die unendliche Gefahr des Kriegs aller gegen alle verwandelt in das begrenzte Risiko suboptimaler Engagements.

Die mathematische Fassung der Eigenwerte kann sich ein Nicht-Mathematiker wie ich am einfachsten an einem Beispiel klarmachen, nämlich an den rekursiven Gleichungen. Die Anweisung lautet, daß man das Ergebnis einer Operation zum Ausgang („Input") der nächsten identischen Operation nimmt: So ist etwa der Eigenwert der Quadratwurzel gleich eins; denn ganz gleich, ob man das Wurzelziehen mit dem Wert 3 555 964 oder dem Wert 4 beginnt, wenn man unendlich oft aus dem jeweiligen Resultat die Quadratwurzel zieht, läuft das Endergebnis auf den Grenzwert eins zu. Angewandt auf unser Thema besagt das, daß die Kontingenz der Ausgangszahl durch das rekursive Verfahren in ein inkontingentes Ergebnis transformiert wird: Es kommt immer dasselbe heraus, weil das Resultat eben eine Konstruktion des jeweiligen rekursiven Verfahrens ist.

Für die Gegenwart im allgemeinen ist es nun charakteristisch, daß sie dazu tendiert, immer mehr Gefahren als Risiken zu interpretieren. Vieles, was noch vor einigen Generationen als unvermeidlicher Schicksalsschlag empfunden worden wäre, erscheint jetzt als Resultat von zurechenbaren Handlungen oder Unterlasssungen. Selbst Naturkatastrophen werden dann als Folge prinzipiell vermeidbarer Eingriffe interpretiert. Wer für z.B. die Erhaltung bestimmter Produktionsweisen ist, plädiert damit für die Inkaufnahme der Verbreiterung des Ozonloches usw. Das Problem liegt allerdings darin, daß nicht von vornherein feststeht, wie im Einzelfall zugerechnet werden soll: „Was für die einen ein Risiko ist, ist für den anderen eine Gefahr. Der Raucher mag seinen Krebs riskieren, aber für andere ist er eine Gefahr. Ebenso verhält sich der Autofahrer, der riskant überholt, der Konstrukteur und Betreiber von Atomkraftwerken, die gentechnologische Forschung - um Beispiele ist man nicht verlegen. Ja man kann sogar fragen, ob es den Fall überhaupt gibt, den unser liberaler Verfassungsstaat und seine Freiheitsideologie voraussetzen: daß man seine eigenen Interessen fördern könne, ohne andere zu schädigen; oder anders formuliert, daß man riskant handeln könne, ohne andere zu gefährden."[5]

Es kommt auf diese Weise zu einer Trennung von „Entscheidern" und „Betroffenen". Nur unter sehr einfachen Bedingungen gilt, daß wer die Gefahr

[5] Luhmann, „Verständigung", S. 88f.

liebt, in ihr umkommt. Immer häufiger sind Situationen, daß jemand glaubt, er werde umkommen, weil ein anderer die Gefahr liebt. „Wenn es dem Esel zu wohl geht, geht er aufs Eis", sagte man sprichwörtlich. Jetzt aber haben manche das Gefühl, sie gingen unter, weil andere aufs Eis gegangen sind. Bisweilen mag es auch ganz unstrittig sein, wer etwas riskiert und wer deshalb - ohne selbst etwas dafür zu können - gefährdet wird. So wird man vielleicht den riskant Überholenden leicht und mit Hoffnung, dafür sozialen Konsens zu finden, als den allein Verantwortlichen für die Gefährdung anderer bestimmen können. Aber was wäre, wenn man dagegen gelten machte, daß man ja eine Situation hätte meiden können, in der man mit riskanten Überholern rechnen muß? Grundsätzlich erweist sich also, daß die Zuschreibungen von Verantwortung, von Gefahr und Risiko sozial umstritten sein können. Sie sind selbst möglicher Gegenstand von konfliktreichen Auseinandersetzungen. Konsens über solche Fragen ist dann selbst eine knappe Ressource. Und eventuelle Rechtsregeln mögen als ungerecht angesehen werden.[6]

Ein aktuelles Beispiel aus meinen eigenen Forschungen: Im Kontext der gesellschaftlichen Folgen von Aids zeigt sich etwa, daß man natürlich unentwegt darüber streiten kann, ob Aids-Infizierte ein Risiko für Nicht-Infizierte darstellen, dem man sich durch geeignete Maßnahmen, z.B. grundsätzliche Benutzung von Kondomen oder Verzicht auf Sexualverkehr mit fremden Partnern, weitgehend entziehen kann oder aber ob sie als Gefahr angesehen werden müssen, gegen die der einzelne nichts unternehmen kann.

Unsere Daten[7] zeigen, daß eine gewisse Tendenz besteht, die Gefahr (im Gegensatz zum Risiko) der Infektion bewußtseinsmäßig um so gesteigerter zu erleben, je geringer die Wahrscheinlichkeit ist, sich anzustecken. So ergibt sich etwa in unserer Studie, daß die Angst vor Insektenstichen, Zahnarztbehandlungen, Küssen, Benutzung fremder Toiletten usw. als möglichen Kontaminationsquellen deutlich überproportional bei Leuten ist, die mit einem festen Partner treu zusammenleben, keineswegs drogensüchtig oder sonst objektiv gefährdet sind.

Aber auch im Bereich der Sexualität wäre rein logisch natürlich nicht entscheidbar, ob der mutmaßlich nicht Infizierte, der sich auf einen sexuellen Kontakt ungeschützt einläßt, sich riskant verhält, weil man mit der Tatsache der Infektion bei unbekannten Partnern grundsätzlich rechnen muß und also einen ihn treffenden Schaden selbst zu verantworten hat, oder ob der Infizierte allein verantwortlich ist.

---

6 Für die Problematik der Verständigung und die Schwierigkeit, kommunikativ zu einer Einigung zu kommen, vgl. A. Hahn, „Verständigung als Strategie", in M. Haller et al. (Hg.), *Kultur und Gesellschaft,* Frankfurt am Main und New York 1989, S. 346-359.

7 Vgl. W.H. Eirmbter/A. Hahn/R. Jacob, *AIDS und die gesellschaftlichen Folgen,* Frankfurt a.M./New York 1993.

Die bisher vorliegenden höchstrichterlichen Entscheidungen in der BRD nehmen hier eindeutig Stellung: Wer gefährlich ist und das weiß (also wer ein positives Testergebnis mitgeteilt bekommen hat), muß den Kontakt mit sich für die anderen in ein Risiko verwandeln, wenn er strafrechtlicher Verfolgung entgehen will. In der juristischen Literatur gab es dazu auch andere Meinungen: Man vertrat etwa die Auffassung, daß homosexueller Verkehr als solcher ein Ansteckungsrisiko birgt, so daß jeder, der sich auf ihn einläßt, die eventuellen Folgen sich selbst zurechnen müsse. Der BGH indessen gibt jenen Recht, welche die Abwehr der Gefahr in die Verantwortung der „Gefährlichen" legen, und nicht denen, die glauben, jeder müsse sich selbst schützen.

Wer sind die einen, wer die anderen? Die bisherige Forschung hat sich diesem Problem generell zugewandt und Bestimmungsgründe für Risikoakzeptanz erhoben. Die einschlägige Literatur findet sich vor allem unter der Überschrift „Verhalten unter Unsicherheit".[8] Die bisherigen Daten legen den Schluß nahe, daß Urteile darüber, wie die Verteilung von Risiken vorgenommen werden soll, was als Risiko, was als Gefahr zu gelten habe, wer verantwortlich sei, hochgradig divergieren. Persönlichkeitsstruktur, moralische Überzeugungen und Gruppenzugehörigkeit erklären dabei jeweils nur einen Teil der gemessenen Varianz. Unsere eigenen Studien legen nahe, daß diejenigen am ehesten bereit sind, die prinzipiell unaufhebbare Kontingenz von Alter Ego als Gefahr zu interpretieren, die in geringerem Ausmaß als andere über sozial vermittelte Ressourcen zur Selbstgestaltung des eigenen Lebens verfügen: ältere Menschen, Personen mit geringem Einkommen oder geringerer formaler Bildung usw. Die Umdeutung des Bedrohlichen in ein Risiko findet sich hingegen bei den Gruppen, die eine vergleichsweise hohe Gestaltungskompetenz in bezug auf ihre soziale Umwelt zeigen: Sie betrachten z.B. bestimmte Sexualkontakte nicht als „gefährlich", also als ubiquitär lauernde Bedrohung durch die Unberechenbarkeit des anderen, sondern als kalkulierbares Risiko, wobei u.U. der vermutete Gewinn an „Lebensqualität" bewußt mit dem Risiko perniziöser Ausgänge verglichen wird, und zwar in Abhängigkeit (im Sinne

---

[8] Vgl. als Beispiel die auch von Luhmann verarbeiteten Untersuchungen zum Thema: N. Kogon/M.A. Wallach, „Risk Taking as a Function of the Situation, the Person, and the Group", in *New Directions in Psychology III* New York 1967, S. 111-278. H.J. Otway, „Perception and Acceptance of Environmental Risk", in *Zeitschrift für Umweltpolitik* 2 (1980), S. 593-616. B. Fischhoff u.a., *Acceptable Risk,* Cambridge (England) 1981. H.S. Thompson, *Hell's Angels,* New York 1966. D. Kahnemann/P. Slovic/A. Tversky, *Judgement under Uncertainty,* Cambridge (England) 1982. W.D. Rowy, *An Anatomy of Risk,* New York 1977. Ch. Starr/R. Rudman/Chr. Whipple, „Philosophical Basis for Risk Analysis", in *Annual Review of Energy* 1 (1976), S. 629-662. Fragen rechtlicher Behandlung von Risikoübernahme, Restrisiken und deren Verantwortungszuschreibung finden sich vor allem im Kontext des Umweltrechts, etwa: H. Hofmann, *Rechtsfragen atomarer Entsorgung,* Stuttgart 1981. K.-H. Ladeur, *„Abwägung" - Ein neues Paradigma des Verwaltungsrechts: Von der Einheit des Rechts zum Rechtspluralismus,* Frankfurt 1984. T. Page, „A Genetic View of Toxic Chemicals and Similar Risks", in *Ecology Law Quaterly,* 7 (1978), S. 207-244.

der Doppeldeutigkeit des englischen Wortes „contingent", das hier nicht mehr „zufällig" heißt, sondern „abhängig von": „contingent upon") von Kriterien der Auswahl der Partner, der Wahl der Sexualtechniken usw. Die Kontingenz bleibt in beiden Fällen erhalten. Sie wird aber im einen Fall als virtuelle Lähmung des eigenen Handelns, im anderen als Chance riskanten Wagens empfunden, also einmal selbstreferentiell und einmal fremdreferentiell verbucht.

MICHAEL MAKROPOULOS

MODERNITÄT ALS KONTINGENZKULTUR
KONTUREN EINES KONZEPTS*

I

An Land sind Grenzen tatsächlich nichts, was die Geographie den Menschen aufgezwungen hätte. Denn Landgrenzen sind Artefakte, und die müssen nicht so sein, wie sie sind.[1]

Anders verhält es sich mit der Grenze zwischen Land und Meer. Küstenlinien sind nämlich im eminenten Sinne, was man ‚natürliche Grenzen' nennt, Grenzen also, die weder vom Menschen gezogen worden sind, noch von ihm ohne weiteres, das heißt, ohne technische Hilfsmittel, überwunden werden können. Unabweisbare Grenzen überdies, weil Küstenlinien nicht wie Landgrenzen vergleichbare Territorien trennen, sondern unvergleichbare Elemente. Und lange Zeit war damit auch der ontologische Ort des Menschen unbezweifelt, weil die Küstenlinie nicht nur die Trennlinie zwischen Land und Meer, und nicht nur die Berührungsstelle zweier verschiedener Elemente ist, sondern auch die „naturgegebene Grenze des Raumes menschlicher Unternehmungen", wie H. Blumenberg es formuliert hat.[2]

Das ändert sich folgenreich mit der Erfindung und Entwicklung nautischer Technologie, die diese Grenze überschreitbar macht - und damit zugleich die dauerhafte Problematisierung selbstmächtiger Erweiterungen des menschlichen Handlungsbereichs provoziert. Und was dann in der nautischen Metaphorik thematisiert wird, die sich seit der griechischen Antike bis in die Moderne des 20. Jahrhunderts durch die Geschichte der Reflexion auf das Menschen Mögliche und dem Menschen Gemäße zieht, ist nicht nur die philosophische Frage nach dem ontologischen Ort des Menschen, sondern auch die politische nach seinem sozialen Ort. Nebenaspekt der Seefahrt als Daseinsmetapher: In dieser Thematisierung wird der Mensch von Anfang an als dispo-

---

* Ausführlich vgl. M. Makropoulos, *Modernität und Kontingenz,* München 1997.

[1] Vgl. L. Febvre, „‚Frontière' - Wort und Bedeutung", in ders., *Das Gewissen des Historikers,* Berlin 1988, S. 34. Zur Wort- und Begriffsgeschichte von „Grenze" vgl. H. Medick, „Zur politischen Sozialgeschichte der Grenzen in der Neuzeit Europas", in *Sozialwissenschaftliche Forschungen* 20 (1991), S. 159f. Zur Entnaturalisierung kultureller Grenzziehungen schon in der Antike vgl. R. Koselleck, „Zur historisch-politischen Semantik asymmetrischer Gegenbegriffe", in ders., *Vergangene Zukunft,* Frankfurt a.M. 1979, S. 221f.

[2] H. Blumenberg, *Schiffbruch mit Zuschauer,* Frankfurt a.M. 1979, S. 10. Vgl. auch F. Braudel, „Das Meer", in F. Braudel, G. Duby, M. Aymard, *Die Welt des Mittelmeeres,* Frankfurt a.M. 1990, S. 37ff.

nibles Wesen anerkannt, das weder auf einen einzigen Ort, noch auf eine einzige Lebensform festgelegt ist. Denn schon die Frage nach dem einen ontologischen oder sozialen Ort des Menschen setzt den Verdacht voraus, daß es mehr als einen solchen Ort und mehr als eine solche Lebensform geben könnte. Oder wenigstens doch keine definitiven.

In der nautischen Metaphorik repräsentiert das Meer Unberechenbarkeit, Gesetzlosigkeit und Orientierungswidrigkeit; es ist der Inbegriff für die Sphäre der für den Menschen unverfügbaren Willkür der Gewalten. Denn das Meer ist kein strukturierter oder strukturierbarer Raum wie das Land, sondern „ein Universum für sich, ein Planet", wie F. Braudel die antike und noch vorneuzeitliche Perspektive beschrieben hat, ein offener Wirklichkeitsbereich, der jeden Ordnungsversuch vereitelt.[3] Daß der Mensch dennoch das Festland verläßt, das als ihm gemäßer Lebens- und Handlungsraum gilt, ist deshalb in der antiken Variante der Seefahrtmetapher nicht bloß als gewagte Grenzüberschreitung aufgefaßt worden, sondern als Grenzverletzung, als widernatürlicher Frevel und frivoler, wenn nicht sogar blasphemischer Schritt ins Maßlose aus Hybris und Luxussucht, der das angestammte Leben an Land nicht genügte.[4] Nebenbei bemerkt: Analog hierzu entfaltet sich die Motivik der Luftfahrtmetapher, wenn auch mit dem nicht unwesentlichen Unterschied, daß die aviatische Metaphorik für das intellektuelle ‚Abenteuer' steht, während die nautische aufs pragmatische gemünzt ist.[5] Die Meerfahrt galt als bewußte Grenzverletzung, denn sie war Sache individueller Entscheidung, die auch anders hätte getroffen werden können, nämlich für den - um im Bild zu bleiben - festen, angestammten und erprobten Ort an Land, den Ort des Zuschauers, der sich auf das Unberechenbare gar nicht erst einläßt, und der sich durch den möglichen - und nicht seltenen - Schiffbruch des Seefahrers die Vernünftigkeit seiner Entscheidung bestätigen läßt.[6]

---

[3] Vgl. F. Braudel, „Das Meer", S. 37ff. Hier wird - beiläufig bemerkt - auch deutlich, daß sich in der nautischen Metaphorik trotz aller technischen Fortschritte der Seefahrt die vorneuzeitliche Perspektive bis in die Gegenwart durchgehalten hat. Die Persistenz von Metaphern hat eben wenig mit dem Realitätsgehalt der Bilder zu tun, die ihnen zugrundeliegen.

[4] H. Blumenberg, *Schiffbruch mit Zuschauer,* S. 10f. Vgl. auch H. Blumenberg, *Der Prozeß der theoretischen Neugierde,* Frankfurt a.M. 1980, S. 53. Zur Meerfahrt als „Wagnis" vgl. auch Braudel, „Das Meer", S. 44f. Weitere Belege für die philosophische Verwendung der nautischen Metaphorik in H. Blumenberg, *Die Sorge geht über den Fluß,* Frankfurt a.M. 1987, S. 5-41.

[5] Von Dädalos heißt es in der Sage, „er überwältigte mit seinem Erfindungsgeiste die Natur. (...) Doch schwang er besonnen und kunstvoll das Gefieder", während Ikaros, „durch den glücklichen Flug zuversichtlich gemacht, (...) in verwegenem Übermute mit seinem Flügelpaar einer höheren Zone zusteuerte" und abstürzte. So bei G. Schwab, *Sagen des klassischen Altertums,* Erster Teil, Frankfurt a.M. 1975, S. 64f. Ein Beispiel unter vielen für die moderne Verwendung der aviatischen Metaphorik ist A. Webers Metapher der „freischwebenden Intelligenz", mit der K. Mannheim die soziale Position des Intellektuellen in der Moderne kennzeichnete. Vgl. K. Mannheim, *Ideologie und Utopie,* Frankfurt a.M. 1985, S. 134-143.

[6] Blumenberg, *Schiffbruch mit Zuschauer,* S. 28 bzw. 12.

Diese Bedeutung der nautischen Metaphorik wandelt sich in der Neuzeit grundlegend. Denn die Aufklärung hat im Bild der Seefahrt nicht die technisch herbeigeführte Verletzung der Grenze menschlicher Unternehmungen thematisiert, sondern die berechtigte Glückssuche. Und hat damit die Bewertung menschlicher Selbstmächtigkeit geradezu umgedreht. Gegen die „Windstille" und „Bewegungslosigkeit des Menschen im Vollbesitz aller Besonnenheit", erklärt Blumenberg, wurden jetzt die bis dahin diskriminierten Leidenschaften - und da allen anderen voran die Neugierde - als Ursache für „neue Unternehmungslust und Rationalität" gesehen.[7] Das entsprach jenem Grundsatz der Aufklärung, der besagte, daß nunmehr nicht das Neue sich vor dem Überlieferten ausweisen müsse, sondern umgekehrt das Alte die Beweislast seiner Existenzberechtigung vor dem möglichen Neuen trage. Und die aus Furcht vor dem möglichen Schiffbruch nicht unternommene Meerfahrt wurde dementsprechend zur Metapher für „das Verfehlen der Lebenschance des Glücks", der Hafen zum „Ort des versäumten Lebensglücks".[8] Wer Glück erleben wollte, der war jetzt nämlich geradezu gezwungen, sich auf das ‚Daseinsmeer' mit all seinen Gefahren zu begeben und sich auf das Unberechenbare einzulassen. Die Meerfahrt bekam so gegenüber ihrer negativen Besetzung in der antiken Variante der nautischen Metaphorik mit dem Entstehen aufklärerischer Vernunft und ihrer Reflexion auf die Leidenschaften als Movens der Neugierde und der Glückssuche etwas Unausweichliches.[9] Sie stand jetzt nicht mehr für etwas Frevelhaftes und Hybrides, sondern für die Verwirklichung eines Stückes Natur des Menschen durch selbstmächtige Ausweitung des Bereichs seiner Unternehmungen. Und die Grenze zwischen dem, was in der Macht des Menschen lag und dem, was sich seiner Macht radikal entzog, verschwand hinter dem offenen Horizont fortschreitender wissenschaftlich-technischer Naturbeherrschung, die sich nicht zuletzt im Fortschritt nautischer Technologie manifestierte. Es gab den festen Standort, den definitiven ontologischen und sozialen Ort des Menschen eben nicht mehr. Es sollte ihn freilich auch um der Möglichkeit menschlicher Freiheit und Selbstverwirklichung willen nicht mehr geben.

---

[7] Blumenberg, *Schiffbruch mit Zuschauer,* S. 31. Die Schwelle zur Erschließung eines neuen „Weltspielraums" markiert in Blumenbergs Verständnis Dantes Odysseus, der - anders als der Homerische - „nicht an den Säulen des Herkules und damit der bekannten Welt" Halt macht, sondern „die gesetzten Zeichen der dem Menschen ‚zugewiesenen' bewohnbaren Welt" überschreitet, „um ins Unbewohnbare vorzudringen". Dantes Odysseus scheitert. Aber noch das Scheitern markiert dieses „letzte Abenteuer der Überschreitung der Grenze der bekannten Welt" und signalisiert, daß „die metaphysischen Vorbehalte" des mittelalterlichen Weltbildes für Dante „nicht mehr fraglos" galten. Blumenberg, *Der Prozeß der theoretischen Neugierde,* S. 139ff.

[8] Blumenberg, *Schiffbruch mit Zuschauer,* S. 35.

[9] Mit Akzent auf die spätere Dichotomisierung von Glückssuche und theoretischer Neugierde bis hin zu ihrer Entgegensetzung im modernen Wissenschaftsverständnis vgl. Blumenberg, *Der Prozeß der theoretischen Neugierde,* S. 214-253.

Die ‚Seefahrt' wurde jetzt, Blumenberg zufolge, zur „fast ‚natürlichen' Dauerbefindlichkeit des Lebens"[10]. Und das Schiff für die europäische Zivilisation der Neuzeit nicht nur das wichtigste Instrument der wirtschaftlichen Entwicklung, sondern auch das „größte Imaginationsarsenal", wie M. Foucault bemerkt hat.[11] Denn das Schiff sei die „Heterotopie schlechthin".[12] Und Seefahrt hatte damit nicht nur die Entgrenzung und Ausweitung des Raumes menschlicher Unternehmungen in der Neuzeit zur Folge, sondern auch seine prinzipielle Veränderung, in der sich die neuzeitliche Fiktionalisierung der Imagination geradezu manifestierte. Dafür steht zunächst die Veränderung der äußeren Grenze dieses überkommenen Raumes, nämlich die Veränderung der Horizontvorstellung selbst. Denn der Horizont wurde jetzt nicht mehr als feste, unverrückbare und damit geschlossene Grenze menschlichen Erkenntnisvermögens verstanden, sondern als stets situativer und damit prinzipiell unendlich überschreitbarer Gesichtskreis.[13] Die Öffnung des vorneuzeitlichen Raumes erfaßte allerdings nicht nur dessen äußere Konturierung, sondern auch dessen innere Beschaffenheit. Noch im 16. Jahrhundert, erklärt Foucault, sei der Raum ein „hierarchisiertes Ensemble von Orten" gewesen, die den mittelalterlichen Raum als festgefügten „Ortungsraum" konstituierten. Dieser geschlossene Raum, der sich in der epistemologischen Ordnung des Mittelalters fortsetzte und eine Welt konstituierte, die „sich in sich selbst" drehte, habe sich in der Neuzeit mit Galileis Entdeckungen ins Unabsehbare potentiell unendlicher Heterotopien geöffnet.[14] Aber Heterotopien beunruhigen auch, denn sie öffnen nicht nur neue Imaginations-, und mit diesen neue Handlungsräume, sondern lassen zugleich Übereinkünfte fragwürdig erscheinen, unterspülen Gewißheiten und stellen Selbstverständlichkeiten zur Disposition.[15] Der wahre Skandal von Galileis Werk, meint Foucault, sei schließlich „nicht so sehr die Entdeckung, die Wiederentdeckung" gewesen, „daß sich die Erde um die Sonne dreht", sondern die Erschließung und Konstituierung eines „unendlichen und unendlich offenen Raumes", so daß sich „die Ortschaft des Mittelalters" und mit dieser das mittelalterliche Ordnungsgefüge „gewissermaßen aufgelöst

---

[10] Blumenberg, *Schiffbruch mit Zuschauer,* S. 22.

[11] M. Foucault, „Andere Räume", in *Idee, Prozeß, Ergebnis,* Berlin 1987, S. 340. Vgl. auch Braudel, „Das Meer", S. 47.

[12] Foucault, „Andere Räume", S. 340.

[13] Der Begriff des Horizonts dient in der Neuzeit „nicht mehr dazu, dem Menschen seinen Platz in einem geordneten Kosmos gleichsam von außen anzuweisen, sondern wird zur Selbstbestimmung seines Erkenntnis- und Wirkungsbereiches verwendet". So M. Scherner, „Horizont", in *Historisches Wörterbuch der Philosophie,* Bd. 3, Sp. 1195. Vgl. auch H.R. Jauß, *Ästhetische Erfahrung und literarische Hermeneutik,* Frankfurt a.M. 1982, S. 660ff., sowie A. Koschorke, *Die Geschichte des Horizonts,* Frankfurt a.M. 1990, bes. S. 76ff.

[14] Zur epistemologischen Ordnung des Mittelalters vgl. M. Foucault, *Die Ordnung der Dinge,* Frankfurt a.M. 1971, S. 46ff.

[15] Vgl. Foucault, *Die Ordnung der Dinge,* S. 20.

fand". Der Ort einer Sache war von jetzt an „nur mehr ein Punkt in ihrer Bewegung, so wie die Ruhe einer Sache nur mehr ihre unendlich verlangsamte Bewegung", also ihre bloß relative Fixierung war. „Anders gesagt: seit Galilei, seit dem 17. Jahrhundert, setzt sich die Ausdehnung an die Stelle der Ortung", die variable „Lagerung" und willkürliche „Plazierung" der Dinge und der Lebewesen in einem unendlichen und grenzenlosen Raum verdrängt ihre Festgelegtheit an einen bestimmten und begrenzten Ort, Mobilität tritt an die Stelle der Fixierung, und die Neuzeit wird so zu einer Epoche, „in der sich uns der Raum in der Form von Lagerungsbeziehungen darbietet".[16] Die sind allerdings stets auch anders möglich, und der neuzeitliche Lagerungsraum ist so der Raum konstitutiver, unausgrenzbarer und damit unabweisbarer Kontingenz.

II

Kontingent ist, was auch anders möglich ist.[17] Und es ist auch anders möglich, weil es im Sinne klassischer Ontologie keinen notwendigen Existenzgrund hat.[18] Damit fangen die Probleme, die der Sachverhalt aufwirft, allerdings erst an. Denn schon diese ebenso bündige wie allgemeine Definition signalisiert, daß Kontingenz weder ontologisch, noch phänomenologisch eindeutig, weil systematisch ein ambivalenter und historisch ein variabler Sachverhalt ist. Das vereitelt jede einfache Verwendung des Begriffs. Andererseits bekommt er sozialwissenschaftlich gerade dann analytischen Wert, wenn man sowohl die

[16] Foucault, „Andere Räume", S. 337. Irreführenderweise temporalisiert Foucault allerdings in der Folge die Perspektiven, wenn er schreibt, die „Lagerung" setze sich „heutzutage (...) an die Stelle der Ausdehnung" (S. 337). Denn die „Ausdehnung" ist die neue Qualität des Raumes, die „Lagerung" aber die neue Qualität der Dinge in ihm. „Ausdehnung" und „Lagerung" sind damit nicht historisch konsekutiv, sondern systematisch komplementär. Vgl. auch D. Henrich, „Die Grundstruktur der modernen Philosophie", in ders., *Selbstverhältnisse,* Stuttgart 1982, S. 87: An „die Stelle der Idee der Ordnung, die den griechischen Kosmos definiert hatte", trat „die der Unendlichkeit des Raumes, in dem sich Körper nicht mehr gemäß sinnlich vorstellbarer Harmonien, sondern nach abstrakteren Gesetzen bewegen".

[17] Zum Begriff der Kontingenz vgl. in handlungstheoretischer Perspektive R. Bubner, *Geschichtsprozesse und Handlungsnormen,* Frankfurt a.M. 1984, S. 35f.; in phänomenologischer Perspektive H. Blumenberg, „Lebenswelt und Technisierung unter Aspekten der Phänomenologie", in ders., *Wirklichkeiten, in denen wir leben,* Stuttgart 1981, S. 23 u. 47f.; in systemtheoretischer Perspektive N. Luhmann, *Soziale Systeme,* Frankfurt a.M. 1984, S. 148-190.

[18] Strenggenommen ist „Kontingenz" eine zweifach bestimmte Modalkategorie und bezeichnet das, „was weder notwendig noch unmöglich ist". So E. Scheibe, „Die Zunahme des Kontingenten in der Wissenschaft", in *Neue Hefte für Philosophie* 24/25 (1985), S. 5. Und im Unterschied von „Möglichkeit" im Sinne von dynamis, bezeichnet „Kontingenz" die „zweiseitige Möglichkeit", sofern die einseitige Möglichkeit durchaus notwendig sein kann. Dazu vgl. D. Frede, *Aristoteles und die ‚Seeschlacht',* Göttingen 1970, S. 53ff., sowie G. Striker, „Notwendigkeit mit Lücken", in *Neue Hefte für Philosophie* 24/25 (1985), S. 148.

systematische Ambivalenz, als auch die historische Varianz des Kontingenten theoretisch stark macht; wenn man also nicht nur berücksichtigt, sondern analytisch nutzt, daß Kontingenz sich ontologisch wie phänomenologisch auf verschiedene Weise manifestiert, daß diese Manifestationen historisch prinzipiell verschiedene Dimensionen haben, daß auch ihre soziale Bewertung sehr unterschiedlich war und ist, und daß sie mit sehr verschiedenen Weltbildern und sozialen Selbstverständnissen korrespondiert.

„Kontingenz" bezeichnet zunächst logisch-ontologisch den ambivalenten Bereich, in dem sich sowohl Zufälle, als auch Handlungen realisieren.[19] Kontingent ist damit einerseits alles Unverfügbare, das sich Planung entzieht, das aber auch erst mit Planung als Unverfügbares erkennbar wird. Diese Bedeutung geht auf die aristotelische Kategorie des Zufalls (tyché) zurück, deren alte Formel „wie es sich gerade so ergibt" (opoter etychén) in der spätmittelalterlichen Scholastik mit „contingere" latinisiert wurde.[20] Allerdings liegt der Akzent von ‚contingere' auf dem negativen Aspekt des Sachverhalts, so daß der positive, der glückliche Zufall nämlich, an den Aristoteles vor allem dachte, unterbetont, vernachlässigt, und am Ende aus dem Wortgebrauch ausgeblendet wird.[21] Kontingent ist aber andererseits auch „alles, was manipulierbar ist" und so allererst Gegenstand des Handelns sein kann.[22] Denn Handeln, erklärt R. Bubner von Aristoteles' Kategorie des Möglichen (endechómenon oder dynatón) aus, ist die Entscheidung zwischen, die Wahl aus gegenseitig exklusiven Möglichkeiten und setzt die Existenz verschiedener wirklicher Möglichkeiten voraus, wenn man sinnvoll von Handeln sprechen will.[23] Handeln kann sich deshalb nur dort realisieren, „wo die Dinge auch anders sein können, und es muß sich dort aufhalten, solange es Handeln ist. Zwangsläufige Geschehnisse pflegen wir ebensowenig Handeln zu nennen wie das schlechterdings prognostizierbare Verhalten". Und „die Entscheidung für eine bestimmte Möglichkeit des Handelns, die durch den vollzogenen Akt selber dann in Wirklichkeit überführt wird, setzt voraus, daß es überhaupt einen Spielraum offener Möglichkeiten gibt".[24]

---

[19] Vgl. Bubner, *Geschichtsprozesse und Handlungsnormen,* S. 38. Vgl. auch Scheibe, „Die Zunahme des Kontingenten in der Wissenschaft", S. 5. Die beiden Aspekte von Kontingenz spielt O. Marquard durch unter den Stichworten „Schicksalszufälligkeit" und „Beliebigkeitszufälligkeit". Vgl. O. Marquard, „Apologie des Zufälligen", in ders., *Apologie des Zufälligen,* Stuttgart 1986, S. 118-139.

[20] Zur scholastischen Tradition des Kontingenzbegriffs vgl. H. Blumenberg, „Kontingenz", in *Religion in Geschichte und Gegenwart,* Bd. 3, Tübingen 1959, Sp. 1793f. Vgl. auch E. Troeltsch, „Die Bedeutung des Begriffs der Kontingenz", in ders., *Gesammelte Schriften,* Bd. 2., Tübingen 1913, S. 771ff.

[21] Vgl. Bubner, *Geschichtsprozesse und Handlungsnormen,* S. 35f. bzw. 37.

[22] So Scheibe, „Die Zunahme des Kontingenten in der Wissenschaft", S. 5.

[23] Bubner, *Geschichtsprozesse und Handlungsnormen,* S. 35.

[24] Bubner, *Geschichtsprozesse und Handlungsnormen,* S. 38. Vgl. Aristoteles, *Nikomachische Ethik,* Hamburg 1985, VI.2 bzw. III.5.

Handeln im strengen Sinne des Wortes setzt also eine signifikante Spannung zwischen der Wirklichkeit und mindestens einer anderen Möglichkeit voraus, die allererst einen distinkten Handlungsbereich bildet. Das ist systematisch der Sachverhalt - der zugleich das Zufällige näher bestimmbar macht. Zufällig ist vor diesem Hintergrund ein Ereignis nämlich gerade dann, wenn es zwar ebenfalls in diesem „Spielraum offener Möglichkeiten" eintritt, sein Eintreten aber im Unterschied zum entscheidungsgenerierten und damit begründbaren Handeln als grundlos erklärt wird. Aber das ist noch nicht alles, und am Ende ist es auch nicht das soziologisch Interessante. Denn zur logisch-ontologischen Ambivalenz des Kontingenten, eben gleichermaßen Zufalls- und Handlungsbereich zu sein, tritt seine historische Varianz hinzu, die vor allem die handlungsrelevante Möglichkeitsseite des Kontingenten betrifft, und die allein die sozialwissenschaftliche Verwendung des Kontingenzbegriffs über das Niveau der Trivialität hinaushebt - und damit die Einführung des Kontingenzproblems in die Soziologie rechtfertigt. Und zwar als gesellschaftstypologisches Charakteristikum. Denn jede Gesellschaft, so könnte man in Abwandlung eines wissenssoziologischen Basistheorems sagen, hat ihren spezifischen Möglichkeitshorizont.[25] Ihm gewinnt sie die Kriterien ihres Selbstverständnisses ab, er markiert ihr Feld möglicher Erfahrung, in ihm eröffnet sich ihr Bereich rationaler Handlungen, vor ihm schließlich legitimieren sich die institutionalisierten Formen ihrer Selbstkonstitution.

Wenn nun Handeln die Entscheidung zwischen mehreren Möglichkeiten ist - und das heißt stets: Entscheidung für eine Möglichkeit gegen alle anderen -, dann stellt sich sofort die Frage nach dem Kriterium, das diese Entscheidung anleitet.[26] Für Aristoteles war dieses Kriterium die Erfahrung, die mit einem spezifischen Möglichkeitsbewußtsein korrespondiert, das markiert, was Gegenstand des Handelns sein kann, weil es im Machtbereich des Menschen liegt, und das davon unterscheidet, was sich seiner Macht entzieht und so der Macht des Menschen eine absolute Grenze setzt.[27] Und unverfügbar in diesem Sinne war nicht nur Natur oder das, was Produkt göttlicher Willkür war, sondern auch alles, was den Gegenwarts- und Nahbereich des konkreten Handelns benennbarer Gruppen und Subjekte transzendierte.[28]

[25] „Das wichtigste, was wir (...) von einem Menschen wissen können", schrieb L. Wirth 1937 als hätte er Foucault gelesen, „ist das, was für ihn ein Axiom ist, und die elementarsten und wichtigsten Tatsachen einer Gesellschaft sind jene, die selten erörtert und allgemein als geregelt betrachtet werden." L. Wirth, „Vorwort zur englischen Ausgabe", in Mannheim, *Ideologie und Utopie*, S. XX.

[26] Vgl. Bubner, *Geschichtsprozesse und Handlungsnormen,* S. 41.

[27] Vgl. Bubner, *Geschichtsprozesse und Handlungsnormen,* S. 38f. Vgl. Aristoteles, *Nikomachische Ethik*, VI.8 bzw. VI.6.

[28] Vgl. Aristoteles, *Nikomachische Ethik,* III, 5: „Gegenstand" einer Entscheidung ist das, „was in unserer Macht steht". Denn „über das Ewige", schreibt Aristoteles, „stellt niemand Überlegungen an, z.B. über die Welt (...). Auch nicht über das, was im Bereich des Bewegten liegt, aber

Aristoteles ging von einer Voraussetzung aus, die für ihn selbstverständlich war: Kontingent waren immer nur Ereignisse, nicht aber „Ereignishorizonte".[29] Entsprechend bezog sich Handeln ausschließlich auf empirische Gegenstände, die in einem finiten Möglichkeitshorizont standen - und es konnte sich unter dieser Voraussetzung vernünftigerweise auch nur auf solche Gegenstände beziehen. Dieser Möglichkeitshorizont konnte zwar enorm ausgedehnt und in vielerlei Hinsicht sogar erweitert werden; aber er konnte nicht prinzipiell verändert und seinerseits Gegenstand menschlichen Handelns werden. Denn das antike Möglichkeitsbewußtsein blieb - im Unterschied zum neuzeitlichen - trotz aller Zunahme technischen und sozialtechnischen Könnens ein bloßes Verbesserungs-, also ein Steigerungsbewußtsein, das gerade deshalb nicht zu einem umfassenden Veränderungsbewußtsein führte, weil es auf erfahrungsgeleitetes Handeln bezogen war und blieb, und die Wirklichkeit selbst, in der gehandelt wurde - und auch nur gehandelt werden konnte -, nicht in Frage und zur Disposition stellte, wie der Vergleich des antiken „Könnens-Bewußtseins" mit dem neuzeitlichen Fortschrittsbewußtsein zeigt.

„Einen eigentlichen Fortschrittsbegriff, in dem sich vielerlei Verbesserungserfahrungen und -erwartungen gebündelt hätten", stellt Chr. Meier kategorisch fest, „hat die Antike nicht gekannt"[30]. Denn das griechische Könnens-Bewußtsein hatte „primär Hinzugewinn, aber nicht Wandel zum Inhalt"; so blieb es „stark an Erfahrung gebunden"[31]. Es blieb, genauer, „an die in den Könnern sich konzentrierende Erfahrung und die unmittelbar daraus sich ergebenden Schlüsse gebunden" und „vermochte offenbar die Schwelle zur Wahrnehmung umfassenden Wandels in Gegenwart und Zukunft nicht zu überschreiten", die der neuzeitliche Fortschrittsbegriff voraussetzt, wenn man sinnvoll von Fortschritt im Unterschied zur bloßen Verbesserung sprechen will.[32]

„Fortschritt" ist, wie J. Mittelstraß erklärt, daran gebunden, daß gerade „andere Zustände als die bestehenden fiktiv angegeben werden" - andere Zustände, deren Kriterium zwar auch das „Bessermachen" ist, deren Verwirklichungen aber erst dann als „autonome", also selbstmächtige „Leistungen des Menschen" anerkannt werden, wenn sie nicht nur bessere Techniken zur Errei-

---

immer in derselben Weise vor sich geht, sei es aus Notwendigkeit, sei es von Natur oder wegen einer anderen Ursache, wie die Sonnenwenden und Sonnenaufgänge. Ebensowenig über das, was bald so eintrifft, bald anders, wie Dürre und Regen, und das Zufällige, wie das Auffinden eines Schatzes. Aber auch nicht über die menschlichen Dinge insgesamt; so überlegt z.B. kein Lakedämonier, welches für die Skythen die beste Staatsverfassung wäre. Von all diesem wird nichts durch uns getan. Handlungen, die bei uns stehen, die überlegen wir, und die sind auch allein noch übrig."

[29] So Frede, *Aristoteles und die ‚Seeschlacht'*, S. 53.

[30] Chr. Meier, „Ein antikes Äquivalent des Fortschrittsgedankens", in ders., *Die Entstehung des Politischen bei den Griechen,* Frankfurt a.M. 1980, S. 447.

[31] Ebd., S. 474.

[32] Ebd., S. 476f.

chung vorgegebener Ziele, sondern darüber hinaus andere, bisher unbekannte Zielhorizonte anvisieren, eröffnen und schließlich auch als verfügbare erschließen.[33] Fortschritt setzt damit vor aller Temporalisierung allererst die Fiktionalisierung des Möglichkeitshorizontes einer Gesellschaft voraus. Und die historische Voraussetzung für diese Entgrenzung des Möglichkeitsbewußtseins durch seine Fiktionalisierung war seine Freisetzung aus den Bindungen an bisherige Erfahrungen, eben jener Vorgang, den R. Koselleck als Auseinandertreten von „Erfahrungsraum und Erwartungshorizont" in der Neuzeit bis hin zu ihrer diametralen Entgegensetzung an der Schwelle zur europäischen Moderne beschrieben hat. Es war jener Prozeß, in dessen Verlauf „sich in der Neuzeit die Differenz zwischen Erfahrung und Erwartung zunehmend vergrößert", so daß sich umgekehrt „die Neuzeit erst als eine neue Zeit begreifen läßt, seitdem sich die Erwartungen immer mehr von allen bis dahin gemachten Erfahrungen entfernt haben" und individuelle wie kollektive Erwartungen gehegt werden konnten und realisierbar zu sein schienen, die jenseits aller bisherigen Erfahrungen lagen - und um der radikalen Veränderung willen auch liegen sollten.[34]

„Fortschritt" war jedoch nicht nur der Begriff, mit dem im 18. Jahrhundert ein neuer und durch geschichtsphilosophische Finalisierung konturierter „Erwartungshorizont" als realisierbar - und realisierungswürdig - erschlossen wurde, der eine „geschichtlich neue, utopisch dauernd überziehbare Qualität" erhielt, sondern zugleich auch der Begriff, mit dem die vielfältigen Desorientierungen kompensiert wurden, die die gleichzeitige Veränderung des „Erfahrungsraumes" durch seine Entgrenzung nach sich zog.[35] „Dieser Begriff", betont Meier, hat nämlich „in einem Zeitalter tatsächlich tiefgreifender und umfassender Wandlungen für breiteste Schichten" auch „orientierend gewirkt, er hat Sinn gegeben: das bedrängende Gefühl der Vorläufigkeit, des Wandels und der Kontingenz", das die Freisetzung der Erwartungen aus der Bindung nicht nur an die bisherige Erfahrung, sondern spätestens mit der Französischen Revolution an die Erfahrung überhaupt hervorrief, „ist in ein Fortschrittsbewußtsein umgeprägt worden"[36]. Und am Ende liegt genau darin die Mitbedeutung jenes anderen Programms der Aufklärung, das den Akzent nicht nur auf die selbstmächtige Erweiterung von Handlungsmöglichkeiten setzte, sondern auch darauf, gegen die Natur und gegen das Schicksal eine anthropologi-

---

[33] J. Mittelstraß, *Neuzeit und Aufklärung,* Berlin, New York 1970, S. 343. Zum Begriff des Fortschritts vgl. auch R. Koselleck, Chr. Meier, „Fortschritt", in *Geschichtliche Grundbegriffe,* Bd. 2, Stuttgart 1975, S. 351-423.

[34] R. Koselleck „‚Erfahrungsraum' und ‚Erwartungshorizont' - zwei historische Kategorien", in ders., *Vergangene Zukunft,* S. 359, mit Bezug auf Begriff und Konzept des Fortschritts S. 362f.

[35] Vgl. Koselleck, „‚Erfahrungsraum' und ‚Erwartungshorizont'", S. 362. Zum Fortschritt als planerisch-prognostischem Kompensationskonzept vgl. auch R. Koselleck, „Vergangene Zukunft der frühen Neuzeit", in ders., *Vergangene Zukunft,* S. 17-37, bes. S. 33ff.

[36] Meier, „Ein antikes Äquivalent des Fortschrittsgedankens", S. 442.

sche Utopie zu verwirklichen, die darin bestand, die Menschheit, wie es der Marquis de Condorcet 1794 formulierte, ein für alle Mal der „Herrschaft des Zufalls" zu entziehen, indem man die neuen Möglichkeiten gezielt nutzte, die die Aufklärung eröffnet hatte - jenes Programm der Aufklärung, dessen problematische und in seiner Radikalisierung dann katastrophale Seite spätestens um die Mitte des 20. Jahrhunderts in den politischen Zuspitzungen der sozialen Machbarkeit unabweisbar geworden war.[37]

Sofern nun im Unterschied zum neuzeitlichen Fortschritt in der Antike „Wahrnehmungen von Verbesserungen" verallgemeinert wurden, schlossen sie sich zwar „zu einem Bewußtsein großer Möglichkeiten methodischen Handelns zusammen"; aber nur wenige Manifestationen des Könnens und seiner Steigerung gingen über das hinaus, „was man empirisch feststellen kann". Denn im wesentlichen handelte es sich „um eine Zunahme technischen Könnens, im griechischen Sinne von *téchné,* also der sachverständigen Bewältigung künstlerischer, handwerklicher, schiffbaumeisterlicher, aber auch militärischer, politischer, konstitutioneller und erzieherischer Aufgaben"[38]. Und entscheidend für die Beschränkung des antiken Könnens-Bewußtseins, erklärt Meier, war seine Festlegung auf das Handeln, und zwar auf jenes Handeln, dessen allgemeines Modell das politische Handeln benennbarer Subjekte war. Man verstand „alles Geschehen vom intentionalen politischen Handeln und den Ereignissen, in denen es je aufeinandertrifft, her", und „sofern Kontingenz waltete, bestand sie eben in deren besonderem Aufeinandertreffen". Man war schließlich in erster Linie politisches Handlungssubjekt, eben Bürger, wodurch „das politische Handeln von Einzelnen oder Bürgerschaften zum zentralen Faktor dieser Welt" wurde, weil sich „alle Wahrnehmung" darauf konzentrierte. Wo man allerdings „derart im Handeln befangen ist und wo der Bereich der Möglichkeiten nicht weiter ist als der Bereich politischer Gegensätze", pointiert Meier das Selbstverständnis der griechischen Antike, „kann die eigene Veränderung kaum sichtbar werden. Dem entsprach ein im Strukturellen statisches Weltverständnis."[39]

---

[37] Condorcet, *Entwurf einer historischen Darstellung der Fortschritte des menschlichen Geistes,* Frankfurt a.M. 1976, S. 221. Zur Kritik dieser Seite der Aufklärung und ihrem Programm großangelegter Weltbemächtigung durch wissenschaftlich-technische Naturbeherrschung vgl. paradigmatisch M. Horkheimer/Th. W. Adorno, *Dialektik der Aufklärung,* Frankfurt a.M. 1969, bes. S. 9-49, sowie mit Bezug auf Horkheimer und Adorno zuletzt Z. Bauman, *Moderne und Ambivalenz,* Hamburg 1992, bes. S. 13-71.

[38] Meier, „Ein antikes Äquivalent des Fortschrittsgedankens", S. 469.

[39] Ebd., S. 493f. Zur griechisch-antiken Handlungsvorstellung vgl. auch A. Dihle, *Die Vorstellung vom Willen in der Antike,* Göttingen 1985, S. 66f. Dihle betont die „klare Grenze zwischen Natur und Gesellschaft" bei Aristoteles und bestimmt letztere als den spezifischen Bereich der Kontingenz.

III

Was demgegenüber das Selbstverständnis der europäischen Neuzeit charakterisiert und prinzipiell von dem der Antike, wenn nicht von dem der Vorneuzeit überhaupt unterscheidet, ist jetzt nicht nur die zunehmende Kontingenz menschlichen Handelns, sondern zudem die bis dahin ungekannte Kontingenz des Handlungsbereichs selbst.[40] Und damit nicht nur die Kontingenz der Realien, an denen sich Handeln verwirklicht, sondern auch die der Realität, in der diese Realien stehen, so daß sich die logisch-ontologische Ambivalenz des Kontingenten als Zufallsbereich und als Handlungsbereich, also die Ambivalenz zwischen Unverfügbarem und Verfügbarem, in anderer Qualität manifestiert, indem Kontingenz jetzt nicht nur den Handlungen zugrundeliegt, sondern auch die Wirklichkeit erfaßt, aus der heraus gehandelt werden kann, aber auch gehandelt werden muß. Das ist historisch der Sachverhalt. Und gesellschaftlich das Problem, das dann - beiläufig bemerkt - als Inevidenz des Sozialen gefaßt wird und Gesellschaft zu einem distinkten Erkenntnisobjekt avancieren läßt.

„Kontingent", schreibt N. Luhmann von der klassischen Definition aus, „ist etwas, was weder notwendig ist noch unmöglich ist; was also so, wie es ist (war, sein wird), sein kann, aber auch anders möglich ist. Der Begriff bezeichnet mithin Gegebenes (Erfahrenes, Erwartetes, Gedachtes, Phantasiertes) im Hinblick auf mögliches Anderssein; er bezeichnet Gegenstände im Horizont möglicher Abwandlungen. Er setzt die gegebene Welt voraus, bezeichnet also nicht das Mögliche überhaupt, sondern das, was von der Realität aus gesehen anders möglich ist." Die „Realität dieser Welt ist also im Kontingenzbegriff als erste und unauswechselbare Bedingung des Möglichseins vorausgesetzt"[41]. Luhmann betont in seiner grundlegenden Bestimmung die Realitätsabhängigkeit des Kontingenten nicht ohne Grund, und auch das „Anderssein" ist als

---

[40] Zum Epochenbegriff „Neuzeit" und den damit verbundenen Periodisierungsfragen vgl. R. Koselleck, „Das achtzehnte Jahrhundert als Beginn der Neuzeit", in Reinhart Herzog, Reinhart Koselleck (Hg.), *Epochenschwelle und Epochenbewußtsein* (Poetik und Hermeneutik XII), München 1987, S. 269-282. Im 18. Jh., so Kosellecks These, verdichtet sich die seit dem 16. Jh. ansetzende Erfahrung, in einer neuen Zeit zu leben, zu einem emphatischen Epochenbewußtsein, das zunehmend breitere Schichten erfaßt. Vgl. entsprechend R. Koselleck, „‚Neuzeit'", in ders., *Vergangene Zukunft,* S. 300-349, bes. S. 321ff. Vgl. auch mit anderem Akzent S. Skalweit, *Der Beginn der Neuzeit,* Darmstadt 1982, bes. S. 155-162.

[41] Luhmann, *Soziale Systeme,* S. 152. „Kontingenz" hat als Zentrumsbegriff der soziologischen Systemtheorie im Laufe ihrer Ausarbeitung eine Reihe von Modifikationen erfahren. Die hier zitierte Exposition gehört - in der Entwicklung des Luhmannschen Kontingenzkonzeptes - einem mittleren Stadium an. Zum früheren, stärker am Handeln orientierten Theoriestadium vgl. N. Luhmann, „Soziologie der Moral", in N. Luhmann, S. H. Pfürtner, *Theorietechnik und Moral,* Frankfurt a.M. 1978, S. 59-63; zum gegenwärtigen, radikal konstruktivistischen Stadium vgl. N. Luhmann, „Kontingenz als Eigenwert der modernen Gesellschaft", in ders., *Beobachtungen der Moderne,* Opladen 1992, S. 93-128, bes. S.96ff.

„Abwandlung" bewußt eng, und am Ende vielleicht zu eng gefaßt. Es geht ihm darum, gegen eine ausschließlich logisch-ontologische Konzeption, die Kontingenz zum Gesellschaft vorgängigen ‚factum brutum' fundamentalisiert, Kontingenz soziologisch als etwas zu beschreiben, das als Unbestimmtheit, so oder so, erst im Sozialen als je spezifische und damit für eine Gesellschaft charakteristische Spannung von Wirklichkeitsbereich und Möglichkeitshorizont erschlossen, wenn nicht überhaupt dort produziert wird und infolgedessen historisch variabel ist.[42] Schließlich ist die Vorstellung von Wirklichkeit selbst eine höchst wandelbare Sache, wie die Geschichte der Wirklichkeitsbegriffe erweist.

Blumenberg hat in einer historisch-semantischen Systematik mindestens vier Wirklichkeitsbegriffe im Laufe der europäischen Geschichte unterschieden, die mit den beiden qualitativ verschiedenen Handlungsräumen der Vorneuzeit und der Neuzeit korrespondieren: der antike einer selbsteigenen, authentischen *„Realität der momentanen Evidenz"*, der voraussetzt, „daß das Wirkliche sich als solches von sich selbst her präsentiert und im Augenblick der Präsenz in seiner Überzeugungskraft unwidersprechlich da ist"; der mittelalterliche und noch frühneuzeitliche einer durch „Realitätsbürgschaft Gottes" *„garantierten Realität"*, deren Schema „in das Verhältnis von Subjekt und Objekt noch eine vermittelnde Instanz" einbaut, die als Säkularisierung der transzendenten Garantieinstanz philosophisch im Konzept der einen universellen Vernunft und politisch im Konzept der Souveränität weiterhin erhalten bleibt; der neuzeitliche, mit dem demiurgischen Vermögen souveräner Subjektivität korrespondierende Begriff der Realität als *„Realisierung eines in sich einstimmigen Kontextes"*, der zwar noch auf das „Ganze einer *Welt* bezogen ist", deren prinzipiell nur „partielle Erfahrbarkeit" aber „niemals andere Erfahrungskontexte und damit andere *Welten* auszuschließen erlaubt"; schließlich, als dessen strukturell unvermeidliche und phänomenologisch unabweisbare Kehrseite, der moderne Begriff widerständiger, beunruhigender und nicht selten bedrohlicher *„Realität als das dem Subjekt nicht Gefügige"*, weil „ganz und gar Unverfügbare", das Technisierung als wissenschaftliche Weltbeherrschung provoziert, und das sich doch „nicht als bloßes Material der Manipulation" nach Belieben „unterwerfen" läßt, sondern „in der Technisierung nur scheinbar und zeitweise in Dienst genommen worden ist, um sich dann in seiner überwältigenden Eigengesetzlichkeit und einer seine Erzeuger tyrannisierenden Mächtigkeit zu enthüllen als ein ‚factum brutum', von dem nachträglich nur noch

[42] Vgl. Luhmann, *Soziale Systeme,* S. 165. In diesem Sinne ist Kontingenz auch ein „Reflexionsprodukt". So A. Heuß, „Kontingenz in der Geschichte", in *Neue Hefte für Philosophie* 24/25 (1985), S. 32. Zur Kontingenz als sozial notwendigem Produkt von Gesellschaft vgl. K. O. Hondrich, „Begrenzte Unbestimmtheit als soziales Organisationsprinzip", in *Neue Hefte für Philosophie* 24/25 (1985), S. 59-78.

behauptet, aber nicht mehr vorgestellt werden kann, daß es aus einem freien und konstruktiven Prozeß des Erdachtwerdens einmal hervorgegangen sein könnte".[43]

Entscheidend für das Selbstverständnis der europäischen Neuzeit und Moderne ist dabei, daß die zwei letzteren Wirklichkeitsbegriffe - anders als der antike und der mittelalterliche - nicht homogen, sondern heterogen sind, daß also Wirklichkeit hier im Singular nicht zu haben ist, und daß sich die Pluralität von Wirklichkeiten zur unvermittelbaren Heterogenität steigern kann. Denn einstimmige Kontextualität ist nur in Abgrenzung, wenn nicht im Kontrast zu anderen präsenten Kontexten zu haben, und das führt dazu, daß jede kontextuell realisierte Wirklichkeit mit möglichen anderen konkurriert und umgekehrt gerade in ihrer Kontextualität der Verfügbarkeit von anderen Kontexten her schlechterdings unüberschreitbare Grenzen setzt. „Jedenfalls müssen wir mit der Möglichkeit rechnen", schließt Blumenberg seine Typologie, „daß die Neuzeit nicht mehr die Epoche eines homogenen Wirklichkeitsbegriffes ist, oder daß die Herrschaft eines bestimmten ausgeprägten Realitätsbewußtseins sich gerade in der Auseinandersetzung mit einer anderen schon formierten oder sich formierenden Möglichkeit, von Wirklichkeit betroffen zu werden, vollzieht."[44]

Mit den strukturell verschiedenen Wirklichkeitsverständnissen der Vorneuzeit und der Neuzeit korrespondiert nun die Transformation eines weitaus konkreteren und in der Folge vor allem sozial ausgesprochen problematischen Phänomens, nämlich dem der Ordnung. „Ordnung" bestimmt B. Waldenfels zunächst allgemein als *„geregelten (d.h. nicht beliebigen) Zusammenhang von diesem und jenem"*, wobei er zwischen einem *„Ordnungsgefüge* qualitativer oder quantitativer Art" und dem jeweiligen *„Ordnungsbestand"* unterscheidet.[45] Und den qualitativ verschiedenen Handlungsräumen und strukturell verschiedenen Wirklichkeitskonzepten der Vorneuzeit und der Neuzeit entsprechen zwei prinzipiell verschiedene Ordnungstypen, die Waldenfels den „klassischen" und den „modernen" nennt, und die dem Kontingenten nicht nur verschiedene Orte zuweisen, sondern ihm auch verschiedene Dimensionen verleihen.

„Im *klassischen* Falle" habe man es mit einer Ordnung zu tun, die *„vorgegeben* und fest in den Dingen selbst verankert ist, sei es in der kosmischen Ordnung der Griechen, sei es in der Schöpfungsordnung des christlichen Mittelalters." Diese Ordnung sei *„allumfassend"* und schließe „selbst noch den Be-

[43] H. Blumenberg, „Wirklichkeitsbegriff und Möglichkeit des Romans", in H.R. Jauß (Hg.), *Nachahmung und Illusion* (Poetik und Hermeneutik I), München 1964, S. 10ff. Vgl. auch Blumenberg, *Der Prozeß der theoretischen Neugierde,* S. 239f. Zur antiken Wirklichkeit als momentan evidenter vgl. auch Dihle, *Die Vorstellung vom Willen in der Antike,* S. 51f.

[44] Blumenberg, „Wirklichkeitsbegriff und Möglichkeit des Romans", S. 14.

[45] B. Waldenfels, *Ordnung im Zwielicht,* Frankfurt a.M. 1987, S. 17.

trachter mit ein, dessen höchste Tätigkeit darin besteht, die vorgegebene Ordnung in der eigenen Seele zu reproduzieren und zu wiederholen". Innerhalb eines „derart wohlgeformten Ganzen gibt es feste Grenzen, die das *Wesentliche* trennen von dem, was *unwesentlich* ist, und es schließlich abscheiden von dem, was man als *widerwesentlich* oder mit einem geläufigeren Ausdruck als widernatürlich bezeichnen kann. Das Wesen ist der Kern der Wirklichkeit; in ihm verkörpert sich das Sein in seiner höchsten Form. Diese Kernzone ist umgeben von einer Grauzone des Beiläufigen, Zufälligen, Kontingenten oder Indifferenten, und sie kontrastiert mit einer Dunkelzone des Chaotischen, des Ordnungslosen", eben dem, ließe sich hinzufügen, was das Meer in der antiken Variante der nautischen Metaphorik repräsentiert.[46] Die Wirklichkeit, die dieser „Gesamtordnung" entspricht, ist so, mit einem Wort M. Webers, ein „ethisch *sinnvoll* orientierter Kosmos", und Kontingenz etwas, das zwar als ihre Kehrseite zu ihr gehört, sie aber allenfalls von außen her konturiert.[47] „Das höchste Vorbild für menschliches Leben und Handeln", fährt Waldenfels in seiner Beschreibung fort, finde sich entsprechend „in den Umläufen der Gestirne; ein anderes Vorbild liefert das Wachsen und Reifen des Organismus." Aus diesem Grund gebe es auch „keinen Platz für radikale Neuerungen und Erfindungen. Die alles durchherrschende Vernunft läßt keine neuartigen Dinge zu. Es gibt nichts Neues unter der Sonne, es sei denn, die endlose Zahl von Schattengestalten, die das Sonnenlicht fliehen", Abweichende, Ketzer und andere, die, gewollt oder ungewollt, außerhalb der Ordnung stehen - und so im Gegenzug diese Ordnung als geschlossene Ordnung bestätigen. „Neuerungen, die nicht bloß Altes wiederherstellen" oder, wie dies für das Selbstverständnis der griechischen Antike galt, Erprobtes verbessern, werden daher automatisch „als Zeichen der Unordnung" verdächtigt. Aber gerade dadurch, daß sie als Neuerungen anerkannt werden, die nicht aus Traditionen abgeleitet sind, bestätigen sie umgekehrt das binäre Schema von Ordnung und Unordnung und schreiben so nolens volens das Weltverständnis und dessen Rationalität fest, das diesem Schema entspricht.[48]

„Eine neue Form der Ordnung, die wir als *modern* bezeichnen können", erklärt Waldenfels die typologische Differenz, „bricht sich Bahn, wenn der Ver-

[46] B. Waldenfels, „Das Geregelte und das Ungebärdige", in ders., *In den Netzen der Lebenswelt*, Frankfurt a.M. 1985, S. 80. „Kosmos als Gesamtordnung besagt, daß alles sich in ihn einordnet wie ein Teil ins Ganze. (...) Doch ist diese Gesamtordnung großzügig genug, selbst Zufälle zuzulassen". So Waldenfels, *Ordnung im Zwielicht*, S. 89ff., mit Bezug zur nautischen Metaphorik S. 91: „In diesem Kosmos hat alles seinen natürlichen Ort, nicht nur der Stein, sondern auch die Polis, die den rechten Abstand zum Meer wahrt".

[47] M. Weber, „Die Wirtschaftsethik der Weltreligionen", in ders., *Gesammelte Aufsätze zur Religionssoziologie*, Bd. I, Tübingen 1920, S. 564.

[48] Waldenfels, „Das Geregelte und das Ungebärdige", S. 80f. Vgl. auch zusammenfassend B. Waldenfels, „Ordnung im Potentialis", in ders., *Der Stachel des Fremden*, Frankfurt a.M. 1990, S. 18. Daß Waldenfels hier dem „klassischen" Weltverständnis Vernünftigkeit, wenn auch eine

dacht aufkommt, die so unverbrüchlich und allumfassend scheinende Ordnung sei nur eine unter möglichen anderen."[49] Ordnung in diesem neuen, eben dem neuzeitlichen Verständnis, „ist nicht ein für allemal gegeben, sondern unter bestimmten Bedingungen entstanden", nicht notwendig, und bleibe gerade deshalb stets „*wandelbar*". Zwar bedeute diese Kontextualität und Historizität von Ordnungen nicht, „daß jede einzelne Ordnung beliebig ist" - schließlich sei nicht alles, was nicht notwendig sei, damit schon beliebig. Aber „um die innere Notwendigkeit einer Ordnung zu bestreiten, genügt es anzunehmen, daß sie kontingent oder konventionell ist, das heißt, daß sie anders sein *kann*, als sie ist."[50] „Dieser Ordnungswandel", resümiert er den ambivalenten Effekt der neuzeitlichen Situation, „bedeutet einerseits eine *Freisetzung* von Kräften, und er kann selbst auch als Ausdruck solcher Kräfte begriffen werden." Aber die „Freisetzung expandierender und diffundierender Kräfte bedeutet nicht nur eine Mobilisierung und Pluralisierung von Ordnung, sondern auch deren *Bedrohung*."[51] Und wo sich „Andersheit" auf diese Weise „nicht mehr auf empirische Varianten beschränkt, sondern das Ordnungsgefüge selbst antastet und vervielfältigt", also nicht nur empirische Ordnungen disponibel werden, sondern Ordnungsstrukturen, ändert sich der Bereich der Kontingenz geradezu dramatisch, weil er sich eben nicht nur ausweitet, sondern auch seine Qualität verändert und Kontingenz damit zu einem konstitutiven Moment des neuzeitlichen Selbst- und Weltverständnisses werden läßt.[52]

Dahinter stand eine neue Erfahrung. Denn die Schwächung pragmatisch wirksamer transzendenter Bindungen spätestens nach den religiösen Bürgerkriegen im 17. Jahrhundert, die gleichzeitige, sich beschleunigende Freisetzung der Erwartungen aus ihren Bindungen an bisherige Erfahrungen durch technische Innovationen, soziale Wandlungen oder schlicht andere Erfahrungen im Zuge der Erweiterung der Weltkenntnis - durch Seefahrt! -, nicht zuletzt dann die zunehmende wissenschaftlich-technische Naturbeherrschung, die die Grenze zwischen dem Menschen Möglichen und dem Natürlich-Unverfügbaren verschob und im Gefolge der Idee des Fortschritts ins Unendliche verlegte, führten in den neuzeitlichen Gesellschaften nach und nach dazu, daß der Bereich, der der Macht des Menschen unterlag, tendenziell offen war und ein technisches und soziales Möglichkeitsbewußtsein generierte, wie es vordem unbekannt gewesen war.[53] Das ist die eine, die positive Seite. Aber diese Situa-

---

andere als die neuzeitliche, zuspricht und so nicht von Un- oder Vorvernunft, sondern schlicht von einer anderen Vernunft ausgeht, sei hier nur angemerkt.

[49] Waldenfels, „Ordnung im Potentialis", S. 18.

[50] Waldenfels, „Das Geregelte und das Ungebärdige", S. 82.

[51] Waldenfels, „Ordnung im Potentialis", S. 19.

[52] Ebd., S. 17.

[53] Dazu vgl. bes. Koselleck, „‚Neuzeit'", S. 336. Mit Akzent auf die kulturelle Fundierung der „Kontingenzerhöhung" im Zuge der Entfaltung technisch-wissenschaftlicher Naturbeherr-

tion wurde keineswegs nur als wünschenswerte Erweiterung des technischen und sozialen Handlungsbereichs, und damit nicht nur als Gewinn neuer Möglichkeiten menschlicher Freiheit, als Ermöglichungsnexus emphatischer Selbstverwirklichung erfahren, sondern von Anfang an auch als akute Orientierungslosigkeit und bodenlose Unsicherheit, weil der Bereich des Auch-anders-sein-Könnens, der Bereich der Kontingenz - so oder so -, prinzipiell keine definitive Grenze mehr hatte, sofern er mit jeder Wirklichkeit auch jede Ordnung, und damit jede Form sozialer Ordnung erfaßte. Das ist die andere, die problematische Seite.[54]

Die Neuzeit, so könnte man dieses ambivalente Epochencharakteristikum mit einer Formulierung Blumenbergs generalisieren, hat eine „Kontingenzkultur", weil sie „von dem Grundgedanken" geprägt ist, „daß nicht sein muß, was ist".[55] Aber das ist nur die eine, wenn auch gewissermaßen die ‚notwendige Voraussetzung' europäischer Modernität. Die ‚zureichende Voraussetzung' jedoch, die der Epoche ihr spezifisches, ebenso faszinierendes, wie hochgradig problematisches Signum gibt, erschließt sich erst im Rekurs auf die historische Typologie der Ordnungsformen und Wirklichkeitskonzepte.

Kontingenz, bestimmt Blumenberg den Sachverhalt an anderer Stelle, „bedeutet die Beurteilung der Wirklichkeit vom Standpunkt der Notwendigkeit und der Möglichkeit her".[56] Dieser Wirklichkeitsbezug setzt zwar den neuzeitlichen „Ordnungsschwund" voraus, der „mit einem neuen Begriff der menschlichen Freiheit verbunden" ist, indem er jene „generelle Konzeption des menschlichen Handelns" nach sich zieht und irreversibel festschreibt, die „in den Gegebenheiten nichts mehr von der Verbindlichkeit des antiken und mittelalterlichen Kosmos wahrnimmt und sie deshalb prinzipiell für verfügbar hält".[57] Wenn aber „die Sphäre der natürlichen Fakten keine höhere Rechtfertigung und Sanktion mehr ausstrahlt", weil keine unbezweifelbare „Gesamtordnung" mehr angenommen und Wirklichkeit heterogen wird, gleichzeitig jedoch - und das ist für die Selbstkonstitution europäischer Modernität entscheidend - an der Konzeption der seinsnotwendigen einen „Gesamtordnung" und der einen homogenen Wirklichkeit festgehalten wird, wie das mindestens bis in die Totalitätskonzepte des 20. Jahrhunderts hinein der Fall und von der konsti-

---

schung in modernen Gesellschaften vgl. W. van den Daele, „Kontingenzerhöhung", in *Die Modernisierung moderner Gesellschaften*, hg. W. Zapf, Frankfurt a.M. 1990, S. 584-603.

[54] Das ist es auch, was den Kontingenzdiskurs bis heute zu einem geradezu dramatischen Problemdiskurs macht. Ein prominentes Beispiel: „Die kommunikative Vernunft", schreibt J. Habermas 1988 mit bemerkenswerter Verwendung der nautischen Metaphorik, „ist gewiß eine schwankende Schale - aber sie ertrinkt nicht im Meer der Kontingenzen, auch wenn das Erzittern auf hoher See der einzige Modus ist, in dem sie Kontingenzen ‚bewältigt'." J. Habermas, „Die Einheit der Vernunft in der Vielheit ihrer Stimmen", in *Merkur* 467 (1988), S. 13.

[55] Blumenberg, *Die Sorge geht über den Fluß*, S. 57.

[56] Blumenberg, „Lebenswelt und Technisierung unter Aspekten der Phänomenologie", S. 47.

[57] H. Blumenberg, *Säkularisierung und Selbstbehauptung*, Frankfurt a.M. 1974, S. 158.

tutiven Alternative des Kontingenztheorems selbst, eben der exklusiven Alternative von Notwendigkeit oder Möglichkeit, rational gedeckt ist, „dann wird die Faktizität der Welt zum bohrenden Antrieb, nicht nur das Wirkliche vom Möglichen her zu beurteilen und zu kritisieren, sondern auch durch die Realisierung des Möglichen, durch Ausschöpfung des Spielraums der Erfindung und Konstruktion das nur Faktische aufzufüllen zu einer in sich konsistenten, aus Notwendigkeit zu rechtfertigenden Kulturwelt", die alle Naturwelt überbieten soll.[58]

Wahrscheinlich ist diese Operationalisierung der Simultanpräsenz neuzeitlicher Möglichkeitsoffenheit und vorneuzeitlicher Ordnungs- und Wirklichkeitserwartungen für die Selbstkonstitution europäischer Modernität strategisch tatsächlich das Entscheidende.[59] Denn Kontingenz wird damit nicht nur zum „Stimulans der Bewußtwerdung der demiurgischen Potenz des Menschen", fundiert und legitimiert nicht nur eine „technische Einstellung gegenüber dem Vorgegebenen", sondern setzt von hier aus auch jene spezifischen, wenn auch sehr unterschiedlichen Versuche in Gang, soziale Ordnung und soziale Wirklichkeit durch produktivistische Integration des freigesetzten Potentialis selbstmächtig herzustellen, die sich durch die Geschichte der Gegenwart ziehen und konstitutive Tendenzen von Modernität bilden.[60] Ihre allgemeine strategische Disposition ist, nur scheinbar paradox, Kontingenzbegrenzung durch gezielte Kontingenznutzung.[61] Es ist jene konstruktivistische Disposition, die die Selbstkonstitution der modernen Gesellschaften geprägt, und deren Radikalisierung bis weit ins 20. Jahrhundert hinein nicht nur die Idee tota-

---

[58] Blumenberg, „Lebenswelt und Technisierung unter Aspekten der Phänomenologie", S. 47. Unvergleichlich in diesem Sinne die Formulierung von G. Lukács, *Die Theorie des Romans*, Darmstadt/Neuwied 1971, S. 30: Die Neuzeit sei ein „Zeitalter, für das die extensive Totalität des Lebens nicht mehr sinnfällig gegeben ist (...), und das dennoch die Gesinnung zur Totalität hat". Zur Persistenz der „Gesamtordnung" in den modernen Totalitätskonzepten vgl. auch Waldenfels, „Ordnung im Potentialis", S. 20f. „Totalisierung" sei dabei die „anspruchsvollste Ersatzform" der Gesamtordnung.

[59] Zum Begriff der Strategie vgl. N. Howard, *Paradoxes of Rationality*, Cambridge/Mass. 1971, S. 240: „Strategy is a complete plan of action covering all contingencies." Strategisches Handeln setzt dabei nicht nur - wie jedes Handeln - Kontingenz, sondern auch Komplexität voraus, wenn nicht sogar Komplexität Strategien zwingend erfordert: „La complexité appelle la stratégie. Il n y a que la stratégie pour s'avancer dans l'incertain et l'aléatoire." So E. Morin, „Le défi de la complexité", in *Chimères* 5/6 (1988), S. 92.

[60] Blumenberg, „Lebenswelt und Technisierung unter Aspekten der Phänomenologie", S. 47.

[61] Und das ist etwas sehr anderes als die nicht nur landläufige, sondern auch wissenschaftliche Rede von „Kontingenz*bewältigung*" suggeriert. Abgesehen davon, daß es bei dieser strategischen Disposition, die hier probehalber als Strukturformel für Modernität stehen mag, gerade nicht darum geht, Kontingenz restlos zu beseitigen, wie das Gewalttätige impliziert, das dem Wort „Bewältigung" anhaftet - und allen Komposita mit diesem Wort ihren unangenehmen Beigeschmack verleiht -, blockiert die unterdifferenzierte Rede von der „Kontingenzbewältigung" geradezu die analytischen Möglichkeiten, die das Kontingenztheorem eröffnet, wenn man sowohl seine logisch-ontologische Ambivalenz als auch seine historisch-ontologische Varianz ausfaltet.

ler Gestaltbarkeit von Gesellschaft, sondern auch die ihrer totalen Gestaltungsbedürftigkeit auf den historischen Plan gerufen hat.[62]

IV

Diese strategische Disposition, so lautet nun die eigentlich modernitätstheoretische These, die sich im Koordinatensystem des neuzeitlichen Kontingenzbewußtseins formulieren läßt, hat zwei spezifisch moderne Entwicklungen generiert. Einerseits hat sie eine Tendenz der sozialen Normalisierung generiert, die nach einem langen Vorlauf im 18. und 19. Jahrhundert zur signifikanten Tendenz moderner Vergesellschaftung wird und im 20. Jahrhundert in das sozialtechnische Projekt des rationalen Sozialmanagements mündet.[63] Sie ist die spezifisch moderne Antwort auf das besondere Ordnungsproblem, das die neuzeitliche Kontingenz aufwirft. Andererseits hat diese strategische Disposition eine Tendenz ästhetischer Souveränität generiert, die zu jener signifikanten Tendenz moderner Kunst wird, die im 19. Jahrhundert angesichts der Etablierung inevidenter Sozialwelten den Anspruch privilegierter Wirklichkeitserkenntnis erhebt und im Zuge fortschreitender Abstraktion schließlich in der konstruktivistischen Ästhetik des frühen 20. Jahrhunderts kulminiert.[64] Sie ist die spezifisch moderne Antwort auf das besondere Wirklichkeitsproblem, das die neuzeitliche Kontingenz aufwirft.

Ästhetische Souveränität und soziale Normalisierung waren nicht die einzigen Versuche, die neuzeitliche Kontingenz zu verarbeiten, und sie sind auch systematisch keineswegs homolog, wie ihre Leitprobleme und deren adäquate Lösungskonzepte erweisen. Trotzdem ist ihre Akzentuierung als signifikante systematische Linien des Selbstverständnisses von Modernität alles andere als

---

[62] Der Begriff der „Konstruktion“ wird hier freilich nicht im Sinne des sogenannten „radikalen Konstruktivismus“ verwendet, sondern im Sinne dessen, was für diesen Konstruktionen „erster Ordnung“, also Konstruktionen im Sinne objektiver Artefakte sind. Dazu vgl. N. Luhmann, „Kontingenz als Eigenwert der modernen Gesellschaft“, S. 98ff., sowie pointiert ders., „Am Ende der kritischen Soziologie“, in *Zeitschrift für Soziologie* 20 (1991), S. 147-152. Zur „Entdeckung der Gestaltbarkeit von Gesellschaft“ vgl. - wenn auch mit anderem Akzent - A. Evers/H. Nowotny, *Über den Umgang mit Unsicherheit*, Frankfurt a.M. 1987, bes. S. 17-58 u. 296-330.

[63] Zur „Normalisierung“ vgl. M. Foucault, *Sexualität und Wahrheit*, Bd. 1, Frankfurt a.M. 1977, bes S. 161-190 , sowie ders., „Leben machen und Sterben lassen“, in *Diskus* 41 (1992), S. 51-58. Zum Projekt der rationalen Gesellschaftsorganisation vgl. Ch. Maier, „Zwischen Taylorismus und Technokratie“, in M. Stürmer (Hg.), *Die Weimarer Republik*, Königstein 1980, S. 188-213, sowie D. J. K. Peukert, *Max Webers Diagnose der Moderne*, Göttingen 1989, bes. S. 70-81.

[64] Dazu vgl. W. Benjamin, „Das Kunstwerk im Zeitalter seiner technischen Reproduzierbarkeit“, in ders., *Gesammelte Schriften*, Bd. I.2, Frankfurt a.M. 1974, S. 471-508, sowie ders., „Über einige Motive bei Baudelaire“, in ders., *Gesammelte Schriften*, Bd. I.2, S. 605-653. Zu dieser Akzentuierung der kunstsoziologischen Arbeiten Benjamins vgl. M. Makropoulos, *Modernität als ontologischer Ausnahmezustand?*, München 1989, bes. S. 103-145.

selektiv, und ihre Synopse alles andere als willkürlich. Denn so prinzipiell verschieden und nicht selten konfligierend gerade diese sozialtechnischen und ästhetischen Tendenzen historisch auch gewesen sein mögen - ihre konstitutiven funktionellen Techniken verfahren hier wie dort kombinatorisch-konstruierend und setzen damit die Freisetzung der Realien aus der einen festgefügten Ordnung „klassischen" Typs voraus. Beide Tendenzen sind damit hochartifiziell und verstehen sich auch so. Denn die modernen sozialen Techniken setzen keinen Bezug auf eine externe Garantieinstanz voraus und sind damit vollständig immanent; und die modernen ästhetischen Techniken brechen mit der mimetischen Tradition in der Kunst und sind damit radikal „gegennatürlich".[65] Beide setzen deshalb - wie alle Artefakte - die Ambivalenz des Kontingenten voraus, antworten einerseits auf das Unbestimmtheitsmoment von Kontingenz, aber nutzen zugleich das Möglichkeitsmoment von Kontingenz. Die ästhetischen und sozialtechnischen Versuche selbstmächtiger Wirklichkeits- und Ordnungsstiftung markieren damit von ihrer impliziten Rationalität her die charakteristische strategische Disposition einer Kontingenzkultur - also einer Kultur, die ihr Selbstverständnis aus dem Kontingenzbewußtsein bezieht: Kontingenz als Problem, dessen adäquate Lösungen diese Versuche jeweils zu sein beanspruchen, Kontingenz aber auch als Möglichkeitsbedingung dieser Lösungen, nämlich als ontologische Voraussetzung, Ordnung und Wirklichkeit überhaupt selbstmächtig herstellen zu können. Ohne das neuzeitliche Kontingenzbewußtsein, seine charakteristische Ambivalenz und den spezifischen Möglichkeitshorizont, den es eröffnet, ist weder diese Problemstellung denkbar, noch sind es diese Lösungsversuche. Und wenn es über diese systematischen Aspekte hinaus, die eine Synopse von moderner Sozialtechnik und moderner Ästhetik nahelegen, ein konkretes historisches Phänomen gibt, das diese Synopse geradezu aufdrängt, dann ist es jener Bereich, in dem sich eine Kultur im wahrsten Sinne des Wortes materialisiert, nämlich die architektonische Gestaltung und damit die Herstellung ihres Raumes.

Ästhetische Souveränität und soziale Normalisierung sind konstitutive Elemente der funktionellen Rationalität moderner Architektur. Es sind keineswegs ihre einzigen Elemente, und das Problem der Wirklichkeitspluralisierung und des Ordnungsschwunds war gewiß nicht das einzige Problem, das sich die Protagonisten des „Neuen Bauens" und des „Internationalen Stils" gestellt haben.[66] Aber im Koordinatensystem dieser Synopse sind es doch die dominie-

---

[65] Mit Akzent auf Disziplin und Versicherung als komplementäre moderne Technologien der sozialen Steuerung vgl. M. Makropoulos, „Möglichkeitsbändigungen", in *Soziale Welt* 41 (1990), S. 407-423. Zur „Gegennatürlichkeit" moderner Kunst vgl. A. Gehlen, *Zeit-Bilder*, Frankfurt a.M./Bonn 1965, S. 176ff.

[66] Zum „Neuen Bauen" vgl. N. Huse, *‚Neues Bauen' 1918-1933*, Berlin 1985. Zum „Internationalen Stil" bis zu den 30er Jahren des 20. Jhs. vgl. H. W. Kruft, *Geschichte der Architekturtheorie*, München 1985, S. 419-491; bis in die 60er Jahre vgl. K. Frampton, *Modern Architecture*, London 1985, S. 248-261.

renden Elemente, und ist es das tiefenstrukturelle Leitproblem. Denn die moderne Architektur, und besonders ihre urbanistischen Avantgardeentwürfe, ist - teils als Projekt, teils als Effekt - die historische, das heißt, die faktische Lösung jenes Problems, das modern, also unter Bedingungen von Großgesellschaften und ihrer urbanen Verdichtung, zu einem sozialen Zentralproblem wird, nämlich nicht nur die adäquate Gestaltung, sondern überhaupt erst die adäquate Konstituierung des modernen Raumes - eines Raumes sui generis und von eigener Qualität.[67] Eines Vergesellschaftungsraumes im buchstäblichen Sinne außerdem, der sich in der modernen Metropole als offener Raum ebenso wünschbarer wie problematischer heterogener sozialer Wirklichkeiten manifestiert - als jener besondere Raum also, der nicht nur strukturelle, also relativ irreversible Freiheitsbereiche eröffnet und etabliert, sondern eben dadurch zugleich Ordnungs- und Wirklichkeitsprobleme aufwirft, die vordem unbekannt waren und deshalb neue Lösungen erforderten.[68]

In diesem offenen, also nicht a priori durch eine einzige umfassende Ordnung strukturierten und eine einzige unbezweifelbare Wirklichkeit gestalteten Raum, der die konstruktive Produktion von Gesellschaft nicht nur allererst ermöglicht, sondern zugleich erfordert und damit zum Vergesellschaftungsraum im emphatischen Sinne wird, hat sich die Architekturavantgarde der Klassischen Moderne die Aufgabe gestellt, den adäquaten Lebensraum einer modernen Gesellschaft überhaupt erst zu schaffen. Und sie versuchte das mit nicht geringem Fortschrittspathos in der bewußten Synthese von ästhetischem und sozialem Konstruktivismus, nämlich der Inanspruchnahme privilegierter künstlerischer Gestaltungskompetenz einerseits, und rationalisierter Technologien des sozialen Managements andererseits, also ästhetischer und sozialtechnischer Artefakte.[69] Die soziologiegeschichtliche Pointe dabei: Bis weit ins 20. Jahrhundert und keineswegs nur in Verlängerung des biologistisch-organismischen Denkens des 19. Jahrhunderts hat man sozialtheoretisch immer wieder den Versuch unternommen, ‚Gesellschaft‘ nach zwei Seiten hin abzugrenzen und auf diese Weise zu ontologisieren, nämlich einerseits gegen ästhetische Ar-

[67] Für das Beispiel Le Corbusiers vgl. N. Huse, *Le Corbusier*, Reinbek 1976, S. 56-78, sowie R. Sennett, *Civitas*, Frankfurt a.M. 1991, S. 218-241.

[68] Zur Urbanität als spezifisch moderner Lebensform vgl. G. Simmel, „Die Großstädte und das Geistesleben“, in *Jahrbuch der Gehe-Stiftung* 9 (1903), S. 185-201, sowie zusammenfassend L. Wirth, „Urbanism as a Way of Life“, in *American Journal of Sociology* 44 (1938), S. 1-24. Vgl. auch die kritische Synopse moderner Urbanitätskonzepte von D. Hoffmann-Axthelm, *Die dritte Stadt*, Frankfurt a.M. 1993, bes. S. 217-249. Zum Verhältnis von Heterogenität und strukturell etablierter Freiheit im städtischen Raum vgl. R. E. Park, „The City: Suggestions for the Investigation of Human Behavior in the City Environment“, in *American Journal of Sociology* 20 (1916), S. 577-612. Dazu vgl. M. Makropoulos, „Der Mann auf der Grenze“, in *Freibeuter* 35 (1988), S. 8-22.

[69] Vgl. T. Hilpert, *Die Funktionelle Stadt*, Braunschweig 1978, bes. S. 14-112; Huse, *‚Neues Bauen‘ 1918 bis 1933*, bes. S. 64-71 u. 87-108, sowie M. Müller, *Die Verdrängung des Ornaments*, Frankfurt a.M. 1977, S. 36-48.

tefakte und andererseits gegen technische.[70] Wenn Gesellschaft ‚zweite Natur' sein, und wenn sie als solche an die Stelle des zerrissenen Bandes der Religion als ‚sozialer Bindungskraft' treten sollte, dann mußte sie schließlich gegen Artefakte abgegrenzt und qualitativ von diesen unterschieden werden können, gerade weil Artefakte ‚von Natur aus' kontingent sind und deshalb im Horizont klassischer Ontologie nur eine begrenzte bindende Kraft haben.[71] Dort aber, wo sowohl Kunst und Gesellschaft als auch Technik und Gesellschaft historisch und systematisch aufeinandertrafen, nämlich in der architektonischen Herstellung moderner Räume, zeichnete sich Gesellschaft gerade nicht durch die doppelte Abgrenzung des Sozialen gegen technische und ästhetische Artefaktwelten aus, sondern durch seine Konstituierung inmitten ihrer Synthese. Von der Architekturavantgarde der Klassischen Moderne her gesehen war moderne Gesellschaft deshalb nachdrücklich Produkt der Synthese von Technik und Ästhetik. Und war so unabweisbar Kontingenzprodukt - eben Artefakt.

Aber die Klassische Moderne war nicht nur das umfassende Laboratorium artifizieller Lebenswelten, die spätestens in den 20er Jahren nach dem katastrophischen Ende der bürgerlichen Welt des 19. Jahrhunderts im Ersten Weltkrieg und mit dem technologischen Innovationsschub seit der Jahrhundertwende in Mitteleuropa bis dahin ungekannte Entfaltungsmöglichkeiten fanden.[72] Die Klassische Moderne war zugleich wie kaum eine Epoche davor und danach, auch die Zeit radikaler Modernitätskritik im doppelten, nämlich im analytischen und im verwerfenden Sinne des Wortes. Zwar ging es auch vorher schon darum, die vehemente Modernisierung der europäischen Gesellschaften theoretisch zu verarbeiten; aber jetzt wurde Modernität als unwiderruflicher Zusammenbruch einer ganzen Welt erlebt, als vollendeter Ordnungs- und Wirklichkeitsschwund erfahren und als geradezu ontologischer Ausnahmezustand

---

[70] Zur wissenschaftlichen und politischen Konzeptualisierung von Gesellschaft als Organismus vgl. D. Ambros, „Über Wesen und Formen organischer Gesellschaftsauffassung", in *Soziale Welt* 13 (1963), S. 14-32; A. Meyer, „Mechanische und organische Metaphorik politischer Philosophie", in *Archiv für Begriffsgeschichte* 13 (1969), S. 128-199, sowie ders., „Organismus", in *Historisches Wörterbuch der Philosophie*, Bd. 6, Sp. 1330-1358.

[71] Vgl. prägnant mit Bezug auf Marx, Weber und Durkheim W. Eßbach, „Überlegungen zur Genese der Frontstellung zwischen Sozialwelt und Artefakten im 19. Jahrhundert", in H.-J. Hoffmann-Nowotny (Hg.), *Kultur und Gesellschaft*, Zürich 1988, S. 715-717. J. Habermas hat im Versuch der kompensatorischen Ersetzung der Religion als „vereinigender Macht" geradezu das einzige Thema des philosophischen Diskurses der Moderne gesehen. Vgl. J. Habermas, *Der philosophische Diskurs der Moderne*, Frankfurt a.M. 1985, S. 166.

[72] Der Epochenbegriff der „Klassischen Moderne" entstammt der kunsthistorischen Diskussion und bezeichnet dort die verschiedenen Strömungen vor allem in der Malerei der ersten Hälfte des 20. Jahrhunderts. Dazu vgl. K. von Maur, „Die Klassische Moderne", in *Malerei und Plastik des 20. Jahrhunderts*, Stuttgart 1982, S. 9. Zur Ausweitung des Begriffs über den engeren Bereich der Kunst hinaus und seine kultur- und sozialgeschichtliche Verwendung als „Kennzeichnung der gesamten soziokulturellen Epochenlage" in Mitteleuropa etwa von 1880-1930 vgl. D. J. K. Peukert, *Die Weimarer Republik 1918-1933*, Frankfurt a.M. 1987, S. 11, sowie Peukert, *Max Webers Diagnose der Moderne*, S. 65f.

der nunmehr bodenlosen Kontingenz gedeutet. Und so sehr das endgültig neue Möglichkeiten freisetzte und jenes soziale, kulturelle und nicht zuletzt technische Experimentierfeld der 20er Jahre eröffnete, auf dem die charakteristischen Tendenzen von Modernität vollends zum Durchbruch gelangten und nahezu alle Möglichkeiten moderner Lebensform prototypisch durchgeprobt wurden, so sehr provozierte es doch auch geradezu extremistische Optionen und Positionierungen - ästhetische, philosophische, politische nicht zuletzt.[73] Wo man sich nämlich nicht auf die methodische Erforschung dieser neuen, inevidenten Lebenswelten beschränkte, wie in den verschiedenen Pionierkonzepten sozialwissenschaftlicher Empirie, die ebenfalls zu dieser Zeit und vor diesem Hintergrund in Deutschland und Österreich ihre paradigmatischen Formen ausbildeten - und anders als die Architektur Sozialtechnik und Ästhetik nicht synthetisierten, sondern dichotomisierten -, setzte man auf die Perspektive der Überbietung, die theoretische und die praktische.[74] Als vielfältiger Versuch definitiver Überbietung der strategischen Disposition der Kontingenzbegrenzung durch gezielte Kontingenznutzung formierte sich damit spätestens in dieser historischen Periode jener Typ radikaler Modernitätskritik, der für das Selbstverständnis von Modernität ebenso paradigmatischen Status erhalten sollte, wie die systematische Korrespondenz von sozialer Normalisierung und ästhetischer Souveränität - eine Modernitätskritik, die nicht so sehr den anderen Pol eines positionalen und optionalen Spannungsfeldes bildet, das erst als Ganzes den Möglichkeitshorizont modernen Selbstverständnisses markiert, sondern eher seine radikale Vervollständigung.

Diese Modernitätskritik manifestiert sich in jenen avancierten intellektuellen Versuchen der 20er Jahre, Modernität geschichtsphilosophisch zu denken, in denen über die gattungsmäßigen Diskursgrenzen hinaus und quer durch die politischen Lager hindurch - oder genauer: unterhalb der politischen Konfrontationslinien von ‚rechts' und ‚links' oder ‚konservativ' und ‚progressiv' - Kategorien und Denkmotive entstanden, die für das Selbstverständnis von Modernität prägend wurden und die noch in das gegenwärtige Modernitätsbewußt-

[73] Zum „philosophischen Extremismus zwischen den Weltkriegen" vgl. - wenn auch nicht mit Bezug auf das Kontingenzproblem - N. Bolz, *Auszug aus der entzauberten Welt*, München 1989, sowie W. Eßbach, „Radikalismus und Modernität bei Jünger und Bloch, Lukács und Schmitt", in G. Raulet, M. Gangl (Hgg.), *Intellektuellendiskurse in der Weimarer Republik*, Frankfurt a.M. 1994, S. 145-159. Unter dem Aspekt der Historismuskritik seit der Jahrhundertwende vgl. auch L. Köhn, „Überwindung des Historismus", 2. Teil, in *Deutsche Vierteljahrsschrift für Literaturwissenschaft und Geistesgeschichte* 49 (1975), S. 94-165.

[74] Exemplarisch für die ästhetisch oder naturwissenschaftlich orientierte Sozialforschung vgl. aus geschichtsphilosophisch-ästhetischer Perspektive S. Kracauer, „Die Angestellten", in ders., *Schriften*, Bd. 1, Frankfurt a.M. 1974 (1929), S. 205-304; aus naturwissenschaftlich-sozialtechnischer Perspektive M. Jahoda, P. F. Lazarsfeld, H. Zeisel, *Die Arbeitslosen von Marienthal*, Frankfurt a.M. 1975 (Leipzig 1933). Zum Vergleich dieser beiden Studien unter dem Aspekt ihrer prinzipiell differenten methodischen Konzepte vgl. M. Makropoulos, „Konstellation und Synthese", in *Jahrbuch für Soziologiegeschichte 1992*, Opladen 1994, S. 147-159.

sein hineinreichen.[75] Und in denen die neuzeitliche Kontingenz zum ontologischen Zentralproblem der Moderne radikalisiert wurde, dessen definitive Lösung man am Ende nicht nur philosophisch anvisierte, sondern auf fatale Weise dann mit Gewalt als erzwungene Totalität auch politisch durchsetzte. Es war die finale Überbietung der modernen strategischen Disposition durch Akzentuierung ihrer Ordnungs- und Wirklichkeitsseite. Das war allerdings noch nicht alles. Den dominierenden Versuchen, Kontingenz definitiv durch philosophische und politische Totalitätsstiftung aufzuheben und so dem „Fluch der Kontingenz" zu entrinnen, wie Th. W. Adorno einmal formulierte, wurde Kontingenz nämlich auch da und dort als nunmehr unabweisbare ontologische Voraussetzung eines neuen und durchaus wünschbaren historischen Stadiums definitiver, geradezu strukturell garantierter Freiheit entgegengesetzt - wie minoritär diese Position in den 20er Jahren und weit über die 20er Jahre hinaus auch immer geblieben sein mag.[76] Es war die gleichermaßen finale Überbietung der modernen strategischen Disposition durch Akzentuierung und Radikalisierung ihrer Unbestimmtheits- und Möglichkeitsseite. Und gewissermaßen quer zur strategischen Disposition der selbstmächtigen Kontingenzbegrenzung durch gezielte Kontingenznutzung, die die historische Konstitution europäischer Modernität leitete, wurde auf diese Weise in den 20er Jahren ein positionales und optionales Spannungsfeld zwischen Kontingenzaufhebung bis hin zu ihrer finalen Bewältigung oder Kontingenztoleranz bis hin zu ihrer finalen Affirmation eröffnet. Totale Wirklichkeitsstiftung oder totale Möglichkeitsoffenheit - das war die exklusive Alternative, in die sich am Ende der kritische Modernitätsdiskurs der Klassischen Moderne von der Tiefenstruktur seiner radikalen Positionen und Optionen her gesehen dichotomisierte, und

[75] In kultur- und sozialgeschichtlicher Hinsicht vgl. Peukert, *Die Weimarer Republik 1918-1933*, S. 266f; in diskursgeschichtlicher Hinsicht vgl. G. Raulet, „Pour une Archéologie de la Post-Modernité", in G. Raulet (Hg.), *Weimar ou l'Explosion de la Modernité*, Paris 1984, S. 7ff. Zum kritischen Modernitätsdiskurs der 20er Jahre mit Akzent auf G. Benn, S. Kracauer, G. Lukács, C. Schmitt, H. Heller, R. Musil und H. Plessner vgl. aufrißartig M. Makropoulos, „Tendenzen der Zwanziger Jahre", in *Deutsche Zeitschrift für Philosophie* 39 (1991), S. 675-687.

[76] Th. W. Adorno, *Philosophie der neuen Musik*, Frankfurt a.M./Berlin/Wien 1978, S. 105. Zur strukturell garantierten Freiheit als irreversiblem Effekt funktionaler Differenzierung in modernen Gesellschaften vgl. N. Luhmann, „Komplexität", in ders., *Soziologische Aufklärung*, Bd. 2, Opladen 1975, S. 209. Nicht nur aus diesem Grund läßt sich Luhmanns theoretisches Unternehmen, beiläufig bemerkt, als die großangelegte soziologische Ausarbeitung dieser Position im allgemeinen und ihrer pointierten ästhetischen Verarbeitung durch R. Musil im besonderen verstehen. Vgl. R. Musil, „Der Mann ohne Eigenschaften", in ders., *Gesammelte Werke*, Bd. 1, Reinbek 1978. In diesem Sinne vgl. auch F. Scholz, *Freiheit als Indifferenz*, Frankfurt a.M. 1982, S. 235-262, bes. S. 252: „Der ihnen gemeinsame Möglichkeitssinn führt den Mann ohne Eigenschaften und den Funktionalisten Luhmann zusammen in der grundlosen Grundannahme der Veränderlichkeit der Welt um den Preis konzeptioneller Vergleichgültigung und faktischer Affirmation ihrer bestehenden Gestalt." Vgl. entsprechend auch W. Lipp, „Anomie, Handlungsmöglichkeit, Opportunismus", in *Zeitschrift für die gesamte Staatswissenschaft* 128 (1972), S. 344-370.

damit im Gegenzug das Selbstverständnis von Modernität als Kontingenzkultur ungewollt bekräftigte.

V

„Unerachtet ihrer Einmaligkeit", bemerkt Koselleck, „kann eine vergangene Epoche - auf ihre Struktur hin befragt - Momente der Dauer enthalten, die noch in unsere Gegenwart hineinreichen."[77] Vielleicht trifft diese Bemerkung, die auf das 17. und 18. Jahrhundert bezogen ist, in der Perspektive einer ‚Archäologie' der Gegenwart nicht nur auf die frühe Neuzeit als primärer Manifestation einer Kontingenzkultur zu, sondern ebensosehr auf die Klassische Moderne des 20. Jahrhunderts als ihrer spannungsgeladenen Kulminationsphase - wie sehr man später auch versucht haben mag, sich gerade von dieser Epoche abzugrenzen und sie als tiefe, geradezu fremde, aber vielleicht deshalb so faszinierende Vergangenheit aufblitzen zu lassen, jene Epoche, die man dann in Anlehnung an R. Musils berühmten Romantitel die „Zeit ohne Eigenschaften" genannt hat.[78] Und die doch, wie man ebenfalls mit Musil sagen könnte - und mit Blick auf die kulturelle, soziale und nicht zuletzt politische Situation der 20er Jahre in Mitteleuropa wohl sagen müßte -, eher das „Gesamtlaboratorium" vollendeter und gerade darin „klassischer" Modernität war. Ein „Gesamtlaboratorium" nicht zuletzt, auf dessen Möglichkeitshorizont sich weitgehend noch die gegenwärtigen Debatten um Modernität samt ihrer so genannten postmodernen Distanzierungsversuche beziehen, wenn sie nicht überhaupt nach wie vor in ihm stehen, sofern sie die klassisch-moderne Dichotomie von wirklichkeitsstiftender Kontingenzaufhebung oder möglichkeitsoffener Kontingenztoleranz fortschreiben - wenn auch mit anderem Akzent und mit der Option einer anderen Dominanz.[79] Denn aus der diskursiven Zentralität der

---

[77] R. Koselleck, *Kritik und Krise*, Frankfurt a.M. 1979, S. IX.

[78] Vgl. im Rückblick R. König, „Zur Soziologie der Zwanziger Jahre", in *Die Zeit ohne Eigenschaften*, hg. L. Reinisch, Stuttgart 1961, S. 82-118; H. Plessner, „Die Legende von den Zwanziger Jahren", in ders., *Gesammelte Schriften*, Bd. 6, Frankfurt a.M. 1982 (1962), S. 261-279; Th. W. Adorno, „Jene Zwanziger Jahre", in ders., *Eingriffe*, Frankfurt a.M. 1963, S. 59-68. In diesem Sinne vgl. auch P. Gay, *Die Republik der Außenseiter*, Frankfurt a.M. 1970, bes. S. 99-189, sowie W. Laqueur, *Weimar*, Frankfurt a.M./Berlin/Wien 1977, bes. S. 62-233.

[79] Musil, „Der Mann ohne Eigenschaften", S. 152. Vgl. auch in diesem Sinne Raulet, „Pour une Archéologie de la Post-Modernité", S. 7. Daß die sogenannte postmoderne Position tatsächlich kaum mehr ist, als der späte Versuch, die in den 20er Jahren minoritäre Disposition der Kontingenztoleranz gegen die hegemonialen Ordnungserwartungen aufzuwerten, wird besonders in jenen Arbeiten deutlich, die Postmodernität nicht als Nach-Modernität im geschichtsphilosophischen Sinne verstehen, sondern - bescheidener - als neue Perspektive auf Modernität. In diesem Sinne vgl. vor allem W. Welsch, *Unsere postmoderne Moderne*, Weinheim 1987, bes. S. 65-85, sowie Bauman, *Moderne und Ambivalenz*, bes. S. 281-290 u. 331-343, der für eine „postmoderne Mentalität" der „Einsicht in die Kontingenz" plädiert.

Kontingenz und dem spezifischen gesellschaftlichen Selbstverständnis, das diese Zentralität konstituiert, führt die postmoderne Umwertung keineswegs hinaus, sondern attackiert allenfalls das totale Ordnungs- und Wirklichkeitsprojekt der ästhetischen und politischen Avantgarde der Klassischen Moderne, das ‚linke' wie das ‚rechte'. Und am Ende ist ausgesprochenes Kontingenzbewußtsein als Grundbestand eines sozialen Selbstverständnisses und der mit diesem korrespondierenden Selbstproblematisierungen, mit Blick auf den radikalen Modernitätsdiskurs der 20er Jahre und seine konstitutive Dichotomie von finaler Kontingenzbewältigung und ebenso finaler Kontingenzaffirmation, wohl doch spezifisch modern, und „Kontingenz" deshalb eine spezifisch moderne und gerade nicht eine spezifisch nachmoderne Kategorie. Über das strategische Spannungsfeld, das sie markiert, weist auch ihre postmoderne Positivierung nicht hinaus, sondern vervollständigt nur die möglichen Akzentsetzungen in diesem historischen Spannungsfeld namens „Modernität".

Kompetenz und den spezialisierten [illegible] künstlerischen Selbstverständnis, das die [illegible] Zeit [illegible] [illegible] Trennung keineswegs [illegible]

[illegible] und Wirklichkeit [illegible]

[illegible]

Franz Josef Wetz

KONTINGENZ DER WELT - EIN ANACHRONISMUS?

Kontingenz ist ein Schlagwort der Gegenwartsphilosophie, unter dem sich die einen dieses, andere jenes, die dritten gar nichts vorstellen. Tatsächlich bleibt die Sache oftmals im dunkeln. Dabei bezeichnet der Ausdruck Kontingenz eigentlich eine Vorstellung, die uns geläufig ist, oder besser nicht ganz fremd sein dürfte: Alles, was es gibt, könnte auch nicht oder anders sein; zu ergänzen wäre, alles so Bestimmte ist weder unmöglich, sonst existierte es nicht, noch notwendig, sonst könnte es nicht nicht oder nicht anders sein. Mittlerweile hat der Begriff Kontingenz seinen besonderen, unterscheidenden Sinn verloren und wird in verschiedenen Zusammenhängen ganz unterschiedlich gebraucht, dabei häufig mit den Begriffen Zufall oder Faktizität gleichgesetzt. Die Auslegungsbreite und Bedeutungsvielfalt dieses Wortes kennt keine Grenzen. So nennt man gegenwärtig oft alles Unbeabsichtigte, Unerwartete, Unberechenbare auch kontingent, außerdem das Wesenlose, Grundlose, Zwecklose und nicht zuletzt alle Unverfügbarkeiten unseres Lebens. Der Begriff ist weit und umfassend geworden; darum muß hier darauf verzichtet werden, einen Überblick über die verschiedenen Bedeutungen zu geben.[1] Oftmals schimmert aus ihnen das Nicht- oder Andersseinkönnen wie ein ursprünglicher Sinn hervor, andererseits bleibt gerade dieser darin auch wieder verhüllt.

Besonderer Beliebtheit erfreut sich die Formel Kontingenz der Welt, die zwar sehr alt ist, aber in der Geschichte des abendländischen Denkens nicht durchgehend benutzt wurde. Wo sie auftaucht, bedeutet sie keineswegs immer das gleiche, sondern gelegentlich sogar Entgegengesetztes. Im folgenden sind wichtige Grundlinien ihrer Entwicklung in sieben Abschnitten nachgezeichnet: 1. Notwendigkeit der Welt, 2. Christlich-metaphysische Kontingenz der Welt, 3.Vernunftphilosophische Kontingenz der Welt, 4. Nihilistische Kontingenz der Welt, 5. Kontingenz als tiefsinnige Kurzsichtigkeit und schmerzhafte Erinnerung, 6. Die Menschenwelt als Ort unaufhebbarer Kontingenz und 7. Der Mensch als Rest unvermittelbarer Kontingenz.

---

[1] Vgl. W. Windelband, *Die Lehren vom Zufall,* Berlin 1870; J.M. Verweyen, *Philosophie des Möglichen,* Leipzig 1913; A. Lasson, *Über den Zufall,* Berlin 1918; E. Troeltsch, „Die Bedeutung des Begriffs der Kontingenz", in *Gs. Schriften,* Bd. 2, Tübingen 1922, S. 769-777; R. Bubner/K. Cramer/R. Wiehl (Hg.), *Neue Hefte für Philosophie.* Heft 24/25: „Kontingenz", Göttingen 1985; M. Freundlieb, *Studie zur Entwicklung des Kontingenzbegriffs,* Bonn 1933; H. Schepers, „Möglichkeit und Kontingenz – Zur Geschichte der philosophischen Terminologie vor Leibniz", in *Filosofia* 14 (1963), S. 901-914; F.J. Wetz, *Das nackte Daß – Zur Frage der Faktizität,* Pfullingen 1990.

I. Notwendigkeit der Welt

Den antiken Griechen war grundsätzlich der Gedanke fremd, daß die Welt im ganzen nicht oder anders sein könnte. Selbst Aristoteles, bei dem es die Möglichkeit des Andersseins durchaus im Bereich menschlicher Handlungen und in allen irdischen Naturvorgängen gibt,[2] da diese doch nur meistenteils in derselben Art und Weise ablaufen, vertrat aufs Ganze gesehen die Auffassung, daß das räumlich begrenzte, aber zeitlich unbegrenzte Weltall unentstanden und unvergänglich sowie von immer gleichbleibender Struktur ist. Die immer gleichen Himmelskörper im kugelförmigen Weltall bewegen sich seiner Ansicht nach regelmäßig und unaufhörlich auf festgelegten Bahnen, und auch die Naturvorgänge auf der Erde, die nur meistenteils regelmäßig wiederkehren, besitzen eine ebenso ungewordene wie unvergängliche Ordnung.[3]

Im allgemeinen stellten sich die Griechen des Altertums das Weltall als Kosmos vor, was soviel wie „schönes Schmuckgebilde"[4] bedeutet. Das „so herrlich geschmückte Weltall"[5] bildete für sie einen harmonischen Ordnungszusammenhang, in dem kein Platz für das Flüchtige, Zufällige, Wesenlose war. Die grundsätzliche Vernünftigkeit des Ganzen, dessen Vollkommenheit und Wohlgeratenheit, stand außer Frage. Man kann heute noch lesen, „daß das Weltall weise, glückselig, ewig ist"[6], ja, „daß das Weltall eine Gottheit ist"[7]. Daher kam Cicero in seiner Darstellung der stoischen Lehre zum Ergebnis: „Etwas Vollkommeneres aber als das Weltall gibt es bestimmt nicht."[8] Zweckmäßigkeit des Aufbaus wie Harmonie aller Teile lassen nicht die Vermutung zu, daß alles ganz anders oder gar nicht zu sein brauchte, und wecken dadurch auch nicht die Frage, warum es das Ganze überhaupt gibt. Mit Feuerbach gesprochen: „Wem die Natur ein schönes Wesen ist, dem erscheint sie als Zweck ihrer selbst, in dem entsteht nicht die Frage: warum ist sie?"[9]

Fragen solcher Art werden bei den Griechen aber noch durch eine andere Eigentümlichkeit verhindert, auf die besonders H. Blumenberg und K. Löwith hingewiesen haben, nämlich den Vorrang der Frage nach dem Wesen vor dem Existenzbegriff. Blumenberg spricht sogar von „Verschüttung des Existenzproblems in der Antike"[10], in der man hauptsächlich „nach der gestaltlich-

---

[2] Vgl. D. Frede, *Aristoteles und die Seelschlacht – Das Problem der Contingentia Futura in ‚De interpretatione'*, Göttingen 1970; J. Stallmach, *Dynamis und Energeia,* Meisenheim a. G. 1959; H. Weiss, *Kausalität und Zufall in der Philosophie des Aristoteles,* Darmstadt 1967.

[3] Vgl. F.J. Wetz, *Das nackte Daß,* S. 32-39.

[4] W. Kranz, *Archiv für Begriffsgeschichte,* Bd. 2: „Kosmos", Bonn 1958, S. 11.

[5] M.T. Cicero, *Vom Wesen der Götter,* München/Zürich 1990, S. 165.

[6] Ebd., S. 169.

[7] Ebd.

[8] Ebd., S. 195.

[9] L. Feuerbach, *Das Wesen des Christentums,* Stuttgart 1974, S. 184.

[10] H. Blumenberg, *Beiträge zum Problem der Ursprünglichkeit der mittelalterlich-scholastischen Ontologie, unveröffentlichte Dissertation,* Kiel 1947, S. 51.

wesenhaften Bestimmtheit des Seienden"[11] fragte, also „nach dem Was des immer schon vorhandenen Etwas"[12]. Die Griechen waren „über den Bereich des Wesenhaft-Notwendigen hinaus blind"[13], sagt er, die Existenz der Dinge spielte eine untergeordnete Rolle. Bedeutsam war für sie vor allem die Frage nach deren Wesen, und das konnte kein anderes sein, als es jeweils war. Ähnlich Löwith, dem zufolge die Griechen dem „Was-sein"[14] weitaus größere Bedeutung beimaßen als dem „Daß-sein"[15], obgleich sie bei einem Seienden stets zwischen beidem unterschieden.

Aus diesem Grunde fehlte auch die Überlegung, daß alles Existierende anders oder gar nicht sein könnte. Sie drängte selbst bei jenen Griechen nicht vor, die sich das Weltall materialistisch, nur aus Atomen bestehend vorstellten, wie Demokrit, Epikur und Lukrez, welche Göttlichkeit, Zweckmäßigkeit und Wohlgeordnetheit, kurz gesagt, die Vollkommenheit des Ganzen leugneten. Für sie bestand alles nur aus einem unendlich großen, leeren Raum mit zahllosen Atomen darin, die sich nach mechanistischen Gesetzen miteinander verbanden und trennten. Dabei stellte sich Demokrit alle Naturvorgänge als streng kausal determiniert vor, während nach Epikur einige Atome sogar ursachelos, zufällig, aus ihrer Fallbahn ausscherten.[16] Aber noch schwerer als diese bis dahin in der Philosophie unbekannte Kausalzufälligkeit wiegt die hier erstmals von Demokrit und später Epikur angenommene Wesenszufälligkeit, wonach alle Dinge nicht nur kein Abbild wandelloser Wesensformen darstellten, sondern sogar auch kein sinnvoll geordnetes, vernünftig gefügtes Ganzes bildeten, in dem alles seinen wesensgemäßen Platz und seine wesensnotwendige Bedeutung hatte.

Das darf aber nicht darüber hinwegtäuschen, daß sich auch *die griechischen Atomisten wie die weltvergöttlichenden Naturphilosophen der alten Zeit das sich selbst genügende Weltall als unentstanden und unvergänglich vorstellten, weshalb sich ihnen nicht die Frage aufdrängte, ob denn der Kosmos auch überhaupt nicht sein könnte, also kontingent sei.* Dazu konnte es erst im anschließenden Christentum und Mittelalter kommen. Bei den Griechen trug die Welt durchweg den Index absoluter Notwendigkeit wegen des Mangels an Möglichkeit, überhaupt nicht zu sein.

---

[11] Ebd.
[12] Ebd., S. 52.
[13] Ebd., S. 56.
[14] K. Löwith, *Wissen, Glauben und Skepsis,* Göttingen 1962, S. 86.
[15] Ebd.
[16] Vgl. Lukrez, *Welt aus Atomen,* Stuttgart 1986, S. 101.

II. Christlich-metaphysische Kontingenz

Daß etwas ist und nicht nichts ist, und daß alles ausgerechnet so ist, wie es ist, fällt gewissermaßen erst in dem Augenblick auf, an dem sich die Möglichkeit des Überhauptnichtseinmüssens zu erkennen gibt. Diese zeigte sich jedoch erst, als die Welt das Werk eines freien Willens genannt wurde, eben das Werk der schöpferischen Macht Gottes. *Genau genommen ist es nur unter der einen Bedingung wirklich sinnvoll zu sagen, etwas müßte überhaupt nicht sein, wenn es vor dessen Erscheinen die Möglichkeit, zu sein oder nicht zu sein, gleichermaßen gab.* Freilich, entweder besteht etwas oder es besteht nicht, aber die Aussage, etwas könnte sowohl existieren als auch nicht da sein, gilt nur, solange noch unentschieden ist, ob es überhaupt jemals bestehen wird. Nur wenn es diese offene Möglichkeit des Seins oder Nichtseins gibt, darf bezüglich eines wirklich Existierenden gesagt werden, es brauchte überhaupt nicht zu sein, denn es hätte auch nicht entstehen können.

Diese Bedingungen sind in der christlich-metaphysischen Schöpfungsvorstellung erfüllt. Die Welt brauchte überhaupt nicht zu sein, weil Gott sie nicht erschaffen mußte, sondern sie in freier Entscheidung aus dem Nichts heraufbefahl. Dabei wird in der christlich inspirierten Metaphysik gewöhnlich zwischen göttlichem Verstand, „intellectus divinus", und göttlichem Willen, „voluntas divina", unterschieden. Ersterer gilt als Ursprungs- und Aufenthaltsort aller Möglichkeiten, letzterer als Gottes Freiheit, diese zu ergreifen und zu verwirklichen oder nicht. *Gott hat die Welt erschaffen, obgleich er über die Möglichkeit verfügte, es auch zu unterlassen, und nur deshalb kann von der Schöpfung gesagt werden, daß sie überhaupt nicht existieren müßte, eben kontingent ist.* Man erkennt, Kontingenz der Welt ist hier gleichbedeutend mit Erschaffensein durch Gott.

Anders als bei den antiken Griechen wird also von den Philosophen des christlichen Mittelalters, aber auch vielen Denkern der Neuzeit die Welt als geworden und vergänglich, nicht aber als ungeworden und ewig vorgestellt. Ihnen ist sie ein zeitweiliges Faktum, das einmal zu existieren begonnen hat, aber ins Nichts zurücksinken wird, sobald es Gott gefällt. Hier wird in der Schönheit und Zweckmäßigkeit des bestehenden Weltalls nicht mehr wie in der Antike dessen selbstgenügsame Göttlichkeit erblickt, sondern vielmehr dessen Abhängigkeit von der befehlenden Hand eines außerweltlichen, weisen Schöpfers, den Worten des Propheten entsprechend: „Die Himmel rühmen Gottes Ehre, das Sterngewölbe kündet seiner Hände Werk."[17]

So sehr die Kirchenväter mit den weltvergöttlichenden Naturphilosophen im Lob des schön geordneten Weltalls übereinstimmten, grundsätzlich wurden sie wie auch das Weltbild der alten materialistischen Philosophen bestritten, weil

---

[17] *Ps* 18, 2.

diese der Welt keinen Anfang zugeschrieben und an keinen allmächtigen Schöpfer geglaubt hatten. Insgesamt sahen die Kirchenväter die Gefahr, vor Bewunderung der Schönheit der Welt deren Schöpfer in Vergessenheit geraten zu lassen, dessen großartige Werke ihn selbst als viel bewunderungswürdiger erscheinen ließen. So kann man etwa bei Laktanz in einer Anspielung auf Anaxagoras[18], nach dessen Meinung wir Menschen zur Betrachtung des Weltalls da sind, lesen: „Nicht dazu werden wir geboren, um die geschaffenen Werke zu schauen, sondern um über den Schöpfer der Schöpfung selbst nachzudenken.“[19]

Eine noch größere Aufgabe sahen die Kirchenväter aber in der Zurückweisung der materialistischen Atomisten, welche mit der Wohlgeordnetheit und Schönheit der Welt jede Vorsehung leugneten und damit die Schöpfung in ein Werk des Zufalls verwandelten. Basilius der Große rügte beispielsweise die frühen Materialisten wegen ihrer Meinung, „das Universum sei steuer- und ordnungslos, sei dem blinden Zufall überlassen“[20]. Allerdings sei mit Laktanz gefragt: „Wenn es (...) keine Vorsehung gibt, warum wurde dann die Welt so vernunft- und zweckmäßig eingerichtet?“[21] Es war, wie bereits Origenes betonte, ganz unvernünftig anzunehmen, „daß diese Welt, so herrlich und zweckmäßig eingerichtet, nicht von der Hand eines weisen Künstlers erbaut wurde“[22], und geradezu widersinnig zu behaupten, „Werke voller Vernunft und Vollkommenheit entstünden durch Zufall“[23], was Dionysios der Große hervorhob. Denn die Ordnung aller Naturwesen „zeigt, daß sie nicht von selbst entstanden, sie weist vielmehr auf eine vorausliegende Ursache für diese Dinge hin, aus der man auf Gott, der alles angeordnet und geschaffen hat, schließen kann“[24], wie Athanasius der Große feststellte.

Man erkennt, *die Welt ist christlich-metaphysisch betrachtet zwar etwas Kontingentes, weil Gott ihre Erschaffung auch hätte unterlassen können; sie ist aber nichts Zufälliges, da sie, zweckmäßig eingerichtet, von der Vorsehung gelenkt wird.* Diese Ansichten, so verschieden sie auch in der mittelalterlichen Scholastik und im neuzeitlichen Rationalismus aufgefaßt wurden, ziehen sich mindestens in Spuren durch die ganze abendländische Geistesgeschichte hindurch. Von den einen wurde das Weltall kugelgestaltig und damit geschlossen, als hierarchisch geordneter Stufenbau vorgestellt, von anderen wiederum an der Schwelle der Neuzeit und dann unter dem Einfluß der aufstrebenden

[18] Vgl. Aristoteles, ‚Eudemische Ethik‘, in *Werke,* Bd. 7, Berlin 1984, S. 10.
[19] A. Warkotsch, *Antike Philosophie im Urteil der Kirchenväter,* München/Paderborn/Wien 1973, S. 309.
[20] Ebd., S. 395
[21] Ebd., S. 318.
[22] Ebd., S. 266.
[23] Ebd., S. 285.
[24] Ebd., S. 379.

Naturwissenschaften immer häufiger als räumlich unbegrenzt und unendlich oder als mechanistisches Uhrwerk angesehen.[25] Alle diese Autoren stimmten aber darin überein, daß die Welt einen absoluten Anfang hatte. Sie wurde vom göttlichen Willen aus dem Nichts heraufbefohlen, ist kontingent, da es keine Notwendigkeit für Gott zu ihrer Erschaffung gab. Dennoch existiert sie nicht zufällig, da sie doch wohlgeordnet ist und ihr Ablauf von der Vorsehung gelenkt wird oder festgelegt wurde.

Unterschiedlich wurde in allen Zeiten das Verhältnis der christlichen Lehre zu Philosophie und Wissenschaft gesehen. Bei Tertullian liest man: „Seit Jesus Christus bedürfen wir des Forschens nicht mehr, auch nicht des Untersuchens, seitdem das Evangelium verkündet worden ist. Wenn wir glauben, so wünschen wir über das Glauben hinaus nichts weiter mehr. Denn das ist das erste, daß wir glauben, es gebe nichts mehr, was wir über den Glauben hinaus noch zu glauben haben."[26] Ähnlich meinte Theodoret von Kyros in seiner Gegenüberstellung von griechischer Philosophie und Heiliger Schrift gezeigt zu haben, „daß die Philosophie der Griechen bedeutungslos geworden und dem Dunkel des Vergessens anheimgefallen ist"[27]. Grundsätzlich haben, wie Tertullian bemerkt, „der Philosoph und der Christ (...), der Schüler Griechenlands und der Schüler des Himmels, der nur Worte macht und der Taten vollbringt, der eitlem Ruhm und der dem Heil nachjagt, der Erbauer und der Zerstörer der Irrtümer, der Verfälscher und der Wiederhersteller der Wahrheit, ihr Dieb und ihr Wächter"[28] nichts, aber auch gar nichts miteinander gemein. Dagegen bestritten andere Kirchenväter wie Klemens von Alexandrien, „daß die Philosophie vom Übel sei und zum Verderben der Menschen durch irgendeinen bösen Erfinder in unser Leben eingedrungen sei"[29] . Er betrachtete sie im Gegenteil als „Gottes Werk (...). Tatsächlich ist die Beschäftigung mit der Philosophie nicht Sache schlechter Menschen"[30], meinte er, denn es bestehe kein Widerspruch zwischen Philosophie und Christentum. Vor allem in der späteren Scholastik war man besonders um den Nachweis der Vereinbarkeit von Theologie und Philosophie, Heiliger Schrift und aristotelischer Metaphysik bemüht.

Mit Beginn der Renaissance und Naturwissenschaft kam es jedoch im Übergang zur Neuzeit zu einer unversöhnlichen Ablehnung des mittelalterlichen Aristotelismus. An dessen Stelle trat nun einerseits die von antiker Moralphilosophie beeinflußte humanistische Lebenskunst[31], andererseits die von exakter

[25] Vgl. F.J. Wetz, *Lebenswelt und Weltall – Hermeneutik der unabweislichen Fragen,* Stuttgart 1994, S. 51-83.
[26] A. Warkotsch, *Antike Philosophie im Urteil der Kirchenväter,* S. 93.
[27] Ebd., S. 511.
[28] Ebd., S. 91.
[29] Ebd., S. 130.
[30] Ebd., S. 145.
[31] Vgl. F. Petrarca, *Über seine und vieler anderer Unwissenheit,* Hamburg 1993.

Mathematik geprägte experimentierende Welterkenntnis.[32] Beides wurde aber weiterhin mit der christlichen Lehre verbunden, so daß der Gottesglaube und mit ihm die Vorstellung von der Kontingenz der Welt bei allen diesen Veränderungen erhalten blieben.

Dabei war es keineswegs so, daß man zuerst auf die Faktiztität der Welt und deren bei den antiken Griechen verschütteten rätselhaften Existenz blickte, um dann anschließend diese auf Gottes freies Wirken zurückzuführen, sondern man antwortete von Anbeginn mit Selbstverständlichkeit, die Welt entstamme Gottes Machtspruch. So fragte beispielsweise Augustinus nie, warum es überhaupt Welt und nicht vielmehr nichts gibt, sondern nur: „Warum hat Gott die Welt erschaffen wollen?“[33] Abweisend antwortete er darauf, weil er es eben wollte. Auch für Thomas von Aquin stand von vornherein fest, „daß alles, was irgendwie ist, von Gott da ist“[34]. Selbst für Leibniz, der doch immerhin fragte, „weshalb überhaupt eine Welt und weshalb gerade eine solche besteht“[35], war diese Frage nicht Ausdruck der Verwunderung über die rätselhafte Existenz der Welt, sondern vielmehr unvermeidliche Folgerung des Satzes vom zureichenden Grund, nach dem es für alles eine Ursache geben muß, also auch für die Welt. Vor Leibniz hatte schon im Mittelalter Siger von Brabant ausdrücklich und wohl erstmals „bezüglich der ganzen Gesamtheit der Seienden gefragt (...), weswegen unter ihnen eher etwas als nichts sei“[36], um anschließend diese Frage in den Katalog des Unzulässigen aufzunehmen, weil sie „dasselbe ist wie die Frage, warum ist Gott eher als daß er nicht ist, und dies hat keinen Grund.“[37]

Dem entsprechend konnte im antiken Griechentum die Erfahrung der rätselhaften Existenz der Welt nicht entstehen, weil einmal die Wesensfrage vorherrschte und zudem das Ganze als selbstgenügsamer Kosmos vorgestellt wurde, der gleichsam von Natur aus da war. Dagegen verlor sich im christlichen Mittelalter und zunächst auch noch in der Neuzeit dieser Gedanke, weil die Welt als das aus dem Nichts heraufbefohlene Werk Gottes gesehen wurde. Der Schluß ist unvermeidlich, daß die Erfahrung der Faktizität der Welt, der Rätselhaftigkeit ihrer Existenz ebenso nachgriechisch wie nachchristlich ist. Richtig stellte in diesem Zusammenhang Feuerbach fest, daß die „Frage: woher ist die Natur oder Welt? (...) eigentlich eine Verwunderung darüber voraus(setzt), daß sie ist, oder die Frage: warum ist sie“[38]. Er irrte aber, wenn er meinte, daß diese

[32] Vgl. G. Galilei, *Siderius Nuncius – Nachricht von neuen Sternen,* Frankfurt a.M. 1980.
[33] A. Augustinus, *Dreiundachtzig verschiedene Fragen,* Paderborn 1972, S. 29.
[34] Th. v. Aquin, *Summe der Theologie,* Bd. 1, Stuttgart 1985, S. 197.
[35] G.W. Leibniz, „Über den letzten Ursprung der Dinge“, in *Kleinere Philosophische Schriften,* Leipzig 1883, S. 216.
[36] Vgl. Th. Kobusch, „Metaphysik“, in J. Ritter/K. Gründer (Hg.), *Historisches Wörterbuch der Philosophie,* Basel/Stuttgart 1980, Bd. 5, Sp. 1216.
[37] Ebd.
[38] L. Feuerbach, *Das Wesen des Christentums,* S. 184.

Verwunderung dem Christentum ursprünglich vorausging. Sie war ihm erst gefolgt. Geschichtlich gesehen trat sie sogar äußerst spät auf, als die großen Antworten fragwürdig wurden und sich Skepsis ihnen gegenüber mehr und mehr verbreitete.

Jetzt erst wurde es möglich zu fragen: Warum ist die Welt überhaupt, könnte sie nicht auch vielmehr nicht sein? Dabei gilt es allerdings zu erkennen, die Feststellung, daß die Welt besteht, obwohl sie gar nicht sein müßte, und die deshalb unabweisliche Frage, warum sie dann überhaupt ist, anstatt nicht zu sein, bringen beide zwar tatsächlich Kontingenz in den Blick. Aber hier geht es nur noch um das Rätsel der Weltexistenz überhaupt und nicht mehr um deren Abhängigkeit vom freien Wirken eines außerweltlichen Schöpfers. Die so verstandene letzte Warumfrage ließ zunächst noch einige Zeit auf sich warten.

III. Vernunftphilosophische Kontingenz der Welt

Das sich in der Erfahrung metaphysischer Kontingenz äußernde Rätsel der Weltexistenz zeigte sich den neuzeitlichen Rationalisten Descartes, Leibniz oder Wolff nur undeutlich, weil für sie das Erschaffensein der Welt von Anbeginn außer Frage stand. Zunächst machte nur der Skepiker Hume darauf aufmerksam: „Das Ganze ist ein Rätsel, ein Änigma, ein unerklärliches Geheimnis.“[39] Eine Lösung hierfür erkannte er aber nicht mehr, denn das Welträtsel trat erst nach Einklammerung der traditionellen Antworten der alten Metaphysik deutlich hervor.

Diese Antworten wurden zunächst aber noch von Leibniz und Wolff verteidigt, die beide sehr ausführlich auf den Begriff Kontingenz eingingen. Leibniz unterschied zwischen Vernunft- und Tatsachenwahrheiten: „Die Vernunftwahrheiten sind notwendig und ihr Gegenteil ist unmöglich; die Tatsachenwahrheiten sind kontingent, und ihr Gegenteil ist möglich.“[40] Zu ersteren gehört beispielsweise der Satz, daß die drei Winkel eines Dreiecks zwei rechten gleich sind; es ist absolut unmöglich, daß es jemals anders sein könnte. Im Gegensatz dazu ist unschwer denkbar, daß der Baum vor dem Fenster oder der Planet Erde, ja, die Welt insgesamt, gar nicht existierte. Die Hervorhebung ihrer Existenz drückt eine Tatsachenwahrheit aus, deren Gegenteil ohne Schwierigkeiten vorgestellt werden kann. Ähnlich Wolff: „Kontingenz ist, dessen Gegenteil keinen Widerspruch enthält, oder das, was nicht notwendig ist.“[41] So verstanden ist die ganze Welt kontingent, weil deren kontradiktorisches Ge-

---

[39] D. Hume, *Die Naturgeschichte der Religion,* Hamburg 1984, S. 71.
[40] G. W. Leibniz, *Vernunftprinzipien der Natur und der Gnade/Monadologie,* Hamburg 1956, S. 41.
[41] Chr. Wolff, *Ontologie,* § 294.

genteil, ihre Nichtexistenz, keinen Widerspruch einschließt. Daher glaubte man sagen zu dürfen, daß es sie gar nicht geben müßte und fragte anschließend, warum es sie dennoch gibt; die Antwort hierauf fand man in der Annahme eines göttlichen Welturhebers. Es war vor allem *Kant, der, Kontingenz vermutlich erstmals als Zufälligkeit übersetzend*, dieses alte Verständnis von Kontingenz der Welt aufs tiefste erschütterte. Mit der Leibniz-Wolffschen Metaphysik zunächst übereinstimmend, nannte er „intelligibel zufällig das, dessen kontradiktorisches Gegenteil möglich ist“[42], betonte aber zugleich, daß so denken zu können, nicht schon zur Annahme berechtige, etwas müßte auch nicht existieren.[43]

Gerade das hat aber wieder Schelling sehen wollen, der gleich mehrere Bedeutungen von Zufall unterschied: „Zufällig nennen wir insgemein das, was seyn konnte und nicht seyn konnte (...) Ein Zufälliges ist ferner auch, was unabhängig von sich selbst, also in Ansehung seiner selbst zufällig - ohne sein Wollen - ist, was es ist.“[44] Der späte Schelling setzte sich mit Zufall oder Kontingenz vor allem im Zusammenhang mit der Beschreibung der rätselhaften Weltexistenz auseinander. Mit der philosopischen Tradition von Platon bis Husserl übereinstimmend, betonte er die Notwendigkeit alles wesenhaft Allgemeinen der Kontingenz allem faktisch Singulären gegenüber: „Zufälligkeit (contingentia) bezieht sich stets nur auf die Existenz der Dinge, zufällig ist die hier, an diesem Ort oder jetzt, in diesem Augenblick, existirende Pflanze, nothwendig aber und ewig ist die Wesenheit der Pflanze, nicht anders seyn könnend, sondern nur so oder gar nicht.“[45] Aber es waren nicht die allgemeinen Wesenheiten, die der späte Schelling als Rätsel empfand, sondern vielmehr das zufällig Existierende, kurz gesagt, die Welt als kontingentes Faktum. Jedoch entsprang die Erfahrung der rätselhaften Weltexistenz bei ihm nicht - wie bei Hume - einem Zweifel an der christlich-metaphysischen Schöpfungsphilosophie, sondern eigentümlichen Endlichkeits- und Ohnmachtsgefühlen der Vernunft. In kritischer Einstellung Fichte, Hegel und dem bisherigen eigenen Schaffen gegenüber hob Schelling hervor, daß die absolute Vernunft nur fähig sei, das Was oder Wesen aller Dinge zu bestimmen, welche zusammen einen sinnvollen Ordnungszusammenhang bilden, daß sie aber außerstande sei festzulegen, daß sie auch wirklich existieren werden.

So hielt Schelling gegen Fichte, Hegel und sein eigenes, früheres Schaffen die absolute Vernunft zwar für fähig anzugeben, „was existiren werde, wenn über-

---

[42] I. Kant, *Kritik der reinen Vernunft,* B 486.

[43] Vgl. zu Kants vielschichtigem Kontingenzverständnis: J. Schmucker, *Das Problem der Kontingenz der Welt,* Freiburg/Basel/Wien 1969; K. Cramer, „Kontingenz in Kants Kritik der reinen Vernunft“, in B. Tuschling (Hg.), *Probleme der Kritik der reinen Vernunft,* Berlin/New York 1984, S. 143-160.

[44] F.W.J. Schelling, *Ausgewählte Schriften,* Bd. 6, Frankfurt a.M. 1985, S. 164.

[45] F.W.J. Schelling, *Ausgewählte Schriften,* Bd. 5, Frankfurt a.M., S. 585.

haupt etwas existirt"[46], aber für unfähig, die als möglich vorgestellte Welt in Existenz zu setzen. Daran erkenne die absolute Vernunft ihre Ohnmacht und Endlichkeit, die Unrechtmäßigkeit ihres bisherigen Anspruches, für alles, Wesen und Existenz der Dinge, zuständig zu sein. Wo immer sie aber ihre Ohnmacht spüre, die Existenz der Welt zu setzen, und die Erfahrung sie belehre, daß es jene dennoch gibt, dort gehe ihr alles Existierende als Rätsel auf. Nun erschien die Welt der Vernunft „als das Zufällige (das auch nicht seyn könnte)"[47], das daher die Frage wecke, warum es überhaupt ist, wenn es doch nicht sein müsse. Tatsächlich kann man bei Schelling lesen: Selbst wenn wir alle Erscheinungen durch innerweltliche Stoffe und Kräfte erklärt hätten, so bliebe doch „die eine Frage übrig: woher und wozu diese Kräfte und diese Stoffe selbst, welche Nothwendigkeit haben sie zu existiren, warum gibt es solche?"[48]. Im Angesicht dieses „großen Räthsels"[49] kam es bei Schelling zur allumfassenden Frage: „warum ist überhaupt etwas? warum ist nicht nichts?"[50], der das erschütternde Bekenntnis folgte: „Kann ich jene letzte Frage nicht beantworten, so sinkt alles andere für mich in den Abgrund eines bodenlosen Nichts."[51] Wiederum hundert Jahre später stieß der späte Natorp in Marburg noch vor Heidegger auf die „Frage aller Fragen (...), das Rätsel, daß überhaupt etwas ist"[52], und selbst Simmel bemerkte die „Unbegreiflichkeit"[53] der Existenz: „Daß es eine Welt gibt, ist die schlechthin harte Tatsache, diejenige, in die unsere Vernunft nicht eindringen kann."[54] Ähnlich Wittgenstein: „Nicht wie die Welt ist, ist das Mystische, sondern daß sie ist."[55] Nicht zuletzt auch Jonas, dem „die Tatsache von Dasein überhaupt das Mysterium der Mysterien"[56] ist, was ihn wie jeden denkenden Menschen zu der ungeheuren Frage veranlaßt: „Warum Etwas ist anstatt Nichts"[57].

Hier sei festgehalten, daß *jene besondere Erfahrung der Existenz der Welt überhaupt sowie die Vermutung ihres Nichtexistierenmüssens und die anschließende Frage nach einer letzten Existenzursache sich insbesondere bei Schelling aus dem Eingeständnis der absoluten Vernunft ergaben, mit der Erschaffung der Welt überfordert zu sein.* Dennoch glaubte der späte Schelling, einen letzten Daseinsgrund alles Wirklichen mit Hilfe der absoluten Vernunft

[46] Ebd., S. 660.
[47] Ebd., S. 640; vgl. auch F.J. Wetz, *Das nackte Daß*, S. 120ff.
[48] Ebd., S. 607.
[49] Ebd., S. 608.
[50] Ebd., S. 609.
[51] Ebd., S. 610.
[52] P. Natorp, *Philosophische Systematik,* Hamburg 1958, S. 22.
[53] G. Simmel, *Hauptprobleme der Philosophie,* Berlin/New York 1927, S. 48.
[54] Ebd., S. 59.
[55] L. Wittgenstein, *Tractatus logico-philosophicus,* Frankfurt a.M. 1977, S. 114.
[56] H. Jonas, *Organismus und Freiheit,* Göttingen 1973, S. 336.
[57] Ebd.

bestimmen zu können: ein göttliches Absolutes als Welturheber. Ganz traditionell hielt er die Annahme für widersinnig, daß eine vernünftig geordnete Welt ihren Lebensgrund in sich haben, von und aus sich selbst sein könnte.

Andererseits machte kein geringerer als Schelling in seinem Spätwerk darauf aufmerksam, daß es in der Welt durchaus nicht immer vernünftig zugeht. Er beobachtete Chaos, Unordnung, Drang und Begierde in der gesamten Wirklichkeit, eben vernunftlose Kräfte, die er unter den Begriff des Willens brachte, womit er den Weg für die Philosophien Schopenhauers und Nietzsches vorzeichnete. Bei alledem behält die letzte, die Kontingenz erschließende Warumfrage aber ihren Sinn und das göttliche Absolute als Antwort darauf seine Überzeugungskraft.

Anders sind dagegen die Verhältnisse bei Schopenhauer, für den die Welt im Innersten nichts weiter als blinder, dranghafter Wille war. Zwar stieß auch er auf jene Kontingenz enthüllende letzte Warumfrage, doch wurde sie von ihm abweisend beantwortet: „Kein Ding in der Welt hat eine Ursache seiner Existenz schlechthin und überhaupt; sondern nur eine Ursache, aus der es gerade hier und gerade jetzt da ist."[58] Daß beispielsweise ein Stein „überhaupt ein solcher ist, wie er ist, daß er überhaupt existiert, das hat keinen Grund, sondern ist die Sichtbarwerdung des grundlosen Willens"[59], der die innerste Kraft der Welt darstellt, außer der es sonst nichts gibt.

Zu ähnlichen Ergebnissen kamen bereits die neuzeitlichen Materialisten, indem sie die gesamte Wirklichkeit auf Materie und Bewegung zurückführten. So stellte zwar d'Holbach ebenfalls die Frage, „warum die Welt existiert"[60], aber nur, um darauf hinzuweisen, daß sie im letzten grundlos da ist. Auf die besondere Frage, „woher die Materie gekommen ist"[61], antwortete er: „sie hat immer existiert"[62], und wenn „man fragt, woher die Bewegung in der Materie gekommen ist"[63], so antwortete er: „die Materie hat sich, weil sie immer existiert hat, auch seit aller Ewigkeit bewegen müssen, da die Bewegung eine notwendige Folge ihrer Existenz (...) und ihrer ursprünglichen Eigentümlichkeiten ist"[64].

Aufs Ganze gesehen erkennt man, daß alle zuletzt erwähnten Ansätze ohne die vom Christentum geprägte traditionelle Metaphysik höchstwahrscheinlich gar nicht denkbar wären, denn *die verwunderte Feststellung, daß die Welt ist, die voreilige Vermutung, daß sie ebensogut nicht sein könnte, und die maßlose Frage, warum es sie dann überhaupt gibt, erweisen sich bei näherer Betrach-*

---

58 A. Schopenhauer, *Die Welt als Wille und Vorstellung*, Bd. 1, Darmstadt 1982, S. 206.
59 Ebd.
60 P.T. d'Holbach, *System der Natur*, Frankfurt a.M. 1978, S. 81.
61 Ebd., S. 32.
62 Ebd.
63 Ebd.
64 Ebd., S. 35.

tung heute als Leerstellen der christlich inspirierten Schöpfungsmetapyhsik, die sie einst ausfüllte. Der späte Schelling hatte diese Leerstellen in den Bezugsrahmen seiner Vernunftphilosophie aufgenommen und ihn damit gesprengt, weil die Vernunft mit deren Auffüllung gänzlich überfordert ist. Das beweist, ohne die alte Tradition der christlichen Schöpfungslehre wäre es unmöglich gewesen, daß sich die Vernunft mit der viel zu großen Aufgabe belastet hätte, die Existenz der Welt zu setzen. Ein Scheitern war von Anbeginn abzusehen. Aber auch Philosophen wie Schopenhauer und d'Holbach, die von einer letzten Ursachlosigkeit der existierenden Welt ausgehen, hätten sich vermutlich nie die Frage gestellt, warum es die Welt überhaupt gibt, nachdem in zunehmendem Maße Zweifel an der Existenz des Schöpfergottes aufgetreten waren, wenn sie ihnen nicht durch die christliche Lehre hinterlassen worden wäre. Es war kein Zufall, daß selbst d'Holbach, Schopenhauer, Feuerbach und andere Atheisten in der Neuzeit jene maßlose Frage stellten, die antiken Materialisten aber nicht, obgleich doch alle von einer letzten Grundlosigkeit des Ganzen ausgehen.

Zusammenfassend kann man also sagen: Das Wort von der Kontingenz der Welt, einst Ausdruck für das Erschaffensein des Ganzen durch Gottes freies Tun, behauptete sich nach dem Aufkommen von Zweifeln an der Schöpfungsphilosophie nur noch als eine nicht mehr ohne weiteres zu beseitigende Leerstelle im System möglicher Weltdeutungen. Die einen versuchten, sie mit Vernunft auszufüllen, die damit verständlicherweise maßlos überfordert war; deshalb blieb am Ende wieder nur eine Metaphysik des göttlichen Absoluten als Ausweg. Die anderen ließen jene allumfassende Kontingenzerfahrung metaphysischer Art zwar weiterhin zu, verwarfen aber die Vorstellung eines letzten Welturhebers.

IV. Nihilistische Kontingenz der Welt

So zeitlos sich die Formel Kontingenz der Welt auch gibt, grundsätzlich ist sie vom Wandel der Zeiten nicht unberührt geblieben. Christlich-metaphysisch bedeutet sie, die Welt ist das frei bewirkte Werk Gottes, in dem sie zwar ihren Halt hat, dessen Vorsehung sie lenkt wie dessen Fürsorge sie trägt, der ihr Werden aber auch nicht hätte zu beschließen brauchen. Kontingenz der Welt heißt aber ebenso die erstaunliche Tatsache, daß es überhaupt Welt gibt, obgleich es sie gar nicht geben müßte. Das veranlaßt die Frage, weshalb sie dann doch existiert. Beide Bedeutungen finden sich nicht in bunter Reihenfolge nebeneinander, sondern letztere bezeichnet eine Leerstelle, die in der christlich-metaphysischen Welterklärung besetzt war.

Solange die ganze Welt als sinnvoller Ordnungszusammenhang vorgestellt wurde, war es nur natürlich, sie auf ein göttliches Absolutes zurückzuführen und von diesem her zu erklären. Unter solchen Voraussetzungen besitzt eine derartige Aussage absolute Glaubwürdigkeit und beruht keineswegs auf blindem Vertrauen in die spekulative Kraft des Denkens. Anders sieht es dagegen aus, wenn man in der Welt keinen sinnvollen Ordnungszusammenhang mehr erkennt, sie, wie Nietzsche, nur noch als „Chaos"[65] erlebt, dem die traditionellen Werte „Ordnung, Gliederung, Form, Schönheit, Weisheit"[66] fehlen. Dann wird man vermutlich eher zu der Überzeugung gelangen, das Ganze entstamme keinem göttlichen Absoluten, das dessen Erschaffung hätte ebensogut unterlassen können. Tatsächlich ist nicht zu leugnen, daß die nachhaltigste und geschichtlich wirksamste Erschütterung des Glaubens von den modernen Naturwissenschaften ausging,[67] die den pantheistischen Kosmos der Griechen und den theistischen Ordo des Mittelalters letztlich vernichteten. Eindrucksvoll haben Lovejoy[68], Koyré[69] und Blumenberg[70] diese allmähliche Auflösung beschrieben, an dessen Ende die Erkenntnis steht, den Merkmalen der Welt, deren Größe, Ordnung und Gesetzen hafte etwas Willkürliches an. Die Tatsache, daß es überhaupt eine Welt gibt und diese so beschaffen ist, wie sie ist, scheint dann eher das Ergebnis glücklicher Zufälle, wenn nicht unglücklicher Unfälle zu sein. Sicherlich ist, wissenschaftlich betrachtet, anscheinend alles streng naturgesetzlich geregelt, dennoch ist für die Einrichtung der gesamten Welt, wie sie ist, kein vernünftiger Grund zu erkennen. Sie hätte ebensogut auch anders, ja, überhaupt nicht sein können und ist nur das Ergebnis gigantischer Zufälle, gewissermaßen eine Laune der Natur. Alles paßt zwar auf eine bestimmte Art und Weise zu- und ineinander, könnte aber seinem Wesen nach auch anders sein. Selbst die sogenannten Naturgesetze, welche faktisch doch nur die Abläufe der Natur beschreiben, könnten ebensogut entsprechend andere sein. Mit Jonas gesprochen hat sich heute der Verdacht verstärkt, daß es „keinen Grund gibt für das System, so wie es gerade existiert"[71]; deshalb darf die Welt „metaphysisch kontingent"[72] genannt werden.

Damit hat sich die Bedeutung des Ausdrucks Kontingenz weiter verschoben, sie ist praktisch in das Gegenteil dessen umgeschlagen, was er ehemals bedeutete. Einst kennzeichnete Kontingenz das Erschaffensein des Alls, dann das Rätsel der Existenz der Welt überhaupt, auf das der christliche Gott damals die einzige Lösung war; nun steht das Wort Kontingenz aber für die absolute Grund- und Zwecklosigkeit des Ganzen. *Zugespitzt formuliert bedeutete Kontingenz in der theologisch-philosophischen Tradition, daß die Welt anders sein*

[65] F. Nietzsche, *KSA*, Bd. 3, München/Berlin/New York 1980, S. 468.
[66] Ebd.
[67] Vgl. F.J. Wetz, *Lebenswelt und Weltall.*
[68] A.O. Lovejoy, *Die große Kette der Wesen*, Frankfurt a.M. 1985.
[69] A. Koyré, *Von der geschlossenen Welt zum unendlichen Universum*, Frankfurt a.M. 1980.
[70] H. Blumenberg, *Die Genesis der kopernikanischen Welt*, Frankfurt a.M. 1981.
[71] H. Jonas, *Organismus und Freiheit*, S. 73.
[72] Ebd.

könnte und gar nicht zu bestehen brauchte, weil sie Gott nicht schaffen mußte. In der naturwissenschaftlich geprägten Moderne heißt es dagegen, daß die Welt anders sein könnte und nicht zu sein brauchte, weil sie niemand so erschaffen hat. Einmal drückt Kontingenz der Welt deren Abhängigkeit von Gott aus, ein andermal das genaue Gegenteil davon.

Aber auch dabei bleibt es offenbar nicht. In der Moderne begnügt man sich häufig nicht mehr mit der Feststellung, daß die Welt im großen und ganzen anders sein könnte und überhaupt nicht zu sein brauchte, weil kein Gott sie erschuf und aufs weiseste einrichtete, sondern gelegentlich ertönt sogar die Stimme, unter den gegebenen Umständen wäre es besser, wenn sie überhaupt nicht existierte. Die Frage, warum es die Welt eigentlich gibt und nicht vielmehr nicht, kommt nun einer Anklage gleich, welche auf deren Unrechtmäßigkeit, Überflüssigkeit, Nichtigkeit, Sinnlosigkeit aufmerksam machen möchte. Die Welt besteht zwar, hat aber keinen Anlaß, da zu sein, und damit verliert sie auch das Recht dazu. Bei Schopenhauer kann man lesen, daß „das Nichtsein dieser Welt ebenso möglich ist wie ihr Dasein“[73], weil sie ein „Zufälliges ist, etwas, dessen Nichtsein nicht nur denkbar, sondern sogar ihrem Dasein vorzuziehen wäre“[74]. Ähnlich Feuerbach, nach dem es „das beste wäre, wenn nichts wäre“[75], denn die Welt hat keine besondere Bedeutung, außerdem ist sie „bloße Verschwendung, zweckloser Aufwand“[76]. Überdies beobachtete Nietzsche, wie gegenwärtig „die Absichts- und Zwecklosigkeit des Geschehens immer mehr in den Vordergrund des Bewußtseins tritt“[77], weshalb die Feststellung unumgänglich wird: „alles hat keinen Sinn“[78]. Das ist seinem Urteil nach der Standpunkt des „Nihilismus“[79], dem zufolge „es gar keinen Sinn im Dasein gebe (...), alles umsonst sei“[80]; „das Pathos des Umsonst ist des Nihilisten Pathos“[81]. Ähnlich trägt nach Sartre alles das Merkmal der „Zufälligkeit (...) - sie ist das Absolute und mithin das vollkommen Zwecklose. Alles ist zwecklos“[82] und hat deshalb „nicht die allergeringste Existenzberechtigung“[83], „nicht den kleinsten Grund da zu sein“[84] und ist somit „überflüssig“[85].

---

[73] A. Schopenhauer, *Die Welt als Wille und Vorstellung*, Bd. 2, Darmstadt 1980, S. 221.
[74] Ebd., S. 222.
[75] L. Feuerbach, „Gedanken über Tod und Unsterblichkeit“, in *Werke, Bd.* 1, Frankfurt a.M. 1975, S. 145.
[76] Ebd.
[77] F. Nietzsche, *KSA*, Bd. 12, München/Berlin/New York 1980, S. 247.
[78] Ebd.
[79] Ebd., Bd. 11, S. 571.
[80] Ebd., Bd. 12, S. 212.
[81] Ebd., S. 336.
[82] J.-P. Sartre, *Der Ekel*, Reinbek 1978, S. 139.
[83] Ebd., S. 120.
[84] Ebd., S. 136.
[85] Ebd.

Hier wird die Formel Kontingenz der Welt in Richtung auf Unerheblichkeit, Vergeblichkeit und Unrechtmäßigkeit erweiterbar. Die Welt, sofern sie überhaupt nicht sein könnte, bekundet längst nicht mehr das freie Wirken eines allmächtigen Schöpfers, sondern nur noch ihre eigene Nichtigkeit und Gewichtslosigkeit, so daß es besser wäre, wenn es sie gar nicht gäbe; jedenfalls würde nichts fehlen, existierte sie nicht. An die Stelle der ursprünglichen Bedeutung von Kontingenz der Welt ist deren absolutes Gegenteil getreten. Einst erschien das Ganze als kontingentes Faktum und war gerade als solches gerechtfertigt, da es Gottes Erwählung und Bejahung sicher sein konnte. Jetzt erscheint es als ungerechtfertigt, weil es keinen letzten Grund und Zweck mehr besitzt. *Daß alles ganz anders sein könnte und überhaupt nicht zu sein brauchte, beweist nur noch, daß es besser wäre, wenn es überhaupt nicht existierte.*

V. Kontingenz als tiefsinnige Kurzsichtigkeit und schmerzhafte Erinnerung

Bisher wurden vier metaphysische Arten des Begriffes Kontingenz der Welt vorgestellt: als Abhängigkeit von Gottes freiem Wirken zunächst, dann als Inbegriff der das Rätsel aller Dinge erschließenden Frage, warum überhaupt etwas ist und nicht vielmehr nichts, weiter als Kennzeichnung der Grund- und Zwecklosigkeit des Ganzen sowie schließlich als Ausdruck für dessen Nichtigkeit und Entbehrlichkeit. So verschieden die vier Aspekte auf den ersten Blick auch erscheinen mögen, grundsätzlich sind sie miteinander verwandt, denn eine wesentliche Perspektive ist ihnen allen gemeinsam: die Erwartung eines obersten Grundes und letzten Zweckes der Welt, die über Jahrhunderte hin erfüllt war, aber in Neuzeit und Moderne mehr und mehr enttäuscht wurde. So ließ sich eine Entwicklung von der theistischen Schöpfungsphilosophie bis zum atheistischen Nihilismus nachzeichnen, die sich in vier zum Teil zeitlich überlagernden Phasen vollzog. Dabei wurde nochmals deutlich, wie sich der Begriff Kontingenz der Welt allmählich von seiner ursprünglichen Bedeutung löste und sein ehemaliges Gegenteil nach und nach in sich aufnahm.

Heute drängt sich die Frage auf, ob man von der Welt so einfach sagen kann, daß sie gar nicht vorhanden sein müßte, oder ob es sinnvoll ist zu fragen, warum es eine Welt wie unsere überhaupt gibt. Nach M. Scheler ist das die eigenartigste „Grenzfrage aller spekulativen Fragen“[86], die auch eine besondere Rolle in Heideggers Philosophie spielt. Allerdings geht es diesem dabei zunächst weniger um deren Beantwortung, als vielmehr um Freilegung der Bedingungen ihrer Möglichkeit. Da dem Menschen „das Wunder aller Wunder, daß Seiendes ist“[87], vor Augen steht und er seine ihm selbst unverfügbare Existenz leben

[86] M. Scheler, *Vom Ewigen im Menschen*, Bern/München 1968, S. 134.
[87] M. Heidegger, „Wegmarken“, in *Gesamtausgabe*, Bd. 9, Frankfurt a.M. 1976, S. 307.

muß, fragt er: „warum so und nicht anders? warum überhaupt etwas und nicht nichts?“[88]. An anderer Stelle gibt Heidegger dieser letzten Frage eine andere Wendung und nennt sie „Grundfrage der Metaphysik“[89]. Wieder anderswo kennzeichnet er sie „als die weiteste, sodann als die tiefste, schließlich als die ursprünglichste Frage“[90], entzieht sich aber stets deren Beantwortung.

(A) Mittlerweile sind starke Zweifel an der Zulässigkeit der letzten Warumfrage entstanden; die Bereitschaft wächst, ihre vermeintliche Selbstverständlichkeit zu durchstoßen und zu dahinterliegenden Zusammenhängen vorzudringen. So behandelt Ph. Frank die Frage: „Warum ist überhaupt Seiendes und nicht vielmehr Nichts“[91] unter der Überschrift „Sinnlose Fragestellungen“[92]. Ähnlich S. Hawking: „Warum existiert das Universum? Vielleicht ist das ja eine sinnlose Frage.“[93] Diesen Verdacht hatte zum ersten Mal, wie bereits erwähnt, Siger von Brabant im Mittelalter. In der Neuzeit war es Bergson, der fragte, „warum es ein Sein gibt, warum irgend etwas oder irgend jemand, warum die Welt (...) existiert und warum nicht das Nichts“[94]. Wie die meisten Sprachanalytiker hielt auch er alle diese Fragen, „die in illusorischen Ausdrücken formuliert sind, und die verschwinden, sowie man die Ausdrücke der Formel näher untersucht“[95], für „Pseudoprobleme“[96]. Tatsächlich ist Sinn und Nutzen solcher Fragen durchaus zweifelhaft.

Sinnlos sind jene allerdings nicht, sondern höchstens gegenstandslos, wenn es den letzten Grund nicht gibt, nach dem sie Ausschau halten; jedoch steht das nicht von vornherein fest. Aber selbst wenn es so wäre und sich damit die letzte Warumfrage als gegenstandslos erwiese, so behielte sie dennoch einen guten Sinn, weil es mit ihr gelingt, das sogenannte Wunder aller Wunder, daß überhaupt Welt existiert, zu vergegenwärtigen und dabei deren letzte, große Unbegreiflichkeit zu erkennen.

(B) Problematischer ist hingegen die Feststellung, daß die Welt überhaupt nicht zu sein brauchte. Denken läßt sich das allerdings von allem, dessen kontradiktorisches Gegenteil, hier die Nichtexistenz, keinen Widerspruch einschließt. Nur ist die Möglichkeit, das Gegenteil von etwas zu denken, das eine; ein anderes ist die Frage, ob das Gegenteil davon tatsächlich auch möglich ist. Dieses Problem sah, wie erwähnt, schon Kant, der unter der Überschrift intelligible Zufälligkeit darauf hinwies, *daß aus der bloßen Denkmöglichkeit des*

---

88 Ebd., S. 169.
89 Ebd., S. 122.
90 M. Heidegger, „Einführung in die Metaphysik“, in *Gesamtausgabe,* Bd. 40, Frankfurt a.M. 1983, S. 4.
91 Ph. Frank, *Das Kausalgesetz und seine Grenzen,* Frankfurt a.M. 1988, S. 36.
92 Ebd.
93 *Spiegel* 42 (1988).
94 H. Bergson, *Denken und schöpferisches Werden,* Meisenheim a.G. 1948, S. 117.
95 Ebd., S. 115.
96 Ebd., S. 116.

Nichtseins dessen, was existiert, keineswegs folgt, daß es tatsächlich auch nicht existieren müßte. Erste und unerläßliche Voraussetzung dafür, daß die Welt überhaupt nicht zu sein brauchte, ist, daß es die Möglichkeit des Nichtseins wirklich gibt; das darf aber nicht von vornherein als gesichert gelten. Denn wo hätte jene Möglichkeit ihren Ort, und vor allem wer wäre Zeuge davon? Zynisch spricht N. Hartmann in diesem Zusammenhang von „Gespensterdasein der frei herumlaufenden Möglichkeiten“[97] und weist nachdrücklich darauf hin, daß nicht alles, was uns als möglich vorschwebt, tatsächlich möglich ist. Gleichfalls macht mit noch größerer Entschiedenheit H. Wagner darauf aufmerksam, daß nicht aus der bloßen Möglichkeit des Denkens, „das Nichtsein alles dessen, was ist, zu setzen, auf eine Möglichkeit des Seins selbst, nicht zu sein, und des Nichts, zu sein“[98], geschlossen werden darf. Nur weil das Nichtsein dessen, was es alles gibt, denkbar ist, steht die Möglichkeit, nicht sein zu müssen, nicht schon fest. *So tiefschürfend die Vorstellung vielleicht auch ist, daß nichts zu sein brauchte, so vorwitzig und kurzsichtig ist die Unterstellung, daß tatsächlich nichts zu sein brauchte, nur weil wir die Möglichkeit des Nichtseins von allem denken können.* Es regt sich der Verdacht, daß der Satz von der Kontingenz der Welt das gute Ansehen nicht verdient, das er genießt.

Dennoch weiß selbst ein so nachdenklicher Philosoph wie Husserl ihm einiges abzugewinnen, wenn er schreibt: „Jedes Faktum, und so auch das Weltfaktum, ist als Faktum, wie allgemein zugestanden, kontingent; darin liegt: wenn es überhaupt ist, es könnte doch auch anders sein und vielleicht auch nicht sein.“[99] Aber er will diesen Grundsatz nicht mehr metaphysisch verstanden wissen, weder theologisch noch agnostizistisch oder nihilistisch, sondern vielmehr nur erkenntnistheoretisch. Bei ihm gehört er mit zur Suche nach den letzten, unerschütterlichen Grundlagen von Erkenntnis überhaupt, die ihn dazu zwingt, alles nur im geringsten Zweifelhafte auch wirklich in Zweifel zu ziehen. Das betrifft, erkenntnistheoretisch gesehen, auch die Existenz der leibhaft wahrgenommenen Welt, die, wohlgemerkt, für Husserl nur insofern „kontingentes Faktum“[100] ist, als sich grundsätzlich alles Wahrgenommene und Erkannte hinterher als Täuschung und Schein herausstellen könnte. Daß die Welt nicht zu bestehen brauchte und ganz anders sein könnte, besagt bei ihm also lediglich, wir könnten uns darin irren, daß es die Welt wirklich gibt und sie so existiert, wie wir vermuten.

Gewöhnlich bezieht man aber den *Satz von der Kontingenz der Welt* auf sie selbst und nicht nur auf unsere Vorstellung von ihr. In diesem Zusammenhang

---

[97] N. Hartmann, *Möglichkeit und Wirklichkeit,* Berlin 1938, S.6.
[98] H. Wagner, *Philosophie und Reflexion,* München/Basel, S. 414.
[99] E. Husserl, Erste Philosophie (1923/24), 2. Teil: „Theorie der phänomenolog. Reduktion“, hg. R. Boehm („Husserliana“), Bd. 8, Haag 1959, S. 50.
[100] Ebd., S. 50.

ist er jedoch nur dann sinnvoll, wenn unabhängig von unserem Denken und besonders vor allem wirklichen Existieren die offene Möglichkeit besteht, sein und nicht sein zu können. Wie mit dem Regen jetzt, der nur dann nicht zu fallen brauchte, wenn eben noch unbestimmt war, ob es wirklich regnen wird oder nicht, also beides gleichermaßen möglich war, muß es sich mit allem anderen auch verhalten, wenn zutreffen soll, daß es überhaupt nicht zu sein brauchte.

Wo aber gibt es außerhalb unseres Denkens diese offene Möglichkeit. In der traditionellen Metaphysik siedelte man sie in der ungeformten Materie oder in der unbestimmten Zukunft an, so erstmals Aristoteles. Geht es aber um die metaphysische Möglichkeit des Nichtseins der Welt im großen und ganzen, so kann weder Materie noch Zukunft ihr Ursprungs- und Aufenthaltsort sein, da beides doch selbst zur Welt gehört.

Einen Ausweg bot seit jeher die christlich inspirierte Metaphysik, in der ohnehin erstmals das Überhauptnichtseinmüssen der Welt angenommen wurde. Ursprungs- und Aufenthaltsort der offenen Möglichkeiten sei Gott, wurde gesagt, und die Welt brauche nicht zu sein, weil jener sie nicht erschaffen mußte. Das ist zwar schlüssig und überzeugend gedacht, zweifelhaft ist nur, ob es Gott überhaupt gibt. In dieser Frage greift man oftmals zu hilflos anmutenden Konstruktionen, die nur ihr eigenes Ungenügen sichtbar machen können, auch wenn der letzte Akt im großen Drama der Auseinandersetzung um Christentum und Metaphysik noch nicht zu Ende gespielt sein sollte.[101]

Anders verhält es sich mit dem *zweiten Verständnis metaphysischer Kontingenz der Welt*, mit der das Rätsel aller Dinge betreffenden Frage, warum überhaupt etwas ist und nicht vielmehr nichts. Auch sie geht davon aus, daß die Welt ebensogut auch nicht sein könnte, was wiederum nur dann zutrifft, wenn die Möglichkeit des Nichtseins auch außerhalb unseres Denkens besteht. Hierfür fehlt aber jeder Anhaltspunkt. Es besteht sogar der Verdacht, daß die angenommene Möglichkeit des Nichtseins der Welt eines jener Gespenster ist, die N. Hartmann einst unnachgiebig bekämpfte. Kurz gesagt, läßt sich die Welt nicht auf das freie Wirken Gottes zurückführen, so kann in der Vorstellung, daß sie überhaupt nicht zu sein brauchte, nur eine Illusion gesehen werden; man darf hinzufügen, eine hartnäckige und nur schwer durchschaubare.

Auch mit dem *dritten Verständnis metaphysischer Kontingenz* steht es nicht besser. Es geht von der letzten Grundlosigkeit der Welt, wie sie ist, aus, schließt aber daraus nicht nur, sie hätte eine andere sein können, sondern auch daß es sie gar nicht geben müßte. Wiederum läßt sich die Möglichkeit des Nichtseins aller Dinge durch Aufdeckung unbedachter Voraussetzungen als bloße Spekulation ohne Bezug zur Wirklichkeit entlarven.

---

[101] Vgl. F.J. Wetz, *Lebenswelt und Weltall,* S. 326-406.

Eine Welt aber, der die Möglichkeit fehlt, überhaupt nicht zu sein, kann überhaupt nicht nicht sein. Demnach bestünde eine im letzten grundlos vorhandene Welt viel eher notwendigerweise als kontingent. Zwar existierte sie weder wesens- noch kausal- oder folgenotwendig, dennoch aber notwendig, weil sie aus Mangel an Möglichkeit, nicht zu sein, überhaupt nicht nicht sein könnte. Das hat bereits Feuerbach erkannt, bei dem man lesen kann, daß die Welt „aus Notwendigkeit (besteht), aber nicht aus einer Notwendigkeit, die in einem andern, von ihr unterschiedenen Wesen liegt (...), sondern aus eigenster, innerster Notwendigkeit"[102]. Deutlicher Sartre: „Man konnte nicht einmal fragen, wo alles das herkam und warum eine Welt existierte statt des Nichts (...). Es hatte keinen Zeitpunkt gegeben, wo sie vermocht hätte, nicht zu existieren (...), gewiß, es gab keinen Grund, warum sie existierte (...). Aber es war nicht möglich, daß sie nicht existierte."[103]

Dennoch zog man lange Zeit diese eigenartige Notwendigkeit des Ganzen nicht in Betracht. Statt dessen behauptete man, die grund- und zwecklose Welt muß nicht nur nicht sein, es wäre sogar besser, wenn es sie gar nicht gäbe, da sie doch überflüssig, nichtig, unerheblich ist - *die vierte, nihilistische Bedeutung metaphysischer Kontingenz*. Wie konnte es aber jemals zu solch einem düsteren Weltbild kommen? Hatten denn nicht auch die antiken Atomisten die Welt als grund- und zwecklos vorgestellt, ohne sie deshalb als vergeblich und nutzlos zu verwerfen? Tatsächlich folgt die nihilistische Herabsetzung der Welt nicht notwendigerweise aus deren Grund- und Zwecklosigkeit, wie man zunächst glauben könnte. Vielmehr hängt die vierte Form der Kontingenz mit der ersten zusammen, obgleich sie das absolute Gegenteil davon ist. *Grund- und Zwecklosigkeit allein machen die Welt noch nicht überflüssig und vergeblich, so erscheint sie nur vor dem Hintergrund der enttäuschten Erwartung, daß sie einen letzten Grund und höchsten Zweck besitzen möchte.* Diese Erwartung hatte die christliche Lehre geweckt und Jahrhunderte lang erfüllt, indem sie die Welt als Gottes Schöpfung vorstellte. Geht dieser Glaube und mit ihm die alte Schöpfungslehre verloren, so bleiben die Erwartungen und Ansprüche, die jener einst erfüllte und die nun enttäuscht werden müssen, vorerst weiter bestehen. Im Lichte dieser Enttäuschung erscheint alles als vergeblich, hinfällig, überflüssig. Damit wirkt jetzt der Verlust von Christentum und Metaphysik wie ein gewaltiger Strudel, der die Welt selbst mit in die Tiefe zieht, daß sie nun nicht nur auf das Niveau einer selbstgenügsamen Natur hinabsinkt, sondern zum Teil sogar noch weit darunter. Das ergibt sich aus der Trauer und dem Entsetzen über einen für verstorben erklärten, verlorenen Gott, die im 19. Jahrhundert mitunter fürchterliche Ausmaße annahmen.

---

[102] L. Feuerbach, *Das Wesen des Christentums*, S. 93.
[103] J.-P. Sartre, *Der Ekel*, S. 143.

Es wird deutlich, nur vor dem Hintergrund eines der Welt früher einmal zuerkannten ersten Grundes zeigt sich die ungebundene Welt als unerheblich, nichtig, eben als nihilistisch kontingent. Um es bildhaft auszudrücken: Der griechische Kosmos hatte seinen Halt in sich selbst, der christliche Ordo hatte ihn dagegen in einem außerweltlichen Gott. In dem Augenblick nun, an dem der weltjenseitige Halt entfällt, das Band, welches die Welt damit verband, reißt, stürzt alles ins Boden- und Haltlose. Nietzsches Hoffnung, daß jetzt die Welt doch wieder ihren Halt in sich selbst finden und damit ihr einstiges Schwergewicht wiedererlangen möchte, verhallt erst einmal ungehört. Zu sehr ist der Blick auf den leer gewordenen Himmel gerichtet, der das beängstigend still gewordene Weltall dem harten Urteil der Vergeblichkeit und Nichtigkeit aussetzt. So gesehen ist es der Welt zur Last geworden, Gottes verkündeten Tod überlebt zu haben.

Man erkennt, die Erfahrung der Nichtigkeit und Vergeblichkeit, die nihilistische Kontingenz, ergibt sich nicht zwangsläufig aus der Erkenntnis der Grund- und Zwecklosigkeit der Welt; sie ist vielmehr Ausdruck des Kummers um den Verlust eines tröstlichen Haltes, den man einst besaß und nun schmerzlich vermißt.

Dieser harte Schlag, dessen entmutigende Wirkung tief nachwirkte, ist bis in die Gegenwart hinein zu spüren. Gottes verkündeter Tod löste Empörung und Entrüstung aus; er bewirkte Ängste fürchterlichen Ausmaßes. Um dem auszuweichen, strebten viele Menschen entweder wieder den Anschluß an das Christentum an oder suchten dieses durch Ersatzformen wie Wissenschaft, Fortschritt, Kunst zu ersetzen. Sinnsurrogate rückten an die leer gewordene Stelle Gottes.[104] Falls es Gott tatsächlich nicht gibt, käme es aber doch darauf an, die Welt wieder so ansehen zu lernen, als ob es ihn nie gegeben hätte. Das heißt, erst gar nicht mehr die Erwartung zu hegen, daß die Welt einen letzten Grund und Zweck haben könnte. Dann würde mit der christlich-metaphysischen Kontingenz auch die nihilistische dahinsinken und das grund- oder zwecklose All sich als sich selbst genügend darstellen; ein Weltbild, das sich heute tatsächlich mehr und mehr durchzusetzen beginnt.

So zeigt sich, daß eigentlich nur das christlich-metaphysische Verständnis von Kontingenz wirklich überzeugend ist. Allerdings haben Christentum und Metaphysik selbst in den letzten hundert Jahren aus vielerlei Gründen erheblich an Überzeugungskraft verloren, wodurch das christlich-metaphysische Verständnis von Kontingenz ebenfalls zweifelhaft geworden ist. Doch auch das zweite wie das dritte Verständnis metaphysischer Kontingenz der Welt hat sich als fragwürdig erwiesen, weil alle anscheinend nur auf einer abstrakten und formalen Möglichkeit unseres Denkens beruhen und damit vermutlich keine

---

[104] Vgl. A. Müller-Armack, *Diagnose unserer Gegenwart,* Stuttgart 1981; ders., *Das Jahrhundert ohne Gott,* Münster 1975.

Entsprechung in der Wirklichkeit besitzen. Schließlich hat sich auch noch das vierte Verständnis metaphysischer Kontingenz als problematisch herausgestellt; einerseits, weil es ebenfalls nicht auf die Wirklichkeit zurückgeführt werden kann, andererseits, weil es im Bannkreis des überwunden geglaubten Christentums steht. Es ist nur Ausdruck der Trauer über dessen allmähliches Ende und wird mit dem zu erwartenden Abschied von dieser Trauer voraussichtlich auch selbst verschwinden. Der Schluß ist unvermeidlich: *Die Formel Kontingenz der Welt ist heute ein Anachronismus, der etwas bezeichnet, das es wahrscheinlich gar nicht gibt.*

VI. Die Menschenwelt als Ort unaufhebbarer Kontingenz

In der Moderne sind die Weichen anscheinend auf ein zunehmendes Absterben großer Sinnentwürfe gestellt. So leben wir heute in einer Zeit, die nicht erst begonnen hat, sich von Christentum und Metaphysik zu lösen, sie ist bereits dabei, den Verlust unserer religiös-metaphysischen Tradition schmerzfrei und klaglos anzunehmen. Dennoch genießt gegenwärtig der Ausdruck Kontingenz hohes Ansehen bei Natur- und Geisteswissenschaftlern.[105] Dabei wird er zumeist metaphysisch neutral gebraucht, das heißt, weder als Abhängigkeit der Welt von Gott verstanden noch zur Umschreibung der Rätselhaftigkeit ihrer Existenz oder Darstellung ihrer Nichtigkeit verwandt. Besondere Beachtung findet das Wort Kontingenz bei R. Rorty, der alle bisherigen Deutungen noch einmal überbietet. Er glaubt, „daß wir uns langsam aber sicher von Theologie und Metaphysik (...) befreit haben“[106] und interpretiert dementsprechend Kontingenz weder christlich noch nihilistisch.

Rorty gehört zu den postmetaphysischen Philosophen der Gegenwart, die *den Abschied von den großen Sinnentwürfen selbst noch einmal verabschieden.* Sie haben die Verlusterfahrung überwunden, in deren Nachklang das eisige Schweigen des Weltalls als Beweis für dessen Nichtigkeit und Vergeblichkeit erschienen war. Rorty führt uns an einen Punkt, „wo wir nichts mehr verehren, nichts mehr wie eine Quasi-Gottheit behandeln, wo wir alles, unsere Sprache, unser Bewußtsein, unsere Gemeinschaft, als Produkte von Zeit und Zufall behandeln“[107]. Das alles nennt er kontingent, ohne darüber zu klagen, daß es keinen höheren Sinn mehr gibt. Hierbei fällt auf, daß er den Ausdruck Kontingenz nicht mehr auf die Welt selbst bezieht, sondern nur noch auf deren

[105] Vgl. etwa E. Boutroux, *Die Kontingenz der Naturgesetze,* Jena 1911; H. Staudinger, *Singularität und Kontingenz,* Stuttgart 1985; W. Pannenberg, „Kontingenz und Naturgesetz“, in A.M.K. Müller/ W. Pannenberg, *Erwägungen zu einer Theologie der Natur,* Gütersloh 1970, S. 33-80.

[106] R. Rorty, *Kontingenz, Ironie und Solidarität,* Frankfurt a.M. 1989, S. 12.

[107] Ebd., S. 50.

Deutungen und dazu auf unsere Selbsterfahrung und Gesellschaft. Im einzelnen spricht er von „Kontingenz der Sprache"[108], „Kontingenz des Selbst"[109] und „Kontingenz des Gemeinwesens"[110], eine Einteilung, die den traditionellen Leitbegriffen Welt, Mensch und Geschichte entspricht. Jedoch versteht er unter Welt nicht das physische Weltall, sondern nur die sich wandelnden Deutungen der Wirklichkeit, die er zufallsblinde Prägungen nennt.[111] Ähnlich beschreibt er das menschliche Selbst nur als „mittelpunktloses Gewebe aus Überzeugungen und Wünschen"[112], als Zufallsprodukt seiner Herkunft, das im wesentlichen aber von dem abhängt, als was es sich selbst sieht, beschreibt und erfindet. So verhält es sich auch mit dem Gemeinwesen, das „durch nichts anderes verursacht ist als durch kontingente historische Bedingungen"[113]. Weltdeutung, Selbstbeschreibung und Gemeinwesen sind das „Ergebnis einer großen Zahl schierer Zufälle"[114], auf die nicht näher eingegangen werden muß. Wichtig ist hierbei nur sein Gebrauch des Ausdrucks Kontingenz, den er wie viele andere auch mit dem Wort Zufall gleichsetzt; da hat es seine volle Berechtigung.

Kontingent sein heißt bei Rorty, ohne metaphysische Wesensbestimmung zu existieren und nicht das Werk höherer Absicht zu sein, also weder von göttlicher Vorsehung noch listiger Vernunft gelenkt zu werden. Für ihn bedeutet kontingent sein, alle Wertorientierungen, Selbst- und Weltdeutungen nur als menschliche Setzungen und Vereinbarungen zu verstehen, außermenschliche Sinn- und Geltungsquellen gibt es dafür nicht mehr. *Wenn Gott nicht existiert und die Metaphysik am Ende ist, dann sind wir in Fragen der Weltdeutung, Lebensführung und Wertorientierung gänzlich auf uns selbst gestellt.* Tatsächlich bleiben die Welträume ringsum auf die Frage stumm, wie wir die Dinge sehen und unser Leben gestalten sollen. Alle Antworten hierauf hängen von uns ab, von reiflicher Überlegung und besonnener Nachdenklichkeit ebenso wie von persönlichen Wünschen und Vorlieben, aber auch von Gemeinschaft und Kultur, den Lebensformen eben, in die wir hineinwachsen, und in denen wir uns für die Zeit unseres Lebens bewegen. Antworten dieser Art heißen kontingent, auch wenn sie auf glaubwürdigen, einleuchtenden Argumenten beruhen sollten, weil sie letztenendes doch nur menschliche Setzungen sind und aus allen vorliegenden Umständen hervorgehen, die sie jeweils zulassen.

Vor allem die Anhänger des sich gegenwärtig immer weiter verbreitenden Naturalismus sind überzeugt, daß es eine höhere Wertquelle, Ideensphäre oder

---

108 Ebd., S. 21.
109 Ebd., S. 52.
110 Ebd., S. 84.
111 Vgl. Ebd., S. 59.
112 Ebd., S. 151.
113 Ebd., S. 306.
114 Ebd., S. 42.

ideelle Wesensbestimmung nicht gibt. Tatsächlich hat der menschliche Vorstoß in die beängstigenden Weiten des unermeßlichen Weltalls nicht nur dessen trostlose Einsamkeit und Einöde aufgezeigt, sondern auch die Armseligkeit und Unerheblichkeit der sich Jahrhunderte lang als Mittelpunkt der Welt fühlenden Menschen erwiesen. Heute wissen wir, daß der Mensch nicht nur Zufallsprodukt einer Jahrmillionen langen Naturentwicklung ist, sondern außerdem ein ohnmächtiges Glied im anonymen Spiel verborgener Naturkräfte darstellt, ein von Neuronen und Genen beherrschtes Stück Natur ohne metaphysische Wesensbestimmung. Dieser naturalistische und der erwähnte kontingenzphilosophische Standpunkt, zwei führende Richtungen unserer Zeit, stimmen in der Ablehnung metaphysischer Wert- und Wesensbestimmungen überein. Sonst scheint aber eine klare Frontlinie zwischen beiden zu verlaufen, denn *der Naturalist betont Ohnmacht und Abhängigkeit des Menschen von Naturprozessen, die seinem Willen entzogen sind; der Kontingenzphilosoph hebt dagegen hervor, daß es allein von uns abhängt, als was wir uns verstehen und worauf wir unser Leben stellen sollen.* So betrachtet sind die beiden Standpunkte einander entgegengesetzt. Bemerkenswerterweise vertrat der frühe Rorty ersteren, der späte den zuletzt genannten. Damit scheint er im Laufe seines Lebens eine philosophische Wende vollzogen zu haben, von der einen Seite zur anderen wechselnd. Aber so fundamental gegensätzlich beide Positionen auf den ersten Blick auch zu sein scheinen, in Wahrheit sind sie es nicht. Im Gegenteil, beide Ansichten sind nicht nur miteinander vereinbar, sondern der kontingenzphilosophische Standpunkt folgt aus dem naturalistischen, so daß nicht von einer radikalen Umkehr Rortys gesprochen werden darf. Der Naturalismus läuft in gerader Entwicklung auf die zuletzt dargestellte Kontingenzphilosophie hinaus; diese ist nicht des ersteren Gegenteil, sondern seine unvermeidliche Folge.

Denn wie weit und wie tief die unserem Willen entzogenen, anonymen Naturprozesse in unsere bewußte Lebensführung auch hineinreichen mögen, im privaten und öffentlichen Alltag, in Fragen der Berufs- oder Partnerwahl und den weniger brisanten der Kleidung oder des Urlaubs können wir weder unsere Gene noch Neuronen befragen, sondern sind auf uns selbst gestellt und auf die Verständigung mit unseresgleichen angewiesen. Der mittlere Rorty erkannte das, als er schrieb, daß „keine Hoffnung oder Gefahr besteht, daß die Erkenntnis seiner selbst als en-soi jemandes Existenz als pour-soi ein Ende machen wird“[115]. Das heißt, „daß wir, auch wenn wir alle objektiv wahren Beschreibungen unserer selbst kennen, womöglich noch nicht wissen, was wir mit uns anfangen wollen“[116]. Man erkennt, *die zunehmende Naturalisierung*

[115] R. Rorty, *Der Spiegel der Natur,* Frankfurt a.M. 1981, S. 419.
[116] Ebd., S. 394.

des Menschen bedeutet zwar dessen Entwertung zu einem ohnmächtigen Stück Natur, nicht aber dessen Entlastung von der Sorge um sich.

Damit ist der Mensch nun mehr als jemals zuvor auf sich selbst zurückgeworfen und angewiesen. Ein bloßes Stück Natur zu sein, heißt nicht nur, dennoch sein Leben selbst führen zu müssen, sondern vor allem auch in Fragen der Weltdeutung, des Selbstverständnisses und der Gesellschaft sich selbst überlassen zu sein, und zwar gerade weil man als nur noch materielles Etwas nicht mehr von vorgegebenen Deutungsmustern metaphysischer Art getragen oder gelenkt wird. Damit birgt der Naturalismus hinterhältigerweise eine große Überraschung für die Stellung des Menschen in der Welt: Je lauter der Einzelne zum ohnmächtigen Teil der verwissenschaftlichten Natur erklärt wird, umso stärker erweisen sich Weltdeutung, Selbstverständnis und Gesellschaft als von ihm abhängig, davon, wie er sich selbst erfindet und beschreibt. In diesem Sinne schließt Naturalismus die dargestellte Kontingenzphilosophie nicht aus, sondern beide erweisen sich als miteinander vereinbar, mehr noch, letzteres folgt sogar aus ersterem.

Zusammenfassend sei festgehalten: *Nach dem Tode Gottes und der Trauerarbeit darüber schwindet die metaphysische Kontingenz der Welt in jeder erwähnten Hinsicht; zurück bleibt eine selbstgenügsame Natur, die auch den Menschen einschließt, der jetzt keiner besonderen Wertung unterliegt. Aber gerade in dieser, von keiner metaphysischen Kontingenz mehr durchsetzten und überlagerten Natur wird die Menschenwelt schließlich Ort metaphysisch neutraler Kontingenz - und das nicht, obwohl der Mensch nur ein wesenloses Stück Natur ist, sondern gerade weil er bloß ein solches ist.*

VII. Der Mensch als Rest unvermittelbarer Kontingenz

Zuletzt hat sich gezeigt, daß der Mensch sein notvolles, sorgenreiches Leben selbst führen und, obgleich er im letzten nur ein ohnmächtiges Stück Natur ist, Leben und Welt auch noch selbst deuten muß. Das fällt ihm umso schwerer, je größer die Herausforderungen des Lebens werden. Wir mögen jeglichen höheren Sinn der Welt als das unwiederbringlich Verlorene auf sich beruhen lassen können, uns mit der beängstigenden Unabänderlichkeit des Ganzen, wie es ist, sogar abfinden, mit dem Verlauf unseres Lebens aber können wir es so leicht nicht. Verlegenheit über die Unfähigkeit, uns selbst die Voraussetzungen für unsere Existenz zu geben, Beunruhigung über die Kürze menschlichen Daseins, Bestürzung über die eigene Entbehrlichkeit im Ganzen der Welt, Bekümmerung über die Last des Alltags und Ratlosigkeit vor allem bei harten Schicksalsschlägen setzen uns Fragen aus, von denen es heißt, daß sie uns die Kontingenz unseres Lebens, die Unverfügbarkeit über Schicksalsfügungen, drastisch vor Augen führen und zum Bewußtsein bringen. Es geht um Fragen, wie wir sie der Reihe nach bei Pascal lesen können: „Weshalb ist meine Erkenntnis beschränkt, weshalb meine Gestalt, weshalb die Dauer meines Lebens auf hundert Jahre statt auf tausend? Welche Gründe hat die Natur gehabt, sie mir so zu geben und gerade diese Zahl statt einer andern unter der Unendlichkeit auszuwählen, wo sie doch keinen Grund hat, die eine eher als eine andere zu wählen, und nichts mehr für die eine als für die andere stimmt?“[117] Solche und ähnliche Fragen wollen nicht so sehr darauf aufmerksam machen, daß wir auch gar nicht oder anders sein könnten, was ohnedies fraglich ist, als vielmehr auf die Unverfügbarkeit über unser Dasein hinweisen. H. Lübbe nennt das die „Erfahrung unserer schlechthinnigen Abhängigkeit von Daseinsvoraussetzungen, die nicht zur Disposition des Daseins selbst stehen“[118], die „Unverfügbarkeit unserer Daseinskontingenz“[119], die sich vor allem in leidvollen Widerfahrnissen zu erkennen gibt, welche wir als schwer, hart oder bitter empfinden, und die uns mit bohrenden Fragen belästigen wie jene berühmt-berüchtigte: Warum gerade ich? Fragen dieser Art mögen logisch unverständlich erscheinen; existenziell verstanden, sind sie unumgänglich.

Oftmals treiben sie die Menschen zur Suche nach Gott, in dem als offenbarte Hoffnung das Herz Ruhe und Frieden zu finden hofft, wie Pascal und besonders Lübbe annehmen. Letzterer beschreibt Religion als „Lebenspraxis, durch die wir uns in ein vernünftiges Verhältnis zur unverfügbaren Kontingenz unseres Lebens und seiner unverfügbaren Bedingungen setzen“[120]. Sie deckt, wie man bei A. Gehlen lesen kann, die „Interessen der Ohnmacht“[121] ab, schenkt nicht nur Deutungen, sondern bietet auch Rückhalt. Jedoch ist der Glaube an Gott nicht auf bloßen Wunsch hin da, und er läßt sich auch mit dem stärksten Argument der Nützlichkeit für das Leben nicht herbeireden. Andererseits ist jene existentielle Erfahrung von Kontingenz unleugbar, und daß sie nach Antwort verlangt, überaus verständlich. Aber viele von uns können, wie Rorty treffend bemerkt, „nichts mehr mit der Vorstellung anfangen (...), der Sinn des Lebens endlicher, sterblicher, zufällig existierender menschlicher Wesen leite sich von irgend etwas anderem ab als endlichen, sterblichen, zufällig existierenden Menschen“[122]. Müssen wir also den existentiellen Erfahrungen von Kontingenz, den unverfügbaren Lebensumständen und harten Situationen, schutz- und trostzlos ausgeliefert bleiben?

Freud bestritt dies: „Ich widerspreche Ihnen (...), wenn Sie folgern, daß der Mensch überhaupt den Trost der religiösen Illusion nicht entbehren kann, daß

---

[117] B. Pascal, „Gedanken“, in *Werke*, Bd. 1, Heidelberg 1978, fr. 208.

[118] H. Lübbe, *Religion nach der Aufklärung*, Graz/Wien/Köln 1986, S. 136; vgl. auch N. Luhmann, *Funktion der Religion*, Frankfurt a.M. 1977.

[119] Ebd., S. 144.

[120] Ebd., S. 17.

[121] A. Gehlen, *Der Mensch*, Wiesbaden 1978, S. 364

[122] R. Rorty, Koningenz, *Ironie und Solidarität*, Frankfurt a.M. 1989, S. 86.

er ohne sie die Schwere des Lebens, die grausame Wirklichkeit, nicht ertragen würde."[123] Auch wenn es einerseits unmöglich ist, die existentielle Erfahrung von Kontingenz durch analytische Sprachkritik und naturwissenschaftliche Erkenntnisse zu widerlegen, andererseits religiöse Deutungsmuster keinen Trost mehr bieten, so gibt es dennoch schwache Bewältigungshilfen. Abgesehen von wechselseitigem Beistand, den wir uns im beschwerlichen Alltag leisten können, ist es oft auch möglich, zu verdrängen und herunterzuspielen, sich zu empören, aber auch zu verzweifeln, zu lachen wie zu weinen, klaglos hinzunehmen und heiter anzunehmen, um nur einige Umgangsformen mit existentiell erfahrener Kontingenz zu nennen. Es ist damit so, wie Nietzsche schreibt: „Das Leben ist schwer zu tragen: dazu hat man vormittags den Trotz und nachmittags die Ergebung nötig."[124] Ähnlich Freud: „Wie für die Menschheit im ganzen, so ist für den einzelnen das Leben schwer zu ertragen."[125] „Und was die großen Schicksalsnotwendigkeiten betrifft, gegen die es eine Abhilfe nicht gibt, die wird er eben mit Ergebung ertragen lernen."[126] *Das ist existentieller Realismus, die Unvermeidlichkeit von Sorge, Mühe und Not anzuerkennen und das Unabänderliche so zu nehmen, wie es kommt und es sich trifft. Viele glauben, auf alles andere warte man ohnehin zumeist vergeblich.*

Abschließend sei festgehalten: Über die metaphysische Kontingenz der Welt, im vierfachen Sinne des Wortes dargestellt, können wir uns leicht beruhigen, weil es sie vermutlich nicht gibt; auch mit der verbliebenen geschichtlichen Erfahrung der Kontingenz unserer Kultur und Sprache kommen wir ins Einvernehmen, obgleich uns das bisweilen überfordert. Schwieriger ist es dagegen, sich mit der existentiell erfahrenen Kontingenz des eigenen Lebens, mit der Faktizität des vergänglichen Daseins zu versöhnen. Da es einem ungewollt zufällt, kann man immer nur nachträglich zu ihm Stellung nehmen als einem Faktum, das in vielerlei Hinsicht nicht von einem selbst abhängt. Ohne Religion gelingt diese Selbstversöhnung nur sehr schwer, eigentlich nur durch freiwillige Unterwerfung unter die unabänderlichen Schicksalsschläge und unverfügbaren Widerfahrnisse. Jedoch sei keineswegs geleugnet, es gibt Grenzen der Möglichkeit, bewußt in sein Leben einzuwilligen. In der Menschheitsgeschichte läßt sich ein Ausmaß an Leid antreffen, das sich jeder Selbstversöhnung verweigert. Dennoch ist auch hier Fügung in das zu tragende Geschick die einzige Möglichkeit, damit im besten menschlichen Sinne selbstbewußt fertig zu werden. Zugegeben, das fällt nicht leicht, so leicht es sich auch hinsagt.

---

[123] S. Freud, *Werkausgabe in zwei Bänden,* Bd. 2, Frankfurt/M. 1978, S. 361.
[124] F. Nietzsche, *KSA,* Bd. 10, München/Berlin/New York 1980, S. 133.
[125] S. Freud, *Werkausgabe in zwei Bänden,* Bd. 2, S. 337.
[126] Ebd., S. 362.

2. Kontingenz und Wissenschaft

Elisabeth Ströker

KONTINGENZ UND FAKTIZITÄT IN WISSENSCHAFTSTHEORETISCHER PERSPEKTIVE

Dazu habe die Wissenschaftstheorie nichts zu sagen, könnte die erste Reaktion auf das hier gestellte Thema sein; und wenn dafür der Hinweis akzeptiert wird, daß seine beiden Begriffe in der Wissenschaftstheorie - gleich welcher Schule oder Richtung - gar nicht verhandelt, auch ihre Terme nicht einmal verwendet würden, dann könnte damit das gewünschte ‚Statement' bereits enden. Oder sollte es als Anregung gedacht sein, die Wissenschaftstheorie möge sich hier bisher vielleicht übergangenen Fragen zuwenden, wenn nicht gar ansatzbedingte Restriktionen ihrer Problemstellungen lockern, mit denen sie sich - jedenfalls als bloße Methodologie der Wissenschaften - den Blick für Begebenheiten verstellt haben könnte, die indes auch in ihre Domäne gehören?

Da als Adressaten dieser Anregung hier speziell die Wissenschaftstheoretiker der Naturwissenschaften gemeint sind, darf genauer gefragt werden: ob in diesen Wissenschaften, so sehr sie auf die Erkenntnis von Gesetzmäßigkeiten der Natur aus sind und darin ihre wesentliche Aufgabe und Zielsetzung finden, gleichwohl nicht auch so etwas wie Kontingentes vorkomme - sei es als kontingent Gegebenes in der Natur, sei es als kontingent Betrachtetes oder Aufgefaßtes und alsdann in einer dementsprechenden Handhabung kraft ihrer Methode.

Nun würde diese Frage auch von Wissenschaftstheoretikern nicht so aufgenommen, als wäre ihr mit der Feststellung zu entkommen, daß jedes Naturvorkommnis wie übrigens auch jeder streng gesetzlich ablaufende Naturprozeß ‚letztlich' kontingent sei, da sich auf die Frage, warum er gesetzmäßig und gar nach ‚seiner' und keiner anderen Gesetzesform ablaufe, wissenschaftlich keine Antwort geben lasse - außer der einen, daß sie wissenschaftlich unentscheidbar sei. Diese Unentscheidbarkeit kann aber zweierlei beinhalten.

Gemeint sein kann zum einen, daß allenfalls eine metaphysische oder theologische Erklärung versucht werden könnte, um die anläßlich eines Kontingenten stets offene Frage nach seinem Warum zu befriedigen. Doch falle ein solcher Versuch weder in die Kompetenzen noch in die Forschungsinteressen der Wissenschaft und habe deshalb auch die Wissenschaftstheorie nicht zu tangieren. Eine etwas andere Problemsituation ergibt sich, wenn bereits die Frage nach einer so verstandenen ‚letzten' Kontingenz mit einer Entschiedenheit zurückgewiesen wird, die nicht einmal ihre Delegierung an andere Instanzen impliziert, und die somit auch jedwede Diskussion über unterschiedliche Erklärungsträchtigkeit begründender Argumente von vornherein inhibiert. Eine derartige Inhibierung steht zumeist im Hintergrund, wenn die Naturwissenschaft sich ihres Selbstverständnisses als ‚Tatsachenwissenschaft' versichert, und dies in dem genaueren, wenn auch zumeist unausgesprochenen Sinn, daß sie für die von ihr erforschten Tatsachen nichts weiter in Anspruch nimmt als eben ihre Tatsächlichkeit oder Faktizität.

Der Begriff der Faktizität wird oftmals mit dem der Kontingenz konfundiert. Er bleibt auch von ihm ununterschieden, wenn beide Begriffe allein von dem gemeinsamen Oppositionsbegriff der Notwendigkeit her verstanden werden. Insoweit gilt für beide ihre kontradiktorische Gegensätzlichkeit zu diesem; sei es, daß sie als Nicht-Notwendigkeit im modallogisch weiteren Sinne gefaßt werden, die sowohl Möglichkeit des Nicht-Seins als auch Unmöglich-Sein umfaßt, sei es, daß im engeren Sinne von Nicht-Notwendigkeit nicht nur Notwendigkeit, sondern auch Unmöglichkeit ausgeschlossen wird. Weder in dem einen noch dem anderen Sinne tritt jedoch hervor, daß von jenen beiden Begriffen der der Faktizität der bedeutungsärmere, wenn auch dementsprechend allgemeinere ist. Doch besagt dies lediglich, daß jedes Kontingente auch ein Faktisches ist, während die Umkehrung nicht gilt. Daß indes formallogische Elementarverhältnisse nicht zureichen, um die Verschiedenheit der beiden in Rede stehenden Begriffe hervortreten zu lassen, zeigt sich schon darin, daß dem Begriff der Faktizität ein eigener Gegenbegriff fehlt, während er für Kontingentes im Regelhaften, ‚Regelmäßigen' und speziell in den Wissenschaften in gesetzlicher Bestimmtheit und Bestimmbarkeit nach expliziten Gesetzesformen gefunden wird.

Da nun Feststellungen oder Behauptungen generell auch als Antworten auf unterschiedliche, wenngleich zumeist nicht explizit formulierte Fragen verstanden werden können, darf auch der Zugang zum Verständnis oder zur ‚Bedeutung' der Begriffe der Faktizität und Kontingenz in bestimmten Problemlagen gesucht werden, auf die mit ihrem Gebrauch reagiert wird.

Im Falle der Kontingenz liegt eine derartige Situation (in vereinfachter Typik) klar zutage. Was mit ihrer ersten Erörterung seit Aristoteles die philosophische Tradition bestimmt hat, blieb in ihren begrifflichen Fixierungen trotz mancherlei Abwandlungen stets mitgegenwärtig. Demgemäß wird als ein Kontingentes verstanden, was auf keine Gründe zurückzuführen ist, was keine oder keine erkennbare Ursache hat und somit ‚unerklärlich' ist. Mit dieser Bestimmung hat es aber nicht bloß eine begriffliche Fixierung oder eine Definition zu präziserem Wortgebrauch gefunden. Vielmehr liegt in ihr auch eine Entsprechung einer bestimmten Fragesituation dergestalt, daß ein Wissenwollen der Gründe und Ursachen eines befragten Vorkommnisses leer ausgeht oder sich abschlägig beschieden findet.

Anders dagegen, wenn nichts als die Tatsächlichkeit oder Faktizität einer Begebenheit festgestellt wird. Sollte damit überhaupt eine Warum-Frage (und nicht eine andere Frage) befriedigt werden, so könnte allenfalls tautologisch entgegnet werden, daß es nun einmal ‚tatsächlich' so sei, wie es sei, daß es sich eben ‚faktisch' so verhalte, wie es der Fall sei. Darüberhinaus könnte eine derartige Antwort bestenfalls den Sinn haben, zu signalisieren, daß die angemessene Beschäftigung mit Faktischem allein in seiner Kenntnisnahme gründen könne.

Das gilt zwar auch für Kontingentes, soweit es ebenfalls ein Faktisches ist. Während aber für dieses und lediglich als dieses das Fehlen von Gründen gar nicht merklich wird, insofern bereits in seinem Begriff die Frage nach ihnen stillgestellt ist, bleibt in einem Kontingenten genau diese Frage zumindest latent gegenwärtig. Oder anders, impliziert die Faktizität eines bloß Faktischen auch das ‚Faktum', daß es keine Gründe hat, und gehört insofern Grundlosigkeit bereits zu ihrem Begriff, so gehört zur Kontingenz, daß in einem kontingent Faktischen das Fehlen von Gründen auffällig wird, daß näherhin Gründe vermißt werden, so daß genaugenommen nicht Grundlosigkeit, sondern Begründungsdefizit den Begriff der Kontingenz konstituiert.

Darin dürften auch unsere Reaktionsweisen begründet sein, in denen ein kontingentes Vorkommnis als überraschend, befremdlich, irritierend erlebt wird. Es kann Verwunderung, Verblüffung, Erschrecken auslösen, wie es ebenso einer Situation auch Züge des Komischen, des Grotesken geben kann; es beschert Gunst und Glück des Augenblicks, wie es Geschick und Schicksal erfahren läßt. Allemal ist es etwas, das uns zufällt oder zustößt, uns so oder so ‚trifft'. Bloß Faktisches ruft dergleichen nicht hervor. Weder glückhaft noch schicksalhaft tritt es in Erscheinung. Sein ‚Treffen' ist nicht mehr als ‚Antreffen' dessen, der seiner gewahr wird und es zur Kenntnis nimmt. Darum findet, was in der Begegnung mit Kontingenz in einer Weise verarbeitet werden muß, daß ‚Kontingenzbewältigung' einen nicht ganz geringen Teil der Kultur unserer Lebenspraxis ausmacht, in der Erfahrung von Faktizität keine Entsprechung. ‚Faktizitätsbewältigung' müßte, solange jedenfalls Faktizität lediglich als diese erfahren wird, als ein sinnleerer Begriff erscheinen.

Das kann verständlich machen, daß die Wissenschaftstheorie den Begriff der Faktizität in den Naturwissenschaften nicht antrifft. Sollte es mit dem Kontingenzbegriff anders stehen? Jedenfalls könnte, wie es im ersten Hinsehen aussieht, die Wissenschaft Kontingentes schwerlich gebrauchen; müßte es ihr doch als etwas erscheinen, das außerhalb von Regelmäßigkeit und Gesetzmäßigkeit stünde, sie nachgerade durchbrechen würde - eine scheinbar paradoxe Vorstellung: Liegt doch die Eigentümlichkeit gerade der Naturwissenschaften unstrittig darin, daß in ihnen die Welt als durch und durch gesetzlich geordnete Welt erfaßt werden soll, und zwar in der universellen Ordnungsform einer durchgängigen Kausalstruktur - und die Welt gibt ihnen darin offenkundig in überwältigender Weise recht.

Andererseits ist es mehr oder weniger banal, daß auch die Naturwissenschaften Unvorhergesehenes, Unvorhersehbares, Unerklärliches, sogar im wörtlichen Sinne ‚Unberechenbares' kennen. Doch ist dabei von Kontingenz so gut wie keine Rede. Dafür könnte angeführt werden, daß die in diesen Wissenschaften maßgeblichen Konzepte von Erklärung und Erklärungsmöglichkeit schwerlich geeignet seien, ein Kontingenzproblem überhaupt sichtbar zu machen, da schon durch die Vorbestimmung dessen, was als wissenschaftliche Erklärung gilt, Kontingentes hier bestenfalls methodisch entschärft werde, die ganze Problemlast seiner fehlenden Ursachen gar nicht in Sicht trete und die Frage nach einem kausalen Warum ins Leere zu gehen bereits methodisch vorentschieden sei.

Daran ist zutreffend, daß mit der Mathematisierung der Natur durch die Galilei-Newtonsche Physik die kausale Begrifflichkeit mehr und mehr eliminiert worden ist.[1] Die für ihre Methodik zentral gewordene mathematische Funktion verlangt ein Denken und Forschen in Abhängigkeiten, die als rein funktionale Beziehungen in der Tat nichts mit Kausalbeziehungen zu tun haben. A fortiori sind sie auch nicht als deren mathematische Formulierung zu verstehen. *Funktionale Wenn-dann-Beziehungen* sind keineswegs so etwas wie quantitativ-exakt gefaßte *kausale Weil-darum-Beziehungen*, sondern von diesen sinnverschieden.[2] Ihr kategorialer Unterschied macht vielmehr eine der grundlegenden Differenzen zwischen vorneuzeitlicher und der seit dem 18. Jahrhundert ‚klassisch' gewordenen wissenschaftlichen Naturerklärung aus.

Das bedeutet zunächst, daß nicht alle für naturwissenschaftliche Objekte denkbaren Warum-Fragen Kausalfragen sind. Wer etwa wissen wollte, warum sich die Planeten unseres Sonnensystems nach den Keplerschen Gesetzen bewegen, sähe sich, wenn nicht an die göttliche Welteinrichtung oder an den Zufall verwiesen, in der Wissenschaft allein mit der Antwort beschieden, daß diese Gesetze aus einer physikalischen Theorie ‚erklärbar' seien dahingehend, daß sie aus dieser - unter Einbeziehung bestimmter Randbedingungen - ableitbar sind. Dergleichen deduktive Grund-Folge-Beziehungen haben natürlich ebenfalls nichts mit Ursache-Wirkungs-Beziehungen gemeinsam, so wenig, daß selbst im Falle des Fehlens einer dergestalt erklärenden Theorie das insofern ‚Unerklärbare' auch nicht in den Status eines Kontingenten gerät.

---

[1] Die schärfste Kritik speziell am Wortgebrauch ‚Ursache' mit der Begründung, daß es in den empirischen Wissenschaften dergleichen nicht gäbe, übte B. Russell, „On the Notion of Cause", in *Proceedings of the Aristotelian Society* 13 (1912/13), S. 1-26. Daß Russell das Kind mit dem Bade ausgeschüttet hatte, ließ die neopositivistische und logisch-empiristische Wissenschaftstheorie unbeanstandet. Indes kam es in ihr selber zu einer irreführenden kausalen Terminologie (s. Anm. 2).

[2] Dieser Unterschied wird in der Wissenschaftstheorie sonderbarerweise dadurch verwischt, daß sie die Gesetze der Physik als ‚Kausalgesetze' apostrophiert - offenkundig in der ihnen zukommenden Funktion im bekannten Hempel-Oppenheim-Schema, das (mißverständlich) als Kausalschema interpretiert wird. Dazu E. Ströker, „Warum-Fragen - Schwierigkeiten mit einem Modell für kausale Erklärungen", in *neue hefte für philosophie* 32/33 (1992), S. 105-129.

Soll daraus nun nicht der Eindruck entstehen, daß die Naturwissenschaft, da denn in ihr jener Typus ‚hypothetisch-deduktiver' Erklärungen der herrschende ist, mit Kontingenz gar nicht ernsthaft befaßt sei, so wäre als erstes der methodische Ort auszumachen, an dem auch in diesen Wissenschaften kausale Begründungen fällig werden können. Von ihrem Gelingen oder Mißlingen wird dann abhängen, ob auch in ihnen Kontingentes in Sicht tritt. Dieser Ort ist jedoch nicht dort zu finden, wo die Wissenschaftstheorie ihn vermuten läßt, sondern in Problemkontexten bestimmter Art, auf die sie ihre analytischen Instrumente so gut wie gar nicht gerichtet hat.[3]

Warum erwies sich, um ein allgemein bekanntes und einfaches Beispiel hier aufzugreifen, die Ellipsenbahn des Planeten Jupiter eines Tages gestört und offensichtlich so beschädigt, daß zunächst angenommene Beobachtungsfehler zur Erklärung nicht ausreichten?

Es ist dies eine Art von Fragen, wie sie sich auch in der Wissenschaft als Kausalfragen stellen. Sie gelten jedoch nicht so sehr den Ursachen für einen ‚unerklärlichen' Tatbestand als vielmehr dem Umstand, daß er eintritt. Ihr ‚Warum' meint explizit: Warum hier *anders* als sonst; warum abweichend von anderen Fällen; warum *nicht* so, wie zu erwarten gewesen war? Gründe und Ursachen, die in derartigen Fällen fehlen, werden damit jedoch nicht bloß als nicht bekannte Tatbestände vermißt, als würden mit ihnen lediglich Lücken in einem Wissensbestand freigelegt. Vielmehr bedeuten sie auch für die Wissenschaft - und darin nicht anders als in jedem anderen Erkenntnisbereich - Störungen in einem Horizont des Gewohnten, Gesicherten und Vertrauten, Einbrüche in die Sinnkontinuität eines Verstehenszusammenhangs, die tiefgreifende Umorientierung verlangen.

Einige methodologische Konzepte markieren die spezifisch wissenschaftliche Reaktion auf eine dergestalt prekäre Lage. Von „Anomalien" ist die Rede, gegebenenfalls von „Störfaktoren" - in jenem hintergründigen Doppelsinn, daß auf sie qua reale Gegebenheiten die Zerstörung eines Erklärungszusammenhangs wie auch das eingetretene Begründungsdefizit zurückgeführt werden. Zusatzhypothesen und ad-hoc-Annahmen sollen dann hilfsweise zunächst die Mängel kompensieren. Ihre methodische Traktierung strukturiert im Alltag der Wissenschaftler jene geläufige Situation, in der Hypothesen und Theorien der Prüfung an der Erfahrung, und äußerstenfalls bis hin zum Risiko ihres empirischen Scheiterns, ausgesetzt werden.

Daß eine dergestalt kontingent auftretende Beobachtungstatsache einer Theorie ernsthaft zusetzen kann, dient aber letztlich der Theorie selbst und ihrer empirischen Bewährung. Zwar kommt sie verhältnismäßig selten so

[3] Das hat in der Wissenschaftstheorie zuerst hervorgehoben und an Beispielen präzis demonstriert E. Scheibe, „Ursache und Erklärung", in L. Krüger (Hg.), *Erkenntnisprobleme der Naturwissenschaften*, Köln/Berlin 1970, S. 253-275.

glimpflich, um nicht zu sagen glänzend, davon, wie seinerzeit Newtons Theorie, da sich als Störenfried der Jupiterbahn ein weiterer Planet erwies. Da sich seine zunächst ad hoc und nicht unbestritten aufgestellte Existenzhypothese empirisch bewahrheiten ließ, und dies nicht einfach dank des Umstandes, daß es den bis dahin unbekannten Saturn ‚zufällig' gab, sondern auch dank seiner prognostischen Positionsbestimmung mit den Mitteln der Newtonschen Mechanik selbst, war für deren Bestätigung mit der Entdeckung des Saturns nicht eben wenig gewonnen.[4] In aller Regel muß jedoch, wenn Unerwartetes, Unerklärliches auftritt, eine Theorie korrigiert, verbessert, verändert werden, damit es erklärbar *gemacht* werden kann. Sofern aber darin ein wesentliches Moment des Wissenschaftsfortschritts liegt, ließe sich wohl sagen, daß zum Prozedere der Naturwissenschaft auch gehört, kontingente Phänomene möglichst zu eliminieren und in ‚normale' Gegebenheiten zu transferieren.

Nun mag spätestens hier der Einwand naheliegen, daß das bisher ins Auge gefaßte Kontingente doch das in seinem Begriff Gemeinte nur uneigentlich und höchstens in einem sehr weiten Sinne erfülle, und dies aus zweifachem Grund: Zum einen handle es sich um Vorkommnisse, deren Kontingenz nur relativ zum jeweiligen Stand einer wissenschaftlichen Theorie sei, so daß von ihr nur mit Vorbehalt die Rede sein könne; zum anderen handle es sich dabei nicht um Ereignisse hic et nunc, sondern um Vorgänge, die - wenn auch geläufige Erklärungsmuster durchkreuzend - ihrerseits jedoch in beobachtbarer regelhafter Wiederkehr schon eine eigene Gesetzlichkeit erkennen ließen.

Zum ersten wäre zu sagen, daß der Begriff der Kontingenz, gemessen an seinem landläufigen Verständnis, sich hier sicherlich nur in einem sehr liberalisierten Sinne zeigt. Indessen findet sich, was an jenem an allgemeinen Bestimmungsmomenten wie Unerwartetheit des ‚Eintretens' eines Ereignisses, Unvorhersehbarkeit und fehlende Erklärungsmöglichkeit angetroffen wird, mutatis mutandis auch in den Wissenschaften, und die gelingende Überführung derartiger Phänomene in normale Fälle eines Gesetzes im modifizierten Rahmen einer erklärenden Theorie schließt ihren kontingenten Status für die Dauer ihres ‚unerklärlichen' Gegebenseins nicht aus.

Dagegen spricht auch nicht, daß dergestalt Kontingentes in aller Regel kein zeitlich punktuelles Ereignis, sondern Vorgang von bestimmter Dauer und mit eigenen regelhaften Verlaufseigentümlichkeiten ist. Selbstverständlich sind es nicht diese, die ihn schon zu einem kontingenten Vorgang machen. Vielmehr ist es sein unerwartetes und unverständliches Auftreten angesichts einer bestimmten Konstellation anderer und ebenfalls je für sich regelhaft ablaufender Vorgänge, was zu einer Kontingenzerfahrung führt. Sie beruht also auch hier, wie

[4] Analoges ergab sich später für die gestörte Uranus-Bahn durch den Neptun. Dagegen blieb die Perihelbewegung des Merkurs im Rahmen der klassischen Physik Newtons erklärungsresistent und verschwand als so verstandene Kontingenz erst in der Einsteinschen Theorie.

stets, in einem Zweifach-Vorkommnis, und wesentlich ist es die *Gleichzeitigkeit des Auftretens* (mindestens) zweier je für sich hinreichend erklärbarer Begebenheiten, ihr ‚*Zusammentreffen*', welches seine Unerklärlichkeit bedingt.

Darüber hinaus ist die moderne Physik mit einer Problematik konfrontiert worden, die auch der Kontingenzfrage spezielle Aktualität verliehen hat. Wenn auch zumeist nicht thematisch erörtert, ist sie in den bis heute anhaltenden Diskussionen um die kausale Determiniertheit unserer Welt, welche durch die Ergebnisse der Quantenmechanik fragwürdig geworden zu sein scheint, virulent. Und wieder ist es hier ‚Gleichzeitigkeit', die für Irritation, Nichtverstehen, ‚Unbestimmtheit' im Horizont jahrhundertelang bewährter Erklärungsmodelle gesorgt hat - auf eine beinahe paradox anmutende Weise: Geht es doch nun gerade nicht darum, daß für sich geregelte und einzeln erklärbare Vorkommnisse durch ihr zeitliches Zusammentreffen Kontingenz hervorrufen, sondern daß nachgerade umgekehrt nach der klassischen Naturgesetzlichkeit zusammengehörige Größen so auseinanderfallen, daß sie sich zeitgleich genauer Bestimmung entziehen. Wenn für ein Teilchen eines mechanischen Systems im mikrophysikalischen Bereich Ort und Geschwindigkeit nicht zugleich genau bestimmt sind, sondern bei exakter Berechnung der einen dieser beiden Größen (bzw. Variablen) die andere nur bis auf eine bestimmte Wahrscheinlichkeit gemessen werden kann, dann besagt dies für den *Zustand* eines mikrophysikalischen Systems, daß er nicht mehr im klassisch-physikalischen Sinne determiniert ist. Denn dafür müßten bei vorgegebenen Anfangsbedingungen die seinen Zustand definierenden Variablen für jeden beliebigen Zeitpunkt genau berechenbar sein.

Kann nun im Hinblick auf nicht vollständige Bestimmbarkeit, nicht eindeutige mathematische Entscheidbarkeit und damit fehlende genaue Vorhersagbarkeit ebenfalls von Kontingenz gesprochen werden, so müßte für das genauere Verständnis dieser Art von Kontingenz allerdings der Gegenstandsbezug ihres Begriffs hier näher erläutert werden. Denn es ist eines, den *Zustand* eines solchen Systems meinen und sich auf seine Zustandsbeschreibungen beziehen - ein anderes, die *Gesetzlichkeit* ins Auge fassen, die einen solchen Zustand *erklärt*. Ergeben sich für diesen als ‚kontingent' zu bezeichnende Verhältnisse, so heißt das nichts anderes, als daß für seine Zustandsvariablen gleichzeitig nicht sämtliche distinkte Einzelwerte berechnet, sondern zum Teil nur Wahrscheinlichkeitsverteilungen bestimmt werden können. Doch liegt mit einer derartigen ‚Unbestimmtheit' und lediglich probabilistischen Prognostizierbarkeit für Systemzustände hier keineswegs auch Begründungsdefizit und Erklärungsmangel vor - so wenig, daß jene vielmehr in fundamentalen Gesetzen der Quantenmechanik ihre einsichtigen Gründe haben und ihrerseits hinreichend erklärt werden können.

Wäre aber erklärbar Kontingentes nicht eine contradictio in adiecto? Ein solches Bedenken trüge nicht weit: Liegt doch der Erklärungsgrund hier in der vieldiskutierten Heisenbergschen Unschärferelation. Ihre Bezeichnung gibt bereits zu erkennen, daß sie jenes Kontingente aber deshalb zu erklären vermag, weil sie die ihm eigentümliche Art von Unbestimmtheit selber in bestimmter Weise enthält. Allerdings ist sie, obwohl ein grundlegendes Gesetz der Quantenmechanik, gleichwohl kein Grundgesetz der quantenmechanischen Theorie. Vielmehr wird es aus deren Grundgleichungen ableitbar und somit seinerseits durch diese erklärt. Nimmt man nun hinzu, daß die Grundgesetze der Quantentheorie ‚deterministisch', d.h. vom Typus klassischer Naturgesetze sind,[5] so zeigen sich darin auch im Hinblick auf mikrophysikalische Kontingenz einzigartige Besonderheiten. In nicht ganz unbedenklicher, aber in diesem Zusammenhang wohl zulässiger Vereinfachung läßt sich sagen, daß Kontingentes hier nicht wie sonst ein Unerwartbares, Unerklärliches oder etwas ist, das in einen bestimmten wissenschaftlichen Erkenntnisstand ‚störend' einbricht und darum durch weitere Theorieentwicklung möglichst zu eliminieren wäre. Vielmehr ist es umgekehrt nach den Normen wissenschaftlicher Erklärungsmöglichkeiten *als Kontingentes begründbar.* Es provoziert darum auch gar nicht die Suche nach einer neuen, leistungsfähigeren Theorie in der Erwartung, es eliminierbar machen zu können.[6] Unterschiedlicher Interpretation nach wie vor zwar offen, ist es jedoch als Kontingentes in der angedeuteten speziellen Bedeutung seines Wortgebrauchs auch ‚Faktum' - von jener Besonderheit wiederum, daß an dessen Faktizität nicht Grundlosigkeit weitere Nachfrage aussetzt, sondern daß hier Faktizität als solche in ihrer wissenschaftlichen Schwerbegreiflichkeit auch das wissenschaftstheoretische Fragen nicht zur Ruhe kommen läßt.

---

[5] Das gilt sowohl für ihre Darstellung im Kalkül der sog. Matrizenmechanik als auch für die Grundgleichung der Wellenmechanik. Beide Formalismen sind kompatibel und liefern insoweit eine deterministische Grundgesetzlichkeit der Quantenmechanik. Zu der daraufhin geführten Determinismus-Debatte E. Ströker, „Zur Frage des Determinismus in der Wissenschaftstheorie", in W. Marx (Hg.), *Determinismus-Indeterminismus - Philosophische Aspekte physikalischer Theoriebildung*, Frankfurt a.M. 1990, S. 9-28, sowie die Beiträge von G. Ludwig und H.D. Zeh in diesem Band.

[6] Für das Verständnis der Besonderheiten mikrophysikalischer Kontingenz hat Erhard Scheibe die notwendigen Grundunterscheidungen herausgearbeitet, indem er die für alle mechanischen Systeme wichtige Differenz zwischen ihrer Struktur und ihrem Verhalten weiter präzisierte nach gesetzlichen Strukturaussagen, gesetzlichen Verhaltensaussagen und kontingenten Verhaltensaussagen. (Der mikrophysikalische Typ der letzteren ist spezifisch allerdings nur in einer abstrakten mathematischen Formalsprache darstellbar.) Dazu eingehend E. Scheibe, *Die kontingenten Aussagen in der Physik - Axiomatische Untersuchungen zur Ontologie der klassischen Physik und der Quantentheorie,* Frankfurt a.M. 1964.

Joachim Küpper

KLASSISCHE EPISTEME UND KONTINGENZ

Jahwe, Allah, Deus, die allesamt tautologischen Namen, mit denen die monotheistischen Systeme ihren Gott bezeichnen, verdecken, daß diese Systeme ‚Kulturen der Kontingenzbewältigung' (H. Lübbe) allererst insofern sind, als diejenige Instanz, deren Handeln sie in ihren Kulten teils zu beeinflussen, teils praeterrational anzunehmen suchen, keine andere ist als eine Allegorie dessen, was philosophisch Kontingenz heißt. Das älteste dieser drei Systeme mag mit seinem Status als Gesetzesreligion diesen Zusammenhang noch verdecken, aber auch schon das Handeln des Gottes Israel ist so sehr von Irreduktibilität gekennzeichnet, daß mit Blick auf die Thora als Ganzes kein anderes Fazit bleibt als das spätere Augustinische ‚quia vult'[1]. Das historisch jüngste der drei Systeme sagt explizit, daß Leben Fatum sei und nennt die Instanz, die das Schicksal der einzelnen souverän und ohne Konkurrenz mit anderen Instanzen, eben monotheistisch, festlegt, Allah. Das historisch gesehen mittlere zeichnet sich vor den zwei anderen dadurch aus, daß es ein System beständiger Selbsttransformation ist, das teils im Vorgriff, teils in Form des aggiornamento an dem Transformationsprozess der westlichen Kultur, der ‚Modernisierung', teilhat und auf diese Weise das Erkennen des benannten Zusammenhangs am meisten erschwert. Unabhängig von den insofern gebotenen Differenzierungen dürfte deutlich sein, daß der christliche Monotheismus mit der gratuitas ein Prinzip in den Mittelpunkt stellt, das von der Frivolität mundaner Beliebigkeit und damit den Eigenschaften der pagan-antiken Fortuna nur dadurch getrennt ist, daß einem deus omnipotens menschliche Kategorien dieser Art inkommensurabel sind. Was die ältere der zwei Varianten des christlichen Monotheismus in der Verkündigung durch das Versprechen eines der Beliebigkeit entbundenen Jenseits zu kompensieren sucht, eskamotiert die jüngere institutionalisierte Variante ganz und gar: Keinen Unterschied gibt es zwischen Diesseits und Jenseits, alle menschlich erfahrbare Realität und Transrealität wird von dem einen und ausschließlichen, auf immer unergründlichen und insofern nur demütig zu akzeptierenden Prinzip, der Trennung nach electi und damnati, reguliert, so daß, was dem einzelnen diesseitig und jenseitig zufällt, aus menschlicher Sicht schwerlich anders denn als kontingent zu bezeichnen ist.

---

[1] Man vergleiche bereits *Gen* 4, 4f. („[...] et respexit Deus ad Abel [...] Ad Cain vero [...] non respexit.").

Akzeptiert man zunächst die These, daß Monotheismus heißt, Kontingenz zur Gottesfigur zu stilisieren bzw. einen Gott zu definieren, der umgreift, was non-religiös ‚Kontingenz' heißt, impliziert dies zweierlei: Zum ersten wird es abwegig, aus der Instanz des Diesseits heraus Einfluß nehmen zu wollen auf das Kontingente (genauer, auf das, was als kontingent *begriffen* wird)[2]. Zum zweiten: Da sich dieser Gott als einziger, nicht bezogener Gott demjenigen Prinzip entzieht, unter dessen Diktat sich alles menschliche Reflektieren vollzieht, dem Gesetz der Opposition, ist sein Wollen und Handeln nicht symbolisierbar. Es kann als vergangenes Faktisches narrativ modelliert und dann auch interpretiert werden, aber es ist nicht beeinflußbar und nicht antizipierbar.

Aus diesen zwei Prämissen resultiert ein Diskurssystem, das maximale Transparenz und strikte Begrenztheit vereint. Es kann die symbolisierende Dimension des sprachlichen Zeichens ganz und gar der (menschlich-)rationalen Opportunität, der ‚Arbitrarität', unterstellen, muß aber gleichzeitig den unüberbrückbaren Hiat zwischen symbolisierter und wahrer Welt, theologisch: die Entzogenheit des liberum arbitrium, zeichentheoretisch: die limitierte Pertinenz, letztlich gar, die Unerheblichkeit der Zeichen figurieren. Entstanden ist dieses Diskurssystem, die klassische Episteme, in einer Zeit, in der nach den Kontroversen, die das große Schisma begleiten, die Implikate des christlichen Gottesbegriffs in einer bis dahin nicht gekannten Prägnanz bloßlagen, in der andererseits die Enge einer strikt monotheistisch reflektierten Welt noch nicht als so bedrängend wahrgenommen wurde, daß man bereits an modalisierende Flexibilisierungen der einen Gottesinstanz hätte denken mögen. - Das champ d'émergence, in dem sich das klassische System in seiner reinsten Form kristallisiert, ist die Tragödie.

Wie ihr zeitgenössisches Pendant in Form der Komödie ist die Tragödie zunächst immer ein Schema maximaler, fast schon banaler Transparenz, das sich widerspruchsfrei den anthropologischen Maximen und Einsichten des antiken und des höfischen Rationalismus fügt. Für das Groteske, das Skurrile, das Unheimliche, kurz, dasjenige, was sich einer generalisierenden Schematisierung nach dem Prinzip der Logik der Opposition entzieht, bleibt hier kein Raum. Dies gilt taxonomisch und dynamisch. Taxonomisch: Semantische Merkmale von Figuren sind stabil, sie evoluieren nicht und sind auch nicht ambivalent. Wer treu ist, ist ‚wirklich' treu und bleibt treu, wer mutig, mutig, wer schwächlich, schwächlich, bezogen auf die Welt des jeweiligen Stücks, die allerdings immer zu verstehen ist als ‚Welt in ihrer Gesamtheit' (Ju. M. Lotman). Bündelungen von Merkmalen gehorchen dem Prinzip der Entsprechung (und nicht, um die historischen Dimensionen auf den Nenner zu bringen, dem Prinzip einer paradoxalen ‚harmonie des contraires'): Physischer Verfall (Alter)

---

[2] In dieser Präzisierung liegt ein Moment begriffen, das unten entfaltet wird: Der klassische Diskurs ist nicht kapitulatorisch, aber er ist statisch.

ist immer auch tendenziell moralischer Verfall, Jugend steht tendenziell für Tugendhaftigkeit. Die naturhaft gegebenen Taxonomien (im wesentlichen männlich und weiblich) werden je für sich taxonomisch reinterpretiert (die Tugendhafte/die Verworfene; der Pflichtbewußte/der Pflichtvergessene), mehr an Varianten menschlichen Seins gibt die klassische Episteme nicht. Dynamisch: Die soziale Ordnung wiederholt die naturhafte Ordnung (jung gesellt sich zu jung; Transgressionsversuche scheitern, komisch oder tragisch). Die Ordnung des Begehrens bleibt immer im Unrecht, wenn sie mit der moralischen Ordnung konfligiert.

Was die Basisschemata der klassischen Tragödie von späteren Produkten der Trivialliteratur trennt, ist neben dem allerdings erheblichen, im Anschluß zu entwickelnden Aspekt zunächst nur jenes Moment der limitierten Pertinenz der klassischen Zeichen,[3] das sich stilistisch als ‚klassische Dämpfung' manifestiert und das nichts anderes bedeutet, als daß die Grenzen des Sagens, die dem klassischen Diskurs gezogen sind, mit demjenigen zusamenfallen, was mit dem zeitgenössisch zu verstehenden Prinzip Rationalität gemeint ist: pars sensitiva (der später von Diderot eingeklagte Aspekt) und erst recht pars vegetativa (das, was M. Bachtin dann karnevaleske Inszenierung von Körperlichkeit nennt) bleiben ausgeklammert. Begrenzung erzwingt Komplexität, bis hin zu ‚manieristischer' Abgründigkeit (Sekundär-, ja, Tertiär-Codierung) der einzelnen Zeichen, die aber deshalb keine Tiefendimensionalität ist, weil es nicht unergründliche Tiefe ist (Kontingenz), auf die hier verwiesen würde, sondern die transtextuell kodifizierte elementare Matrix von Handlungsimpulsen selbst, die der klassische Diskurs kennt. Der klassische Diskurs und auch die einzelnen klassischen Zeichen sind nicht allusiv, suggestiv oder gar beunruhigend, sie sind gerade dort, wo sie nicht sagen, was sie meinen, von maximaler Transparenz, dies wiederum auch und nicht zuletzt aufgrund der zeichentheoretischen Prämisse: Die klassische Zeichentheorie leugnet nicht das erste Kapitel der *Genesis*, die durch göttliche Benennung gestiftete Identität von Signifikanten und Signifikaten. Sie blendet diejenige Dimension des Zeichens, die kontingent ist, von einem Monotheos gestiftet und sodann durch Kontingenz (Geschichtlichkeit) verändert, völlig aus, jedoch nicht im Sinne von Ignoranz, sondern eines Akts der Abscheidung. Der Gedanke, Gewordensein teleologisch auf eine Rationalität reduzieren und durch historische Bemühung zur ‚ursprünglichen' Einheit

[3] In der Komödie ist die Limitiertheit des klassischen Diskurses figuriert in der Komödien-Form selbst: Die Komödie hat als Gattung keinen mimetischen Anspruch. Sie löst potentiell ernste Konflikte so, wie die menschliche Rationalität sie in einer Welt, die ihr voll und ganz gehorchte, gerne gelöst sähe. Weil sie nicht die reale, sondern die ‚gewünschte' Welt modelliert, kann sie auch jene oben im Anschluß umrissenen Aspekte versprachlichen, die die Tragödie ausklammern muß. Die Komödie wird in allen Epochen schwächer von der epistemischen Basisstruktur des Diskurses reguliert als die im engeren Sinne weltmodellierenden Genres (Epos, Tragödie, Roman).

der zwei Seiten des Zeichens zurückfinden zu können, ist hier noch fremd. Der Zeichenkörper wird rein funktional konzeptualisiert. Weitergehendes liegt jenseits der Grenze des Terrains, das der klassische Diskurs auszuleuchten in Anspruch nimmt. Kontingenz des Verstehens, die sich immer an die polymorphen Verweisdimensionen der Signifikanten anlagert, bleibt damit ausgeblendet. Der klassische Diskurs (in seiner Zeit) braucht keine Hermeneutik.

Das entscheidende Moment der klassisch modellierten Welt ist aber dies: Es ist *nicht* das der transparenten Logik Zugängliche, was das Wesen dieser Welt ausmacht, sondern das der Logik nicht Zugängliche, das Zugefallene (Kontingente), und sein hervorragender Stellenwert gründet vor allem darauf, daß es in seinem Sein als Kontingentes Bestand hat, daß es im Unterschied zu anderen, früheren und späteren Epistemai als ein jeder logischen, historischen oder metaphysischen Reduktion Entzogenes begriffen wird.[4] ‚Helle' und ‚Düsternis' des klassischen Weltmodells sind unmittelbar aufeinander bezogen, jedoch es überwiegt Düsternis. Die Transparenz ist immanent maximal, bezogen auf die Welt aber sektoral und dieser Sektor ist seinerseits wie mit einem Zirkel delimitiert. Warum verfällt Phèdre der Leidenschaft, warum Tartuffe dem Begehren, warum wird Mme de Clèves Objekt des Begehrens eines dritten? Der in *Phèdre* zitierte pagane Mythos hat aus Sicht des Jansenisten Racine und seiner Zeit keine motivierende, sondern die Funktion, auf die Irreduktibilität, das Nicht-Sagen-Können der Gründe dieses Begehrens zu verweisen. Phèdres Leidenschaft ist ein rein Zugefallenes, ein Kontingentes, ein ihrem arbitrium Entzogenes. Und es ist die Perspektive einer späteren Episteme, motivierende ‚Ordnung' in den Konflikt des *Tartuffe* oder der *Princesse de Clèves* hineinzubringen. Die Umstände motivieren hier deshalb nichts, weil sie nicht als änderungsfähige inszeniert sind. Molière verschwendet keinen Gedanken, kein Wort an die Propagierung der Kleriker-Ehe,[5] Mme de Lafayette dürfte eine andere als die höfische Gesellschaft (die Intimität der bürgerlichen Kleinfamilie gar) undenkbar, und zwar im wörtlichen Sinn, gewesen sein.

Seine faszinierendste Form gewinnt der klassische Diskurs in den Geständnisszenen, deren semiotische Parallelität, jenseits aller regelpoetisch kodifizierten Gattungsgrenzen, nochmals die fundamentale Einheit und auch Einheitlichkeit der Episteme verdeutlicht: im aveu der Phèdre, im aveu der Mme de

[4] Am deutlichsten wird dieser Zusammenhang in Ansehung eines auf den ersten Blick eminent hermeneutischen Strangs des klassischen Diskurses, der Moralistik. Entweder sind die moralistisch gedeuteten Zeichen ganz klar (d.h. sekundär- bzw. tertiär-codiert im oben beschriebenen Sinne) oder aber die Signifikate sind absolut entzogen. Thematisieren läßt sich dann nur noch das Faktum absoluter Entzogenheit. Rhetorik, nicht Hermeneutik ist die Essenz der Moralistik.

[5] Es ist bekannt, daß der Autor aus Gründen, die aus heutiger Sicht als opportunistisch zu bezeichnen wohlfeil wäre, für die definitive Fassung den sozialen Status der Titelfigur in eine Zone der Unschärfe gerückt hat.

Clèves und im aveu des Tartuffe. In allen drei Texten hat das Geständnis das Profil des Geständnisses gegenüber Gott, so, wie es die christliche Religion versteht. Trotz aller oberflächlichen Gemeinsamkeiten ist diese Form des Geständnisses vom straf- bzw. prozessrechtlichen wesentlich geschieden. Es ist nicht abverlangtes, sondern aus freien Stücken erbrachtes Geständnis, es ist dann allerdings auch nicht Präludium einer bereits feststehenden Bestrafung, sondern Versuch, die Bestrafung abzuwehren, zumindest zu mildern. Es ist ein Versuch, mit der Kontingenz zu handeln, Versuch, ein unwillentlich zugefallenes Vergangenes so in Zukünftiges zu transformieren, daß sich dem Willen Entzogenes und Gewolltes doch noch zu einer, und sei es einer prekären Einheit fügen.[6] In allen drei Fällen mißlingt, was mit dem aveu intendiert ist. Unabänderlich bleibt das dem Willen Entzogene das Entscheidende. Alle Versuche, die Pertinenz der Zeichen durch das Versprachlichen dessen, was nicht gesagt werden kann und darf, auszudehnen, sind dem Scheitern preisgegeben. Am härtesten ist dabei das Verdikt, das die klassische Ordnung des Diskurses anhand der Mme de Clèves spricht. Können noch die Geständnisse des Heuchlers und der Phèdre als psychologisch legitime, moralisch aber problematische und insofern in ihrem Scheitern akzeptable, ja, notwendig scheiternde Versuche gesehen werden, ein Zugefallenes eigenmächtig und im eigenen Sinne zu bewältigen, so gewinnt der aveu der Mme de Clèves und sein todbringendes, tragisches Resultat sein Profil daraus, daß hier der Versuch unternommen wird, ein Zugefallenes nicht jenseits der Grenzen der Moral, sondern im Interesse der Moral zu bewältigen. Das Fehlverhalten (tragödienpoetisch: hamartía) ist der Versuch der Kontingenzbewältigung selbst.

Die Kontingenz ist der Gott der klassischen Episteme, der als eifersüchtiger Gott keine anderen Instanzen neben sich duldet. Die Ratio und die Sprache sind kein System der Kontrolle, gar der ‚Überlistung' der Kontingenz, sie dürfen das, was die Kontingenz gegeben hat, ordnen: logisch, empirisch, philosophisch und nicht zuletzt ästhetisch. Insofern erlangen sie Autonomie im Verhältnis zum Dogma. Aber sie dürfen nichts ändern. Der klassische Diskurs ist statisch. Er ist die Episteme des Atemholens nach einer Zeit großer Erschütterung (oder auch, möglicherweise, rasanter Dynamik). Aber er ist unvermeidlich eine Phase von kurzer Dauer. Denn er leistet keinen Beitrag zu dem Versuch, jenen einen Gott, den unsere Kultur, bis auf den heutigen Tag, kennt und der sich im Konzept Kontingenz kristallisiert, so zu traktieren, wie es im para-

[6] Das oben Gesagte bezieht sich auf die römische Form des Prozesses. Der aus europäischer Sicht zuweilen skurrile US-amerikanische Prozeß ist diskurshistorisch ein Stück in die juristische Praxis übersetzter protestantischer (augustinischer) Theologie. Die im ‚freiwilligen' Geständnis erbrachte ‚Einsicht' in die eigene Schuld wiegt moralisch schwerer als das (servo arbitrio) perpetrierte Verbrechen selbst. Die gleichwohl aus Gründen der Bewahrung des sozialen Friedens zu vollziehende Bestrafung ist sodann einzig eine Frage der gesellschaftlichen Opportunitäten. Deshalb kann sie auch für das gleiche Vergehen variieren von Freispruch bis hin zu Strang.

diesischen Gründungsmythos dieses Monotheismus festgeschrieben ist: keinen Beitrag dazu, diesem Gott durch die Aneignung der Zeichen[7] einen Teil seiner Macht zu entziehen.

Klassisch im zweiten Sinne (Transhistorizität) ist diese Episteme, weil sie in ihrer epistemischen Grundstruktur selbst, der strikten Delimitierung von sagbarem Gegebenen und gegebenem Nicht-Sagbarem, die Erinnerung an jene im Verlauf variable, im Prinzip unaufhebbare Grenze zwischen ‚Machbarem' und ‚Kontingentem' aufbewahrt, klassisch im dritten Sinne schließlich (Normativität), weil sie philosophisch und ästhetisch eine Möglichkeit der Bewältigung dieses Grenzbewußtseins präsent hält, welches nicht nur Bewußtsein, sondern conditio ist. - Möglicherweise heißen die prä- und post-klassischen Klassiken auch deshalb ‚klassisch', weil ihnen gemein ist, Gestaltungen dieses Grenzbewußtseins zu sein, nicht aber Versuche, die Grenze zu repositionieren, zu subvertieren, zu negieren.

[7] Es ist im Zuge einer symbolischen Exegese der Gründungsurkunden des Judäo-Christianismus üblich geworden, die Tat der Eva als Bruch eines Tabus und damit als Allegorie von Fluch und Segen der Emanzipation aus Unmündigkeit schlechthin zu begreifen. Eine solche symbolische Exegese bleibt relativ global und trägt der Prägnanz des biblischen Berichts oft nicht in der Weise Rechnung, die einer der dichtesten Texte unserer Überlieferung verdient. Der Baum, von dem Eva nimmt, heißt ‚Baum der Erkenntnis', weil derjenige, der dessen Früchte verspeist, ‚sehend' wird. Das Sehend-Werden, das sich im Moment des Essens des Apfels einstellt, ist ohne Zweifel als ein sekundäres Vermögen aufzufassen. Bereits vor dem Sündenfall verfügten die Stammeltern über die Signifikanten (*Gen* 2, 19). Nach dem Fall verfügen sie dann auch über die Signifikate (über die Opposition, allererst die basale von ‚gut' und ‚böse'; s. *Gen* 2, 9). Erst dies ermöglicht ‚Bewußtsein' (*Gen* 2, 25 sowie 3, 7 und 11) und dies wiederum willentliche Einflußnahme auf die Welt, einschließlich der eigenen Person (Reflexivität). - Der zweite verbotene Paradiesbaum, der des Lebens, wäre in unserer Exegese der der Referenz. Bevor noch die Stammeltern den Gedanken fassen können, auch davon zu essen, sehen sie sich aus dem Paradies vertrieben. So bleibt ihren Nachfahren auf immer ‚Erkenntnis', aber nicht ‚Leben': modellhafte Konstruktion und partielle Einwirkung, nicht aber Verfügung über die Wirklichkeit ([ewiges] Leben als Aufhebung aller Kontingenz und Suspendierung aller semantischen Oppositionen, Ende der Notwendigkeit von Symbolisierung; s. Borges, *El inmortal*).

Alfred Gierer

Zufall und naturgesetzliche Notwendigkeit[1]

I. Physikalische Grenzen der Prognose

Naturwissenschaftler galten lange Zeit als Vertreter deterministisch-mechanistischer Weltbilder, innerhalb deren nichts prinzipiell Unberechenbares geschieht und das Wissen über die Zukunft nur von unseren Anstrengungen abhängt. Die Quantenphysik widerlegte diese Auffassung, und der intellektuelle Schick der Chaos-Theorie hat in den achtziger Jahren - mehr noch als die Quantentheorie der zwanziger Jahre - die mathematisch-physikalische Begründung „echten" Zufalls popularisiert.

In diesem Artikel geht es um naturwissenschaftliche, insbesondere biologische Gesichtspunkte zum Kontingenz-Problem. Was ich erklären möchte, könnte auch ohne den Begriff „Kontingenz" gesagt werden. Ich werde dieses Wort in Zusammenhang mit dem Symposion - vielleicht etwas naiv, sicher aber aufgeschlossen für alle Klarstellungen, die in anderen Beiträgen enthalten sind als Bezeichnung für „echten" Zufall benutzen: Gemeint ist Zufall, der seinen Zufallscharakter - nach menschlichem Ermessen - nicht durch weitere Anstrengungen des Denkens und Erklärens einbüßen wird.

Die Naturwissenschaft verbindet Vorgänge und Eigenschaften der Natur mit allgemeinen physikalischen Grundgesetzen, die Gültigkeit für alle Ereignisse in Raum und Zeit beanspruchen. Die Grundgesetze, die wir derzeit kennen, sind in bezug auf Vorgänge bei sehr großen Energien und in sehr großen kosmischen Zeiten und Räumen nicht vollständig; sie erscheinen aber doch für den Energiebereich als abgeschlossen, der für Chemie und Biologie interessant ist. Die moderne, die sogenannte Quantenphysik ist nicht mehr - wie die Mechanik Newton's - unmittelbar eine Theorie einer Realität, in der Partikel im Sinne unserer Anschauung jeweils definierte Orte einnehmen, sondern eine Theorie des möglichen Wissens von der Realität - und dieses Wissen ist aus physikalisch einsichtigen Gründen prinzipiell begrenzt: Es ist unmöglich, zu-

[1] Literaturangaben zu diesem weiten Grenzgebiet zwischen Naturwissenschaft und Philosophie müßten entweder sehr umfangreich oder ziemlich willkürlich ausfallen. Ich bitte um Nachsicht, wenn ich hierauf verzichte. Auf zwei Bücher des Autors (A. Gierer, *Die Physik, das Leben und die Seele*, München 1985; *Die gedachte Natur. Ursprung, Geschichte, Sinn und Grenzen der Naturwissenschaft*, München 1991) sei verwiesen, in denen bestimmte Aspekte des Themas ausführlicher dargestellt und dabei - in der Regel wiederum zusammenfassende - Literatur angegeben wird.

gleich Orte und Geschwindigkeiten von Partikeln mit beliebiger Genauigkeit zu messen, also gerade die Parameter zu bestimmen, die für eine genaue Berechnung der Zukunft eigentlich bekannt sein müßten. Die Quantenphysik baut nun diese Begrenzung von vorneherein in die Theorie ein; sie erlaubt, aus Daten über den Zustand der Gegenwart *Wahrscheinlichkeiten* für zukünftige Zustände zu berechnen. Ein gewisses Maß an *Unbestimmtheit* ist dabei selbst Naturgesetz.

Abstraktion ist der Preis dafür, den Bereich der Atome und Moleküle - und damit auch die „molekulare Biologie" - in den Rahmen der physikalisch begründeten Naturwissenschaften einzubeziehen. Der Verzicht auf die raumzeitliche Anschauung einer Mechanik der Bewegung raumerfüllender Körper, die sich zu jeder Zeit an genau definierten Orten befinden, betrifft mit der naturgesetzlichen Unbestimmtheit nicht zuletzt das Verständnis von Zufall und Kontingenz. Im Kontext der Naturwissenchaften geht es um die Frage: Welche Vorgänge und Zustände sind berechenbar (und mit welcher Genauigkeit) beziehungsweise entscheidbar (wenn es sich um diskrete Alternativen handelt), vorausgesetzt, wir kennen alle Naturgesetze, die dem menschlichen Geist zugänglich sind, verfügen über alle mathematischen Methoden, und kennen die Anfangs- und Randbedingungen mit der größten Genauigkeit, die physikalisch möglich ist. In das Gedankenexperiment, das der Definition naturgesetzlicher Bestimmtheit zugrundeliegt, gehört nach meiner Auffassung darüber hinaus eine weitere Bedingung: Die Berechnung muß innerkosmisch möglich sein. Da die Welt endlich ist, sind nach der Quantenphysik auch nur eine endliche Zahl von Operationen möglich; selbst ein Computer, der so groß wäre wie der Kosmos und so lange bestünde, wie die Welt besteht, könnte nur eine endliche Zahl von Operationen durchführen, und eine (unrealistisch hohe) Obergrenze läßt sich abschätzen: 10^{120}, eine Eins mit 120 Nullen. Der entsprechende Ansatz eines erkenntnistheoretischen Finitismus impliziert: Was nur für einen superkosmischen Computer bestimmt wäre, ist unbestimmt.

Zufall beziehungsweise Kontingenz umschreibt nun schlicht das, was im eben beschriebenen Gedankenexperiment nicht berechenbar beziehungsweise entscheidbar ist. Wissenschaftsphilosophisch von großer Bedeutung ist die Erkenntnis, daß man die in der Quantenphysik begründete Wahrscheinlichkeitsverteilung nicht als statistische Mittelung über viele Einzelereignisse ansehen kann, die jedes für sich den anschaulichen Vorstellungen der klassischen Mechanik entsprechen. Fliegen Elektronen durch eine Wand mit zwei Löchern, so führt es zu Widersprüchen mit der Erfahrung, wenn man voraussetzt, daß jedes Elektron, das überhaupt die Wand passiert hat, *entweder* durch das eine *oder* durch das andere Loch geflogen ist. Die einzige Möglichkeit, festzulegen, daß das Elektron durch ein bestimmtes Loch fliegt, besteht darin, das andere Loch zuzumachen. Unter den Interpretationsversuchen erscheint mir die sogenannte Kopenhagener, auf Bohr und Heisenberg zurückgehende Deutung als die erkenntnistheoretisch stimmigste: Die Unbestimmtheit der Quantenphysik wird als letzte Antwort der Natur angesehen; hinter der Unbestimmtheit steht nicht eine Statistik von „in Wirklichkeit" determinierten Prozessen. Damit verliert aber auch das Wort Zufall seine anschauliche Bedeutung, da ja nichts auf irgendetwas anderes zufällt - gemeint sind „nur" Unberechenbarkeit und Unbestimmtheit. Beim Kontrastwort „Notwendigkeit" haben wir uns übrigens schon lange von der ursprünglichen Bedeutung des Wortes abgelöst, denn Wendung wirklicher Not ist in der Regel nicht gemeint.

Wie wirkt sich die Quantenunbestimmtheit bei Naturerscheinungen aus - was ist physikalisch berechenbar und was nicht? Zunächst ein positiver Aspekt: Im Rahmen der Quantenphysik gibt es eine Komplementarität nicht nur von Ort und Geschwindigkeit, sondern, nach den Prinzipien der Relativitätstheorie, auch von Energie und Zeit. Daraus folgt: Langlebigkeit eines Zustandes garantiert Genauigkeit der Zustandsbestimmung. Deshalb sind die relativ stabilen Zustände der Materie, wie Atome und chemische Verbindungen, Gase, Flüssigkeiten, Kristalle, Sterne und Galaxien - sie umfassen all das, was es im umgangssprachlichen Sinne des Wortes „gibt" - genau berechenbar, *sehr* genau. Anders sieht es für Berechnungen dynamischer Entwicklungen in der Zeit aus. Zwar mittelt sich in den meisten Fällen die Unbestimmtheit bei Vorgängen im Bereich des Sichtbaren, die Gegenstände aus unzähligen Atomen betreffen, statistisch heraus; das Verhalten entspricht dann immer noch den anschaulichen Vorstellungen der klassischen Mechanik. Es gibt aber auch Fälle, in denen *einzelne* Ereignisse an Atomen und Molekülen zu großen Wirkungen verstärkt werden, und dann ist die Zukunft in wesentlichen Aspekten unberechenbar. Dies gilt zum Beispiel für die langfristige Wettervorhersage, da bei der Wetterentwicklung Keimbildungen in kleinsten Bereichen der Atmosphäre schließlich Auswirkungen im Großen haben; und es gilt für die Zeugung höherer Lebewesen, bei der Chromosomen beider Eltern zufällig kombinieren und rekombinieren. Diese Zufallskombinationen von Molekülen der Erbsubstanz sind einzelne molekulare Ereignisse, die der Quantenunbestimmtheit unterliegen. Es folgt, daß künftige Lebewesen hinsichtlich wesentlicher Eigenschaften nicht vollständig vorausberechenbar sind; die Zukunft ist wirklich offen. Welche Prozesse - Beispiel Sonnenfinsternisse - nun gut berechenbar sind, welche anderen - Beispiel langfristige Wetterentwicklung - nicht, ist Gegenstand eines ganzen Zweiges mathematischer Physik, der Chaostheorie, geworden: Manche Prozesse sind ausgezeichnet, andere überhaupt nicht prognostizierbar. Letztere können als „echt" zufällig angesehen werden, da die Unbestimmtheit letztlich in der naturgesetzlichen Quantenunbestimmtheit verankert ist. Ich sollte aber darauf hinweisen, daß manche Denkschulen „echten" Zufall auch schon innerhalb der „klassischen" Mechanik für gegeben halten.

Von geschichtsphilosophischem Interesse ist ein Aspekt der Quantenunbestimmtheit, der selten zur Sprache kommt: Grenzen der Berechenbarkeit gelten für beide Zeitrichtungen, auch für die der Vergangenheit. Wir kennen aus der menschlichen Geschichte und Vorgeschichte schriftliche Überlieferungen, steinerne Zeugen, Knochenfunde, dauerhafte Kunstwerke; aber weder die Gehirnvorgänge, noch die Gedanken und Gefühle der handelnden Personen sind aus Daten der Gegenwart zu erschließen. Die in den Wind gesprochenen Worte bedeutender Persönlichkeiten der Vergangenheit sind prinzipiell unbestimmbar. Sie sind, akzeptieren wir den (vernünftigen) Standpunkt der Kopenhagener Deutung der Quantenphysik, in keiner noch so verborgenen Form im gegenwärtigen physikalischen Zustand der Welt enthalten; nicht einmal in den atomaren Konfigurationen von Erde, Luft und Wasser. Die Frage nach ihnen ist erkenntnistheoretisch sinnlos; die entsprechende Information ist aus der gegenwärtigen Welt wirklich verschwunden.

So weit Kontingenz, die sich durch Quantentheorie, Chaostheorie oder beides begründen läßt: Manches ist naturgesetzlich bestimmt und anderes nicht, und wir verstehen in vielen Fällen ganz gut, was unbestimmt ist und warum. Neben solcher physikalisch-mathematisch einsichtiger Kontingenz gibt es aber auch schwer durchschaubare oder undurchschaubare Grenzen der Bestimmbarkeit. Ich möchte dies an den Fragekomplexen „Evolution und andere Lebensprozesse“ und „Gehirn-Geist-Beziehung“ erläutern.

II. Was an Lebensvorgängen ist zufällig? Leicht und schwer entscheidbare Fragen

Die belebte Natur unterscheidet sich, selbst in ihren einfachsten Formen, von der unbelebten durch drei Merkmale: Selbstreproduktion, Mutation und Stoffwechsel; in effizienter Weise realisiert, führten diese Systemeigenschaften in die Eigendynamik der Evolution und erklären so den Struktur- und Funktionsreichtum der belebten Natur. Wie hat es angefangen? Vermutlich damit, daß in Tümpeln und Teichen der präbiotischen Welt Kettenmoleküle von Nukleinsäuren spontan gebildet wurden, die durch eine Art Abdruckverfahren im molekularen Bereich kopiert werden können; rein zufällig sind dabei gelegentlich auch solche Folgen von Bausteinen entstanden, die durch bestimmte Rückfaltungen katalytische Wirkungen ausübten, und zwar katalytische Wirkung zugunsten der eigenen Vermehrung. Diese autokatalytisch wirksamen Bausteinfolgen konnten sich bevorzugt vermehren, und sich in den Gewässern anreichern. Von da an konnten Veränderungen und Kombinationen solcher Moleküle immer weitere, für die jeweils eigene Vermehrung günstige Merkmale entwickeln: Evolution fand statt.

Kurze Kettenmoleküle haben keine derartige katalytische Wirkungen. Wie groß müßte ein Kettenmolekül sein, um durch effiziente Katalyse in die Eigendynamik der Evolution zu führen? Dreißig Bausteine - in diesem Größenbereich findet sich jede Sequenz in jeder kleineren Ansammlung von Nukleinsäuren; was aber, wenn recht spezifische Sequenzen von mehreren hundert Bausteinen erforderlich wären? Man kann leicht ausrechnen, daß es sehr unwahrscheinlich ist, daß eine bestimmte Sequenz dieser Länge auch nur ein einziges Mal im ganzen Kosmos rein zufällig auftritt. Berücksichtigt man, daß vielleicht verschiedene Kettenmoleküle derselben Länge zum „Start ins Leben" taugen könnten, so wird die Bestimmung von Wahrscheinlichkeiten für diesen Vorgang weiter erschwert. Schon der Ursprung des Lebens als kontingenter Vorgang? Wir wissen es nicht; und noch weniger wissen wir, ob unser Kosmos nur einer unter vielen ist, die existieren, wobei wir von den anderen nichts wissen und nichts wissen können; ob er der einzige ist, der existiert; ob er aus irgendwelchen physikalisch-mathematischen Gründen, die noch zu entdecken sind, überhaupt der einzig mögliche ist -, unnötig zu betonen, daß hiermit auch alte Fragen der spekulativen Philosophie angesprochen sind. Praktisch entscheidbar sind sie nicht. Man kann aber durchaus die erkenntnistheoretischen Implikationen der verschiedenen Hypothesen diskutieren. Nimmt man viele Welten an und läßt dafür beliebig große Anzahlen zu, so wird es jenseits einer angenommenen Riesenzahl wahrscheinlich, daß es eine oder mehrere Welten mit Leben gibt. Mir scheint aber, eine Viele-Welten-Hypothese ist erkenntnistheoretisch nicht befriedigender als andere, prinzipiell unentscheidbare Postulate - wie etwa die Behauptung eines Weltäthers, oder der Existenz „wirklicher" Positionen von Atomkernen und Elektronen in einem Atom, oder einer absoluten Zeit. All solche Rekurse auf prinzipiell und nicht nur praktisch unentscheidbare Annahmen über die Realität haben in der Physik nur zu unsinnigen oder falschen Schlüssen geführt, und die wirklichkeitsgerechten Theorien - Relativitäts- und Quantentheorie - haben auf solche Rekurse verzichtet.

Ein Gegenkonzept gegen die Viele-Welt-Thesen zur Entstehung und Entwicklung des Lebens ist eine Art Meta-Naturgesetz als „anthropisches Prinzip" in folgender Form: Die Welt ist naturgesetzlich so eingerichtet, die Strukturen und die Konstanten physikalischer Grundgesetze sowie Randbedingungen der kosmologischen Entwicklung sind so beschaffen, daß in ihr Leben, und zwar Leben mit Geist, möglich ist. Manche mögen diese Version eines „anthropischen Prinzips" - anderen ist es zu teleologisch.

Ich selbst finde eine solche Weltdeutung ziemlich gut; sie mag schlechter sein als eine Deduktion aus kausalen Gesetzmäßigkeiten, erscheint aber jedenfalls besser als die Annahme prinzipiell unbeobachtbarer Welten. Wenn man diese Deutung annimmt, so erscheint die Existenz von Leben überhaupt, und von Leben mit Geist nicht als Zufall, sondern als Folge der kosmischen Ordnung.

Auch innerhalb der Sequenz der Ereignisse im Laufe der Evolution sind die Rollen geschichtlicher Einmaligkeiten und naturgesetzlicher Notwendigkeiten schwer bestimmbar. Ist eine Organfunktion mehrfach „erfunden", so wird man ihre Entwicklung als naturgesetzlich wahrscheinlich ansehen; aber auch das Einmalige kann mit Wahrscheinlichkeit eingetreten sein, wenn es sich nämlich schon bei erstmaligem Auftreten in der Evolution in sehr weiten Bereichen des Lebens durchgesetzt hat und Vorstufe für die weiteren Entwicklungen wurde, so daß Zweit- und Dritterfindungen keine Spuren mehr hinterlassen konnten.

Schließlich aber kann auch Zufall in der puristischen Bedeutung des Begriffes - nämlich das historisch einmalige Zusammentreffen von logisch völlig unzusammenhängenden Ereignissen - eine wesentliche Rolle in der Evolution gespielt haben. Nach einer plausiblen neueren Theorie schlugen zur Zeit der Riesensaurier - vor sechzig Millionen Jahren - große Meteoriten aus dem All auf die Erde. Das war Zufall im Wortsinn - es fiel ja wirklich etwas zu. Es wurde finster und kalt, die großen Echsen starben aus, und die kleinen wuseligen Säugetiere konnten sich von nun an ziemlich ungestört entfalten, bis hin zum homo sapiens - Zufall Mensch?

Wie kontingent ist - biologisch gesehen - individuelle Entwicklung von der Befruchtung zur Geburt, wie kontingent ist individuelles und kollektives Verhalten, zumal in menschlichen Gesellschaften? Die Entwicklung des individuellen Gehirns in frühen Lebensphasen zum Beispiel könnte durchaus Zufallsmerkmale tragen, aber die Daten über eineiige Zwillingspaare sprechen doch dafür, daß die wesentlichen Eigenschaften durch die Erbmerkmale determiniert sind; solche Zwillinge sind sich sehr ähnlich, sowohl in ihren Verhaltensanlagen, als auch in ihrem Aussehen. Die biologische Strukturbildung hat eine erstaunliche Fähigkeit der Selbstregelung, die bewirkt, daß statistische Symmetriebrüche und andere Zufälle keine wesentliche Rolle spielen, daß vielmehr in jeder Generation unter der Kontrolle der Gene *komplexe* Strukturen *verläßlich* entstehen. Individuelle Handlungen von Tieren und Menschen könnten in mancher Hinsicht durch Zufallsgeneratoren im Gehirn gesteuert sein, etwa zur Erzeugung explorierenden Verhaltens, aber eine sehr große Rolle muß dem nicht zukommen. Ganz wichtig für das individuelle Schicksal ist hingegen, daß die *äußere* Erlebniswelt des Einzelnen in vieler Hinsicht unberechenbar ist und daß dabei kleine Details sehr große Auswirkungen haben können, und zwar so kleine Details, daß sie nicht nur praktisch, sondern auch unter Aspekten der Quantenphysik und Chaostheorie prinzipiell unbestimmbar wären. Auch kleinste Vorgänge in uns selbst können größte, unvorhersehbare Auswirkungen haben. Eine nur sekundenlange Verzögerung eines Tagesablaufes durch einen Blick in den Spiegel am Morgen reicht aus, im Laufe dieses Tages in einen Verkehrsunfall verwickelt zu werden oder ihm zu entkommen, einen Partner zufällig, aber mit weitreichenden Folgen zu treffen oder auch nicht; und solche Kontingenzen können für die singulären Eigenschaften und Ereignisse in sozialen Systemen entscheidend sein.

III. Bewußtsein und die Gehirn-Geist-Beziehung: Gibt es Grenzen der Dekodierbarkeit?

Neben diesen schwer durchschaubaren Fragen nach Kontingenz von Lebensprozessen im allgemeinen gibt es eine weitere Frage, die im Zusammenhang mit „Poetik und Hermeneutik" besonders bedeutsam ist, weil sie individuelle und kollektive menschliche Schicksale besonders angeht und damit Hauptthemen der Poesie berührt: nämlich die Frage nach Grenzen einer naturwissenschaftlichen Theorie bewußter Vorgänge im Menschen. Nun birgt das Leib-Seele-Thema die Gefahr, die Diskussion um die Kontingenz zu überfrachten; andererseits kann man es nicht auslassen, will man den Kernfragen menschlichen Verhaltens gerecht werden; so möchte ich eine kurze Diskussion relevanter Teilaspekte hier versuchen.

Uns ist unser eigener seelischer Zustand im Bewußtsein unmittelbar gegeben, oft ohne äußere Sinneseindrücke und fast immer ohne Kenntnis von zugleich ablaufenden Vorgängen in unserem Gehirn. Wir wissen von unseren Erinnerungen ebenso wie von Vorstellungen, Hoffnungen und Ängsten für die Zukunft; darin kommen wir jeweils selbst vor: Wie wir werden oder nicht werden möchten, wie wir wollen, daß andere uns sehen - solche multiplen Selbstbilder gehören zu unserem Bewußtsein; und wir entwickeln durch - oft unbewußtes - strategisches Denken Verhaltensdispositionen, gerichtet auf eine uns wünschenswert erscheinende Zukunft. Der moderne Mensch hat zudem das theoretische Wissen, daß Bewußtsein mit Gehirnvorgängen korreliert ist, und letztere nach Naturgesetzen ablaufen.

In menschlichen Gesellschaften sind Ereignisse, zum Teil mit erheblichen geschichtlichen Auswirkungen, besonders deswegen kontingent, weil sie auf schwer durchschaubaren und unberechenbaren Vorgängen im Bewußtsein von Menschen beruhen. Ist diese Schwerdurchschaubarkeit mehr praktisch, könnte sie etwa durch eine künftige Neuropsychologie aufgehoben werden, oder ist sie prinzipieller Natur? Ich möchte begründen, daß der Versuch einer vollständigen wissenschaftlichen Theorie der Gehirn-Geist- beziehungsweise Leib-Seele-Beziehung wohl auf prinzipielle Grenzen stoßen wird.

Wenn man in einem Kreise heller Köpfe bei einer Flasche guten Weines der Frage „Was ist Bewußtsein?" nachgeht, so einigt man sich zumeist leicht auf eine Reihe von Merkmalen - Selbstreferenz zum Beispiel. Gesucht sind formal klar definierte, objektiv verifizierbare Merkmale. Was aber formalisierbar ist, ist mechanisierbar; man kann es mit Hilfe von Computern implementieren. Baut man nun im Gedankenexperiment alles, was man sich in unserer Runde als charakteristisch für Bewußtsein ausgedacht hat, in einen Computer ein - wird man den dann als bewußt bezeichnen? Die Antwort wäre wohl in der Regel „nein" - selbst, wenn unser Computer Absichten bekundet, Liebeserklärungen abgibt, Trost spendet, betrügt oder uns noch mit anderen menschlichen Verhaltensweisen überrascht. Die Merkmale, die wir Bewußtsein zuschreiben, sind wohl richtig, aber die Liste der Merkmale ist nicht vollständig, und diese Unvollständigkeit ist vermutlich nicht aufhebbar.

Eigenes Bewußtsein ist uns unmittelbar gegeben, fremdes Bewußtsein wird uns durch Sprache und Gestik vermittelt; dafür ist uns ein kleines, aber wichtiges Grundrepertoire von Ausdrucksmitteln angeboren, wie Lachen und Weinen, die Gefühlsbedeutung von Stimmlagen, Mimik und Gestik. Auf diesem biologisch angelegten Grundrepertoire kann kulturspezifisches Lernen aufbauen und führt zu einer Vielfalt von Ausdrucksmöglichkeiten für subtilste seelische Zustände und Vorgänge, deren Reichtum sich in Tausenden von Worten der Sprache zeigt, die dem „mentalen" Bereich zugehören. So ist uns nicht nur eigenes, sondern auch fremdes Bewußtsein in gewissem Maße zugänglich. Allerdings können andere auch in Rätseln sprechen, schweigen oder lügen, so daß die Verläßlichkeit objektiver Beobachtungen und Messungen bei sprachlicher Kommunikation über seelische Zustände und Vorgänge nicht erreicht wird. Überdies beruht die Vermittlung fremdseelischer Vorgänge nicht nur rational, sondern auch emotional auf der Menschlichkeit des Partners, also auf der selbstverständlichen Voraussetzung, der Partner verfüge über ein ähnliches Gedanken- und Gefühlsrepertoire wie wir selbst, wenn es sich auch vielleicht bei anderen Anlagen und Vorgeschichten anders ausprägt. In E.T.A. Hoffmanns Geschichte vom Sandmann konstruiert ein raffinierter Physiker eine Puppe so perfekt menschenähnlich, daß sich der Held seiner Geschichte hoffnungslos in sie verliebt; aber mit der Erkenntnis, daß die Geliebte ein Apparat ist, ist auch die Liebe zu Ende. In diesem Teil der Geschichte spielt zwar eine Zauberbrille eine Rolle, die dem verliebten Studenten zu einer unrealistischen Sichtweise verhilft. Doch auch die anderen Zuschauer, die der Vorführung der Puppe beiwohnten, hielten sie für echt menschlich und waren überrascht über die Enthüllung ihrer technischen Konstruktion. Nun betrachteten sie ihre eigenen Partner mit kritischem Blick: „Das Liebesbündnis vieler wurde fester und dabei anmutiger, andere dagegen gingen leise auseinander."

Die Gechichte vom Sandmann betrifft einen wichtigen Aspekt der Leib-Seele-Beziehung, nämlich die Wahrnehmung fremden Bewußtseins. Sie verweist auf menschliche Ausdrucksweisen als ein Kriterium für fremdes Bewußtsein, aber doch mit dem Vorbehalt, daß unser Mitempfinden nicht getäuscht wird - und dies setzt voraus, daß wir es mit einem Mitglied unserer eigenen biologischen Gattung zu tun haben. Mitempfinden ist schwer objektivierbar und ist dennoch eine wichtige Voraussetzung dafür, daß wir über fremdes Bewußtsein vieles wissen können, was ein Neuropsychologe mit all seinen Apparaten nicht ohne weiteres herausfindet.

Welcher Zusammenhang besteht nun zwischen seelischen Zuständen, die dem einzelnen Menschen unmittelbar gegeben und anderen sprachlich mittelbar sind, und dem objektiv meßbaren physikalischen Zustand seines Nervensystems im Gehirn? Das ist eine wissenschaftlich wohldefinierte Form des „Leib-Seele"-Problems, das sich weder als Scheinproblem entlarven noch durch begriffliche Erörterungen allein lösen läßt.

Die meisten Theorien hierzu lassen sich in zwei Kategorien einteilen, je nachdem, ob sie mit Gültigkeit der Physik im Gehirn vereinbar sind oder nicht; Theorien der Leib-Seele-Entsprechung und der Seele-Leib-Interaktion. Interaktionstheorien, die letztlich auf Descartes zurückgehen, besagen: Seelische Ereignisse entstehen unabhängig von physikalischen Prozessen und wirken dann auf physikalische Vorgänge im Gehirn und im übrigen Körper ein; wie man es auch immer wendet, eine Seele-Leib-Interaktion setzt voraus, daß die gewöhnliche Physik nicht vollständig im Gehirn gilt, denn die Physik läßt keine außerphysikalischen Einwirkungen auf physikalische Vorgänge zu.

Theorien der Leib-Seele-Entsprechung (Beispiele sind der Monismus und der psychophysische Parallelismus) gehen davon aus, daß jedem physikalischen Zustand des Gehirns jeweils ein bestimmter seelischer Zustand entspricht. Diese Theorien sind mit der uneingeschränkten Gültigkeit der Physik im Gehirn voll vereinbar. Folgt aus ihnen, daß der seelische aus dem physikalischen Zustand vollständig ableitbar sein müßte, ja daß seelische Prozesse, rational naturwissenschaftlich betrachtet, „nichts anderes als" physikalische Vorgänge sind? Ich möchte darlegen, warum diese Schlüsse nicht zulässig sind.

Nehmen wir als Beispiel seelischer Zustände die Verhaltensdispositionen, die eine Person in der Gegenwart in bezug auf ihr zukünftiges Verhalten hat. Solche Dispositionen umfassen Absichten, Tendenzen, Strategien, die sich auf eine offene Zukunft beziehen. Sie sind gespeichert im Gehirn, sie sind zugänglich im Bewußtsein. Man kann wenigstens im Gedankenexperiment einen Computer bauen, der ein Abbild des Gehirns ist, um dann verschiedene, einem Gehirnzustand entsprechende Verhaltensweisen in verschiedenen Situationen zu bestimmen. Damit - so könnte man argumentieren - ließen sich mit Geduld alle Möglichkeiten von Verhaltensdispositionen einzeln hintereinander prüfen, um schließlich die dem Gehirnzustand entsprechenden Verhaltensdispositionen zu ermitteln.

Ein solches Entscheidungsverfahren erweist sich als undurchführbar, wenn wir die Endlichkeit der Welt als grundsätzliche Erkenntnisgrenze ansehen; wenn wir also eine „finitistische" Erkenntnistheorie im eingangs erwähnten Sinne akzeptieren, die besagt: Was *nur* von einem superkosmischen Computer bestimmbar wäre, ist unbestimmt. Dann nämlich bedeutet mathematische Endlichkeit im Entscheidungsverfahren noch nicht Entscheidbarkeit. Innerhalb des Kosmos sind zwar sehr viele, aber doch nur eine begrenzte Anzahl von Operationen möglich - die Quantenphysik ergibt eine Obergrenze von unter 10^{120}. Derartig große Zahlen treten aber schon bei ganz alltäglichen Problemen als Zahl der *Möglichkeiten* auf; die Zahl der *möglichen* Briefe verschiedenen Inhalts, auch wenn sie nur eine einzige Seite lang sind, ist noch viel größer. Das gleiche gilt für die Zahl möglicher physikalischer Zustände der Zukunft, auf die sich eine bestimmte Verhaltensdisposition bezieht; und die Anzahl verschiedener denkbarer Verhaltensdispositionen ist so groß, daß sie erst recht nicht in einem innerweltlichen, „finitistischen“ Entscheidungsverfahren alle einzeln nacheinander daraufhin geprüft werden könnten, ob sie einem vorgegebenen Gehirnzustand nun entsprechen oder nicht.

Zwar kann man im Bereich der Psychophysik, wie in jedem anderen Bereich der Wissenschaft auch, durch geschickte Beobachtungen, Experimente und Überlegungen allgemeine Zusammenhänge entdecken, die für beliebig viele denkbare Fälle gelten. Es gibt aber kein *allgemeines* Verfahren, um *jeden* Zusammenhang im Rahmen finitistischer Analysen aufzufinden. Es ist vielmehr zu vermuten, daß wesentliche Aspekte der Leib-Seele-Beziehung in einer endlichen, erkenntnistheoretisch eingegrenzten Zahl von Schritten nicht „dekodierbar“ sind, wie ja z.B. auch ein Geheimcode so raffiniert verschlüsselt sein kann, daß er mit begrenzten Mitteln nicht zu entziffern ist. *Welche* Aspekte des Bewußtseins sich einer vollständigen Theorie entziehen, läßt sich nicht stringent ableiten, wohl aber kann man darüber begründete Vermutungen anstellen.

Verhaltensdispositionen werden von „Selbstbildern“ mitbestimmt, die sich darauf beziehen, wie wir sind oder zu sein glauben, wie wir unsere Vergangenheit und unsere Möglichkeiten in der Zukunft sehen. Alltägliche Selbstbeobachtung macht uns bewußt, daß „Selbstbilder“ oft widersprüchlich sind und nie vollständig sein können. Die mathematische Entscheidungstheorie zeigt uns, daß kein leistungsfähiges System logisch-mathematischer Operationen sich selbst vollständig zum Gegenstand machen und gegen Widersprüche absichern kann. Die Physik lehrt, daß kein physikalisch reales Gebilde ein vollständiges Abbild seiner selbst enthalten kann. Selbstbilder ändern sich mit der Zeit und wechseln einander im Bewußtsein ab. Sie beeinflussen sich gegenseitig und wirken dabei auch „reflektiv“ auf sich selbst zurück. Vielleicht gehören multiple Selbstbilder zu den Aspekten von Bewußtsein, die aus dem physikalischen Gehirnzustand nicht vollständig zu erschließen sind.

Es ist - so zeigen solche Überlegungen - keine logisch zwingende Folge der Gültigkeit der Physik im Gehirn und der eindeutigen Beziehung des jeweiligen seelischen zum physikalischen Zustand, daß alle Verhaltensdispositionen in finitistischen Verfahren aus dem Gehirnzustand ableitbar sind. Im Gegenteil gibt es Gründe für die Vermutung, daß es Grenzen der Dekodierbarkeit der Gehirnzustände in bezug auf seelische Zustände gibt. Zwar folgt, nach allem, was wir wissen, das Gehirn den gleichen physikalischen Gesetzen wie eine Maschine; aber eine Maschine, die wir verstehen, könnte nicht alles wie ein Mensch, und eine Maschine, die alles könnte wie ein Mensch, würden wir nicht verstehen. Kennen wir den seelischen Zustand eines Menschen, ausgedrückt durch Sprache und Gestik, so wissen wir weit mehr, als dies durch eine noch so umfassende rein physikalische Analyse seines Gehirns möglich wäre.

Diese Einsicht betrifft auch das zentrale Problem der Willensfreiheit des Menschen. Freiheit des Willens bedeutet zunächst, daß unsere Entscheidungen nicht nur von Außeneinflüssen, sondern auch von Innenfaktoren im einzelnen Subjekt wesentlich mitbestimmt werden. Mit der Gültigkeit der Physik im Gehirn ist dies voll vereinbar. Grenzen der Dekodierbarkeit der Leib-Seele-Beziehung zeigen aber einen darüber hinausgehenden Aspekt der Willensfreiheit auf. Da Bewußtseinsvorgänge und Verhaltensdispositionen das tatsächliche Verhalten von Einzelnen und von Gruppen mitbestimmen, ist eben auch dies Verhalten, objektiv von außen betrachtet, in wesentlichen Aspekten unvorhersehbar, unberechenbar und auch nachträglich nicht voll verstehbar - in diesem Sinne also kontingent. Es ist nicht zu erwarten, daß der Wille eines Menschen durch objektive Analyse von außen umfassend und verläßlich entschlüsselt werden kann. Damit sind sowohl der Manipulation als auch der Beurteilung fremden Willens prinzipielle Grenzen gezogen. Dies ist allerdings nur ein, wenn auch nicht unwesentlicher Aspekt des Problems der Willensfreiheit; „gelöst“ ist es damit natürlich nicht.

Grenzen einer naturwissenschaftlichen Theorie des Bewußtseins schließen keineswegs aus, daß viele neuropsychologische Zusammenhänge wissenschaftlich aufklärbar sind, daß es in diesem Gebiet große Fortschritte gibt, und daß klar definierte Leistungen des menschlichen Gehirns einschließlich höherer Funktionen des Denkens schließlich als Eigenschaften des neuralen Netzwerkes zu erklären sind; aber die Grenzen der Formalisierbarkeit werden durch neuropsychologische Erklärungen des Formalisierbaren nicht aufgehoben. Die Hirnforschung kann nicht aus sich heraus die unvollständige Liste der notwendigen Kriterien zu hinreichenden Kriterien für Bewußtsein erweitern. Eine vollständige und zugleich finitistische naturwissenschaftliche Theorie des Bewußtseins, insbesondere seiner selbstbezogenen Eigenschaften, ist vermutlich nicht möglich, auch nicht auf dem scheinbar so klugen Umweg über die Neurobiologie des menschlichen Gehirns.

IV. Biologische Evolution und die Eigendynamik der Kulturgeschichte

Was folgt daraus für den Problemkreis „Biologie und Kontingenz“? Betroffen ist zum einen das Verständnis der Evolution menschlichen Bewußtseins und der zugrundeliegenden Gehirnstrukturen: Was nicht vollständig objektivierbar ist, wird wohl nur bis zu einem gewissen Grad, aber doch nicht vollständig Gegenstand evolutionsbiologischer Erklärungen sein können. Deshalb sind auch Fragen nach Zufall und Notwendigkeit bei der Evolution von Bewußtsein schwer entscheidbar.

Für späte Phasen der Evolution des Menschen ist eine Koevolution von genetischer und kultureller Entwicklung anzunehmen, bis die Eigendynamik der

Kulturgeschichte voll einsetzte und genetische Evolution in den Hintergrund drängte. Menschliche Gemeinschaften vermögen sich intern zu differenzieren und dabei den Mitgliedern verschiedene Rollen zuzuweisen. Wesentliche Veränderungen, wie die Ausbreitung der Landwirtschaft oder die Stadtbildung, vollziehen sich in Zeiträumen, die uns - historisch gesehen - als lang erscheinen, aber doch nur wenige hundert Generationen umfassen - Generationszahlen also, die für biologische Evolution kaum eine Rolle spielen. Bewußtsein ermöglicht bewußte Reflexion, die schließlich auch biologisch angelegte Verhaltensweisen in Frage stellt. Stattderen dominieren kulturelle Faktoren, für die bewußtseinsgesteuertes Verhalten eine Hauptrolle spielt. Die Spezies Mensch ist zwar an biologische Randbedingungen gebunden, aber sie ist auch in die Eigendynamik der Kulturgeschichte entlassen. Unser begrenztes Verständnis für das Phänomen „Bewußtsein" im allgemeinen, unser begrenzter Zugang zum Bewußtsein anderer trägt zur Widerspruchsanfälligkeit und zur Kontingenz der Kulturdynamik wesentlich bei.

V. Warum naturwissenschaftliches Denken die Mehrdeutigkeit und Rätselhaftigkeit der Welt nicht aufhebt

Insgesamt sind wir in unserer Betrachtung zum Thema „Naturgesetzlichkeit und Kontingenz" auf verschiedene Gründe für Grenzen des gesetzmäßig Verlaufenden und Berechenbaren gestoßen - auf relativ gut durchschaubare, als Folge der Quantenunbestimmtheit und der Chaos-Theorie; auf schwerer zu übersehende, die besonders die Voraussetzungen und die wesentlichen Schritte der Entstehung und Entwicklung des Lebens angehen. Auswirkungen hat echter Zufall äußerer Ereignisse besonders für das Leben der Menschen. Schon der Alltag ist von vielen Zufällen mitbestimmt, bei denen gelegentlich auch kleinste Ursachen größte Auswirkungen haben können. Unberechenbar und nur begrenzt verstehbar sind schließlich wesentliche Aspekte von bewußtseinsgesteuertem menschlichen Verhalten, auch deshalb, weil wir zu fremdem Bewußtsein nur begrenzten und dazu irrtumsanfälligen Zugang haben. Für uns Menschen ist das Überraschende leider nicht allzu selten die Katastrophe; in vielen Zusammenhängen aber auch die eigentliche Würze des Lebens. Kann uns naturwissenschaftliches Denken helfen, damit umzugehen?

Zur Blütezeit mechanistisch-deterministischen Denkens in Kategorien der Newton'schen Mechanik tat man sich mit der Annahme echten Zufalls schwer - irgendwie schien doch alles, was passiert, durch gesetzmäßige Naturprozesse festgelegt; Sinnzuweisungen an Einzelereignisse, die uns zufällig erscheinen, schienen ohne Bruch mit naturwissenschaftlichen Denkzuweisungen kaum möglich, und wäre das kontingente Einzelereignis für uns noch so folgenreich. In dieser Hinsicht hat sich in der Denkweise moderner Naturwissenschaft unseres Jahrhunderts Wesentliches verändert. Die Quantenphysik hat die Grundlagen für ein Verständnis der ganzen Natur, einschließlich der chemischen Vorgänge und der belebten Welt, aufgrund allgemeiner Gesetze für die Ereignisse in Raum und Zeit geschaffen. Ihr Erklärungsrahmen ist viel weiter als der der Mechanik Newton's, aber zugleich enthält sie eben auch, mess- und erkenntnistheoretisch abgesichert, ihre eigenen Grenzen. In analoger Weise ergab die mathematische Entscheidungstheorie, daß es in formal-logischen Systemen unüberwindliche Grenzen der Entscheidbarkeit gibt, zumal was die Widerspruchsfreiheit des jeweils eigenen Systems angeht. Die Analyse, die Reflexion der Grundlagen der Wissenschaft mit ihren eigenen Mitteln, wie die gedankliche Vermessung des Messprozesses, die in die Begründung der Quantenphysik eingeht, und die logische Analyse der Logik im Rahmen der Entscheidungstheorie zeigt schließlich prinzipielle Grenzen des möglichen Wissens auf. Eine Theorie des Leib-Seele-Zusammenhanges läuft auf das Bewußtsein von Bewußtsein hinaus und ist damit von dem gleichen gedanklichen Typus der Selbstanalyse.

Wenn wir nun dieses Wissen über die Grenzen des Wissens hinterfragen, so stoßen wir auf Grundfragen des menschlichen Selbstverständnisses. Primär betroffen ist die Beziehung von Einsicht und Realität: Steht hinter der Unbestimmtheit der Quantenphysik und ihrer abstrakten Struktur als Theorie des möglichen Wissens doch eine, wenn auch uns unzugängliche, Welt von mehr oder minder realen Vorgängen, oder ist diese Physik, wie ich befürwortet habe, doch die letzte Antwort der Natur auf die Fragen des Menschen? Sind die Gesetze der mathematischen Entscheidungstheorie nur formale Sätze über formale Sätze, oder zeigen sie uns, daß das menschliche Denken im Ganzen sich nicht selbst vollständig absichern und verstehen kann? Steht hinter Grenzen der Dekodierbarkeit der Gehirn-Geist-Beziehung eine Realität von Gehirnprozessen, in der „in Wirklichkeit", wenn auch nicht für uns, alles determiniert ist, oder verweisen sie uns auf Grenzen des Bewußtseins von Bewußtsein? Die moderne Naturwissenschaft ist offen für philosophische Problemstellungen, und das Deutungsspektrum ist weit. Betroffen sind schließlich Interpretationen des Menschen und der Welt, in denen sich verschiedene Philosophien, Kulturen und Religionen unterscheiden - etwa in Vorstellungen von Materie, von einem deterministischen Ablauf der Naturprozesse, vom Unendlichen, von der Einheit des „Selbst" im Bewußtsein, vom Begriff „Seele", von den Beziehungen zwischen Intuition und Erkenntnis, und von Erkenntnis und Wirklichkeit. Ist der Mensch Ziel oder Zufallsprodukt der Weltentwicklung, sieht er sich vorwiegend als freies und schöpferisches oder als den jeweiligen Umständen unterworfenes Wesen, ist das Bewußtsein eine Urgegebenheit oder bloße Begleiterscheinung von Gehirnprozessen, die Zukunft wirklich offen oder letztlich doch vorherbestimmt?

Nicht zuletzt besteht Deutungsfreiheit darin, der Geschichte und dem individuellen Schicksal den einen oder anderen oder auch gar keinen Sinn zu unterlegen - Deutungsfreiheit auch in bezug auf Kontingenz, auf unverfügbare, nicht voraussehbare, nicht ableitbare Einzelereignisse. Kontingenz zu leugnen, wie es Astrologen tun, wenn sie eine untergründige Festlegung des scheinbar Zufälligen über Planetenkonfigurationen behaupten, ist sicher falsch; mit dem Begriff des „echten“ Zufalls jede menschliche Sinnzuweisung für wesentliche Einzelvorgänge ganz abzulehnen, würde durch die tatsächlichen Erkenntnisse der Wissenschaft aber auch nicht gedeckt. Zwar ist eine derartige Weltanschauung der Sinnleugnung oder des Sinnverzichtes logisch möglich, naturwissenschaftlich zwingend ist sie nicht, und Kriterien der Lebenskunst würde sie kaum gerecht werden. Antworten hierzu erfordern Intuition, tiefere Einblicke in die Befindlichkeit, das Denken und Wollen von Menschen - wen wundert es, daß wir gerne auf die Dichter hören, wenn sie auch im Einzelnen, im Individuellen, im historisch Einmaligen Sinn suchen.

VI. Zusammenfassung der Hauptaspekte

1. Die Naturwissenschaft unterscheidet Vorgänge und Eigenschaften, die naturwissenschaftlich berechenbar beziehungsweise entscheidbar sind, von solchen, die es nicht sind. Die ersteren kann man „determiniert“, „notwendig“ oder, genauer, „naturgesetzlich bestimmt“ nennen - im Unterschied zu „zufällig“, „kontingent“, oder „naturgesetzlich unbestimmt“.

2. Naturwissenschaftlich bestimmt beziehungweise entscheidbar ist, was aufgrund von Naturgesetzen, Anfangs- und Randbedingungen mit Hilfe der Mathematik in endlichen Verfahren im Prinzip zu ermitteln ist. Verfahren müssen nicht nur im mathematischen Sinne endlich, sie müssen auch innerkosmisch realisierbar sein.

3. Die Quantenphysik beansprucht Geltung für alle Ereignisse in Raum und Zeit einschließlich chemischer und biologischer Prozesse. Ein gewisses Maß an Unbestimmtheit ist selbst Naturgesetz. Dahinter steht nicht eine Statistik realer Vorgänge im Sinne unserer mechanischen, raum-zeitlichen Anschauung. Unanschaulichkeit erscheint als unvermeidlicher Preis für die Tragweite der modernen Physik, für ihre Gültigkeit bis hinein in den Bereich des unsichtbar Kleinen.

4. Unbestimmtheit gibt es nicht nur in bezug auf die Berechenbarkeit der Zukunft, sondern auch der Vergangenheit; die in den Wind gesprochenen Worte großer Persönlichkeiten der Geschichte sind nicht nur praktisch,

sondern auch prinzipiell aus dem gegenwärtigen Zustand der Welt verschwunden.

5. Die moderne Naturwissenschaft ist keineswegs eine Deklaration allgemeiner Unbestimmtheit. Die Eigenschaften der langlebigen Zustände der Materie, also dessen, was „es gibt", sind im Gegenteil sehr genau berechenbar - ebenso ein Teil der dynamischen Prozesse, während die Verläufe anderer Prozesse nicht prognostizierbar sind. Gut berechenbar sind zum Beispiel Planetenbewegungen, schlecht langfristige Wetterentwicklungen. Was gut und was schlecht berechenbar ist und warum, ist Gegenstand der Chaostheorie, und ist in vielen Fällen eine leicht entscheidbare Frage.

6. Ein biologisches Beispiel für leicht durchschaubare Unbestimmtheit ist die Kombination und Rekombination von Chromosomen bei der sexuellen Vermehrung. Es sind Molekularprozesse an der Erbsubstanz DNS, die der Quantenunbestimmtheit unterliegen. Jeder Mensch, mit Ausnahme eineiiger Zwillinge, ist genetisch einmalig. Die tatsächliche genetische Konstitution einzelner künftiger Menschen (und anderer Lebewesen) ist prinzipiell, nicht nur praktisch, nicht vorherberechenbar.

7. Darüber hinaus gibt es besonders in der belebten Natur Vorgänge und Merkmale, über deren naturgesetzliche Notwendigkeit schwer oder nicht zu entscheiden ist. Dies hat zwei Gründe. Zum einen die Komplexität: In komplexen Systemen suchen wir nach verborgener innerer Ordnung. Die zu finden, gelingt oft mit Fleiß, Glück und Intuition, aber es gibt keine Garantie für das Gelingen. Antwort auf die Frage nach Kontingenz erfordert aber in der Regel, herauszufinden, ob hinter der vordergründigen Komplexität eine verborgene Ordnung steht, und welche. Außerdem gibt es im Hinblick auf die Biologie Probleme der Formalisierbarkeit. Wir sprechen in der Regel von „Leben" und „Bewußtsein" ohne theoretische Reflexion. Manche Sprachen unterscheiden sogar grammatisch zwischen belebten (beziehungsweise beseelten) und unbelebten Gegebenheiten, wenn auch nicht streng im Sinne der modernen Naturwissenschaft. Das informelle Vorwissen über „Leben" und „Bewußtsein" hat jedoch zur Folge, daß eine Übersetzung unserer Fragen in die Sprache objektiver Naturwissenschaft Anstrengungen erfordert und dennoch in wesentlicher Hinsicht unbefriedigend bleibt. Grenzen objektiver Formalisierbarkeit bedeuten nicht in sich schon Kontingenz, sie können aber bewirken, daß Fragen nach irreduzierbarer Kontingenz schwer entscheidbar oder unentscheidbar sind.

8. Die formalen Kriterien für das System „Leben" - Reproduktion, Mutation Stoffwechsel - sind nur notwendig, aber nicht hinreichend dafür, daß sich

Leben wirklich entwickeln konnte. Hinzu kommt die Bedingung, daß die genannten drei Prozesse nicht nur überhaupt, sondern so effizient verlaufen, daß Evolution möglich ist. Diese setzt nämlich voraus, daß Organismen einen Überschuß an Nachkommen erzeugen. Die Effizienzbedingung ist aber schwer auf formalisierbare Voraussetzungen zurückzuführen. Dies wiederum erscheint als der tiefere Grund dafür, daß die Wahrscheinlichkeit von Leben auf der Erde, von Leben im Kosmos, ebenso wie die Wahrscheinlichkeit bestimmter Merkmale von Leben, schwer bestimmbar, die Frage nach Zufall und naturgesetzlicher Notwendigkeit der biologischen Evolution in vieler Hinsicht schwer entscheidbar ist.

9. Evolution des Lebens beruht auf den Naturgesetzen, die wir kennen. Gibt es andere Welten, womöglich mit anderen Naturgesetzen? Diese Frage ist prinzipiell unentscheidbar, und prinzipiell unentscheidbare Alternativen haben sich in Zusammenhang mit der Quantenphysik und der Relativitätstheorie nicht nur als sinnlos, sondern als irreführend erwiesen. Insofern ist ein „anthropisches Prinzip" - die Welt sei so eingerichtet, daß in ihr Leben, auch Leben mit Geist, möglich ist - gar nicht schlecht, obwohl wir eine Deduktion dieses teleologischen Prinzips aus noch allgemeineren, kausal strukturierten Prinzipien sicher vorziehen würden, wenn es sie gäbe.

10. Die neurobiologischen Grundlagen des Bewußtseins sind Ergebnis der Evolution des menschlichen Gehirns, aber das Verständnis von Bewußtsein selbst stößt wiederum auf Grenzen der Formalisierung in objektiven Begriffen: Notwendige Kriterien für Bewußtsein zu finden, ist leicht, hinreichende Kriterien anzugeben, ist schwer. Die Neuropsychologie vermag wohl naturwissenschaftliche Prozesse aufzuklären, die den als notwendig erkannten Kriterien zugrundeliegen; die Grenze zur Vollformalisierung durch hinreichende Kriterien wird aber auf diese Weise nicht zu überwinden sein.

11. Aus der Gültigkeit der Physik im Gehirn und der Korrelation von Hirnzuständen mit seelischen Zuständen folgt nicht logisch zwangsläufig, daß eine finitistische und zugleich vollständige Theorie der Leib-Seele-Beziehung möglich sein müßte. Es gibt Gründe für die Vermutung, daß insbesondere selbstreferentielle Eigenschaften des Bewußtseins, basierend auf (abstrakten) multiplen Selbstbildern, welche dem strategischen Denken und der Bildung von Verhaltensdispositionen zugrundeliegen, nicht finitistisch aus dem Gehirnzustand ableitbar sind. In anderen Worten, es ist zu vermuten, daß die Beziehung zwischen Gehirnzustand und bewußtem Erleben nicht vollständig dekodierbar ist.

12. Grenzen einer naturwissenschaftlichen Theorie des Bewußtseins machen die Frage nach Kontingenz bei der Evolution des menschlichen Bewußtseins zu einem schwer entscheidbaren, wenn nicht unentscheidbaren Problem.

13. Menschen unterscheiden sich von Tieren durch die Eigendynamik der Kulturgeschichte, in deren Verlauf Information, unabhängig von genetischen Prozessen, rasch und umfassend erzeugt und von Generation zu Generation übertragen wird. Dabei spielt bewußtseinsgesteuertes Verhalten eine wesentliche Rolle. Grenzen der Formalisierbarkeit von Bewußtseinsvorgängen tragen deshalb zu kontingenten Zügen der Geschichte bei. Dies gilt besonders für individuelles Verhalten und dessen Auswirkungen im sozialen Kontext.

14. Die Deutung der Quantenunbestimmtheit als letzte Antwort der Natur, hinter der keine realen Prozesse im Sinne der mechanischen Anschauung stehen, wird zwar von den meisten Physikern geteilt, von einigen aber bestritten, und auch von Philosophen vielfach in Frage gestellt. Da beide Seiten mit klugen Köpfen besetzt sind, können wir aus der Bestandsfähigkeit der Widersprüche etwas lernen: Die moderne, auf allgemeinen physikalischen Grundgesetzen basierende Naturwissenschaft ist in ihren inhaltlichen Aussagen von großer Allgemeinheit und Klarheit, auf der metatheoretischen Ebene aber deutungsbedürftig und deutungsfähig. Deutungen haben nicht die Stringenz der inhaltlichen Aussagen; sie sind aber auch nicht beliebig. Sie betreffen die Beziehung von Einsicht und Realität, und diese wiederum steht in enger Beziehung zu den Deutungsalternativen verschiedener Philosophien, Kulturen und Religionen. Sie berühren Sinn- und Wertfragen menschlichen Lebens; es gehört zur Lebenskunst, nach menschengerechten Antworten zu suchen.

15. Kontingenten Vorgängen und Zuständen Sinn zu unterlegen, widersprach vielleicht dem Denken der deterministischen Mechanik des vorigen Jahrhunderts - die moderne Naturwissenschaft, die eben durch die Ausweitung ihres Geltungsbereiches ihre eigenen Grenzen thematisiert und erkannt hat, widerspricht dem nicht.

Hermann Lübbe

„Topik“, „Sinn“ und die Geschichte der Zufallstheorie

Es liegt in der Tat nahe, unter den Schriften des Aristoteles, den wir als den wichtigsten philosophischen Klassiker der griechischen Frühgeschichte des Zufallsbegriffs kennen, auch die Topik für eine Quellenschrift dieser Begriffsgeschichte zu halten. Indessen: Nach meiner Vermutung, die begriffshistoriographisch zu überprüfen hier nicht Gelegenheit ist, beruht die Annahme, auch die Topik beschäftige sich mit dem Thema des Zufalls, schlicht auf modernen Assoziationen, die sich heute mit der lateinischen Übersetzung des Namens des Zentralbegriffs der Topik, des Begriffsnamens „Endoxon“ nämlich, verbinden. Die Topik hat es danach, im Unterschied zur Analytik, die sich mit der Begründung wahrer Aussagen beschäftigt, mit Meinungen zu tun, die lediglich die Eigenschaft der Wahrscheinlichkeit haben. Die Theorie der Wahrscheinlichkeit – das ist nun in der Tat eine Theorie des Zufalls, näherhin eine Theorie zur statistischen Quantifizierung der Erwartungswerte gegenüber zufallsmitbestimmten Ereignis- oder Zustandsabfolgen. Indessen: Wie uns die Mathematikhistoriker belehren, ist die Wahrscheinlichkeitstheorie und näherhin die Statistik eine sehr junge, das heißt voll erst im 17. Jahrhundert erblühende Disziplin, nach deren Vorläuferschaften man freilich suchen mag. Wie auch immer: Der Wahrscheinlichkeitsbegriff der neuzeitlich-modernen Statistik hat, wie mir scheinen will, mit dem verisimile-Begriff der topischen Tradition gar nichts zu tun. Nach Aristoteles ist ein Endoxon, was traditional im Anschein der Wahrheit steht. „Wahrscheinliche Sätze (...) sind diejenigen, die Allen oder den Meisten oder den Weisen wahr erscheinen, und auch von den Weisen wieder entweder allen oder den Meisten oder den Bekanntesten und Angesehensten unter ihnen.“ Mit dieser Charakteristik der Endoxa begründet Aristoteles den Traditionalismus, das heißt die Praxis der Nutzung des Alters und der sozialen Verbreitung eines Arguments als Stütze dieses Arguments. Für Betrachtungen über den Zufall gibt es aber in diesem Zusammenhang unmittelbar gar keinen Anlaß.

Im 17. und 18. Jahrhundert, in welchem sich die von der topischen Tradition gänzlich verschiedene moderne Wahrscheinlichkeitstheorie entfaltet, wird nun freilich gleichfalls die topische Tradition erneuert und fortgesetzt. Man denke an Vico. Das ist plausibel –: Mit wachsender Common sense-Ferne des wissenschaftlichen Wissens wird zugleich, komplementär, das gemeinplatzfähige Wissen wichtiger und damit die Topik, und im Begriff des Gemeinsinns, der bekanntlich erst im Barockzeitalter seine Bedeutung als Begriff für die Instanz gemeiner praktischer Urteile gewinnt, konstituiert sich damals dann zugleich ein Begriff des Subjekts topischen Wissens. Gemeinsinn ist Sinn, das heißt Aufgeschlossenheit für die Fälligkeiten gemeinen und gemeinschaftlichen Lebens, und daß später, nämlich seit dem letzten Drittel des 19. Jahrhunderts, zunächst durchaus befremdlich, „Sinn“ zum Namen des Begriffs für das Insgesamt einschlägiger Fälligkeiten avanciert, ist nichts als eine Erweiterung des Gebrauchs des alten, früher an durchaus anderer Theoriestelle sitzenden Begriffs des Sinns kraft einer analogia metaphorica. Noch einmal also: „Gemeinsinn“ – das ist, in praktisch-philosophischer Erweiterung des ursprünglich exklusiv ästhetischen, nämlich sinnentheoretischen Begriffs des sensus communis, Sinn für kognitiv triviale, praktisch aber fundamentale Lebenserfordernisse – Gemeinplatzsinn also, und das, was dieser Sinn aufschließt, läßt sich dann metaphorisch selber „Sinn“ nennen. Erst im letzten Drittel des 19. Jahrhunderts geschieht das. Der Sinn des Lebens und der Sinn des Gemeinwesens, der Sinn der Geschichte wie der Sinn sonstiger analoger Größen – das ist nichts anderes als das Insgesamt der Gemeinplätze, an denen orientiert zu sein einem Lebenssinn, Geschichtssinn etc. sichert.

Und noch ein drittes Mal sei vermutet, daß diese Tradition der Topik mit der Tradition der Zufallstheorie in gar keiner Beziehung steht. Allenfalls ließe sich sagen, daß die Nicht-Existenz dieser Beziehung gegenwärtig selber zum Problem geworden ist. Auf dem Hintergrund des Gesagten ist ja plausibel, daß die neuzeitliche statistische Theorie des Zufalls, anders als die Theorie des Zufalls auf ihrer Aristotelischen Entwicklungsstufe, vom Gemeinwissen nicht mehr umfaßt ist. Es gibt, sozusagen, eine brauchbare Topik der Statistik nur rudimentär – sozusagen auf der Ebene der Erfahrung, die wir als Kinder durch Teilnahme an Würfelspielen erworben haben. Moderne Lebenskomplexität konfrontiert uns aber wie nie zuvor eine Zivilisation mit Gefahren, mit denen wir nur dann rational umgehen können, wenn wir sie, noch vor aller kausalanalytischen Aufklärung über sie, als Risiken und damit als statistische Größen einzuschätzen gelernt haben. Aber eben das fällt uns, weil eine statistische Topik noch kaum entwickelt ist, schwer. Spezifisch moderne Irrationalitäten im Umgang mit Risiken haben darin ihren Grund.

3. Kontingenz:
Spiele, Texte, Bilder

Hermann Lübbe

DAS SPIEL MIT DEM ZUFALL

Spielen ist verbreiteter als Lesen. Spielen ist kulturgeschichtlich auch älter als die Schriftlichkeit der Kultur. Da überdies sehr viele Spiele Zufallserfahrungsspiele und Zufallsbewältigungsspiele sind, ließe sich das Thema „Kontingenz" exemplarisch auch spielkulturgeschichtlich und spieltheoretisch behandeln. Bei den elementar bedeutsamen kulturellen Funktionen, die entwicklungspsychologisch und sozial, zur Unterhaltung wie zur Therapie, in religiösen wie in politischen Riten das Spiel erfüllt, ist es in der literarischen Repräsentanz des Lebens selbstverständlich mitrepräsentiert, so daß sich eine repräsentative Kulturgeschichte des Spiels auch als Literaturgeschichte des Spiels schreiben ließe. Walter Haug hat das angedeutet.

Einige elementare Unterscheidungen, die für die Beschreibung spielerischen Umgangs mit Kontingenz nützlich sind, lassen sich auch unter Rückgriff auf unsere Alltagsvertrautheit mit Spielen treffen. Noch einmal: Evidenterweise sind nicht alle Spiele Kontingenzerfahrungs- und Kontingenzbewältigungsspiele. Bei Nachahmungsspielen und Rollenspielen spielt das Moment expliziter Kontingenzvergegenwärtigung gar keine Rolle, und daß dabei die Spielhandlung selbst, wie jede Handlung, nach Gelingen oder Mißlingen von Zufallsfaktoren mitbestimmt ist, gehört nicht zum explizit thematisierten Inhalt des Spiels, sondern ist, wie bei sonstigen Lebensvollzügen auch, Teil seines Vollzugs.

Zufallsspiele sollte man demgegenüber diejenigen Spiele nennen, bei denen die Auseinandersetzung mit dem Zufall zum expliziten Spielarrangement gehört. Für Geschicklichkeitsspiele, zum Beispiel, gilt das. Die absolut sichere Beherrschung jener Könnerschaft, die im Geschicklichkeitsspiel auf die Probe gestellt wird, würde uns für die Spielerrolle gerade ungeschickt machen. Wer beim Wurfspiel mit dem Pfeil stets und unfehlbar den Punkt träfe, wäre am Stammtisch berühmt, aber ein geeigneter Mitspieler wäre er nicht mehr. Die Mitspielerkompetenz beruht somit auf gewöhnlicherweise vorherrschender Indisponibilität subjektiver oder objektiver Umstände, die einen, kontingent, zur Erfüllung der Spielnorm mehr oder weniger geschickt machen. Man erfährt sogar noch sich selbst als kontingente Bedingung der eigenen Könnerschaften, und zwar auch in der Erfahrung, daß diese Könnerschaften sich steigern lassen, und so erfährt man sich natürlich erst recht in der Erfahrung der Uneinholbarkeit des Geschicks der Mitspieler. Man erfährt überdies die indisponible Abhängigkeit der eigenen Geschicklichkeit von kontingenten sozialen

Umständen, unter denen man sie zu erweisen hätte – ob Ermunterung, gar Bewunderung einen tragen oder ob Erfolgszwang und Publikumsmißgunst einen hemmen. Auch demgegenüber kann man natürlich, unverdrossen, weiterspielend, hartgesottener werden. So oder so erfüllt sich der Sinn solcher Spiele, an dem auch ihre Unterhaltungsdienlichkeit hängt, in der Erfahrung von Könnerschaften unter jeweils aktuell nicht vollständig disponiblen kontingenten Umständen, denen man selber noch zugehört.

Bei den Geschicklichkeitsspielen, so ließe sich zusammenfassend sagen, gehört der Zufall, demgegenüber die Geschicklichkeit sich zu erproben hat, den subjektiven oder objektiven Umständen an, unter denen das Spiel gespielt wird. Potenzierte Kontingenzerfahrung verschaffen demgegenüber jene Zufallsspiele, bei denen der Zufall, dessen Walten den Ausgang des Spiels bestimmt, in geregelten Spielhandlungen selbst erzeugt wird. Das ist die Charakteristik, die, zum Beispiel, auf Würfelspiele paßt. Weil der Zufall, von dem man sich hier begünstigt oder auch benachteiligt findet, selbsterzeugter Zufall ist, sind Zufallsspiele dieser Sorte zugleich Spiele in einem emphatischen Sinn, das heisst Spiele, bei denen der Zufall, den man spielerisch zu bewältigen hat, seinerseits als durch Spielhandlungen erzeugter Zufall exklusiv der Spielrealität selber angehört. Nicht die – reale – Kontingenz unserer eigenen Prädispositionen für Geschicklichkeiten und Ungeschicklichkeiten wird spielerisch thematisiert, sondern fingierte Kontingenz, die außerhalb des Spiels gar keinen Ort hat. Eben deswegen eignen sich diese Spiele des Umgangs mit fingierter Kontingenz in gesteigerter Weise als Medien der Vergegenwärtigung von Kontingenzabhängigkeit überhaupt. Je nach dem Fall des Würfels auf dem Brett voranzukommen oder es nicht zu tun, Konkurrenzen zu bestehen oder zurückgeworfen zu werden – das ist eine im Verhältnis zur gemeinen Lebenserfahrung hochabstrahierende Erfahrung, die freilich genau diejenige Kontingenzbeimischung üblicher Lebensabläufe repräsentiert, für die, soweit die mißlichen Zufälle nicht allzu arger Art sind, „Mensch, ärgere dich nicht!" der angemessene pädagogische Kommentar ist.

Einer Erklärung bedarf noch der Name des zitierten Würfelspiels. Soweit das Gelingen oder Mißlingen des eigenen Tuns von nichts anderem als vom schlechthin indisponiblen Zufall abhängt, wäre ja nicht nur der beeinträchtigende, sondern auch der begünstigende Zufall ins Auge zu fassen. Der Pädagogen- oder Moralisten-Kommentar müßte also immer wieder einmal auch „Mensch, freue dich!" lauten. Nichtsdestoweniger hängt die Popularität des fraglichen Spiels am Titel „Mensch, ärgere dich nicht!", und das aus zwei Gründen. Zunächst handelt es sich ja um ein Spiel, das zu viert, gar zu sechst gespielt wird, und damit ist dafür gesorgt, daß man sich ungleich häufiger in der Rolle des Verlierers als in der des Gewinners wiederfindet. Sodann: Bei normaler Lebensverfassung ist der Lernaufwand, den man treiben muß, um imstande zu sein, sich nicht zu ärgern, ungleich größer als die Mühe, die es uns kostet, zur Freude fähig zu werden.

Spiele, die den Zufall, mit dem man dann spielerisch umzugehen hat, in eigener Spielhandlung selbst erzeugen und die uns überdies nichts als die Akzeptanz dieses Zufalls, nicht aber Geschicklichkeit in der spielhandlungsmäsßigen Reaktion auf ihn abverlangen, sind naturgemäß selten. Sie sind selten, weil Spiele, die nichts als unsere Fähigkeit zur Akzeptanz puren Zufalls erprobten, kaum Unterhaltungswert hätten. Selbst noch das zitierte Würfelspiel, das uns auf den ersten Blick nichts als Gelassenheit in der Hinnahme zufallsabhängiger Gewinne und Verluste abverlangt, läßt beim zweiten Blick noch Spielräume von Handlungsalternativen erkennen, über die wir zwar nicht auf den Zufall, wohl aber auf seine Spielfolgen moderierend einwirken können. Im Würfelspiel erfahrene Kinder wissen das.

Die allermeisten Zufallsspiele fordern uns also Könnerschaft in der Nutzung von Zufällen als Chancen ab. Zufällig ist das Blatt, das einem aus gutgemischten Karten zugeteilt wird, und über den Chancencharakter entscheidet nicht allein seine Zufälligkeit, sondern überdies Aufmerksamkeit, Präsenz des bisherigen Spielablaufs in der Erinnerung und trainierte Einschätzung von Wahrscheinlichkeiten in der Verteilung von Karten, die noch im Spiel sind.

Von Zufallsspielen, bei denen der im Spiel selber erzeugte Zufall eine Spielchance repräsentiert, sind diejenigen Zufallsspiele zu unterscheiden, bei denen wir auf den Zufall des Spiels als auf eine Lebenschance spekulieren. Sind solche Spiele überhaupt Spiele? Die Sprache will es so – vom Lotteriespiel bis zu den mannigfachen Spielen im Spielkasino. Dem Leben eine Wende durchs Spiel zu geben – darum geht es hier. Gewiß: Auch bei den Zufallsspielen, die nichts als Spiele sind, deren Zufälle also Chancencharakter exklusiv im Spielzusammenhang haben, werden am Ende des Spiels Gewinn und Verlust nach realen Rappen, Groschen oder Pfennigen saldiert. Eine Verbindung von Spielrealität und Realität außerhalb des Spiels besteht also, und daß sie besteht, bringt zusätzliche Würze ins Spiel. Daß aber zugleich die Schnittmenge von Spielrealität und sonstiger Realität äußerst klein bleibt, macht den bleibenden Spielcharakter des Spiels aus, und die Konventionalitäten der Spielmoral garantieren das.

Bei den Glücksspielen, die, statt auf Spielchancen, auf Lebenschancen spekulieren, stehen Spielrealität und Lebensrealität in einem grundlegend anderen Verhältnis. Wer den Jackpot knackt, hat nicht für weiteres Spielen, vielmehr für den Rest des Lebens ausgesorgt. Es kommt vor, daß eben darüber einer sein Leben verspielt. In der Glücksspielhistoriographie werden solche Fälle gern erzählt. Sie trösten alle, deren Spekulation auf den großen lebenswendenden Zufall erfolglos blieb und denen damit die Herausforderung des Problems erspart blieb, wie sich Dispositionsfreiheit eines Ausmaßes, das den Horizont erprobter Lebensgewohnheiten schlechterdings sprengt, in Lebenssinn transformieren lasse.

Es ist natürlich nicht aus diesem Grund, daß die so genannten Glücksspiele, bei denen auf den Zufall als auf eine Lebenschance spekuliert wird, im Unterschied zu gewöhnlichen Zufallsspielen, bei denen wir es mit Spielchancen zu tun haben, uns in der Lebensrealität als gesetzlich sanktionierte und behördlich beaufsichtigte Spiele begegnen. Es sind bekanntlich fiskalische wie moralische Interessen, die den Staat sich hier zuständig wissen lassen. Das moralische Kalkül, von denen die Gesetzgeber in Staaten, die keine Glücksspiele kennen, sich leiten lassen, ist eine Moral von großer Finesse. Näherhin handelt es sich um eine Kontingenznutzungsmoral. Daß die Lose des Lebens sehr ungleich verteilt seien, ist Inhalt einer ebenso trivialen wie fundamentalen Gemeinerfahrung, und religiöse Kultur macht uns insoweit akzeptanzbereit. Daß uns überdies über Tüchtigkeiten, die ihrerseits wieder zu sehr erheblichen Anteilen kontingent verteilt sind, höchst unterschiedliche Chancen der Partizipation an Lebensgütern zuwachsen, ist auch bekannt, in liberalen Gesellschaften überdies anerkannt, und von Sozialstaatstheoretikern wird es als unvermeidliche Voraussetzung für Umverteilungsmöglichkeiten eines Umfangs, der auf andere Weise nicht erreichbar wäre, hingenommen. Daß aber, was man hat, einem exklusiv über den Zufall eines dafür institutionalisierten Zufallsspiels zugefallen sein könnte – das erzeugt eine prekäre Zufallsnutzungsmoral, die Korruption ökonomisch und gesellschaftlich produktiver Zufallsnutzungsmoral befürchten und den Staat als Schützer der Moral tätig werden lässt. Ausbeuter verbreiteter Schwächen unserer Kontingenzumgangsmoral machen daraus in Spielkasinos jenseits der Grenzen des Verbots, in lebenspraktischer Absicht auf Spielzufälle zu spekulieren, ihren Profit – von Las Vegas bis Konstanz.

Gewiß: Auch dieses noch, das Leben dem Spielzufall anzuvertrauen, läßt sich als Reiz eigener Art ästhetisieren, und in der Spielliteratur ist auch von jenem Spieler die Rede, der bei der Spekulation auf den Spielzufall als Lebenschance immerhin noch die Höhe des Einsatzes an Bedingungen der Erhaltung des Lebens unabhängig von Spielzufallschancen bindet. Spiel als Lebensform durch Daueraufenthalt in einem Ambiente, in welchem nichts als der Spielzufall über Lebenschancen entscheidet – die Ästhetik eines solchen Ambientes pflegt dabei die außerordentliche Chancendimension des Zufalls, auf den man hier spekuliert, zu symbolisieren. Ein schwacher Ruch des Reizes, der einen solche Gelegenheiten suchen läßt, zieht sogar noch durch die Wohnräume bei der wöchentlichen Ziehung der Lotto-Zahlen – ein millionenfach geschätztes, im Regelfall moralisch indifferentes und überdies fiskalisch nützliches, also allgemein anerkanntes Spielvergnügen. Es bleibt aber festzuhalten, daß auch das Glücksspiel als Massenvergnügen, anders als Unterhaltungsspiele, nicht auf den Zufall als Chance im Spiel, vielmehr als Lebenschance spekuliert. Die Dimensionen, die das inzwischen angenommen hat, sind historisch schlechterdings singulär. Einzig moderne Kommunikationstechnik macht es möglich, Millionen allwöchentlich zu Spielergemeinschaften zusammenzubinden.

Als Glücksspiele reichen also die Zufallsspiele, die den begünstigenden oder benachteiligenden Zufall selbst erzeugen, weit, im Extremfall sehr weit in die Lebensrealität hinein. Nicht um den Zufall als Chance im Spiel, sondern um den Spielzufall als Lebenschance ist es zu tun. Bei dieser Charakteristik drängt es sich auf, als Extremfall des Spiels mit dem Zufall die Spekulation auf jenen Spielzufall zu charakterisieren, dessen Eintritt man zur Erhaltungsbedingung des Lebens hat werden lassen. In der Spielsucht ist genau dieses Verhältnis von Spiel und Leben Realität geworden. Die Spekulation auf den Zufall gewinnt an Reiz von süchtig machender Stärke, wenn das Leben selbst zum Spieleinsatz wird. Tatsächlich gibt es die Spiele, bei denen der Spielzufall buchstäblich über Leben und Tod entscheidet. Die Motive, die einer haben mag, sich dem Zufall, bei dem es ums Ganze geht, im Spiel anzuvertrauen, sind natürlich, wie man der einschlägigen Literatur entnehmen kann, extrem unterschiedlich – vom russischen Roulette als situativ unabweisbarer Mutprobe in jugendlichen Realitätsfluchtmilieus bis hin zu jenem Zynismus, zu dem man im fortgeschrittenen Alter fähig wird, nachdem man im Unguten mit dem Leben längst fertig geworden ist.

Das Leben ist kein Spiel, so lautet dazu der Common sense-Kommentar. Wie bei den Topoi, die der Gemeinsinn zur Verfügung stellt, meistens, so ist auch in diesem Fall der zitierte Topos intellektuell vollständig reizlos, weil er lebenspraktisch vollständig unwidersprechlich ist. Dem entspricht auch, daß, wie unsere Volkskundler berichten, die übergroße Mehrzahl der Sprichwörter und sprichwörtlichen Redensarten, die sich aufs Spielen beziehen, vor dem Spiel warnen – „Beim Spiel ist Aufhören das beste" etc. Die Analogie von Spiel und Leben ist ja evident, und die Gelegenheiten sind zahllos, in denen die Spielmetaphorik zur Beschreibung von Lebenslagen sich aufdrängt. Der naheliegenden Verwechslung von metaphernspendender Realität und metaphorisch beschriebener Realität beugen die Spieltugendtopoi des moralischen Common sense vor.

Beim Komplementärverhältnis von Zufall und Notwendigkeit sollte es doch, so möchte man kombinieren, komplementär zu den Zufallsspielen auch Notwendigkeitsspiele geben. Man erkennt rasch, daß es sie tatsächlich nicht geben kann. Der Grund ist, daß die Spielimitation von Lebenslagen, in denen keinerlei Zufall, auf den wir uns einzustellen hätten, interveniert, die überdies kognitiv durchschaut und technisch beherrscht sind, so daß bei gegebenen Zwecken die Beantwortung der Frage, was zu tun sei, eine Antwort von alternativloser Zweckrationalität ist, keinerlei Unterhaltungswert hätte. Das Spiel wäre Arbeit, und nur als ihre kindliche Imitation läßt sich Arbeit spielen, was selbstverständlich nicht ausschließt, daß wir Spiele dieser Art gelegentlich auch ins Erwachsenenalter retten – das Eisenbahnspiel zum Beispiel.

Nichtsdestoweniger gibt es Spiele, bei denen, statt der Zufall, die Notwendigkeit zum Hauptthema wird, nämlich als Spiel ihrer Entdeckung. Die Findung der Strategie, die das gewünschte Ende des Spiels zwingend herbeiführen müsste – das ist im Ideal die Herausforderung, der wir uns im Schachspiel aussetzen. Für Endlagen dieses Spiels, wenn seine zunächst unerschöpfliche Komplexität bereits extrem reduziert ist, sind solche Strategien, wie man weiß, wohlbekannt, und man kennt auch die Spiellagen, in denen kraft Notwendigkeit keine Strategie mehr entdeckbar wäre, durch die noch eine Entscheidung des Spiels herbeigeführt werden könnte. Wären Notwendigkeiten dieser Art für den Gesamtverlauf des Spiels entdeckbar, hätte also ihr Entdecker sich damit zum unschlagbaren Spieler erhoben und gäbe es den Computer, der, auf diese Notwendigkeiten programmiert, keinem Gegenspieler mehr eine Chance ließe, so wäre eben damit die Geschichte des Schachspiels an ihr Ende gelangt. Eben das heißt, um es zu wiederholen, daß es, als Spiele, Notwendigkeitsspiele, für deren Ablauf und Ausgang der Zufall ausgespielt hätte, nicht geben kann. In der Realität kann freilich das intellektuelle Faszinosum des Zufallsausschlusses beträchtliche Wirkung entfalten. Die Geschichte des historischen Materialismus belegt das, und die Philosophie dieses Materialismus hat nicht zufällig mit dem Zufall von Anfang an auf Kriegsfuß gestanden. Eine mit der Notwendigkeit gleichursprüngliche Mitwirkung an der naturalen und sozialen Evolution war im historischen Materialismus dem Zufall nicht verstattet. „Ludus vitalis" wäre innerhalb des dialektischen Materialismus, das heißt innerhalb des naturhistorischen Teils des historischen Materialismus, keine erlaubte Metapher gewesen. An der Unmöglichkeit der Konstruktion eines sozialen Systems des gewährleisteten makrohistorischen Zufallsausschlusses ist dann der real existent gewesene Sozialismus gescheitert – so wie bisher jeder Schachspieler gescheitert ist, der eine von den Zufallslagen des Gesamtspielverlaufs unabhängige Erfolgsstrategie glaubte entdeckt zu haben.

Walter Haug

Kontingenz als Spiel und das Spiel mit der Kontingenz Zufall, literarisch, im Mittelalter und in der frühen Neuzeit

Ich gehe mein Thema in drei Durchgängen an, wobei ich jeweils von einer Reflexionsebene zur nächsthöheren fortschreite. Der erste Durchgang gilt unterschiedlichen historischen Positionen im Verhältnis von Notwendigkeit und Kontingenz, von Sinnbindung und Offenheit für Glückserfahrung. Der zweite befaßt sich mit dem Kontingenzproblem auf der Ebene der Hermeneutik; dies im Gegenüber von sinngebundener Allegorese und sinnoffener Exemplarik, wobei die erstere zu einer integralen Kombinatorik weiterführt, die letztere aber zu einem Denken und Leben im Widerspruch. Der dritte Durchgang analysiert die im literarischen Spiel gesetzte und damit zugleich gebannte, weil reflektierte Kontingenz. Man könnte auch sagen, der dreistufige Denkweg gehe von der Kontingenz als Erfahrungsspielraum über die Kontingenz als spielerische Schwebe zum bewußten narrativen Spiel mit der Kontingenz.

I

Notwendigkeit und Kontingenz stehen in einem komplementären Verhältnis zueinander. Je mehr man die Welt aufgrund göttlicher Vorbestimmung oder naturgesetzlicher Bindung der Notwendigkeit unterworfen sieht, um so kleiner erscheint der Raum, in dem Kontingenz Geltung hat, und umgekehrt. Der Raum des Kontingenten ist objektiv der Spielbereich des Zufalls, subjektiv der Bereich der freien Wahl. Ich unterscheide Kontingenz und Zufall also in der Weise, daß ich unter Kontingenz einen Raum offener Möglichkeiten verstehe, unter Zufall aber das, was sich in diesem Raum unter der Prämisse völliger Willkür (mag diese auch nur scheinbar sein) ereignet. Kontingenz ist also Potentialität, der Zufall ist die Aktualisierung von Möglichkeiten in ihrem Rahmen, wobei ‚in ihrem Rahmen' meint, daß die Vorgänge eben keiner (erkennbaren) Notwendigkeit gehorchen.

Kontingenz kann im Hinblick auf das Zufällige ein Ärgernis, ja u.U. eine Kalamität sein. Sie hat zur Folge, daß Glück und Verdienst immer wieder auseinanderklaffen. Zugleich ist Kontingenz jedoch die Bedingung menschlicher Freiheit. Jedes Bestreben, Kontingenz auszuschalten, ruft deshalb das Problem von Freiheit und Verantwortung auf den Plan. Wer Kontingenz radikal leugnet, endet bei totaler Determination. Wenn man sie jedoch zuläßt, steht man vor der Frage nach dem Sinn des Zufälligen in einer im übrigen, sei es aufgrund göttlicher Vorsehung oder aufgrund von Naturgesetzen, geordnet ablaufenden Geschichte; etwas, das seine Ordnung hat, erscheint jedenfalls insofern als sinnbestimmt, als sein Prinzip einsichtig zu machen ist - ob man diese Sinnbestimmung nun für sinnvoll halte oder nicht.

Die Antike hat den Zufall in der Figur der Fortuna zur Göttin erhoben, um ihn dadurch kultisch einzubinden und seine Willkür nach Möglichkeit zu bändigen.[1] Das hat den Spott der Kirchenväter heraufgerufen. Augustinus konnte zurecht einwenden: Wenn die Fortuna das Prinzip des Willkürlichen verkörpere, dann mache es keinen Sinn, sie durch kultische Verehrung gnädig stimmen, sie also von ihrer Willkür abbringen zu wollen.[2] Die christliche Position ist zunächst eindeutig: In einer Welt, für die gilt, daß kein Sperling ohne den Willen Gottes zu Boden fällt, hat der Zufall keinen Platz. Nach Tertullians Überzeugung kann der Christ auf die Fortuna verzichten, denn Gott und der Teufel reichen aus, um alles zu verstehen, was geschieht.[3] Lactanz sieht in Fortuna schlicht das Produkt heidnischer Dummheit und Blindheit.[4] Kurz: Der Zufall widersprach in christlicher Sicht der Idee göttlicher Providenz. Aber wenn man dies konsequent zu Ende dachte, stellte man die menschliche Freiheit in Frage. Augustinus ist schließlich zum rigorosen Deterministen geworden. Eine Preisgabe der menschlichen Freiheit war jedoch theologisch nicht akzeptabel. Auf der Subjektseite war deshalb ein kontingentes Moment mindestens insoweit unabdingbar, als für den Einzelnen die Möglichkeit offenbleiben mußte, sich zum göttlichen Weltplan und seinem Sinn zu bekennen oder sich ihm zu verweigern: Eine Entscheidung gegen die Identität von Notwendigkeit und Sinnhaftigkeit ist damit prinzipiell eine Entscheidung für das Sinnlose, das Ordnungslose, den Teufel. Die positive Entscheidung auf der andern Seite bedeutet Sich-Einfügen in die vorgegebene Schöpfungsordnung. Lebensgestaltung kann nur Angleichung an diese Ordnung sein. Denken in Kategorien der Kontingenz ist Denken im Bereich des Widergöttlichen, des Chaotischen, des Bösen. Kontingenz somit als unentbehrlicher subjektiver Spielraum für eine Entscheidung zwischen Gott und Teufel.

---

[1] Aus der Fülle der Studien zur Fortuna-Figur nur einige grundlegende Arbeiten: H.R. Patch, „The Tradition of the Goddess Fortuna in Roman Literature and in the Transitional Period", in *Smith College Studies in Modern Languages* 3 (1922), S. 131-177; ders., „The Tradition of the Goddess Fortuna in Medieval Philosophy and Literature", ebd., S. 179-235; ders., *The Goddess Fortuna in Mediaeval Literature,* Harvard Univ. Press 1927, Nachdr. New York 1967; A. Doren, „Fortuna im Mittelalter und in der Renaissance", in *Vorträge der Bibliothek Warburg,* I. Teil, Leipzig/Berlin 1924, S. 71-144; J.C. Frakes, *The Fate of Fortune in the Early Middle Ages - The Boethian Tradition,* Leiden 1988. Für die Antike siehe ferner G. Wissowa, *Religion und Kultus der Römer,* München 1912, S. 256-268, und *PW* 13, Sp. 12-42.

[2] Doren, „Fortuna", S. 75f.

[3] Doren, „Fortuna", S. 76f.; Frakes, *The Fate,* S. 21.

[4] Ebd., S. 22.

Es war also zwar möglich, auf der objektiven Seite alles Zufällige zu leugnen und alles, was geschah, einer zwar nicht immer durchsichtigen, im Prinzip aber sinnvollen Notwendigkeit zu unterstellen, doch auf der Subjektseite mußte ein Kontingenzrest bleiben, damit die menschliche Entscheidungsfreiheit gewahrt blieb.

Doch diese Lösung konnte nicht befriedigen, weder in objektiver noch in subjektiver Hinsicht. Zum einen war das, was in der Welt an Sinnlos-Zufälligem geschah, mit dem Hinweis auf die Unerforschlichkeit des göttlichen Willens schwerlich überzeugend abzudecken. Es stand zwar eine Formel zur Verfügung, die es erlaubte, das Sinnwidrige, das Unglück der Guten und den Erfolg der Bösen, zu ,erklären': Wenn dem Guten Leid widerfährt, so versteht sich dies als Prüfung seiner Beharrlichkeit. Und der Lohn für sie wird am Ende nicht ausbleiben. Wenn die Bösen Glück haben, so verdanken sie dies der Langmut Gottes, der ihnen nochmals eine Chance zur Umkehr geben will, um sie dann aber, wenn sie uneinsichtig bleiben, von um so größerer Höhe herabzustürzen.[5] Doch so unentwegt immer wieder mit dieser pädagogischen Formel operiert worden ist, sie muß jedem auch nur einigermaßen sensiblen weltgeschichtlichen Betrachter aufgrund der offenkundigen Unverhältnismäßigkeit von Mittel und Zweck unerträglich erscheinen. Hiob ist der harte literarische Paradefall - von den historischen Greueln unseres Jahrhunderts ganz zu schweigen.

Und auch die Kontingenz auf der Subjektseite als bloßer Entscheidungsspielraum zwischen Gut und Böse erwies sich als unzureichend, denn die Möglichkeit eines nur punktuellen Entweder-Oder schloß Erfahrung im Sinne eines Wandlungsprozesses aus. Nirgends wird die simplifizierende Schematik der auf den Entscheidungspunkt reduzierten Kontingenz offenkundiger als in der Heiligenlegende. Es stehen ihr zwei Grundmuster zur Verfügung: Entweder der Heilige bekennt sich zu Gott und beharrt darin auch unter größten Anfechtungen und physischen Qualen, oder aber er wendet sich dem Teufel zu und muß dann durch eine weitere punktuelle Umkehr wieder zu Gott zurückgeführt werden.[6] Bei beiden Legendentypen, bei jenem mit dem Märtyrer wie

[5] Die Formel liegt z.B. dem Fürstenspiegel des Giraldus Cambrensis, *De principis instructione,* zugrunde. Vgl. M. Altmann, *Strukturuntersuchungen zu Giraldus Cambrensis' „De Principis Instructione"*, Regensburg 1974, S. 90ff. Siehe zu dieser göttlichen Geschichtspädagogik auch H. Löwe, „Geschichtsschreibung der ausgehenden Karolingerzeit", in *Deutsches Archiv für Geschichte des Mittelalters* 23 (1967), S. 1-30, hier S. 16; H. Wolfram, „Fortuna in mittelalterlichen Stammesgeschichten", in *Mitteilungen des Instituts für österreichische Geschichtsforschung* 72 (1964), S. 1-33, hier S. 3. - Der Ausweg, das negativ Zufällige als Prüfung anzunehmen, findet sich schon in der Antike, siehe J. Küpper, in diesem Band S. 184, Anm. 43.

[6] Zum Grundtypus: S. Ringler, „Zur Gattung Legende", in *Würzburger Prosastudien II - Festschr. Kurt Ruh,* München 1975, S. 255-270. Zum Gegentypus: E. Dorn, *Der sündige Heilige in der Legende des Mittelalters,* München 1967; A. Gier, *Der Sünder als Beispiel,* Frankfurt a.M. 1977.

bei jenem mit dem Sünderheiligen als Protagonisten, beschränkt sich die Bewegung also auf Entscheidungen und Umbrüche.

Auch diese hagiographischen Muster haben sich, wenngleich sie in ihrer Primitivität ebenfalls nicht befriedigen konnten, über Jahrhunderte gehalten, denn sie besaßen, wie das pädagogische Schema, den Vorteil, im Prinzip ohne einen erklärungsbedürftigen Rest auszukommen.

Aber die Rückkehr der von den Kirchenvätern verbannten Fortuna war unvermeidbar. Sie hatte ihr großes Comeback in des Boethius *Consolatio philosophiae.*[7] Hier wird der Fortuna das Wechselhaft-Irdische als Machtbereich zugewiesen, aber sie wirkt dabei im Dienste der Providentia Dei. Ihr Tun ist zwar in diesem Dienst nicht an sich sinnvoll, sonst wäre sie nicht das Zufällige, aber es ist doch sinnstiftend in seiner Sinnwidrigkeit. Das heißt: Der Fortuna als dem Prinzip des Vergänglichen aller irdischen Güter ist Macht gegeben, damit der Mensch über die Erfahrung der Vergänglichkeit auf den Weg zum unvergänglichen Guten gewiesen werde. In einem Lehrgespräch mit der personifizierten Philosophie wird das Erzähler-Ich des aus dem irdischen Glück herabgestürzten Boethius zur Einsicht in die wahren Werte, also derjenigen Werte, die der Fortuna nicht unterworfen sind, hingeführt. Das Zufällige gibt somit den Anstoß, aus dem Bereich des Kontingenten auszutreten. Das Ziel des damit eröffneten Weges ist die Überwindung der Verfallenheit an das Vergängliche und die Einigung mit dem Göttlichen, die „*adeptio divinitatis*".[8]

Dabei gibt es zwar auf der Subjektseite noch immer den entscheidenden Umkehrpunkt, die Wende von den falschen zu den wahren Gütern, doch von diesem Punkt aus kommt es zu einem kontinuierlichen Prozeß philosophischer Erkenntnis, verstanden als Aufstiegsweg zunehmender Vergeistigung. Der subjektive Spielraum ist nicht auf den einen Entscheidungsmoment eingeengt, sondern er ist nun für eine fortschreitende Erfahrung offen. Dabei bleibt sie jedoch jener positiven Perspektive verpflichtet, auf die sie durch die Wende ausgerichtet worden ist. Das bedeutet: Es besteht hier noch nicht die Möglichkeit, die subjektive Kontingenz zu einem wirklichen Erfahrungsraum auszuweiten, denn die Möglichkeit von Erfahrung ist im Grunde weiterhin auf den Umbruch vom Negativen zum Positiven beschränkt: der Schock, den das Objektiv-Zufällige mit seiner Härte auslöst, trägt das Subjekt sogleich über die Bruchstelle subjektiver Kontingenz hinweg. Dementsprechend nimmt die objektive Kontingenz alles Negative in sich auf. Insofern die Fortuna diese Lizenz zum Negativen besitzt, entlastet sie Gott von der Verantwortung für das Sinnwidrige, das in Welt und Geschichte geschieht.

Kontingenz ist als Spielraum des Möglichen an sich wertfrei. Wenn das Zufällige aber mit dem Vergänglichen gleichgesetzt wird, kommt es zu einer ten-

---

[7] Grundlegend zur Fortuna-Konzeption des Boethius: Frakes, *The Fate.*
[8] Krit. Ausgabe von L. Bieler, Turnholti 1957 (CCSL 94), III, 10, 23.

denziell negativen Bewegung im kontingenten Raum. Das Symbol der mittelalterlichen Fortuna ist das Rad. Es kann zwar den Menschen im Prinzip ebensogut nach oben tragen wie ihn abstürzen lassen, aber die Symbolik akzentuiert doch den Absturz; die Vergänglichkeit zielt auf den Tod.[9]

Damit stellt sich die Frage, ob diese Bindung zwischen dem Zufälligen und dem Vergänglichen zwingend ist, ob der Zufall grundsätzlich dem Tod zuarbeitet. Dann wäre der Raum der Kontingenz doch nicht neutral, vielmehr wäre das Geschehen in diesem Raum von einer untergründigen tödlichen Tendenz bestimmt. Murphy's Law ist die moderne Formulierung dieser Neigung des Zufälligen zum Negativen.[10]

Der Grundgedanke des Boethius, daß man sich der Fortuna entziehen kann, indem man sich jenen Gütern zuwendet, die sie einem nicht zu nehmen vermag, da sie sie nicht gegeben hat, dieser Gedanke ist antik. Er war - quer zum kultischen Umgang mit der Fortuna - der philosophische Lösungsvorschlag zum Zufallsproblem. Seneca hat ihn am prägnantesten formuliert.[11] Und man hat schließlich sogar die These gewagt, daß die Virtus die Fortuna zu besiegen vermöge.[12] Und doch hat das Konzept des Boethius im Grunde nichts mehr mit dieser antiken Lösung zu tun. Denn die Fortuna der *Consolatio* ist nicht mehr die Beliebigkeit schlechthin, sondern sie ist zum Werkzeug eines höheren Zwecks geworden.

Nun war der *Consolatio philosophiae* bekanntlich - nicht zuletzt durch Kommentierungen und Übersetzungen - ein Jahrhunderte dauernder Erfolg

---

[9] Zur Ikonographie des Fortunarades: Doren, „Fortuna", S. 71f., mit der älteren Literatur in den Anmerkungen; vgl. auch S. 86ff.; P. Courcelle, *La Consolation de Philosophie dans la Tradition Littéraire - Antécédents et postérité de Boèce,* Paris 1967, S. 141ff.; M. Schilling, „Rota Fortunae - Beziehungen zwischen Bild und Text in mittelalterlichen Handschriften", in *Deutsche Literatur des späten Mittelalters, Hamburger Colloquium 1973,* Berlin 1975, S. 293-313.

[10] A. Bloch, *Gesammelte Gründe, warum alles schiefgeht, was* schiefgehen *kann – Murphy's Gesetze in einem Band,* München 1977. Die wissenschaftliche Relevanz des Gesetzes ist jedenfalls erwiesen: siehe W. Harding, „Thoreau's Text And Murphy's Law", in *Emerson Studies Quarterly - A Journal of the American Renaissance* 33 (1987), S. 202-211. - Murphy's Law geht auf den amerikanischen Sicherheitsingenieur Edward Aloysius Murphy zurück. Er hatte 1949 für die US-Luftwaffe einen Test durchzuführen, bei dem es darum ging festzustellen, wieviel Mal der menschliche Körper seine eigene Erdanziehung zu verkraften vermag. Zu diesem Zweck wurden den Testpiloten 16 Sensoren angelegt, die an ein Meßgerät angeschlossen wurden. Sämtliche Sensoren wurden falsch angeschlossen, obschon es nur jeweils zwei Anschlußmöglichkeiten gab. Daraufhin soll Murphy gesagt haben: ‚Wenn etwas falsch gemacht werden kann, dann macht es auch jemand falsch'. Die Äußerung wurde als Murphy's Law kolportiert, und es entstand eine ausufernde ‚Murphologie', in der das ‚Gesetz' unzählige Abwandlungen erfuhr. Die schönste ist, meiner Meinung nach, jene, die das Gesetz selbst da, wo es nicht zu greifen scheint, sein Ziel erreichen läßt: ‚Wenn etwas nicht schiefgeht, obschon es hätte schiefgehen können, dann stellt sich am Ende heraus, daß es besser gewesen wäre, wenn es schiefgegangen wäre.' Damit wird die Formel zum negativen Gegenstück der oben S. 153 erwähnten Erklärung des Mißverhältnisses von Verdienst und Glück, und sie ist ebenso unschlagbar wie diese.

[11] Vgl. Frakes, *The Fate,* S. 17.

[12] Ebd., S. 14f.

beschieden.[13] Man könnte also denken, daß damit eine Lösung des Fortunaproblems gefunden worden sei, die weitgehend zu überzeugen vermochte. Daß dem nicht so war, zeigt die fortwährende Virulenz des Themas, die insbesondere seit dem 12. Jahrhundert an der erneuten intensiven Beschäftigung mit der Frage abzulesen ist. Denn unbefriedigend, weil für die Lebenspraxis kaum förderlich, war am Konzept des Boethius die Identifizierung des Kontingenten mit dem Vergänglichen und damit der negative Akzent auf dem Irdischen, was im Prinzip keine Handhabe für eine konkrete Daseinsbewältigung bot. Fürstenlehren - wie z. B. der *Alexander* Rudolfs von Ems - standen demgegenüber vor der Aufgabe, einen Weg zu weisen, wie mit dem Zufälligen positiv umzugehen war. Um das zu ermöglichen, mußte man den Bereich des Kontingenten aus seiner negativen Perspektive befreien, also dem Kontingenten den ganzen Spielraum zwischen Glück und Unglück zurückgeben; oder als Programm formuliert: man mußte zu zeigen versuchen, daß es möglich war, sich zwar vom Fortunarad hochtragen zu lassen, aber auf der Höhe den Absturz zu vermeiden. Dabei griff man auf das antike Muster ‚Virtus gegen Fortuna' zurück, und die Tugend, die nun die Fortuna insbesondere in Schach halten soll, ist die „mesure", die „mâze", die besonnene Balance auf der Höhe des Erfolgs: Wer sein Glück nicht forciert, hat eine gute Chance, es zu bewahren - so die Lehre Rudolfs von Ems, die er mit dem *Alexanderroman* Konrad IV. mit auf den Weg gibt.[14]

In dem Maße, in dem man wieder mit einem Kontingenzbereich rechnet, in dem das Zufällige positiv oder negativ sein kann, im selben Maße öffnet sich ein Freiraum für eine produktive Lebensgestaltung und damit auch für eine Sinnfindung in einem offenen Horizont. Letzteres impliziert eine Erweiterung des subjektiven Erfahrungsspielraums. Es wird nunmehr ein Zusammen- und Gegenspiel des Einzelnen mit dem Objektiv-Zufälligen denkbar. Anders als bei der ausschließlich negativen Erfahrung des Zufälligen bei Boethius ist es nun sowohl möglich, auf Zufälliges zu treffen, das die eigene Intention trägt, wie auch auf Zufälliges, das ihr zuwiderläuft. Das gelingende Zusammenspiel stellt sich als Glück, das Scheitern als Unglück dar. Je größer der Spielraum des Kontingenten, um so größer die Möglichkeit der Glückserfahrung - aber auch des Gegenteils. Wo Kontingenz geleugnet wird - also im Bereich der Notwendigkeit -, gibt es kein Glück, sondern nur die Gnade.

Solange die Kontingenz als ein Spielraum im Rahmen einer festen Ordnung verstanden wird, kann allein das Maß mit Rücksicht auf diese Ordnung die ak-

---

[13] Vgl. Courcelle, *La Consolation.*

[14] Vgl. H. Brackert, *Rudolf von Ems - Dichtung und Geschichte*, Heidelberg 1968; W. Schouwink, *Fortuna im Alexanderroman Rudolfs von Ems - Studien zum Verhältnis von Fortuna und Virtus bei einem Autor der späteren Stauferzeit,* Göppingen 1977 (GAG 212); W. Haug, *Literaturtheorie im deutschen Mittelalter - Von den Anfängen bis zum Ende des 13. Jahrhunderts,* Darmstadt [2]1992, S. 299ff.

tive Bewegung im Bereich des Zufälligen legitimieren. Denn Maßlosigkeit hieße, die Ordnung selbst der Kontingenz zu unterwerfen: Hybris ist Rebellion gegen die göttliche Ordnung, sie ist die Ursünde. Dies ändert sich im späteren Mittelalter mit den sozialen Umwälzungen, den Veränderungen des Weltbildes durch die neuen naturwissenschaftlichen Erkenntnisse und eine zunehmend das Subjekt in den Vordergrund rückende Philosophie. Praktisch und theoretisch wird damit die überkommene Ordnung des Kosmos und der Gesellschaft in Frage gestellt, d. h., sie wird nun als unstabil bzw. veränderbar angesehen, also in den Bereich des Kontingenten hereingezogen.

Das führt zu einer tiefgreifenden Wandlung des Kontingenzbewußtseins. Der Zufall wird zur Chance. Das Kalkül stellt sich dem Risiko. Die Veränderbarkeit der Welt provoziert das subjektive Wagnis, das Spiel mit dem Glück.

Je stärker jedoch der Bereich dessen eingeschränkt wird, was auf der Objektseite der Notwendigkeit gehorcht, je mehr sich also der Spielraum des Kontingenten erweitert, um so nachdrücklicher steht auch der Sinn menschlichen Tuns zur Debatte. Wer sein Glück sucht, muß damit auch Sinn setzen, und geschähe dies nur dadurch, daß er das Gelingen schlechthin zum Sinn erklärt. Das kann in seiner Kurzsichtigkeit natürlich nicht tragfähig sein, es wird deshalb um die Frage gehen, ob es möglich ist, das Streben nach dem Glück in einen sinnvollen Lebensentwurf einzubeziehen: Wie ist das kalkulierte Sich-Einlassen auf das Kontingente in seinen Ergebnissen, dem Glück oder dem Unglück, so durchzuspielen, daß es sich einer vom Subjekt gesetzten Sinnperspektive einfügt? Je mehr sich der Raum des Kontingenten erweitert, um so stärker wird das Subjekt von dieser Sinnfrage gefordert. Doch subjektive Sinnentwürfe sind diskutierbar, auch das Glück braucht nicht an sich schon sinnvoll zu sein. Während das objektiv Notwendige immer auch das Gute gewesen war, gerät die subjektive Sinnsetzung ins moralische Dilemma, denn mit der Preisgabe der objektiven Ordnung geht auch die eindeutige Opposition von Gut und Böse verloren. Bloßes Gelingen steht jenseits von Gut und Böse, oder besser gesagt: es ist gut und böse zugleich, jedenfalls für die Mitbetroffenen, möglicherweise aber auch für den Glücklichen selbst. Es ist nicht überraschend, daß die Frage nach Sinn und Unsinn von Glück oder Unglück zu einem der zentralen Themen der neuen Novellenliteratur am Ende des Mittelalters wird. Boccaccio widmet ihr zwei Erzähltage.[15]

Literarische Paradebeispiele für die Entdeckung der Problematik, die im Glück steckt, sind die frühneuhochdeutschen Prosaromane *Melusine* von Thüring von Ringoltingen und der anonyme *Fortunatus:*

---

[15] Es handelt sich um den zweiten und den dritten Tag: der zweite Tag bringt Geschichten von überraschenden Glücksfällen, der dritte Geschichten vom Glück aufgrund beharrlicher Bemühungen. Im übrigen ist Fortuna selbstverständlich im *Dekameron* ein durchgängiges Thema.

Melusine, die sich jeweils am Samstag halb in eine Schlange verwandelt, ist geradezu die Verkörperung der Zwiegesichtigkeit des Glücks. Sie rettet zwar Raymond, der auf einer Jagd unbeabsichtigt seinen Herrn getötet hat, und verhilft ihm zu Ansehen und Reichtum. Aber auf diesem Glück lastet die Untat, der es sich verdankt: die Kinder Melusines und Raymonds haben als Zeichen der Verflechtung von Gut und Böse fast alle einen körperlichen Makel, und so kann denn auch das Böse in ihnen durchbrechen. Die Zwiespältigkeit Melusines aber wird indessen durch ein Tabu verdeckt. Raymond darf nicht nachforschen, was sie am Samstag tut. Doch er bricht das Tabu, er sieht die Verwandlung seiner Frau. Aber merkwürdigerweise bringt das nicht die erwartete Katastrophe mit sich. Erst als Raymond im Zorn über die Untat eines seiner Söhne Melusine öffentlich als Schlange beschimpft und ihr die Schuld an dem ungeratenen Sohn zuschiebt, kommt der Tabubruch zur Wirkung: Melusine verschwindet für immer. Es ist die Unfähigkeit Raymonds, die unauflösbare Ambivalenz des Glücks, das in ihm verschränkte Böse und Gute, zu akzeptieren und den Zwiespalt mit seiner Frau gemeinsam zu tragen, die die Ehe zerstört.[16]

Im *Fortunatus* erscheint das Glück objektiviert in einem Geldsäckel, das nie leer wird. Und der Held hat es sich selbst gewählt, denn er hätte von der Glücksfee auch andere Gaben bekommen können; Weisheit vor allem wäre die Alternative gewesen. Aber nur das Geld erlaubt das, worauf es nun ankommt: das Spiel mit der Chance, denn Geld kann sich als Segen oder Fluch erweisen; die Klugheit des Helden ist angesichts der Fatalitäten, in die ihn das Glückssäckel bringt, immer wieder neu gefordert. Und der Ausgang des Zusammen- und Gegenspiels von Kalkül und Zufall ist durchaus offen: Fortunatus geht erfolgreich daraus hervor, doch seine Söhne scheitern. Weshalb, ist im Grunde nicht ersichtlich - auch das Ende hängt am Zufall.[17]

II

Ich halte noch einmal fest: Was geordnet erscheint, besitzt seinen Sinn in dem Gesetz, dem es unterworfen ist. Wenn alles der Notwendigkeit einer Ordnung gehorcht, ist alles sinnbezogen. Der Spielraum auf der Subjektseite besteht dann, wie gesagt, nur darin, sich der Ordnung einzufügen oder sich ihr zu verweigern. Letzteres heißt soviel, wie sich der Sinnlosigkeit ausliefern. Ersteres

---

[16] K. Schneider (Hg.), *Thüring von Ringoltingen, Melusine,* Berlin 1958. Thürings Fassung entstand 1456. Vgl. W. Haug, „Francesco Petrarca - Nicolaus Cusanus - Thüring von Ringoltingen - Drei Probestücke zu einer Geschichte der Individualität im 14./15. Jahrhundert", in *Individualität,* hgg. M. Frank/A. Haverkamp, München 1988 (Poetik und Hermeneutik XIII), S. 291-324, hier S. 316ff.; A. Mühlherr, ‚*Melusine*' *und* ‚*Fortunatus*', Tübingen 1993 (Fortuna vitrea 10).

[17] Als Druck 1509 überliefert. Vgl. M. Wis, *Verf. Lex.* ²2, Sp. 796ff.; Mühlherr, ‚*Melusine*'.

heißt, Welt und Geschichte in ihrer Sinnbezogenheit sehen, genauer: diese aufdecken, letztlich: Welt und Geschichte in einen Sinnhorizont von universaler Gültigkeit stellen.

Den Kirchenvätern und der von ihnen abhängigen Tradition ist dies über das allegoretische Interpretationsverfahren gelungen, und zwar lückenlos, weil es auf einen Sinnzusammenhang in Welt und Geschichte nicht angewiesen ist; ja die Wirklichkeit kann in punktuellen Bezügen auf den heilsgeschichtlichen Horizont hin ohne Bedenken aufgesplittert werden, und dies bis hin zur Auflösung auch der einzelnen Gegenstände durch eine isolierte Deutung ihrer verschiedenen Eigenschaften. So wird z.B. im *Physiologus* gesagt, das Einhorn sei ein kleines, aber sehr wildes Tier. Es trage ein Horn auf dem Kopf. Man könne es nur in der Weise einfangen, daß man eine Jungfrau dahin bringe, wo es sich aufzuhalten pflege. Wenn es die Jungfrau erblicke, springe es in ihren Schoß, schlafe da ein und könne so gefangen und in den Palast des Königs gebracht werden. Die Allegorese: Das eine Horn bedeutet, daß der Sohn und der Vater eins sind. Daß das Einhorn ein sehr wildes Tier ist, bedeutet, daß niemand, weder die Engelchöre noch die Hölle, den Gottessohn an seinem Erlösungswerk hindern konnten. Daß es klein ist, bedeutet die Demut, die in der Inkarnation zum Ausdruck kam, und daß das Einhorn nur im Schoß einer Jungfrau gefangen werden kann, bezieht sich selbstverständlich auf die Geburt Christi durch Maria.[18]

Auf der andern Seite erlaubt es diese Aufsplitterung aber wiederum, Querbezüge im Horizont der Bedeutungen herzustellen, was zu einer Kunst universaler Kombinatorik führen kann. Ein Paradebeispiel sind die allegoretischen Siebnerreihen, die in immer neuen Varianten, auch in der vulgärsprachlichen Literatur, durchgespielt worden sind. So werden z. B. in einem Septenarschema der Innsbrucker Hs. 652 aus dem 12. Jahrhundert die sieben Patriarchen Adam, Noah, Abraham, Isaak, Jacob, Moses und David auf die sieben Gaben des Heiligen Geistes bezogen, diese spiegeln sich in den sieben Seligpreisungen, die wiederum in den sieben Stationen des Lebens Christi ihre Entsprechung finden, und diese korrespondieren schließlich den sieben Bitten des Vaterunsers.[19]

Bei diesem Schema hat man es noch mit einer relativ schlichten Korrelation zu tun. Man kann über dieses Verfahren aber durchaus zu einem geschichtli-

[18] F. Sbordone (Hg.), *Physiologus*, Mediolani/Genuae/Romae/Neapoli 1936, Nr. 22, S. 78ff. Zur Tradition insgesamt: J.W. Einhorn, *Spiritalis unicornis*, München 1976 (MMS 13). Vgl. auch N. Henkel, *Studien zum Physiologus im Mittelalter*, Tübingen 1976 (Hermaea NF 38), S. 168ff.

[19] A. Waag/W. Schröder (Hgg.), *Kleinere deutsche Gedichte des 11. und 12. Jahrhunderts*, Tübingen 1972, I, S. 74. In der Innsbrucker Hs. 652 sind vor diesem Schema zwei deutsche Septenargedichte überliefert, eine *Auslegung des Vaterunsers* - Waag/ Schröder I, S. 68ff.; vgl. E. Papp, *Verf. Lex.* ^{2}1, Sp. 554-556 - und *Von der Siebenzahl* - Waag/Schröder I, S. 86ff. - Zum gesamten Komplex siehe V. Schupp, *Septenar und Bauform*, Berlin 1964.

chen und kosmischen Universalsystem gelangen. Eine besonders ingeniöse Variante stellt Priester Arnolts Gedicht *Von der Siebenzahl* dar:[20] Der Heilige Geist hat mit seinen sieben Gaben Natur und Geschichte so durchwirkt, daß überall Siebnerstrukturen aufgedeckt werden können, in der Heilsgeschichte die sieben Stationen des Lebens Christi, die auch in den sieben Siegeln der *Johannesoffenbarung* verschlüsselt sind, im Kosmos die sieben Himmel, die sieben Planeten, die sieben Sonnen, die sieben Mondphasen, die sieben Wochentage, im Mikrokosmos die sieben Phasen in der Entwicklung des Embryos, die sieben Lebensalter, die sieben freien Künste, das siebenteilige Bußverfahren. Darauf folgen noch geschichtliche Heptaden, und das Gedicht endet im siebenfachen Lob des Heiligen Geistes. Und als Principium dieses Universalsystems in Septenaren wird gar ein Deus septiformis angesetzt.

Dieses allegoretisch-kombinatorische Auslegungs- und Darstellungsverfahren mag künstlich, vielleicht kunstvoll, jedenfalls aber beliebig erscheinen. Es darf jedoch insofern nicht in dieser Weise verstanden werden, als die sinnhaltige Prägung der Welt durch Gott vorausgesetzt und die Interpretation aufgrund der Wirkung des Heiligen Geistes entsprechend verankert ist. Der Deutungsprozeß bewegt sich also in einem geschlossenen Raum, im Raum der Heilsgeschichte, und dies gilt auch im Hinblick auf die Position des Interpreten: er wird über den Akt des Interpretierens in den Erlösungsvorgang hineingezogen, denn in diesem Akt wirkt der Heilige Geist sein Werk. Der Heilige Geist zehrt also alles Kontingente auf - nur wer sich ihm entzieht, bleibt im Zufällig-Sinnlosen stecken.

Es gibt nun das allegoretische Verfahren auch in einer profanen Variante. Dabei kann man sich selbstverständlich nicht mehr auf einen durchgängigen Sinnhorizont beziehen. Aber es genügt, das Besondere als eine Erscheinungsform eines Allgemeinen zu verstehen, um das Kontingente, das die Variation ermöglicht, als Akzidentelles zu bagatellisieren. Konkret: Welt und Geschichte werden exemplarisch aufgefaßt. Die Sinnfindung ist dabei nicht nur, wie üblich bei der Allegorese, im Ansatz punktuell, sondern sie bleibt es auch; es kann von der exemplarischen Weltbetrachtung aus zu keinem universalen kombinatorischen Prozeß kommen. Man beruhigt sich beim Einzelfall, d.h. bei der Lehre, die er in seiner Beispielhaftigkeit bietet.

Man kann sagen, exemplarisches Denken sei eine moralisch verkürzte Form der Allegorese - was natürlich nicht historisch, sondern nur deskriptiv zu verstehen ist. Verkürzt meint zugleich kurzsichtig. Denn wenn man glaubt, daß man sich bei der Reduktion der Welt und der Geschichte auf das Exemplarische beruhigen könne, so erweist sich dies als eine Täuschung. Man braucht die Exempla nur zu sammeln - was man im Mittelalter in großen Kompendien

[20] F. Maurer (Hg.), *Die religiösen Dichtungen des 11. und 12. Jahrhunderts,* Tübingen 1970, III, S. 53ff.; vgl. P. Ganz, *Verf. Lex.* ²1, Sp. 489ff.

ja auch getan hat -, um zu entdecken, daß auf der einen Seite die Exempla vieldeutig sind und auf der andern für jeden Sachverhalt sich widersprechende Beispiele zur Verfügung stehen. Die Allegorese im Bereich des Profan-Exemplarischen offenbart nun jene Beliebigkeit des Verfahrens, die in der christlichen Hermeneutik durch den Gedanken der Inspiration aufgefangen werden konnte. Die Kontingenz, die durch die Allegorese aus der Welt und der Geschichte ausgetrieben worden war, kehrt damit auf der Ebene der Deutung zurück. So führt das exemplarische Denken letztlich zu einer Hermeneutik, für die die Wahrheit sich als kontingent erweist.

Man kann daraus sehr unterschiedliche Folgerungen ziehen. Niemand hat sie so vortrefflich beschrieben wie Peter von Moos, von dem ich mich beim folgenden Überblick habe anregen lassen:[21]

Es ist möglich, das exemplarische Denken doch wieder christlich zurückzubinden. Die Widersprüchlichkeit des Beispielhaften kann dabei zur Einsicht in die Ungewißheit menschlicher Erkenntnis führen und zu Bescheidenheit und Demut mahnen: Alles menschliche Erkennen trägt den Stempel der Vorläufigkeit; was sich hier auf Erden in einer Vielfalt von Aspekten zeigt, ist eins in der Wahrheit Gottes.

Dem steht - historisch vielfältig mit der christlichen Position verschränkt - die humanistische Haltung gegenüber. Sie ist gekennzeichnet durch den Versuch, die Deutungsmöglichkeiten in der Schwebe zu lassen. Das impliziert eine Lebenskunst der Zurückhaltung, des Zögerns, des Aufschubs, der Toleranz. Man bekennt sich also dezidiert zu den Widersprüchen des exemplarischen Verfahrens, ja, man führt sie in Beispielreihen vor, die zu immer weiterer Fortsetzung drängen.

Das kann schließlich eine kreative Vieldeutigkeit anstoßen, wie sie insbesondere für das integumentale Verfahren des 12. Jahrhunderts von Peter Godman als charakteristisch herausgestellt worden ist.[22] Damit ist ein Gegenpol zum universalen Sinnbezug der Allegorese erreicht, denn hier geht es nicht mehr um Kombinatorik, sondern um das Ausschöpfen der Sinnpotentiale in ihrem ganzen ambigen Reichtum. Es kommt dadurch zu einer Überwindung der Allegorese in einem freien literarischen Experimentieren, das als ein Philosophieren in Bildern zu verstehen ist und dessen Sinn letztlich in der kreativen Denkbewegung selbst liegt.

---

[21] *Geschichte als Topik - Das rhetorische Exemplum von der Antike zur Neuzeit und die historiae im ,Policraticus' Johanns von Salisbury,* Hildesheim/Zürich/New York 1988, insbes. S. 302ff., S. 322, S. 356f., S. 384. - Mehrfach kommt von Moos übrigens auf die auffällige Verwandtschaft in der Geisteshaltung zu sprechen, die die Exempeldenker des 12. Jahrhunderts, insbesondere Johannes von Salisbury, mit Montaigne verbindet. Man hat es also jenseits der historischen Nuancierungen durchaus mit einer allgemeinen anthropologischen Position zu tun.

[22] P. Godman, „Opus consummatum, omnium artium ... imago - From Bernard of Chartres to John of Hauvilla", in *Zeitschrift für deutsches Altertum und deutsche Literatur* 124 (1995), S. 26-71.

So schlägt denn die mit dem exemplarischen Denken intendierte Absicherung gegenüber dem Kontingenten in ihr Gegenteil um. Die Kontingenz wird geradezu zur Pointe in der Selbstreflexion des poetisch-hermeneutischen Verfahrens. Am Ende der Entwicklung steht der Zweifel an jeder Form von gesicherter Relation: Wesen und Erscheinung, Ursache und Folge sind in ihrem Verhältnis nicht mehr zu durchschauen. Kurt Flasch und Peter von Moos haben versucht, Boccaccio in diesem Sinne zu lesen.[23] Die erste und die letzte Novelle des *Dekameron* setzen die entscheidenden Signale. Die Geschichte von Cepparello demonstriert die radikale Ungewißheit in Hinsicht auf den Zusammenhang von Erscheinung und Wesen; im Beichtiger, der auf den Heuchler hereinfällt, scheitert die traditionelle Wissenschaft der Entsprechungen zwischen Innen und Außen, Wahrheit und Ausdruck, Sein und Wort.[24] Gegenüber der *Griseldis* verzweifelt jede Interpretation an den inneren Widersprüchen der Erzählung. Man kann von einer ‚Reiznovelle' sprechen, die Anleitung geben soll zum richtigen, d. h. unauflöslich vieldeutigen Verständnis des ganzen Werkes. Es verwundert nicht, daß sich Petrarca bei seiner *Griseldis*-Version wieder in die rettende Allegorese geflüchtet hat![25] Vor dem Anspruch dieser Kunst der Ambiguität müssen alle Simplifikateure auf der Strecke bleiben. Die Kontingenz wird nun also nicht nur akzeptiert, sondern poetisch forciert, um dem Unerhörten als dem unrückführbar Einmaligen und Individuellen, also dem dezidiert Anti-Exemplarischen, Raum zu geben.

Weitere Schattierungen in der Haltung hermeneutischer Kontingenz sind zu notieren: Von der Souveränität des heiteren Geschehen-Lassens ist es nur ein kleiner Schritt zur Melancholie, zur Dauerbetrübnis darüber, daß man im Zwiespalt des Widersprüchlichen unfähig geworden ist zu handeln: das Hamlet-Syndrom. Oder aber - die Gegenmöglichkeit - das Lächeln kippt ins Lachen um. Die Affinität des Exempels zum Schwank ist nicht zu übersehen. Das Lachen gestattet es, Widersprüche zugleich zu akzeptieren und zu überspielen. Das komische Exempel hebt seine eigene Beispielhaftigkeit auf, indem es das, was es moralisch anprangert, insgeheim bejaht. Als Musterfall kann die *Witwe von Ephesus* gelten.[26]

[23] K. Flasch, „Die Pest, die Philosophie, die Poesie - Versuch, das Decameron neu zu lesen", in *Literatur, Artes und Philosophie,* hgg. W. Haug/B. Wachinger, Tübingen 1992 (Fortuna vitrea 7), S. 63-84. Siehe auch ders., *Giovanni Boccaccio - Poesie nach der Pest,* Mainz 1992, und von Moos, *Geschichte* , S. 228 Anm. 519.

[24] Flasch, „Die Pest", S. 82ff., stellt dabei einen Zusammenhang mit der Philosophie Ockhams her, die Boccaccio nachweislich kannte und hochschätzte: „Ockham hatte sorgfältig gezeigt: Schlüsse von den Akzidentien auf die Substanz, von den Aktionen auf den Habitus, auf ethische Haltungen, vom eigenen Seelenleben auf das fremde, von Wirkungen auf die Ursache hätten nur Sinn als hypothetische Vorwegnahme einer empirischen Beobachtung und ständen allesamt unter dem Allmachtsvorbehalt. Da die Allmacht jede Zweitursache ersetzen kann, erscheint der gewohnte Zusammenhang von Eigenschaft und Wesen, von Grund und Folge als kontingent" (S. 82).

[25] Dazu von Moos, *Geschichte,* S. 227ff., mit der einschlägigen Literatur.

[26] Für das Verhältnis zwischen der Schein- und Täuschungswelt, die in den Widersprüchlichkeiten

III

Die Basis der Allegorese bilden Welt und Geschichte; dabei erweist das allegoretische Verfahren das Faktische als sinngeprägt. Die Exemplarik stützt sich nach Möglichkeit ebenfalls auf faktisch (oder angeblich faktisch) Geschehenes, da eine solche Verankerung die Plausibilität des Beispielhaften erhöht.[27] Erfundene Exempla - z.B. Fabeln - sind von eingeschränkter Verbindlichkeit. Anders gesagt: während die Beziehung der Allegorese zur Faktizität darin besteht, daß diese der Gegenstand des Deutungsverfahrens ist, sucht die exemplarische Interpretation die Faktizität um der Glaubwürdigkeit willen auf; d.h., die Deutung des Historischen ist nicht ihr Ziel, sondern nur Mittel. Man mag einwenden, das letztere gelte im Grunde auch für die Allegorese, denn sie diene schließlich dazu, den Interpreten in jenen Sinn hineinzuführen, den sie aufdecke. Als entscheidender Unterschied bleibt dennoch, daß die Allegorese Sinnfindung als Sinnverwirklichung ermöglicht, während das Beispielhafte keinen umgreifenden Sinnzusammenhang aufschließt, sondern nur einen Fundus von Präzedenzfällen bietet, der der Argumentation hier und jetzt zur Verfügung steht. Der allegoretische Prozeß wird dadurch legitimiert, daß der Sinn, der alles durchdringt, über die Inspiration auch im menschlichen Geist wirkt. Das Exempel dagegen stützt sich auf die Überzeugungskraft der Autorität, die es beglaubigt. Da aber die Autoritäten sich zu widersprechen pflegen, wird die Durchschlagskraft des einzelnen Exempels um so geringer, je größer der Fundus ist, über den man gebietet. Die Exempel erscheinen schließlich als bloß denkbare Möglichkeiten, und so wird man frei, sich solche Möglichkeiten auch zu erfinden.

Damit öffnet sich der Weg zur Fiktion. Und sie ist auch theoretisch schon früh als Veranschaulichung einer Wahrheit zugelassen worden.[28] Dabei wird in der Regel, wenn es auch allenthalben zu Grenzverwischungen kommt, ihr minderer Rang gegenüber dem historischen Exempel festgehalten. Es bedeutet deshalb einen epochalen Schritt, wenn man im 12. Jahrhundert die fiktionale Darstellung von der Bindung an das Exemplarische löst und zur freien Fiktionalität übergeht. Dieser Schritt schließt ein, daß man sich der fiktionalen Erfindung bewußt ist und sich Rechenschaft darüber gibt, wie sie als fiktionale dennoch Sinn zu vermitteln vermag. Die These für eine solche Sinnvermittlung lautet: Nachvollzug eines narrativen Experiments.[29] Die Literatur etabliert sich

---

exemplarischer Geschichten offenbar wird, und dem Lachen ist das *Heptaméron* der Marguerite de Navarre aufschlußreich. Dazu: W. Haug, „Der Schatten des Kopfes der Kammerzofe - Der zwielichtige Platonismus im *Heptaméron* der Marguerite de Navarre", in Haug/Wachinger, *Literatur*, S. 85-116, hier S. 110ff.

[27] Von Moos, *Geschichte,* S. 157ff., S. 238ff. u. ö.

[28] Vgl. ebd., S. 403 Anm. 809, mit der einschlägigen Literatur.

[29] Haug, *Literaturtheorie,* S. 104ff., S. 119ff.

damit als ein eigenständiger Bereich, in dem genuin Erfahrung möglich wird. Die Prologe und die literaturtheoretischen Stellen der neuen Erzählliteratur, voran des arthurischen Romans, zeigen, in wie hohem Maße diese Wende reflektiert worden ist.

Der Bereich des Fiktionalen steht unter dem Vorzeichen der Kontingenz, denn die literarische Erfindung ist völlig in das Belieben des Dichters gestellt. Sie ist deshalb auch unverbindlich. Aber gerade deshalb eignet sie sich vorzüglich dazu, Kontingenz zu diskutieren, indem man diese narrativ zur Reflexion bringt. Und dies war denn auch das erste, was der neue fiktionale Roman getan hat.

Im Bereich der erzählerischen Fiktion, wiewohl er an sich kontingent ist, gibt es selbst keine echte Kontingenz. Der Dichter kann zwar mit Zufällen arbeiten, aber diese Zufälle sind als fiktionale geplant. Vom dichterischen Entwurf aus gesehen sind also ‚Zufälle' der Struktur unterstellt; sie sind im Blick auf sie sinnvoll gesetzt. Gerade deshalb aber kann diese Zufälligkeit herausgehoben und zum Thema gemacht werden. Den Rittern, die vom arthurischen Hof ausziehen, stoßen auf ihrem Weg Aventüren zu, d. h. wörtlich: ‚Zufälliges'.[30] Und dieses Zufällige erscheint als solches auch als Sinnwidriges, konkret: als all das, was Sinn im Prinzip in Frage stellt: Gewaltsamkeit, Brutalität, Begierde, dies in der Gestalt von Räubern, Riesen, Verführern usw. Wenn der Held seine Aventüren besteht, überwindet er mit dem Zufälligen die sinnlose anti-arthurische Welt, durch die er hindurchzugehen hat.

Der neue fiktionale Erzähltypus setzt also den Zufall ein, um das Zufällige als das Sinnlose darzustellen und es durch den Helden überwinden zu lassen. Man entdeckt die freie Fiktionalität, um die Kontingenz, der sie unterworfen ist, dazu zu nützen, das Zufällige geplant auszuspielen, es über den Prozeß, den der Held durchläuft, zu dekuvrieren und zu zeigen, wie es zu bewältigen ist.

Die Welt der Aventüren ist abgesetzt vom Bereich des arthurischen Hofes, der sich als Gesellschaftsentwurf darstellt, in dem alle menschlichen Kräfte sich in einer idealen Balance befinden. Der Held zieht, da die arthurische Gesellschaft von der Gegensphäre herausgefordert wird, vom Hof aus, und er kehrt, nachdem er diese Herausforderung zurückgewiesen hat, wieder dahin zurück, d.h., er stellt am Ende die Idealität gegen das Zufällig-Sinnlose wieder her.

Aber nicht dieser konstruierte Aventürenweg als Demonstration der Überwindung des Negativen ist das Entscheidende - denn wenn es überhaupt möglich wäre, sich daraus eine praktische Handlungsanweisung abzuleiten, stünde man damit nur wieder auf dem Boden des Beispielhaften -, vielmehr geht es darum, die Konstruktion als solche zum Bewußtsein zu bringen, und das heißt, zugleich auch das Zufällige des Gelingens offenbar zu machen.

---

[30] Zum Begriff avanture/âventiure grundlegend: E. Eberwein, *Zur Deutung mittelalterlicher Existenz,* Bonn/Köln 1933, S. 27ff. Vgl. auch Haug, *Literaturtheorie,* S. 93ff.

Zwei Episoden auf dem Aventürenweg Yvains im gleichnamigen Artusroman Chrétiens de Troyes sind in dieser Hinsicht besonders aufschlußreich:[31] Yvain ist willens, Lunete, die seinetwegen des Verrats angeklagt ist und verbrannt werden soll, in einem Gerichtskampf zu retten. Indessen aber bedroht ein Riese einen Burgherrn: er will dessen Söhne umbringen, falls ihm nicht die Tochter ausgeliefert wird. Yvain möchte auch hier helfen. Aber während er auf den Riesen wartet, läuft er Gefahr, den Termin für den Gerichtskampf zu versäumen. Es ist nur ein Zufall, daß der Riese so rechtzeitig auftaucht, daß Yvain auch das andere Versprechen einlösen kann.

Später engagiert sich Yvain in einem Rechtsstreit für die jüngere Tochter des Grafen vom Schwarzen Dorn. Die ältere hat, ohne daß Yvain dies wüßte, seinen Freund Gauvain als Gerichtskämpfer gewonnen. So kommt es zu einem Kampf auf Leben und Tod zwischen den beiden Freunden, und nur die hereinbrechende Nacht verhindert eine Katastrophe. Die Pause bietet die Gelegenheit, sich zu erkennen zu geben, und man stellt mit Erschrecken fest, wie knapp man dem Unheil entgangen ist.

Der Dichter konstruiert also Situationen, die die Unwägbarkeit des Geschehens zum äußersten treiben, um dann willkürlich-zufällig doch eine glückliche Lösung zu inszenieren. Doch diese Zufallslösungen sind als solche so offenkundig, daß die poetische Konstruktion in die Augen fallen muß. Der Held und der Hörer oder Leser tragen also, wenn am Ende wieder die arthurische Harmonie erreicht ist, das Bewußtsein mit sich, daß die Überwindung des Zufällig-Sinnlosen letztlich selbst dem Zufall unterworfen ist, genauer: daß sich das Gelingen allein dem Willen des Dichters verdankt. Es gibt deshalb in diesen Romanen keine Lösung des Zufallsproblems, es gibt keine handfeste Lehre. Was hier erreicht werden kann und soll, ist allein ein neues Problembewußtsein. Man bietet eine ideale gesellschaftliche Vision im Wissen darum, daß sie nur unter der Bedingung realisierbar ist, daß man das Zufällige überwindet, was aber selbst wiederum nur zufällig sein kann, da es ins Belieben der Fiktion gestellt ist, es so oder so zu handhaben. Sinn ist nur denkbar über eine Erfahrung des Widersinnigen, die im Wissen um den Sinn potentiell präsent bleiben muß.

Wolfram hat die Verwandtenkämpfe im zweiten Teil seines *Parzival* nach dem Muster des Iwein-Gawein-Kampfes inszeniert.[32] Parzival und Gawan schlagen sich, bis Gawan zusammenzubrechen droht, und nur der Zufall, daß ein Knappe den Helden beim Namen ruft und Parzival auf diese Weise erfährt, wen er vor sich hat, verhindert einen Totschlag. Später bricht beim Kampf mit

[31] Chrestien de Troyes, *Yvain*, übersetzt und eingeleitet von I. Nolting-Hauff, München 1962, Text nach der Ausgabe von W. Foerster, Halle ^{4}1912, vv. 3563ff. und vv. 5872ff.

[32] Vgl. dazu W. Haug, „Parzival ohne Illusionen", in *Deutsche Vierteljahrsschrift für Literaturwissenschaft und Geistesgeschichte* 64 (1990), S. 199-217, insbes. S. 209ff.

dem ihm unbekannten Halbbruder Feirefiz im entscheidenden Augenblick Parzivals Schwert, so daß der Fremde großmütig auch seine Waffe weglegen kann. Hier ist nun nicht von Zufall, sondern ausdrücklich von göttlicher Gnade die Rede, und dies als Zeichen dafür, daß dem Helden seine Schuld vergeben ist, und die Schuld bestand u.a. in einem ersten, zufälligen Verwandtenmord, der Tötung des Roten Ritters. Und es ist - bedeutungsvoll - das dem Roten Ritter abgenommene Schwert, das im Feirefizkampf bricht.

Hier wird also das Bewußtsein von der Zufälligkeit des Gelingens in ein Bewußtsein vom göttlich geschenkten Gelingen verwandelt. Das heißt: der Dichter bindet den von ihm gesetzten Zufall in eine (fiktive) Providenz zurück.

Es gibt in dezidierter Opposition zu solchen Konstrukten auch die Gegenmöglichkeit. Sie verweigert einen Prozeß, über den die Zufälligkeit des Fiktional-Zufälligen zum Bewußtsein gebracht wird. Stattdessen wird das Geschehen dem Zufall ausgeliefert: die Aventüren des Helden mißlingen im Endergebnis. Die Fortuna hält mit ihrer ganzen verderblichen Macht in die Fiktion Einzug und verunmöglicht eine sinnhafte Bewältigung des Kontingenzproblems. Der mittelalterliche Paradefall ist der *Prosalancelot.*[33] Er versteht sich als vernichtende Kritik an einer Sinngebung, die sich einem fiktionalen Konstrukt verdankt, bei dem das Zufällige sich zufällig zum Guten wendet. Dabei unterschlägt diese Kritik, wie gesagt, den Sprung in die Reflexion. Konsequenterweise wird auch der Weg des Helden nicht mehr durch ein strukturelles Konzept bestimmt, das nicht nur den Sinn tragen, sondern zugleich auch die Bedingungen dieser Sinnkonstitution bewußt machen könnte. Die Handlung läßt Kalkül und Zufall chaotisch aufeinandertreffen, wobei der negative Zufall letztlich die Oberhand behalten muß. Die Kontingenz kann ihre Tendenz zum Tod mit ganzer Härte zur Geltung bringen.

Man kann sagen, das anthropologische Modell für den Umgang mit Kontingenz im klassischen arthurischen Roman und der seinem Strukturmuster folgenden Literaturtradition sei das Spiel. Es ist hier nicht der Ort, auf die überaus komplexe wissenschaftliche Diskussion des Spielbegriffs einzugehen.[34] Es muß genügen, daß ich jene Strukturelemente nenne, die sich dabei als wesensbestimmend herauskristallisiert haben und über die im großen ganzen Konsens besteht. Ich führe sie an, indem ich sie gleich schon in die Perspektive der Kontingenzproblematik stelle.

---

[33] Detaillierter ausgeführt in W. Haug, „Das Endspiel der arthurischen Tradition im Prosalancelot", in *Das Ende,* hgg. K. Stierle/R. Warning, München 1995 (Poetik und Hermeneutik XVI), S. 251-266.

[34] Nur einige wenige Titel, die mir für die folgende Argumentation wichtig waren: J. Huizinga, *Homo ludens,* Wien/Basel/Brüssel ³1938, Hamburg 1956; G. von Kujawa, *Ursprung und Sinn des Spiels,* Leipzig 1940; H. Rahner, *Der spielende Mensch,* Einsiedeln ⁵1960; F.G. Jünger, *Die Spiele - Ein Schlüssel zu ihrer Bedeutung,* Frankfurt a.M. 1953; E. Fink, *Oase des Glücks - Gedanken zu einer Ontologie des Spiels,* Freiburg/München 1957, und ders., *Spiel als Weltsymbol,* Stuttgart 1960; H.-G. Gadamer, *Hermeneutik I - Wahrheit und Methode,* Tübingen 1986 *(Ges.*

1. Gespielt wird in einem aus der faktischen Wirklichkeit ausgegrenzten Spielbezirk. Diese Ausgrenzung entlastet den Spieler von den lebensweltlichen Zwängen und damit auch von der Bindung an Konsequenzen. Die Setzung dieses Spielraums ist ein fiktionaler Akt, und er ist entsprechend unverbindlich. Man muß ihn freiwillig akzeptieren, wenn man spielen will. Und dieses Spielen steht damit im Prinzip unter dem Vorzeichen der Kontingenz.
2. Das Spiel ist Regeln unterworfen. Die Spieler verpflichten sich, diese Regeln einzuhalten. Dadurch wird die Kontingenz innerhalb des Spielbezirks eingeschränkt.
3. Das Regelsystem läßt Freiräume offen, und zwar in doppelter Hinsicht, nämlich Freiräume sowohl für das Kalkül des Spielers wie für den Zufall. Damit imitiert das Spiel fiktional die lebensweltliche Komplementarität von Notwendigkeit und Kontingenz. Und dieses Verhältnis ist verschiebbar. Es gibt auf der einen Seite Glücksspiele, die den Spieler weitestgehend dem Zufall ausliefern - das Würfelspiel, das Roulett -, auf der andern stehen Spiele, die dem Kalkulieren breitesten Raum gewähren. Der Spielcharakter geht jedoch verloren, wenn das Zufallsmoment völlig ausgeschaltet wird. Der moderne Leistungssport steht in dieser Gefahr.
4. Man hat gesagt, das eigentliche Subjekt des Spiels sei das Spiel selbst.[35] Damit ist gemeint, daß sich der Spieler der Spielbewegung ausliefert, möglicherweise bis hin zum Selbstverlust. Die Freiheit des Spielens enthält ein Risiko, es kann ein Einsatz verlangt werden. Hier zeigt sich eine Rückbindung an die Lebenswelt; sie drückt sich im Ernst aus, mit dem man spielt. Wer sich nicht einsetzt, wer nicht ernsthaft spielt, ist ein Spielverderber.

Im Spiel wird also ein Regelsystem mit Freiräumen für Kalkül und Zufall gesetzt. Es ist fiktiv und erlaubt doch einen Einsatz, der Erfahrung möglich macht, und zwar die Erfahrung eben dieses Systems von Gesetz, Freiheit und Zufall, wobei das Moment des Unkalkulierbaren einen entscheidenden Akzent trägt. Insofern dies als Modell der Lebenswirklichkeit gelten kann, ist Spielen Einübung in Kontingenz.

Wenn man dem Kontingenten eine Tendenz zum negativen Zufall unterstellen will oder muß, ist Spielen auch Einübung in den Tod. Denn man gewinnt immer nur vorläufig; Verlieren aber heißt letztlich Sich-Verlieren. Es ist bedeutsam, daß das Spiel in der Literatur als Grenzmotiv zwischen Diesseits und Jenseits erscheint. Es ist ein Spiel, bei dem man immer verliert: der Held spielt z.B. gegen ein magisches Schachbrett, das nicht zu besiegen ist. Dabei ist der Einsatz in der Regel die Person des Spielers selbst.[36]

Werke, Bd.1), S. 107ff.; ein Forschungsüberblick bei C. Allemann, *Über das Spiel - Die Spieltheorien; Menschenspiel und Tierspiel,* Diss. Zürich 1951.

[35] Gadamer, *Hermeneutik,* S. 108ff.

[36] Vgl. W. Haug, „Der Artusritter gegen das magische Schachbrett oder Das Spiel, bei dem man immer verliert“, in W. Haug, *Strukturen als Schlüssel zur Welt,* Tübingen 1989, S. 672-686.

Die narrative Fiktion ist ein Sonderfall des Spiels, da sie zugleich auch Selbstdarstellung des Spielens ist, sich selbst also zum Thema wird. Im arthurischen Roman erscheint das Spiel vorzüglich in der Form des höfischen Festes im Ausgangs- und Zielpunkt der Handlung.[37] Das fiktionale Fest versteht sich damit als Modell eines Lebens, das sich unter die Bedingungen des Spiels gestellt hat. Über die Darstellung des Lebens als Spiel wird das Leben so stilisiert, daß es zur Einübung in die Kontingenz wird.

Zu diesem höfischen Spiel gehört - dem Modell gemäß - das Bewußtsein, daß es von einer Wirklichkeit abgesetzt ist, die außerhalb seines Bezirks liegt und auf die es als auf etwas bezogen ist, das es in Frage stellt. Fiktional erscheint diese Gegenwelt als der Zufallsraum der Aventüren. Diese sind, wie gesagt, so konstruiert, daß das Konstrukt in seiner geplanten Zufälligkeit offenbar wird. Die Helden, die zum Fest am Hof einkehren, sind durch diese Erfahrung hindurchgeführt worden, und mit ihnen das Publikum. Was sie in der Aventürenwelt erfahren haben, das Sinnwidrig-Zufällige der Gewalt, der Begierde, des Todes erscheint nun verwandelt im Fest: in Regeln gefaßt und gebändigt als Kampfspiel, als freier Umgang der Geschlechter, als Liebesspiel des Protagonistenpaares.

Und diese Verwandlung wird nun zudem reflektiert, denn zum höfischen Fest gehört auch das Erzählen. Das Erzählen in der Erzählung bezieht sich auf diese selbst; im Erzählen als integralem Element des fiktionalen Spiels spiegelt sich auf der Metaebene das Verhältnis des gespielten Spiels zum gespielten Nichtspiel. Man nimmt die Fiktion als Spiel ins Spiel der Fiktion hinein und weist damit diesem Literaturtypus eine Schlüsselrolle im Selbstverständnis seines Publikums zu: das narrative Spiel bringt das Spielen zu sich selbst, es macht im Rahmen des erzählten Spiels bewußt, daß Spielen Einübung in Kontingenz ist. Im Erzählen als Spiel und im Blick auf das Spiel wird die Gefährdung, die im Spielen steckt, immer neu aktualisiert und gebannt, ins Bewußtsein gerufen und aufgehoben. Es bleibt dabei in seiner inneren Widersprüchlichkeit ein prekäres Bewußtsein: man spielt letztlich immer gegen den Tod.

So gut wie von Anfang an stand dem arthurischen Roman ein Werk gegenüber, das mit dem Verhältnis von Handlungsentwurf und Zufall in völlig anderer Weise umging: der *Tristan.* Hier gibt es keine Struktur, in die irgendwelche Aventüren zufällig-sinnvoll eingesetzt würden und deren Bewältigung durch den Helden die Überwindung des Sinnwidrigen bedeutete. Im *Tristan* ist es der Held selbst, der plant, und das Zufällige erscheint deshalb als das, was sich dieser Planung entgegenstellt. Das heißt: Der Dichter inszeniert hier das Leben als Spiel. Und dies in der Weise, daß es zu einem immer riskanter werdenden Du-

[37] Detaillierter dargestellt in: W. Haug, „Von der Idealität des arthurischen Festes zur apokalyptischen Orgie in Wittenwilers *Ring*", in *Das Fest,* hgg. W. Haug/R. Warning, München 1989 (Poetik und Hermeneutik XIV), S. 157-179.

ell kommt zwischen dem Kalkül des Helden und einer nicht genau identifizierbaren Macht, die sich mit Zufallsaktionen querlegt.[38] Und dies ist ganz bewußt und präzis durchgezogen; „von âventiure": ‚aus Zufall' lautet Gottfrieds von Straßburg Terminus, mit dem immer wieder Ereignisketten angesetzt werden: ‚Zufällig' fährt ein Kaufmannsschiff aus Norwegen nach der Bretagne und landet bei der Stadt, in der Tristan heranwächst. Er geht mit seinem Ziehvater und dessen Söhnen an Bord, um sich die Waren anzusehen und dies und das zu kaufen. ‚Zufällig' fällt sein Blick auf ein Schachbrett, er fragt danach, um sich dann auf ein Spiel mit einem Kaufherrn einzulassen, bei dem er so brilliert, daß die Händler beschließen, das Wunderkind zu entführen. Ein Seesturm, in dem man eine Strafe Gottes für diesen Raub sieht, veranlaßt sie dann aber, Tristan an der nächsten Küste auszusetzen. Zufällig ist dies Cornwall, dessen König, Marke, Tristans Onkel ist, was Tristan aber nicht weiß. Mit kluger Überlegung gelingt es ihm, an den Königshof zu kommen und da, indem er alle seine Künste spielen läßt, die Gunst Markes zu gewinnen. Später bedroht ein Zinsforderer, Morolt aus Irland, den cornischen König. Tristan ist der einzige, der es wagt, ihm entgegenzutreten. Mehr mit List und Tücke als mit Kraft gelingt es ihm, den Iren zu besiegen und zu töten. Aber er empfängt dabei eine vergiftete Wunde, die niemand zu heilen vermag außer Morolts Schwester, die irische Königin. So besteht denn die nächste Aufgabe für den todkranken Tristan darin, nach Irland zu fahren und sich da von derjenigen Frau heilen zu lassen, die ihn als Mörder ihres Bruders am meisten hassen muß. Aber das Bravourstück gelingt, und es gelingt dem Helden auf einer zweiten Irlandfahrt dann auch noch, die irische Prinzessin Isold für seinen Onkel zu werben. Auf diese Weise steigern sich Kalkül und Zufall gegenseitig, wobei die immer kühneren Siege Tristans in immer heimtückischere Fallen führen, die der Zufall ihm stellt. Die Handlung hat zeichenhaft mit einem Schachspiel begonnen, das für den Sieger zur ersten Falle geworden ist. Und auf den letzten Triumph, den Gewinn Isolds und die Versöhnung der beiden verfeindeten Länder, antwortet schließlich die mächtigste Falle, der Tristan nun nicht mehr entgehen kann: der Zufall des Liebestrankes, der den Helden und die Braut seines Onkels unlösbar aneinanderbindet.

Das ganze Spiel von Kalkül und Zufall zielt damit auf das schlechthin Zufällige, auf das, was jenseits aller Kalkulierbarkeit liegt: auf den Einbruch der personalen Liebe in ihrer Unwiderstehlichkeit und Bedingungslosigkeit.

Damit aber steht auch hier - wie im Artusroman - im Fluchtpunkt der Handlung ein Spiel, aber nun ein Spiel im Lebensspiel: das Spiel der Liebe.

---

[38] Zur Struktur des *Tristan* im Vergleich mit dem Handlungsmuster des arthurischen Romans: W. Haug, „Der *Tristan* - eine interarthurische Lektüre", in *Artusroman und Intertextualität,* hg. F. Wolfzettel, Gießen 1990, S. 57-72. Zum Begriff von âventiure: W. Haug, „*Aventiure* in Gottfrieds von Straßburg *Tristan*", in Haug, *Strukturen,* S. 557-582.

Und dieses Spiel ist selbstverständlich nicht Ausdruck der Balance eines idealen Gesellschaftsentwurfs, es ist vielmehr die Gesellschaft der Bereich, aus dem sich die Liebe als Spiel ausgrenzt. Aber der Struktur des Spiels gemäß muß es das Ausgegrenzte mittragen. Dies zunächst dadurch, daß auch die Liebe als Spiel zugleich Regeln setzt und einen Kontingenzraum offen läßt. Regeln sind allein schon durch die notwendige Heimlichkeit gegeben. In dem Spielraum, der offen bleibt, treffen dann wiederum Kalkül und Zufall aufeinander. Mit äußerstem Raffinement inszenieren die Liebenden immer aufs neue ihre Begegnungen, wobei die intriganten Feinde am Hof als Exponenten des Zufalls-Gegenspiels fungieren. Wir haben den Schluß des Romans nicht, aber es kann nicht zweifelhaft sein, daß der Raum des Kontingenten hier letztlich unter negativem Vorzeichen steht. Das Ende des Kampfs mit dem Zufall wird der Tod des Paares sein.

Doch das ist nur der äußere Aspekt dieses Spiels, wenngleich man ihn als Spiegel der inneren Problematik sehen darf. Das innere Spiel betrifft die Beziehung der Liebenden zueinander. Es verlangt in einem höchsten Maße die Selbstpreisgabe, und dies im Bewußtsein der Unberechenbarkeit des Andern. Das kontingente Moment liegt im Du, im Anderssein des Andern, in der Unverfügbarkeit seiner Person, und es muß erhalten bleiben, damit das Spiel nicht zum Mechanismus verkommt. Dieser höchsten Gefährdung durch die notwendige Unerreichbarkeit des Du steht jedoch ein Positivum gegenüber, das ebenso radikal alles Kontingente zwischen den Partnern zu überwinden vermag: das Körperspiel der Liebe ist ein Residuum kontingenzfreien Sich-Verstehens.

So wie im Spiel der Liebe das Kontingente im Du verabsolutiert erscheint, so wird das Kalkül im körperlichen Einssein hinfällig. Das erzeugt eine Spannung, die den Spielcharakter auf das äußerste anstrengt, ja letztlich überanstrengt. Zu ertragen ist sie nur im Bewußtsein der besonderen Bedingungen dieses Spiels, eines Spiels, das zwar dem allgemeinen Muster mit den oben genannten vier Strukturelementen folgt, bei dem diese jedoch in einer ungewöhnlichen Weise forciert oder verwandelt erscheinen:

1. Die Liebe ist Ausgrenzung. Aber an der Stelle des fiktionalen Aktes steht das Bekenntnis. Das Spiel der Liebe ist nicht beliebig setzbar, aber wenn es einem zufällt, muß man es akzeptieren, und das schafft eine Verbindlichkeit nicht nur nach innen, sondern auch nach außen. Das Spiel wird zu einer Lebensform.
2. Liebende folgen einem Regelsystem, das der kulturellen Konvention verpflichtet ist. Sprache und Gestik sind vorgeprägt.
3. Entscheidend ist jedoch der Freiraum, in dem einerseits die Distanz, die sich aus dem Umgang mit den Regeln ergibt, immer wieder zusammenbricht, und anderseits sich die Kontingenz letztlich als die Fremdheit des Du enthüllt.
4. Das Risiko des Selbstverlusts ist verabsolutiert: es ist die Bedingung für das Gelingen des Spiels.

Die einzige Möglichkeit, sich auf diese prekäre Form des Spiels wenigstens hoffnungsvoll einzulassen, ist wiederum die Reflexion des Spiels im Spiel. Zum Liebesspiel gehört das Erzählen von Liebe. Tristan und Isold erzählen sich in der Minnegrotte, dem Ort, wo sie für kurze Zeit außerhalb der Gesellschaft unangefochten sich selbst leben können, antike Liebesgeschichten. Und die Funktion, die diese haben, ist identisch mit jener, die der Tristanroman für uns hat, genauer: für die Liebenden unter dem Publikum: „ir leben, ir tot sint unser brot".[39] Die Darstellung der Liebe im Rahmen der narrativen Fiktion ist also wiederum ein Spiel im Spiel, das dieses in die Reflexion führt - und wiederum ist es zu verstehen als Einübung in die Kontingenz, und hier in eine besondere Spielart, die höchstes Glück und höchste Gefährdung bedeutet und deshalb dieser reflektierenden Einübung in besonderem Maße bedarf.

Zum Schluß sind auf der III. Ebene jene literarischen Gestaltungen des Zufallsthemas aus der frühen Neuzeit nocheinmal aufzugreifen, von denen am Ende von I und II die Rede gewesen ist. Es dürften wenige Bemerkungen genügen, um sie in die erhöhte Perspektive zu stellen.

Boccaccios Novellen stehen einerseits in der Exempeltradition. Vom ersten Tag abgesehen, wird das Erzählen jeweils einem Thema unterstellt. Man bietet also Beispielfälle für Schicksalsschläge, für Frauenlist, für Männerlist, für hochherzige Taten usw. In ihrer Fülle müssen sie sich zwangsläufig gegenseitig aufheben. Damit steht man bei jener Geisteshaltung der Schwebe, die unter II beschrieben worden ist. Zugleich aber geht Boccaccio einen Schritt weiter: Nicht nur macht die Beispielsammlung die Erkenntnisse, die sie bietet, kontingent, sondern die Erzählungen werden immer wieder selbst auch zu Beispielen für das Zufällige. Das Exemplum verwandelt sich in die Darstellung des Einmaligen, Besonderen, Außerordentlichen, das nicht mehr mit einem Allgemeinen verrechenbar ist.

Diese Verwandlung aber vollzieht sich im Rahmen eines Spiels, und zwar eines Erzählspiels, zu dem man sich auf der Flucht vor der Pest zusammengefunden hat. Die Ausgrenzung des Spiels aus der fatalen Wirklichkeit wird also mitthematisiert; es ist explizit ein Spiel wider den Tod, ohne daß es als Spiel vor dem Tod retten könnte - man erfährt nicht, was mit der Gesellschaft nach den zehn Erzähltagen geschieht, wenn alle wieder in ihr Leben zurückkehren. Man schafft sich nur für kurze Zeit einen Freiraum, hier jedoch nicht, um ein Thema zu sich selbst kommen zu lassen, sondern um das Erzählspiel selbst zu reflektieren, in seinen Regularitäten und in seinen Zufälligkeiten, in seinen Möglichkeiten und seinen Grenzen. Das Erzählspiel ist also letztlich als Einübung in die Literatur und damit auch in ihr Verhältnis zu dem zu sehen, wovon sie sich abgrenzt, zum Leben - und zum Tod.

[39] F. Ranke (Hg.), *Gottfried von Straßburg, Tristan und Isold,* Berlin [4]1959, v. 236. Zur literaturtheoretischen Bedeutung dieser Anspielung auf die Eucharistie siehe Haug, *Literaturtheorie,* S. 216ff.

Die frühneuhochdeutschen Prosaromane von Melusine und Fortunatus scheinen zunächst überkommene literarische Strukturmuster aufzugreifen, dort das Muster der Feenliebesgeschichte, hier das Muster des in eine fremde Welt ausziehenden Helden. Aber diese Vorgaben werden jeweils an bestimmten Punkten fallengelassen. Raymond bricht zwar schemagemäß das Tabu, aber der Tabubruch funktioniert nicht mehr mechanisch, d.h., der Sinn hängt nicht mehr an der Struktur, vielmehr hätte die Möglichkeit bestanden, über die Einsicht in die Bedingungen von Zufall und Glück einen neuen Sinn zu setzen. Und dies ist es, was über Raymonds Versagen bewußt gemacht werden soll. - Fortunatus gelangt auf seinem Aventürenweg nicht zum Erfolg, der Weg bricht vielmehr zusammen. In diesem Augenblick aber wird auch hier eine neue Möglichkeit geboten, ein freies Spiel mit dem Zufall zu beginnen. Der Zusammenbruch des traditionellen Strukturmusters erlaubt also wiederum eine individuelle Sinnsetzung.

Wie versteht sich in diesen Romanen nun die Fiktion als Spiel? Die *Melusine* wie der *Fortunatus* verbinden in auffälliger Weise märchenhafte Elemente mit expliziter Faktizitätsbindung. Thüring behauptet, daß man die Schlösser, die Melusine gebaut habe, noch heute sehen könne, und das dient ihm als Wahrheitsbeweis für seine Geschichte. Der *Fortunatus*-Dichter verwendet einen bekannten Reisebericht, um die Handlung geographisch überzeugend zu orten. Gegenüber dieser Anbindung an die Faktizität zieht sich die Fiktion gleichsam in jene märchenhaften Figuren zusammen, in denen sich die Glücks-Thematik darstellt, in die zwiegestaltige Melusine bzw. die Fee im Wald, die Fortunatus das Glück anbietet. Und damit sind es diese märchenhaften Elemente, die als Exponenten der Fiktionalität die Reflexion des Themas anstoßen oder anstoßen sollen. Das Märchenhafte erscheint als spielerische Setzung in einer im übrigen sich realistisch gebenden Welt. Von hier aus wird die Romanhandlung als Experiment unter fiktionalen Bedingungen bewußt gemacht. Auch dies ist also eine Form des Erzählspiels, bei dem nun jedoch nicht im Erzählen erzählt wird wie in den höfischen Romanen und in anderer Weise auch bei Boccaccio, sondern bei dem das Erzählen die traditionellen Bedingungen zurückläßt, um in dem Moment, in dem dies geschieht, die fiktionalen Karten frei und neu zu mischen. Damit wird die Einübung in die Kontingenz ebenfalls zugleich zur Einübung ins Erzählen, zur Einübung in den experimentellen Charakter der Poesie, und dies in kritischer Distanzierung gegenüber den traditionellen Mustern des literarischen Umgangs mit dem Kontingenten und ihren Formen der Selbstreflexion des narrativen Spiels.

Joachim Küpper

Mittelalterlich kosmische Ordnung und rinascimentales Bewusstsein von Kontingenz Fernando de Rojas' *Celestina* als Inszenierung sinnfremder Faktizität (mit Bemerkungen zu Boccaccio, Petrarca, Machiavelli und Montaigne)

„Quien puede fazer leyes, puede contra ellas yr"
(Libro de buen amor [-1350], 145 d)

I

Wenn in Reaktion auf den Versuch, der christlich gedachten Welt unter Rekurs auf das aristotelische System eine verläßliche ‚Ordnung' zu konstruieren, am Ende des 13. Jahrhunderts die Diskussion um die Kontingenz wieder aufbricht, gerät in einem ersten Moment der unbestrittene Hiat zwischen pagan-antikem Kosmosdenken und Kreationismus in den Blick.[1] Als Erschaffene

[1] Unsere Argumentation zum Problem Kontingenz in einigen zentralen Texten der europäischen Renaissance beruft sich auf das Bild der Epoche, das Hans Blumenberg entworfen hat (*Säkularisierung und Selbstbehauptung* [Erweiterte und überarbeitete Neuausgabe von *Die Legitimität der Neuzeit*, erster und zweiter Teil], Frankfurt a.M. ²1983 [¹1966], S. 141-266, bes. S. 185-211; zur Qualifizierung des mittelalterlichen Weltmodells als einer im Zeichen des Aristotelismus konstruierten „‚Ordnung'" s. S. 157). - Nach dem Ende des Zeitalters der Geschichtsphilosophien ist zu begründen, welche Relevanz der Rekurs auf das dort entworfene Bild mit seinen massiven geschichtsphilosophischen Implikaten heute noch haben kann (Mythos als erster Versuch, den ‚Absolutismus der Wirklichkeit', m.a.W., das Übel, zu bannen [zu deuten bzw. zu kontrollieren], Religion als Rationalisierung des Mythos, Monotheismus als Rationalisierung von Religion, Nominalismus als Rationalisierung des Monotheismus, ‚Selbstbehauptung', Moderne, als einzig rational haltbare Antwort auf die ‚Zumutung' der These einer weltregulierenden, aber nicht-kalkulierbaren potentia absoluta). Wenn man sie nicht ideologisch vor-entschieden ansieht, ist die Frage allererst eine solche nach möglichen Alternativen der Konzeptualisierung, stellt sich also nicht als Problem von ‚wahr' und ‚falsch', sondern von mehr oder weniger großer Zweckdienlichkeit. Mit dieser Umbesetzung des Registers (transzendent/pragmatisch) ist bereits gesagt, daß dem hier unternommenen Versuch einer Blumenberg-Rezeption die Auffassung des dort Entwickelten im Sinne einer *schwachen* geschichtsphilosophischen These zugrundeliegt. Unter diesem Vorbehalt sind zu der aufgeworfenen Frage zwei Dinge zu bemerken: Es ist eine Wertung und muß deshalb explizit gemacht werden, daß aus unserer Sicht sich alle anderen bekannten Modernitätstheorien mit Blick auf die Argumentation Blumenbergs als recht trivial ausmachen. Einzige ernstzunehmende Alternative wäre die postmoderne Absage an Geschichtlichkeit überhaupt (‚things just happened'), damit aber der grundsätzliche Verzicht, im Licht des Vergangenen Gegenwärtiges zu reflektieren. Zu zeigen warum uns dies in einer Zeit, in der Kontingenz philosophisch weithin positiv valorisiert wird (R. Rorty), als Verzicht auf Reflexion dessen erscheint, was möglicherweise doch mitzureflektieren wäre, sei der Argumentation am Text, zur *Celestina* als Drama einer in „radikale Kontingenz" (*Säkularisierung und Selbstbe-*

sind Welt und Kosmos nicht mit Gott identisch, sie sind Produkt des isolierten Willensakts einer potentia infinita und auf diese Weise im Verhältnis zum Schöpfer kontingent. Die aristotelische (in dieser Zeit: averroistische) These von Einmaligkeit und Ewigkeit der Welt, die erst den prä-empirischen Rationalismus des Hochmittelalters ermöglicht hatte, fällt damit unter Haeresis-Verdacht.[2] Explosive Kraft gewinnt die Diskussion, wenn sie im Einspruch gegen die allzu perfekte thomistische Ordnung über die Bekräftigung kreationistischer Selbstverständlichkeiten hinausführt[3] und die Frage nach den Implikaten göttlicher Allmacht für *diese* Welt stellt.[4] Kann die potentia absoluta des ei-

---

hauptung, S. 188) gestellten Welt, vorbehalten. - Die Formel vom Kontingenten als ‚sinnfremder Faktizität' verdankt sich dem Beitrag von Wolfgang Preisendanz zu diesem Band, der mir erlaubt hat, sie für den Titel dieses Papiers zu übernehmen. Angedeutet ist damit bereits, was unten des näheren ausgewiesen wird (Anm. 104ff.): Die von Preisendanz besprochenen Texte aus dem 19. und 20. Jahrhundert und das Drama vom Ende des 15. Jahrhunderts, das wir in den Mittelpunkt stellen, haben nicht nur konzeptuell, sondern auch, was die literarische Figuration des Konzepts ‚Kontingenz' angeht, Wesentliches gemein.

[2] Das Dekret des Pariser Bischofs Tempier aus dem Jahr 1277, auf dessen Status als Indiz eines Epochenbruchs Blumenberg aufmerksam gemacht hat, inkriminiert namentlich den Häretiker Siger von Brabant. Der zentrale verurteilte Satz ist indes nichts anderes als eine Reformulierung des Satzes der *Theologischen Summe*, mit dem Thomas dasjenige Gesetz, das alle ‚Bewegung' reguliert, also die in der Schöpfung evidente lex aeterna, mit der ratio divinae sapientiae selbst identifiziert („[...] sicut ratio divinae sapientiae inquantum per eam cuncta sunt creata, rationem habet artis vel exemplaris vel ideae; ita ratio divinae sapientiae moventis omnia ad debitum finem, obtinet rationem legis. Et secundum hoc, lex aeterna nihil aliud est quam ratio divinae sapientiae, secundum quod est directiva omnium actuum et motionum" [*Summa theologiae*, I^{a} II^{ae}, qu. 93, art. 1, co.]; vgl. dazu die von Tempier verurteilten Sätze 21 und 48: „Quod nichil fit a casu, sed omnia de necessitate eveniunt, et, quod omnia futura, que erunt, de necessitate erunt, et que non erunt, impossibile est esse, et quod nichil fit contingenter, considerando omnes causas. Quod Deus non potest irregulariter, id est, alio modo, quam movet, movere aliquid, quia in eo non est diversitas voluntatis" [„Opiniones ducentae undeviginti Sigeri de Brabantia, Boetii de Dacia aliorumque, a Stephano episcopo Parisiensi de consilio doctorum sacrae scripturae condemnatae", gedruckt in *Chartularium universitatis parisiensis*, 4 Bde., hg. H. O. Denifle, O. P., Paris 1891-1899, Bd. 1, S. 543-558].).

[3] Vgl. v. a. Wilhelm von Ockham, *Quaestiones in librum secundum sententiarum*, qu. 4 („Utrum deus sit prima causa et immediata omnium"), in *Opera philosophica et theologica*, 12 Bde., hgg. Ph. Boehner u. a., St. Bonaventure, N. Y. 1974-1980, hier *Opera theologica*, Bd. 5, S. 50 f.). Für die Grundsätzlichkeit der Position Ockhams ist bezeichnend, daß er alle schwächeren Varianten der These eines absoluten Gottes, die sich an das Konzept der futura contingentia anlagern, zurückweist, insbesondere die vom Gedanken der praescientia genährte Vorstellung einer Limitierung der Beliebigkeit des göttlichen Handelns: Zwar wisse Gott alles, was er je wollen wird, gleichwohl sei er in seinem künftigen Handeln absolut frei. Die Relation von praescientia und potentia absoluta sei nicht logifizierbar, sie gehöre in den Bereich der arcana Dei (s. *Tractatus de praedestinatione et de praescientia Dei respectu futurorum contingentium*, in *Opera philosophica*, Bd. 2, S. 505-539, q. I, supp. VI [zitierte Ausgabe S. 516-518]; s. weiterhin das unten, Anm. 10, gebrachte Zitat aus dem Sentenzenkommentar).

[4] Blumenberg weist darauf hin, daß der Ockhamsche Gott, was den *Heilsweg* angeht, weiterhin konzeptualisiert ist als ein Gott, „der sich auf seine potentia ordinata selbst eingeschränkt hat wie ein partiell konstitutiver (sic) Souverän", daß der Ordnungs- bzw. Verläßlichkeitsgewinn, der daraus für den Menschen, wenn auch nicht im Hinblick auf Welterkenntnis und -orientierung, zunächst zu resultieren scheint, jedoch dadurch nihiliert werde, daß sich dieser Gott „durch die Prädestination (...) den Geltungsbereich, für den er verläßlich sein will, vorbehalten (hat)" (*Säkularisierung und Selbstbehauptung*, S. 178).

nen Gottes nicht auf die Manifestationen seiner potentia ordinata beschränkt werden, verlieren lex naturalis und Offenbarung alle wegweisende Funktion.[5] Ein allmächtiger Gott schuldet dem Geschaffenen nichts.[6] Die Ratio, die im thomistischen System als gottebenbildliche pars die Möglichkeit der Orientierung in der Welt begründet hatte, sieht sich dieser Funktion beraubt und fürderhin verwiesen auf die Zitadelle des ‚Terminismus', auf das permanente Exercitium einer Logik, der jede praktische Relevanz genommen ist. - Da sich der Streit einer Argumentation entzieht, wird er dogmatisch geführt, das heißt, er ist entschieden von Beginn an, nach dem Kriterium der Macht.[7]

Seine humane Penetranz gewinnt das Paradigma einer kontingenten, d. h. einer Welt, die keine „für den Menschen (...) zugängliche Ordnung"[8] mehr be-

---

[5] Wir zitieren hier Ockhams Definition dieser zwei Kategorien: „(...) quaedam potest Deus facere de potentia ordinata et aliqua de potentia absoluta. Haec distinctio non est sic intelligenda quod in Deo sint realiter duae potentiae quarum una sit ordinata et alia absoluta, quia unica potentia est in Deo ad extra, quae omni modo est ipse Deus. Nec sic est intelligenda quod aliqua potest Deus ordinate facere, et aliqua potest absolute et non ordinate, quia Deus nihil potest facere inordinate. Sed est sic intelligenda quod ‚posse aliquid' quandoque accipitur secundum leges ordinatas et institutas a Deo et illa dicitur Deus posse facere de potentia ordinata. Aliter accipitur ‚posse' pro posse facere omne illud quod non includit contradictionem fieri sive Deus ordinaverit se hoc facturum sive non quia multa potest Deus facere quae non vult facere (...) et illa dicitur Deus posse de potentia absoluta" (*Quodlibeta* [in *Opera theologica*, Bd. 9] VI, q. I, art. 1 [S. 585 f. der zit. Ausgabe]). - Daß aus nominalistischer Sicht die ratio bzw. die experientia des viator keinen Belang haben kann im Hinblick auf das Künftige, auf das, was Gott wollen wird, erscheint naheliegend (Ockham, *Quaestiones in librum secundum sententiarum*, q. 14 [*Opera theologica*, Bd. 5, S. 319]). Stärkere Erschütterungen dürfte die Abweisung des orientierunggebenden Anspruchs der lex naturalis und des Offenbarungstexts ausgelöst haben („[...] illud quod solum dependet ex voluntate divina contingenter causante, non potest probari vel improbari nec ratione naturali nec auctoritate bibliae" [*Quaestiones in librum quartum sententiarum*, q. 2 (*Opera theologica*, Bd. 7, S. 28)].). Dies gilt bis hin zu den Geboten des Dekalog. Wenn Gott dies will, kann sogar „meritorie" gegen die Gebote verstoßen werden (*Quaestiones in librum secundum sententiarum*, q. 15 [*Opera theologica*, Bd. 5, bes. S. 352f.]). Die schon vor Ockham überall zitierten Referenzbeispiele, Gottes Befehl an Abraham, Isaak zu töten, sowie der Befehl an das Volk Israel, die goldenen Gefäße der Ägypter zu stehlen, gewinnen in neutestamentlichem und a fortiori in nominalistischem Kontext dadurch eine neue Dimension, daß der Aspekt einer menschlich einsichtigen und direkten göttlichen Willensbekundung (‚Befehl') ausfällt.

[6] „Deus autem nulli tenetur nec obligatur tanquam debitor (...)" (Ockham, *Quaestiones in librum secundum sententiarum*, q. 15 [*Opera theologica*, Bd. 5, S. 343]).

[7] Die zahlreichen Widerstände bei der Durchsetzung der nominalistischen These dokumentiert Blumenberg (passim). Erklärlich allerdings ist der Sieg des Nominalismus, der schließlich zu einer gegen-christlich gegründeten Moderne führen sollte, nur, wenn man die dogmatische Unausweichlichkeit der Argumentation ansieht. Ist die Frage nach dem, was ‚Allmacht' (oder: ‚Monotheismus') letztlich heißt, erst einmal in der Welt, provoziert sie notwendig jene erodierenden Thesen, die Ockham bündig formuliert hat. - Insofern ist das Konzept einer kontingenten Welt, bezogen auf diese Zeit, nicht neu schlechthin und seine mise en discours das Wiederaufbrechen einer Diskussion, die bereits bei dem historisch frühesten Versuch der Logifizierung des Monotheismus geführt worden war, für dessen Bilanzierung die Schriften des Augustinus stehen, insbesondere die *Retractationes*; zu den Grenzen, die Augustinus im Unterschied zu Ockham meidet, und die, so unsere These, Ockham im Anschluß an Thomas' Versuch, das bei Augustinus (mit guten Gründen) Ausgesparte in Rede zu überführen, nicht mehr meiden konnte, s. u., Pkt. IV.2.

[8] Zitat: Blumenberg, *Säkularisierung und Selbstbehauptung*, S. 201.

sitzt, jedoch erst, wenn es das Feld der theologischen und philosophischen Diskurse verläßt. Denn dort war die Virulenz seiner Implikate sediert, weil sich die betreffenden Diskurse aus ihren eigenen Prämissen heraus einer Antwort auf diejenigen ‚praktischen' Fragen, für die sie traditionell Zuständigkeit beanspruchen, nunmehr enthalten, ja, die Irrelevanz ihrer Rede, soweit Ontologie und praktische Philosophie betroffen sind, zum Thema machen mußten.[9] - Die literarischen Texte der Zeit lösen nicht die Frage, die die theo-philosophischen Diskurse zu beantworten außerstande sind. Was aber für letztere mit einem Wort: ‚nescio'[10], abgegolten ist, wird in den ersteren zum Gegenstand einer Inszenierung, die die nominalistische Orthodoxie wahrt, insofern sie Thematisierung von einzelnen ist, diese jedoch sprengt, insofern das einzelne des literarischen Texts seinen Belang immer erst dadurch erhält, daß es den Anspruch trägt, ein Allgemeines mitzuteilen.[11] Auf diese Weise sagen die literarischen Texte der Renaissance nicht nur, daß die Welt kontingent sei, sie werden zu Figurationen dessen, was eine kontingente Welt bedeutet.[12] Möglicherweise war es das dabei entstehende, nur auf den ersten Blick befreiende, letztlich aber zutiefst ‚beunruhigende'[13] Profil einer Welt, in der sich alle Gewißheiten suspendiert sahen,[14] das, neben immanenten Momenten, den philosophischen Diskurs schließlich unter den Druck setzte, nach einer anderen ‚Wahrheit' zu

---

[9] „(...) purus logicus non habet dicere utrum universalia, quae sunt termini propositionum, sint res extra vel tantum in anima vel in voce vel in scripto, et ideo non distinguit" (Ockham, *Quaestiones in librum primum sententiarum*, dist. 2, q. 4 [*Opera theologica*, Bd. 2, S. 148f.]). - Die moraltheologischen Konsequenzen der These sind in dieser Zeit nur sehr vereinzelt explizit gemacht worden, was nicht heißt, daß man sie nicht bereits gesehen hätte (s. E. Gilson, *La Philosophie au Moyen âge - Des Origines patristiques à la fin du XIVe siècle*, Paris [2]1962 [[1]1944], S. 652-665). Grund dafür dürfte neben dem oben genannten sein, daß diese Konsequenzen zu ziehen die Selbstauflösung jenes Kontrollapparats gefordert hätte, der gerade zur Sicherung seiner Macht, d.h. zur Abwehr eines rein mundanen Rationalismus (Aristotelismus) das monotheistische Dogma wieder in den Vordergrund gerückt hatte.

[10] „(...) tenendum est quod Deus evidenter cognoscit omnia futura contingentia. Sed modum exprimere nescio" (Ockham, *Quaestiones in librum primum sententiarum* I, dist. 38, q. I [*Opera theologica*, Bd. 4, S. 584f.]).

[11] Die aristotelische Definition von Literatur erscheint uns universell (s. hier *Poetik* 1451b; alle *Poetik*-Zitate folgen, soweit auf deutsch, der Übersetzung von M. Fuhrmann). Selbst Texte, die intentional auf die ‚Mitteilung eines einzelnen' limitiert sind (Briefe, Tagebücher), werden in dem Moment zu Chiffren eines Allgemeinen, in dem sie, oftmals in großer zeitlicher Distanz zu ihrer Abfassung, de-pragmatisiert, d. h. zu literarischen Texten erklärt werden.

[12] Historisches Gegenparadigma zu der Relationierung von philosophischem und literarischem Diskurs, die sich in der Renaissance beobachten läßt, wäre die europäische, v. a. die französische Aufklärung. (Unerörtert bleibt mit dieser Bemerkung der Aspekt, der sich allerdings erst unter den Bedingungen eines vorrangig auf Illustration verpflichteten literarischen Diskurses ergeben kann, der Aspekt der Subversion des diskursiven Rahmens.)

[13] Zitat: Blumenberg, *Säkularisierung und Selbstbehauptung*, S. 175.

[14] Den traditionellen, im Offenbarungstext selbst kodifizierten Satz, daß ‚kein Vogel vom Himmel fällt, ohne daß Gott dies bewirkt hätte', d. h. die Gottesvorstellung, die in Opposition steht zu dem später und, man muß sagen, mit Gründen entwickelten Konzept des deus absconditus, behält die Theologie der Zeit bei. Zu ihrer Präsenz s. etwa die unten, Anm. 54, zitierte confessio von Matteo Bandello, die auch auf den Nenner bringt, welche Reaktion eine von Gott bis ins

suchen als jener zweifachen, spätmittelalterlichen, deren eine Seite das Nicht-Wissen und deren andere die spekuläre Selbstreferenz der Ratio ist.[15]

II

II.1 Das unter dem Namen *La Celestina* bekanntgewordene Drama, das vom Ende des fünfzehnten Jahrhunderts datiert, ist einer der meistdiskutierten Texte der prämodernen romanischen Literaturen, vor allem, weil es eine Reihe von Problemen stellt, die zu den praedilecta einer traditionell positivistischen Philologie gehören. Man weiß nicht, ob es von einem oder von mehreren Verfassern geschrieben wurde, welchen Namens der oder die (‚wirklichen') Autoren sind,[16] welche Identität sich hinter dem akrostichisch ins Spiel gebrachten Fernando de Rojas verbirgt,[17] ob der eigentliche Text von den erstmals 1499 im Druck nachgewiesenen[18] und 1500 bzw. 1501 nochmals erschienenen sechzehn

---

kleinste und gleichzeitig uneinsehbar regulierte Welt beim Menschen auslöst: Das Gegebene erscheint im Zeichen des Seltsamen, Unerklärlichen und zugleich Furchterregenden (‚strano e spaventoso').

[15] Blumenbergs Argumentation zur humanen Selbstbehauptung im Angesicht eines theologischen Absolutismus, aus welcher wiederum die Moderne resultiere, geht es um die Rekonstruktion geistiger Bedingtheiten, nicht um die eines Verlaufs im historiographischen Sinne. Da gleichwohl die Argumentation historisch (geschichtsphilosophisch) angelegt ist, führt es immer wieder zu Mißverständnissen und entsprechenden Einwänden, daß Descartes in Blumenbergs Panorama praktisch direkt auf Ockham folgt (s. etwa E. Kessler, *Petrarca und die Geschichte - Geschichtsschreibung, Rhetorik, Philosophie im Übergang vom Mittelalter zur Neuzeit*, München 1978, S. 175). Kritisch zu Blumenberg wäre in dieser Hinsicht allenfalls anzumerken, daß die selbstgesteckten Grenzen des Ockhamistischen Terminismus zuweilen im Vergleich zu dessen weiterführenden Leistungen allzu sehr in den Hintergrund treten, was forschungshistorisch gerechtfertigt ist durch die bis heute andauernde Geringschätzung der Bedeutung Ockhams, die sich in der gängigen Rubrizierung seines Systems als spätscholastisch dokumentiert. Die postthomistische Philosophie zahlt für das ‚Recht', in einer einem absoluten Willen ausgelieferten Welt überhaupt philosophieren zu können, den Preis, alle Aussagen als pure termini bzw. nomina auffassen zu müssen. So ist ihr formales Verfahren scholastisch, das ihr implizite Weltmodell aber anti-scholastisch, soweit man den scholastischen Rationalismus als ein Verfahren der Isomorphisierung von Ratio, Dogma und Welt begreift.

[16] Die am meisten verwickelte These zur Autorfrage vertritt der Herausgeber der heute maßgeblichen kritischen Ausgabe, Miguel Marciales, dessen Text in dieser Funktion die Ausgabe von J. Cejador y Frauca (Madrid 1913) ersetzt (Fernando de Rojas, *Celestina: Tragicomedia de Calisto y Melibea - Introducción y edición crítica de M. M.* [postum bearbeitet von B. Dutton u. J. T. Snow], 2 Bde., Urbana/Chicago 1985, hier Bd. 1, S. XIII). Wir zitieren nach dieser Ausgabe (im folgenden *Celestina*).

[17] Der gemeinte Ko-Text taucht erst in dem zweiten erhaltenen Druck, Salamanca 1500, auf. Das Wenige, das man glaubt, über Fernando de Rojas sicher sagen zu können, dokumentiert A. Gier (s. den Verweis in Anm. 20; ausführlicher, dafür aber um einiges spekulativer zum präsumptiven Autor: *Celestina*, Bd. 1, S. 269-274).

[18] Die Titelei des Nachdrucks der editio princeps und der Prolog der erweiterten Fassung von 1502 bzw. 1504 enthalten Indizien dafür, daß die Ausgabe von 1499 möglicherweise nicht die erste überhaupt ist (vgl. M. Menéndez Pelayo, *Orígenes de la novela*, Bd. 3 [= *Edición nacional de*

Akten konstituiert wird oder ob die heute stets mitgedruckten, in den ursprünglichen vierzehnten Akt eingeschobenen fünf Akte der Ausgabe von 1502 (oder 1504)[19] ihm von Beginn an konzeptuell zugehören sollten, ob man das Stück als ‚comedia' (so die ursprüngliche Ausgabe) oder als ‚tragicomedia' (so die erweiterte Ausgabe) rubrizieren soll, ob es schließlich überhaupt als Drama bezeichnet werden darf oder mit seinen einundzwanzig höchst unterschiedlich langen Akten nicht eher als ‚Lesedrama', vielleicht gar als ‚a-generisch' schlechthin zu begreifen wäre.[20] - Ungeachtet ihrer diskutablen Perspektiven hat die proliferierende *Celestina*-industry[21] das Verdienst, die Erinnerung an einen der wenigen im 16. Jahrhundert europaweit rezipierten literarischen Texte der Renaissance, den meistgedruckten der Epoche,[22] wachgehalten zu haben, einen Text, der einer Autorität wie M. Menéndez Pelayo als der eine der zwei bedeutendsten gilt, die die iberische Halbinsel hervorgebracht hat.[23] Die Problematik des Stücks, soweit das oben Umrissene betroffen ist, wäre allerdings mit dem Hinweis auf die Übergänglichkeit, die allen bekannteren Definitionen von ‚Renaissance' gemein ist, auch schon bündig abgehandelt: Gene-

---

las obras completas de M. M. P., Bd. 15], Madrid [2]1962 [[1]1943], S. 219 - 458, hier S. 224f.; Marciales gibt eine Charakterisierung aller prä-modernen Drucke, die einen Nachvollzug der extrem komplexen Textgeschichte ermöglicht [*Celestina*, Bd. 1, S. 5-8; ausführliche Charakterisierung der einzelnen Versionen S. 19-268]).

[19] Der erste Druck der erweiterten Fassung ist nicht erhalten, so daß eine Übersetzung ins Italienische (Rom 1506) das älteste überlieferte Zeugnis des ‚kompletten' Texts darstellt (ältester überlieferter Druck auf spanisch: Zaragoza 1507 [vgl. *Celestina*, Bd. 1, S. 195 und S. 223]).

[20] Einen kurzen Einblick in die Fragestellungen der *Celestina*-Forschung gestattet der Aufsatz von A. Gier, „Rodrigo Cota (?) und Fernando de Rojas - (*Tragi-)Comedia de Calisto y Melibea* (*Celestina*)", in V. Roloff/H. Wentzlaff-Eggebert (Hgg.), *Das spanische Theater - Vom Mittelalter bis zur Gegenwart*, Düsseldorf 1988, S. 23-35, hier S. 23-25; ausführlicher informiert E. Leube, *Die* Celestina, München 1971, S. 5-14 (mit Anm.); zur Gattungsfrage unter dem Aspekt fundamentaler A-Generizität s. S. Gilman, *The Art of* La Celestina, Madison, Wisc. 1956, S. 194-206, bes. S. 194 (kritisch zu Gilmans These: M. R. Lida de Malkiel, *La originalidad artística de* La Celestina, Buenos Aires 1962, S. 73-77); die ältere Forschung dokumentiert der Bericht von M. Kruse („Stand und Aufgaben der *Celestina*-Forschung", in *Romanistisches Jahrbuch* 6 [1953/1954], S. 324-341); s. für diesen Zeitraum auch D. W. McPheeters, „The Present Status of *Celestina* Studies", in *Symposium* 12 (1958), S. 196-205.

[21] S. dazu A. Schizzano Mandel, La Celestina *Studies - A Thematic Survey and Bibliography 1824 - 1970*, Metuchen, N. J. 1971, sowie J. T. Snow, Celestina *by Fernando de Rojas – An Annotated Bibliography of World Interest, 1930 - 1985*, Madison, Wisc. 1985. - Es muß darauf hingewiesen werden, daß es neben dem oben im Anschluß genannten auch einen nicht in der Sache selbst liegenden Grund dafür gibt, daß die *Celestina* (und mit ihr alle Texte des spanischsprachigen Höhenkamms) seit etwa zwanzig Jahren Gegenstand einer wahren Springflut v. a. englischsprachiger Publikationen sind: die akademischen Weiterungen der Bilingualisierung der USA.

[22] Die prä-moderne Editionsgeschichte der *Celestina* bricht aus Gründen, die wir an anderer Stelle mit dem Begriff ‚Diskurs-Renovatio' zu fassen gesucht haben, 1633 ab. Bis zu diesem Datum wurde der Text mit Sicherheit neunundachtzig Mal und vermutlich weitere zwanzig Mal im Original publiziert, vierundzwanzigmal auf französisch, neunzehnmal auf italienisch, fünfmal auf flämisch, je viermal auf englisch und deutsch und einmal in Neulatein. Marciales bezeichnet ihn als den europaweit meistgedruckten literarischen Text der Zeit zwischen 1500 und 1650 (*Celestina*, Bd. 1, S. 1).

[23] Der zweite ist der *Quijote* (vgl. M. M. P., *Orígenes de la novela*, Bd. 3, S. 393).

risch ein prä-aristotelisches Drama,[24] konzeptuell ein Liebesdrama, das entsprechenden Stücken von Shakespeare präludiert,[25] gehört die *Celestina* der Endphase des Übergangs von einer ‚mündlichen' Literatur zur Schriftlichkeit an, in der die Fixierung auf die autoritative Version und die damit verbundene Herausstellung des Autornamens noch nicht denselben Stellenwert hatten wie später. Kaum gesehen wurde bislang, daß das Stück insofern zu den zentralen seiner Zeit gehört, als es die zentrale Problematik dieser Zeit auf die Bühne bringt,[26] jene Frage des ‚Ordnungsverlusts'[27] und einer in Kontingenz gestellten Welt, von der alles seinen Ausgang nimmt, was sich in späterer Zeit unter dem emphatischen Etikett ‚Renaissance' sammeln sollte. Und vermutlich ist es dieser Aspekt, der die einzigartige Faszination erklärt, die ein Text auf das zeitgenössische Publikum ausübte, dessen aus moderner Sicht bemerkenswerte Momente aus der seiner Epoche ohne größeres Interesse waren. Singulär und auch literarisch höchst interessant ist die *Celestina* vor allem, weil sie die Kontingenz und die (überkommene) Ordnung zugleich inszeniert und auf diese Weise die provozierendste Frage aufwirft, die die orthodoxe These einer göttlich garantierten Welt stellen kann: Wenn ‚Ordnung' die in dem Stück inszenierte Gestalt annimmt, welchen Sinn kann es dann noch haben, von Geordnetheit zu reden? Ist solche Ordnung nicht immer eine Kategorie der Naivität oder theologische Maske dessen, was unter monotheistischen Bedingungen sinnvoll nur Kontingenz heißen kann?

II.2 Die beabsichtigte Analyse der *Celestina* als Drama einer in Kontingenz gestellten Welt setzt die Erörterung zweier übergreifender Aspekte voraus. Zum einen ist zu diskutieren, in welcher Hinsicht das nicht logisch, wohl aber in seinen Denotaten facettenreiche Konzept hier und darüber hinaus generell im Fall einer Deutung literarischer Texte sinnvoll herangezogen werden kann. Zum zweiten wäre zu erörtern, wie aus Sicht dieser Zeit die Demarkationslinie zwischen ‚geordneter' und ‚kontingenter' Welt verläuft, ist doch letzteres, bzw. die Attribution dieses Qualifikativs, immer bezogen auf eine Interpretation

---

[24] Dazu in einer Bündigkeit, die manch spätere Diskussion überflüssig anmuten läßt, Lida de Malkiel, *La originalidad artística de* La Celestina, S. 27-78, bes. S. 47-50.

[25] Es sei in dieser Hinsicht nur kurz auf *Troilus and Cressida* verwiesen. Der in der *Celestina*-Literatur seit der Entstehung der Philologie in der deutschen Romantik gängige Hinweis auf *Romeo and Juliet* (dazu Menéndez Pelayo, *Orígenes de la novela*, Bd. 3, Anm. 2 zu S. 354) geht sicherlich auch nicht fehl, soweit man das Stück von seiner tragisierenden Rezeptionsgeschichte löst und, was den Text selbst betrifft, den Blick auf das Ende konzentriert, das mit der auffälligen Kumulation von akzidentellen Ereignissen große Affinität zum Handlungsschema der *Celestina* hat. - Ohne dies hier auszuführen, sei gesagt, daß, was das Weltmodell angeht, das Drama des spanischen Anonymus und die Stücke des Elisabethaners demselben Paradigma angehören.

[26] S. einschränkend unten, Anm. 64.

[27] Zitat: Blumenberg, *Säkularisierung und Selbstbehauptung*, S. 209.

von Welt, näherhin eine Vorstellung von Ordnung, deren Nicht- bzw. Nichtmehr-Gegebensein mit der Rede signifiziert wird, die Welt sei kontingent.

Zum ersten Aspekt: Rüdiger Bubner beschreibt in seinem Beitrag für diesen Band, der der aristotelischen Theorie des Zufalls gewidmet ist,[28] daß ‚Kontingenz' Voraussetzung von Handeln ist, insofern erst das Offensein der Möglichkeiten das Feld konstituiert, in dem sich Handeln als Akt des Auswählens ereignen kann. Zugleich ist das Kontingente aber das, was Handlungssinn so durchkreuzt, daß dies als handlungsrelevant erfahren bzw. bilanziert wird. Wir nennen im folgenden ‚Handlungswelt' jenen Raum der Freiheit, in dem sich Handeln vollzieht, Kontingenz bzw. Zufall all das, was sich in diesem Raum dem Handeln in einer Weise widersetzt, die über den Rahmen des als ‚normal' und erwartbar Erachteten hinausgeht.[29]

Damit ist bereits der zweite Aspekt der oben benannten Frage angeschnitten. Kann zum einen kein Weltmodell, welches das Konzept ‚Handeln' impliziert, ohne eine Vorstellung dessen auskommen, was in späterer Zeit Kontingenz genannt wird, scheint es doch zum anderen je historisch verschieden anzusetzende Parameter zu geben, die definieren, bis zu welchem Punkt die notwendige Offenheit als in einer Ordnung von Welt ‚aufgehobene' Offenheit begriffen wird,[30] und wo das Bewußtsein von Offenheit umschlägt in die Feststellung der Abwesenheit von Ordnung, wo sich Verläßlichkeit wandelt zum Befund des Ordnungsschwunds bzw. gar des Ordnungsverlusts[31]. - Allemal dürfte deutlich sein, daß die Rede von einer in Kontingenz gestellten Welt ein Interpretationsmodus des Gegebenen ist, der immer auf eine vorausgesetzte Vorstellung einer Handeln ermöglichenden, gleichwohl verläßlichen Ordnung bezogen ist. Kontingenz ist derjenige Aspekt von Offenheit, der sich einer Subsumption unter das je maßgebliche Paradigma von Weltordnung (‚Weltmodell') entzieht.[32] Die Rede von Kontingenz ist eine Leerstelle der Codierung,

---

[28] S. S. 3-21. Bubners Beitrag ist für unsere Argumentation über das oben Ausgeführte hinaus auch insofern ein Referenzpunkt, als mit der Konzentration auf die aristotelische Theorie ein Implikat von Kontingenz zunächst abgeschnitten ist, das für literarische Texte, zumal dieser Zeit, ohne Interesse wäre, die Frage ‚kosmischer' Kontingenz (bzw. in der Terminologie des Beitrags von F. J. Wetz zu diesem Band: der ‚Kontingenz der Welt'). Der Ort der aristotelischen Theorie des Kontingenten ist die Handlungswelt.

[29] Zur „historische(n) Varianz" dessen, was als kontingent bilanziert wird, s. auch den Beitrag von Michael Makropoulos in diesem Band (S. 55-79, hier S. 60).

[30] ‚Ordnung' wird hier und in unserer gesamten Argumentation, soweit nicht explizit anders gesagt, immer gegenstandsbezogen verstanden, d. h. als Ordnung der Handlungswelt. Diese Ordnung ist eine wesentlich andere als etwa die der physikalischen Welt; zu einem solchen Verständnis von Ordnung s. B. Waldenfels, „Das Geregelte und das Ungebärdige - Funktionen und Grenzen institutioneller Regelungen", in ders., *In den Netzen der Lebenswelt*, Frankfurt a.M. 1985, S. 79-93, sowie ders., *Ordnung im Zwielicht*, Frankfurt a.M. 1987, S. 17-20 und S. 137-202.

[31] Dies die Dichotomien, mit denen Blumenberg seine Beschreibung der Opposition von Mittelalter und früher Neuzeit orchestriert.

[32] Zumal im Kulturvergleich und auch historisch ist diese conditio zentral. Ohne Zweifel gibt es nicht nur wesentliche Differenzen, was das Umgehen mit, sondern auch, was das Wahrnehmen

verweist auf dasjenige als relevant bilanzierte Erfahrene, das nicht vermittels Symbolisierung auf Sinn reduziert werden kann. Das Kontingente ist Epiphanie des ‚Absolutismus der Wirklichkeit'[33] und damit essentiell referenzlos. Dies wiederum macht es zum Irritierenden schlechthin. Stillgestellt wird diese Irritation in der Regel durch sekundäre Modellierung.[34] Es ist das Merkmal bestimmter Phasen der Diskurshistorie, daß diese Schemata der Re-Interpretation nicht mehr greifen, daß sie keine Überzeugungskraft mehr entfalten. Eine dieser Epochen ist die Renaissance (eine weitere, möglicherweise, die Postmoderne).

Für die in der *Celestina* inszenierte Welt ist diese modellhafte sekundäre ‚Ordnung', der sich zu entziehen das Stück und mit ihm andere zentrale Texte der Renaissance mit Bezug auf die modellierten Ereignisse proklamiert, jenes Kosmoskonzept, das an erster Stelle Augustinus in seiner Auseinandersetzung mit dem paradoxalen, aber mythisch verbürgten Gedanken einer im Prinzip guten, gleichwohl vom ‚Fall' affizierten Schöpfung entwickelt hat: Die ‚Mängel der Welt', das, was menschliche Kalküle, Erwartungen, Wünsche immer wieder mit mehr oder weniger großer Erheblichkeit durchkreuzt,[35] interpretiert

---

von Kontingenz angeht. Paradigmatisch dafür ist der unten näher beschriebene Sprung in der Valorisierung des Konzepts Kontingenz, der sich mit dem Wechsel vom Poly- zum Monotheismus vollzieht (Pkte. IV.1 und IV.2).

[33] Mit ‚Absolutismus der Wirklichkeit' bezeichnet Blumenberg seit *Arbeit am Mythos* (Frankfurt a. M. 1986, S. 9 und passim) die dem Menschen unverfügbare, ihn gleichwohl vital betreffende Dimension dessen, was ist. Mythos, Religion, Kunst und Technisierung sind Verfahren, diesen Absolutismus der Wirklichkeit sei es zu distanzieren, sei es partiell zu kontrollieren. Wenn wir hier das Kontingente als den Ort bezeichnen, an dem dieser Absolutismus unverhüllt ins Bewußtsein tritt, impliziert dies auch, daß es ein ‚stabiles' Kontingentes aus unserer Sicht schwerlich geben kann (anders hingegen Blumenberg [s. u., Anm. 168]).

[34] Schlagende Beispiele verschiedensten Niveaus einer solchen sekundären Überschreibung eines Kontingenten durch Re-Interpretation, welche zur Nihilierung des Kontingenten als Kontingentem führt, finden sich im Beitrag von Hermann Lübbe zu diesem Band (S. 35-47). Letztlich ist auch die von Lübbe in den Mittelpunkt gestellte Kontingenzbewältigung durch Religion eine solche Re-Interpretation. Denn das ‚Annehmen' des prinzipiell unverfügbaren Kontingenten kann wohl nur dann zustandekommen, wenn derjenige, der sich mit dem Ansinnen konfrontiert sieht, ein Inakzeptables anzunehmen, es sich gestattet, eine wie auch immer provisorische oder rudimentäre ‚Geschichte' zu konstruieren, die ihm das Vorgefallene als sinnhaft erscheinen läßt (Theodizee). Wird diese Möglichkeit nicht ergriffen, bleibt das Kontingente als unhintergehbar Kontingentes im Bewußtsein bestehen und wird es *gleichwohl* in der einen oder anderen Weise angenommen, fällt es schwer, eine solche Einstellung ‚religiös' zu nennen. Religion ist unverzichtbar ein hermeneutisches Schema. Einigkeit besteht unsererseits mit Lübbes Argument insofern, als auch wir, wie bereits angedeutet, die These etwa des späten Blumenberg oder Rortys, das Hinnehmen des Kontingenten sei eine viable Möglichkeit, mit der Welt fertigzuwerden, bezweifeln. Aber es gibt zumal in der Moderne andere und vielleicht mächtigere Register als Religion, mit dem Unverfügbaren umzugehen (dazu unten, Anm. 168).

[35] Bedarf es ausführlicher Erörterung, daß sich das Kontingente in der christlichen Welt vorzugsweise als adversa fortuna präsentiert? Das aristotelische Schulbeispiel ist bekanntlich der durch Zufall gefundene Schatz (im Hinblick auf den, der ihn vergraben hat, ein Exempel von adversa fortuna, was aber bei Aristoteles bezeichnenderweise unproblematisiert bleibt). Hier wird der Abgrund unmittelbar evident, der den paganen ‚Kosmos' und die christliche, gefallene Welt

der Kirchenvater als „verändernde Eingriffe Gottes in sein Werk, mit denen (dies)er die Natur in den Dienst der Gerechtigkeit gegenüber dem Menschen stellt“[36]. Die zugrundeliegende Prämisse eines deus iustus steht quer zum originär christlichen Konzept eines Gottes, der erst im Jenseits straft. Bei Augustinus ist sie noch frei von jenen populären Schematismen, zu denen sie auf dem Niveau der Verkündigung unvermeidlich tendiert. Warum Augustinus das gedanklich unbefriedigende Konzept in sein System integriert, wird deutlich mit Blick auf die Konsequenzen, welche dessen Eskamotierung am Ende des Spät-Mittelalters nach sich zog.[37]

Den konzeptuell und literarisch harmonischsten Ausdruck gewinnt die Formulierung derjenigen Aspekte der Welt, die sich dem Menschen auf den ersten Blick als Unverrechenbares, als Ungeordnetes, Chaotisches präsentieren, die mittelalterlich aber als Manifestationen von ‚Ordnung‘ gedeutet werden, im siebten Gesang von Dantes *Inferno*: Fortuna wird dort definiert als das der menschlichen Planungsrationalität Widerständige schlechthin („oltre la difension di senni umani“). Allerdings ist sie keine autonome, sondern eine abhängige Instanz, sie ist Werkzeug („ministra“) jenes Gottes, der sie eingesetzt hat. Dieser wiederum hat seiner Schöpfung eine Ordnung gegeben, die dem Menschen als lex naturalis einsichtig ist. Das den Sterblichen auf den ersten Blick rätselhafte ‚permutierende‘ Treiben der Fortuna ist nichts anderes als die auf die Handlungswelt, im speziellen die Dimension des Gelingens und Mißlingens, applizierte Entsprechung jener wechselnden, letztlich aber ‚gleichmäßigen‘ (‚uguale‘) Distribution von Licht und Dunkel, die die Engel als die Beweger

trennt. Christlich hat die prospera fortuna immer nur eine moralisierende Dimension. Die Aufmerksamkeit gilt ihrer Flüchtigkeit, die Absicht ihrer Entwertung (vanitas).

36 Zitat Blumenberg, *Säkularisierung und Selbstbehauptung*, S. 153.

37 Zumal im Vergleich zu ihrer alttestamentlichen Vorstufe ist es Spezifikum der christlichen Lehre, daß sie den Gedanken eines im Diesseits belohnenden und strafenden Gottes zugunsten des Gedankens eines Gottes aufgibt, der erst im Jenseits richtet (vgl. dazu etwa *Jer* 32, 19 einerseits und *Marc* 4, 24 sowie *Rom* 2, 5 und 6 andererseits). Die oben apostrophierte Verkündigungspraxis stützt sich auf neutestamentliche Zitate, die im Unterschied zu den bereits genannten in dieser Hinsicht ambig sind, etwa *Luc* 6, 38. (Die Auffassung eines nach dem ius talionis auf Erden strafenden christlichen Gottes wird gut dargestellt bei M. Bataillon, *La* Célestine *selon Fernando de Rojas*, Paris 1961, S. 130-133.) - Blumenberg leitet den entsprechenden Gedanken bei dem Kirchenvater aus dem Versuch der Überwindung der Gnosis ab (*Säkularisierung und Selbstbehauptung*, S. 143-157): Zur Abwehr des Konzepts des bösen Demiurgen mußte das Übel dem Menschen angelastet werden. Da es gleichwohl, lt. *Gen* 3, von Gott ist, konnte dieser Versuch nur gelingen, wenn man es als Retaliation deutet. Bei Augustinus bleibt der Gedanke auf Tod und Krankheit (abstrakter: Zeitlichkeit) als Vergeltung für den alle Kinder Adams affizierenden Sündenfall beschränkt, aber es liegt nahe, daß das Syndrom Verstoß/ Retaliation zumal in einer Zeit der Re-Meritorisierung der Gnadenlehre die Konzeptualisierung je individueller Schicksalskontingenz im Lichte individueller Verstöße nach sich zieht. Zu ergänzen wäre, daß Augustins Theorie im biblischen Bericht vom Sündenfall eine solide Stütze hat und daß die bereits bei Paulus präsente Vorstellung der Erbsünde für das Christentum konstitutiv ist. Es bedürfte keiner stellvertretenden Erlösung der ganzen Menschheit durch den Gottessohn, wenn nicht alle Menschen per se sündig wären.

der Himmelssphären bewerkstelligen,[38] so daß das Wirken Fortunas nicht nur in die umfassende, gottgesetzte, verläßliche und den Menschen geoffenbarte Ordnung des Kosmos eingebettet ist, ihr Wirken vielmehr gleichrangige Manifestation dieser Ordnung selber ist. - Zur Abwehr aller irritierenden, zumal auf den Aspekt der ‚gleichen Verteilung' bezogenen Fragen tritt dasjenige ein, was Vorwurf des Werks ist, das diese Theorie des Kontingenten, welches in einer verläßlichen Ordnung aufgehoben ist, inkorporiert: das Konzept eines gerechten Jenseits, in dem diejenigen, die ein Zuviel an Gelingen nicht aus eigener Einsicht und zumindest im Bewußtsein ihrer selbst auf das Niveau substantieller ‚Gleichheit' gebracht haben, der ewigen Verdammnis anheimfallen, und jene, denen mehr als erwartbar an Unglück zuteil wurde, die aber nicht gegen das Zugewiesene revoltiert haben, des Paradieses teilhaftig werden dürfen.[39]

II.3

II.3.1 Schon der Beginn der *Celestina* macht plakativ deutlich, um welche Problematik es in dem Stück gehen soll: Bei der Verfolgung seines Falken dringt Calisto, ein vornehmer junger Mann, in den Garten des hochmögenden Pleberio ein, trifft dort auf dessen einzige Tochter, Melibea, und verliert sich augenblicklich an eine Liebe, die beide, Calisto und Melibea, in den Tod führen soll.[40] - Ungeachtet aller geistigen und literarischen Distanz zur voraufgehenden Epoche gehört das Stück, das diese Situation zu dramatischer Entfaltung bringt, noch insofern einem in jener Zeit dominierenden Paradigma an, als es sich an allen Fragen ‚mimetischen' Belangs desinteressiert zeigt. Das auffälligste Moment in dieser Hinsicht ist, daß sich beide Liebende, auch Melibea, ohne erkennbares Motiv dem sozial akzeptierten Weg der Werbung verweigern,[41] ein weiteres, daß das eigentliche Verhängnis erst seinen Lauf nehmen

---

[38] „Colui lo cui saver tutto trascende,/ fece li cieli e diè lor chi conduce/ sì, ch'ogni parte ad ogni parte splende,/ distribuendo igualmente la luce:/ similemente alli splendor mondani/ ordinò general ministra e duce/ che permutasse a tempo li ben vani/ di gente in gente e d'uno in altro sangue,/ oltre la difension di senni umani./ (...)" (*Inf.* VII, 73-81). - Dantes Fortuna-Konzeption rezipiert die des Boethius und des Thomas (dazu unten, Anm. 131 und Anm. 156). Als Faktum ist dies der Forschung seit jeher bekannt. Was dies gedanklich impliziert, bleibt aber in der Regel im Rahmen einer philologisch oberflächlichen und die historischen Brüche nivellierenden Lektüre der zitierten *Inferno*-Passage unreflektiert (Treffendes und weniger Treffendes vermengt unentwirrbar der im deutschsprachigen Raum autoritative Kommentar von H. Gmelin; gleiches gilt für den Kommentar von G. A. Scartazzini/G. Vandelli).

[39] Die bekannteste literarische Gestaltung dieses Konzepts stammt aus einer Zeit, in der sich zumal die spanische Literatur dem Versuch einer Restauration des mittelalterlichen Ordnungsdenkens verschrieben hat: Calderóns *El gran teatro del mundo*.

[40] Auf die höfische Tradition des Motivs verweist Lida de Malkiel (*La originalidad artística de* La Celestina, S. 201f.). Umso höher wären die Differenzen zum Muster der höfischen Liebe zu veranschlagen, die sich in der weiteren Handlungsführung des Stücks dokumentieren (dazu anschließend, Anm. 41).

[41] Es wird vielmehr ausdrücklich artikuliert, daß die üblichen Schranken, die die Liebe zu einer

kann, wenn die ehrbare Alisa der stadtbekannten Hexe und Kupplerin Celestina Zutritt zu ihrer Tochter gewährt. Kurz: dem Stück geht es nicht um ‚Ab-' oder ‚Nachbildung' einer zeitgenössischen Realität,[42] sondern um Inszenierung des hier zum Gegenstand gemachten Konzepts, jedoch in der Duplizität, die diesem Konzept unter monotheistischen Voraussetzungen eigen ist. Bereits die Ausgangssituation zeigt an, daß das orthodox-christliche Verständnis von Kontingenz den Horizont konstituiert, vor dem das Drama operiert, das einer Zufälligkeit, die demjenigen, welchen sie trifft, zur Probe oder Prüfung wird, in deren Resultat sich die umfassende Ordnung beweist, in der die eben nur scheinbare Kontingenz aufgehoben ist:[43]

> Obwohl ihn seine Ratio warnt, läßt sich der verliebte Calisto von einem Diener verleiten, sich der Dienste der Kupplerin zu versichern. Diese, die hinter ihrem Namen (‚Celestina') das Wesen einer Teufelsdienerin verbirgt,[44] schafft es, zu Melibea vorzudringen, und mit Schmeicheleien und Verlockungen gelingt es ihr, den anfänglichen Widerstand des Fräuleins zum Schwinden zu bringen. - Als Calisto hört, daß Melibea bereit ist, sich heimlich mit ihm zu treffen, entlohnt er die Mühen der Kupplerin mit einem exorbitant wertvollen Geschenk. Über diese Kette entbrennt ein Streit zwischen Celestina und den Dienern des Calisto, die

---

verbotenen Liebe und damit erst recht eigentlich zum literarischen Sujet machen, hier nicht existieren. Sozial sind die zwei Liebenden ebenbürtig. Es gibt zwischen den Familien keine Berührungspunkte, mithin auch keine tradierte Feindschaft. Melibea ist keineswegs bereits einem anderen versprochen, vielmehr machen ihre Eltern das Problem, für die Tochter einen geeigneten Ehemann zu finden, explizit, und die Betroffene weiß von diesen Überlegungen. Ungeachtet dieser günstigen Konstellationen weisen beide Liebende die Vorstellung eines legitimen Glücks zurück. - Die Versuche eines Teils der Forschung, der Handlung des Dramas durch gewagte Konjekturen eine mimetische Plausibilität zu konstruieren, hat H. Baader, was den diskutierten Punkt angeht, scharf, aber treffend kritisiert („Melibea conversa? Randbemerkungen zu einem neuen Interpretationsversuch der *Celestina*", in *Romanistisches Jahrbuch* 8 [1957], S. 287-289). S. weiterhin Bataillons Einwände gegen jede Art einer mimetischen Deutung der Liebesintrige, die er im Kontext seiner u.E. verfehlten Situierung des Stücks formuliert, die aber als solche Bestand haben (*La* Célestine *selon Fernando de Rojas*, S. 171-177). Lida de Malkiel dokumentiert die entsprechende Diskussion in ihrer Breite, vermag aber nicht, eine überzeugende Lösung zu präsentieren. Der Verweis auf die modellprägende Tradition des höfischen Liebeskonzepts wäre eher geeignet, die Frage anzuregen, was, semiotisch gesehen, es bedeutet, daß der Autor des Stücks dessen einen Aspekt, die Opposition von Liebe und Ehe, zitiert, dessen anderen Aspekt, die sozialen Hindernisse für die Realisierung der Liebe, aber konsequent ausblendet (*La originalidad artística de* La Celestina, S. 206-220).

[42] So jedoch Leube, der damit allerdings nur den Tenor der Forschung reproduziert (*Die* Celestina, passim, bes. S. 22-26).

[43] Der Gedanke der Prüfung existiert auch stoisch (Seneca, *De providentia*, 3, 4 und 4, 12). Er ist notwendiger Bestandteil aller Systeme, deren Interesse die Positivierung des Übels ist.

[44] Zum Klischee der lüsternen Alten (Celestina ist sechzig Jahre alt), das der Tradition des *Rosenromans* folgt, s. *Celestina*, Bd. 2, S. 43f., S. 166f. sowie S. 216. Die Kupplerin ist eine Hexe und steht mit dem Teufel im Bunde („Yo, Celestina, tu [i. e. triste Plutón, [...] capitán sobervio de los condenados ángeles] más conocida cliéntula [...] vengas sin tardança a obedecer mi voluntad [...] Y esto hecho, pide y demanda de mí a tu voluntad. [...] Y otra y otra vez te conjuro" [vgl. *Celestina*, Bd. 2, S. 30, S. 71-73 sowie S. 97f.; Zitat S. 72f.]). Sie selbst redet den Leibhaftigen als ‚Bruder' an („ermano" [S. 87]). Explizit als Teufel qualifiziert wird Celestina seitens der Lucrecia, die in Opposition zu Areúsa und Elicia die Position der moralisch integren Dienerin besetzt („el diablo" [S. 83]).

der Auffassung sind, ihren Teil zum Gelingen beigetragen zu haben. Im Zuge des Streits wird Celestina von den zwei Dienern erstochen, diese wiederum werden ergriffen und öffentlich hingerichtet. - Calisto und Melibea genießen unterdes während eines Monats ihr verbotenes Glück. Doch eines Abends, als Calisto, durch einen Warnruf irritiert, den Garten des Hauses von Melibeas Eltern nicht anders als sonst, d.h. über eine Leiter, verlassen will, stürzt er und stirbt. Melibea klärt ihren Vater über das Vorgefallene auf und folgt sodann dem Geliebten in den Tod.

Es hieße die Absicht des Texts zu verkennen, wenn man ihn wie M. Bataillon und der überwiegende Teil der Forschung im Anschluß an das Offensichtlichste, das wir versucht haben, durch unser Resümee zu verdeutlichen, als remimetisierte Moralität auffaßte, die vor den Gefahren der luxuria warnte.[45] Ohne Zweifel ist dies eine Dimension der Handlung, und die entsprechende Schicht des Texts folgt mit einer Exaktheit der thomistischen Theoretisierung der luxuria, die um einiges über das von Bataillon Erfaßte hinausgeht.[46] Aber das entsprechende Ordnungsmuster wird, so die hier zu entwickelnde These, nur deshalb mit der angedeuteten Prägnanz aufgerufen, um zu zeigen, wie wenig belangvoll es für die praktische Erfahrung ist. Die Absage an das tradierte Welt-

---

[45] Berufungsinstanz dabei ist das „Incipit", das dem Stück seit der Ausgabe von Toledo, 1500 (?) vorangestellt ist („Síguese la Comedia de Calisto y Melibea, compuesta en repreensión de los locos enamorados que, vencidos en su desordenado apetito, a sus amigas llaman y dizen ser su dios" [*Celestina*, Bd. 2, S. 15].). Zu Bataillons Argumentation vgl. *La* Célestine, passim, bes. S. 15, S. 70, S. 91 f. sowie S. 106 („C'est [i. e. *La Célestine*] un imposant *exemplum*. Œuvre d'art, certes, mais d'art qui se veut didactique."). Den Gedanken einer möglichen Spannung zwischen affichierter Intention und Einlösung durch den Text erwägt Bataillon nicht, ungeachtet dessen, daß in dem dem Incipit folgenden „Argumento general" eine Erklärung angeboten wird, die mit der moralisierenden Lesart konkurriert („[...] vinieron los amantes [...] en amargo y desastrado fin. Para comienço de lo cual dispuso la adversa fortuna lugar oportuno [...]" [*Celestina*, Bd. 2, S. 15].). - Ungleich schematischer noch als Bataillon argumentiert D.C. Clarke, die die *Celestina* einem exhaustiven Vergleich mit der christlich-allegorischen Literatur des (spanischen) Mittelalters unterzieht und dabei zu dem Befund gelangt, das Stück stehe in bruchloser Kontinuität dieser Tradition (*Allegory, Decalogue, and Deadly Sins in* La Celestina, Berkeley/L. A. 1968). - Nicht in der ideologischen Einordnung, wohl aber konzeptuell ist auch L. Spitzers Deutung des Stücks als didaktisch im Sinne der stoischen Tugendenlehre den zwei genannten Studien verbunden (Nachweis unten, Anm. 64). Mutatis mutandis gilt gleiches für die Lektüre von B. Teuber (s. u., Anm. 51). In der überschaubaren Forschung gibt es nur in Gilmans Buch Berührungspunkte mit der von uns vertretenen These (s. u., Anm. 64).

[46] Die luxuria ist gemein-christlich das deutlichste Indiz des Verfallenseins des Menschen an die Erbsünde, d. h. der Schwächung des imperium der ratio über die niederen partes der Seele (pars vegetativa und sensitiva). Insofern sind die Regungen der luxuria Einfallstor aller anderen Sünden. Spezifisch thomistisch (non-augustinisch) ist der Gedanke, daß dem Verlust der rationalen Kontrolle, den die filiae luxuriae (inconsideratio, caecitas mentis, usw.) anzeigen, sub gratia bei hinreichender Anstrengung des Willens entgegengearbeitet werden kann (vgl. *Summa theologiae*, II^{a} II^{ae}, qu. 153). Es bereitete keine Schwierigkeiten, die *Celestina* vordergründig als Allegorisierung dieses rationalistischen Sündenkonzepts zu lesen. Was die Haupthandlung angeht, ist dies evident. Die am meisten minutiöse der zahlreichen Referenzen auf das thomistische Muster wird allerdings in einer Nebenhandlung entwickelt: Pármeno, der eine der zwei Burschen des Calisto, hat im ersten Akt die Rolle des loyalen Dieners inne. Er warnt seinen Herrn vor den Gefahren, denen sich dieser in Verfolgung seines sinnlichen Begehrens auszusetzen droht. Inso-

modell gerät umso schärfer, als dieses nicht in seiner Essenz, wohl aber in seiner Pertinenz bestritten wird.

II.3.2 Diese Absage an das tradierte Konzept einer in ‚Freiheit' gestellten, gleichwohl (wohl)geordneten Welt setzt in der *Celestina* auf mehreren, möglicherweise allen in dieser Hinsicht überhaupt einschlägigen Ebenen an.[47] Am unverkennbarsten ist der Einspruch gegen die populäre, besser: die die Verkündigung regulierende Variante des Konzepts eines deus iustus. Zwar werden alle Hauptfiguren, die sich eine schwere moralische Verfehlung zuschulden kommen lassen, mit dem Tode gestraft. Dies aber als Verweis auf eine gerechte Weltordnung zu verstehen, wird schon allein dadurch konterkariert, daß auch die ‚Guten', Melibeas Eltern Alisa und Pleberio, ‚gestraft' werden, indem ihre künftige Existenz mit dem Tod der einzigen Tochter allen Sinn verliert und alle vergangenen Mühen sich unter das Zeichen der Vergeblichkeit gestellt sehen.[48] Könnte solches noch als Begleiterscheinung der Geschlechterfolge und damit als mimetisch gedeckt oder, allegorisch, als orthodox erscheinen (als Codierung des Dogmas der ersten Sünde und ihrer Folgen), läßt sich für das Faktum, daß zwei Figuren, deren moralische Verfehlungen nicht geringer sind als die der Gestraften, die Huren Elicia und Areúsa, ohne jede Strafe bleiben und nach dem Ende der Verwicklungen unbekümmert über die Fortführung ihrer a-moralischen Existenz beratschlagen können,[49] keine wie auch immer plausible Begründung angeben, die mit dem Konzept einer geordneten Welt verrechenbar wäre. - Ungleich gewichtiger als die Faktizitäten als solche sind aber

fern ist er der Kupplerin Celestina hinderlich. Pármeno vermag es, Celestinas heuchlerischen finanziellen Versprechungen (Appell an die avaritia) zu widerstehen, jedoch der von ihr eröffneten Aussicht, ihn mit einem ihrer Mädchen, der schönen Areúsa, zusammenzubringen, hält er schließlich nicht stand. Seine Vernunft indes hatte ihn zuvor eindringlich gewarnt. Es entspricht der dogmatischen Folie, daß die entscheidende ‚Konversion' im Bewußtsein statthat. Bereits vor der ersten Liebesnacht mit Areúsa wird der sich dem Begehren ausliefernde Pármeno zum willenlosen Werkzeug der Celestina, reinterpretiert nunmehr alle moralischen Maximen, die man ihm anerzogen hatte, so, daß sie sein amoralisches Interesse legitimieren, belügt und betrügt seinen Herrn, verfällt der avaritia, der er zuvor widerstanden hatte, schließlich der ira, hilft im Affekt dabei, die Kupplerin umzubringen, hält in der inconsideratio, die ihn sodann befällt, das Waffengeklirr der zufällig vorbeikommenden Stadtwache für das Geräusch von Verfolgern, springt aus dem Fenster und wird, bereits halbtot und ohne sich noch rechtfertigen zu können, öffentlich hingerichtet. (Zu den Strategien, die das Stück zur Relativierung und letztlich Konterkarierung dieser plakativ signalisierten orthodox-thomistischen Lesart einsetzt, s. unsere folgende Argumentation.)

[47] Dies letztere Implikat unserer These versteht sich naheliegenderweise unter historischem Vorbehalt. Ohne Zweifel hat die modernistische und auch bereits die romantische Literatur (vgl. den Beitrag von R. Lachmann in diesem Band) Register literarischer Inszenierung von Kontingenz entwickelt, die in der frühen Neuzeit noch jenseits des Denkbaren lagen.

[48] „¿Para quién edifiqué torres? ¿para quién adquirí onras?" (usw.; Schlußmonolog des Pleberio [*Celestina*, Bd. 2, S. 262-268, hier S. 262]).

[49] S. dazu Akt XVII.

die mikrostrukturell ansetzenden Unterminierungen der Kausalnexus, die den ‚verdienten' Tod der Schuldigen bewirken.

Diese Unterminierung ist umso effektvoller in Szene gesetzt, als die Sequenz der Bestrafung der Schuldigen mit einer Konstellation beginnt, die sich zumindest auf den ersten Blick dem Konzept einer gerechten Weltordnung subsumieren ließe. Celestina stirbt, wie schon angedeutet, in einem Streit mit den zwei Dienern Calistos, welcher sich über der Aufteilung des Kuppellohnes entzündet. Insofern mag es scheinen, daß sie für ihre Vergehen gestraft werde bzw. sich selber strafte. Ein orthodoxer contrappasso allerdings ist dies nicht mehr. Denn ‚verdient' hätte Celestina den Tod dafür, daß sie Melibea und zahllose andere Mädchen der Stadt zur luxuria verleitet und in Ehrlosigkeit gestoßen hat. Diese Vergehen indes bleiben ungesühnt. Recht eigentlich ist es auch nicht Habgier, die nach der sexuellen Verworfenheit die zweite schwere moralische Verfehlung darstellt, die das *gesamte* Handeln der Kupplerin affiziert, welche in der Art gestraft würde, mit der sie ihr Ende nimmt. Der ‚Fehler', den sie mit dem Tode büßt, ist, für einen Moment zu vergessen, daß sie es allein der avaritia des Sempronio verdankt, daß er ihr Calisto zugeführt hat und daß sie die einst ruhende avaritia des Pármeno selbst geweckt hatte, um diesen von seinen Mahnungen abzubringen, sein Herr möge sich nicht mit ihr einlassen. Celestina fällt also nicht einem *moralischen* Fehlverhalten, sondern einer punktuellen Nicht-Berücksichtigung der Interessenlage ihrer Kumpane, d.h. einem ohne Motivierung bleibenden Ausfallen derjenigen taktischen Fähigkeiten zum Opfer, deren virtuoser Entfaltung sie all ihre Erfolge als Kupplerin verdankt.[50] - Ähnliches gilt für den Tod Sempronios und Pármenos. Deren schwerste moralische Verfehlung ist die Illoyalität gegenüber ihrem Herrn. Gestraft jedoch werden sie nicht für diese ‚kalkulierte' Sünde, auch nicht für ihren zweitschwersten Fehler, die avaritia (welche sie zum Streit mit Celestina verleitet), sondern für ein Handeln im Stande einer zufällig aufbrechenden ira, welches auf diese Weise recht eigentlich kein Handeln ist: Da sie ihren Herrn begleitet und die ganze Nacht auf ihn gewartet hatten, waren sie

[50] Nachträglich bloßgelegt wird dieses punktuelle Ausfallen von Celestinas zentraler Fähigkeit, der dissimulatio, wenn die Hure Elicia, die in Celestinas Haus ihrem Gewerbe nachgeht und den Streit mithört, erzählt, die Zuspitzung habe sich ergeben, weil Celestina ‚in der Erregung gewisse Dinge preisgegeben habe, die sie besser für sich behalten hätte' („[...] y aun descubriendo otras cosillas de secretos, que como dizen, riñen las comadres y dízense las verdades" [*Celestina*, Bd. 2, S. 277].). Zu Celestinas taktischen Qualitäten vgl. die ausführliche Darstellung bei Lida de Malkiel, *La originalidad artística de* La Celestina, S. 519-534. Das Verhalten der Kupplerin in dem Streit, der schließlich zu ihrer Ermordung führt, qualifiziert Lida als „lamentable parodia de la versatilidad con que otras veces ha cambiado de plan" (S. 533; gleichlautend Gilman [„a blindness inexplicable, given her usual intuition" (*The Art of* La Celestina, S. 177)]). Beide Zitierte bleiben eine Deutung der Struktur schuldig. Irrig wäre es anzusetzen, daß Celestinas taktisches Versagen Folge der avaritia ist. Die voraufgehenden Begegnungen mit Calisto zeigen vielmehr, wie souverän die Kupplerin über das Register der affektierten Bescheidenheit verfügt, womit sie diesen dazu bringt, ihr weitaus mehr zuzugestehen als angemessen wäre.

‚müde', zudem ‚gereizt' infolge nicht näher spezifizierter Diskussionen, in die sie sich während des Wartens verfangen hatten. In dieser Situation verfallen sie auf den Gedanken, nach einer Entschädigung für ihre Mühen zu verlangen, und ihr momentaner Zustand läßt, was mit dem Vorbringen eines Anliegens beginnt, bis hin zum Totschlag eskalieren.[51] - Auffällig ist im einen wie im anderen Fall die Disproportion zwischen moralischem Fehlverhalten und auslösendem Moment der Strafe, unter semantischem, mehr aber noch unter durativem Aspekt. Jene der *Commedia* zugrundeliegende, der Thomistischen *Summe* entlehnte Ordnung, nach der es die je schwerste und am längsten andauernde Sünde ist, die und für die gestraft wird, scheint schon hier dementiert. Was, wenn die virtuose Taktikerin Celestina nicht in dieser, sondern in einer beliebigen anderen Situation versagt hätte, was, wenn aus anderweitigen Umständen resultierende Müdigkeit und Gereiztheit die zwei stets beherrschten, ja kühl kalkulierenden Dienerfiguren Sempronio und Pármeno nicht gerade in dieser Situation der ira ausgeliefert hätten, was schließlich, wenn die Stadtwache nicht ‚zufällig' in dem Moment am Haus der Celestina vorbeigekommen wäre,[52] als die zwei zustachen? Dies letztere nämlich erst ist es, was sie zu ihrem kopflosen Fenstersprung und damit in die Arme des Henkers treibt. - So ist sicherlich der Tod der drei Missetäter ‚gerecht'. Aber die Wege dieser Gerechtigkeit sind so plakativ als verschlungene Wege modelliert, daß sie sich einem Begreifen entziehen.[53] Was bleibt, ist allenfalls das ‚stumme Erstaunen'.

---

[51] Auch dies als Erläuterung der Elicia („Pues, como ellos viniessen cansados una mañana de acompañar a su amo toda la noche, muy aïrados de no sé qué questiones que dizién que avían avido, pidieron su parte a Celestina, de la cadena, para remediarse" [*Celestina*, Bd. 2, S. 277; ebd. nochmals der Verweis auf die schlechte Laune und die Müdigkeit, die erst dazu geführt hätten, daß sie sich so leicht erregten („[...] ellos, muy enojados [...] el enojo grande y cansancio que traían, que acarrea alteración.")].). - B. Teubers konzeptuell innovierte, aber eingestandenermaßen Bataillon verpflichtete „moralisierende" Deutung des Stücks blendet das hier zum Thema gemachte Moment, die Durchkreuzung der Didaxe durch die Modellierung der Ereignisse im Zeichen der Kontingenz, eher aus. Unter dieser Voraussetzung kann dann der Tod der Celestina als ‚Sühne' dafür verstanden werden, daß sich die Kupplerin dem „archaischen" Prinzip der „Gegenseitigkeitsverpflichtung des symbolischen Tausches" entziehe bzw. auf das moderne Verständnis des Zeichens als Simulacrum berufe („Der Wille zur Sprache und die widerspenstige Rede: Sprachreflexion, die *Celestina* und *Gargantua et Pantagruel*" in: W.-D. Stempel/K. Stierle [Hgg.], *Die Pluralität der Welten - Aspekte der Renaissance in der Romania*, München 1987, S. 39-103, hier S. 67-78; Zitate S. 67 und S. 76f.).

[52] „Ellos, (...) por hüír de la justicia, que acaso passava por allí (...)" (*Celestina*, Bd. 2, S. 277).

[53] Eine provokative Absage wird der Vorstellung des Todes der Missetäter als Gottesstrafe dadurch erteilt, daß sie in dem Stück zitiert wird, jedoch in einer spezifischen Einbettung, die sie als opportunistisch, als menschliche Wunschvorstellung erscheinen läßt, welche wiederum, wie alle Wünsche - so die These des Stücks - letztlich auf nichts anderes referiert als auf das Begehren. Wenn Calisto vom Tod seiner zwei Diener erfährt, stimmt er zunächst eine auf den ersten Blick bewegende Klage an („¡O día de congoxa! ¡O fuerte tribulación!") und deutet die Vorfälle als Hinweis darauf, daß sein Werben um Melibea ein Ende haben sollte. Doch das Stichwort ‚Melibea' weckt in ihm erneut die sinnliche Lust. Augenblicklich interpretiert er den Tod der Diener und vor allem Celestinas als ‚gerecht', ja, ‚gottgewollt' („La vieja era mala y falsa [...] Permisión fue divina que assí acabasse, en pago de muchos adulterios que por su intercessión o cau-

Dies wiederum impliziert, daß die Ordnung, die diese Gerechtigkeit in Szene setzt, keine gegebene, sondern einzig eine supponierte, eine blind zu glaubende sein kann.[54]

II.3.3 Das eigentliche Dementi einer geordneten und auf diese Weise gerechten Welt wird aber erst in den Sequenzen entfaltet, die mit dem Tod des Liebespaares enden. Schon der Beginn der Verwicklungen, die schließlich zum Ende der Liebenden führen, setzt auf nachhaltig ‚oblique' Weise an ihrem moralischen Vergehen an, das nach den Maßstäben der Zeit ‚dignus morte', diesseitig und metaphysisch, ist. Nicht etwa entdeckt der Vater die Schande der Tochter, tötet diese und den Schädiger (so in den Texten der voraufgehenden Zeit, die das Konzept einer geordneten Welt inszenieren, um auf diese Weise eine geordnete Handlungswelt zu propagieren, sowie in denen der folgenden Epoche, die sich dem Versuch einer Restaurierung dieses Konzepts verschreiben)[55]. Die zwei Huren Elicia und Areúsa sind vielmehr erbost darüber, daß ihnen mit dem Tod Pármenos und Sempronios zwei verläßliche Kunden verloren gegangen sind. Zu ändern vermögen sie das Vorgefallene nicht, doch es bleibt ihnen die ‚Rache'. Ihr Zorn richtet sich gegen Calisto und Melibea, die zwar den Tod der zwei Diener nicht unmittelbar und auch kaum mittelbar verantworten,[56] aber

---

sa son cometidos."), entbindet sich damit von der moralischen Pflicht der Trauer und bereitet sodann das entscheidende Rendez-vous mit Melibea vor (*Celestina*, Bd. 2, S. 224-226). Das Konzept, das mit diesem Monolog codiert ist, wird bekräftigt durch Paradigmatisierung, durch einen zweiten Monolog des Calisto, welcher derselben semantischen Kurve folgt (s. S. 233-237).

[54] Explizit wird dieses Resultat des Konnex von ‚höherer' Ordnung und dem Unvermögen, das Wirken dieser Ordnung rational nachzuvollziehen, in dieser Zeit etwa bei Matteo Bandello. Der spätere Bischof von Agen scheut sich nicht zu sagen, daß die Annahme der Existenz einer solchen Ordnung ihr Fundament einzig im göttlichen Gebot hat, zu *glauben*, daß diese existiere („Strani e spaventosi talora son pur troppo i fortunevol casi che tutto 'l dí veggiamo avvenire, e non sapendo trovar la cagione che accader gli faccia, restiamo pieni di meraviglia. Ma se noi crediamo, come siamo tenuti a credere, che d'arbore non caschi foglia senza il volere e permission di colui che di nulla il tutto creò, pensaremo che i giudicii di Dio sono abissi profondissimi e ci sforzaremo quanto l'umana fragilitá ci permette a schifar i perigli, pregando la pietá superna che da lor ci guardi" [Widmungsbrief zur Novelle I, 14, in M. B., *Tutte le opere*, 2 Bde., hg. F. Flora, Milano ²1952 (¹1934), Bd. 1, S. 150].).

[55] Was die Dramen des 17. Jahrhunderts angeht, bedarf es hier keiner näheren Hinweise. Paradigmatisch für die Traktierung des ‚loco amor' im Zeichen des Konzepts einer geordneten Welt in der Zeit vor der *Celestina* ist der Text, der später unter dem Titel *Arcipreste de Talavera* bekannt geworden ist (zur diesseitigen Bestrafung derjenigen, die sich dem loco amor hingeben, s. v. a. I, 2). Es verdient erwähnt zu werden, daß auch in der *Celestina* die reguläre Form der Bestrafung der fornicatio explizit gemacht, d. h. verdeutlicht wird, wie sehr die hier inszenierte davon abweicht. Nach der ersten Liebesnacht äußert Melibea, ihre Mutter würde Selbstmord begehen, wenn sie von dem Vorgefallenen wüßte, zuvor aber sie, die Tochter, töten (*Celestina*, Bd. 2, S. 230).

[56] „Y muchas cosas se pueden vengar que es impossible remediar", so Areúsas Begründung des Vorhabens, diejenigen, die sie als die „causadores" des Todes von Sempronio und Pármeno bezeichnet, zu strafen (*Celestina*, Bd. 2, S. 278). Auf die defiziente Plausibilität des Vorhabens macht die Antwort Elicias aufmerksam: ‚An wem sollen wir uns schadlos halten? Es sind doch

genießen, was ihnen vorerst entgeht, die Freuden der Liebe.[57] Und auch die Art und Weise, in der diese durch Frustration ausgelöste Aggressivität in Handeln überführt wird, ist plakativ kontingent: zufällig, was das Zusammentreffen, und disproportioniert, was das Niveau der Ereignisse angeht, die sich zu einem im Ergebnis fatalen Syndrom verschlingen.

Als Elicia ihr die Nachricht vom Tod der zwei Diener überbringt, hat Areúsa gerade einen häßlichen Streit mit einem ihrer Kunden, dem Raufbold Centurio, hinter sich gebracht, welcher sich aus Faulheit geweigert hatte, einen Botengang für sie zu besorgen. Der Plan, den die zwei Huren entwickeln, setzt an dieser Gelegenheit an. Zu Recht glaubt Areúsa, daß Centurio Interesse hat, sich wieder gut mit ihr zu stellen. Unter Aktivierung ihrer Reize entlockt sie zunächst einem weiteren Diener des Calisto, wann das nächste Rendez-vous seines Herrn mit Melibea stattfinden soll. Sodann begibt sie sich mit Elicia zu Centurio. Dort spielt sie die Gekränkte, Elicia die Schlichterin, so lange, bis man Centurio zu dem Versprechen gebracht hat, er wolle alles tun, was sie verlangt, wenn sie sich nur wieder versöhnlich zeige. Sie fordert, er möge Calisto niedermachen, und der Raufbold willigt ohne weiteres ein.

Was sich aus Sicht der zwei Huren wie eine via regia zur Vernichtung Calistos und damit, aus Sicht des Zuschauers, wie eine ‚Bestrafung', wenn auch für ganz anderes, eines Sünders ausnimmt, ist indes nichts als Illusion in einer Welt, in der der blinde Zufall herrscht. - Der Raufbold Centurio hatte aus reiner Opportunität sein Einverständnis erklärt zu tun, wie ihm geheißen. In Wirklichkeit ist ihm die Angelegenheit zu gefährlich. So beschließt er, einen seiner Kumpane, den ‚lahmen Traso', in der betreffenden Nacht zum Garten von Pleberios Haus zu schicken. Dieser soll dort einigen Lärm schlagen und auf diese Weise den Anschein erwecken, es habe ein Kampf stattgefunden. - So scheint es, als arbeite die Kontingenz auf Calistos Rettung hin.

Der ‚lahme Traso', ein größerer Tölpel noch als Centurio, befolgt diese Anweisung. Sosia und Tristán, die Diener des Calisto, die an der Gartenmauer warten, halten das harmlos intendierte für ein bedrohliches Geräusch. Im Unterschied zu den zwei illoyalen Dienern Pármeno und Sempronio, die sich einst in einer analogen Situation feige aus dem Staub machen wollten,[58] geben sie einen Warnruf. Dies vernimmt Calisto, der wiederum meint, seine Diener würden bedroht, und der sein Versäumnis gegenüber Sempronio und Pármeno wiedergutmachen möchte.[59] Augenblicklich verläßt er Melibea, um ihnen zu Hilfe zu eilen.[60] Tristán gibt noch Entwarnung: Der Lärm rühre nur von dem lahmen Traso und seinen Kum-

---

die Tote [Celestina] und die [bereits hingerichteten] Mörder [Pármeno, Sempronio] selbst, die uns diesen Kummer aufgeladen haben' („¿De quién se á de aver enmienda, que la muerta y los matadores me an acarreado esta cuita?" [ebd.]).

[57] Die simple, jeder Kausalität entbehrende Parallele, um deren Herstellung es in Areúsas ‚Logik' geht, wird verdeutlicht mit dem Optativ „Melibea llore cuanto agora goza", und der vulgäre Neid, der der gesamten Strafaktion zugrundeliegt, dokumentiert sich in dem Satz der Elicia, daß, ‚was sie am meisten Schmerz empfinden läßt, nicht der Tod ihrer zwei Liebhaber sei, sondern mitansehen zu müssen, daß ungeachtet der gesamten Vorfälle der gefühllose Schuft [Calisto] sich weiterhin jede Nacht mit diesem Haufen Dreck namens Melibea vergnügt' („Y de lo que más dolor siento es ver que por esso no dexa aquel vil de poco sentimiento de ver y visitar festejando cada noche a su estiércol de Melibea [...]" [*Celestina*, Bd. 2, S. 279].).

[58] Vgl. *Celestina*, Bd. 2, S. 204f.

[59] Calisto weilte bei Melibea, als die zwei Diener hingerichtet wurden. Er bezichtigt sich selbst, daß er diese Hinrichtung hätte verhindern können und müssen (s. *Celestina*, Bd. 2, S. 224-226).

[60] „Señora, Sosia es aquel que da bozes. Déxame ir a valerle, no le maten (...)" (*Celestina*, Bd. 2, S. 249).

panen her, die johlend vorbeizögen. Doch im selben Moment klettert Calisto auf die Leiter, tritt unglücklich auf, stürzt und stirbt. - Mit der Anweisung an Sosia, das Hirn des Toten ‚zusammenzuwischen' und zu dessen Kopf zu legen, markiert Tristán die brutale Endgültigkeit des Vorgefallenen.

Bei Aristoteles ist das Kontingente das Produkt des Zusammentreffens zweier voneinander unabhängiger Kausalketten, das insofern ein logisch nicht ableitbares, gleichwohl belangvolles Ergebnis zeitigt[61]. Paradigmatisch für das hier ins Auge gefaßte Stück und zumal für den Tod des Calisto, der das zentrale Ereignis darstellt, wäre aus dieser Perspektive, daß dieses Stück die *gesamte* Handlung aus nichts als kontingenten Ereignissen synthetisiert,[62] aus einer kaum absehbaren Vielzahl singulärer kontingenter Situationen, die sich überlagern,[63] in Art einer absoluten Kontingenz, welche dem Resultat der Ereignisse jede nachvollziehbare ‚Notwendigkeit' nimmt und es als Moment essentiell ‚sinnfremder Faktizität' erscheinen läßt.[64] - Ironisch zugespitzt wird

[61] Dazu genauer unten, Pkt. IV.1.

[62] In dieser Revalorisierung des Kontingenz-Konzepts, die in der quantitativen Steigerung dann aber in eine andere Qualität umschlägt, liegt der Unterschied der *Celestina* zur ubiquitären Thematisierung der Fortuna in mittelalterlicher Literatur begründet (s. dazu die Sammlung von Belegstellen bei H.R. Patch, *The Goddess Fortuna in Medieval Literature*, New York [3]1974 [[1]1927], passim, bes. S. 57-80; das Buch von Patch hat, allerdings eingestandenermaßen, keinen sei es historischen, sei es systematischen Anspruch [s. S. 178] und kann von daher nur zur materialen Beurteilung unserer Behauptung herangezogen werden). Zur Deutung des Befunds, daß für die *Celestina*, verstanden als paradigmatischer Text der Renaissance, nicht das Konzept Kontingenz als solches, sondern sein Stellenwert konstitutiv ist, s. u., Pkte. IV.2 und IV.3; zur Absicherung des Befunds selbst s. S. 198-200.

[63] Akzidentell sind die Umstände des Todes der Celestina, zufällig ist die sofortige Ergreifung und Hinrichtung ihrer Mörder, zufällig das Zuhandensein des Raufbolds Centurio, der von den zwei Huren als Instrument der ‚Rache' gedungen wird; auf einem Mißverständnis gründet der Warnruf des Dieners des Calisto, welch letzterer wiederum ausnahmsweise bereit ist, sein eigenes sinnliches Interesse hinter der moralischen ‚Pflicht' zurückzustellen; akzidentell schließlich ist das Zu-spät-Kommen der Entwarnung des Dieners; hinzu kommen all jene Details der verhängnisvollen Kletterpartie selbst, die Melibea in ihrer Beschreibung des Vorgefallenen aufzählt (zitiert unten, Anm. 66).

[64] Bereits die Spitzer-Schülerin E. Eberwein betont, es müsse einen Grund dafür geben, daß man seit dem ersten Druck der erweiterten Fassung trotz Kenntnis von deren Status immer diese Version und nie die originale Kurzfassung gedruckt habe („Zur Bedeutung der erweiterten Celestinafassung", in E. E., *Zur Deutung mittelalterlicher Existenz*, Bonn/Köln 1933, S. 54-79; hier S. 55; die Zitierte löst das Problem nicht). Ungeachtet dessen ist Menéndez Pelayos Urteil über die eingeschobenen Akte, ‚drei zumindest seien völlig überflüssig' und ihr Verdienst sei allenfalls, den Typus des miles gloriosus in die spanische Literatur eingeführt zu haben, bis auf den heutigen Tag maßgeblich geblieben. Aus unserer Sicht sind es erst die eingefügten Akte, die herstellen, was wir die Modellierungsfigur der absoluten Kontingenz nennen: Die ursprüngliche Fassung bringt nicht, wie die endgültige, zwei Liebesbegegnungen von Calisto und Melibea, sondern nur die erste. Wenn Calisto Melibea verläßt, unmittelbar nachdem er sie mit ihrem Einverständnis um ihre Ehre gebracht hat, stürzt er zu Tode, so daß diese Fassung einer moralisierenden Lesart noch einen gewissen Spielraum läßt. Die hinzugefügten Akte stellen dann, semiotisch gesehen, die Kongruenz von Spielhandlung und der bereits in der ursprünglichen Fassung enthaltenen expliziten Artikulation des Weltmodells des Stücks seitens des Pleberio her. – Die

die Absage an jede Vorstellung von Ordnung dadurch, daß die Situation in ihrer tödlichen Konsequenz entsteht, weil sich *diese* Diener des Calisto ‚ordnungsgemäß‘ verhalten und er selbst den verhängnisvollen Schritt aus einem Impetus heraus tut, der moraltheologisch ‚tätige Reue‘ heißen müßte. Gesteigert wird die Ironie dadurch, daß Calisto einst, als er, getrieben von der luxuria, in übergroßer Hast die Leiter hinabstieg, *nicht* stürzte und auf diese Weise einer *unmoralischen* Absicht, der Verführung Melibeas, Genüge tun konnte, so daß der Tod, von dem auch dann die Rede war, hyperbolische Einkleidung der Angst einer Frau um den herbeigesehnten Liebhaber blieb.[65] - Melibea begreift Calistos Ende nicht als irgend vermittelte Strafe für den moralischen Verstoß, sondern als fundamental sinnlos, und es ist dies, was ihre unpathetische Reaktion[66] und ihr auf den ersten Blick rätselhaftes Handeln in dem ihr gewidmeten zwanzigsten Akt plausibilisiert. In einer Welt ohne Ordnung hat das Konzept ‚Trauer‘ keinen Platz, gibt es keine ‚Lehren‘, die aus fremdem Unglück zu ziehen, keine moralischen Rücksichten, die zu nehmen wären. Die Rückhaltlosigkeit, mit der Melibea ihrem Vater von ihrem Tun berichtet, bevor sie ihm zu-

---

kritisierte Einordnung allerdings ist in sich konsistent. Was aus unserer Sicht als der am meisten interessante Aspekt des Stücks erscheint, begreift Menéndez Pelayo aus seiner prä-modernistischen Perspektive als gedankliches und ästhetisches Manko („Si [...] Calisto pereciera a manos de asesinos y no por el accidente fortuito de la caída de la escala, aun pudiera tener disculpa este largo rodeo [i. e.: das Stück histoire, das erst durch die Einfügung der betreffenden fünf Akte zum Bestandteil der Gesamthandlung wird], que haría la muerte del amante más verisímil desde el punto de vista material, y más interesante como cuadro escénico“ [alle Zitate: *Orígenes de la novela*, Bd. 3, S. 269].). - Der einzige, der bislang den Stellenwert des Zufalls für das Sujet der *Celestina* erfaßt hat, ist Gilman. Jedoch bleiben die einschlägigen Bemerkungen recht knapp (*The Art of* La Celestina, S. 127-132, bes. S. 127-129; treffend die Bemerkung zu Calistos Tod [„naked chance stripped of all moral purpose“ (S. 128)]). Vor allem aber mangelt es Gilmans Einordnungen an einer historischen Perspektive. Er versteht die Welt der *Celestina* als ‚Welt an sich‘, im Unterschied zur didaktisch aufbereiteten Welt der mittelalterlichen Literatur („The moral limitations of man [...] have been replaced by the ultimate dimensional limitations of human life. It is only these latter limitations which are now capable of producing catastrophe.“ [S. 129]). Die zeitbedingten (unvermeidlichen) existentialistischen Implikate von Gilmans Argumentation sind seitens L. Spitzers zum Anlaß genommen worden, das Buch en bloc abzuqualifizieren („such harsh statements [...]“). Spitzer erfaßt Gilmans These zum Sujet nicht („A New Book on the Art of *The Celestina*“, in *Hispanic Review* 25 [1957], S. 1-25, bes. S. 11-17; Zitat S. 1).

[65] S. dazu die erste Liebesbegegnung der zwei Titelfiguren in Akt XIV, die bis ins Detail der Formulierung auf die Ereignisse des Akts XIX hin perspektiviert ist. Auch dort überwindet Calisto die Mauer, die den Garten des Hauses der Melibea von der Gasse trennt. Melibea kommentiert die dann folgenlos bleibende Kühnheit mit den Worten: „¡O mi señor! no saltes de tan alto, que me moriré en verlo! Baxa, baxa poco a poco por el escala; no vengas con tanta pressura“ (*Celestina*, Bd. 2, S. 228; vgl. dazu das in Anm. 66 gebrachte Zitat).

[66] „(...) como de la fortuna mudable estoviesse dispuesto y ordenado, según su desordenada costumbre (...) Cortaron las hadas [Parzen] sus hilos, cortáronle sin confessión su vida (...)“. In dem hier zunächst ausgesparten Passus zählt Melibea die Fülle der bewußt banal angesetzten Akzidentien auf, die sich zu einem belangvollen, näherhin schrecklichen Ereignis verschlingen: „(...) como las paredes eran altas, la noche escura, la escala delgada (...) y él baxava pressuroso (...) no vido bien los passos, puso el pie en el vazío y cayó“ (*Celestina*, Bd. 2, S. 259).

mutet mitanzusehen, wie sie sich zu Tode stürzt,[67] und die Absenz jeder Reue sind Reflex des Faktums, daß in einer Welt ohne Notwendigkeit nur der eigene Wille zählt und es sinnlos ist, anderes zu tun, als was dieser Wille befiehlt.[68]

So gibt es in diesem Stück durchaus Folge-Beziehungen, die allesamt ‚empirisch' nachvollziehbar sind (die keineswegs unter das zeitgenössisch noch virulente Konzept des ‚Wunders' fallen, das Folge-Beziehungen meint, die nicht empirisch nachvollziehbar sind). Gleichwohl ist die Welt der *Celestina* fundamental eine Welt „sin orden"[69], ohne - vor allem ohne moralische - Kausalität. Denn das Konzept Kausalität bezeichnet Folge-Beziehungen, die generalisier-

---

[67] Melibea besteigt einen Turm, und bevor sie sich zu Tode stürzt, betrachtet sie von dort aus die Schiffe, die am Horizont vorüberziehen (Akt XX). Bis auf den heutigen Tag dient dieses Moment der mimetisierenden Deutung als Aufhänger für den im grundsätzlichen abwegigen und im konkreten zweifelhaften Versuch einer ‚Lokalisierung' der Handlung des Stücks. - W. Pabst hat in Auseinandersetzung mit dieser Position zu Recht auf das Vorbild des Liebes-Freitods der Dido in der *Aeneis* verwiesen. Ihre ganze Bedeutung gewönne die von Pabst aufgezeigte Parallele aber erst, wenn man die durch das Aufrufen der Folie aktualisierten Kontraste einbezöge. Der Liebesschmerz der karthagischen Königin und ihr Selbstmord sind aufgehoben in dem höheren, weltgeschichtlichen Sinn, der auf der Fahrt des Flüchtlings aus dem versunkenen Troja ruht. Melibeas Freitod verweist auf nichts, und er verdeutlicht als solcher, daß die Welt der Kontingenz die der absoluten Referenzlosigkeit und Beliebigkeit ist (W. P., *Venus und die mißverstandene Dido - Literarische Ursprünge des Sibyllen- und des Venusberges*, Hamburg 1955, S. 147 [zu der Parallele *Celestina - Fiammetta*, d. h. zu den Unterschieden von Boccaccios und Rojas' Vergil-Rezeption, auf die aus Sicht dieser Szene ein Licht fällt, s. u., Anm. 110]).

[68] Der entsprechende Gedanke liegt dem Handeln der Melibea zugrunde. Motiv ihres Selbstmords ist nicht Trauer oder gar Reue, sondern das Verlangen, auch nach dem Tod des Geliebten auf immer bei ihm zu sein (vgl. *Celestina*, Bd. 2, S. 255 und S. 259). Ihre brüske Zurückweisung der moralisch gebotenen Rücksichten auf die Eltern kulminiert in dem lapidaren Satz „Todo se á hecho a mi voluntad." (Bezug: die Vorkehrungen, die sie getroffen hat, um unbeeinträchtigt von Interventionen des Vaters oder der Mutter den geplanten Schritt vollziehen zu können). Der Wille wiederum ist, wie in diesem augustinistisch gezeichneten Stück nicht anders zu erwarten, unfrei, er ist Gefangener des Begehrens („Tú, Señor [i. e. Gott] [...] ves mi poco poder, ves cuán cativa tengo mi libertad, cuán presos mis sentidos de tan poderoso amor [...]" [S. 255 und S. 257; der gleiche Gedanke nochmals in Akt XXI, seitens des Pleberio (s. u., S. 199)].). Explizit gemacht wird das Konzept des selbst-mächtigen Willens weiterhin im zehnten Akt von Celestina („Ninguna cosa, a los ombres que quieren hazerla, es impossible" [S. 184].) und sodann im fünfzehnten Akt von Areúsa, wenn sie der noch zögernden Elicia das Vorhaben schmackhaft zu machen sucht, Calisto und Melibea zu ermorden. Die abstoßenden Aspekte einer solchen Emanzipation des Begehrens aus allen moralischen Bindungen in einer Welt der Kontingenz werden am Ende des Akts, wiederum durch den Mund der Areúsa, verdeutlicht: Recht eigentlich bräuchten sie und Elicia sich über ihre gegenwärtige Lage nicht zu grämen, da Fortuna, deren Laune sie ins Unglück gestürzt habe, auch wieder bessere Tage bringe. Aber da der Verlust dessen, was man hat, mehr schmerze als die sichere Aussicht auf Kompensation, sei es ‚legitim', sich zu ‚rächen' (S. 276-280). - Mit seinem nihilistischen Voluntarismus scheint der Text seiner Zeit weit voraus, scheint Positionen vorwegzunehmen, die erst Ende des 19. Jahrhunderts zu Explizität gelangt sind; zum ‚Nietzscheanismus vor Nietzsche', richtiger, zur Einordnung des nihilistischen Voluntarismus als Konsequenz eines Weltmodells, das eben nicht erst in der neueren Moderne entsteht, s. auch u., S. 210f., unsere Bemerkungen zu Machiavellis *Principe*.

[69] Dies die Formulierung, die im letzten Akt der Vater der Melibea im Gestus der Klage der These des Stücks verleiht („¿por qué te riges sin orden ni concierto?" [*Celestina*, Bd. 2, S. 267]).

bar sind.[70] Gerade dies sind die post-hoc-Relationen, die zum Tode der ,Schuldigen' führen, nicht, genauer: sie sind dies entweder logisch nicht oder semantisch nicht. Das Ergebnis, das am Ende des Dramas steht, ist Resultat des Zusammentreffens isolierter Ereignisse, die so, aber auch anders hätten zusammentreffen können und die in anderer Koinzidenz ganz andere Ergebnisse gezeitigt hätten.[71] - Der strikte Monotheismus weiß auf alles eine Antwort, natürlich auch auf diese Problematik. Aber in Frage steht, ob das Stück so, wie es sich präsentiert, auf diese Antwort: die ,höhere', umfassende, aber arkane Ordnung, die dem (scheinbar) Kontingenten dann doch einen Sinn verleiht, verweisen will,[72] oder ob es nicht auf die Irrelevanz der Frage nach einer Ordnung deutet, die ihre Macht darin erweist, daß sie sich verbirgt.

---

[70] Dies der Unterschied zwischen dem patristisch-hochscholastischen, bereits bei Augustinus auf den Nenner gebrachten Verständnis von Kausalität als Ursache-Haben schlechthin („[...] nihil fieri sine causa" [*De ordine,* I, 11]) und der modernen Auffassung, die, am deutlichsten vielleicht auf den Nenner gebracht bei Leibniz, Kausalität als ein Ursache-Haben versteht, dessen nähere Beschaffenheit in Opposition zu dem steht, was der klassische Kontingenzbegriff meint („Rien n'arrive sans qu'il y ait une cause ou du moins une raison déterminante, c'est-à-dire quelque chose qui puisse servir à rendre raison a priori, pourquoy cela est existant plutost que non existant et pourquoy cela est ainsi plutost que de toute autre façon" [*Essais de Théodicée,* I, 44; vgl. insgesamt die Art. ,Kausalität' und ,Kausalitätsprinzip' in J. Ritter e. a. (Hgg.), *Historisches Wörterbuch der Philosophie*; dort auch die Zitate].). - Die Vernachlässigung dieser nicht unerheblichen Differenzierung liegt Lida de Malkiels Analyse des Sujets der *Celestina* zugrunde („una secuencia densa de causas y efectos"; „la más rigurosa secuencia causal enlaza el acontecer de la Tragicomedia"; „ese amor desemboca en la muerte, con el mismo realismo verosímil que es la norma de la obra entera" [*La originalidad artística de* La Celestina, S. 198-236, bes. S. 226-236; Zitate S. 199, S. 226 und S. 229; s. hingegen auch Kap. IX, „La ironía", bes. S. 250-257, in dessen Ansehung der gedankliche Lapsus der Autorin vollends deutlich wird; ihr entgehen einige der von uns unter dem caput ,Kontingenz' abgehandelten zentralen Momente der Sujetfügung durchaus nicht; (dramatische) Ironie ist indes immer ein Verfahren, das auf dasjenige verweist, was einer kausalen Logik nicht subsumierbar ist und das in zwei Varianten modelliert werden kann, metaphysisch (Fatalität) und a-metaphysisch (Kontingenz)]). - Lidas These ist an das aristotelische, letztlich aber universelle Verständnis des literarischen Texts als Gestaltung eines Allgemeinen gebunden (s. S. 231f.), sieht jedoch nicht, daß das Allgemeine, das ein literarischer Text unvermeidlich modelliert, auch in der Behauptung der Absenz eines Allgemeinen resultieren kann - eine perspektivische Beschränkung, die man einem Werk aus dem 19. Jahrhunderts schwerlich anlasten könnte, die aber bei einer Untersuchung, die vor dem Horizont des Modernismus entstanden ist, nur als Defizit veranschlagt werden kann.

[71] S. hingegen die für die moralisierende Deutungstradition paradigmatische Einordnung des Endes als ,Strafe' bei Bataillon, *La* Célestine, S. 109 sowie S. 130 („[...] du châtiment céleste. Car comment douter que cette mort [la mort de Calisto] n'en soit un?"). - Das Stichwort ,Ende' bzw. ,Tod' bietet die Gelegenheit, in aller Kürze zu sagen, was die ,Unfälle', die sich im letzten Drittel der *Celestina* ereignen, vom rein Akzidentellen unterscheidet. Eine Reihe der involvierten Aspekte sind, für sich genommen, gerade in ihrer Banalität klassische Akzidentien (die ,Enge' der Leiter, von der Calisto stürzt, usw.), aber sie werden durch die Folgen, die sie im Verein mit anderen Prädikaten bzw. Ereignissen zeitigen, zu etwas, das höchst belangvoll für die Involvierten ist: Sie entsprechen auf diese Weise Aristoteles' Definition der Kategorie des Kontingenten als einer nur für den jeweiligen Einzelfall relevanten, d. h. nicht logifizierbaren Teilmenge des symbebekos (s. dazu auch die unten, Anm. 133, zitierte Formulierung von Bubner).

[72] So Bataillons simplifizierende Deutung (*La* Célestine, passim, bes. S. 130).

Der dem Leser-Zuschauer nahegelegte Zweifel wird gesteigert, wenn das Drama den Moment des Endes der ‚Schuldigen' nutzt, um die Problematik der tradierten kompensatorischen Annahme bloßzulegen, es gebe, wenn nicht eine diesseitige, so doch eine höhere Ordnung, ein gerechtes Jenseits.[73] Ordnung könnte diese Jenseitswelt nur sein, wenn sie dem Begreifen zugänglich und damit dem Handeln verfügbar wäre. Die logisch konsequente und theologisch hinreichende Schwundstufe des Konzepts der Werkgerechtigkeit ist das Verlangen nach Beichte im Angesicht des Todes, das sich schon damals zu einem standardisierten Ausruf automatisiert hatte. Die Hexe und Kupplerin Celestina vermag im letzten Moment dies obligate „¡confesión!" hervorzustoßen,[74] gleichfalls der Verführer Calisto,[75] Melibea unterläßt es gewollt, die beiden am Rande der schuldhaften Verwicklungen stehenden Diener Pármeno und Sempronio vermögen es nicht,[76] so daß nach überkommener Auffassung die zwei am meisten Schuldigen nach einer Zeit des Purgatoriums ins Paradies aufrücken würden, diejenigen aber, die eher Opfer des Handelns anderer sind, auf immer in der Hölle ihren Platz finden müßten. - Mehr als eines Hinweises in dieser Richtung bedurfte es in dieser Zeit nicht. Das Gegenmodell, das frei war von diesen absurden Konsequenzen des Konzepts eines Jenseits, welches ‚ordentliche', gerechte Retribution diesseitigen Handelns ist, die augustinische Gnadentheologie, war seit der anti-averroistischen Polemik, die am Beginn der gesamten Entwicklung steht, wieder allgemein bekannt.[77] Ist aber das Diesseits civitas diaboli, d. h. Welt in Un-Ordnung, und das Jenseits arkane, nur Gott selbst und den bei ihm Wohnenden evidente Ordnung, wird es sinnlos, von Ordnung zu reden.[78]

[73] Die mittelalterliche (literarische und ikonographische) Tradition der Fortuna-Vorstellung ist in immer noch gültiger Form dargestellt bei A. Doren, „Fortuna im Mittelalter und in der Renaissance" (in *Vorträge der Bibliothek Warburg* 2 [1922/1923], Teil I, S. 71-144). Im Anschluß an eine Revue des Materials aus den wichtigsten westeuropäischen Literaturen hebt Doren hervor, daß in allen mittelalterlichen Verwendungskontexten kein Zweifel an der dem „Fortuna-Symbol (...) zukommenden Bedeutung" entstehen konnte, nämlich, auf die „transzendentale Ursache, die im tiefsten Sinne gütige, weil den Menschen zuletzt zu seinem wahren Heile lenkende Hand Gottes" zu verweisen, auf eine „göttliche Providenz (...), die alles zum Guten lenken und vergängliches, gläubig und tapfer getragenes Leid durch jenseitige ewige Seligkeit tausendfach belohnen werde" (vgl. passim, bes. S. 86-92 ; Zitat S. 91f.).

[74] *Celestina*, Bd. 2, S. 217.

[75] S. *Celestina*, Bd. 2, S. 250; Calistos Diener Tristán allerdings hebt mehrfach hervor, daß sein Herr ohne tatsächlich abgelegte Beichte gestorben sei („¡O triste muerte y sin confessión! [...] Sin confessión pereció" [S. 250f.].).

[76] S. dazu die Erläuterung der Umstände des Todes der zwei Diener durch den Augenzeugen Sosia (*Celestina*, Bd. 2, S. 222 und S. 224).

[77] Dazu Blumenberg, *Säkularisierung und Selbstbehauptung*, S. 156.

[78] Demjenigen Teil der *Celestina*-Philologie, der nicht der Linie folgt, die in jüngerer Zeit Bataillon repräsentiert, sondern das Stück als skeptizistisch begreift, mangelt es an einem historischen Raster, auf das sich dieser Befund projizieren ließe. Die betreffenden Publikationen verharren in der Identifizierung von ‚christlich' und gegenreformatorisch und sehen von daher den Text als literarisch interessantes, geistig aber marginales Produkt einer sozialen Randgruppe, der

II.3.4 Ihren Anspruch gewinnt die *Celestina* nicht zuletzt dadurch, daß sie nicht nur das von ihr gemeinte Weltmodell mit aller Prägnanz inszeniert, sondern daß sie darüber hinaus die Gegenposition in die hier inszenierte Welt integriert und durch den Lauf der Ereignisse bewertet. Diese Gegenposition wird von den aus dem paganen Rationalismus herrührenden, vom christlichen Rationalismus übernommenen Versuchen markiert, in einer Welt, deren Ordnung gegeben, dem Menschen aber nicht mit letzter Transparenz faßlich ist, mithilfe der ‚Vernunft' eine hinreichende Orientierung zu gewinnen. Celestina und Pármeno, zum geringeren Teil auch Sempronio und die zwei Huren, sind Empiriker, Aristoteliker, fallweise auch Stoiker. Vorsicht und Mäßigung sind ihre Leitsätze,[79] der Fundus, aus dem sich diese ‚Wahrheiten' speisen, sind die eigene und die fremde Erfahrung. Ihre jeweiligen Repliken sind durchsetzt von Maximen, die zu einem guten Teil originale Zitate des humanistischen Rationalismus darstellen.[80] Aber schon von dem Ende her, das die Genannten nehmen, ist deutlich, daß die von ihnen ins Spiel gebrachte Lösung der Frage der Orientierung in der Welt keine ist. Zwei Gründe sind es, die das Stück für seine kompromißlose Zurückweisung des überkommenen Rationalismus formuliert. Der erste ist anthropologischer Natur und beruft sich auf die düsteren Implikate des christlichen Menschenbildes. Die Lehre von Vorsicht und Mäßigung ignoriert die Natur der Affekte, deren Wesen in nichts anderem als darin besteht, punktuell und je unvorhersehbar die Antipoden des ‚rechten Maßes' zu

zwangskonvertierten Juden (der unbestritten der oder die gemeinhin genannten Autoren des Texts zugehören), welche sich innerlich gegen die christliche Dogmatik gesträubt hätten. Bataillon qualifiziert die entsprechende Einordnung der *Celestina* als communis opinio („Cette conception a eu tant d'écho, qu'il en est passé quelque chose dans les manuels, et je ne sais s'il en est beaucoup parmi nous à ne pas l'avoir peu ou prou enseignée [...]" [*La* Célestine, S. 48]; die zitierte Position auch bereits bei Menéndez Pelayo, *Orígenes de la novela*, Bd. 3, S. 386; allerdings ist zu erwähnen, daß Menéndez Pelayo ergänzend auf die ‚furchterregende geistige und moralische Anarchie' verweist, die im Spanien der Entstehungszeit des Stücks geherrscht habe). Ausgeblendet bleibt bei dieser produktionsästhetischen Erklärung der Botschaft, die ihr positivistisches Fundament haben mag, die Frage nach den Gründen für die oben näher beschriebene Resonanz des Texts (S. 178 mit Anm. 22).

[79] Paradigmatisch dafür *Celestina*, Bd. 2, S. 40, S. 44, S. 51, S. 52, S. 75, S. 76, S. 90, S. 98, S. 100, S. 153 und S. 163.

[80] S. dazu im einzelnen F. Castro Guisasola, *Observaciones sobre las fuentes literarias de* La Celestina, Madrid 1924 (Nachdruck Madrid 1973), S. 23-102. Der zweite Fundus, aus dem sich die zitierten Maximen speisen (die Unterschiede liegen oftmals nur im Niveau der Artikulation), ist die Volksweisheit (s. insgesamt Bataillon, *La* Célestine, S. 97-107, der, wie auch Castro Guisasola, mit seiner philologisch-positivistischen Analyse das Entscheidende nicht sieht: Die Handlungswelt des Stücks invalidiert die den Figuren in den Mund gelegten Maximen und das in der Textsorte der Maxime sich reflektierende Konzept einer regulären Weltordnung. - Das gleiche Defizit kennzeichnet die Analysen von Lida de Malkiel, die darüber hinaus dem Text selbst Gewalt antut, wenn sie die entsprechenden Sätze als hervorragend geeignetes Mittel einstuft, den Figuren das jeweilige ‚charakterliche' Profil zu verleihen. Spätestens in Ansehung der Erudition der verbalen Interventionen der Diener müßte deutlich sein, daß eine mimetische Deutung der Struktur recht abwegig ist [*La originalidad artística de* La Celestina, S. 330-346]).

konstituieren. Der zweite ist logischer Natur und nimmt die Erkenntnisse der Handlungstheorien der Moderne vorweg. Die Handlungswelt gehorcht einem statistischen, nicht aber einem algorithmischen Gesetz, d. h. einer Ordnung, die ohne orientierende Funktion und damit für das Tun des einzelnen ohne Belang ist.[81] - So scheint das Stück zwar den elementaren Versuch der Kontingenz-Bewältigung, der sich in der Lehre der Mäßigung niederschlägt und im Rad der Fortuna (,la rueda de la fortuna'[82]) verbildlicht, auf den ersten Blick zu bestätigen, und es erteilt ihm doch, bei näherem Hinsehen, eine Absage, wie sie schneidender kaum sein könnte. Sicherlich ,fällt' Celestina, fallen auch Calisto und Melibea unmittelbar nachdem sie den ,Gipfel des Glücks' erreicht haben. Wo aber wäre der Punkt gewesen, mäßigend innezuhalten, um nicht zu jenem Gipfel aufzusteigen, nach dem ,notwendig' der Fall einsetzt? Fünftausend Mädchen hat Celestina bereits, wie hyperbolisch, aber nicht ohne Grund gesagt wird,[83] um die Jungfernschaft gebracht, als sie schließlich an Melibea gerät.

---

[81] Gilman ist der einzige, der die ,ironische' Dimension der Spruchweisheiten erfaßt, deren Omnipräsenz dem Figurendialog der *Celestina* das ganz eigene Gepräge verleiht. Offen bleibt bei Gilman allerdings, mit welcher Intention hier ironisiert wird (*The Art of* La Celestina, S. 121-123; Zitat S. 123). - Unsere oben gewählten Formulierungen zur Modellierung der Handlungswelt in der *Celestina* sind möglicherweise allzu aktualisierend. So wäre zumindest hinzuweisen auf eine Lektüre der beschriebenen Struktur im Lichte einer konsequenten Applikation der Theoreme nominalistischer Philosophie. Kontingent ist, nominalistisch gesehen, nur das Künftige. Das Vergangene ist dadurch, daß es sich ereignet hat, der Kontingenz enthoben. Des weiteren bestreitet Ockham nicht grundsätzlich die menschliche Fähigkeit der Erkenntnis von Welt. Allerdings ist diese immer begrenzt auf das je einzelne Wahrgenommene (notitia bzw. cognitio intuitiva). Sobald die cognitio vom einzelnen abstrahiert, dies ja die Essenz des Nominalismus, haben Aussagen nur noch logischen, keinen ontologischen Belang. Indes existiert daneben und nachrangig durchaus eine abstrahierende, auf Welt bezogene Erkenntnis, die deshalb nicht dem Verdikt der Abwegigkeit verfällt, weil sie auf die der Kontingenz entzogene Dimension der Realität bezogen ist, auf die Vergangenheit (cognitio recordativa sv. cognitio intuitiva perfecta). Entscheidend im hier diskutierten Kontext ist nun, daß es naheliegenderweise zwischen den Erkenntnissen der cognitio recordativa und dem Künftigen keinen Konnex gibt. Alle allgemeinen Aussagen, die vernünftigerweise getätigt werden können, sind *nur* auf das Vergangene beschränkt (zur Kontingenz-Enthobenheit des Vergangenen s. Ockham, *Tractatus de praedestinatione*, q. 1 [bes. S. 507-513 der zit. Ausgabe]; zur Differenzierung der verschiedenen Arten der cognitio s. *Quaestiones in librum secundum sententiarum*, q. 13 [*Opera theologica*, Bd. 5, S. 253-310, bes. S. 256-267]; zur Kommentierung der Problematik s. auch Ph. Boehner, „The Notitia Intuitiva of Non-Existents According to William Ockham. With a Critical Study of the Text of Ockham's *Reportatio* and a Revised Edition of *Rep*. II, Q. 14 - 15", in *Traditio* 1 [1943], S. 223-275]). Man könnte die provokative Entwertung allen Erfahrungswissens, die sich in der *Celestina* beobachten läßt, auch auf diese Folie beziehen.

[82] Die Deutung der ,kontingenten Ereignisse' („caso [...] acaecido") vermittels dieser Bildlichkeit wird der Areúsa in den Mund gelegt, wenn sie durch Elicia vom Tod ihrer zwei Liebhaber erfährt („¿Cómo á rodeado tan presto la fortuna su rueda?" [*Celestina*, Bd. 2, S. 276]), desgleichen dem Calisto, der sich auf diese Weise den Tod seiner Diener und die Schande, die dieses Ereignis über sein Haus bringt, plausibel zu machen sucht („[...] Proverbio es antigo, que de muy alto grandes caídas se dan" [*Celestina*, Bd. 2, S. 225]; weitere Belegstellen des Konzepts: „[...] quien torpemente sube a lo alto, más aína cae que subió" [S. 48; gleichlautend S. 100]; „Mundo es, [...] ande su rueda. [...] Ley es de fortuna que ninguna cosa en un ser mucho tiempo permanece: su orden es mudanças" [S. 169 f.]; in abstrakter Reformulierung: „ [...] que quanto mayor es la

Einen ganzen Monat besucht Calisto allnächtlich das Haus Melibeas,[84] bis das Verhängnis beginnt seinen Lauf zu nehmen. Der Gipfel des Glücks und damit jene Stufe der Kompromißbildung zwischen ratio und appetitus, die jenseits des rechten Maßes liegt, ist nicht taxonomisch, sondern nur dynamisch faßlich, sie ist diejenige Stufe, die dem ,Fall' vorausgeht, erkennbar nur aus der Rückschau. Die Kausalität, die das post hoc des Falls zum propter hoc der Unmäßigkeit reinterpretiert, ist Fiktion.

II.3.5 Der einundzwanzigste und letzte Akt der *Celestina* wird konstituiert von der verzweifelten Klage des Pleberio über den Selbstmord seiner Tochter, welche nicht Rede über das isolierte Ereignis bleibt, sondern sich steigert zur Klage über einen Weltzustand ohne Sinn, Zweck und Plan, über einen Kosmos, der sich menschlichem Begreifen völlig entzogen hat. Ein äußerstes Maß an historischer Explizität erreicht diese Klage, wenn Pleberio in Form eines Dante-Zitats das mittelalterliche Konzept der Fortuna als „ministra y mayordoma de los temporables bienes" aufruft, deren Wirken Manifestation der umfassenden Ordnung des Kosmos („la orden") selber war,[85] jedoch nicht, um Trost in diesem Gedanken zu finden, sondern um zu sagen, daß die Instanz, die er für sein Unglück verantwortlich macht, mit diesem Konzept nicht mehr zu fassen ist: Die von ihm angeklagte Fortuna begnügt sich nicht mit demjenigen, was ,ihr untertan ist' („aquello que a ti es sugeto"), sie greift vielmehr aus auf dasjenige, über das sie nach überkommener Vorstellung keine Macht hatte („en quién tú poder no tenías"), und sie manifestiert auf diese Weise nicht länger, sondern sie ,pervertiert' die Welt- und kosmische Ordnung (,perviertes la orden'[86]).

---

fortuna, tanto es meno segura" [S. 49].). Wie diese Versuche der Kontingenzbewältigung aus Sicht des impliziten Autors zu bewerten sind, hat er nicht zuletzt dadurch verdeutlicht, daß er den ,Fall', von dem Calisto spricht, zum vermeintlichen Fall stilisiert (der Tod Pármenos und Sempronios hat keine Folgen für das Ansehen Calistos, und dessen Aufstieg auf den Gipfel des Glücks [,muy alto'] folgt erst im nächsten Akt), sowie dadurch, daß er dem nicht statthabenden erwarteten Fall den statthabenden völlig unerwarteten Fall (Sturz und Tod) folgen läßt. - Zur Tradition der Vorstellung des Rads der Fortuna und zu deren moralisierenden Implikaten s. die Zusammenstellung einer (Über)Fülle von Belegstellen aus der deutschen und französischen Literatur des Mittelalters und der Renaissance bei Patch, *The Goddess Fortuna in Medieval Literature*, S. 147-177. (Der Titel der Darstellung ist irreführend, was die bezogene Epoche angeht.) - Zur Modellierung und Funkionalisierung des Rads der Fortuna in mittelalterlichen Texten s. auch die Bemerkungen von Walter Haug zum *Alexanderroman* des Rudolf von Ems (dser. Bd., S. 156).

[83] Vgl. *Celestina*, Bd. 2, S. 30.

[84] Vgl. *Celestina*, Bd. 2, S. 243.

[85] Daß ,la orden' in der *Celestina* dasjenige meint, was in dem oben gebrachten Zitat aus *Inf.* VII (Anm. 38) in dem dort vorgenommenen Vergleich (,similemente') als Pendant des Wirkens von Fortuna qualifiziert wird, die kosmische Ordnung, insbesondere die geordnete Bewegung der Himmelskörper, erhellt aus einer entsprechenden Wortverwendung, die wir unten in anderem Kontext zitieren (s. Anm. 93).

[86] Alle Zitate *Celestina*, Bd. 2, S. 262f.; die weltlichen Güter werden in den nicht mitzitierten Sätzen spezifiziert („mi patrimonio"; „mi morada"; „mis grandes eredamientos"). Die oben zitierte

In seiner Jugend, so Pleberio in Erläuterung dieser Dichotomie, habe er dem tradierten Konzept eines ‚geordneten Kosmos' vertraut, das er zu Beginn seines Monologs zitiert („Yo pensava en mi más tierna edad que eras veraz y eran tus hechos regidos por alguna orden"[87]). In Ansehung des Vorgefallenen scheine ihm die Welt jedoch ein regelloses Labyrinth, das man nicht fliehen könne, da der Wille Gefangener des Begehrens sei („agora [...] me pareces un laberinto de errores [...]. Cévasnos, mundo falso, con el manjar de tus deleites, al mejor sabor nos descubres el anzuelo: no lo podemos hüir, que nos tiene ya caçadas las voluntades."[88]). Der hier ein weiteres Mal aufgegriffenen, Augustinisch oder auch prä-reformatorisch inspirierten Abweisung der stoischen Lehre als Illusion[89] wird mit Blick auf die bereits ratifizierte Katastrophe eine Dimension ver-

---

abschließende Beschuldigung, die Pleberio gegen die Fortuna erhebt, hat im Original die Form eines Optativ Irrealis („no pervertieras la orden"). - Als im Sinne unseres Titels ‚mittelalterliches' Gegenparadigma zur Modellierung des Verhältnisses von Kontingenz und Ordnung in der *Celestina* könnte man unter diesem Aspekt die klassische Form des arthurischen Romans ansehen, so wie sie Haug in seinem Beitrag zu diesem Band beschreibt (S. 151-172, bes. S. 164-172). Auch die Aventüre ist ein Schema der Inszenierung von Kontingenz, einer mit dem Handlungssinn der je Handelnden interferierenden Zufälligkeit. Aber am Ende der Reihe der Aventüren steht die restituierte Ordnung. Die Auflösungsstufen des arthurischen Romans (dazu: K. Stierle, „Die Verwilderung des Romans als Ursprung seiner Möglichkeit", in H. U. Gumbrecht [Hg.], *Literatur in der Gesellschaft des Spätmittelalters*, Begleitreihe zum *Grundriss der romanischen Literaturen des Mittelalters*, Bd. 1, Heidelberg 1980, S. 253-313) wären dementsprechend diskurshistorisch als Parallelen zur *Celestina* anzusehen.

[87] *Celestina*, Bd. 2, S. 263 (angeredete Instanz ist „mundo"). Der Deutlichkeit halber sei gesagt, daß, was Pleberio hier als den naiven Glauben seiner Jugend qualifiziert, nichts anderes ist als der Thomismus, der zumal mit dem Vorbehalt, der in der Formulierung „alguna orden" impliziert ist, geradezu paradigmatisch auf den Nenner gebracht ist. Der sechzehnte Akt verdeutlicht, daß die ‚Ordnung', von der Pleberio einst annahm, sie reguliere die Welt, in diesem Sinne gemeint ist, als eine Weltordnung, der sich der Mensch zu konformieren vermöge, wofür er damit belohnt werde, daß sein eigenes Leben und das der ihm Anbefohlenen ‚in Ordnung' bleibt, was nicht banalisierend als märchenhaftes Glück, sondern als Zustand hinreichender Stabilität zu verstehen wäre. In dem betreffenden Akt erörtert Pleberio mit seiner Frau Alisa die Zukunft der Familie. Ausgangspunkt seiner Überlegungen ist jener Aspekt der lex naturalis, den der Mensch mit der Erbsünde selbst verantwortet: Alles irdische Sein sei der Zeit unterworfen; er selbst sei alt geworden, die Tochter erwachsen; so gehe es darum, Melibea zu verheiraten, dabei ihre Wahl zu respektieren und schließlich das elterliche Vermögen an sie und ihren Mann zu übertragen. Gemessen an den Maßstäben der christlich-rationalistischen Morallehre ist Pleberio also ein exemplarischer Vater. Trotz der optimalen Bedingungen, die er auf diese Weise für das künftige Geschick seiner Tochter schafft, gerät deren Leben und das der gesamten Familie durch das Interferieren der Kontingenz, das mit dem Flug eines Falkens beginnt, zunächst in Unordnung und mündet schließlich in die denkbar größte aller privaten Katastrophen. - Entsprechend gilt, daß die bei uns oben anschließend zitierte aktuelle Auffassung des Pleberio vom Beschaffensein der Welt orthodox Augustinisch ist. Die Metapher des Labyrinths mag auf den ersten Blick gnostisch anmuten. Wenn jedoch der menschliche Wille dafür verantwortlich gemacht wird, daß man diesem Labyrinth nicht entkommen kann, ist Augustinus' (prekäre) Lösung der Frage des Übels wieder eingeholt.

[88] *Celestina*, Bd. 2, S. 263f.

[89] Zur Präsenz Senecas in der *Celestina* s. Castro Guisasola, *Observaciones sobre las fuentes literarias de* La Celestina, S. 94-98 (S. 98-101 zur Präsenz Pseudo-Senecas [*De remediis fortuitorum*]), sowie J. L. Heller/R. L. Grismer, „Seneca in the Celestinesque Novel", in *Hispanic Review* 12

liehen, die verdeutlicht, wohin das Konzept einer kontingenten Welt das Denken treibt. Für dasjenige Wesen, das Sinnenwesen und Bewußtseinswesen zugleich ist, ist sie nicht beliebige Welt schlechthin, sondern Welt, deren Essenz darin besteht, ‚Schmerz zuzufügen' („hazes mal a todos"[90]).

Der Monolog des Pleberio und auch das Stück schließen mit dem Ausruf: „¿Por qué me dexaste triste y solo *in hac lacrimarum valle*?" Was auf den ersten Blick als das wörtliche, dem Text der *Vulgata* entnommene Zitat einer Anrufung des alttestamentlichen Gottes erscheint, ist hier auf die Anrufung des toten Kindes hin umbesetzt,[91] und der Satz faßt mit dieser Duplizität in nuce das Weltmodell des Stücks. Entschwunden ist der christliche Mono-Theos noch nicht aus dem geistigen Horizont der *Celestina*. Aber es ist die Konsequenz gezogen aus seiner Allmacht. Diese kann nur darin sinnfällig werden, daß die potentia absoluta das absolut Unerwartete und Disproportionierte tut, das auf diese Weise aus menschlicher Perspektive zum Unvorhersehbaren schlechthin wird. Dann allerdings verliert es jeden Sinn, diesen Gott anzurufen. Er ist zum ‚pragmatisch so gut wie toten Gott' geworden.[92]

Die eine der zwei Möglichkeiten, auf eine Welt zu reagieren, deren Ordnung menschlich unverfügbar bleibt, ist stilisiert im Gestus der Verzweiflung und in der ‚leeren' Frage, die das Drama beschließt. Aber dieses Fazit („mundo falso [...], hazes mal a todos") kann nur literarisch das letzte Wort sein. Sein geistiges Komplement ist der nicht minder verzweifelte Versuch, angesichts eines grausamen Gottes, der in seiner Allmacht eine Welt hätte schaffen können, die nicht fallen kann, dieser Welt menschlicherseits eine zwar immer nur provisorische, dafür aber verläßliche Ordnung aufzuerlegen, die dann konsequenterweise für all das einstehen muß, was nicht nur diesseitig, sondern auch jenseitig unverfügbar bleibt, die die Last trägt, ‚alle Tränen abzuwischen, allem Leid und allen Klagen ein Ende zu setzen'.[93]

(1944), S. 29-48. Beide Studien verharren im Positivismus, d. h. sehen nicht, daß die stoische Position zitiert wird mit dem Interesse, sie abzuweisen.

[90] *Celestina*, Bd. 2, S. 264.

[91] *Celestina*, Bd. 2, S. 267f.; vgl. *Ps* 83, bes. 7.

[92] So Blumenberg in *Der Prozess der theoretischen Neugierde* (Erweiterte und überarbeitete Neuausgabe von *Die Legitimität der Neuzeit*, dritter Teil), Frankfurt a. M. ²1980 [¹1973], S. 149 („Die Neuzeit begann zwar nicht als Epoche des toten Gottes, aber als Epoche des verborgenen Gottes, des *deus absconditus* - und ein verborgener Gott ist *pragmatisch* so gut wie ein toter.").

[93] Dazu nochmals *Der Prozess der theoretischen Neugierde*, S. 149 („Die nominalistische Theologie [...] erzwingt die ruhelose Weltinventur, die sich als Antrieb des Zeitalters der Wissenschaft bezeichnen läßt."). Das obige Bibel-Zitat nach *Apoc* 21, 4 („[...] et absterget Deus omnem lacrymam ab oculis eorum, et mors ultra non erit neque luctus neque clamor neque dolor erit ultra [...]."). - Zu der von uns anhand der *Celestina* nachgezeichneten Entwicklungslinie s. auch Dorens zitierte Darstellung zur Tradition der Fortuna-Vorstellung. Kennzeichnend für die Zeit nach Ende des Hochmittelalters sei, daß zunächst das Konzept der „Providenz als wahre(r) Lenkerin des menschlichen Geschicks" stärker betont werde als zuvor. Im 15. und 16. Jahrhundert rücke „die Idee der göttlichen Providenz (...) aus dem Zentrum nach (sic) der Peripherie", und Gott werde zu einer „erdenferne(n)" Instanz. Bezeichnend für das, was bei Blumenberg ‚Selbst-

II.3.6 Das Konzept, das in der ernsten Literatur unserer Tradition dort eintritt, wo das Konzept Kausalität und auch seine weniger rigide Variante, das des ‚Wahrscheinlichen', nicht das primäre Register der Motivierung sein soll, ist das des Tragischen, welches eine Notwendigkeit bezeichnet, welche nur für den je einzelnen Helden als solche gesetzt ist und ihm erst im Moment des Falls greifbar wird. So ist das Tragische schrecklich und sinnhaft zugleich, und es kann diese Duplizität - ereignishaft und regulär - nur gewinnen, indem es dasjenige, was im Sein oder Erleben des Helden schließlich zum tragischen Ereignis, zur Katastrophe führt, als Resultat einer immer nur singulär gegebenen, exzeptionellen (‚fatalen') Durchkreuzung des Akzidentellen durch eine höhere Regelhaftigkeit modelliert.

Daß die *Celestina* als Drama der Kontingenz auf Distanz zur Kategorie des Tragischen steht,[94] wird unmittelbar sinnfällig in der kalkulierten Banalität, in der sich die Intrige schürzt und löst, sowie in der totalen Absenz des erhabenen Tons. Auf einer ersten Abstraktionsstufe, der des Sujets, vermittelt sich das a-tragische Moment als ironisches Dementi der Ereignishaftigkeit der entscheidenden Ereignisse. Insofern nichts in der Handlungswelt des Stücks einer legitimen Erfüllung des Begehrens der zwei Helden entgegenstünde, gewinnt alles, was die beiden zwecks Eskamotierung der ‚Widerstände' inszenieren, die Qua-

behauptung' heißt, ist ein Wandel in der Ikonographie. Das Bild vom Rad der Fortuna tritt zurück. An seine Stelle rückt als dominantes Bild das des Schiffs auf den Wellen. Allerdings führt jetzt nicht mehr, wie in der antiken Tradition, aus der es herrührt, Fortuna das Steuer, sondern der Mensch. Fortuna wird umgedeutet zur „Wind- und Sturmgöttin", deren Launen es mit Hilfe von techne und ars zu trotzen gilt („Fortuna im Mittelalter und in der Renaissance", S. 100-138; Zitate S. 104, S. 119, S. 128 und S. 134; zahlreiche weitere Belegstellen zum allegorischen Komplex Fortuna/ Schiffsreise bei Patch, *The Goddess Fortuna in Medieval Literature*, S. 101 - 107). - Es wird immer schwierig bleiben, für den Umschlag von der von der Kontingenzerfahrung induzierten Verzweiflung ins Projekt der Selbstbehauptung eine akzeptable historische Bruchlinie zu definieren, soweit man diese nicht sehr spät ansetzt, etwa im 18. Jahrhundert. Was den hier verhandelten Text angeht, markiert der Monolog des Pleberio auch semiotisch die letzte Position, wie sich an einem Monolog des Calisto ablesen läßt, der in Akt XIV angesiedelt ist. Am Tag nach der ersten Liebesnacht und in Erwartung des nächsten Zusammentreffens wünscht Calisto einen rascheren Lauf des Sonnenwagens herbei, eine Beschleunigung der Zeit im Interesse seines Begehrens. Indes gilt aus Position *dieses* Stücks bzw. der historischen Position, die es markiert, noch uneingeschränkt: „¿Qué pido, loco (...)? Lo que jamás fue ni puede ser. No aprenden los cursos naturales a rodearse sin orden", so daß für das die ‚Ordnung' transzendierende Begehren nur die Dimension der Imagination verbleibt („Pero tú, dulce imaginación, tú que puedes, me acorre. Trae a mi fantasía la presencia angélica de aquella imagen luziente [Melibea] [...]" [*Celestina*, Bd. 2, S. 237].).

94 S. hingegen die gängige, an die pure Faktizität des ‚schlechten' Endes anknüpfende Einordnung des Texts als ‚tragisch', wie sie etwa bei Berndt, aber auch in Gilmans Buch formuliert ist, welch letzteres ohne Zweifel die einsame Spitze der *Celestina*-Forschung markiert (*Amor, muerte y fortuna en* La Celestina, S. 69 und S. 174; *The Art of* La Celestina, S. 6 und S. 180). - Zur Vermeidung von Mißverständnissen sei gesagt, daß unsere Argumentation in diesem Passus keine historischen Implikate hat. Das Register des Tragischen war, als die *Celestina* entstand, noch nicht wieder bekannt.

lität frivoler Capricen.[95] Insofern diejenige Gefahr, aus der Calisto in Akt XIX seine zwei Diener retten will, sich als illusionär erweist, als das harmlose Taktieren eines großmäuligen Tölpels, der die Launen einer Hure zu besänftigen sucht, gewinnt sein Todessturz die Aura des Überflüssigen schlechthin und steht auf diese Weise in diametraler Opposition zum Muster des Heros, der die Geliebte verläßt, um in Erfüllung einer hohen Mission den Tod zu finden.[96]

Mit der Instanz des Sujets zerfällt die der ‚Figur', soweit man diese begreift als Anthropomorphisierung eines semantisch faßbaren Konzepts (eines Charakters, eines Typus, einer Entelechie). Die seit jeher registrierte mangelnde Kohärenz der Figuren[97] bedarf keiner externen Erklärungen,[98] sie ist Ausdruck des das Stück tragenden Konzepts.[99] Melibea und Calisto, Celestina, Pármeno und Sempronio sowie die zwei Huren sind ‚befreit' in absolutem Verständnis. Sie sind Namen für Körper, die sich von dem Imperativ, Handeln sinnhaft zu reflektieren,[100] emanzipiert haben, die indes auch von keiner durch Sinn vermittelten Reduktion des ‚spontanen' Begehrens anderer geschützt werden.[101]

---

95 Mit Blick auf Celestina als Kupplerin setzt die Forschungsliteratur an, das Stück stehe in Kontinuität des *Pamphilus*, einer anonymen ‚Komödie' des frühen 13. Jahrhunderts, sowie der Endrina-Episode des *Libro de buen amor*, welche explizit auf den *Pamphilus* Bezug nimmt (s. u a. Menéndez Pelayo, *Orígenes de la novela*, Bd. 3, S. 304-316). Unbeachtet bleibt dabei nicht nur die diametral verschiedene Schlußbildung (beide ‚Vorgänger'-Texte enden mit der Verehelichung der Liebenden), sondern auch, daß der Realisierung der Liebe dort Hindernisse entgegenstehen, deren Überwindung diese erst zum Sujet macht.

96 Beide genannten Momente verdeutlichen, inwiefern das in der Forschungsliteratur übliche Einrücken von Calisto und Melibea in die lange Reihe der tragisch Liebenden (Hero und Leander, Tristan und Isolde, Lancelot und Guenièvre, Romeo und Julia) das Wesentliche verfehlt.

97 Zu Egozentrik, A-Moralität und Voluntarismus als Hauptmerkmalen der zwei Titelfiguren s. Lida de Malkiel, *La originalidad artística de* La Celestina, S. 347-470 (mit teils schiefen Einordnungen der Figur der Melibea), v. a. aber Gilman, *The Art of* La Celestina, Kap. 3 („The Art of Character", S. 56-87). Gilman korreliert seine überaus pertinenten Beobachtungen zum Ausfallen dessen, was man in späterer Zeit den ‚Charakter', oder, man könnte auch sagen, das ‚Subjekt' nennt, mit seiner referierten These zur Gattungsfrage. Unerörtert bleibt die Frage, auf welches Weltmodell ein Text verweist, der das Agieren von Figuren generisch auf einen Rahmen beschränkt, welcher ihnen nur das situationelle Handeln läßt.

98 Für die gesamte überschaubare Forschung hat der Befund Kronzeugenfunktion für die These der multiplen Autorschaft (s. zuletzt Marciales, *Celestina*, Bd. 1, S. 142-147).

99 Zur Suspendierung der „Identität des Subjekts" in einer kontingenten Welt s. Blumenberg, *Säkularisierung und Selbstbehauptung*, S. 188.

100 Das Konzept Sinn hier nach A. Schütz (*Der sinnhafte Aufbau der sozialen Welt - Eine Einleitung in die verstehende Soziologie*, Frankfurt a. M. 1974, bes. S. 42-136).

101 Paradigmatisch dafür ist das Verhalten Calistos gegenüber Melibea vor und nach der Erfüllung seines Begehrens. Solange ihm Melibea unerreichbar erscheint, idolatrisiert er sie in den gängigen Formeln der höfischen Liebe (s. u. a. *Celestina*, Bd. 2, S. 189 sowie S. 199), danach behandelt er sie wie ein beliebiges Lustobjekt. Wenn sie meint, gegen seine allzu kruden Zudringlichkeiten protestieren zu müssen („¿Qué provecho te trae dañar mis vestiduras?"), repliziert er auf einem Niveau, das unvereinbar ist mit der konventionellen Anrede, an der er gleichwohl festhält: „Señora, el que quiere comer el ave, quita primero las plumas"(S. 248). So ist es nicht nur die schon für sich genommen unerhörte Vulgarität des sprachlichen Registers, die das skizzierte Faktum transportiert, sondern mehr noch, daß sich Melibea mit dem explizit gemachten Hiat unzweideutig auf ihren Rang verwiesen sieht.

Das animal rationale, dessen Rationalität sich ihrer Funktion beraubt sieht, reduziert sich auf die Dimension einer Lustmaschine. Die kontingente Welt markiert das Wegbrechen aller Soziabilität.[102]

Auf einer letzten Abstraktionsstufe, der der weltmodellierenden Konzepte, auf die der Text verweist, ist die Differenz zum Tragischen enthalten in der Umbesetzung des paganen Mythos durch sein christliches, näherhin Augustinisches Gegenmodell, das hier in seiner am meisten intellektualisierten Form zitiert wird, als Unterstelltsein der Welt unter das Gesetz der Zeitlichkeit, welches alle Dinge und Ereignisse de-substantialisiere und zu kontingenten Ereignissen mache. Der entscheidende Aspekt ist, daß Kontingenz dabei nicht als statisches Prädikat begriffen ist, sondern als etwas, das den Dingen mit der Zeitlichkeit zuwachse („el tiempo házelas contingibles").[103] Der gefallenen Welt wohnt deshalb nichts Tragisches inne, weil ihre Katastrophen nur für die je Erlebenden solche sind, für die Zuschauer des theatrum mundi aber, und aus einer nachzeitigen Perspektive auch für die Erlebenden selbst, Realisierung eines für alle gültigen, insofern banalen, wenn nicht vollends bedeutungslosen Gesetzes.[104]

---

[102] Die am meisten zugespitzte Formulierung dieses Konzepts in einem Solilog der Melibea, der allen überkommenen sozialen Bindungen eine schroffe Absage erteilt und in der Gleichsetzung von ‚Leben' und ‚Lust' gipfelt, wobei die Instanz des anderen, hier Calisto, nur insoweit von Belang ist, als eigene Lust dessen Lust voraussetzt („¡[...] que ni quiero marido ni quiero padre ni parientes! Faltándome Calisto, me falte la vida, la cual, por que él de mí goze, me aplaze" [S. 243].). Die auch noch aus moderner Sicht schockierend krasse Sensualität der Liebeshandlung, die nicht zuletzt das Stück von allen ‚tragischen' Liebesgeschichten des höfischen Kontexts abhebt, wird gut dargestellt bei Bataillon, *La* Célestine, S. 113-115, S. 125, S. 128f. sowie S. 195-200; vgl. hingegen Lida de Malkiels etwas hilflos wirkende Versuche, der Handlung eine platonisierende Dimension abzugewinnen („la innegable espiritualidad del amor en *La Celestina*" [*La originalidad artística de* La Celestina, S. 327-330; Zitat S. 327]).

[103] Die lange Rede des Sempronio, in der dieser artikuliert und illustriert, daß die Zeit die Dinge ihrer Substanz beraube und somit alle Wertigkeit nivelliere, ist meiner Kenntnis nach bislang noch an keiner Stelle mit Bezug auf die Augustinische Folie analysiert worden („El mal y el bien, la prosperidad y adversidad, la gloria y la pena, todo pierde con el tiempo la fuerça de su acelerado principio. [...] Diminúyelas el tiempo, házelas contingibles" [usw.; *Celestina*, Bd. 2, S. 64f.].); Lida de Malkiel inventarisiert sämtliche textimmanenten Parallelen zu der Rede, hebt hervor, daß es für das sich dort artikulierende Konzept keine ‚Vorbilder' im Drama der paganen Antike gibt, bleibt allerdings eine Deutung schuldig (*La originalidad artística de* La Celestina, S. 169 und S. 181; s. auch die relativ substanzarmen Ausführungen zum Problem ‚Zeit' bei Gilman, *The Art of* La Celestina, S. 132-140). Zur Zeitlichkeit als Strafe für den Sündenfall, welcher erst die ‚sehr gute' (*Gen* 1, 31) Schöpfung zur civitas diaboli werden ließ, s. *Confessiones*, XI, 30 (40).

[104] S. dazu auch Preisendanz' Analyse von Albert Drachs Text *Unsentimentale Reise*, die man vielleicht folgendermaßen resümieren könnte: Die omnipräsente Tragödie wirkt notwendigerweise komisch, jedoch im Sinne der ‚grausamen Zufallskomödie der Welt' (so die bei Preisendanz zitierte Formel von Drach selbst), im Sinne eines Flaubertschen ‚comique arrivé à l'extrême', eines ‚comique qui ne fait pas rire', das dann auch ‚la dernière des tristesses' ist (vgl. dser. Bd., S. 395-401).

Strukturell steht eine kontingente Welt im Zeichen umfassender Paradigmatisierung. Dies trennt sie von den tragischen Modellierungen des Zufälligen,[105] von dessen klassisch komischen Varianten sie vermittels Durchkreuzung der ‚Enthebbarkeit' abgegrenzt wird. Literarisch ist die kontingente Welt eine verunglückte Komödie.[106]

Dies letztere ist sie auch, und insbesondere die der *Celestina*, auf der Ebene der Form, die in einem literarischen Text ineins mit dem Sujet den Bedeutungsaufbau konstituiert. ‚Komisch' ist die *Celestina* nicht im Sinne der disziplinier-

---

[105] Die Paradigmatisierung greift auf zwei Ebenen, zum einen, was die Sujetfügung der je thematischen Handlung angeht, zum zweiten, was den Stellenwert dieser Handlung in einer Taxonomie je kontextuell möglicher Ereignisse angeht. Zum ersten: auch die Peripetie der Tragödie beginnt mit einem Einbruch des Kontingenten in die wohlgeordnete Handlungswelt (das Con-Tangere von Ödipus und Laios am Scheideweg). Aber der mythischen Fatalität reicht gewissermaßen ein kontingentes Ereignis, um den tragischen Ablauf zu entfesseln. ‚Benötigte' sie mehr als solch ein isoliertes Kontingentes, gar, wie in der *Celestina*, eine Fülle von ‚zufälligen Vorkommnissen', um das von ihr Beabsichtigte in Szene zu setzen, dementierte sie ihre mythische Aura, ihre absolute und unentrinnbare Verfügungsgewalt. Der zweite genannte Aspekt dürfte evident sein: Das Tragische ist immer ein Exzeptionelles, bzw. wird nur, insoweit es ein Exzeptionelles ist, als Tragisches bilanziert. Die schrecklichsten Ereignisse entziehen sich der Kategorie des Tragischen, wenn sie in Serie auftreten, bzw. als Bestandteil einer möglichen Serie eingeordnet werden können.

[106] Zur ‚Enthebbarkeit' als Spezifikum der Komik der (klassischen) Komödie s. K. Stierle, „Komik der Handlung, Komik der Sprachhandlung, Komik der Komödie", in W. Preisendanz/R. Warning (Hgg.), *Das Komische* (Poetik und Hermeneutik VII), München 1976, S. 237-268, bes. S. 251-254; zum Konnex von Komik, Komödie und Paradigmatisierung s. R. Warning, „Elemente einer Pragmasemiotik der Komödie", in *Das Komische*, S. 279-333, bes. S. 283-297; zur Frage kontingente Welt - Komik (bzw. Humor), bzw. zur Komik als eines Modus der „Erfassung von Kontingenzen" s. umfassend den Beitrag von Preisendanz in diesem Band (S. 383-401; was die oben kurz angesprochene Rede des Sempronio angeht, ist neben der bereits genannten Analyse des Texts von Drach insbesondere auf Preisendanz' Kommentierung des Unterkapitels ‚Das Welttheater' aus Jean Pauls *Des Luftschiffers Gianozzo Seebuch* zu verweisen; s. S. 385-388; s. bes. S. 387f., wo Preisendanz auf Jean Pauls These vom Humor als einer säkularisierten Stufe des christlichen Verständnisses der Handlungswelt eingeht). - Wir versuchen, die *Celestina* eher einer diskurshistorischen als einer literarischen Deutung im engeren Sinne zuzuführen. Gleichwohl sei gesagt, daß eine Fülle von Spezifika des Stücks literarisch eine bündige Erklärung finden könnten, wenn man es als eine Komödie (eine Inszenierung des Scheiterns in einer Welt banaler Alltäglichkeit) begriffe, der mit dem Schluß das für den komischen Effekt Essentielle, die Enthebbarkeit, genommen ist. Außer dem schon genannten Aspekt der Aura relativer Banalität, die dem Stück anhaftet, sowie dem niedrigen sprachlichen Niveau auch der zwei Helden wäre in dieser Hinsicht zu erwähnen die omnipräsente krude Thematisierung von Körperlichkeit, die alle Handelnden erfaßt, nicht nur die der Dienersphäre, sondern auch die Hauptfiguren, und zumal Melibea, des weiteren die Naivität, mit der Melibeas Mutter Alisa der ihr wohlbekannten Kupplerin den Weg zu ihrer Tochter öffnet, schließlich die Kette der quiproquos, die sich im Zuge der Umsetzung des Racheplans der zwei Huren ereignen, u. v. a. m. (Zu einer rein positivistischen Diskussion des Konnex der *Celestina* zur Gattung der Komödie, im speziellen zur neulateinischen humanistischen Komödie des 14. und 15. Jahrhunderts, s. Menéndez Pelayo, *Orígenes de la novela*, Bd. 3, S. 317-337, bes. S. 325-330; zu Affinitäten zur terenzianischen Komödie, auf die bereits der Ko-Text des Stücks selbst verweist [*Celestina*, Bd. 2, S. 7], s. Castro Guisasola, *Observaciones sobre las fuentes literarias de* La Celestina, S. 80-91. Im Unterschied zu den zwei Zitierten hebt Lida de Malkiel zu Recht auch die Differenzen zwischen dem Genre der Komödie und der *Celestina* hervor [*La originalidad artística de* La Celestina, S. 29-32].)

ten Komik der klassischen Komödie, wohl aber im Sinne des aristotelischen Konzepts des Komischen als eines Widerparts des klassischen Maßes, als eines Disproportionierten, Irregulären, das auf nichts als seine eigene Disproportioniertheit verweist.[107] Die *Celestina* ensteht in der Zeit vor der Unterwerfung des dramatischen Diskurses unter die klassische Disziplin. Aber selbst in Relation zu der aus Sicht der Epoche anzusetzenden Referenzfolien ist sie in der chaotischen Entgrenztheit ihrer einundzwanzig höchst unterschiedlich langen Akte, ihrer ‚a-generischen'[108] Ortlosigkeit in einer Topographie der Diskurse, ihrer Absage an jede rhetorische Kohärenz und Regulierung der Figurenrede (aptum, decorum) Figuration einer Welt, die dem Versuch, das Kontingente in einer höheren Ordnung der Welt und der Repräsentation aufzuheben, welche dann auch Ordnung des Sagens, Form, sein müßte, entsagt hat.

III

III.1 Die ausweglose Düsternis, die die *Celestina* dem Konzept einer in Kontingenz gestellten Welt verleiht, mag mit Blick auf das Panorama der Texte der Zeit nur als die eine der zwei Möglichkeiten erscheinen, die dieses Konzept eröffnet. Heißt Kontingenz nicht auch Freiheit oder Befreiung vom Druck eines Reglements, das das Leben unter einen Algorithmus zwingt, ist Kontingenzbewußtsein nicht auch Ermöglichungsstruktur eines, sei es serenen, sei es hedonistischen Genusses? Zumindest das gängige Bild der Texte der Zeit deutet eher in diese Richtung. Paradigmatisch dafür stehen Boccaccios *Decameron* und Montaignes *Essais.*[109]

Wie fundamental die eine wie die andere Sammlung demjenigen modellierenden Interesse verbunden ist, das auch der *Celestina* zugrundeliegt, dem Überschreiben einer aufgerufenen Vorstellung von Ordnung durch eine als faktisch behauptete Abwesenheit jeder Ordnung,[110] soll hier nicht im einzel-

---

[107] Vgl. *Poetik* 1449a 32-37.

[108] Zitat Gilman (s. o., Anm. 20).

[109] Es ist von den jeweiligen Daten her evident, daß nur der Konnex Boccaccio-*Celestina* in den Blickwinkel der positivistischen Forschung geraten ist, jedoch unter höchst problematischem Aspekt (dazu unten, Anm. 110). Für die von uns vertretene Ansetzung der Fragestellung wäre eher die Frage der Boccaccio-Rezeption überhaupt im Spanien des späten Mittelalters und der frühen Neuzeit interessant (dazu A. Farinelli, „Note sulla fortuna del Boccaccio in Ispagna nell'Età Media", in *Archiv für das Studium der Neueren Sprachen und Literaturen* 114 [1905], S. 397-429; 115 [1905], S. 368-388; 116 [1906], S. 67-96; 117 [1906], S. 114-141).

[110] Unsere Situierung des Konnex zwischen Boccaccio und der *Celestina* ist mit Blick auf die Forschung auch als Polemik gegen die allgemein akzeptierte Auffassung zu verstehen, die *Celestina* rezipiere die *Elegia di Madonna Fiammetta* (s. etwa Leube, *Die* Celestina, S. 43, Berndt, *Amor, muerte y fortuna en* La Celestina, S. 31-40 sowie Castro Guisasola, *Observaciones sobre las fuentes literarias de* La Celestina, S. 142-145). Sicherlich hat der Autor des spanischen Stücks die *Fiammetta* gekannt, aber er hat sie in der *Celestina* weder imitiert noch ist sein Text sinnvoller-

nen gezeigt werden.[111] Zu diskutieren ist vielmehr, ob das emphatische Bild einer ,Befreiung' von mittelalterlichen Zwängen, als deren Ausdruck man die zwei Texte bis heute begreift, nicht Resultat einer perspektivischen Beschränkung ist, an deren Ausgangspunkt das Interesse einer selbstreflexiv gewordenen Moderne steht, sich eine juvenile Frühzeit zu schaffen, in der jene Kontingenz, die spätestens mit Einsetzen der Episteme der Tiefendimension als verschlingender ,Minotaurus' (C. Bernard)[112] aufgefaßt wird, noch als Möglichkeit zu spontaner Verausgabung vitaler und reflexiver Energien verstanden werden konnte.

Zwei Dinge sind in dieser Hinsicht zum *Decameron* zu bemerken: Inszenierung von Kontingenz ist dieser Text, verstanden als Sammlung, allererst insofern, als den in der Rezeption stets privilegierten Geschichten, in denen die voraufliegende (moralische) Ordnung zugunsten des sinnlichen Genusses außer Kraft gesetzt wird, eine ebenso große Zahl von Geschichten gegenüber steht, in denen dieser Versuch ,gestraft' wird, in vielen Fällen sogar, wie in der *Celestina*, mit dem Tode. ,Strafe' und damit Indiz immanenter Notwendigkeit ist das Handlungsschema der entsprechenden Novellen wiederum nur in Absehung von den anderen, so daß in toto die Sammlung überhaupt keine ,Regel' propagiert, damit aber auch frei ist von jenem klischeehaften Optimismus in Fragen der praktischen Philosophie, für den sie gemeinhin in Anspruch genommen wird. - Der zweite bei der akzeptierten Deutung ausgeblendete Aspekt betrifft die vom Autor gesetzte funktionale Dimension seiner Geschichten. Als Inszenierung von Zufälligkeit sind die Geschichten des *Decameron* jener unmittelbar lebenspraktischen Funktion entkleidet, die dem literarischen Ausgangstyp, auf den sie sich beziehen, dem Exemplum, seine Relevanz gesichert hatte. Eine Relevanz, allerdings ganz anderer Art, gewinnen sie erst als okkasionelle Manifestationen sozialer und geistiger Aktivität in einer ,Welt', in der im Zeichen einer übermächtigen Fortuna alle anderen Dimensionen als die des Ästhetischen ihren Belang verloren haben. Nicht nur mit der Plötzlichkeit ihres Auftretens sowie der Unbeantwortbarkeit der Frage nach ihrem Sinn[113] ist die im Rahmen des *Decameron* stilisierte Pest Allegorie

---

weise als eine Replik auf jenen aufzufassen. Die Kontinuität zu Boccaccio, in der die *Celestina* zweifelsohne steht, ist nicht auf der Ebene des ,Stoffs', sondern der des Weltmodells anzusetzen.

[111] Zu Montaigne s. K. Stierle, „Montaigne und die Erfahrung der Vielheit", in Stierle/Stempel (Hgg.), *Die Pluralität der Welten*, S. 417-448; zu Boccaccio s. H.-J. Neuschäfer, *Boccaccio und der Beginn der Novelle - Strukturen der Kurzerzählung auf der Schwelle zwischen Mittelalter und Neuzeit*, München 1969, sowie Vf., „Affichierte ,Exemplarität', tatsächliche A-Systematik - Boccaccios *Decameron* und die Episteme der Renaissance", in K.-W. Hempfer (Hg.), *Renaissance - Diskursstrukturen und epistemologische Voraussetzungen*, Stuttgart 1993, S. 47-93.

[112] Dazu Blumenberg, *Arbeit am Mythos*, S. 103 mit Anm. 30.

[113] S. dazu die berühmte multiple ,Erklärung' der Pest als rein schicksalhaft (a-christlich), oder aber als Gottesstrafe (populär-christlich), oder aber als ,Prüfung' (orthodox), die der Erzähler der Rahmengeschichte präsentiert („[...] pervenne la mortifera pestilenza, la quale o per operazione

einer Welt-in-Kontingenz, sie ist dies an erster Stelle, insofern sie der Konsequenz solch immanenter Kontingenz, der unhintergehbaren Sinnlosigkeit allen Handelns, den impressivsten Ausdruck verleiht. So bleibt angesichts einer Welt, die sich der Kontrolle entzogen hat,[114] nur die zugleich selbstreferentielle und interesselose Dimension des Handelns, hier allegorisiert als ein Geschichten-Erzählen. Die damit hergestellte Heiterkeit ist eine solche auf Zeit. Die Frage, warum die ‚lieta brigata' nach zehn Tagen ins pestverseuchte Florenz zurückkehrt, läßt der Autor unbeantwortet. Die eigentliche Antwort liegt in dem Bewußtsein begründet, daß das Ästhetische immer nur eine Parenthese des praktischen Lebens sein kann,[115] welch letzteres seine Essenz in jener unkontrollierbaren Kontingenz hat, deren düstere Implikate der Rahmen des *Decameron* mit nicht weniger Nachdruck inszeniert, als sie in dem verzweifelten Monolog des Pleberio am Ende der *Celestina* explizit gemacht sind.

III.2 Boccaccios Antwort auf die zentrale Frage der Zeit rezipiert die seines geistigen Vorbilds Petrarca,[116] und in diesem Punkt liegt die epochale Gemeinsamkeit zweier Œuvres begründet, die strikt literarisch gesehen verschiedener

---

de' corpi superiori o per le nostre inique opere da giusta ira di Dio a nostra correzione mandata sopra i mortali [...]; questa tribulazione [...]" [*Decameron*, hg. v. C. Segre, Milano 1987, S. 29-45, hier S. 29f. und S. 33].).

[114] Reizvoll wäre es, das Tableau sozialen Verhaltens, das im Rahmen des *Decameron* von dem von der Pest geschüttelten Florenz entworfen wird (Zerrüttung der familiären und sonstigen sozialen Bande, ungezügelter Hedonismus, Wegbrechen auch aller übrigen moralischen Schranken), mit der Welt der *Celestina* zu vergleichen. Akzeptiert man den oben ins Spiel gebrachten Gedanken, die Pest des *Decameron* nicht nur ‚mimetisch', sondern auch als Allegorie einer Welt unter den Bedingungen einer verschärften Kontingenz zu lesen, würde die hier kurz angedeutete Parallelität der Folgen des Kontingenzbewußtseins für das Handeln der Figuren in dem einen und dem anderen Text unseren Behauptungen über die semiotische Strukturalität der *Celestina* und, wichtiger noch, über die schwerlich zu eskamotierenden sozialen Begleiterscheinungen einer Weltsicht im Zeichen von Kontingenz einiges an externer Plausibilität verleihen können.

[115] Es hieße den Text allzu oberflächlich zu verstehen, wenn man das Modell sozialer Organisation, das die lieta brigata darstellt, als quasi-utopisch gemeint auffaßte. Die brigata organisiert mit ihrem Ordnungsmodell nicht ein Modell des Lebens, sondern des Erzählens, ein Modell zudem, das gerade in seiner uneingeschränkten Transparenz nichts anderes sein kann als ein depragmatisiertes Modell.

[116] In der gründlichsten der zahlreichen Untersuchungen, die dem Konnex der *Celestina* zum Œuvre Petrarcas gewidmet sind, gelangt der Verfasser zu folgendem Fazit: „(...) Petrarch exerts a powerful influence on *La Celestina*, to such an extent that most of the work can be called Petrarchan (...)", ein Satz, dem aus Sicht unserer Argumentation vorbehaltlos zuzustimmen wäre (A. D. Deyermond, *The Petrarchan Sources of* La Celestina, Oxford/London 1961, S. 115 [trotz zahlreicher Einwände im Detail steht das Buch in der Tradition der entsprechenden Passagen bei Castro Guisasola, *Observaciones sobre las fuentes literarias de* La Celestina, S. 114-142]). Allerdings ist der zitierte Satz ganz anders gemeint als hier. Deyermonds Argumentation ist positivistisch. Dem Nachweis, daß Rojas als präsumptiver Autor die Basilea-Edition von Petrarcas *Opera* besessen hat und Petrarcas lateinischsprachige Texte im Spanien des 15. Jahrhunderts allgemein bekannt waren, folgt der minutiös durchgeführte und durchaus ergebnisreiche Versuch, das in der *Celestina* zitierte Sentenzen-Inventar als ein Sammelsurium von Petrarca-Zitaten zu identifizieren. Außer Betracht bleibt dabei die Einbettung, d. h. Funktionalisierung der jeweili-

kaum sein könnten. Petrarca allerdings zieht nicht nur die Konsequenz seiner Reflexion, er läßt im ‚verborgensten' seiner Texte den Leser am Zustandekommen seines Schlusses teilhaben. Der Ausgangspunkt von Petrarcas künstlerischem Schaffen ist nicht literarisch, sondern theologisch bzw. philoso-

---

gen Sentenzen bei Rojas. Auf diese Weise wäre das Ergebnis der Rezeption Petrarcas in der *Celestina* dann in der Tat nichts anderes als eine ästhetische Beeinträchtigung des Texts, verursacht vom Verlangen des Autors, ‚mit seinem Schulwissen zu prunken', so Menéndez Pelayos Bilanz seines bereits Jahrzehnte zuvor unternommenen Versuchs, sich der von Deyermond diskutierten Problematik unter einem Aspekt zu nähern, an dem der Spätere uneingeschränkt festhält („[...] se ve claro que la lectura de Petrarca no sirvió al bachiller Rojas para nada bueno, sino para alardear de un saber pedantesco [...]" [*Orígenes de la novela*, Bd. 3, S. 338-344; Zitat S. 344].). - Man wird aus heutiger Sicht Menéndez Pelayo, Deyermond und den vielen anderen, die das Problem Petrarca-*Celestina* aus der skizzierten methodischen Perspektive untersucht haben, nicht vorwerfen mögen, daß sie nicht einen diskurshistorischen Zugang gewählt haben. Unabhängig davon allerdings ist ruinös für alle gemeinten Studien und fundierend etwa für das zitierte Fehlurteil von Menéndez Pelayo ein höchst oberflächliches Verständnis der moralphilosophischen und theologischen Texte Petrarcas, was fast zwangsläufig zum Verkennen der fundamentalen Affinitäten der *Celestina* zum Œuvre Petrarcas, besser, zu demjenigen diskursiven Strang in der frühen Moderne führt, dessen erste in einem Nicht-Spezialistentext artikulierte énonciation das Werk des großen Humanisten ist. Demonstriert sei dies anhand von *De remediis utriusque fortunae*, demjenigen Text Petrarcas, aus dem - naheliegenderweise - die *Celestina* am weitaus häufigsten zitiert (s. Deyermond, *The Petrarchan Sources*, S. 50-71). Das erste Buch der *Remedia* fragt nach dem rechten Verhalten angesichts des Glücks bzw. des Zuviel an Glück und gibt darauf eine (v. a.) stoische Antwort, die allerdings ironisch abgetönt ist und deren Stellenwert vollends deutlich würde, wenn man einbezöge, was das alter ego des Autors, der Franciscus des *Secretum*, über die Beeinflußbarkeit *seines* Begehrens durch die Vernunft sagt. Das zweite Buch der *Remedia* fragt nach dem rechten Verhalten angesichts des Unglücks, erwägt einige sichtlich banale Antworten (Trost durch das Unglück anderer, positive Nebeneffekte jeden Unglücks, relative Unwahrscheinlichkeit großen Unglücks), zitiert die stoische Position in so schematischer Form, daß dies nur als Bloßlegung der ihr inhärenten Problematik verstanden werden kann, und referiert schließlich auf den orthodox-christlichen Gedanken einer Kompensation im Jenseits, der wiederum aus Sicht des Sprechers, des Augustinisten Petrarca, zu gewichten wäre. Substanz von Petrarcas Fortuna-Buch ist also, daß es auf die Frage der Kontingenz keine Antwort gibt, genau diejenige Antwort, die Pleberio als Sprachrohr des impliziten Autors am Ende der *Celestina* formuliert (zu den *Remedia* vgl. genauer K. Heitmann, *Fortuna und Virtus - Eine Studie zu Petrarcas Lebensweisheit*, Köln/Graz 1958, bes. S. 138, S. 149f., S. 201 und S. 249f.; Heitmann tendiert zu einer negativen Bewertung dessen, was wir hier als eigentliche Botschaft der *Remedia* begreifen [„Widersprüchlichkeit" (S. 87 und passim)]; näher an unserer Position liegen Kesslers Bemerkungen zu diesem und anderen philosophischen und moralphilosophischen Texten Petrarcas, die der Verfasser unter das programmatische caput von der „Inkonsistenz als strukturelle[r] Eigenheit humanistischen Philosophierens" stellt [*Petrarca und die Geschichte*, passim, Zitat S. 161f. Kesslers Modellierung der Entstehungsbedingungen dieser ‚Eigenheit humanistischen Philosophierens' folgt der Linie von Blumenberg]). - Die Relation der *Celestina* zu Petrarca und zu Boccaccio ist Gegenstand eines Abschnitts bei Gilman (*The Art of* La Celestina, S. 154-193, bes. S. 169-181 und S. 188-193). Zwar stellt auch dieser, was Petrarca angeht, ganz auf die *Remedia*, und, was Boccaccio betrifft, ganz auf die *Elegia di Madonna Fiammetta* ab, aber er läßt die weithin übliche Begrenzung der Fragestellung auf motivische Parallelen oder zitathafte Entnahmen hinter sich. Besonders was Petrarcas Text angeht, bleibt er allerdings dessen verbreiteter Reduktion auf ein naives Sammelsurium stoischer Weisheiten verbunden, sieht von daher konsequenterweise das Verhältnis der *Celestina* zu den *Remedia* als ironisch (vergleicht es gar mit dem Verhältnis des *Quijote* zu den Ritterromanen) und gelangt auf diese Weise zu einer in der Tendenz nicht falschen, jedoch prophisch.[117] Im Kampf mit demjenigen, der das überkommene Konzept einer Welt-in-Ordnung vertritt, welcher sich der vernunftbegabte Mensch zu konformieren vermöge, soweit er dies nur wolle, beharrt das alter ego des Dichters, der Franciscus des *Secretum*, darauf, daß die Annahme solcher Geordnetheit eine pure Behauptung sei, die in seiner eigenen Lebenspraxis stets an einem Unbenennbaren scheitere, das dann auch den Namen erhält, den das unbenennbare andere der Ordnung in dieser Zeit hat: fortuna.[118] - Gibt es eine entsprechende Ordnung weder weltlich noch metaphysisch, ist der Mensch ‚frei'.[119] Wie wenig indes diese Freiheit unter den Bedingungen bedeutet, die sie erst ermöglicht, hat Petrarca, nicht anders als später Boccaccio, zum Thema seines prominentesten Texts gemacht: Es ist die im Tod der Geliebten stilisierte blinde Kontingenz, die der Liebe des Dichters ein Ende bereitet.[120] Die nachträgliche Überhöhung des Ereignisses zu einem Werk göttlicher Gnade ist vielleicht nicht ohne Grund ganz an das Ende des Zyklus und auch an das Ende des dort inszenierten Lebens gerückt. Was diesseits des für den Augustinisten Petrarca uneinsehbaren Jenseits bleibt, ist das Sagen des Faktischen und dessen Bewältigung durch Ästhetisierung.[121]

---

fillosen und klischeehaften Gesamteinschätzung der intertextuellen Konstellation, die, wie unsererseits zu konzedieren wäre, als strikt intertextuelle schwerlich adäquat zu erfassen ist („[...] in terms of the Petrarchist tradition [a phrase designed to include Machiavelli and Seneca as well as Petrarch himself] they [*Fiammetta*, *Celestina*, *Tamburlaine*] turn their attention from vertical didacticism and its static vision of man to the dynamism of human life in unending struggle" [S. 192].).

[117] Zur Vermeidung von Mißverständnissen sei gesagt, daß es oben nicht um das Nachzeichnen ‚realer' Ursache-Folge-Beziehungen geht, sondern um die Rekonstruktion einer geistigen Bedingtheit, von der der Dichter in dem Text, auf den wir uns beziehen, im *Secretum*, behauptet, sie liege seinem Schaffen zugrunde.

[118] Kessler bringt ein ganzes Inventar von Belegstellen zu ‚fortuna' in Petrarcas philosophischen Texten und Briefen, aus denen erhellt, daß dieser mit seiner Verwendung des Terminus nicht auf das ‚gezähmte', etwa bei Dante präsente, sondern auf jenes entfesselte Fortuna-Konzept referiert, das sich auch im Schlußmonolog des Pleberio der *Celestina* manifestiert und dessen theologische Affiliationen bei Petrarca durch zahlreiche einschlägige Augustin-Zitate bloßgelegt werden (*Petrarca und die Geschichte*, S. 149, mit Anm.)

[119] Dieser letztere Aspekt vor allem ist es, der Petrarcas Text auch zu einem theologischen Text macht. Folie der Position des Franciscus ist die Theologie Augustins, insbesondere die abgründige Prädestinationstheologie, die den Archi-Text des abendländischen Kontingenzbewußtseins konstituiert (s. im einzelnen Vf., „Das Schweigen der Veritas - Zur Kontingenz von Pluralisierungsprozessen in der Frührenaissance [Francesco Petrarca, *Secretum*]", in *Poetica* 23 [1991], S. 425 - 475).

[120] „Or, lasso, alzo la mano, et l'arme rendo/ a l'empia et vïolenta mia fortuna,/ che privo m'à di sí dolce speranza" (*Canz*. CCCXXXI, V. 7-9; vgl. weiterhin CCXXXIX, bes. V. 31-36, CCLIII, bes. V. 14, CCLIX, bes. V. 9, CCLXXIV, bes. V. 2 sowie CCXCVIII, bes. V. 12.).

[121] Im *Secretum* macht Petrarca diese Konsequenz seiner theologischen Reflexion explizit. Das Streben nach der gloria des Dichters ist das einzige, was unter den Bedingungen einer allmächtigen Irrationalität, der fortuna, noch sinnvoll zu tun bleibt (vgl. *Secretum*, in F. P., *Prose*, hg. von G. Martellotti, P. G. Ricci, E. Carrara und E. Bianchi, Milano/Napoli 1955, S. 21-215, hier S. 188-214). Zu diesem gedanklichen Endpunkt der Argumentation sowie zu seinem historischen Stellenwert s. S. 447 und passim unseres in Anm. 119 zitierten Titels.

Es führte in Bereiche, die zu erörtern sich gerade bei der Erörterung dieses Themas verbietet, wollte man ‚Gründe' diskutieren für einen markanten Unterschied, der zwischen der Bearbeitung des epochenkonstituierenden Syndroms einer der Verläßlichkeit beraubten Welt in der *Celestina* einerseits und in den zwei Gipfeltexten der italienischen Renaissance andererseits liegt. So sei er denn nur benannt: Formal figuriert die *Celestina* das ihr zugrundeliegende Konzept durch die chaotische, jede Ordnung durchkreuzende, man könnte sagen, ‚kontingente' Form. Sowohl der Text Boccaccios wie der Zyklus Petrarcas hingegen sind Texte von äußerster formaler Disziplin, makrostrukturell, auf der Ebene der Segmente und auch der Sprache. Insofern sie Form des Sagens sind, figurieren sie Kontingenz vermittels der Struktur der Exklusion. Die perfekt geordnete Welt des Ästhetischen ist eine kontrafaktische Welt, die ihre Gegenweltlichkeit explizit macht.[122]

III.3 Die Kontingenzerfahrung, vor deren Horizont Montaigne schreibt, ist nicht wie für Petrarca und Boccaccio an erster Stelle theologisch oder quasi-historiographisch vermittelt, sie ist unmittelbar, aber in dieser Unmittelbarkeit zugleich theologisch und philosophisch bezogen. Diese Erfahrung ist die der Glaubenskriege, welche wie nichts zuvor in der europäischen Historie die Frage nach der ‚Ordnung' der Welt stellten.[123] Als Kampf um die Durchsetzung der einen und wahren, von Gott selbst gewollten Ordnung gestatten sie in ihrem Scheitern nicht länger die Abweisung der Frage in die regna der ästhetischen Gestaltung oder der theologischen Reflexion. Der brachiale Versuch zu restaurieren, was unwiederbringlich verloren war, die erste das Handeln affizierende Antwort auf die Frage der Kontingenz, der Cartesianismus, zeichnen diejenige Epoche, die die Renaissance als die Zeit der ‚ausgehaltenen' Offenheit ablöst. Montaigne, der noch in der Zeit der Auseinandersetzungen schreibt, partizipiert weder an der einen noch der anderen dieser zwei Antworten, aber seine in der Tradition Petrarcas, Boccaccios und des Autors der *Celestina* stehende Traktierung der Problematik ist im Vergleich zu der der Vorläufer bereits insofern verschoben, als sie der Frage des Handelns nicht ausweicht, sondern sie zum Thema macht. Dieses Moment rückt die *Essais* in die Nachfolge Machiavellis. Den *Principe* aufrufen heißt indes zu sagen, was sich hinter der heiteren Gelassenheit der *Essais* verbirgt. Machiavellis Versuch,

---

[122] Was die Sammlung Boccaccios angeht, dürfte diese Einordnung kaum kontrovers sein. Was den *Canzoniere* betrifft, setzt sie voraus, daß das in dem Zyklus zitierte viator-Schema (Abwendung vom Weltlichen und Hinwendung zu Gott und Maria) nur noch zitiertes Schema ist, welches in seiner Konventionalität bloßgelegt wird. Zu einer näheren Beurteilung wäre der Stellenwert des Schemas in der gesamten mittelalterlichen, auch der populär-didaktischen Literatur zu veranschlagen, mehr aber noch die aus Petrarcas lateinischsprachigen Texten erhellende, augustinistisch reflektierte Absage an die Vorstellung eines ‚regulären' Heilsweges.

[123] Dazu „Des cannibales" (*Essais*, I, XXXI, in *Œuvres complètes de Montaigne*, hg. A. Thibaudet u. M. Rat, Paris 1962, S. 200-213, bes. S. 207f.).

Maximen des Handelns für eine als kontingent reflektierte Welt zu formulieren, mündet in einer impasse. Der *Principe* verdeutlicht im Scheitern seines Anspruchs, was in den kunstmetaphysischen ‚Lösungen' der zwei Zeitgenossen impliziert ist: daß es unter den Bedingungen der Kontingenz keine Antwort auf die Frage des Handelns gibt. Es wäre nicht die abwegigste der denkbaren Lektüren, den Text nicht als Ausweis rationalistischer Illusionsverhangenheit des Autors, sondern als Inszenierung eben dieses Konstats aufzufassen.[124] Der Zynismus, den eine moralisierende Kritik ihm bis auf den heutigen Tag anlastet, wäre aus dieser Sicht nicht Resultat eines dezisionistischen Akts, sondern des Faktums, daß einem animal rationale, welches sich des Terrains beraubt sieht, auf dem sich seine Rationalität handelnd umsetzen kann, keine Alternative bleibt, als die andere Seite seines Wesens zu leben, welche Machiavelli in Replik auf die aristotelisch-thomistische Sündenordnung denn auch nicht anders benennt als derjenige, der einige Jahrhunderte später und aus möglicherweise ähnlichen Voraussetzungen heraus das Konzept eines der Vernunft entledigten Menschen reflektiert: die der ‚Bestie'.[125]

Die logische, nicht aber die anthropologische Lektion, die aus dem *Principe* resultiert, steht konzeptuell am Ursprung der *Essais*, und sie ist eigentliches Thema jedes einzelnen *Essai*.[126] Obwohl sich der Text auf diese Weise in die Tradition der praktischen Philosophie einreiht, hat die in späterer Zeit erfolgende Aufnahme in die literarische Reihe, die manch einem prä-modernen Text

---

[124] S. dazu v. a. Kap. XXV („Quantum Fortuna in rebus humanis possit, et quomodo illi sit occurrendum"). Die überschaubare Forschung deutet die gänzlich widersprüchlichen Handlungsanweisungen, die dort für den Umgang mit der launischen Fortuna gegeben werden (man müsse sich dem Lauf der Dinge geschmeidig anpassen/ man müsse den Lauf der Dinge machtvoll gestalten; man müsse die Grenzen der virtù respektieren/ man müsse sie entschlossen überschreiten) als Indiz eines ‚Schwankens' des Autors.

[125] S. Kap. XVIII; zur bei Dante in Dienst genommenen aristotelischen Kategorie der ‚bestialitade' s. *Inf.* XI, passim, bes. 79-90. Machiavellis Wortgebrauch ist insofern dem scholastischen Kontext verbunden, als er auf punktuelle Aktionen von besonderer Grausamkeit abhebt. Gleichwohl ist der von uns hergestellte Konnex zu Nietzsche mehr als ein Spiel mit dem Signifikanten. In der Tat scheint, was Machiavelli nicht nur an dieser Stelle, sondern in dem gesamten Traktat zum (einzigen) orientierunggebenden Wert proklamiert, nichts anderes als jener ‚Wille zur Macht' zu sein, den später Nietzsche mit der provokativen Chiffre von der ‚blonden Bestie' als dem idealen Menschen faßte.

[126] Gewiß ist die ungleich größere Sympathie, auf die Montaignes Text, verglichen mit dem Machiavellis, seit jeher bei den Lesern gestoßen ist, nicht zuletzt durch diese eben nur partielle und bewußt partielle Rezeption des *Principe* bedingt. Voraussetzungslos ist diese Partialität nicht, weder, was den Text, noch, was das im Text stilisierte ‚Leben' des Autors angeht. Ein serenes Bild einer kontingenten Welt entwerfen zu können, setzt den Rückzug von der Welt und die Reduktion auf die vita contemplativa voraus, d. h. ein Lebensmodell, welches, insofern klassisch nominalistisch, ohne jede ‚allgemeine' Relevanz ist. - Welche Konsequenzen das von Montaigne entworfene Weltmodell hat, wenn man sich nicht, wie der Autor der *Essais*, der Frage der praktischen Philosophie verweigert, hat im 20. Jahrhundert Juan Carlos Onetti in einer Kurzgeschichte gezeigt, der er den Titel „Montaigne" gegeben hat (in *Cuentos completos*, Buenos Aires/México, D. F. 1994, S. 445-451). Die Erzählung allegorisiert jene nunmehr allerdings auf einen zynischen Gipfel getriebene A-Moralität, die auch das Handeln der Figuren der *Celestina* reguliert.

mit pragmatischer Intention widerfuhr, selten einmal so sehr Recht wie in diesem Fall. Es ist der eigentliche Effekt der *Essais*, die in dieser Zeit unabweisbare Frage nach dem Handeln zum Gegenstand zu machen und gleichzeitig zu sagen, daß es darauf keine andere Antwort gibt, als sie zum Gegenstand zu machen. Dies wiederum erzwingt die Ästhetisierung des Diskurses. Montaignes *Essais* sind kein handlungstheoretischer Text, sie sind ein ästhetischer Text, und sie bekräftigen in diesem provokativen Auseinanderfallen von Anspruch und Einlösung jene Antwort auf die Frage der Kontingenz, die am Beginn der Epoche bereits Petrarca gegeben hatte.

IV

IV.1 Die Geschichte des Kontingenzbewußtseins erweckt auf den ersten Blick den Anschein eines kontinuierlichen Fortschreitens. Bei näherer Betrachtung erweist sie sich als Historie in zwei Phasen, deren zweite bereits in der Spätantike beginnt und die sich von dann an als Geschichte immer neuer und stets fehlschlagender Zähmungsversuche darstellt. Der hier in den Mittelpunkt gestellte literarische Text gewinnt seinen transhistorischen Belang nicht zuletzt dadurch, daß er als énonciation eines Moments begriffen werden kann, in dem erstmals bewußt wurde, daß ein solcher Zähmungsversuch an das Ende seiner Möglichkeiten gelangt war.

Alle bekannten Versuche, der Welt eine Ordnung aufzuerlegen - Welt in Rede zu überführen -, implizieren das komplementäre Konzept, das später den Namen ,Kontingenz' erhält. Wie die entsprechende Vorstellung in früher Zeit beschaffen war, verdeutlicht sich mit dem ersten Zeugnis des Aufstiegs dessen, was nicht notwendig ist, zum Status des Konzepts, mit dem aristotelischen Begriff des endechomenon.[127] Die weitgehende Synonymität mit der Kategorie des Möglichen (dynaton) deutet bereits auf ein Moment, das im 13. Kapitel von *peri hermeneias* denn auch explizit gemacht wird: Das endechomenon ist limitiert durch die Grenze zu demjenigen, das Aristoteles das ,Unmögliche' (adynaton) nennt.[128] Wie auch im 24. und 25. Kapitel der *Poetik*[129] zeigt sich

[127] Der mythische Name der Vorstellung ist bekanntlich ,Tyche'; nicht diskutiert werden soll hier die weithin akzeptierte Annahme, schon bei Euripides steige Tyche zu zentraler Bedeutung auf und substituiere gewissermaßen den alten, sinnerfüllten polytheistischen Götterhimmel (vgl. W. Jäger, „Euripides und seine Zeit", in ders., *Paideia - Die Formung des griechischen Menschen*, 3 Bde., Berlin ³1954-1959, Bd. 1, S. 419-449). Allerdings sei verwiesen auf unsere oben formulierten Sätze zum Tragischen. Es gibt generische Zwänge. Ob Genera Reflexe von Weltmodellen sind oder, soweit weltmodellierend, polyfungible Strukturmuster, deren Entstehen dementsprechend sich auch anderen als weltmodellierenden Transformationen verdanken kann, wird immer kontrovers bleiben.

[128] *peri hermeneias* 22b (s. auch 19a).

[129] S. auch die noch striktere Verpflichtung der Dichtung auf das ,Wahrscheinliche' bzw. auf das

hier ein Grundgestus des Umgangs mit dem Möglichen, der für die pagane Phase der abendländischen Reflexion paradigmatisch zu sein scheint. So wie Aristoteles dort ‚Dinge, die sich gegen die Wahrscheinlichkeit ereignen‘, fallweise zuläßt, sie aber als Elemente eines umfassend verstandenen Wahrscheinlichen bzw. Allgemeinen begreift und damit ihren irritierenden Status wieder suspendiert,[130] limitiert er die Diskussion der Kategorie des Möglichen, und zwar zum einen dadurch, daß er dasjenige, was möglich, aber nicht-notwendig ist, als, sei es statistisch, sei es qualitativ weniger erheblich bezeichnet und zum zweiten, indem er einen Bereich, den er mit dem Terminus des ‚Unmöglichen‘ bezeichnet, ganz ausschließt.[131] Wie in der später topischen Geschichte vom vergrabenen Schatz paradigmatisch deutlich wird,[132] ist das aristotelisch Kontingente das seltene Produkt eines belangvollen (‚finalen‘[133]) Interferierens zweier verschiedener Kausalketten in einer in toto geordneten und nach stabilen Gesetzen funktionierenden Welt,[134] die die Existenz eines so verstandenen

---

der ‚Notwendigkeit‘ Entsprechende und die explizite Abwertung des ‚Zufalls‘ als Ressource der Motivierung in dem der Tragödie gewidmeten Teil der *Poetik* (hier Kap. 9).

130 „(...) es ist ja wahrscheinlich, daß sich manches auch gegen die Wahrscheinlichkeit abspielt“ (Kap. 25; 1461b). Die in Kap. 24f. vorgetragenen lavierenden, z.T. offen widersprüchlichen Einlassungen zur Zulassung des adynaton in der (epischen) Dichtkunst binden das Unmögliche an die Kategorie des Glaubwürdigen (pithanon). Dies ist Folge der konsequent wirkungsästhetischen Argumentation. Die ‚Erfordernisse der Dichtung‘, näherhin die ‚bestmögliche‘ Einlösung der von der Dichtung herbeizuführenden Effekte, führen zwar zur Zulassung des in der philosophischen Argumentation ausgegrenzten Unmöglichen, doch die Rückbindung an das pithanon wiederum limitiert das zugelassene Unmögliche auf jenen Möglichkeitshorizont, der in den philosophischen Texten theoretisch gefaßt ist.

131 S. dazu nochmals *peri hermeneias,* 19a - 22b sowie *Phys.* 197a und v.a. auch *Rhetorik,* 1369a 32-1369b 7. - Die erste ausführliche Erörterung des Kontingenz-Problems in christlicher Zeit bleibt zunächst dem Aristotelischen Konzept verbunden (Boethius, *In Topica Ciceronis commentariorum libri sex*, in *Patrologia latina*, Bd. 64, Sp. 1039-1174, Buch V [„Casum igitur ac fortuitos eventus in his esse ponimus, quae cum rarius fiant, in his tamen per accidens eveniunt, quae propter aliquid fiunt“ (Sp. 1153).]); das Aristotelische Schulbeispiel vom Auffinden des von einem anderen verborgenen Schatzes wird referiert in *De consolatione philosophiae libri quinque*, Buch V, Prosa 1 (in *Patrologia latina*, Bd. 63, Sp. 579-870, hier Sp. 831f.). Andererseits findet sich bei Boethius auch schon jene Vorstellung einer dichotomen Weltordnung, die für alle christliche Reflexion über Kontingenz typisch zu sein scheint: Gott selbst habe die Welt willentlich unter den multiplex modus gestellt. Das Instrument zur Bewerkstelligung dieser, man würde heute sagen, chaotischen Geordnetheit, die sich herstellt über die Dichotomie von creatio einerseits, Zeitlichkeit (Bewegtheit, motio, Gott als ‚unbewegt‘) andererseits, ist der casus. Insofern ist schon bei Boethius ‚Kontingenz‘ immer der Name, den die in der Zeitlichkeit Stehenden, die Menschen, jenen Manifestationen der kosmischen Ordnung geben, die sie als solche nicht zu erkennen vermögen. Wenn die Fortuna als ‚Unglück‘ erscheint, so nur, weil der Betroffene (noch) nicht sieht, zu welchem ‚guten‘ Zweck ihm das Unglück geschickt wurde (s. bes. Buch IV, Prosa 6 sowie *In librum Aristotelis De interpretatione libri sex*, in *Patrologia latina*, Bd. 64, Sp. 394-640, bes. Buch III [Sp. 487-518]).

132 *Met.* 1025a.

133 Dazu auch *Phys.* 196b-197a, und im einzelnen Bubner, der das belanglose Kontingente vom belangvollen („wo der Zufall Einfluß auf unser Leben nimmt“) trennt, indem er als Kriterium des letzteren die „Als-ob-Zweckmässigkeit“ ansetzt (dser. Bd., S. 8ff.).

134 S. dazu nochmals die in Anm. 131 zitierte Stelle aus der *Rhetorik*.

Kontingenten voraussetzt, insofern es allein dies ist, was sie von einem Kosmos automatengleicher Notwendigkeit trennt. - Der Ort des Kontingenten bei Aristoteles ist die praktische Philosophie. Insofern erst prinzipielle Offenheit der Möglichkeiten dem Konzept ‚Handeln' einen Spielraum eröffnet, insofern ‚Handeln' wiederum der Rede von ‚Verantwortung' und damit der ‚Ethik' erst den Sinn verleiht, ist der Stellenwert des endechomenon in der aristotelischen Philosophie zentral. Das Zufällige jedoch im engeren Sinne, das einen intentional gesetzten Handlungssinn durchkreuzt, ist eher logisch unvermeidliches Bei-Produkt des Konzepts Handlung als Auswahl von Möglichkeiten. Seine Einordnung als ‚selten' indiziert, daß das so verstandene Kontingente nicht als Problem bilanziert wird. Dies wiederum wird verständlich, wenn man einbezieht, daß das endechomenon keinen Stellenwert hat in der aristotelischen Kosmologie. Die Vorstellung einer völlig anderen als der gegebenen Welt oder einer Welt, in der es keine Verläßlichkeit gibt, ist diesem Denken fremd.[135]

IV.2 Die Ablösung des antiken Konzepts eines ewigen und stabilen Kosmos durch das einer endlichen und von einer Schöpferinstanz abhängigen Welt induziert eine Explosion der Vorstellungen dessen, was ‚auch anders sein könnte', welche schließlich alle Ebenen der Weltmodellierung erfaßt.[136] Die Polemik gegen die Fortuna, die mit Laktanz beginnt und noch bei Augustinus nachwirkt, ist dabei ein vordergründiges Moment. Sie zielt auf die Vorstellung einer autonomen Kontingenz, über der sich kein höherer Sinn wölbt,[137] und sie täuscht darüber hinweg, daß die bei Paulus einsetzende und bei Augustinus auf einen Gipfel geführte ‚Übersetzung' der Vorstellung eines einzigen Gottes in die rationale Rede[138] eine bis dahin nicht denkbare Revalorisierung des Kon-

---

[135] Das obige nach dem bereits zitierten Beitrag von Bubner in diesem Band (s. o., Anm. 28). Zur Differenzierung der Aristotelischen und der christlichen Gottes-Vorstellung s. H. Blumenberg, Art. ‚Kontingenz', in K. Galling u. a. (Hgg.), *Die Religion in Geschichte und Gegenwart*, 6 Bde., Tübingen ^{3}1957-1962, Bd. 3, Sp. 1793f. Zu den grundlegenden Differenzen der antiken und der christlich-modernen Rede von der Kontingenz der Welt s. auch die Abschnitte I. und II. des Beitrags von Franz Josef Wetz in diesem Band („Notwendigkeit der Welt" und „Christlich-metaphysische Kontingenz"; zur näheren Profilierung der von Wetz im speziellen diskutierten Frage s. o., Anm. 28; ohne dies hier ausführen zu wollen und nur unter Verweis auf die oben unter I. nachgezeichnete Diskussion vom Ende des 13. Jahrhunderts sei gesagt, daß die Auffassung des Kosmos als notwendig [antik-pagan] oder aber als kontingent [christlich] nicht ohne Konsequenzen bleibt für die Modellierung und Valorisierung des handlungsweltlich Kontingenten). Schließlich ist, was die Unterschiede zwischen antiker und christlicher Auffassung des Kontingenten angeht, zu verweisen auf S. 65ff. des Beitrags von Michael Makropoulos.

[136] Makropoulos bringt in seinem Beitrag für diesen Band den Unterschied auf die Formel ‚finiter Möglichkeitshorizont' (paganes Kosmoskonzept) vs. ‚Fiktionalisierung des Möglichkeitshorizonts' (christlicher Kreationismus [dser. Bd., S. 62f.]).

[137] Zu Laktanz s. *Divinarum institutionum libri*, hier Buch III (*De falsa sapientia philosophorum*), Kap. XXVIII - XXX (in *Patrologia latina*, Bd. 6, Sp. 111-822, hier Sp. 436-446). Zu Augustinus vgl. *De civitate Dei*, IV, 18 und *De libero arbitrio*, 3, 2 (4-5).

[138] Es sprengt den Rahmen dieses Papiers, zu diskutieren, was sich hier aufdrängt, nämlich, ob die scheiternde, gedanklich aber gerade in diesem Scheitern produktive Fusionierung von Ratio

tingenz-Konzepts erzwingt. Das die series causarum bezeichnende Konzept heißt bei Augustinus Providenz oder Präszienz.[139] Aber die ubiquitäre Akzentuierung der göttlichen Allmacht,[140] die den Orgelpunkt seiner Theologie darstellt und die immer ein Wirken meint, das sich menschlichem Begreifen entzieht, impliziert, was hier unausgesprochen bleibt: daß Providenz sich menschlicherseits nur manifestieren kann als Kontingenz.[141]

In christlicher Zeit steigt das Kontingente vom Status einer Restmenge eines wohlgeordneten Weltzusammenhangs (‚Kosmos') zum eigentlichen diachronen Seinsprinzip einer Welt auf, welche einem Willen untersteht, dessen Akte

---

und Monotheismus, die sich in der Spätantike entwickelt, ein ‚kontingentes' Produkt des Zusammenpralls zweier distinkter Traditionsstränge ist, oder ob der Monotheismus als solcher nicht bereits eine einsame Rationalisierungsstufe des Konzepts ‚anthropomorphe Transzendenz' darstellt, die weitergehende Rationalisierungsversuche gewissermaßen auf sich zieht.

[139] Nichts ist dieser Providenz entzogen: „Nullo modo est credendus regna hominum eorumque dominationes et servitutes a suae providentiae legibus alienas esse voluisse" (*De civitate Dei,* V, 11). Alles, was sich gegen unseren Willen ereignet, ist providentiell: „Quidquid ergo hic accidit contra voluntatem nostram, noveritis non accidere nisi de voluntate Dei, de providentia ipsius, de ordine ipsius, de nutu ipsius, de legibus ipsius" (*Enarrationes in Psalmos,* CXLVIII, 12). Ein Fatum, unabhängig von der Providenz, gibt es nicht (*De civitate Dei,* V, 1). Was die Stoiker ‚fatum' nennen, das Prinzip der Necessität, akzeptiert Augustinus, insofern es nichts anderes sei als ein ‚falscher' Name für den Willen Gottes (*De civitate Dei,* V, 8; dementsprechend auch die etymologische Identifizierung von Fatum und logos: „ut fatum a fando dictum intellegamus, id est a loquendo" [V, 9].). Einen Bereich des von der göttlichen Providenz nicht Geordneten gibt es nicht („[...] qui optime et veracissime creditur et cuncta scire antequam fiant, et nihil inordinatum relinquere" [*De civitate Dei,* V, 8].). Wer daran zweifelt, ist ‚verabscheuenswürdig': „Quod vero negat ordinem omnium causarum esse certissimum et Dei praescientiae notissimum, plus eum quam Stoici detestamur" (*De civitate Dei,* V, 9). Der freie Wille steht der Präszienz nicht entgegen, er ist vielmehr nichts anderes als ein Bestandteil des von Gott gesetzten und für alle Zeiten gewußten ordo causarum: „et ipsae quippe nostrae voluntates in causarum ordine sunt, qui certus est Deo eiusque praescientia continetur, quoniam et humanae voluntates humanorum operum causae sunt" (*De civitate Dei,* V, 9). Auch die bona temporalia, die man gemeinhin der distributiven Macht der Fortuna überantwortet sah, werden für Augustinus allein von Gott selbst verteilt (*De civitate Dei,* V, 11 und 12).

[140] Dazu auch der Syllogismus, mit dessen Hilfe Augustinus, ausgehend von seiner monotheistischen Prämisse, die logische Unmöglichkeit des ‚autonomen' Kontingenten demonstriert: „Si (...) casu aliqua fiunt in mundo, non providentia universus mundus administratur. Si non providentia universus mundus administratur, est aliqua natura atque substantia quae ad opus providentiae non pertineat. Omne autem quod est, in quantum est, bonum est. Summe enim est illud bonum, cuius participatione sunt bona caetera. Et omne quod mutabile est, non per se ipsum, sed immutabilis boni participatione, in quantum est, bonum est. Porro illud bonum, cuius participatione sunt bona caetera quantumcumque sunt, non per aliud, sed per se ipsum bonum est, quam divinam etiam providentiam vocamus. Nihil igitur casu fit in mundo" (*De diversis quaestionibus*, XXIV).

[141] „Nos enim eas causas, quae dicuntur fortuitae, unde etiam fortuna nomen accepit, non esse dicimus nullas, sed latentes" (*De civitate Dei,* V, 9; s. auch V, 8 die Identifizierung des Fatums [„omnium conexio seriesque causarum"] mit der „Dei summi voluntas" selbst). - Blumenberg isoliert die Präsenz der Vorstellung einer kontingenten Welt in dem „quia voluit", das in *De Genesi contra Manicheum* auf die Frage nach dem Warum der Schöpfung ergeht (I, 2, 4; vgl. Art. ‚Kontingenz', Sp. 1794). Soweit überschaubar, scheint Augustinus, vielleicht nicht zuletzt aus Gründen, über die die Folgen der scholastischen Augustinus-Rezeption seit Ockham Aufschluß geben könnten, den Gedanken der Kontingenz nicht des Schöpfungsakts, sondern des

absolut und d.h. nicht konzeptuell reduzierbar sind.[142] Der Augustinische Mono-Theos ist erfahrbar, konzeptualisierbar einzig in den Kategorien der Differenz.[143] Dementsprechend ist die Augustinische Theologie über ihren Basis-Satz hinaus weitgehend (nur) Rhetorik. Gleichwohl ist für Augustinus Theologie nicht Ästhetik. Aus der Prämisse, daß es einen und nur einen Gott gibt, folgt das Konzept der ,veritas incommutabilis'[144], daraus wiederum die Zurückweisung des theoretischen Relativismus der paganen Tradition.[145] Was sich hinter dieser Duplizität verbirgt, ist eine Position metaphysischer Ironie: Die ,eine und auf immer mit sich identische Wahrheit' ist, sie ist aber dem Menschen verborgen. Ungeachtet dessen ist er dadurch auf ewig gerichtet, daß er vermag oder aber nicht vermag, sein Handeln dieser Wahrheit zu konformieren.

Die anthropologische Dimension seines Monotheismus hat Augustinus nur mit Bezug auf die eigene Person formuliert. Die *Confessiones* sind das Dokument der ,begnadeten' Auflösung aller Paradoxa. In der Qualifizierung derer, für die dieses Modell ohne Relevanz ist, als der Überzahl (,massa'), in der Literarisierung seiner Bekehrung als Wunder, hat er die begrenzte Repräsentativität des von ihm entworfenen Paradigmas zugestanden. - Wenn siebenhundert Jahre später und in Ansehung der Problematik des Versuchs, die dem Augustinismus innewohnende A-Katholizität zu verbergen, die Frage gestellt wird, was ,Monotheismus' nicht für die electi, sondern für die massa damnata bedeu-

Geschaffenen, der Welt und der Menschen, näherhin, ihres Lebenswegs, nur narrativ entwickelt zu haben (s. v.a. *Confessiones*, Buch 6-13).

142 S. dazu auch R. Herzog, „Partikulare Prädestination: Anfang und Ende einer Ich-Figuration. Thesen zu den Folgen eines augustinischen Theologoumenon", in M. Frank/A. Haverkamp (Hgg.), *Individualität* (Poetik und Hermeneutik XIII), München 1988, S. 101-105.

143 Vgl. dazu auch J. Derridas Qualifizierung seines Systems als ,negative Theologie'. Obwohl Derrida bestreitet, daß man als anderen Namen der différance ,Gott' einsetzen könne, sind die begrifflichen Einkreisungen der différance, die er vorträgt, Reaktivierungen der Standard-Formeln eines dezidierten (vs. etwa thomistischen) Monotheismus (s. „La différance", in *Théorie d'ensemble*, Paris 1968, S. 41-66; Zitate S. 44 und S. 65f.; zu unserer Behauptung s. insbes. S. 58 und S. 65f.). - Augustinus steckt mit seiner im Zeichen des Paradox stehenden Rede über Gott die eine der zwei Möglichkeiten monotheistischer Gotteserfahrung ab. Die andere Variante ist der Weg der Mystik, das Sagen von Unsagbarkeit und die Metaphorisierung ,direkter' Erfahrung. Beide Modi sind Register der Irrationalität, der eine indes Irrationalität im Rahmen des rationalen (oppositiven) Systems der Sprache (Differenz), der andere Irrationalität ,jenseits' von Sprache (Metapher). - In einer Studie mit Titel *„Ut rebus sint verba* - Überlegungen zu einer Poetik des Wunderbaren im Mittelalter" hat Christel Meier anhand von Johannes Scottus Eriugena gezeigt, zu welchen Problemen die von uns als Augustinisch begriffene Übersetzung einer ,differentiellen' Symbolisierung des Monotheos in die poetische Rede führt: Die *„supereminentia"* wird bei der Überführung in Konkretion notwendig zu etwas, das differentiell auf das für die Mimesis der diesseitigen Welt obligate *aptum* repliziert. In der Verbalisierung führt dies zum „Vorrang des Häßlichen und Monströsen" (in Dietrich Schmidtke [Hg.], *Das Wunderbare in der mittelalterlichen Literatur*, Göppingen 1994, S. 37-83, hier S. 53f.).

144 *De libero arbitrio*, 2, 12 (33); gleichlautend passim in den Schriften des Kirchenvaters.

145 Dazu *Contra academicos*, bes. Buch III.

tet, sind mit der resultierenden Welt- und Heilsungewißheit die Bedingungen für den Sprung in die Selbstbehauptung gegeben. - Dazwischen liegt der Versuch, im Rekurs auf das Aristotelische System den dem Augustinischen Monotheismus eingeschriebenen Irrationalismus zu domestizieren.

Dieser Versuch ist gebunden an den Namen Thomas von Aquins. Um das Konzept einer dem Menschen zugänglichen Ordnung der Welt zu retten, muß Thomas die Kontingenz (casus und fortuna) explizit in das Gebäude christlicher Theologie[146] integrieren. Die einer ‚meritorischen', allgemeinen Gnadenlehre gefährlichen Implikate dieses Konzepts vermochte er nur um den Preis zu entschärfen, jenes Welt- und Gottvertrauen, das an der Evidenz des Faktischen immer wieder scheitert, vermittels des Gedankens einer divina providentia zu restituieren, die zwar im Prinzip ‚frei'[147], aktuell aber an eine selbstgesetzte, sodann verbindlich geoffenbarte Ordnung gebunden ist,[148] in deren Rahmen der Mensch vermittels der gottebenbildlichen ratio diesseitig und jenseitig hinreichende Orientierung gewinnen kann.[149] Im Register der praktischen Philosophie (Moraltheologie) begegnet die Kontingenz bei Thomas nur unter dem aristotelischen Vorzeichen geringer Erheblichkeit oder aber als Situation, die zugleich Ausnahme- und Gnadensituation ist (‚Prüfung'/‚tribulatio'[150]), d. h. in

---

[146] *Summa contra gentiles*, III, 72-102 (in 86, n. 10 und 11 das Referat von Aristoteles' Definition des Kontingenten als eines belangvollen Akzidentellen). Zu den aristotelischen Affiliationen von Thomas' Theorie des Kontingenten s. bes. *In libros Perihermeneias*, I, 13, n. 8 - 9.

[147] Dazu *Summa contra gentiles*, III, 72.

[148] S. *Summa contra gentiles*, III, 74 (dort das Aristotelische Argument der ‚Seltenheit' des Kontingenten); weitere zentrale Stellen bei Thomas: *In libros Physicorum*, II, 4-10 (bes. 8).

[149] Es bedarf kaum der Erwähnung, daß Thomas als christlicher Theologe passim die Freiheit des göttlichen Willens hervorhebt, der so frei sei, daß er sich jedem menschlichen Begreifen entzieht (u. a. *In libros Perihermeneias*, I, 14, n. 18). Systemprägend, d.h. charakteristisch für das Thomistische System als spezifische Variante des christlichen Monotheismus, sind dann die Sätze, die mit Verweis auf das von Gott in der Schöpfung Gesetzte diese Freiheit limitieren. So ist die Gottebenbildlichkeit der pars rationalis Grund dafür, daß die Seele zum Guten (Göttlichen) strebt (usw.). Der Weg von diesem Gedanken bis zu den Auswüchsen des Theorems der Werkgerechtigkeit, die später die Reformatoren inkriminierten, scheint weit, de facto ist das letztere Implikat des ersteren. Gibt es einen potentiell immer offenstehenden Weg zu Gott, muß dieser Weg auch für alle (für alle renati) immer und unter allen Umständen zu beschreiten sein.

[150] Zum Konzept der tribulatio im oben ausgeführten Sinne s. *In quattuor libros sententiarum*, lib. IV, dist. 15, art. 7 c, ex.. Die christliche Theologie bezieht die Vorstellung des Übels als Prüfung aus der Geschichte von Hiob. Allerdings sind damit auch schon die Grenzen der Indienstnahme des Konzepts für christliche Zwecke benannt. Die alttestamentliche Geschichte enthält gerade in ihrer Märchenhaftigkeit den Hinweis auf das, was unabdingbar ist, um auf Dauer zu einem Mono-Theos beten zu können: Dieser muß sich innerweltlich so manifestieren, daß zumindest zeitweise und für seine Anhänger die Kontingenz als in einer höheren Ordnung aufgehoben sinnfällig wird (‚lack liquidated'). Die spätere jüdische Verkündigung hat im Unterschied zur christlichen dieses entscheidende Moment der Hiob-Geschichte bewahrt und gewissermaßen nur das Register gewechselt (archaisch/theologisch). Der Gedanke des Messias allegorisiert in Form eines Versprechens die jederzeit mögliche Überführung von Kontingenz in diesseitige, erfahrbare Ordnung. Das christliche Konzept der Prüfung muß alle Kompensationserwartungen in den Bereich des Nicht-Erfahrbaren verweisen.

dezidierter Opposition zu jener Ubiquität und Sinnlosigkeit[151], die ihr im System eines ‚für alle' reflektierten Augustinismus zukommt.

In den ontologischen quaestiones der *Theologischen Summe* indes transformiert sich der Satz von der Seltenheit des Kontingenten zu der Feststellung, daß es ein absolut Kontingentes nicht geben könne. Alles Kontingente hat immer noch etwas in sich Notwendiges.[152] Die Begründung des Gedankens zeigt, daß sich hinter dieser Transformation anderes als eine quantitative Involution verbirgt: Es ist nicht der ordo des Kosmos, der als Gewährsinstanz für die Behauptung geringfügiger Relevanz des Kontingenten einsteht, es ist die Existenz der prima causa selbst, die ausschließt, daß es so etwas wie ‚Kontingenz' überhaupt geben kann.[153]

Letztlich ist Thomas also nicht weniger als Augustinus gehalten zu sagen, daß es aus Sicht des Monotheos einzig perfekte Geordnetheit gibt, Präszienz, die aus der Freiheit Gottes von der Zeitlichkeit erwächst.[154] Aus menschlicher Sicht hingegen weist die Schöpfung jene ‚grobe', vom Interferieren der Kontingenz gezeichnete, gleichwohl zureichende Geordnetheit auf, die ihr bereits der philosophus zugeschrieben hatte, und die Thomas ‚Kausalität' nennt, eine Kategorie, die an das post hoc der Zeit gebunden ist, die von daher immer schon von Unvollkommenheit affiziert ist und deren Gott konsequenterweise gar nicht bedarf.[155]

Keine prinzipielle Distanz trennt schließlich diesen Entwurf vom Fazit des Augustinus, die Welt sei aus menschlicher Sicht Un-Ordnung, Chaos, civitas diaboli. Thomas' Aristotelischer Rationalismus verdeckt nur, daß es auch aus seiner Sicht die zwei genannten Register der Geordnetheit gibt und geben muß. Ist aber jene hinreichende Geordnetheit, die Thomas aus Aristoteles entlehnt, nicht, wie bei jenem, das ‚wahre', sondern nur das scheinhafte, aus Sicht des erbsündigen Wesens sich darbietende Prinzip der Welt, und gibt es darüber hinaus eine striktere, ja, die striktest denkbare wahre Ordnung,[156] bleibt dem

---

[151] Bezogen natürlich auf die menschliche und innerweltliche Sicht.

[152] Vgl. *Summa theologiae,* I^{a}, qu. 86, ar. 3, co.

[153] „(...) non enim potest eius scientia falli; et ita ea quae ipse scit, videtur quod necesse sit evenire (...) voluntas enim dei inefficax esse non potest; videtur ergo quod omnia quae vult, ex necessitate eveniant" (*In libros Perihermeneias,* I, 14, n. 17). „Quod praeter ordinem alicuius particularis causae, aliquis effectus evenire potest; non autem praeter ordinem causae universalis. (...) impossibile est quod aliquid contingat praeter ordinem divinae gubernationis" (*Summa theologiae,* I^{a}, qu. 103, 7, co).

[154] „Sed deus est omnino extra ordinem temporis, quasi in arce aeternitatis constitutus, quae est tota simul, cui subiacet totus temporis decursus secundum unum et simplicem eius intuitum" (*In libros Perihermeneias,* I, 14, n. 20)

[155] Vgl. insgesamt *In libros Perihermeneias,* I, 14, n. 19 - 22 sowie *Summa theologiae,* I^{a}, qu. 116, bes. ar. 2-4.

[156] Der bei Albertus Magnus angerissene Gedanke, daß es im Hinblick auf die Distribution der irdischen Güter ‚autonome' Instanzen gebe, deren Wirken insofern eine, und sei es eine geringe Marge authentischer Kontingenz im Weltzusammenhang konstituierte, wird bei Thomas zurückgewiesen. Die fortuitas ist allein dem Monotheos reserviert, alle anderen, niedrigeren

Menschen nur Fatalismus. ‚Providenz' ist auch hier der ‚rechte' Name dessen, was man gemeinhin Fatum nennt.[157] Der Versuch einer behelfsweisen Rationalisierung des Monotheismus mündet wieder ein in das Augustinische Konzept.[158]

IV.3 Schon vor der theoretischen Abfertigung des Thomismus, die mit dem Jahr 1277 beginnt, ist also in Thomas' System selbst jener Bruch unverkennbar, der paganen Rationalismus und christlichen Monotheismus trennt, und in der literarischen Rezeption des Thomismus, etwa bei Dante, wird dieser bei Thomas uneingestandene Bruch explizit.[159] Wenn jeder Versuch, menschlicherseits

causae sind bedingte und partizipieren nicht an der Freiheit der Beliebigkeit („Sic ergo huiusmodi fortuiti eventus, reducti in causam divinam, amittunt rationem fortuiti; reducti vero in causam caelestem, nequaquam" [*Summa contra gentiles,* III, 92].).

[157] Fatum ist nur der falsche, tendenziell polytheistische Name für die göttliche Präszienz bzw. Providenz („Quidam vero ea [quae per accidens contingunt] in aliquas altiores causas reducere sunt conati, ex quibus cum quadam dispositione ordinate procedant. Et hi fatum posuerunt: quasi ea quae videntur a casu contingere, sint ab aliquo effata, sive praelocuta, et praeordinata ut essent" [*Summa contra gentiles,* III, 93].); noch akzentuierter dann in *Summa theologiae,* I[a], qu. 116, ar. 1, co. („[...] inquantum omnia quae hic aguntur, divinae providentiae subduntur, tanquam per eam praeordinata et quasi praelocuta, fatum ponere possumus.") sowie in I[a], qu. 116, ar. 2 („[...] divina providentia per causas medias suos effectus exequitur. Potest ergo ipsa ordinatio effectuum dupliciter considerari. Uno modo, secundum quod est in ipso Deo: et sic ipsa ordinatio effectuum vocatur providentia. Secundum vero quod praedicta ordinatio consideratur in mediis causis a Deo ordinatis ad aliquos effectus producendos, sic habet rationem fati.").

[158] Es sei hier nur kurz auf die Augustinische Parallele der in Anm. 157 zitierten Stellen bei Thomas verwiesen: „(...) et ea fatalia, quae praeter Dei et hominum voluntatem cuiusdam ordinis necessitate contingunt. Prorsus divina providentia regna constituuntur humana" (*De civitate Dei,* V, 1). Für die Unvermeidlichkeit des Arguments, sobald eine monotheistische Prämisse gilt, spricht weiterhin, daß auch der aus anderen Kontexten heraus als vor ihm Augustinus und nach ihm Thomas argumentierende Boethius in seiner Beschreibung der Kontingenz zu den nämlichen Gleichsetzungen kommt („Qui modus cum in ipsa divinae intelligentiae puritate conspicitur, providentia nominatur; cum vero ad ea quae movet atque disponit refertur, fatum a veteribus appellatum est. [...] ut haec temporalis ordinis explicatio, in divinae mentis adunata prospectu, providentia sit; eadem vero adunatio digesta atque explicata temporibus fatum vocetur" [*De consolatione Philosophiae*, Buch IV, Prosa 6 (zit. Ausgabe Sp. 814f.)].).

[159] Dantes *Commedia* gewinnt als moraltheologisches Lehrgedicht Sinnhaftigkeit einzig unter der Prämisse einer Welt-Ordnung der Art, wie sie etwa in der *Celestina* dementiert ist. Gleichwohl sieht sich der poeta theologus Dante dort, wo er das Seinsprinzip des Geschaffenen in dogmatischer Rede erläutert, gehalten, explizit zu machen, was die gegebene Realität monotheistisch gesehen ist: Kontingenz. Die betreffende Rede ist dem Thomas selbst in den Mund gelegt. („Quindi discende [sc. quella viva luce als Metapher der potentia Dei] all'ultime potenze/ giù d'atto in atto, tanto divenendo,/ che più non fa che brevi contingenze;/ e queste contingenze essere intendo/ le cose generate, che produce/ con seme e sanza seme il ciel movendo" [*Par.* XIII, 61-66].); für die unaufhebbare Widersprüchlichkeit der thomistischen Modellierung des Verhältnisses von Welt und Gott vgl. auch XVII, 37-45, wo nochmals *alles* Irdische mit dem Term ‚la contingenza' gefaßt wird, allerdings mit dem orthodox-thomistischen Vorbehalt, daß es in Gottes Präszienz fix ist („La contingenza [...]/ tutta è dipinta nel cospetto etterno [...]" [Bezug: *Summa theologiae,* I[a] 14,19 sowie II[a] 2, 172, 1]. Wie dies näherhin zu verstehen ist, wird deutlich im weiteren Verlauf der Rede, aus der wir zitieren. Dantes Vorfahre Cacciaguida, der im Paradies Sitz hat, ist in der Lage, dem Wanderer dessen künftiges irdisches Geschick bis ins Detail zu verkünden.)

Einblick in das von einem allmächtigen Gott providentiell Geordnete zu gewinnen, als Versuch einer Limitierung der göttlichen Allmacht erscheint, bleibt systematisch gesehen nur Fideismus. Das geschärfte Bewußtsein dessen, was ‚Allmacht' heißt, das erst in Ansehung von Thomas' Versuch aufbricht, Allmacht und Ratio miteinander zu versöhnen, provoziert indes die zwei Fragen, die das thomistische System sprengen mußten: die eine, ob sich ‚ergeben' in das Gegebene zu schicken, nicht die Annahme impliziert, Gott könne einzig diese Welt gewollt haben,[160] die andere, welchen Sinn es für diejenigen haben soll, sich in das providentiell Gefügte zu schicken, deren Revolte auf nichts anderes hinauslaufen kann als ihnen seit jeher und über alle Zeiten hinweg beschieden ist.

Der Impetus zu einer viablen menschlichen Konstruktion der Wirklichkeit ist zumal mit der letzteren dieser zwei Fragen gegeben, nicht aber das Konzept, das erst ‚Revolte' in ‚Konstruktivität' zu überführen vermag. Dies setzt den nochmaligen Rekurs auf das Augustinische Gotteskonzept voraus, zugleich aber die gewissermaßen heuristische Suspendierung von dessen gnostischen Implikaten.[161] Wäre der allmächtige Gott ein deus malignus, müßte es auf Dauer bei dem bleiben, was sich in der Klage des Pleberio manifestiert. Gott der ‚Liebe' im traditionellen Sinne jedoch muß der nunmehr geforderte Gott nicht sein. Es reicht hin anzusetzen, daß das Interesse, das er an der je gegebenen Welt nimmt, ihrem Status als einer der unendlich vielen Welten entspricht, die er zu schaffen vermöchte bzw. in die er die gegebene Welt jederzeit transformieren könnte.

Die Cartesianische Antwort auf die Frage der Kontingenz steht systematisch gesehen im Zeichen dieser in Ansehung der hoch- und spätmittelalterlichen Diskussionen vollzogenen Reduktion des Monotheismus auf eine Heuristik, deren der Versuch, Denken und Handeln auf eine der Ratio isomorphe Repräsentation der Welt zu gründen, unvermeidlich bedarf.[162] Historisch steht sie im

---

[160] S. dazu nochmals oben, Anm. 2, die dort zitierten Sätze aus dem Verurteilungsdekret von Tempier.

[161] Dazu Blumenberg, *Säkularisierung und Selbstbehauptung*, S. 233, der allerdings zu einer anderen Bewertung der Descartesschen Gottesvorstellung tendiert, als wir sie oben ins Spiel bringen („Auf den schwachen Faden des Gottesbeweises, an dem Descartes sein ganzes System aufgehängt hat, kommt also alles an; und gerade in diesem Punkt ist er hinter den Stand der spätscholastischen Kritik an der Leistungsfähigkeit der von der Hochscholastik ausgearbeiteten Argumente zurückgefallen.").

[162] Zur nominalistischen Theologie und Philosophie als „Motivation" der Descartesschen Argumentation, näherhin zur Leistung Descartes' als Transformation der „spätmittelalterliche(n) Gewißheitskrise in ein Gewißheitsexperiment", s. Blumenberg, *Säkularisierung und Selbstbehauptung*, S. 188 sowie S. 212-239 (Zitate S. 218 und S. 220); s. auch S. 229 f.: „Descartes hat (...) das Gepräge und den Anspruch des neuzeitlichen Denkens grundlegend bestimmt, aber nicht dadurch, daß er der Tradition mit der Gewaltsamkeit des radikalen Einspruchs und neuen Entwurfs entgegentrat, sondern dadurch, daß er die Implikationen des theologischen Absolutismus einen entscheidenden Schritt weiter explizierte und sie zu so akuter Bedrohlichkeit entwickelte,

Zeichen einer doppelten recusatio, einerseits der der tridentinischen Restauration des Thomismus (der Isomorphisierung von Dogma und Weltmodell), andererseits der der ‚Verweigerung' des weltmodellierenden Diskurses durch dessen Reduktion auf eine Rhetorik des Paradoxalen, konkret, der der Wiederbelebung des Augustinischen Irrationalismus in der reformatorischen Theologie. Zu fragen wäre, welchen Belang die Modellierung der anthropologischen Dimension, näherhin: Zwänge, Regellosigkeiten, Disproportionen, einer kontingenten Welt in den Texten der europäischen Renaissance dafür hatte, daß dieser zweifache Relapsus, der mit seinen vordergründigen Aufgeregtheiten das diskursive Szenario zu Beginn der Moderne beherrscht, nicht das letzte Wort blieb, sich vielmehr in der Folge auf die Dimension der Sektorialität verwiesen sieht. Sicherlich ist für dieses Absinken auch verantwortlich, daß es nicht lohnt, über ein metaphysisches Geschick zu reden, das entweder ‚prädeterminiert' oder problemlos verfügbar ist („¡confessión!"). Schwerer mag wiegen, daß die Problematik einer kontingenten Welt zu dem Zeitpunkt, als Descartes seine These formulierte, bereits über dreihundert Jahre hin in Texten inszeniert wurde, die per definitionem an die mundane Dimension gebunden sind. Wenn was sich am ‚Lauf der Welt' beobachten läßt, Manifestation ‚gütiger Providenz' ist, mag es sinnvoll erscheinen, ja, wird es ‚legitim'[163], das irreduzibel Kontingente in der Dimension zu ordnen, die dem Menschen zugewiesen ist,[164] in der Zeitlichkeit, d. h. tentativ, provisorisch und ohne Anspruch auf umfassenden Sinn.[165]

---

daß der Gegenhalt nur noch in der absoluten Immanenz gefunden werden konnte." Blumenbergs Skizze begreift sich von daher als Einspruch gegen Descartes' Versuch, „die Spuren seines geschichtlichen Hintergrundes (zu) verwisch(en) und (zu) verleugne(n)" sowie gegen die daran anschließende Rezeption des Cartesianismus als eines „absoluten, nur in sich selbst gegründeten Anfangs" (Zitate S. 218 und S. 167).

[163] Im Sinne von Blumenbergs oben zitiertem Titel (Anm. 1), der gegen die emphatische Selbststilisierung der Moderne als eines neuen, quasi voraussetzungslosen Beginns gerichtet ist, mehr noch aber gegen jenes Implikat der Säkularisierungsthese, das auf die ursprüngliche Bedeutung von Säkularisierung als unrechtmäßiger Enteignung eines durch Tradition und Transzendenz konsekrierten Besitzes rekurriert. Die Moderne setzt den christlichen Monotheismus, dem sie die Absage erteilt, voraus, aber dieser hat sie letztlich durch die Absolutheit seines Allmachttheorems in die Welt gezwungen (s. *Säkularisierung und Selbstbehauptung*, erster Teil, S. 9-140).

[164] Zur Reduktion von „Theorie" auf „Hypothese" bei Descartes und zum Belang dieser Reduktion für „Szientifizierung" und „Technizität" als Merkmalen der modernen Welt s. *Säkularisierung und Selbstbehauptung*, S. 236-239 (Zitate S. 236 und S. 239; Referat der entsprechenden Position Descartes' S. 241f., mit Anm.).

[165] Die schlagendste Metapher des von ihm gemeinten modelltheoretisch verstandenen Rationalismus hat Descartes mit seiner Interpretation der Vorstellung von der Welt als Uhr geliefert: Es gelte, den Lauf der Zeiger zu beschreiben und dieses Wissen für die Zwecke der Rationalisierung des Lebens zu nutzen. Wie das Räderwerk beschaffen sei, das die Uhrzeiger in Bewegung hält, sei verborgen, aber dies sei auch unerheblich für den intendierten Zweck (vgl. im einzelnen L. Laudon, „The Clock-Metaphor and Probabilism: The Impact of Descartes on English Methodological Thought, 1660 - 1665", in *Annals of Science* 22 [1966], S. 73-104). Zur prinzipiellen

***

Diese am Beginn der Neuzeit erstmals vollzogene Bewegung bleibt in immer neuen Transformationsstufen paradigmatisch für die weltmodellierende Rede der westlichen Zivilisation bis auf den heutigen Tag. Ungeachtet aller Einsicht in das Faktum, daß die Welt ein Sandkorn ist in einem All ohne Sinn, und der Mensch beliebiges Ergebnis eines Prozesses von molekularer Auto-Replikation, irreduzibel kontingent (‚quod potest non esse') und auf diese Weise ohne jedes sinnhafte Interesse für den übergreifenden Funktionszusammenhang von All und Leben, *bleiben* der historisch konditionierte Impetus, die Modellierung der Welt auf ein ‚Prinzip' (eine ‚Weltformel', ein ‚Gesetz' des Lebens) zu gründen, und der Versuch, diese eine und ‚objektive' Ordnung in menschliche Rede zu fassen. Immer vollzieht sich in diesem Prozeß die Erkenntnis der ‚Allmacht' der je unterstellten prima causa (potentia ordinata, Gesetze der Physik, der Evolution), die Erfahrung einer absoluten Unverfügbarkeit, des Unterworfenseins unter ein ‚Prinzip', das prospektiv und final bezeichnet (Jüngstes Gericht, Wärmetod des Lebens, Implosion des Alls), dessen *vergangenes* Wirken kausal erklärt, in die Gestalt des récit (Heilsgeschichte, Entwicklung des Weltalls, Evolution) überführt und dem damit der Anschein des menschlich Faßlichen verliehen werden kann, ein Anschein, der nur den Abgrund des Nicht-Faßlichen verdeckt: Ungeachtet aller kausalen Erklärung ihres Gewordenseins sind die Zukunft des Alls und des Lebens irreduzibel kontingent. Was theologisch potentia absoluta heißt, ist wissenschaftlich die unendliche Kombinatorik von Möglichkeiten, in die sich das Wirksamwerden der ‚letzten Gesetze' auffächert. Zeit ist aus Sicht eines solchen Weltmodells nicht Dimension von Wiederkehr, sondern von „schlechthinniger Ungewißheit".[166]

Das Resultat solcher Erfahrung absoluter Kontingenz, die einem polytheistischen Kosmosdenken, historischer oder auch re-aktualisierter Art, wesentlich fremd bleiben muß, ist aber nicht Resignation, sondern Selbstbehauptung als Reaktion auf die ‚Zumutung', die von der Disproportion zwischen Unverfügbarkeit und reflektierendem Bewußtsein produziert wird.[167] ‚Weltzeitlich'

Limitierung des Anspruchs aller Naturerkenntnis auf modellhafte Konstruktion (vs. Teleologie) s. v.a. *Principia philosophiae*, I, 28 sowie III, 1; zur Qualifizierung der hypothetischen Konstruktion als hinreichend für den Zweck („les effets qu'on désirera", und zwar solcher, die „utile[s] à la vie" sind), s. Blumenbergs Hinweis auf die Ergänzungen, die der Autor für die französische Ausgabe der *Principia* (hier III, 44) von 1647 vornahm (*Säkularisierung und Selbstbehauptung*, S. 243f. mit Anm. 252).

[166] Wir übernehmen hier Blumenbergs Formulierung zu den Konsequenzen der nominalistischen Gottesvorstellung, um die von uns behauptete Kontinuität weiter zu verdeutlichen (*Säkularisierung und Selbstbehauptung*, S. 188).

[167] Die Erkenntnis der Unhintergehbarkeit, insofern Nicht-Beherrschbarkeit, also ‚Allmacht' der Grundgesetze der Physik hat die Welt nicht in die (logisch erwartbare) Resignation gestürzt, sondern eine Durch-Physikalisierung der modernen Welt nach sich gezogen, ein paradoxes Phänomen, für das es einstweilen keine plausiblere Erklärung gibt als die von Blumenberg gege-

unerhebliche, ‚lebenszeitlich' geringfügige, die Sinnfrage nimmer beantwortende, insofern illusionäre Reduktion von Daseinskontingenz, vor allem: Transformation von Illusionizität in Temporalität,[168] scheint die Antwort auf einen ‚Absolutismus der Wirklichkeit' zu sein, der erst dann als solcher bewußt werden kann, wenn er auf der Suche nach einem ‚letzten Prinzip' unvermeidlich ins Bewußtsein rückt.

bene für die Entstehung der frühen Moderne. In unserer Zeit wird eine ähnliche Dialektik von Ohnmachtserfahrung und Selbstbehauptung erkennbar im Hinblick auf den Darwinismus und die daran gebundene genetische Theorie des Menschen. Die - sub specie ‚aeternitatis'- Abwegigkeit des Versuchs, auf die Evolution ‚Einfluß' zu nehmen, hindert nicht nur nicht, sondern provoziert eher dazu, deren Gesetze für provisorische Kontingenz-Reduktionen zu nutzen.

[168] Dies in Replik auf Blumenbergs Spätwerk, in dem er die Hinnahme und Annahme der Daseinskontingenz als letztmögliche Antwort auf den Absolutismus der Wirklichkeit qualifiziert, nach dem ‚Durchgang' durch die einzelnen Stufen der Versuche, diesen Absolutismus zu distanzieren, durch Mythos, Religion, Weltveränderung, Weltdeutung, Reduktion auf die Lebenswelt, Sich-Bergen in der ‚Höhle' der Kultur und der Erkenntnis der Relativität all dieser Distanzierungen (eine „Resignation" ohne das Pathos der großen „Enttäuschung" [*Höhlenausgänge*, Frankfurt a.M. 1989, S. 791]). Philosophisch ist dies gewiß die letzte Antwort, und strikt philosophisch steht auf diese Weise die Kultur der späten Moderne bzw. Postmoderne in der Tradition des pagan-antiken Skeptizismus bzw. Materialismus, v.a. des Epikureismus. Indes ist diese philosophische Sicht nicht die ‚ganze Wahrheit'. Die aktuelle Welt ist mit dem Problem Kontingenz noch nicht fertig. Das Schwinden des Verlangens nach umfassender Sinngebung (nach hermeneutischer Aufhebung von Kontingenz in ‚Providenz', letztere umfassender als nur traditionell christlich verstanden) basiert auf der von Blumenberg nachgezeichneten ‚Erkenntnis' der Abwegigkeit des Verlangens, welche wiederum Resultat des Prozesses wissenschaftlicher Durchdringung von Welt und Kosmos ist. Aber neben dem Schwinden schlechthin des Sinnverlangens ist es das Sedativum der Dynamik, welche die moderne von allen vorherigen Welten trennt, das seinen Beitrag zu einer spezifisch modernen Form von Kontingenzbewältigung leistet, die mit dem Etikett des ‚Annehmens' allzu seren qualifiziert wäre. Permanente Transformation von Kontingenz in (illusionäre) Komplexität, die ihrerseits nur eine andere Erscheinungsform von Kontingenz ist, suspendiert das Verlangen nach Sinn, indem sie es provisorisch befriedigt. Die Moderne bannt die Frage nach Sinn, indem sie sie unablässig thematisiert, ihre Beantwortung aber durch immer neue ‚Vorschläge' in Suspens hält, wobei diese Beantwortungen zwischen den von Blumenberg analysierten und oben kurz zusammengefaßten verschiedenen Registern der Entlastung vom Absolutismus der Wirklichkeit, sowohl den technizistischen, weltverändernden, wie den hermeneutischen, sinndeutenden, wechseln, postmodern: ‚zappen' (s. dazu auch die These von Makropoulos, die Moderne sei eine Phase, deren „allgemeine strategische Disposition" auf den „nur scheinbar paradox[en]" Nenner von „Kontingenzbegrenzung durch gezielte Kontingenznutzung" gebracht werden könne [dser. Bd., S. 71]). Das Neue ist die moderne und a fortiori die postmoderne Metapher dessen, was prä-modern das Wahre hieß. Warum die Leerstelle der Codierung von Welt, die man auch ‚Kontingenz' nennen könnte, immer neuer Füllungen bedarf, sagt Blumenberg selbst, wenn er die oben apostrophierte ‚Annahme' als „*Kunst* der Resignation" bezeichnet: Kunst ist ein Geschäft, auf das sich immer nur wenige verstehen (meine Hervorhebung; das Zitat an der oben bezeichneten Stelle von *Höhlenausgänge*).

Aleida Assmann

LET IT BE
KONTINGENZ UND ORDNUNG IN SCHICKSALSVORSTELLUNGEN BEI CHAUCER, BOETHIUS UND SHAKESPEARE

Jede Sicherheit ist einer Unsicherheit abgekämpft
und schafft neue Unsicherheit.
(Helmuth Plessner)

Zur Einstimmung ins Thema kann eine Medaille dienen, die gegen Ende des 15. Jahrhunderts für einen gewissen Stefano Taverna, Sekretär des Herzogs von Mailand, geprägt worden ist.[1]

Sie zeigt eine dreifigurige Szene, bei der in der Mitte ein kräftiger junger Mann zwei ihn rahmende Personen festhält. Mit der rechten Hand hält er den nackten Knaben Cupido an dessen Augenbinde im Zaum, mit der linken packt er eine nackte Frauengestalt an einem Haarschopf über der Stirn, die an dieser Haartracht als allegorische Verkörperung der Occasio zu erkennen ist.[2] Darüber ist in Großbuchstaben das Motto zu lesen: „VIRTUTI OMNIA PA-

[1] R. Wittkower, "Chance, Time and Virtue", in *Journal of the Warburg and Courtauld Institutes* 1/2 (1937/1938), S. 313-321, hier: pl. 53 a.

[2] Occasio, darüber belehren uns mittelalterliche Beschreibungen ebenso wie Emblemata der Renaissance, besitzt einen nach vorne fallenden Haarschopf, an dem man sie zu ergreifen hat; wer diesen Augenblick verpaßt, hat keine zweite Chance, denn von hinten ist die Dame kahl. Zu den identifizierenden Attributen, die die Ikonographie für Fortuna herausgebildet hat, gehören: Steuerruder, Segel, Füllhorn und die Seifenblase als ihr Thron.

RENT" - der Tugend gehorchen alle. Rudolf Wittkower hat zeigen können, daß diese Medaille einem in diesem Zeitraum gängigen Bildschema folgt, bei dem Herkules als Inbegriff des Tugendhelden verschiedene Verkörperungen des Lasters besiegt, deren häufigste Gestalt die der Fortuna ist. Dabei wird das antagonistische Tugendschema mit der bezwingenden Geste immer mehr zu einem Komplott, bei dem der beherzte Mann die Faktoren seines Geschicks selbstbewußt in die Hand nimmt.[3]

Die Medaille aus Mailand steht zwischen mittelalterlicher Psychomachie und moderner Selbstverwirklichung. Die männliche Figur wird dargestellt, wie sie über Liebe und Zufall triumphiert, Inbegriff irrationaler Mächte, die urplötzlich ins menschliche Leben einbrechen und es in seinen Grundfesten erschüttern. So besehen ist die Medaille ein Monument männlicher Selbstbehauptung und Souveränität. Im folgenden soll der Blick auf einen nur hundert Jahre älteren Text gerichtet werden, der zwei Helden in genau entgegengesetzter Position zeigt. Denselben Mächten, die der Renaissanceheld so fest im Griff hat, sind die mittelalterlichen Helden Palamon und Arcite aus Chaucers *Knight's Tale* wehrlos ausgeliefert. Chaucers Erzählung ermöglicht einen idealen Einstieg in den vormodernen Kontingenzdiskurs[4], denn sie bildet einen Knotenpunkt, von dem aus sich intertextuelle Linien in die Vorgeschichte zu Boethius und Aristoteles, sowie in die Nachgeschichte zu Shakespeare und Montaigne ausziehen lassen.

I. Spiel von Liebe und Zufall: Chaucers *The Knight's Tale*

Die Erzählung, mit der Chaucer den Reigen seiner *Canterbury Tales* eröffnet, ist einem Ritter in den Mund gelegt. Seine Geschichte handelt sozial- und gattungstypisch von Liebe und Kampf, von Leidenschaften und Ehre, von Venus und Mars. Dieser amourös-heroische Themenkomplex wird gekreuzt von einer anderen Macht, nämlich Fortuna, die das Pathos der Geschichte immer wieder zerbricht und die Fäden der Handlung bis zur Unkenntlichkeit verwirrt. Diese gegenstrebige Fügung von heroischer Topik und banalem Zufall, die die gesamte Erzählung regiert, wird bereits in der ersten Episode deutlich. König Theseus kehrt von einem Feldzug aus Skythien heim, wo er über die Amazonen gesiegt hat. Dieser Sieg ist, wie ausdrücklich vermerkt wird, seiner

[3] Wittkower, "Chance, Time and Virtue"; vgl. dazu: K. Reichert, *Fortuna oder die Beständigkeit des Wechsels*, Frankfurt a.M. 1985 .

[4] Auf das Wort ‚Kontingenz' habe ich im mittelalterlichen und frühneuzeitlichen Kontext allerdings bewußt verzichtet und mich an die quellensprachlichen Begriffe wie Fortuna, Occasio und Zufall gehalten. Zur Kontingenzbewältigung in traditionellen Naturvolkgesellschaften vgl. K. E. Müller, „Reguläre Anomalien im Schnittbereich zweier Welten", in *Zeitschrift für Parapsychologie und Grenzgebiete der Psychologie* 34, 1/2 (1992), S. 33-50.

Weisheit und seiner Ritterlichkeit geschuldet. Zur Siegesbeute zählen auch die Amazonenkönigin Ipolita, die er als Gemahlin nach Athen zurückführt, sowie deren Schwester Emilie. Vom zielgeraden Heimweg bringt ihn allerdings eine Gruppe von Witwen ab, deren Männer in Theben im Kampf gegen den Tyrannen Kreon gefallen sind, und denen nun eine menschenwürdige Bestattung verweigert wird. Theseus, dessen kämpferisches Rittertum eben zwei Frauen erobert hat, kann sich nun im Einsatz für diese Frauen noch einmal bewähren. Er biegt ab nach Theben, kämpft und siegt über Kreon, läßt die Helden ehrenvoll bestatten und plündert seinerseits das besiegte Theben, wobei er wiederum zwei Gefangene heimführt, die sodann in den Mittelpunkt des Geschehens rücken. Von den klagenden Witwen ist nie wieder die Rede; für die weitere Handlung bleiben sie bedeutungslos. Wichtig sind sie dagegen auf der thematischen Ebene, weil sie als erste das Fortuna-Leitmotiv anstimmen. Aus der Perspektive der geschädigten Frauen gesehen verdankt Theseus seinen Sieg nämlich nicht den hehren ritterlichen Tugenden, auf die im Eingang der Erzählung hingewiesen wird, sondern derselben Fortuna, die sie ins Unglück, in den Witwenstand und die Knechtschaft gestürzt hat:

> Thanked be Fortune, and hir false wheel,
> That noon estat assureth to be weel. (925-6)

Das Thema Rittertum wird von Chaucer also von Anfang an in doppelter Perspektive eröffnet: aus der Sicht des männlichen Siegers und der weiblichen Besiegten, eine Ambivalenz, die ihrerseits der wechselhaften Göttin Fortuna zugeschrieben wird. Was die Eingangsepisode vorführt, bleibt für die gesamte Erzählung bestimmend; Fortuna ist die wahre Muse dieses Erzählers, der beständig die Perspektiven wechselt und die hohen Tugenden und den zeremoniellen Ton mit realistischem Detail und abgründiger Skepsis unterlegt.

Die Erzählung des Ritters gehört zum Genre der Romanze, in der das Wunderbare gattungstypisch ist. Unwahrscheinliche Begegnungen, Trennungen und Wiederfinden, plötzliche Schicksalswenden sowie Zeichen, Wunder und göttliche Interventionen gehören zum Romanzen-Alltag. Von diesem Überraschungs-Repertoire hebt sich Chaucers Erzählung dadurch ab, daß sie Fortuna konsequent ins Zentrum versetzt - auf der Ebene des Geschehens wie auf der Ebene der Reflexion. Das wird bereits aus wenigen Angaben über den Handlungsverlauf ersichtlich. Palamon und Arcite, ein thebanisches Vettern-Paar, die als Kriegsgefangene nach Athen verschleppt wurden, sind von König Theseus lebenslänglich in einem Turm eingesperrt. Die narrative Dynamik beginnt in dem Moment, wo Palamons Blick durchs Kerkerfenster auf die reizende Emilie fällt, die im Park anmutige Mairiten vollzieht. Der männliche Blick schießt heraus auf die Frau, während in Gegenrichtung das Herz des Blickenden durch einen Pfeil Amors unheilbar verwundet wird. Dieses Geschehen kulminiert in einem Schrei, der sich der Brust des Liebenden entringt: „A!". Mit diesem „A!" öffnet sich eine Klammer, die sich erst mit der allerletzten Episode der Geschichte, der Hochzeit des Paares, schließen wird. Das entspräche guter Romanzenkonvention, wenn das, was in der Klammer steht, ein umwegiger Aufschub wäre, der die Sehnsucht steigert, das Glück anreichert oder die Partner füreinander reifen läßt. Nichts von alledem ist der Fall; es ist ein Schwelgen in Zufällen, die die narrative Logik der Erzählung sprengt und sie streckenweise über die Grenze des Erträglichen ins Absurde treibt.

Der Zufallsfaktor wird erheblich gesteigert durch die Verdoppelung des Helden zu einem rivalisierenden Heldenpaar. Hierdurch wird Platz nicht nur für satirisch beleuchtete Kontraste, sondern vor allem für das Prinzip Zufall geschaffen. Denn nach Palamon wird prompt auch Arcite durchs Auge liebeswund und gelobt lebenslange Treue der Unbekannten, die von all dem nichts weiß und bis zum Schluß keine Rolle in ‚ihrer' Geschichte spielen darf. Das Romanzen-Gesetz der schicksalhaften Unbedingtheit der Liebe verkommt in der Verdoppelung zur Karrikatur. Die Frage, die fortan den Motor der Erzählung antreibt, lautet nicht mehr: wie wird der Held endlich zu seiner Geliebten finden, sondern: wer von beiden kriegt sie wohl, X oder Y? Daß diese Frage entschieden werden muß, fordert die narrative Logik, warum sie aber so oder so entschieden wird, läßt sich nicht weiter begründen. Chaucer hat dieses Problem ausgehöhlt, indem er die fällige Entscheidung von einer Instanz zur nächsten verschoben hat. 1. Verschiebung: die beiden Liebenden, die beide unter verschiedenen Bedingungen aus ihrem Gefängnis entkommen konnten, wollen nach wahrer Ritterart durch einen Zweikampf eine Entscheidung herbeiführen, was durch Theseus verhindert wird, der die Vettern zu einem standesgemäßen Turnier lädt, bei dem jeder mit 100 Mann anzutreten hat. 2. Verschiebung: nicht Theseus hat über den Ausgang dieses schicksalhaften Turniers zu wachen, sondern die olympischen Götter, die über das Schicksal ihrer Günstlinge wachen. 3. Verschiebung: im Götterhimmel werden die Ansprüche des Palamon von Venus, die des Arcite von Mars und die der Emilie von Diana vertreten; es entsteht ein Rechtsstreit im Himmel, dem Jupiter nicht gewachsen ist. Recht und Autorität, Ordnung und Herrschaft sind im Himmel ebensowenig zu haben wie auf Erden. Jupiter tatsächlich überlegen ist der ältere Saturn, dessen Wissen von weiter her kommt. So triumphiert schließlich nicht die rationale Entscheidung, sondern die List des Saturn, der ein abgefeimter Schurke ist und seiner Tochter Venus einen kleinen Gefallen versprochen hatte. Je weiter der Horizont wird, in dem menschliches Handeln sichtbar wird, desto weniger ist Verlaß auf eine Teleologie des Willens oder der Vernunft.

Die Verschiebung der Entscheidung von der zweiten zur dritten Instanz spiegelt sich auf Erden folgendermaßen wider: Palamon und Arcite ziehen ins Turnier, nachdem ihnen ihre beiden Schutzgötter Venus und Mars je ein Zeichen ihres bevorstehenden Glücks übermittelt haben. Damit steht es also immer noch 1:1. Als Günstling des Mars geht Arcite als Sieger aus dem Turnier hervor und Emilie, die wie alle Frauen stets dem Sieger hold ist, nimmt ihn strahlend als ihren Gemahl entgegen. Doch es ist noch nicht aller Tage Abend, denn im nächsten Moment passiert etwas völlig Unerwartetes: eine Furie schießt aus der Unterwelt hervor, das Pferd des Siegers strauchelt und Arcite fällt vom Roß, wobei er sich so schwer verletzt, daß auch die Kunst der Ärzte nichts mehr auszurichten vermag und er nach wenigen Tagen stirbt. Die mit höchstem herrscherlichen und zeremoniellen Aufwand inszenierte Entscheidung läuft ins Leere - das füreinander bestimmte Paar kommt nicht zur Paarung. Palamon kann in die entstandene Lücke nicht einfach einspringen; Trauerriten auf beiden Seiten halten das potentielle zweite Paar auf mehrere Jahre auseinander. Eine Annäherung kann erst stattfinden, nachdem Theseus eine lange Rede über kosmische Zusammenhänge, Wandelbarkeit und Sterblichkeit in der Natur, Schicksal und den ehrenvollen frühen Tod Arcites gehalten hat. Erst dann ist die Atmosphäre gereinigt und ohne Verletzung der Pietät kann, wie Chaucer es ausdrückt, zweimal Kummer zu einmal Freude addiert und die Klammer, die mit dem „A!" des liebesverwundeten Palamon geöffnet wurde, endlich geschlossen werden:

> I rede that we make of sorwes two,
> O parfit joye, lasting ever-mo. (2213-14)

Es ist durchaus möglich, die abenteuerliche Ritter-Romanze als eine Allegorie der conditio humana zu lesen. Die Blicke, die aus dem Gitterfenster des Gefängnisses auf die schöne Emily treffen, können platonisierend als Durchblicke gedeutet werden, in denen die im Körper eingekerkerte Seele einer transzendenten Wahrheit ansichtig wird. Die Dame wird dabei im Sinne mittelalterlicher Liebesmetaphysik zu einem gespaltenen Signifikanten: Palamon erscheint sie als eine Verkörperung der himmlischen Venus, Arcite sieht sie als irdisches Objekt körperlichen Begehrens. Aber auch ganz explizit werden im Text an kritischen Wendepunkten von den Figuren der Erzählung Reflexionen über die conditio humana artikuliert. Diese Reflexionen zeichnen ein Menschenbild im Schatten der Fortuna, das weit entfernt von Autonomie und Planungssicherheit ist. Es lohnt sich, diese Stellen etwas näher anzusehen.

Die erste Gelegenheit dazu bietet sich Arcite, als er den bereits erwähnten Stoßseufzer seines Leidensgenossen im Kerker vernimmt. Da er das wahre Motiv nicht kennt - er selbst hat Emily noch nicht zu Gesicht bekommen -, schreibt er den Schmerz ihrer beider allgemeinen desolaten Lage zu, genauer: der Fortuna, die sich zusammen mit Saturn bereits in der Stunde ihrer Geburt gegen die Vettern verschworen habe (1086-1091). Auf Fortuna berufen sich beide wieder bei der nächsten Gelegenheit, nachdem Theseus die Freilassung des Arcite beschlossen hat mit der Auflage, daß dieser sich lebenslänglich außerhalb des Landes aufhalten müsse. Während Arcite angesichts der Hölle eines lebenslänglichen Exils von Emily die Gefangenschaft rückwirkend als Paradies einstuft, beurteilt Palamon umgekehrt das Los seines Vetters als ein glückliches, weil chancenreiches, während er seine eigene Situation in den schwärzesten Farben malt. Trotz gegensätzlicher Lage wird von beiden das eigene Schicksal beklagt und der grausamen Fortuna angelastet. Arcite ist davon überzeugt, daß Fortuna mit ihrem Würfelspiel diesmal den Rivalen begünstigt habe:

> Wel hath fortune y-turned thee the dys,
> That hast the sighte of hir, and I th'absence.
> For possible is, sin thou hast his presence,
> And art a knight, a worthy and an able,
> That by some cas, sin fortune is chaungeable,
> Thou mayst to thy desyr som-tyme atteyne. (1238-1243)

Daran schließt Arcite eine grundsätzliche Reflexion über die Blindheit menschlichen Strebens an. Die Götter und Fortuna verhängen oftmals schwere Schicksale, die sich aber bei tiefergehender Betrachtung als ‚blessing in disguise' erweisen; während umgekehrt die erfüllten Ziele und Wünsche der Menschen ihnen selbst meist das genaue Gegenteil, nämlich Tod und Verderben einbringen. Die folgenden Verse, die die Unergründlichkeit menschlicher Schicksale beklagen, sprechen in der Sprache biblischer Proverbien und platonisierender Resignation diesen reifen Skeptizismus aus:

> We witen nat what thing we preyen here.
> We faren as he that dronke is as a mous;
> A dronke man wot wel he hath an hous,
> But he noot which the righte wey is thider;
> And to a dronke man the wey is slider.
> And certes, in this world so faren we;
> We seken faste after felicitee,
> But we goon wrong ful often, trewely. (1260-1267)

Palamon, der weiter in Gefangenschaft bleibt, kommt zur umgekehrten Einschätzung der Lage. Verzweiflung und Neid treiben ihn zu einer noch weit pessimistischeren Sicht des menschlichen Schicksals, als wir es von Arcite vernommen haben. Palamon klagt Fortuna und die Götter an, die den Menschen unter ihre Gesetze beugen und behandeln wie ein Stück Vieh, mit dem großen Unterschied, daß sich das Tier den sinnlichen Freuden in sorgloser Gegenwart überlassen darf:

> O cruel goddes, that governe
> This world with binding of your word eterne,
> And wryten in the table of athamaunt

Your parlement, and your eterne graunt,
What is mankinde mor un-to yow holde
Than is the sheep, that rouketh in the folde?
For slayn is man right as another beste,
And dwelleth eek in prison and areste,
And hath siknesse, and greet adversitee,
And ofte tymes gilteless, pardee!
What governaunce is in this prescience,
That giltelees tormenteth innocence?
And yet encreseth this al my penaunce,
That man is bounden to his observaunce,
For Goddes sake, to letten of his will,
Ther as a beest may al his lust fulfille. (1303-1318)

Das Regime dieser Götter, repräsentiert durch Fortuna, ist ebenso erratisch wie adamant. Diese maligne Verbindung von Beliebigkeit und Unentrinnbarkeit kennzeichnet eine Weltsicht, die nicht mehr als reife Skepsis, sondern nur noch als pessimistischer Fatalismus qualifiziert werden kann. "What governaunce is in this prescience?" - Die Menschen sind in ihrer Handlungsfreiheit durch Mächte gebunden, die an nichts weniger denken als eine planvolle Fügung. Die Götter, die diese trostlose Welt regieren, treten im folgenden noch deutlicher in Erscheinungen.[5] Venus, Mars und Diana sind die Schutzpatrone der Protagonisten, die bestimmte Riten vor den Tempel-Statuen vollziehen in der Hoffnung auf eine positive Einwirkung ins jeweilige Schicksal. Die ausführliche Beschreibung der einzelnen Kultbilder zeigt das mittelalterliche (Zerr-) Bild der klassisch antiken Gottheiten. Dieses Bild ist durchgehend pejorativ: Der Venustempel ist bebildert mit Personen, die durch ihre Macht zerstört wurden; ihr ist die Faulheit als Begleiter zur Seite gestellt, womit sie die Physiognomie eines christlichen Lasters annimmt; der Marstempel zeigt ausschließlich die Greuel des Krieges: ihm sind ebenfalls negative Personifikationen zugeordnet wie Verrat, Zorn und Unglück, und der Sieg, der durch ihn errungen wird, ist dargestellt als eine Person, die auf einem Thron sitzt, über dem am seidenen Faden ein Damokles-Schwert aufgehängt ist. Die zentralen Werte einer ritterlich feudalen Welt sind gründlich kompromittiert, wo der Akzent eindeutig auf der trügerischen Qualität des Liebes- und Kriegs-Glücks liegt.

Die heroischen aristokratischen Werte erscheinen somit in einem grellen kritischen Licht, wobei die hoffnungslose Divergenz von menschlichem Streben und schicksalhafter Fügung zutage tritt. Es ist die pessimistische Stimmung des biblischen Prediger-Buches, die die profunde Ungerechtigkeit und Irrationa-

[5] Zur „Saturnfürchtigkeit“ vgl. Aby M. Warburg: „Heidnisch-antike Weissagung in Wort und Bild zu Luthers Zeiten (1919)“, in ders., *Ausgewählte Schriften*, hg. D. Wuttke, Baden-Baden 1980, S. 199-304.

lität des Weltlaufs anprangert. Der Mensch selbst hat keinen Einfluß auf sein Geschick, dieses wird ihm von unberechenbaren Mächten zugewiesen; und auch die Macht des Herrschers ist lediglich eine theatralische, die Souveränität von Urteil und Entscheidung sind ihm aus der Hand genommen. Ähnliches gilt für die Macht der Göttinnen und Götter; Diana, Venus und Mars agieren auf ihre Weise, doch es ist der zwielichtige Saturn, der in letzter Instanz die Fäden zieht. Er, der Krankheiten schickt und die Todesarten bestimmt, der Anarchie und Aufruhr sät, stattliche Gebäude zum Einsturz bringt und Menschen unter ihnen begräbt, offenbart sich zum Schluß als die mächtigste Gottheit.

Der Fall des Arcite von der Höhe seines Sieges und Triumphes fällt mit einem physischen Sturz zusammen. Er passiert, während Arcite mit abgenommenem Helm seine Ehrenrunde reitet,

> Loking upward up-on this Emelye,
> And she agayn him caste a freendlich ye,
> (For wommen, as to speken in commune,
> They folwen al the favour of fortune);
> And she was al his chere, as in his herte.
> Out of the ground a furie infernal sterte,
> From Pluto sent, at requeste of Saturne,
> For which his hors for fere gan to turne,
> And leep asyde, and foundred as he leep,
> And, er that Arcite may taken keep,
> He prighte him on the pomel of his heed,
> That in the place he lay as he were deed (...) (2679-2690)

Der abrupte Glückswechsel bringt auch einen Stilwechsel mit sich; war das Turnier auf epischer Stilhöhe mit einem Klangrausch von Alliterationen inszeniert worden, so ist das klägliche Ende des Helden in detaillierter medizinischer Fachsprache abgefaßt. Dieser stilistische Absturz vom Heroischen ins Penible entspricht dem Übergang aus der Domäne des Mars in die des Saturns, der für körperliche Krankheiten, Vergiftungen und Verfall zuständig ist. Die folgende physiologische Beschreibung des unheilbaren Zustandes des Protagonisten nimmt sich im Kontext einer Ritter-Romanze erstaunlich aus:

> The pypes of his longes gonne to swelle,
> And every lacerte in his brest adoun
> Is shent with venim and corrupcioun.
> Him gayneth neither, for to gete his lyf,
> Vomyt upward, ne dounward laxatif;
> All is to-brosten thilke regioun,
> Nature hath now no dominacioun.
> And certeinly, ther nature wol nat wirche,
> Far-wel, physik! go ber the man to chirche! (2752-2760)

Auf diesem nüchternen Tiefpunkt kann die Geschichte jedoch nicht enden. Nicht nur die narrative Spannung zielt auf Erfüllung jenes Begehrens, das mit dem ersten schicksalhaften Blick angestoßen wurde, auch das resignative Fazit einer kontingenten Welt drängt auf Überwindung und Integration in einen größeren, planvollen Rahmen. So wird dem ersten Schluß der Erzählung, der im Tod des Arcite und im Triumph des Saturn gipfelt, noch ein zweiter Schluß angefügt, der in der Hochzeit des Palamon und im Triumph des Jupiter endet. Der Überleitung vom ersten zum zweiten Schluß entspricht weniger eine metaphysische Wende als eine Umperspektivierung. Sie entspricht der Lektion, die Boethius von der trostreichen Philosophie gelernt hat, als sie ihn im Kerker besuchte. Es besteht kein Zweifel, daß Chaucer, der den Dialog des Boethius aus dem 8. Jahrhundert übersetzte, diesen Text als Subtext für seine Ritter-Geschichte verwendet hat.

II. Boethius über Schicksal und Vorsehung

Dieser Subtext tritt mit der Parlamentsrede des Theseus, in der er nach Jahren und Ablauf der Trauerzeit die Verbindung von Palamon und Emily proklamiert, an die Oberfläche. Diese Rede artikuliert eine kosmologisch-theologische Vision, die zum guten Ende den himmlischen Prototyp des irdischen Herrschers, Jupiter, wieder in seine Rechte einsetzt.[6] An die Stelle des schwachen Jupiter, der nicht Herr war im eigenen Hause, tritt nun ein umfassend allmächtiger Jupiter, der als Apotheose des aristotelischen Weltgottes erscheint. Er ist es, der alle Gegensätze in einer Liebeskette bindet, der allem Vergänglichen seine Zeit zumißt, und von dessen Ewigkeit, Einheit und Vollkommenheit alles, was existiert, seinen Ausgang nimmt und zu ihm zurückkehrt. Dieser große positive Schlußakkord mag nach allem Vorangegangenen narrativ wenig überzeugend und wie eine forcierte, sehr oberflächlich bleibende Wende zum Guten anmuten. Nimmt man die Brücke, die Chaucer an diesem Punkt zu Boethius schlägt, jedoch ernst, so bietet sich dem Leser ein anderes Bild. Dafür muß kurz auf den Subtext zurückgegangen werden.

Im Text seines Dialogs vollzieht Boethius eine Konversion vom Adepten der Fortuna zum Schüler der Philosophia: er tritt aus dem Bannkreis der einen Göttin heraus und in die Gefolgschaft der anderen ein. Während jedoch bei einer Konversion das erste Wertesystem vernichtet werden muß, ehe das zweite zum Zuge kommen kann, bleibt in diesem Fall der Machtbereich der Fortuna bestehen und wird nur in seiner Bedeutung neu bewertet. Die wichtigsten Grundsätze der Lektion, die Boethius von der Philosophie lernt, lassen sich

---

[6] Boethius, *De Consolatione Philosophiae*, Buch III, Metrum ix, übersetzt von E. Neitzke, Stuttgart 1959, S. 89-90.

folgendermaßen zusammenfassen: Fortuna, die wechselhafte Göttin, ist allein beständig in ihrem Wandel.[7] Deshalb ist es nur eine Frage der Zeit, wann der allfällige Umschlag von Glück in Unglück oder Unglück in Glück erfolgt. Die erste Prämisse lautet: "alle fortune is good", denn es gibt nur *eine* vollkommene Ordnung, aus der das Schlechte durch Abfall und Verformung austritt, das aber wieder zurückgeholt und ins Gute zurückgebogen wird. Aus menschlicher Perspektive hat *jedwedes* Geschick pädagogischen Charakter, weil es die Guten belohnt oder prüft und die Schlechten züchtigt oder läutert. Zufälle gibt es nicht, denn Leerstellen sind in der göttlichen Ordnung weder denkbar noch zulässig.

Chaucer übersetzt das Wort Zufall (accidens) mit ‚hap', das von Boethius als „ein aus planlosem Anlaß und aus keinerlei ursächlichem Zusammenhang hervorgegangenes Ereignis" definiert wird.[8] Was so definiert wird, kann es jedoch nicht geben, also ist das Wort Zufall ein bloßer Sprachlaut (vois) ohne Bedeutung (significatioun). Das wird an einem Beispiel erläutert. Jemand gräbt seinen Garten um und stößt auf einen Schatz. Da dieses Ergebnis außerhalb der Intention seiner Handlung liegt, spricht er von Zufall. Im Licht der Philosophie besehen handelt es sich jedoch nur um die Verknüpfung zweier unabhängiger Handlungsketten, die von den Betroffenen nicht überschaut werden können, aus einer überlegenen Perspektive dagegen durchaus notwendig sind. Der Zufall wird nach diesem Exkurs von der Philosophie zum zweitenmal, und jetzt richtig definiert: „Zufall ist das unvermutete Ergebnis aus zusammenfließenden Ursachen bei dem, was um irgendeines Zweckes willen betrieben wird."[9] Was aus menschlicher Perspektive zufällig und beliebig ist, das ist in der Perspektive göttlicher Vorsehung sinnvoll zusammengefügt. Fortuna, die eigenwillig und zügellos erscheint, wird von der göttlichen Vorsehung im Zaume gehalten, deren Gesetze sie ausführt.[10] Wo aber Ordnung und Gesetz wal-

---

[7] Die Philosophie erklärt ihrem Schüler: "Thou wenest that Fortune be chaunged ayein thee; but (...) she hath rather kept, as to thee-ward, hir propre stablenesse in the chaunginge of hir-self" (Book II, Prose i, 55-60, in: Chaucer, *Complete Works,* hg. W. W. Skeat, London 1969, S. 141). Vgl. dazu K. Reichert, *Fortuna oder die Beständigkeit des Wechsels.*

[8] Boethius, *Trost der Philosophie,* S. 142. "Hap is bitydinge y-brought forth by foolish moevinge and by no knettinge of causes" (V, P i, 35-40).

[9] Boethius, *Trost der Philosophie,* S. 144 (V, P i, 100-105). Philosophen der Gegenwart definieren den Zufall weniger bildlich, aber im Kern erstaunlich ähnlich: „Zufällig ist etwas (nicht an sich, sondern) aus der Perspektive dessen, dem es geschieht; so hat man den Zufall auch das (vom einzelnen System aus nicht-antizipierbare) Durchkreuzen verschiedener Kausalketten definiert. (...) Das Bestreben vernünftigen Erkennens muß sein, eine Perspektive zu gewinnen, aus welcher diese Lücke zu schließen ist: eine höher-stufige Erkenntnis, welche Zusammenhänge durchschaut, die innerhalb des zunächst gegebenen Rahmens nicht erfaßbar sind." E. Angehrn, „Vernunft und Kontingenz. Zur Standortbestimmung der Philosophie", in *Studia philosophica* 51 (1992), S. 222.

[10] Book V, Metre i, 21-26.

ten, da hat der Zufall keinen Raum. Zufall ist also nur ein Effekt der beschränkten menschlichen Perspektive. Der Mensch allerdings steht auf einem Grat und vermag in zwei Richtungen zu blicken. In der einen Richtung hat er teil am Vergänglichen und sieht das Schicksal in seiner Vielfalt und Bewegung; in der anderen hat er teil am Göttlichen und sieht die kosmische Ordnung in ihrer Einheit und ewigen Dauer. Der immanente Blick erfaßt die Peripherie des Kreises, in der sich die Schöpfung vervielfältigt und zeitlich entfaltet, der transzendente Blick dringt ins Zentrum des Kreises, in dem die Schöpfung als einfache Form bewegungslos und vollendet in sich ruht:

> Jenes eine ist gewiß augenscheinlich, daß die unveränderliche und einheitliche Form der Geschehnisse die Vorsehung ist, das Schicksal dagegen die veränderliche Verknüpfung und die zeitliche Ordnung dessen, was nach der Ordnung der göttlichen Einheitlichkeit geschehen soll.[11]

Eine entsprechende Umperspektivierung, so meine These, vollzieht sich am Ende von Chaucers Erzählung mit der Rede des Theseus. Dieser vollzieht eben jene von der Philosophie empfohlene Wendung von der Peripherie zum Zentrum, wenn er sich nach allen Wirren des Geschehens auf den ersten Beweger und die Liebeskette konzentriert, in der die in sich widersprüchliche und gegenstrebige Welt zusammengehalten wird. Mit dieser Rede wird das Vorangegangene in all seiner erratischen Widersprüchlichkeit nicht durchgestrichen und schon gar nicht geleugnet, sondern aufgehoben, heraufgehoben, zurückgeholt aus der Irrationalität der Fortuna in die Rationalität göttlicher Ordnung, zurückgebogen aus den Bahnen verformender Abweichung zur Stabilität des ewigen Ursprungs. Das Fazit seiner Rede ist die geduldige Annahme jedweden Geschicks:

> Thanne is it wisdom, as it thinketh me,
> To maken vertu of necessitee,
> And take it wel, that we may nat eschue,
> And namely that to us alle is due. (3041-3044)

Die Argumentationshypotheken von Theologie und Philosophie sind durchaus vergleichbar. Dem ‚unde malum?' im Namen der Theodizee entspricht ein ‚unde accidens?' im Namen der Metaphysik. Beide „teilen die Sehnsucht nach einem zufallsfreien Weltbild."[12] Die Philosophie des Boethius macht bei ihrer Argumentation von dem alten Kunstgriff Gebrauch, der das Widerständige

[11] Boethius, *Trost der Philosophie,* S. 131 (IV, P vi, 111-117).

[12] D. Harth, „Schatten der Notwendigkeit. Ein Versuch über den Zufall in Wissenschaften und Künsten", in *neue hefte für philosophie* 24/25 (1985), S. 79-105, hier: S. 84. Harth spricht in diesem Zusammenhang von Philosophie und Wissenschaft im 18. Jahrhundert, widmet sich in dem Aufsatz aber insbesondere der Kunst- und Kontingenz-Theorie Valérys, der die Kunst vom Ideal der Vollkommenheit entfernen und sie mit dem Verfall liieren möchte.

nicht durch Leugnung eliminiert, sondern durch ein ontologisches Gefälle von Wesentlichem und Unwesentlichem in seiner Bedeutung herabstuft. Über Zufälle, die als bloße Äußerlichkeit (Peripherie des Kreises) eingestuft werden und das Wesen (Zentrum des Kreises) nicht tangieren, kann man gut und gern hinwegsehen. Während diese Argumentationsstrategie der Philosophie es dem Boethius ermöglicht, Zufall und Ordnung zusammenzudenken und ein neues Weltvertrauen zu fundieren, wirkt bei Chaucer der Schluß mit seinem unvermittelten Perspektivenwechsel eher aufgesetzt. In seiner Erzählung driften Zentrum und Peripherie so weit auseinander, daß es größter Anstrengung bedarf, sie noch einmal zusammenzudenken. Was sie schließlich zusammenhält, ist nicht eine Erleuchtung, sondern ein herrscherliches Dekret, ein dezisionistischer Akt, der nicht mehr in Lebenserfahrung übersetzbar ist. Was schließlich als scheinhaft hätte durchschaut werden sollen, hat bei Chaucer zuviel Eigengewicht und sperrige Realität angesetzt, um es am Ende mit einem bloßen Blickwechsel noch bewältigen zu können. Ein knappes Jahrtausend nach Boethius zeigt Chaucer in seiner Erzählung, die einer vergangenen Epoche und Mentalitätsform ein Denkmal setzt, wie sich erratische Erfahrungswirklichkeit und unterstellter Ordnungszusammenhang immer weniger miteinander vermitteln lassen.

III. Skepsis und Weltvertrauen bei Shakespeare

Shakespeare hat Chaucers Erzählung gekannt und benutzt. Deutlichster Beleg dafür ist der Sommernachtstraum, in dem er das Königspaar Theseus und Hippolita noch einmal auf die Bühne gebracht hat.[13] Die bevorstehende und schließlich vollzogene Hochzeit zwischen dem Athener Herrscher und der als Kriegsbeute heimgeführten Amazonenkönigin bildet die Rahmenhandlung eines Stücks, das die eine Hälfte von Chaucers Themenkomplex auslotet: die Irrationalität der Liebe. Um nur ein Beispiel zu nennen: der eselsköpfige Bottom, Opfer des launischen Liebesgottes Cupido, der hier durch Puck vertreten ist, erscheint als eine groteske Inversion des herkuleischen Tugendhelden, wie ihn die Medaille des Stefano Taverna portraitierte.

Die andere Hälfte von Chaucers Themenkomplex - die Irrationalität der Fortuna - hat Shakespeare in seinen Tragödien, allen voran im *Hamlet* und *King Lear* wieder aufgegriffen. Shakespeares Tragödien stehen in vielem der mittelalterlichen Gattungsdefinition näher als der aristotelischen. Diese lautet bei Boethius in der Übersetzung Chaucers: "What other thing bewailen the cryinges of tragedies but only the dedes of Fortune, that with an unwar stroke over-

[13] Zu Chaucer als Quelle für Shakespeare vgl. D. Bethurum, "Shakespeare's Comment on Medieval Romance in Midsummer Night's Dream", *MLN* 60 (1945), S. 85-94, E.T. Donaldson, *The Swan at the Well - Shakespeare reading Chaucer*, New Haven/London 1985.

torneth realmes of grete nobley? - Glose. Tragedie is to seyn, a ditee of a prosperitee for a tyme, that endeth in wrecchednesse. -"[14] Fortuna, die nach mittelalterlicher Auffassung die Muse der Tragödie ist, bestimmt auch in Shakespeares Tragödien das Strukturgesetz der Handlung; blinder Zufall vereitelt die Möglichkeit sinn- und planvollen Handelns. Die Tragödie, die das Scheitern jeglicher Form von Rationalität ausstellt, rückt bei Shakespeare an die Grenze des Absurden. In ihr wird vorgeführt, daß menschliche Handlungen nicht zu ihrem Ziele kommen, sondern permanent von erratischen Mächten abgebogen, unterbrochen, vereitelt werden. Das Prinzip Zufall, das die Szenenfolge im Hamlet regiert, wird in der Schlußrede des Horatio ausdrücklich beim Namen genannt. Im Angesicht des Leichenbergs stellt er fest, daß sich die Summe dieser Ereignisse zu keiner kohärenten Geschichte zusammenfügen läßt:

> And let me speak to the yet unknowing world
> How these things came about: so shall you hear
> Of carnal, bloody and unnatural acts,
> Of accidental judgements, casual slaughters,
> Of deaths put on by cunning and forced cause,
> And, in this upshot, purposes mistook
> Fall'n on the inventors' heads: all this can I
> Truly deliver. (V, ii, 393-400)

Horatios letzte Worte sprechen die Hoffnung aus, daß die maligne Kette heilloser Zufälle schließlich unterbrochen werden kann: „lest more mischance On plots and errors happen" - wobei sein buchstäblich letztes Wort - ‚happen' - etymologisch, wie wir gesehen haben, mit dem mittelalterlichen Begriff des Zufalls verbunden ist. Horatio kann das Nachwort zu dieser Tragödie sprechen als einer, der es verstand, sich außerhalb des Bannkreises der Fortuna zu stellen. Sein römischer Name läßt jene stoischen Tugenden anklingen, die ihm die besondere Wertschätzung und Freundschaft Hamlets eingetragen haben:

> for thou hast been
> As one, in suffering all, that suffers nothing;
> A man that fortune's buffets and rewards
> Hast ta'en with equal thanks: and blest are those
> Whose blood and judgement are so well commingled
> That they are not a pipe for fortune's finger
> To sound what stop she please. (III, ii, 70-75)

Horatio nähert sich hier dem Renaissanceideal des herkuleischen Tugendhelden an. In deutlichem Kontrast zu diesem Ideal ist das Portrait des Hamlet gezeichnet. Der Sicherung und Steigerung männlicher Handlungskompetenz

---

[14] Boethius, *De Consolatione Philosophiae,* II, P ii, 75-80, in Chaucer, *Complete Works,* S. 143.

korrespondiert spiegelsymmetrisch ein neues Bewußtsein von männlicher Angst, von Sinnverlust und Ohnmacht. Während der eine sich durch geschärfte Vernunft gegen den Zufall zu wappnen sucht, unterhöhlt der andere die Vernunft, indem er sich dem Zufall ausliefert. Hamlet verkörpert den Gegenpol zum heroischen Selbstbehauptungswillen. Er, der die Erfahrung macht, daß der reine Wille nicht durchzusetzen ist und gefaßte Pläne nicht zum Ziele gelangen, weil jede Handlung von ungewollten, vielleicht katastrophalen Nebenfolgen begleitet ist, vertraut auf den Zufall. In dieser Perspektive ist nicht der Zufall blind, sondern menschliches Planen. Zufälle sind Ausschnitte einer Ordnung, die dem Menschen aufgrund seiner beschränkten Einsicht niemals voll einsichtig ist. Von der Blindheit menschlichen Wollens und Planens überzeugt, vertraut er deshalb auf seine unüberlegten mehr als auf seine geplanten Handlungen:

> Rashly,
> And praised be rashness for it, let us know,
> Our indiscretion sometime serves us well
> When our deep plots do pall; and that should learn us
> There's a divinity that shapes our ends,
> Rough-hew them how we will. (V, ii, 6-11)

Im letzten Akt hat er dem Wollen und Planen so weit abgeschworen, daß er trotz deutlicher Warnungen seines Freundes nicht einmal mehr der tödlichen Gefahr aus dem Wege gehen möchte. Was kommt, soll nur kommen, denn es kommt immer zur rechten Zeit.

> *Horatio:* If your mind dislike any thing, obey it. I will forestal their repair hither, and say you are not fit.
> *Hamlet:* Not a whit; we defy augury; there is special providence in the fall of a sparrow. If it be now, 'tis not to come; it it be not to come, it will be now; if it be not now, yet it will come: the readiness is all; since no man has aught of what he leaves, what is 't to leave betimes? Let be.[15]

Mit dieser neutestamentlichen Haltung lebt Hamlet nach dem Satz aus Boethius, welcher lautete: "alle fortune is good", sowie nach der Weisheit des Theseus, welcher mahnte: "And take it wel, that we may nat eschue,/And namely that to us alle is due." Was uns allen bevorsteht ist der Tod; er ist der Zu-Fall schlechthin, der jenseits sinnvoller Handlungszusammenhänge und planender Berechnung liegt. Die Möglichkeit des Selbstmordes holt diesen Zu-Fall in die eigene Intentionalität zurück; mehr noch, der Selbstmord wird zum letzten

[15] (V, ii, 229-238). Nachdem Hamlet vom vergifteten Degen tödlich getroffen ist, reagiert er auf die Unmöglichkeit, seine Geschichte zuende zu erzählen, mit den Worten "Let it be" (V, ii, 352). Der Rest ist nicht Schweigen, sondern die Kommemoration der Ereignisse durch den Zeugen Horatio.

Garanten der Autonomie angesichts der schlimmsten Schläge der Fortuna und der Gewalt des Tyrannen.[16] Horatio will nach römischem Vorbild Hamlet in den Tod folgen, was dieser jedoch nicht zuläßt. Ausführlicher wird das Selbstmord-Problem im *King Lear* erörtert. Die Nebenhandlung zeigt Gloucester und Edgar, Vater und Sohn, jeden auf seine Weise als Opfer der Fortuna. Edgar, "A most poor man, made tame to fortune's blows" (IV, vi, 226), hat Besitz, Rang, Namen und die Liebe seines Vaters verloren. Am Tiefst-Stand seines Unglücks glaubt er sich vor weiteren Schlägen der Fortuna sicher, um zu erfahren, daß selbst dieser Tiefst-Stand noch bodenlos ist: "And worse I may be yet; the worst is not/So long as we can say ‚This is the worst'" (IV, i, 27-28). Gloucester, der seinem Leben ein Ende machen möchte, muß seinerseits lernen, daß er den Tod nicht selbst suchen darf, sondern ihn als eine Gabe empfangen muß. Edgar hat dafür eine besondere Therapie parat: er inszeniert einen Schein-Selbstmord, den er als Akt providentieller Rettung ausgibt:

> therefore, thou happy father,
> Think that the clearest gods, who make them honours
> Of men's impossibilities, have preserved thee. (IV, vi, 73-75)

Edgars ‚Kontingenz-Therapie' will die Grenzen menschlicher Planbarkeit demonstrieren: er inszeniert das schlechthin Unverfügbare, nämlich eine wunderbare göttliche Intervention, um damit dem Tod seine Unverfügbarkeit zurückzugeben. Gloucester gibt zu verstehen, daß er diese Lektion gelernt hat:

> I do remember now: henceforth I'll bear
> Affliction till it do cry out itself
> ‚Enough, enough', and die. (IV, vi, 76-78)

Noch schwerer als sein eigenes Schicksal anzunehmen, fällt es ihm, den Untergang des Königs zu ertragen. Edgars Mahnung muß den Verzweifelten noch einmal zum Leben zurückrufen:

> Men must endure
> Their going hence, even as their coming hither;
> Ripeness is all: come on. (V, ii, 9-11)

Hamlets und Edgars Worte gehören aufs Engste zusammen, auch wenn sie Gegenteiliges artikulieren; Hamlets Worte gegenüber Horatio signalisieren die Bereitschaft, jetzt zu sterben und keinen Aufschub zu suchen; Edgars Worte gegenüber Gloucester signalisieren die Bereitschaft, jetzt nicht zu sterben und den

[16] *Gloucester*: "Is wretchedness deprived that benefit,/To end itself by death? 'Twas yet some comfort,/When misery could beguile the tyrant's rage/And frustrate his proud will" *(King Lear,* IV, vi, 1, 62-65).

Aufschub zu ertragen. Beide stimmen darin überein, daß sie sich zur Kontingenz ihres eigenen Todes durchringen, den sie aus den Bahnen ihrer planenden Verfügung herausgenommen haben. Die Weisheit des Boethius und des Theseus bestand darin, demütig das Gute und das Schlechte anzunehmen, weil es sich doch nicht abwenden läßt. Die Weisheit des Montaigne, der Shakespeare in diesem Punkt besonders nahe steht, geht noch weiter.[17] Sie besteht darin, die Unterscheidung zwischen Gutem und Schlechtem überhaupt zu überwinden:

> Man muß ertragen lernen, was man nicht vermeiden kann. Unser Leben ist, wie die Harmonie der Welt, aus widersprechenden Dingen, gleichfalls aus verschiedenen, langen und kurzen, hohen und tiefen, weichen und rauhen Tönen zusammengesetzt. (...) Unser Dasein kann ohne diese Vermischung nicht bestehen, und eine Saite ist ebenso nötig dazu als die andere.[18]

Harmonie ist kein neues Bild für kosmische Ordnung; doch wird dieses Bild von Montaigne neu gefaßt. An die Stelle einer Welt mit einer von Kontingenzen gereinigten transzendenten Ordnung und Harmonie tritt eine Welt, in der sich Ordnung und Kontingenz unentwirrbar verschränken. Was ehemals als Gegensatz konstruiert war, ist nunmehr so miteinander verbunden, daß das eine nicht ohne das andere bestehen kann. Skeptizismus, d.h. Kritik des menschlichen Wollens einerseits und Fideismus, d.h. Vertrauen in eine übergreifende Harmonie der Gegensätze andererseits, berühren sich in dieser Weisheit, die auf die Lebenshaltung der Indifferenz und Gelassenheit gerichtet ist.[19] Das folgende Zitat aus Montaignes Essays kann als eine direkte Parallele zu Hamlets Wort über den Sperling gelesen werden :

> Die Macht, welche für Flöhe und Maulwürfe sorgt, sorgt auch für solche Menschen, welche sich mit eben der Geduld regieren lassen wie die Flöhe und Maulwürfe. Wir mögen an einer Fähre so viel schreien als wir wollen: Holt über! Heiser kann es uns wohl machen, aber der Fährmann kommt uns darum nicht schneller.[20]

IV. Systemische Kontingenz - Halt in der Haltlosigkeit?

Das Problem der Kontingenz wird in Spätmittelalter und Renaissance in der Begrifflichkeit der Fortuna reflektiert. Fortuna in ihrer mittelalterlichen Ge-

[17] Ich habe in anderem Zusammenhang Bezug genommen auf die Weisheit des Montaigne: vgl. A. Assmann (Hg.), *Weisheit*, München 1991, S. 39-43.

[18] Montaigne, „Essays", in *Gesammelte Werke*, übersetzt von J.J. Bode, hg. O. Flake/W. Weigand, München/Berlin 1915, Bd. 6, S. 205-6.

[19] H. Friedrich hat sich 1949 zu diesem Syndrom geäußert. Im gleichen Zeitraum hat Heidegger den Begriff der Gelassenheit zu philosophischen Ehren gebracht. Die Konjunktur dieser Geisteshaltung im Nachkriegs-Westdeutschland bedürfte einer eigenen Untersuchung.

[20] Montaigne, „Essays" II, 37, Bd. 4, S. 367.

stalt ist ein Abspaltungsprodukt. Indem sie für alles Irrationale, Ordnungswidrige einsteht, entlastet sie die höchste Gottheit von der unmittelbaren Verantwortung für die schlechten Züge des Kosmos. Fortuna hat in der Hierarchie eine untergeordnete Stellung inne; sie verkörpert kein Gegenprinzip, das in einen offenen manichäischen Konflikt führen würde. In der älteren Fortuna-Theologie des Boethius sind folgende Axiome dogmatisch festgelegt:

1. Es besteht eine klare Wert-Dichotomie zwischen der guten göttlichen Ordnung/Einheit und der schlechten irdischen Unordnung/Vielfalt, über die Fortuna herrscht.
2. Wandel, Zeitlichkeit, Schicksal, Zufall, Kontingenz gehören dem Reich der Fortuna an, sind also notwendig negativ konnotiert.
3. Zwischen den Bereichen des Guten und des Schlechten besteht kein Verhältnis der Rivalität, sondern eines der Unterordnung und Abhängigkeit.
4. Was aus dem Reich der Fortuna hervorgeht, hat keinen Bestand; alles Seiende hat seinen Ursprungsort in der göttlichen Ordnung und kann, vorübergehend gekrümmt und aus dem Lot gebracht, heil zu diesem zurückkehren.

Diese Solidarität von Gott, Ordnung, Einheit und dem Guten ist in der abendländischen Kultur zur verbindlichen Norm erhoben worden. Sie besitzt jedoch keine zwangsläufige Evidenz. Der Gottesname etwa, der Moses von Jahwe aus dem brennenden Dornbusch offenbart wird, lautet: ‚Ich bin, der ich sein werde'. Diese Formel erhebt keinerlei Anspruch auf zeitlose Ordnung; ebenso radikal entzieht sie sich dem menschlichen Bedürfnis der Erwartungssicherheit. ‚Ich bin, der ich sein werde' - das heißt soviel wie: ‚Mein ist die Kontingenz'.[21] Im Gegensatz dazu ist der aristotelische Gott, der der Gott der Philosophen und unter ihnen auch der des Boethius ist, als unbewegter Beweger auf seine Rolle als Garant der kosmischen Ordnung festgelegt. Um der Reinheit des göttlichen Ordnungsprinzips willen müssen alle ordnungswidrigen Elemente auf eine andere Instanz übertragen werden. Hier kommt Fortuna ins Spiel, deren Walten allerdings nicht selbstverantwortet und eigenmächtig, sondern mit göttlicher Lizenz sich vollzieht. Auf diese Weise stabilisiert sich eine totalisierende Ordnungsvorstellung, die Kontingenz zwar anerkennen und wegstecken, aber nicht zu einer grundsätzlichen Positivierung von Kontingenz durchstoßen kann. Für die Lebensführung heißt das, daß der Mensch den Wandlungen der Fortuna nicht entgehen kann, daß er aber Strategien erlernen kann, um sich gegen ihre trügerischen Gaben und Schläge zu wappnen. Distanz und innerer Vorbehalt gegenüber den Wechselfällen des Schicksals ermöglichen eine Autonomie, die nicht aus der Selbstermächtigung, sondern aus dem Transzendieren irdischer Zwänge auf die hintergründige Ordnung hervorgeht.

---

[21] Vgl. dazu den Aufsatz von G. Motzkin, "'Eyheh' and the Future: 'God' and Heidegger's Concept of Becoming Compared", in A. Agus/J. Assmann (Hgg.), *Ocular Desire/Sehnsucht des Auges*, Berlin 1994, S. 173-182.

Bei Shakespeare haben wir es oberflächlich gesehen noch mit derselben Gegenüberstellung von kosmischer Ordnung und Fortuna zu tun, doch haben sich die Voraussetzungen bereits gründlich verschoben. Bei Chaucer geht es in der Nachfolge des Boethius darum, durch einen Blick auf die transzendente Ordnung die Irrationalität der Fortuna zu durchschauen und sich gegen ihre Erschütterungen zu wappnen. Unter den Shakespeareschen Figuren kommt Horatio dieser Haltung am nächsten, die in der Renaissance als Neostoizismus wieder auflebt und mit dem Namen Justus Lipsius verbunden ist.[22] Shakespeare hat jedoch dem Horatio den Hamlet gegenübergestellt. In diesem Wittenberger Freundespaar ist einer das Korrektiv des anderen; Horatio verkörpert die urteilende und entscheidungsmächtige Fakultät der Ratio, die Hamlet fehlt, Hamlet verkörpert die Imagination und Weisheit der Kontingenz, die Horatio fehlen. Der eine hat sich gegen Fortuna gewappnet und damit zugleich seine Empfindlichkeit und Empfänglichkeit für die Zeichen der Transzendenz eingebüßt, der andere ist der Fortuna ausgeliefert, hat jedoch seine Offenheit für den Augenblick bewahrt. Shakespeare hat nicht nur in der Figur des Hamlet, sondern auch in der Edgar-Gloucester-Handlung im *Lear* die Grundlagen der neostoischen Fortuna-Theologie revidiert und sie in ein neues Konzept transformiert, das das Prinzip Kontingenz aus seinem mittelalterlichen Rahmen löst und über die Schwelle der Neuzeit trägt.

Was ist neu an diesem Konzept? Besonders drei Aspekte sind hier zu nennen:

1. Die Entdifferenzierung von Ordnung und Kontingenz.[23] - Die mittelalterliche Dichotomie von Ordnung und Kontingenz erforderte es, daß man schielend in die Welt blickte, ein Auge auf Wandel und Chaos, das andere auf ewige Ordnung gerichtet, wohl wissend, daß ersteres nur eine optische Täuschung des letzteren war. Mit diesem doppelten Blick ist es an der Schwelle der Neuzeit vorbei; Ordnung und Kontingenz sind untrennbar miteinander verbunden. Das hat Konsequenzen für den Stellenwert der Kontingenz, die nunmehr zu schillern beginnt; sie ist - traditionell - noch verbunden mit Fortuna als der ostentativen Negation von Ordnung, sie wird aber auch - modern - zum ephemeren Zeichen, in dem sich die Ordnung fragmentarisch zeigt. Durch die Überblendung von Ordnung und Kontingenz verlieren die unzusammenhängenden Einzelheiten das Odium der Verbiegung von Ordnung und Verzerrung von Wahrheit und können zu Hinweisen auf eine Ordnung werden, die der Mensch niemals in ihrer Ganzheit zu Gesicht bekommt.

---

[22] J. Lipsius, *Von der Bestendigkeit (De Constantia),* Faksimiledruck der deutschen Übersetzung des A. Viritius nach der 2. Aufl. von 1601, hg. von L. Forster, Stuttgart 1965.

[23] Angehrn nennt die „Entdifferenzierung von Ordnung und Chaos, von Gesetz und Zufall" die vierte Kränkung nach Kopernikus, Darwin und Freud. E. Angehrn, „Vernunft und Kontingenz. Zur Standortbestimmung der Philosophie", S. 234. E. Morin hat dafür den Begriff vom ‚Chaos-Kosmos' geprägt.

2. Die Entdifferenzierung von Transzendenz und Immanenz. - Der Übergang vom vorneuzeitlichen zum frühneuzeitlichen Kontingenz-Denken ist am Wandel des Transzendenz-Begriffs ablesbar. Transzendenz bezog sich traditionellerweise auf eine höhere, vom Irdischen abgesetzte und dem Irdischen enthobene Seinsordnung; sie markierte eine scharfe Trennungslinie zwischen göttlichem Jenseits und irdischem Diesseits. Diese Zwei-Welten-Theorie, die die doppelte Buchführung von Ordnung und Kontingenz ermöglichte, wird in Frage gestellt; Transzendenz kippt um in die Immanenz. Unter ‚modernen' Voraussetzungen bezieht sich Transzendenz auf das, was die Horizonte menschlichen Denkens, Wollens und Planens übersteigt. Diese übergreifende, entzogene Ordnung ist weder außerweltlich, noch ist sie als stabile Struktur vorstellbar. Sie transzendiert nicht zuletzt auch alle totalitären Ordnungsvorstellungen, die bislang der metaphysischen Versicherung des Menschen in der Welt gedient hatten.

3. Die Verborgenheit der Ordnung. - Diese Ordnung hat nichts mehr mit der totalisierenden Struktur des aristotelischen Kosmos zu tun. Jene Ordnung war bis ins letzte Detail geometrisch ausgemessen und, obschon transzendent, in ihrer Gesamtheit erfaßt und bekannt. Sie war deduzierbar als eine logische Notwendigkeit und daher unerschütterlich gültig, somit war sie auch das Gegenteil von geheimnisvoll, nämlich klar und eindeutig. In dieser Ordnungsstruktur geht der Komplexitätswert gegen Null, denn ihre Signatur ist grade die Einfachheit und Einheit. Die Ordnungsstruktur bei Shakespeare und Montaigne beruht auf einem Ganzheitskonzept, das dieses Ganze nicht als geschlossene Gestalt, sondern als in sich widersprüchliches, offenes Gefüge maximaler Komplexität voraussetzt. Um die Klarheit und Eindeutigkeit der Ordnung ist es geschehen. Sie ist nicht mehr offensichtlich, sondern konstitutiv verborgen, geheimnisvoll. Keinem Menschen ist mehr möglich, was Boethius von der Philosophie lernte: sie mit einem Blick zu überschauen. Ihre Gesetzmäßigkeit zu erschließen ist dem Menschen unmöglich; er kann sie nur vertrauensvoll voraussetzen, aber nicht mehr nomothetisch setzen.

Vom "Let be" des Hamlet zum "Let it be" der Beatles ist es nur ein Schritt. Oder? Gestatten wir uns abschließend noch einen Ausblick auf die Gegenwart. Nietzsche hatte Hamlets Handlungsunfähigkeit auf einen zu tiefen Blick zurückgeführt. Wer „einen wahren Blick in das Wesen der Dinge" getan hat, kann nichts mehr anpacken. Seine eigene Schlußfolgerung aus der Lehre des Hamlet, wie er sie nannte, lautete: „Erkenntnis tötet das Handeln, zum Handeln gehört das Umschleiertsein durch die Illusion."[24] Damit war das Pro-

[24] Nietzsche, „Die Geburt der Tragödie", in *Werke in drei Bänden,* hg. von K. Schlechta, München 1962, Bd. 1, S. 48. Vgl. dazu auch den Aphorismus § 519 aus der *„Morgenröte":* „Sobald ihr handeln wollt, müßt ihr die Tür zum Zweifel verschließen, - sagte ein Handelnder. - Und du fürchtest dich nicht, auf diese Weise der Betrogene zu werden? - antwortete ein Beschaulicher" (Werke, Bd. 1, S. 1253).

gramm einer Selbstbehauptung durch Kontingenz-Bewältigung verbunden, die Geburt eines neuen Herkules sozusagen, der sich nicht mehr durch Tugend, sondern nur noch durch Stärke und Vitalität auszeichnet. Ein Jahrhundert nach Nietzsche hat Gregory Bateson diese Lehre wiederum auf den Kopf gestellt: er erkannte in ‚Systemblindheit' die Ermöglichung eines unheilvollen Aktivismus. Bateson entwickelte ein nichtlineares, systemisch nach allen Seiten offenes Denken, das mehrspurig orientiert ist und Nebenfolgen und unerwünschte Resultate ins Kalkül einbezieht. Indem er die Prinzipien der gegenseitigen Hervorbringung (Koevolution) und Rückkoppelung stark machte, ließ er Kontingenz nicht mehr außen vor, sondern machte sie zum zentralen Impuls seines Denkens. Mehr noch: seines Lebens, denn er verkörperte, wie uns seine Biographen mitteilen, die systemische Weisheit des ‚Let (it) be'. Nach dem Bericht seiner Tochter Mary Catherine Bateson „ging er weder zum Zahnarzt, um das Verfaulen und Ausfallen seiner Zähne zu verhindern, noch behandelte er die eiternden Blasen an seinen Füssen. Systemische Weisheit, wie er sie verstand, veranlaßte ihn, hier eher nichts als überhaupt etwas zu tun, da alles Tun nur dazu angetan war, unbeabsichtigte, wenn nicht paradoxe und unerwünschte Resultate zu erzeugen."[25]

Trotz großer Ähnlichkeit bestehen auch tiefgreifende Unterschiede zwischen dem Indifferentismus eines Hamlet oder Montaigne einerseits und dem eines Gregory Bateson oder Niklas Luhmann andererseits. Für den Boezischen Trost der Philosophie hatten die Skeptiker der Renaissance keinen Bedarf mehr, weil sie ein neues Weltvertrauen im kosmischen Zusammenhang fanden, der das Gleichgewicht seiner sämtlichen Bestandteile zuverlässig regulierte. Hamlet spricht hier von „divinity", Montaigne von „nature". Diesen metaphysischen Rückhalt hat die Systemtheorie unserer Tage aufgegeben. Luhmann spricht von einer „nach innen und außen ins Leere fallenden Welt", einer Welt, „die sich nur an sich selbst festhalten kann, aber alles Haltbare ebensogut ändern kann." Dieses Weltbild einer verabsolutierten Kontingenz ist, wie Luhmann hinzufügt, „für gesellschaftliche Orientierung untauglich"[26]. Kontingenz, so scheint es, ist dem Menschen nur in bestimmten Dosierungen zumutbar. Möglicherweise ist es inzwischen schon wieder geboten, Nicht-Kontingentes zu erfinden, damit die nicht ganz unplausible Fiktion des verantwortlichen und urteilsfähigen Individuums aufrecht erhalten werden kann.

---

[25] H. Stierlin, „Haltsuche in Haltlosigkeit. Evolutionäre Perspektiven", unpubl. Manuskript, S. 18.

[26] Aus der Sicht des Therapeuten, der seine Aufgabe darin sieht, seinen Klientinnen zu einem Halt in der Haltlosigkeit zu verhelfen, stellt sich diese Situation als Gratwanderung dar zwischen der Chance, angesichts von Verunsicherung durch Um-Deutung Neues anzustoßen, und der Gefahr, die Offenheit des Prozesses durch apodiktische Verordnungen zu verstellen. H. Stierlin, „Haltsuche", S. 21.

Joseph L. Koerner

BOSCH'S CONTINGENCY

For Yve-Alain Bois

I

From time to time, artists have sought to ally themselves with chance in the production of works. Now and then, and against an established union of beauty with necessity, they have tried to enlist accident to work for them, either as a productive force or as a constructive rule. Within the history of European painting, these efforts appear, each time, like singularities, like chance events each isolated from the next and from the central tradition which each, by accident, seeks to escape. Desiring, each of them, to be different from the rest, and thus willfully forgetful of their precursors, these seeming misalliances of art and accident look somehow always the same. Each proposes itself as a historical first; each understands itself uniquely; and each unfolds in ways contingent on its context, that is, on its specific place in history and the tradition. Yet taken all together, these singularities constitute an infinite, if also random, series.

One can enter this series anywhere. I shall begin in Paris in 1950, in the Avenue Matignon, where the young American painter Ellsworth Kelly executed a careful gouache of seven hotel windows, where the awnings, each lowered casually to different levels, together create a singular, momentary structure (figure 1).[1] Taught in Boston by Expressionist painters from Europe, and working in a realist style until 1949, Kelly (virtually alone among important post-War American artists) travelled to Paris to immerse himself in the great tradition as displayed in the city's museums, academies, and ateliers. Instead, inevitably, indeed even *necessarily* for his generation, he discovered the city not as a showcase for art, but as a spectacle of accidents. He could have seen these accidents anywhere, in Boston or in his hometown in Newburgh, New York, these ephemeral structurations, in which the regular geometry and modular repetitions achieved within the modern city put chance on display, as the exception to the rule.

---

[1] In discussing this and other works by Kelly, I was chiefly guided by Y.-A. Bois, „Kelly in Frankreich oder Die Anti-Komposition in ihren verschiedenen Stadien", in Westfälisches Landesmuseum für Kunst und Kulturgeschichte Münster, *Ellsworth Kelly - die Jahre in Frankreich, 1948-1954,* exh. cat., trans. I. Hacker-Klier, Munich 1992, pp. 11-36; see also J. Cowart, „Ellsworth Kelly - Gitterstruktur, Zufall und erste aus mehreren Farbtafeln zusammengesetzte Bilder 1948-1951", in same volume (pp. 37-46). On Kelly's stay in Paris 1948-54, see H. Cotter, "An American in Paris", in *Art in America* (1992), pp. 74-81.

Where chance lacks a visible, serial backdrop, Kelly measured off his pictorial field into a series of arbitrary units, or he regularized his graphic mark so that it itself becomes modular. Thus in a 1949 pencil drawing of a street below the Tour d'Argent (figure 2), Kelly maps the shape of fresh tar patches by dividing space into various units (at the left, eight measures; at the right, four),[2] and by standardizing his pencil strokes as short, rhythmic dashes, each tapering from dark to light (for example, the whole outline of the right edge of the street). What is odd about these studies of spontaneous structure is their own rigorous avoidance of spontaneity. One wonders about the drawing's several pentimenti, where Kelly corrects and recorrects his rendering of the contours of the tar. If these spots are interesting because they are accidental, indeed because they themselves patch, rather than fully repair, the randomly cracked or excavated pavement, does it matter whether the accidents are the spots', not Kelly's? And could one ever measure, after the fact, the rightness of such a provisional patchwork for a street that has evidently changed and will change again, a street that anyway is only designated *as* street by the sheet's title? Pentimenti imply that the artist works within some necessary standard of likeness or beauty, that there is something there to get right. Here that something is already akin to the pentimento itself: the tar that covers the flaws and repairs in and under the street but that, in its own shape, displays those patches nevertheless.

As Meyer Schapiro once remarked about pictorial structure in Piet Mondrian, modern art and thought typically model the world „as law-bound in the relation of simple elementary components, yet open, unbounded and contingent as a whole"[3]. Picturing the city in its smallest and most errant parts, and refusing, in his own graphic renditions, to provide any supplementary, completing frame, Kelly, similarly, finds his form ready-made in the law intrinsic to the random part. He insists on getting *chance* right. And therefore he works to purge his marks of gestural randomness, to repudiate the accidents of art so as to isolate and preserve the contingency of the object itself. In this, it would seem, he vindicates Thomas Aquinas' dictum that "nothing is so contingent that it has nothing necessary about it"[4].

Accounts of Kelly's artistic development date his crucial formation to the aleatoric works of 1949-52. Simultaneously mimetic and abstract, they are deemed to have enabled his radical break with tradition by providing him with

[2] According to Bois, Kelly paced these units out on the street itself.

[3] M. Schapiro, "On Some Problems in the Semiotics of Visual Art: Field and Vehicle" (1969), reprinted in *Theory and Philosophy of Art - Style, Artists, and Society,* Selected Papers, 4, New York 1994, p. 32. As I argue in the present essay, Hieronymus Bosch's art represents the reverse situation, being law-bound as a whole, but unbounded and contingent in the relation of simple elementary components.

[4] *Summa theol.* I, q. 86. a. 3.

a new, objective method of composition, independent of earlier Expressionism, Surrealism, or Constructivism because emptied of all gestures, figures, and systems. They are the foundation of Kelly's indexical transfers, such as the 1950 *Window V*, perhaps modern American art's first "shaped" painting,[5] which copies a pentagonal patch of light cast on Kelly's bedroom wall, with shadows of telephone cables rendered as horizontal bands of black against a white ground (figure 3); or the famous 1949 picture-object entitled *Window, Museum of Modern Art, Paris,* which translates an actual window of that museum into oil, wood and canvas.[6] Kelly's aleatoric works struggle to place themselves literally outside the museum. Indeed they are credited with helping to clear for American painting a true *tabula rasa,* one which the Minimalists in the 1960s would wipe even cleaner. Purging themselves of intention, Kelly's pictures become, by such accounts, art-historical versions of the accidents they depict.

The history of art, however, is replete with these images made by chance.[7] Kelly's *Window V,* as well as his laborious pencil sketches of a cement wall (figure 4), complete with notes on color and texture, seem like the ultimate ironization of subject matter. But they also stand in a venerable tradition reaching back at least to Leonardo, who, in a passage from his unfinished *Treatise on Painting,* cited throughout the post-Renaissance literature on art, recommended

> a new device for consideration which, although it may appear trivial and almost ludicrous, is nevertheless of great utility in arousing the mind to various inventions. And this is if you look at any walls spotted with various stains, or with a mixture of different kinds of stones, if you are about to invent some scene you will be able to see in it a resemblance to various different landscapes adorned with mountains, rivers, rocks, trees, plains, wide valleys and various groups of hills.[8]

---

[5] The term "shaped" was coined to describe the work of Frank Stella from the early 1960s; see, for example, L. Alloway, *Six Painters and the Object,* exh. cat., New York 1963; I am grateful to Y.-A. Bois for this reference.

[6] C.S. Peirce's notion of the "index" (explained, for example, in *Collected Papers of Charles Sanders Peirce,* 2, *Elements of Logic,* ed. C. Hartshorne and P. Weiss, Cambridge 1932, p. 170) has been applied to Kelly's work by Bois in "Kelly in Frankreich" (pp. 18-23), and by R. Kraus in "Notes on the Index, Part II", in *The Originality of the Avant-Garde and Other Modernist Myths,* Cambridge, Massachusetts 1986, pp. 215-216.

[7] The classic study of this material is still H.W. Janson, "The 'Image Made by Chance' in Renaissance Art", *De artibus opuscula XL – Essays in Honor of Erwin Panofsky,* ed. M. Meiss, New York 1961, pp. 254-266; see also J. Baltrušaitis, *Aberrations - Quatre essais sur la légende des formes,* Paris 1957, pp. 47-72; E.H. Gombrich, *Art and Illusion – A Study in the Psychology of Pictorial Representation,* London 1960, pp. 254-66; H. Damisch, *Théorie du nuage,* Paris 1972, pp. 51-55; J.-C. Lebensztejn, *L'art de la tache - Introduction à la "Nouvelle méthode" d'Alexander Cozens,* Montelimar 1990, pp. 79-116 and *passim.*

[8] *The Notebooks of Leonardo da Vinci,* ed. and trans. E. MacCurdy, New York, 1956, pp. 873-4; the original text of the passage is No. 2038, Italian MSS, Bibliothèque National, 22v. Some of Leonardo's manuscripts were transcribed, edited, and published as a "Treatise on Painting" as early as 1651 (in Paris, by R. du Fresne); a French translation followed in 1651 (by de Chambray); and an English translation appeared in London in 1721. A full list of editions is given in A. Chastel's edition, *Traité de la peinture,* Paris 1960.

Leonardo, it is true, saw the chance spot as a stimulus for figurative inventions - not only landscapes, but also faces, costumes, scenes of combat, and the like - whereas Kelly worked to make the spot a figure, merely, of itself. Yet the two artists share a broader aim. "Out of this confused mass of objects", Leonardo notes, "the mind will be furnished by an abundance of designs and subjects perfectly new." Even though he assumes the preexistence of an artistic intention to create a picture ("you are about to invent some scene"), Leonardo imagines that the encounter with the stain will yield something not previously imaginable: a wholly novel image born from the interaction between random outer shapes and a projective inner imagination.[9]
The alliance between invention and accident is an *avant-garde* commonplace. Dada and Surrealism, in particular, sought to break with tradition precisely by staging art production as a chance event.[10] From Marcel Duchamp's ready-mades of 1913 and the 1916 collages of Hans Arp, through the "automatic" writing and sketches of, for example, André Breton and André Masson, to recent computer-generated images, music, and texts, chance has become not merely a privileged theme of, or inspiration for, art, but a full-blown method of art's production. As the painter Hans Richter recollected of the original project of Dada:

> Der ‚Zufall' wurde unser Markenzeichen. (...) Uns erschien der Zufall als eine magische Prozedur, mit der man sich über die Barriere der Kausalität, der bewußten Willensäußerung hinwegsetzen konnte, mit der das innere Ohr und Auge geschärft wurde, bis neue Gedanken- und Erlebnisreihen auftauchten. Der Zufall war für uns jenes ‚Unbewußte', daß Freud schon 1900 entdeckt hat.[11]

Yet even as they celebrated chance as freeing the artist from the bonds of prior intentions, fixed forms, and rigid conventions by submitting art to the radical heterogeneity of things and events, the Dadaists and Surrealists cited no less traditional a precursor than Leonardo, who was the authority on aleatory art. Thus Max Ernst headed his famous 1936 essay *On Frottage* with the relevant passage from the *Trattato,* announcing that "on the tenth of August, 1925, an insupportable visual obsession caused me to discover the technical means which have brought a clear realization of this lesson of Leonardo"[12]. Ernst's

---

[9] On this aspect of Leonardo's recommendation, see E.H. Gombrich, "Conseils de Léonard sur les esquisses des tableaux", *Études d'art* 8-10 (1953-4), pp. 177-197.

[10] For surveys of this material, see the essays assembled in the catalogue of the exhibition in the Wilhelm-Hack-Museum, Ludwigshafen, *Zufall als Prinzip - Spielwelt, Methode und System in der Kunst des 20. Jahrhunderts,* ed. B. Holeczek/L. v. Mengden, Heidelberg 1992; also H.A. Watts, *Chance – A Perspective on Dada,* Ann Arbor 1975.

[11] Quoted in Holeczek, "Zufall als Glücksfall", pp. 17-18.

[12] M. Ernst, *Beyond Painting,* trans. D. Tanning, New York 1948, p. 7-8; excerpted in H.B. Chipp, *Theories of Modern Art – A Source Book by Artists and Critics,* California Studies in the History

"obsession" was with the pattern grain of the wood floor of a hotel room; his "means" was placing sheets of paper, as he put it, "arbitrarily" on the floor and rubbing on them with a pencil. Frottage itself was the material result of an at once accidental and overdetermined impression of shapes that were themselves simultaneously random and intricately patterned. And to the "found formalism"[13], as it were, of these rubbings, Ernst added further determinations that made the final image appear anything but random: ominous titles, figurative embellishments, and even iconic marks that return the wood grain's indexical rubbing to the wood itself (figure 5).[14]

Ellsworth Kelly could have encountered Ernst's text in Dorothea Tanning's 1948 English translation.[15] Or he could have absorbed its lesson through his personal contact with Dadaism's pioneer automatist, Hans Arp. Kelly made three visits to Arp in his studio in Meudon near Paris. There he encountered not only the early collages produced, as Arp sometimes put it in his subtitles, "selon des lois du hazard", but also the checkerboard "Duo-Collages" of Arp and his wife Sophie Taeuber, which impressed Kelly above all.[16] As with Ernst's story of the "discovery" of frottage, Arp endowed his invention of collage with a myth of origin by accident. Disgusted with a drawing he had done, Arp, it is told, tore up the sheet and let the pieces fall. When he later saw them on the floor, he discovered in their arrangement an ordered harmony which he captured by fixing them on a sheet of paper in their found positions. However we measure the relations between Arp's and Taeuber's collages and Kelly's transfers, the American artist would have known that his accidental images, for all their apparent singularity, had necessary and multiple precursors. Max Ernst had acknowledged such a dependency, although the figure of Leonardo as quintessential genius, together with the hyperbolic dating of frottage to one moment in one day in 1925, work to style Ernst's chance discovery as a unique and epochal invention. In fact, there were closer, if more mundane, precedents for frottage within Ernst's immediate culture.

The *Klecksographien* of the nineteenth-century physician, poet, and spiritualist Justinus Kerner, were based on stray spots of ink dripped from the half-blind writer's pen (figure 6). Kerner learned to transform these blots, which otherwise marred his letters to his friends, by turning them into little pictures

---

of Art 6, Berkeley/Los Angeles 1968, p. 428. The piece was originally published in "Au delà de la peinture", *Cahiers d'Art* 11 (1936).

[13] New York, Museum of Modern Art, *Mapping*, exh. cat. by R. Storr, New York 1994, p. 20.

[14] W. Spies, *Max Ernst Frottagen*, Stuttgart 1968.

[15] See note 12 above.

[16] Cowart, "Ellsworth Kelly", p. 45, n. 13; on the collaboration between Arp and Taeuber, see Bern, Kunstmuseum; Rolandseck, Stiftung Hans Arp und Sophie Taeuber-Arp; and Fribourg, Office du Livre, *Sophie Taeuber – Hans Arp – Künstlerpaare – Künstlerfreunde*, exh. cat. by S. Kuthy, Bern 1988.

with the stroke of his pen.[17] In time, he began to produce them intentionally, sometimes folding the sheet over so that the spot would reduplicate and achieve a pleasing symmetry.[18] These he would inscribe with appropriate verses and give as little gifts to his colleagues and patrons, and especially to his women friends, who kept them pasted in albums. In 1857, towards the end of his life, he gathered these blots, along with a group of accompanying poems that together read like an imaginary bestiary. One headed "Hades" proclaims that the blots are creatures of chance:

> Dieser Bilder aus dem Hades
> Alle schwarz und schauerlich,
> (Geister sind's, sehr niedern Grades,)
> Haben selbst gebildet sich
> Ohn' mein Zutun, mir zum Schrecken
> Einzig nur - aus Tintenflecken[19]

Spontaneously generated, the ink spots multiply infinitely, each occasioning verses which, when penned, spill more ink, producing further spots and verses. Products of the underworld, they obey only the law of negation: "daß man nie das, was man gern möchte, hervorbringen kann und oft das Gegenteil von dem entsteht, was man erwartete". Thus over half a century before the ink blots of Hermann Rorschach's 1918-19 *Psychodiagnostik,*[20] and before Max Ernst's "visual obsessions", produced in analogy to Freud, the interpretation of random

---

[17] The earliest mention of Kerner's *Klecksographien* is an 1844 letter to Emma Niendorf *(Justinus Kerners Briefwechsel mit seinen Freunden,* eds. T. Kerner, Stuttgart/Leipzig 1897, letter 602, p. 256). The ink-and-brush drawings (or blots) of Victor Hugo, dating from around 1850, and influenced by Thèophile Gautier, constitute an interesting parallel; on which, see P. Georgel, *Les dessins de Victor Hugo* (forthcoming), cited in Lebensztejn, *L'art de la tache,* p. 92; and Georgel, *Dessin et ebauches de Victor Hugo provenant de la succession Hugo,* exh. cat., Paris 1972.

[18] *Klecks* ("blot" or "blotch") comes from Middle High German *klecken,* which meant also "to fold", which is nicely recalled in Kerner's technique of placing the blot on a fold in the paper, or of folding the paper over on the blot. For a complex meditation on matter itself as a fold, see G. Deleuze, *Le Pli – Leibniz et la baroque,* Paris 1988.

[19] *Justinus Kerners sämtliche poetische Werke,* ed. J. Gaismaier, Deutsche Klassiker-Bibliothek, Leipzig 1905, vol. 2, p. 210. Kerner's *Klecksographien* were published only posthumously, first by the Deutsche Verlags-Anstalt as *Klecksographien – Mit Illustrationen nach den Vorlagen des Verfassers,* Stuttgart/Leipzig 1891, and then in Kerner's *Sämtliche poetische Werke,* vol. 2, pp. 199-255. According to Kerner, the term *Klecksographie* was not his own, but that of an „geistreicher Freund der Kunst und des Humors", presumably the Bavarian poet, humorist, and court chamberlain Franz Graf von Pocci.

[20] Rorschach's *Psychodiagnostik,* first published by Bircher in Bern in 1920, was inspired by the French psychologists Alfred Binet and Victor Henri, who, invoking Leonardo, first thought of using ink spots for testing scientifically the projective fantasies of different individuals. See A. Weber, "Zur Geschichte des Rorschach'schen Formdeutversuchs", in *Zeitschrift für Diagnostische Psychologie und Persönlichkeitsforschung* 4 (1956), pp. 206-212; and E. Bohm, *Lehrbuch der Rorschach-Psychodiagnostik,* 2nd ed. rev. and exp., Bern/Stuttgart 1957. The connection between Kerner and Rorschach has been noted by Gombrich, *Art and Illusion,* p. 157.

spots as evocations of an unconscious had become an elegant parlor game in Germany. In his 1857 introduction to the *Klecksographien,* Kerner describes how elegant ladies in Stuttgart and Dresden delighted in his ink spots, circulating them in the lotteries held to benefit the poor.[21]

Is it not necessary, though, to draw distinctions among these various games of chance? Surely Kerner and his friends were not engaged in the same diversion as was Kelly in Paris one century later. The Romantic *Klecksographie* turns chance ink spots into legible figures, into "Typen", as Kerner puts it, of "längst vergangenen Zeiten, wie zum Beispiel Götzenbilder, Urnen, Mumien und so weiter"[22]. These stains evoke another, more primal world - the sphere of the antique Hades or Christian Hell - which Kerner, as both proselytizing spiritualist[23] and Biedermeier ironist, at once affirmed and miniaturized. In Kelly's high modernist works, by contrast, chance erases all the old figures as indeed idols, and in their place is erected an imageless *hic et nunc.* The monumental transfers of circa 1950 sever their prototype from its temporal and spatial surrounding. They abstract it from its accidents of color and texture, and from the vagaries of poetic association, by submitting the heterogeneity of things and events to the achieved purity of painting, with the result that the final image is recognizable neither as the icon nor as the image of some *thing* - say, light and shadow on a bedroom wall (figure 3).

Pictures made by chance thus appear rather to be the ineluctable products of history. The accidental works of Kerner, Ernst, and Kelly constitute no single, timeless series, but instead belong each to its own separate history of art, each being contingent on the specificities of person, place, and time. Indeed as Arp himself put it in 1960, „Der ‚Zufall' in der Kunst unsere Zeit ist nichts Zufälliges"[24], which I understand to mean that chance art, as expressive of modernity, is therefore uniquely and *necessarily* modern. To generalize, therefore, about contingency in art, as I have begun to do in this reverse chronology from the recent past back to my subject, Hieronymous Bosch, would mean returning to what we always anyway do as historians - that is, discerning art as necessarily the consequence of a specific context. Or it would entail fabricating a hidden, "tradition" of eccentricities held together by mere chance references, say, to Leonardo's spotted wall. Only from a great distance, however, do these creations appear alike. From afar, perhaps, the historical and figurative outlines might vanish to reveal the images purely made by chance.

---

[21] Kerner circulated his Kleckse particularly among his patrons in the high nobility of Bavaria and Württemberg, who also relished his eerie accounts of occult phenomena. See F. Pocci, *Justinus Kerner und sein Münchener Freundeskreis,* Leipzig 1928, p. 195ff.

[22] Kerner, *Sämtliche poetische Werke,* vol. 2, p. 202.

[23] H. Straumann, *Justinus Kerner und der Occultismus in der deutschen Romantik,* Wege zur Dichtung 4, Leipzig 1928, pp. 96-7.

[24] Cited in Holeczek, "Zufall als Glück", p. 24.

II

Alexander Cozens, the great British watercolorist, charted this territory between accident and art. His 1785 treatise entitled *A New Method of Assisting the Invention in Drawing Original Compositions of Landscape* describes how painters can create novel and more lifelike images by making random ink blots and working them up into finished pictures (figure 7).[25] Again invoking the example of Leonardo, Cozens boasts that whereas old, spotty walls are hard to come by, and anyway may offer spots "rude or unfit," ink blots are easily made and therefore always available:

> An artificial blot is a production of chance, with a small degree of design; for in making it, the attention of the performer must be employed on the whole, or the general form of the composition, and upon this only; whilst the subordinate parts are left to the casual motion of the hand and the brush.[26]

As Jean-Claude Lebensztejn has argued, the production of chance is an odd, even paradoxical, procedure, for how can one intend to make something without intention.[27] On the one hand, the artist cannot count on good, chance blots to be there when he needs them; on the other hand, he ought not make the blot so cohere to his intentions that it is no longer, strictly speaking, a blot. If it is too accidental, the blot will be "rude or unfit;" if it is not accidental enough, it becomes an ordinary drawing, thus obviating the detour through chance that Cozens recommends. The blot, for Cozens, is legible both as black on white or as white on black; it receives its logical definition diacritically, in its twofold difference from both the rude spot and the drawing, that is, from both art and accident. Yet from a certain distance these differences vanish:

> If a finished drawing be gradually removed from the eye, its smaller parts will be less and less expressive; and when they are wholly undistinguished, and the largest parts alone remain visible, the drawing will then represent a blot (...). On the contrary, if a blot be placed at such a distance that the harshness of the parts should disappear, it would represent a finished drawing (...).[28]

Cozens instructs his reader in a technique of seeing by which nature becomes the simulacrum of art, chance the simulacrum of necessity, and landscape the simulacrum of history painting. Not surprisingly, he is often celebrated as the

---

[25] The original edition, published by Dixwell in London, is rare; it is reprinted, with poor reproductions of the original aquatint illustrations, in A.P. Oppé, *Alexander and John Robert Cozens,* London 1952, pp. 165-187. A new reprint, together with excellent plates, is included in Lebensztejn's monumental *L'art de la tache,* pp. 465-484.

[26] Cozens, *New Method,* p. 8.

[27] Lebensztejn, *L'art de la tache,* esp. pp. 131-154.

[28] Cozens, *New Method,* p. 8.

precursor to Romantic painting, and as the founder of modernist aleatory art. Inevitably, however, his method has much older roots.

Indeed already some time during the 1620s, the Augsburg painter Johann König transformed the front and back of a polished slab of agate into scenes, respectively, of the Parting of the Red Sea and the Last Judgment (figure 8).[29] The human figures, as well as the animals, chariots, weaponry, and vegetation, are all painted by König in oil on the agate, while what seems to surround these as their natural setting - water, clouds, rock, and sky - is constituted merely by the patterned agate itself. The artist signs his work "könig.fecit" on the shield of a drowning Egyptian, yet complicating this claim to authorship is the fact that most of the picture was not made but found. König's painted figures, cleverly introduced so as to appear not merely to inhabit, but also to be swallowed up by the setting, do absorb the layered bands of opal and slate into the elements of a historical scene; and here and there the artist has subtly added, with his brush, further representational elements to make the agate appear like water, or indeed like represented rock itself. Yet the artist's virtuosity both as staffage painter and as projective interpreter of the given agate is outdone by the agate's natural stratification. Thus the biblical miracle, in which the elements (water in *Parting of the Red Sea)* do unnatural things, is matched by a wondrous amalgam of nature and artifice, of patterns at once composed and accidental. The metaphor of God as artificer, present in Christian thought from Athanasius to Nicholas of Cusa, is thus refigured as natural artistry, or (in a common pathetic fallacy of the early modern period) as nature that delights in painting.[30]

Because of their fragile support, paintings like these are very rare today.[31] And where they have survived, they tend to pass uneasily among the departments of the modern museum, sometimes categorized as fine arts, sometimes as decorative arts or natural history. Yet in the sixteenth and seventeenth centuries, such hybrids were among the most coveted and representative of all collectable things. König's painting actually forms one inner side door of the great

[29] John Böttiger, *Philipp Hainhofer und der Kunstschrank Gustav Adolfs in Upsala,* Stockholm 1910, vol. 2, pp. 47-48.

[30] E. Kris/O. Kurz, *Legend, Myth, and Magic in the Image of the Artist – A Historical Experiment,* trans. A Laing and rev. L.M. Newman, New Haven 1979, pp. 55-56.

[31] Antonio Caracci, Antonio Tempesta, and Matieu Dubus were masters of this tradition; see R. Callois, *L'ecriture des pierres,* Geneva 1970, p. 17-33; Rome, Galerie Borghèse, *Opere in mosaico, intarsi e pietra paesina,* exh. cat., Rome 1971; Baltrušaitis, *Aberrations,* pp. 48-50. Immanuel Kant recalls the mineral collector's passion for seeing figures in marble in his „Versuch über die Krankheiten des Kopfes" of 1764: „Sonsten sehen durch eine gewöhnliche Verblendung die Menschen nicht was da ist, sondern was ihnen ihre Neigung vormalt, der Naturaliensammler im Florentinerstein Städte, der Andächtige im gefleckten Marmor die Passionsgeschichte, jene Dame durch eine Seherohr im Monde die Schatten zweier Verliebten, ihr Pfarrer aber zwei Kirchtürme" (published anonymously in J.G. Hamann's *Königsbergsche Gelehrte und Politische Zeitungen;* see Kant, *Werke in 12 Bänden,* ed. W. Weischedel, Frankfurt 1968, vol. 2, p. 895).

art cabinet assembled by the Augsburg art merchant and art dealer Philipp Hainhofer and presented to Gustav Adolph of Sweden upon the king's entry into Augsburg in April 1632 (figure 9).[32] Hainhofer's *Kunstschrank,* kept since 1694 at Uppsala University, is a miniature *Kunst- und Wunderkammer,* and therefore a microcosm *of* a microcosm, all contained within a single, movable structure.[33] In addition to hundreds of artworks or *artificalia* (small scale paintings and sculpture, as well as prints, maps, coins, etc.), it contains specimens of nature worked or unworked (shells, minerals, coral, carved gems and amber); instruments and machines of science, music, and hygiene; and samples of local and exotic crafts. These are all gathered together in one universal, if also cheerfully variable, structure. And one crucial link that holds the whole together are those *naturalia* that, by accident, or, as period observers understood it, by some cosmic joke,[34] appear like of works of art.

In his influential *Musaeum Metallicum,* posthumously published in 1648, the late sixteenth-century Bolognese natural historian Ulisse Aldrovandi wrote that "nature itself was given the capacity to create images"[35]. As examples, Aldrovandi gives what he calls a hermit and a turk "sculpted in marble by nature". Francis Bacon, in his unfinished utopia, *The New Atlantis* (composed 1624), imagined the House of Solomon as an ideal *Kunstkammer;* and he understood his unfinished, six-part opus, the *Instauratio magna,* as a collection or *congerium* of objects. Like Aldrovandi, Bacon was fascinated by such "rarities" as were produced "by singularity, chance, or the mixing of things"[36]. Indeed in the *Advancement of Learning* of 1605, Bacon divides natural history into three categories: history of course (or the history of creatures), history of

---

[32] On Hainhofer's art cabinet, today in the University Museum in Uppsala, see Bottiger's monumental, four-volume *Philipp Hainhofer und der Kunstschrank Gustav Adolfs;* and more recently, H.-O. Boström, "Philipp Hainhofer and Gustavus Adolphus's *Kunstschrank* in Uppsala", in *The Origins of Museums – The Cabinet of Curiousities in Sixteenth- and Seventeenth-Century Europe,* ed. O. Impey and A. MacGregor, Oxford 1985, pp. 90-101, with good bibliography.

[33] The pioneering study of this material is J. v. Schlosser, *Die Kunst- und Wunderkammer der Spätrenaissance – Ein Beitrag zur Geschichte des Sammelwesens,* Leipzig 1908. In the last few decades, the study of the history of early modern collecting has become an industry. For recent bibliographies, see *Origins of Museums,* ed. Impey/MacGregor, pp. 282-312; as well as E. Scheicher, *Die Kunst- und Wunderkammern der Habsburger,* Vienna/Munich/Zurich 1979; A. Lugli, *Naturalia et Mirabilia – Il collezionismo enciclopedico nelle Wunderkammern d'Europa,* Milan 1983; and P. Findlen, *Possessing Nature – Museums, Collecting, and Scientific Culture in Early Modern Italy,* Studies on the History of Society and culture 20, Berkeley/Los Angeles 1994.

[34] P. Findlen, "Jokes of Nature and Jokes of Knowledge – The Playfulness of Scientific Discourse in Early Modern Europe", in *Renaissance Quarterly* 43 (1990), pp. 292-331.

[35] U. Aldrovandi, *Musaeum metallicum,* Bologna 1648, cited in H. Bredekamp, *Antikensehnsucht und Maschinenglauben – Die Geschichte der Kunstkammer und die Zukunft der Kunstgeschichte,* Kleine Kulturwissenschaftliche Bibliothek 41, Berlin 1993, p. 21. Bredekamp bases his thesis on W. Lepenies, *Das Ende der Naturgeschichte – Wandel kultureller Selbstverständlichkeiten in der Wissenschaften des 18. und 19. Jahrhundert,* Hanser Anthologie, Munich 1976.

[36] See Bredekamp, *Antikensehnsucht,* p. 65.

erring and varying (or the history of marvels), and history of nature altered or wrought (or the history of the arts). As Horst Bredekamp has recently suggested, Bacon's second category, the history of erring, was the crucial one for the order of the *Kunstkammer.* Here was gathered all those images made by chance, all those singular instances in which nature, erring from its necessary, static course, produces something new, or more precisely, something which looks to *human* eyes both new and like a work of art. On their own, and stripped of their religious meaning as signs and portents, these accidents seem to mean nothing at all.[37] An artist, however, can learn from their example, advancing the progress of his craft by utilizing those tendencies that nature has within itself to err, to vary, and to produce novelty. Works like König's painting on agate, probably made expressly for Hainhofer's *Kunstschrank,* are thus not only original inventions. They also locate origination's primal source by marking and developing where nature, by accident, appears like art. Seen from within the regimen of vision proposed by the early modern museum, the alliance of art and accident is not eccentric to the historical tradition, but is what makes possible art's progress and its history.

A cloud in the sky of Mantegna's great *St. Sebastian* (c. 1460), now in the Kunsthistorisches Museum in Vienna, is legible as a horseman (figure 10).[38] Its profile arrangement and monochrome treatment suggest ancient relief sculpture, and the antique fragments scattered about, as well as the proportions of the martyr himself, reinforce this reference to a classical past. Mantegna's rider in the clouds, aside from being Renaissance art's most famous image made by chance, reminds us that, within the order of the *Kunstkammer,* ancient sculpture was not grouped with modern art, but with fossils, minerals, and figured marbles like König's agate slab, as all things dug up from the earth. Moreover, as Bredekamp has noted, the *Kunstkammer* treated antiquity as a middle term between natural createdness and human creativity. The fragment, I would add, traces the opposite path as figured marble, proceeding, by accident, from image to object.

Indeed the fragment's combination of legible figure and random shape returns us to the mythic beginnings of sculpture itself. It was from no less an au-

---

[37] On the crucial place of prodigies within Bacon's conception of natural history, see K. Park/L. Daston, "Unnatural Conceptions – The Study of Monsters in Sixteenth- and Seventeenth-Century France and England", *Past and Present* 92 (1981), pp. 20-54; also Daston, "Marvelous Facts and Miraculous Evidence in Early Modern Europe", *Critical Inquiry* 18 (1991), pp. 93-124; and idem, "Baconian Facts, Aademic Civility, and the Prehistory of Objectivity", *Annals of Scholarship* 8 (1991), pp. 337-363.

[38] M. Meiss, *Mantegna as an Illuminator,* Glückstadt/Hamburg 1957, p. 62; Janson, "Image Made by Chance", pp. 262-3; Damisch, *Théorie du Nuage,* p. 54, on images in clouds, see also K. Badt, *Wolkenbilder und Wolkengedichte der Romantik,* Berlin 1960; H. Ladendorff, „Zur Frage der künstlerische Phantasie", in *Mouseion – Studien aus Kunst und Geschichte für Otto H. Förster,* ed. Ladendorf/H. Vey, Cologne 1960, pp. 21-35.

thority than Leon Battista Alberti that Renaissance artists knew the antique fable of the origins of sculpture in images made by chance. In *De statua,* composed some time around 1430, we read that the first sculptors would "observe in tree trunks, clumps of earth, or other objects of this sort certain outlines *(lineamenta)* which, through some like changes, could be made to resemble a natural shape"[39]. Sculpture, by this account, did not begin as pure imitation enacted upon a neutral, shapeless medium. Rather, it started with what philosophers today call ‚seeing as': the discovery of an *aspect* or likeness within the medium itself.[40] Art thus consisted of constituting a likeness already there, subtracting what did not belong and adding what did. As Horst Janson demonstrated in his 1961 essay on Renaissance images made by chance, Alberti's story goes back to Pliny's *Historia naturalis,* where we read of nature depicting "centaurs and faces of bearded kings in cracked blocks of marble," and it relates to the *topos* of images in clouds as discussed by Aristotle, Lucretius, Pliny, Philostratus, and many others.[41]

Indeed *De statua* draws Janson back beyond Antiquity to the earliest images *not,* as it were, made by chance, namely the "cave art" of southwestern Europe in the Upper Paleolithic period. The beasts painted or incised on stone turn out to depend, quite often, on resemblances latent in the material, in the form either of natural cracks or modulations in the rock, or of lines and digital tracings produced as if randomly by human hands. The startlingly "realistic" prehistoric image would thus seem to be, at least in part, an image made by chance: the *Urkünstler* discerns an "aspect" and traces it out with his mark.

Yet as Whitney Davis has forcefully argued about this early material, it is not clear what is a true picture and what is a chance resemblance, or what is an image and what is not.[42] Rather like the cave-painters themselves, modern archaeologists single out from what Leonardo calls "a confused mass of objects" certain marks as pictures and others as mere spots or digitations. That is, archaeologists make their determination not by systematically measuring every line or spot against the real world and seeing if there exists a match, but rather by observing some configuration *as* a resemblance to something else, and by assuming that that judgment of relevant resemblance is identical to the original seeing-as that actually produced the image.[43] Having returned to the first

---

[39] L.B. Alberti, *On Painting and On Sculpture – The Latin Texts of De pictura and De Statua,* ed. and trans. C. Grayson, London 1972, p. 120; cited in Janson, "Images Made by Chance", p. 255.

[40] The term 'seeing as' is Ludwig Wittgenstein's *(Philosophical Investigation,* trans. G.E.M. Anscombe, New York ³1958, pp. 193-208). See also R. Wollheim, *Art and Its Objects,* Cambridge ²1980, pp. 205-226, and K.L. Walton, *Mimesis as Made-Believe – On the Foundations of the Representational Arts,* Cambridge, Massachusetts 1990, pp. 300-304.

[41] Janson, "Images Made by Chance", p. 255.

[42] W. Davis, "Replication and Depiction in Paleolithic Art", in *Representations* 19 (1978), pp. 111-147.

[43] Davis, p. 128.

member of our random series of images made by chance, we discover that all images are, at bottom, contingent. All distinguish themselves from nature only by reference to a code, which is to say, to the contingencies of context and convention.

By this account, as well as by the Renaissance *Kunstkammer's* account, images made by chance are not eccentric to tradition, but signal tradition's very founding at the point where nature is made or remade into culture. Yet it is also the case that Alberti's fable of the primal sculptor was not the dominant myth of origination for modern art. In *Della Pittura* of 1435-6, Alberti traces painting back to Narcissus, who embraced "what [was] presented on the surface of water," and to *skiagraphia* or shadow writing. Following Quintillian, he writes that "the ancient painters used to circumscribe shadows cast by the sun, and from this our art has grown"[44]. These myths fit Alberti's method far better than *De statua's* images made by chance, for it was the epochal achievement of Alberti's treatise on painting to demonstrate for modern painters *the* privileged device for outlining, in two dimensions, the three-dimensional world, namely linear perspective. For my purposes in this essay, it will be useful briefly to consider Alberti's method in terms of contingency and necessity.

Della Pittura outlines a method for making painting systematic. Composition, understood by Alberti as "that rule in painting by which the parts fit together"[45], aims at giving everything, even the copious details that tend to delight us in pictures, the appearance of being necessary. Painting's highest form, as *istoria* or narrative art, derives its prestige from the rigors of this system. In *istoria* events that happen sequentially, in time, must be shown to happen all at once, in the present tense of the painted surface, and as if in a unified three-dimensional space. "All bodies," writes Alberti, "should harmonize in size and in function to what is happening in the *istoria*"[46]. By this he means that all represented action, however peripheral or random it may seem, must be necessarily linked as part of one action, of one body of action, which is the *istoria's* significant event. By choosing an event that can refer, synecdochally, to the whole temporal sequence of causes and consequences, and by expressing those temporal relations, as Louis Marin put it, "through the network of a whole that generates its parts logically or achronically by its own signifying economy"[47], history painting can tell a story while still retaining the consistency of the unified moment. The significant event may be a contingency; it may be an acci-

---

[44] L.B. Alberti, *On Painting,* trans. J.R. Spencer, rev. ed., New Haven 1966, p. 64; Albertis's source is Quintilian, *De institutione oratiae,* 10. 2. 7.

[45] Alberti, *On Painting,* p. 70.

[46] Alberti, p. 75.

[47] L. Marin, "Towards a Theory of Reading in the Visual Arts – Poussin's *The Arcadian Shepherds",* in *Calligram – Essays in New Art History from France,* ed. N. Bryson, Cambridge New Art History and Criticism, Cambridge 1988, p. 67.

dent, a historical calamity, a hero's free choice, or what you will; but the representation of that event will have a fully necessary structure, down to the smallest part: "Bodies," Alberti advises, "are part of the *istoria,* members are parts of the bodies, planes parts of the members."[48] What enables this fit, this unification of all planes on the one plane of the picture, is, of course, perspective.

From Brunelleschi, Donatello, and Masaccio, Alberti had learned to imagine the picture plane as the cross-section of a visual pyramid extending from an apex at the eye to the visual scene.[49] All lines perpendicular to this plane converge at one vanishing point at the horizon, and equal dimensions diminish uniformly and progressively as they recede in space, so that any part of the picture is calculable from the preceding or following portion. Thus constructed the picture should appear, in Alberti's famous phrase, like "an open window" or *finestra aperta*[50] through which we view a space as if continuous with our own.

Nothing would seem further from an image made by chance than the perspectival image. Once the viewpoint has been established, and the picture plane is fixed before the eye, everything in the picture appears as it *has* to, and cannot be other than it is, for everything follows necessarily from a fixed order of geometry. Internally coherent, and therefore proof that in art beauty is a form of necessity, the perspectival image is sometimes deemed also to be perfectly correct: a representation that has a necessary, rather than arbitrary or conventional, relation to its real model. Yet this is, of course, only half of the story.

A painting like Mantegna's *Dead Christ,* dating from after 1466 and now in the Brera Gallery in Milan, is perfectly correct by the standards of linear perspective.[51] And its effect is to make us feel that Christ's body lies stretched out

[48] Alberti, *On Painting,* p. 70. One of the challenges of making the notion of contingency work for the study of painting consists in determining what exactly would constitute the time element in a given image or pictorial practice. Within some traditions of thought, contingency is virtually synonymous with temporality. The achieved consistency of the present tense in "classical" painting, the temporal unity, that is, of painting's stage (expressed as a harmony of space, is not easily amenable to the idea of "that which is but could be otherwise." It is not surprising, then, that discussions of "images made by chance" tend to single out works that display, through an alienating process of naturalization, the facticity and process of material production. Conversely, the *avant-garde* demand, pioneered by Duchamp and developed by Minimalism, that the artwork should force its viewers to reconsider what it is to make a work of art (see R. Wollheim's classic 1965 essay, "Minimal Art", reprinted in *Minimal Art,* ed. G. Babcock, New York 1968, p. 395) helps to explain why chance should have achieved its status as privileged pictorial method.

[49] For historical surveys of this development in Italy, see S.Y. Edgerton, Jr., *The Renaissance Rediscovery of Linear Perspective,* New York 1975; and J. White, *The Birth and Rebirth of Pictorial Space,* Cambridge, Massachusetts [3]1987.

[50] Alberti, *On Painting,* p. 46.

[51] On radically foreshortened figure in Renaissance art, see H. Schade, "Über Mantegnas Cristo in scurto und verwandte Darstellungen", in *Neue Heidelberger Jahrbücher,* n.s. (1930), pp. 75-111; H. Jantzen, "Mantegnas Cristo in scurto", in *Über den gotischen Kirchenraum und andere Aufsätze,* Berlin 1951; and, especially, K. Rathe, *Die Ausdrucksfunktion extrem verkürzter Figuren,* Studies of the Warburg Institute 8, London 1938, pp. 10-16.

in the narrow space immediately before us, a space made all the more tangible the extreme foreshortening of the body it contains. Yet the distortion attendant on this particularized view, the way, for example, the man of sorrow's feet appear, in their projection, out of proportion to the supine torso and face, signals the contingency that underlies the whole seemingly necessary system. Deliberately eccentric perspectives such as this, quite popular during the Renaissance, remind us that everything we see could, indeed necessarily would, look otherwise if viewed from any other place in space. Extreme perspectival foreshortening fascinates because, on the one hand, it magnifies the accidents attendent on a specific viewpoint, while, on the other hand, by representing those accidents in two dimensions, on the planar surface of a picture, it causes those accidents to remain constant no matter where the picture's viewer actually stands. Christ would appear as he does in Mantegna's painting only from a single point in space, as established freely, indeed almost casually, by the painter. Yet once that point has set, and the ineluctable equivalence between viewpoint and vanishing point has been constituted, the painting will always offer the same point of view no matter from where in space it is seen. The Brera picture makes the spectacle of Christ's wounded feet inescapable, like those portrait likenesses that seem to follow us with their gaze.

Linear perspective is built on the contingency of viewpoint. Its order centers us, as viewers, wherever we may be, only simultaneously to reveal that there is nothing necessary about that center, indeed that the center is but a random point in infinite space. Linear perspective, developed and popularized by painters and architects, but affecting also Renaissance early modern astronomy, cartography, and mathematics, occupies a crucial place within the rise of modern *Kontingenzkultur.*[52] The achievements, for example, of Copernicus, Kepler, and Lambert, and of Desargues and Descarte, along with the philosophical viewpoints that underwrote these achievements, depended upon a way of picturing the world, or, to speak with Martin Heidegger, a way of conceiving the world as picture, which was foundational to modernity.[53] In my discipline the crucial account is still Erwin Panofsky's. *Die Perspektive als "symbolische Form"*, delivered as a lecture at the Warburg Institute in 1924, is among other things the first sustained account of linear perspective as a set of arbitrary conventions.[54] Panofsky divides Western art not into the traditional have or have-

---

[52] See, for example, H. Blumenberg, *Die Genesis der kopernicanischen Welt,* Frankfurt 1975, pp. 616-628 and *passim.*

[53] M. Heidegger, "Die Zeit des Weltbildes", in *Holzwege,* Frankfurt [5]1980, pp. 73-110.

[54] E. Panofsky, „Die Perspektive als ‚symbolische Form'", *Vorträge der Bibliothek Warburg 1924/1925,* Berlin 1927, pp. 258-330; reprinted in Panofsky, *Aufsätze zu Grundfragen der Kunstwissenschaft,* ed. H. Oberer/E. Verheyen, Berlin 1964, pp. 99-169. The literature on Panofsky's essay is vast; see, especially, Part I of H. Damisch, *L'origine de la perspective,* rev. ed., Idées et Recherches, Paris 1987. Panofsky's argument is anticipated by about five years by the

not - that is, modern art as having perspective, classical, medieval, and non-western as not. Rather, he asks of each period and each culture "which perspective" it has, implying that, from a strictly historical point of view, all are equal under the sun.

Panofsky's thesis continues to fuel a murky debate between realists, led by M.H. Pirenne and Ernst Gombrich, who argue that Renaissance perspectival images look true because they *are* true, acting upon the eye "in the same way as the actual scene"[55], and relativists like Nelson Goodman, who regard images as arbitrary conventions that, like language, must be learnt to be understood, and that resemble not the world but other images.[56] Behind the controversy lies the old question of the legitimacy of the modern age: whether modernity's exemplary efforts are genuine achievements. Panofsky puts quotation marks around Western "realism", and thus seems to agree with Goodman and with the semioticians, who regard images, like words, as culturally and historically constructed signs. Yet nowhere does he say that linear perspective is arbitrary or has no unique authority in interpreting the world. Relativists, according to Panofsky, are simply the Renaissance painter's modern epigones. To step outside one's world and behold it as a mere picture, to reveal that what common sense calls natural, and what good taste calls great, are only the prejudices of an age: these are perspective's exercises and evidence of its continuing power.

From this perspective it becomes clear why, since the Renaissance, artists have sometimes sought to ally themselves *with* chance and *against* tradition. Aware that the tradition was itself contingent, and that its rules were *made* rather than *found*,[57] they saw in chance a source of novelty and of new world pictures, as indeed characteristic of modernity. Moreover, by abandoning the conventions deemed necessary by tradition, and by staging instead an encounter with a contingent world, they sought to produce images which, incapable of being other than they are, were therefore somehow necessary. That is

---

Russian mathematician, physicist, philosopher, and priest Pavel Florensky in his 1920 lecture series, delivered at the Moscow Higher Artifistic-Technical Workshops and entitled "Inverted Perspective"; the text has been edited and translated into German as Florensky, *Die umgekehrte Perspektive – Texte zur Kunst,* trans. A. Sikojev, Batterien 38, Munich 1989.

[55] M.H.L. Pirenne, *Optics, Painting and Photography,* Cambridge 1970, p. 11; for Gombrich's views, see especially his "Image and Code: Scope and Limits of Conventionalism in Pictorial Representation", and "Standards of Truth – The Arrested Image and the Moving Eye", in *The Image and the Eye – Further Studies in the Psychology of Pictorial Representation,* Ithaca/New York, 1982.

[56] N. Goodman, *Languages of Art – An Approach to a Theory of Symbols,* Indianapolis ^{2}1976, pp. 3-43; for a similar view arrived at from different points of departure, see N. Bryson, *Vision and Painting – The Logic of the Gaze,* London 1983, pp. 13-35. The debate between realists and conventionalists is nicely summarized in M. Kubovy, *The Psychology of Perspective and Renaissance Art,* Cambridge 1986.

[57] See R. Rorty's important formulation of this awareness, in *Contingency, Irony, and Solidarity,* Cambridge 1989, pp. 3-69.

why, in describing their experiments, *avant garde* artists could call chance a "consciously accurate technique" set against traditional painting's "hazards of brushwork"[58].

So far I have attempted to fit the accidents of Kelly, Kerner, Cozens, and König into a historical order. I have suggested that their eratic singularities are the symptoms of what used to be called a modern *Weltanschauung* which places the subject before a contingent world as if before a picture.[59] I shall now step back in time and examine an artist quintessentially at the threshold of modernity, one who combines both types of images I have outlined - the aleatory and the perspectival - but who still can *place* the world's contingency within a model of God's necessary plan. More precisely, the paintings of this artist were produced to display and condemn the world as contingent, but instead were consumed and celebrated as being themselves examples of that contingency.

---

[58] This is how Marcel Duchamp described the achievement of Sophie Taeuber in a 1949 note for the catalogue of the Sociéte Anonyme *(The Writings of Marcel Duchamp,* ed. M. Sanouillet/E. Peterson, New York 1989, pp. 143-4).

[59] Kant coined the word *Weltanschauung* in 1790 to explain why the "world", as a totality, cannot be the object of a "view", except from a transcendent perspective which, when intimated, occasions feelings of the sublime *(Kritik der Urteilskraft,* § 26; see H. Blumenberg, *Lebenszeit und Weltzeit,* Frankfurt 1986, pp. 7-68). Once launched, though, the term immediately took on a life of its own. At one level, *Weltanschauung* came to indicate the specificity with which a subject or culture experiences the world. At another level, it described a subjective relation to the world that was historically specific, and that only emerged in the modern period, in the wake of secularization (J. Klein, "Weltanschauung", in *Die Religion in Geschichte und Gegenwart – Handwörterbuch für Theologie und Religionswissenschaft,* 3rd rev. ed. K. Galling et al. Tübingen 1959, vol. 6, cols, 1603-6). In this second, narrower definition, *Weltanschauung* implied a particular, self-consciousness of itself, an awareness, that is, that reality is only known through the specific way it is *seen.* Because it paired world specifically with "view", because, that is, it articulated the intertwining of object and subject with reference to the faculty of sight, the term *Weltanschauung* had an illustrious career in art history (the early phase of this development is discussed in W. Passarge, *Die Philosophie der Kunstgeschichte in der Gegenwart,* Philosophische Forschungsberichte 1, Berlin 1930, pp. 37-49). While normative aesthetics took art's task to be the imitation of reality, and therefore judged individual works against that single standard, the historical study of art, emerging as an academic subject in the nineteenth century, was founded on the belief that different cultures represent reality differently, and that apparently "unrealistic" styles are not to be judged as wrong, but to be interpreted as realizations of different contexts. The elaboration of a value-neutral history of style, together with contemporary critical preferences for stylistic uniqueness as the mark of genius, drew attention to the fact that the world, when visualized in art, was contingent on the particularities of person, place, and time. The term *Weltanschauung,* therefore, was as much a consequence of art historical consciousness as it was a felicitous motto for the discipline. Its explicit use in the field served mainly to announce, that, far from being merely an auxiliary historical discipline, the study of art as an inquiry into how persons and periods *saw* the world, ought to be foundational to history. For what are pictures anyway but worldviews?

III

Jheronimus Anthoniszoon van Aken (d. 1516), who signed his works "Hieronymus Bosch", is an art-historical monster.[60] Called in his century "the inventor of devils," the painter of freaks, chimeras, and things, in Lodovico Guicciardini's 1567 account, "fantastiques, & bizares"[61], Bosch is himself the great anomaly of the Northern tradition, the artist who did not, and still does not, seem to fit. Unforeseeable from what came before him, he remains largely un-understood. He is the most puzzling major master of the European tradition. His first public defender, the spaniard Don Felipe de Guevara, reports in 1560 that the people saw Bosch's pictures "as a monstrosity, as something outside the rules of what is taken to be natural"[62]. The impossible, in Greek *adynaton,* is contingency's outer limit, and it was there that Bosch was felt to press.[63] Guevara, writing for a courtly audience around 1560, admitted that the artist "painted strange things, but only because he set his theme in Hell, for which, as he wanted to represent devils, he devised compositions of unusual things"[64]. Yet even as he was *hoffähig* as portraitist of demons, Bosch occasioned monstrous interpretations. His most famous masterpiece, the triptych sometimes called the *The Garden of Earthly Delights,* has been taken to represent, variously, the world before the Flood,[65] life in Eden,[66] the apotheosis of sin,[67] a satanic comedy,[68] a satire on vanity by a "Northern Savanarola"[69], a bourgeois parody of courtly love,[70] and a "Lehrstück über die Phantasie"[71].

---

[60] A useful guide through the labyrinth of Bosch studies is W.S. Gibson, *Hieronymus Bosch – An Annotated Bibliography,* Boston 1983. The most reliable recent, single-volume book on the artist is R.H. Marijnissen/P. Ruyffelaere, *Hieronymus Bosch – The Complete Works,* trans. T. Alkins et al., ed. C.M. Schapiro and F. Shapiro, Antwerp 1987, which updates Gibson's bibliography. In the absence of a new critical catalogue *raisonné* for Bosch, I list works acording to the numbers of C. de Tolnay's catalogue addended to *Hieronymus Bosch,* New York 1965.

[61] L. Guicciardini, *Description de tous les Païs Bas,* Antwerp 1567, p. 132.

[62] F. de Guevara, *Comentarios de la Pintura,* ed. A. Ponz, Madrid 1788, p. 44; excerpted and translated in De Tolnay, *Bosch,* p. 401.

[63] In modal logic, *contingentia* is doubly determined, as both the *not necessary* and the *not impossible;* see H. Poser, "Kontingenz. I. Philosophisch", in *Theologische Realenzyklopädie,* ed. G. Müller, Berlin 1977, vol. 19, pp. 544ff.; E. Scheibe, „Die Zunahme des Kontingenten in der Wissenschaft", in *Neue Hefte für Philosophie* 24-25 (1985), 5. On *adynaton* or *impossiblilia* as a literary trope, see E.R. Curtius, *European Literature and the Latin Middle Ages,* trans. W.R. Trask, Bollingen Series 36, Princeton 1973, pp. 94-98.

[64] De Tolnay, *Bosch,* p. 401.

[65] E.H. Gombrich, "The Earliest Description of Bosch's Garden of Earthly Delights", in *Journal of the Warburg and Courtauld Institutes* 30 (1967), pp. 403-406; and idem, "Bosch's *Garden of Earthly Delights* – A Progress Report", in *Journal of the Warburg and Courtauld Institutes* 32 (1969), pp. 162-170.

[66] R.H. Wilensky, *Hieronymus Bosch,* London 1953.

[67] M.J. Friedländer, *Hieronymus Bosch – Ein Vortrag,* The Hague 1941.

[68] F.M. Huebner, *La Mystère J. Bosch,* Brussels 1965.

[69] H.Daniel, *Jheronimüs Bosch,* New York 1947.

[70] W.S. Gibson, "The Garden of Earthly Delights by Hieronymus Bosch – The Iconography of

One historian, Wilhelm Fraenger, took Bosch's alterity at face value and read the *Garden* as an actual altarpiece to a non-Christian god.[72] Erwin Panofsky, playing it safe, broke off his monumental account of early Netherlandish painting before discussing Bosch with the learned disclaimer, taken from Adelphus Müelich, failed translator into German of Marsilio Ficino's neo-platonic tract, *De vita triplica,* "Das gar hoch zu verston, / Ist hie vss gelon"[73]. Bosch's art is too obscure in its message, too savage in relation to traditional decorum, for it find a place within the historical chronicle.

Indeed beyond matters of local interpretation, there is a savagery in Bosch that affects us still today, as the assembled subaltern others of medieval society - the beggars, thieves, witches and heretics; the quacks and magicians; the Jews, Moslems, Orientals, and Blacks - are all gathered as in some curiosity cabinet of cruelty, there to be vilified, tortured, and damned. In Bosch, Christian culture reveals its barbarism by self-righteously punishing *all* realities alternative to its own. Collector of stigmatized others, Bosch is himself the quintessential alternative reality, medieval narrow-mindedness on the rampage against competing worldviews. And indeed as soon as one goes to interpret him, his historical alterity looms up as a challenge and a seduction. To some historians, his art is encrypted and demands a specific key,[74] which is often sought in codes he condemns, such as those of alchemy[75]. To others, he pictures the historical loss of any such key.[76] Against the medieval Christian symbolic code, it is argued, Bosch stages the movement to modern semantic uncertainty, in which what something *is* stands in an unstable, contingent relation to what it *means.* I shall try to circumvent questions of *meaning* by concentrating on issues of *placement.* I shall first locate and describe Bosch's pictures *of* place and world. Then I shall attempt to place his pictures *in* the world.

---

the Central Panel", in *Nederlands Kunsthistorisch Jaarboek* 24 (1973), pp. 1-26.

[71] R. Schuder, *Hieronymus Bosch, 2, Das Zeitalter – Das Werk,* Berlin 1991, p. 134.

[72] W. Fraenger, *Hieronymus Bosch – Das Tausendjährige Reich,* Coburg 1947; „Hieronymus Bosch: Johannes auf Patmos – Eine Umwendtafel für den Meditationsgebrauch", in *Zeitschrift für Religions- und Geistesgeschichte* 2 (1949-50), pp. 327-345; *Die Hochzeit zu Kana – Ein Dokument semitischer Gnosis bei Hieronymus Bosch,* Berlin 1950. Numerous scholars have attempted to refute Fraenger's work, most notably D. Bax, *Beschrijving en poging tot verklaring van het Tuin der Onkuisheiddrieluik van Jeroen Bosch, gevolgd door kritiek op Fraenger,* Verhandelingen der Koninklijke Nederlandse Akademie Van Wetenschappen, Aftdeling Letterkunde, n.s. 63, 2, Amsterdam 1956.

[73] E. Panofsky, *Early Netherlandish Painting – Its Origins and Character,* Cambridge, Massachusetts 1958, vol. 1, p. 358, citing Müelich, *Medicinarius,* Strasbourg 1505, fol. 174v.

[74] See, for example, the title of D. Bax's aptly-titled *Onticijfering van Jeroen Bosch,* The Hague 1949, translated by M.A. Bay-Botha as *Hieronymus Bosch – His Picture-Writing Deciphered,* Rotterdam 1979.

[75] For example, L.S. Dixon, *Alchemical Imagery in Bosch's Garden of Earthly Delights,* Studies in the Fine Arts, Iconography 2, Ann Arbor 1982.

[76] A. Cook, *Changing the Signs – The Fifteenth-Century Breakthrough,* Lincoln, Nebraska 1985, pp. 81-120.

The Spanish cleric and erudite Fray Joseph de Siguença, in his prose masterpiece *The History of the Order of St. Jerome* (1605), defended the artist against those who term him "a heretic", and who call his paintings "non-sense" *(disparates)*.[77] Bosch's art, Siguença argues, is religiously orthodox and seriously intended. Even his strangest pictures - which Siguença calls "macaronic", meaning a jumbling of high and low[78] - express the verdict of the prophets on the vanity of the world: "The idea and the art of this manner are based on Isaiah 40: 6, where the messenger of God says, ‚All flesh is grass.'" Siguença understands Bosch within the original Christian idea of contingency. Borrowing from latinized Aristotelian logic, Christian theologians of the Middle Ages coined the term *contingentia* to express the ontological constitution of the world as that which was created out of nothing, is sustained only through divine Will, and shall pass away. The world, by this definition, is not necessary; it could just as well *not* have been, or been *otherwise*, and it owes its existence God's unconditional being.[79] As I shall suggest, Bosch pictures world in its constitution as that which could be otherwise, and so in order to teach his viewer a proper *contempt* for this world.

The so-called *Hay Wain* perfectly expresses Bosch's world view (figures 11, 12).[80] Dating to about 1500, this signed triptych was described by sixteenth-century sources, and exists today in two copies in the Prado and the Escorial.[81] Already Siguença names the hay at the picture's center as the "grass" refered to

[77] *Tercera partre de la Historia de la Orden de S. Geronimo* Madrid 1605, p. 837; the whole passage on Bosch (in the original, pp. 837-841) is translated in De Tolnay, *Bosch,* pp. 401-404. The notion of *disparates,* close to the English "disparities", also names well Bosch's method of invention, which works by combining incompatible parts of objects and bodies to form a new, unnatural whole. It is no wonder, then, that the Dadaists and Surrealists celebrated Bosch as their historical precursor: in him, as in *avant-garde* collage, one finds "the systematic exploitation of the accidentally or artificially provoked coupling of two or more essentially unrelated realities on a plane that apparently does not suit them" (Max Ernst on collage, cited in Holeczek, „Zufall als Glücksfall", p. 20; see a similar formulation in Ernst, *On Painting,* p. 13).

[78] Specifically, Siguença's comparison is with the "macaronic" literature of the Italian monk Teofilo Folengo.

[79] H. Blumenberg, "Kontingenz", in *Religion in Geschichte und Gegenwart,* ed. Galling, et al., vol. 3, 1793-4.

[80] De Tolnay, *Bosch,* cat. 17.

[81] The Escorial Version, which in its present state is inferior, and listed in inventories as "de mano de Geronimo Bosco" (J. Folie, "Les oeuvres authentifiées des Primitifs flamands", *Bulletin de l'Institut royal du Patrimoine Artistique* 6 [1963], p. 239) is almost certainly identical to a triptych purchased in 1570 by Philipp II from the heirs of Guevara. The Prado Version was probably acquired by Mencia de Mendoza, the widow of Hendrick III of Nassau, in 1539 (J.K. Steppe, "Jheronimus Bosch – Bijdrage tot de historische en ikonografische studie van zijn Werk", in *Jheronimus Bosch – Bijdragen bij gelegenheid van de herdenkingstentoonstelling te 's-Hertogenbosch,* Herzogenbosch 1967, p. 13. Whether or not either (or both) of these versions are "originals", the *Hay Wane* seems to have generated many copies; see Marijnissen/Ruyffelaere, *Bosch,* p. 52. Note that the chronology of Bosch's work remains largely speculative. None of his surviving works can be connected to extant contemporary documents; and Bosch's manner is so anomalous that schemes of stylistic development based on better-documented masters,

in Isaiah. All surrounding matter, from the vagabond on the triptych's outer wings to the interior's spectacles of Paradise, Earth, and Hell, would thus embellish the central figure of the vanity of the world. World appears here in multiple, overlapping models - what Michel de Certeau nicely termed "spatial polyglotism"[82]. It is present as the subject matter, the hay, which is both a biblical and a vernacular proverbial[83] emblem of world as contingent. Hay fills the pouches of the folk depicted, or sticks to their fingers as their attachment to the world. Bundled on the wagon, it looks like a misshapen globe, or better, like the terrestrial lower half of the spherical "world", such as we see on the outer shutters of Bosch's *Garden of Earthly Delights* (figure 15). Set against a landscape, the lovers on top of the hay would thus sit on what would be, according to this geographical model, the inhabitable surface of the earth. The hay thereby becomes an allegorical world within the world. Bosch elsewhere superimposes the outlines of the world's orb over an ordinary scene, as in the panel sometimes called the *Stone Operation* (figure 13).[84] Here the round format of the image itself, together with the curving border between middle- and background that, located half-way up the roundel, could double as the equator of a transparent globe, extend the picture's message of folly to the world as a "whole", represented both as mundane landscape and as outlined globe. The picture thus becomes a macaronic world-map.[85]

In the *Hay Wain,* world is most of all present as the triptych's depiction of landscape. Bosch constructs the first genuine *Weltlandschaft*[86] in Western painting. The bird's eye view unfold's *sideways* to Paradise and hell, and *outward* into space, towards infinity at the horizon. Narrow at the sides but ex-

---

or on general stylistic changes in the period, are difficult to apply. The dates given here reflect present scholarly consensus.

[82] M. de Certeau, *The Mystic Fable,* trans. M.B. Smith, Chicago 1992, vol. 1, p. 66.

[83] For a review of the literature on hay in Dutch folklore and proverb as related to Bosch, see Marijnissen/Ruyffelaere, *Bosch* pp. 53-54.

[84] De Tolnay, *Bosch,* cat. 1. This picture, or a version thereof, is believed to be documented in 1524 in the dining hall of the bishop of Utrecht, Philip of Burgundy (D. Roggen, "Literatur en folklore", *Gentsche Bijdragen tot de Kunstgeschiedenis* 6 [1939-40], pp. 107-126); it may have been acquired by Guevara, and then by Philip II in 1570. G. Unverfehrt, however, argues that the panel is a copy of a lost Bosch original *(Hieronymus Bosch – Die Rezeption seiner Kunst im frühen 16. Jahrhundert,* Berlin 1980, pp. 111-114).

[85] In a tapestry in the Royal Palace in Madrid, Bosch's composition is actually enclosed in a crystal orb of the world floating on an ocean (De Tolnay, *Bosch,* app. pl. 88).

[86] The term was introduced into art historical scholarship by E. Freiherr von Bodenhausen *(Gerard David und seine Schule,* Munich 1905, p. 209); since then, it has been used to designate the sixteenth-century landscape genre, cultivated especially by Antwerp artists from Patinir to Peter Bruegel, that depicts a substantial segment of the world within a vast cosmic panorama usually observed from a high vantage point. On the history of the term, see D. Zinke, *Patinirs 'Weltlandschaft' – Studien und Materialien zur Landschaftsmalerei im 16. Jahrhundert,* Europäische Hochschulschriften ser. 27, 6, Frankfurt 1977, pp. 22-29; and W. Gibson, *"Mirror of the Earth – The World Landscape in Sixteenth Century Flemish Painting,* Princeton 1989, pp. xx, xxi.

pansive to the distance, Bosch imagines a world limited in time but infinite in space. Placing the picture's spectator simultaneously as a pawn in salvation history and as the privileged viewer of an endless universe, Bosch's world picture is indeed both medieval and modern, closed and open,[87] allegory and map.

Bosch offers us a beautiful world view only to anathemize that world as sin. The principle vice is avarice, defined as any positive relation to the world; and all other sins - gluttony, anger, lust, etc. - crowd round as versions of love of the world.[88] Bosch depicts sin both by showing us the sinners and by telling sin's story: fall of the rebel angels, fall of man, exile from Paradise, profusion of sin, and final punishment. Pictured as a false triumphal procession, this story has but one direction: from bad to worse. The outer wings also spatialize time in a reading movement from left to right. The vagabond as *homo viator* localizes time as lifetime, while the inner panels, reached by way of a fissure through the body of Everyman, suggests world-time.[89] Both times appear to be running out, reaching their end before our very eyes (note the large crack in the footbridge before the vagabond, which suggests not only his impending "fall", but also the physical gap between the two outer panels that will open to the scene of the Hay Wain). Bosch heightens this ephemorality by endowing it with a rigid, necessary structure. Sin might appear chaotic, as bodies grasping helter-skelter at the hay, yet the hay is resolutely at the picture's center. It founds a symmetry that endows the whole with the character of a cosmic diagram. Hell is the negative of Paradise, its black towers being a ruined version of Paradise's curious rocks. And these antitheses surround a composition whose center is maintained both by the hay wagon and by Christ, who, displaying his wounds, appears above a rainbow in the clouds. Of course, Christ and the hay are only presently aligned. In the next moment, when the wagon passes to the right, drawing with it the viewer's gaze, Christ will remain behind at the center now abandoned by the world.

The pictorial center is thus but a momentary alignment of Christ, the world, and the viewer. From any other vantage point in time and space, this relation will be skewed, indeed as it is for all the depicted figures in their rage for the world *as* center. While it gives the whole the appearance of a necessary structure, it announces that that structure is contingent on the picture's beholder.

---

[87] The classic treatment of this dichotomy as constituting the historical turn to the modern worldview is A. Koyré, *From the Closed World to the Infinite Universe,* Baltimore 1957.

[88] L. Brand Philip ("The 'Peddler' by Hieronymus Bosch – A Study in Detection", in *Nederlands Kunsthistorisch Jaarboek* 9 [1958], pp. 1-81) has interpreted the foreground scenes as overlapping symbolic series of the Five Senses and the Seven Deadly Sins. This interpretation has been disputed, however, by D. Bax, "Bezwaren tegen L. Brand Philips interpretatie van Jeroen Bosch' Marskramer, Goochelaar, Keisnijder en voorgrond van Hooiwagenpaneel", in *Nederlands Kunsthistorisch Jaarboek* 13 (1961), pp. 1-54.

[89] H. Blumenberg's chapter "Apokalypse und Paradies" in *Lebenszeit und Weltzeit* (pp. 71-79) is useful here.

The picture, in other words, asks the viewer to render a decision on the world *here and now.* And within the picture's logic, the here and now is the hay itself. It is that shapeless, mobile mass - equivalent to world - that constitutes the picture's center and principle subject, and that appears venerated like a god or idol.

The reference to idolatry, here as a general fetishism of worldly things, raises questions about the form and function of Bosch's triptych (figure 14).[90] We do not know the *Hay Wain's* original context, whether it was intended as an altarpiece for a Christian altar or a work of "art" for a secular collection. We know it stood in the church of the royal palace and monastery at El Escorial in the eighteenth century, but it arrived there via secular art collections. Yet whether for a church or *Kunstkammer,* the *Hay Wain's* triptych format,[91] symmetrical composition, and temporal framework,[92] derives from altarpieces.

The Christian altarpiece, then, is the model for the *Hay Wain's* geometry and for the sense it gives that chaos and contingency are framed and contained within a necessary order. In church space this order would extend out from the altarpiece to the altar before it, and beyond that, to a world thought to be oriented around church and altar. For an altar is a sacred place, elevated above ordinary locations not only through the sacrament performed on them, but also through special rites of consecration,[93] which entombed in the altar certain sacred *things:* martyr's relics, three consecrated eucharistic hosts, the incense kernels burned during the episcopal rite of the altar's consecration, as well as documents guaranteeing the authenticity of all these.[94] Thus endowed in substance with *virtus* and *praesentia,* the altar oriented space around itself as around a privileged center. It directed gazes eastward towards Jerusalem as well as, invariably, towards the miracle performed *at* it, when the elements of bread and wine were, in Thomas Aquinas's term, "transubstantiated" into Christ's real flesh and blood through the agency of the priest. In the late Middle Ages, this miracle became, for the laity, above all a *visual* spectacle, in which the consecrated host was elevated for all to see and then placed in special framing tabernacles for prolonged ostentation.[95] There the host could be received by the

[90] M. Geisberg, *Die Anfänge des Kupferstiches,* Meister der Graphik, 2, Leipzig ^{2}1923, cat. 41.

[91] On the secularization of the triptych format, see K. Lankheit, *Das Triptychon als Pathosformel,* Abhandlungen der Heidelberger Akademie der Wissenschaften, Philosophisch-historische Klasse 4, Heidelberg 1959.

[92] In narrative altarpieces, the triptych format often isolates three moments within a temporal process, which is legible in the reading movement from left to right: the crucial scene, that is, spatialized in the central inner panel, is located in time between a before (left panel) and an after (right panel). Thus, for example, in Crucifixion altarpieces, the Agony in the Garden will appear to the left and the Resurrection to the right.

[93] J. Braun, *Der christliche Altar in seiner geschichtlichen Entwicklung,* Munich 1924, vol. 1, pp. 663-676.

[94] Braun, *Der christliche Altar,* vol. 1, pp. 525-556.

[95] For a recent account, with an updated bibliography, see M. Rubin, *Corpus Christi – The Eu-*

laity in what came to be known as an ocular communion, a *manducatio per visum* almost as efficacious as gustation proper. Painted and sculpted ensembles erected *behind* the altar table reiterated in their centralized plan the structured attention of salvific seeing. They functioned variously to glorify, explain, or even bring intercession to the greater spectacle enacted before them, a spectacle that kept all eyes fixed on Christ present, again in scholastic terms, as the substance of the accident of the bread. Bosch himself visualized this mystery in a scene of the Mass of St. Gregory which adorns the outer panels of the great *Epiphany* altarpiece made for the Bronckhorst and Bosshuyse families, and now in the Prado in Madrid.[96] In the *Hay Wain,* in a gesture that has neither precedent or sequel, the center of this cosmic geography is occupied by hay, by the emblem, indeed, of accident *without* substance.

Most probably Bosch's *Hay Wain* did not originally stand behind an altar. Perhaps it served as a devotional aid in a place of private worship or *privatoratorium.* More likely, it was, from the start, a precious work of art within a princely or patrician collection. There it would have functioned to admonish against the enchantment of earthly treasures like itself. A secular context would explain the hay's valence as idol. Replacing the cult object at the center of the Christian retable with an image of contingency, the *Hay Wain* would make a moral point about its status as a worldly thing, and even about the historical passage from sacred to profane that it, as a sort of art-altarpiece, negotiated.[97] Bosch carries over into the new, secular space of art the sacred geography of the church, even if only as a ghostly frame. In this space, beginning and end, good and evil, truth and falsehood have fixed and necessary placements, structurated locations which, in Bosch, are consubstantial with the painted panel itself in its material geometry.[98]

---

charist in Late Medieval Culture, p. 65 and passim; also see E. Dumoutet, *Le désir de voir l'hostie et les origines de la dévotion aus saint-sacrement,* Paris 1926, P. Browe, „Die Elevation in der Messe", in *Jahrbuch für Liturgiewissenschaft* 9 (1929), pp. 20-66; and A.L. Mayer, „Die heilbringende Schau in Sitte und Kult", in *Heilige Überlieferung – Ausschnitte aus der Geschichte des Mönchtums und des heiligen Kultes dem hochwürdigsten Herrn Abte von Maria Laach Dr. theol. et iur. h.c. Ildefons Herwegen zum silbernen Abtsjubiläum,* ed. O. Casel, Münster 1938, pp. 234-262.

[96] De Tolnay, *Bosch,* cat. 31.

[97] Hans Belting has recently chronicled this passage in *Die Erfindung des Gemäldes – Das erste Jahrhundert der niederländischen Malerei,* Munich 1994, p. 123-9; see also idem, „Vom Altarbild zur autonomen Tafelmalerei", in *Kunst – Geschichte ihrer Funktionen,* ed. W. Busch/P. Schmoock, Beltz 1987, pp. 128-149; and *Bild und Kult – Eine Geschichte des Bildes vor dem Zeitalter der Kunst,* Munich 1990, pp. 457-545. Bosch is not the only Netherlandish painter of the period to use the triptych format of an altarpiece to reflect on the relation between religious piety and the pleasures of images. Lucas van Leyden's *Adoration of the Golden Calf* (c. 1530), now in the Rijksmuseum in Amsterdam, stages a scene of idolatry and sensual pleasure in three panels of a triptych (see P.W. Parshall, "Some Visual Paradoxes in Northern Renaissance Art", in *Wascana Review* [1974], pp. 97-104).

[98] In his essay in the present volume, M. Macropolous, following Michel Foucault, terms this "Ortungsraum".

Bosch's portrait of the world's sphere fits snugly in place on the outer panels of the *Garden of Earthly Delights* (figure 15).[99] The earth's geography conforms perfectly to the picture's geometry because earth was made by God, who appears in the upper left in the position of a divine geometer. This sacred, providential geography recalls the space of medieval world maps.[100] In the Ebstorf *mappamundi,* dating from around 1235 and destroyed in 1943, geographic and geometric centers - the navel of the world and of the midpoint of the map - converge on the city Jerusalem and on the resurrected Christ shown there.[101] Indeed the world itself *is* consubstantial Christ's body: his head appears in the East, beside paradise, while his feet and hands gather in, respectively, the west, north, and south. According to Horst Appuhn, the map probably served as a sort of Easter Tapestry adorning the space before an altar in the nun's choir of the Ebstorf cloister.[102] This would add another level of orientation, in which the world-as-Christ would, in its representation, actually face east, with the altar. The *Hereford Map* of c. 1290, which may have originally been affixed to the central panel of a triptych retable behind the high altar, would have similarly inscribed the contingent space of world, in its representation, into the necessary space of God.[103] Yet Hieronymus Bosch superimposes on the medieval *mappaemundi* a new spatial model. The landscape of the newly created earth, like a disk floating on the waters of the deep, recedes into depth as if observed by a human eye in positional space.[104] Bosch thus brings together in a single picture two models of the world: one contingent on God, the other contingent on viewpoint.

It would be perspectival contingency that, henceforth, defined the image for European painting until this century. Pieter Bruegel the Elder's worldscapes,[105]

---

[99] De Tolnay, *Bosch,* cat. 20. The earliest certain provenance is from the last decades of the sixteenth-century, when the work was in the possession of Fernando de Toledo; afterward, it came into the collection of Philip II, where it is inventoried in 1593 as "una pintura de la variedad del mundo." As to its earlier whereabouts, a report by the Canon Antonio de Beatis suggests that the work hung between 1533 and 1535 in the palace of Hendrik III of Nassau in Brussels (see Steppe, "Jheronimus Bosch", p. 8, which includes de Beatis's text). The best short survey of the vast literature on the *Garden* is given by Marijnissen/Ruyffelaere, *Bosch,* pp. 84-102.

[100] For a review of the literature, see M. Kupfer, "Medieval World Maps – Embedded Images, Interpretive Frames", in *Word and Image* 10 (1994), p. 280; the best general introduction is D. Woodward, "Medieval Mappaemundi", in S.B. Hartley/D. Woodward, *The History of Cartography,* 1, *Cartography in Prehistoric, Ancient, and Medieval Europe and the Mediterranean,* Chicago 1987, pp. 286-370.

[101] Recent scholarship on the map is collected in *Ein Weltbild vor Columbus – Die Ebstorfer Weltkarte – Interdisziplinäres Colloquium 1988,* ed. H. Kugler, Weinheim 1991.

[102] H. Appuhn, „Datierung und Gebrauch der Ebstorfer Weltkarte und ihre Beziehungen zu den Nachbarklöstern Lüne und Wienhausen", in *Ein Weltbild vor Columbus,* ed. Kugler, pp. 245-259.

[103] Kupfer, "Medieval World Maps", pp. 273-276.

[104] See K. Clausberg's remarks in "Scheibe, Rad, Zifferblatt – Grenzübergänge zwischen Weltkarten und Weltbildern", in *Ein Weltbild vor Columbus,* ed. Kugler, p. 280ff.

[105] On Bruegel's place within the tradition of the *Weltlandschaft,* see Gibson, *"Mirror of the Earth",* pp. 60-75; also J.M. Hofstede, "Zur Interpretation von Pieter Bruegels Landschaft –

made in dialogue with Bosch's, already bear eloquent witness to this troubled process. In the Vienna *Carrying of the Cross,* dated 1564, the single, framed, rectangular panel, made to be experienced aesthetically in the *Kunstkammer,* has severed its ties to church space (figure 16).[106] Bruegel positions the viewer before a vast prospect of the mundane world, and he dramatizes this vertiginous expansion by means of people rushing towards Golgotha in the distance. Christ, the picture's chief subject, is overlooked by all except the holy figures mourning in the foreground. Bruegel personifies humanity's indifference towards Christ in the figure of Simon of Cyrene at the lower left. According to the gospel, soldiers compelled the Cyrenian to bear Christ's cross *(Matt.* 27: 32; *Mark* 15: 21); in Bruegel, Simon appears held back by his wife, who, wearing a rosary, stands for false, outer piety. While the multitude of people march forwards with their backs to Christ, Simon, the one called to carry Christ's burden, draws backwards, in the viewer's direction. Christ thus kneels between two immense indifferences, one near the picture's vanishing point, in that empty circle of gawking people on the horizon, the other near the viewpoint, where the beholder's faith is tested. Although tiny in the landscape, Christ appears at the exact center of the panel, and from there he looks directly back at us. This last vestige of sacred geography, of an order located in places themselves (here the painted mark) rather than in the position from which they are seen, is a legacy of Hieronymus Bosch. It appears most momentously in one of Bosch's surviving retable altarpieces.

IV

If measured by its influence, the *Temptation of St. Anthony,* now in the National Museum in Lisbon, and dating from around 1510-15, is Bosch's most important work (figures 17 & 18).[107] Over twenty copies of it exist, and it inspired a huge number of imitations until well into the seventeenth century. Bosch himself made several versions of the theme.[108] Siguença, who was close

Ästhetischer Landschaftsbegriff und stoische Weltbetrachtung", in O. v. Simson/M. Winner (eds.), *Pieter Bruegel und seine Welt,* Berlin 1979, pp. 73-142; and J.L. Koerner, "The Printed World", in *The Printed World of Pieter Brueghel the Elder,* exh. cat. by J.L. Koerner/B. Butts, St. Louis, St. Louis Museum of Art 1995.

106 Bruegel's panel was originally owned by the wealthy banker Niclaes Jonghelinck and hung with the artist's great Months of the Year series in Jonghelinck's Antwerp residence. See the discussion of this panel in F. Grossmann, *The Paintings of Bruegel,* London 1955, p. 196f.

107 De Tolnay, *Bosch,* cat. 18. The painting's early provenance is unclear. A diplomat in the service of King Juan III of Portugal, Damião de Goes, is documented as having purchased a St. Anthony by Bosch between 1523 and 1545, which he then presented as a gift to the nuntio of Montepoliciano. Whether this is identical to the panels now in Lisbon, however, is unclear (see M. de Sampayo Ribeiro, *O retrato de Damião de Goes por Alberto Dürer,* Coimbra 1943, n. 7; as cited in Unverfehrt, *Hieronymus Bosch,* p. 19-20).

108 Unverfehrt, *Bosch,* pp. 151-186

to the Spanish court that zealously collected Bosch, reports that "this painting is seen often; one is in the chapter house of the Order of St. Jerome; another in the cell of the prior; two in the gallery of the Infanta; some in my cell, which I often read and immerse myself in."[109] I would like to have seen Siguença's cell, where Bosch's pictures proliferated like the demons they depict. The pious brother seems to have used them for his religious devotions, although by his time the vast majority of Boschian St. Anthony panels were in secular art collections. Originally, though, the Lisbon panels almost certainly functioned as an altarpiece. Contemporary documents inform us that at 1490 Bosch painted the "doeren" (or "outer wings") of a retable for the chapel of the Illustre Lieve-Vrouwe Broederschap in the Cathedral of St. John in s'Hertogenbosch;[110] and he seems also to have executed altarpiece wings for the cathedral's High Altar, as well as for an altar dedicated to St. Michael.[111] And we know that altars dedicated to St. Anthony were not unknown in the period. The retable for the hospital of the Order of St. Anthony in Isenheim, with its sculpted shrine from around 1490 by Nikolas Hagenower and later painted wings by Grünewald, is a famous example.[112]

Yet *as* an altarpiece, Bosch's triptych is certainly unique. For one thing, winged retables ordinarily enclosed a cult image in their shrine, like Hagenower's enthroned St. Anthony, which claimed to make present the power of the saint himself.[113] Or the central image narrated a significant event: a moment in *Heilsgeschichte,* or a martyr's death. Bosch's triptych offers no proper cult image. And the specific stories from Anthony's life, as told in such popular, late medieval hagiographies as Jacobus de Voragine's c. 1290 *Legenda Aurea* (translated in 1360 into Dutch as the *Gulden Legende* or *Passionaal,* and published in Gouda by 1478) and the *Vitae Patrum* (translated into Dutch as the *Vaderboeck* and published by 1480), are exiled to the wings: Anthony's return to his cave, his temptation by the beautiful queen, etc.[114] The central panel extracts the saint from the chain of necessary events and represents him in general attitude of devotion (figure 19). Bosch's badly preserved *Hermit Saints Triptych,*

[109] De Tolnay, *Bosch,* p. 403.

[110] The documents related to Bosch's religious commissions, as well as to his own membership in the Fraternity of Our Lady, are collected and annotated in P. Gerlach, "Jeronimus van Aken alias Bosch en de Onze Lieve Vrouwe-Broedershap", in *Jheronimus Bosch – Bijdragen,* pp. 48-60; Marijnissen/Ruyffelaere publish most of the Bosch documents *(Bosch,* pp. 11-14).

[111] Bax, *Hieronymus Bosch,* p. 3.

[112] On the altarpiece's sculpture, see C. Heck and R. Recht, *Les sculptures de Nicolas de Haguenau – Le retable d'Issenheim avant Grünewald,* Colmar 1987; the altarpiece was transferred from Isenheim to Colmar in 1793, where, since 1852, it is displayed in the Unterlinden Museum.

[113] The best summary of the traditional functions of winged retables in the North is M. Baxandall, *The Limewood Sculptors of Renaissance Germany,* New Haven 1980, pp. 50-93.

[114] The chief source for the life of St. Anthony are Latin translations of Athanasius' Greek *vita* (the Latin is given in the *Patrologia Latina,* vol. 73, col. 126ff); on Bosch's vernacular sources, see Bax, *Hieronymus Bosch,* pp. 7-12.

now in the Doge's Palace in Venice, extends this strategy through all three panels.[115] Saints Anthony, Jerome, and Giles appear there not as objects *of* devotion but as subjects *in* devotion. Neither cultic presences nor actors within significant events, they offer, through their inward attitude, a model of subjective piety.

Siguença, always Bosch's best reader, wrote that whereas most artists "paint man as he looks from outside, this artist has the courage to paint him as he is inwardly"[116]. This focus on inwardness, congenial to the counter-reformation spirituality of Siguença, was also in tune with lay piety in Bosch's time, influenced as it was by the *devotio moderna.*[117] What does Bosch's inner man look like, though?

In the Lisbon triptych, we must work to find him, for he is all but lost in the hellish spectacle all around. According to tradition, the temptation of St. Anthony *was* such a spectacle. It was a chaos of phantasms conjured by the devil to tempt and terrify the pious man.[118] At once inner and outer, these abject creatures not only assailed the person but were also *of* the person. In devotional literature through the seventeenth-century, they were calls for both a *contemptus mundi* and a self-contempt, being at once demonic enticements and projective fantasies, personified sin and sinning person. As the great Huguenot poet Théodore Agrippa d'Aubigné wrote at around 1600, "My dreadful transgressions horrify me, they growl in my ears, hiss like serpents in the night. Worst, they are not the vain smoke of dreams but the living portrait of my deeds"[119]. Describing Bosch's *St. Anthony,* Siguença refers with awe to the maker of these monstrosities:

> We see on the one hand the saint, the first hermit, with a serene countenance, humble, in rapt contemplation, calm and with his soul entirely at peace; on the other hand the unbounded fantasies and monstrosities that the enemy devises in order to confuse his imperturbable soul and distract his fervent love: to this end he conjures up living beings, wild animals, chimeras, monsters, fire, death, roaring, threats, vipers, lions, dragons and fearful birds of all kinds, so that one asks in astonishment how it was possible for him to give shape to all his ideas.[120]

---

[115] De Tolnay, *Bosch,* cat. 24.

[116] De Tolnay, *Bosch,* p. 402.

[117] On the place of Bosch in Spanish culture at 1600, see H. Heidenreich, "Hieronymus Bosch in some Literary Contexts", in *Journal of the Warburg and Courtauld Institutes* 33 (1970), pp. 171-99. On Bosch's relation to the *devotio moderna,* see, most recently, Paul Vandenbroeck, *Hieronymus Bosch – Tussen volksleven en stadscultuur,* Berchem 1987, p. 120 and passim.

[118] On Bosch's triptych and late medieval notions of temptation, see, most recently, J.M. Massing, "Sicut erat in diebus Antonii – The Devils Under the Bridge in the *Tribulations of St. Anthony* by Hieronyus Bosch in Lisbon", in *Sight and Insight – Essays on Art and Culture in Honor of E.H. Gombrich at 85,* ed. J. Onians, London 1994, pp. 108-127.

[119] T.-A. d'Aubigné, *Oeuvre,* Paris 1969, p. 538; cited in J. Delumeau, *Sin and Fear – The Emergence of a Western Guilt Culture in the 13th-18th Centuries,* trans. E. Nicholson, New York 1990, p. 2.

[120] De Tolnay, *Bosch,* p. 402.

The "he" here is ambiguous, referring either to the devil who conjures demons to corrupt the hermit-saint, or to Bosch who pictures demons to edify the viewer. Bosch's pictorial style makes such distinctions unclear. Refusing to model things in their distinct materiality,[121] blurring the boundaries between mineral, vegetable, animal, human, and spirit and all into erratic plays of paint, Bosch puts his viewers in an uncertain - one wants to say 'contingent' - relation to what they see.

In 1604, Karel van Mander wrote that Bosch distinguished himself by his swift, energetic technique, executing his figures in one go.[122] In contrast to the meticulous layering of translucent glazes so admired in other Netherlandish painters, in which the artist's hand is wholly effaced, Bosch's pictures display the temporality of their making. Their wild outlines, flickering highlights, and textured surfaces announce that they were created as an act of will. And the many pentimenti left visible testify that what *is* in Bosch, could indeed have been *otherwise* (figure 20). In fact, some of Bosch's grotesque spontaneous forms share features with those aleatory treasures of the *Kunstkammer,* in which *naturalia* are worked, ever so slightly, to seem other than they are: in the background of the left inner panel, Bosch turns a mound of earth into a man's buttocks by a few strokes of the brush.

Indeed Bosch's devils, which were his most famous and imitated invention, are largely exercises in projective imagination. In the foreground of the central panel, Bosch arms and harnesses a fish like a jousting horse. This armor, because of its spatial estrangement, becomes, as well, the rigging of a ship which, sailed by demon-fishermen, reinterprets the fish itself as a carved and painted decorative prow, and so forth. What results is the unique case, the singular creature or creation that, fitting no known category, would be classed within the order of the *Kunst- und Wunderkammer* as error, there to be demonized as evidence of sin, or celebrated as exemplar of fancy, or both simultaneously, in that ambivalence toward the world's "curiosities" which Bosch presages for the early modern period. Bacon, we recall, made "the history of erring" the conceptual hinge of the *Kunstkammer.* Images made by chance, even if they only *seemed* to exhibit a nature that delights in art, were nonetheless occasions *for* art, which proved its creativity, its capacity to fabricate the new, by utilizing the accidental novelties of nature. The appreciation of Bosch by courtly collectors of around 1600, linked, as well, to the popularity of concettistic

[121] See D. Hammer-Tugendhat's remarks on Bosch's Vienna *Carrying of the Cross,* in *Hieronymus Bosch – Eine historische Interpretation seiner Gestaltungsprinzipien,* Theorie und Geschichte der Literatur und der schönen Künste 58, Munich 1981, pp. 55-61.

[122] "He had a steady hand and a very adroit and subtle working manner, usually finishing his works in one layer (...)" (C. v. Mander, *Het Leben der Doorlychtighe Nederlandtsche en Hooghduytsche Schilders,* Alkmaar 1604, fol. 216v; I cite here from the monumental new facsimile and critical edition, v. Mander, *The Lives of the Illustrious Netherlandish and German painters,* trans. and ed. H. Miedema, Doornspijk 1994, vol. 1, p. 125).

painters like Archimbaldo, or, indeed, like Johann König, depended upon these categories.

In Bosch, a palpable sense of contingency extends beyond his individual creatures to the spatial structure of his scenes. Again contrasting to Netherlandish painting before him, Bosch refuses to obey the rules of linear perspective. He builds eccentric architectures that recede chaotically towards an undeterminable distance. Yet even as he refuses the systematic space of perspective, and even as he strews his figures like random blots on the picture surface,[123] he also creates, indeed for the first time in Western art, a coherent, infinite worldscape. And this worldscape, in turn, is subordinated to framing structures, to geometries and necessary placements that diagram an absolute - indeed a non-perspectival - point of view. Bosch's curious penchant for the roundel (figure 13),[124] and the rota (figure 21), and for eccentric formats that baffle any sense of the image as Albertian open window,[125] work to place the world as it is experienced contingently from within into a fixed and necessary framework opposed from without.

The point about Bosch's St. Anthony is that, as Christian exemplar, Anthony is able to see through the illusions assembled around him, to penetrate beyond the world's accidents to the necessary substance itself. In the central panel of the Lisbon triptych, the Saint kneels in prayer before a destroyed chapel. His right hand, doubled by the pointing hand of Christ, directs our gaze towards the cross on the altar. This crucifix, one presumes, both symbolizes Christ's presence in the Mass (again, as substance of the accident of the bread) and represents an ordinary *corpus Christi* as was required for altars in the period. Itself most probably a working altarpiece, Bosch's triptych tells its viewers to look at Christ. In the ritual context of the altar, this means beholding Christ in the *elevatio.* Yet by doubling the scene before the altar, by making altar and altarpiece the subject *of* an altarpiece, Bosch places Christ in a hall of mirrors. This the viewer must traverse by way of the painting's great temptation.

---

[123] In his 1934 essay "Die 'Macchia' Bruegels", Hans Sedlmayr utilized Vittorio Imbriani's theory of the color spot (as interpreted by Benedetto Croce) to characterize the "pure Bildform" of Pieter Bruegel's paintings (*Jahrbuch der kunsthistorischen Sammlungen in Wien,* n.s. 8 [1934], pp. 137-159). On the one hand, Bruegel's figures, represented as undifferentiated, geometricized shapes as if strewn on the flat surface of the panel, aspired to the condition of the blot, expressing thereby the "entfremdende Schau" of the learned skeptic on the mass of humanity; on the other hand, his landscapes, represented as ordered and deep space, placed these figures in a totalizing world-view. Bruegel's alienating abstraction, as well as his dehumanizing gaze, made him – according to Sedlmayr – a precursor to Surrealism (see L. Dittmann's account of Sedlmayr's "Macchia" essay in *Stil, Symbol, Struktur – Studien zu Kategorien der Kunstgeschichte* [Munich, 1967], pp. 166-168 and 168, n.) Sedlmayr's account could serve as a bridge between Bosch and the blots and frottages of Cozens, Kerner, and Ernst discussed at the opening of this essay.

[124] Also, for example, De Tolnay, *Bosch*, cat. 10, 13, 14, 22, 28, 34, as well as versions of cat. 6.

[125] For example, the passion scenes painted in grisaille in the *Mass of St. Gregory* (exterior shutters of the Prado *Epiphany*).

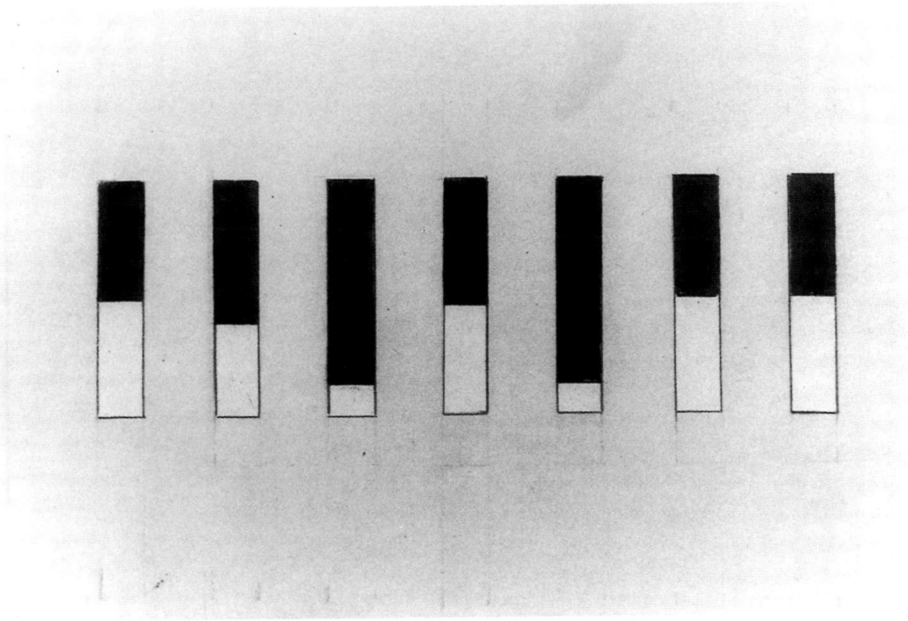

1 Ellsworth Kelly, *Awnings, Avenue Matignon,* 1950.

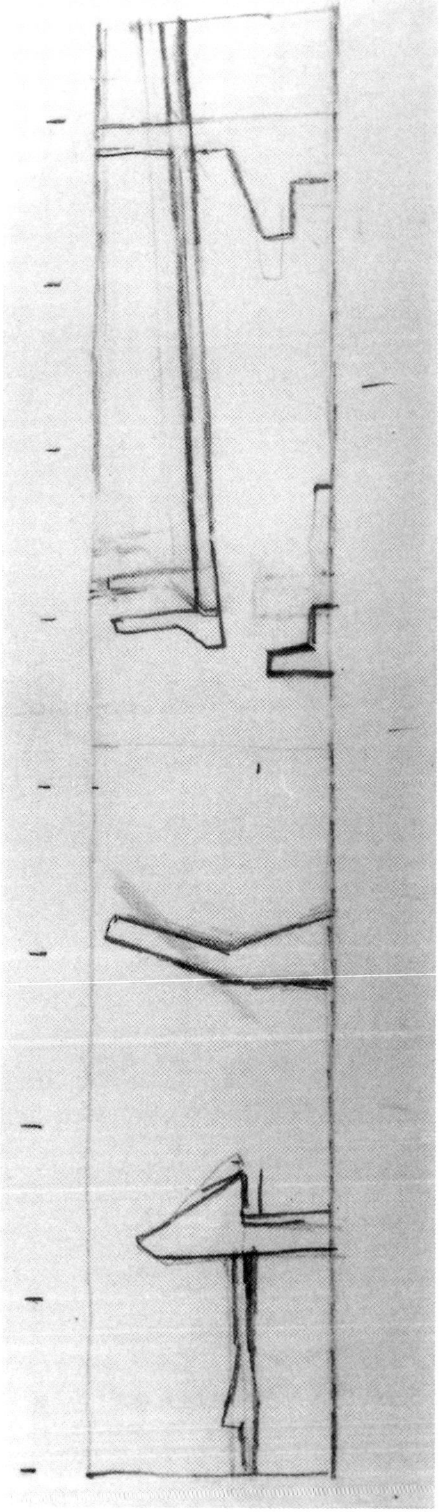

2 Ellsworth Kelly, *Street Patterns Below Tour d'Argent*, 1949

3 Ellsworth Kelly,
Window V, 1950.

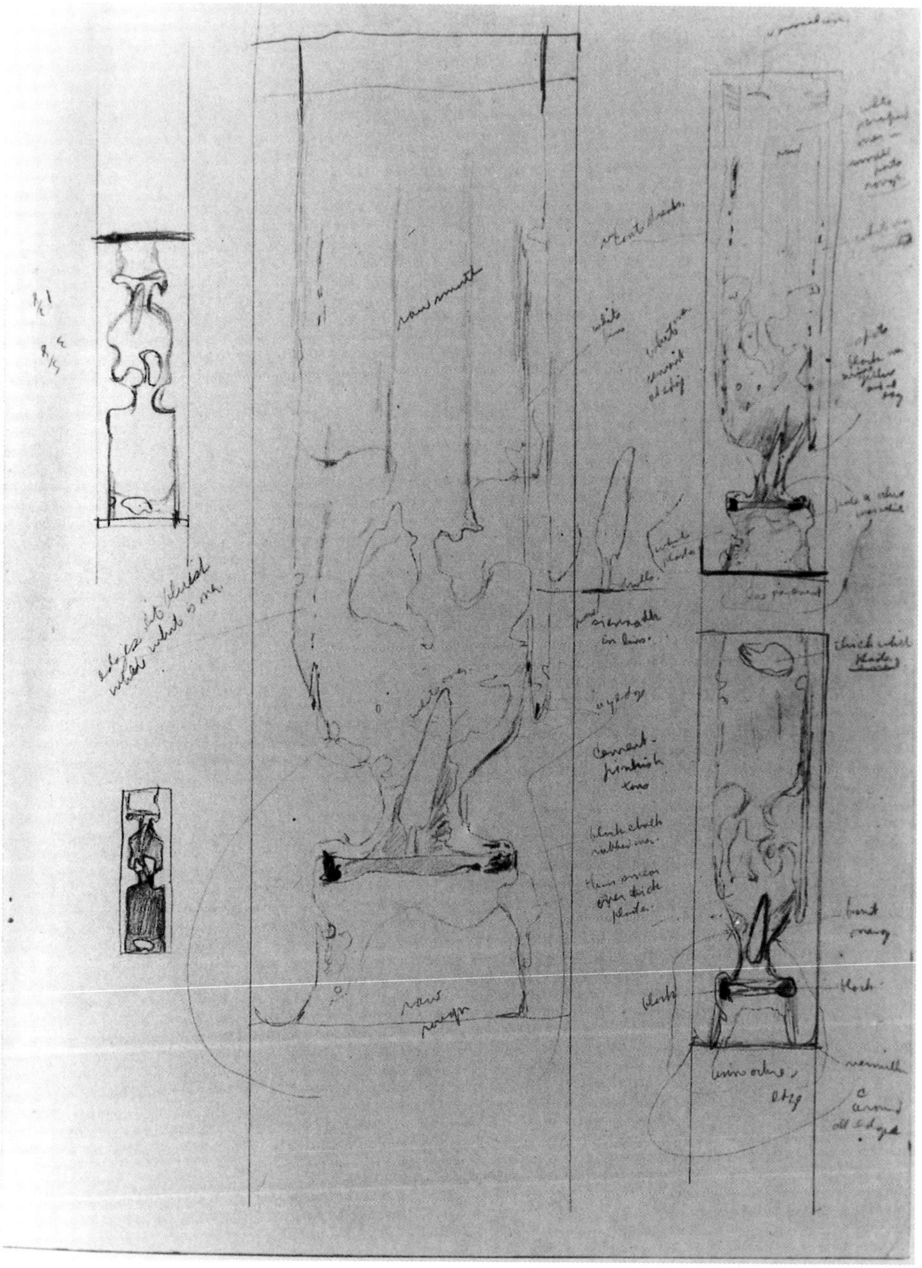

4 Ellsworth Kelly, *Studies of a Cement Wall,* 1949.

5 Max Ernst, *The Vaccinated Bread.*

6 Justinus Kerner, Title-page of *Die Klecksographie,* 1857.

7 Alexander Cozens, *A Single or principal objects, opposed to sky; …*

8 Johann König, *Parting of the Red Sea,* 1620–30.

9 Art Cabinet, assembled by Philipp Hainhofer, before 1632.

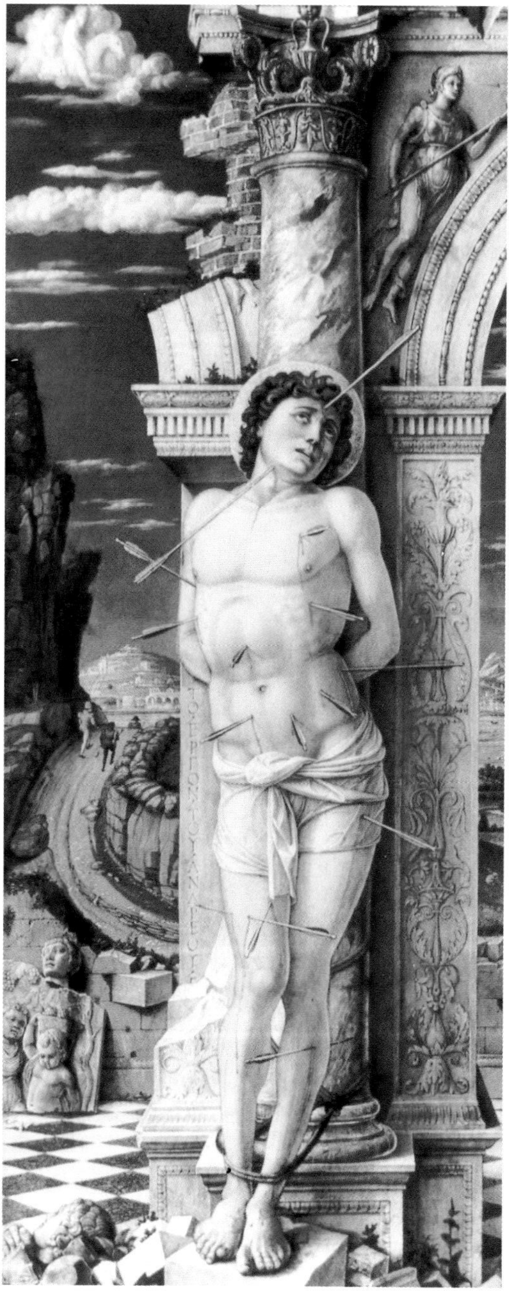

10 Andrea Mantegna, *St. Sebastian,* c. 1460.

11 Hieronymus Bosch (copy after?), *The Hay Wane*, closed state, c. 1500–5.

12 Hieronymus Bosch (copy after?), *The Hay Wane,* open state, c. 1500–5.

13 Hieronymus Bosch (copy after?), *The Cure for Folly*, c. 1480–85.

14 Master of the Nuremberg Passion, *The First Commandment,* c. 1450.

15 Hieronymus Bosch, *The Garden of Earthly Delights*, closed state, c. 1510–15.

16 Pieter Bruegel the Elder, *Carrying of the Cross,* 1564.

17 Hieronymus Bosch, *The Temptation of St. Anthony*, 1510–15, panels of closed state.

18 Hieronymus Bosch, *The Temptation of St. Anthony,* 1510–15, open state.

19 Hieronymus Bosch, *The Temptation of St. Anthony,* central panel (detail of figure 18).

20 Hieronymus Bosch, detail of left outer panel of *The Temptation of St. Anthony* (figure 17).

21 Hieronymus Bosch, *The Seven Deadly Sins and the Four Last Things,* c. 1485.

22 Anonymus follower of Hieronymus Bosch, *The Temptation of St. Anthony*, early sixteenth century.

23 Pieter Bruegel the Elder, *The Masquerade of Ourson and Valentine,* 1566.

24 Caspar David Friedrich, *Winter Landscape*, 1811.

One could say that where Bosch's *Hay Wain* models a contingent world, his *St. Anthony* shows how it could be otherwise. Anthony's example is based on a higher instance pictured on the triptych's shutters (figure 17). Christ appears in scenes expressing his acceptance of the Passion: to the left, his Agony and Arrest; to the right, the Carrying of the Cross. The one is a mirror of the other, hence the repetition of Christ's kneeling figure within processions that converge at the center; hence, too, the pairing of the scenes as night to day, conveyed formally in the strict reversal of grisaille tones (night as light on dark, day as dark on light). And like the central panel of the triptych, each outer shutter isolates a response to Christ. In the Carrying of the Cross, St. Veronica takes pity and receives from Christ his image on her cloth. In the altarpiece's open state, this *vera icon* will reappear as the figure of St. Anthony himself, whose posture echoes Christ's in the outer Arrest scene, whose outward gaze recalls the *en face* orientation of Christ's image on the sudarium, and whose piety *is* an *imitatio Christi.*

In the *Arrest of Christ,* Bosch stages a different response in the figure of the mocker just to the right of Christ. While he kneels like Veronica and Anthony, and indeed like Christ himself, the mocker ridicules Christ by twisting his face into a grotesque grimace.[126] This is a *vera icon* of a kind, imitating Christ's travestied form as disfigured Man of Sorrows.[127] The mocker's blasphemous response will dominate Bosch's world. Indeed St. Anthony's temptation consists

[126] A similar juxtaposition of Veronica's sudarium with the faces of mockers appears in an extraordinary illuminated miniature of c. 1400 attributed to the Master of Margaret of Cleves. In the *Biblia Pauperum* in the British Library in London (Kings MS 5), in the scene of Christ carrying the Cross (fol. 16), Christ is flanked to his left by faces of two gate-watchers drinking, and to his right by the miraculous image displayed by St. Veronica. The gate-watchers refer to Ps. 68: 13 ("they that sat in the gate spoke against me, and they that drank wine made me their song"), which late-medieval Latin lives of Christ often understood with reference to Christ's Mockery in the Carrying of the Cross. As James H. Marrow has argued, this miniature is also the earliest known instance of the sudarium displayed in an image of this biblical scene (Marrow, „Die Stellung von Kings MS 5 in Kunst und Geschichte", in J. Backhouse/J.H. Marrow/G. Schmidt, *Biblia Pauperum – Kings MS 5, British Library, London,* 2, *Commentary,* Lucerne 1994, p. 138-9).

[127] Christ's Passion, suffered at the hands of sinful men, conceals his status as *imago Dei,* and this hiddenness, representative of all the inversions of high-to-low and low-to-high which Christ himself preaches, also justifies a specifically Christian aesthetics of the ugly or lowly. See F.P. Pickering, "The Gothic Image of Christ – The Sources of Medieval Representations of the Crucifixion", in *Essays on Medieval German Literature and Iconography,* Anglica Germanica 2, Cambridge 1980, pp. 3-30; E. Auerbach, *"Sermo humilis",* in *Literary Language and Its Public in Late Latin Antiquity and in the Middle Ages,* trans. R. Mannheim, New York 1965, pp. 25-81; H.R. Jauss, „Die klassische und die christliche Rechtfertigung des Häßlichen in mittelalterlicher Literatur", in Jauss (ed.), *Die nicht mehr schönen Künste – Grenzphänomene des Ästhetischen* (Poetik und Hermeneutik III), Munich 1968, pp. 143-168; and P. Michel, *"Formosa deformitas" – Bewältigungsformen des Häßlichen in mittelalterlicher Literatur,* Studien zur Germanistik, Anglistik und Komparatistik 57, Bonn 1976. The figure of the mocker, juxtaposed, in the Anthony altarpiece, to a vera icon, would thus be a useful starting point for analyzing Bosch's aesthetics of the grotesque.

of a host of parodies. Traditional subjects of religious art and drama appear as if in devilish caricatures: on the far right of the central panel, for example, the scaly-tailed tree-woman mounted backwards on a giant rat and bearing a swaddled infant, together with the poor, bearded man wearing a blue hat behind, suggest Mary, Christ, and Joseph in their flight into Egypt, while the surrounding three figures hint at images of the Magi.[128] Sacred service appears travestied by devils: just below and to the right of Anthony, three demons in the shape of clerics (a priest and two monks) appear to read prayers from a breviary. And the Eucharistic sacrament is mimicked in a Black Mass performed just behind Anthony's back.[129] An egg born aloft by a frog stands for the elevated Host.

Even the tiny crucifix in the chapel - that last vestige of visual truth and reference of both Anthony's and Christ's deictic gestures - has its own anti-image within the triptych. Just to the right of the crucifix, and exactly aligned with it, the ruined column displays, as though in a fresco decoration or in polychromed low-relief, the Golden Calf in a scene of its adoration by idolatrous Israelites. Bosch includes this *mise en abyme,* this painting within a painting, as if it were itself a remnant of an idolatrous culture: just below the picture of the Adoration of the Golden Calf, another ostensible fresco, or relief, exhibits a monkey-demon (or monkey-demon statue) enthroned on a drum and approached by suppliants bearing gifts. And below this is another scene, almost certainly of two Israelites with grapes from the valley of Eschol, and suggestive, perhaps, of a worldly abundance that diverts man from God.[130] Within the triptych's larger picture, then, the Christian chapel would seem to occupy the ruins of an ancient pagan (or, more likely, Jewish) temple, even as it is now threatened by a *reoccupation* by modern demons and idolaters - indeed specifically by Islam, hinted at in the crescent moon on a flag in the left inner shutter.

Bosch's juxtaposition of Golden Calf and crucifix, idol and icon, might relate to an iconographic tradition contrasting true and false faith, such as can be observed in a mid-fifteenth-century German engraving by the anonymous Master of the Nuremberg Passion (figure 14). Yet the image of the image of the Golden Calf, placed as it is beside an altarpiece within Bosch's altarpiece, asks difficult questions also about the proper object of Christian devotion, and

---

[128] Bax argues for a travestied Flight into Egypt *(Hieronymus Bosch,* p. 113); L. v. Baldass, for an Adoration of the Magi *(Hieronymus Bosch,* Vienna 1943, p. 245). The "adoration" element seems to be lacking, however, although the three mounted figures might indeed conjure up the kings on their journey.

[129] First suggested by E. Castelli with reference to Deuteronomy 32 *(Il demoniaco nell' arte,* Milan 1958), and reiterated by W. Fraenger („Das Lied des Moses' als Zentralmotiv der Lissaboner ‚Versuchung des St. Antonius' von Hieronymus Bosch", in *Castrum Peregrini* 58 [1963], p. 23). On travestying images of the Eucharist in other works by Bosch, see J. Hamburger, "Bosch's 'Conjurer – An Attack on Magic and Sacramental Heresy", *Simiolus* 14 (1984), pp. 5-24.

[130] Bax, *Hieronymus Bosch,* p. 117.

about the role of images in pious practice. The Calf, and with it all the other temptations, enclose the Saint like a ruined, external envelope, or like the shattered crystal orb of the world. And at the core of Bosch's picture, *as* the geometric center of his painted panel, the saint looks directly out at us. His eye literally *places* the contingency of the world into a necessary framework.

Bosch was a master of pictures that see us.[131] His early panel of the Seven Deadly Sins, which once hung in Philip II's apartments in the Escorial,[132] monumentalizes this outward gaze (figure 21). The roundel takes the form of a giant eye that warns, in the inscription around the pupil, "Beware, beware, God sees all". At the pupil's center, as either the image *in* the eye, or a reflected image of that which the eye sees, stands the resurrected Christ displaying his wounds. By turning his painting into an eye, Bosch reverses our usual orientation to images as active viewers to objects passively seen. He makes his work return our glance, indeed hold us in *its* gaze as we are revealed in our various sins. Read within the figure of the eye, the seven little scenes - representing the sins of anger, vanity, lust, lethargy, gluttony, avarice, and envy - appear as reflections on the eye's white. These scenes, sometimes cited as the first genre paintings of the Netherlandish tradition, together constitute a worldscape of a kind, one wrapped around on itself, like the world's orb turned inside out and upside down. The picture, that is, visualizes sin as the *verkehrte Welt,* as contingent images on the periphery of God's all-seeing eye. His is a world-picture where the *Weltanschauung* is God's.

In the Lisbon *St. Anthony,* Bosch reduces this all-seeing gaze to one spot of paint at the picture's center, yet with it he announces the continued necessity of the center. Centers, as the Golden Calf attests, can be dangerous things, tempting the eye to an interest in the things of the world. Bosch defends his picture against this fate by establishing at the center of his altarpiece not an object but a subject, not a thing or curiosity seen but a seer who views *us* as a curiosity: the inner person with eyes fixed on necessary things. Anthony's outward gaze, which, like the giant eye in the Prado *Seven Deadly Sins,* interpellates and judges us, may stand surrounded by images of our temptations and our misdeeds. Yet painting is not only that distraction but holds within its center the authenticity of a divine face.

---

[131] For a broad survey of this conceit, see A. Neumeyer, *Der Blick aus dem Bilde,* Berlin 1965; also, Rathe, *Ausdrucksfunktion extrem verkürzter Figuren,* pp. 19-27, 48-56. On Bosch's figure of the omnivoyance within the Netherlandisch tradition, see J.H. Marrow, "Symbol and Meaning in Northern European Art of the Late Middle Ages and the Early Renaissance", in *Simiolus* 16 (1986), p. 162.

[132] As recorded by Siguença "en el aposento de su Magestad". De Tolnay translates "aposento" as bedchamber *(Bosch,* p. 403). Earlier in the sixteenth century, the panel (De Tolnay, cat. 2) is recorded by Guevara as "belonging to H[is] M[ajesty Philip II]" (H. Dollmayr, „Hieronymus Bosch und die Darstellung der vier letzten Dinge in der niederländischen Malerei des 15. und 16. Jahrhunderts", in *Jahrbuch der kunsthistorischen Sammlungen des Allerhöchsten Kaiserhauses* 19 [1898], p. 294ff).

As fate would have it, this center did not hold. Bosch's imitators overlooked these symmetries, centerpoints, and diagrams that locate contingency within a necessary order. Boschian space becomes a surface strewn with clever inventions: demons, arabesques, and saints, all delectable in their variety (figure 22).[133] Where Bosch labelled the world's contingency as a temptation around a centered inner self, his future followers and fans took the bait and collected Bosch himself as a "curiosity"[134]. Its savagery forgotten, his paintings were installed in the art collection where they would have hung like catalogues of the very exotica that surrounded them: the jokes of nature, the ethnographic trinkets, the moralizing prints and pagan gemstones, the wierd instruments of knowledge and of hygiene, and, of course, the images made by chance. The modern artwork, as a quintessential alternative reality, thus was born out of the indecipherable, diabolical Other.[135]

In Bosch himself, demons remain demons, however obscure their message might be; in his reception, they becomes play-acted savages or carnival props. Contrast Bosch's monsters to the image of the savage in the art of Bosch's great modernizer, Bruegel. In Bruegel's one extant woodcut, a wildman meets a king on a village street (figure 23).[136] Each stands identified by attributes: the king by his orb and crown, the wildman by his club, beard and hair. The ruler confronts ruleless natural man. Yet the longer we look, the more alien these differences appear. The wildman's body appears covered by fur, yet the regularized tufts, as well as the gap between these and the wildman's hands and feet, suggest a fur garment. And the wild eyes that peer forth from a shock of hair become, on inspection, eyes of a mask. The king, too, is exposed as masquerade. He is a peasant whose crude artifice Bruegel marks by shading the thick line between face and beard, and by balancing the crown like a iron pot on top of a fur cap. Once recognized for what it is - mere rustic entertainment - everything in the scene falls into place. The woman to the right is faceless because she too wears a mask; the background figures collect money for the players; and the crowd in the window locates the play in the street, before a village tavern or brothel.

---

[133] De Tolnay, *Bosch,* cat. 54, where it is declared "not in the Manner of the [Bosch]." The panel is discussed in *Jheronimus Bosch,* exh. cat. by K. G. Boon, et al., s'Hertogenbosch 1967, cat. 4. On Bosch imitators, see Unverfehrt, *Hieronymus Bosch,* pp. 122-235.

[134] On the rehabilitation of curiosity in the early modern period, see H. Blumenberg, *Die Legitimität der Neuzeit,* 2nd ed. rev. and exp., Frankfurt 1973, esp. Part 3, „Der Prozeß der theoretischen Neugierde".

[135] See my discussion of Hans Balding Grien's use of witchcraft as a model for the seductions of art *(The Moment of Self-Portraiture in German Renaissance Art,* Chicago 1993, pp. 317-362).

[136] The woodcut was designed by Bruegel and executed by an anonymous cutter in his orbit (see R. v. Bastelaer, *The Prints of Peter Bruegel the Elder – Catalogue Raisonné,* trans. and rev. S.F. Gilchrist, San Francisco 1992, cat. 215. Note that the composition reappears, slightly modiefied, in the background of Bruegel's painting *Carnival and Lent* in Vienna.

Scholars have identified the scene as an episode from the popular Flemish play "Ourson and Valentine", in which twin brothers, divided at birth, meet again as knight and wildman and become the king's companion in arms. What is striking about Bruegel's woodcut is how subtly but deliberately it exposes the peasants' play. Where we thought we had encountered natural man, we discover the native peasant dressed in carnival clothes. And what therefore we thought was crudeness on Bruegel's part - the unadept treatment of fur, eyes, and crown - turns out to be rustic artifice. This placement of the "wildman" in quotation marks would have been unthinkable in Bosch, who appropriated popular symbolism without ever marking it as "popular", which is to say, as other than his own. Bruegel unmasks the wildman by exposing the seams of his outfit, as if to say that the myth of savagery is merely a myth, and indeed that Bruegel's own art is only apparently strange, foreign, and exotic.

Van Mander reports that Bruegel, together with one of his patrons, the merchant Hans Franckert, "went out of town among the peasants (...) to fun-fairs and weddings, dressed in peasants' costume, and they gave presents just like the others, pretending to be family or acquaintances of the bride or the bridegroom"[137]. The woodcut of the wildman has indeed the quality of anthropological field notes. At the same time as the wildman becomes familiarized as peasant artifice, the peasant himself becomes strange. He is not natural man, for he possesses art, and thus he appears to be already embarked on the passage to Bruegel's civility. Yet because his artifice is transparent, unlike Bruegel's, he becomes the native of an alternative reality, with its artifice existing side by side with Bruegel's. Staring out at us not as eyes but as mask, Bruegel's quotidian other bespeaks the modern conditions. World pictures are contingent, not found but made; henceforth they will be plural.

V

It may be extravagant on my part to discern within a printed line or two the burden of modernity. The visible gap, in Bruegel's woodcut, between face and mask, and between body and costume, which levels wildman and king to mere rustic players, and declares their art, and indeed culture itself, to be a mere contingency, might simply be a consequence of the graphic mark itself. The medium of woodcut, it could be argued, was incapable of achieving, through its heavy lines, the seemlessness demanded for Bruegel's legendary "realism", hence the unique status of this print within the artist's *oeuvre*. Yet it is precisely realism, as the figure of a rejection of artifice[138], that demands marks to place

[137] Van Mander, *Lives*, fol. 233r; trans. Miedema, vol. 1, p. 190.
[138] On the polemical status of Bruegel's anti-rhetoricity within the sixteenth-century Nether-

nature and natural language in quotations. At 1572, Domenicus Lampsonius, Netherlandish painting's first panegyrist, called Bruegel "this new Jeroon Bos"[139]. Karel van Mander, too, positioned Bruegel as the greatest of the sixteenth-century Boschiads - those generally nameless epigones who satisfied the public demand for aestheticized devilry during the half century between Bosch's death in 1516 and the Netherlands Iconoclasm of 1566. No artist makes Bosch seem older, however, and more different from ourselves than does Bruegel. In him the devil becomes *situated,* as an artifice that can be viewed from without, even while evil now adheres more relentlessly to "man". The tell-tale lines in the *Masquerade* woodcut that situate wildness within the practices and beliefs particular to a culture, are unthinkable in Bosch perhaps because he belonged fully to that very culture that Bruegel marks as past, premodern, or primitive - because, that is, Bosch still *believed* in what he painted. The world, for the earlier artist, might be contingent, but faith is not. St. Anthony therefore can occupy the absolute center of the painted world because the devils around him are not advocates of competing faiths but instigators of apostasy. And what Bruegel's markings betray is a discernment, occasioned by the Reformation and by the great wars of religious that raged in his own country, of how deeply belief itself is contingent on person, time, and place.[140]

From another historical perspective, though, Bruegel's skeptical worldview is contingent on Bosch's. On the one hand, the Vienna *Calvary's* hidden *Blick aus dem Bilde* depends on pictures like *St. Anthony.* On the other hand, and more crucially, that gaze, which in Bruegel still ought to call us to faith, and which in Bosch allows the center to distinguish itself from the periphery as a subject against heterogeneous objects, or as divine necessity against the totality of accidents: that gaze, in both artists, is already situated in a random world, an infinite, decentered universe whose only visible order is that which is imposed on it from without, through the mechanism of the frame. Bosch celebrates the contingency of his frames by insisting on the momentary character of their fit, hence the unstable coincidence he achieves between movement and stasis, and between narrative and icon.[141] The hay that passes from the center to burn in

landish tradition, see D. Freedberg, "Allusion and Topicality in the Work of Pieter Bruegel: The Implications of a Forgotten Polemic", in Tokyo, Bridgestone Museum of Art, Ishibashi Foundation, *The Prints of Pieter Bruegel the Elder,* exh. cat. by D. Freedberg, et al., Tokyo 1989, pp. 53-65.

[139] D. Lampsonius, *Les effigies des peintres célèbres des Pays-Bas,* ed. J. Puraye, Liège 1956, pp. 60-61.

[140] Bruegel's relation to the Dutch tradition of religious tolerance represented, for example, by the poet, print-maker and political theorist Dirck Volckertz. Coornhert has been studied most extensively by C.G. Stridbeck, *Breugelstudien – Untersuchungen zu den ikonographischen Problemen bei Pieter Bruegel der Ältere sowie dessen Beziehungen zum niederländischen Romanismus,* Acta Universitatis Stockholmiensis, Stockholm Studies in History of Art 2, Stockholm 1956.

[141] Sixton Ringbom's terms (developed in *Icon to Narrative – The Rise of the Dramatic Close-up in*

Hell at the margins (figure 12); the vagabond who marches one way and looks the other, thus constituting the center as a conflicted, mobile body that anyway will be split when the painted shutters open (figure 11); the omnivoyant eye of God that will be turned upside down when viewers behold the scenes that represent them in their sins (figure 21): these all function to make centers, and indeed all absolute placements, appear accidental from the point of view of human experience.

Bosch thus makes his break with tradition not primarily through his iconography, which he borrowed from the repertoire of grotesque forms that always flourished at the margins of sacred space, or through his meanings, which can be reduced to versions of the *contemptus mundi,* or even through his spontaneous painterly technique, which has clear precedents in the North Netherlandish manuscript tradition. Rather, the originality of Bosch's pictures, and thus their immense exegetical difficulty, derives from their novel *placement* in the world. It is above all their representation *of* space and their location *in* space - in the quasi-sacral locus of panel painting and of altar and church that was the traditional cite of such painting - that makes his figures strange. Bosch's art therefore demands less an exotic or advanced semiotics, or a historicizing aesthetics, than a new geography of painting at 1500.

In the *St. Anthony* triptych, Bosch has mapped the hermit's gaze to the center of the central panel. This location, I have argued, belongs to an absolute order aligning altar, church, and world. Invading demons, who, like Mary Douglas's dirt,[142] are beings "out of place", have all but erased that alignment. And in Bosch's reception, and through the physical displacement of his altarpieces to secular art collections, these beings will ultimately overtake the whole. Yet in the Lisbon panels one central spot, or blot, remains: the aperture of the outward-gazing eye. Bosch's pictures tell us that this gaze, like Nicholas of Cusa's *visio Dei,*[143] "sees all". It always interpellates us in our random locations in space and draws us, wherever we are, into its necessary order. Yet in the case of St. Anthony, this eye requires of us a second movement, one guided by a hand that points to Christ on the altar. The vagary of *this* passage, which

Fifteenth-Century Devotional Painting, 2nd rev. ed., Doornspijk 1984) have been applied to Bosch in H. Belting/D. Eichberger, *Jan van Eyck als Erzähler – Frühe Tafelbilder im Umkreis der New Yorker Doppeltafel,* Worms 1983, pp. 165-182.

142 M. Douglas, *Purity and Danger – An Analysis of the Concepts of Pollution and Taboo,* London 1966; see also J. Kristeva, *Pouvoirs de l'horreur,* Paris 1980, esp. chapters 3 and 4.

143 The standard edition is "*De visione Dei – Von Gottes Sehen*", ed. and trans. E. Bohnenstadt, in *Schriften des Nicolaus von Cues im Auftrag der Heidelberger Akademie der Wissenschaften in deutscher Übersetzung,* vd. 4, Leipzig 1942. For the influence of Cusanus on the visual arts, see E. Hempel, *Nicolaus von Cues in seinen Beziehungen zur bildenden Kunst,* Berichte über die Verhandlungen der Sächsischen Akademie der Wissenschaften zu Leipzig, Philologisch-historischen Klasse 100 (1953), fasc. 3; H. Beenken, "Figura cuncta videntis", *Kunstchronik* 4 (1951), pp. 266-269; and Neumeyer, *Der Blick aus dem Bilde,* pp. 40-1.

Bosch's demonized altarpiece itself will have already dramatized, places us back in the contingent world. Bosch's panels, chronicling the dubious passage from one altar to another, situate religion in an experience of world. This, among other things, links them forward to those modern alliances between art and chance that opened our discussion. Two stations in this movement must suffice here.

At 1811, almost exactly three centuries after Bosch painted *The Temptation of St. Anthony,* Caspar David Friedrich again portrayed a modern *homo viator* praying before a crucifixion almost hidden within a vast dystopia (figure 24).[144] As in Bosch, the world reveals its contingency in its open structure, as a pathless, infinite, irrational space, yet also like Bosch, the painter has recovered a necessary order through the way he frames this world. Friedrich stations a fir tree, symbol of faith, at the exact geometrical midline of his canvas and flanks it with symmetrically placed images of itself: to the left, a gothic cathedral spire; to the right, another larger fir tree. Thus he restores the structure of the gothic altarpiece, but only by demonstrating how it has now been replaced by nature - nature, moreover, that is symmetrical and ordered only within the experience of, and representation by, the individual human subject. The artist-wanderer, in other words, chances on a place where, from there, the world appears endowed with structure. In the painting, necessary order is the story of an accidental rendezvous.

One century after Friedrich's canvas, a similar tale, further secularized, is retold as yet another birth of "modern" art. In 1913 Marcel Duchamp let a thread fall three times on a piece of paper and drew it as it lay.[145] The "hasard en conserve"[146] of *Trois stoppages* was the accidental orgin of the artist's readymades, which Duchamp sometimes explained through the notion of the rendezvous[147]. At a certain time and place, he would chance upon an object (a shovel, a urinal, a cheap landscape print), and this he would submit as his work of art. The rendezvous, was arbitrary, unaffected by taste; and the "work" or labor of the work was farcically easy. Yet through the rendezvous, Duchamp felt he had discovered a new "precision" optics, one contingent on the object rather than the subject. Culture thereby received its old status not as a making

[144] The provenance of this work, as well as its place within the artist's *oeuvre,* is treated in *Caspar David Friedrich: Winter Landscape,* exh. cat. by J. Leighton/J. Bailey, London 1990; see also my discussion of the canvas in *Caspar David Friedrich and the Subject of Landscape,* London/New Haven, 1995; German translation, Munich 1997.

[145] L. v. Mengden, "Amusement, Ambiguität und Agnostik – Zu Marcel Duchamps 'Trois stoppages étalon'", in *Zufall,* ed. Holeczek/Mengden, pp. 27-31.

[146] P. Cabanne, *Entretiens avec Marcel Duchamp,* Paris 1967, p. 82.

[147] On Duchamp's ready-mades, see, most recently, T. de Duve, *Pictorial Nominalism – On Marcel Duchamp's Passage from Painting to the Readymade,* trans. D. Polan, Minneapolis 1991; an idem, "Echoes of the Readymade – Critique of Pure Modernism (trans. R. Krauss)", in *October* (1994), pp. 60-97.

but as a finding. Duchamp was sometimes asked how it happened that these objects, these images made by chance, always seemed motivated by personal taste, which is to say, were, in their own way, beautiful. To which he responded, "Again, I say, no man is perfect."[148]

[148] K. Kuh, *The Artist's Voice – Talks With Seventeen Artists,* New York 1962, p. 90; I am indebted to Yve-Alain Bois and Paul Franklin for this quotation.

Figures

[1] Ellsworth Kelly, *Awnings, Avenue Matignon,* 1950. Gouache. Collection of the artist.
[2] Ellsworth Kelly, *Street Patterns Below Tour d'Argent,* 1949. Pencil on paper. Collection of the artist.
[3] Ellsworth Kelly, *Window V,* 1950. Oil on wood. Collection of the artist.
[4] Ellsworth Kelly, *Studies of a Cement Wall,* 1949. Pencil on paper. Collection of the artist.
[5] Max Ernst, *The Vaccinated Bread,* plate 23 from the series *Histoire Naturelle* (Paris: Jeanne Bucher, 1926). Photogravure after frottage of 1925.
[6] Justinus Kerner, Title-page of *Die Klecksographie,* 1857. Ink on paper. Reproduced in *Klecksographien – Mit Illustration nach den Vorlagen des Verfassers* (Stuttgart/Leipzig: Deutsche Verlags-Anstalt, 1891)
[7] Alexander Cozens, *A Single or principal object, opposed to sky; ... or a group of Objects,* aquatint. Plate 6 of *A New Method* (London: Dixwell, 1785).
[8] Johann König, *Parting of the Red Sea,* 1620-30. Oil on agate. From side door of the art cabinet of King Gustav Adolphus. Uppsala, University Museum.
[9] Art Cabinet, assembled by Philipp Hainhofer, before 1632. Uppsala, University Museum.
[10] Andrea Mantegna, *St. Sebastian,* c. 1460. Oil on panel. Vienna, Kunsthistorisches Museum.
[11] Hieronymus Bosch (copy after?), *The Hay Wane,* closed state, c. 1500-5. Oil on panels. Madrid, The Prado. Photo Scale/Art Resources, NY.
[12] Hieronymus Bosch (copy after?), *The Hay Wane,* open state, c. 1500-5. Oil on panels. Madrid, The Prado. Photo Giraudon/Art Resource, NY.
[13] Hieronymus Bosch (copy after?), *The Cure for Folly,* c. 1480-85. Oil on panel. Madrid, The Prado. Photo Giraudon/Art Resource, NY.
[14] Master of the Nuremberg Passion, *The First Commandment,* c. 1450. Engraving
[15] Hieronymus Bosch, *The Garden of Earthly Delights,* closed state, c. 1510-15. Oil on panels. Madrid, The Prado. Photo Scala/Art Resource, NY.
[16] Pieter Bruegel the Elder, *Carrying of the Cross,* 1564. Oil on panel. Vienna, Kunsthistorisches Museum. Photo Erich Lessing/Art Resource, NY.
[17] Hieronymus Bosch, *The Temptation of St. Anthony,* 1510-15, panels of closed state. Oil on panels. Lisbon, Museu Nacional de Arte Antiga. Photo Giraudon/Art Resource, NY.
[18] Hieronymus Bosch, *The Temptation of St. Anthony,* 1510-15, open state. Oil on panels. Lisbon, Museu Nacional de Arte Antiga. Photo Giraudon/Art Resource, NY.
[19] Hieronymus Bosch, *The Temptation of St. Anthony,* central panel (detail of figure 15). Photo Giraudon/Art Resource, NY.
[20] Hieronymus Bosch, detail of left outer panel of *TheTemptation of St. Antony* (figure 15).
[21] Hieronymus Bosch, *The Seven Deadly Sins and the Four Last Things,* c. 1485. Oil on panel. Madrid, The Prado. Photo Giraudon/Art Resource, NY.
[22] Anonymus follower of Hieronymus Bosch, *The Temptation of St. Anthony,* early sixteenth century. Oil of panel. Private Collection.
[23] Pieter Bruegel the Elder, *The Masquerade of Ourson and Valentine,* 1566. Woodcut.
[24] Caspar David Friedrich, *Winter Landscape,* 1811. Oil on canvas. London National Gallery.

Walter Haug

MONTAIGNE ODER DIE DRITTE ‚LÖSUNG' DES KONTINGENZPROBLEMS

Das Vexierende bei allen Versuchen, mit dem Kontingenten umzugehen, liegt in dem in sich widersprüchlichen Verhältnis zwischen Kontingenz und Sinnkonstitution. Das Kontingente ist als der Bereich des Potentiellen an sich sinnindifferent; wenn es sich als Zufälliges aktualisiert, steht es quer zum Sinn. Zugleich ist Kontingenz die Bedingung der Möglichkeit, Sinn zu konstituieren, denn sie bietet den dafür erforderlichen Freiraum. Und wenn man meint, diesem Dilemma zu entgehen, indem man entweder die Kontingenz leugnet oder sie verabsolutiert, dann gerät man in noch unerträglichere Aporien. So besteht, wenn man alles der Notwendigkeit unterworfen sieht, kein Freiraum mehr für eine individuelle Setzung von Sinn. Es bleibt dann nichts, als alles Geschehen einer metaphysischen oder quasi-metaphysischen Teleologie zu unterstellen, deren Gesetzlichkeit über die Einzelschicksale hinweggeht - von der Ersetzung des gefallenen Engelchores durch selige Menschen als göttliches Ziel der Geschichte bis zur klassenlosen Gesellschaft als profaner Utopie. Solche unpersönlichen Sinnkonstruktionen verlangen schon sehr massive ideologische Scheuklappen, wenn ihre Fragwürdigkeit nicht sichtbar werden soll. Entschließt man sich auf der andern Seite, das Zufällige zu verabsolutieren, sieht man sich dem Chaos gegenüber: totale Kontingenz ist totale Sinnlosigkeit. So ergibt sich denn der merkwürdige Befund, daß die Sinnfrage als Aufgabe für den Einzelnen nur gestellt werden kann, wenn man ein Miteinander von Ordnung und Chaos, von Notwendigkeit und Zufall voraussetzt, oder genauer gesagt: wenn das Verhältnis zwischen beidem offen ist. Jeder persönliche Sinnentwurf bewegt sich in diesem offenen Widerspruch; es ist also für jede Sinnsetzung konstitutiv, daß sie auf dieses Dilemma eingeht und sich damit als Lösungsvorschlag präsentiert. Dabei stellt sich die prinzipielle Frage, ob eine wirklich überzeugende Lösung überhaupt denkbar ist, ob nicht vielmehr jede ‚Lösung' zugleich die Bedingungen, unter denen sie sinnvoll ist, aufhebt, indem sie den Widerspruch zu unterlaufen sucht, von dem sie lebt.

Es gibt grundsätzlich zwei Richtungen, in die man auf der Suche nach einer Lösung gehen kann. Auf der einen Seite besteht die Möglichkeit, das Zufällige, das sich dem Prozeß der Sinngebung entgegenstellt, zu funktionalisieren. Der bedeutendste Vorschlag in dieser Richtung stammt, wie oben (S. 154) dargestellt, von Boethius: das Unglück, das einem begegnet, dient dazu, zu jenen Werten hinzuführen, die der Willkür des Zufälligen nicht unterworfen sind.

Aber diese Lösung stößt sich letztlich an der Theodizeefrage: das Leid in dieser Welt ist zu übermächtig, als daß es sich überzeugend funktionalisieren und damit positivieren ließe. Diesem Gedanken einer Einbindung des Zufälligen im Sinne der ‚Consolatio philosophiae' steht das Konzept einer weit geöffneten Zufälligkeit gegenüber, die sich als Chancenfreiheit darstellt. Diese dezidiert bejahte Kontingenz impliziert die Aufforderung, auf das zuzugehen, was der Zufall an Möglichkeiten anbietet, und sie im Hinblick auf den je eigenen Lebensentwurf zu bewältigen und insofern sinnvoll zu nützen. Beispiele dafür finden sich seit der Renaissance in den vielfältigen Versuchen, die Fortuna neu auf den Schild zu heben, um sie als Bedingung individueller Freiheit zu verstehen und ihr das Beste abzugewinnen. Sinnsetzung ist dabei aber letztlich identisch mit der Übermächtigung des Zufälligen durch die Akte des eigenen Willens, und so liegt denn der Sinn nur allzu deutlich im Gelingen des Spiels mit dem Glück. Doch in dem Maße, in dem man den Zufall bezwingt, wird auch offenkundig, daß sich der Sinn nicht einfach in diesem Gelingen erfüllen kann, oder anders gesagt: daß die absolute Übermächtigung des Zufalls - wenn sie denn möglich sein sollte - die Sinngebung fragwürdig macht, da die absolute Herrschaft Sinn und Macht gleichsetzt, wodurch mit der Zerstörung der Freiheit auch der Sinn verlorengeht.

Die beiden Lösungsmöglichkeiten stehen zwischen absoluter Determination und absolutem Chaos: die Funktionalisierung des Zufalls nach dem Muster des Boethius geht in Richtung Determination, um aber dem Zufall doch einen gewissen Spielraum zu lassen. Die Bejahung des Zufälligen als eines Freiraums zur individuellen Machtentfaltung geht in Richtung Chaos, aber es verwandelt sich weitgehend zur subjektiven Willkür und scheint damit gebändigt zu sein. Jede ‚Lösung', die aus dem Widerspruch zwischen Sinn und Kontingenz herauszuführen meint, versucht also die Spannung in der einen oder andern Richtung aufzuheben, aber je mehr diese Entspannung forciert wird, um so mehr untergräbt sich schließlich der intendierte Sinn selbst.

Neben diesen beiden Lösungsmöglichkeiten gibt es jedoch einen dritten Weg, der noch nicht zur Sprache gekommen ist und der gewissermaßen quer zu ihnen steht, es ist der Weg, den Montaigne in seinen *Essais* gegangen ist. Das Problem stellt sich bei ihm folgendermaßen dar:

Montaigne versteht die Zufälligkeiten des Lebens, insofern sie nicht zu bewältigen sind und damit Sinn zerstören, als Wegmarken zum Tod. Er radikalisiert damit das Kontingenzbewußtsein zum Todesbewußtsein. Wenn das Kontingente aber letztlich die Form unseres Seins zum Tod ist, dann kann man zu Recht sagen, daß die Zufälle uns dem Tod nicht näher bringen, da wir dem Tod immer und überall gleich nahe sind. So ist dies in dem berühmten XX. Essay des I. Buches formuliert, das ein Cicero-Wort als Titel trägt (*Tusc.* I, 75): „Que philosopher, c'est apprendre à mourir":

> De vray, les hazards et dangiers nous approchent peu ou rien de nostre fin; et si nous pensons combien il en reste, sans cet accident qui semble nous menasser le plus, de millions d'autres sur nos testes, nous trouverons que, gaillars et fievreux, en la mer et en nos maisons, en la bataille et en repos, elle nous est égallement près. (Bd. 1, S. 89[1])

Wenn man in dieser Weise den Tod überall ständig vor Augen hat, kann der Zufall nichts Überraschendes mehr bringen. Damit aber wird Kontingenz nicht eigentlich überwunden, sondern in der Weise bewältigt, daß man ihre Willkürlichkeit vor dem Hintergrund ihrer radikalsten Manifestation, des Todes, als Lebensbedingung akzeptiert. Und dies zunächst mit einem durchaus positiven Effekt, denn die Bereitschaft zum Tod bringt ein höchstes Maß an Freiheit mit sich:

> La premeditation de la mort est premeditation de la liberté. Qui a apris à mourir, il a desapris à servir. Le sçavoir mourir nous afranchit de toute subjection et contrainte. (Bd. 1, S. 88)

Das ist konsequent gedacht, denn Freiheit setzt, wie gesagt, Kontingenz voraus, und deshalb ist radikalstes Kontingenzbewußtsein radikalstes Freiheitsbewußtsein.

Dieser Umgang mit dem Kontingenten verpflichtet nun zu einem sehr spezifischen Denk- und Lebensstil. Es ist ein Stil, der sich neu sowohl zur Planung, also zur Zukunft, wie zur Tradition, also zur Herkunft, einstellt. Montaigne sieht sich nicht mehr darauf angewiesen, mit seinem Tun Ziele zu erreichen, um damit Sinn zu setzen; er kann vielmehr tätig sein ohne Rücksicht darauf, ob er etwas zu Ende bringen kann oder nicht:

> Je veux qu'on agisse, et qu'on allonge les offices de la vie tant qu'on peut, et que la mort me treuve plantant mes chous, mais nonchalant d'elle, et encore plus de mon jardin imparfait. (Bd. 1, S. 91)

Tätigsein ist alles; man lebt grundsätzlich im Unvollendeten; so vermag es der Tod nicht mehr, einen aus einer Planung herauszureißen. Und deshalb stellt sich Montaigne das Ziel der Weisheit, die ethische Vollkommenheit, auch nicht auf einem unzugänglichen, schroffen Gipfel vor, zu dem man in mühsamem Streben hochsteigen müßte, sondern als einen Zustand der Heiterkeit und Leichtigkeit, den er sich wie einen Aufenthalt in einem lieblichen, von Blumen duftenden Tal denkt:

> Elle [la sagesse] a pour son but la vertu, qui n'est pas, comme dit l'eschole, plantée à la teste d'un mont coupé, rabotteux et inaccessible. Ceux qui l'ont approchée, la tiennent, au rebours, logée dans une belle plaine fertile et fleurissante (...). (Bd. 1, S. 173)

---

[1] Ich zitiere nach der Garnier-Edition: Montaigne, *Essais,* hg. Maurice Rat, 2 Bde., Paris 1962.

Und so wie die Nötigung, ein Ziel zu erreichen und zukunftsbezogen zu leben, entfällt, so wird auch das Verhältnis zur Vergangenheit von der neuen Freiheit verwandelt. Es kann nicht darum gehen, geschichtliches Wissen anzuhäufen und die Lernenden zu Bücherpackeseln zu machen, also die Vergangenheit als Ballast mit sich zu schleppen, sondern sie frei zur Verfügung zu haben, d.h. die Tradition so aufzunehmen, daß sie zu etwas völlig Eigenem, daß sie Gegenwart wird, indem sie den Rezipienten prägt:

> ainsi les pieces empruntées d'autruy, il les transformera et confondera, pour en faire un ouvrage tout sien, à sçavoir son jugement. Son institution, son travail et estude ne vise qu'à le former. (Bd. 1, S. 162)

Stößt man beim Studium der Autoritäten auf Widersprüche, dann trägt gerade auch dies zur Freiheit bei. Man gewinnt Distanz, indem man sich das Recht nimmt zu wählen, oder besser: das Recht zu zweifeln, also unentschieden zu bleiben - nur Dummköpfe sind sich ihrer Sache sicher:

> les principes d'Aristote ne luy [dem Lernenden] soyent principes, non plus que ceux des Stoiciens ou Epicuriens. Qu'on luy propose cette diversité de jugemens: il choisira s'il peut, sinon il en demeurera en doubte. Il n'y a que les fols certains et resolus. (Bd. 1, S. 161)

Hier insbesondere wird der Grundzug, ja die Technik der Montaigneschen *Essais* deutlich: sie schöpfen aus dem Fundus der Überlieferung, um letztlich angesichts der ungeheueren Vielfalt der Meinungen alles in der Schwebe zu lassen.

Diese Unfestigkeit gilt dann konsequenterweise auch der eigenen Person gegenüber, oder anders gesagt: die bejahte Kontingenz der Welt ergreift auch das Subjekt. Montaigne sieht sich in seiner Wandelbarkeit, und er nimmt auch sie an. So ist es seiner Meinung nach richtig und gut, sich in Rollen einzuüben - das Theaterspielen ist ein empfehlenswertes Bildungsmittel - ; denn man hat nicht nur viele und einander widersprechende Eigenschaften, sondern man soll sie auch in ihrer Widersprüchlichkeit ausleben, und dies exzessiv, so wie Alkibiades die Perser an Aufwand und Ausschweifung ebenso zu übertreffen wußte wie die Spartaner an Strenge und Kargheit:

> J'ay souvent remarqué avec grand'admiration la merveilleuse nature d'Alcibiades, de se transformer si aisément à façons si diverses, sans interest de sa santé: surpassant tantost la somptuosité et pompe Persienne, tantost l'austerité et frugalité Lacedemonienne; (Bd. 1, S. 180)

Und zu dieser subjektiven Kontingenz gehört auch, daß man den Effekt seines Tuns nicht in der Hand hat. Je nach den Umständen kann sogar Gutes Böses bewirken und umgekehrt:

> Non seulement le vent des accidens me remue selon son inclination, mais en outre je me remue et trouble moy mesme par l'instabilité de ma posture; et qui y regarde primement, ne se

trouve guere deux fois en mesme estat. Je donne à mon ame tantost un visage, tantost un autre, selon le costé où je la couche. Si je parle diversement de moy, c'est que je me regarde diversement. Toutes les contrarietez s'y trouvent selon quelque tour et en quelque façon. Honteux, insolent; chaste, luxurieux; bavard, taciturne; laborieux, delicat etc. (...). Encore que je sois tousjours d'advis de dire du bien le bien, et d'interpreter plustost en bonne part les choses qui peuvent estre, si est-ce que l'estrangeté de nostre condition porte que nous soyons souvent par le vice mesmes poussez à bien faire, si le bien faire ne se jugeoit par la seule intention. (Bd. 1, S. 369f.)

Zum Beispiel: Was mutig scheint, braucht nicht in Mut zu gründen. Es erlaubt sich nie - ohne lange Erfahrung mit einem Menschen -, vom Äußeren auf das Innere zu schließen. Alles Leben ist nur zusammengestücktes Flickwerk und ohne feste Richtung; der Zufall wirft uns bald dahin und bald dorthin. Und das sollte auch gar nicht in Erstaunen setzen:

Ce n'est pas merveille, dict un ancien[2], que le hazard puisse tant sur nous, puis que nous vivons par hazard. (Bd. 1, S. 371)

Das besondere Interesse Montaignes gilt deshalb dem eigenen Ich in seiner ganzen Labilität und Schwäche, die herauszustellen er nicht müde wird. Da man das nicht in der Hand hat, was einem zufällt, deshalb sollte man sich selbst in der Hand haben, um sich dem Zufallenden anbequemen zu können:

Ne pouvant reigler les evenements, je me reigle moy-mesme,et m'applique à eux s'ils ne s'appliquent à moy. Je n'ay guiere d'art pour sçavoir gauchir la fortune et luy eschapper ou la forcer, et pour dresser et conduire par prudence les choses à mon poinct. J'ay encore moins de tolerance pour supporter le soing aspre et penible qu'il faut à cela. Et la plus penible assiette pour moy, c'est estre supens ès choses qui pressent, et agité entre la crainte et l'esperance. (Bd. 2, S. 46)

Das ist eine dezidierte Absage an jenes Fortunakonzept, nach dem der Zufall als Chance gesehen wird, eine Absage konkret an alles Besitz- und Machtstreben:

Et puis on arrive peu à ces avancements, qu'en hazardant premierement le sien: et je suis d'advis que, si ce qu'on a suffi à maintenir la condition en laquelle on est nay et dressé, c'est folie d'en lâcher la prise sur l'incertitude de l'augmenter. (Bd. 2, S. 47)

Nur dem, der nichts hat, mag es angemessen sein, sein Glück zu versuchen.

Die Welt verstanden als Raum der Kontingenz, als Bereich, in dem der Mensch den Zufälligkeiten in jeder Hinsicht - ontologisch wie hermeneutisch - weitestgehend ausgeliefert ist, dies macht Montaigne also nicht dazu frei, die Wirklichkeit dem eigenen Willen zu unterwerfen, es macht ihn vielmehr wil-

---

[2] Seneca, *Epistulae morales*, 71.

lenlos, oder positiv ausgedrückt: es macht ihn zurückhaltend, skeptisch, tolerant und souverän. Das Leben bekommt etwas Spielerisches. Dies gerade deshalb, weil es sich kontinuierlich und bewußt an der Grenze des absoluten Ernstes, an der Grenze des Todes bewegt.

So zeigt auch eine Analyse der Montaigneschen *Essais*, daß der empfehlenswerteste Umgang mit dem Kontingenten in einer Spielhaltung besteht (vgl. oben S. 163ff.), denn sie gewährt einen Freiraum im Bewußtsein dessen, was dieses Spiel bedingt; sie setzt den Ernst des Sinnlosen als Horizont, um dann die Sinnkonstitution als ein Spiel zu betreiben, das als solches seine eigene Relativität mitsetzt und damit den Aporien der andern ‚Lösungen' zu entgehen vermag. Es gibt aber selbstverständlich einen Preis, der dafür bezahlt werden muß: es ist der Verzicht auf alles Unbedingte, und dazu gehört nicht zuletzt der Verzicht auf die rückhaltlose Zuwendung zum Du. Jeder, der sich auf die Montaignesche Lösung einlassen will - und es ist, wie deutlich geworden sein dürfte, die einzige, die sich nicht selbst desavouiert -, wird sich fragen müssen, ob dieser Preis nicht am Ende doch zu hoch ist. Montaigne hat diesen Preis bezahlt, aber bekanntlich nicht freiwillig, sondern in Schmerz und Trauer: die *Essais* verdanken sich nicht zuletzt einer verlorenen Freundschaft.

David E. Wellbery

Der Zufall der Geburt
Sternes Poetik der Kontingenz

Ein kurzer Blick auf den Kontext, dem der vorangestellte Titel entstammt, läßt in gebündelter Form den Motivkomplex erkennen, um den es mir im folgenden geht. Die prägnante Kontingenzformel verdanke ich nicht dem Text, der im Zentrum meiner Überlegungen steht, nicht also Laurence Sternes *Tristram Shandy*, sondern einem in der gleichen Epoche entstandenen deutschsprachigen Werk. Es handelt sich um den Dialog aus dem dritten Aufzug von Lessings *Nathan der Weise*, in dem Saladin dem jüdischen Kaufmann die überraschende Frage stellt, welche von den sich in Jerusalem gegenüberstehenden Religionen die wahre sei. Die Frage birgt Risiken in sich, die Nathan zunächst durch Eingeständnis seiner Voreingenommenheit zu vermeiden versucht. Auf das Ausweichmanöver erwidert Saladin jedoch mit einem schlagenden Argument, das Nathan schließlich zur Erfindung der Ringparabel zwingt. Das liest sich so:

Saladin. Ich heische deinen Unterricht in ganz
  Was anderem; ganz was anderem. – Da du nun
  So weise bist: so sage mir doch einmal –
  Was für ein Glaube, was für ein Gesetz
  Hat dir am meisten eingeleuchtet?
Nathan. Sultan,
  Ich bin ein Jud'.
Saladin. Und ich ein Muselmann.
  Der Christ ist zwischen uns. – Von diesen drei
  Religionen kann doch eine nur
  Die wahre sein. – Ein Mann, wie du, bleibt da
  Nicht stehen, wo der Zufall der Geburt
  Ihn hingeworfen: oder wenn er bleibt,
  Bleibt er aus Einsicht, Gründen, Wahl des Bessern. (III, 5, 1837-1848)

Nathan muß Saladins Erwiderung deswegen gelten lassen, weil ihre Pointe mit des Kaufmanns eigenem Ethos zusammenfällt. Der Herrscher ermahnt den Aufklärer (an solchen Zügen erkennt man die List des Dramatikers Lessing) zum Festhalten am Prinzip der Aufklärung. Deren Projekt ist es ja, überlieferte, durch Autorität verbürgte Auffassungen durch vernünftig begründete zu ersetzen; nicht mehr das bloße Hinnehmen des Vorgegebenen soll entscheiden, welchem Glauben man sich verpflichtet, sondern die freie, auf Einsicht beruhende Wahl. Wie unerbittlich diese Umstellung auf Evidenz und rationale Begründung traditionsgebundenen Legitimierungen des Glaubens ihrer Geltung beraubt, zeigt sich an der Drastik der Alternative, mit der Saladin Nathan konfrontiert. All diejenigen Faktoren, auf die man sich in Rechtfertigungskontexten üblich beruft, vom Stil etwa: ‚das ist die Religion meiner Väter', werden hier auf eine letzte Schwundstufe zurückgeführt, auf das nackte Faktum, daß man in diese oder jene Gemeinschaft hineingeboren wurde. So stellt sich die Entscheidung, die jenes Faktum bewirkt, als das genaue Gegenteil einer freien, vernunftgeleiteten Wahl dar: Sie ist Selektion durch Zufall. Die Kontingenzformel markiert dadurch die Sinnwidrigkeit von auf Herkunft basierenden, religiösen Lebensgestaltungen, daß sie deren letzte Konsequenz als schiere Inkonsequenz ausweist.

Das Sinnpotential der Formel wird jedoch nicht durch die polemisch-kritische Funktion erschöpft, die sie in Saladins Argument zweifellos erfüllt. Vielmehr gewinnt sie, gerade aufgrund ihrer formelhaften Isolierung, eine aphoristische Kraft, eine Tendenz zur zitathaften Repetition, die in andere Kontexte hinüberspielt und damit andere Bedeutungen freisetzt. Eine Lektüre, deren Anliegen es ist, dieses Spiel der Iteration und Alteration zur Entfaltung kommen zu lassen, wird dann die Formel vom Zufall der Geburt ihrerseits als verschobenes Zitat begreifen, etwa des Ausrufes des sophokleischen Oedipus, der im Hinblick auf das Rätsel seiner Herkunft sich das „Kind der Tukhe" (1080) nennt. So gewendet wird die Formel als Signatur einer Thematik der Daseinskontingenz lesbar, die sich als Kehrseite der aufklärerischen reductio ad absurdam traditioneller Bindungen spürbar macht. Man höre die Stelle noch einmal: „Ein Mann, wie du, bleibt da/ Nicht stehen, wo der Zufall der Geburt/ Ihn hingeworfen." Die Geburt – dies macht sich vor allem an dem den Satz abschließenden Partizip vernehmbar – ist eine unvordenkliche Streuung, die uns in das Da unserer Existenz immer schon geworfen hat. Die Topik des Falls und des Wurfs (Derrida hat es auch für Heidegger gezeigt, dessen Vokabular ich hier im Lessingzitat anklingen lasse[1]) nimmt immer dann eine prägende Funktion an, wenn es gilt, der Erfahrung von Kontingenz denkend gerechtzuwerden. Für Lessing, aber nicht nur für ihn, hat diese Erfahrung ihren Fluchtpunkt in der Geburt. Die Kontingenzformel läßt somit eine Tendenz des aufklärerischen Projektes erkennen, die man bislang übersehen hat: Die vollendete Aufklärung wäre die Aufhebung der natürlich-maternalen Geburt als eines letzten Rests an Zufälligkeit, der dem menschlichen Leben anhaftet; ihr Ziel ist eine zweite Geburt des Menschen aus seiner Vernunft heraus.[2] Diese Intention ist bei Descartes schon angelegt, läßt sich über Lessing hinaus bis in die Ro-

[1] J. Derrida, „My Chances/*Mes Chances*: A Rendezvous with Some Epicurean Stereophanies", in *Taking Chances – Derrida, Psychoanalysis, and Literature*, hgg. J. Smith/W. Kerrigan, Baltimore/London 1987, S. 1-32.

[2] Vgl. zum Thema: Verf., „Das Gesetz der Schönheit. Lessings Ästhetik der Repräsentation", in *Was heißt Darstellung?*, hg. Chr. L. Hart-Nibbrig, Frankfurt a.M. 1994, S. 175-204.

mantik eines Novalis verfolgen. Trotz seiner kulturellen Dominanz bleibt jedoch das aufklärerische Konzept anfechtbar. Das zeigt sich vor allem an dem parodistischen Gegendiskurs, der die historische Entfaltung der offiziellen Aufklärungssemantik wie ein Schatten begleitet. Diese gegenwendige Behandlung der Kontingenzproblematik, erhält in den sechziger Jahren des achtzehnten Jahrhunderts durch Sternes *Tristram Shandy* – so die leitende These meines Beitrags – ihre vorbildliche artistische Gestaltung.

Eine zweite Stelle aus *Nathan der Weise*, die über das Partizip *hingeworfen* mit der eben zitierten verknüpft ist, deutet die spezifisch Lessingsche Lösung zum Problemkomplex Geburt/Zufall an. In einer stockenden Rumination gelingt dem Tempelherrn, der Nathan dem mörderischen Fanatismus des Patriarchen beinahe ausgeliefert hätte, weil der Jude die von christlichen Eltern stammende Recha als seine eigene Tochter erzieht, der Durchbruch zur Reinterpretation des unterstellten Kinderraubes:

> Wer kennt sich recht? Wie könnt' ich ihm denn sonst
> Den kleinen Raub nicht gönnen wollen, den
> Er sich's zu solcher Angelegenheit
> Gemacht, den Christen abzujagen? – Freilich;
> Kein kleiner Raub, ein solch Geschöpf! – Geschöpf?
> Und wessen? – Doch des Sklaven nicht, der auf
> Des Lebens öden Strand den Block geflößt,
> Und sich davon gemacht? Des Künstlers doch
> Wohl mehr, der in dem hingeworfnen Blocke
> Die göttliche Gestalt sich dachte, die
> Er dargestellt? – Ach! Rechas wahrer Vater
> Bleibt, trotz dem Christen, der sie zeugte, – bleibt
> In Ewigkeit der Jude. (V, 3, 3239-3251)

In exakter Homologie zur Ringparabel, die den Weg von einer auf natürlich-materiellen Eigenschaften beruhenden Symbolik zu einer Symbolik der Konvention nachzeichnet, wird hier der Begriff Vaterschaft vom Natürlichen geschieden und als Setzung, als Funktion des Begriffs, definiert. Nicht dem biologischen Erzeuger, dem Sklaven des Vorgangs, der sich durch ihn vollzieht, gebührt der Titel des wahren Vaters. Vaterschaft ist eine diskursive Instanz und verwirklicht sich daher am reinsten, wo sie sich unabhängig vom Biologischen etabliert: im Adoptivvater. Dieser, sei es als Künstler oder als Erzieher, verleiht der zunächst als Streuung und Aussetzung gegebenen Existenz einen Sinn, indem er sie als Darstellung des göttlichen Gedankens gestaltet.[3] Er hebt damit

[3] Daß das hier skizzierte Modell auch im englischen Kulturraum Gültigkeit beanspruchen konnte, zeigt das Beispiel Fieldings, dessen *Tom Jones* mit einem „Accident" überschriebenem Kapitel, das die Entdeckung des neugeborenen Tom schildert, anhebt, um diese Kontingenz im Laufe der erzählten Entwicklung des Helden zu überwinden, – einer Entwicklung, die ihren Richtungssinn durch die Figur des geistigen Vaters Allworthy erhält.

die Zufälligkeit von Zeugung und Geburt in der Zweckmäßigkeit eines zielgerichteten Lebens auf, übrigens genau wie Nathan im Verlauf des übergreifenden dramatischen Prozeßes die zerstreuten Kinder des vielnamigen Erzeugers (Assad/Wolf) zur Einheit einer Familie versammelt. Der Logik der Metapher zufolge, deren sich der Tempelherr bedient, ist auch das ‚Denken der göttlichen Gestalt' als Zeugungsakt zu verstehen, als Konzeption und als geistige Insemination. Das wird durch eine Äußerung der Recha bestätigt, die an anderer Stelle bezüglich ihrer Erziehung vom „Samen der Vernunft" spricht, den „er (Nathan, d. Verf.) so rein in meine Seele streute" (III, 1, 1564-5). Das organisierende Zentrum des Lessingschen Denkens ist ein Konzept von Vaterschaft als lebendiger Begriff, der sich durch Kunst und Erziehung, aber auch durch Sprache, Religion und Geschichte, fortpflanzt.

Diese kurze Erörterung des Stellenwertes, der in Lessings Drama der Kontingenzformel zukommt, dürfte hinreichen, um das Problemfeld zu umreißen, auf das im folgenden Sternes Roman projeziert werden soll. Denn die singuläre Figur, die dieser Text einzeichnet, verdankt sich der Beharrlichkeit, mit der er sich der Erfahrung von Kontingenz aussetzt. Dies soll hier in drei Hinsichtnahmen auf den Roman gezeigt werden, die unterschiedliche Aspekte von dessen Gegenwendigkeit zum literarisch-philosophischen Diskurs der Aufklärung fokussieren. Im ersten Abschnitt handelt es sich um die Subversion des Prinzips Vaterschaft, im zweiten um die Zersetzung narrativer Teleologie, und im dritten um die Fragmentierung der Sprache. In allen drei jedoch steht die oben angedeutete These im Mittelpunkt: Daß *Tristram Shandy* zu begreifen ist als der Roman vom Zufall der Geburt.

1. Die Unterbrechung der Paternität

Ich gehe von einem bei jeder Lektüre von *Tristram Shandy* auffallenden, den Roman unverwechselbar kennzeichnenden Zug aus, und von einem leisen Mißbehagen an der Interpretation, die dieser Zug durch die moderne Deutungstradition erhalten hat. Von V. Shklovsky bis W. Iser hat man die *Unterbrechung* (dies das Phänomen, worauf ich aufmerksam machen möchte) einhellig als Stilmittel bzw. als Schreibstrategie aufgefaßt: Sie gehöre zu den rhetorisch-narrativen Techniken, die Sterne souverän und spielerisch verwende, und sei es nur um die Artifizialität des fiktiven Konstrukts hervorzukehren.[4] Die Durchfurchung des Dargestellten mit Unterbrechungen erweist sich so – auf der Ebene der Darstellung – als Zeugnis unbekümmerter Meisterschaft. Gegen

---

[4] V. Shklovsky, „A Parodying Novel: Sterne's *Tristram Shandy*", in *Laurence Sterne – A Collection of Critical Essays*, hg. J. Traugott, Englewood Cliffs, N. J. 1968, S. 34-65; W. Iser, *Laurence Sterne/,Tristram Shandy'*, Cambridge 1988, bes. S. 60-70. Eine wichtige Zwischenstation: J. P. Hunter, „Response as Reformation: *Tristram Shandy* and the Art of Interruption", in *Novel* 4 (1970), S. 132-146.

dieses Prädikat generell ist nichts einzuwenden; auch Nietzsche greift zu ihm in dem berühmten Aphorismus aus *Menschliches, Allzumenschliches*, in dem Sterne „der freieste Schriftsteller aller Zeiten" genannt wird, „im Vergleich mit welchem alle Anderen steif, vierschrötig, unduldsam und bäurisch-geradezu erscheinen"[5]. Die Interpretationsfigur vermag indes nicht zu überzeugen, weil sie genau das auslöscht und unkenntlich macht, was sich der Lektüre so sehr aufdrängt. Denn eine Unterbrechung, die als Mittel zum Zweck eingesetzt wird, ist keine: sie fällt niemandem ins Wort, reißt keinen Hiat auf, sondern schlägt in reinster Kontinuität einen Bogen zwischen Absicht und Verwirklichung. Die Leseerfahrung, die *Tristram Shandy* gewährt, zeitigt aber nichts so sehr als Zweifel an solcher Kontinuität; sie ist die Erfahrung einer mit Spaltungen durchsetzten literarischen Konfiguration. Mit anderen Worten: die Unterbrechung als solche gehört – unaufhebbar – zur semantischen Geste dieses Romans, ist konstitutives Moment seiner ästhetischen Textur. Und das heißt, daß sie nicht mehr bloße Unterbrechung ist: eine triviale Störung, die hin und wieder die Aufmerksamkeit auf sich zieht, dann beseitigt und sofort wieder vergessen wird. *Tristram Shandy* registriert vielmehr das Staunen darüber, daß es so etwas wie Unterbrechungen gibt. Der Text dehnt „interruptions" über Kapitel, manchmal Bände, aus; er wiederholt sie, variiert sie, thematisiert sie; er läßt sie Handlungsstränge durchschneiden, aber auch Reden, Sätze, einzelne Wörter; und seine eigenwillige Interpunktion fixiert deren graphisches Bild. So entsteht auf allen Ebenen des Textes jener „Stil der Kunst (...), bei dem die bestimmte Form fortwährend gebrochen, verschoben, in das Unbestimmte zurückübersetzt wird, so dass sie das Eine und zugleich das Andere bedeutet"[6]. Sternes Poetik der Kontingenz, so kann man im Anschluß an Nietzsches subtil gezeichneter Charakteristik formulieren, artikuliert sich als (Unter-)Brechung der Bestimmung.

Am Schlußkapitel, das eine Art Modell des Romans im Roman darstellt, lassen sich die wesentlichen Momente dieser Poetik erkennen. Das Kapitel hebt mit einer Rede des Vaters an. Hier müßte man freilich sofort hinzufügen, daß an *Tristram Shandy* nichts weniger selbstverständlich ist als der Beginn eines Kapitels (oder einer Geschichte, eines Romans, eines Lebens). Sterne entkleidet die Einteilung in Kapitel ihrer scheinbaren Natürlichkeit, nicht bloß um eine unsichtbar gewordene Konvention als Konvention erkennbar zu machen, sondern auch und vornehmlich um die Zäsur zu markieren, die jede diskursive Gliederung voraussetzt. Von dieser Hervorkehrung des Einschnittes als einer Bedingung des Diskurses soll jedoch zunächst abgesehen werden. Im gegenwärtigen Argumentationszusammenhang interessiert mich vielmehr die

[5] F. Nietzsche, *Sämtliche Werke*, Kritische Studienausgabe, hgg. G. Colli/M. Montinari, Berlin/New York 1980, Bd II, S. 423.

[6] Ebd.

scheinbar triviale, für diesen Roman aber zentrale Tatsache, daß im letzten Kapitel Walter Shandy wieder einmal das Wort ergreift. Denn damit nimmt er die Stelle ein, die ihm der Roman von vornherein zugewiesen hat: Der in *Tristram Shandy* den Titel des Vaters trägt, ist in erster Linie eine Redeinstanz, der Trieb, der seinen Charakter prägt, zielt auf diskursive Kontrolle, auf Eindeutigkeit und Systematik, und die Geschichte, die der Roman erzählt, handelt über große Strecken von nichts anderem als dem Schicksal seiner oratorischen Versuche. Man mißversteht die Figur gänzlich, wenn man Walter Shandy als einen Charakter auffaßt, zu dessen Eigenschaften es gehört, daß er viel und gern redet. Sternes Parodie des Vaters gilt nicht bloß dem abstreifbaren Laster hypertropher Gelehrsamkeit und Geschwätzigkeit, sondern einem Anspruch auf diskursive Herrschaft und Normierung, der der von Walter Shandy vielfach herbeizitierten philosophisch-rhetorischen Tradition inhäriert. Tristrams Vater vertritt gleichsam den schwachen Punkt an diesem Anspruch, – das Bedürfnis, sich fortzusetzen und fortzupflanzen und die damit einhergehende Abhängigkeit von Prozessen der Tradierung, Übermittlung und Übertragung. An ihm wird *der genealogische Mangel des Vaters* evident: daß er, will er sich als Vater behaupten, auf ein ihm fremdes Medium angewiesen ist, das sich seiner Kontrolle entzieht. Im Hinblick auf den prokreativen Aspekt von Vaterschaft heißt dieses unverfügbare Medium die Sexualität; dessen diskursive Variante ist die Sprache. Die Verflechtung beider Aspekte in Walter Shandys Rede läßt erkennen, daß ihm der Roman diesen letzten Auftritt gönnt, damit er die Problematik seines eigenen Wesens – die Problematik von Vaterschaft – auf den Begriff bringt. Denn während die Rede davon spricht, daß "continuing the race of so great, so exalted and godlike a Being as man" einen Akt erfordert, der diese göttliche Natur zu pervertieren droht, markiert der Text mit jedem neuen Absatz die Fortsetzung ("continued my father"), aber damit auch die Brüchigkeit eben dieser Rede.[7]

Die Einsicht in den genealogischen Mangel des Vaters bildet die Grundlage für Sternes Behandlung des Zufalls – auch, wie zu zeigen sein wird, des Zufalls der Geburt – in *Tristram Shandy*. Sobald sich die väterliche Bestimmung auf Tradierung und Übermittlung einläßt, sobald sie sich im Zwischenbereich des Medialen zu artikulieren und fortzusetzen versucht, setzt sie sich Kontingenzen aus. Und so geschieht es denn auch im Schlußkapitel des Romans. Die Achse, um die sich das Kapitel dreht, ist die *Inszenierung einer Unterbre-*

[7] *The Life and Opinions of Tristram Shandy, Gentleman*, Bd. 1–3 der *Florida Edition of the Works of Laurence Sterne*, hgg. M. New/J. New, University of Florida 1978-1984, Bd. 2, S. 806. Im folgenden wird nach dieser Ausgabe, die der Erstausgabe folgt, zitiert. Weil aber zu vermuten ist, daß nicht alle Leser dieses Beitrags die Florida Ausgabe zur Hand haben, beziehen sich die in Klammern eingefügten Angaben auf Band- (römisch) und Kapitelzahl (arabisch) von *Tristram Shandy*. Im gegenwärtigen Fall also: IX, 33.

chung, die des Vaters mühsam sich fortsetzende Rede von den Mühen und Demütigungen der Fortpflanzung plötzlich stoppt:

> – My uncle Toby laid down his pipe to intercede for a better epithet – and Yorick was rising up to batter the whole hypothesis to pieces –
> – When Obadiah broke into the middle of the room with a complaint, which cried out for an immediate hearing.
> The case was this:
> (IX, 33)

Nicht die gestisch (down/up) gegeneinander abgewogenen Redeintentionen von Toby und Yorick setzen sich gegen den Diskurs des Vaters durch, denn auch sie haben ihren Platz in jenem "room" von Shandy Manor, der die Bühne für Walters rhetorischen Auftritte abgibt. Das Element, das diesen Diskursraum aufbricht und dezentriert, kommt vielmehr von außen, ist die Exteriorität selber, von der die Immanenz des Sinns nie gänzlich rein zu halten ist. Denn indem er ins Zimmer stürzt, schleppt Obadiah die früheren Episoden, an denen er beteiligt war, als Konnotationen mit: den Zusammenprall mit Dr. Slop, nach dem man ihn am Abend von Tristrams Geburt ausgeschickt hatte, einen der grandiosesten Unfälle dieser von Unfällen, Pannen und Fehlgriffen durchlöcherten Geschichte, sowie die mißglückte Lieferung der obstetrischen Instrumente, die so unauflöslich miteinander verknotet ankommen, daß der seinerseits recht ungeschickte Arzt zum Messer greifen muß, – mit katastrophalen Folgen natürlich sowohl für dessen Daumen als auch für Tristrams Nase. Obadiah ist der unbeholfene Hermes des Romans, ein Daimon der verfehlten Vermittlung; er verkörpert die kontingente Unterbrechung der väterlichen Verordnung. Man beachte in diesem Zusammenhang die syntaktisch-typographische Organisation des oben zitierten Satzes. Die parallelisierten Redeintentionen von Toby und Yorick geben den zeitlichen Referenzpunkt für das „When" des überraschenden Einbruchs ab, so daß die Temporalität des Ereignisses als Abbruch einer intendierten zeitlichen Erstreckung auf Zukunft hin erfahrbar wird. Die Kontingenz, so jedenfalls wie Sterne sie seinem Roman einschreibt, ist die Durchkreuzung einer zielgerichteten Zeitfigur.

Zur Inszenierung der Unterbrechung gehört ein zweiter Aspekt, der für Sternes Poetik von größter Signifikanz ist. Das, womit Obadiah die Diskursgesellschaft stört, macht sich nicht als überlegter Diskussionsbeitrag vernehmbar, sondern als Klage (complaint) und Schrei (cried out). Ihm haftet mit anderen Worten Körperliches, Kreatürliches an, und auch in diesem Sinne vertritt Obadiah ein der Gesellschaft äußerliches, aber aus ihr nicht gänzlich auszuschließendes Element. Durch seine Anklage werden einerseits die hohen Ansprüche der väterlichen Rede aufs Niedrigste heruntergeholt; anderseits nehmen sie einen gegensätzlichen Sinn an. Damit deutet sich etwas von der räumlichen Figuration der Kontingenz bei Sterne an: Sie äußert sich als Einschnitt,

Abbruch, Interruption, Durchkreuzung ("cross accident" heißt es oft), aber gleichzeitig als Fall und Verkehrung. Problematisch an der Fortpflanzung, hatte der Vater schon behauptet, sei: "that it should be done by *means* of a passion which *bends down* the faculties and *turns* all the wisdom, contemplations, and operations of the soul *backwards*..." (IX, 33, Hervorhebung vom Verf.). Genau das geschieht durch den "case" (neben der rechtlichen Bedeutung sind an dem Wort auch die physische und die theologische Bedeutung des „Falls" mitzuhören), den Obadiah vorträgt: nicht nur weil das Thema von der Fortpflanzung "of so great, so exalted and godlike a Being as man" zur Zeugung eines Kalbs, also vom Göttlichen am Menschen zum Tierischen, wechselt, sondern auch weil der Zweifel an der Zeugungskraft des Stiers durch metonymische Assoziation auf die Potenz von Walter Shandy wandert. Am Kasus des Schlußkapitels zeigt sich, wie die enge Verknüpfung der Komplexe: Kontingenz, Sprache und Sexualität in *Tristram Shandy* Textfiguren erzeugt, an denen sich Unverfügbarkeit als Sinnentstellung ins Werk setzt.

Den zwei umrissenen Momenten der Sterneschen Poetik – dem genealogischen Mangel des Vaters und der Zäsur der inszenierten Unterbrechung – ist ein drittes hinzuzufügen. Nach der Durchspielung des Falls vom fragwürdigen Stier schließt der neunte Band von *Tristram Shandy*, und damit der Roman selber, mit folgendem Wortwechsel:

> L–d! said my mother, what is all this story about?
> A COCK and a BULL, said Yorick – And one of the best of its kind, I ever heard. (IX, 33)

Das Ineinandergreifen zweier Oszillationskurven zeitigt hier die präzise Unbestimmtheit der Geste, mit der Sterne sein Werk beendet. Einerseits schwankt die Referenz auf den Redegegenstand ("this story") zwischen der eben vorgetragenen Anekdote des Stiers und dem Roman als ganzem. Andererseits bewegt sich Yoricks Kennzeichnung dieser "story" über mindestens drei Sinnregister: a) Es handelt sich um einen Gemeinplatz, demzufolge cock-and-bull story (verwandt dem frz. coq-à-l'âne) eine inhaltsleere, diskontinuierliche und schweifend phantastische Geschichte bezeichnet.[8] b) Die Formel bezieht sich mit anatomischer Genauigkeit auf das Glied, dessen fragliches Funktionieren zur Diskussion steht. c) Die Zweiheit von cock and bull hebt auf die metonymische Beziehung zwischen Walter Shandy und dem Stier ab, mit der Konsequenz natürlich, daß jenem auch sämtliche Konnotationen des Ausdrucks ‚cock' (darunter ‚Hahnrei') zufallen. Schon diese kursorische Beschreibung der semantischen Struktur von Yoricks Antwort läßt erkennen, daß sie ein komplexes Spiel von Implikationen freisetzt, zu denen auch der paradoxe Sachver-

[8] Vgl. News Anmerkung zur Stelle in der *Florida Edition of the Works of Laurence Sterne*, Bd. 3, S. 552. Dort auch der Hinweis auf weitere Literatur.

halt gehört, daß an dieser Stelle jemand über den Roman, in dem er als Figur auftritt, redet. Hier geht es jedoch nicht darum, die vollen Dimensionen dieses Spiels auszumessen; mir kommt es vielmehr auf den genauen Stellenwert an, den die poetologische Kategorie des *Witzes* (wit) durch Yoricks bon mot erhält. Denn daß wir es hier mit einem Paradebeispiel des Witzes zu tun haben, zeigen unter anderem die Kompaktheit der Formulierung, ihr Anspielungscharakter, die Verdichtung der Sinnbezüge, die Selbstdementierung, und nicht zuletzt die eben erwähnte autoreferentielle Paradoxie. Die üblichen Charakterisierungen des Witzes als der Fähigkeit zur Ähnlichkeitswahrnehmung oder zu überraschenden Ideenkombinationen, wie sehr sie auch im poetologischen Diskurs des achtzehnten Jahrhunderts verankert sein mögen, verkennen das Spezifische und Zukunftsträchtige an Sternes Nuancierung der Kategorie. Für ihn ist der Witz aus der Endlichkeit des Menschen als eines sprechenden Wesens, theologisch aus dem Sündenfall, abzuleiten. Das heißt: Sterne erfaßt und praktiziert den Witz als ein Spiel mit der unverfügbaren Kontingenz des Medialen, als kunstvollen Umgang mit einer gefallenen Sprache und Sexualität.[9] In diesem Sinne stellt das Schlußkapitel von *Tristram Shandy* die konfigurative Einheit der Sterneschen Poetik als den Hervorgang des Witzes aus der Unterbrechung der väterlichen Bestimmung dar.

Man sieht: Der Nerv des erörterten poetologischen Konzepts ist der Begriff des Medialen.[10] Er bezeichnet den Zwischenraum, durch den etwas – z.B. eine kommunikative Intention – hindurch muß, um sein Ziel zu erreichen. Das, was oben der genealogische Mangel des Vaters genannt wurde, rührt daher, daß dieser ohne ein *missives Element* – ein durchs Medium Geschicktes, eine Transmission, eine Emission, einen Emissär – nicht auskommt. Auf dieser strukturalen Abhängigkeit beruht Sternes Poetik der Kontingenz. Das missive Element nämlich macht den Vater für Unterbrechungen, für Kontingenzen jeglicher Art, empfindlich.[11] Eine solche Unterbrechung ist die durch die

---

[9] Was Yorick hier aus dem „Fall" des Stiers macht, hat seine Entsprechung in der berühmten Episode der gefallenen Kastanie (IV, 27), in der der Witz – wiederum durch Yorick vertreten – als Spiel mit der Kontingenz inszeniert wird.

[10] Vgl. folgende Stelle: „But there is a fatality attends the actions of some men: Order them as they will, they pass thro' a certain medium which so twists and refracts them from their true directions – that, with all the titles to praise which a rectitude of heart can give, the doers of them are nevertheless forced to live and die without it" (I, 10).

[11] Mein Blick für diesen Aspekt der Sterneschen Poetik wurde geschärft durch die Lektüre von Sigurd Burckhardts glänzendem Essay: „*Tristram Shandy*'s Law of Gravity", in *ELH* 28 (1961), S. 70-88. Vgl. vor allem S. 80: „I am far from able to solve the vastly complicated problem of Sterne's narrative machinery, but I will try to carry it forward a step by defining the element common to bridges, ballistics, story lines and writing. This element is that of 'getting something across,' whether it is missiles or people or meanings." Der Begriff des missiven Elements geht auf Derridas Begriff des envoi zurück. Vgl. „My Chances/*Mes Chances*", S. 7: „We are in fact dealing with a logic and *topos* of the dispatch (*envoi*). Destiny and destination are dispatches whose descending trajectories or projections can meet with perturbation, which, in this case, means interruption or deviation."

Ideenassoziation: Geschlechtsakt/Aufziehen der Uhr motivierte Frage von Frau Shandy, mit der der Roman seinen unvergeßlichen Anfang nimmt.[12] Deren Konsequenzen führt Tristram gleich zu Beginn des zweiten Kapitels seinem Gesprächspartner vor: "Then let me tell you, Sir, it was a very unseasonable question at least, – because it scattered and dispersed the animal spirits, whose business it was to have escorted and gone hand-in-hand with the HOMUNCULUS, and conducted him safe to the place destined for his reception" (I, 2). Und gleich darauf:

> Now, dear Sir, what if any accident had befallen him in his way alone? – or that, thro' terror of it, natural to so young a traveller, my little gentleman had got to his journey's end miserably spent; – his muscular strength and virility worn down to a thread; – his own animal spirits ruffled beyond description – and that in this sad disorder'd state of nerves, he had laid down a prey to sudden starts, or a series of melancholy dreams and fancies for nine long, long months together. – (I, 2)

Eine auf Aristoteles zurückgehende Vorstellung, derzufolge der männliche Typus in der Verbindung mit dem Weiblich-Materiellen akzidentelle Deformationen erleidet,[13] wird mit seit Leeuwenhoeks Entdeckung der Spermatazoa brisant gewordenen Themen angereichert,[14] um Effekte zu erzielen, die auch im Zeitalter der großen Satire ihresgleichen suchen. Doch diese satirisch-humoristischen Effekte dürfen nicht darüber hinwegtäuschen, daß wir es hier mit einer Szenographie zu tun haben, die das zentrale Problem der Sterneschen Poetik vorführt. Die "unseasonable question" unterbricht den Vater dort, wo er missiv über sich hinaus will, zerstreut genau die "animal spirits", die es auf den Sohn zu übertragen gilt, um die Kontinuität zwischen Vater und Sohn zu gewährleisten.[15] Das missive Element ist die Aussetzung des Vaters in dem Sinne, daß es dessen mögliche Abwesenheit beinhaltet: Die Unterbrechung läßt die väterliche Funktion – der Begleitung ("escorted and gone hand-in-hand"), der sicheren Hinführung ("conducted him safe"), des Festhaltens am vorgesetzten Ziel ("to the place destined for his reception") – nicht mehr ausführen. Aussetzung jedoch auch im Sinne von *exposure*, denn das von der väterlichen Funktion abgeschnittene missive Element (der Homunculus) muß nun seinen

---

[12] „*Pray, my dear*, quoth my mother, *have you not forgot to wind up the clock*? – *Good G—*! cried my father, making an exclamation, but taking care to moderate his voice at the same time, – *Did ever woman, since the creation of the world, interrupt a man with such a silly question*? Pray, what was your father saying? – Nothing" (I, 1).

[13] *Generation of Animals*, übers. A. L. Peck, Cambridge, Mass. 1963, S. 401-403.

[14] Vgl. L. Landa, „The Shandean Homunculus: The Background of Sterne's Little Gentleman", in *Restoration and Eighteenth-Century Literature – Essays in Honor of Alan Dugald McKillop*, hg. C. Camden, Chicago 1963, S. 49-68, mit Hinweisen auf weitere Literatur zur Geschichte der Embryologie.

[15] „– you have all, I dare say, heard of the animal spirits, as how they are transfused from father to son, &c. &c." (I, 1).

Weg allein machen, ohne väterliche Protektion, und auf diesem Wege ist es, da die Vorsicht fehlt, Unvorhergesehenem preisgegeben.[16] Der Logik der Sterneschen Szenographie nach ist jeder Sohn – als Missives – ein Waise, weil ungeschützt von der väterlichen Präsenz, illegitim, weil nicht in direkter Deszendenz vom Vater stammend. Diese Unterbrechung der Paternität hat sogar das Familienwappen der Shandys gebrandmarkt, das seit der Heirat von Walter Shandy und Elizabeth Mollineux (d.h. seitdem sich Walter auf das Medium der Sexualität eingelassen hat, um das Shandy Geschlecht fortzusetzen) durch eine zufällig entstandene "bend sinister", eine "vile mark of Illegitimacy", entstellt ist (IV, 25).

Die strukturale Möglichkeit der unterbrochenen Paternität – der abgewendeten, entstellten Vermittlung, der Illegitimität – tritt ein in *Tristram Shandy* als erzählte Fiktion. Nicht nur in dem Sinne, daß der zentrale narrative Strang des Romans, wie früh erkannt wurde, von den vergeblichen Bemühungen berichtet, die Kontinuität des Shandy Geschlechts zu sichern.[17] Einigen Interpreten des Romans ist es auch aufgefallen, daß der Text an mehreren Stellen (zum Beispiel durch die Angabe der Gestationszeit in I, 4-5) den Verdacht nahelegt, Walter Shandy sei nicht der wirkliche Vater von Tristram.[18] Das Faktum jedoch ließ sich in keine über das Anekdotische hinausgehende Lektüre integrieren. Erst R. Macksey ist es gelungen, die systematische Bedeutung der vom Text suggerierten Illegitimität Tristrams herauszustellen, indem er den vielen Indizien eines Ehebruchs seitens der Frau Shandy die genauso gewichtige Evidenz dafür gegenüberstellte, daß kein anderer als Yorick Tristrams Vater sei.[19] Mackseys These ist für mich besonders interessant, weil sie es ermöglicht, die Verbindung zwischen der fabula-Ebene des Textes und dem ihm zugrundeliegenden poetologischen Konzept zu erkennen. Was oben als Hervorgang des Witzes aus der Unterbrechung der väterlichen Bestimmung beschrieben wur-

---

[16] Die Struktur des missiven Elementes zeigt sich nicht nur an dem Versuch des Vaters, sich und sein Geschlecht – seinen Typus – im Sohn fortzusetzen, sondern auch an dem ebenfalls gescheiterten Versuch, den von ihm intendierten Namen auf den Sohn zu übertragen. Denn dieser Name (Trismegistus) ermangelt als missives Element der väterlichen Begleitung, des Schutzes, der Bestimmung. Dem unsicheren Medium (Susannah!) anvertraut, ist er der Vergeßlichkeit, der Zerstreuung (scattering), anheimgestellt: „But stay – thou art a leaky vessel, *Susannah*, added my father; canst thou carry *Trismegistus* in thy head, the length of the gallery without scattering–"(IV, 14). Nichts kann jedoch die sichere Ankunft gewährleisten. Der vom Vater gewählte Name wird durch Zufälle verstümmelt, mit der literaturhistorisch bedeutsamen Konsequenz: „so *Tristram* was I called, and *Tristram* shall I be to the day of my death" (ebd.).

[17] Vgl. T. Baird, „The Time-Scheme of *Tristram Shandy* and a Source", in *PMLA* 51 (1936), S. 803-820.

[18] New weist in seinem Kommentar (Bd. 3, S. 51) auf eine mit „HRPC" unterzeichnete Notiz in *Notes & Queries* 7 (1895), S. 28-29, hin, die erstmals den Nachweis bringe, die Zeit von Tristrams angeblicher Konzeption zu seiner Geburt umfaße nur acht Monate. Weitere Evidenz der Illegitimität Tristrams wurde von J. Hay gesammelt: „Rhetoric and Historiography: Tristram Shandy's First Nine Calender Months", in *Studies in Eighteenth-Century Literature* II, Toronto 1973, S. 73-91.

de, reflektiert sich in der subkutanen, aber nichtsdestoweniger rekonstruierbaren Geschichte von Yoricks illegitimer – eben witziger – Zeugenschaft.[20] Die erzählte Geschichte von *Tristram Shandy* ist die Allegorie seiner textimmanenten Poetik. Darauf verweist auch die Tatsache, daß das Kapitel, welches die Evidenz für Tristrams Illegitimität bringt, folgende poetologische Absichtserklärung enthält: "– for in writing what I have set about, I shall confine myself neither to his [Horazens, d. Verf.] rules, nor to any man's rules that ever lived" (I, 4). Auf der nächsten Seite wird dann diejenige Eigenschaft des Vaters namhaft gemacht, die zur fatalen Ideenassoziation Geschlechtsakt/ Aufziehen der Uhr führt: "My father (...) was, I believe, one of the most regular men in every thing he did, whether 'twas matter of business, or matter of amusement, that ever lived" (I, 4). Aufgrund der semantisch-etymologischen Entsprechung: rule/regular, sowie der Wiederholung und Akzentuierung der Qualifikation: that ever lived, werden die zwei Stellen so aufeinander bezogen, daß sie eine Parallellektüre erfordern. Die Autoritäten, die den hergebrachten Regelkanon der großen, der oralen Kultur entsprungenen Gattungen (Epik und Tragödie) begründeten, werden zu Vaterfiguren, und Walter Shandy zu einer poetologisch relevanten Instanz. Nicht nur weicht die Erzählung ab ovo von Horazens Empfehlung ab, sie stellt auch, gerade indem sie das tut, die Weichen für die Subversion des Vaters. Aus der Stereoskopie der beiden Stellen ergibt sich somit die poetologische Aussage: schreibend bin ich nicht Sohn des Vaters. Im Mäandern seines Erzählens, dessen Windungen auch diagrammatisch festge-

---

[19] „'Alas, Poor Yorick': Sterne Thoughts", in *MLN* 98 (1983), S. 1006-1020. Macksey präsentierte seine These zuerst in einem Vortrag, den er im Mai 1968 vor dem Tudor and Stuart Club der Johns Hopkins University hielt. Auf diesen Vortrag bezieht sich der Referat Ronald Paulsons, „A Chapter from Smollett", in *Bicenntenial Essays Presented to Louis M. Knapp*, hgg. G. Rousseau/P.-G. Bouce, New York 1971, S. 75-77. Die Illegitimitätsthese spielt auch eine wichtige Rolle in dem psychoanalytisch inspirierten Argument J. Lambs: *Sterne's Fiction and the Double Principle*, Cambridge 1989, 105-158.

[20] Zu den von Macksey angeführten Stellen, die Yoricks Vaterschaft suggerieren, gehört dieser Dialog: „And pray, *Yorick*, said my uncle *Toby*, which way is this sad affair of *Tristram* at length settled by these learned men? Very satisfactorily, replied *Yorick*; no mortal, Sir, has any concern with it– for Mrs. *Shandy* the mother is nothing at all akin to him – and as the mother's the surest side – Mr. *Shandy*, in course, is still less than nothing – In short, he is not as much akin to him, Sir, as I am –" (IV, 30). Daß Yorick das letzte Wort des Romans erteilt wird, daß dieses Wort in einem Dialog mit Frau Shandy formuliert wird, der dem Dialog zwischen ihr und ihrem Mann im ersten Kapitel des Romans genau entspricht, und schließlich, daß es den oben erläuterten Bedeutungsspielraum eröffnet, – all das spricht, wie mir scheint, für Mackseys These. Mit seinem Schlußwort bekennt sich der Roman zur Illegitimität des eigenen Stilprinzips, des Witzes. Es handelt sich übrigens nicht darum, die Wahrheit des Ehebruchs festzumachen oder Walter Shandy als Vater durch Yorick zu ersetzen. Mit Nietzsche gesprochen: „Der Leser ist verloren zu geben, der jederzeit wissen will, was Sterne eigentlich über eine Sache denkt, ob er bei ihr ein ernsthaftes oder ein lächelndes Gesicht macht: denn er versteht sich auf Beides in Einer Faltung seines Gesichts; er versteht es ebenfalls und will es sogar, zugleich Recht und Unrecht zu haben, den Tiefsinn und die Posse zu verknäueln" (a.a.O., 424-25). Das Bekenntnis zur Illegitimität ist mit anderen Worten auch ein witziges.

halten werden, konstituiert der Text selber von *Tristram Shandy* eine bend sinister, ein Bastardzeichen. Er folgt keiner väterlichen Regel, verkörpert keinen allgemeingültigen Typus, sondern verdichtet sich zur idiosynkratischen Signatur. Sternes Poetik, weil sie eine der Kontingenz ist, ist auch eine Poetik der Schrift.[21]

2. Kontingenz als Konstruktionsprinzip

Darüber, daß Lockes Theorie von der handlungsleitenden Macht bloß zufällig entstandener Ideenassoziationen die Darstellung ab ovo von Tristrams mutmaßlichem Anfang beeinflußt hat, kann kein Zweifel bestehen; der Roman selber erwähnt an dieser Stelle den "sagacious Locke" (I, IV). Die offenkundige Nähe zwischen dem Philosophen und dem Romancier bietet dem Interpreten die (in der Forschung allerdings bislang vernachläßigte) Chance, zwischen der epistemologischen und der literarischen Funktion des Kontingenzbegriffs zu unterscheiden. Bei Locke nämlich tritt der Begriff dort auf, wo eine scheinbar notwendige Denkverbindung auf eine zufällige Seinsverbindung zurückgeführt und damit in ihrer Fehlerhaftigkeit demaskiert wird. Denn die zufällige Seinsverbindung ist eben keine echte, in den Sachen selber begründete Verbindung, sondern ein Zusammentreffen, das genauso gut hätte nicht sein können. Kurz: bei Locke wird der Kontingenzbegriff in kritischer Absicht verwendet, um den Mangel an logisch-sachlicher Konnexität zwischen Gedanken zu demonstrieren.[22] Daß Sterne Kontingenz ganz anders einsetzt, zeigt genau das Beispiel, das den Hinweis auf Lockes Theorie veranlaßt. Denn von der Assoziation zwischen Geschlechtsakt einerseits und dem Aufziehen der Uhr andererseits läßt sich eben nicht behaupten, daß die beiden Ideen an und für sich "loose and independent" sind. Im Gegenteil, aus der Perspektive der Frau

[21] Die Tragweite der Sterneschen Poetik der Schrift wird klar, wenn man bedenkt, daß die Figuren der Denunziation, die die traditionsbildende Bestimmung der Schrift im Platonischen *Phaidros* mobilisiert, genau denen entsprechen, die Sterne für sich und sein Werk bejaht: die Schrift sei vom Vater abgeschnitten, ein Waise, ein Bastard, ein Parrizid; ihr fehle die Bestimmung, die sie sicher zum Ziel führe; sie weiche vom Gesetz ab; sie wandere ziellos. Es ist das Verdienst J. Derridas, die innere Systematik dieses Motivkreises – eine Systematik, die mit der oben erörterten Struktur des Missiven zusammenhängt – freigelegt zu haben. Vgl. „Plato's Pharmacy" in: J. Derrida, *Dissemination*, übers. B. Johnson, Chicago 1981, S. 61-172, bes. S. 77-80, 144-148. Der Text wurde ursprünglich in *Tel Quel* 32/33 (1968) veröffentlicht und in dem Band *La Dissemination*, Paris 1972, wiederabgedruckt.

[22] „... there is another Connexion of *Ideas* wholly owing to Chance or Custom; *Ideas* that in themselves are not at all of kin, come to be so united in Mens Minds, that 'tis very hard to separate them, they always keep company, and the one no sooner comes into the Understanding but its Associate appears with it;..." Und kurz danach: „This wrong Connexion in our Minds of *Ideas* in themselves loose and independent of one another, has such an influence, and is of so great force to set us awry in our Actions...that, perhaps, there is not any one thing that deserves more to be looked after" (John Locke, *An Essay Concerning Human Understanding*, hg. P. H. Nidditch, Oxford 1975, S. 395, 397).

Shandy ist die Verbindung sicherlich dadurch motiviert, daß die lustlos-mechanische Natur des einen Vorgangs ein passendes Bild abgibt für die Art, wie ihr Ehemann das intimere Geschäft verrichtet. Auf Walter bezogen erscheinen beide Vorgänge hingegen als vergebliche Versuche, das Auslaufen der Zeit zu verhindern, verweisen somit auf seine leitende Obsession. So wird die zufällige Seinsverbindung zwischen den beiden Vorgängen (ihre raum-zeitliche Kontiguität) im literarischen Konstrukt von metaphorischen Bezugsmöglichkeiten überlagert, die die "Connexion in our Minds" nachträglich motivieren. Nicht in kritischer, sondern in konstruktiver Absicht setzt Sterne Kontingenz in Szene. Dort, wo Locke eine fehlerhafte, weil zufällig entstandene, Verbindung sieht, erkennt Sterne den Kristallisationspunkt von je anders perspektivierten semantischen Netzwerken. Er verwendet zufällige Verbindungen als Stützpunkte der Symptombildung und verleiht ihnen damit einen charakterbezogenen Sinn. Dieser Sinn jedoch – und dies scheint mir entscheidend zu sein – hebt die Zufälligkeit der Assoziation nicht auf, sondern akzentuiert sie. Die von Locke als nichtig erklärte "Chance" geht als Unsinn des individuellen Sinnes, als Markierung der Idiosynkrasie, in die Konstruktion von Charakter ein.

Es lohnt sich, ein zweites Beispiel dieses konstruktiven (witzigen) Umgangs mit Kontingenz etwas näher anzusehen. Als Toby seinen Wunsch zum Ausdruck bringt, daß der Accoucheur Dr. Slop die in Flandern versammelten Armeen gesehen haben möchte, ergreift Walter das Wort: "Brother *Toby*, replied my father, taking his wig from off his head with his right hand, and with his *left* pulling out a striped *India* handkerchief from his right coat pocket, in order to rub his head, as he argued the point with my uncle *Toby*. –" (III,2). Wie so oft in *Tristram Shandy* usurpiert auch hier Nebensächliches die Hauptrolle. Das beiläufige gestische Detail, das der Leser zunächst als szenisches Requisit des Dialogs aufzunehmen – und das heißt: zu vergessen – geneigt ist, zeitigt, wie sich herausstellt, unvorhergesehene Konsequenzen. Auf die schlichte Darstellung einer Kausalsequenz kommt es Sterne jedoch nicht an, sondern auf die Betonung der Diskrepanz, die das Verhältnis zwischen Ursache und Wirkung kennzeichnet. So wird folgende Reflexion eingeschaltet: "Matters of no more seeming consequence in themselves than, '*Whether my father should have taken off his wig with his right hand or with his left*,' – have divided the greatest kingdoms, and made the crowns of the monarchs who govern them, to totter on their heads. –" (II, 2). Es handelt sich hier um einen Topos, auf den noch keine Kontingenzdarstellung hat verzichten können: Die kleinste Perturbation löst die größte Wirkung aus. Der komische Kontrast, den der Gemeinplatz ausdrückt, hebt die völlige Beliebigkeit der Alternative hervor, von der angeblich alles abhängt. Denn der Faktor, der hier als entscheidend für das Schicksal von Monarchen angegeben wird, hätte so oder so ausfallen können, und dafür, daß er *so* ausfällt, daß in diesem Fall also die Perücke mit der rechten statt der linken Hand abgenommen wird, gibt es keine Motivation, keine Erklärung.

Der Erzähler fügt seiner Erzählung dadurch (anders ist es nicht möglich) ein kontingentes Element ein, daß er es in seinem bloßen *daß* beläßt: "just as the case happens" (III, 2)[23]. Doch, als reichte dies nicht hin, um dem Leser die Zufälligkeit des Ereignisses spürbar zu machen, wird das Zusammentreffen der beliebigen Wahl der rechten Hand mit einer zweiten, ebenfalls unergründlichen Kausalreihe registriert: "– In the latter end of Queen *Anne*'s reign, and in the beginning of the reign of King *George* the first – '*Coat pockets were cut very low down in the skirt.*' – I need say no more – the father of mischief, had he been hammering at it a month, could not have contrived a worse fashion for one in my father's situation" (III, 2). Die Mode, geradezu das Paradigma der Beliebigkeit, durchkreuzt hier die an sich schon unmotivierte Handlung des Vaters, mit dem Ergebnis, daß der nur noch mit der linken Hand auszuführende Griff nach dem in der rechten Tasche sich befindenden Schnupftuch den Vater in eine verdrehte Körperstellung bringt, die wiederum bei Toby eine Reihe von Assoziationen in Gang setzt. Das liest sich so:

> It was not an easy matter in any king's reign, (unless you were as lean a subject as myself) to have forced your hand diagonally, quite across your whole body, so as to gain the bottom of your opposite coat-pocket. – In the year, one thousand seven hundred and eighteen, when this happened, it was extremely difficult; so that when my uncle Toby discovered the transverse zig-zaggery of my father's approaches towards it, it instantly brought into his mind those he had done duty in, before the gate of St. Nicholas; – the idea of which drew off his attention so entirely from the subject in debate, that he had got his right hand to the bell to ring up Trim, to go and fetch his map of Namur, and his compasses and sector along with it, to measure the returning angles of the traverses of that attack, – but particularly of that one, where he received his wound upon his groin. (III, 3)

Auch hier ist die an der Ideenassoziation: Geschlechtsakt/Aufziehen der Uhr illustrierte Konfiguration erkennbar. Ein kontingentes Zusammentreffen – und Sterne hat, wie wir gesehen haben, alles darauf angelegt, die Zufälligkeit des Ereignisses zu unterstreichen – wird zum Auslöser einer metaphorischen Sinnentfaltung, die in der individuellen Geschichte eines Charakters fundiert

---

[23] Was hier als das *daß* eines Vorkömmnisses bezeichnet wird, ist verwandt mit dem *dies* seiner Besonderheit. Beide verweisen auf die stumme Tatsache, daß es dies gibt und nicht vielmehr das. Darüber reflektiert Sternes Erzähler an einer Stelle, die die Aufmerksamkeit der Interpreten auf sich gezogen hat: „Why this cause (Aunt Dinahs Ehebruch, d. Verf.) of sorrow, therefore, was thus reserved for my father and uncle, is undetermined by me. But how and in what direction it exerted itself, so as to become the cause of dissatisfaction between them, after it began to operate, is what I am able to explain with great exactness, and is as follows:“ W. Isers Kommentar zu der Stelle (a.a.O., S. 25) scheint mir an deren Pointe vorbeizulesen: „Final causes can never be determined, for every attempt to grasp them will set in motion a *regressus ad infinitum*.“ Nicht weil die Kausalerklärung kein Ende findet, bleibt das „why“ unbestimmt, sondern weil es keine Kausalerklärung dafür gibt, *daß* gerade *dies* (und nicht vielmehr etwas anderes) die Ursache des Unglücklichseins gerade *dieser* Menschen wurde.

ist. Die zufällig entstandene Figur, die Walters Körperstellung bildet, gerät für Toby zum Bild des mit Truppen und Graben diagonal durchkreuzten Feldes vor Namur. Solche Assoziationen, die in *Tristram Shandy* mit dem wichtigen Begriff des Steckenpferdes zusammenhängen, werden oft im Sinne einer Komik des beschränkten, weil bloß mechanisch reagierenden Charakters verstanden. Damit wird jedoch die Tragweite von Sternes Poetik der Kontingenz verkürzt. Denn die Pointe der sorgfältig aufgebauten Konfiguration ist nicht bloß, daß Toby aufgrund eines beliebigen Anlaßes wie ein Automaton wieder einmal die Belagerung von Namur zu modellieren beginnt, sondern *daß dieser Zufall – in seiner stummen Faktizität – denjenigen Zufall wiederholt, der Tobys Existenz geprägt hat.* Genau wie Walters Körper während der kurzen Dauer seiner Geste von den schrägen Linien sich kreuzender Beliebigkeiten überzogen wird, genauso hat es Toby am eigenen Leib erfahren. Dort nämlich, wo "the ground was cut and cross-cut with such a multitude of dykes, drains, rivulets, and sluices, on all sides," dort "in one of the traverses, about thirty toises from the returning angle of the trench, opposite to the salient angle of the demi-bastion of St. *Roch*" erhielt Toby seine Leistenverletzung (II, 1). Geht, wie oben behauptet wurde, der Zufall als Unsinn des je individuellen Sinnes in die Konstruktion von Charakter ein, dann deswegen, weil Charakter selber für Sterne auf einer unsinnigen, zufälligen Wunde beruht. In der Welt des Romans kann daher der auf Toby bezogene Satz: "The history of a soldier's wound beguiles the pain of it; (...)" Allgemeingültigkeit beanspruchen (I, 25). Die verschiedenen Steckenpferde, die die Charaktere jeweils kennzeichnen, haben genau diese Funktion der beguilement; sie stellen Versuche dar, die je eigene Wunde zu verwinden, den Unsinn der existentiellen Verletzung mit dem Sinnzusammenhang eines Privatmythos zu überdecken. Das gilt auch für den Erzähler Tristram, mit dem Unterschied allerdings, daß seine (von Yorick geerbte) witzige Erzählweise, genau das hervorkehrt, was die geschlossenen Charaktere mit ihren Privatmythen auszuschliessen bemüht sind: die Idiotie des Realen.

Das an der Charakterformation aufgezeigte konstruktive Verfahren bestimmt auch die narrative Makrostruktur des Textes. In der Forschung dominiert freilich eine Auffassung des Romans, derzufolge er das Scheitern des eigenen narrativen Unternehmens vorführt, und für diese Interpretation spricht auch manche Aussage des Erzählers. Vor allem wenn man als Maßstab narrativen Gelingens die Darstellung einer kohärenten, progressiv sich entwickelnden Lebensgeschichte (etwa nach dem Modell Fieldings) ansetzt, erweist sich *Tristram Shandy* als Mißerfolg. Aufgrund dieser narrativen Dürftigkeit hat man dann auch eine Verlagerung des dominanten ästhetischen Organisationsprinzips auf andere Textebenen postuliert, etwa auf die Ebene der Charakterdarstellung oder die Ebene der erzählerischen Selbstreflexion.[24] Dabei geriet die Frage, die der konstatierte Zusammenbruch des Entwicklungsmodells dringend nahelegt, völlig aus dem Blick: die Frage nach einem alternativen Modell der Ereignisverkettung. Auf dieser Schicht vermochte man bloß Zusammenhangslosigkeit zu sehen, Richtungslosigkeit, Kontingenz. Eine Dimension des mit *Tristram Shandy* Geleisteten besteht jedoch gerade darin, daß der Roman auch dem Bereich kontingenten Geschehens ein gültiges narratives Formprinzip abgewinnt.

Die Rekonstruktion der narrativen Ordnung von *Tristram Shandy*, die ich hier vorschlagen möchte, entfaltet sich über drei Etappen. Erstens ist daran festzuhalten, daß die erzählte Geschichte, wie oben schon erwähnt wurde, ihre übergreifende Kohärenz aus dem Projekt Walter Shandys erhält, dem Shandy Geschlecht, dem Shandy Namen, gleichsam der Shandy Idee – seiner Konzeption gemäß – Kontinuität zu verschaffen. Hierin wurzelt das (mit Greimas gesprochen) narrative Programm, dessen Verwirklichung im Laufe der Geschichte angestrebt wird. Daß sich dieses Programm nicht einlöst, daß es, mit anderen Worten, Walter nicht gelingt, die Shandy Linie fortzusetzen, bedeutet nicht, daß der Roman selber keine narrative Kohärenz aufweist. Das Scheitern eines narrativen Projektes ist nicht mit dem Scheitern der Narration gleichzusetzen, sonst gäbe es niemals Mißerfolgsgeschichten. Eine solche, und zwar eine höchst gelungene, macht indes die narrative Ereignisdimension des Romans aus. Er erzählt von einer abgebrochenen, abgewendeten Dezendenz, von der Deformation des väterlichen Typus, von der Unterbrechung der Paternität. Auf einige Möglichkeiten der semantischen Entfaltung dieser Geschichte, zumal deren poetologische Relevanz, wurde oben hingewiesen, und es dürfte evident sein, daß das narrative Gerüst auch im Hinblick auf andere Sinnregister konkretisiert werden kann. Im gegenwärtigen Kontext jedoch gilt es, den (allzu wenig erkannten) strukturalen Sachverhalt zu betonen, daß sich die Einheit der fabula aus dem Vorhaben des Vaters, als des narrativen Subjekts, ergibt. Die Aushöhlung der väterlichen Autorität, die der Roman betreibt, vollzieht sich nicht primär als thematisch orientierte Satire, sondern auf der Ebene der narrativen Tiefengrammatik.

Der Lokus des Scheiterns, von dem der Roman erzählt (und damit bin ich beim zweiten Schritt meiner Rekonstruktion) ist Tristram Shandy selber. Mit einer gleichsam narratologisch geschulten Aufmerksamkeit bringt der Erzähler – rück- und vorblickend – diese Konfiguration auf den Begriff: "I was my father's last stake — he had lost my brother *Bobby* entirely, — he had lost, by his own computation, full three fourths of me — that is, he had been unfortunate in his three first great casts for me — my geniture, nose, and name, — there was but this one (die Verfassung der TRISTRA-*poedia*, d. Verf.) left; and ac-

[24] Vgl. R. Lanham, ‚*Tristram Shandy*' – *The Games of Pleasure*, Berkeley/Los Angeles/London 1973, der deswegen dem Text die Gattungsbestimmung als Roman abspricht.

cordingly my father gave himself up to it with as much devotion as ever my uncle *Toby* had done to his doctrine of projectils" (V, 16). In vier Anläufen (bzw. mit vier Würfen: "casts") versucht in *Tristram Shandy* das narrative Subjekt, sein Programm zu realisieren. Alle vier Versuche mißlingen, denn auch der Erziehungsplan, von dem hier die Rede ist, erweist sich als Mißerfolg. Dessen Ziel ist es ja, Tristram dem fragwürdigen pädogogischen Einfluß der Frauen zu entreißen und ihn gemäß dem Konzept des Vaters auszubilden. Indessen nimmt die Niederschrift des Plans so viel Zeit in Anspruch, daß Tristram den Frauen gänzlich überlassen bleibt und aufgrund dieser Vernachläßigung – aufgrund des Mangels an väterlicher Begleitung und Bestimmung – kommt es zur vierten Katastrophe: der Beschneidung durch das fallende Fenster. Der Unvollständigkeitsverdacht, der bei der oft geäußerten Beobachtung mitschwingt: der Roman komme nicht über das fünfte Lebensjahr des Helden hinaus, ist also völlig fehl am Platz. Mit der Fensterepisode sind die strukturalen Möglichkeiten, die der narratologisch scharfsichtige Erzähler auflistet, erschöpft, das fehlende "fourth" ist erreicht, das Paradigma komplett durchkonjugiert. Nicht von Unvollständigkeit, sondern von systematischer Abrundung zeugt daher der Sachverhalt, daß der Roman diese vier – und *nur* diese vier[25] – Ereignisse im Leben des Helden erzählt:

a) der Zufall der (angeblichen) Zeugung,
b) der Zufall der Geburt (Verstümmelung der Nase),
c) der Zufall der verfehlten Namensgebung,
d) der Zufall der Beschneidung durchs Fallfenster.

Die genannten Ereignisse sind narrativ doppelwertig. Einerseits sind sie auf den Vater als das narrative Subjekt der vier Würfe – der vier fehlgegangenen missiven Projekte – bezogen, inszenieren mithin sein Scheitern. Dieser Stellenwert im übergreifenden narrativen Gefüge bleibt jedoch von subalterner Bedeutung. Vor allem aufgrund der Fokussierung, die sich aus der Identität zwischen Erzähler und erzähltem Subjekt ergibt, erfordern die Ereignisse eine narrative Zuordnung im Hinblick auf Tristram selber. Auf den erzählten Tristram

[25] Aus textimmanenten sowie entstehungsgeschichtlichen Gründen sehe ich hier vom siebten Band des Romans ab, der von Tristrams späterer Frankreichreise berichtet. Außer den genannten vier Ereignissen im Leben Tristrams wird noch eins erwähnt: daß er im Alter von zehn Jahren Toby beim Schonen der Fliege beobachtete. Ich habe diese „accidental impression" (II, 12) deswegen in die Reihe nicht aufgenommen, weil sie mehr auf Tobys Charakter bezogen ist als auf Tristram selber. Es handelt sich um ein Exemplum (von Tobys irenischem Gemüt) und nicht um ein Ereignis, das mit anderen Ereignissen kausal verzahnt ist. Hinzuzufügen ist, daß auch diese Ausnahme das weiter unten zu erörternde Gesetz der Resonanz bestätigt, denn das Heben des Fensters beim Schonen der Fliege kontrastiert mit dem (letztlich von Toby verursachten) Fall des Fensters in der Beschneidungsszene.

Shandy bezogen hat indes die Rede vom ‚Subjekt' oder ‚Helden' oder ‚Handlungsträger' gar keinen Sinn. Die Begebenheiten, die sein erzähltes ‚Leben' konstituieren, ereignen sich sämtlich diesseits der Schwelle zur Sprach- und Reflexionsfähigkeit, sie betreffen ihn dort, wo er keine Initiative nehmen kann, in seiner existentiellen Aussetzung. Sternes wahrhaft geniale Leistung besteht nun darin, daß er für diese präsubjektive Dimension zufälligen Hingeworfenseins eine narrative Ordnung (er)findet, die als genuine Alternative zur Grammatik der Handlung mit ihrer teleologischen Grundstruktur angesehen werden kann. *Die Form narrativen Zusammenhangs, die der Roman erschließt, ist die Serie; deren Kohärenz beruht auf der Repetition.* In *Tristram Shandy* wird Kontingenz dadurch zum Konstruktionsprinzip der narrativen Ereignisverkettung, daß sich diese als Reihe sich wiederholender Zufälle organisiert. Denn das Eigentümliche an der Wiederholung ist, daß sie Bezugsmöglichkeiten unter Ereignissen zu erkennen gibt, ohne daß die Singularität des Ereignisses damit verschwindet. So gehören die vier Ereignisse der oben aufgestellten Tristram-Serie keiner einheitlichen Kausalsequenz an, und erst recht keiner Handlungssequenz. Sie sind also nicht als Teile oder Momente einer Ganzheit zu betrachten, verweisen auch nicht auf eine Bedeutung, die sie zeichenhaft-exemplarisch zu vertreten hätten. Es handelt sich vielmehr um eine *diskontinuierliche* Serie kontingenter Begebenheiten, deren Zufälligkeit jeweils mit enormem erzählerischem Aufwand konstruiert wird. Nichtsdestoweniger bestehen unter den Elementen der Reihe auffallende Relationen der Ähnlichkeit; selbst interne Gruppierungsmöglichkeiten (die missiven Zufälle a/c; die Verstümmelungszufälle b/d) zeichnen sich deutlich ab. Für diese Beziehungsmöglichkeiten schlage ich den Begriff der *Resonanz* vor. Resonanz, könnte man sagen, ist die Form des Sinns, die sich beziehungslos-zufälligen Ereignissen überlagert, so daß sich das eine Ereignis als Repetition des anderen spürbar macht. In der Wiederholung gehen somit Sinn (Resonanz) und Unsinn (Singularität) eine Verbindung ein, die die Herstellung von diskontinuierlichen Ordnungen ermöglicht.[26]

[26] An dieser Stelle sei auf die Differenz zwischen der hier vertretenen These und der Auffassung H. Blumenbergs hingewiesen. In einem Diskussionsbeitrag zum ersten Kolloquium der Gruppe ‚Poetik und Hermeneutik' formuliert Blumenberg seine Auffassung folgendermaßen: „Die durch die Digressionen dargestellte Kontingenz wird dadurch überwunden, daß sich die Form des Romans dennoch realisieren läßt. Mit der Thematisierung des Erzählens hat Sterne eine Aufgabe entdeckt, die sich dem modernen Roman immer neu stellt: die Gewinnung einer formalen Konsistenz zweiter Stufe der in den Digressionen provozierten materialen Inkonsistenz erster Stufe" (H. R. Jauß [Hg.], Nachahmung und Illusion [Poetik und Hermeneutik I], München 1964, S. 219). Die Dichotomie zwischen materialer Inkonsistenz (= Kontingenz) und formaler Konsistenz auf der Reflexionsebene verfehlt in doppelter Hinsicht Sternes ästhetische Leistung: 1) weil Sterne auch der materialen Ebene der Kontingenz ein Ordnungsprinzip abgewinnt, – das Prinzip der Serie; 2) weil sich die Reflexionsebene nicht von der materialen Ebene abkoppelt, sondern ständig um sie kreist, so daß die rhetorische Virtuosität des Erzählers immer auf die vorsprachliche Ereignisschicht – auf die Stigmata seiner eigenen Singularität – bezogen bleibt. Es geht Sterne nicht darum, Kontingenz zu *überwinden*, sondern sie ins Werk zu setzen. R. War-

Die Freilegung der Wiederholungsstruktur als eine Kombination von Singularität und Resonanz führt zur dritten Stufe meines Rekonstruktionsversuchs. Diese Struktur greift nämlich auf die Lebensgeschichten anderer Charaktere über, dergestalt daß sich die ganze intrikat verzweigte Ereignisdimension des Romans von sich kreuzenden Repetitionsbezügen überlagert wird. Man nehme zum Beispiel die Anekdote (III, 24) von der Zerstörung der Brücke durch Trim und Bridget, die sowohl auf die Verstümmelung von Tristrams Nase während seiner Geburt als auch auf die unterbrochene sexuelle Umarmung in der Zeugungsnacht verweist; oder die zufällig entstandene "vile mark of illegitimacy" auf dem an der Kutschentür befestigten Familienwappen, die wie ein Nachhall von Tante Dinahs Ehebruch mit dem Kutscher wirkt; oder die Episode (IV, 27), in der eine heiße Kastanie in den offenen Hosenschlitz von Phutatorius fällt, die als eine komische Repetition von Tobys Verwundung zu lesen ist. Auch die zwei narrativen Hauptstränge des Romans – die Tristram-Serie und die Toby-Serie – werden auf diese Weise miteinander verflochten. Denn das ‚Leben' Tobys besteht aus zwei Hauptereignissen, zwischen denen schon anagrammatische Resonanzen festzustellen sind: einerseits seiner Verwundung (*w*oun*d*), andererseits der Erschütterung ("shock"), die ihm die Erfahrung mit der Nachbarin (*Wid*ow *Wad*man) zugefügt hat. Der Fehlschlag seiner "amours" repetiert seine Verwundung vor Namur, und beide Ereignisse resonieren – wie ‚widow' in ‚window' – im Leben Tristrams, welches sich daher als eine Wiederholung von Tobys Mißgeschick zu erkennen gibt. Damit zeichnet sich die eigenartige *Suggestionskraft* der Repetition ab: man weiß, daß das, was geschieht, rein zufällig geschieht, wie die Verstümmelung von Tristrams Nase, deren Wahrscheinlichkeit der Vater in Sternes "chapter of chances" auf "a million to one" (IV, 9) setzt; aber nichtsdestoweniger wittert man das Walten einer verborgenen Absicht. Diese suggestive Oszillation zwischen Zufall und Planmäßigkeit, Unsinn und Sinn, kann man als *Fatalität* bezeichnen. Sie kennzeichnet durchgehend Sternes Welt. Aufgrund der sorgfältig angelegten chronologischen Struktur des Romans läßt sich sogar dessen gesamte Ereignisdimension als die fatale Repetition eines Ur-Ereignisses begreifen. Dieses ist aber kein Ursprung, kein Keim einer teleologisch zu verstehenden Entwicklung, auch keine anfängliche Transgression, die gebüßt werden muß. Es handelt sich vielmehr um eine körperlich-sexuelle Verwundung, die durch ein kontingentes Zusammentreffen verursacht wird. Die erzählte Geschichte von *Tristram Shandy* repetiert unablässig einen *fehlgegangenen missiv-ballistischen Wurf*, den *zufälligen Fall eines irregulären Steins*. Die resonierend auf-

ning schließt sich in seiner Studie zu Sterne und Diderot der Auffassung Blumenbergs an, obwohl das seiner Interpretation zugrundegelegte Spielkonzept – wenn ich recht sehe – eher gegen als für eine Überwindung der Kontingenz spräche. Vgl. R. Warning, *Illusion und Wirklichkeit in ‚Tristram Shandy' und ‚Jacques le fataliste'*, München 1965, S. 55.

einander bezogenen Ereignisse, von denen der Roman erzählt, sind nichts anderes als eine "succession of exfoliations from the *oss pubis*" Tobys.[27]

3. Die Verwundung des Worts

Will man die Intention auf die Sprache erfassen, die Sternes Poetik der Kontingenz charakterisiert, dann bietet sich kein geeigneterer Ausgangspunkt als die vom Erzähler sorgfältig nachgezeichnete Etiologie von Tobys Steckenpferd. Diese hat ihren entscheidenden Wendepunkt in einer Erfahrung der Unverfügbarkeit von Sprache. Tobys Versuche, während seiner Konvaleszenz seinen wohlmeinenden Besuchern die Belagerung von Namur zu vergegenwärtigen, werden nämlich so sehr von "perplexities" und "obscurities" heimgesucht, daß das Gewirr der Worte die Unübersichtlichkeit des Kreuzfeuers reproduziert. Redend verliert sich Toby wieder auf dem Schlachtfeld und erleidet erneut "sharp paroxisms and exacerbations of his wound" (II, 1). Erst nach drei Monaten wiederholten Scheiterns beim Erzählen stößt er auf die Idee, das Medium zu wechseln und mithilfe einer Landkarte die Konfiguration der Belagerung, einschließlich des Ortes seiner Verwundung, zu rekonstruieren. Die ikonische Darstellung lindert dann auch Tobys Schmerz und führt ihn schließlich zur Erfindung seines leidenschaftlich gerittenen Hobby Horse, des Kriegsspiels im Kleinformat auf dem bowling green.

Auffallend nun an Sternes Konstruktion des hier gerafft berichteten Hergangs ist der rhetorische Aufwand, der mobilisiert wird, um einer psychologischen oder auch charakterbezogenen Interpretation desselben vorzubeugen. Man soll auf keinen Fall den Eindruck gewinnen, es handele sich hier um einen bloßen Mangel an Verstand. Sogar ein Dialog mit konsistenzbesessenen Kritikern wird inszeniert, in dem die drei Hauptursachen von Obskurität und Verwirrung "in the mind of man" illustriert werden, – mit der Pointe allerdings, daß diese kognitiven Faktoren im gegenwärtigen Fall völlig irrelevant seien. Nicht mentalen, sondern sprachlichen Ursprungs sei die Verwirrung im Diskurs des Onkel Toby: "What it did arise from, I have hinted above, and a fertile source of obscurity it is, — and ever will be, — and that is the unsteady uses

[27] Ich beziehe mich hier auf zwei Beschreibungen der Verwundung: „ – A blow! – Yes, Madam, it was owing to a blow from a stone, broke off by a ball from the parapet of a horn-work at the siege of *Namur*, which struck full upon my uncle *Toby*'s groin" (I, 21). „He was four years totally confined, – part of it to his bed, and all of it to his room; and in the course of his cure, which was all that time in hand, suffer'd unspeakable miseries, – owing to a succession of exfoliations from the *oss pubis*, and the outward edge of that part of the *coxendix* called *oss illeum*, – both which bones were dismally crush'd, as much by the irregularity of the stone, which I told you was broke off the parapet, – as by its size, – (though it was pretty large) which inclined the surgeon all along to think, that the great injury which it had done my uncle *Toby*'s groin, was more owing to the gravity of the stone itself, than to the projectile force of it, – which he would often tell him was a great happiness" (I, 25).

of words which have perplexed the clearest and most exalted understandings" (II, 2). Die eigentümliche Dynamik, die sich Sternes Blick auf die Sprache als eine aufs Mentale nicht reduzierbare Domäne erschließt, heißt "the unsteady uses of words". Die Bedeutung des Adjektivs entgeht dem modernen Ohr, das an ihm bloß die vage Vorstellung des Schwankenden vernimmt. Im achtzehnten Jahrhundert aber dürfte der etymologische Bezug zum Begriff des Ortes, der zugewiesenen Position (vgl. angelsächsisch: *stede*, verwandt dem deutschen *Statt*, *Stätte*, daher auch *Stadt*), noch aktuell gewesen sein.[28] *Stead* nennt einen signifikanten (z.B. rituell oder politisch ausgegrenzten) Ort, und damit – in Sternes Verwendung – die Örtlichkeit der Signifikanz. Die Struktureigenschaft der Sprache, auf die Sternes Formulierung abhebt, ist also eine gewiße ‚Unstelligkeit', d.h. *eine mögliche Diskrepanz zwischen Stelle und Element*. Daß diese Eigenschaft mit dem oben eingeführten Begriff des missiven Elements affin ist, liegt auf der Hand; dieses ist ja dadurch gekennzeichnet, daß es – in seiner Abkopplung von der väterlichen Bestimmung – den Ort seiner vorbestimmten Rezeption verfehlen kann. Auf diese Verwandtschaft weist auch die Tatsache hin, daß der Begriff der Unstelligkeit im Zusammenhang mit Tobys Kriegserfahrungen eingeführt wird. Die Möglichkeit einer Diskrepanz zwischen Element und Stelle, die die Struktur der Sprache als solche kennzeichnet, hat zur Konsequenz, daß ein gegebenes sprachliches Element, wie ein irregulär geformter Stein, sich von seinem Ort losreißen und unvorhergesehene Kombinationen eingehen kann. Sternes eindringlicher Blick auf die Sprache zielt auf den Punkt, wo sich die linguistische Symbolik als Symballistik zu erkennen gibt: auf den Schnittpunkt von Sprache und Kontingenz.

Das komplexe Spiel, das Sterne mit der möglichen Diskrepanz zwischen Stelle und Element betreibt, zeigt sich am deutlichsten, wo der topologischen Stelle eine Darstellung im extensionalen Raum entspricht.[29] Hier lassen sich zwei entgegengesetzte Extremformen erkennen: a) Es ist einerseits ein Spiel mit Umstellungen und Versetzungen des Elements. Das berühmteste Beispiel hierfür ist sicherlich die Vorrede, die der Erzähler dem Zwischenraum einfügt, der das zwanzigste vom einundzwanzigsten Kapitel des dritten Bandes trennt. Von Desautomatisierung bzw. Hervorkehrung der Konventionalität im Hinblick auf diesen und verwandte Spielzüge zu reden, wie in der Nachfolge Shklovskys oft geschieht, ist zwar richtig, aber hoffnungslos vage. Denn die

---

[28] Daß und wie Sterne etymologische Konnotationen verwendet, zeigt der klassische Artikel von I. Watt: „The Comic Syntax of *Tristram Shandy*", in *Studies in Criticism and Aesthetics 1660-1800 – Essays in Honor of Samuel Holt Monk*, hgg. H. Anderson/J. Shea, Minneapolis 1967, S. 315-31.

[29] Zum Problem des topologischen Charakters der ‚Stelle' allgemein vgl. den brillianten Essay von Gilles Deleuze, „Woran erkennt man den Strukturalismus?", in *Geschichte der Philosophie, Ideen, Lehren*, hg. F. Chatelet, Bd. 8: *Das XX. Jahrhundert*, Frankfurt/Berlin/Wien 1975, S. 269-302, bes. S. 274-277.

Konvention, die hier aus einem festgefahrenen Habitus freigesetzt wird, ist nichts anderes als die Zuordnung eines Elements zu einer Stelle. Aus dieser Zuordnung geht der Sinn der ,Vorrede' (womit selbstredend nicht der Inhalt desselben gemeint ist) hervor. Die Auflösung dieser Zuordnung hat nicht bloß die Funktion, auf die Konventionalität aufmerksam zu machen; vielmehr aktualisiert sie das, was man das Elementare an dem Element nennen könnte, seine stumme Beweglichkeit, seine Iterierbarkeit andernorts, außerhalb der ihm zugewiesenen Position.[30] Dem Sinn als der (konventionellen) Zuordnung von Element und Stelle inhäriert ein Unsinn, den der Witz spielend entbindet. b) Aber Sternes witziges Spiel ist gleichzeitig ein Spiel mit der leeren Stelle. Damit ist keine Ellipse der Darstellung gemeint, die vom Leser imaginativ ergänzt wird, sondern ein differentieller Ort, dem kein Element zugeordnet ist. Die leere Stelle, so ließe sich formulieren, ist die exzeßive Stelle, ohne die keine Labilität im System wäre; sie ist die Bedingung von Verschiebungen, von semantischer Beweglichkeit. Es handelt sich also nicht um den Mangel an etwas, sondern um eine eigenständige Größe. Daher sind die Auslassungszeichen (****) in *Tristram Shandy* nicht bloß als Indikatoren einer fehlenden Positivität zu lesen, sondern als Markierungen der Positionalität selber. Man vergleiche folgende Passage:

> – "My sister, mayhap, quoth my uncle Toby, does not choose to let a man come so near her****" Make this dash, – 'tis an Aposiopesis. – Take the dash away, and write Backside, – 'tis Bawdy. – Scratch Backside out, and put Cover'd way in, 'tis a Metaphor; – and, I dare say, as fortification ran so much in my uncle Toby's head, that if he had been left to have added one word to the sentence, – that word was it. (II, 6)

Das Spiel der Ersetzungen hat keine externe Verankerung; keine Idee im Sinne Lockes und erst recht keine Sache (*res*) vermöchte den leeren Ort auszufüllen. Genausowenig aber läßt sich das hier Vorgeführte als Demonstration subjektiver Virtuosität verstehen; vielmehr ist die (mehr oder weniger zufällige[31] Erfindung durch die Vorgabe der leeren Position bedingt und begrenzt, die ihrerseits keine Funktion des Subjekts ist. Das witzige Jonglieren mit rhetorischer Terminologie führt hier zu einer Einsicht, die sich als Erkenntnis des rein strukturalen Charakters der Stelle begreifen läßt.

---

[30] Die hier formulierte These nimmt Anregungen sowohl aus der eben zitierten Arbeit von Deleuze als auch aus Derridas Essay „My Chances/*Mes Chances* (Anm. 1) auf. Vgl. vor allem dessen Begriff einer „insignifiance marquante", der auf S. 15-16 eingeführt und erläutert wird.

[31] Daß die Erfindung zufallsabhängig ist, betont Sterne im gleichen, in seiner intellektuellen Dichte jedem Kommentar spottenden Kapitel: „If, on the contrary, my uncle *Toby* had not fully arrived at his period's end, – then the world stands indebted to the sudden snapping of my father's tobacco pipe, for one of the neatest examples of that ornamental figure in oratory, which Rhetoricians stile the *Aposiopesis*. –" (II, 6). Und ein paar Absätze danach: „But whether that was the case or not the case; – or whether the snapping of my father's tobacco-pipe so critically, happened thro' accident or anger, – will be seen in due time."

Das eben zitierte Beispiel ist auch ein wichtiger Beleg für die Engführung von Sexualität und Sprache, die oben im Zusammenhang mit dem Begriff des Mediums erörtert wurde. Die leere Stelle der Sprache wird hier mit jener Körperstelle in Verbindung gebracht, die Walter im nächsten Kapitel "the right end of a woman" (II, 7) nennt. Damit wird (so sehr Sternes oft misogyn anmutende "Bawdy" eine solche Interpretation nahelegt) keine letztgültige Referenz für das Spiel der sprachlichen Verschiebungen postuliert. Im Gegenteil, angemessener wäre es in diesem Kontext von einer Versprachlichung der körperlich-sexuellen Domäne zu reden. Die Pointe der witzigen Konstruktion besteht ja darin, daß besagtes "end of a woman" eine Leerstelle konstituiert, die keine substantielle, wohl aber eine strukturale Wirklichkeit besitzt. Es handelt sich um die Markierung der Geschlechterdifferenz, die, nicht weniger als die sprachliche Differenz, ein autonomes Spiel der Ersetzungen öffnet. Sterne läßt deswegen die Bereiche des Sprachlichen und des Sexuellen ineinander hinüberspielen, verflicht sie deswegen so raffiniert miteinander, weil sich beide ihre Dynamik der gleichen Bruchstruktur – der gleichen zufälligen Verwundung – verdanken. Das zeigt unmißverständlich die sich an Walters Rede vom "right end of a woman" anschließende Figuration, an der man übrigens die innige Verwandtschaft zwischen Sterne und Kleist nachweisen könnte: "– Right end, – quoth my uncle *Toby*, muttering the two words low to himself, and fixing his two eyes insensibly as he muttered them, upon a small crevice, form'd by a bad joint in the chimney piece" (II, 7). Der zufällig entstandene Spalt im Gefüge, die fehlende Bindung–: nichts anderes als diese leere Stelle organisiert das Spiel der Zweiheit (der Worte, der Augen, der Geschlechter). Die überdeterminierte Figur bezieht sich auf die weibliche Anatomie, auf den losen Stein, der Tobys Verwundung verursachte, auf die Wunde selber, und schließlich (Sterne versteht es, jede Nuance seiner Worte auszukosten) auf das moralische Problem des Lasters (cre-*vice*), mithin auf das theologische Problem des Sündenfalls.[32] Aber sie bezieht sich gleichzeitig auf die Unstelligkeit der Sprache, auf die Spaltung des einen Wortes in eine Zwei- und Mehrdeutigkeit, wie der Metakommentar zum zitierten Text, den Sterne dem dritten Band einfügt, zu erkennen gibt.[33] Die "unsteadiness of words" – ihr Entgleiten im unendlichen Spiel der Sinnverschiebungen – hat deswegen auf Toby eine so unheilvolle Wirkung, weil seine Wunde, als eine des Geschlechts, auch eine des Wortes ist.[34] In

[32] Es besteht auch eine Verbindung zwischen diesem „bad joint" und der „jointure" von dreihundert Pfund pro Jahr, die Tristrams Urgroßmutter als Kompensation für die mangelhafte Nase Ihres Mannes erhält. Vgl. III, 30-33.

[33] „Here are two senses, cried *Eugenius*, as we walk'd along, pointing with the fore finger of his right hand to the word *Crevice*, in the fifty-second page of the second volume of this book of books,..." (III, 31).

[34] Vielleicht hat Sternes „chapter on whiskers" keine andere Funktion als die, die Verwundung des Wortes nochmals vorzuführen: „'Twas plain to the whole court the word was ruined: *La Fosseuse* had given it a wound and it was not the better for passing through all these defiles—" (V, 1).

Tristram Shandy sind sowohl die Sprache als auch die Sexualität als Funktionen einer Verwundung zu begreifen, die sich zu wiederholen nicht aufhört.

Im Hinblick auf diese Äquivalenz läßt sich nun der Stellenwert von Sternes vielleicht extravagantester Erfindung – dem exzessiven Spiel mit dem Bedeutungselement ‚Nase' – einigermaßen präzis umschreiben. Zwei Hauptmomente sind zu unterscheiden. Einerseits verkörpert die ‚Nase' die Beweglichkeit, die Zweideutigkeit, die *Nicht-Identität*, die aus der Verwundung der Sprache und des Geschlechts, aus der möglichen Diskrepanz von Stelle und Element, resultiert. Selbst die insistente Tautologie des Erzählers vermag den Sinn dieses Elements nicht festzulegen.[35] Im Gegenteil, die definitorische Klarstellung setzt, gemäß dem Spruch: "to define is to distrust" (III, 31), die Suche nach alternativen Bedeutungen erst recht in Gang. Ein gewißer Erkenntniswert ist allerdings der Tautologie nicht abzusprechen. Die nichtssagende Wiederholung: "by the word nose ... I mean a nose", hebt, eben weil sie gar nichts erläutert, den stummen Unsinn, der dem Element wesentlich ist, hervor. Diesen Doppelaspekt treibt die Erzählung des Slawkenbergius, die den vierten Band eröffnet, ins Extrem. Während die Sinnzuschreibungen, die die ‚Nase' ständig provoziert, überhaupt keine Grenzen kennen, bleibt sie nichtsdestoweniger jedem ihr zugeschriebenen Sinn gegenüber heterogen, opak. In ihrer unaufhörlichen Bewegung durch den Text und in der äußersten Spannung zwischen Unsinn und Sinn, die sie austrägt, führt die ‚Nase' die unverfügbare Kontingenz des Medialen – sowohl der Sprache als auch der Sexualität – vor.

Aber gerade deswegen, weil sie immer anderswo ist als dort, wo man sie vermeint, weil sie immer im Verhältnis zu sich selbst verschoben ist,[36] weckt die ‚Nase' auch das Bedürfnis, sie einem genau lokalisierten Platz anzuweisen, d.h. ihre Nicht-Identität auszulöschen. Diese Tendenz (und welcher Leser von *Tristram Shandy* hat sie nicht an sich selbst verspürt?) markiert Sterne mit dem den ganzen Roman durchziehenden, in der Erzählung des Slawenbergius jedoch besonders emphatisch akzentuierten Motiv der Deixis. So meint in jener "fabella" die Frau des Trompetenspielers: "I'll know the bottom of it, ... for I will touch it [die Nase des Durchreisenden, d. Verf.] with my finger before I sleep", ein Vorhaben, das bald alle Bewohner von Straßburg mit ihr teilen (IV, vorm ersten Kapitel). Mit der gleichen Geste will auch die Witwe Wadman sich des Charakters von Tobys Wunde versichern (IX, 20). Bei Walter Shandy taucht das Motiv im Zusammenhang mit dem *Latus Clavus* auf, jenem zu-

[35] „For by the word *Nose*, throughout all this long chapter of noses, and in every other part of my work, where the word *Nose* occurs, — I declare, by that word I mean a Nose, and nothing more, or less" (III, 31).

[36] Es sei nochmals an Nietzsches Formulierung erinnert: bei Sterne herrsche ein „Stil der Kunst" vor, „bei dem die bestimmte Form fortwährend gebrochen, verschoben, in das Unbestimmte zurückübersetzt wird, so dass sie das Eine und zugleich das Andere bedeutet" (*Sämtliche Werke* [Anm. 5], Bd. 2, S. 423).

gleich alles und gar nichts bedeutenden Ornament, mit dem Tristrams Hose versehen werden soll.[37] Der Leser Eugenius, "pointing with the fore finger of his right hand" (III, 21), weist mit kritisch festlegender Absicht auf das Wort *Crevice* (übrigens anagrammatisch mit *clavus* resonant) hin. Und Toby, an dem das Motiv zum erstenmal erscheint, erfährt mit dem Wechsel von der sprachlichen zur ikonischen Darstellung deswegen eine Linderung seines Schmerzes, weil er mithilfe der Landkarte eine Nadel auf die ‚identische Stelle', wo er seine Wunde erhielt, setzen kann.[38] Bei all diesen Versuchen, die Identität des beweglichen, sich der Bestimmung entziehenden Elements festzustellen, handelt es sich um eine Verblendung. Die angestrebte Deixis, so könnte man sagen, ist immer eine am Phantasma. In ihrer Pseudokonkretheit, ihrer körperlichen Prominenz, und vor allem in ihrer scheinbaren Bedeutungstransparenz exemplifiziert die ‚Nase' ihre eigene imaginäre Entstellung, ihre Verkümmerung zum vorhandenen Objekt. Sie verkörpert die imaginäre Besetzung des leeren Orts, die Stillstellung der Verschiebungen, die phantasmatische Überwindung der Kontingenz. Mit der ‚Nase' setzt Sterne sowohl die Dynamik der Sprache als auch die Verfehlung und Verschleierung dieser Dynamik durch die Imagination in Szene.

Diese Doppelheit konstituiert das Strukturprinzip des Romans. Auf der Seite der entstellenden Imagination stehen die vordergründigen Figuren des Werks: Walter mit seiner zweifachen Hypothese von der Magie der Sprache und der Autorität der Nase; Toby mit dem ikonischen Kriegsspiel, das ihn seine sprachlich-sexuelle Wunde vergessen läßt. Diese Figuren okkupieren und vertreten zugleich die Werkdimension des Scheins. Gegenwendig zu dieser Dimension artikuliert sich Sternes Poetik der Kontingenz. Sie wird von der jester-Figur Yorick vertreten, sowie vom Erzähler, Tristram. Diese versuchen nicht, die unverfügbare Kontingenz der Sexualität und der Sprache auszulöschen, sondern setzen sie witzig ins Werk. Die "cock-and-bull story", auf deren Entstehung über neun (!) Bände Yorick und die Mutter zurückblicken, trägt nicht umsonst den verstümmelten Namen von Tristram Shandy in ihrem Titel. Auch deswegen, weil Sternes Roman die Bedingungen des eigenen Werk-

[37] „– Leave we then the breeches in the taylor's hands, with my father standing over him with his cane, reading him as he sat at work a lecture upon the *latus clavus*, and pointing to the precise part of the waistband, where he was determined to have it sewed on" (VI, 20). Im vorhergehenden Kapitel heißt es von dem mysteriösen Gegenstand: „That some took it to be the button, – some the coat itself, – others only the color of it: – That the great *Bayfius*, in his Wardrobe of the ancients, chap. 12. — honestly said, he knew not what it was, — whether a fibula, – a stud, – a button, – a loop, – a buckle, – or clasps and keepers. – " (VI, 19). Die ganze Episode beruht auf der Prämisse, daß das Anziehen der ersten Hose einer öffentlichen Erklärung des Geschlechts des Kindes (Hose = Junge) gleichkommt.

[38] „– so that he was pretty confident he could stick a pin upon the identical spot of ground where he was standing in when the stone struck him" (II, 1). Vgl. auch Walters Obsession mit der „identical place" (II, 19), wo die Seele ihren Platz im Körper hat.

seins als Fiktion auslegt, gebührt ihm die Kennzeichnung als der Roman vom Zufall der Geburt.

Hermann Timm

KONTINGENZPRÄSENTATION SCHÖPFUNG UND ERLÖSUNG IN DER GOETHEZEITLICHEN DICHTERTHEOLOGIE

Der theoretisch elaborierte Gottesglaube ist ein Traditionsgut der mediterranen Antike. Sein modernes Widerlager hat er in der menschlichen Freiheit gefunden, des eigenen Glückes Schmied oder Unschmied zu werden. Für eine kulturtheoretisch (nicht metaphysisch) arbeitende Theologie stellt sich deshalb das Verhältnis von Gott und Freiheit als ein Problem der Zitatkultur dar: antike Zitatnotwendigkeit - moderne Zitatfreiheit. Historisch faßbar wird es im Übersetzen der hebräisch-griechisch-lateinischen Ursprünge in die Wahrnehmung der Gegenwart unter dem eigenen zitatfreien Himmelsstrich. Übersetzen. Üb' ersetzen! Üb' er setzen!

Die alteuropäische *contingentia* heißt seit dem 18. Jahrhundert „Zufall". Zufall aber kann als Unfall oder Einfall gehört werden, so daß die Kontingenzgeschichten bald als Unfall- bald als Einfallgeschichten erzählt werden. Diese Ambivalenz ist noch nicht eigens zum Gegenstand der Reflexion gemacht worden. Damit will ich einsetzen, um beide Aspekte im Vergegenwärtigen zusammenzuführen. Der Generaltitel „Poetik und Hermeneutik" lädt dazu ein. Die Spontaneität einer Kontingenzpoetik findet mit der Rezeptivität einer Kontingenzhermeneutik zusammen im Gestus des Präsentierens. Deshalb „Kontingenzpräsentation".

Bei „Schöpfung" und „Erlösung" handelt es sich um die Eckbegriffe der dogmatischen Theoriesprache des Christentums. Ersterer steht für den Ursprung der Welt im Willen des Allmächtigen, letzterer für ihre Neuschöpfung in der Kondeszendenz, Niederkunft oder Menschwerdung seines Logos. Demgegenüber soll „Dichtertheologie" den Denkwandel bezeichnen, der aus der metaphysischen Gottesreligion von Patristik und Scholastik die postmetaphysische Geistreligion der Moderne werden ließ. Ihre Machart will ich an Lessing und der Frühromantik exemplifizieren („Goethezeit"). Vorausgeschickt wird eine Problematisierung der etablierten Begriffsgeschichte und eine stichwortartige Hinführung aus der Frühneuzeit.

I. Kritik der lexikalischen Begriffskarriere

Es ist ein lexikalisch gesicherter Befund, daß die weite, über den Rahmen der aristotelischen Handlungslehre hinausgehende, universalontologisch entschränkte Rede von Kontingenz (*contingentia mundi*) dem Christentum entstammt. Sie geht zurück auf die Kirchenväter, die den Unterschied zwischen biblischer Schöpfungstheologie (Mose bis Johannes) und mythologisch-metaphysischer Kosmotheologie (Homer bis Cicero) zu erklären hatten. Was heißt: „Im Anfang schuf Gott Himmel und Erde?" Es muß aus freiem Antrieb geschehen sein. „Ehe denn die Berge wurden und die Erde und die Welt geschaffen wurden, bist du, Gott, von Ewigkeit zu Ewigkeit."[1] Schöpfung verlangt erstens die Annahme einer Mehrzahl von Projekten im Intellekt des Präexistenten, damit er wählen konnte, und zweitens den Entschluß seines Willens, die eine Möglichkeit zu realisieren, welche uns empirisch gegeben ist. Innere Notwendigkeit kommt nur dem Allmächtigen zu. Er allein muß sein, aus, durch und für sich selbst (*causa sui*), alles andere verdankt sich seiner grundlosen Güte. So Augustin, der *doctor gratiae*. Er machte die religiös empfundene Gratuität des Daseins zur Basis der Letztbegründungsspekulation: Welt muß wie ein Geschenk aus der Hand des Gebers hingenommen werden, gratis. Ihre *ultima ratio* liegt im Gnadenwillen des Schöpfers. „Nihil autem majus est voluntate Dei."[2] „Si enim habet causam voluntas Dei, est aliquid quod antecedat voluntatem Dei, quod nefas est credere."[3]

Potenziert man aus Sorge um die Unverfügbarkeit der Transzendenz diesen Voluntarismus, wird er tautologisch: Selbst die Grazie darf den Allmächtigen keiner Notwendigkeit unterworfen haben. Er hätte sich von Ewigkeit zu Ewigkeit nur mit seinen innersubjektiven Möglichkeitskalkülen unterhalten können, ohne aus sich herauszugehen. Warum also der Wille zur Schöpfung? Antwort: „Nulla est causa, nisi quia voluntas est voluntas."[4] Es muß ein reiner Willkürakt gewesen sein, eine aus dem Wesen der Gottheit in keiner Weise motivierbare Dezision.

So der Augustin übertrumpfende Nominalismus des Spätmittelalters, welcher das für die Begriffslexika entscheidende Krisenstadium der Kontingenz bezeichnet. Wenn Gott als schieres Willenssubjekt gedacht wird, stürzt alles Nichtgöttliche ab in die Beliebigkeit. Der Purismus des *soli Deo gloria* kann zwar Triumphe feiern, muß sie aber mit der Unfähigkeit bezahlen, Begriffe wie Schöpfung, Gnade, Liebe, Glaube, Erlösung usw. in ihrer religiösen Formkraft noch verstehen zu können. Die *potentia absoluta* ist in gleichem Maße grandios und steril: grandiose Sterilität - sterile Grandiosität. Alles kann der nominalistische Alleskönner, aber seinen Omnipotentialismus zu durchbrechen, das

---

[1] *Psalm* 90,1.

[2] Aurelius Augustinus, *De diversis quaestionibus LXXXIII*, q. XXVIII, PL VI, ed. Migne, Paris 1865, S. 13.

[3] Aurelius Augustinus, *De genesi contra manichaeos*, lib. I, cap. II/4, PL III, ed. Migne, Paris 1865, S. 175.

[4] „Quaestiones in primum librum Sententiarum", in *Joannis Duns Scoti opera omnia*, t. IX, d. VIII, q. V, ed. L. Vivés, Paris 1893, S. 763.

vermag er nicht. „Der theologische Absolutismus verweigert dem Menschen den Einblick in die Rationalität der Schöpfung (...). Der nominalistische Gott ist der überflüssige Gott (...). Der Begriff eines absoluten Willens ist in sich widerspruchsvoll und daher eine chimärische Fiktion.“[5]

Philosophen wie Karl Löwith, Wilhelm Weischedel, Hans Jonas, Walter Schulz und Hans Blumenberg sind lebhaft, aber nicht uneigennützig an dieser Willkürgottheit interessiert. Sie soll das Konstrukt einer auf Nietzsches Anti-Christentum hinauslaufenden Säkularisierungsgeschichte der Moderne plausibilisieren. Wenn es so ist, daß der Gottesgedanke durch verabsolutierten Augustinismus sich selbst um seine Relevanz für die okzidentale Intellektualgeschichte gebracht hat, können christliche Kontingenztheologie und nachchristliche Kontingenzphilosophie auseinandertreten. Die eine wird anachronistisch und die andere fatal, weil belastet mit dem Schicksal einer indiskutabel gewordenen Abstammung.

Verabschiedet sich Gott auf nominalistische Weise aus der Sinnenwelt, zerbricht die Antike und Christentum - unerachtet der Differenz zwischen Schöpfungs- und Kosmotheologie - gemeinsame Affinität von Wesen und Erscheinung, Essenz und Existenz, Noetik und Ästhetik. Zurück bleibt eine entgötterte, entzauberte, entmythologisierte, entheiligte und entsinnlichte Nichtmehrschöpfung namens Natur und in der Natur eine nicht mehr geschöpfliche Subjektivität des Menschen, die die Letztbegründung des Universums kompensatorisch glaubt schultern zu müssen: Warum ist überhaupt etwas und nicht vielmehr nichts? Descartes und der Deutsche Idealismus, Geschichtsphilosophen wie Hegel und Marx, oder Futurontologen wie Ernst Bloch und Martin Heidegger sollen sich an dieser Frage aller Fragen überhoben haben - lauter „Schatten Gottes“.[6]

> Auf dem Boden der christlichen Überlieferung bewegt sich alle Verweltlichung der entweltlichten Welt in der Neuzeit. Die Säkularisierung bleibt eine solche des christlichen *saeculum.* (...) Wenn das Göttliche nicht mehr ein Prädikat des Kosmos ist und als solches zum Anblick der Welt gehört, sondern ein Subjekt, gegenüber und über der Welt, ihr persönlicher Schöpfer, und wenn der Mensch nicht mehr ein zur Sprache und Kunst befähigtes Lebewesen der Welt ist, sondern Gottes einzigartiger Partner, dann ist der nächstmögliche Schritt der Fortschritt zur neuzeitlichen Weltkonstruktion durch den erfinderischen Verstand eines Menschen, der Gottes ursprünglichen Weltentwurf mittels der Wissenschaft nachmacht. Und wenn der heutige Mensch keine Scheu mehr hat vor den kosmischen Mächten und keine Ehrfurcht mehr kennt vor Zeugung, Geburt und Tod als den Grundphänomenen alles irdischen Lebens, so vielleicht deshalb, weil das Christentum den lebendigen Kosmos entheiligt hat und die Welt als Kosmos überhaupt nicht mehr kennt.[7]

---

[5] H. Blumenberg, *Die Legitimität der Neuzeit,* Frankfurt a.M. [2]1988, S. 164f.

[6] F. Nietzsche, „Fröhliche Wissenschaft“, Nr. 119, in *Kritische Gesamtausgabe,* hgg. G. Colli/M. Montinari, Berlin/New York 1967ff., Bd. 1, S. 154.

[7] K. Löwith, „Mensch und Menschenwelt“, in *Sämtliche Schriften,* hgg. K. Stichweh/M.B. de Launay, Stuttgart 1981, Bd. 1, S. 306 und S. 327f.

Soweit die herausgefilterte Unfallgeschichte der Kontingenz. Sie beklagt die *conditio moderna,* weil ihr keine zitatfreie, von der Theologenmetaphysik mediterranen Ursprungs entlastete Selbstwahrnehmung möglich sei, wählt also in der Frage: „Nutzen oder Nachteil der Historie für das Leben?" die zweite Antwort. Das ist zumal für einen Protestanten wenig vorteilhaft, da der Gottesgedanke auf scholastische Apriorispekulationen festgelegt und die Querele zwischen alt und neu, antik und modern, Schule und Leben für beendet erklärt wird, ehe sie in der *devotio moderna* und der *rebellio lutherana* überhaupt beginnen konnte.[8] Deshalb will ich nachfolgend eine Konkurrenzgeschichte aufblättern, die die bisherige Sicht zwar nicht ersetzt, aber ergänzt und damit die innersemantische Ambivalenz von „Zufall" offenbar macht: Kontingenzunfall oder Kontingenzeinfall? Die Relektüre ist also übersetzungsinspiriert. *Videtur et altera pars*!

II. Der theomimetische Imperativ

Religiös denken heißt Gegenwart an Ursprünge zurückbinden, aus denen beständig neue, ewig währende Kraft geschöpft werden kann. Religion ist die Kultur des anamnetischen Geistes: Rückhalt bildend, Gedächtnis stiftend, Ligaturen schaffend und die Väter im Glauben zeugend. Christlich geschieht es in Form eines sakramentalen Erinnerns (Kultus) und einer Schrifthermeneutik nach dem Motto: „Der Buchstabe tötet - sein Geist macht lebendig".[9] Auf den methodisch bewußten Einsatz dieser Memorialkunst datiert die *theologia moderna*. Sie besinnt die Dinge aus ihrem originären „Sitz im Leben"[10].

Die Kontingenz der Welt wurde auf dem Schreibtisch der Alttestamentler kreiert - weit weg vom Ding an sich der Metaphysik. Wie soll man das Apriori der Bibel, den Einsatz des Schöpfungsmythos interpretieren? Mose, Gesammelte Werke, Bd. I, Kapitel 1, Vers 1: „bereschit bara elohim". Das Verb „bara" wird im Hebräischen nur von Gott ausgesagt. Es bezeichnet eine Aktionsform, bei der Sollen und Sein, Intention und Realisierung, Imperativ und Indikativ zusammenfallen. „Es werde Licht – und es ward Licht".[11] „So er gebietet, so steht's da"[12], simultan, ohne den für die Durchsetzung des Willens menschlicherseits erforderlichen Zeitverzug. *Genesis* 1,1 brachte die Schöpfung buch-

[8] „Devotio moderna" war die Selbstbezeichnung der von Gert Groote ausgehenden Frömmigkeitsbewegung des Spätmittelalters. Sie verstand sich im Sinne typologischer Begriffsbildung als endzeitliches Gegenstück zum Urchristentum (*devotio antiqua*). Näheres dazu bei M. Ditsche, „Zur Herkunft der Bedeutung des Begriffs Devotio moderna", in *Historisches Jahrbuch der Görresgesellschaft* 79 (1960), S. 125-145.

[9] 2. *Korintherbrief* 3,6.

[10] H. Gunkel, *Einleitung in die Psalmen*, Göttingen [2]1933, S. 10.

[11] *Genesis* 1,3.

[12] *Psalm* 33,9.

stäblich aus nichts hervor, ohne widerspenstige Materie vorauszusetzen (*creatio ex nihilo*). Nur welch ein Bild man sich davon machen soll, ob das Tun ein Diktat oder eine Fabrikation, ein Mund- oder Handwerk war, läßt das Original offen. Mose gibt für beide Lesarten etwas her, so daß Kritiker seinen Text sogar als eine Kompilation von ursprünglich selbständigen „Wort-“ und „Tatberichten“ haben erklären wollen. Weil Mose die Frage offen ließ, gehe ich davon aus, daß es sich um einen Machtspruch in diktatorischer Positur gehandelt hat: „ICH bin, der ICH bin“.[13]

Den Stein ins Rollen brachte die Septuaginta mit ihrer Übersetzung des *bara* durch *poiein*: „en arche epoiesen ho theos“. „Poiesis“ wurde manufakturell gehört und ließ ans Kunstschaffen griechischer Architekten, Skulpteure und Maler denken. Demnach ist Schöpfung ein Kosmos, ein demiurgisches Prachtstück, wunderschön anzuschauen gleich einem riesigen Tempel.

Anders der Evangelist Johannes. Er votierte im Gegenzug zur Septuaginta für die linguale Bedeutung von *bara*. Schöpfung durch das Wort: „en arche en ho logos“. Die Urzeile der *Genesis* reformulierend, ließ er seinen Logos, „durch den alles geworden ist“, als Rhetor auftreten: „Ich bin der Weg, die Wahrheit, das Leben“, „(...) bin ES“, das Sein schlechthin - ICH, das gottebenbildliche Pronomen der Neuschöpfung.[14]

Eine zweite Übersetzung der Archäologie wurde fällig beim Fortgang des Evangeliums von Ost nach West, vom Morgen- ins Abendland. Während der *logos* der Griechen Denken und Sprechen, Sehen und Sagen, visionäre Idealität und phonetische Realität übergreift, geht die Doppelung in lateinischen Ohren verloren zugunsten der transverbalen Gedanklichkeit. *Animal rationale* als Äquivalent für *zoon logon echon* zeigt es. Die Latinisierung von „en arche en ho logos“ mit „in principio erat verbum“ (nicht *ratio*) verstand sich keineswegs von selbst. Es war eine Entscheidung gegen den puren Rationalismus zugunsten der Zwienatur, der Homousie, der Konsubstantialität von *ratio* und *vox*, *verbum internum* und *verbum externum* in Gott. Sie wurde zum Inspirationsquell für das der neuplatonischen Einheitsmystik abgerungene Lebenswerk Augustins. „Ita dicitur illud Dei Verbum, ut Dei cogitatio non dicatur.“ „Verbum Dei sine cogitatione Dei debet intellegi.“[15]

Nach der Gräzisierung des *bara* und der Latinisierung des *logos* führt der nächste Satz nordwärts über die Alpen nach Deutschland, zur Reformation des uralt Wahren im Nationaldialekt. *Vox Dei - vox populi* = Gottes Wort in Volkes Stimme. „*Im Anfang war das Wort*“, nicht das *verbum*, nicht der *logos*, nicht das *bara*. Auch Luther strebte hinter den mittelalterlichen Traditionalismus zurück zu den Quellen, den rein entsprungenen Texten des Altertums. *Ad*

---

[13] *Exodus* 3,14.

[14] Vgl. *Johannes* 1,3. 14,6. 8,24.

[15] Aurelius Augustinus, *De trinitate,* l. XV, cap. XVI, PL VIII, ed. Migne, Paris 1865, S. 1079.

fontes! Darin unterschied er sich nicht von Renaissance, Devotio moderna und Humanismus. Er tat es aber bei gleichzeitiger Aufwertung des Idioms zum autonomen, von der Bevormundung durch die Experten freien Anspruchsmedium des Geistes.

> Ich danck Gott, das ich in deutschen zungen meynen Gott also höre und finde, als ich alher nit funden haben, Widder in latynischer, krichscher noch hebreischer zungen (...) so werden wyr finden, das die Deutschen Theologen an zweiffell die beßten Theologen seyn, Amen.[16]

> Man mus nicht die buchstaben inn der lateinischen sprachen fragen, wie man sol Deutsch reden, wie diese esel thun, sondern, man mus die mutter ihm hause, die kinder auf der gassen, den gemeinen man auff dem markt drumb fragen und den selbigen auff das maul sehen, wie sie reden, und darnach dolmetschen, so verstehen sie es den und merken, das man Deutsch mit jn redet.[17]

Wenn Alt- und Neusprache gleich unmittelbar zu Gott sind, kann jene Doppelbewegung von Reduktion und Produktion, Bindung und Entbindung, Anciennitäts- und Novitätsprinzip entstehen, die mir für die religiöse Moderne kennzeichnend zu sein scheint. Luther hat sich von der anonymen *„Theologia deutsch"* inspirieren lassen, Dolmetscher der „göttlichen Aeneis"[18] zu werden.

Dolmetschen heißt vergegenwärtigen, was war, in einer Qualität, die so nie hat gewesen sein können. Sonst würde es der Historie verfallen und museal werden, ohne zeitüberdauernde Wahrheit aus sich zu entlassen. Insofern gleicht das Tun von Dolmetschern der *praxis commemorationis* des Sakraments: „Das tut zu meinem Gedächtnis". Sie dienen zwei Herren, stehen treu in der Pflicht gegenüber ihrer Urkunde und bringen doch ersatzweise für sie eine Kopie hervor, die dem Original hinsichtlich seiner Gegenwartsrelevanz überlegen sein muß, überlegen wie der Geist, der den *sensus literalis* aus dem Grab der Bibliotheken zu österlichem Leben auferweckt. Dolmetscher übersetzen. Sie agieren jenseits von Sein und Sollen, indikativer und imperativer Welt, handeln als kongeniale Nachschöpfer, ohne deshalb die Abhängigkeit vom Erstschöpfer zu annullieren. Im Gegenteil! Sie soll tatkräftig unter Beweis gestellt werden, um zu bezeugen, wes Geistes Kind man sei.

Die nominalistische Heilskrise (Wie bekomme ich einen gnädigen Gott?) wurde von der Reformation beantwortet mit der Zurückführung des Problems an seinen Entstehungsort: die Schriftarchäologie. Im Anfang ist *Genesis* 1,1 vor Ort eines Lesers, der es als Prinzip seiner Glaubenswelt beim Wort nimmt. Für ihn gilt nicht nur, daß Gott an sich *(Deus a se)* notwendig und alles Nichtgött-

---

[16] M. Luther, *Werke*, Kritische Gesamtausgabe, Bd. 1, Weimar 1883, S. 379.

[17] Luther, *Werke*, Bd. 30, Weimar 1909, S. 637.

[18] Die Metapher entstammt der letzten Niederschrift Luthers vom 16. Februar 1546: „Hanc tu ne divinam Aeneida tenta, / sed vestigia pronus adora", Luther, „Tischreden", in *Werke*, Bd. 5, Weimar 1919, S. 168.

liche kontingent ist. Seiner Präsenz in der Schrift (*Deus pro nobis*) muß die gleiche nichtkontingentialisierbare Notwendigkeit zukommen, weil man sonst von ihm als Schöpfer nicht wüßte. Eine andere als die Mosewelt hat der Allmächtige faktisch nicht machen können:

> Ich gleube an Gott den Vater almechtigen, SCHEPFER himels und der erden.
> Was ist das? Antwort:
> Ich gleube, das mich Gott geschaffen hat sampt allen Creaturn, mir leib und seel, augen, oren und alle gelieder, vernunfft und alle sinne gegeben hat und noch erhellt, da zu kleider und schuch, essen und trincken, haus und hofe, weib und kind, acker, vihe und alle güter, mit aller notturfft und narung dis leibs und lebens reichlich und teglich versorget, widder alle ferligkeit beschirmet und für allem ubel behüt und bewaret.[19]

Beispielhaft führt dieser Text vor, wie die Theologie den Sprung vom metaphysisch-spekulativen ins hermeneutisch-phänomenologische Zeitalter geschafft hat. Während der Katechet im Stil der alten Wesensmetaphysik die Gegenstände der jenseitigen Welt fixiert (Was ist Gott, Allmacht, Vaterschaft, Schöpfung usw.?), antwortet der Katechant mit einer Deskription seiner Kreatürlichkeit, wie sie sich ihm im Licht des Genesisglaubens darstellt. Ausgelöst worden ist diese Revolution der Denkungsart vom Erlebnis der Dolmetscherkontingenz. - Ihre Spuren reichen bis in die Gegenwart.

> Wir sind jtzt in der Morgenröthe des künftigen Lebens, denn wir fahen an wiederum zu erlangen das Erkenntniß der Creaturen, die wir verloren haben durch Adams Fall. Jtzt sehen wir die Creaturen gar recht an, mehr denn im Papstthum etwan. Erasmus aber fraget nicht darnach (...), siehet die Creaturen an wie die Kuhe ein neu Thor.[20]

> Verstehe nur deine Muttersprache recht, du hast so tieffen Grund darinnen als in der Hebräischen oder Lateinischen, ob sich gleich die Gelehrten darinnen erheben wie eine stolze Braut; es kümmert nichts, ihre Kunst ist iezt auf der Boden-Neige. Der Geist zeiget, daß noch vorm Ende mancher Laye wird mehr wissen und verstehen, als iezt die klügsten Doctores wissen: denn die Thür des Himmels thut sich auf; wer sich nur selber nicht verblenden wird, der wird sie wol sehen. Der Bräutigam krönet seine Braut, Amen.[21]

> Wir haben gedienet der Mutter Erd
> Und haben jüngst dem Sonnenlichte gedient,
> Unwissend, der Vater aber liebt,
> Der über allen waltet,
> Am meisten, daß gepfleget werde
> Der feste Buchstab, und Bestehendes gut
> Gedeutet. Dem folgt deutscher Gesang.[22]

---

[19] Luther, „Kleiner Katechismus von 1531", in *Werke*, Bd. 30/1, Weimar 1919, S. 363ff.
[20] Luther, „Tischreden", in *Werke*, Bd. 1, Weimar 1912, S. 574.
[21] J. Böhme, *Sämtliche Schriften*, Faksimile-Nachdruck der Ausgabe von 1730, hg. W.E. Peuckert, Stuttgart 1957, Bd. 1, S. 96.
[22] Hölderlin, „Patmos", in *Sämtliche Werke*, Stuttgarter Ausgabe, hg. F. Beissner, Stuttgart 1951, Bd. 2/1, S. 165ff.

> Von Gott kann man nicht sprechen, wenn man nicht weiß, was Sprache ist (...) Ich bin Schriftsteller, das ist nicht nur ein Beruf, sondern die Entscheidung, die Welt als Sprache zu sehen. (...) Jedes Wort bewahrt einen Abglanz des magischen Zustandes, wo es mit dem gemeinten Gegenstand eins ist, wo es mit der Schöpfung identisch ist. Aus dieser Sprache, dieser niegehörten und unhörbaren, können wir gleichsam immer nur übersetzen, recht und schlecht und jedenfalls nie vollkommen, auch wo die Übersetzung gelungen erscheint. (...) Was ich Sie bitten müßte, als eine persönliche Ansicht und ein persönliches Bekenntnis hinzunehmen: Daß es darauf ankommt, daß alles Geschriebene sich der Theologie nähert.[23]

Der gelegten Fährte (Mose, Johannes, Augustin, Luther) folgend, soll die Dichtertheologie der Goethezeit mit dem Begriffspaar Kontingenzpietät und Kontingenzpoesie charakterisiert werden. *Pietas*, die altrömische Tugend, Scheu und Ehrfurcht gegenüber dem *mos majorum* walten zu lassen, wurde im 17. Jahrhundert zur Parole des Pietismus. Er wollte Luthers „Reformation der Lehre" (Rechtfertigungsdogmatik) vollenden mit einer „Reformation des Lebens" in allen Bereichen: politisch, sozial, pädagogisch, literarisch, ästhetisch. Die Sturm-und-Drang-Generation ist vor allem vom Herrnhuter Pietismus geprägt worden.

Dagegen hat *Poesie* ihren hohen Klang erst um die Mitte des 18. Jahrhunderts angenommen. Was im Rückgriff auf die durch Shaftesbury und Vico vermittelte Künstlerphilosophie der Renaissance geschah (der Künstler als „alter Deus"), aber unter gleitender Bedeutungsverlagerung von der Bau-, Mal- und Bild- und Tonkunst zur Sprachkunst der Dichter:

> Der Dichter ist Maler und Musiker zugleich, und mehr als beide zusammen. (...) Der Dichter ist Prophet der Schöpfung und der Fürsehung Gottes. Mittler zwischen der Natur und den Söhnen und Töchtern der Natur. Bedarf's gesagt zu werden: Alle Propheten Gottes waren Poeten. Wer war's mehr, als David, Moses, Jesaias, Johannes? - Die Sprache der Offenbarung ist Sprache der Dichtkunst.[24]

Den Einsatz der Goethezeit erklärt man am besten aus einer Umkehr der Dolmetschermethode. Übersetzen? Ja, aber beidseitig: vom Alten zum Neuen und retour vom Neuen zum Alten. Mit dem Lutherdeutsch waren die Originalgenies urvertraut, hatten eine humanistische Schulbildung genossen und schwelgten mit Winkelmanns „Kunstgeschichte des Altertums" im Glauben an die Einzigartigkeit des Griechischen.

„Seid Täter des Wortes und nicht Hörer allein" heißt es im *Jacobusbrief* 1,22, was Luther schwer über die Lippen kam, da es der Exklusivität des paulinischen Rechtfertigungsglaubens widersprach. Auf griechisch: „poietai logou gignesthe", werdet Logopoeten. Das verleiht der Sache eine andere Wendung als die der drohenden Werkgerechtigkeit.[25]

---

[23] G. Eich, *Gesammelte Werke,* hg. I. Aichinger/A. Vieregg, Frankfurt a.M. 1991, Bd. 4, S. 611ff.

[24] J.C. Lavater, *Ausgewählte Werke,* hg. E. Staehelin, Zürich 1943, Bd. 2, S. 177ff.

[25] Die Jacobusstelle thront auch als Motto über P. Handkes Roman *Mein Jahr in der Niemandsbucht.*

Ein zweites Beispiel: Der Septuaginta folgend (*en arche epoisen ho theos*), wird Gott in den altkirchlichen Symbolen als Poet definiert: „pisteuo eis theon poieten ouranou kai ges". Übersetzt man: Ich glaube an Gott den Poeten des Himmels und der Erde, ist der Grundsatz von Hamanns Autorschaft erreicht: „Gott - - ein Schriftsteller"[26], ein Autor, ein Literat, ein Dichter: der Archipoet des Buchs der Bücher, Urheber des „Geistes der hebräischen Poesie" und Initiant der „Archäologie des Morgenlandes", wie Herder fortfuhr.[27] Klopstock zog durch die Lande, sich von seinen Lesergemeinden als „poetischer Messias" in der Nachfolge von Luther und Hermann dem Cherusker feiern zu lassen. Mit ihm begann die *translatio imperii* von den um die Universitätshierarchie streitenden Fakultäten Theologie und Philosophie an die federführenden Propheten der Volksreligion - ein Fanal, das die intellektuelle Jugend bis um 1800 in Atem hielt. „Reich Gottes" hieß die Parole, mit der Hölderlin, Schelling und Hegel aus dem Tübinger Stift in die Welt aufbrachen. „Dann herrscht allgemeine Freiheit und Gleichheit der Geister: - Ein höherer Geist, vom Himmel gesandt, muß diese neue Religion unter uns stiften, sie wird das letzte große Werk der Menschheit sein."[28] „In Deutschland (...) kann man schon mit voller Gewißheit die Spuren einer neuen Welt aufzeigen".[29]

Den durcheilten Weg vom Nominalismus über die Genesishermeneutik bis zum Sturm-und-Drang hat Faust I ins allbekannte Bild gesetzt. Der Held durchlebt die Irreligiosität, die Haltlosigkeit eines Absolutismus, der zwischen dem „Bin ich ein Gott? Mir wird so licht!" und der widergöttlichen Verfluchung aller Kreatürlichkeiten übergangslos hin und her schwankt. Mit Integrem kommt er nur an zwei Stellen in Berührung: das Geliebtwerden von Margarethe und die aus der Naturresurrektion aufgelesene Liebe zur Philologie. Vom Osterspaziergang kehrt Faust in die Universität zurück, wo sich sein Arbeitsplatz aus dem „hochgewölbten, engen gotischen Zimmer" ins „Studierzimmer", das Szenarium der *pietas hermeneutica*, verwandelt hat:

> Wir lernen das Überirdische schätzen,
> Wir sehnen uns nach Offenbarung,
> die nirgends würd'ger und schöner brennt
> Als in dem Neuen Testament.
> Mich drängt's, den Grundtext aufzuschlagen,
> Mit redlichem Gefühl einmal
> Das heilige Original
> In mein geliebtes Deutsch zu übertragen.

---

[26] J.G. Hamann, *Sämtliche Werke*, hg. J. Nadler, Wien 1949, Bd. 1, S. 5.

[27] J.G. Herder, *Sämtliche Werke*, hg. B. Suphan, Berlin 1877 (repr. Nachdruck Hildesheim/New York o. J.), Bd. 6, S. 1 und Bd. 11, S. 213.

[28] Brief Hölderlins an Hegel 10.7.1794 und Schlußsatz aus dem sogenannten „Ältesten Systemprogramm des deutschen Idealismus". Hölderlin, „Brief an Hegel 10.7.1794", Brief Nr. 84, in *Sämtliche Werke*, Stuttgarter Ausgabe, hg. F. Beissner, Stuttgart 1954, Bd. 6/1, S. 126ff.

[29] Novalis, *Schriften*, hg. R. Samuel, Stuttgart, ^{2}1960, Bd. 3, S. 519.

Was folgt ist eine Mimesis von Luther auf der Wartburg: „Im Anfang war das Wort", nein: der Sinn, nein: die Kraft, nein: die Tat, das Faktum der Faktur des Sagens, die Energie des Verbs, nicht das Ergon des Nomens. Gesagt - getan. Gewußt hat man es immer schon: Schöpfung ist ein Aktionsnomen, ein Tatwort - eine Worttat. Aber bewußt muß es erst werden, gemacht werden im Vollzug szenischen Präsentierens. Und das ist D. Faust gelungen. Deshalb regt sich des Pudels Kern im gleichen Moment, wie das Äquivalent gefunden ist. Nur aus welchem Grunde, bleibt offen. Geschieht es, weil der altböse Feind (die Trägheit eines scholastisch gewordenen Bibelluthertums) von der kongenialen Übersetzung der Übersetzung ins Mark getroffen wird? Oder sollte er die Chance wittern, über die Rezeptionshermeneutik der Schrift doch noch in die antichristlich säkularisierte Moderne einziehen zu können, daß Nietzsche seine Freude daran hätte? *Deus sive diabolus*? Philologisch ist das unentscheidbar. Luther pflegte in so prekären Lagen das Tintenfaß zu benutzen.

III. Drittes Reich. Lessings Providentialisierung des Zeitgeistes

Sollen die Menschen unter den Widerfahrnissen ihrer Natur nicht verstummen, muß ein explikables Verhältnis dazu möglich sein. Von der Religion wird es ihnen in Gestalt des Betens offeriert. Gebete richtet man an eine Instanz, von der geglaubt wird, aus ihr wenigstens nachträglich etwas über Sinn und Zweck der Kontingenzen erfahren zu können. Not, Sprachnot lehrt beten. Deshalb die Schöpfung der Welt durch das *Deus dixit*, nötig, um die Sprachbarkeit, die Verbalisierbarkeit, die Bestimmbarkeit aller Widerfahrnisse zu ermöglichen. Deshalb auch die der *creatio ex nihilo* folgende Zusatzannahme einer Vorsehung, einer Providenz, als ob jedes Ding von Gott seit Ewigkeit vorhergewußt sei. Rational ist das Konstrukt schwer vermeidbar, es neigt aber zur Sterilisierung der Religiosität in Richtung Fatalismus. Wer die Allwissenschaft zu kennen glaubt, wird seine de facto erlittenen Kontingenzen *ex post* nicht wahrhaben wollen. Der Denkfehler kann nur vermieden werden, wenn der Akt der Providentialisierung vom Inhalt der *providentia Dei* unterschieden und in seinem nicht deduzierbaren Gegenwartsgehalt eigens zur Darstellung kommt. Sonst könnte nichts Neues unter der Sonne geschehen, und das widerspräche der Souveränität des Geistes *sub specie Dei*. Er ist der Herr der Gegenwart auf den Brettern, die die Welt bedeuten. - *Hic Rhodus, hic salta*! Das Pendant in der Intellektualgeographie der Moderne heißt Wolfenbüttel.

Wenn protestantische Theologen Kontingenz hören, denken sie weniger an Augustin und Occam als an Lessing und Goeze, an den „Beweis des Geistes und der Kraft", an die „Axiomata", an „Die Erziehung des Menschengeschlechts" und an „Nathan der Weise". Lessings Name steht für die Querelle des anciens et des modernes in der Gottesgelehrsamkeit: Paläologie contra

Neologie, altchristliche Kirchendogmatik auf der einen Seite (Wunderbeweise von der *creatio ex nihilo* bis zum leeren Grab) und auf der anderen eine historisch-kritische Exegetik, deren Hypothesenkalküle weder Glauben noch Wissen befriedigen. Zwischen „zufälliger Geschichtswahrheit" und „notwendiger Vernunftwahrheit" klafft ein „garstiger breiter Graben, über den ich nicht kommen kann, so oft und ernstlich ich auch den Sprung versucht habe. Kann mir jemand hinüberhelfen, der thu es; ich bitte ihn, ich beschwöre ihn. Er verdienet einen Gotteslohn an mir".[30]

Abgründe auszuheben, damit andere den Ruhm des Brückenbauers davontrügen, war Lessings Sache nicht. Er hat den kategorialen Hiat rhetorisiert in der Absicht, die Bühne für seine eigene Applikationspoetik herzurichten. Die Zwei-Klassen-Wahrheit (Vernunftwahrheiten, die notwendig sind und deren Gegenteil unmöglich ist - Tatsachenwahrheiten, die kontingent sind und deren Gegenteil möglich ist) übernahm er von Leibniz, übertrug sie auf die religiöse Providenzfrage (Zufall oder Vorsehung?) und gewann so einen Ansatz, die metaphysische Tradition, einschließlich der Leibniz-Wolffschen *theologia rationalis* performativ auszuhebeln. Was ihn dazu veranlaßte, muß der groß geschriebenen, wie eine anonyme Gottheit angerufenen GESCHICHTE entnommen werden. „O Geschichte! O Geschichte! Was bist du?"[31]

Beschrieben wird ihr Problem mit der Doublierung von *verité de fait* und *verité de raison*, beantwortet in Gestalt einer Traditionsliteratur, die Zitat und Zitatfreiheit zur jederzeitigen Performanz von ewigkeitsnahen Prototypen verbindet. Als erstes Beispiel wähle ich die Ringparabel.

a) Weisheit

Es war einmal eine orientalische Familie, in der die monarchische Rechtsnachfolge seit Urzeiten über den einen einzigen Erbring verbürgt wurde. Bis er an einen Vater kam, der sich zwischen seinen drei Söhnen nicht entscheiden konnte, welcher ihm der liebste sei. Also ließ er zwei Doubletten anfertigen - täuschend echt. „(...) gedachte alle drei zufriedenzustellen: darum ließ er heimlich von einem tüchtigen Meister zwei andere machen, die dem ersten so ähnlich waren, daß selbst der, der sie angefertigt hatte, kaum erkannte, welcher der richtige war". So blieb „die Frage, wer der wahre Erbe des Vaters sei, in der Schwebe und schwebt noch heute".

Dies bei Boccaccio aufgelesene „Geschichtchen" bildet die Gedankenmitte von „Nathan der Weise". Lessing legt es einem Juden in den Mund, der vor einen orientalischen Potentaten zitiert wird, sich dort aber einer höchst vernünftigen Frage konfrontiert sieht, so daß er Willkür argwöhnen muß - eine Falle.

---

[30] G.E. Lessing, *Sämtliche Schriften*, hg. K. Lachmann, Leipzig 1897, Bd. 13, S. 7.
[31] G.E. Lessing, *Sämtliche Schriften*, hg. K. Lachmann, Leipzig 1897, Bd. 13, S. 404.

> Saladin: Was für ein Glaube, was für ein Gesetz
> Hat dir am meisten eingeleuchtet?
> Nathan: Sultan,
> Ich bin ein Jud!
> Saladin: Und ich ein Muselmann.
> Der Christ ist zwischen uns. - Von diesen drey
> Religionen kann doch eine nur
> Die wahre sein. - Ein Mann, wie du, bleibt da
> Nicht stehen, wo der Zufall der Geburth
> Ihn hingeworfen: oder wenn er bleibt,
> Bleibt er aus Einsicht, Gründen, Wahl des Bessern.
> Wohlan!

Geerbten Glauben rational legitimieren zu sollen, kommt dem Diktat gleich, das Faktum des Geborenseins zu rechtfertigen und ist grotesk. Um in der prekären Situation nicht jede Antwort schuldig zu bleiben, wählt Nathan einen Umweg, der vor Ort (Jerusalem) Tradition hat. Er geht bis zum messianischen Erzpropheten Nathan aus dem 2. Samuelbuch zurück. „Nicht die Kinder bloß, speist man / Mit Märchen ab".

Zur neuen Rahmung des Gleichnisses tritt hinzu ein kleiner aber folgenschwerer Eingriff in seinen Plot. Boccaccio näherte sich ihm, blieb aber davor stehen („[...] kaum erkannte, welcher der richtige war"). Seine Geschichte erzählte von einem Entscheidungsschwächling, der sich mit einem Trick aus dem Leben stiehlt: zwei Doubletten zusätzlich zum Original. Lessing dagegen läßt den Ring, der die Kraft hatte, „vor Gott / Und Menschen angenehm zu machen, wer / In dieser Zuversicht ihn trug" in einer Werkstatt verschwinden, aus der ersatzweise drei Produkte hervorgehen, deren mimetische Perfektion den Auftraggeber selbst zum dreieinig betrogenen Betrüger macht. Nathans Künstler ist ein Originalkopist, der schafft, was weder intendiert war, noch vorsätzlich intendiert werden kann: ein Jenseits vom *singulare tantum* und *plurale tantum*, in dem kein höheres Gewissen, ob gut oder schlecht, und kein Fatalismus, ob prä- oder postfaktisch Platz hat. Seine Welt macht alles neu. Den Märchenvater erfüllt sie mit jenem Abschiedsglück, das in der Religion Aussegnung heißt. Er kann im Frieden sterben. Seine Erben dagegen stürzen in einen Rechtsstreit, der sie durch alle Rationalisierungsinstanzen führt, bis sie am Ende auf einen Richter stoßen, der von seinem Stuhl herabsteigt, um zu ebener Erde einen weisheitlichen Rat zu erteilen.

> Nathan: ... das gelingt
> Dem Künstler. Da er ihm den Ring bringt,
> Kann selbst der Vater seinen Musterring
> Nicht unterscheiden. Froh und freudig ruft
> Er seine Söhne, jeden ins besondere;
> Gibt jedem ins besondere seinen Segen, -
> Und seinen Ring, - und stirbt ...

Denn gründen alle sich nicht auf Geschichte?
Geschrieben oder überliefert! ...
Mein Rat ist aber der: ihr nehmt
Die Sache völlig wie sie liegt. Hat von
Euch jeder seinen Ring von seinem Vater:
So glaubt jeder sicher seinen Ring
Den echten ...
Und wenn sich denn der Steine Kräfte
Bei euern Kindes-Kindeskindern äußern:
So lad' ich über tausend tausend Jahre
Sie wiederum vor diesen Stuhl. Da wird
Ein weisrer Mann auf diesem Stuhle sitzen
Als ich; und sprechen. Geht!

Was Lessing parabolisiert, ist das Historischwerden der Metaphysik. Er läßt die eigene Reinspiration des Boccacciotextes im Bilde eines Imitators erscheinen, der Paternität und Poetizität originär synthetisiert. Die „notwendige Vernunftwahrheit" des monotheistischen Schöpfergottes übersetzt sich in die „zufällige Geschichtswahrheit" von Judentum, Christentum und Islam - drei Monotheismen, die sich exklusiv auf den einen Erzvater Abraham berufen. So entsteht ein gemeinsames Rätsel, das beide, Zeit und Ewigkeit vor der Langeweile bewahrt, welche einträte, wenn wir es auch in der Religion nur noch mit lösbaren Fragen zu tun hätten. Die Gegenwartsfähigkeit wäre für immer verloren - und mit ihr die Kontingenzkompetenz des Geistes, hier wie dort.

Nathan: ... Da wird
Ein weisrer Mann auf diesem Stuhl sitzen,
Als ich; und sprechen. Geht! - So sagte der
Bescheidene Richter.[32]
Saladin: Gott! Gott!
Nathan: Saladin,
Wenn du dich fühlest, dieser weisere
Versprochene Mann zu sein ...
Saladin: Ich Staub? Ich Nichts?
O Gott!

Das dreifache „Gott!" kann dreierlei bedeuten: die Gebetsanrufung des überführten Potentaten (Mein Gott!), die Bewunderung der Fabel (Göttlich!) oder das Feststellungsurteil: Gott ist, es gibt ihn. Dichtertheologien sind nur soviel wert, wie sie nötigen, die Sanktionen des zweiten Gebots zu wagen: „Du sollst den Namen des Herrn, deines Gottes, nicht unnütz brauchen".

[32] Die Selbstbescheidung des jüngsten Gerichts kann auch so gehört werden:
„(...) Da wird
Ein weisrer Mann auf diesem Stuhl sitzen,
Als ich und sprechen: Geht!"

b) Veritable Schwärmerei

Um den Beweis des Geistes und der Kraft ein zweites Mal zu exemplifizieren, lasse ich der Ringparabel die „Erziehung des Menschengeschlechts" folgen. Auch sie reinszeniert Altbekanntes in der Absicht, den paläologisch-neologischen Grabenkampf der Aufklärung hinter sich zu bringen. Ihr Schlüsselgedanke ist das Prozedere des Geistes aus der Tradition der johanneisch-joachitischen *ecclesia spiritualis* („[...] *spiritus sanctus, qui ex patre filioque procedit*"). Darauf greift der 1780 von Lessing anonym publizierte Text zurück. Motto: „Haec omnia inde esse in quibusdam vera unde in quibusdam falsa sunt" (Augustin).

> § 86
> Sie wird gewiß kommen, die Zeit einen neuen ewigen Evangeliums, die uns selbst in den Elementarbüchern des Neuen Bundes versprochen wird.
> § 87
> Vielleicht, daß selbst gewisse Schwärmer des dreyzehnten und vierzehnten Jahrhunderts einen Strahl dieses neuen ewigen Evangeliums aufgefangen hatten; und nur darinn irrten, daß sie den Ausbruch desselben so nahe verkündigten.
> § 88
> Vielleicht war ihr dreyfaches Alter der Welt keine so leere Grille; und gewiß hatten sie keine schlimmen Absichten, wenn sie lehrten, daß der Neue Bund eben so wohl antiquiert werden müsse, als es der Alte geworden: Es blieb auch bey ihnen immer die nehmliche Oekonomie des nehmlichen Gottes. Immer - sie meine Sprache sprechen zu lassen - der nehmliche Plan der allgemeinen Erziehung des Menschengeschlechts.

Was im *Nathan* der dreieinige Ringkünstler schafft, sind in der Erziehungsschrift die „Anspielungen", „Richtungsstöße" und „Fingerzeige" der Offenbarung für die Vernunft. Freigesetzt werden sie durch einen Eingriff, der bei minimaler Veränderung des Vortextes maximale spekulative Konsequenzen impliziert. Die Offenbarung des Johannes und ihr Kommentator Joachim von Fiore kennen nur das „ewige Evangelium", welches der Engel aller Völkerwelt auf Erden bringen soll. Lessing interpoliert das Adjektiv neu: „neues ewiges Evangelium" und fingiert damit eine Temporalisierung des Absoluten, die den Himmel der Philosophie und Theologie gleichermaßen affiziert. Üb' er setzen! Üb' er springen!

Leibniz' Zwei-Klassen-Wahrheit verliert ihre Suggestivität ebenso wie die patristische Disjunktion von Theologie (präexistentes Wesen Gottes) und Ökonomie (sein geschichtstheologischer Heilsplan). Die Erziehungsschrift kombiniert das ontologisch-metaphysische Trinitätsdogma der Orthodoxie (§ 73: „ewige Zeugung" des Sohnes) mit der häretischen Offenbarungstrinität der Franziskanerspiritualen. Was geschieht im Hinblick auf den Geist des dritten tausendjährigen Reiches, dessen Parusie wir in Bälde - anno Domini 2000 - zu gegenwärtigen haben

§ 77
Und warum sollten wir nicht auch durch die Religion, mit deren historischen Wahrheit, wenn man will, es so mißlich aussieht, gleichwohl auf nähre und bessere Begriffe vom göttlichen Wesen, von unsrer Natur, von unsern Verhältnissen zu Gott, geleitet werden können, auf welche die menschliche Vernunft von selbst nimmermehr gekommen wäre?
§ 78
Es ist nicht wahr, daß Speculationen über diese Dinge jemals Unheil gestiftet, und der bürgerlichen Gesellschaft nachteilig geworden. - Nicht den Speculationen: dem Unsinne, der Tyranney, diesen Speculationen zu steuern; Menschen, die ihre eigenen hatten, nicht ihre eigenen zu gönnen, ist dieser Vorwurf zu machen.

Beide behandelten Texte folgen dem Prinzip der Geistreligion: Vergleichzeitigung von Urzeit und Gegenwart in der performativen Präsentation des ewigwahren *hic et nunc.* Was die Ringparabel den Originalkopisten hinter dreifach verschlossener Tür tun läßt, schafft in der Erziehungsschrift die Souveränität des semantischen Prozedere: der Geist geht hervor, tritt auf die Bühne, um den Theatergraben zwischen Gottes Rechter und Gottes Linker mit trinitarischer Vollmacht zu überbrücken. Was in Wolfenbüttel gespielt wurde, war die historisch modellierte Uraufführung der Geschichte als Geistesgeschichte. Man kann dafür auch Kontingenzbeschaffung auf dem Papier sagen.

IV. Schatten des Geistes. Die romantische Verkörperung des Prinzips

Der Schöpfungsmythos am Beginn des Alten Testaments ist die Fiktion eines absoluten Potentaten im Vollbesitz aller zur Materialisierung seines Willens erforderlichen Mittel. Mit dem Gesagt - Getan wird begonnen, um mit der Selbstbelobigung des Produzenten im Glanz seines Produkts enden zu können. Gott sah an alles, was er gemacht hatte, und siehe da: *toph meod* im hebräischen Original, sehr schön auf griechisch (*kala lian*), sehr gut auf lateinisch *(valde bona).* Auf deutsch: alles schön und gut, ein Werk höchster Perfektion, wie bei der Vollkommenheit seines Urhebers nicht anders zu erwarten.

Anders die Protoszene des Neuen Testaments über die Palingenese der Welt in der Genesis ihres Erlösers (Inkarnation). Sie arbeitet mit der Generationsmetaphorik, die die Identität von Intention und Realisierung auseinandertreten läßt in die Geschlechterdifferenz von Mann und Frau und die Zeitdifferenz von Zeugung und Geburt. Das Werden von Menschen produktionistisch beschreiben zu wollen, war und ist bis auf weiteres unmöglich, da der autokratisch-technomorphe Durchgriff vom Willen zur Tat fehlt.

Der urchristliche Geist ist aus der Erlösung, dem Loslassen, Absolvieren und Entbinden von der Sterilität des schöpfermetaphysischen Gesetzes erwachsen: Als Maria den Engel Gabriel nach dem Wie ihrer jungfräulichen Schwangerschaft fragte: „Wie soll das zugehen, da ich von keinem Manne weiß?“ hieß seine Antwort: „Bei Gott ist nichts unmöglich.“ Das war ein Zitat aus der Geschichte von den drei Männern (Prototyp der Trinität), die dem greisen Abraham Nachkommenschaft verhießen - für Sara, sein ebenfalls hochbetagtes Weib eine Lachhaftigkeit: „Denn es ging ihr nicht mehr nach der Frauen Art". Gabriel blätterte in der Schrift nach einem erzväterlichen Zitat, das seine Wirkung auf die spröde Jungfrau nicht verfehlen konnte. Bei jemandem, dem alles möglich ist, muß auch die Verunmöglichung des bloßen Möglichkeitsbewußtseins möglich sein, um durch Tat unter Beweis zu stellen, was seit den Patriarchen zum festen Bestandteil der Jahwereligion gehörte: die Fruchtbarkeit. „Der heilige Geist wird über dich kommen und die Kraft des Höchsten dich überschatten. Darum soll das Heilige, das da entsteht, Gottes Sohn genannt werden."[33]

Zusammen mit dem „Vater unser" des Nazareners („Pater noster, qui es in coelis (...)") hat diese Urszene des Christentums das Credo inspiriert: „Credo in Deum, patrem omnipotentem (...)". Gott wird durch die appositionelle Synthesis von Paternität und Omnipotenz definiert. Erst danach kommt, vom Prinzip des Neuen zu dem des Alten Testaments rückblickend, seine Kreativität zur Sprache: „(...) in Deum patrem omnipotentem, creatorem coeli et terrae". Die Kontingenz des Weltfaktums im Credo ist kein Produkt, sondern ein Erzeugnis, dessen Letztgrund auf die Fertilität des Eros weist. Und dies Prinzip der Kreation rückt Kreaturen wesentlich näher auf den Leib als die *creatio ex nihilo*.

Menschen sind Lebewesen, denen es schwerfällt, die Kontingenz ihres Daseins in der Welt auf weniger als die Liebe zurückzuführen. Sie ist zwar die herrlichste aller Gottesgaben, muß aber aus freien Stücken geschehen, um Humanes zu fruchten. Wie sie es macht, ist das *mysterium magnum* irgendwo zwischen Notwendigkeit und Willkür. Ihre *prima causa* liegt in undurchschaubarem Dunkel. Vom Konzeptionsakt aus Zeugung und Empfängnis gibt es keine Erkenntnis (Einheit von Tun und Sehen des Getanen), da beide Akteure nicht wissen können, was sie tun - ab ovo nicht. Die Kausalität ihrer *unio mystica* tritt - wenn überhaupt - zeitversetzt in Erscheinung und läßt auch dann nur halbwegs sichere Schlüsse zu. Während die Mutterschaft der Frau zusehends offenbar wird, tritt die Vaterschaft des Mannes in bleibende Verborgenheit zurück. Der resultierende *status nascendi* - mit Ausdrücken wie „Entbindung", „Leben schenken" oder „das Licht der Welt erblicken" bezeichnet - kommt unter das Zitat: *„mater certa - pater semper incertus"* zu stehen.

Weil der Ursprung mütterlicherseits sicher, aber für die Kontingenzfrage nur halbwegs zureichend ist, wird die andere Hälfte ans „Pater noster ..." verwiesen. „Nennt niemanden auf Erden euren Vater."[34] Johannes bezeichnete den Fehlbestand der *natura* die „Geburt von oben", „nicht aus des Fleisches- und

[33] *Genesis* 18,14. *Lukas* 1,35.
[34] *Matthäus* 23,9.

des Manneswillen, sondern aus Gott gezeugt". So geschehen im nächtlichen Gespräch seines Logos mit Nikodemus.[35] Zieht man sein Halbdunkel mit der jungfräulichen Verschattung von *Lukas 1* zusammen, wird plausibel, wie der Funke von Text zu Text, von der Protosemantik des Jahres 0 zur Geburtspoetik um 1800 überspringen konnte. Und die scheint mir für die zweite, die romantische Generation goethezeitlicher Dichtertheologie charakteristisch zu sein.

Philosophische Theologie fragt seit alters nach den qualitativ letzten, den eschatologischen Gedanken. Ob Sokrates mit dem metaphysischen Gericht, Kant mit dem Hoffnungsbedarf der Moralität, die Anthropologie mit der Zukunftsoffenheit des Menschen oder Heidegger mit dem „Vorlauf zum Tode" argumentiert - leitend ist allemal das *memento mori*, das Ende der Endlichkeit, Hamlets Suizid-Ontologie: „Sein oder Nichtsein" (Mortalitätsprinzip). Die Romantiker dagegen dürfen sich rühmen, als erste den Anfang der Endlichkeit favorisiert und eine Theorie der Natalität auf den Weg gebracht zu haben: *memento nasci*. Das macht sie zu Kontingenzdenkern im strikten Sinn des Wortes, da Kontingenz qualitativ erstes Denken ist, am Woher unserer „schlechthinnigen Abhängigkeit" orientiert.[36] Lessing hatte dem vorgearbeitet, indem er die Religionsfrage mit der Geburtsfrage zusammenschob: „Der Mensch? Wo ist er her? / Zu schlecht für einen Gott; zu gut für's Ungefehr".[37] Nur daß er den „Zufall der Geburt" an die progressive Vergeistigung von Kunst, Erziehung und Wissenschaft überwies, während die Romantiker den Rückgang zur Geburtlichkeit um ihrer selbst willen antraten, mit der Folge, daß im 19. Jahrhundert die archäologische Abteilung der Humanwissenschaften das Erbe der Prinzipienspekulation übernehmen konnte. Was extern dazu veranlaßt haben dürfte, war die Ablehnung von Kants „moralischem Gottesbeweis" (Postulateneschatologie) und von Fichtes Erzeugeridealismus aus der früheren Wissenschaftslehre (das „absolute Ich setzt sich selbst"). Im blinden Fleck unserer Humanarchäologie ist die Ahnung vor beidem ab ovo sicher. Sie darf dort sogar - wie Maria bezeugt - der Sympathie des Allmächtigen gewiß sein. Üb' er setzen! Üb' er springen! Üb' er zeugen! „Dichten ist Zeugen."[38]

IV.1 Novalis: Das Weltverjüngungsfest

Hardenbergs religiöse Lyrik folgt dem aus der Epiphanietopik bekannten Schema der *coincidentia oppositorum: nox* - *lux*, Licht - Dunkel, Offenbaren - Verbergen, Entstehen - Vergehen, Anfang - Ende, Eros - Thanatos, Produktion

---

[35] *Johannes* 3.
[36] Fr. Schleiermacher, *Der christliche Glaube nach den Grundsätzen der evangelischen Kirche im Zusammenhang dargestellt*, Bd. 1, hg. M. Redeker, Berlin [7]1960, S. 28f.
[37] G.E. Lessing, *Sämtl. Schriften*, hg. K. Lachmann, Leipzig 1886, Bd.1, S. 256.
[38] Novalis, *Schriften*, hg. R. Samuel, Darmstadt 1965, Bd. 2, S. 534.

- Reduktion, *crux* - *gloria* usw. Hymnen ja, aber an die Nacht gerichtet. Die Geburt wird zum ersten Schnitt und der Tod zur letzten Entbindung. Menschen bedürfen der Renaissancen, da sie keine zu Ende geborenen Wesen sind.

Für jemanden mit der geniösen Reizbarkeit eines Novalis hat es kein Zufall sein können, daß seine gerade dreizehnjährige Verlobte Sophie (von Kühn) hieß. Sie wurde ihm zur Reinkarnation von platonischer Philosophie (Diotima) und sophianischem Credo aus den Libri poetici des Kanons („Frau Weisheit"). Als sie bald darauf vom Tod dahingerafft wurde, kamen noch die marianischen Anamnesen von Jungfrau, Gottesgebärerin (Theotokos) und *mater dolorosa* hinzu, so daß die *revelatio specialissima* komplett war: Novalis fand die Möglichkeit, durch Kollektion von Fakten und Fiktionen sein kurzlebiges Dichtertum als eine zwischen Kreuz und Wiedergeburt stehende Repräsentanz der Weihnachtspoesie von Lukas 2 zu verstehen. Daß der Autor der anonymen „Reden über die Religion an die Gebildeten unter ihren Verächtern" - wie alle wußten - „Schleiermacher" hieß, befähigte ihn überdies, das Clair-obscure seiner Inkarnationspoesie als beispielhaft für den Zeitgeist nach den Wehen der Französischen Revolution auszugeben: „(...) setze sich jeder in Bereitschaft zur Geburt".[39] Lessing hatte mit ein bißchen anderen Worten das Gleiche vorgemacht: die poetikotheologische Dramatisierung des status quo als Kontingenzbeschaffung auf dem Papier.

In der dritten „Hymne an die Nacht" wird die Wiedergeburt egologisch beschrieben. Aus dem Grab der Geliebten aufersteht das Ich des Dichters zu neuem Leben: „(...) mit einemmale riß das Band der Geburt - des Lichtes Fessel. Hin floh die irdische Herrlichkeit und meine Trauer mit ihr - zusammen floß die Wehmut in eine neue, unergründliche Welt - du Nachtbegeisterung, Schlummer des Himmels kamst über mich - die Gegend hob sich sacht empor; über der Gegend schwebte mein entbundener, neugeborener Geist."

In der fünften Hymne wird der gleiche Prozeß als Verwandlung der Antike ins Christentum fingiert. Er erfolgt im Dreischritt von Mythos, Metaphysik und Poesie, Affirmation, Negation und Inkarnierung, homerischer Schicksalsglaube, platonische Weltentzauberung und lukanische Weihnachtsdichtung.

> Ein Gedanke nur war es, Ein Entsetzliches Traumbild.
> Es war der Tod, der dieses Lustgelag
> Mit Angst und Schmerz und Thränen unterbrach (...)
> Entflohen war der beschwörende Glauben,
> und die allverwandelnde, allverschwisternde Himmelsgenossin, die Fantasie ... Im Volk, das vor allen verachtet zu früh reif und der seligen Unschuld der Jugend trotzig fremd geworden war, erschien mit niegesehenem Angesicht die neue Welt - In der Armuth dichterischer Hütte. Im Tode ward das ewige Leben kund, Du bist der Tod und machst uns erst gesund.

---

[39] Novalis, *Schriften*, hg. R. Samuel, Darmstadt 1968, Bd. 3, S. 521.

IV.2 Schleiermacher: *Die Weihnachtsfeier*

Das Heilsschema altchristlicher Theologie beginnt mit der Schöpfung der Welt durch Gott, um mit der Erlösung der sündigen Menschheit durch Christus zu enden. Die Neuzeittheologie dagegen geht vom Faktum christenmenschlich-christenweltlicher Heilserfahrung aus, um das Symbolsystem des Credo über die reflektierende Urteilskraft aufzubauen. Verankert man diese pietistischen Spuren folgende Denkweise in der Natalitätssymbolik, tritt das Spezifikum von Schleiermachers Glaubenslehre in den Blick: „Religion atmet da, wo die Freiheit selbst schon wieder Natur geworden ist.“[40]

Präsentiert wurde das Konzept der Geburtsreligion in der *Weihnachtsfeier* von 1805/6 - ein Platos „Symposion“ und den Reflexionsromanen der Romantiker nachgebildetes „Gespräch“. Thema: „die Nacht, die historische Wiege des Christentums“.[41] Nacht steht zum einen für die *docta ignorantia* der Exegeten, welche nicht zu sagen wissen, was im Anfang war, und zum anderen für das Ostern (Tauffeier) und Pfingsten (Stiftung der *ecclesia spiritualis*) in sich aufnehmende Initialfest der Weihnacht. Die Rollen des fiktiven Spiels werden geschlechts- und altersanthropologisch auf Kinder, Frauen und Männer verteilt. Erstere bekommen den poetisch-musischen Part zugewiesen, während letztere den Fächer der diversen Gelehrsamkeiten ausbreiten: die kritische, allegorische, mythologische und mystische Methode des Theologisierens. Des Autors eigene Position spricht aus dem „Erdgeist“:

> So sehe ich am liebsten den Gegenstand dieses Festes, nicht ein Kind so und so gestaltet und aussehend, von dieser und jener geboren da oder dort; sondern das Fleisch gewordene Wort, das Gott war und bei Gott. Das Fleisch aber ist, wie wir wissen, nichts anderes als die endliche beschränkte sinnliche Natur; das Wort dagegen ist der Gedanke, das Erkennen; und das Fleischwerden desselben ist also das Hervortreten dieses Ursprünglichen und Göttlichen in jener Gestalt. Was wir sonach feiern, ist nichts anders als wir selbst, wie wir insgesammt sind, oder die menschliche Natur, oder wie ihr es sonst nennen wollt, angesehen und erkannt aus dem göttlichen Prinzip. Warum wir aber Einen aufstellen müssen, in welchem sich die menschliche Natur allein so darstellen läßt, und warum gerade diesen Einen, und auch bei ihm schon in die Geburt diese Einerleiheit des Göttlichen und Irdischen setzen, nicht als eine spätere Frucht des Lebens, das wird hieraus erhellen. Was ist der Mensch an sich anders, als der Erdgeist selbst, das Erkennen der Erde in seinem ewigen Sein und in seinem immer wechselnden Werden. So ist auch kein Verderben in ihm und kein Abfall und kein Bedürfnis einer Erlösung. Der einzelne aber, wie er sich anschließt an die andern Bildungen der Erde und sein Erkennen in ihnen sucht, da doch ihr Erkennen allein in ihm wohnt, dieser ist das Werden allein und ist im Abfall und Verderben, welches ist die Zwietracht und die Verwirrung, und er findet seine Erlösung nur in dem Menschen an sich.[42]

---

[40] Fr. Schleiermacher, *Über die Religion – Reden an die Gebildeten unter ihren Verächtern,* hg. H.-J. Rothert, Hamburg 1958, S. 29.

[41] Fr. Schleiermacher, *Die Weihnachtsfeier,* Darmstadt 1984, S. 39, 50.

[42] Schleiermacher, *Die Weihnachtsfeier,* S. 57f.

Während der Begriff Erlösung seiner privativen Bedeutung wegen (man wird von Unheilbarem „erlöst") gemeinhin für die Endzeit reserviert bleibt, benutzt Schleiermacher ihn für die Inkarnation, die Epiphanie der Schöpfergottheit in Menschengestalt. Erlösung heißt Schöpfungserlösung qua Absolutierung oder Katharsis metaphysischer Präexistenzspekulationen. Auch das ist eine in etwas anderen Worten gehaltene Rezitation von Altbekanntem: Natalitätstopik als Freiheitstopik, „Evangelium" als Geburt, als Wiedergeburt des Geistes durch Entbindung vom Gesetz. Weihnachten wird zum fiktionalen Kontingent, zum Urbild, zur Arche christenmenschlicher-christenweltlicher Geschöpflichkeit. Es setzt die Substantialität der *conditio humana* unter den Realbedingungen der Erde alle Jahre wieder in Szene. Deshalb Christus als „Erdgeist" - sehr im Unterschied zur Erdgeistszene von Faust I. Das muß man feiern. - Da *post Christum natum* datiert wird, haben an Weihnachten alle Geburtstag - was mit romantischer Sprachlizenz gesagt - auch eine Erlösung heißen kann.

V. Die Festivalisierung des Einfalls

Wenn für die auratisierten Großworte der Wissenschaft der Ernstfall eintritt, weil jemand nach dem Dolmetscher ruft, kommen altphilologisch einsetzende Begriffslexika ans Ende ihres Lateins. Es muß, was sie terminologisch aus dem antiken Mittelmeerraum herleiten, in den Geist der Volks-, Mutter- und Allerweltssprache *extra muros universitatis* übersetzt werden.

Nördlich der Alpen hat sich ersatzweise für *contingentia* der Zufall eingebürgert. *Das* Wort war - nicht *in principio* aber - im Anfang. Zufälle sind ein Surplus zu allem, was bloß der Fall ist, ein Hinzukommendes, ein Akzidenz zur Normalität. Sie setzen die Alltagswelt außer Kraft und bringen eine Transzendenz, ein Mehr-und-Anderes ins Spiel, das die Tonlosigkeit der pragmatischen Realitätshaltung überbietet, überholt, überfordert. Zufälliges hört man am Affekt, in dem davon geredet wird, am Komparativ des Außergewöhnlichen - es sei gut oder böse.

Wenn wir einen Wunsch frei hätten, die Geschichte besser ablaufen zu lassen, als sie faktisch abgelaufen ist, würde unter den zur Verfügung stehenden Übersetzungskandidaten der „Vorfall" die Priorität vor dem „Zufall" verdienen. Vorfälle nämlich sind der Oberbegriff für beide Versionen, in die die verdeutschte Kontingenz auseinanderfällt: die böse und die gute. Böse Zufälle (*contingentia mala*) heißen Unfälle, gute heißen Einfälle (*contingentia bona*). Begebenheiten hochexplosiver Art sind beide, aber welche Bedeutung sie entbinden, die leid- oder lustvolle, hängt vom Vorverständnis der gewählten Transfervokabeln ab.

Auf Unfälle reagiert man mit der rettungsdienstlichen Beseitigung des Funktionsdefekts und dem Lindern der von ihm verursachten Schäden, um so schnell und so weit wie möglich zur Routine zurückzukehren. Unfallfolgen wollen minimiert sein, am liebsten total, daß alle Spuren verschwinden, als ob es die erlittene Absence der Welt nie gegeben hätte. Im Jargon der Soziologen wird das Ideal Kontingenzbewältigung genannt - ein Ausdruck, der in den letzten Jahrzehnten atmosphärisch dominant war. Ich halte es für ratsam, ihn semantisch in die Schranken zu weisen. Bewältigen heißt etwas mit Gewalt belegen, die Widerständigkeit von Objekten zerbrechen und sie durch Einverleibung in die eigene Durchsetzungskraft annulieren: eine Speise bewältigen, ein Problem bewältigen, einen Berg bewältigen, eine Vergangenheit bewältigen, eine Frau bewältigen. Letzteres, ist Grimms *Deutschem Wörterbuch* zu entnehmen, war bis ins 18. Jahrhundert äquivalent mit Notzucht. Der Tatbestand wird heute noch bestraft.

Anders steht es mit dem Zufall qua Einfall. Auch da hat eine Intervention statt. Es fällt etwas ein, das im Kontinuum der Erwartung nicht vorhersehbar war, nur daß es im nachhinein festgehalten und zum Bleiben bewogen sein will. Einfälle gleichen den Geschenken, die momentan sprachlos machen, daß ihr Adressat notwehrähnlich zu den Worten greift: Aber das hätte doch nicht nötig getan! Den Nichtsnutz wieder herzugeben, ist er gleichwohl um keinen Preis der Welt bereit. Was einfällt, ist des Guten zuviel, ist mehr, als die Selbstverständlichkeit zu fassen vermag, ist gratis, ist umsonst, ist überflüssig im wahrsten Sinn des Wortes und kommt, wie aller Segen, von oben. Irgendwie müssen die Götter ihre inspirative Hand dabei im Spiel haben. Jedenfalls würden die Betroffenen am liebsten deren Dolmetscher bemühen: „Verweile doch, du bist so schön" - oder ähnlich. Sie wollen die Überwältigung nicht beseitigen, ihr vielmehr dauerhaften Halt, Einhalt, Aufenthalt in bewohnbarer Gegenwart verleihen, damit sie bleibt. Die alte Kanzelsprache benutzt dafür das intransitive Walten: Das walte Gott! Der Ewige nehme die Sache in seine Obhut, schaffe ihr Raum, auf daß sie unvergeßlich wird. Der waltende Geist ist mehr und anders als der herrschende Geist. Er hat es nicht nötig, seine Souveränität repressiv zu manifestieren. Was Maria, die Jungfrau oder junge Frau - auch das ist ja eine bis heute strittige Übersetzung von *Jesaja* 7,14 - überzeugte, war die obwaltende Fruchtbarkeit des patriarchalen Arguments aus *Genesis* 18,14.

Einfälle, die nicht notwendig aber nötigungsträchtig sind, Fragen, die man nicht beantworten, aber auch nicht abweisen kann, und Probleme, die sich weder lösen noch leugnen lassen, feiert man, muß man feiern, um ihnen ein Gedächtnis zu stiften. Ihr Bedeutungsdruck verlangt danach. Feste sind Anstiftungen zur Bewußtmachung des Transzendenzbefalls: *bewußt* gemacht - bewußt *gemacht*. Mit ihrem luxurierenden Zuviel an materiellen, ästhetischen, motorischen, kommunikativen, fiktionalen und anamnetischen Komponenten inszenieren sie den Abundanzcharakter des Lebens. Deshalb sei der unfallorientierten Kontingenzbewältigung die einfallorientierte Kontingenzfestivalisierung zur Seite gestellt und mit ihrer Hilfe das *historia docet* benannt.

Zwischen dem Nichtnotwendigen auf der einen und dem Nichtunmöglichen auf der anderen Seite liegt das Anwesen einer Kreatürlichkeit, auf deren Anspruchscharakter sich die inkarnierte Vernunft muß einlassen können. Die entsprechende Kunst in der Tradition der *theologia mythica sive fabulosa* suchen zu wollen, mutet zwar abwegig an, ist aber nicht ganz hoffnungslos. Poeten „lügen viel, sagen aber auch manches Wahre", hat einer der ältesten, Hesiod, im Proömium seiner Theogonie orakelt. Die Wahrheitsanteile dürften sich deutlich erhöhen, wenn man sie im Sinn der *devotio moderna* versteht, also dienstbar macht für die hermeneutische Konspiration von Ursprung und Gegenwart. Uralt Wahres - ewig neu. Am nötigen Wink hat es die Vorsehung auch nicht fehlen lassen. „Poeten" ins Deutsche übersetzt heißen „Dichter" und sind als solche dem Komparativitätsprinzip verpflichtet: dicht, dichter, am dichtesten; voll, voller, am vollsten; fest, fester, am festesten. *Nomen est omen.* Für Dichtertheologen bleibt deshalb nur der Superlativ übrig, das *non plus ultra* von Abschlußdichtungen, die auf kleinstem Raum größte Bedeutungsweite komprimieren. „Non coerceri maximo, contineri minimo, divinum est."[43] Mose mit seinem Schöpfungspoem von Genesis 1 und Lukas mit den 20 Versen seines Weihnachtsgedichts setzen den Maßstab.

Gleich anderen Wissenschaften hat auch die Theologie auf metaphysische Scholastik, zwingende Gottesbeweise und andere Unfehlbarkeiten zu verzichten gelernt. Der Großworte Gott und Welt, Himmel und Erde, Schöpfung und Erlösung kann sie gleichwohl nicht entbehren. Sie speisen ihre Naivität, unbeirrt von den geschichtsphilosophisch dekretierten Anachronismen in fortwährender Parusie jener Ursprungsdichtungen zu leben, die den teleologischen Flair des Geistes inspirieren. Seit wir mit dem Bild unseres im All oder Nichts schwebenden Globus leben müssen, steht in neuer Qualität die Frage vor Augen, wie ES sich im großen Ganzen mit uns verhält. „Das geschah niemals, ist aber immer" (Salustios). „Und ihr könnt sagen, daß ihr dabeigewesen seid" (Goethe), bei der zitatfromm-zitatfreien Reinkarnierung des Erdgeistes präsent ward. „Wie auch einige von euren Dichtern gesagt haben: ‚Wir sind seines Geschlechts'."[44]

> Ich hoffe, durch viele Irrtümer den richtigen Geist zu entdecken, der dem der Erhebung durch die großen religiösen Themen nicht nachsteht und doch nicht in eine abschreckende Lehrhaftigkeit verfällt. Lehrhaftigkeit ist ein Versuch, auf den freien Geist eines andern

---

[43] Hölderlin, *Sämtliche Werke,* hg. F. Beissner, Stuttgart 1957, Bd. 3, S. 4 (Fragment von Hyperion: „[...] Der Mensch möchte gerne *in* allem und *über* allem seyn, und die Sentenz in der Grabschrift des Lojola: *non coceeri maximo, contineri tamen minimo* kann eben so die alles begehrende, alles unterjochende gefährliche Seite des Menschen, als den nächsten und schönsten ihm erreichbaren Zustand bezeichnen" [S. 163].).

[44] *Apostelgeschichte* 17,28. Das von Paulus in seiner Areopagrede benutzte Zitat stammt aus den „Phaenomena" des Aral.

Zwang auszuüben, auch wenn man weiß, daß in diesen jenseits aller Logik liegenden Dingen Schönheit das einzige Überredungsmittel ist. Hier stellt sich der Schulmeister abermals ein. Er sieht alles Schönste in der christlichen Überlieferung für die neuen Generationen durch die Art und Weise abstoßend gemacht, wie es ausgedrückt wird. Die nur zeitweilige Aufrichtigkeit ganzer Generationen von Geistlichen und Lehrern hat alle Begriffe des religiösen Lebens zu einer peinlichen Verlegenheit und sogar lächerlich gemacht. Nichts vermag heutzutage mit so viel Erfolg die Bestrebungen der Jugend - und wer wagt das Wort „Bestrebungen" zu gebrauchen, ohne es wissentlich zwischen Anführungszeichen zu setzen? - stärker zu dämpfen, als die Namen, die sie jenen Begriffen gegeben haben. Die Wiederbelebung der Religion ist fast eine Sache der Rhetorik. Das Werk ist schwierig, vielleicht unmöglich (vielleicht sterben alle Religionen, wenn die Sprache sich erschöpft), aber es gemahnt uns wenigstens daran, daß unser Herr Jesus von uns verlangte, in seinem Dienst nicht nur sanft wie die Tauben, sondern auch klug wie die Schlangen zu sein.[45]

[45] Th. Wilder, *Einakter und Dreiminutenspiele,* Frankfurt a.M. 1954, S. 13f.

Gerhard Neumann

Ritualisierte Kontingenz
Das paradoxe Argument des ‚Duells' im ‚Feld der Ehre' von Casanovas „Il Duello" (1780) über Kleists „Zweikampf" (1811) bis zu Arthur Schnitzlers Novelle „Casanovas Heimfahrt" (1918)

Das Duell tritt ein, wo die Gesetze nichts ausrichten.
Ludwig von Gerlach

I

Franz Kafka hatte einen scharfen Blick für Ritualisierungen und ihre diskursive Fassung in der Gesellschaft, in der er lebte. In immer neuen Beleuchtungen suchte er deren soziale Repräsentationen aufzuspüren, deren Organisationsmuster aufzufinden und deren Strukturen freizulegen. Im Mittelpunkt solcher Überlegungen stand der Einzelne in seinem verzweifelten Behauptungskampf in jenem Feld, das die fixierenden Blicke der anderen bilden.[1] So schreibt Kafka gelegentlich - offenbar im Anschluß an eine Beobachtung Schillers[2] - eine

---

[1] „Er wehrte sich gegen die Fixierung durch den Mitmenschen. Der Mensch sieht, selbst wenn er unfehlbar wäre, im anderen nur jenen Teil, für den seine Blickkraft und Blickart reicht. Er hat, wie jeder, aber in äußerster Übertreibung, die Sucht, sich so einzuschränken, wie ihn der Blick des Mitmenschen zu sehen die Kraft hat" (Kafka, *Beschreibung eines Kampfes - Novellen, Skizzen, Aphorismen aus dem Nachlaß,* hg. von M. Brod, Frankfurt a.M. 1946, S. 297). Vgl. dazu G. Neumann, „Umkehrung und Ablenkung: Kafkas ‚Gleitendes Paradox'", in *DVjs* 42 (1968), S. 702-744.

[2] Brief Schillers an Körner vom 23. Februar 1793 („Kallias oder über die Schönheit"): „Ich weiß für das Ideal des schönen Umgangs kein passenderes Bild als einen gut getanzten und aus vielen verwickelten Touren komponierten englischen Tanz. Ein Zuschauer aus der Galerie sieht unzählige Bewegungen, die sich aufs bunteste durchkreuzen und ihre Richtung lebhaft und mutwillig verändern und doch *niemals zusammenstoßen.* Alles ist so geordnet, daß der eine schon Platz gemacht hat, wenn der andere kommt, alles fügt sich so geschickt und doch wieder so kunstlos ineinander, daß jeder nur seinem eigenen Kopf zu folgen scheint und doch nie dem andern in den Weg tritt. Es ist das treffendste Sinnbild der behaupteten eigenen Freiheit und der geschonten Freiheit des andern" (Schiller, *Sämtliche Werke,* Bd. 5, hg. G. Fricke/H.G. Göpfert, München 1960, S. 425). Zum Zufall zwischen Ökonomie und ästhetischem Schein als Ordnungsmodellen vgl. Schiller in „Über das Erhabene": „Wer freilich die große Haushaltung der Natur mit der dürftigen Fakkel des *Verstandes* beleuchtet und immer nur darauf ausgeht, ihre kühne Unordnung in Harmonie aufzulösen, der kann sich in einer Welt nicht gefallen, wo mehr der tolle Zufall als ein weiser Plan zu regieren scheint und bei weitem in den mehresten Fällen Verdienst und Glück miteinander im Widerspruche stehn. Er will haben, daß in dem großen Weltlaufe alles wie in einer guten Wirtschaft geordnet sei, und vermißt er, wie es nicht wohl anders sein kann, diese Gesetzmäßigkeit, so bleibt ihm nichts anders übrig, als von einer künftigen Existenz und von einer andern Natur die Befriedigung zu erwarten, die ihm die gegenwärtige und vergangene schuldig bleibt" (Schiller, *Werke,* Bd. 5, S. 802).

Reflexion nieder, die soziales Verhalten, also den Einzelnen im Anerkennungssystem des Ganzen, im Ordnungsmuster des Tanzes zu fassen sucht:

> Das Gesetz der Quadrille ist klar, alle Tänzer kennen es, es gilt für alle Zeiten. Aber irgendeine der Zufälligkeiten des Lebens, die nie geschehen dürften, aber immer wieder geschehen bringt Dich allein zwischen die Reihen. Vielleicht verwirren sich dadurch auch die Reihen selbst, aber das weißt Du nicht, Du weißt nur von Deinem Unglück.[3]

Wie Schiller rund einhundertfünfzig Jahre zuvor, so nimmt auch Kafka das soziale Geschehen als ein Ordnungsmuster der Wechselanerkennung, des gegenseitigen ‚Respekts', im Bild der Ritualisierung des Tanzes wahr. Was aber bei Schiller noch im Zeichen fragloser Bewunderung für das Funktionieren ritualisierter Kommunikation zu stehen scheint, im Zeichen eines Freiheitsbegriffs, der dem Einzelnen seine Autonomie nur in dessen freiwilliger Unterwerfung unter das Gesetz konzediert, damit aber die besondere Art bürgerlicher Freiheit stiftet, wird von Kafka in ein von keiner erkennbaren höheren Instanz mehr regiertes Geflecht von Gesetzlichkeit, Zufall, persönlichem Geschick und individuellem Unglück verwickelt. Es ist der Körper des Einzelnen und seine sozial nicht mehr vermittelbare Eigentümlichkeit[4], die in diesem Anerkennungs-Spiel zum letzten (verzweifelten) Argument werden.

In Kafkas Modellierung des Zusammenhangs von geltender Ordnung und Dazwischenkunft des Körpers, von Schicksalsnotwendigkeit und Kontingenz, als deren Repräsentant der Einzelne und sein unveräußerliches Bewegungsgesetz erscheinen, ist eine höhere Ordnungsinstanz nicht mehr erkennbar. Ein Auskunftsmittel für die Bestimmung des Ortes des Einzelnen in diesem sozialen Kontext steht nicht mehr zur Verfügung. In das Ordnungsmuster eines Gesetzes, dessen Ursprung und gar Ordnungs*charakter* im Dunkeln liegt, tritt das Kontingente, als ein Zwischen-Fall, ein: irgendwelche „Zufälligkeiten des Lebens" (so heißt es in Kafkas Text), die sich auf undurchschaute Weise gleichzeitig als Artikulationen des Individuellen zu zeigen scheinen, das gegen das Allgemeine und seinen Regelzwang rebelliert - und zwar, indem es gegen die „für alle Zeiten" geltenden Gesetze verstößt. Ein Etwas, das sich nicht näher bestimmen läßt, „bringt Dich allein zwischen die Reihen". Es ist, als sei an dieses Störgeschehen, das die geltende Ordnung der Welt durchquert, zugleich eine Rückwirkung des „zwischen die Reihen" geratenden Kontingenten, als des Individuellen, auf dieses Providentielle, als das Allgemeine, als das „für alle Zeiten geltende Gesetz", geknüpft: ein nicht mehr durchschaubarer Konnex zwischen Schicksalsordnung, Sozialordnung und Spontanimpuls des Individu-

---

[3] Kafka, *Schriften, Tagebücher, Briefe.* Kritische Ausgabe, hg. J. Born/G. Neumann u.a. *Nachgelassene Schriften und Fragmente,* Bd. 2, hg. J. Schillemeit, Frankfurt a.M. 1992, S. 70.

[4] Ein Schlüsselbegriff Kafkas; vgl. das autobiographische Frament „Jeder Mensch ist eigentümlich(...)" in Kafka, *Nachgelassene Schriften,* Bd. 2, S. 7-13.

ums. Welches ist der Platz, den das Bewegungsmuster des Einzelnen im Regelwerk des Sozialen einnimmt? Für Kafka scheint eine Antwort nicht mehr möglich. Die Anerkennung für diesen Einzelnen bleibt aus, der „Zusammenhang der Dinge“[5] tritt nicht zutage; Selbstbewußtsein, das sich einstellt, ist nur noch das Bewußtsein des eigenen Unglücks: Ortlosigkeit im Sozialen und Verlust jeder Orientierung.

II

Das Schwinden des Providenz-Konzepts Ende des 18. Jahrhunderts, seine allmähliche Zersetzung zeitigt eine doppelte Wirkung: zum einen auf die handlungsleitenden Vorstellungen von der Ordnung der Welt; zum anderen aber auf die Strategien des Erzählens von Lebensgeschichten durch die Literatur, wie sie in Autobiographie und Bildungsroman, in Novellen und Novellenzyklen niederglegt werden. Eine bemerkenswerte Rolle in *beiden* Argumentationsfeldern spielt dabei das Duell als Anerkennungsritual, als Form der Bestimmung des Platzes des Einzelnen im sozialen Ensemble und seinem Anerkennungsraum, als „Auskunftsmittel der Ehre“. Das Duell kann als eine der auffälligsten rituellen Formen zur Herstellung von sozialer Identität angesehen werden: bemerkenswert durch seine ‚Inszenierung‘ im Spannungsfeld zwischen Notwendigkeit und Zufälligkeit in der Menschengeschichte. Das Duell wird zu einem Schlüsselargument im Feld bürgerlicher Schicksalssemantik. War es im 16. und 17. Jahrhundert der Zweikampf als Gottesurteil, durch den ein sozialer Unordnungs-Fall (durch höheres Eingreifen und göttliches Die-Wahrheit-Sprechen) wieder in den Heilsplan als Weltplan zurückgeführt wurde, so erscheint das Urteil, das im Duell des 18. und des beginnenden 19. Jahrhunderts gefällt wird, nun mehr und mehr als ein paradoxes Argument, das auf unauflösbare Weise zwischen Providenz und Kontingenz eingespannt erscheint: weder zur Gänze der Verantwortung eines allmächtigen Gottes, noch der Entscheidungsautorität der irdischen Gerichte, noch auch vollends der Verantwortung des Einzelkämpfers und Selbsthelfers - also dem Waffengeschick und der Körpertüchtigkeit des autarken Subjekts - anvertraut oder auferlegt.[6]

Jede Gesellschaftsformation benötigt handlungsleitende Vorstellungen und Werte, die durch rituelle Situationen in die soziale Praxis vermittelt werden.

[5] Eine Erzählung E.T.A. Hoffmanns aus dem Zusammenhang der *Serapions-Brüder* trägt diesen Namen. Der Titel bezeichnet eine Schlüsselvorstellung des Dichters.

[6] Zur Geschichte des Duells vgl. namentlich C. Fürbringer, „Metamorphosen der Ehre – Duell und Ehrenrettung im Jahrhundert des Bürgers“, in Richard von Dülmen (Hg.), *Armut, Liebe, Ehre – Studien zur historischen Kulturforschung,* Frankfurt a.M. 1988, S. 186-224; U. Frevert, *Ehrenmänner – Das Duell in der bürgerlichen Gesellschaft,* München 1991.

Was die soziale Praxis als Handlungsparadigmen hervorbringt und als Werte und Rituale setzt, wird - in einem schwer durchschaubaren Spiel von Wechselwirkung und Abhängigkeit - zugleich durch literarische Texte thematisiert, initiiert, problematisiert und subvertiert.

In dem hiermit skizzierten Zusammenhang spielt die Kategorie der ‚Kontingenz' eine zentrale Rolle. Die hier vorzutragenden Überlegungen richten dabei ihr Augenmerk auf die für das 19. (und wohl noch für das beginnende 20.) Jahrhundert leitende Wertvorstellung der Ehre, des sogenannten ‚point d'honneur', und ihre soziale Wirksamkeit. *Eines* ihrer wesentlichen Vermittlungsrituale ist das Duell, ein anderes die Selbsttötung (der Selbstmord als Mittel der Widerherstellung der Ehre)[7]; beide Vorstellungen sind mit dem Gedanken des Opfers und seiner Schlüsselfunktion für die Ausarbeitung gesellschaftlicher Formationen verknüpft.[8] Alle drei Momente zusammen - Duell, Selbsttötung und Opfer - bezeichnen wohl jenen neuralgischen Punkt, wo die Argumente von Providenz und Kontingenz (als die ‚Weltordnung' modellierende Instanzen) einander - oft unvermittelt - überlagern und in die Quere kommen. „Ehre", ihr Verlust und ihr Wiedererwerb, erscheint in jener Grauzone angesiedelt, die sich zwischen beiden miteinander konkurrierenden Prinzipien des Providentiellen und des Kontingenten auftut. In dieses Feld eingelagert erweist sich dann auch die sozial wie anthropologisch bestimmte Leitdifferenz der Geschlechtlichkeit: als der markante Unterschied zwischen ‚männlicher' und ‚weiblicher' Ehre und ihrer differenten sozialen Wertigkeit. Kennzeichnend für beide ist die Dialektik zwischen abstraktem Code (dem ‚point d'honneur') und der Korporalität als ‚Einsatz' in dem geforderten Spiel der Ehrerhaltung: die Geschlechtlichkeit der Frau, deren ‚Schändung' und ‚Ehrenrettung' auf der einen Seite; der Blutzoll, den der Mann im Duell (oder gar im Selbstmord) zur Wiederherstellung der Ehre zu zahlen bereit ist, auf der anderen Seite: seiner eigenen Ehre übrigens wie derjenigen der Frau. Denn es ist dieses Opfer, der erbrachte Blutzins, der letztlich in *beiden* Fällen allein dem Feld *männlicher* Ehre zugerechnet wird, das die heikle Stelle zwischen Schicksalsordnung der Welt und Kontingenz des einzelnen Ereignisses bezeichnet, das Aufbrechen einer Aporie markiert und diesen Bruch zugleich zu heilen unternimmt - mit H. Blumenberg könnte man von der Organisierung einer „Verlegenheitsstelle" sprechen, die zwischen den unvereinbaren Vorstellungsmustern von Providenz

---

[7] Fontane hat diese Konstellation exemplarisch in seinem Roman *Schach von Wuthenow* von 1882 behandelt.

[8] Zur Bedeutung des Opfers für soziale Strukturen und ihr Funktionieren vgl. W. Burkert, „Griechische Tragödie und Opferritual", in ders., *Wilder Ursprung – Opferritual und Mythos bei den Griechen,* Berlin 1990 (Kleine Wissenschaftliche Bibliothek, Bd. 22); ferner W. Burkert, *Anthropologie des religiösen Opfers – Die Sakralisierung der Gewalt,* München 1983, S. 13-39 (Carl Friedrich von Siemensstiftung, Themen XL); V. Turner, „Sacrifice as Quintessential Process – Prophylaxis or Abandonment?", in *History of Religions* 16 (1976), S. 189-215; R. Girard, *Das Heilige und die Gewalt,* Frankfurt a.M. 1992.

und Kontingenz sich öffnet; eine Verlegenheitsstelle, die im lebensweltlichen Zusammenhang *wie* im Argumentationssystem der Literatur - als einer „Kasuistik der Ehre", wie H. Weinrich einmal zutreffend gesagt hat[9] - ihren Platz hat, flottierend zwischen beidem, als ein wesentliches Element jener „Zirkulation sozialer Energie" zwischen Faktum und Fiktion, die das Kennzeichen kulturgeschichtlicher Prozesse ist.[10]

Den Wanderungen dieses „Duell"-Motivs, dem Wandel seines argumentativen Stellenwerts als ‚Auskunftsmittel der Ehre' - zugleich damit aber als eines Organisationsmodells der Verlegenheitsstelle zwischen Providenz und Kontingenz - ist im folgenden nachzugehen: von G. Casanovas Duell-Novelle, die noch vor der Französischen Revolution entstand, über Kleists *Zweikampf* aus dem ersten Jahrzehnt des 19. Jahrhunderts bis zu Schnitzlers gegen Ende des Ersten Weltkriegs entstandener Erzählung *Casanovas Heimreise.*

III

In seiner Lebensgeschichte schildert Casanova den Verlauf einer Duell-Affäre, die im März 1766 in Warschau zwischen ihm selbst und dem Grafen Branicki sich ereignet hatte. Casanovas Lebenserinnerungen sind, wie ihr philosophischer Darstellungsanspruch deutlich zeigt, der Versuch, das Ordnungskonzept eines Lebensganzen zu rekonstruieren: als ein providentielles Gefüge, dessen Baugesetze (wie er selbst sagt) dem eines dreiaktigen Dramas zu vergleichen seien. Leitende sinnstiftende Kraft dieses Erzählkonzepts ist eine Art sensualistischer Lebensgewißheit, die den Satz „Ich weiß, daß ich existiert habe" auf jenes von Casanova einzigartig beschworene Bewußtsein gründet, „daß er Empfindungen gehabt habe" („parce que j'ai senti")[11]. Casanovas Novelle *Il duello,* die 1780 erschien, stellt einen ersten aus diesem Lebensgefühl gewonnenen autobiographischen Versuch dar. Diese Novelle hat das Ziel, aus dem exemplarischen Ereignis des Ehrgewinns als eines Aktes sozialer Identifikation (als der Gewinnung und Bewahrung des ‚point d'honneur') die Bildung und Anerkennung der Selbstgewißheit des Protagonisten, der ja der Autor des Textes selbst ist, gleichsam herauszureizen und öffentlich zu machen. Das ‚Duell' als soziales Auskunftsmittel der Ehre erweist sich so, neben der erst später pu-

---

[9] H. Weinrich, „Mythologie der Ehre", in *Terror und Spiel – Probleme der Mythenrezeption,* hg. M. Fuhrmann, München 1971, S. 341-356 und 669-686 (Poetik und Hermeneutik, Bd. 4); ders, „Identität und Ehre", in *Identität,* hg. O. Marquardt/K. Stierle, München 1979, S. 642-644 (Poetik und Hermeneutik, Bd. 8).

[10] Den Begriff entnehme ich S. Greenblatt, *Verhandlungen mit Shakespeare. Innenansichten der englischen Renaissance,* Berlin 1990, S. 7-24.

[11] Zu Casanovas Novelle vgl. H. Scheible in G. Casanova, *Das Duell oder Versuch über das Leben des Venezianers G.C. – Novelle,* hg. H. Scheible, München 1988, hier S. 94.

blizierten anderen ‚Urszene' aus der Lebensgeschichte Casanovas, der „Flucht aus den Bleikammern Venedigs", als die zweite gründende Lebensformel des Venezianers. Ist die legendäre Flucht aus den Bleikammern geradezu sein narratives Erkennungszeichen, eine ‚Geschichte', die er als eine Art Keimzelle seines Lebensganges - im Sinne eines Providenzmusters - immer wieder zum Besten gab, so das Duell, das ihm in Polen zustößt, dessen exemplarische Strukturformel: das selbstbestimmte, frei verantwortete Leben nach geglückter Flucht aus den Bleikammern hier; der für den venezianischen Aufsteiger lebenswichtige Erwerb der Anerkennung durch eine adlige Lebenswelt, sein Aufstieg zum ‚Mann von Ehre' nach dem Duell mit dem Grafen Branicki dort.[12]

Casanovas große Meisterschaft erzählerischer Exposition ist, dies zeigt der Beginn seiner in später Lebensphase verfaßten Memoiren, ganz unbezweifelt[13]; sie bewährt sich aber auch schon in seinem ersten autobiographischen Versuch, der Duell-Novelle von 1780. Ihr Beginn bezeichnet mit beispielhafter Präzision den Rahmen, innerhalb dessen das Duell, als Auskunftsmittel der Ehre in einer ihr Providenzkonzept allmählich verlierenden Epoche, der Schwellenzeit vor der französischen Revolution nämlich, eine neue Form sozialer Geltung annimmt. Niemand hat dies zu diesem Zeitpunkt so deutlich gesehen wie Casanova. Sein Text beginnt mit einem der Erzählung vorangestellten Horazzitat:

Animum rege, qui, nisi paret,
Imperat; hunc frenis, hunc tu compesce catena.
Horaz. L.1.E.2.

Ein Venezianer, armer Leute Kind, ohne Vermögen und ohne jene Titel, die in den Städten die vornehmen Familien vom gemeinen Volk unterscheiden, aber, nach dem Willen Gottes, erzogen in der Weise derer, die bestimmt sind zu allem anderen als zu den Berufen, die vom Pöbel ausgeübt werden, hatte im Alter von siebenundzwanzig Jahren das Unglück, sich den Unwillen der Regierung zuzuziehen, und mit achtundzwanzig das Glück, dem Gewahrsam einer erhabenen Justiz, deren Spruch er sich nicht beugen wollte, zu entkommen. Glücklich zu preisen ist der Verbrecher, der in Frieden die verdiente Strafe auf sich nehmen kann, um geduldig und ergeben ihr Ende zu erwarten; unglücklich aber ist der Gestrauchelte, der nicht den Mut aufbringt, seine Taten wieder gutzumachen und sie zu tilgen, indem er sich als bußfertig erweist. Dieser Venezianer war nun einer, der sich mit seinem Schicksal nicht abfinden konnte; er entfloh, wohl wissend, daß seine Flucht ihn das Leben kosten könnte, an dem ihm aber, ohne Freiheit, nichts gelegen war; und vielleich hatte er darüber nicht einmal nachgedacht, sondern war nur, wie es auch die niedrigsten Lebewesen tun, der einfachen Stimme der Natur gefolgt. Wenn jene Regierung, aus deren Gewalt er sich befreite, nur gewollt hätte, so hätte sie ihn sicher unterwegs festnehmen lassen können, aber sie kümmerte sich nicht weiter um ihn und ließ auf diese Weise den leichtsinnigen jungen Mann die Erfahrung ma-

---

[12] Zum historischen Hintergrund der Aufsatz von H. Scheible „‚Qu'on porte à Monsieur du chocolat!' – Versuch über Giacomo Casanova", in Casanova, *Das Duell,* S. 87-188.
[13] Vgl. neuerdings L. Flem, *Casanova ou l'exercice du bonheur,* Paris 1995.

> chen, daß aus Freiheitsliebe der Mensch sich oft einem Schicksal aussetzt, das sich als sehr viel grausamer als ein vorübergehendes Sklavendasein erweisen kann. Nicht den Zorn seiner Richter erregt der flüchtige Sträfling, sondern ihr Mitleid, denn durch seine Flucht vergrößert er blindlings seine Leiden; er nimmt sich selbst die Möglichkeit, in die Heimat zurückzukehren, und er bleibt so schuldbeladen, wie er vor dem Beginn der Sühne war.
> Dieser hitzköpfige junge Venezianer also wählte, um über die Grenze zu entweichen, den längsten Weg, denn er wußte, daß der kürzeste für den Flüchtigen zumeist verhängnisvoll ist; er begab sich nach München in Bayern, wo er sich einen Monat lang aufhielt, um seine Gesundheit wiederherzustellen und sich Geld und eine standesgemäße Ausstattung zu beschaffen, bevor er über Schwaben, das Elsaß, Lothringen und die Champagne nach Versailles reiste, wo er am fünften Januar des Jahres 1757 ankam, eine halbe Stunde, bevor der Fanatiker Damiens das Attentat auf den damaligen König Ludwig XV. verübte.
> Dieser Mann, gegen seinen Willen zum Abenteurer geworden (denn das ist ein jeder, der, ohne reich zu sein, durch die Welt ziehen muß, weil er in seinem Vaterland in Ungnade gefallen ist), hatte in Paris ganz außerordentliches Glück, und er mißbrauchte es. Er begab sich nach Holland, wo er einige Geschäfte abwickelte, die ihm viel Geld einbrachten, das er wieder ausgab; er reiste weiter nach England, wo eine unglückselige Leidenschaft ihn fast um den Verstand und um das Leben brachte (...).[14]

Mit dem Begriff ‚saggio', den Casanova seiner Novelle *Il duello* im Untertitel zuschreibt, deutet er auf das Exemplarische seines erzählerischen Unternehmens hin: die Auffassung des Duells als Strukturmuster, durch das Augenblick und Lebensganzes eines Individuums zum Ausdruck gelangen, jenes durch die Intialen G.C. bezeichneten ‚Venezianers' nämlich, um dessen Prozeß der sozialen Selbst-Erarbeitung es in diesem polnischen Abenteuer geht. Identität im Zeichen sozialer Wechselanerkennung ist bestimmt durch das ‚Triebschicksal' des Menschen: von den Trieben abhängig zu sein und den Prozeß der Sozialisation zugleich als Arbeit an deren Beherrschung zu begreifen. Das Horaz-Motto, das von der Zügelung des Affekts als Bedingung aller kulturellen Entwicklung spricht, beleuchtet diesen Zusammenhang. Kalkül und Leidenschaft, bezogen auf die Erziehungsarbeit des Subjekts, bezeichnen die individuellen Grenzwerte jenes Feldes, dessen allgemeinen Rahmen die Leitvorstellungen von Providenz und Kontingenz abstecken. In diesem Feld benennt Casanova denn auch alle jene Positionen, die das Strukturmuster des Lebensspiels, das der ‚Abenteurer' (als Selbsthelfer) zu spielen unternimmt, abstecken: Armut und Reichtum; die niedrigen und die höheren Stände; Unglück und Glück - in jenem oszillierenden Verhältnis, in dem der Zufall als Kehrform der Fortuna, als „Motivationsrest"[15] in einer Welt der Kontingenz eine ungeklärte Rolle spielt -; die Ambivalenz eines Schicksals-Begriffs, der Unterwerfung wie Auflehnung des Subjekts impliziert: Casanovas legendäre und ihm als einzigem ge-

[14] Casanova, *Duell*, S. 7f. Zitatbelege nach dieser Ausgabe künftig im Text.

[15] Ich beziehe mich hier auf eine glückliche Formulierung von R. Koselleck, „Der Zufall als Motivationsrest in der Geschichtsschreibung", in ders., *Vergangene Zukunft – Zur Semantik geschichtlicher Zeiten*, Frankfurt a.M. 1979, S. 158-175.

glückte Flucht aus den Bleikammern; Geltungskraft des ethischen Prinzips von Schuld und Sühne *oder* der (amoralischen) „Stimme der Natur". Zuletzt aber: die Einsicht in den besonderen Charakter jener Schwellenzeit, in der der venezianische Abenteurer seinen Aufstieg sucht. Mit dem Hinweis auf den Attentäter Damiens und seine grausame Hinrichtung deutet Casanova auf jenen Paradigmawechsel in der Rechtsordnung hin, der zugleich einer der Sozialordnung ist, der den Übergang von der Zerfleischung des Körpers des Straffälligen zu dessen Re-Edukation und Re-Sozialisierung bezeichnet; den Übergang von der Wiederherstellung der Ordnung der Welt durch Auslöschung des Körpers des Delinquenten im Gesetz, also gleichsam einer Einarbeitung seines Körpers in die providentielle Rechtsordnung[16], zur im Ritual geregelten Wiederherstellung verlorener sozialer Anerkennung, wie sie, unter anderem, gerade das Duell, und in ihm das selbsttätige Subjekt und sein Körpergeschick, gewährt. Es sind zwei Modelle, die Casanova scharfsichtig einander gegenüberstellt. Damiens, der hingerichtete Majestätsverbrecher, auf der einen Seite, dessen rituelle Tötung die Repräsentationswelt des Feudalismus noch einmal wiederherstellt; Casanova selbst auf der anderen Seite, der in der neuen Welt bürgerlichen Aufstiegs seine Position im herrschenden Ehrsystem sucht: durch ein Duell, dessen er, der aufgestiegene Bürgerliche der unteren Stände, sich, kraft seiner Körpergeschicklichkeit („parce que j'ai senti"), bedient, um als ‚Mann von Ehre' ständische Anerkennung zu finden.

Als Ort dieses Anerkennungsspiels wählt Casanova das Königreich Polen. Er findet Aufnahme im Hause des Fürsten Adam Czartoryski und betritt damit die Lebenswelt jener Ehrkonstellation, in der er seine Anerkennung zu gewinnen hofft: Da ist der Souverän des Staates Polen, der König Stanislaus August II., in einer höchst undurchsichtigen Autoritätsposition im Spannungsfeld von National-Ehre und politischen Parteiungen; da ist die Welt der Repräsentanz und der Ehrenzeichen; da ist der mächtige höhere Adel; da ist die Gunst der Frauen (dreier Tänzerinnen, die diese nationalen Werte auf der Bühne der Residenz ‚repräsentieren') als Medium sozialer Geltung; da ist die ‚Manneschre' zuletzt zwischen nationalem, politischem und erotischem Wertecodex. Aus diesem Kontext entspringt denn auch der Konflikt, der zu Casanovas, des sensualistischen Materialisten, Duell mit dem Großkämmerer Branicki führt, einem Mann, der (wie der Autor vermerkt) „die Ehre, ein imaginäres Gut, dem Leben, das der einzige wirkliche Besitz des Menschen ist" (S. 14), vorzieht. Diese Konstellation ist es, aus der Casanova seine Argumentation über den Erwerb sozialer Anerkennung in der Welt des europäischen Feudalismus heraustreibt.

---

[16] Dieser Paradigmawechsel wird beschrieben von M. Foucault, *Überwachen und Strafen – Die Geburt des Gefängnisses,* Frankfurt a.M. 1977, S. 9-14 (suhrkamp taschenbuch wissenschaft 184).

Casanovas Novelle gewinnt nicht zuletzt dadurch ihren eminenten kulturhistorischen Wert, daß sie mit beispielhafter Präzision jene prekäre sozialethische Konstellation herausarbeitet, aus der eine Duell-Situation entsteht. Auslöser des Geschehens ist ein Zufall, eine ebenso oberflächliche wie allen Sinns beraubte ‚Auszeichnung' Casanovas durch den Souverän, die den Neid der Höflinge erregt. Diese Auszeichnung führt eine Rivalitätssituation zwischen Casanova und Branicki im Hinblick auf eine venezianische Tänzerin herbei. Branicki zwingt - durch „Schrauben", wie es in deutschen Studentenkreisen im 19. Jahrhundert heißen wird - den verhaßten Konkurrenten, eine Duell-Forderung an ihn zu richten: Er ‚fixiert' diesen, nennt ihn einen „Feigling", worauf Casanova mit einer rituellen Geste, dem Anlegen der Hand an den Griff des Degens, und einem rituellen Satz antwortet: „C'en est trop" (S. 23); der nächste Schritt, schon in halber Öffentlichkeit, ist das Ausspielen der polnischen Nationalehre gegen die venezianische; den Abschluß des Herausforderungsgeschehens bildet eine (durch Wort und Antwort sich steigernde) Verbalinjurie, die das Spiel von Beleidigung und geforderter Genugtuung abschließt.

Eine Beratung mit Fürst Kaspar Lubomirski führt zu der Einsicht, daß weder Gott noch Souverän, weder Justiz noch Ehrengericht für den gegebenen Fall volle Zuständigkeit besitzen; der Einzelne ist mit sich selbst allein: „Ein Mann von Ehre muß in einer derartigen Lage viel oder gar nichts unternehmen" (S. 27). Casanova läßt - auf der inneren Bühne seines Bewußtseins - verschiedene Weltordnungsmodelle Revue passieren: die platonische Ethik, die im *Gorgias* entwickelt wird; das Moralgesetz des Christentums; den militärischen Ehrenkodex. Und er kommt (das Horazmotto, das die Novelle einleitet, variierend) zu dem Schluß, daß nur das *Duell* der gegebenen Situation gerecht zu werden vermag: „Die Herausforderung zum Duell ist der natürliche Impuls eines Charakters, der durch seine Erziehung sich zu mäßigen und seine primitiven Reflexe zu zügeln vermag" (S. 32).

Damit wird (vielleicht erstmals durch Casanovas Text) eine paradoxe Struktur der heraufziehenden bürgerlichen Welt ins Bewußtsein gehoben: Die Verletzung der Ehre - das heißt aber: der Anerkennung eines Einzelnen im sozialen Gefüge - kann offenbar weder durch das symbolische Verfahren einer providentiell verfaßten feudalen Welt-Ordnung, noch durch das disziplinarische Verfahren staatlicher Rechtsordnung gesühnt werden, sondern nur durch selbstverantwortliches Handeln eines Einzelnen: im Rahmen eines Rituals, das Zügelung des Affekts und Freisetzung gestauter Aggression *zugleich* in Szene setzt: als ein illegitimes, außerhalb sozialer Ordnung abgehaltenes Theater der Ehre. Das so verstandene Duell ist mithin die Organisierung einer sozialen Aporie, die mit dem ‚bürgerlichen Subjekt' gesetzt erscheint: der Unvermittelbarkeit von Autonomie und Disziplinierung des Einzelnen, von Selbstordnung und Weltordnung, von Kontingenz und Providenz. Hatte der Adel das Duell als selbstverständliche Form einer ‚gerechtfertigten' (wenn auch nicht legitimierten) Selbstjustiz verstanden und ausgeübt, so nutzt das Bürgertum das ‚Auskunftsmittel' des Duells nunmehr sozialstrategisch: als Mittel des Aufstiegs im widersprüchlichen Feld von Selbstbewußtsein und Ohnmacht. Das Duell erscheint als jenes Ritual, in dem Aggression und Disziplinierung, Selbstbehauptung und Triebzügelung zu einem Theater der Autonomie, das Anerkennung heischt, zusammengezwungen werden. Der Abenteurer, wie Casanovas Novelle ihn ‚erfindet', ist der Inbegriff dieses neuen, auf der sozialen Bühne agierenden ‚Subjekts'.[17]

Der weitere Verlauf der Novelle rekonstruiert minuziös die Einzelheiten dieser sozialen Inszenierung: die Rhetorisierung der Duell-Forderung durch den formelhaften Brief-Wechsel der Kontrahenten; die Wahl der Waffen; die Konditionierung des Körpers des Duellanten durch ein französisches Diner, das, als Diätprogramm, jene „Ruhe und Gelassenheit eines Geistes" hervorbringt, „dessen Antrieb ausschließlich aus körperlichen Wahrnehmungen herrührt" (S. 47)[18]; das Arrangement des Duellgeschehens selbst: die Garantie für die Qualität der Waffen; das Laden der Pistolen; das Messen des Abstandes; der Versöhnungsappell der Sekundanten; die Seitwärtsstellung; die Vereinbarung der Schußfolge. Zuletzt: der Kugelwechsel, die strategische List Casanovas (der durch einen inszenierten Wortwechsel - „mettez-vous en garde" - seinen Kontrahenten irritiert), die Verwundung beider Duellanten, die Ehrenerklärung des Grafen Branicki, die heimliche Rückkehr in die Stadt; die Behandlung der Wunde. Wie schon bei der Vorbereitung des Duells spielt auch hier, in der Heilung der Körperschäden, das Moment der Diät eine entscheidende Rolle. Mithin ist es in der Tat das Argument der Körperlichkeit, das für das Duell entscheidende Bedeutung gewinnt: „Je veux garder ma main", erklärt Casanova dem zur Amputation entschlossenen Arzt, „puisque je suis son maître souverain" (S. 70).

Geht man davon aus, daß das Duell jene ‚Verlegenheitsstelle' besetzt, die zwischen Kontingenz und Providenz, zwischen sinnlosem Zufall und universaler Sinnordnung aufbricht, so kommt dem hermeneutischen Akt, der dem Duell folgt, gesteigerte Funktion zu. Dies wird evident, wenn man wahrnimmt, welch breiten Raum Casanova diesem Deutungsprozeß in seiner Novelle zugesteht. Der Held versenkt sich in Erwägungen über den Zusammenhang zwischen planvollem Handeln und den die Ereignisse entscheidenden Zufällen, er rekapituliert die Umstände des Duells und kommt zu dem Schluß: „(...) die göttliche Vorsehung ist in all diesem erkennbar, wer sie nicht bedenken und nicht aner-

---

[17] Als parallel zu dieser Gestalt ist die Figur des Schauspielers aufzufassen, die als Inbegriff des ‚bürgerlichen Subjekts' im Bildungsroman zu agieren beginnt: von Goethes *Wilhelm Meister*-Romanen über Mörikes *Maler Nolten* (1832) bis zu Andersens Roman *Der Improvisator* von 1833/34.

[18] All dies verbinde sich „zu einem Individuum, das aufs beste gerüstet ist" (S. 46).

kennen will, ist undankbar" (S. 64). In einer Sequenz scharfsinniger Kasuistik gelangt Casanova schließlich zur Einsicht, daß Branicki eben deshalb nicht gestorben sei, weil er ausgerechnet das *tat,* was er selbst, der Venezianer, *unterlassen* hatte: Er sei in die Kirche gegangen, um zu beichten und zu kommunizieren; und er habe keine Nahrung zu sich genommen (hätte er dies getan, hätte die Kugel seinen geschwollenen Leib und die Eingeweide durchbohrt). Der Venezianer umgekehrt wäre auf der Strecke geblieben, wenn er sich nicht durch ein französisches Diner „Redefähigkeit" (S. 65) - ein unschätzbares strategisches Mittel - und eine sichere Hand verschafft hätte. Die hier inszenierte Kasuistik macht deutlich, in welcher Weise Casanova den ‚geplanten Zufall' (das Moment der ‚strategischen Inszenierung', das Moment des Kalküls und der Eigentätigkeit eines auf seine Körperlichkeit vertrauenden Subjekts) als jenes Element ins Spiel zu bringen versucht, das *zwischen* providentieller Weltordnung einerseits und dem Chaos sinnloser Details andererseits zu vermitteln vermag. Erst vor diesem Hintergrund gewinnt das letzte Argument von Casanovas Duell-Hermeneutik sein volles Gewicht: Ob sich nämlich das christliche Providenz-Konzept eines Gottes, der alle Ordnung in Händen hält, mit dem aufklärerischen Vernunft-Konzept vom Menschen, der selbst Ordnung zu stiften vermag, miteinander vereinbaren lassen? Ein Konflikt, der sich in Gestalt eines Ablaß gewährenden Jesuiten zu lösen scheint. Dieser erteilt Casanova mit einer spitzfindigen Formel[19] Absolution für das stattgehabte Duell. Die Aussöhnung mit der sozialen Welt - Casanovas Anerkennung als ‚Ehrenmann' - erfolgt schließlich in einem diätetischen Ritual: Branicki empfängt ihn in seinem Hause, bietet ihm seine Freundschaft an und besiegelt diese mit der Anweisung: „Qu'on porte à Monsieur du chocolat!" (S. 74).[20]

Hätte Casanova seine Novelle mit dieser Ehrenerklärung abgeschlossen, so könnte man es dabei bewenden lassen, seinen Text als kulturhistorisches Dokument zu lesen. Den Rang eines analytischen Modells, einer Theorie ‚ritualisierter Kontingenz' im Spannungsfeld von Faktum und Fiktion aber gewinnt *Il duello* erst durch die nun folgende Wendung: Es gelingt Casanova in der polnischen Gesellschaft nämlich trotz dieses Duells nicht, seine Ehre dauerhaft zu sichern; weder sein Gönner, noch sein Souverän vermögen sie ihm zu garantieren. Casanova wird durch einen ehrabschneiderischen Zeitungsartikel ‚verleumdet'[21], der einen entstellenden Bericht über seine Duell-Affäre enthält.

---

[19] „Sollte es sich bei meinem Konflikt mit dem Podstoli, der mir kein Duell gewesen zu sein scheint, doch um ein Duell gehandelt haben, so bereue ich und bitte die heilige Mutter Kirche um Lossprechung von meiner Sünde und die Wiederaufnahme in die Gemeinde der Gläubigen" (S. 69f).

[20] Zur sozialen Bedeutung der Trinkschokolade vgl. P. Camporesi, *Der feine Geschmack – Luxus und Moden im 18. Jahrhundert,* Frankfurt a.M./New York 1992. (Ital. Titel *Il brodo indiano).*

[21] Auf die Entehrungssituation, mit der Kafkas „Proceß"-Roman beginnt, wird noch zurückzukommen sein: „Jemand mußte Josef K. verleumdet haben(...)" (Kafka, *Schriften,* Franz Kafka, *Der Proceß,* hg. M. Pasley, Frankfurt a.M. 1990, S. 7).

Er verläßt Polen, um „die Sache in Ordnung zu bringen" (S. 79). Nun zeigt sich, daß die soziale Ordnung und ihr Ehr-Prinzip nicht mehr in der adligen Welt und durch deren Rituale allein zu garantieren sind, sondern von der Welt der Journale und ihrer Öffentlichkeit stiftenden Kraft abhängig werden: „Alle Zeitungen zusammengenommen ergeben die Weltgeschichte" (S. 80), bemerkt der Autor lakonisch. Nur sie sind es, durch die ein Mensch als „Held" oder als „unehrenhaft und betrügerisch" dargestellt wird und so „für immer im Gedächtnis eingegraben" bleibt: im „Tempel der Erinnerung" (S. 80), den die öffentliche Meinung errichtet. Der Venezianer sucht den schuldigen Journalisten auf, verabreicht ihm eine Tracht Prügel - nicht der Duell-Degen, sondern der Stock ist nun seine Waffe - und nimmt ihm das Versprechen ab, künftig „bei der Wahrheit zu bleiben" (ein Versprechen, das der gezüchtigte Journalist auch künftig hält, wie Casanova versichert).

Damit hat der Autor des „saggio" über das Leben des Venezianers G.C. sein Ziel erreicht: Zwar offenbart das Duell, das nach den Regeln der adligen Gesellschaft abgehalten wird, noch die paradoxe Struktur einer Weltordnung, die zwischen Providenz und Kontingenz aufrechterhalten wird, aber das wahre Auskunftsmittel der Ehre in der heraufkommenden Welt ist nicht mehr der Degen, sondern die schreibende Feder: die mit dem Stock erzwungene Gegendarstellung des lügnerischen Journalisten zum einen; aber dann, weit wirksamer, die vom Ehrenmann als Schriftsteller geführte Feder, die von ihm verfaßten Texte, die die Wahrheit des gelebten Lebens durch das Gestaltungskonzept, das ihnen innewohnt, aller Kontingenz entrücken.[22] Für den literarischen Autor existiert ‚Kontingenz' im eigentlichen Sinne nicht mehr, sie wird zum puren Argument im Providenz-Spiel des von ihm gelebten und hierauf ‚gedichteten' Lebens. So präsentiert sich der Venezianer am Ende seiner Novelle nicht mehr als Duellant, sondern als Autor, der die Frage an sein Schicksal selbst stellt und ineins damit schreibend jene Schicksalssemantik regiert, die seine Lebensgeschichte zum sinnvollen Ganzen macht. Diejenigen (heißt es am Ende der Novelle), die wünschen, der Venezianer möge seine Lebensgeschichte vollständig niederschreiben, „sollten wissen, daß (...) er es niemals in anderer Weise als in der tun könnte, von der diese Erzählung ein Probestück liefert" (S. 86). Ein Ensemble von historischem Scharfblick, souveräner Analyse, minuziöser Beobachtung und kritischer Reflexion, als das selbstinszenierte Theater eines Lebens - es ist die Schicksalssemantik von Casanovas Autobiographie.

[22] Flem, *Casanova*, passim.

IV

Kleists Novelle *Der Zweikampf*[23] entwickelt das Ehrproblem und das mit ihm verknüpfte des Duells als dessen Auskunftsmittel nicht aus der Sicht des Abenteurers und sozialen Aufsteigers (wie dies Casanovas Erzählung *Il duello* tut) sondern aus der Frage nach der genealogisch begründeten Identität, der Kleistschen Identitätsformel schlechthin, wie dieser sie - am Beispiel scheinbar längst zurückliegender sozialer Formationen, aber aus aktuellem Bewußtsein heraus in den Blick genommen - etwa schon in der *Familie Schroffenstein* erprobt hatte: eine von Anbeginn an, durch eine Urszene des Sündenfalls, mit Verbrechen und Ehrverlust infizierte Genealogie, in der Legitimität und Delegitimation eine unheilvolle Allianz eingegangen sind. Im „Zweikampf" sind es, wie übrigens auch schon in der „Familie Schroffenstein", gleich drei genealogische Systeme, in denen das mit der Identität verknüpfte Ehrproblem virulent wird. Im Geschlecht des Herzogs von Breysach geht es um einen Brudermord, der dessen illegitimem Bruder Rotbart zum Vorwurf gemacht wird; im Geschlecht der Broda handelt es sich um den Vorwurf eines unsittlichen Verhältnisses, das Littegarde (die Schwester zweier Brüder, die sie mit diesem Argument zu enterben suchen), „um das Maß ihrer Schande zu erfüllen" (S. 241), zu Rotbart unterhalten habe: denn ein solches heimliches Tête-à-tête wird von dem Grafen Rotbart als Alibi für die Mordnacht am Bruder ins Feld geführt; im Geschlecht der Trota schließlich steht der ‚point d'honneur' des Kämmerers Friedrich zur Disposition, der für Littegardes Unschuld eintritt, den Verleumder Rotbart zum Zweikampf fordert und, nachdem er diesem scheinbar unterlegen ist, „wegen sündhaft angerufenen göttlichen Schiedsurteils" (S. 254) ehrlos (zusammen mit Littegarde) hingerichtet werden soll. Ehre wird hier - dem Kleistschen Konzept gemäß - an die drei klassischen Werte gebunden: die Makellosigkeit der Geschlechterrollen im Sinne männlichen Kampfesmuts und sexueller Unschuld der Frau; die Wahrung des ständischen Besitzes; die Respektierung und Reinheitsgarantie der Erbfolge.

Der Zweikampf, der Kleists Novelle den Titel gibt und (wie das Duell des 19. Jahrhunderts) als Auskunftsmittel der Ehre aufgefaßt werden muß, verknüpft die Frage nach dem Brudermord, als ein Thema männlicher Ehre, mit derjenigen nach der sexuellen Unschuld, die als Grundargument weiblicher Reputation Geltung beansprucht. Im Laufe der Erzählung wird unvermerkt die Frage nach dem Alibi, das unmittelbar mit dem Problem *weiblicher* Ehre verknüpft ist, an die Stelle der Frage nach dem Mord, als einem Problem *männlicher* Ehre, gerückt. Diese Überlagerung der Motivationen trägt wesentlich dazu bei, daß das Auskunftsmittel des Zweikampfs in der Erzählung zuletzt versagt.

---

[23] Kleist, *Sämtliche Werke und Briefe*, Bd. 1 u. Bd. 2, hg. H. Sembdner, hier Bd. 2, S. 229-261. Zitatbelege nach dieser Ausgabe künftig im Text.

Wichtigstes und auffälligstes Merkmal von Kleists Darstellung des Ehrenpunkts in seiner Novelle ist aber das Versagen der die sozialen Urteile regierenden Instanzen. Auch hier herrscht ein merkwürdiges Spiel verschobener Verantwortungen. Ist es zunächst die Regentin von Breysach, der die Wahrung des Rechtsfalls obliegt; ist es sodann der Kaiser, an den die Ehrensache weitergeleitet wird; ist es ferner das vom Kaiser eingesetzte Gericht aus drei Grafen, zwölf Rittern und zwei Gerichtsassessoren, das mit dem Ereignis befaßt wird; so bleibt es schließlich, als dieses Gericht (aus Hilflosigkeit) zu einer „förmlichen Ehrenerklärung" (S. 241) für den Grafen Rotbart ansetzt, dem Kämmerer von Trota vorbehalten, mit der Aufforderung zu einem „ritterlichen Zweikampf" dem Rotbart den Fehdehandschuh hinzuwerfen.

Dieser Zweikampf selbst, der vom Kaiser anberaumt wird, trägt seinerseits die seltsamsten Züge. Der Erzähler nennt ihn ein ehrwürdiges Ritual, einen „uralten Brauch", stattet ihn aber gleichzeitig mit widersprüchlichsten Merkmalen der Unwirksamkeit aus. Obwohl der Hoffnung Ausdruck gegeben wird, „durch den heiligen Ausspruch der Waffen" werde alsbald „die Wahrheit unfehlbar ans Licht" kommen, spricht der Vorgang alles andere als eine deutliche Sprache. Ein erster Hieb Trotas bringt zwar dem Grafen Rotbart eine „kleine Wunde" bei. Hierauf aber verzichtet Friedrich auf weitere Kampfhandlungen, beschränkt sich auf seine Verteidigung und „gräbt sich", in einer Art von „Einpfählung", wie der Erzähler es nennt, in den Boden ein; auf das Murren der Zuschauer hin nimmt er nun zwar alsbald seine Aktivität wieder auf, „stolpert" aber - „ein Unglück", wie es im Text heißt, „das die Anwesenheit höherer, über den Kampf waltender Mächte nicht eben anzudeuten schien" (S. 246) - und wird, infolge dieses Unfalls, von drei „tödlichen" Treffern des Rotbart gezeichnet: einem in die Seite und zweien unter dem Herzen in der Brust. „Durch eine heilige Fügung" aber erweisen sich diese Wunden Trotas im Fortgang gerade *nicht* als tödlich, während Rotbart an seiner geringen Wunde langsam dahinsiecht.

Dies ist der Augenblick, in dem, da das Duellgeschehen keine klare Sprache spricht, in der Erzählung stellvertretend eine vielschichtige Hermeneutik des Ereignisses einsetzt. Die Beteiligten beginnen, den „Zweikampf", das „eiserne Urteil Gottes" (S. 244), wie es in der Novelle heißt, als „Text" zu lesen und zu deuten. Der Kämmerer und seine Partei beschließen, „von zwei Gedanken, die die Sinne verwirren, den verständlicheren und begreiflicheren" zu denken: den nämlich, daß, im Zweifel, ob es sich um Zufall oder Schickung handle, Trota als Sieger aus dem Kampf hervorgegangen sei. Dieser freilich entscheidet sich zuletzt für eine andere, gewissermaßen dilatorische Auslegung. „Kann ein Kampf", so lautet seine Deutung, „der nicht bis an den Tod fortgeführt worden ist, für abgeschlossen gelten?" (S. 249). Dieser gleichsam ‚unabgeschlossene' Kampf bedeute nämlich nichts als einen Aufschub des Urteils; solange das Leben währe, biete sich ihm ja die Chance, sich zu jedem künftigen Zeitpunkt

„mit dem Schwert einen ganz anderen Spruch Gottes erkämpfen“ (S. 249). Was Trota hiermit durch seine hermeneutische Anstrengung zur Geltung bringt, ist die Verwandlung des Zweikampfs (als streng ritualisiertem Entscheidungsaugenblick der Wahrheit) in einen „verschleppten Prozeß“[24] unendlicher Verschiebungen immer neu zu gewinnender Bewahrheitungen; das punktuell *ritualisierte* Auskunftsmittel des Duells transformiert sich in einen potentiell unendlichen *Verlauf*, eine Infinitesimal-Struktur: als die lebenslang währende Suche nach der verlorenen Ehre. Aus dem von Gott verantworteten Spruch, mit dem das Personal der Erzählung zunächst zu rechnen hatte, und dem Vertrauen in die ‚Selbstkraft' des Subjekts, diesen Spruch Gottes durch sein Handeln zu ‚formulieren', von dem Friedrich von Trota, als er den Rotbart zum Zweikampf aufforderte, beseelt war, wird zuletzt ein hermeneutischer Prozeß, der zwischen providentieller und kontingenter ‚Ordnung' seinen Weg sucht, eine den Schicksalsspruch verschleppende Semantisierung, die schließlich zum alleinigen Selbstzweck des Erzählgeschehens sich entwickelt.

Dies besagt aber nichts anderes, als daß der ‚Autor' der Novelle, also die Instanz des Erzählens, das im erzählten Geschehen unlösbare Kontingenz-Problem (die Frage nach einer möglichen Schicksalssemantik) *selbst* in die Hand nimmt und strategisch zu modellieren beginnt. Nachdem er die berichteten Ereignisse und die an sie sich knüpfende Hermeneutik in eine Aporie, gleichsam in einen alles Vorgefallene umfassenden ‚Agnostizismus' hineingeführt hat, greift der Erzähler zu jener Formel, die als Inbegriff *literarischer* ‚Schicksalssemantik' (im Sinne einer poetischen Gerechtigkeit des ‚allwissenden' Autors) gelten kann, der Formel „Man muß nämlich wissen, daß (...)“. Der ‚Erzähler' berichtet nun, gleichsam in einem Nach-Trag, daß eine Kammerfrau Littegardes das vergebliche Werben des Rotbart um diese genutzt habe, um sich selbst - den Rotbart in dem Irrtum lassend, Littegarde zu besitzen - in besagter Mordnacht ihrer Herrin gleichsam unerkannt unterzuschieben. Das Dritte, das hiermit unvermerkt ins Wahrheitsspiel kommt, erweist sich nun freilich nicht mehr als beglaubigende Instanz dieser Wahrheit, sondern als dubioses und doppelgängerisches Medium, als „falsche Karte“ und Sündenfall in jenem Wahrheitsspiel, über das der Zweikampf als Mittel der Wahrheitsfindung keinen Aufschluß zu geben vermochte.

Die letzte Folgerung, die Kleists Erzählung zieht, ist denn auch die einer Änderung des Ordnungsrahmens selbst, der das Spiel des Geschehens so unwirksam und allem Verständnis verschlossen regiert hatte. Da die Voraussetzung des ganzen Ehr-Falles, die Wahrheit könne durch den Zweikampf unmittelbar ans Licht gebracht werden, sich als irrig erwiesen hat, ergibt sich die Notwendigkeit, die Statuten des „göttlichen Zweikampfs“ selbst zu ändern

[24] Ein Begriff Kafkas aus dem *Proceß*-Roman: Kafka, *Proceß*, S. 205f.

und an jener Stelle, wo vorausgesetzt wird, „daß die Schuld dadurch unmittelbar ans Tageslicht komme, die Worte einzurücken: ‚wenn es Gottes Wille ist'." Damit wird, was die Figuren der Erzählung praktizieren, auch zur Gesetzesform: Der Zweikampf erhält ausdrücklich die Funktion der ‚Besetzung einer Verlegenheitsstelle' zugesprochen und nimmt die Gestalt eines die Entscheidung über Providenz oder Kontingenz bis ins Unendliche verschleppenden hermeneutischen Prozesses an.[25]

Als Kleist seine Novelle *Der Zweikampf* schreibt, ist die Erosion des theologisch-metaphysisch fundierten Weltbildes in vollem Gange. Diese geht einher mit einer Erosion der tradierten (feudalen) Leitsemantik einer Weltauslegung, die noch mit einem ‚Auskunftsmittel' über die (providentielle) Ordnungsstruktur der Welt zu rechnen vermochte. Wenn Gott als Garant der Weltordnung erscheint, so können Notwendigkeit und Zufälligkeit in seinem Namen noch zusammengeführt werden: Es ist das mittelalterlich-feudale Modell, in dessen Geltungsraum Kleist seine Erzählung ansiedelt.[26] Aber Kleist stellt diesen Gedanken auf die Probe seiner Erzählung. Er setzt ein Experiment auf die Ehre - in ihrer männlichen wie in ihrer weiblichen Form - in Szene und läßt dieses an der Wahrheitsprobe des Duells (als sozialem Ritual, das als Auskunftsmittel über die Ordnung und Stimmigkeit der Welt dient) scheitern. Es ist die Schlüsselfrage aller Kleistschen Texte, die sich an der Sinnbedürftigkeit der Welt und dem gleichzeitigen Scheitern dieses Bedürfnisses, an einer schlüssig nicht mehr errichtbaren Schicksalshermeneutik entzündet. Kleists immer von neuem artikulierte Frage, ob sich das Moment des Zufalls noch in das providentiell gelenkte Weltgefüge integrieren lasse, bestimmt ohnehin wohl alle seine Texte: *Familie Schroffenstein* und *Prinz Friedrich von Homburg*, Femegericht, Somnambulismus und Schicksalsordnung im *Käthchen von Heilbronn* wie Heilsordnung-Konzept und Gerichts-Aporie im *Zerbrochenen Krug*. In immer neuen Konstellationen treten die Themen von göttlicher Providenz, Selbstverantwortung des Menschen, Auskunftsmittel der Rechtsrituale und heilloser Zufälligkeit[27] miteinander in Konflikt.

---

[25] Es ist eben dieser Gedanke des „verschleppten Prozesses", wobei an die Stelle selbstmächtigen Handelns eine Folge hermeneutischer Aktionen gesetzt wird, der Kafka an Kleists Texten faszinierte. Kafka wird jenen Roman schreiben, der, am Geburtstag des Protagonisten, mit einer Verleumdung, einer ‚Ehrabschneidung' seines Helden beginnt, welcher sich seinerseits, anstelle einer rituellen Ehrenrettung, in einen nicht enden wollenden Prozeß der Rehabilitierung verstricken läßt, durch den das scheinbar ergangene Urteil mehr und mehr in eine unabschließbare Kette hermeneutischer Operationen transformiert wird, und der zuletzt, an seinem nach Jahresfrist wiederkehrenden Geburtstag, schmählich „wie ein Hund" umgebracht wird.

[26] Ein Argument z.B. Augustins; vgl. hier das für die Kontingenz-Problematik wegweisende Buch von W. Frick, *Providenz und Kontingenz – Untersuchungen zur Schicksalssemantik im deutschen und europäischen Roman des 17. und 18. Jahrhunderts,* Teil 1 und Teil 2, Tübingen 1988 (Hermaea NF, Bd. 55).

[27] Vgl. hierzu G. Neumann, „Eselsgeschrei und Sphärenklang", in *Kleist - Kriegsfall - Rechtsfall - Sündenfall,* hg. G. Neumann, Freiburg i.Br. 1994, S. 365-389.

Somit stellt Kleist im *Zweikampf* zwei miteinander konkurrierende Kompromißformeln gegeneinander, die jene Verlegenheitsstelle besetzen, die zwischen Providenz und Kontingenz aufzubrechen droht: die (seit der Augustinischen Theologie gültige) Formel vom „unerforschlichen Ratschluß Gottes", die Kleist aus einer seiner Quellen, den Cervantesschen *Trabajos de Persiles y Sigismunda*[28] von 1617 bezogen haben mag, einerseits; die Formel vom Paradigmawechsel des Legitimationsrahmens selbst, von der Statutenänderung im Gesetz, wenn dessen Rituale diesem Gesetz nicht mehr korrespondieren, auf der anderen Seite. Unmittelbare Folge dieser Um-Formulierung ist eine Veränderung der Erzählstruktur. Sie führt bei Kleist zu einer neuen Bestimmung der Rolle des Erzählers *zwischen* den Darstellungsmustern providentiellen und kontingentiellen Erzählens. Man könnte es das Erzählprinzip des ‚bestochenen Zufalls' nennen, das hier zur Wirkung gelangt - um eine Formel M. Kommerells, die dieser im Hinblick auf Jean Paul prägte, aufzugreifen[29].

V

Während Casanovas Novelle *Il duello* die Anerkennungskrise eines Abenteurers im Feld adliger Ehren-Ordnung zum Thema macht und Kleists *Zweikampf*-Novelle von dem Muster infizierter genealogischer Identität (auf dem Hintergrund einer Erosion des Providenz-Konzepts[30]) und der an sie geknüpften Ehrthematik seinen Ausgang nimmt, stellt Arthur Schnitzlers Novelle *Casanovas Heimfahrt*[31] die Lebenskrise eines alternden Mannes in den Mittelpunkt. Es ist die Erosion des ‚Mythos Casanova' selbst, die dem nunmehr fünfzigjährigen Venezianer den Zusammenbruch seiner selbsterrichteten Schicksalssemantik anzeigt: den Zerfall eines anfänglich providentiell gelenkten Lebenskonzepts ins Sinnlos-Kontingente. Es ist jener Schicksalsaugenblick des „Mannes von funfzig Jahren"[32], in dem die Abenteuerlust des Jungen, die eine Schlüssigkeit des Lebenskonzepts, das in seiner Vitalität gründet, aus der ‚improvisierten' Herrschaft über das Kontingente, aus der geschickten Ausnut-

---

[28] Nachweis von Müller-Salget in Kleist, *Erzählungen - Anekdoten - Gedichte - Schriften,* hg. K. Müller-Salget, Frankfurt a.M. 1990, S. 897 (Bibliothek deutscher Klassiker Bd. 51).

[29] M. Kommerell, *Jean Paul,* Frankfurt a.M. 1966, S. 123-135.

[30] Ein Zusammenhang, in dem natürlich das Motiv des Sündenfalls als zwiespältiges Schlüsselthema aller Heilsordnungskonzepte eine wesentliche Rolle spielt. Vgl. G. Neumann, „Das Stocken der Sprache und das Straucheln des Körpers", in Kleist, *Kriegsfall,* S. 13-29; ders., „Skandalon. Geschlechterrolle und soziale Identität in Kleists ‚Marquise von O(...)' und in Cervantes' Novelle ‚La fuerza de la sangre'", in Kleist, *Kriegsfall,* S. 149-192.

[31] A. Schnitzler, *Gesammelte Werke. Die Erzählenden Schriften,* Bd. 2, Frankfurt a.M. 1961, S. 231-323. Zitatbelege nach dieser Ausgabe künftig im Text.

[32] Goethes gleichnamige Novelle aus den *Wanderjahren* hat dieses Muster gesetzt.

zung des Zufalls entbindet, in die Ruhelosigkeit des Alters umschlägt, dessen bündige Lebensformel zu zerbrechen droht.

Schnitzler knüpft mit seiner Erzählung ohne Zweifel an Casanovas Memoiren, vielleicht sogar an die Novelle *Il duello* an. So findet bei Schnitzler das Duell Casanovas mit dem „Krongeneral Branicki in Warschau" Erwähnung (S. 303) und auch das Motiv der „Schokolade", die Casanova nach Wiederherstellung seiner Ehre zugestanden wird, taucht in Schnitzlers Text abermals auf (S. 320). Schnitzlers Erzählung argumentiert dabei im genauen Bewußtsein der historischen Differenz, wenn sie sich als Kontrafaktur des von Casanova errichteten Modells präsentiert. Handelte es sich in Casanovas Text um des Helden soziale Identität und ihren Erwerb zwischen den Ständen, so in der Erzählung Schnitzlers um eine Identitätskrise als Lebenskrise eines Einzelnen: immer noch freilich an das Duell als paradoxes Ritual des Ehrerwerbs geknüpft. Schnitzlers Novelle konzentriert sich auf jenen schmählichen Augenblick, da Casanova, nach seinem langen Weg als Abenteurer durch die Welt als Gealterter in seine Heimatstadt Venedig zurückkehrend, gezwungen erscheint, Spitzeldienste (als erbärmlichste Form des Überlebens) zu übernehmen. In diesem Augenblick sucht er - durch einen inszenierten Verführungsaugenblick und die diesem zugeordnete Schicksalssemantik des Duells - sein Ansehen und sein Selbstbild zu retten, seine Rolle im Zeichen des Ehrkonzepts, nach dem er angetreten, noch einmal zu spielen. Dieser Neuanfang (der sich als Endspiel entpuppen wird) ist von zwei verzweifelten Versuchen der Errichtung einer Schicksalshermeneutik begleitet: Casanovas Versuch zum einen, eine Streitschrift gegen den Lästerer Voltaire, den unerbittlichen Satiriker jeden Providenz-Konzepts[33], zu verfassen; seinem Versuch zum anderen, auf die (magische) Mathematik, als providentielle Wissenschaft einer kabbalistischen Zahlenmystik, ein Weltordnungsmodell zu gründen.

Auslösendes Moment der Krise der Novelle ist Casanovas Begegnung mit den Akteuren eines früheren Abenteuers: dem Paar Olivo und Amalia, in deren Leben Casanova eine zwiespältige Wohltäterrolle gespielt hat. Aus der Erinnerung entspringt der Wunsch zur Erneuerung, Augenblick und Lebensganzes scheinen noch einmal in der Aussicht auf ein frisches Abenteuer - im Hause Olivos befindet sich ein junges Mädchen namens Marcolina - zu Casanovas bewährtem Lebensmuster zusammenzutreten.

Der Eintritt in Olivos Haus führt zu zwei einander zugehörigen, den Gang des Geschehens leitenden Konfigurationen: der Begegnung Casanovas mit Marcolina und seiner Begegnung mit dem Leutnant Lorenzi, der der heimliche Liebhaber Marcolinas ist.

---

[33] In seinem kleinen Roman *Zadig ou la destinée* von 1747 exponiert Voltaire ironisch-satirisch die Leibnizsche Frage nach der „besten aller Welten", in der nichts dem Zufall überlassen sei. Voltaire, *Zadig ou la destinée,* hg. V.L. Saulnier, Genf/Paris 1956, S. 85f.

In Marcolina, einem jungen, hochgebildeten Mädchen, tritt Casanova ein ebenbürtiger Mensch entgegen: eine freigeistige Abenteurernatur, deren Lebenskonzept auf Ungebundenheit, Vorurteilslosigkeit und Selbstentscheidung gegründet ist. Marcolinas Lebenskonzept ist jenem Muster verpflichtet, das auch Casanovas Lebensgefühl bestimmt hatte: der Kunst einer improvisierten Gestaltung des Augenblicks, die, aus inszenatorischer Kraft geboren, Providenz und Kontingenz im Begriff des Lebens-„Spiels" suggestiv vermittelt: „(...) all das", bekennt Marcolina,

> was man Philosophie und Religion nennt, [sei] nur ein Spiel mit Worten, edler freilich, doch auch sinnloser als alle anderen sind. Die Unendlichkeit und die Ewigkeit zu erfassen wird uns immer versagt sein; unser Weg geht von der Geburt zum Tode; was bleibt uns übrig, als nach dem Gesetz zu leben, das jedem von uns in die Brust gesenkt ist - oder auch wider das Gesetz? Denn Auflehnung wie Demut kommen gleichermaßen von Gott. (S. 280)

Die zweite Konfiguration, aus der Schnitzler Casanovas Schicksalshermeneutik entwickelt, ist die mit dem Leutnant Lorenzi, der Widersacher und Spiegelfigur des Venezianers zugleich ist. „Nur eine Sekunde lang überlegte Casanova, an wen ihn Lorenzi erinnerte. Dann wußte er, daß es sein eigenes Bild war, das ihm, um dreißig Jahre verjüngt, hier entgegentrat" (S. 259).

Das Szenario, aus dem Casanova sein Schicksals-Spiel neu zu gestalten sucht, enthält also die Gegenfigur einer gleichgesinnten Frau und die Parallelfigur eines durch seine Jugend privilegierten Doppelgängers. Beide werden in Casanovas Providenz-Phantasie, in die Restaurierung seines selbstverantworteten Lebenskonzepts einbezogen.

Das Zerbröckeln von Casanovas Schicksalsmuster - als improvisierender, bislang aber immer unwiderstehlicher Verführer - wird unmittelbar offenkundig, als Marcolina sich seinem Werben verächtlich entzieht, sich der Wirkung seines ‚Lebensmythos' nicht mehr fügt - den sie, einer anderen Generation angehörig, kaum noch wahrzunehmen vermag. Casanovas Versuch, diesen Zerfall aufzufangen, besteht in dem Plan, den Zufall, der ihm und seiner Lebenskraft bisher gefügig war, durch ‚Bestechung' zu lenken. Es ist die Idee von der Doublierung seines Schicksals durch Rollentausch mit Lorenzi, die, ineins damit, ein bestochenes Doppelspiel mit Marcolina in Szene setzen soll. Casanova beschließt, sich selbst für eine Nacht an die Stelle Lorenzis zu manövrieren.

Das Mittel, dessen er sich zur Erreichung seines Ziels, gleichsam im Sinne einer neuerlichen ‚Authentifizierung' seines Lebensmusters, bedient, ist das Glücksspiel, das im Hause Olivos zu abendlicher Stunde stattfindet. Casanova gewinnt. Lorenzi, der Verlierer, ist in seiner Hand. Casanova kauft dem Leutnant, mit der ihm abgewonnenen Geldsumme, deren Verlust Lorenzi ruinieren würde, für eine Nacht dessen Rolle bei Marcolina ab: eine durch den ökonomischen Tauschwert des Geldes, durch das monetäre ‚Ordnungsmittel' erschlichene Schicksalslenkung. Indem Casanova das fremde Schicksalsmuster (durch

Bestechung - oder besser: Erpressung) adoptiert, erfüllt er noch einmal den Strukturplan des eigenen Lebens, Abenteurer und Verführer unter glücklichem Stern zu sein; er schmuggelt sich - als Joker - in die Schicksalssemantik eines anderen ein. Es ist ein Anerkennungsspiel, das Casanova spielt, ein Ehrenhandel „zwischen zwei Ehrenmännern" (S. 295), wie er zynisch bemerkt. Aus diesem die zerbrechende Ordnung seines Lebens noch einmal sanierenden Spiel der Doublierung ergeben sich für Casanova zwei - Eros und Aggression in paralleler Führung ritualisierende - Situationen: die Liebesnacht mit Marcolina zuerst und das Duell mit Lorenzi, das auf diese Nacht folgt, sodann.

Im Ritual der mit Marcolina verbrachten Liebesnacht versucht Casanova, durch suggestive, mit dem Einsatz seines eigenen Körpers erzielte Inszenierung die erschlichene Lust zu einer schicksalhaften und authentischen zu machen, Maskerade und Selbstverdoppelung in Selbstoffenbarung zu verwandeln; das heißt aber, alle schmähliche Kontingenz seines Betrugs - durch den bestochenen Zufall - in schicksalhafte ‚Providenz' umzumünzen:

> Wurde, was sich als Betrug entsponnen, nicht Wahrheit in den namenlosen Entzückungen dieser Nacht? (...) Und schon begann er es für möglich zu halten, daß ihm der ersehnte und doch gefürchtete Augenblick des Geständnisses [seiner wahren Identität] gänzlich erspart bleiben würde; er träumte davon, daß Marcolina selbst, bebend, gebannt, erlöst, ihm seinen Namen entgegenflüstern würde. (S. 308)

Und der Lebensspieler Casanova erblickt sich - für einen Augenblick - in der Rolle des Allmächtigen, des Autors aller Autoren, der die Schicksalsfäden in Händen hält: „War er nicht ein Gott -?" (S. 307). Die Demaskierung dann voller Grausamkeit: der Maskentraum Casanovas zunächst, das Spiel und der Gewinn, das Treiben im Meer und das Manuskript in der erhobenen Hand[34], das Versinken im Meer zuletzt und das Erwachen: Wut, Scham und Entsetzen und der Gedanke des ‚Opfers', das zu bringen ist, um das Schicksal zu versöhnen: „Wäre es in diesem Augenblick in seiner Macht gestanden, sich selbst durch ein Zauberwort zu vernichten - er hätte es getan (...)" (S. 310).

Dieses Opfer ist es, das die hierauf folgende Duellszene mit Lorenzi dann erneut zum Thema macht. Lorenzi erwartet den das Zimmer Marcolinas Verlassenden; wiederum unternimmt Casanova den Versuch, dem Kontingenten der Situation eine providentielle Struktur zu verleihen, indem er den Kampf der beiden Männer (in einer nachträglichen hermeneutischen Anstrengung) als Selbst-Inszenierung feiert; sich selbst als Geliebter, als Verführer, als Opfer und als Ehrenretter Marcolinas in Szene setzt:

---

[34] Ist dies eine Reminiszenz an die bekannte Legende über die Rettung der *Lusiaden* durch ihren Autor Camões bei einem Schiffbruch?

> So floß später die Erinnerung dieser zwei Tage und Nächte mit dem Traum zusammen, den er in Marcolinens Bett geträumt, und auch der Zweikampf der zwei nackten Menschen auf einem grünen Rasen im Frühsonnenschein gehörte irgendwie zu diesem Traum, in dem er manchmal in einer rätselhaften Weise nicht Casanova, sondern Lorenzi, nicht der Sieger, sondern der Gefallene, nicht der Entfliehende, sondern der Tote war, um dessen blassen Jünglingsleib einsamer Morgenwind spielte (...). (S. 317f.)

Und wieder manövriert Casanova sich selbst in die Rolle des Allmächtigen, das Schicksal Regierenden hinein: „Bin ich nicht ein Gott? Wir beide nicht Götter? Wer uns jetzt sähe!" (S. 313). Epiphanie des Selbst (als Spiegelbild eigener Jugendlichkeit) und Selbst-Gericht (als das den Frevel sühnende Über-Ich) werden hier - in einem bestochenen Zufall - in providentieller Euphorie noch einmal zusammengeschmolzen: zu einer mythischen Doppelfigur legitimierender Autorschaft.

Liebesnacht und Duell bezeichnen jene rituellen Situationen, in denen das Spiel um Ehre und Ehrverlust, im Spannungsfeld der Geschlechter, als Inszenierung von Identität und Herstellung von (selbst verantworteter) Lebensordnung gespielt wird. Dieses Spiel um Kontingenz und Providenz besitzt aber noch einen weiteren, für Schnitzlers Konzept entscheidenden Fluchtpunkt: Hier geht es nun nicht mehr um *Leben*, sondern um das *Erzählen von Leben.* Schon als Casanova mit der Familie Olivos und deren Gästen zu Tisch saß, hatte es geheißen:

> (...) und so wundersam ward ihm selbst der Sinn von dem wieder neu gefühlten Zauber seiner eigenen Vergangenheit umfangen, so vollständig war der Triumph all des herrlichen durchlebten, doch unwiederbringlich Gewesenen über das armselig Schattenhafte, (...) daß er eben im Begriffe war, die Geschichte eines hübschen blassen Mädchens zu berichten, das ihm im Dämmer einer Kirche zu Mantua seinen Liebeskummer anvertraut hatte, ohne daran zu denken, daß ihm dieses selbe Geschöpf, um sechzehn Jahre gealtert, als die Frau seines Freundes Olivo hier am Tische gegenübersaß (...). (S. 303)

Und dieses erinnernde Erzählen wandelt sich in providentielles, als ihn Marcolina auffordert, doch sein Leben (als Kunstwerk der Autobiographie) niederzuschreiben[35] - statt ein philosophisches Providenzkonzept durch eine Widerlegung Voltaires zu versuchen. Und so inszeniert Casanova in Gedanken vorwegnehmend eben jenes erotische Abenteuer, das er mit Marcolina zu erleben gedenkt, und weist ihm gleichzeitig eine Schlüsselstelle in seinem noch zu schreibenden Schicksalsbuch zu: „Das möchte leicht wahr sein, dachte er, ohne es auszusprechen. Wer weiß, ob ich deinen Rat nicht einmal befolge? Und du

[35] Es ist der Augenblick, wo ‚Casanova' sein Abenteuer mit dem Krongeneral Branicki erzählt. Dieses providentielle Modell des Erzählens erscheint hier gleichsam als Urmuster: Was Casanova mit seinem Erlebnis in *Il duello* getan hatte, wiederholt Schnitzler mit Casanova als Prätext und der von Schnitzler erfundene ‚Casanova' in der Novelle seinerseits mit dem Text, den er durch Erzählen ‚gestaltet'.

selbst, Marcolina, sollst das letzte Kapitel sein“ (S. 304). Was sich hier in Schnitzlers Text ereignet - und er schreibt nur zu Ende, was in Casanovas wie Kleists Duell-Texten angelegt war - ist die Geburt der Literatur aus dem Leben: als dessen providentielle Vollendung; ist der Gedanke, aus eigener Machtvollkommenheit heraus, in autonomer Inszenierung, dasjenige zu erleben, was dann als ‚Notwendiges‘ im Kunstwerk des Erzählens seine Vollendung findet. Aber Schnitzlers Text ist zugleich ein Endpunkt in dieser langen Entwicklung; denn er zeigt, daß solche ‚Machtvollkommenheit‘ nur um den Preis des Betrugs, der trickhaften Doublierung, des ‚bestochenen Zufalls‘ erzielt werden kann: als das Providenz-Theater der Literatur.[36]

VI

Der Ausgangspunkt meiner Fragestellung war der ‚Zufall‘ als Argument einer Leitsemantik der Weltauslegung im sozialen Feld der Lebenswelt wie auch im Feld der Literatur. Stellt man die „Zirkulation sozialer Energie“ zwischen beiden Feldern in Rechnung, so zeigt sich, daß eine Eingrenzung auf ein beobachtbares Einzelproblem dabei nicht einfach ist. Im Sozialritual des Duells meine ich dennoch ein solches Einzelphänomen gefunden zu haben. Es ist der Ort, wo der Zufall als Mittel einer Ordnungsstiftung - nach einem Regelbruch - ‚Verwendung‘ findet: ein Zufall, der an die Geschicklichkeit des Körpers, die Qualität der Waffen, die geschmeidige Anpassung des Agierenden an die Inszenierung eben dieses sozialen Rituals geknüpft ist. Als ein solches das Zufällige (gleichsam zur Providentialisierung) Nutzende hat das Duell die Funktion eines ‚Auskunftsmittels der Ehre‘, somit eine Funktion im Spiel von Ordnungsstiftung: der Gewinnung oder Wiederherstellung des ‚Platzes in der Ordnung der Welt‘, den ein Subjekt als ihm zukommenden begreift und beansprucht. Damit gewinnt das Duell zugleich seinen Ort im Spannungsfeld zwischen Providenz und Kontingenz[37], zwischen Zweckmäßigkeit und Sinnlosigkeit des Weltgeschehens, in deren Spiel das Ehrkonzept einer Gesellschaft aufgehoben ist. Das Duell hat hier seine doppelte Funktion als Symptom der Ordnungsstörung wie als Mittel der Ordnungsstiftung. Dabei ist es auf der einen Seite unumgänglich, sich des sozial-psychologischen Zusammenhangs dieses Rituals zu vergewissern: durch eine Erörterung des Problems der Ehre und ihrer ‚stabilisierenden‘ Funktion im System einer (jeden) Gesellschaft.[38] Zum anderen

[36] Schnitzlers Duell-Text *Leutnant Gustl* sucht diesem gänzlich verinnerlichten ‚Theater‘ auch durch das Stilkonzept des ‚monologue intérieur‘ gerecht zu werden.

[37] Hier sei noch einmal an das wichtige Buch von Frick, *Providenz und Kontingenz,* erinnert.

[38] Hierzu haben letzthin L. Vogt/A. Zingerle (Hg.), *Ehre – Archaische Momente in der Moderne,* Frankfurt a.M. 1994 (suhrkamp taschenbuch wissenschaft 1121) wichtige Beiträge zur Verfügung gestellt.

aber geht es nicht minder um eine literarhistorische Frage: welchen Argument-Charakter nämlich ‚Ehre' und das ihr zugehörige ‚Duell' im Redesystem der Literatur und der durch sie entfachten Schicksalssemantik gewinnen. Beide Systeme, das lebensweltliche wie das literarische, sind - wenn auch auf grundsätzlich verschiedene Weise - durch das Moment der ‚Sinnbedürftigkeit' der Welt und der ihr zugeordneten ‚Ordnungserwartung' in einem je anders sich organisierenden Spannungsfeld von Providenz und Kontingenz verknüpft.

Als besonders ergiebige Epoche für diesen Fragezusammenhang scheint sich die Schwellenzeit zwischen dem Ende des 18. und dem Beginn des 19. Jahrhunderts anzubieten. Es ist die Zeit, in der die Infragestellung der christlichen Providenz-Metaphysik in auffälliger Weise mit dem (aufklärerischen, autarken) Selbsthelfer-Modell des ‚schöpferischen Menschen' in Auseinandersetzung gerät.[39] Die Erklärungsformeln für diese Übergangszeit sind Legion: Säkularisierung, Mechanisierung des Weltbildes, Legitimität der Neuzeit, Übergang zum Modell der bürgerlichen Ordnung, Strukturwandel der Öffentlichkeit, Pathogenese der bürgerlichen Welt. Offenbar spielt sich in diesem Zeitraum auch eine Evolution der Schicksalssemantik ab, die von der Vorstellung der Vorsehung über die Begriffe von Fatum, Glück und Zufall bis zu den das neue Jahrhundert bestimmenden der Finalität und Kausalität reichen mag. Dabei gerät das Providenzmodell zunehmend unter den Plausibilitätsdruck der Naturwissenschaft im Zeichen einer „providence naturelle"[40], der, freilich aus ganz anderen Quellen kommend, eine Ästhetisierung des Providenzmodells an die Seite tritt.[41] Diese Frage gewinnt in der literarischen Aufarbeitung des Duell-Arguments zentrale Funktion.

Dabei sind drei Momente zu beachten:

Zum einen gewinnt das Duell, wie schon angedeutet, auf der Wende zum 19. Jahrhundert die Funktion der ‚Besetzung einer Verlegenheitsstelle'. Dies hängt mit der Schwächung und Infragestellung der verbindlichen Instanzen eines Ehr-Erwerbs für den Einzelnen zusammen: eines allwissenden Gottes, eines Souveräns als Stellvertreter Gottes auf Erden, eines die Ehre verwaltenden Staates, einer Rechtsordnung schließlich, durch die Ehre erworben und rituell garantiert zu werden vermöchte. Der Einzelne, der sich in einem (von der Ge-

---

[39] Eine Schwundstufe des Selbsthelfer-Modells, die zugleich eine Wiederkehr des Verdrängten (der Religion) praktiziert, drückt sich in einer Äußerung Bismarcks vor dem Reichstag am 28. 11. 1881 aus: „Meine Ehre steht in niemandes Hand als in meiner eigenen, und man kann mich damit nicht überhäufen; die eigene, die ich in meinem Herzen trage, genügt mir vollständig, und niemand ist Richter darüber und kann entscheiden, ob ich sie habe."

[40] Frick, *Providenz und Kontingenz,* S. 14, nach Georges Gusdorf.

[41] Vgl. nochmals Koselleck, „Der Zufall als Motivationsrest", und W. Hamacher, „Über einige Unterschiede zwischen der Geschichte literarischer und der Geschichte phänomenaler Ereignisse", in *Akten des VII. Internationalen Germanisten-Kongresses,* hg. A. Schöne, Göttingen 1985, Bd. 2. *Historische und aktuelle Konzepte der Literaturgeschichtsschreibung,* hg. W. Vosskamp/E. Lämmert, Tübingen 1986, S. 5-15.

richtsbarkeit verbotenen, ja mit der Todesstrafe belegten) Duell die Wiederherstellung seiner Ehre erhofft, betritt einen ‚Möglichkeitsraum', der nunmehr, nach dem Kollabieren einer allerhöchsten Bewahrheitungsinstanz, ‚neu zu besetzen' ist.

Hier erlangt nun auch das zweite zu beachtende Moment Bedeutung: das mit dem Duell-Ritual verknüpfte Schicksal-Spielen, das in der Verantwortung des Einzelnen verankert ist und im Duell in Szene gesetzt wird. Dieses erscheint nunmehr bald als Spielraum individuell-körperlicher Geschicklichkeit; bald als Improvisationsraum des Abenteurers, der sich dem ‚Gesetz' des ‚corriger la fortune' verschreibt; dann wieder als Schicksals-Spiel des Hasardeurs; als Bestechung des Zufalls; als suggestive Heraustreibung des Konflikts zwischen ‚Ordnung' und ‚Chaos', zwischen ‚Kalkül' und ‚Instinkt'; zuletzt gar als selbstverantwortete ‚Erfindung' eines eigentümlichen, nur dem Akteur zugehörigen ‚Schicksals'. All diesen Konzepten gemeinsam ist das Inszenatorische, das Theatrale des Duell-Ereignisses. Es scheint fast, als vermittle die Suggestion der Selbst-Tätigkeit dieses Spiel-Modells auf unverhoffte Weise das Kontingente mit dem Providentiellen, als bringe diese Idee einer selbst-bestimmten Inszenierung das Sinnlose auf magische Weise mit der Schicksalsordnung in Berührung. Es ist in diesem Zusammenhang nur konsequent, daß (von Anfang an) das Argument der „Ungeschriebenheit" der Duell-Gesetze ins Feld geführt wird - und ineins damit deren durch das ‚Wissen' des Einzelnen unerschütterlich gesicherter ‚Kodex'. Von größter Bedeutung dürfte hierbei sein, daß diese emphatische Autonomisierung des Subjekts (und der Glaube an dessen individuelle Gestaltungskraft) unmittelbar aus der fortwährenden Gefährdung eben dieser Stabilität des Subjekts zu emanieren scheinen. Nur so ist erklärlich, daß die im 19. Jahrhundert sich herausbildende studentisch-militärische Variante des Duells der fortgesetzten künstlichen Herbeiführung und mutwilligen Inszenierung des Zweikampfs gleichsam als ‚Beglaubigungsritual' bedarf.[42] Es gibt im 19. Jahrhundert nur wenige ‚Zufälle', die zu einem Duell führen; umso mehr sind es gesuchte Situationen, die artifiziell erzwungen werden - bis hin zu den als Institution etablierten Bestimmungsmensuren der studentischen Corps, die überhaupt keines ‚ehrabschneidenden' Anlasses mehr bedürfen. Sie realisieren vielmehr das Paradox einer Planbarkeit des Kontingenten. Die Instabilität des Selbst-Gefühls (die nur die Kehrseite einer Emphatisierung des bürgerlichen Autonomiekonzepts ist) führt zu einer fortgesetzt als notwendig erachteten Erprobung des Duells als ‚Auskunftsmittel'; zu einer merkwürdigen Einlagerung des Duells zwischen ‚von außen' kommender Probe aufs Exempel, als einem notwendigen Messen des Selbstgefühls am Realitätsprinzip, und einer selbstinszenierten Situation, die bald als *Konstruk-*

---

[42] Frevert, *Ehrenmänner*, gibt Rechenschaft über diese Praktiken.

tion innerhalb der Normen des symbolischen Systems der Ehre, bald aber als *Kunstgriff* der Freiheit und Autonomie, die sich gegen diese Normen stellt, verstanden werden kann. Es ist nichts anderes als die immer wieder von neuem, sei es aus Systemzwang oder aus Rebellion gegen diesen, zu leistende ‚Besetzung' der Verlegenheitsstelle, die zwischen Kontingenzerfahrung und Providenzerwartung aufbricht.

Ein dritter Aspekt des Duells als Ritual betrifft das in ihm realisierte ‚Vorspielen' des Konflikts zwischen äußeren Ordnungskräften und innerer Gestaltungsenergie im Hinblick auf die Modellierung des Selbst und seine Anerkennung durch die Gesellschaft. Versteht man mit V. Turner ein solches Ritual als „einen Satz von Regeln, die soziales Verhalten existentiell konstituieren", somit als ein ‚soziales Drama' im Sinne eines „zeremoniellen Bewältigungsmechanismus der auf einen Regelbruch folgenden Krise"[43], so kann man, wiederum mit Turner, in einer solchen ‚cultural performance' ein Mittel der Zügelung der Gewalt-Energien erblicken, die aus eben jenen Konflikten herkommen, die bei der Stiftung von Ordnung grundsätzlich (und in jeder Gesellschaft) entstehen.[44] Es ist ein Gedanke, der im Hinblick auf Opferrituale auch von R. Girard geäußert (und von W. Burkert wie Vernant ausgearbeitet[45]) wurde: daß nämlich die im Opferritual geübte kathartische Gewalt gerade *durch* ihre Äußerung ‚unreine' soziale Gewalt verhindere; daß ‚dargestellte' Aggression als Mittel der Ordnungs-Erhaltung zu dienen vermag. Mithin verstünde sich das Duell als „framed activity", die dem Umgang einer Gesellschaft mit ihrem ‚Mehrwert' an Aggression dient. Das Duell ist, in seiner betonten Kombination von Gewalt und Kalkül, von ‚gezügelter Leidenschaft', die als Höchstmaß an Selbstbeherrschung und Selbstdistanzierung in Szene gesetzt wird, das genaue Muster einer solchen Repräsentation eines Paradoxes. In diesem Kontext gewinnt auch das Moment der Korporalität eine wesentliche Funktion. Bei der Inszenierung (und Rehabilitierung) männlicher (wie weiblicher) Ehre geht es um den *Körper* als ‚Einsatz' in einem solchen, die (bei der Ordnungsstiftung freigesetzte) Gewalt zum ‚Opfer' bringenden Spiel.

---

43 Vgl. Frevert, *Ehrenmänner,* S. 275. V. Turner, *Vom Ritual zum Theater – Der Ernst des menschlichen Spiels,* Frankfurt a.M. 1989.

44 „In this paper I do no more than suggest that most human symbolic performances are directly or indirectly concerned with harnessing the power of energies released in conflict in the service of meaning, and hence of making chaos the fire and fuel of the art of order, Caliban tamed by Prospero" (V. Turner, „Are there Universals of Performance", in *Comparative Criticism* 9 [1987], S. 35-58).

45 Burkert, *Wilder Ursprung,* S. 35f., Anm. Nr. 34, 36 und 37. Ferner zum weiteren Kontext J.P. Vernant, *Mythos und Gesellschaft im alten Griechenland,* Frankfurt a.M. 1987.

VII

Sowohl die lebensweltliche als auch die literarische Thematisierung der Ehre und des Duell-Rituals ist wesentlich geprägt durch komplizierte Strategien der Semantisierung. Dabei ließen sich unschwer einzelne Modelle solcher Zeichenbildung isolieren: das Modell eines mythisch-religiösen ‚Gottesgerichts' (mit dem etwa Kleists *Zweikampf*-Novelle spielt); das ökonomische Modell nach dem Vorgang der von P. Bourdieu entwickelten Theorie der Ehre als ‚symbolischem Kapital'[46]; oder aber das Modell eines dem Aggressions-Potential einer Gesellschaft aufruhenden Energie-Haushalts, wie es die Girardsche oder Turnersche Theorie von Ritual und Opfer vorauszusetzen scheint. Diese Modelle ihrerseits stehen in Bezug zu demjenigen, was die Geschichte der Literatur als eine „Kasuistik der Ehre" sich entfalten läßt, die in den Texten in engster Verknüpfung mit einer Kasuistik der Ordnungsstiftung (zwischen Providenz und Kontingenz) und der aus ihr erwachsenden Schicksalssemantik zu sehen ist. Vielleicht ist das Verhältnis zwischen lebensweltlicher und literarischer Semantisierung am glücklichsten durch den Begriff der (wechselseitigen) Lektüre bezeichnet: der Fiktionalisierung des Faktischen und der Dokumentarisierung des Fiktiven. U. Frevert hebt in ihrem wichtigen Buch über das Duell hervor, daß dessen „eigentümliche Zeichensprache auch in der Epoche bürgerlicher Emanzipation und Hegemonie problemlos verstanden wurde, daß sie sogar neue Bedeutungen hinzugewann und darüber hinaus von mächtigen, für die kulturelle und soziale Reproduktion der bürgerlichen Klasse zentralen Institutionen (Militär, Universität) programmiert und vermittelt wurde" (S. 233).[47] Man könnte hinzufügen, daß zu dem so dokumentierten ‚Sinnbedürfnis' und ‚Ordnungsbedarf' noch ein Drittes hinzutritt: der aus den Machtstrukturen einer Gesellschaft emanierende *‚Inszenierungs'*-Bedarf. Die Erfahrung und Ermächtigung der Kontingenz, die das Providenz-Muster allmählich zu ersetzen beginnt, läßt das Theater einer Schicksalssemantik entstehen, die zwischen dem Code einer sozialen Schicht und dem Semantisierungspotential des ‚schöpferischen Einzelnen' angesiedelt erscheint. Hierbei spielen Geschichtswissenschaft und Literatur komplementär bedeutsame Rollen. Während die Geschichtswissenschaft, wie Koselleck gezeigt hat, gerade durch ihre Ästhetisierung zu einer

[46] P. Bourdieu, *Entwurf einer Theorie der Praxis auf der ethnologischen Grundlage der kabylischen Gesellschaft,* Frankfurt a.M. 1979 (suhrkamp taschenbuch wissenschaft 291). Vgl. hierzu Vogt/ Zingerle, *Ehre*, S. 24-27.

[47] Hinzuzufügen ist, was Weinrich hervorhebt: daß auch die Schule (wie die Universität) und ihr Literaturunterricht nicht unwesentlich zur Modellierung der Ehr-Thematik in einer Gesellschaft beitragen: Noch heute werden anhand der Texte vergangener Epochen die Ehr-Probleme durchexerziert und - wenn auch auf begrenzte, theoretisch vermittelte Weise - generalisiert. Im Kontext der sogenannten ‚political correctness' ist dies problemlos möglich. Weinrich, „Mythologie der Ehre", S. 355.

Tilgung jener Motivationsreste, die der Zufall mit sich führt, neigt, übernimmt die Literatur zunehmend die (kasuistische) Problematisierung solcher ‚ästhetischen Totalität', wie sie der Historiker des 19. Jahrhunderts für sich noch umstandslos in Anspruch nimmt: „Die historische Darstellung ist", schreibt W. von Humboldt in seiner Schrift „Über die Aufgabe des Geschichtsschreibers"[48], „wie die künstlerische, Nachahmung der Natur. Die Grundlage von beiden ist das Erkennen der wahren Gestalt, das Herausfinden des Nothwendigen, die Absonderung des Zufälligen."

In dieser Inszenierung, als einem Theater der Providenz, erzwingt der ‚Spieler', der als Abenteurer oder Hasardeur, als Improvisator oder Mime die Bühne betritt, eine Art Homöostase zwischen eherner Schicksals-Notwendigkeit und freier Gestaltungs-Kunst des eigenen Schicksals, indem er einen Verrechnungsvorgang zwischen Kalkül und Leidenschaft als rituelles Geschehen präsentiert, ein ‚kaltes' Ritual der Affektzügelung gewissermaßen, das für den Mehrwert an Aggression einer Gesellschaft den ‚Blutzins' entrichtet. Man könnte sich fragen, ob im Hinblick auf ein solches Schicksal-Spiel (zwischen Ordnung und Chaos, zwischen Providenz und Zufall), als der Nutzung der Ressourcen des Einzelnen gegen die Zwänge einer vom Zufall regierten ‚Außenwelt', nicht auch die Gesetze dieses Spiels noch schärfer beleuchtet werden könnten. Caillois hat in seinem 1967 publizierten Buch *Les jeux et les hommes*[49] vier Grundformen des Spiels isoliert, die durch Wettkampf, Glücksspiel, Rollenspiel und Rauscherfahrung charakterisiert sind. Es scheint, als partizipiere das ‚Spiel' des Duells an allen vier Konzepten; als verbinde es, im Rahmen seiner Inszenierungsstruktur, Ordnungsmuster und Chaos, Kalkül und Rausch auf suggestiv zusammengehörige Weise.

VIII

An den Kampf um Anerkennung, an das Spiel um Beglaubigung, Verlust und Wiederherstellung der Ehre ist - in der Lebenswelt wie im Text der Literatur - die Modellierung von Subjektivität geknüpft. Das Duell als Ritualisierung dieses Vorgangs erzwingt solche Anerkennung durch die Inszenierung der paradoxen Verkoppelung von Aggressionsäußerung und Zügelung des Triebs. Dieser Vorgang weckt sozialwissenschaftliches, sozialanthropologisches und literaturwissenschaftliches Interesse. Literatur kann hierbei nicht exklusiv zur Kenntnis genommen, sie muß vielmehr als ein kompliziertes Teilelement einer ganzen Kultur, als *eine* Zeichenordnung im Zusammenspiel mit anderen aufgefaßt und gelesen werden. Von größtem Interesse ist hierbei die Frage, welche

---

[48] Zitiert nach Hamacher, „Unterschiede", S. 12.

[49] R. Caillois, *Les jeux et les hommes, le masque et le vertige*, Paris 1967.

Funktion der literarische Text in diesem interdiskursiven Spiel gewinnt. Das Stichwort der ‚Kasuistik' deutet darauf hin, daß es affirmative, subversive und figurative Kräfte zugleich sind, die sich hier auf komplizierte Weise verschränken. Literarische Texte können mithin nicht nur als ‚Beispiele' für soziale Sachverhalte gelesen werden, sondern weit eher als ‚Teilnehmer' an diesen; sie können nicht als Applikationen aufgefaßt, sondern nur als Wirkelemente eines sozialen Systems wahrgenommen werden, das aus verschiedenen, miteinander konkurrierenden Wirkungszentren gespeist wird.[50]

Ein beobachtender Durchgang durch die Literatur seit dem 17. Jahrhundert (unter dem Aspekt der Ehrthematik und des Duells) könnte deutlich machen, wie sich, zu Beginn, in Spanien Gesellschaftsordnung und Heilsordnung gleichsam homöostatisch verhalten und sich, in diesem providentiell organisierten Feld, die Modellierung männlicher wie weiblicher Ehre nach einem eschatologischen Muster vollzieht.[51] Ende des 18. Jahrhunderts ereignet sich, in zwei nebeneinander herlaufenden Schüben, ein erster Paradigmawechsel. Auf der einen Seite die hier zu Rate gezogene Novelle Casanovas, die die Figur des Abenteurers, mit Hilfe des Duells als Auskunftsmittel sozialer Etablierung, zwischen Bürgertum und Adel hindurchgeleitet und diesem Körperritual sozialer Inszenierung die Fama entgegenstellt - Schrift als Medium der öffentlichen Meinung, wie sie sich in der Zeitung (als dem neu sich formierenden Universum bürgerlicher Diskurse) niederschlägt. Auf der anderen Seite ein zweiter Strang: Er wird durch Schillers psychologische Novelle *Der Verbrecher aus verlorener Ehre (Verbrecher aus Infamie* von 1786) repräsentiert, die, die Figur des Rechtsbrechers mit der des Revolutionärs kreuzend, die republikanische Ehre (als die bürgerliche ‚Tugend'[52] schlechthin) in den Mittelpunkt stellt und abermals Körperzeichnung (durch ehrlos machende Brandmarkung) und Schrift der Öffentlichkeit gegeneinander setzt.[53] Eine Zwischenzone wird durch die Zeit der deutschen Klassik markiert. Der deutsche Idealismus bezeichnet das Duell, als selbstverantwortete Gestaltung eines Auskunfts-Rituals der Ehre *zwischen* Mann und Frau, durch eine Wendung nicht ins Konventionalisierte, sondern in die Inszenierung freier Menschenwürde, wie sie etwa

[50] Von der ‚Darstellung' des Duells im literarischen Text gibt es unzählige gleichsam transzendierende Manifestationen bis hin zum ‚Erzählduell' (zwischen Mann und Frau), wie es von Keller in seinem Novellenkranz *Das Sinngedicht* inszeniert wird.

[51] Vgl. Neumann, „Skandalon", S. 149-192.

[52] Toqueville konstatiert, ausgehend von Montesquieus *De l'esprit des lois*, eine Dreiheit von ‚honneur' (Monarchie), ‚vertu', Bürgersinn (Demokratie) und ‚crainte' (Despotie); vgl. Weinrich, „Mythologie der Ehre", S. 349.

[53] G. Neumann, „Die Anfänge deutscher Novellistik – Schillers ‚Verbrecher aus verlorener Ehre' - Goethes ‚Unterhaltungen deutscher Ausgewanderten'", in *Unser Commercium – Goethes und Schillers Literaturpolitik*, hg. W. Barner/E. Lämmert/N. Oellers, Stuttgart 1984, S. 433-460 (Veröffentlichungen der deutschen Schillergesellschaft, Bd. 42).

Goethes *Iphigenie* oder Schillers *Handschuh*-Ballade so eigenwillig zur Erscheinung bringen.

Zu Beginn des neuen Jahrhunderts sind es dann erneut zwei differierende Stränge der Überlieferung, die Beachtung verdienen. Da ist auf der einen Seite Kleists *Zweikampf*, der einen Konflikt zwischen Lebenswelt und Transzendenz zum Thema macht: Autonomieanspruch der idealistischen Philosophie (Kleists Kant-Erlebnis), Autonomisierung der Disziplin, wie sie das preußische Heereskonzept prägt, und Stummheit der Transzendenz gehen hier jene Allianz ein, die die Erosion des Auskunftsmittels der Ehre in der Gesellschaft, des ‚Duells', mit der Erosion der Providenz-Dramaturgie der Literatur engführt. An die Stelle der Entscheidung und ‚Urteilsfindung' durch das Ritual tritt hier die Prozessualisierung des ‚point d'honneur', das verschleppte Verfahren eines unabschließbaren hermeneutischen Prozesses.

Da ist aber auf der anderen Seite, etwa gleichzeitig mit Kleist, Brentanos *Geschichte vom braven Kasperl und dem schönen Annerl* (1817), eine Ehr-Geschichte kat'exochen. Sie exponiert eine der Kleistschen vergleichbare Aporie der Legitimierung eines Subjekts durch einen Ehren-Kodex: die militärische Ehre des Mannes, die sexuelle Ehre der Frau betreffend; zugespitzt nun aber auf die Ehre dessen, der deren beider Geschichten erzählt. Brentanos Erzählung ist das erste Beispiel einer Inszenierung des ‚point d'honneur' auf der Ebene der Erzählinstanzen: der alten Frau als Erzählerin zum einen, die einem christlichen Providenz-Konzept eschatologischen Zuschnitts verpflichtet bleibt; des sich seiner Profession schämenden „Schreibers" andererseits, dessen vergeblicher Ehranspruch darin besteht, durch eine Bittschrift in die Wirklichkeit einzugreifen, Leben erhaltend zu wirken: ein Erzählduell, das zwischen Mann und Frau, vor dem Hintergrund eines Ehrkonzepts der Autorschaft, sich entspinnt - und ohne Entscheidung bleibt. Der Schluß des Textes erscheint von einer Ordnungsaporie bestimmt, die zwei obsolete Ordnungsmuster miteinander konfrontiert: klassizistisches Denkmal und feudalistische Kunstkammer, Bild-Werk und museales Natur-System.[54]

So vollzieht sich - zwar in veränderter Form, aber in analoger Grundtendenz - eine Erosion des Providenz-Prinzips in Kleists wie in Brentanos Novelle: bei Kleist in Gestalt einer unabschließbaren Hermeneutik des Providentiellen, bei Brentano in einer Inszenierung der Providentialität des Erzählaktes selbst - als hermeneutischer Anspruch, der freilich zuletzt seinerseits kollabiert. Bei beiden Autoren wird die Verlagerung der providentiellen Instanz aus dem Bereich der Transzendenz auf den schreibenden Autor selbst vollzogen. Er ist es, der

[54] G. Neumann, „Der Schreiber und die alte Frau – Weibliche und männliche Autorschaft in Brentanos ‚Geschichte vom braven Kasperl und dem schönen Annerl'", in I. Schabert/B. Schaff (Hgg.), *Autorschaft – Genus und Genie in der Zeit um 1800*, Berlin 1994, S. 233-263 (Geschlechterdifferenz & Literatur, Publikationen des Münchner Graduiertenkollegs, Bd. 1).

alle ‚Kontingenz' in die Notwendigkeit seines Schreib-Spiels überführt - bei Brentanos geschieht dies mit schlechtem Gewissen, bei E.T.A. Hoffmann dann, ein wenig später, etwa in seiner Novelle *Spielerglück,* erscheint es zum Prinzip des Weltverstehens schlechthin erhoben, als jenes „serapiontische Prinzip", das als Erzähl-Generator von Hoffmanns Novellenzyklus *Die Serapionsbrüder* von 1819 präsentiert wird.

So ist es der Schritt vom Welttheater zum Seelentheater, der sich, geknüpft an den Verfall des Providenz-Konzepts, mit der Verwandlung der die Welt ordnenden Instanz der allmächtigen Gottheit in den schreibenden Autor vollendet; eines Autors, der, indem er schreibt, zugleich sich selbst ermächtigt hat, ‚Schicksal zu spielen', in seinem Text ein Spiel auf Leben und Tod zu entfachen.

Gerhard Neumann

Statement zum Thema „Hasardeur", „Schicksalsspieler"

In Anknüpfung an Schnitzlers Novelle *Casanovas Heimfahrt* ließen sich wohl noch einige Überlegungen zum erzählenden Umgang mit dem doppelten Schicksalsmuster von Providenz und Kontingenz um die Wende zum 20. Jahrhundert anstellen. Eine das Terrain sondierende These könnte hierbei lauten, daß durch die zunehmende Korrosion einer leitenden Instanz irdischer Schicksalsmuster an die Stelle des Postulats eines transzendenten Schicksalsspielers ein in der Lebenswelt verankerter Gestus des Inszenierens tritt, aus dem die Legitimation des Erzählaktes wie von selbst hervortritt und der sich in den Gestalten des ‚Hasardeurs' und des ‚Schicksalsspielers' signifikant verdichtet. In ihnen bezeugt sich ein Muster säkularisierter Legitimation des Lebensspiels, das sich an Schnitzlers spätem Text *Casanovas Heimfahrt* besonders deutlich wahrnehmen läßt und ihm geradezu exemplarische Bedeutung verleiht.

Unter diesem Aspekt der Legitimierung des narrativen Aktes gewinnt Schnitzler, der lange als eher konventioneller Erzähler ‚lebenswahrer' Geschichten gegolten hatte, neue und innovative Züge. Seine späten Novellen geben dem Problem des Erzählens und seiner Legitimierung, das aus dem heiklen Konnex von Wahrnehmung und Darstellung entspringt, eine neue Wendung; und zwar dadurch, daß Schnitzler das Strukturmuster der ‚Theatralisierung' als gleichsam ‚vermittelndes' Dispositiv zwischen Mimesis der Lebenswelt und Narration einführt. ‚Theatralität' als aller Transzendenz (etwa im Sinne eines barocken ‚Welttheaters') entrücktes Darstellungskonzept erweist sich als jenes Strukturmoment, das - nach dem Zusammenbruch der Schicksalssemantik des 19. Jahrhunderts - dem Autor die Möglichkeit eröffnet, eine Welt darstellerisch zu bewältigen, in der keine die Weltordnung verbürgende höhere Wahrnehmungs- und Darstellungsinstanz mehr auszumachen ist. Kein Zweifel: In diesem Knäuel von Legitimierungsschwierigkeiten gibt sich ein Problem zu erkennen, an dem sich schon Hebbel (mit seiner Theorie von den Bruchstellen zwischen den Weltaltern: *Herodes und Mariamne)* und Stifter (mit seinen verzweifelten Versuchen, der Vorsehung ihre Legitimität noch einmal abzuringen: *Abdias)* unermüdlich abgearbeitet haben und das nun, in den Erzähltexten der Jahrhundertwende, neue Form und neue Virulenz gewinnt.

Schnitzlers innovatorische Erkundungen ließen sich dahingehend präzisieren, daß er die genannte Aporie zu bewältigen sucht, indem er in seine Texte ebenso spielerisch wie zuletzt planmäßig Kontingenzprotagonisten einsprengt: Hasardeure, Improvisatoren, Schauspieler ihrer selbst; Abenteurer, Hochstapler und vielfach verkleidete Trickster *(Zum großen Wurstel);* Schicksalsspieler und Spielerfiguren also insgesamt, sämtlich Gestalten, deren einzige Funktion darin zu bestehen scheint, den Zufall, der das Sinngefüge der Welt zersetzt, zu nutzen, zu deuten oder durch Geschick oder Betrug ‚providentiell' zu manipulieren; kurzum: dem Prinzip des „bestochenen Zufalls" (M. Kommerell) Geltung zu verschaffen, der auf listige und ‚individuelle' Weise zwischen Kontingenz und Providenz siedelt.

Dieses Verfahren, Theatralität als Dispositiv einer neuen, instanzenlosen, ja die Transzendenz ausschaltenden Schicksalssemantik zu entwickeln, ist in Schnitzlers Werk allenthalben zu gewahren, und zwar sowohl in seinen dramatischen Produktionen als auch in den von ihm entwickelten narrativen Strategien. Was die Theaterstücke betrifft, so zeigt sich dieses Muster einer strukturell genutzten ‚Theatralität' bereits in Schnitzlers Einakterdebüts: Da ist *Anatol,* dessen erste Szene die situative Wahrheitserkundung, als die „Frage an das Schicksal", in einen Hypnoseakt kleidet, das Auf-die-Probe-Stellen der Frau als „grande simulatrice"; da ist der *Reigen,* welcher das Inszenierungsmuster des erotischen Akts nach dem Modell des theatralen „spotlights" (des ‚interruptus') organisiert, das seinerseits aus der (metatheatralen) Stroboskopie, nämlich der Theaterzensur und ihrer Schnitte (‚Unterbrechungen'), resultiert. Da wäre aber auch - ein anderes Exempel - Schnitzlers *Zwischenspiel* zu nennen, ein Dreiakter, in dem die Theaterstruktur selbst, als Institution der Inszenierung, thematisch leitend wird und das Stück als Ganzes zu einer Poetologie des Einakters, des inszenierten ‚spotlights' und der Unterbrechung als inszeniertem Schicksalsprinzip erhebt. Und da ist schließlich die *Komödie der Worte,* in der drei exemplarische ‚Inszenatoren' zu ‚Herren' des Stücks und der in ihm herrschenden Lebensordnung gemacht werden; Impresarios des eigenen wie des fremden Lebens, die - jeder auf seine Weise - Schicksal zu spielen versuchen: ein Arzt, ein Schauspieler und ein Dichter.

Aber auch Schnitzlers Prosa gehorcht diesem Prinzip der Inszenierung als Präsentationsmuster eines von keiner transzendenten Instanz mehr verantworteten Geschehens, gleichsam einer ‚spotlight'-Realität augenblickshafter Theatralisierung. Da ist - in erster Linie - der von Schnitzler wiederholt als Darstellungsmedium in Anspruch genommene ‚innere Monolog', der ja seiner Definition nach, in der Prosa selbst ‚Inszenierung' zu realisieren, ‚Realität' auf der inneren Bühne des Bewußtseins zu kreieren versucht; da ist Schnitzlers *Traumnovelle,* die das Inszenierungsprinzip als narratives Modell zwischen imitativem und imaginativem Darstellungsmuster ansiedelt: eine ‚realistische' Novelle, die einen Traum inszeniert, einerseits; eine Traumstruktur aber zum anderen, die (durch Erzählstrategien des Vorlesens wie des Erzählens von Träumen und von Texten) als Novelle präsent wird; ein gedoppeltes Erzählmuster mithin, das zwischen Diskurs und Seelentiefe, zwischen flottierender Rede und Sprachlosigkeit des Unbewußten ‚vermittelt' - und zwar durch den Gestus des

Theatralen. Von größter Bedeutung in diesem Kontext ist dabei ohne Zweifel gerade Schnitzlers Geschichte mit dem Titel *Casanovas Heimfahrt,* eine ‚Novelle', die Reden als Erzählen vorzeigt und damit die den biographischen wie autobiographischen Pakt begründende Inszenierung von prägnantem Augenblick und sinnbildendem Lebensganzen als Schicksalsmuster thematisiert; ein Darstellungs-Weg, der Leben in Schreiben übersetzt und diesen Schreibakt wiederum seinerseits als Inszenierungsmuster von Leben ‚stufenweise' in Geltung zu setzen versucht: Da ist das frühere Leben Casanovas, dessen er sich in seinen Reden als eines die gegenwärtige Welt modellierenden Mythos bedient; da ist sodann die Schreibsituation selbst in einer Lebenskrise, in der der Chevalier de Seingalt gleichzeitig eine Streitschrift gegen Voltaire und das letzte Kapitel seiner Memoiren - das Liebes-Abenteuer ‚Marcolina', dessen er soeben Herr zu werden versucht - aufzuzeichnen beginnt; und da ist schließlich die angestrebte, als Neubeginn des Lebens verstandene Existenz in Venedig, die Casanova sich durch eben diese Schreibinszenierungen zu erarbeiten hofft. Damit wird von Schnitzler eine vielschichtige, den Inszenierungsgestus selbst repräsentierende Figur vorgestellt, die Akteur, Schöpfer und Erfinder, Garant und Simulant, mit einem Wort: Improvisator des eigenen Lebens ist; der Inszenator eines fingierten Schreibtheaters, das gleichzeitig als Legitimations- und Produktionsmuster des Lebensschicksals fungiert.

Freilich muß hinzugefügt werden, daß dieses von Schnitzler so virtuos entwickelte Muster selbst - die Verknüpfung von Schicksalssemantik und Theatralität im simulatorischen Akt - schon sehr viel früher in der Literatur des 19. Jahrhunderts virulent geworden war; und zwar zunächst im Bildungsroman des endenden 18. und beginnenden 19. Jahrhunderts, der ja, wie vielleicht am konsequentesten Goethes *Wilhelm Meister,* probeweise das Modell theatraler Inszenierung an die Stelle einer durch eine höhere Instanz (das „höhere Leitende", wie Goethe einmal sagt) gelenkten Schicksalssemantik setzt. Diese Frage nach dem Quellpunkt des als sinnvoll sich gestaltenden Geschehens (und seiner Verantwortbarkeit) wird von Goethe dann in einem kühnen narrativen Experiment, den *Wahlverwandtschaften,* auf die Spitze getrieben; einer novellistisch angelegten Probe aufs Exempel der Überschreibung von Kontingenz durch Providenz, die ihren Platz ursprünglich (als ein Schicksalsexperiment in einer Reihe anderer, konkurrierender) in *Wilhelm Meisters Wanderjahren* finden sollte. Es ist bei genauerer Betrachtung deutlich wahrnehmbar, daß Goethe in seinen *Wahlverwandtschaften* dem narrativen Konzept, das die Erzähl- wie Lebensstrukturen lenkt, in Frage stellt und spielerisch relativiert, ein theatrales Dispositiv zugrundelegt: nicht zuletzt durch die Darbietung der ‚lebenden Bilder', die im Zentrum des Romans stehen. Goethe bezieht sich dabei auf zwei problematische Stellen im theatralen Schicksalskonzept der europäischen Tradition selbst, das ja schon durch das antike Drama auf vollkommene Weise repräsentiert und zutiefst problematisiert wurde: Da ist auf der einen Seite das tragische Konzept des Opfers als mythisches Muster der Ordnungsstiftung, wobei das Opfer als ein Ritual der Wiederherstellung der chaotisch auseinanderbrechenden Welt begriffen werden kann, eine rituelle Zügelung jener Gewalt, die bei der Gründung von Ordnung freiwird; Adressat des Opfers ist in diesem Fall eine transzendente Instanz, vertreten durch die Schar der Götter und die dunkle, ihnen vorgeordnete Macht der Moira. Da ist auf der anderen Seite aber die Komödie und das von ihr inszenierte, gleichsam ,ludische' Schicksalsmodell, als dessen Garant und Inszenator kein Gott, sondern der Kuppler als förmlich parodistische Instanz der Herstellung von Ordnung im Chaos fungiert. Was dem tragischen Konzept als bitterer Ernst des Opfers erscheint, wird hier, in der Komödie, als parodistische Struktur gezeigt, als ingeniöse Simulation, die auf eine weltimmanente Instanz, nämlich die Figur des menschlichen Mittlers, des Intriganten und Parasiten, des Lebensspielers und Tricksters hin orientiert ist. Hier ist an jene Gestalten (der Komödie, der Tragikomödie, ja sogar der Tragödie - etwa bei Shakespeare) zu erinnern, die als Kuppler (wie Pandarus in *Troilus und Cressida),* dann auch als Narren, wie Scapin in Molières Komödie *Les Fourberies de Scapin* einer ist, aber schließlich auch - wie Mephisto in Goethes *Faust* - oder, abermals parodistisch, der „Unbestechliche" in Hofmannsthals gleichnamigem Drama, der „die Oberaufsicht über das Ganze" zu usurpieren weiß, als „Geister", die stets das Böse wollen und stets das Gute schaffen, selbst zu Inszenatoren von Schicksal werden; zu Figuren, deren Aufgabe die Wiederherstellung des ausbrechenden Chaos in ,Ordnung' zu sein scheint. Diese im Wechsel inszenierte Überschichtung von transzendenter und immanenter Instanzierung des Geschehens, einer Tragik, die durch das Opfer beschwichtigt, einer Komödie, die das Chaos (durch den Kuppler) momentlang in einen Kosmos umschmilzt, offenbart sich dann auch in jener besonderen Schicksalssemantik, wie sie sich etwa in Kleists Dramen auf suggestive wie unvergleichliche Weise äußert: so im *Amphitryon* (der Komödie des Molière auf so unähnliche Weise nachgespielt), wo Gott und irdischer Feldherr auf der einen Seite, der göttliche Hermes und des irdischen Feldherrn Diener auf der anderen Seite in ein prekäres Spiel verwickelt werden, das transzendente und spielimmanente Instanz zu zersprengen droht, eine tödliche Infektion der Zeichen und ihrer Bewahrheitungskraft zwischen Gott und den Menschen. Etwas ähnliches - freilich auf anderer Ebene und unter anderen Bedingungen - ereignet sich auch in Kleists Komödie *Der zerbrochene Krug,* wo der dem Ödipus nachgebildete Dorfrichter Adam in der Doppelrolle der transzendenten wie der immanenten, der Tragödien- wie der Komödien-Instanz erscheint. Und ähnliche Muster der theatralen Beglaubigung wie Destruktion mögen wohl auch in Kleists *Zweikampf* und der dort inszenierten Dubiosität des Gottesurteils sich abzeichnen, das durch die Geschicklichkeit und Schicksalsspielerei der irdischen Protagonisten entschieden werden kann - freilich ohne daß die Zeichen der Welt diesem atemberaubenden Beglaubigungsflug zu folgen vermöchten. Sollte dieses zweifelhafte Spiel der Beglaubigung aus der Autorität von Opfer oder Trickster auch in der *Penthesilea* Kleists noch eine Rolle spielen und der listenreiche Odysseus - eine bislang unterschätzte Figur - dabei seine Hand im Spiele haben?

Ähnliche Konstellationen zeichnen sich übrigens auch in Grillparzers Dramen, namentlich aber den der antiken Tragödie nachgespielten, ab: so das tödliche Menschenopfer in der *Medea,* wo die der Protagonistin zugeordnete Amme eine merkwürdige Kupplerfunktion gewinnt; so aber auch, in der Komödie, die zwischen Tun und Reden burlesk eingesprengte Trickster-Figur des Küchenjungen Leon in Grillparzers *Weh dem, der lügt!.*

Alle diese Momente eines doppelten, zwischen Transzendenz und Immanenz, zwischen Providenz und Kontingenz schwankenden Schicksalsspiels gewinnen aber auch noch in einem anderen, in sozialgeschichtlichem Kontext Bedeutung, der mit der Geschichte literarischen Erzählens freilich (wie Kleists *Zweikampf* zeigt) untrennbar verknüpft ist: in der langen Tradition des Duells. Im Duell geht es einerseits um die Schaffung einer rituellen Situation, die das Opfer als Form des Freikaufs, als Form der Wiederherstellung einer zerbröckelnden Ordnung zu funktionalisieren vermag, und zwar in einer künstlich hergestellten, ihrer mythischen Elemente entkleideten Situation, in der es um den Blutzoll numinoser Archaik zu gehen scheint, der entrichtet werden muß, damit Ordnung wiederhergestellt werden kann; um den Einsatz des eigenen Körpers mithin, der im schlimmsten Fall - als Selbstopfer oder gar als Selbstmord - Medium der Restitution von Lebensordnung und Lebenssinn wird. Von hier reicht eine Linie bis zu Kafkas „Hungerkünstler“ in dessen gleichnamiger Novelle, der mit seinem Tun das - aller transzendenten Beglaubigung entrückte - Lebensweltmodell mit dem ihm korrelierten Kunstmodell zu verknüpfen unternimmt. Kafkas „Hungerkünstler“ setzt in einem künstlich in Szene gesetzten Ritual den eigenen Körper als jenes Zeichen ein, das zum beglaubigenden Opfer des Bedeutungsspiels wird. Was sich hier ereignet, ist ein Duell des Künstlers mit der Gesellschaft (die als Ensemble aller potentiellen Rezipienten begriffen wird), das mit dem Selbstopfer eben dieses Künstlers endet.

Andererseits geht es aber in dieser Situation des Duells um die Kreation einer neuen, bislang so nicht ins Geschick des Lebens gebrachten Vermittlerfigur, die zwischen Zufall und Vorsehung ihr zwielichtiges Spiel treibt: um den Hasardeur nämlich und Schicksalskuppler, der durch Strategie, Simulation, Hochstapelei und Improvisation Schicksal ‚spielt‘ und damit gleichsam ‚das Schicksal selbst in die Hand nimmt‘ (Goethes *Goetz* ist eine fast noch tragisch aufgefaßte Vergegenwärtigung dieses Verhaltens). Vielleicht ist es Schnitzlers bedeutendste Leistung, daß er - man könnte fast vermuten: als erster - dieses Inszenierungsmoment im Kontext der Duellproblematik wahrgenommen hat und als Schicksalsmuster auch zu operationalisieren vermochte. Dabei fällt auf, daß Schnitzler - erzählstrategisch gesehen - seinem Problem von zwei Seiten her zu Leibe rückt: mit Hilfe des Theatralitätsdispositivs des Traums einerseits, mit Hilfe des Spiels, jenem anderen, dem Theatralitätsmuster komplementär entsprechenden Dispositiv, andererseits.

Zunächst also der Traum: Dieser spielt, bei der so aufgefaßten Errichtung eines Legitimation erzeugenden Inszenierungsdispositivs für die Narration, in Schnitzlers Werk eine wesentliche, ja zentrale Rolle: und zwar als Organ jener „Tricherie" zwischen Außenwelt und Innerlichkeit, Realem und Imaginärem, in welcher Verschiebung, Verdichtung und Wiederkehr des Verdrängten ihr ‚theatrales' Darstellungspotential entfalten. Susanne Lüdemann ist in einem wichtigen Buch *(Mythos und Selbstdarstellung – Zur Poetik der Psychoanalyse)* der Frage nachgegangen, wie diese Momente - Verschiebung, Verdichtung, Wiederkehr des Verdrängten - als Figuren einer Rhetorik des Theatralen das Erzählmuster der Träume in den narrativen Strategien von Sigmund Freuds *Traumdeutung* bestimmen. Von hier aus führt denn auch eine geheime Verbindungslinie zu Schnitzler; denn Schnitzler ist es, der - wohl als erster Erzähler der Moderne - die Traumarbeit als Dispositiv einer Kontingenzbewältigung nutzt. Schnitzler hat gleichsam das von Freud erfundene Muster der Traum-Novelle (den Umstand also, daß Träume novellistische Strukturen besitzen und selbst Erzählmuster, „Familienromane", sind) poetologisch konsequent realisiert, und zwar durch die deutliche Indizierung dieser Träume als ‚Inszenierungen', die Schicksalsmuster bilden, simulieren, zersetzen oder diktatorisch zur Geltung bringen. Dieses Sprachereignis, als ein Legitimierungsereignis, setzen Schnitzlers Texte, seine Theaterstücke wie seine Novellen, in Szene. Zum Dispositiv des Traums tritt aber bei Schnitzler noch ein weiteres schicksalsstrategisches Muster hinzu: dasjenige des Spiels als eines neben dem Traum wirksamen Mittels, um ‚das Schicksal zu zwingen'.

Auch im Spiel und seinen hochdifferenzierten Inszenierungsformen erweisen sich übrigens die beiden bereits aus dem theatralen Kontext als bedeutsam erkannten Momente als wirksam: das Opfer auf der einen Seite, die Gestalt des Schicksalsspielers auf der anderen Seite. Zunächst aber zum Opfer, das als Einsatz ‚gebracht' werden muß, so daß, in ludischer Simulation, Ordnung gestiftet und Schicksal begründet werden können. In diesem Opfer-Kontext der Moderne ist es das Geld, das zentrale Bedeutung gewinnt. Es erweist sich als der universelle Signifikant schlechthin, der doch zuletzt eine Widerlegung aller Schicksalssemantisierung impliziert; aus dem einfachen Grund, weil Geld, als einziges aller Zeichensysteme, keine definite Semantik mehr besitzt. Das Paradox, das hier zur Geltung gebracht wird, ist die Tatsache, daß Geld als Semantisator, der selbst keine eindeutige semantische Qualität mehr hat, sondern nur noch ‚Quantität' repräsentiert, als Generator von Schicksalsinszenierung ins Spiel kommt. Es ist ein Konvertierungstrick, der hier förmlich als Täuschungsmanöver eingesetzt wird, um Chaos in Kosmos zu fälschen, um Sinnstiftung durch Schicksalsordnung wieder in Geltung zu setzen; und zwar dadurch, daß Qualifizierung durch Quantifizierung überstimmt wird, daß Quantifizierung in Qualifizierung umspringt.

Aber auch das zweite Motiv strategischer Semantisierung des Schicksals, das neben dem Thema des Opfers (und seiner Modulierung durch das Geld) seine Wirksamkeit entfaltet, dasjenige des Kupplers und Lebensspielers, tritt, wie im Traum, so auch im Zusammenhang des Spiels in Geltung. Auch im Spiel gibt es ja einen Inszenator und Meisterludisten, einen Hasardeur und Improvisator, der über das Geheimnis der Intuition wie der Improvisation verfügt und als Trickster, Falschspieler oder Hochstapler in den Prozeß der Semantisierung von Welt eingreift. Dabei liegt der Gedanke nahe, daß das Spielen mit Geld als eben jener Betrug aufzufassen ist, der zwischen Mimesis und Fiktion, zwischen Schicksallesen und Schicksalspielen, zwischen Entziffern und Agieren auf heikelste Weise vermittelt; und zwar dadurch, daß das Spiel mit Geld im Rausch des Einsatzes unvermerkt an die Stelle einer Qualifizierung bloß noch eine Quantifizierung (den Spielgewinn nämlich) setzt.

Wollte man noch einen Schritt weitergehen, so könnte man behaupten, daß gerade durch den strategischen Einsatz des Spiels in diesem Kontext ein merkwürdiger, die Schicksalssemantik wesentlich betreffender Zusammenhang zwischen Mimesis, Manipulation und Simulation hergestellt wird: mithin zwischen inszenatorischem Agieren und Sinnstiftung. Der Spieler, der etwas am Spieltisch gewinnt, bildet gewissermaßen die Ordnungsstiftung im Weltgeschehen ab, indem er dieses Geschehen - wie in einen Mikrokosmos - am ‚grünen Tisch', das heißt aber: auf dem Spieltisch inszeniert, simuliert und manipuliert. Für diesen Zusammenhang sind die zahlreichen Kartenszenen in der Opern-Geschichte symptomatisch, die ja die Geschichte einer trivialisierten Schicksalssemantik schlechthin ist - von Liebenden oder Kartenlegerinnen, von Hasardeuren oder Defraudanten inszeniert. Sie bilden das Vermittlungsglied zwischen Mimesis und Manipulation, das Gelenk, in dem Chaos in Ordnung, Quantität in Qualität, Inszenierung in Semantik umspringt. Im Feld der Narration denke man etwa an E.T.A. Hoffmanns Novelle *Spielerglück* aus den *Serapions-Brüdern,* wo beide Elemente, dasjenige inszenatorischer Aktion und dasjenige einer die Lebenswelt betreffenden Sinnstiftung, zusammentreten: der Kartenspieler auf der einen Seite, der in einem Miniaturmodell auf dem ‚grünen Tisch' ‚Schicksal spielt'; und die Semantik der Karten, ihre Bedeutung stiftende Kraft auf der anderen Seite; Bedeutungen, die, in deren Bildern und Motiven festgehalten, (künftige) Wirklichkeit determinieren; das Schicksalspiel der Novelle dadurch ‚entscheidend', daß zuletzt von dem siegreichen Rivalen eine „Dame" ausgespielt wird. So erscheint das Kartenspiel als Vermittler zwischen abstrakter Geldsemantik und ‚mimetischer' Lebenssematik, gleichsam als ‚Shifter', der zwischen Spiel und Liebe, Ordnung und Chaos ‚pulsiert': ein Zusammenhang, der nicht nur Hoffmanns erwähnter Novelle *Spielerglück* zugrundeliegt, sondern auch im Zentrum von dessen merkwürdigem, lange unterschätzten Roman *Die Elixiere des Teufels* steht.

Das Kartenspiel gewinnt in diesem Kontext besondere Bedeutung, weil sich in diesem beide genannten Aspekte - Inszenierungspathos und Weltverstehen - eng verknüpfen. Auf der einen Seite wird im Kartenspiel Mimesis der Welt und Offenbarung ihrer Schicksalsstrukturen thematisch. Das Kartenlegen erweist sich als Orakel einer potentiell providentiellen Ordnung der Welt, die ausgespielten Karten sprechen von den Geschehensmustern der Welt und offenbaren das Schicksal der Menschen. Sie ermöglichen die Lektüre providentieller Prägungen und nähern sich damit dem ‚erinnerten Wissen' der Prophetie. Auf der anderen Seite aber erwächst der durch das Kartenspiel eröffnete Welt-Sinn aus der Manipulation und Geschicklichkeit des Hasardeurs und ‚Zufallsbemeisterers'. Er wird zum aus sich selbst legitimierten Schicksalsspieler, wenn er sein Können und seine Intuition einsetzt und es ihm dadurch gelingt, Geschehensmuster des Wirklichen prophetisch zu simulieren.

Eine merkwürdige Verbindung zwischen Schicksalssemantik des Spiels und jener anderen (ursprünglich von einer transzendenten Instanz verantworteten) Semantik der ‚Wirklichkeit' ergibt sich, wenn das Modell der ‚Schöpfung am grünen Tisch' mit demjenigen der Erzeugung von Leben durch Kunst sich verknüpft. Eben dies ist in Hoffmanns Roman *Die Elixiere des Teufels* der Fall, wenn der Autor das Motiv des Kartenspiels (als Simulationsmodell von Welt) mit dem Motiv des Pygmalion und des durch ihn zum Leben erweckten Kunstwerks (als demiurgischer Animation der Materie) verknüpft. Mimesis, Simulation und Manipulation gehen hier eine unauflösliche Allianz ein. Während die Karte ein ‚digitales' Zeichen ist, hiermit aber Manipulationsmedium bleibt und Gesetzen des Simulatorischen gehorcht, erscheint Galathea, die vom Mann aus toter Materie erschaffene Frau, als jenes ‚analoge' Zeichen des menschlichen Körpers, das - so könnte man sagen - durch einen irdischen Schöpfer förmlich ‚in den Schicksalsgriff' genommen wird: im Akt der Herstellung eines künstlichen Menschen. E.T.A. Hoffmann hat wie kein anderer über die Differenz zwischen simulatorischer und mimetischer Schicksalssemantik nachgedacht - sein Schöpfungsmodell des „serapiontischen Prinzips" ist das eindrucksvollste Zeugnis dieses Erwägungszusammenhangs. So ist es keineswegs ein Zufall, daß Hoffmann in seinen *Elixieren des Teufels* beide Motive miteinander verknüpft: dasjenige des Kartenspiels als simulatorisches Stiftungsmuster irdischer Ordnung und dasjenige des Pygmalion und seines (ganz aus ihm selbst begründeten) Belebungswunders. In den *Teufelselixieren,* die als Gegenmuster zum eschatologischen Sinnstiftungsritual des Abendmahls fungieren, erscheint denn auch die doppelte ‚Urproblematik' von Mimesis und Simulation frevelhaft verknüpft: das Abendmahl als das von Christus gestiftete Opfer auf der einen Seite, das die Realpräsenz der Ordnung der Welt in Erscheinung setzt, als eine gleichsam ideale Schicksalssemantik, die den Heilsplan und das providentielle Erlösungsmuster offenbart (eine authentische Mimesis, die Darstellung und Vergegenwärtigung zugleich ist); das Teufelselixier auf der anderen Seite, das die Manipulation des Chaos der Welt ist und damit jene trügerischen Ordnungszeichen hervorbringt, die der Lebenskuppler, der Hasardeur und Schicksalsspieler in seine Trickstersemantik des Falschspiels einzubringen vermag. In der Idee vom Künstler als ‚falschem Pygmalion‘ erscheinen beide Modelle, das der Mimesis wie dasjenige der Simulation, verbunden.

Spielerfiguren als Schicksalsspieler sind deshalb von so eminenter Bedeutung für das Problem einer weltimmanenten Schicksalssemantik (und ihrer beständigen Friktion mit providentiellen Verstehensmustern), weil sie die kontingenten Ereignisse der Lebenswelt in der Miniaturordnung des Spieltisches zusammenzwingen und diese Situation dann durch suggestive Verdichtung zu Modellstrukturen der Welt schlechthin ‚manipulieren‘. Vermittler in diesem Spiel zwischen Makrokosmos und Mikrokosmos, zwischen Weltordnung und Spieltisch, ist dabei der Universalsignifikant des Geldes selbst. Zunächst werden durch den Spieler die Elemente der Lebenswelt auf die auf dem Spieltisch zirkulierenden Münzen reduziert. Ein Umschlag tritt ein, wenn der Spieler sich durch die Usurpation der Regisseursrolle, als einer Rolle des souveränen Manipulators, zum Herrn des Schicksalsspiels aufschwingt und das durch ‚Tricks‘ gewonnene Geld in ein Agens von Lebenswirklichkeit umsetzt: Damit wird der Universalsignifikant Geld zum Organ der Lebensgestaltung; das ‚Quantum‘ (des Gewinns) wird durch einen Akt inszenatorischer Hybris in ‚Qualität‘ (Lebensqualität) umgesetzt. Das Geld selbst als indistinktes Zeichen entpuppt sich als Spielmarke der Manipulation. Dieser „Betrug“ im Schicksalsmuster zwischen Mimesis und Simulation ist es, auf dessen Demonstration es E.T.A. Hoffmann ankommt.

Das beginnende 20. Jahrhundert hat hier noch einmal einen Paradigmawechsel herbeigeführt. Was in der Welt des 19. Jahrhunderts das Geld ist, wird in der neu anbrechenden Ära zu jenen Medien der Nachrichtenübermittlung, die den ‚Menschenverkehr‘ (wie Kafka einmal sagt) regeln: zuletzt, in einer Reihe von Verschiebungen, zum Medium des Bildschirms. ‚Semantisierung der Welt‘, das heißt nichts anderes als: Zeichen lesen (Schicksalsmuster bilden), ihr Entstehen aus dem Chaos der Natur beobachten und gleichzeitig wahrnehmen, wie durch diesen Vorgang Sinn gestiftet wird. Dieser (zuletzt unabschließbare) Prozeß einer Verwandlung der (indistinkten) ‚Zeichen‘ der Welt in Schrift, Bild und Klang, der Konstruktion der Ordnung der Welt durch Literatur, Malerei und Musik wird im 20. Jahrhundert, vielleicht durch die Vermittlung des Geldes - und seines generellen Tauschwerts - als Universalsignifikant, stringenter als je zuvor in das Spiel der Medien überführt. Abbildung von Realität erscheint unter diesem Gesichtspunkt als die Parzellierung des Sichtbaren in gleichförmige elektronische Einheiten, die Bildpunkte, die, gleichsam als Manipulationsmasse, unendliche Möglichkeiten der Gestaltung virtueller Realität eröffnen: das im Medium festgehaltene Bild eines längst verstorbenen Stars beispielsweise, das durch virtuelle Animation die Möglichkeit willkürlich-unendlicher Artikulationen von Schicksalsmustern eröffnet.

Man könnte also sagen, daß das Schicksalsspiel des Hasardeurs über die Vermittlung des nicht semantisierten Universalsignifikanten, als welchen wir das Geld verstehen, erfolgt und durch eben diese Vermittlung allererst möglich wird. So gesehen ließe sich zugleich noch eine Analogie zwischen Hasardeur und Prophet, dem modernen und dem antiken ‚Schicksalsspieler' ausmachen; denn diejenige Systemstelle, die in der modernen Welt der Hasardeur besetzt, der sich des innerweltlichen Universalsignifikanten zur Vermittlung von Schicksalsmustern bedient, hat in der Welt der Antike der Seher inne, der Vates, der mit dem Universalsignifikanten göttlichen Wissens zu spielen und zu agieren vermag. Auch mit dieser Verdoppelung des Schicksalsspielers hat dann E.T.A. Hoffmann noch einmal experimentiert. Denn das von ihm zur Begründung seiner Poetologie erfundene „Serapiontische Prinzip" stellt ja den antiken Anachoreten und Seher Serapion (der zugleich als Patient einer psychiatrischen Kur vorgestellt wird) in den Mittelpunkt des ‚Schicksalsgeschehens': und zwar in einer genauen Zwischenstellung zwischen Theologie, Poetologie und Wahnsinn, zwischen Providenz, Kontingenz und Scharlatanerie, zwischen Gott, Wort und Geld.

Vielleicht ist zuletzt auch das Duell als soziales Ritual noch vor dem Hintergrund dieses dubiosen Schicksalsmusters zu sehen. Es setzt - in einer Welt streng hierarchisierter Repräsentation - statt des Geldes den puren Körper ein, der - im ernsten Spiel der Wiederherstellung der gestörten Ordnung - das Opfer des ‚Blutzolls' (ein ökonomischer Begriff) bringt und damit Weltordnung und Schicksalssemantik für einen weiteren Augenblick ‚saniert'.

Zusammenfassend könnte man sagen, daß die Bedeutung Schnitzlers für die Entwicklung literarischer Schicksalssemantiken im beginnenden 20. Jahrhundert wohl darin zu liegen scheint, daß es ihm - mit der Erfindung der Schlüsselfiguren von ‚Hasardeur' und ‚Schicksalsspieler' - gelingt, die Friktion von Mimesis und Simulation in der Schicksalsprägung der Moderne sichtbar zu machen und im Zeichen von Traum, Spiel, Duell, Opfer und Abenteuer auf markante Weise zusammenzuführen; in jenem unverwechselbaren Erzählmuster, das durch die Novelle mit dem Titel *Casanovas Heimkehr* so eindrucksvoll realisiert wird.

Wolfgang Preisendanz

KOMIK ALS KOMPLEMENT DER ERFASSUNG VON KONTINGENZEN

Zu fragmentarisch ist Welt und Leben!
Ich will mich zum deutschen Professor begeben.
Der weiß das Leben zusammenzusetzen,
Und er macht ein verständlich System daraus;
Mit seinen Nachtmützen und Schlafrockfetzen
Stopft er die Lücken des Weltenbaus.
(Heinrich Heine, *Die Heimkehr*, 58)

I

Daß das Thema dieses Beitrags die Grenzen einer Vorlage sprengen und die eigene Reichweite übersteigen würde, dämmerte mir bald nach seiner Anmeldung. Zudem dämmerte mir, daß zwei fundamentale Aspekte des Komischen - daß es im allgemeinen Bereich der Erfassung von Kontingenzen anzusiedeln und daß für seinen kommunikativen Gebrauch die Herstellung einer doppelten Ebene von Sinnbeziehungen erforderlich sei - in einer Reihe meiner früheren Arbeiten implizit virulent waren, daß ich also das Thema dieser Vorlage unvermerkt schon mehrmals ventiliert hatte.

Einige Hinweise mögen zeigen, wie ausgreifend eine systematische Darstellung der Komplementarität von Kontingenzerfassung und Komik angesichts der dispersen Gegenstandsbereiche geraten müßte. Da ist z.B. die Auseinandersetzung Lessings mit Wieland, der im *Agathon* einer Durchmischung von Tragischem und Komischem um einer natürlichen Abbildung des menschlichen Lebens willen das Wort redet. Die Argumentation Wielands läuft insgeheim darauf hinaus, die strikte Elimination des Zufälligen, Unwichtigen, Kontingenten beschneide die Komplexität fiktionaler Wirklichkeitsabbildung. Dem widerspricht Lessing in der *Hamburgischen Dramaturgie* mit dem anthropo logisch begründeten Einwand, das Beiseitelassen und Übergehen des Kontingenten übten wir doch in allen Augenblicken unseres Lebens: „Wenn wir Zeugen einer wichtigen und rührenden Begebenheit sind, und eine andere von nichtigem Belange läuft quer ein, so suchen wir der Zerstreuung, die diese uns drohet, möglichst auszuweichen. Wir abstrahieren von ihr, und es muß uns notwendig ekeln, in der Kunst das wieder zu finden, was wir in der Natur wegwünschten." Allein wenn „eben dieselbe Begebenheit in ihrem Fortgange alle Schattierungen des Interesses annimmt, und eine nicht bloß auf die andere folgt, sondern (...) notwendig aus der andern entspringt", verlangten wir auch in der Kunst keine abstrahierende Kontingenzrepression.[1] Das ist natürlich im Klassizismus vielfältig postuliertes und praktiziertes Prinzip der Ausgrenzung von - nicht nur scheinbarer und vordergründiger - Kontingenz aus dem Reich der Kunst.

Daß der picareske Roman eine innige, konstitutive Verbindung von Kontingenzbetonung und Komik aufweist, sei nur erwähnt, ebenso die konstitutive Funktion, die dem Zufall in der Komödie oder gar der Farce seit je eingeräumt wurde.

Wie Heines Begriff der „Weltironie" vor allem auf das Gemenge von vernünftigen und kontingenten Aspekten der Weltgeschichte, der sozialen und privaten Wirklichkeiten bezogen ist, bis zu dem Punkt, wo endlich das eigene Geschick wie die ungleichen Lose der Menschen überhaupt als „Unfug" bezeichnet werden und ein „Gott-Gamin Zufall" die Welt zu regieren scheint, hatte ich einst ausführlich dargelegt.[2] Heines Auflehnung gegen die Ausgrenzung des Fragmentarischen, Quereinlaufenden, Widersinnigen in Welt und Leben, sein Protest gegen eine von allzuviel „Unfug" absehende Kunst sind fundiert in einem Wirklichkeitsverständnis, dem sich weder die Selbst- noch die Welterfahrung zu einem sinnvollen Ganzen fügen wollten. Sein Konzept und seine vielfältige Demonstration von „Weltironie" bedeutet auch, daß in allen Wirklichkeitsbezügen wenigstens ein Rest von Kontingenz untilgbar bestehen bleibt.

Einen klassischen Fall der Einräumung und Depotenzierung von Kontingenz habe ich in meinem Buch *Humor als dichterische Einbildungskraft*[3] im deutschen poetischen Realismus anvisiert, wiederum ohne mir dessen 1963 deutlich bewußt zu sein. Unverständlich dürfte das nicht sein, kommt doch noch 1973 im Sachregister von *Poetik und Hermeneutik V: Geschichte - Ereignis und Erzählung* der Begriff Kontingenz nicht vor. Was sich nach Maßgabe der Lebenswelt als zufällig, nichtssagend, kontingent ausnimmt, wird in poetisch-realistischer Wirklichkeitsmodellierung so integriert, daß scheinbar kontingente Faktizität Element einer ästhetisch konsistenten Fiktionssyntax wird. Kontingenz wird ausgespielt und zugleich suspendiert, indem der narrative Humor die subjektive Reflektiertheit des Objektiven als eine Dimension des Objektiven selber präsentiert. Daß Kontingenz realisiert und gleichzeitig in eine in sich stimmige, eigengesetzliche Realitätsfiktion vereinnahmt wird, könnte ich nachträglich als Programm und Praxis des poetischen Realismus konstatieren.

Soviel zur Begründung, warum ich mich nicht zum Rückgriff auf virtuell einschlägige Vorarbeiten oder gar auf deren Synopse in neuem Bezugsrahmen

[1] *Gesammelte Werke,* hg. P. Rilla, Berlin/Weimar 1968, Bd. 6, S. 358.
[2] „Ironie bei Heine", in *Ironie und Dichtung,* hg. A. Schaefer, München 1970, S. 85-112.
[3] München [3]1985.

verstehen mochte, sondern eine ihrerseits kontingente Konkretisierung des Themas vorziehe. Auf schmaler Textbasis und in rigider Engführung möchte ich mich auf einige Beispiele konzentrieren, in denen Kontingenzerfahrung - einmal als Inbegriff der Welterfahrung, zum anderen als Korrelat der Geschichtserfahrung - ostentativ dargestellt, als auctoriale Option der Wirklichkeitsreferenz präsentiert und indirekt thematisiert wird.

II

In Jean Pauls „Des Luftschiffers Gianozzo Seebuch - Almanach für Matrosen, wie sie sein sollten“, als „Komischer Anhang“ dem monumentalen Roman *Titan* angefügt, beginnt der Bericht über die sechste Ballonfahrt mit dem Unterkapitel „Das Welttheater“, woraus ich in unvermeidlicher Länge zitiere:

> Viertehalbtausend Fuß tief rannte die weite Erde - ich glaubte festzuschweben - unter mir dahin, und ihr breiter Teller lief mit entgegen, worauf sich Berge und Holzungen und Klöster, Marktschiffe und Türme und künstliche Ruinen und wahre von Römern und Raubadel, Straßen, Jägerhäuser, Pulvertürme, Rathäuser, Gebeinhäuser so wild und eng durcheinander herwarfen, daß ein vernünftiger Mann oben denken mußte, das seien nur umhergerollte Baumaterialien, die man erst zu einem schönen Park auseinanderziehe.
> Auf der Fläche, die auf allen Seiten ins Unendliche hinausfloß, spielten alle verschiedenen Theater des Lebens mit aufgezogenen Vorhängen zugleich - einer wird hier unter mir Landes verwiesen - drüben desertiert einer, und Glocken läuten herauf zum fürstlichen Empfang desselben - hier in den brennend-farbigen Wiesen wird gemähet - dort werden die Feuersprützen probiert - englische Reuter ziehen mit goldnen Fahnen und Schabaracken aus - Gräber in neun Dorfschaften werden gehauen - Weiber knien am Wege vor Kapellen - ein Wagen mit weimarschen Komödianten kommt - viele Kammerwagen von Bräuten mit besoffnen Brautführern - Paradeplätze mit Parolen und Musiken - hinter dem Gebüsche ersäuft sich einer in einem tiefen Perlenbach, nach dem dabei zusehenden Kniegalgen zu urteilen - lange Fähren mit vielen Wagen ziehen unten über breite Ströme und ich oben gleichfalls, aber ohne Fährgeld - ein Schieferdecker besteigt den Stadtturm, und ein sentimentalischer Pfarrsohn guckt aus dem Schalloch, und beide können (das kann ich viertehalbtausend Fuß hoch observieren, weil die dünne Luft alles näher heranhebt) sich nicht genug über das hundert Fuß tiefe Volk unter sich verwundern und erheben - Gartendiebinnen mit Brustavisen stehen in Prangern wie Heilige in Kapellen sehr umrungen- einer auf Knien und hinter der Binde muß drei Kugeln seiner dreifarbigen Kokarde wegen in den Pelz auffangen - ein für die Kirmeß angeputztes Dorf samt vielen nötigen Verkäufern und Käufern dazu - katholische Wallfahrten, von schlechtem Gesang begleitet - ein lachender, trabender Wahnsinniger muß eingefangen werden - fünf Mädchen ringen entsetzlich die Hände, ich weiß nicht warum - über hundert Windmühlen heben im Sturm die Arme auf - die blühende Erde glänzt, die Sonne brennt aus den Strömen zurück, die muntern Schmetterlinge unten sind nicht zu sehen und die hohen Lerchen nur dünn zu hören, oder ich täusche mich sehr - das Leben hier schweigt und ist groß und droht fast - Gott weiß, welcher gewaltige böse oder gute Geist hier in dieser stillen Höhe dem Treiben grimmig-grinsend oder weinend-lächelnd zusieht und die Tatzen ausstreckt oder die Arme, und ich frage eben nichts nach ihm (...).[4]

[4] Jean Paul, *Werke*, hg. N. Miller, Bd. 3, München 1961, S. 959f.

Ohne von der Begriffsgeschichte und den diversen Definitionen auch nur annähernd gedeckt zu sein, möchte ich den zitierten Textausschnitt als Präsentation von Kontingenzerfahrung, von durchaus kontingenten Wahrnehmungsbildern lesen. Dafür sprechen kann wohl höchstens die Bedeutung von contingere als zusammenfallen, zusammen sich berühren, ohne daß sich in diesem Sich-Berühren ein Nexus, ein Zusammenhang abzeichnet. Gianozzo nennt die Ballongondel, die ihn zu seinen „Kreuz- und Querfahrten" führt, seinen „Siechkobel": so nannte man in Oberdeutschland die Quarantänehäuschen vor den Toren der Stadt; die Metapher markiert ebenso wie die distanzierende Erhebung über das menschliche Treiben die exzentrische Position des Luftschiffers. Die exzentrische Optik des Gianozzo basiert auf seiner Vogelperspektive, deren Simultanität der Wahrnehmungsbilder im Gegensatz zur Sukzessivität gewohnter Wahrnehmung steht. Mit der Distanz zur Erde ist die schiere Kontingenz seiner Beobachtungen verbunden. Dem Blick aus der Gondel präsentiert sich Gleichzeitigkeit ohne jede Bezogenheit bzw. Beziehbarkeit der perspektivischen Aspekte aufeinander, ohne identischen Pol: „Gleichzeitigkeit ist aber ein Verhältnis, in dem keine Kausalität gegeben ist" (N. Luhmann)[5]. Die Vorgänge sind im Modus purer Juxtaposition aufgeführt. Ihre Kontingenz ist auch nicht dort aufgehoben, wo ihnen Gegenläufigkeit oder Kontrast den Anschein der Aufeinanderbeziehbarkeit gibt („hier wird einer des Landes verwiesen - drüben desertiert einer"). Denkt man an die Selbstentzündlichkeit von Heu, so liegt in dem Nebeneinander von Heuernte und Spritzenprobe so etwas wie eine Ironie der Dinge; bereits auf der dritten Fahrt registriert Gianozzo solche Kontrastrelationen: „Drunten (...) stieg ein Dieb in eine Kirche ein - unweit davon stieg ein Mönch aus einem Kloster als Selbstdieb heraus - in den Wald liefen Wilddiebe - auf dem Feld Wächter gegen das diebische Wild."[6] Indessen unterstreichen solche Konstellationen ebenso wie die ausdrücklich vermerkte Unerfindlichkeit von Vorgängen („fünf Mädchen ringen entsetzlich die Hände, ich weiß nicht warum") den Effekt eines Panoramas simultaner, kontextloser und mithin im etymologischen Ursinn kontingenter Begebenheiten und Situationen. Auf ihre sinnfremde Faktizität reagiert der Luftschiffer das eine Mal mit kalter Indolenz: „Was ging mich das tiefe Volk an? - Ich ging zu Bette"; das andere Mal wird ihm beim „wilden ewigen Szenenwechsel" in seinem „alles zusammenspinnenden Weberschiffe miserabel, leer und wehmütig zumute". Die Kontingenzerfahrung, auf die Gianozzo überdeutlich abhebt, ist ambivalent: was zunächst als lächerliche Nichtigkeit registriert wird, führt dann zur Tristesse beim Gedanken, daß das ganze Universum, die „Paternosterschnuren von Welten" keinen Trost bietet: „O das Dortdroben werden auch Siechkobel umschiffen, und die Schiffskapitäne darin werden Kalender

[5] „Haltlose Komplexität", in *Soziologische Aufklärung* 5, Opladen 1990, S. 64.
[6] Jean Paul, *Werke,* Bd. 3, S. 942.

genug machen über ihr nur anders verrenktes Personale unter ihnen und werden zur Erde sagen: wahrscheinlich tout comme chez nous!"

Die Fahrt im Luftschiff ist bei Jean Paul mehrmals Sinnbild einer panoramatischen Sicht des Erdentreibens und der damit verbundenen exzentrischen Perspektive; „Bettaufhelfer vom tiefen Erdenschlafe" wird sie z.B. im *Hesperus* genannt. Dahinter steht eine alte und lange Tradition. Markant ist Lukians *Ikaromenippos oder Die Luftreise,* worin der von einem Raumflug, der ihn dem müßigen Philosophengezänk entrückt hat, zurückgekehrte Menippos berichtet, wie er vom Mond aus erkannt hat, wie klein die Erde ist, wie ameisenhaft die Menschen durcheinanderwimmeln, sich streiten, einbrechen, wuchern, prozessieren, ehebrechen, einander übervorteilen, um Belanglosigkeiten Krieg führen: „auf der einen Seite Gastmähler und Hochzeiten, auf einer anderen Seite Gerichtsstuben und Volksversammlungen; hier opfert ein Glücklicher sein Dankopfer, indem nicht weit davon ein anderer die Luft mit seinem Wehklagen erfüllt (...) überhaupt kam mir in diesem ganzen buntscheckigen und planlosen Schauspiel des menschlichen Lebens alles sehr lächerlich vor."[7] Die Konkordanz mit Jean Pauls „Welttheater" ist deutlich. Planlos - das ist ein Prädikat, das künftig den Begriff des Kontingenten wesentlich mitkonstituiert, und indem dem Ikaromenippos das Schauspiel des menschlichen Lebens zugleich planlos und lächerlich erscheint, tritt schon hier Komik in Verbindung mit Kontingenzerfassung.

Ikaromenippos ist ein Paradestück kynischer Satirik; Lukians Varianten der menippeischen Satire sind vorbildlich für die nachantike Prosasatire der europäischen Literaturen geworden. Indessen trotz den vielen Korrespondenzen von Menippos' Mondperspektive und Gianozzos Ballonausblicken, trotz der beiderseitigen Akzentuierung der dem kontingenten Erdentreiben inhärenten Komik handelt es sich bei Jean Paul letztlich nicht um einen satirischen Text. Was bei ihm die Komplementarität von Kontingenz und Komik stiftet, ist die neuzeitliche Form der Komik, der Humor, dessen erste ästhetisch orientierte (und noch immer unabgegoltene) Theorie Jean Paul ausgearbeitet hat. Max Kommerell hat in seinem monumentalen Jean Paul-Buch als erster erfaßt, daß sich im Gianozzo der humoristische Weltbezug literarisch inszeniert und reflektiert: „An abliegender Stelle, nämlich im komischen Anhang zum Titan, gelang Jean Paul eine geniale sinnliche Formel für das humoristische Weltverhältnis."[8] Es würde zu weit führen, hier zu belegen, wie die Kernpunkte seiner in der *Vorschule der Ästhetik* und daneben in seinen Romanen entfalteten Humortheorie in Gianozzos Seebuch zur Geltung kommen: die Vogelperspektive aus dem Siechkobel als Sinnbild der exzentrischen Position des Humoristen, bis hin zu Gianozzos Wort gegen Ende, vor dem Absturz „Ich bin geschieden

[7] Lukian, *Werke in 3 Bänden,* dt. Ch.M. Wieland, Berlin/Weimar 1974, Bd. 1, S. 123f.
[8] *Jean Paul,* Frankfurt a.M. 1939, S. 318.

von der Welt"; die „humoristische Totalität", für die es „keine einzelnen Torheiten" gibt, sondern „nur Toren und eine tolle Welt"; der Lachaspekt alles Endlichen, inclusive der eigenen Verwandtschaft mit der empirischen Menschheit, durch den Kontrast mit der Idee des Absoluten; die Alternativlosigkeit der Endlichkeitserfahrung aufgrund der Transzendenz des Unendlichen: „seine (des Humoristen, W.P.) Höllenfahrt bahnet ihm die Himmelfahrt. Er gleicht dem Vogel Merops, der zwar dem Himmel den Schwanz zukehrt, aber doch in dieser Richtung in den Himmel auffliegt."[9] Die „humoristische Totalität", die Lizenz zur uneingeschränkten „Weltverlachung" erwächst aus der „weltvernichtenden Idee" als „Widerlage des Komischen"; kraft seines gleichsam ‚ins Blaue' gehenden Transzendenzbezugs verschränken sich Lachen und Pathos. Die humoristische Positivierung von Negativität suggeriert ihre eigene Arbitrarität und Unverbindlichkeit. Daß im Rahmen einer solchen metaphysischen Fundierung des Humors alle Wirklichkeit im Zeichen der Kontingenz stehen kann, versteht sich; darauf deutet Kommerell, im Blick auf Gianozzo, hin, ohne den Begriff zu gebrauchen: „Das Bewußtsein des Humoristen, das die Welt willkürlich zu einem leeren Zugleich des Verschiedenartigen entgliedert - hier erdenkt es sich nicht bloß, hier sieht es sein absurdes Credo."[10]

Ein humoristisches Credo freilich. Niemand hat so auf das Rollenhafte des Humors gepocht, auf die ihm eigene Selbstinszenierung, wie Jean Paul. Humor charakterisiert er, so habe ich einmal formuliert, als Projektion einer Subjektivität, die den Schein der Unverbindlichkeit alles Verbindlichen vorspiegelt und die gleichwohl die Unbelangbarkeit dieses Scheins suggeriert.[11] Allerdings ist dieser Rollencharakter des Humors wiederum metaphysisch begründet: der christliche, vom Neuplatonismus mitbestimmte Begriff der ‚alienatio' ist bekanntlich bezogen auf die allgemeine Kontingenz der Welt, auf die Defizienz alles Seienden und besonders der menschlichen Seele, die sich ihres Mangels beständig erinnert.[12] Jean Paul hat den Humor ausdrücklich als säkularisiertes Erbe des Christentums begriffen: aus dem Bewußtsein der Mitbetroffenheit des Ich von der Kluft zwischen unvordenklicher Unendlichkeit und aller endlichen Wirklichkeit entspringt der Humor als „jenes Lachen, worin noch ein Schmerz und eine Größe ist", als das „umgekehrte Erhabene",[13] als prekäre Akzeptanz der mundanen Kontingenzen.

---

[9] Jean Paul, *Werke*, Bd. 5, S. 123f.
[10] *Jean Paul*, S. 319.
[11] Verf.,"Humor als Rolle", in O. Marquard/K. Stierle (Hgg.), *Identität* (Poetik und Hermeneutik VIII), München 1979, S. 432.
[12] Dazu G. Buck, *Rückwege aus der Entfremdung*, München 1987, 4. Kap., S. 155-193.
[13] Jean Paul, *Werke*, Bd. 5, S. 129.

III

Anderthalb Jahrhunderte nach dem Komischen Anhang zum *Titan* hat G. Grass im Kapitel „Die Ameisenstraße" der *Blechtrommel* ein analoges Panorama des Welttheaters entfaltet.[14] Im Prozeß gegen die jugendliche Stäuberbande wird nach anderen Mitgliedern Oskar Matzerath vernommen. Er sieht sich imaginär auf einem Sprungturm über einem wasserleeren Bassin, um das die Prozeßbeteiligten auf seinen Sprung, seine Aussage warten. Durch das Gericht und „die verführerische Natur eines Zehnmetersprungbretts" zum Sprung gedrängt und an die Situation Jesu auf dem Berg der Versuchung erinnert, läßt er mental Revue passieren, was sich alles in der Welt begibt:

> (...) da rollten sich kleine graue Kätzchen in meinen Kniekehlen, da paarten sich Igel unter meinen Fußsohlen, da wurden Schwalben in meinen Achselhöhlen flügge, da lag mir die Welt zu Füßen und nicht nur Europa. Da tanzten Amerikaner und Japaner einen Fackeltanz auf der Insel Luzon. Da verloren Schlitzäugige und Rundäugige Knöpfe an ihren Monturen. Da gab es aber in Stockholm einen Schneider, der nähte zum selben Zeitpunkt Knöpfe an einen dezent gestreiften Abendanzug. Da fütterte Mountbatten die Elefanten Birmas mit Geschossen aller Kaliber. Da lehrte gleichzeitig eine Witwe in Lima ihren Papagei das Wörtchen „Caramba" nachsprechen. Da schwammen mitten im Pazifik zwei mächtige, wie gotische Kathedralen verzierte Flugzeugträger aufeinander zu, ließen ihre Flugzeuge starten und versenkten sich gegenseitig. Die Flugzeuge aber konnten nicht mehr landen, hingen hilflos und rein allegorisch gleich Engeln in der Luft und verbrauchten brummend ihren Brennstoff. Das jedoch störte einen Straßenbahnschaffner in Haparanda, der gerade Feierabend gemacht hatte, überhaupt nicht. Eier schlug er sich in die Pfanne, zwei für sich, zwei für seine Verlobte, auf deren Ankunft er lächelnd und alles vorausbedenkend wartete. Natürlich hätte man auch voraussehen können, daß sich die Armeen Konjews und Schukows abermals in Bewegung setzen würden; während es in Irland regnete, durchbrachen sie die Weichselfront, nahmen Warschau zu spät und Königsberg zu früh und konnten dennoch nicht verhindern, daß einer Frau in Panama, die fünf Kinder hatte und einen einzigen Mann, die Milch auf dem Gasherd anbrannte. So blieb es auch nicht aus, daß der Faden des Zeitgeschehens, der vorne noch hungrig war, Schlingen schlug und Geschichte machte, hinten schon zur Historie gestrickt wurde. Auch fiel mir auf, daß Tätigkeiten wie: Daumendrehen, Stirnrunzeln, Köpfchensenken, Händeschütteln, Kindermachen, Falschgeldprägen, Lichtausknipsen, Zähneputzen, Totschießen und Trockenlegen überall, wenn auch nicht gleichmäßig geschickt, geübt wurden. Mich verwirrten diese vielen zielstrebigen Aktionen. Deshalb wandte meine Aufmerksamkeit sich wieder dem Prozeß zu, der mir zu Ehren am Fuße des Sprungturmes veranstaltet wurde.[15]

Er springt nicht, läßt sich auch nicht von der „auf Satans Schoß" sitzenden Zeugin Luzie Rennwand zum Absprung verführen. Daß hier „Weltgeschehen" zur Zeit des Zweiten Weltkriegs im Kopf Oskars im Zeichen völliger Kontin-

[14] Auf Jean Paul wie auf Rabelais und Petronius als seine literarischen Vorfahren hat Grass mehrmals hingewiesen, so in *Gespräche*, hg. K. Stallbaum, Darmstadt/Neuwied 1987, S. 33, 159.

[15] *Die Blechtrommel*, Frankfurt a.M. 1974, S. 472f.

genz erscheint, liegt auf der Hand. Ähnlich wie im *Gianozzo* werden Fakten aufgeführt, die außer ihrer zeitlichen Koinzidenz nichts miteinander verbindet. Auch Oskars Revue der Weltbegebenheiten zielt auf Gleichzeitigkeit als ein Verhältnis, in dem keine Kausalität besteht. Allerdings sind dabei systematisch private, alltägliche, triviale Vorgänge mit historisch bedeutenden, folgenreichen parallelisiert, bis zu dem Punkt, wo die „vielen zielstrebigen Aktionen" ein „planloses Aggregat menschlicher Handlungen" (Kant)[16] bilden. Die Hierarchie von Bedeutendem und Unerheblichem ist getilgt, es wird eine tiefenlose Welt suggeriert, in der es keinen Rangunterschied zwischen Banalem und Historischem, keine Fallhöhe zwischen Katastrophalem und Trivialem zu geben scheint. Bagatellhaftes und Importantes marginalisieren sich wechselseitig: das Anbrennen der Milch der Frau in Panama ist aus ihrer Sicht vordringlicher als die Kämpfe an der Weichselfront; im Zuge der Parallelisierung mit privaten Quisquilien gewinnen auch die historischen Ereignisse den Charakter von faits divers. Die Nivellierung des Unterschieds von Großem und Kleinem, die Vergleichgültigung, die nach Jean Paul den Humor charakterisiert, ist hier auf die Spitze getrieben. Und was unter der einzigen Maßgabe der Gleichzeitigkeit arrangiert wird, entbehrt jeder Synthese oder Einordnung in übergreifende Zusammenhänge.[17]

Was in der zitierten Textpassage verdichtet ist, die beziehungslose Parallelisierung von Privatem und Geschichtskontext, findet sich in zahllosen durch den Text verstreuten Vermerken, für die ich nur wenige Beispiele geben will:

> Ende Juli des Jahres nullnull - man entschloß sich gerade, das kaiserliche Flottenbauprogramm zu verdoppeln - erblickte Mama im Sternzeichen Löwe das Licht der Welt. - Erstaunlich, um wieviel schöner und bräutlicher die Hochzeitskleider waren, als man den Vertrag zu Rapallo unterzeichnete. - Im Juli vierzig, kurz nachdem Sondermeldungen den hastig erfolgreichen Verlauf des Frankreichfeldzugs gemeldet hatten, begann die Badesaison an der Ostsee. - Im September zweiundvierzig - ich hatte gerade sang- und klanglos meinen achtzehnten Geburtstag hinter mich gebracht, im Radio eroberte die sechste Armee Stalingrad - baute Greff die Trommelmaschine. - In jenen Tagen wurde Paris geräumt. Mir gegenüber das vielfenstrige Hauptgebäude der Schokoladenfabrik Baltic. Nach langem Lauf kam die Heeres-

16 „Idee zu einer allgemeinen Geschichte in weltbürgerlicher Absicht", in *Akademie-Ausgabe*, Berlin/Leipzig 1902-1923, Abt. I, Bd. 8, S. 29.

17 Komplement dieser Abstinenz ist die notorische Vermeidung jeglicher historiographischen Rhetorik. „Die Christenheit hielt den Atem an, als sie die ungeheuren Sätze aus dem Vatikan vernahm" las man neulich in einem Artikel über den Staufer Friedrich II., in bezug auf die Bannbulle Gregors IX. zu Ostern 1239. Daß die Welt, Europa, eine Nation den Atem angehalten habe, ist ein ebenso häufiger wie rein rhetorischer Topos der Geschichtsschreibung; er suggeriert eine kollektive Betroffenheit, um die Exuberanz eines Ereignisses zu unterstreichen. Je tiefer man indessen zu dem Gemenge der tatsächlichen Reaktionen und Aufmerksamkeitsgrade hinabsteigt, desto deutlicher zeigt sich das Redensartliche einer solchen Subsumtion aller partikularen Interessen unter eine allumfassende Bewußtseinslage. Grass' Insistieren auf der Gleichzeitigkeit von ‚Historischem' und ‚Trivialem' kann man auch als Gegenzug gegen die historiographischen Eliminierungsgebote lesen.

> gruppe Mitte an der Weichsel zum Stehen. Allerdings arbeitete Baltic nicht mehr für den Einzelhandel, sondern stellte Schokolade für die Luftwaffe her. (...) Während man bei hellstem Tageslicht im Pazifik ein Inselchen von Japanern säuberte, lag hier der Mond in allen Fenstern der Fabrik gleichzeitig. - Mitte Dezember startete Rundstedt seine Ardennenoffensive, und auch wir waren mit den Vorbereitungen für unsern großen Coup fertig.

Gewiß ist damit der Lebensgeschichte des Blechtrommlers ein überpersönliches chronologisches Gerüst eingezogen. Aber die politischen und kriegsgeschichtlichen Daten werden - vielmals nur in Parenthese - als buchstäblich beiläufige erwähnt, als Randereignisse ohne mehr als zufällige Koinzidenz mit den privaten Daten. Kurzum, statt Beispiel über Beispiel zu häufen: zeitgeschichtliche Hauptdaten gewinnen durch ihre beiläufige und semantisch oftmals komisch gefärbte Erwähnung den Anschein schierer, jeder Signifikanz barer Kontingenz.

Nicht anders steht es, wo historische Verläufe unter völligem Absehen von Zusammenhängen als bloße Abfolge, rein additiv aufgelistet werden:

> Zuerst kamen die Rugier, dann kamen die Goten und Gepiden, sodann die Kaschuben, von denen Oskar in direkter Linie abstammt. Bald darauf schickten die Polen den Adalbert von Prag. Der kam mit dem Kreuz und wurde von Kaschuben oder Pruzzen mit der Axt erschlagen. Das geschah in einem Fischerdorf, und das Dorf hieß Gyddanyzc. Aus Gyddanyzc machte man Danczik, aus Danczik wurde Dantzig, das sich später Danzig schrieb, und heute heißt Danzig Gdansk.
>
> Bis man jedoch zu dieser Schreibart gefunden hatte, kamen nach den Kaschuben die Herzöge von Pommerellen nach Gyddanyzc. Die hatten Namen wie Subislaus, Sambor, Mestwin und Swantopolk. Aus dem Dorf wurde ein Städtchen. Dann kamen die wilden Pruzzen und zerstörten die Stadt ein bißchen. Dann kamen die Brandenburger von weit her und zerstörten gleichfalls ein bißchen. Auch Boleslaw von Polen wollte ein bißchen zerstören, und der Ritterorden sorgte gleichfalls dafür, daß die kaum ausgebesserten Schäden unter den Ritterschwertern wieder deutlich wurden.
>
> Ein zerstörerisches und wiederaufbauendes Spielchen treibend wechselten sich jetzt mehrere Jahrhunderte lang die Herzöge von Pommerellen, die Hochmeister des Ritterordens, die Könige und Gegenkönige von Polen, Grafen von Brandenburg und die Bischöfe von Wloclawek ab.

So geht es seitenlang weiter mit der Herzählung der „Geschichtskapitel", über die Hussiten, die Jagiellonen, die Schweden, die Preußen und die Aufreihung der von 1815 bis zum Zweiten Weltkrieg neben- und nacheinander in Danzig garnisonierten Truppenteile, bis endlich ins Jahr 1945: „Merkwürdigerweise kamen diesmal nach den Russen keine Preußen, Schweden, Sachsen oder Franzosen; es kamen die Polen."[18] Durch die Verkürzung auf eine Serie von Besitzwechseln und Schreibweisen reduziert sich die Geschichte Danzigs auf ein kontinuierliches Kommen und Gehen, auf ein bloßes Nacheinander; auch die

---

[18] *Die Blechtrommel,* S. 487-490.

Sukzession der „Geschichtskapitel" wird nicht mit einem ihre Kontingenz aufhebenden Sinnaspekt präsentiert, wird nicht auf einen teleologischen Faden gezogen.

Am Wallenstein-Roman seines Leitsterns Döblin rühmt Grass die Modellierung einer in Scherben geschlagenen Wirklichkeit: „Ihm will kein Hegelscher Weltgeist über die Schlachtfelder ziehen".[19] Und gesprächsweise äußerte er: „Nun hat bei mir das Geschichtliche, ob in den *Hundejahren,* im *Butt* oder auch in der *Blechtrommel* nie eine Hegelsche Ausprägung gehabt. Es ist immer ein Chaos gewesen, in dem man versucht, Gärten anzulegen, Schrebergärten."[20] Was bedeutet im Rahmen solcher Statements das Hervorkehren von Kontingenz in der Darstellung von Zeiterfahrung? Worauf zielt, daß die zeitgeschichtliche Referenz der Blechtrommel ihr Gepräge so ostentativ durch den Vorrang kontingenter Faktizität erhält? Im Kapitel „Die Ameisenstraße", aus dem mein erster Textauszug stammt, heißt es: „So blieb es auch nicht aus, daß der Faden des Zeitgeschehens, der vorne noch hungrig war, Schlingen schlug und Geschichte machte, hinten schon zur Historie gestrickt wurde." Auch an anderen Stellen wird auf die Strukturierung und Ordnung abgehoben, die mit der Verarbeitung des Zeitgeschehens zur Historie, in der „kaltes Eisen geschmiedet wird", erfolgt. J.G. Droysen hat statuiert, daß die historiographische Darstellung des in Kritik und Interpretation gewonnenen Verständnisses etwas sehr anderes sei „als die Herstellung dessen (...), was einst in seiner Gegenwart in tausendfach anderen Zusammenhängen stand, als die uns historisch angehen."[21] Droysen stellt der in eventu-, in actu-Erfahrung, die letztlich noch keine Geschichtserfahrung im vollen Sinn sein kann, die distanzierte, verknüpfende Verfügung über Fakten und Daten entgegen. Sinnbildung, Sinnerfassung aber bedeutet Ausschluß aller aktuell irrelevanten Aspekte, bedeutet notwendig Komplexitätsreduktion. Insofern schließt die Privilegierung von Kontingenz, der Verzicht auf jede Sinnprojektion, die man mit dem im 18. Jahrhundert etablierten Singular ‚Geschichte' zu verbinden geneigt sein mag, die Unterscheidung von historisch Erheblichem und Belanglosem aus. In bezug auf den Kontingenzüberschuß im Geschehen ist das, was zur Historie gestrickt wird, Kontingenzbeseitigung, Kontingenzverdrängung. Denn in der aktuellen, unmittelbaren Situationserfahrung herrschen Disparität und Heterogenität, herrscht Sinnvakanz: disparat ist, was vor sich geht, heterogen ist, was miteinander ins Aufmerksamkeitsfeld tritt. Beides aber, Disparität und Heterogenität, lassen sich zwanglos mit Kontingenz als Wahrnehmungsbefund verbinden, wenigsten für mein eigenes privates Erleben dessen, was inzwischen als

---

[19] Grass, *Über meinen Lehrer Döblin und andere Vorträge,* Berlin 1968, S. 8.

[20] „Geschichte ist absurd: Eine Antwort auf Hegel - Ein Gespräch mit Günter Grass", in *Geschichte auf dem Prüfstand,* hg. M. Durzak, Stuttgart 1986, S. 13.

[21] *Historik - Vorlesungen über Enzyklopädie und Methodologie der Geschichte,* hg. R. Hübner, München [5]1967, S. 34.

Zeitgeschichte konzipiert und abstrahiert worden ist. Wenn Grass ein geschichtskritisches Geschichtsbild für seine Romane behauptet,[22] so scheint mir die Revindikation des Kontingenten im Zeitgeschehen ein partielles, aber wesentliches Merkmal seiner narrativen Korrektur der konkurrierenden historiographischen ‚Vergangenheitsbewältigung' zu sein - weit über das Ausmaß des hier konkret Demonstrierten hinaus. „Geschichte ist das Muster, das man hinterher in das Chaos webt", liest man in *Christus kam nur bis Eboli* von Carlo Levi; die Metaphern „webt" bzw. „Strickmuster" wie die Rede vom Chaos kehren bei Grass wieder.

Bewußt habe der Autor, so Grass, bei allen drei Büchern der sogenannten Danziger Trilogie eine Erzählperspektive gewählt, die dem Leser jeweils erlaube, ironische Distanz zum Erzählten zu nehmen.[23] Voraussetzung dafür ist, daß die gewählte Erzählperspektive ihrerseits eine solche ironische Distanznahme nahelegt; Humor und Ironie erlauben per se, auf unterschiedliche Weise nicht unbedingt zustimmungsfähig zu sein. Im Humor wird, um es nochmals anders zu formulieren, die Rollendistanz der schreibend entworfenen Subjektivität zur konstitutiven ‚Antirolle', die sich der Identifikation mit ihren Sichtweisen und Einstellungen beharrlich entzieht: „Humoristisch (...) ist eine Darbietungsweise, die die ästhetischen Ordnungssysteme, mit denen sie operiert, systematisch gegeneinander geltend macht, ohne diese Opposition, sei es ideologisch, sei es ästhetisch, in einer höherstufigen Konstruktion zu vermitteln" (M. Seel).[24] Der humoristische Erzählgestus hat sein Gepräge durch die Herausforderung der geläufigen sozial bzw. kulturell etablierten Sicht der Dinge, er lebt von der Irritation der herrschenden Normen, Bewertungen, Auffassungsstandards; von Anfang an impliziert der neuzeitliche Humorbegriff das Moment emotiver und/oder kognitiver Dissonanz, Exzentrizität. Das gilt evident für die Erzählperspektive der *Blechtrommel,* für den vorgeschobenen Erzähler Oskar. Ich habe in einem früheren Beitrag den „Vorrang des Komischen bei der Darstellung von Geschichtserfahrung in deutschen Romanen unserer Zeit"[25] (darunter auch die *Blechtrommel)* erörtert und dabei vor allem auf die durchgängige Tendenz abgehoben, Schreckliches, Schlimmstes, Katastrophales ins Komische zu ziehen, bis zu dem Punkt, wo der Eindruck entsteht, es werde mit Entsetzen Scherz getrieben - wenn z.B. Oskar den Anblick des in Schutt und Asche sinkenden Danzig als ästhetisch faszinierendes und allerlei

[22] „Denn von der *Blechtrommel* angefangen (...) habe ich versucht, unser Geschichtsverständnis, so wie es über die Schulbank und Universität zum Teil heute noch vermittelt wird, anzugehen, kritisch anzugehen oder zu ergänzen, zu erweitern, andere Perspektiven zu setzen" („Geschichte ist absurd", S. 15).

[23] Grass, *Essays, Reden, Briefe, Kommentare,* hg. D. Hermes, Darmstadt/Neuwied 1987, S. 318f.

[24] „Über einige Beziehungen der Vernunft zum Humor", in *Akzente* 33 (1986), S. 425.

[25] W. Preisendanz/R. Warning (Hgg.), *Das Komische* (Poetik und Hermeneutik VII, München 1976, S. 153-164.

witzige Assoziationen stimulierendes Spektakel erinnert. In seiner Erzählweise interferieren Naivität und Zynismus: Naivität als geminderte Erkenntnisfähigkeit, Zynismus als moralische Indifferenz, „Anästhesie des Herzens" (Bergson)[26], ungerührte Sachlichkeit, die dem „Zeitgeschehen" durch Phänomenalisierung, durch die Fixiertheit auf pure Evidenz jede innere Anteilnahme und Sinnreflexion verweigert.[27] Dieses Junctim von Naivität und Zynismus setzt eine vis comica frei, die vor den schlimmsten Kriegsgreueln nicht halt macht und krass absticht von der der Sache nach angemessenen, zulässigen, allgemein verbindlichen Weise, von solch bösen und makabren Dingen zu sprechen. Das dem Komischen eigene Irritationsmoment, dessentwegen das Wort ja die Nebenbedeutung des Befremdlichen, nicht Geheuren gewonnen hat, liegt hier wesentlich in der Präsentation von Sachverhalten, die nach Maßgabe des normativen Ernstes eine komisierende Behandlung ausschließen. Gleichwohl darf aber Grass' Lizensierung einer ironischen Distanz zum Erzählten nicht dahingehend verstanden werden, daß der Leser die naiv-zynische oder zynisch-naive Perspektive Oskars reflektierend korrigieren oder rektifizieren, aus eigener Sicht konterkarieren möge. Dies überginge die notorische Unbelangbarkeitsgarantie des Humoristischen ebenso wie das Ambivalente der Ironie, das selbstredend auch die ironische Distanzierung als solche bestimmt. Freilich soll der Leser gewahren, daß seine eigenen Geltungen hier nicht gelten, daß ‚man' sie anderswo nicht gelten lassen wird. Aber wenn er eine stabile eigene Position zu gewinnen sucht, verläßt er den Spielraum ästhetischer Erfahrung zugunsten einer das Irritationspotential des Romans instrumentalisierenden Lektüre. O. Marquard hat das Komische als Manifestation und Exil des nicht Theoretisierbaren bezeichnet: es sei „im eminenten Sinn eine Unerreichbarkeitsinstitution und in bezug auf die Fronten des offiziellen Ernstes exterritorial."[28] Das steht jeder Versuchung entgegen, den humoristischen Irritationseffekt zu depotenzieren, ihn an die Normen, Maßgaben und Interessen des praktischen Handelns und der theoretischen Erkenntnis zurückzubinden.

Was hier nur flüchtig angedeutet ist, hat A. Fischer, meinen genannten Beitrag aufnehmend und weiterführend, in seinem Buch *Inszenierte Naivität*[29] einläßlich dargelegt. Nicht berücksichtigt hatte ich, daß auch die nun thematisierte Komplementarität von Komik und Kontingenzerfassung auf die Interferenz von Naivität und Zynismus als Signatur der *Blechtrommel* zu beziehen ist. Daß darin Zeiterfahrung als Kontingenzerfahrung dargeboten wird, glaube

[26] *Das Lachen - Ein Essay über die Bedeutung des Komischen,* dt. R. Planchard-Walter, Zürich 1972, S. 13.

[27] Dazu J. Schnell, „Irritation der Wirklichkeitserfahrung - Die Funktion des Erzählens in Günter Grass *„Die Blechtrommel"*, in *Der Deutschunterricht* 27 (1975), S. 33-43.

[28] „Exile der Heiterkeit", in Preisendanz/Warning, *Das Komische,* S. 144.

[29] *Inszenierte Naivität - Zur ästhetischen Simulation von Geschichte bei Günter Grass, Albert Drach und Walter Kempowski,* München 1992, S. 95-213.

ich sparsam gezeigt zu haben; ebenso daß Grass damit ein ‚Geschichtsbild' gibt, das in deutlicher Opposition zu den seinerzeit gängigen Modellen narrativer ‚Vergangenheitsaufarbeitung' steht. Der narrative Humor der *Blechtrommel* widersteht mit seiner Kontingenzverfallenheit der Versuchung, Zeitgeschehen als einen konsistenten Kontext darzustellen; er realisiert Kontingenz als ‚Unterfutter' alles sich historiographisch zu einem Ergebnis- und Bedeutungsgefüge Zusammenschließenden, freilich ohne diese Opposition als Position zu offerieren. Deshalb ‚humorisiert' sich das Schreiben selbst: „So wurde aus Yorick kein Bürger, sondern ein Hamlet, ein Narr", schreibt Oskar einmal, und etwas später: „Oskar suchte als Yorick den Sinn des Lebens".[30] Im Lichte dieser Selbstwahrnehmung erweist sich die Präferenz des Erzählers Oskar für Kontingenzen als Komplement der Absenz übergeordneter Integrationspositionen und des Ausschlusses abstrakter Verstehensmöglichkeiten. Jean Pauls vierter Hauptpunkt des ästhetischen Humors, die „humoristische Sinnlichkeit" als „Exponent der (auf das Unendliche, W.P.) angewandten Endlichkeit"[31], verliert in der *Blechtrommel* ihren metaphysischen Bezugspunkt im Gefolge der Zäsur, die zwischen Jean Paul und den neuesten Paradigmen des narrativen Humors liegt. In diesen totalisiert sich die Erfahrung und Darstellung von Kontingentem, es ist von keiner letzten Instanz mehr eingehegt und relativiert: Kontingenz ist Signatur des Präsentierten wie der Präsentation.

IV

Zum Schluß noch ein Blick auf Albert Drachs, Büchner-Preisträger 1988, *Unsentimentale Reise - Ein Bericht* (1966).[32] Es ist dies der von Fiktionalem durchsetzte autobiographische Bericht von den Überlebensnöten, Überlebenszufällen, Überlebenswundern eines jüdischen Emigranten, Internierten, Flüchtlings vom Herbst 1942 bis zum Rückzug der Deutschen aus Südfrankreich nach der Invasion der Alliierten 1944. Von früh an ist der Protokollstil das Markenzeichen der Prosa Drachs; auch die *Unsentimentale Reise* trägt Züge protokollarischer Textur. Effekt dieses ausgekühlten, alles Symbolische, Metaphorische, Imaginative ausschließenden Faktenberichts ist eine gleichsam anästhetische Optik, die selbst extrem Scheußliches und Niederträchtiges mit kalter Sachlichkeit, Emotionslosigkeit und Distanziertheit zur Sprache bringt. Ein „Protokoll gegen mich selbst" hat Drach den inhaltlich vorausgehenden Bericht *„Z. Z." Das ist die Zwischenzeit* (die Zeit zwischen der Agonie der

[30] *Die Blechtrommel,* S. 565, 577.
[31] Jean Paul, *Werke,* Bd. 5, S. 139.
[32] Zitiert wird im folgenden mit eingeklammerten Seitenangaben nach der Neuauflage München 1988.

ersten österreichischen Republik und seiner Emigration 1938) genannt, worin der junge jüdische Rechtsanwalt, von sich selbst nur in der dritten Person als „der Sohn" sprechend, sein immer bedrohteres Leben nach dem Anschluß Österreichs schildert; in der *Unsentimentalen Reise* heißt es einmal: „Ja, ich beginne bereits an meinem eigenen Leben Geschmack zu finden, es erscheint mir wenigstens interessant: als ob ich mich so spalten könnte, daß ein Teil von mir die Gefahren übernimmt, der andere aber als unbeteiligter Zuschauer von außen dem gebotenen Schauspiel beiwohnen darf" (S. 219). Der Zeitzeuge vermerkt ausdrücklich die Reduktion auf die unpersönliche Außenperspektive eines Protokollanten auch dort, wo es sich um den Bericht in eigener Sache handelt.

Freilich kehrt sich dieses forcierte Antipathos, dieses fast kommentar-, urteils- und reflexionslose Registrieren schierer Faktizität ironisch gegen sich selbst. Die teilnahmslose, bloß auf Tatsachen gerichtete Diktion suggeriert in einem Atem, was eine solche sprachliche Optik verdeckt, verdrängt; sie suggeriert auf intrikate Weise die Komplexität und die traumatische Bewandtnis der Sachverhalte, die das Protokollieren übergeht. Die fast ausschließliche Außenperspektive und Reflexionsausschaltung des Protokolls mobilisiert im Leser Hinteransichten, Gegeneinstellungen. Sie erweist sich als transparente Verkürzung, Verfremdung, Bagatellisierung der bösen Begebenheiten und der traumatischen Erfahrungen. Durch diese ihre selbstironische Faktur löst Drach seine Bemerkung ein, „daß es die Untertöne sind, die zuletzt den Ton angeben."[33]

Das gleiche gilt für das zweite Charakteristikum der Drachschen Schreibweise, für ihre Vorliebe, moralisch gravierende, böse, empörende Dinge zu bagatellisieren, banalisieren oder in eine komische Perspektive zu rücken. Da erwähnt etwa der im Gegensatz zu Laurence Sterne's *Sentimental Journey* so unsentimentale Reisende, daß der mitdeportierte Jude (und gleichwohl SS-Schwiegervater) Cohn nach mißglücktem Selbstmord „seine falsch angezapften Adern mit dem Pseudokaffee wieder aufzufüllen" suchte. Ein Leidensgefährte wird als „Jude zu Verbrennungszwecken" bezeichnet; zwei jüdische Damen, die über das Fehlen eines Badezimmers im Internierungslager lamentieren, gilt der stille Wunsch: „Die Vergasung möge ihnen leicht sein!" Und über den Veronal-Freitod des Freundes Walter Hasenclever im Lager Les Milles steht zu lesen: „Am Morgen brachten sie ihn auf einer Bahre, der Psychoanalytiker war Zeuge gewesen, wie er die Dinger einnahm und wie sie wirkten. Der Dichter war zwar noch nicht tot, aber die französischen Lagerärzte übten sich an ihm, bis er es war. Dann kam der Zug, doch fuhr er ohne ihn" (34).

Wenigstens ein knappes, ohne seinen profilierenden Kontext wohl etwas blasses Zitat möge illustrieren, warum Drachs Schreibweise immer wieder die Prädikate deplaziert, unausstehlich, unerträglich zynisch auf sich zog und wie

---

[33] *Die kleinen Protokolle und das Goggelbuch,* München/Wien 1965, S. 20.

beides, die affektfreie Sachlichkeit, „anesthésie du coeur“ (Bergson) und die Konzentration auf die Einheit von Gegensinnigem, von Farce und Schrecken zu diesem Verdikt führen konnte:

> Ich komme an dem Haus vorbei, in dem ich wohnte, bevor ich verhaftet worden bin, um ins Vernichtungslager gebracht zu werden. An dem Kandelaber davor und an dem gegenüber hatte man zwei angebliche Widerstandskämpfer gehängt und einige Stunden ausgestellt. Jetzt macht man dem Chauffeur den Prozeß, der sie für die Deutschen zum Richtort brachte und der beim Hängen mithalf. Man wird ihn wahrscheinlich erschießen. Knapp unter meinem Fenster ist eine Nische mit einer Erinnerungstafel, darunter sind Blumen und ein Licht, aber kein ewiges. In einem Geschäft nahebei gibt es die ersten Bilder von den Nazigreueln. Auch ein Bild von Fräulein Cahn ist dort ausgestellt, aber nicht das, das die Savoyardin seinerzeit hatte, sondern jenes andere, auf dem ein einziges Loch klafft, wo Nase und Mund waren. Um die Stirn ist ein Kranz wie von einer Dornenkrone. Dabei war sie nur eine unbedeutende und dumme Schauspielerin. (S. 304)

„Die Zeit, in der wir leben, ist ein Mosaik von Grauen und Entsetzen. Jede Sekunde läßt den Mord an Tausenden voraussehen, die in keinerlei Schuld verstrickt sind“, heißt es in der *Unsentimentalen Reise* (S. 202). Auf der Folie dieser Zeiterfahrung manifestiert sich in der Verquickung von affektfreiem Bericht und zynischem Humor die Reduktion der Existenz auf schiere Selbsterhaltung, Selbstbehauptung, standhaltenden Lebenswillen. Allein der Sexus bietet in allen Gefährdungen ein geradezu frivoles Refugium zwischen Grauen und Entsetzen.

Die „grausame Zufallskomödie der Welt“: diese Formel A. Drachs bringt das fundamentale Thema seines Werkes auf den Punkt. Sie legitimiert auch sein Darstellungsprinzip, den Doppelaspekt von Komischem und Skandalösem, der Tragik ausschließt, weil diese Anspruch auf einen positiven Sinn der Negativität erhebt. A. Drachs Schreibweise ist Komplement eines aporetischen Bewußtseins, dem sich keine Erfahrung in einen Sinnzusammenhang fügt. Darum muß man seinen Zynismus als gleichsam homöopathisches Gegenmittel gegen den Zynismus einer Vernunft verstehen, welche unbeirrbar die letztliche Vernünftigkeit und Sinnhaftigkeit privater wie kollektiver Geschichte behaupten möchte. Von Swift oder Voltaire bis Gadda oder Drach zieht sich die Linie eines ironischen oder humoristischen Zynismus als Provokation und Korrektur des Vertrauens in einen alle Kontingenz aufhebenden Lebens- und Geschichtssinn. Das ist freilich die letzte, äußerste Stufe des Humors. „Le comique arrivé à l'extrême, le comique qui ne fait pas rire (...) c'est la dernière des tristesses“, notierte Flaubert.[34] Das Paradox einer vis comica, die nicht lachen macht, als letzte der Traurigkeiten: dies prägt auch A. Drachs Schreiben. Zynischer Hu-

[34] Brief an Louise Colet vom 8./9. 5. 1852, zit. nach *Extraits de la correspondance ou Préface à la vie de l'écrivain,* hg. G. Bollème, Paris 1963, S. 72.

mor, humoristischer Zynismus erscheinen darin als eine Möglichkeit pathosfreier ‚Trauerarbeit' und, soweit es um Autobiographisch-Zeitgeschichtliches geht, subjektiver ‚Vergangenheitsbewältigung'. „Phantasiegebilde als Brücken über das Nichts" hat er einmal seine Werke genannt. Wo bleibt da das Positive? Auch im Fall A. Drachs muß man auf diese bekümmerte oder entrüstete Frage nach ‚sinnstiftender Orientierung' gefaßt sein. Wo bleibt das Positive? Es bleibt auf der Strecke, wenn man sich nicht dazu versteht, es im standhaften Verzicht auf jedwede Versöhnung von Weltsicht und Vernunftpostulaten anzuerkennen. Am Ende der *Unsentimentalen Reise* hört der Berichtende nachts die imaginäre Stimme des wohl schon längst vergasten Dr. Honigmann: „‚Wo wir jetzt nackt sind als die letzten, und man hat schon begonnen das Gas einzulassen, Sie haben nichts erreicht und die anderen auch nicht. Draußen liegen der Schuster, Agnes, Stieglitz, Ehrlich. Wohin haben Sie gewollt mit Ihrem Traum?' ‚Hinaus' sage ich" (S. 368). Hinaus, sage ich - dieses lapidare Schlußwort zeiht die Frage nach dem Positiven der Nichtigkeit.

Die abgrenzende Anspielung des Titels auf *A Sentimental Journey Through France and Italy* (1768) verweist auch verstohlen auf die Unmöglichkeit, im Erinnerungsprozeß Kontingenz aufzulösen. Auch dem Erinnern fügt sich das Erlebte und Erfahrene zu keinem Sinnzusammenhang, zu keiner eigentlichen Geschichte, sofern Geschichte ein vorausgesetztes Prinzip der Relevanz und des Zusammenhangs impliziert. Daran gemessen formiert sich der Bericht über die unsentimentale Reise gerade nicht zu einer geschlossenen Geschichte; die lebensweltliche Kontingenz und die Kontingenz, die Zufälligkeit jeder Widerfahrnis, die auch der Name Schicksal nicht trifft, verschränken sich zur Darstellung eines ausnahmslos kontingenten Überlebens, das „vom Standpunkt der Zweckmäßigkeit und Nützlichkeit nichts anderes als ein Vegetieren auf Widerruf genannt werden darf" (S. 169).

Die Formel „grausame Zufallskomödie der Welt" kann als Signatur der autobiographisch verfahrenden Texte Drachs gelten. Kontingenz ist in ihnen die Totalbestimmung des Dargestellten, und ein sich selbst ironisierender Humor bleibt eben wegen seiner Kontingenzversessenheit die letztverbliebene Möglichkeit des Schreibens, wo der Ausfall jedweder positiven Instanz eine Leerstelle, gleichsam ein ‚schwarzes Loch' hinterlassen hat. Daß sich dies generalisieren ließe und ein Hauptaspekt der Expansion schwarzen Humors in der Erzählliteratur des 20. Jahrhunderts ist, kann hier natürlich nicht verifiziert werden.

Wie drastisch Drach die „grausame Zufallskomödie der Welt" in seiner Vita erfahren hat, möchte ich zur Beleuchtung meiner Ausführungen noch anschließen; die Biographie ist selbst ein fast unwahrscheinliches Geflecht von grotesken Zufallskonstellationen. Da bekam, um nur einiges herauszugreifen, ausgerechnet der künftige jüdische Emigrant und mit knapper Not der Deportation ins Vernichtungslager Entronnene auf Capri die noch unredigierte Urfassung von Hitlers *Mein Kampf* zu lesen; da soll er 1928 für sein Satansspiel *Marquis de Sade* den Kleistpreis erhalten, den dann aber Anna Seghers empfängt, weil der Stiftungsverwalter befindet: einem Sadisten gibt man keinen Preis; da bewahrt ihn nach der Okkupation Österreichs eine BDM-Führerin vor ärgsten Schikanen und verhilft ihm ein SS-Mann zum Visum nach Lissabon. In Frankreich bewahrt ihn 1943 vor dem Transport ins Vernichtungslager, daß ihm der französische Chef des Internierungslagers abnimmt, der Eintrag I.K.G. (d.h. Israelitische Kultusgemeinde) bedeute „Im katholischen Glauben"; noch heute besitzt er das von der Vichy-Regierung ausgestellte „Certificat de non-appartenance à la race juive". Da findet der nach Wien Zurückgekehrte das 1939 enteignete Vaterhaus als deutsches Eigentum von den Sowjets beschlagnahmt, sitzt der Hausverwalter, der ihn 1938 denunzierte, noch immer in der besten Parterre-Wohnung und wird ein Räumungsverfahren schließlich eingestellt. Da findet der so mißlich Heimgekehrte wertvolle Bilder und Uhren aus der Sammlung des Vaters in den Wohnungen alter Bekannter und Freunde, ohne daß diese Anstalten machen, das angeblich nur ‚Sichergestellte' zurückzugeben. Und über ein Jahrzehnt verfolgt ihn das nunmehr im einstigen „Braunen Haus", in der Parteizentrale untergebrachte Finanzamt bis zu dem Punkt, an dem Drach nach Überreichung einer dritten Berufung erblindet; mit dem lakonischen Eintrag „Teilerfolg. Sehkraft nicht zurückerstattet" hat er den Ausgang der Affäre protokolliert. Wer wollte einem solchen Zeitzeugen mehr zumuten als die Verbindung von aporetischer Sachlichkeit und Humor als letzter der Traurigkeiten?

Zweimal ist in dem Bericht der „unsentimentalen Reise" ein Rückblick auf die Vita des Autors seit dem ‚Anschluß' eingeschaltet. Die erste Sequenz sei auszugsweise zitiert:

> Sie haben mich von zu Hause fortgetrieben und mich dann wieder gesucht, weil es ihnen nicht genug war, mein Gut geraubt zu haben, sie wollten noch außerdem mein Leben haben. Der Herr Botschafter von Frankreich hatte am 17. Juni 1938 in Berlin zu mir gesagt: „Wenn Sie bleiben können, Herr Kucku (so nennt sich der Verfasser in seinem Bericht, W.P.), dann bleiben Sie! Im September oder Oktober wird Hitler die Sudeten verlangen, aber wir werden sie ihm nicht geben, weil wir wissen, daß er bis dahin nicht gerüstet ist." Die internationale Politik ist andere Wege gegangen. (...) Dann kam der Baumeister, der mir die Wohnung wegnahm, und der Vizebürgermeister, der mir sein Ehrenwort gab, das er als Parteimann nicht halten konnte. Dann bekam Hitler die Sudeten. Dann mordete ich meine Mutter, indem ich sie zurückließ und allein floh. Dann reiste ich zu der Frau, mit der meine Mutter nicht wollte, daß ich schliefe, und ich enthielt mich bis zum Abschiedstag, aber am Abschiedstag nicht mehr, obwohl ich das Gefühl hatte, daß meine Mutter im Jahr darauf sterben würde, wenn ich mich gehen ließe. (...) Es geht durch Italien nach Frankreich. Ich melde mich als Freiwilliger. Félice lobt mich auf der Polizei, dann muß ich ins Lager. Ich bewundere das Morgenrot in der Festung Antibes. Man befreit mich, nimmt mich wieder fest, schickt mich nach Les Milles. Man befreit mich neuerdings, schickt mich wieder hin. Der Dichter Walter Hasenclever begeht Selbstmord, nachdem ich im Stadium des Stuhls bei Ruhr zu ihm unfreundlich war. Der Rheinländer Quierke will mit mir fliehen, weil er solche Angst vor Hit-

> ler hat, daß er über vierzig Fieber bekommt. Er hat auch Angst vor der Flucht und ist jetzt Chef der Gestapo. Vielleicht hat er mir auch die fünftausend Franken geschickt, welche die einzigen Franken waren, die ich auf diese Flucht mitgenommen. Dazwischen war aber noch eine Flucht. Da war er nicht dabei, es war eine ganz reguläre, nach Entlassung aus dem Auffanglager für Juden und Zigeuner zu Zwecken der Vernichtung. Es kann keinen Sinn haben, wieder zu fliehen. Die Reise dauert an und ist durchaus unsentimental. Sofern sie ein Ziel hat, ist es das, wohin ich nicht will, wohin man einen bringt und wo die Reise nicht mehr weitergeht. (S. 195ff.)

Wie mehrmals in der *Blechtrommel* wird eine Reihe von Begebenheiten ohne Kausalverknüpfung auf eine rein temporale Aufzählung reduziert: dann ... dann ... dann ... „Das Leben zerfällt für Kucku in bloße, nicht mehr verstehbare Kontingenz."[35] Und ihr korrespondiert die absurde Kontingenz, der buchstäbliche ‚Unfug' der Faktizität, wie er gleich im Anschluß an die zitierte Passage aufscheint:

> Ich habe kaum die Place Masséna passiert, als ein Polizeikordon sie hinter mir absperrt. Ich erfahre bald den Sinn dieser Maßnahme. Man hat in einem Restaurant, in dem deutsche Offiziere speisten, eine Bombe gelegt. Der Bombe ist zwar kein Deutscher, wohl aber eine Kellnerin zum Opfer gefallen, der ein Bein amputiert werden muß. Um die immerhin nachweislich vorhandene böse Absicht der unbekannt gebliebenen und auch unauffindbaren Attentäter zu rächen, hat man beschlossen, die derzeit auf dem großen Platz befindlichen Menschen, einige hundert an der Zahl, durchzusieben, die Arbeitsfähigen in Arbeitslager zu überstellen, die Juden und Zigeuner der Vernichtung zuzuführen. Das Attentat hat sich übrigens schon vorgestern und in gänzlich anderer Gegend abgespielt. (S. 197)

Das lakonische, mit behördensprachlichen Wendungen durchsetzte Registrieren eigener Widerfahrnisse bzw. lokaler Vorfälle nimmt sich einigermaßen zynisch aus, wenn Zynismus moralische und emotionale Unbetroffenheit, Anästhesie gegenüber skandalösen, empörenden Sachverhalten bedeuten kann. Indessen setzt diese indolente Sachlichkeit eine Ironie frei, die zum Auseinanderhalten von Redeweise und Redegegenständen zwingt; man könnte von einem emphatischen Understatement sprechen. „Zynismus ist eine Anwendungsform von Ironie. Sonst nichts" sagt Drach in eigener Sache.[36] In der Vorlage von H. Lübbe heißt es: „Bewältigte absolute Kontingenz ist anerkannte Kontingenz" (S. 42). Rückt man beide Aussagen im Blick auf die *Unsentimentale Reise* zusammen, so erscheint das Junctim von Zynismus und Ironie als Komplement totaler, aber nur im Bewußtsein der Unverfügbarkeit eines Orientierungs- und Integrationsprinzips akzeptierter - biographischer wie historischer - Kontingenz. Die Dominanz ironischer bzw. humoristischer Faktur des

---

[35] A. Fischer auf S. 245 des in Anm. 29 genannten Buchs, dessen Kap. 4 eine exzellente Analyse der *Unsentimentalen Reise* gibt.

[36] Gespräch 1975 im Saarländischen Rundfunk, auszugsweise gedruckt in *Bogen 23 - Albert Drach,* München 1988.

Berichts verrät, daß die Frage nach Sinnzusammenhängen selbst in Frage gestellt ist. Es ist die „traurige Frage“, die sich für Freud regelmäßig hinter dem Lachen, dem Rekurs auf Komik versteckt.

Renate Lachmann

ZUM ZUFALL IN DER LITERATUR, INSBESONDERE DER PHANTASTISCHEN

In Valérys pointiertem Diktum: „L'art est non-hasard - par définition"[1] wird der Nicht-Zufall als Wesen der Kunst bestimmt. Die Kunst reagiert auf die Provokation des Zufalls, indem sie ihre Zeichenpraxis offensiv einsetzt und mit der Syntax der geplanten Form antwortet. Es geht um Kampf, Überwindung und Eliminierung des Zufalls trotz der Einsicht in seine Notwendigkeit als unendliches Potential der Alternativen, als Verheißung von Andersheit. Jede artifizielle Form ist dem Zufall abgetrotzt, ein besiegter Zufall - „le hasard vaincu mot par mot"[2], - wie es in Mallarmés Kontingenzpoetologie heißt. Doch Mallarmé, dessen Dichten E. Köhler als „Exorzisation des Zufalls in Permanenz"[3] bezeichnet, hat auch die andere berühmtere Formel als Werktitel geprägt: „Un coup de dés jamais n'abolira le hasard." Der Würfelwurf ist nur punktuelle Bannung des Zufalls im Fall und Zusammenfall der Würfel - die Würfel sind gefallen -, denn der Zufall steckt im Würfel wie der Würfel im Zufall. Etymologisch rührt „hasard", laut Littré, von arabisch „ŝar" (Würfel).

Die artifizielle Bearbeitung des Zufalls hat zwei Varianten ausgeprägt: zum einen die autopoetische, die den Zufall als generative Kraft in Texten der Aleatorik, der écriture automatique und der Computerkunst einsetzt oder gewähren läßt, zum anderen die poetische, die den Zufall konzeptuell und strukturell zum Gegenstand macht. Die Autopoiesis bedient sich unterschiedlicher Medien, innerer (des Unbewußten) und äußerer, bewußt gelenkter; einerseits bricht das Kontingente unkontrollierbar hervor, andererseits wird es vermittels verbaler oder computergesteuerter Arrangements erzeugt und zur erzeugenden Potenz ermächtigt. Als zugleich militante und beschwichtigende Annäherung an den Zufall operiert die Kunst mit den konzeptuellen Dualismen - Chaos/Kosmos, unbekannt/bekannt, unerklärlich/erklärlich, Unordnung/Ordnung, frei/prädestiniert, regellos/regelhaft. In Autopoiesis und Poiesis insistiert eine von dieser Zweipoligkeit rührende Ambivalenz, die eine Interaktion der Pole für möglich hält. Der Bewältigungswunsch treibt den Zufall und seine Symptome hervor und setzt zugleich auf die Entdeckung seiner Re-

---

[1] *Cahiers* XXVI, S. 17.
[2] *Oeuvres complètes*, S. 387.
[3] E. Köhler, *Der literarische Zufall, das Mögliche und die Notwendigkeit*, Frankfurt a.M. ^{2}1993, S. 63ff.

gelhaftigkeit. Oder: es gilt, das Spiel des Zufalls zu spielen, um ihn zu überlisten. In der poetischen Bearbeitung wird der Zufall nicht nur vermittels ingeniöser narrativer Konstruktionen in seiner Aura des Unerklärlichen, plötzlich Eintretenden und Unbenannten ‚konkretisiert' und in seiner Unfaßlichkeit faßlich gemacht, sondern immer auch mit einer plurivoken Sinngebungsinstanz konfrontiert, die philosophische und religiöse Fragen an ihn stellt. Die Befragung des Zufalls schließt die Frage nach dem Status der Welt als Schöpfung ein und gipfelt im Pathos der Theodizeefrage.[4]

Beide, die autopoetische und die poetische Variante, entwickeln Strategien, die der Aufrechterhaltung der Ambivalenz gelten und die Vorführung des Zufalls in dessen Bezweiflung kippen lassen.

I

Es ist die autopoetische Literatur - die écriture automatique, die Aleatorik und bestimmte Spielarten der ars combinatoria -, die sich dem Zufall aggressiv nähert, die ihn zu bändigen, zu übertrumpfen und zu tilgen versucht. In der Zurschaustellung des Zufalls läßt die Aleatorik diesen zugleich als Regelfall erscheinen, wobei sie die Spannung zwischen der Willkür der Würfel und der Ordnung der Grammatik aufrechterhält. Neben der von Mensch und (programmierter) Maschine angewandten ars combinatoria, die kalkulierbare Produkte erzeugt, gibt es Methoden, den Zufall als Provokation von Regel, Absicht, Ursache und Ordnung einzusetzen. Dies gilt besonders für etwas, das man als die „Hasardisierung des Objekts" bezeichnen könnte. Der Dadaismus verfolgt dieses Ziel. Systematische Zufallsmanipulationen und der Versuch, den Zufall als ungebundenen Produzenten arbeiten zu lassen, treten in Konkurrenz. Mit dem Titel „Casual-Causal", den Timm Ulrichs seinem aleatorisch-anagrammatischen Textobjekt gegeben hat, wird diese Konkurrenz vor Augen geführt.[5]

Man überläßt die Zeichen sich selbst. Sie ordnen sich selbsttätig, fügen sich zu einem Kunstobjekt, das sich keinem personalen Subjekt verdankt. Allerdings: der Zufall ist arrangiert, ist ein aus einer Ordnung freigesetzter Mechanismus (in dem die Regel insistiert), dessen Produkte aus der Kontingenz in die Kunstsphäre überführt werden. In der écriture automatique, die sich als eine von Aristoteles nicht vorgesehene Poetisierung seines Begriffs des „automaton"[6] erweist, werden die bewußt gesteuerten Vorgänge der Selektion und

---

[4] R. Behrens, *Umstrittene Theodizee, erzählte Kontingenz - Die Krise theologischer Weltdeutung und der französische Roman* (1670-1770), Tübingen 1994.

[5] Das Objekt ist dargestellt in *Zufall als Prinzip - Spielwelt, Methode und System in der Kunst des 20. Jahrhunderts,* hgg. B. Holeczek/L. v. Mengden, Heidelberg 1992, S. 210.

[6] F. Bubner übersetzt mit „Selbstlauf", in diesem Band S. 11.

Kombination durch unbewußte abgelöst. (Wobei auch die bewußte Steuerung durch das, was Jakobson das Subliminale nennt, irritiert wird.)

In diesen Kontext gehört das objet trouvé, ein Willkür-Produkt der Natur, in dem der unwillkürlich auf es fallende Blick ein Kunstgebilde wahrzunehmen glaubt, ohne dieser Wahrnehmung letztlich zu trauen (ein vom Meer bearbeiteter Kiesel). Der Blick des Interpreten ist zufallsgeblendet. Das Objekt, das er bezweifelt, ist Mimikry der Natur, die als apersonale poetische Instanz am Werk ist. Die Kunstgestalt des gefundenen Objekts verleugnet seine natürliche Genese nicht. Es ist dieser unwillkürlich einen Gegenstand fixierende Blick, der in dessen Unordnung eine Ordnung entdeckt oder in dessen vorgegebener Struktur eine andere wahrnimmt, die er zu deuten versucht. In seinem „Traktat von der Malerei" hat Leonardo da Vinci die Entdeckung von Bildern in Asche, Wolken, Bächen und das zweifache Sehen ein und desselben Phänomens als Stimulus für Erfindungen empfohlen.[7]

Im Dadaismus wird der Zufall, dessen Entdeckung Hans Arp zugeschrieben wird, zum Selbstzweck: „Der Zufall wurde unser Markenzeichen. Uns erschien der Zufall als eine magische Prozedur, mit der man sich über die Barriere der Kausalität, der bewußten Willensäußerung hinwegsetzen konnte, mit der das innere Ohr und Auge geschärft wurden, bis neue Gedanken- und Erlebnisreihen auftauchten. Der Zufall war für uns jenes ‚Unbewußte', das Freud schon 1900 entdeckt hatte" (Hans Richter)[8]. Die Entdeckung des Zufalls im Dadaismus ist Wiederentdeckung. In der Geschichte der Aleatorik und Kombinatorik, die einen Höhepunkt im 17. Jahrhundert erreicht, ist der Zufall konzeptuell und strukturell konstitutiv.[9]

Es ist allerdings ein Unterschied zu machen zwischen einer innerhalb eines bestimmten Referenzrahmens und aufgrund eines bestimmten, bereits vorhandenen Zeichenmaterials zustande kommenden aleatorischen Produktion (Zufallsanordnung) und der reinen Spontaneität, die den Dadaisten so wichtig war. Die Collage als „die jähe Koppelung des Disparaten" (W. Spies)[10] und das surrealistische Gesellschaftsspiel des „cadavre exquis" überlassen sich einem scheinbar unimitierbaren Zufallswirken. Dennoch ist auch dieses durch die

[7] B. Holeczek hat die entsprechende Passage als Vorläufertext in seiner Untersuchung über den Zufall als Prinzip der Avantgarde des 20. Jahrhunderts zitiert. „Zufall als Glücksfall. Die Anfänge eines künstlerischen Prinzips der Avantgarde", in *Zufall als Prinzip,* S. 15-24, hier: S. 16. Vgl. auch B. Rosolato, „L'Imaginaire du hasard", in *La Psychanalyse* 3 (1957), S. 189-220, der von einem „double image" spricht und ausführt: „sur une donnée quelconque se greffe, selon l'enseignement même de Vinci, une autre 'image' (cheval qui est femme et lion à la fois)" (S. 205).

[8] Zit. nach Holeczek, „Zufall als Glücksfall", S. 17.

[9] Holeczek erinnert daran, daß der Dadaismus auch unmittelbare Vorläufer hat, nämlich Lewis Carroll, dessen programmatisches Spielgedicht er zitiert: „For first you write a sentence,/And then you chop it small;/Then mix the bits and sort them out/Just as they chance to fall:/The order of the phrases makes/No difference at all." Zitiert nach Holeczek, ebd., S. 18.

[10] Zit. nach Holeczek, ebd., S. 19.

Prädispositionen der Spieler und des gegebenen Spielmaterials eingeschränkt. Für den Begriff des Automatischen, wie er in der écriture automatique und deren Entsprechung im Bildnerischen, in den dessins automatiques, zum zentralen Konzept wird, ist der Zufall eine durch die Gesetzmäßigkeiten einer apersonalen Instanz kanalisierte Produktivkraft.[11]

Die berechnende Provokation des Zufalls wird weitergetrieben in Unternehmungen wie den von Holeczek vorgestellten „Random Objectivations" von Herman de Vries[12]. Die Zufallsobjektivierung bedient sich als Generators der Zufallszahlen aus dem naturwissenschaftlichen Bereich. Ab den 60er Jahren werden die computergesteuerten Zufallsprogramme als Produktivkräfte eingesetzt.[13] Der diesen innewohnende Objektivierungswille, der sich in Bezeichnungen wie „Random Objectivations" oder „hasard objectif" äußert, ist auf die Demonstration des Zufalls gerichtet, dessen Willkürakte die Tradition absichtsvoller individueller Formenschöpfung (und Sinnsetzung) außer Kraft setzen. In den Objektivierungen ist weniger eine Weiterführung des „Halbautomatischen" von Max Ernst als eine Anknüpfung an Marcel Duchamps „hasard en conserve" zu sehen. Das so von Duchamp bezeichnete Werk - die „Trois stoppages étalon" von 1913/14 - entstammt einer Art mathematisch-physikalischer Versuchsanordnung und richtet sich „explizit gegen Akte schöpferisch-genialer oder individueller Willkür"[14].

Der „konservierte Zufall" wird zum Paradigma, das in den 80er Jahren Konjunktur hat und in der Zufallsbearbeitung mit dem streng kalkulatorischen konkurriert. Peter Hutchisons „Ruined Thrown Rope" - aus dem Rasen ausgestochene und hernach jahreszeitgemäß bepflanzte Spuren zweier geworfener Seile[15] - ist ein konservierter Zufall, der den Ausgang des Wurfes nicht vorkalkuliert, sondern der „Ballistik" der Seile überläßt, um deren „Entscheidung" für eine bestimmte Position festzuhalten (und zu kultivieren).

Worum es geht, ist das Zusammenspiel von Zufallsgeneration und Kunstintention, die zwar die Beschränkungen aufgeben kann, denen mimetische Praktiken unterworfen sind, jedoch in der Technisierung und den Anordnungen für die Zufallsgeneration sich stark an bestimmte Ausgangsbedingungen bindet.

---

[11] Diese wird in bestimmten Techniken benutzt, die Holeczek „halbautomatisch" nennt, z.B. Decalcomanie, die Frottagen von Max Ernst; Holeczek, ebd., S. 19. Als früher Vorläufer solcher Techniken kann auch Justinus Kerner mit seiner „Klecksographie" gelten.

[12] Holeczek, ebd., S. 22f., nennt eine der „Statistical Tables for Biological, Agricultural and Medical Research" von R.A. Fischer/F. Yates, London 1953, als Quelle.

[13] Vgl. die von Zdenek Sykora über Computer errechneten Mikro- und Makrostrukturen. Holeczek führt hier Manfred Mohr an, der seine Würfelprojektion, später den Hyperwürfel, zur Darstellung von Algorithmen mit Hilfe der Computeraleatorik einsetzt; Holeczek, ebd., S. 23.

[14] L. von Mengden, „Amusement, Ambiguität und Agnostik - Zu Marcel Duchamps 'Trois stoppages étalon'", in *Zufall als Prinzip*, S. 27-31, hier: S. 27.

[15] Abgebildet und beschrieben in W. Kahlen, *Über Zeit - Ruine der Künste Berlin*, Berlin 1989, S. 105.

Wie jedes Spiel ist das aleatorische, und dieses ganz besonders, der Regel unterworfen. Der Zufall ist also nicht mehr Provokation von Regel, von Absicht, von Grund und Ordnung, vielmehr beabsichtigt, kalkuliert, produziert und fingiert. Max Ernst bringt es auf den Punkt: „Die Collage ist die systematische Ausbeutung des Zufalls.“[16]

Der Künstler hat Einfälle für Zufälle und stellt die Bedingungen bereit, die die Zufallsprodukte brauchen. Eine besondere Variante der Buchstabenkombinatorik stellt Emmett Williams mit seinem „Fish poem“ vor. Er überläßt die kombinatorische Operation sechsundzwanzig Karpfen, auf deren Kiemen er die Buchstaben des Alphabets verteilt hat. „Schwimmend formen sie ständig wechselnde Konfigurationen, Silben, Wörter und Satzfragmente.“[17]

In der konstruktiv-konkreten Kunst schafft der systematisch erzeugte Zufall durch die Eliminierung des Chaos (der Möglichkeiten) ein Ordnungsmaß, das nachgerechnet werden kann. Der Willkürakt der Kalkulation macht den Zufall zum Fall - zum Kunstfall. In der Autopoiesis überläßt der Poet nach einer Regelvorgabe, die innerhalb bestimmter Grenzen eine freie Kombination erlaubt, die poetischen Dinge sich selbst. Die Zufallsoperationen, die er als Versuchsanordnung in Gang setzt, erscheinen eher als ein Kampf mit der Arbitrarität, der auf ihre Überwindung zielt, denn als lustvolle Hingabe an sie. Zwar ist die Pointe der Operationen die Suspendierung der personalen Autorschaft; denn nicht mehr die Person ist Agent, sondern die subliminalen Regeln der Sprache. Jedoch erweist sich die Inszenierung des Zufalls letztlich als dessen Eliminierung; er wird instrumentalisiert, um verborgene Gesetzmäßigkeiten aufzudecken. Man könnte nachgerade von einer Poetik negativer Kontingenz reden, denn die Aleatorik produziert den kalkulierten Zufall, der sich als Regelfall entpuppt.

In den Bereich der Aleatorik gehört auch die organisierte Selbstorganisation des Buchstabenchaos zu Nonsense-Strukturen. Allerdings ist dieser Autopoetismus (den Systemtheorie und Chaos-Theorie bestätigt haben) von der poetisierenden Aufhebung der Arbitrarität im Anagrammatismus zu unterscheiden.

Das Planspiel mit dem Zufall führt zu dessen Entnaturalisierung und Artifizialisierung. Der Zufall wird autorisiert, als selbständiger Produzent und Agent aufzutreten, zugleich aber entmündigt. Seine Erzeugnisse werden von der Kunst usurpiert. In der Domestizierung des Zufalls wird Macht über das Unwägbare ausgeübt und durch ein Würfelspiel mit einer begrenzten Anzahl von Zeichen die Unvorhersagbarkeit der Resultate in einen kalkulierbaren Vorgang arrangiert.

---

[16] Zit. nach D. Mahlow, „Der Zufall, das Denken und die Kunst“, in *Zufall als Prinzip,* S. 53-64, hier: S. 63.

[17] J. Schilling, „Ihr Zufall ist nicht der gleiche wie mein Zufall ...“, in *Zufall als Prinzip,* S. 33-44, hier: S. 36.

II

Gegen das autopoetische Prinzip der Aleatorik, auf dessen Kontingenzgrenzen schon hingewiesen wurde, ist das poetische Prinzip der Zufallseliminierung zu setzen, das sich speziell im Konstruktivismus zur Geltung bringt. Die Konstruktion ist gegen die Mimesis gerichtet. Während die Mimesis, da sie einen natürlichen Referenzbereich hat, das Kontingente miteinrechnen muß, ist die Konstruktion von jeder Unwägbarkeit befreit. Das totale Konstrukt als Artefakt schließt die Kontingenz ebenso aus wie ein radikaler Kratyleismus, der als Konzept der Anagrammatik zugrunde liegt. Das arbiträre Spiel der Wortkunst, das die Tiefenordnung der Zeichen freilegt, will gerade die primäre Nichtarbitrarität der Sprache zur Geltung bringen. In der Anagrammatik trifft ars combinatoria, die die Arbitrarität als generatives Prinzip miteinbezieht, mit einem tiefensemantischen Ansatz zusammen, der nicht so sehr von einer zu erzeugenden semantischen Kongruenz ausgeht als vielmehr von einer immer schon gegebenen. Die kombinatorische Hervorbringung von Arbitrarität überwindenden Formen und das Transparentmachen einer gegebenen Zeichenordnung auf eine darunter liegende sind die beiden anagrammatische Strukturen bestimmenden Strategien.

Der Zufall des poetischen Würfelspiels ist aber nicht der Zufall der ars combinatoria und der Anagrammatik[18]. Auch hier geht es um Autorschaft, Generativität und Automatismus. Aber das erwartete und erwartbare Ergebnis der Letternmanipulation ist die Offenbarung eines bislang Verborgenen, immer schon Vorhandenen. Offenbarungsinstanz ist der Zufall selbst. Wenn es in der Kabbala, durch verschiedene Techniken (Buchstabenvertauschung, gilgul, Verschmelzung, ziruf, oder Ersetzung, temura) immer wieder um die Aufdeckung des verborgenen Namens Gottes geht, und jedes Ergebnis, das aus den Buchstabenverstellungen hervortritt, und sei es auch sinnlos, diesen Namen enthält, ist Arbitrarität als solche ausgeschlossen. In der kabbalistischen Anagrammatik ist der göttliche Name das sprachliche Zeichen, das gesucht und aufgedeckt wird, und die Regel, die dieses hervorbringt. In der nachkabbalistischen Anagrammatik wird deutlich, daß es nicht nur um das Aufdecken des einen Namens, sondern auch um das bewußte Verstecken eines Namens oder eines bedeutsamen Wortes in der willkürlichen Ordnung der Lettern geht.

Der Concettismus des 17. Jahrhunderts hat sich sowohl die Kombinatorik als auch die kabbalistische Anagrammatik zunutze gemacht. Die in den Lettern wohnende geheime Kraft, die alles auf eine Weise zueinander ordnet, daß Relationen und Korrespondenzen entstehen, die den Heiligen Namen freilegen,

---

[18] Vgl. die neueste Darstellung und Diskussion der Anagrammatik-Konzepte von E. Greber, „Anagrammatisches und Anazyklisches oder: klebe dir irrgraphe", in *Émile. Zeitschrift für Erziehungskultur.* Themenheft „Ana-" 16/17 (1993), S. 39-66.

wird durch das bewußte und demonstrative Herstellen von Korrespondenz- und Relationsfiguren abgelöst. Hocke spricht in diesem Zusammenhang von einer „Methode, derart Paradoxales zu erreichen wie ‚absichtliche Zufallsproduktion'. Der ‚absolute' Zufall wird vernichtet durch den beabsichtigten Zufall. Labyrinthisches Mysterium!"[19]. Mit dem 17. Jahrhundert gewinnt der Zufall im Paradoxon wieder Kontur. Zufall und Absicht, Absicht und Zufall, Zufall der Absicht, zufällige Kalkulation, kalkulierter Zufall etc. Das Spiel mit der Regel tritt in den Vordergrund. (Nicht mehr der Name Gottes, sondern die Regelhaftigkeit der Sprache selbst erscheint als Mysterium.) Das heißt, die anagrammatische Poiesis vollzieht sich zwischen bewußtem Aufdecken und bewußtem Verstecken. Dazwischen liegt ein unbewußtes Verstecken/Aufdecken, für das Jakobson seinen Begriff des „subliminal" eingeführt hat. Auch dieses bezieht sich auf ein letztlich Nichtarbiträres der Sprache, auf ihre regelhafte Doppelwertigkeit.

Anagrammatismus, ars combinatoria und der amimetische Konstruktivismus in der Avantgarde des 20. Jahrhunderts stellen das Kontingenzphänomen konzeptuell und strukturell aus, um es zum Verschwinden zu bringen. In allen drei Formen gehen Kalkulation und Magie, Mathematik und Mystik zusammen. Die Literatur erscheint als Ort der Performanz von Kontingenzbewältigung.

III

Besonders die Literatur der Phantastik bringt bei der Konstruktion des Zufalls die Zweipoligkeit, die diesen bestimmt, zur Geltung - und scheint gerade hieraus ihr ästhetisches und kognitives Kapital zu schlagen. Es geht dabei um die Problematisierung der Grenze zwischen Kontingenz und Sinn, Diskontinuität und Kontinuität, Unerklärlichkeit und Erklärbarkeit eines Ereignisses oder einer Erscheinung. Die Grenze kann stabil, verschiebbar oder durchlässig sein. Wird die Grenze aufrechterhalten, so sind Deutungen innerhalb der binären Denkmuster möglich: das Kontingente erhält darin den Platz, der ihm zukommt. Die Grenze wird immer dann verschiebbar, wenn bezüglich des Unbekannten ein Mehr an Wissen erworben worden ist, das es ermöglicht, das Kontingente zurückzudrängen und die Deutungen auf Eindeutigkeit auszurichten. Dieser das Kontingente als zu beseitigende Störung negativ wertenden Einstellung steht die positive gegenüber, die Kontingenz als Freiheit (von Notwendigkeit) oder als Indiz unrealisierter Möglichkeiten begreift.

Allerdings nutzt auch die negative Wertung die kontingente Störung als konstruktiven textgenerierenden Faktor. So etwa im traditionellen Kriminalroman,

[19] E.G. Hocke, *Labyrinth der Welt*, Hamburg/Reinbek 1949, S. 65.

in dem der Aufklärung des Falles der Entwurf eines Ensembles von Zufallsereignissen, -daten und -informationen vorausgeht, deren Kontingenz in der Entzifferungsarbeit der Spuren negiert wird. In der Verbrechensrekonstruktion wird die Störung beseitigt, die Vermeintlichkeit des Zufälligen aufgedeckt. Während der Spurenleser das Kontingente zum Zeichen macht, schließt der das perfekte Verbrechen Organisierende alles, was Zeichen werden kann, aus, indem er alle wahrscheinlichen Hindernisse einplant. Das dennoch (notwendig) eintretende Unwahrscheinliche, für den Täter Kontingenz, für den Detektiv Chiffre, bringt die verbrecherische Hybris des Vorweg-Wissens zu Fall.

Auf dem positiven Kontingenzkonzept basiert die inventio des Science-Fiction-Romans.[20] Die Aufrechterhaltung der Grenze ist hier durchaus erwünscht, denn die Einschränkung der Kontingenz durch deren Verschiebung bedeutet zugleich die Minderung der Wahlmöglichkeiten und der Chance, daß Neues und Unerwartetes eintritt. Die Löschung des Kontingenten käme der Ausschaltung der Alternativen gleich.

Für die Phantastik aber dürfte weder die Grenzverschiebung nach Maßgabe einer fortschreitenden Überführung von unbekannt in bekannt, von mysteriös in klar noch die Wahrung der Grenze allein genügen, um das Eintreten des Unberechenbaren zu ermöglichen. Vielmehr ist es die Durchlässigkeit der Grenze, ihre Überschreitbarkeit, die es erlaubt, den Zufall (Vorfall, Zwischenfall, Unfall, Glücksfall) als kontingentes Ereignis oder als Fügung, d.h. als sinnlos oder sinnvoll, zu interpretieren.

Es ist insbesondere die ‚klassische' Variante der Phantastik in ihrer vorromantischen, romantischen und nachromantischen Ausprägung, der es um die Konstruktion einer Ambivalenzsemantik zu tun ist, die stets beide Pole im Blick behält, keine eindeutige Klärung zuläßt und dennoch die Deutungsarbeit selbst zum Movens des Erzählens macht. Diese im Text durch Erzähler oder Figuren vorgeführte Hermeneutik affiziert die Auslegungskunst der Rezipienten.

In der allegorischen Phantastik einerseits und der absurden andererseits - beide Phantastik-Varianten sind als nichtklassisch zu qualifizieren - wird die Ambivalenz des Zufalls gelöscht. Für erstere gilt, daß in der einhelligen Unsinnigkeit des Zufalls die Sinnleere, vacuitas, des Diesseits als Kehrseite der Sinnfülle des Jenseits erscheinen soll. In letzterer dient die Unbefrag- und Unhintergehbarkeit des Zufalls komischen Effekten - die eine sinnkritische Intention spielerisch verdecken (Comenius' *Labirint světa a raj srdce* [Labyrinth der Welt und Paradies des Herzens] einerseits und die Groteske-Texte von Gogol' und Charms andererseits repräsentieren diese beiden Aspekte). In der ebenfalls

[20] Vgl. die Romane von Stanisław Lem sowie seine in *Philosophie des Zufalls,* 2 Bde. (1968), übers. F. Griese, Frankfurt a.M. 1983 und *Phantastik und Futurologie,* 2 Bde. (1964), übers. B. Sager, W. Szacki, Frankfurt a.M. 1984 entwickelte komplexe Theorie.

nicht klassischen, jedoch nicht absurden Phantastik wird der Zufall positiviert und als Domäne des Alternativen, Nicht-Realisierten zum Anlaß für semantische Experimente und phantasmanahe Spekulationen. (Dies gilt für Borges' *Ficciones,* in denen es gelegentlich zu Science-Fiction-Effekten kommt)[21].

(Der Einteilung in „klassisch", „nichtklassisch", einschließlich der Spezifizierungen „allegorisch", „absurd" und den literaturhistorischen Bestimmungen „vorromantisch", „romantisch", „nachromantisch" liegen keinerlei für eine Typologie taugende Kriterien zugrunde. Es geht für den gegebenen Zusammenhang lediglich darum, das, was im eigentlichen [etablierten] Sinn als Phantastik gilt, nämlich die phantastische Literatur der Romantik [E.Th.A. Hoffmann, P. Mérimée, A. Puškin], mit Blick auf die vorromantische Phase [J. Cazotte, J. Potocki] und die nachromantische Tradition [E.A. Poe, früher Dostoevskij, H. James] zu erweitern und mit Phantastik-Ausprägungen in Vergleich zu setzen, deren Phantasmatik eine semantische Funktion erfüllt, die die Literaturgeschichtsschreibung eigenen Gattungstraditionen zuzuordnen pflegt [Comenius, Gogol', D. Charms, Borges]).

IV

Wie läßt sich die poetische Praxis der Zufallserzeugung beschreiben? Eine deskriptive Poetik des Zufalls steht zwar noch aus,[22] aber es lassen sich ältere poetologische Reflexionen zurate ziehen, die analoge oder komplementäre literarische Verfahren beschreiben. Die Literatur der Phantastik konstruiert den Zufall, um nichts dem Zufall zu überlassen, und sie tut dies, indem sie - syntaktisch gesehen - Diskontinuität herstellt und - semantisch gesehen - Isotopiebrüche ermöglicht. Beide Verfahrensbereiche lassen sich beleuchten, wenn man die concettistischen Traktate des 17. Jahrhunderts als Antizipation einer Kontingenzpoetik liest.

Die Parallele, die sich aufdrängt, folgt man den Argumentationen und Verfahrensbeschreibungen der concetto-Traktatisten und überträgt diese, obwohl sie vornehmlich lyrischen Texten gewidmet sind, auf die narrativen der Phantastik, ist diejenige zwischen Zufall und acumen (concetto, acutezza oder argutezza). Die Rhetorik des Concettismus, - ich denke hier vor allem an die Traktate von Sarbievius, Gracián und Tesauro[23] - definiert den ästhetischen und in-

---

[21] Auch Bioy Casares, Borges' Ko-Autor einiger Texte, hat in *Morels Erfindung* Phantastik und Science Fiction zusammengeführt.

[22] Die Monographien von Köhler und Behrens gelten (wenn auch mit unterschiedlicher Gewichtung) vornehmlich den Konzeptualisierungen des Zufalls in der Literatur.

[23] M. C. Sarbievius, *De acuto et arguto* (1627), Wrocław/Kraków 1958; B. Gracián, *Agudeza y arte de ingenio (*1648), Buenos Aires 1944 ; E. Tesauro, *Il cannocchiale Aristotelico ossia idea dell' arguta e ingegnosa elocuzione* (1655), Bad Homburg/Berlin/Zürich 1968. Vgl. hierzu K.-P. Lan-

tellektuellen Effekt, der durch die Verfahren des acumen hervorgerufen wird, als „inopinatum", „insolitum", „inexpectatum" oder „mirabile". Es geht um die Definition von Verfahren, die Erwartungen brüskieren, Verwunderung evozieren und mit unbekannten Gründen operieren: „Nam ut Aristoteles docet, admiratio nascitur ex ignoratione causarum", wie es in dem acumen-Traktat des polnischen Jesuiten Sarbievius (Aristoteles „xenikon"-Konzept weitläufig umschreibend) heißt. Die „fremde" Sprache und die „unbekannten Gründe" werden zur Quelle für das poetische acumen und die „akute" Argumentation. „Fremd" bedeutet unähnlich, unstimmig, gegen die Regel verstoßend. Das Fremde, Unbekannte und Unerwartete muß, um seine akute poetische Wirkung zu tun, in einer Art Kipp-Bewegung zum Bekannten, Vertrauten, Ähnlichen, Stimmigen und Regelhaften gezeigt werden. Diese Bewegung aber hat zur Folge, daß beides in Zweifel gezogen wird, das Bekannte und das Unbekannte, das Stimmige und das Unstimmige. Das eine wird zum Trugbild des anderen. Bezweifelt wird das Ähnliche, indem es durch Unähnlichkeit bzw. erfundene Ähnlichkeit ‚betrogen' wird, und das Zusammenhängende und Stimmige, indem es durch die Aufzählung von Einzelelementen, die auf beliebige Weise in Kontakt geraten zu sein scheinen, um den inneren Sinn seiner Kohärenz gebracht wird. Die Eindeutigkeit und angenommene Adäquatheit der Relation zwischen Ursache und Wirkung, Vorher und Nachher, zwischen Wesen und Erscheinung werden so nachdrücklich in Zweifel gezogen, daß keine Sinnerwartung mehr befriedigt werden kann. Es entsteht ein Sinnkonstrukt, das als „dissentaneum consentanei" bzw. „consentaneum dissentanei" (Sarbievius) bezeichnet wird und zugleich – neben „concors discordia" und „discors concordia" – als knappste Definitionsformel für das acumen figuriert, als eine Formel, die in der sie charakterisierenden oxymoralen (Un)Bestimmtheit ihre Pointe hat.

Schaut man die concettistische Rhetorik und Poetologie genauer an, so gewinnt man den Eindruck, daß sie von ihrer Ausrichtung her als Vorstufe zu einer Kontingenzpoetik - und nicht nur als Parallele oder Analogie - verstanden werden können. Das Inventar von produktions- und wirkungsästhetischen Verfahren, mit denen der Concettismus arbeitet, garantiert, daß Diskontinuität und Isotopiebruch mittels genau bestimmbarer Strategien hervorgerufen werden. Allerdings sind diese Verfahren, die die Durchbrechung eines semantischen Kontinuums durch die Infiltrierung eines unbekannten, fremden Elements oder durch die abrupte Zusammenstellung inkompatibler Bereiche ‚konstruieren', keine narrativen, sondern rein verbale.

---

ge, *Theoretiker des literarischen Manierismus - Tesauros und Pellegrinis Lehre von der „acutezza" oder von der Macht der Sprache,* München 1968, M. Blanco, *Les Rhétoriques de la Pointe - Baltasar Gracián et le Conceptisme en Europe,* Genf 1992 und R. Lachmann, „Die 'problematische Ähnlichkeit' - Sarbiewskis Traktat *De acuto et arguto* im Kontext concettistischer Theorien des 17. Jahrhunderts", in *Slavische Barockliteratur II,* hg. R. Lachmann, München 1983, S. 87-114.

Die für die Phantastik relevante latente Kontingenzpoetik des 18. bis 20. Jahrhunderts (in der gelegentlich auch die philosophische Implikation des Zufalls mit unterschiedlicher Akzentsetzung Berücksichtigung findet) ließe sich insofern auf die artikulierte Poetik des Concettismus beziehen, als letztere gerade die Ambivalenz der Kipp-Bewegung, die Zweigipfligkeit des Diskontinuitätseffekts und das Oxymorale der stimmigen Unstimmigkeit herausgearbeitet und mit Begriffen wie „dubia significatio", „dubius sensus", „aequivocatio", „ambiguitas" und den schon genannten „dissentaneum consentanei" und „discors concordia" präzisiert.

Die Herstellung eines Zusammenhangs zwischen dem acumen der concettistischen Literatur und dem Zufall der Phantastik soll im folgenden genauer begründet werden, wobei der Aspekt, der den Zusammenhang womöglich am eindrücklichsten plausibilisieren könnte, nur angedeutet werden kann. Dieser Aspekt betrifft die Ablösung des ingenium (das man mit Scharfsinn, Erfindungsgeist, Witz, Vorstellungskraft übersetzen kann), das als die das acumen oder concetto hervorbringende Instanz figuriert, durch die phantasia. Vicos Reflexionen über ingegno und fantasia berechtigen, diesen konzeptuellen Zusammenhang zwischen Concettismus und Phantastik herzustellen.

Allerdings figuriert bei Vico neben diesen Instanzen eine dritte, die memoria.[24] Daß diese eine zufallsbändigende Rolle spielt, bestätigt ein Blick zurück auf den Gründungsmythos der Mnemotechnik. Dieser, von Cicero und Quintilian als Legende - demnach mit phantasma-Elementen ausgestattet - überliefert, läßt sich als frühe Version einer Restitution von durch Zufall (Unglücksfall) in Zerfall geratener Ordnung interpretieren. Simonides, dem die Legende als dem Erfinder der Gedächtniskunst gilt, verkehrt das Chaos einer zertrümmerten Tafelrunde und das Durcheinander abgetrennter Gliedmaßen durch die Erinnerung eines vorherigen Zustandes in die alte Ordnung. Er gibt den Zerstückelten und Unkenntlichgewordenen ihren Namen, die der Unfall in Vergessenheit geraten ließ, zurück und reintegriert sie in den Sinnzusammenhang der Kultur. Hier wird nachdrücklich deutlich, daß es einer Person bedarf, die die zerstreuten (und damit vieldeutig gewordenen) Zeichen zu lesen vermag. (Auch die Zukunftsdeuter sind Leser einer für die Nichtwissenden beliebig erscheinenden Zeichenkonstellation, so die Auguren und Sterndeuter.) Mnemonische Systeme, wie die Mnemotechnik, die artes memorativae von der Antike bis in die Renaissance, das Theatro della memoria des Giulio Camillo, der Orbis pictus des Comenius und andere ikonische, diagrammatische und konzeptuelle Repräsentationen von Vergangenes ordnendem Wissen - das auch die Ordnung der Gegenwart betrifft - werden als effektive Instrumente der Kontingenzbewältigung eingesetzt.

---

[24] Vgl. dazu J. Trabant, „Memoria - fantasia - ingegno", in *Memoria - Vergessen und Erinnern,* hgg. A. Haverkamp/R. Lachmann (Poetik und Hermeneutik XV), München 1993, S. 406-424.

Die ars memoriae und die Mnemotechnik in ihren unterschiedlichen Ausprägungen sind auf die Bannung des Zufalls ausgerichtet. Durch den Entwurf von Systematiken wird Ordnung in vergangene Daten gebracht, werden Ereignisse, Erfahrungen, und Wissenselemente in willkürliche Zusammenhänge gestellt. Dort, wo die Mnemotechnik sich mit der ars combinatoria verbündet, werden aus den erstellten Systemen Voraussagen für möglich gehalten. Gesetzmäßigkeiten werden eruiert, die durch die Betätigung eigens konstruierter Apparate abgebildet werden. Durch die Computerisierung des Wissens, die Entwicklung von Denkfiguren des Registrierens, wird die Möglichkeit des Zufalls gen Null getrieben. Denn die ars combinatoria enthält das Programm für alle möglichen zukünftigen Daten. Es ist gerade die virtuelle Komponente, die in der ars combinatoria der Provokation des Zufalls entgegentritt. Die Virtualität der von der ars combinatoria erzeugten Wissensdaten (besonders im Bereich der Sprache) nimmt mit der Fremdheit des gesetzmäßig Erzeugten (durch die Anwendung einer bestimmten Regel) der Erwartung des Unbekannten, Zukünftigen jede Legitimität. Im numerischen Erfassen und tabellarischen Darstellen von Wissensdaten geht es um die Eliminierung des Zufalls und die komplette Berechenbarkeit der Vorgänge.[25] Damit verliert auch der ingeniöse Einfall des Barockpoeten, die Staunen erweckende, blitzartig eintretende Metaphernbildung ihr Zufallsgeheimnis. Denn ingeniöse Metaphernentdeckungen verdanken sich dem Aufdecken einer Stelle im System, das in der ars combinatoria festgestellt wird. Die Systematik der ars combinatoria und ihre Fähigkeit zu registrieren und zu generieren, ist nicht nur überindividuell, sondern auch überpersonal. Mit dem Überindividuellen in der kombinatorischen Generativität wird nun wiederum dem Magischen Einlaß gewährt. Das kann verstanden werden als das Wirken einer geheimen Kraft, die alles zueinander ordnet, Äquivalenzen und Korrespondenzen herstellt, das gesamte System in seinem Zusammenhalt legitimiert. Die Agenten der Kombinatorik von Raimundus Lullus bis Athanasius Kircher erscheinen in ihrer demonstrativen Herstellung von Korrespondenzfiguren als die eigentlichen Magier.

In der mnemotechnisch eingesetzten ars combinatoria, die in ihren Akten der Registrierung bzw. ordnenden Notierung und Generierung Vergangenheit und Zukunft in der Aktualität der kombinatorischen Praxis vereint, ist der ludistische Aspekt, den insbesondere die concettistische Poesie nutzt, stärker an ein Konzept des Nomischen gebunden, als dies in der freien Aleatorik der Fall ist. Wenn sich im Fall der freien Aleatorik von der Verursachung von Zufälligkeiten sprechen läßt, die dem Wirken einer Regel zugeschrieben werden, die der Verursacher nicht kannte, so gilt für die Aleatorik der ars combinatoria eine strengere Kalkulation. Die Gesetzmäßigkeiten sind bekannt, die Regeln for-

[25] Vgl. zur Rolle der *artes combinatoriae* des 17. Jahrhunderts und deren Weiterentwicklung S. Rieger, *Sprechen/Merken – Zur Geläufigkeit des Wissens im Barock,* Diss. Konstanz 1994.

muliert, denen entsprechend die kombinatorische Maschine funktioniert. Die Ergebnisse sind berechenbar, wenn auch in ihrer präzisen Manifestation und Qualität noch unbekannt.

Die Phantastik, so scheint es, widersetzt sich dem Ludismus sowohl der freien Aleatorik als auch der Aleatorisches einkalkulierenden ars combinatoria. Sie befreit sich vom registrierten und notierten Wissen und erzeugt gerade durch Techniken der Regelüberschreitung Formen des noch nicht Gesehenen und Gedankenfiguren des noch nicht Gedachten.

Die im Ausbau der kombinatorischen Apparate erfolgte Aufgabe der personalen, individuellen Autorschaft und das implizierte Konzept der im voraus berechenbaren Innovationen, die die Theorie und zum Teil auch die poetische Praxis des 17. Jahrhunderts beherrschen, werden mit der Kritik des 18. Jahrhunderts aufgegeben. Im Mittelpunkt steht wieder die kreative Rede; die barocken Speicher sind in Mißkredit geraten, sie gelten nurmehr als „leere Brunnen“[26]. Damit werden auch die loci topici, die ars lulliana der Buchstabenspielerei, die als nichtkreativ entlarvte inventio der Concetti verworfen, und an die Stelle des Apparates, der kombinatorischen Manipulation tritt wieder der redende Mensch als Autor seiner Rede. Er ist aus sich selbst schöpferisch, Hervorbringer von Innovativem, das in seiner Unberechenbarkeit und Unvorhersehbarkeit in die Syntax der Zeichen Diskontinuitäten einträgt. Das regelgelenkte, quasi objektivierte ingenium wird zum subjektiven Genie und wird aus der Kontrolle der Regel in den Freiraum des Zufalls entlassen. Das Neue erscheint demjenigen, der es nicht absichtsvoll hervorgebracht hat, und demjenigen, der es (unverhofft) wahrnimmt oder erfährt, als zufällig. Die Arbitrarität der Sprache, die solange provoziert wurde, bis sie ihre Regeln aufgedeckt hatte, wird wieder sich selbst übergeben.

Zurück zur acumen-Lehre und dem Zufall der Phantastik: Im Bereich des Verbal-Poetischen erscheint die ingeniöse Metapher als ‚Inkarnation‘ des acumen. Diese erzeugt, indem sie Ähnlichkeit fingiert oder gegen akzeptierte Ähnlichkeitsparameter verstößt, eine das Verglichene und das Vergleichende auseinandertreibende Inkompatibilität. Indem sie semantische Hierarchien aufstört, wendet sie sich gleichzeitig gegen das „taedium“ und „fastidium“ des Vertrauten und Trivialen und nimmt Disproportion und Disharmonie nicht nur in Kauf, sondern forciert sie nachdrücklich. Funktionsgleich tritt im narrativen Kontext der Phantastik das Ereignis (eine unerklärliche Erscheinung, ein Unglücksfall, ein seltsames Zusammentreffen) ein, das die bisherigen Verhältnisse in Frage oder in ein neues Licht stellt und Schock und Verblüffung auslöst. Das unerhörte Ereignis, das der strukturelle und semantische Nukleus - nicht nur der phantastischen Novelle - ist, funktioniert nach diesem Prinzip.

[26] Rieger, *Sprechen/Merken*, S. 110.

Die Diskontinuität, die der Einbruch des Unerhörten und Ungesehenen bewirkt, veranlaßt dazu, alles mit einem Schlag anders zu sehen.

Das unvermittelt eintretende Ereignis kollidiert mit dem Erwartungshorizont, den die für eine bestimmte Weltwahrnehmung (Kausalität, Finalität, Wahrscheinlichkeit, Wiederholung) verantwortliche Instanz (meist wird sie durch den aufgeklärten Erzähler verkörpert) abgesteckt hat. Die Brüskierung dieses Horizonts durch das Unvorhersehbare, Plötzliche und Unerklärliche führt zu einer Desautomatisierung der im Rahmen der erzählten Welt geltenden Interpretationsmechanismen, zu einem neuen Sehen, das, der von der ingeniösen Metapher erzeugten „perspicacia" des akuten Sehens[27] vergleichbar, die Durchbrechung des Normalen als Möglichkeit nutzt, geheime Gründe zu erkennen, die verborgenen Zusammenhänge der Dinge zu ‚durchschauen'. Und zwar gerade durch die Konfrontation mit dem zunächst Unerklärlichen, die zu einer Scharfsinnigkeit und Hellsichtigkeit führt. Das Ereignis als Zufall stellt die Verläßlichkeit der Geschehens- und Handlungsabläufe ebenso auf die Probe wie deren Begründ- und Planbarkeit. Die Kunst der Phantasie usurpiert die Funktionen des Begründens und Planens, stellt künstliche (nie dagewesene) Verbindungen zwischen den Handlungen, den Ereignissen, zwischen den Erscheinungen und zwischen den Dingen her. Gracián spricht im concettistischen Zusammenhang von der „artificiosa conexión de los objetos" (S. 19).

Auch die durch das acumen hervorgerufene „fallax argumentatio", die den enthymematischen Formen des Schließens (sorites, encheirema, aenigma) entspringt, hat in der Struktur des Zufalls ihre Entsprechung, da diese als enthymematisch erscheint und durch die Kurzschlüsse, zu denen sie verführt, eine zweifelsfreie Wahrheitsfindung verhindert. (Vgl. die Konstruktion von Zufallserscheinungen und Zufallsbegegnungen und deren Interpretationen in H. James' *The Turn of the Screw.)*

V

Im narrativen Text der Phantastik, der die einem unerwarteten Phänomen geltenden Erklärungsversuche den Protagonisten überläßt oder der Instanz des aufgeklärten Erzählers überantwortet, bedeutet ‚Wahrheitsfindung', daß das Unbekannte ins Bekannte, das Unerklärliche ins Erklärliche gewendet wird. Letztendlich verfolgt diese Interpretationsarbeit das Ziel, in der Kontingenz eine verborgene Kohärenz und in der Kontiguität eine Similarität aufzuspüren. Das Unwahrscheinliche, Verwunderliche oder Rätselhafte, das die beunruhigende Faszination des Zufalls ausmacht, führt, noch bevor die Deutungsarbeit einsetzt, zu einer Reaktion, deren Bestimmung einen zentralen Teil der wir-

[27] Lange, *Theoretiker des literarischen Manierismus,* S. 84.

kungsbezogenen acumen-Lehre ausmacht. Die Reaktion, die beim Lesen hervorgerufen werden soll, nennt die acumen-Lehre „admiratio", und diese nun entsteht aus der Unkenntnis der Gründe: „admiratio nascitur ex ignoratione causarum" (Sarbievius, *De acuto,* S. 7, 21) und wird als ein angenehmes Staunen apostrophiert. Dieser wirkungsästhetische Aspekt geht abermals auf eine Aristoteles-Lektüre zurück: „hedy de to thaumaston" *(Rhet.* III, 2, 1402).

In der Gothic Novel und im Concettismus wird das Unerwartete erwartet, es ist ein erwartbares Unbekanntes. Die Erwartungen des Unerwarteten müssen jedoch jeweils um ein Weniges übertroffen werden. Schock, Verblüffung müssen erzeugt, Affekte durch Effekte hervorgerufen werden. Im Gattungskontext ist das Erwartete/Unerwartete in seinen Möglichkeiten eingeschränkt: ein bestimmter Typus an Schreckenstaten (Horror, Terror), ein bestimmter Typus an Schreckensereignissen (Naturkatastrophen und Erscheinungen von Wunderbarem) stellen einen Rahmen her, innerhalb dessen das ‚Etwas' eintreten kann. Auch die Eskalation und die Hypertrophierung als solche werden erwartet und durch Reaktionen der Bewunderung quittiert. Diese gelten dem Artefakt der Horror- und Katastrophendarstellung. Fremdartigkeit, das Geheimnisvolle, Ungewöhnlichkeit und Exzentrik von Handlung und Ereignis erscheinen als Ergebnis einer ingeniösen inventio. Die Analogie zum Concetto besteht nun darin, daß der Einfall regelgelenkt ist. Der Einfall, dem sich das „inexpectatum" oder „inopinatum" verdankt, wird rhetorisch erzeugt.[28]

Die rezeptionsorientierte Herstellung der Verwunderung geschieht bei Aristoteles durch scharfsinnige Beweisführung der Rede (enthymema) und den ornatus. Auf diese Weise wird das Fremdartige, Entlegene und Bewundernswerte hervorgebracht. Quintilian nimmt diesen Aspekt auf: der Redner erregt nach eigener Willkür die Affekte des Staunens. Ohne daß der Zuhörer es merkt, wird er „planvoll in seinem Affekt gefangen"[29]. Diesen das Publikum übertölpelnden und entmündigenden Kunstgriff umschreibt Quintilian wie folgt: „nec fortibus modo, sed etiam fulgentibus armis proeliatur" *(Inst. or.,* VIII, 3, 2).

In Aristoteles Rhetorik steht das Wunderbare, das „thaumaston", dem Wahrscheinlichen und dem Möglichen (anderen), dem „endechomenon", entgegen. Das Wunderbare ist entsprechend der aristotelischen Konzeption in der Poetik zulässiger als in der Rhetorik und innerhalb der poetischen Gattungen eher im Epos wirksam als in der Tragödie, in der das Staunen als legitime Stützung der

---

[28] S. Matuschek hat in seiner Monographie *Über das Staunen - Eine ideengeschichtliche Analyse,* Tübingen 1991, S. 32, darauf hingewiesen, daß die Rhetoriker die Reaktion von Hörern niedrig einschätzen, die sich durch Prozeduren beeindrucken lassen, die gezielt auf die Erzeugung des Staunens ausgerichtet sind. Die Lenkung der Publikumsaffekte gilt als eine Art sprachlicher Machtausübung.

[29] Ebd., S. 31.

kathartischen Effekte, „eleos“ und „phobos“, ohnehin seinen Platz hat.[30] Es ist das „alogon“, das in der aristotelischen Poetik als die Hauptquelle des Wunderbaren angenommen wird, da es für das Unerklärte, der Erfahrung und Vernunft Widersprechende steht (1460a, 13-14). Nach Aristoteles nimmt das Staunen und die Reaktion der Verwunderung in dem Maße ab, in dem Einsichten in die Gründe erlangt sind. Das heißt der Affekt des Staunens ist ein zu überwindender. Ziel ist also, zumal wenn es um das wissenschaftliche Interesse am Verwunderlichen der Welt geht, die „Verwunderungslosigkeit“[31]. Das aristotelische Konzept der Überwindung des „thaumaston“ durch die „athaumastia“ richtet sich gegen das von Plato vertretene, wonach die Erkenntnis als Steigerung des Staunens verstanden und das „thaumazein“ in ein Entzücken, ein Außer-sich-geraten, einen Zustand der Manie weitergetrieben wird (ekplexis). Die aristotelische athaumastia tritt damit der platonischen „ekplexis“ entgegen.

Beide, „ekplexis“ und „athaumastia“, spielen in der literarischen Staunenserzeugung eine Rolle und sind eng mit der entsprechenden Akzentsetzung im Poetikkonzept verknüpft. Der platonische „enthusiasmos“, aus dem der Einfall entspringt, und die aristotelische rhetorisch orientierte Regelanwendung, die den Zufall bändigt, sind die beiden Extreme, die die Poetik der concettistischen „ingegnosità“ und der Phantastik gleichermaßen bestimmen.[32]

Die fallax argumentatio des acumen ist häufig in einer Metapher verdichtet, deren artifizielle, fingierte oder unähnliche Ähnlichkeit (vgl. „trovando in cose dissimiglianti le simiglianze“, Tesauro, 266) das mirabile hervorbringt und die admiratio als Antwort erhält. In der Metapher manifestiert sich die fallax argumentatio als Abbreviatur eines Schlusses, der Oxymoron, Antithese und Paralogismus zuläßt. Das Enthymema ist die bevorzugte Form verknappten Schließens, die im Anschluß an Aristoteles' „enthymema asteion“ *(Rhet.* III, 10, 4, 141b) - mit der Bedeutung witziges, auf Täuschung beruhendes Argument - bei Tesauro als „Entimema urbano“ (495) erscheint. Tesauro bestimmt dieses als ingeniöses auf der Metapher gründendes Gedankenspiel, das das Wesen der „perfetta argutezza“ ausmacht. Gracián entwickelt das „enthymema asteion“ als Paradoxon, Krisis, Übertreibung und als Gedankenfigur des Zweifels - alle diese Formen werden als Effekte akuter Trugschlüsse ausgegeben. Das concettistische Argument, das die Metapher darstellt, entsteht aus der Verknüpfung zweier einander gegenüberstehender Wirkungen oder Eigenschaften ein und desselben Gegenstandes: „entre dos opuestos efectos o circunstancias de un mismo sujeto, se forma el argomento conceptuoso“ (249).

[30] Vgl. M. Fuhrmann, *Einführung in die antike Dichtungstheorie,* Darmstadt 1973, S. 27.

[31] Matuschek, *Über das Staunen,* S. 19.

[32] Dantes Begriff des „stupore“, den Matuschek in diesem Kontext interpretiert, erscheint als über „maraviglia“ und „ammirazione“ hinausgehende Steigerung, die einerseits im Kontext der Herausbildung einer christlichen Poetik - „Staunen als Gottesandacht“ - zu sehen ist, zum anderen im concettistischen „far stupire“ eine Säkularisierung erfährt (ebd., S. 76ff.).

Wie das acumen der „fallax argumentatio" läßt sich der Zufall als punktuell sich manifestierendes semantisches Ereignis bestimmen, in dem die abbreviierte Form eines auf Doppeldeutigkeit, Ambiguität und Täuschung beruhenden Arguments verborgen ist. Der Zufall ließe sich wie die concettistische Metapher als „impertinence sémantique" bezeichnen - eine Bestimmung, die J. Cohen[33] allgemein für die Metapher vorschlägt. Um die „pertinence" wieder herzustellen, muß die „impertinence" semantisch kompensiert werden. Dies gilt insbesondere für diejenige Ausprägung des Zufalls, die auf Diskontinuität und Isotopiebruch basiert. Deren syntaktische und semantische Kompensation wird aber keine vollständige sein können, denn eine zweifelsfreie Deutung wird nie erreicht. Die „dubia significatio" (wie sie in der Sprache durch die/eine Koinzidenz phonetischer, morphologischer und grammatischer Art zustandekommt) oder der „dubius sensus", der den einfachen Sinn des Bekannten bezweifelt (beides Begriffe, die in Sarbievius' Traktat figurieren), lassen die Deutungsversuche, die der Zufall auf sich zieht, nicht zur Ruhe kommen. Eine Dissonanz, etwas, das Gracián die „ingeniosa disonancia" (3) und Tesauro das „ingegnoso accoppiamento" (132) genannt hat, markiert die semantische Kollision, die acumen und Zufall gleichermaßen auszeichnet.[34]

VI

Die Phantastik nutzt die Spannung zwischen dem Staunen als einem positiven Affekt und der aufklärerischen Verwerfung des Staunens als Obskurantismus.[35] Der konstruierte Zufall, Erzeugnis eines ingeniösen Einfalls, muß aus dem Obskuren des Geheimnisvollen und Unerklärlichen herausgeführt und aufgeklärt werden. Die Spannung zwischen obskur und klar (aufgeklärt) bleibt freilich erhalten.

Der „sweet horror", den das Schreckliche, das Unheimlich-Unbekannte in der Gothic Novel auslöst (eine Reaktion, die sich auch bei in dieser Tradition stehenden Texten von E.A. Poe oder Dostoevskij und H. James einstellt), ist eine Variante der admiratio und wird, bevor der Leser affiziert ist, im Text selbst durch Protagonisten oder Erzähler ausagiert. Admiratio, sweet horror und der Schauer, der durch mysteriöse Verbrechen, Wiederkehr der Toten oder

[33] *La structure du langage poétique,* Paris 1966.

[34] Max Ernsts Zufallsdefinition - die an Lautréamonts vielzitiertes Diktum „La rencontre fortuite, sur une table de dissection d'une machine à coudre et d'un parapluie" anschließt - „Accouplement de deux réalités en apparence inaccoupables sur un plan qui en apparence ne leur convient pas", die sich auf die Kunstpraxis der Dadaisten bezieht, liest sich wie ein Echo auf die concettistische Verbaltechnik und Poetologie. (M. Ernst zit. nach M. Carrouges, *André Breton et les données fondamentales du surréalisme,* Paris 1967, S. 245f.)

[35] Zum Staunen als „Pathologie der Vernunft" vgl. Matuschek, *Über das Staunen,* S. 157.

Geistererscheinungen erzeugt wird, sollen durch eine die Äquivokation der Erscheinung miteinbeziehende Deutung aufrechterhalten werden.

Gerade hinsichtlich der Phantastik kann man davon ausgehen, daß diese Ambivalenz der Kontingenz argumentativ und narrativ genutzt wird. In der Zwittergestalt und Doppelfunktion des kontingenten Vorfalls werden Aufklärung und Wunderglaube, Täuschung und Enttäuschung so miteinander ins Spiel gebracht, daß die Barriere, die sie trennt, in beiden Richtungen übersprungen wird. Nur scheinbar wird die Logik von richtig und falsch, irreal und real ausgereizt, denn es geht ja gerade um den Effekt der Unsicherheit, den die Oszillation zwischen den beiden Polen hervorruft (prominente Beispiele hierfür sind J. Cazottes *Le diable amoureux,* J. Potockis *Le manuscrit trouvé à Saragosse,* Puškins *Pique Dame,* H. James' *The Turn of the Screw).*

Das Gesagte gilt für die klassische Phantastik ebenso wie für narrative Texte, in denen eine auffällige Koalition zwischen Zufall und Phantasma herbeigeführt wird (Kleists *Der Findling* ist ein Beleg dafür).

VII

Der wesentliche Unterschied zur concettistischen Literatur besteht nun darin, daß die semantische Arbeit der phantastischen Literatur einen den rein verbalen Bereich überschreitenden Fokus hat: Es geht um die Durchführung komplizierter Operationen von Sinnzuweisung (Sinnsuche der Protagonisten angesichts des Unerklärlichen) und Sinnverweigerung, die ihrerseits als Appell an den Leser, die Sinnsuche aufzunehmen, verstanden werden kann.

Besonders die als klassische Variante bezeichnete Phantastik entwickelt, falls die Sinnzuweisung im Text von den Protagonisten und dem Erzähler übernommen wird, eine Art Deutungswahn, die das Kontingente zu be- und überwältigen versucht. Der Konstruktion von Ereignissen, die als Einbrüche, Diskontinuitäten, Inkohärenzstiftung und Unordnung erscheinen, korrespondiert eine Interpretationsmanie, an der die Protagonisten auf unterschiedliche Weise beteiligt sind (Vermutungen, bestätigte Ahnungen, Ablehnung der Geistererscheinung als Sinnestäuschung). Wenn die Vorfälle, Zwischenfälle und Unglücksfälle nicht mehr Zufälle, sondern sinnvolle Ereignisse und die unerklärlichen Erscheinungen keine Trugbilder, sondern natürliche Phänomene oder übernatürliche Zeichen einer höheren Intelligenz sind, dann erhält die Sinnzuweisung, das Verkehren von unbekannt in bekannt, von unerklärlich in erklärlich einen soteriologischen Aspekt. Doch läßt es die Phantastik selten zur erlösenden Lösung kommen, auf Eindeutigkeiten ist ebensowenig Verlaß wie auf den Realitätsgehalt unverhofft auftretender Ereignisse. Es geht um die Aufrechterhaltung eines (semantischen) Schwebezustands und um die Plausibilisierung von Sätzen wie „Es war kein Zufall, daß“, „das konnte doch kein Zufall sein", aber auch „Der Zufall wollte es, daß er just an diesem Tag" - eine Wendung, die diesen selbst zu einer höheren Instanz macht oder ihn, ohne den Begriff zu verwerfen, als Prädestination, Fügung, Schicksal interpretiert.

In Dostoevskijs phantastischer Erzählung *Dvojnik* (Der Doppelgänger) ist der Protagonist Goljadkin gezwungen, das völlig unverhoffte wiederholte Auftreten eines ihm vollkommen Ähnlichen, einer Kopie seiner selbst, nicht als Zufälligkeit abzutun, sondern als sinnvolle, wenn auch äußerst bedrohliche Erscheinung einer Person zu interpretieren, die ihm Rang und Lebensberechtigung streitig machen will, indem sie seinen Platz in der Beamtenhierarchie usurpiert. Der Leser wird darüber im Unklaren gehalten, ob hier eine phantastische Geschichte erzählt wird, in der ein ‚realer' Doppelgänger sein Unwesen treibt, oder die Geschichte einer ‚realen' Ich-Spaltung. Damit werden die vorgeführten Zufälle nicht nur als semantische und syntaktische Störungen doppeldeutig, sondern auch ihr Status in der Fiktion selbst wird zweifelhaft.

VIII

Dem unerklärlichen Ereignis der seltsamen Erscheinung, den sich häufenden Störungen der Sinneswahrnehmung kann ein doppelter Effekt zugeschrieben werden. Entweder ihre Kontingenz erzeugt das Unheimliche und Wunderbare, oder aber ihre Deutbarkeit als nichtkontingente Erscheinungen und planvolle Verursachungen einer außerirdischen Intelligenz führt diese Wirkung herbei. Es gibt Strategien, die das Kontingente rational aufrechterhalten und dennoch die Kontingenz zu bewältigen versuchen. Dabei gewinnen zwei Erklärungsmodi Geltung. Der eine beruft sich auf Grundsätze aufklärerisch-rationalistischen Denkens und weist das kontingente Phänomen einer natürlichen Ordnung zu, der andere äußert sich als eine Art Beziehungswahn. Es ist letztere, die im phantastischen Text überwiegt. Erzähler oder agierende Figuren werden von einer Manie ergriffen, die sie treibt, Kontingentes als geheimes Zeichen zu interpretieren, aus Wahrgenommenem und Halbwahrgenommenem Verknüpfungen herzustellen, um damit die ‚wahren Verhältnisse' aufzudecken und den geheimen Gründen und Verursachungen auf die Spur zu kommen. Der phantasmatische Detektivismus versucht, die Kontingenz des Phänomens zu tilgen, und macht es so zum Phantasma eines Sinns.

Dabei geht es um die Überlistung dessen, was sich als Zufall präsentiert; und das geschieht durch komplexe Deutungsoperationen, die gerade im manischen Aufbau eines Korrespondenzsystems Rekurs auf Argumente des Kausalismus oder des Finalismus nehmen. R. Riedl macht in seinem Beitrag „Die Folgen des Ursachendenkens"[36], indem er pointiert argumentiert, daß das Ursachen-

---

[36] In *Die erfundene Wirklichkeit - Wie wir wissen, was wir zu wissen glauben,* Beiträge zum Konstruktivismus, hg. P. Watzlawick, München 1981, S. 67-90.

denken eine stark abergläubische Komponente hat, auf den Unterschied zwischen „Szientismus“ und „Hermeneutik“ aufmerksam. Im Szientismus sieht er eine Konzentration auf die causa als Verursachung eines Phänomens, während die Hermeneutik nach Telos und Sinn eines Phänomens frage. Riedl bezichtigt den Szientismus, wenn er finalistische Konzepte ausschließt, ebenso des Obskurantismus wie die Hermeneutik, die das Kausaldenken ausschließt und lediglich nach dem Wozu-ist-etwas fragt. Dieser Unterschied ist nicht ohne Belang für die semantische Akzentuierung des Zufalls in der phantastischen Literatur. Beide Erklärungsmuster werden herangezogen, kausalistische und finalistische, wobei das Denken in Kausal- oder Finalkategorien von den vom Erklärungs- und Deutungswahn Ergriffenen selbst thematisiert wird. Anders aber als das Alltagsursachendenken, das sozusagen blindlings jeder Koinzidenz Ursachen unterstellt,[37] beharrt die Phantastik auf der Nichtaufklärung, hält sich vor einer Fixierung auf eine causa oder eine finis letztlich zurück. Denn die Koinzidenz erscheint in der Phantastik zugleich als zufallsverdächtig und als auf noch unbekannte, ungewöhnliche Ursachen zurückführbar. Koinzidenz also ist nichts Verläßliches und bewahrt ein Verwunderliches.

Die Interpretationszwänge, denen nach Riedl die Obskurantisten unter den Kausalisten und Finalisten unterlegen sind, gelten auch für die Komplotttheoretiker. „Komplott“ ist ein spezifischer Auslegungsmodus von causa und finis, der sich nicht mit Aufklärung begnügt, sondern gerade das Geheime der Beweggründe und Handlungsziele zu treffen versucht. J. Link hat, ausgehend von Max Webers konzeptuellem Dualismus, die Rivalität zwischen „Interaktionismus“ und „Massendynamik“ als diejenige zwischen zwei Sinnagenten vorgestellt.[38] Es ist die Rivalität zwischen Interpretationen, die Handlungen und Ereignisse entweder als Folgen von Entscheidungen, Plan und Absicht und damit potentiell als sinnorientiert begreifen, oder aber dem Walten einer Art menschlicher Naturgeschichte zuschreiben, die sich sinnblind vollzieht (Link weist auf die hierfür relevante Kollektivsymbolik „Fluten, Brände, Stürme, Epidemien, Rausch und Wahnsinn“ hin, S. 11). Die Unterstellung eines Komplotts ist Sinnzuweisung, die dem massendynamischen Geschehen seinen chaotischen Charakter nimmt und es in eine geheime Ordnung eingliedert. Bei Schiller, den er als „Klassiker des Komplotts“ (S. 8) bezeichnet, verfolgt Link

---

[37] Riedl, ebd., S. 72: „Dieses 'Bauen' auf die nichtbeliebige, ja stetige Koinzidenz der Merkmale in dieser Welt wird (...) vom kreativen individuellen Lernen weitergenützt. Und wo immer sich eine Koinzidenz durch die Wiederholung zureichend bestätigt, wird damit 'gerechnet', daß sich diese Koinzidenz auch weiterhin wiederholen und damit zur eigenen Voraussicht vorteilhaft nützen ließe.“ Und S. 73: „Die Erwartung, daß Koinzidenzen wahrscheinlich nicht zufälliger Natur sein werden, ist uns sogar in einer solchen Verallgemeinerung eingebaut, daß wir fast in jeder Koinzidenz einen direkten Zusammenhang vermuten.“

[38] J. Link, „Geburt des Komplotts aus dem Geist des Interaktionismus“, in *Kulturrevolution* 29 (März 1994), S. 7-15.

den „Zusammenhang zwischen Interaktionismus und Komplott". Schiller bändigt seine Faszination von „revolutionärer Massendynamik" durch sein „dramaturgisches Projekt eines konsequent interaktionistischen Geschichtsdramas" (S. 9). Doch die Hypertrophierung der Komplottsemantik, die im „Geisterseher" (einem Text der Phantastik) schwarz-romantische Geheimbundzüge annimmt, ist ein auch aus Schillers Sicht scheiterndes Projekt. (Nach Link erscheint Schiller als „Erfinder eben dieses anrüchigen Verschwörungsromans", S. 12). Komplottunterstellung ist Komplottprojektion, die Ordnung in die wilden Fakten bringt, ihnen eine semantische Kohärenz und narrative Syntax gibt, sie zum plot[39] macht. Die Interpreten und Konstrukteure sind zugleich die Opfer, deren paranoider Blick alle „Ereignisse, auch die kontingentesten, als Resultate eines ungeheuren Komplotts" durchschaut; „der paranoid-interaktionistische Blick transformiert alle Ereignisse in bloße ‚Oberflächen', ‚hinter' und ‚unter' denen ein großes Subjekt im Dunkeln hockt" (S. 13).

Als Trugsinn oder Sinnphantasma figuriert das Komplott im literarischen, als Delirium oder Paranoia im psychopathographischen Text (wobei es zwischen den beiden Textsorten eine hier nicht zur Debatte stehende Wechselbeziehung gibt). Nach Freud[40] nimmt der Normale eine Kategorie von akzidentellen Akten an; der Paranoiker dagegen (und ich füge hinzu: der Phantastiker) lehnt jeden Aspekt des Akzidentellen ab. Alles, was fremd erscheinen mag, wird, sobald die Fremdheit sich zeigt, als Teil einer hochgradig signifikanten Koinzidenz gedeutet. Dabei spielt selbstverständlich die Wiederholung eines Ereignisses eine konstitutive Rolle, denn diese macht den bloßen Eindruck der Absichtslosigkeit zunichte. Allerdings gilt für den Paranoiker, was Freud einräumt, daß er vieles mit pedantischer Präzision zu sehen vermag, was der normalen Wahrnehmung entgeht. Die geschärfte und alerte Aufmerksamkeit des Paranoikers veranlaßt diesen, angesichts der heterogenen Symptomatik der Welt eine Fähigkeit zu entwickeln, die ihn in einen überwachen Zustand ständigen Aufmerkens versetzt, aus dem eine zwanghafte Erklärungsaktivität hervorbricht.

G. Rosolato, der an Freuds Thesen anschließt, sieht im Paranoiker den Bezwinger des Zufalls. Gegen die Vorstellung, die Welt sei irreduzibel und nicht erkennbar (durchschaubar), beanspruche er die Wissensallmacht über diese Welt. Hier kommt ins Spiel, was Rosolato die gegen das Defizit einer „méconnaissance" aufgebotene „connaissance immédiatement illimitée et quasi intuitive" nennt.[41] Zwischen Unkenntnis und Kenntnis, Nichtwissen und Wissen

[39] Vgl. den etymologischen Zusammenhang von plot und Komplott: frz. compeloter, zusammenknäueln, wird zu complot, Vereinbarung, heimlicher Anschlag, die englische Entlehnung, complot, wird zu plot (to plot, the plotter), Verschwörung und - die lebensweltlichen Strukturen nachbildend - Handlungsaufbau im literarischen Text.

[40] S. Freud, „Zur Psychopathologie des Alltagslebens", *Gesammelte Werke,* Bd. 4, London 1955.

[41] „L'Imaginaire du hasard", S. 217.

wird der Zufall zu einer „imaginären" Instanz[42]. Er muß als Symptom des Nichtwissens imaginiert werden, um den Triumph des Wissens auszuspielen. Das plot des Wahnsystems verdankt sich diesem Triumph. Das gilt für die Denkwürdigkeiten des hospitalisierten Paranoikers Schreber ebenso wie für Gogol's fiktiven Paranoiker Popriščin in *Zapiski sumasšedšego* (Aufzeichnungen eines Wahnsinnigen). Schreber versucht, die Harmlosigkeit des Kontingenten (Unbeabsichtigten, Akzidentellen) genauso wie die objektiv gesehen positiven, ihm absichtsvoll geltenden Zeichen als Elemente eines gegen ihn gerichteten Komplotts zu entlarven, an dem die Potentaten seiner Welt, die Psychiater, maßgeblich beteiligt sind. Er entwirft mit exuberanter Eloquenz phantasmatische Systeme von großer Stringenz.[43]

Auch für den Irrenhausinsassen Popriščin, den Ich-Erzähler in Gogol's Geschichte, der seinen Beziehungswahn in einem Tagebuch dokumentiert, wird Akzidentelles und Unverständliches zugunsten hoch signifikanter Zeichen verleugnet, die eine geordnete, in sich geschlossene Welt verheißen. Anders als Schreber konstruiert er aus dem scheinbar Inkohärenten und einem Konglomerat undurchschaubarer Handlungen und Vorgänge ein ihm geltendes positives Komplott. Seine aufs Komplottschema gestützte unermüdliche und spitzfindige Deutungsarbeit verhilft ihm dazu, das Irrenhaus, in dem er Qualen (im Stile der in realen Zwangsanstalten der Zeit üblichen) erleidet, in das Königreich Spanien umzulesen, in dem er Herrscher ist und damit zugleich Beherrscher der autistisch gedeuteten Welt. Ungleich Schreber, dessen (höchst literarische) Paranoia von der Psychoanalyse verwaltet wird, gehört Popriščin mit seinen dem Zufälligen und der Unfaßlichkeit der fremden Verhältnisse entgegengeschriebenen Sinnphantasmen in die Domäne der grotesken Fiktion.

Die phantastische Welt, aus der der Zufall verbannt ist, kann ihre Eindeutigkeit nicht aufrecht erhalten. Wenn die Pseudologik und die Trugschlüsse, denen sie sich verdankt, aufgedeckt werden, bricht sie zusammen, und die Ambivalenz löst die semantische Sicherheit ab. (So auch das Ende der Gogol'-Groteske). Es ist die Interpretation des Zufalls, die ausschlaggebend für den Status der phantastischen Erzählung ist: Paranoia, Wunderglaube, Aberglaube, Fieberwahn, Halluzination, Skepsis bestimmen auf unterschiedliche Weise dessen Wahrnehmung, Erleben und Beurteilung. Wird der Zufall begründbar durch die Einordnung in einen natürlichen (z.B. physikalischen) Zusammenhang, kann die Geistererscheinung zum Trugbild einer optischen Täuschung erklärt werden. Damit wird die phantastische ‚Realität' von der faktischen für nichtig erklärt. Aber- oder Wunderglaube können mit einer der Aufklärung verpflichteten Interpretation in Konkurrenz treten: der Blitz aus heiterem Himmel (der

[42] Rosolato spricht von „la fonction imaginaire du hasard", ebd.
[43] Vgl. *Daniel Paul Schreber. Denkwürdigkeiten eines Nervenkranken,* hg. S. Weber, Frankfurt a.M./Berlin/Wien 1973.

einen verheerenden Brand verursacht) kann als natürliche meteorologische Erscheinung, als Fingerzeig Gottes oder als ‚Folge' eines Fluches gedeutet werden.

Potocki, einer der prominentesten Initiatoren der vorromantischen ‚klassischen' Phantastik, kombiniert in seinem Meisterwerk *Die Handschrift von Saragossa* die Perspektive frommen Wunderglaubens mit derjenigen einer abergläubischen Furcht, die beide der aufklärerischen Skepsis - die der Ich-Erzähler und Protagonist vertritt - ausgesetzt sind. Die mysteriösen Metamorphosen von Personen und Handlungsschauplätzen, die Wiederkehr der Toten, das unvermittelte Zusammentreffen von Personen, deren Beziehung sich unversehens als eine verwandtschaftliche entpuppt, eine Vielzahl zunächst inkohärenter Ereignisse, die jedoch ein inneres Band auf wundersame Weise zusammenhält, erweisen sich als Momente eines großangelegten Komplotts, das dem Protagonisten gilt. Es geht um die Prüfung seiner unbeirrbaren Fähigkeit zu klarer Beurteilung dessen, was ihm an wunderlichen Zufällen begegnet. Die befremdlichen Geschehnisse, die auf die Einwirkungen übernatürlicher Kräfte hinzudeuten scheinen, sind fingiert, die schrecklichen Zufälle absichtsvoll aufgestellte Fallen. Hier kommt eine umgekehrte Komplotttheorie zum Zuge: statt ein Komplott zu unterstellen, verkennt der Protagonist das nachgerade flächendeckende All-Komplott, an dem maurisch-islamische und spanisch-katholische Potentaten interaktionistisch beteiligt sind, und begibt sich so des einzig möglichen Sinnschemas. Dagegen unterstellt er Wirkungen magischen und mirakulösen Ursprungs. Das pädagogische Komplott führt den Prüfling in die Künste der Verschwörung ein, in die planvollen Arrangements menschlicher Regisseure, um ihn von der Verblendung zu befreien, es gebe eine andere, höhere, extramundane Instanz, die die Geschicke leitet. Das Übernatürliche wird auf doppelte Weise einer (verschwörerischen) Prüfung entzogen: zum einen wird das Mirakel-Abenteuer durch seine Aufklärung um sein Numinosum gebracht, zum anderen geben Geheimwissensagenten schrittweise arkanes Wissen preis, das, dem Komplott vergleichbar, als Teil eines gewaltigen, alle Geheimnisse und deren Schlüssel umgreifenden Beziehungssystems erscheint.

Potocki spielt ein aufklärerisches Spiel mit den Phantasmen, die die falsch gedeuteten Zufälle hervorbringen. Sein aus einem komplexen Geflecht ineinander verschachtelter narrativer Stränge bestehendes Erzählwerk operiert mit der Opposition Eingeweihtsein - Nichteingeweihtsein. Der Zufall verliert sein Geheimnis in dem Augenblick, in dem der desorientierte, vom scheinbaren Wunder benommene Held durch Einweihung in das arkane Wissen (diese Rolle spielt hier die Kabbala, aber auch andere Elemente aus dem Bereich der Esoterik und der Geheimlehren etc.) dessen verborgenen Grund erfährt. Der Zufall wird damit keineswegs durch Rückführung in eine natürliche (kausal begründete) Ordnung aufgeklärt, sondern auf heterodoxe Ordnungen, die der skeptische und zugleich eingeweihte Erzähler vorstellt, bezogen. Damit bleibt das Faszinosum der Ambivalenz aufrechterhalten.

Es gibt etliche Texte der klassischen Phantastik (oder solche, die mit Phantasmen arbeiten), die den Zufall nicht nur syntaktisch, durch Diskontinuität des narrativen Verlaufs, und semantisch, durch Isotopiebruch, einsetzen, sondern ihn auch thematisieren. Kleists *Der Findling* ist ein gutes Beispiel für diesen Fall. In der Schlüsselszene, in der Nicolo, der Findling - ein Zufallsfund -, das „logogriphische Geheimnis" seines Namens durch das Spiel mit Buchstaben entdeckt und den Namen Colino anagrammiert (der der Name seines positiven Doppelgängers ist), wird der Zufall thematisiert: „Die Übereinstimmung, die sich zwischen beiden Wörtern [den Namen] angeordnet fand, schien ihm mehr als bloßer Zufall". Das Mehr als bloßer Zufall erweist sich als eine geradezu lückenlose Fügung. Alle Elemente korrespondieren einander durch eine plötzlich aufgedeckte Ähnlichkeit. Kleist läßt seinen Helden durch ein zunächst aleatorisches Spiel mit sechs Elfenbeinbuchstaben eine verborgene, subliminale Regel der Sprache entdecken, die alle anderen Ähnlichkeiten und Übereinstimmungen als regelhafte ausweist. Oder anders, die im Buchstaben- bzw. Wortspiel produzierte merkwürdige Ähnlichkeit, deren Zufälligkeit bezweifelt wird, suggeriert, die Zufälle, die das semantische Grundmuster des Textes darstellen, als Elemente einer sinnvollen, in diesem Fall verhängnisvollen Konstellation zu lesen. Der bezweifelte Zufall erscheint auch hier als Phantasma des Sinns.

Die angeführten Beispiele (die ich vorläufig einem klassischen Modell der phantastischen Literatur zugerechnet habe) setzen komplexe Sinnzuweisungsstrategien ein, so, als ob die Bewältigung der Kontingenz das Hauptziel sei, aber es geht, wie anfangs schon ausgeführt, nicht um die Löschung der Kontingenz, sondern um eine unabschließbare, deutende Annäherung an sie, die die letzte Klärung offen oder suspekt erscheinen läßt.

IX

Anders steht es mit der Einstellung zum Zufall in der nichtklassischen phantastischen Literatur und zwar in ihren beiden Ausprägungen, der allegorischen und der absurden. Hier nämlich wird der Zufall mit sinnkritischer Intention eingesetzt, um Arbitrarität und Inkohärenz als Indiz für die Sinnleere der Welt erscheinen zu lassen. Dies wird eindrücklich von Comenius in seinem poetischen Werk *Labyrinth der Welt und Paradies des Herzens,* das thematisch in die Tradition der barocken vanitas gehört, vorgeführt. Im Labyrinth als unordentlicher Ansammlung von zufällig in Berührung geratenen Gegenständen, als planloser Reihung von Handlungen, die keinem erkennbaren Ziel zu folgen scheinen, einer Welt, die ihren Zusammenhang nur simuliert, wird die geordnete, dem Schöpfungsplan Gottes folgende Welt, das „Paradies des Herzens", gegenübergestellt. Comenius strukturiert seinen antithetisch angelegten Text, indem er Korrespondenz gegen Kontingenz setzt. Das Korrespondenzparadigma nimmt ein totalisierendes Konzept an (das freilich dem einzelnen verborgen sein mag), setzt einen höheren Standpunkt voraus, von dem aus das Ganze als sinnvolles Gefüge erscheint. Das Kontingenzparadigma sieht das Einzelne, die Vielheit der Einzelnen, wobei weder deren Kohärenz begründbar erscheint, noch ihre Hierarchie eine Rolle spielt. Es ist bemerkenswert, daß Comenius die eindrückliche Vorführung der sinnabgewandten Zufälligkeit, des sinnleeren Chaos, des geheimnislosen (d.h. keinen geheimen Sinn verheißenden) Labyrinths durch verbale, dem Ludismus verwandte Strategien erzeugt, deren Kontingenz durch Similarität beschwichtigt wird. Die beschreibende, darstellende, abbildende Ordnung der Sprache, die sich phonetischer, morphologischer und syntaktischer Korrespondenzen bedient, scheint den Eindruck der Unordnung, den die Wirrnis der Dinge und die Planlosigkeit menschlicher Verrichtungen erwecken, zu mildern.[44] Die Unordnung der Welt wird in die Ordnung der Sprache überführt, das ist - jakobsonisch gesagt - die Poesie der Grammatik/die Grammatik der Poesie.

Auch die phantastische in der Tradition der Groteske und des Absurden stehende Literatur setzt den Zufall sinnkritisch ein, ohne ihn zu thematisieren. Das schier Unmögliche, Grundlose und Unbegründbare wird erzählt und beschrieben ohne Zwischeninstanz des Staunens, des Zweifelns, wie sie in der klassischen Phantastik etabliert ist. Es ist das nackte Kontingente, wenn z.B. in Gogols Erzählung *Nos* (Die Nase) eine Nase aus heiterem Himmel vom Gesicht des Helden verschwindet, in einem Brot auftaucht, das ein Barbier zu verzehren beginnt, sodann als Staatsrat in Uniform in einer Kutsche vorfährt und dabei einen höheren Beamtenrang als den seines leiblichen Besitzers beansprucht, um dann ebenso unverhofft wieder an ihrem alten Platz zu erscheinen. Der Verzicht auf Sinnzuweisungsstrategien im Text selbst (Kontingenz als durch nichts zu beschönigende Repräsentanz der Sinnlosigkeit) fordert den Leser zu Deutungen auf. Dieser (das zeigt die Rezeptionsgeschichte) läßt nichts unversucht, dem Text seine Kontingenz auszutreiben. (Z.B. läßt sich die Nasenabspaltungsgeschichte ‚sinnvoll' als Version des Doppelgängermotivs lesen, was im übrigen auch der Autor Dostoevskij als Leser Gogols getan hat.) Bei Geschichten dieser Art greift das aristotelische „endechomenon" nicht mehr, denn das Auch-Anders-Mögliche ist nicht nur das Unwahrscheinliche, sondern eben das Unmögliche, „adynaton".

---

[44] D. Tschižewskij hat in seiner Untersuchung „Das Labyrinth der Welt und das Paradies des Herzens des J. A. Comenius - Einige Stilanalysen", in *Slavische Barockliteratur II*, hg. R Lachmann, München 1983, S. 1-24, eine Analyse der sprachlichen Verfahren durchgeführt, die diesen Aspekt erhellt.

X

Die nichtklassische (nichtabsurde) Literatur der Phantastik entwickelt aus dem Zufall das Phantasma einer Alternative, die das Auch-Anders-Sein-Können der Welt als deren Verkehrung ins Exzentrisch-Unwahrscheinliche erscheinen läßt. Für den von Borges repräsentierten Typ gilt dabei folgende Argumentation: alle Vorgänge, Ereignisse und Erscheinungen (allerdings hat Borges weniger solche der Natur als vielmehr die der Kultur und ihren verschiedenen Ordnungen zugehörigen im Blick) sind Ergebnis eines Zufalls (einer Zufallsentscheidung, einer zufälligen Überlegenheit einer Partei über eine andere bei der Durchsetzung eines Weltmodells, eines religiösen Dogmas, eines Denkparadigmas[45]). Die sich daraus ergebende Konzeption eröffnet die Möglichkeit, alles, was durch Zufall nicht zum Fall wurde, als Alternative zu entwerfen. Eine solche Überlegung motiviert spekulative Projekte von derartiger Fremdheit, daß die ‚anderen' Parameter, die ihre abwegigen Ordnungen bestimmen, einen Bereich des Phantastischen etablieren.

Die Pointe des fremden imaginären Ordnungssystems liegt in dessen Beliebigkeit, die mit derjenigen des eingetretenen Wirklichkeitsfalls in Konkurrenz tritt, diesen aber gleichzeitig zu übertrumpfen versucht. Borges führt in der Erzählung *Funes el memorioso* (Das unerbittliche Gedächtnis) verworfene, in die offizielle Kultur nicht aufgenommene (oder zufällig vergessene) epistemologische Konstrukte, extreme Gedankenexperimente, Ordnungsspiele, Versuche von totalen Weltumordnungen vor, die anderen Ähnlichkeitsmustern und Korrespondenzvorstellungen folgen. Die scheinbare Arbitrarität des Ordnungssystems der von ihm angeführten „Chinesischen Enzyklopädie" mit ihrer kategorial undurchsichtigen Taxonomie hat ihre Faszination in der logischen Heterodoxie: „(a) Tiere, die dem Kaiser gehören, (b) einbalsamierte Tiere, (c) gezähmte, (d) Milchschweine, (e) Sirenen, (f) Fabeltiere, (g) herrenlose Hunde, (h) in diese Gruppierung gehörige, (i) die sich wie Tolle gebärdende, (j) unzählbare, (k) die mit einem ganz feinen Pinsel aus Kamelhaar gezeichnet sind, (l) und so weiter, (m) die den Wasserkrug zerbrochen haben, (n) die von weitem wie Fliegen aussehen"[46].

---

[45] Vgl. Borges Überlegungen in *Eine Ehrenrettung des falschen Basilides:* „Hätte Alexandria triumphiert und nicht Rom, so wären die ausschweifenden und wirren Geschichten (der Gnostiker, R.L.) (...) zusammenhängend, hehr und alltäglich", in P. Sloterdijk/Th. Macho, *Weltrevolution der Seele - Ein Lese-und Arbeitsbuch der Gnosis von der Spätantike bis zur Gegenwart,* 2 Bde., Gütersloh 1991, Bd. 1, S. 467-472, hier: S. 471.

[46] J.L. Borges, „Die analytische Sprache des John Wilkins'", übers. K.A. Horst/C. Meyer-Clason/G. Haefs, in ders., *Gesammelte Werke,* Bd. 5/II: *Essays 1952-1979,* München 1981, S. 109-113. Hier: S. 110ff. Dazu R. Lachmann, „Gedächtnis und Weltverlust. Borges' *memorioso* - mit Anspielungen auf Lurijas *Mnemonisten*", in *Memoria - Vergessen und Erinnern,* hgg. von A. Haverkamp/R. Lachmann (Poetik und Hermeneutik XV), München 1993, S. 492-520.

Die Arbitraritätssysteme sollen die verwirklichten Ordnungen der offiziellen, vor allen Dingen europäischen Kultur mit den nichtkalkulierbaren unverwirklichten Alternativen konfrontieren, die entweder der Willkür-Phantasie des Autors entspringen oder als die in Erinnerung zurückgerufenen, verdrängten Gedankenkonstrukte von Philosophen und Religionsdenkern in Erscheinung treten. Die Gründe, die für die Unmöglichkeit ihrer Realisierung sprechen, sprechen zugleich für die phantastische Erprobung des Ausgeschlossenen.

In den vom Zufall an ihrer Realisierung gehinderten heterodoxen Ordnungssystemen oder alternativen Modellen der Wissensrepräsentation, die Borges in seinen *Ficciones* ausfaltet, wird die Phantastik der Alternative zum zentralen Punkt. In der Steigerung der Heterodoxien in die Phantasmadoxie werden Denkfiguren der Transgression konstruiert, Simulakren von ‚Systemtheorien', real gedachte und von Borges fingierte nichtaristotelische Klassenbildungen vorgestellt, deren bizarre Arbitrarität Borges im Pseudozitat des „himmlischen Warenschatzes wohltätiger Erkenntnisse" jener Chinesischen Enzyklopädie gipfeln läßt. Aus der Mischung von realen (wenn auch verworfenen Modellen: dazu gehören Korrespondenzsysteme, universale Summen, alternative Wissensrepräsentationen und Ordnungsentwürfe kombinatorischer, diagrammatischer und algebraischer Art von Lullus bis Locke, endliche und unendliche Systeme, stabile und instabile Ordnungen, konzentrische und exzentrische Entwürfe) mit apokryphen, fingierten Modellen und szientistischen Mystifikationen resultieren Theoriephantasmen, deren Stringenz die durch Zufall zum Faktum gewordenen Ordnungen im Aufdecken ihrer epistemologischen Arbitrarität jeglicher Autorität beraubt: Alle Modelle der Ordnung sind möglich und unmöglich zugleich, ist die paradoxale Pointe, in die Borges seine halb-ludistische, halb-seriöse Argumentation gipfeln läßt.

XI

Der Zufall ist weder konzeptuell noch strukturell ein Privileg der Phantastik. In der nichtphantastischen Literatur steht allerdings weniger die Spannung zwischen dem endechomenon und dem adynaton im Vordergrund als vielmehr eine Plausibilisierung und Sinnbefragung des Zufalls. Dabei spielt die Koinzidenz, die als der Chronotop der Kontingenz fungiert, eine zentrale Rolle. Koinzidenz als zeiträumliche Konstellation ist allerdings weniger Lautréamonts „rencontre fortuite" disparater Gegenstände als vielmehr das schicksalsträchtige Zusammentreffen von Personen, in dem ihre Lebenslinien, in sich geschlossene semantische Kontinua, einander berühren (Kontingenz im eigentlichen Wortsinn). Th. Wilder erzählt in *The Bridge of San Luis Rey,* auf ein historisches Unglück rekurrierend, die Lebensgeschichte von fünf Personen aus demselben Umfeld, aber ohne direkten Kontakt, die beim Einbruch der Brücke gemeinsam in den Tod stürzen. Wilder läßt die Frage „Perhaps an accident?" - „Perhaps an intention?" unbeantwortet, und der sinnsuchende Franziskanermönch, der die Biographien zu rekonstruieren versucht, verfällt auf Spekulationen, die ihn der Kirche verdächtig machen. Der Sinnsucher wird als Häretiker verbrannt. So bleibt auch die Frage offen, ob der Tod die letzte ordnungsstiftende Instanz ist, die allen vorgängigen Ereignissen und Handlungen, in denen sich die scheinbar getrennten Lebensläufe realisiert haben, hinsichtlich dieses Endes Sinn verleiht - der Tod als Apotheose des Zufalls und dessen endgültige Löschung. Vielmehr tritt ein anderes Moment hervor, das der Zeit.

Koinzidenz, Rencontre - als Evidenzerfahrung gegenwartsgebunden - gibt die Frage nach der Herkunft der sich treffenden Elemente auf, läßt nach der in der Vergangenheit liegenden Verursachung zurück-, aber zugleich auch in die Zukunft vorausblicken. Denn die Koinzidenz ist auch Konstellation, Komplikation (im Sinn von Verflechtung), die zu entflechten ist, und gewinnt in der Literatur gegen die von Riedl festgestellte ‚obskurantistische' Aufklärbarkeit eine Dimension unverfügbarer Fügung.

So jedenfalls nutzt Dostoevskij auch in seinen nichtphantastischen Großromanen die Zufallstreffen seiner verwandtschaftlich, erotisch oder kriminell miteinander in Beziehung stehenden Protagonisten und Protagonistinnen, die auf Treppenabsätzen und Durchgangszimmern, sozusagen auf der Schwelle, zustandekommen, und bei denen Enthüllungen ‚zelebriert' werden, die die Skandale der Zukunft bereits enthalten. Dostoevskij bestreitet im übrigen seine bedeutungsvollen Zufälle narrativ meist nur mit einem abrupten „plötzlich" (vdrug), das den Bruch, Einbruch in eine vorerzählte Kontinuität ohne Umschweife indiziert und nachdrücklich auf die Signifikanz des unvermittelten Ereignisses hinweist. Die Enthüllung ist nichts anderes als die (im Falle der Dostoevskij-Texte) Schock provozierende Verkehrung von Unbekanntem in Bekanntes, von Ahnungen in Gewißheit, von Täuschung in Aufklärung. Der so eingesetzte bedeutungsvolle Zufall funktioniert als Moment, das punktuell in der Gegenwart Vergangenes mit Zukünftigem verknüpft.

Dostoevskij, der immer wieder das Verhältnis von Freiheit und Determinismus als quasi-philosophisches und quasi-theologisches Problem thematisiert und in komplexen Argumentationen entfaltet, läßt den Zufall als Ergebnis des liberum arbitrium eintreten, was den verbrecherischen Willkürakt miteinschließt. Das Verbrechenskonzept, das in *Schuld und Sühne, Die Dämonen, Die Brüder Karamazov* von den intellektuellen Verbrechern entwickelt wird, gründet auf dem Zufall der Willensentscheidung. In *Der Idiot* wird Zufall als ambivalentes Erklärungsmuster benutzt. Fürst Myškin weiß, daß seine Ungeschicklichkeit unweigerlich dazu führen wird, daß er die wertvolle chinesische Vase im Salon der Epančins zerbrechen wird. Trotz allem Bemühen, sich der Vase erst gar nicht zu nähern, stößt er wie zufällig - und die Anwesenden betrachten dies so - an den Porzellangegenstand, und es geschieht, was er voraussah (self-fulfilling prophecy)[47].

XII

Folgende Aspekte seien abschließend hervorgehoben: Die Phantastik, besonders in ihrer klassischen Variante, arbeitet mit dem Zweifel, auch da, wo ihr Semantisierungswille auf Klärung setzt. Beiden, Kratylos und Hermogenes, verpflichtet, arbeitet sie an der semantischen Konversion des Zufalls, ohne daß es ihr daran läge, das Arbiträre in den Bereich der Motiviertheit zu überführen, die Kontiguität in Similarität zu transformieren, die Kontingenz in Korrespondenz aufzuheben. Die Negativität des Zufalls, der Unfug,[48] das Alogon, soll in die Positivität der Fügung verkehrt werden, oder: die Kehrseite des Zufalls sich als Fügung erweisen. Doch ist der Zufall fingiert, die Fügung trügerisch.

Welcher Intention auch immer sie folgt, die Sinnorientiertheit bleibt für den phantastischen Text bestimmend. Entweder erscheint der Zufall als Träger ‚negativen' Sinns: als Repräsentanz der Sinnentleertheit der Welt, oder als Träger ‚positiven' Sinns: als imaginäre Präsenz aller Alternativen und ihrer (Un-)Möglichkeiten, oder der Schwebezustand, in dem der Zufall gehalten wird, verweist auf das Prekäre jeder Sinnordnung. Die Phantastik inszeniert den Trug-Sinn, um den Schein-Sinn der Phänomene und Zusammenhänge aufzudecken. Dabei entsteht das Phantasma aus der Sinnbindung des Zufalls, bzw. aus der Einbindung des Zufalls in eine Ordnung geht das Phantasma des Sinns hervor.

Der Zufall dringt in das Artifizielle ein und durchkreuzt dessen Ordnung - daher muß der Zufall ‚artifizialisiert' und gestaltet werden. Andererseits wird er als formales und semantisches Moment genutzt, das gerade durch seine Fremdheit und seine ‚Unkonventionalität' ästhetische Innovation ermöglicht. Der Zufall als formales Moment verändert Zeit- und Raumstrukturen, indem er auf das Punktuelle zielt und dennoch Vor- und Rücksichten beachtet. Der Chronotop des Zufalls ist Koinzidenz, Providenz und memoria.

Die absichtsvolle Konstruktion des Zufalls in der Literatur der Phantastik, die dem Ziel dient, diesen zum Movens einer Erzählsequenz zu machen, läßt den Zufall selbst als Verursachung erscheinen. (Der scheinbar aus einer causa ignota entstandene Zufall wird selbst zur causa).

---

[47] Zur Interpretation dieses Begriffs vgl. P. Watzlawick, „Selbsterfüllende Prophezeiungen", in *Die erfundene Wirklichkeit - Wie wir wissen, was wir zu wissen glauben.* Beiträge zum Konstruktivismus, hg. P. Watzlawick, München 1981, S. 91-110.

[48] Vgl. W. Preisendanz, „Ironie bei Heine", in *Ironie und Dichtung,* hg. A. Schaefer, München 1970, S. 85-112.

In keiner ihrer Varianten, so scheint es, ist es der Phantastik um Komplexitätsreduktion zu tun. Vielmehr gilt das Gegenteil: der Sinn proliferiert in der Begegnung mit der punktuellen Störung, die der Zufall hervorruft. Sinnhypertrophie ist das Ergebnis der phantastischen Zufallsbearbeitung.

Joseph L. Koerner

CONTINGENCY AND THE CITY

The city gives philosophy its chance. In the *Physics,* in the crucial discussion of causes that seem spontaneous or accidental, Aristotle cites as his first example "coming by chance into the market and finding there a man whom one wanted but did not expect to meet" (Physics 192a 2-3).[1] Positing a social world at once sufficiently interconnected and large enough that a man might hope, but be unable to presume, to encounter a specific other, this rendezvous is not, in Aristotle's view, accidental, but rather "is due to one's wish to go and buy in the market" (196a 4-5). It is due, that is, to the practice of commerce that necessarily draws remote subjects to a common ground, to the intimate yet open space of the city.

Aristotle must therefore invoke a more complex scenario, and thus a larger and more interconnected social world, in order to exemplify human action as it unfolds against the horizon of chance,[2] definable as that which is, but could be otherwise:

> A man is engaged in collecting subscriptions for a feast. He could have gone to such and such a place for the purpose of collecting money, if he had known. He actually went there for another purpose, and it was only accidentally that he got his money there; and this was not due to the fact that he went there as a rule or necessity, nor is the end effected (getting the money) a cause present in himself - it belongs to the class of things that are objects of choice and the result of thought. (196b 33-97a 3)

The market draws to itself free subjects, each pursuing irregularly - and with thought and deliberation - the things of their own choosing, each possessed of a singular, if in the end thwarted or subverted, purpose. Indeed being itself nothing but a congery *of* such things, the market gathers subjects through the individuality of desire and thought into a common space, where they will accidentally encounter other, as it were, like-minded subjects pursuing different things, with the result that, in the jostle, different ends will be effected than were intended, and these chance ends, too, will in their turn serve the market. For one way or another, whether by plan or by accident, money gets collected.

"The causes", Aristotle continues, "of the man's coming and getting money (when he did not come for the sake of that) are innumerable. He may have

[1] Trans. R.P. Hardie/R.K. Gaye, in *The Complete Works of Aristotle: The Revised Oxford Translation*, ed. J. Barnes, 2. vols., Bollingen Series 71: 2, Princeton 1984.

[2] On the relation of action and accident in Aristotle, see R. Bubner's essay in the present volume.

wished to see somebody or been following somebody or avoiding somebody, or may have gone to see a spectacle. Thus to say that chance is unaccountable is correct" (197a 16-19). The man in the crowd pursues one of a multitude of ends, and this makes accidental his rendezvous with an object not thus pursued. In Aristotle's own example of other possible ends that would explain the pursuit but not its outcome, the first man might seek, track, or dodge a second man only to find himself facing a third with whom he in fact has business, but no appointment. Alternatively, and as if in a *mise en abyme,* the first man might set out to see "a spectacle" but instead become an agent in another play, as collector, specifically, of money *for* a feast. The city thus becomes itself the spectacle of chance encounters, of randomized, but therefore also radically multiplied, commercial exchanges. And from his education in Athens, his sojourn at Pella, and finally his establishment of the Lyceum in Athens, Aristotle would have known the analogy between the exchange of money and the transaction of ideas: how accidental interfaces between different voices, families, classes, and peoples is effected productively in the urban marketplace. Indeed if, as Aristotle notes, "thought and chance are in the same sphere, for choice implies thought" (197a 7), then thought, along with chance, share the city as their privileged common ground.

In the following section of the *Physics,* Aristotle turns from the contingency of human actions to the accidents of nature. In his examples, however, he invokes a nature that, whilst being without intrinsic purpose or plan, at least *appears* invested with the intentionalities of culture. Citing Protarchus, he notes that "the stones which altars are made are fortunate because they are held in honor, while their fellows are trodden underfoot" (197b 10-11), suggesting that in the choice of sacred things, as in the attribution to nature of good or evil fortune, value is, in Aristotle's terms "metaphorical" (197b 10), which is to say culturally contingent: not found but made. Yet rather than demonstrating nature's indifference to the categories of choice and chance, the altar (privileged place *par excellence,* and separating instance between animal and human, errancy and belonging) returns us to the order of the city and its contingency. For according to one powerful modern myth of origins, the city was built to serve the temple, which was built to serve the altar.

In Paul Wheatley's influential formulation, urbanism - defined as the hierarchical patterning of society in its totality - began not with the primal market or fortress, but with a centralizing ceremonial complex specializing in ritual display.[3] This display, organized by priests, drew to the center dispersed and relatively egalitarian kinship-based groups, and transformed them into "socially stratified, politically organized, territorially based societies"[4]. Urban genesis

[3] P. Wheatley, *The Pivot of the Four Quarters A Preliminary Enquiry into the Origins and Character of the Ancient Chinese City,* Chicago 1971, pp. 225-6 and *passim.*
[4] Wheatley, *Pivot,* p. 374.

was then sustained by a redistributive economy, the order of which would already have been reflected in the ceremonies themselves - hence, perhaps, the chance collision between, on the one hand, economic and social exchange, and, on the other, the sphere of ritual (spectacle, feast, altar) in Aristotle's city. The city founds itself arbitrarily, as the "merely" symbolic focus of ritual which could take place anywhere; yet once established *as* center, it endows all surrounding activities, all isolated groups and locals, with a totalizing structure. The city thus synthesizes the sedentary and the nomadic, the intimate and the anonymous; it marks and monumentalizes the permanence of place even as it draws its energy not from its residents but from visitors, from those who come to meet or hide in it, or to view its spectacles, or to profit from the chances it offers.

In literature, the author-hero's moral passage from the country to the city is not merely a stock plot, but in the modern age comes to represent an origination of plot itself, and indeed of literature as child and reflection of the urban marketplace. Cities, such as Balzac's Paris, Dickens' London, and Joyce's Dublin, are repositories of plots, of stories forged in the interface between structure and error, between, say, the map of mazy streets and the infinite, happenstance itineraries through that labyrinth. Whether those streets are imagined as mean or easy, whether, in taking one's chances in the city, one submits oneself to fortune or to folly, depends, in a wider sense, on one's view of modernity. Nostalgia for the closed world of the village, for *Gemeinschaft* rather than *Gesellschaft*, remains a perennial urban malady. It is expressed as a desire for a world purged of its accidents, incursions, and spectacles: a permanent, law-bound, fully purposeful universe, even if, as Justus Möser celebrated for the community of Osnabrück, that universe is, at its founding, irrational and contingent. Countryside and village, however, are unmarketable. Everyone who lives in the country not because they have returned there, but because they were born and remained there, is inevitably drawn by need or by desire to the city, hence the huge, under-employed populations of Lagos, San Paolo, Mexico City, and Kuala Lumpur. The quintessential contemporary urban accident is gridlock.

Today if we "come by chance into the market", the chances are we come by car. Unplanned meetings, then, would be proper "accidents", the collision of cars veering from the ordered flow. Otherwise we would only meet in traffic, stopped by a red light, say, or passing in opposite lanes, or glancing in the rearview mirror, where, as those warning stickers put it, "objects appear closer than they are". Exchange would be limited to a furtive glance, or, safer, a middle finger raised while the gaze, set towards where one planned to go, obeyed the rule that, when driving, we keep our eyes on the road. Except, of course, if traffic comes to a standstill, and drivers mill about their cars nervously, like greedy vendors at booths in a crowded, open market. Who, though, would linger even for a moment in such commerce once the traffic again began to flow? The fairground atmosphere would vanish unless the traffic were totally jammed, as in gridlock, when by chance so many come into the city that all entrances and exits are blocked by cars, and there is no movement, no escape, save upward, where cars might be hoisted by cranes in order, somehow, to unlock the jam.

Gridlock is the urban planner's worst case, the crisis point, reached once or twice in central Rome and London, when the modern city exceeds itself. Yet from the ground all ordinary jams, all intermittent standstills with no sight of passage anywhere, raise the question, "When will we ever move?" During these interminable pauses, when pedestrians seem to pass us with the speed of rockets, we loose all bearings in our car. Stalled, but preserving in its architecture (its neat rows of seats, aggressively angled windows, and busy, front-panel controls) a relentless forward orientation, the automobile becomes an anamorphic house weirdly bent in one direction: not a space for bodies travelling through space but a dormant body, a carcass like oneself. Perhaps it is then, though, when one feels oneself buried in a city that has finally reached its death, when the street walls one in, and the walls themselves - those subtly animated facades behind which people, dwelling, can at least move - seem more lively than the street itself: perhaps it is only then that one will find a man "whom one wanted but did not expect to meet". Finally abandoning one's car, one would reenter the city as a narrow-space encompassing unisolated bodies brought together by chance.

Accidents foster community; tragedy brings us closer; catastrophes draw us together. Moving smoothly from floor to floor, enclosing us in random groupings, but only for a moment, the elevator retains our anonymity even at close-quarters. We avoid each other's eyes, and fall silent even with our friends. If the doors refuse to open, however, or the alarm sounds, or a clanking noise unnerves the group, then mutual strangers exchange worried looks, and jokers jest, and the brave break ranks from the cowards, and leaders, from the led, until a whole society is formed. The waiting room of an airport terminal, which always looks like any waiting room in any airport, and which is peopled by self-isolated individuals, each buried in their own reading, work, or phone call, similarly changes the moment the plane is announced as late. Neighbors now have something to say, change is borrowed and lent for calls, children find playmates in businessmen, and the waiting room becomes an instant community, or rather, a city as one imagines it originally to have been, as the site of multiple and chance interactions. Modern cities, however, seem designed to avoid such accidents. Their lines of transportation are built to speed one where one wants to go, meet who one wants to meet, do what one wants to do, and nothing else.

The automobile has effected a new segregation of sites and functions within urban space.[5] In the larger urban centers of the U.S., many people sleep, work, shop, dine, exercise, and educate their children in separate regions. And these regions, or urban clusters, each offering, exclusively, housing, offices, malls, etc., and each provided with its own parking lots or garages, insure that, on the one hand, everyone will be in a place for the purpose for which they came, and, on the other hand, nobody will meet there anyone they know. It will therefore be next to impossible for one to find "there a man whom one wanted but did not expect to meet", for either one would not know him to want him, or, because he is there for the same reason as oneself, one could expect to meet him.

Aside from crime, the exemplary urban misfortunes today are automotive: traffic jams, car accidents, taking the wrong turn into a dangerous neighborhood. They are automotive also in the sense that urban living's traditional malady - loneliness in the crowd - is now further extended because mobility itself has become fully autoarchic, so that even in leaving the cramped apartment one merely enters a smaller compartment. Agoraphobia as the quintessential urban fear has been superceded by the fear of merging: the terror, that is, of steering into a fast and heavy flow of traffic. There are residential neighborhoods belted in on all sides by freeways, which are jammed with traffic, without sidewalks, and illegal to cross by foot. Survival requires being able to merge, as no bus stops in these enclaves, and shops are all elsewhere, accessible only by car. These are the conditions never imagined by modernist visionaries like Le Corbusier, who regarded the automobile as the solution to urban crowding and poverty. Through the car, it was believed, people could repossess space by commuting. What the champions of the modernist city forgot was that the highway divides as much as it joins; it opens the city to the country but closes the city to itself. Most tellingly, Corbusier - and indeed all other prophet architects of the contemporary city before Louis Kahn - forgot to include in their designs that most inevitable, if also undynamic, space: the parking lot.[6]

The recent work of the distinguished Canadian-Israeli architect and urban theorist Moshe Safdie addresses these urban maladies. In a forthcoming book entitled *The City After the Automobile*[7], he has studied the crisis of the modern city as, first and foremost, a transportation problem, which he reduces to the question: How can one preserve for the city its original vitality as site of multiple, overlapping functions, ethnicities, and choices when the dominant means of movement - the car - tends to separate these. His answers, which are at once provocative and concrete, involve rethinking not only the modes of transport, but, more originally, the interfaces between modes: for example, be-

[5] This notion is one of the starting points of Moshe Safdie's powerful book *The City After the Automobile,* with Wendy Kohn, New York 1997.
[6] I am indebted to Moshe Safdie and Wendy Kohn for this insight.
[7] See note 5 above.

tween pedestrians and cars, cars and subways, and subways and planes. By reinventing how we get to cities, and how we move about in them once we are there, he seeks nothing less than a new integrated urban space, one which, on the one hand, is large enough to support the sheer range of services (cultural, commercial, residential, medical, etc.) of the megacity, but which, on the other hand, maximizes intimate chance encounters between different people pursuing different ends, as in the pre-modern village. In our terms, he seeks to give accident, which made the city, a chance, while at the same time accepting and negotiating the immense increase of urban scale. To discern contingency in the supermodern[8] contemporary city, however, I shall not discuss its possible supersession, such as compellingly imagined by Safdie; rather, I shall view its present image in a recent popular film.

In 1994, the big money-maker among action films was *Speed.*[9] Its concept was as simple as its title. An extortionist plants a bomb on a Los Angeles commuter bus and programs it to explode if the bus drops below 50 miles per hour. The hero, an L.A. police officer, together with a young female passenger, must keep the bus speeding through the city until they can catch the criminal or diffuse the bomb. The result is a film that is almost nothing but one long chase scene, with the nice twist that 50 m.p.h. is hardly speeding, and the chief obstacle turns out to be the highways themselves. Los Angeles' legendary freeway system, originally constructed so that, in good conditions, a 55 m.p.h. speed limit feels painfully slow, reveals itself to be actually a nightmare of traffic jams, closed bridges, and road works. The experience of the routine commute becomes at once magnified and transformed. The inevitable stoppages in the urban grid that ordinarily raise the pulse and blood pressure promise here to blow the commuter up. Yet instead of having to slow for heavy traffic, the wired bus, *required* to keep its pace, must plow through the jam. Thus the filmgoer is at once victimized and sublimely avenged.

The dramatic success of *Speed* depends on this ironized proximity to everyday life, as well as on the film's rapid, rhythmicized pace, which imitates at the level of sound, camera, and editing, the terrifying, ineluctable patterning of the modern city itself. L.A.'s labyrinthine freeways; the technologies of surveillance and intervention shared between the police, the terrorist, and the hypercommercialized T.V. media (which broadcasts the chase live, on all channels, to everyone in the city, thus, to the police's dispair, keeping the bomber informed of the bus's progress); and the seamless, hyperstructured illusionism of the Hollywood cinematic style itself: all construct a relentlessly serial mesh of representation against which the singularity of the accident (death by crash or

[8] The term is Marc Augé's, in *Non-Places – Introduction to an Anthropology of Supermodernity*, trans. J. Howe, New York/London 1995.
[9] Directed by J. De Bont, produced by M. Gorden and Twentieth Century Fox.

blast) stands out in sharp relief. Terrorism, personified by the mad bomber, becomes the condition of the modern city, as well as of the technology of its film image. It is, after all, the movie industry that helps keep the city of L.A. alive. Terrorism's contemporary means, pictured as hyperbolically digitalized and totalizing, as a communications grid that captures, accelerates, and extinguishes the human subject, are also those of the city, the state (the police), and cinema. The extortionist, therefore, is bound to turn out to be a vengeful ex-cop who was wounded in the line of duty. Cast, therefore, as a corrupt version of the film's hero, and played by an actor (Dennis Hopper) whose actual, famously dissipated lifestyle matches and moralizes that of the film's similarly wild younger star (Keanu Reeves), the bomber has as his instrument a hidden video camera on the bus.

The opening credits announce the likeness of terror, modernity, and cinema. The film begins inside a vast elevator shaft, which we see through a camera mounted on the roof of a descending carriage. The smooth, vertical movement of carriage and camera is punctuated by the horizontal floor-beams, and by the credit lines themselves which change in sync with every other floor. When the ground floor is reached and the names are all listed, the camera glides into the empty bowels of the skyscraper, past a door marked "caution", and through a series of empty utility rooms until it reaches the ghost in the machine: the terrorist planting a bomb. The blast he sets off is thus staged as a rupturing of seriality: an elevator plunges suddenly and unrepeatably to earth, and the resulting demolition undoes the geometricized order of the modernist building. Accident thus opposes itself to structure; or better, it releases an energy that structure both controls and amplifies. Thus launched, the film will replay this same theme in a different key, now not in the sublime dimension of height and depth, but in the mundane, but also properly narrative, dimension of the horizontal: the maze of highways. The human cause of the rupture is of little consequence. In most action films, the villain's motives, although reflecting perhaps broader anxieties of the films' audiences, have only an accidental relation to the plot. Here this arbitrariness is thematized, not only through the double mirroring of hero and villain, but also through the explicit gloss the former gives to the latter. The terrorist, as the hero puts it, is "just a guy who wants money." The banality of evil, recollected in an equally banal saying posted on the bus's side ("Money isn't everything"), fits well the ethics of the city as marketplace. And it supports the theme of contingency itself, for if there existed any deeper reason for the crime, indeed if the villain where fully integrated into the system, there would be no accident or plot. The falling elevator or exploding bus must be the exception, otherwise crashes and blasts would achieve a rhythm, too.

One of the most curious and charming features of the film is the exceptional nature of its location, of the actual place where the plot unfolds. Ordinarily, a chase is but one element within the larger story, albeit an obligatory one within high-budget action films. Often immensely expensive, the chase may be production's centerpiece, and therefore the plot may be merely a vehicle for the chase. Yet the chase cannot easily be coextensive with the plot, for it is difficult to tell a story or develop character within the unsocial setting of the car. *Speed* overcomes this by planting the bomb in a bus. Thus can be staged, in a narrow space, and in excess of 50 m.p.h., dramas of love, ethics, and community. To any American viewer of the film, however, this space could hardly seem more unlikely, for in Los Angeles virtually no one commutes by bus.

And certainly no one as young, beautiful, intelligent, upper-middle class, and white as the heroine, Annie, who, when the African American bus driver is accidentally shot by a Latino fugitive trapped on board, takes her place behind the wheel. Ostensibly to warn the hero (a policeman), but mainly to justify to an incredulous film audience her unlikely presence, she explains: "I should tell you that I'm taking the bus because I got my driver's licence revoked." "What for?" he asks; she replies: "Speeding." The vehicle which accident has allowed her to speed is the express bus connecting the city of Santa Monica with downtown L.A. Although connecting two urban centers with populations in the millions, this bus - the sole means of public transport between these places - is in fact bizarrely infrequent and unfrequented. Used only by unfortunates and eccentrics, it is almost as much of an archaism in L.A. traffic as would be a stage-coach at a modern airport, which is perhaps why, in *Speed,* the bus ends up circling the runways at Los Angeles International. The film's final scene adds a further, ironic anachronism. The hero and heroine's closing kiss takes place on a commuter train which, having jumped to an unfinished track, crashes through an unused station and plows upward, through the pavement, to barge slowly and relentlessly through a traffic-filled L.A. street. The subway, famously destroyed in L.A. in the 1950s by the powerful automobile industry, and belatedly resurrected (at hugely inflated costs) by a city now plagued by traffic, returns in *Speed* as a vengeful, incongruous monster, but also as the appropriate vehicle of old-fashioned, James-Bond-like romance.

In the film, the bus passengers represent a cross-section of America: the woman as designated driver who in fact is a demon on wheels, a bumbling tourist out sight-seeing, a man running from the law who shows that deep down he is virtuous, and an assortment of Americans whose ethnic distribution roughly matches that of southern California itself. This idealized picture of the patrons of public transportation in L.A. makes a critical point, however, and not only that by taking the bus and saving gas, these people are our moral superiors. Only within the archaism of the bus, only, that is, within a socially mixed mode of transport anterior to the private car, can America be imagined as it once was, as a functioning, integrated society and ethnic melting pot. Against the hyperbolic egoism of the terrorist-extortionist, and against the anonymity and dehumanization of privatized commuter traffic, *Speed* constitutes its ideal social world as a pre-modern *Schicksalsgemeinschaft* brought together by accident.

Interestingly, the film offers a candid picture of this social world stripped of its contingencies. In the course of the plot, it is revealed to the hero that the bomber, in addition to monitoring events through images broadcast by the omnipresent T.V. helicopters above, has planted a secret video camera on board, which transmits to him live a silent film of the whole drama in the bus. Having commandeered the bus to the airport, where helicopters are not allowed to fly, the hero lets the secret camera record a film sequence in which all passengers sit motionless, expressionless, and in silence, as the bus circles the empty tarmac. This clip he then doctors up as a repeating loop that is broadcast to the villain in his unknown hideout. Because the villain cannot at once detect the splice where the film begins its loop, and because therefore nothing seems to happen on board, the hero can secretly evacuate passengers, secure the heroine for himself, and let the empty bus at last explode, taking with it a couple of jumbo jets. The villain, that is, watches, and is deceived, by a film of what bus travel at 50 m.p.h., and indeed ordinary urban social life generally, really looks like: an anonymous, eventless, repetition of the same. Meanwhile, in a fantasy posing as the hidden actuality, a kinder, gentler city is born. The passengers, now comrades, exit as better people, and the hero and heroine are coupled by fortune. Yet this happy fate is predicated on an initial fantasy, just as unlikely as the last, of people travelling together to the city. The restitution of the marketplace thus depends on the reanimation of an older form of urban life in which chance can still operate between subjects.

One might usefully contrast *Speed's* image of the city to earlier urban dystopias in film. The American film noir classic, *The Naked City* (1948)[10], depicts Manhattan itself as the true protagonist, and lays it bare through the plot of murder and the ensuing man-hunt, and through the camera, by documentary-style cinematography. The city reveals itself to be a vast urban maze of human errors, accidents, and crimes, a complex, boundless, and impenetrable structure of events that, in the case of murder, require for their explanation the forensic labor of the police. Urban space, in other words, becomes a site of radical contingency, expressed as the "senseless death" of the film's opening scene, while the state seeks to explain and control by discovering within apparent accidents the underlying cause.

This vision fascinated Guy Debord and the members of the left-radical Internationale situationniste, founded in Paris in 1957. To launch the movement,

[10] Screenplay by A. Maltz and M. Wald; on the film, see A. Felling (Weegee), *Naked City*, New York 1975.

Guy Debord

33

Debord published a curious map entitled *The Naked City*[11]. Composed of nineteen cut-out sections of an ordinary city plan of Paris, which were linked by red arrows, the map was subtitled "illustration of the hypothesis of psychogeographical turntables". Its purpose was, on the one hand, to appropriate and subvert the instrumentalized map of the city projected by capitalism; and, on the other hand, to restore to urban space a new contingency by returning the element of subjective desire, expressed in the map as the direction turns, or disruptive differences, that make and unmake coherent space. *The Naked City* was to serve what Debord in 1956 termed the *dérive:* the drift of the subject who abandons his or her place before the urban "spectacle" to become an aimless walker, a person "already out of place", like Baudelaire's flâneur as reimagined by Walter Benjamin.[12]

The difference between the film *The Naked City* and Debord's map is that the latter presents as a nostalgic ideal what the former portrayed as dystopia: urban culture as contingency culture. One might think of *Speed* as the fulfillment of Debord's dark prophecy. Surveillance, now total, paralyzes; the complete ordering of space as a network of freeways entraps completely; the subject, forced to maintain its speed, is annihilated; chance, all but erased by technology, becomes the last human ideal.

---

[11] See, most recently, T.F. McDonough, "Situationist Space", in *October* 67 (1994), pp. 59-77.

[12] G.-E. Debord, "Théorie de la dérive", in *Les Levres Neus* 9 (November 1956); see also idem, *The Society of the Spectacle,* Detroit 1977; on Baudelaire, see Walter Benjamin, "On Some Motifs in Baudelaire", in *Illuminations,* ed. H. Arendt, trans. H. Zohn, New York 1968, pp. 172-3.

4. Bedingungen der Kontingenzdarstellung

David E. Wellbery

MEDIALE BEDINGUNGEN DER KONTINGENZSEMANTIK

Geht man davon aus, daß die Thematisierung eines Ereignisses *als* kontingentes Geschehen auf einem komplexen Vorgang der Selektion beruht, dann liegt es nahe, nach den medialen Bedingungen dieser Selektion zu fragen. Der historische Wandel des Kontingenzbegriffs – die Sinnverschiebungen, die zu seiner modernen Konjunktur geführt haben – ist mit anderen Worten eine Funktion der Apparaturen, die in verschiedenen historisch-kulturellen Situationen sowohl die Wahrnehmung und Registrierung als auch die Produktion von Kontingenz ermöglichen. Nicht nur die Gedanken, sondern auch die Zufälle, die dem Menschen bedeutsam sind, müssen sich irgendwo und -wie aufschreiben lassen, sollen sie als kulturelle Referenzen verfügbar sein.

Diese These gewinnt an Plausibilität, wenn man paradigmatische Beispiele etwas näher ansieht. Wie oben ausgeführt wurde (Vorlage Bubner), zeichnet sich der aristotelische Zufallsbegriff gegen den Sinnhorizont menschlichen Handelns ab. Wer beim Graben im Garten auf einen verborgenen Schatz stößt, wer auf dem Markt unerwartet auf einen trifft, der ihm Geld schuldet, dem fällt etwas zu, weil sich kreuzende Kausalitätsketten Konsequenzen zeitigen, die beim Beginn des Projektes nicht beabsichtigt waren. Diese Ereignisse sind deswegen bedeutsam – das heißt: sie werden wahrgenommen, festgehalten, weitergegeben – weil sie im Interessengeflecht des Handelnden (des Grabenden, des Gläubigers) eine Differenz ausmachen, in beiden genannten Fällen übrigens die gleiche Differenz zwischen Haben bzw. Nicht-Haben einer Geldsumme. Mag sein (Aristoteles scheint dies auch in seiner Explikation des Zufallsbegriffs zu berücksichtigen), daß unzählbar viele Zufälle das Graben im Garten oder den Gang zum Markt durchkreuzen; sie bleiben jedoch unterhalb der Merkbarkeitsschwelle, werden nicht registriert, und zwar deswegen, weil sie keine einschneidende Änderung in der Situation des Handelnden herbeiführen. Welche sind aber die medialen Bedingungen der aristotelischen Thematisierung von Kontingenz? Es sind die unseres normalen Umgangs mit lebensgeschichtlichen Bedeutsamkeiten: das (sagen wir: natürliche) Gedächtnis und die orale Wiedergabe praxisrelevanter Ereignisse. Die aristotelischen Beispiele sind mithin als Anekdoten beschreibbar, erzählte Vorfälle von der Art, wie sie heute noch berichtet werden, weil wir uns heute noch aufgrund solcher Geschichten über menschlich Bedeutsames verständigen.

Seit Aristoteles hat jedoch die Kontingenzsemantik Dimensionen hinzugewonnen, die ganz andere mediale Apparaturen voraussetzen als die, welche der oralen Kultur der Antike mit ihren praxisbezogenen Relevanzhinsichten zugänglich waren. Es werden zum Beispiel heute in der physikalischen Forschung Zahlenreihen hergestellt, indem man Geräusche in einem Vakuumrohr registriert und mit einer Zahl (von eins bis zu einer beliebig hohen Größe) markiert. In diesem Fall hat man es mit Zufällen in einem doppelten Sinn zu tun. Einerseits werden die Zahlenreihen selber als „zufällig" *(random)* bezeichnet, womit gemeint ist, daß sie nicht reduzierbar sind auf einen Algorithmus (ein Rezept zur Herstellung der Reihe), der kürzer wäre als die Zahlenreihe selber. Es handelt sich um „sinnlose" Zahlen, Singularitäten. Andererseits gilt der Prozeß der Herstellung dieser Zahlen deswegen als zufällig, weil die Geräusche im Rohr einen stochastischen Prozeß ausmachen.[1] Es liefe auf eine willkürliche definitorische Distinktion hinaus, wollte man ein Beispiel wie dieses disqualifizieren, weil es nicht mehr auf menschliches Handeln bezogen ist. Vielmehr ist es so, daß die naturwissenschaftliche Forschung Kontingenzen thematisiert, deren Wahrnehmbarkeit und Fixierbarkeit auf höchst komplexen medialen Aufschreibemechanismen beruhen. Auch weniger drastische Beispiele weisen in die gleiche Deutungsrichtung. So ist mit der Entwicklung der Evolutionstheorie Kontingenz (im Sinne „zufällig bedingter Variationen") zu einer nicht mehr wegzudenkenden Komponente unserer Natursemantik geworden. Um den medienbedingten Aspekt dieser semantischen Entwicklung zu verdeutlichen, braucht man nicht mal die neuere Molekularbiologie zu bemühen. Schon Darwins Entdeckung, wie die flüchtigste Lektüre von *Origin of Species* lehrt, wurde mit Hilfe ausführlicher, schriftlich fixierter Beobachtungen von graduellen Unterschieden gewonnen, die die Welt der Arten auf eine zuvor kaum geahnte Weise überblickbar und damit wißbar machten. Als letztes Beispiel in dieser (illustrativen, nicht systematischen) Reihe läßt sich Freuds Entdeckung des Unbewußten anführen. Das „dritte Ohr", mit dem er die Assoziationen seiner Patienten verfolgte, registrierte nichts anderes als die zufälligen Verknüpfungen, die sich unterhalb der intendierten Aussagesemantik und gleichsam quer zu dieser einstellten. Erst diese Umformung der medialen Einrichtung des oralen Dialogs ermöglichte mit anderen Worten die Aufschreibung und Bearbeitung der psychoanalytisch relevanten Daten.[2]

Die Tragweite der mediengeschichtlichen Fragestellung für eine Darstellung und Deutung der historischen Semantik von Kontingenz beschränkt sich nicht auf die naturwissenschaftliche Domäne. So hat die sich seit dem achtzehnten Jahrhundert rapide entwickelnde Statistik im Bereich der Gesellschaftswissenschaften Kontingenzen wahrnehmbar und wissenschaftlich handhabbar ge-

---

[1] Das Beispiel wird diskutiert in: Murray Gell-Mann, *The Quark and the Jaguar: Adventures in the Simple and the Complex*, New York 1994, S. 43–51.

[2] Vgl. die ausführliche Analyse der medialen Bedingungen der Psychoanalyse in: Friedrich Kittler, *Aufschreibesysteme 1800/1900*, München 1985, S. 278–311.

macht, die die Schranken individueller Handlung im Sinne des Aristoteles auf eklatante Weise übersteigen. Das zeigt unter anderem das Beispiel des Versicherungswesens (vgl. Vorlage Lübbe) wie auch das moderne Aufkommen des kontingenzverwandten Risikobegriffs. Wenn Durkheim in seiner Studie über den Selbstmord nachweisen konnte, daß auch diese individuellste aller Verzweiflungstaten Regularitäten (z.B. Jahreszeit) aufweist, dann deswegen weil er auf eine immense, im Laufe des neunzehnten Jahrhunderts von staatlichen Instanzen geleistete Aufschreibe- und Speicherungsarbeit zurückgreifen konnte. Auch die zufälligen Fluktuationen des Wirtschaftslebens, um ein noch augenfälligeres Beispiel zu nennen, sind erst im Medium des Geldes, dem sich Preise als Formen einprägen, sichtbar geworden. Spätestens seit Shakespeares *Kaufmann von Venedig,* der ersten großen Tragödie einer buchführenden Geldwirtschaft, weiß man, daß nicht nur wer an Bord ist, den Zufällen Gewitter und Schiffbruch ausgesetzt ist.

Ich schließe diese Anmerkungen zur Medienbedingtheit der Kontingenzsemantik mit einer Beobachtung zur Kunst. Denn auch ihr mediengeschichtlicher Wandel bestimmt die Art und Weise, wie sie Kontingenz thematisiert. Literarisch ist der entscheidende Einschnitt wohl der Übergang von Oralität zur Schriftlichkeit und damit zur eigens auf Schrift angewiesenen Gattung des Romans. Schon der griechische Roman, wie Bakhtin gezeigt hat, setzt den Zufall als Strukturprinzip ein.[3] Aber dort handelt es sich um Abenteuerliches, um die Zufälle unvorhergesehener Begegnungen (z.B. Raubüberfälle). Erst mit dem Aufkommen des Buchdrucks und der Ausbildung einer breiten Lesekultur kommt es (im achtzehnten Jahrhundert) zur Entwicklung einer Romanform, die darauf angelegt ist, die kleinen, unmerklichen Zufälle, die ein Leben bedingen, festzuhalten und dem Leser auszubreiten. Diese den Roman mitprägende Tendenz findet in Sternes *Tristram Shandy* ihren ironisch-durchreflektierten Höhepunkt, aber auch der weniger auf spielerische Selbstbezüglichkeit hinzielende, im weitesten Sinne des Wortes „realistische" Roman läßt sich als literarische Form der Kontingenzthematisierung verstehen. Deshalb hat der Klassizist Hegel das prosaische Bewußtsein als eines gekennzeichnet, das sich damit begnügt, „das, was ist und geschieht, als bloß Einzelnes, d.h. seiner bedeutungslosen Zufälligkeit nach, aufzunehmen."[4] Ein Blick in das erste Kapitel von Musils *Mann ohne Eigenschaften* läßt jedoch erkennen, daß diese romanhafte Registratur der Zufälligkeiten, weit entfernt ein defizientes Bewußtsein zu indizieren, ein Artefakt der komplex geschichteten medialen und wissenschaftlichen Bedingungen der modernen Gesellschaft darstellt.

Hegels Wort von der bloßen Aufnahme läßt sich allerdings in eine (ihm natürlich völlig fremde) These verwandeln, die den kunstrelevanten Zusam-

[3] Vgl. Mikhail Bakhtin, *The Dialogic Imagination,* hg. M. Holquist, Austin, Texas 1981, S. 86–146.
[4] G. W. F. Hegel, *Werke,* hgg. E. Moldenhauer u. K. M. Michel, Frankfurt a.M. 1970, Bd. 15, S. 243.

menhang zwischen Mediengeschichte und Kontingenzthematisierung hervorhebt. Denn diese bloße Aufnahme ließe sich nur dort verwirklichen, wo sich die Kunstproduktion in (relativer) Unabhängigkeit von der Formung durch menschliches Handeln etabliert. Diese Bedingung ist erstmals gegeben mit der Erfindung der Fotographie, die die Bildproduktion aus dem leiblichen Intentionsraum von Hand und Auge befreit. Die Fotographie ist die Prosa der Bildwelt. Nicht nur stellt sie Kontingentes dar, ihre Produktionsweise entfaltet sich als kontingentes Geschehen. Die Konsequenzen dieser Tatsache für eine Ästhetik der Fotographie hat wohl am eindringlichsten Roland Barthes herausgearbeitet, erstmals in seinem Essay über einige Fotogramme von Eisenstein, später in seinem Buch *Die helle Kammer.*[5] Die Begriffe, die Barthes in diesen Arbeiten erfindet, um die spezifische Originalität der Fotographie zu erfassen, heißen l'obtus und punctum. In beiden Fällen handelt es sich um Erweiterungen der Kontingenzsemantik, die aus der Notwendigkeit entstanden sind, den medialen Bedingungen einer Kunstform gerechtzuwerden.

[5] Vgl. Roland Barthes, „Der dritte Sinn" in: R. B., *Der entgegenkommende und der stumpfe Sinn*, Frankfurt a. M. 1990, S. 47–68; R. B., *Die helle Kammer/Bemerkungen zur Fotographie*, Frankfurt a.M. 1984.

Wolfgang Preisendanz

GIBT ES KONTINGENZ-GATTUNGEN?

Die Frage setzt zunächst einmal voraus, den Versuch einer Antwort einzuschränken auf den Bereich wohldefinierter, stabiler, noch nicht vom Prozeß ihrer Auflösung bzw. Dekonstruktion betroffener Gattungen im Sinn historisch-konventioneller Textorganisationsnormen. Nicht in Frage stehen also literarische Phänomene, die eminent kontingenzträchtig sind, aber nicht unter den Begriff Gattung fallen, wie etwa Surrealismus, Dada oder die sogenannte aleatorische, dem Gesetz des Zufalls als Kompositionsprinzip folgende Dichtung.

Nicht in Betracht kommen auch literarische Gattungen, die zeitweilig oder nur partiell Zufall und Kontingenz in erheblichem Ausmaß Raum geben, ohne in diesem Aspekt aufzugehen. So ist der Zufall in der hellenistisch-römischen Komödie Agent einer Handlung, die über eine Kette von Zufallskonstellationen und -fügungen zu einem positiven Ende, zum Eintritt poetischer Gerechtigkeit führt. Verdeckte Teleologie konterkariert den Schein vom Zufall als letzter Instanz bestimmter menschlicher Begebenheiten und Verhältnisse. Gleiches gilt für weite Strecken der Romangeschichte, so etwa für den spät-griechischen Roman, wo *Tyche* als leitende Göttin einer von keiner inneren Notwendigkeit und keinem konsistenten Zusammenhang zeugenden Ereignismasse erscheint, und doch in der Regel eine verborgene Gerichtetheit die Hypostasierung des Zufalls zur Totalbestimmung verbietet. Wiederaufgenommen wird diese Privilegierung des Zufalls, wo er, nun als Fortuna und oft in Verbindung mit dem Vanitas- und Vergänglichkeitsmotiv, im pikaresken wie im Barockroman den Erzählnexus bestimmt, einen Nexus, der am Ende dann doch zumeist in die Aufdeckung providentieller Fügung, göttlicher Vorsehung mündet. In all diesen Fällen erscheinen Zufall und Kontingenz nicht soweit als Letztwirklichkeit, als absolute Signatur der Welt, daß man von Kontingenz-Gattungen sprechen dürfte. Was bleibt also, wenn man Gattungen ausklammert, die nur partiell bzw. epochenweise literarische Realisation von Kontingenz sind?

Im 30. Stück der *Hamburgischen Dramaturgie* formuliert Lessing den Unterschied von Genie und witzigem Kopf, und zwar in seiner Kritik von Corneilles *Rodogune:* „Das Genie können nur Begebenheiten beschäftigen, die ineinander gegründet sind, nur Ketten von Ursachen und Wirkungen. Diese auf jene zurück zu führen, jene gegen diese abzuwägen, überall das Ungefähr auszuschließen, alles, was geschieht, so geschehen zu lassen, daß es nicht anders geschehen können: das, das ist seine Sache, wenn es in dem Felde der Geschichte arbeitet (...). Der Witz hingegen, also der nicht auf das in einander

Gegründete, sondern nur auf das Ähnliche oder Unähnliche gehet, (...) hält sich bei Begebenheiten auf, die weiter nichts gemein haben, als daß sie zu gleich geschehen". In diesen Sätzen steckt ebenso wie in den in meiner Vorlage zitierten Ausstellungen an Wieland das Postulat der dezidierten Ausgrenzung von Kontingentem, hier im Falle der Tragödie. Unverkennbar wird das, was auch anders, was nur möglich sein könnte, was also zu den traditionellen Bestimmungen des Kontingenten gehört, aus dem Gefüge einer dramatischen Handlung verbannt und diese, frei von allem „Ungefähr", auf einen durchweg notwendigen, zielkonsistenten Nexus verpflichtet. Sucht man nun eine Gattung, die der von Lessing verlangten „Kontextur" einer makellosen Tragödie definitiv zuwiderläuft, so stößt man auf die Farce bzw. die ihr verschwisterte Burleske. In beiden dominiert das Zufällige über das ineinander Gegründete, dominiert eine freie, exzentrische Komik über alle moralistisch oder philosophisch fundierten bzw. funktionalisierten Reduktionsformen des Lachens wie Humor oder Satire zugunsten einer selbstzentrierten, ‚unverantwortlichen' vis comica, einer vis comica, die in pragmatischer Hinsicht alle moralische und emotionale Betroffenheit überspielt und ein Lachen ohne moralische oder kognitive Reflexion lizensiert. Wenn Schiller von der „absoluten moralischen Gleichgültigkeit" als Rezeptionsbedingung bereits der Komödie spricht (*Dramatische Preisaufgabe für 1800*) und wenn er als Farce bezeichnet, „wo zwischen Dichter und Zuschauer ein stillschweigender Kontrakt ist, daß man keine Wahrheit zu erwarten habe" (*Gedanken über den Gebrauch des Gemeinen und Niedrigen in der Kunst*), so trifft dies das entscheidende Kriterium der Farce als Gattung. Ihr Bewegungsgesetz, wie das der Burleske, ist die möglichst rapide Folge komischer Täuschungen, Mißverständnisse, Widersinnigkeiten, Überraschungseffekte, Koinzidenzen und Verwirrungen, die sich vorzugsweise zufälligen, momentane Umständen und Konstellationen verdanken und die umso wirkungsvoller sind, je mehr sich der Eindruck der Mechanik oder der Arrangiertheit der selbstlaufenden Verwicklungen und Turbulenzen einstellt. Der Kontrast solcher Mechanik bzw. Arrangiertheit von Begebenheiten und Situationen zum jenseits der Bühne Gewohnten und Erwartbaren ist ein für das spezifische Vergnügen an der Farce konstitutiver, denn diese setzt voraus oder intendiert, daß man sich gutwillig, vorbehaltlos auf die farcenhafte Komplexitätsreduktion, auf die selbstgenügsame Plausibilität, auf die burleske Verzerrung und Übertreibung, auf den absoluten Spielcharakter des Dargestellten einläßt, daß also die Verbindung zwischen dem auf die ars comica gerichteten Lustprinzip und dem Realitätsprinzip unterbunden bleibt. Die Farce „defies utilitarian common sense and shuns the moralization of laughter" (M. Gurewitch, *Comedy – The Irrational Vision*). Sie verweigert sich dem Anspruch auf externe Repräsentanz und moralisches Interesse, sie entzieht sich den Normen und Maßgaben des praktischen Wollens und der theoretischen Erkenntnis, sie suspendiert die Belangbarkeit ihrer Inszenierung von Komik.

Mit all diesen Markmalen erweist sich die Farce im Hinblick auf Struktur und Rezeptionssteuerung als kardinale Kontingenz-Gattung: sie basiert auf der theatralischen Affirmation von Kontingenz, die von keiner markierten oder hintergründigen Gegensinnigkeit relativiert oder hinterfangen wird – auch nicht von einem allfälligen, die Totalität des Kontingenten nur bestätigenden Happy-End. Und von solcher Totalisierung der Kontingenz leitet sich letzten Endes auch die Übertragung des Begriffs auf lebensweltliche Wahrnehmung sinnfremder Faktizität her.

Zum Schluß sei noch auf einige literarische Gattungen verwiesen, die ihrem Referenzbereich nach per se kontingenzbezogen sind. Dazu gehören Reisebilder, Reiseschilderungen: „Der Zufall ist der Gott der Reisenden", schrieb Hebbel; makaber ist das in Drachs *Unsentimentaler Reise* der Fall. Zu denken ist ferner an literarische Tagebücher, die ihrer Natur nach an keinem vorgängigen thematischen Konzept orientiert und keinem Sinnbildungsprozeß verhaftet sind. Spruchdichtung hat mit Epigrammatik und Aphoristik gemein, daß sie auf ein Universum des Gesonderten, des Nebeneinander gerichtet ist; sie präsentiert eine Mannigfaltigkeit von disparaten Aspekten, Einfällen, Erfahrungen, Gedankensplittern, ohne daß diese in ihrer Summe aufhörten, Einzelheiten in einem Ensemble von Gesondertem zu sein; für „zerstückeltes Zeug" entschuldigte sich Goethe betreffs seiner *Zahmen Xenien* mit Rücksicht auf die ‚Unübersichtlichkeit', auf das Kontingente der „gebildeten Welt" und auf seine eigene, „von grenzenlosen Einzelheiten der Empirie überhäufte" Vita. Von Kontingenz-Gattungen kann man indessen bei dieser keineswegs vollständigen Reihe eigentlich nicht sprechen, weil es sich nicht um auktorial organisierte, thematisch gemachte Kontingenz handelt, wie im Falle der Farce bzw. der Burleske.

Daß und warum die Farce als Inbegriff der Kontingenzmaximierung in unserer Zeit bis zu dem Grade ihre literarische Renaissance erlebt, daß das gegenwärtige Regie-Theater sie selbst bei seriösesten, sakrosankten Stücken als Inszenierungsintention ergreift, kann hier nicht mehr ventiliert werden; das ist ein zu weites Feld.

5. Kontingenz und Verstehen

Hans Robert Jauß

PROBLEME DES VERSTEHENS: DAS PRIVILEGIERTE DU UND DER KONTINGENTE ANDERE

I

Der Prospekt des Kolloquiums hat das Problem des intersubjektiven Verstehens, das sich ergibt, wenn uns der Andere in seiner Kontingenz begegnet, nicht eigens thematisiert. Sucht man es in dem vorgezeichneten Rahmen näher zu bestimmen, so ergeben sich erste, noch vorläufige Fragerichtungen. Der These vom zunehmenden Kontingenzbewußtsein entspräche die Hypothese: erst - in der Antike - hatte alles Verstehen sein Maß im Vorgriff auf Vollkommenheit; dann - in der christlichen Welt - war Gott allein vollkommen und stellte sich das Problem, sich selbst wie den Andern als unvollkommenes, mithin kontingentes Geschöpf zu erkennen; schließlich - in der modernen Welt, in der „die historischen Formationen des Geistes um so individueller ausgeprägt sind, je höher sie organisiert sind"[1], - kann das kontingente Individuum für sich selbst das Prädikat der Vollkommenheit in Beschlag nehmen - ein Anspruch des Geniekults, der bald wieder dem Zweifel an der Autonomie des Subjekts verfällt, für den am Ende alles Sinnverstehen an der Kontingenz der Welt und Mitwelt zu scheitern scheint.

Vollkommenheit gehört offenbar auch in den Umkreis von Kontingenz: kontingent ist nicht allein, was auch hätte nicht sein oder auch hätte anders sein können. Kontingent ist auch, was nicht vollkommen zu sein vermag und darum als ein unheilbarer Mangel erfahren wird, der dabei gleichwohl ein Grundbedürfnis nach Vollkommenheit vorauszusetzen scheint. Denn wie wäre etwas als unvollkommen zu verstehen, wenn nicht am Maß des Vollkommenen, auch wenn es nur in der Vorstellung existiert?[2] Dieses Bedürfnis nach Vollkommenheit angesichts der Ängste und Nöte einer kontingenten Wirklichkeit zu befriedigen, wetteifern Religionen und Künste seit Anbeginn; auch die Ontologie des antiken Kosmos setzt ein Vollkommenheitspostulat voraus, das in der Rhetorik und noch im hermeneutischen Zirkel als Vorgriff auf Vollkommenheit weiterlebt.

---

[1] J. Habermas, „Individuierung durch Vergesellschaftung", in *Nachmetaphysisches Denken,* Frankfurt a.M. 1988, S. 189.

[2] Platon, *Politeia,* 504 c.

Hier interessiert der Prozeß der Zunahme des Kontingenzbewußtseins, der offenbar mit dem fortschreitenden Abbau des Vollkommenheitspostulats korrelativ ist. Ich habe diesen Prozeß schon anderweitig verfolgt und dabei gezeigt, wie sich das Vollkommenheitspostulat in der literarischen Tradition, vorab in der heroischen oder bukolischen Dichtung, als Stilprinzip einer inhärenten Idealisierung geltend machte, die der Erfassung des Mitmenschen in der kontingenten, unvollkommenen Gestalt seiner Individualität entgegenstand.[3] Sucht man die Schwelle zur Individuation des konkreten Einzelnen zu bestimmen, so wird sie erst dort überschritten, wo im Verhältnis von Ich und Du der Andere um seiner selbst willen, in seinem kontingenten Sosein, erkannt und anerkannt, geliebt und gerühmt werden kann. Eine solche Schwelle wird erkennbar, wenn Abaelard Heloisa bekennen läßt: „Nihil umquam, Deus scit, in te nisi te requisivi, te pure, non tua concupiscens" und damit das antike Ideal der Freundschaft für die Liebesbeziehung zwischen den Geschlechtern beansprucht, und dann wieder, wenn Montaigne nach dem Verlust seines Freundes La Boétie beteuert: „Et si on me presse de dire pourquoy je l'aimois, je sens que cela ne se peut exprimer qu'en respondant: parce que c'étoit luy, parce que c'étoit moy."[4] Wird hier nicht ein neues Verhältnis zum Andern begründet, das über das antike Ideal der ‚Freundschaft um des Guten willen' hinaus nunmehr fordert, ihn unerachtet aller gesellschaftlichen Normen und ethischen Ideale als Individuum zu schätzen und zu verstehen - in seiner Singularität, die ihr eigenes, menschliches Maß einbegreift? Wenn hier die Aura der Individualität an die Stelle der Aura der Vollkommenheit tritt, ist dann nicht der antike Vorrang des Allgemeinen vor dem Individuellen - seine Abwertung als allein durch die formbedürftige Materie bestimmt - aufgehoben und zugleich das augustinische Postulat gebrochen, daß die *fruitio* des Andern der Gottesliebe allein vorbehalten sei, weil nur der um seiner selbst willen geliebt werden könne, der dem Menschen die *vita beata* verbürgt?

II

So weit war ich gekommen, doch ohne die Probe aufs Exempel zu machen und die weitere Frage zu stellen, die dieses Kolloquium aufwirft - die Frage: wie kontingent erscheint denn nun eigentlich der Andere, der hier in seiner Kontingenz (scholastisch: seiner *haecceitas)* - als konkretes, einmaliges unvertretbares Individuum - verstanden und anerkannt werden will? Welche kontingenten

[3] Verf., *Ästhetische Erfahrung und literarische Hermeneutik,* Frankfurt a.M. 1982, I C, Kap. 2: „Das Vollkommene als Faszinosum des Imaginären", ferner ebd., S. 74.

[4] S. dazu H. Friedrich – „Über den Briefwechsel Abélard-Héloise", in *Romanische Literaturen - Aufsätze I,* Frankfurt a.M. 1972, S. 67.

Züge seiner Gestalt, die zuvor nicht für bemerkenswert und darstellungswürdig galten, werden nunmehr ans Licht gebracht? Diese Eingangsfrage meiner Betrachtung setzt ihrerseits voraus, danach zu fragen, wie das Verhältnis von Kontingenz und Verstehen in der Interaktion zwischen Subjekt und Subjekt zutage tritt und zu begreifen ist. Wie unterscheidet sich der Widerfahrnischarakter des Kontingenten, wenn dem Menschen nicht nur *etwas* - als „Faktizität"- zustößt, das er einfach hinnehmen muss, sondern wenn ihm ein anderer Mensch - als fremder Wille - begegnet, den er, wenn er ihm nicht gleichgültig ist, verstehen und anerkennen muß, um seiner Situation gerecht zu werden? Wie und woran ist im intersubjektiven Verstehen die kontingente Individualität des Andern überhaupt zu erkennen? Wenn es geläufig und relativ einfach ist, den Andern in seiner Rolle oder auch in verschiedenen Rollen zu verstehen, ist es gewiß umso schwieriger, ihn als den zu verstehen, der in seinem Rollenverhalten nicht aufgeht - als fremdes, kontingentes Individuum. Wie kann in der wechselseitigen Übernahme der Rolle des Anderen, auf die sich die Theorie kommunikativen Handelns stützt,[5] zugleich seine Einstellung zur Rolle und damit seine subjektive Perspektive auf die Welt erkennbar werden? Gibt es ein Jenseits zum Rollenverhalten, ein unmittelbares Ich-Du-Verhältnis zwischen Individuen, die sich als solche anerkennen und schätzen? Oder setzt selbst noch die emphatische Ich-Du-Beziehung in Freundschaft oder Liebe hermeneutisch den Vorgriff auf G.H. Meads „generalized other" voraus, auf normative Erwartungen, die abgebaut werden müssen, um den Andern nicht als einen unter vielen, sondern als unvertauschbares Individuum - als privilegiertes Du - verstehen zu können? Wenn hingegen der Andere kein privilegiertes Du, sondern der beliebige Nächste ist, der nach christlichem Gebot ja gerade nicht als Individuum verstanden, sondern als ‚Bruder in Christo' geliebt werden soll, stellt sich die Frage, ob dieses Gebot christlicher Nächstenliebe nicht Verstehen überhaupt erübrigt. Folgt aus alledem, daß der Widerstand, den Kontingenz, gleichviel ob faktisch oder intersubjektiv, allem unmittelbaren Verstehen entgegensetzt, offenbar immer nur über einen normativen, also selbst nicht kontingenten Vorgriff überwunden werden kann, mithin durch das Erkennen der Differenz zwischen einem Allgemeinen und dem sich ihm widersetzenden Besonderen? Bewahrt das Kontingente, das auch hätte nicht sein oder auch hätte anders sein können, nicht doch noch den Rest eines Allgemeinen, sofern es im nicht Notwendigen, aber nicht Unmöglichen die Grenze zwischen dem Möglichen und dem Unmöglichen, dem Realen und dem Irrealen, nicht einfach aufhebt, sondern erproben läßt und erfahrbar macht? Wäre das absolut gesetzte Kontingente, das schlechthin fremde Individuum, nicht doch ein mystischer Nullwert, eine Nacht, in der alle Kühe schwarz - um nicht zu sagen: dekonstruiert - sind, womit sich hermeneutische Reflexion nicht abfinden kann?

---

[5] J. Habermas, nach G.H. Mead, wie Anm. 1, S. 218f.

Damit habe ich den weiteren Fragehorizont umrissen, ohne den Anspruch, für alle großen Fragen schon eine Antwort parat zu haben. Von den kleineren Fragen möchte ich zunächst die nach dem Problem des Verstehens im privilegierten Ich-Du-Verhältnis aufnehmen, das seit der Antike die Traktate über die Freundschaft durchzieht. Sodann soll das allmähliche Hervortreten des Individuellen und damit die Erfahrung des kontingenten Andern in den beiden Aspekten verfolgt werden, in denen es mir bisher begegnet ist. Zum einen kann Verstehen beim Typischen einsetzen und dessen Beschreibung mehr und mehr spezifizieren, so daß auf dem Weg einer sekundären Individualisierung schließlich eine Gestalt der Singularität des Andern zum Vorschein kommt. Zum andern kann Verstehen beim Persönlichen einsetzen, mit dem Anspruch, als singulares Du anerkannt zu werden, ein Anspruch, der indes im Konflikt mit ethischen oder gesellschaftlichen Normen oft nicht durchzuhalten ist. Dann setzt sich der generalisierte Andere wieder gegen den kontingenten Einzelnen, die Konvention der Öffentlichkeit gegen das nur Private durch, wobei ein Konflikt auch dann entstehen muß, wenn dem privilegierten Du ein beliebiger, fremder Anderer als der Nächste, der auch der Fernste sein kann, gegenüber tritt. Verstehen wird gewiß auf allen Ebenen zwischenmenschlicher Kommunikation, der öffentlichen wie der privaten, vorausgesetzt. Doch kann man sich fragen, ob das Verstehen des Andern nicht eher in der kontingenten Begnung mit dem Fremden als in der gesicherten Vertrautheit von Ich und Du seine eigentliche Erprobung zu bestehen hat.

III

a) „Als Freund gilt, wer das Gute oder was als solches erscheint, um der Person des Freundes willen wünscht" (IX, 4; 1166a). So lautet die Bestimmung der Freundschaft in dem für die europäische Kultur maßgeblichen Traktat, den Kapiteln VIII und IX in Aristoteles' *Nikomachischer Ethik.*[6] Freundschaft heißt darum nicht schon, den andern zu lieben, weil er der ist, der er ist (VIII, 3; 1156a), sondern erst, ihn um eines Dritten, Höheren: um des Guten willen zu lieben. Freundschaft setzt darum das Vollkommenheitspostulat in doppelter Hinsicht voraus: „Vollkommene Freundschaft ist die der trefflichen Charaktere und an Trefflichkeit einander Gleichen" (VIII, 4; 1156b). Nur so kann sie der gegenseitigen Vervollkommnung dienen, sofern nämlich die Freunde wechselseitig „gleichsam die Vorzüge in sich abbilden, an denen sie Gefallen finden, indem sie voneinander das Modell nehmen. Daher das Wort: ‚Gutes lernst du vom Guten'" (IX, 12; 1172a). Im Freund kommt mithin der Andere nur in den Blick, sofern er gut ist, mithin in seiner Trefflichkeit als das ‚bessere

[6] Zit. nach der Übersetzung von F. Dirlemeier, Berlin [2]1960.

Selbst', nicht aber in dem, was er sonst noch sein mag: in den kontingenten Zügen seiner Person. Die Preisgabe des kontingenten Anderen tritt in aller Schärfe bei der Einschränkung der Freundschaft auf die einander Gleichen zutage, aus der Aristoteles bekanntlich Sklaven, Fremde, Frauen und Kinder ausschloss. Das Vollkommenheitspostulat läßt der Begegnung des Andern in seiner Kontingenz offensichtlich keinen Raum.

Zu diesem Fazit kam auch Paul Ricœur: „On accordera volontiers qu'il n'y a pas un concept franc d'altérité chez Aristote. L'agape chrétienne suffira-t-elle à lui faire plein droit?"[7] Seine offen gebliebene Gegenfrage wird uns noch beschäftigen. Aus Ricœurs Interpretation der Nikomachischen Ethik ist hier noch festzuhalten, daß nicht allein der Begriff des Guten, sondern auch der Begriff der Freundschaft die Kategorie des Mangels voraussetzt (ebd., S. 218). Wie das Gute, dem nicht ein einzelnes Gutes genügen kann, das vielmehr als das verstanden werden muß, was allen Gütern noch mangelt, so entspringe auch das Verlangen nach Freundschaft einem Mangel - dem Wunsch, in der eigenen, veränderlichen Existenz so gefestigt zu werden und zu bleiben wie das bessere Selbst (àllos autós) des Freundes. Aus dem Satz: „wenn es nun richtig war zu sagen, daß der Freund dem Freunde Gutes wünscht um der Person des Freundes willen, so muß dieser wohl bleiben, was er ist" (VIII, 9; 1159a) sei zu folgern (was wohl erst bei Montaigne voll zutage treten wird): „C'est ainsi que le manque habite le cœur de l'amitié".

b) In *Laelius de amicitia* folgt Cicero durchaus der aristotelischen Bestimmung der Freundschaft. Sie wird nun aber der Selbstgenugsamkeit des stoischen Weisen entgegengesetzt, der verkenne, daß Tugend der helfenden Freundschaft bedürfe, „quoniam solitaria non posset virtus ad ea, quae summa sunt, pervenire" (§ 83). Begegnet uns hier das römische Seitenstück zu dem biblischen Topos: „Vae soli!" wie zu Diderots Vorwurf an den Freund Rousseau: „Ce n'est que le méchant qui soit seul", so fügt dem Cicero noch hinzu, daß auch die Bewunderung des Schönen leer bliebe, wenn man mit niemand darüber sprechen könne (nach einer dem Tarentiner Architas zugeschriebenen Sentenz: „Si qui in caelum ascendisset naturamque mundi et pulchritudinem siderum perspexit, insuavem illam admirationem ei fore, quae iucundissima fuisset, si aliquem, cui narraret, habuisset", § 88). Die vollkommene Zweisamkeit der Freundschaft kann dem Kontingenten nur ausgesetzt und gefährdet werden, wenn sie sich auf das politische Handeln einläßt. In seiner Beschreibung geht Cicero über Aristoteles deutlich hinaus. Keine schlimmere Pest für das Ideal der Freundschaft als die Begierde, sich zu bereichern, als der Streit um Ämter und um Ruhm! (§ 34) Hier entstünden oft die schlimmsten Feindschaften gerade aus den engsten Freundschaften. Man tue darum gut daran, Freunde

[7] P. Ricœur, *Soi-même comme un autre,* Paris 1990, S. 219.

erst einmal zu erproben (§ 63). Man übe Geduld und Sanftmut im Vorbringen und Hinnehmen von Tadel („Ut igitur et monere et moneri est verae amicitiae", § 97).[8] Und man solle, wenn Freundschaft in Feindschaft umschlage, dies still ertragen („ut in culpa sit, qui faciat, non is qui patiatur iniuriam", § 88). Das experimentum crucis der römischen Freundschaft hat Montaigne am Fall des Caius Blosius erörtert. Als dieser, von Laelius gefragt, wieviel er für Tiberius Grachus nach dessen Verurteilung zu tun bereit sei, zunächst antwortet: ‚Alles!' und dann auf die weitere Frage: ‚und wenn er dich geheißen hätte, unsere Tempel anzuzünden?' erwidert: ‚Er hätte mich das niemals geheißen!', entgegnet Laelius: ‚und wenn er es doch getan hätte?', worauf Blosius den Mut hat zu sagen: ‚Dann hätte ich ihm gehorcht'. Montaigne findet, diese Antwort entspreche ganz dem, was man einer Freundschaft schuldig sei. Er selbst würde die eigene Tochter töten, wenn es sein Freund verlangte. Diese erstaunliche Auffassung setzt im Kontext indes letztlich doch wieder das Vollkommenheitspostulat voraus - in Gestalt der Gewißheit, daß wahre Freunde die wechselseitige Neigung füreinander mit Tugend und Vernunft zu zügeln wüßten, der Andere mithin nichts Unbilliges fordern würde, so daß man ihm mehr vertrauen könne als sich selbst (I, xxviii).

c) Im Eingang seines Essais *De l'amitié* (I, xxviii) vergleicht Montaigne das Unternehmen seiner Selbstdarstellung mit der Arbeit eines Malers, der den leeren Raum um ein Portrait mit ‚Grotesken' ausfüllt. Substanz und Akzidenz, das vollkommen ausgearbeitete, selbstgenugsame Portrait und seine spielerische, zusammenhanglose Umrahmung treten dabei in den denkbar schärfsten Kontrast: „le vuide tout au tour, il le remplit de crotesques, qui sont peintures fantasques, n'ayant grâce qu'en la variété et estrangeté. Que sont-ce icy aussi, à la vérité, que crotesques et corps monstrueux, rappiecez de divers membres, sans certaine figure, n'ayant ordre, suite ny proportion que fortuité?" Das kühne, bisher von niemand versuchte Unternehmen der Essais: sich selbst in der ungeordneten Abfolge von Wahrnehmungen und Regungen, Vorstellungen und Gedanken zu beschreiben („je ne peins pas l'être, je peins le passage"), erscheint hier als der Versuch, das eigene Selbst in der unvermittelten Kontingenz seiner Erfahrung zu begreifen. Das kontingente Selbst versteht sich im Bildfeld einer Metaphorik, die seine Erfahrung auf die pure Willkür von ‚Grotesken' (ein früher Beleg für die literarische Entlehnung des Begriffs aus der ornamentalen Malerei!) herunterstuft, auf die Absicht, „de mettre par escrit ses fantasies"[9]. Das hier bezeugte Selbstverständnis einer kontingenten Existenz ist indes nicht schon autonom. Denn es setzt nicht allein als Kontrapost das voll-

---

[8] Wie dies in praxi verwirklicht werden kann, zeigt ein Briefwechsel zwischen Cicero und Matius *(Ad Fam.* XI, 27/28) über die politische Krise ihrer Freundschaft; s. dazu M. Fuhrmann, *Cicero und die römische Republik,* München/Zürich 1989, S. 247ff.

[9] Montaigne, *Essais,* hg. A. Thibaudet, Paris 1950, S. 219.

kommenere Wesen und Werk des Freundes voraus, sondern es wird Montaigne überhaupt erst nach dessen frühem Tod erkennbar. Erst die Erfahrung dieses Verlustes, erst die Erkenntnis, was ihm der Freund als seine ‚melior pars' bedeutet hatte und was ihm selbst hinfort mangelt, eröffnet die Erfahrung seiner selbst als eines kontingenten, fragmentarischen, veränderlichen Wesens. Das kontingente Selbst entdeckt und versteht sich im Verlust seiner Konstanz, die ihm der Freund verbürgen konnte und die allein noch der Akt des Schreibens zu kompensieren vermag (hier ist das Wort am Platze!): „Luy seul jouyssoit de ma vraye image, et l'emporta. C'est pourquoy je me déschiffre moy-mesme si curieusement" (III, ix; S. 1102).

Hier stehen wir an einem Wendepunkt in der Geschichte der Freundschaft, wie vor allem Jean Starobinski in *Montaigne en mouvement* (1982) aufzeigte. Wenn von Montaigne als kontingentem Individuum in der von ihm geschaffenen Form des Essais so unvergleichlich viel mehr bezeugt ist als von all seinen Vorgängern, entsprang dies nicht dem unmittelbaren Sich-Verstehen zweier Freunde, sondern der retrospektiven Erfahrung einer Trennung - des Verlustes seines ‚wahren Bildes', das der Freund im Tod mit sich nahm, so daß dem Verbliebenen nur noch bleibt, das übrig gebliebene, bloße Fragment seines wahren Selbst mühselig zu entziffern. Die Entdeckung des Individuums in seiner kontingenten Gestalt setzt ein verlorenes, vollkommeneres Double, das getreue Spiegelbild seines Ichs im privilegierten Du, voraus. An dessen Stelle tritt nunmehr die ‚leere Seite', das Supplement des Versuchs *(essai* ist in dieser Bedeutung von lat. *exagium* abgeleitet), im Schreiben für den Freund die verlorene Gemeinsamkeit wie in ein zweites Leben weiterzuführen. War La Boétie zu Lebzeiten der Spiegel, in dem Montaigne sein wahres Bild erkannte, so wird der Blick des Freundes nach seinem Tod interiorisiert: „il est la lumière tournée vers le dedans, la vigilance affectueuse qui observe et ‚contrerolle' la vie muable et fantasque. Du fond de la mort, il persiste à veiller dans l'oeil vivant de la conscience et de l'écriture. (...) Ainsi la solitude de l'écrivain reste hantée et traversée par la continuation intériorisée d'une ‚société' perdue."[10]

Für die vier Jahre ihrer „douce compagnie et société" findet Montaigne die überschwänglichsten Formulierungen, bei denen nicht zu entscheiden ist, in welchem Maße sie dem Erlebten oder nachträglicher Verklärung in der „nuit obscure et ennuyeuse" des ihm verbliebenen Lebens entsprangen (S. 230). Nichts war ihnen näher als der eine dem andern; in ihrer Rede erübrigten sich alle Worte, die Menschen sonst scheiden: „bien faict, obligation, reconnaissance, priere, remerciement, et leurs pareils"; ihre „divine liaison" erfüllte die aristotelische Formel der einen Seele in zwei Körpern; in ihrem „noble commerce" war das innerste Leben des Andern für jeden „jusqu'au fin fond des

[10] J. Starobinski, *Montaigne en mouvement,* Paris 1982, S. 68f., dessen einschlägige Interpretation ich hier wieder aufnehme.

entrailles" offenbar; ihre Verbindung war so vollkommen, daß man in ihrem „mélange si universel" keine Naht hätte finden können. Dieses ‚große Wunder, sich verdoppeln zu können', übertrifft für Montaigne, was immer er in der Antike über Freundschaft gefunden habe (I, xxviii; S. 224-230).

In dieser emphatischen Beschreibung eines vollkommenen Sich-im-Andern-Verstehens scheinen alle kontingenten Züge des individuellen Lebens der beiden Freunde aufgehoben zu sein. Gleichwohl kommt die verleugnete Kontingenz wenigstens einmal zum Vorschein. Montaignes Freundschaftsformel: ‚*weil* er es war und weil ich es war' besagt noch nicht alles. Sie hinterläßt die Frage, *warum* denn ‚gerade er und gerade ich es war'. War die erste Begegnung, aus der ihre Freundschaft hervorging, nicht ein überaus seltener Glücksfall, Kontingenz und Fügung zugleich? Montaigne weiß ihn nicht anders zu erklären als durch eine geheimnisvolle Anziehungskraft, durch „ne scay quelle force inexplicable et fatale, mediatrice de cette union" (S. 224). Dafür, daß sie einander suchten, noch ehe sie sich kannten, und sich in dem Hochgefühl, füreinander bestimmt zu sein, finden konnten, tritt hier ein ‚je ne sais quoi' ein. Es ist dies ein berühmter Topos der Begriffsgeschichte des Unbegreiflichen, der sich aus seiner rhetorischen (Cicero) oder theologischen (Augustin) Herkunft über die *scintilla animae* der Mystiker und die neuplatonische Schönheits- und Liebestheorie der Renaissance bis zur Ästhetik des Gefühlsurteils im 18. Jahrhundert verfolgen lässt.[11] Wenn er bei Montaigne in seiner neuplatonischen Bedeutung übernommen ist, dürfte er gleichwohl schon für die Kontingenz des noch nicht anerkannten Individuellen einstehen - der Einmaligkeit einer Erfahrung seiner selbst im Andern, die sich erst im Verlust identitätsverbürgender Freundschaft zu artikulieren weiß, mithin im Bewußtsein eines Mangels, in dem sich das autonome Subjekt noch verbirgt, das erst die Aufklärung proklamieren wird.

d) Der Freundschaftskult, der um die Mitte des 18. Jahrhunderts aufblühte, ist für unsere Fragestellung wenig ergiebig. Zwar stellt er ein historisches Novum dar: „Zum erstenmal war es den Bürgern möglich, außerhalb von Stand und Familie freie Bündnisse einzugehen, die sich staatlicher Überwachung entzogen."[12] Doch der Überschwang empfindsamer Freundschaften schien dem Problem, den Andern in seinem kontingenten Selbst zu verstehn, enthoben zu sein; erst seit der Mitte des 19. Jahrhunderts haben Briefe zwischen Freunden einen individuelleren Ton. Gleichwohl finden sich Zeugnisse, die das Vollkommenheitspostulat, aus dem sich der Freundschaftskult speist, auch schon in Frage stellen. So bei Matthias Claudius, der in seiner Betrachtung *Von der Freundschaft* (1783) empfiehlt: „Hat dein Freund an sich, das nicht taugt, so

---

[11] S. dazu E. Köhler, „Je ne sais quoi", in *Historisches Wörterbuch der Philosophie,* Bd. 4, Basel/Stuttgart 1976.

[12] *Deutsche Briefe 1750 - 1850,* hg. G. Mattenklott/ H. und H. Schlaffer, Frankfurt a. M. 1988, S. 193f.

mußt du ihm das nicht verhalten und es nicht entschuldigen gegen ihn. Aber gegen den dritten Mann mußt du es verhalten und entschuldigen: Mache nicht schnell jemand deinen Freund, ist er's aber, so muß er's gegen den dritten Mann mit allen seinen Fehlern sein."[13]

Mündet diese Empfehlung in die schönste Philanthropie: „Aber, denkst du, auf diese Weise sollten ja alle Menschen auf Erden die innigsten Freunde sein? Freilich wohl! und es ist meine Schuld nicht, daß sie es nicht sind", so beginnt der Moralist Vauvenargues, ein Freund Voltaires, seine Reflexion *De l'amitié* (1746) mit einer Sentenz, die sich der idealistischen Tradition der Freundschaftstraktate strikt entgegensetzt: „C'est l'insuffisance de notre être qui fait naître l'amitié; et c'est l'insuffisance de l'amitié même qui la fait périr."[14] Der perfekte parallelismus membrorum läßt Beginn und Ende der Freundschaft aus einem reziproken Mangel hervorgehen. Entsprang bei Montaigne das Selbstverständnis einer mangelhaften, unsteten Existenz, dem Bewußtsein verlorener Fülle einer gelungenen Freundschaft, so erscheint der Mensch bei Vauvenargues von Natur aus als ein Wesen des Mangels. Sucht er seiner Einsamkeit durch einen „compagnon de ses plaisirs et de ses peines" zu entgehen und einen Freund zu besitzen, mit dem er sich in Gefühl und Denken eins weiß, so stirbt das Ersehnte nach seiner Erfüllung unweigerlich wieder dahin: „Lorsqu'on voit de loin quelque bien, il fixe d'abord nos désirs; et lorsqu'on y parvient, on en sent le néant." Auch Freundschaft als edelste Begierde vermag die Insuffizienz menschlicher Natur nicht zu beheben; sie muß unweigerlich die Kontingenz der Charaktere, ihre verborgenen Schwächen und Neigungen, wieder hervorkehren; sie wird durch die Macht der Gewohnheit gefährdet und vor allem durch die Illusion korrumpiert, ein Recht auf den Willen des Andern zu haben. Gerade außergewöhnliche Menschen seien darum einer Freundschaft von Dauer nicht fähig; man finde sie am ehesten bei den mittelmäßigen Geistern („dans les esprits timides et sérieux, dont l'âme modérée connaît la vertu").

e) So kehrt hier der Widerstand des Kontingenten im Verstehen des Anderen zurück, den der harmonische Begriff des Ich-Du-Verhältnisses in den Freundschaftstraktaten aufgelöst zu haben schien. Erweist sich die Unmittelbarkeit des Sich-Verstehens und die darauf gegründete Hoffung auf Dauer nicht oft genug als eine kurzlebige Illusion empfindsamer Freundschaft? Der Wunsch und Wille, sich selbst im Freund zu verstehen, kann scheitern, sobald der Andere nicht länger als Vorbild, sondern in seiner kontingenten Gestalt vor Augen tritt. Vauvenargues urteilt moralistisch, als unbeteiligter Dritter, nicht als selbst betroffener Freund; er hat sich dabei das Problem, ob und wie der Ande-

[13] Zitiert nach: *Deutscher Geist - Ein Lesebuch aus zwei Jahrhunderten,* hg. P. Suhrkamp, Frankfurt a.M. 1953, S. 141.

[14] Vauvenargues, *Oeuvres Complètes,* hg. H. Bonnier, Paris 1968, S. 233f.

re gerade als kontingentes Individuum verstanden werden könnte, nicht gestellt. Davon ist - wie mir scheint - auch in der späteren Freundschaftsliteratur kaum die Rede. So zum Beispiel in den beiden Essays, die Siegfried Kracauer dem Thema der Freundschaft gewidmet hat.[15] Sie sind - aller Skepsis fern - unverkennbar platonisch *(Symposion, Lysis)* inspiriert: Freundschaft „ist die auf vereinter Entwicklung der typischen Möglichkeiten beruhende Gesinnungs- und Idealgemeinschaft *freier, unabhängiger* Menschen. Sich gemeinsam entfalten, ohne sich aneinander zu verlieren, sich hinzugeben, um sich erweitert zu besitzen, zur Einheit zu verschmelzen und doch getrennt für sich bestehen zu bleiben: dies ist das Geheimnis des Bundes" (S. 54). Doch nicht das so gerühmte „Geheimnis", das „beseeligende Gefühl, wie es nur die Verewigung inneren Erlebens erzeugt" (S . 47), macht diesen Traktat noch lesenswert, sondern die „typischen Möglichkeiten", die der Soziologe Kracauer in der modernen Gesellschaft aufzuzeigen weiß. Es sind dies in aufsteigender Reihung: die begrenzte Gemeinsamkeit der Kameradschaft, der Fachgenossenschaft, der Bekanntschaft, daran anschließend die Formen einer „mittleren Freundschaft" (wie zum Beispiel die „Feiertagsfreundschaft"), hernach die Geschlechtsliebe und schließlich die wahre, auf Wesensvertrautheit beruhende Gesinnungsgemeinschaft. Einander verstehen meint hier primär, den Andern in seiner Rolle verstehen. Kracauers soziologische Analyse berührt das Verstehen des Andern in seiner Kontingenz nur bei der Frage, warum und woran Freundschaften scheitern können: an Charaktereigenschaften wie Hochmut, Unverträglichkeit, Mißtrauen, aber auch schon an Bagatellen, oder an Ermüdung („man hat sich allzusehr ausgesprochen und bis auf den Grund geleert und erschöpft", S. 50-52). Es sind dies in der Tat kontingente Gründe, als Mißverständnisse interpretiert, die auch hätten überwunden werden können, vorausgesetzt (doch von Kracauer nicht beachtet), daß Verstehen unter wahren Freunden die Anstrengung einbegreifen muß, sich auf den kontingenten Charakter des Andern einzulassen, um ihn in seiner Andersheit zu verstehen - ein Verstehen, das Kritik einschließt, sich also im Prozeß wechselseitiger Anerkennung nicht mit der Maxime begnügen darf: „tout comprendre, c'est tout pardonner."[16]

IV

Im weiteren soll die These historisch begründet werden, daß der Widerstand, den Kontingenz im Verhältnis von Subjekt zu Subjekt allem unmittelbaren Verstehen entgegensetzt, am ehesten über einen normativen, also selbst nicht kontingenten Vorgriff überwunden, mithin aus der Differenz zwischen einem

---

[15] *Über die Freundschaft* (1917/18) und *Gedanken über Freundschaft* (1921), zusammengefügt unter dem Titel: *Über die Freundschaft,* hg. K. Witte, Frankfurt a.M. 1971.

[16] Zu dieser Maxime s. Kap. 3 meines Buches: *Wege des Verstehens,* München 1994.

Allgemeinen und dem sich ihm widersetzenden Singularen begriffen werden kann. Wie wir sahen wird das Sich-Verstehen in der Tradition der Freundschaft von Anbeginn über ein Drittes, den Vorgriff auf Vollkommenheit, gleichviel ob als Ideal der Tugend, des guten Lebens, eines gemeinsamen Ziels oder einfach der erst durch Zweisamkeit erfüllbaren Selbstverwirklichung vermittelt. Doch schon die alltägliche Begegnung mit einem Fremden ist, hermeneutisch gesehen, nur scheinbar völlig kontingent. Auch das Fremde, Unvertraute kann erst im Verhältnis zum Vertrauten in seiner Andersheit erkannt werden. Die Fremdheit des Andern steht im Horizont eines Vorverständnisses, das die Begegnung zumeist überhaupt erst bewußt werden läßt - im Horizont von Erwartungen, in denen sich frühere Erfahrung niederschlug. Solche Erwartungen pflegen sich im persönlichen Umgang zu bilden und normativ zu verfestigen. Sie können aus der Beobachtung physiognomischer Züge gewonnen oder vom sozialen Rollenverhalten abgeleitet werden. Sie können aber auch einem auferlegten Verstehen entstammen, in Gestalt religiöser Gebote, der Tugenden und Laster, ethischer Systeme, der vier Temperamente, der Verhaltensnormen von Altersstufen, sozialen Schichten, Eliten, Parteien und der Nationen. Das Verstehen des Andern in seinem kontingenten Selbst entspringt nur scheinbar unmittelbarer Einfühlung. Es erfordert das Erkennen der Differenz des Andern zu mir selbst, die Erprobung des normativen Vorverständnisses, seine Preisgabe, wenn es sich als unangemessen erweist, und schließlich die Anerkennung des Singularen, das dabei zutage tritt.

Die Geschichte der hermeneutischen Theorie war vornehmlich am Textverstehen, im besonderen an der Auslegung des mehrfachen Schriftsinns orientiert und hat darum das intersubjektive Verstehen und seine Vorgaben vernachlässigt. Zu diesen Vorgaben, die in ihrer hermeneutischen Relevanz - wie mir scheint - noch kaum beachtet wurden, gehört vorab in antiker Überlieferung die Protosemiotik der Charaktere, der Temperamente und der Affekte. Aber auch die christliche Anthropologie hat, als sie die platonische Unsterblichkeit der Seele an die Einmaligkeit ihres leiblichen Lebens band, die derart ausgezeichnete Individualität des Christen noch unter normativen Vorgaben verstanden und literarisch ausgelegt. Augustin erzählte sein Leben nicht um seiner selbst willen, sondern als Paradigma der Konversion vom Sünder zum Gläubigen. Seine *Confessiones* folgen in der Selektion und Deutung der Ereignisse einer narrativen Hermeneutik, die - theologisch formuliert - den Tod des Selbst als Charakter und seine Erweckung als Heiliger impliziert und mit dieser Scheidung die Möglichkeit der Selbstdarstellung begründet: die spätere Gattung der Autobiographie setzt das gebrochene Verhältnis vom Selbst als Objekt und als Subjekt, von Person und Autor, voraus.[17]

[17] Dazu J. Freccero, „Autobiography and Narrative", in *Reconstructing Individualism,* hg. Th.C. Heller et al., Stanford 1986, S. 16-29.

In der weiteren Geschichte der christlichen Dichtung erscheint das individuelle Leben, obschon es nach augustinischer Lehre im *liber vitae uniuscuiusque* aufgezeichnet ist, um am Jüngsten Tag gerichtet zu werden, wiederum nicht per se und ex se, sondern im allegorischen Rahmen der *Psychomachia.* Damit wird die Einzelseele entpersönlicht; sie figuriert als Allegorie des allgemeinen Schicksals der Menschheit. Der Kampf *in* der Seele des Einzelnen ist zugleich ein Kampf *um* die Seele des Menschen überhaupt, die neu entdeckte Innerlichkeit des Subjekts nurmehr der Schauplatz des Streits überpersönlicher Mächte des Himmels und der Hölle, erfaßbar in Gestalt von personifizierten Affekten, Tugenden und Lastern. Die personifizierende Allegorie ist das hermeneutische Instrument, um dem Allgemeinen den Vorrang über das Singulare, dem Dogma die Herrschaft über das erwachende Individuum zu sichern. Wie dieses gleichwohl, obschon marginal, in der Tradition der *Psychomachia* und im besonderen im allegorischen Epos der Schule von Chartres hervortritt und sich anschickt, den langen Weg zum autonomen Subjekt einzuschlagen, habe ich anderweitig schon verfolgt.[18] Hier ist nur noch ergänzend zu erläutern, wie das Individuum in seiner Einzigartigkeit gerade über normative Vorgaben erkennbar werden konnte.

V

a) Wie C.S. Lewis einmal sehr treffend bemerkte, kann sich der christliche Dichter seiner inneren Welt oder der einer Person nicht zuwenden, ohne zugleich in allegorische Rede zu verfallen. Er kann das Psychische nicht begreifen, ohne Gemütszustände, Affekte und Reflexionen allegorisch zu personifizieren. Er folgt - wie noch Chrétien de Troyes - zumeist dem Muster des inszenierten Widerstreits innerer Stimmen (wie z.B. zwischen *Amors* und *Raison),* wo wir die einsame Stimme einer Selbstaussprache erwarten.[19] Gleichwohl kann dabei im allgemeinen Spiegel solcher Stimmen das exemplarische Wesen einer Person in dem Maße, wie sie sich von den allegorischen Vorgaben der christlichen, feudalen oder höfischen Tugenden und Laster abhebt, mehr und mehr personhafte Züge annehmen. So zum Beispiel in dem rein allegorischen *Roman de la Rose.* Wenn hier das träumende Ich des Liebenden auf seinem Stationenweg das stets unsichtbare Du der erwählten Dame allein aus der Abfolge ihrer Personifikationen, dem Wann, Wo und Wie ihres Erscheinens und Wiederverschwindens, erraten muß und erkennen lernt, gewinnt die Ge-

---

[18] Verf., „Vom Plurale tantum der Charaktere zum Singulare tantum des Individuums", in PH XIII, S. 244ff.
[19] S. dazu PH XIII, S. 245.

liebte mehr und mehr eine geheimnisvolle Gestalt, die in ihren personifizierten Eigenschaften nicht mehr aufgeht, und läßt aus der Ars amandi, die der Roman demonstrieren soll, die exemplarische Geschichte der beiden Liebenden erstehen.[20]

b) Eine Zwischenstufe auf dem Weg vom Typischen zum Singularen ist die zur Einzigartigkeit erhobene Kontingenz von Charakteren. Das kann vor allem am *Roman de Renart* gezeigt werden.[21] Er steht wie alle Tierdichtung des Mittelalters unter der hermeneutischen Prämisse, daß hier nicht etwa die Eigenwelt der Tiere in freier Natur romantisch empfunden, sondern die Reflexion darüber ausgelöst werden soll, was uns das tierische Wesen von der menschlichen Natur zu erkennen gibt. Den *Roman de Renart* zu verstehen, erfordert, den Sinn seines Anthropomorphismus aufzunehmen, der sich in den verritterlichten Tierfiguren zur Analogie von feudaler Gesellschaft und Reich der Tiere entfaltet. Dann entspringt das Vergnügen an den Geschichten von Renart einer heiteren Satire. Denn sein Abenteuer führt in jeder Begegnung - sei es Wolf, Bär, Löwe, Kater, Hahn oder wer immer - vor Augen, wie das exemplarische Sein ritterlicher Helden im tierischen Gewand bei der Überlistung in die unideale, triebhafte Natur des Menschen zurückfällt. Derart, als historisch erste antiheldische Kontrafaktur der höfischen Epik, bringt der *Roman de Renart* in seinen Tierfiguren insgesamt eine vielgestaltige, in sich vollendete Typenwelt von Charakteren zum Vorschein. Da diese im Unterschied zur antiken Tierfabel nicht allein Eigennamen tragen und zudem jede Tiergattung nur durch jeweils *ein* Exemplar vertreten ist, in welchem das Allgemeine und das Besondere, das Arthafte und das Einzelne ineins fallen, tritt hier eine frühe Gestalt von Individuation zutage. Sie hebt sich von der Idealität der bislang herrschenden Dichtung ab, sofern die Charaktere von Renart und Ysengrim, Brun, Noble, Tibert und Chantecler nicht mehr - wie die Helden des Ritterepos und des höfischen Romans - durch ihre Vollkommenheit ausgezeichnet sind, sondern gerade in ihrer Unvollkommenheit, in den Begierden und Schwächen der verleugneten, in der Tiergestalt hervorgekehrten menschlichen und allzumenschlichen Natur, exemplarische Bedeutung erlangen. Sind die hier neu hervortretenden Charaktere darin einzigartig, so sind sie darum indes noch nicht kontingente Individuen. Was ihnen widerfährt, ist ein sich unweigerlich wiederholendes, typisches Mißgeschick, das sich der listenreiche Fuchs zunutze macht, der selbst wiederum aus dieser Rolle nicht heraustreten kann.[22] Zur vollen Individualität fehlt ihnen ein einmaliges Schicksal, das man „als ‚seines'

[20] S. dazu PH XIII, S. 246.

[21] Das Folgende nach Verf., *Alterität und Modernität der mittelalterlichen Literatur*, München 1977, S. 26ff.

[22] Man könnte hier weiterfragen, ob die List nicht darum aus dem heroischen Kanon der archaischen Chanson de geste herausfällt und verpönt ist, weil sie als kontingentes Verhalten ihrer Idealität widerspricht.

zu ‚sein', das man zu übernehmen hat"[23] - eine weitere Stufe in der Geschichte der Individuation, die erst von Dante erreicht wurde.

c) Hermeneutisch gesehen erfordert die *Divina Commedia,* die in ihr angelegte *duplex sententia* aufzunehmen. Dann kann das Werk sowohl allegorisch und kanonisch als autoritative Antwort auf die Frage nach der latenten Gerechtigkeit des göttlichen Weltplans gelesen, aber auch als ein Kehrspiegel der irdischen Welt und Geschichte verstanden werden, der im Endgeschick der Toten ihr individuelles Schicksal vielhundertfältig Gestalt annehmen lässt.[24] Wenn hier die erschaute Ewigkeit zum Spiegel werden konnte, in dem sich zugleich die diesseitige Welt abbildet, als gerichtete wohl, aber ineins damit auch als wiedergefundene und - in den Geschichten der befragten Toten - für uns bewahrte Zeit, so ist dies der ästhetischen Lizenz zu verdanken, die sich Dante für sein *poema sacro* herausnahm. Zwar scheint er auf den ersten Blick durchaus der dogmatischen Rechtsmetaphysik der scholastischen Theologie zu folgen, wenn er in der gigantischen Überschau seiner Beispielreihen, auf die gesamte antike und christliche Tradition ausgreifend, die Toten (und selbst noch Lebende!) nach Lastern und Tugenden, Sünde und Verdienst, in der Stufenordnung von Hölle, Purgatorium und Himmel plaziert und kategorisiert. Doch der theologische Rigorismus behält nicht das letzte Wort. Das Verstehen begnügt sich nicht mit der auferlegten Ordnung von Strafe, Sühne und Belohnung. Die Topographie ihres erstarrten Systems öffnet sich auf einen zweiten Horizont, wenn der Jenseitswanderer die Seelen der Toten nach irdischem Schicksal, Schuld oder Verdienst befragt und damit in den zeitlosen Räumen der Verdammnis, der Buße und der Seligkeit für eine kleine Weile die Freiheit menschlicher Rede wiedererstehen läßt. Es ist der Horizont der geschichtlichen Existenz individueller Personen, die ihre Antwort in der unverhofften Begegnung mit einem noch Lebenden zur Sprache bringt. Das Verstehen hält sich aber auch nicht an die dogmatische Forderung, den Verdammten alles Mitleid zu versagen. Der Jenseitswanderer, der sich - vom Mitleid für Francesca und Paolo überwältigt - von Virgil belehren lassen muß, hier sei es wahre ‚pietà', keine ‚pietà' zu empfinden („Qui vive la pietà quand' è ben morta", Inf. XX, 28), vermag auch sonst seine persönliche Betroffenheit - gleichviel ob im Mitgefühl oder im Zorn - nicht zu verbergen. Er ist weder ein Heros noch ein Heiliger, sondern selbst ein fehlbares Individuum, das auch noch auf seinem Heilsweg dem Mitmenschen nicht begegnen kann, ohne ihm eine vom Dogma nicht geforderte Achtung zu erweisen, die wir menschliche Solidarität nennen würden.

d) Die Entstehung einer zuvor unbekannten Portraitkunst in der Malerei der Renaissance gilt zurecht als Ereignis der neuzeitlichen Entdeckung des Indivi-

---

[23] Nach H. Lipps, *Die menschliche Natur,* Frankfurt a M. 1941, S. 139.

[24] Nach der unübertroffenen Deutung von E. Auerbach, *Dante als Dichter der irdischen Welt,* Berlin/Leipzig 1929, S. 110ff.

duums.[25] Ist in dieser Epoche doch eine bislang anonyme Vielzahl einzelner Menschen in unverwechselbaren Gestalten aus dem normativen Bann des Allgemeinen hervorgetreten. Wenn nunmehr das Individuum - erst der Fürst, dann der Gelehrte oder Künstler, schließlich Bürger und beliebige Personen des Alltags - um seiner selbst willen und nicht mehr nur als Repräsentant universaler Normen darstellungswürdig erscheint, konnte der von Pomponius Gaurizus 1504 erstmalig erhobene Anspruch, eine Person ex se und per se (d.h. ohne Auftrag) darzustellen, indes nicht geradezu verwirklicht werden. Noch bis ins Cinquecento läßt die Entwicklung in den Schritten vom personifizierenden über das idealisierende zum individuellen Portrait erkennen, daß es nicht ohne Vorgaben des rhetorischen oder ethischen Interpretaments der ‚Charaktere' oder Temperamente geschaffen und auch aufgenommen wurde. Die Absicht einer Darstellung ex se brachte die Modalitäten der Physiognomik und Pathognomik (der ‚humores' und der Affekte), der Lebensalter oder der sozialen Rolle (Stand, Familie, Gilde) nicht einfach zum Schwinden. Sie wurde vielmehr genutzt, um das gesuchte, unverwechselbar Individuelle aus der Differenz zum Typischen zu gewinnen. Dazu gehört auch das Hereinholen des normativ ausgegrenzten Okkasionellen und Mangelhaften oder des durch die Zeit Deformierten ins Portrait, das damit das Vergängliche, dem es enthoben schien, eigens thematisiert. Selbst noch Rembrandt hat in der berühmten langen Reihe seiner Selbstportraits die eigene Person erst lange in den verschiedensten Rollen vorgestellt, um in der Duplizität von Sehendem und Gesehenem den wechselnden Ausdruck seiner selbst zu studieren, bevor er am Ende alle Rollen ablegte, um seine Individualität allein noch ex se und per se zu erfassen (im Kenwood Selbstportrait wird die leere Stelle des Adressaten durch die Welt insgesamt vertreten, die indes nur noch als eine leere, mit zwei Kreisen bezeichnete mappa mundi erscheint).[26]

Hermeneutisch gesehen setzt auch der Selbstbezug des autonomen Portraits noch die Selbsterfahrung eines Betrachters voraus, der sich in die Situation und Physiognomie des Modells, in den Ernst oder die Düsterkeit seines Charakters, in seine Haltung und sein Aussehen (rhetorisch: Ethos und Pathos, Hexis und Tychai)[27] versetzen muß, um aus der Differenz zu solchen Vorgaben das kontingent Individuelle zu erkennen, das in seiner Präsenz erscheint und sogleich wieder entzieht. Die Dialektik von Präsenz und Entzug, die der Betrachter im Hin und Her von bedeutungs- und selbstbezogener Darstellung wahrnimmt, kehrt in der Moderne, nach der Preisgabe des souveränen Subjekts, unter der erschwerten Bedingung wieder, die Individualität des Portrai-

[25] Das Folgende resümiert die Diskussion, die in PH XIII über die Ansätze von Gottfried Boehm, Michael Podro und Max Imdahl geführt wurden (ebd. S. 575-605).
[26] M. Podro, S. 585.
[27] Nach G. Böhm, *Bildnis und Individuum,* München 1985, S. 72.

tierten aus aller unmittelbaren Anschaulichkeit freizusetzen, um sie vor der Verwechslung mit ihrem Abbild zu schützen.[28] Das besagt: nicht mehr die Verwechslung mit dem Andern wie im klassischen Portrait, sondern die Verwechslung mit dem Andern seiner selbst wird nun zum Problem.

VI

Die Etappen der allmählichen Freisetzung des Individuums, bei denen - wie Jean Starobinski zeigte - jeder Schritt zur Behauptung seiner Autonomie noch lange einer heteronomen Rückversicherung (wie der Berufung auf Vorbilder) bedurfte,[29] sind schon in PH XIII ausführlich erörtert worden. Hier interessiert, ob und wie mit dem Hervortreten des kontingenten Selbst das Erkennen des kontingenten Andern einherging. Ich nehme dazu Befunde meines Beitrags: „Vom Plurale tantum der Charaktere zum Singulare tantum des Individuums" wieder auf, diesmal in hermeneutischer Perspektive, um zu zeigen, daß die Paradigmatik der Charaktere als eine Protosemiotik angesehen werden kann, die das Verstehen der kontingenten Vielfalt menschlicher Natur ermöglicht hat. Damit wurde eine neue Weise der Lesbarmachung der Mitwelt eröffnet, die sich von Theophrast bis La Bruyère ungemein entfaltet, aber dabei auch historisch - von den ethischen Charakteren der Antike zu den gesellschaftlichen Charakteren der Moderne - gewandelt hat, bis sie der Triumph des singularen Charakters - des *individuum ineffabile* im deutschen Idealismus - außer Geltung setzte.

La Bruyère hat seinen *Caractères ou les mœurs de ce siècle,* dem Gipfelwerk der danach versiegenden literarisch-moralistischen Tradition, einen *Discours sur Théophrast* vorangestellt, dem sich die hermeneutischen Prämissen der ethischen Charaktere am besten entnehmen lassen. Ihr Ausgangspunkt ist das Erstaunen über die Vielfalt der menschlichen Natur, der „différence des esprits des hommes, aussi prodigieuse en eux que celle des visages." Hier begegnet uns der Mensch nicht als Gattungswesen, sondern in seiner nur in ihrer Vielgestalt faßbaren Natur, die indes selbst wieder in jeder Eigenart gesichthaft, in seelisch-körperhafter Einheit, als geprägter Charakter erscheint - eine Prägung, die erlaubt, das je Besondere an den Anzeichen der Charaktere oder Sitten, der Leidenschaften oder Temperamente, abzulesen. Die Grundbedeutung von *caractère:* das Eingeritzte, Unauslöschliche, setzt im Resultat der Prägung den Vorgang des Prägens voraus. Was sich somit zunächst als eine bloße Beschreibung und Abgrenzung vorgegebener Merkmale im Anblick des Menschen darbietet, konnte erst lesbar werden, wenn der Beobachter im Vorschein des

[28] M. Imdahl zu einer Portraitzeichnung von Giacometti, PH XIII, S. 587ff.).
[29] PH XIII, S. 338.

durchschnittlichen Lebens (die Extreme von Gut und Böse, Tugenden und Lastern bleiben seit Theophrast ausgeschlossen) das latente, im Selbstverständlichen verborgene Besondere aufgedeckt, in Anzeichen erfasst, markiert, abgegrenzt und geordnet hat. Der Moralist in der Nachfolge Theophrasts ist danach nicht nur ein Anthropologe, der die kontingente Natur des Menschen zu beobachten und als ein Ensemble von typischen Charakteren zu portraitieren weiß, sondern auch ein Semiotiker avant la lettre, der ein Zeichensystem zu entwickeln und damit die ‚zweite Natur' des Menschen - seine Lebenswelt - wie eine Schrift lesbar zu machen vermag.

Hermeneutisch gesehen erlaubt gerade die Vielgestalt menschlicher ‚Naturen', das Besondere aus seiner Differenz zu allen anderen Gestalten zu erkennen. Demgemäß wird *caractère* im *Dictionnaire* von Furetière (1690) wie folgt definiert: „Ce qui résulte de plusieurs marques particulières, qui distingue tellement une chose d'une autre qu'on la puisse reconnaître aisément. Il se dit [de] l'esprit, des mœurs, des discours, du style, et de toutes autres actions". Jean Starobinski hat darauf aufmerksam gemacht, dass die französische Moralistik damit eine Definition von Thomas von Aquin wieder aufnehmen konnte: „Individuum (...) est, quod est in se indistinctum, ab aliis vero distinctum" (PH XIII, S. 340). Dem ist hinzuzufügen, daß bei Thomas das Einzelne zwar schon das an sich selbst nicht bestimmbare, kontingente Individuelle meint, das in der Unterscheidung von allem Anderen bestimmbar wird, das aber als solches noch zu einer Welt gehört, die selbst nicht kontingent erscheint, sondern dem Plan der Schöpfung entsprechend als notwendig und wohlgeordnet zu verstehen ist. Bei La Bruyère hingegen wird die Welt in ihrer geschichtlichen Erscheinung, als Gesellschaft einer bestimmten Zeit begriffen, mithin in ihrer Kontingenz, die der Moralist dadurch zu bewältigen sucht, daß er ihre Vielgestalt auf das reduziert, was für das Verhalten des Einzelnen, einer Gruppe, einer Schicht, einer Sphäre der Gesellschaft an ihrem Ort (la Cour et la Ville) bestimmend ist.

Die Semiotik dieses Ordnens ist zugleich typologisch und topologisch: sie erfaßt das Einzelne in der Gleichsetzung von Charakteren und Sitten, die sowohl physisch (als Affekte oder Temperamente) als auch habituell (als Konventionen) bedingt sein können, mithin die universale, vermeintlich zeitlose Natur des Menschen als zeit- und ortsgebunden verstehen lassen. Die so beschriebene Typenwelt der Charaktere steht derart als ein mittleres Allgemeines zwischen dem Universalen und dem Einzelnen. Denn sie erfaßt auch das Einzelne noch nicht in seiner einmaligen Gestalt: das Individuelle wird hier nurmehr an den Zügen erkennbar, die es als ein Besonderes mit anderen teilt. Das schließt indes nicht aus, daß das derart verdrängte kontingente Individuum doch noch zum Vorschein kommt, wenn der Moralist einen allgemeinen Charakter so kunstvoll mit sprechenden Details zu verlebendigen weiß, daß aus seinem Portrait die unnachahmliche Eigenwelt eines schon singularen Charakters zu erstehen scheint, wie ich am Fall des *Fleuriste,* des in seine Tulpen vernarrten Blumenliebhabers, als Beispiel für solch eine sekundäre Individualisierung schon erläutert habe.

Hier soll ein anderes Beispiel gegeben werden, um zu zeigen, welcher Kunst subtilster Nuancierung La Bruyères hermeneutische Semiotik fähig ist, um in dem, was für uns schlicht ‚ein Dummkopf' ist, ein ganzes Spektrum möglicher Charaktere zu unterscheiden:

44. Un sot est celui qui n'a même pas ce qu'il faut d'esprit pour être fat.
45. Un fat est celui que les sots croient un homme de mérite.
46. L'impertinent est un fat outré. Le fat lasse, ennuie, dégoûte, rebute; l'impertinent rebute, aigrit, irrite, offense: il commence où l'autre finit.
    Le fat est entre l'impertinent et le sot: il est composé de l'un et de l'autre.
47. Les vices partent d'une dépravation du cœur; les défauts, d'un vice de tempérament; le ridicule, d'un défaut d'esprit.
    L'homme ridicule est celui qui, tant qu'il demeure tel, a les apparences du sot.
    Le sot ne se tire jamais du ridicule, c'est son caractère; l'on n'y entre quelquefois avec de l'esprit, mais l'on en sort.
    Une erreur de fait jette un homme sage dans le ridicule. La sottise est dans le sot, la fatuité dans le fat, et l'impertinence dans l'impertinent: il semble que le ridicule réside tantôt dans celui qui en effet est ridicule; et tantôt dans l'imagination de ceux qui croient voir le ridicule où il n'est point et ne peut être.
48. La grossièreté, la rusticité, la brutalité peuvent être les vices d'un homme d'esprit.
49. Le stupide est un sot qui ne parle point, en cela plus supportable que le sot qui parle.
50. La même chose souvent est, dans la bouche d'un homme d'esprit, une naiveté ou un bon mot, et dans celle d'un sot, une sottise.
51. Si le fat pouvait craindre de mal parler, il sortirait de son caractère.
52. L'une des marques de la médiocrité de l'esprit est de toujours conter.
53. Le sot est embarrassé de sa personne; le fat a l'air libre et assuré; l'impertinent passe à l'effronterie; le mérite a de la pudeur.

Die Aphorismen aus dem Kapitel *Des Jugements* sind weder systematisch gegliedert noch bloß assoziativ gereiht. Sie folgen einer Gedankenbewegung, deren eigentümliche Logik nicht auf der Hand liegt, die aber bei näherer Betrachtung durchaus einleuchtet. Das Stichwort, das die ausgewählten zehn Stücke umkreisen, ist schon im vorangehenden Aphorismus gefallen: „Du même fonds dont on néglige un homme de mérite, l'on sait encore admirer un sot" (Nr. 43). Er impliziert die Frage, warum Mißachtung des Verdienstes und Bewunderung der Torheit der gleichen Gesinnung entspringen soll. Um diese Behauptung zu begründen, bestimmt La Bruyère vorab das Wesen eines Dummkopfs durch eine Definition, die ihn sogleich von zwei angrenzenden Verhaltensweisen - dem Fant und dem Unverschämten (einem ‚gesteigerten Fant') - abhebt. So entsteht eine Triade von drei Charakteren, in topischer Ordnung: ‚Der Fant steht zwischen dem Unverschämten und dem Dummkopf: er hat von beiden etwas' (Nr. 46). Dabei wird der Fant an der Verwechslung mit einem *homme de mérite* erkannt: ‚Ein Fant ist, wen die Dummen für einen Menschen von Verdienst halten' (Nr. 45).

Die folgende Gruppe nimmt die Bestimmung des Dummkopfs unter einem andern Blickwinkel auf: ‚Der Einfältige ist immer lächerlich; das gehört zu seinem Charakter'. Das Lächerliche ist La Bruyère nun aber eine besondere Betrachtung wert, die er eigens ausrundet (Nr. 47). Dazu setzt er anthropologisch ein: ‚Die Laster entspringen einer Verderbheit des Herzens; die Mängel einem Gebrechen des Temperaments; Lächerlichkeit einem Fehler des Geistes'. Hier entsteht wiederum eine topologische Triade: Laster - Mängel - Fehler werden dem Herzen, dem Temperament, der Intelligenz in absteigender Schwere, vom Verwerflichen über das Verzeihliche zum Unverbesserlichen, zugeordnet. Das Lächerliche, dem der Dummkopf nie entgehen kann, erscheint indes nicht allein als unabdingbare Folge seines Charakters: ‚Auch wer Geist hat, kann der Lächerlichkeit verfallen, aber er befreit sich wieder davon.' Und mehr noch: sie kann jemanden zu unrecht treffen und entspringt dann einer Fehleinschätzung der Andern.

Die nächste Gruppe der Aphorismen nimmt einen dritten Blickwinkel auf: die Art zu sprechen. Hier wird vom Dummkopf, der nicht schweigen kann, der Stumpfsinnige (le stupide) abgezweigt, der erträglicher ist, weil er nicht spricht (Nr. 49). Ferner sei es ein Merkmal geistiger Mittelmäßigkeit, immerzu reden zu wollen (Nr. 52). Auf einer wiederum dritten Stufe figuriert der ‚homme d'esprit', diesmal erst negativ, denn Derbheit, bäurisches, ja rohes Wesen können seine Fehler sein (Nr. 48), dann positiv: ‚Die nämliche Sache ist oft im Mund eines geistvollen Menschen eine nette Harmlosigkeit oder ein Witzwort, im Munde eines Toren aber eine Dummheit'. (Nr. 50). Ein letzter Aphorismus faßt die drei anfangs eingeführten Charaktere im Blick auf ihr Selbstverhältnis zusammen: ‚Der Dummkopf ist über sich selbst verlegen; der Fant trägt eine unbekümmerte, selbstsichere Miene zur Schau; der Unverschämte verletzt jede Schicklichkeit: Verdienst kennt wahre Scham' (Nr. 53). Hier kehrt der ‚homme de mérite' als kontrastiver Charakter wieder und läßt nun den Grund der Ausgangsbehauptung verstehen: wer Torheit bewundern kann, muß auch wahres Verdienst verkennen.

Aus alledem folgt: ein Charakter ist nicht unmittelbar als einzelner, sondern nur in der Unterscheidung von angrenzenden Charakteren bestimmbar, mithin der Mensch nur im Verhalten zu seinen Mitmenschen zu verstehen. La Bruyères Semiotik scheint damit eine methodische Prämisse vorwegzunehmen, die uns aus der Strukturalismusdebatte vertraut ist: ‚De singularibus non est scientia'. Urteilen heißt unterscheiden, heißt die Nuance erkennen, die den Einzelnen von den Anderen abhebt und dabei seine vorgeprägte Art entdecken läßt, die als Charakter, als ein partikular Allgemeines, sein Verhalten noch in den vermeintlich zufälligen Zügen bedingt. Dabei ist wiederum zwischen unveränderlichen Charakteren und flottierenden Merkmalen zu unterscheiden. Würde ein Fant befürchten können, dumm zu reden, so wäre er keiner mehr: er würde aus seinem Charakter herausfallen (Nr. 51). Davor, lächerlich zu werden, ist hingegen niemand gefeit, auch nicht der Geistvolle, nur daß der sich davon wieder frei machen kann (Nr. 47). Urteilen als Unterscheiden führt derart notwendig von einem Merkmal oder Blickwinkel zum andern, von einer Gestalt des Menschen zur nächsten, in einer Verkettung und Vernetzung, deren Ende nicht abzusehen ist. Sie kann aber auch darum nicht abgeschlossen werden, weil das vermeintlich bleibend Menschliche - wie La Bruyère schon früh bemerkt - selbst wieder geschichtlichem Wandel unterworfen ist. Also kommt es schließlich noch darauf an, zwischen den Charakteren in ihrer antiken und ihrer modernen Gestalt zu unterscheiden.

La Bruyère steht an der Schwelle des in der *Querelle des Anciens et des Modernes* anhebenden Historismus. Für seine ‚Sitten des Jahrhunderts' kann schon gelten: „Nur in der Geschichte stellt das bleibend Menschliche sich dar, und es prägt umgekehrt das geschichtlich Besondere."[30] Wenn in seiner Betrachtung die gesellschaftlichen Charaktere der Moderne die ethischen Charaktere der Antike ablösen, setzt dies gleichwohl eine gemeinsame, noch essentialistische Anthropologie voraus. Denn soll das unterscheidende Urteil über Personen so *clare et distincte* sein wie Descartes' Regel der Erkenntnis, auf die sich La Bruyère beruft (Nr. 42), so bedarf es eines sicheren Verfahrens, um aus den Nuancen menschlichen Verhaltens das Nuancierte, die physische und psychische Konstitution des Menschen, zu erschließen. Dann muß die Vielgestalt seiner Charaktere aus einem diversifizierenden Prinzip erklärbar sein. Als solches übernimmt - wie J. Starobinski zeigte - die klassische Moralistik den aus der Humoralpathologie stammenden Begriff der *complexion.*[31] Damit wird eine physische Konstitution des Menschen postuliert, der eigentümlich ist, dass sie nicht simuliert werden kann. Simuliert werden kann indes sehr wohl ein moralischer Charakter, sei es durch gespielte Leidenschaften, sei es durch Verstellung oder durch die Kunst des Schauspielers. Darum ermöglicht die „complexion" dem Scharfblick des Moralisten, den ‚wahren Charakter' in seinen Nuancen zu erkennen und in seinen Maskierungen zu durchschauen. Der Begriff der *nuance* wird zur selben Zeit aus dem Vokabular der Tapisserie übernommen, um Differenzen zu erfassen, die in ihrer Feinheit erlauben, menschliches Verhalten, Gefühle und auch Meinungen zu singularisieren.

Das so begründete Vertrauen des Moralisten, daß sich die Sitten seines Zeitalters entziffern, ihre Vielgestalt auf essentielle Bedingungen menschlichen Verhaltens zurückführen lassen, erlaubt eine Singularisierung, die verstehen läßt, worin sich der Einzelne vom Andern unterscheidet, führt aber den singularen

[30] G. Hess, *Die Charaktere*, Leipzig 1940 (Sammlung Dieterich), S. viii, dessen Übersetzung ich im Vorstehenden übernahm.
[31] PH XIII, S. 343f.

Charakter selbst wieder auf ein partikular Allgemeines zurück. Den Einzelnen als singulare tantum, als einmaliges Individuum zu verstehen, war La Bruyère noch verwehrt; wo er einmal, am Ende des Kapitels „De l'homme", auf das Problem stößt, das Arcanum des Singularen im Vollkommenen großer Geister zu erfassen, benennt er den nicht bestimmbaren Charakter des Genies mit einem ‚je ne sais quoi', der Kategorie, mit welcher die klassische Ästhetik die Erscheinung von Leerstellen in ihrem Normensystem zu bezeichnen pflegte.[32]

Das Vertrauen auf die Lesbarkeit der Welt des Mitmenschen haben schon La Bruyères Zeitgenossen Pascal und La Rochefoucauld aufgekündigt, die als Moralisten keine Charaktere mehr verfaßten. Ihre negative Anthropologie, die den unbewußten Grund der menschlichen Psyche als eine terra incognita zu explorieren begann,[33] stellte die hermeneutische Prämisse La Bruyères, die Transparenz der Zeichen und damit die Episteme der Repräsentation, in Frage. Die Geschichte der Gattung hat damit indes noch nicht ihr Ende gefunden. Auf ihre Infragestellung antworteten im 18. Jahrhundert zwei moderne Entwicklungen. Zum einen geht in Frankreich die Tradition der ethischen Charaktere über in die der sozialen Konditionen, das literarische Portrait der Einzelnen in das Tableau der Berufe, Positionen und Formationen der gesellschaftlichen Welt, seit Mercier ‚Physiologien' genannt, in denen sich ein neues Interesse an der Lesbarkeit der Stadt bekundet, dem K. Stierle seine große Darstellung gewidmet hat.[34] Zum andern werden in Deutschland auf dem Weg über die Genieästhetik des Sturm und Drang und des großen Individuums im Historismus die moralischen Charaktere zum einmaligen Charakter singularisiert. Charakter meint hinfort - im diametralen Gegensatz zu seiner Herkunft, der unabdingbaren Prägung eines Wesens - das Vermögen des Individuums, sich selbst zu schaffen und zu perfektionieren (nach Kant: was der Einzelne „aus sich selbst zu machen bereit ist"). Über den physischen Charakter des Naturells und Temperaments erhebt sich nunmehr der moralische Charakter: „das erste ist das Unterscheidungszeichen des Menschen als eines sinnlichen oder Naturwesens, das zweite desselben als eines vernünftigen, mit Freiheit begabten Wesens."[35]

Dieselbe Scheidelinie findet sich in einer Äußerung des alten Goethe: „Wir alle leiden am Leben", hatte er in der Loge gesagt, „wer will uns, außer Gott, zur Rechenschaft ziehen? Tadeln darf man keinen Abgeschiedenen. Nicht was sie gefehlt und gelitten, sondern was sie geleistet und getan, beschäftige die Hinterbliebenen. An den Fehlern erkennt man den Menschen; an den Vorzügen den Einzelnen. Mängel haben wir alle gemein; die Tugenden gehören je-

[32] Näherhin Verf., in PH XIII, S. 259ff.

[33] Nach K. Stierle, „Die Modernität der französischen Klassik", in *Französische Klassik*, hg. F. Nies/K. Stierle, München 1985, bes. S. 84 ff.

[34] K. Stierle, *Der Mythos von Paris - Zeichen und Bewußtsein der Stadt*, München 1993.

[35] Kant, *Anthropologie*, § 86.

dem besonders."[36] Hier bleibt das moralische Urteil Gott allein vorbehalten und wird die protestantische Kritik an der Werkgerechtigkeit in ihren Gegensinn verkehrt: das Individuum in seiner ästhetischen Existenz ist seinen Mängeln enthoben und braucht sich nurmehr auf seine Tugenden als seinen eigenen Vorzug berufen. Die Mängel, an denen man den Menschen erkennt, waren das Unterscheidungszeichen der alten Charaktere in der damit verabschiedeten „allgemeinen, natürlichen Zeichenlehre", der *semiotica universalis,* von der Kant noch ausgegangen war *(Anthr.,* § 86). Soll nun der Charakter der Person, „der nur ein einziger oder gar keiner sein kann" (ebd.) bestimmt werden, so stellt sich der Hermeneutik die neue Aufgabe, das Singulare zu verstehen, das sich in seiner Kontingenz bislang rationaler Erkenntnis entzog. Hermeneutik im modernen Sinn postuliert die Verstehbarkeit des Individuellen, des Einmaligen von Personen, von Nationen wie von Epochen der Geschichte. Ob sie dabei die semiotische Praxis des Unterscheidens preisgeben kann oder weiterhin benötigt, ob auch das Verstehen der Eigenheit des Singularen nur über ein Sich-Verstehen im Andern gelingen kann, ist die Problematik, die späterhin - mit der Wendung zu einer dialogischen Hermeneutik - wiederkehren wird.

VII

Zum Abschluß möchte ich auf die Frage zurückkommen, was sich ergibt, wenn dem Verstehen nicht mehr ein privilegiertes Du entgegenkommt, sondern ein beliebiger Anderer begegnet. Dessen kontingente Gestalt tritt mit dem biblischen Gebot der Nächstenliebe hervor, das sich augenscheinlich dem antiken Ideal der Freundschaft entgegensetzt. Denn hier versagt der Vorgriff auf Vollkommenheit. Den Andern als seinen Nächsten zu lieben, der auch als der Fernste, wenn nicht gar als Feind begegnen kann, schließt die Trefflichkeit der einander Gleichen wie das Einvernehmen zur wechselseitigen Vervollkommnung gerade aus. Es erfordert vielmehr, den Fremden als solchen zu achten und auch noch im geringsten Menschen einen Bruder oder eine Schwester in Christo zu erkennen. Der Widerspruch zwischen der antiken und der christlichen Norm ist offensichtlich. Doch wo und wie der erwartbare Konflikt zwischen *amicitia* und *agape* ausgetragen wurde, ist offenbar nicht auf Anhieb festzustellen. Eine einschlägige Darstellung habe ich nicht gefunden. Dazu kann ich hier nicht mehr beitragen als den Konflikt in seiner hermeneutischen Problematik zu umreißen und an zwei literarischen Beispielen - Abaelards *Historia calamitatum mearum* und Claudels *Soulier de Satin* - zu erläutern.

[36] Goethe, „Dichtung und Wahrheit, 4. Teil" in *Sämtliche Werke,* Jubiläumsausgabe, Bd. 25, mit Einleitung und Anmerkungen von R.M. Meyer, Stuttgart/Berlin o.J., S. 273.

Auf das Problem des Verstehens in der Liebe zum Nächsten bin ich anderweitig gestoßen, als ich in der Geschichte des Diktums *Tout comprendre, c'est tout pardonner* zu Dostojewskis *Der Idiot* gelangt war.[37] Jeden Andern verstehen zu wollen und allen verzeihen zu können, selbst noch denen, die ihn betrügen, ist hier der dominante Wesenszug der Hauptfigur, des Fürsten Myschkin. Die rigorose Applikation der Sentenz führt indes zu einem unaufhaltsamen gesellschaftlichen Skandal. In dem Maße, wie verzeihendes Verstehen allen Mitmenschen entgegengebracht wird, löst sich die Spannung zwischen dem Eigenen und dem Fremden in ein sich verströmendes Mitleid auf, das Myschkin, den ‚Narren um Christi willen', in die Katastrophe einer letzten, mystischen Umnachtung führt, in die er gerade die ihm am nächsten Stehenden mitreißt. Hier zeigt sich, daß Mitleid allein, das im Akt der Einfühlung dem Andern alles zu vergeben bereit ist und dabei die Frage nach Gut und Böse, Recht und Unrecht, außer Kraft setzt, dem christlichen Gebot: „Du sollst deinen Nächsten lieben wie dich selbst!" nicht genügen kann. Weder Sympathie für die Person des Andern noch das Verstehen ihrer Eigenheit, sondern allein - wie das Gleichnis vom barmherzigen Samariter zeigt - das tätige Erkennen einer Not, in jeder Fremde zum Nächsten werden kann, darf den Erweis der Agape bestimmen. Nächstenliebe benötigt demnach kein vorgängiges Verstehen des Andern, der ja gerade nicht um seiner selbst willen geliebt, sondern in seiner konkreten, beliebigen, mithin kontingenten Gestalt erkannt werden soll. Sie ist gleichwohl kein purer Akt menschlicher Solidarität, sondern wird - analog zur antiken Norm der Freundschaft - erst durch ein höheres Prinzip ermöglicht, das nun aber die dort verdrängte Kontingenz des Anderen zu bewahren vermag: die Liebe zum Nächsten um Gottes willen. Schließt doch das biblische Doppelgebot, die Verknüpfung von Gottesliebe und Nächstenliebe, das Erstaunliche ein, daß „die Mängel des Menschen gewaltigere Erwecker der göttlichen Liebe sind als seine Vorzüge"[38].

VIII

Wohl in keiner anderen Tradition begegnet der Mitmensch als der beliebige, fremde Andere in so reiner Kontingenz wie in der des biblischen und hernach christlichen Gebots der Liebe zum Nächsten. Dabei ist daran zu erinnern, daß das hebräische Wort, das ihn bezeichnet: *rea,* noch nicht den superlativen Sinn „der Nächste" hat (wie Luther übersetzt), sondern schlicht „den Andern", insonderheit „den Fremdling" bedeutet.[39] Den Fremdling im Gegensatz zum

[37] Verf., in *Wege des Verstehens,* München 1994, S. 64-70.
[38] F. Rosenzweig, *Der Stern der Erlösung,* 1921 (Frankfurt ^{4}1993), S. 185.
[39] Nach H. Cohen, „Die Nächstenliebe im Talmud", in *Jüdische Schriften,* Berlin 1924, S. 148ff.; vgl. Rosenzweig (wie Anm. 38), S. 239.

Angehörigen des eigenen Volks zumal, nach 3. *Mose* 19, 34: „Wie ein Einheimischer aus eurer eignen Mitte soll euch der Fremdling gelten, der bei euch wohnt, und du sollst ihn lieben wie dich selbst - seid ihr doch auch Fremdlinge gewesen im Lande Ägypten; ich bin der Herr, euer Gott." Der Gott Israels ist auch der „Freund der Fremdlinge", wie Zeus Xenios der Schützer des Gastrechts ist. Darum setzt die Nächstenliebe die Liebe zu Gott voraus („das zweite aber ist ihm gleich", *Matth.* 22, 39): in der Liebe zum Nächsten, mehr denn in Brandopfern, soll sie sich äußern *(Marcus* 12, 28 ff.). Wenn H. Cohen daraus folgert, daß „die Ethik den grossen Grundsatz der Nächstenliebe der sog. mosaischen Lehre (verdanke)", ist dem indes mit F. Rosenzweig hinzuzufügen, daß die hier geforderte Nächstenliebe durch die „Voraussetzung des Gottesgeliebtseins (...) sich von allen moralischen Taten unterscheidet"[40]. Demnach entspränge das Liebesgebot einer Voraussetzung jenseits der Freiheit, der Autonomie des moralischen Gesetzes. Rosenzweig hat die Kontingenz der Liebestat am Nächsten noch gesteigert: sie kennt nur „den Irgendjemand, den andern schlechtweg" (S. 281); „sie ist rascher als das Wissen; sie tut das Nächste, und was sie tut, dünkt sie das Nächste" (S. 297); „sie bricht immer neu hervor; sie ist ein Immerwiedervonvornbeginnen; sie läßt sich durch keine ‚Enttäuschungen' beirren: sie bedarf der Enttäuschungen, damit sie nicht einrostet"; sie muß „ganz in den Augenblick verlorene Tat der Liebe sein" (S. 241).

So verstanden erscheint das biblische Doppelgebot, Gott um seinetwillen und den Nächsten um Gottes willen zu lieben, nicht weniger rigoros als die Kant'sche Ethik. Scheint es doch gleichermaßen alle Neigung aus dem Erweis der Liebe zum Nächsten auszuschließen: „denn so ihr liebt, die euch lieben, was werdet ihr für Lohn haben? Tun nicht dasselbe die Zöllner?" (*Matth.* 5, 46). Ist hier nicht auch schon der künftige Konflikt zwischen agape und amicitia angelegt? Warum eigentlich soll eine Liebestat für den Freund, die nicht nach Lohn fragt, nicht auch dem Gebot der Nächstenliebe entsprechen? Es sei denn, daß die Liebe zum Freund zu Lasten eines ungeliebten Andern geht - ein Konflikt, von dem noch die Rede sein wird. Die pure Kontingenz des Andern wird indes bei Rosenzweig dadurch vermittelt und verstehbar, daß er den Satz: „Du sollst deinen Nächsten lieben wie dich selbst", damit begründet: „denn er ist wie du", und hinzufügt: „‚Wie du', also nicht ‚du'. Du bleibst Du und sollst es bleiben. Aber er soll dir nicht ein Er bleiben und also für dein Du bloß ein Es, sondern er ist wie Du, wie dein Du, ein Du wie Du, ein Ich, - Seele" (S. 267). Den kontingenten Andern zu lieben wie sich selbst, weil er ein „Du ist wie Du", erfordert zwar, ihn vom Er zum Du zu erheben, offenbar aber nicht, dieses Du in seiner Eigenheit zu verstehen, geschweige denn es um seiner selbst willen zu lieben. Dass die Begründung: „er ist wie Du" das antike Ideal der Freundschaft: sich im Andern - wie Montaigne in La Boétie - erst eigent-

[40] H. Cohen (wie Anm. 39), S. 176; Rosenzweig (wie Anm. 38), S. 239.

lich selbst zu verstehen, nicht einbegreifen muß, sondern eine Trennung zwischen agape und amicitia fordern kann, tritt in Augustins Erläuterung des Doppelgebots in aller Schärfe zutage.

IX

„Scripturae sacrae plenitudinem et finem esse geminam caritatem, ei propter seipsum ac proximi propter Deum."[41] So eröffnet Augustin das I. Buch von *De doctrina christiana,* um daran seine Unterscheidung von *frui* und *uti* anzuschliessen. Um seiner selbst willen geliebt zu werden *(frui* hat hier noch die Bedeutung von ‚Teilhabe', ‚sich einer Sache freuen', schließt also genießen, und erkennen ein), ist Gott allein vorbehalten („Dei soli fruitione inhaerendum esse"); allen anderen Dingen dieser Welt, die Mitmenschen einbegriffen, ist nur der Gebrauch angemessen („utendum est hoc mundo, non fruendum", cap. IV). Damit stellt sich die ‚große Frage': „utrum frui se homines debeant, an uti, an utrumque" (cap. XX). Zwar sei uns geboten, einander zu lieben. Doch dies könne nicht heißen, den Andern um seiner selbst willen zu lieben. *Propter se* könne nur geliebt werden, was das letzte Ziel der *vita beata* erhoffen lasse. Wer sein Herz an einen Andern hefte und in ihm sein ganzes Glück beschlossen sehe, genieße im so Geliebten, was allein der göttlichen Trinität als dem höchsten, unwandelbar Guten zukomme (cap. XXXI). Für ihn gelte das Wort aus Jeremias „Maledictus autem qui spem suam ponit in homine" (cap. XX).

Augustins Antwort auf die in der Tat große Frage ist eindeutig negativ. Sie schließt die irdische Liebe propter se und damit das privilegierte Du der Freundschaft aus und mildert das Gebot der Nächstenliebe nur dahingehend, einzuräumen, man könne sie nicht allen Mitmenschen gleichermaßen erweisen, sondern dürfe sich an diejenigen halten, die einem im Umkreis von Ort und Zeit begegnen. Für den Fall, daß es sich um zwei in Not Befindliche handle und man nur einem helfen könne, sei es gerecht, das Los entscheiden zu lassen (cap. XXVI). Ein kurioser Rat, um Kontingenz durch einen selbst wieder kontingenten Akt zu bewältigen! Daß die rigorose Nachordnung der Liebe zwischen Menschen unter die Gottesliebe aber dazu führen kann, den Andern im ‚Gebrauch' als Instrument der Heilsgewinnung in seiner Eigenheit zu verkennen, um nicht zu sagen: zu mißbrauchen, wenn er dabei - mit Rosenzweig zu sprechen - vom Du zum Er, von der zweiten zur dritten Person, herabgesetzt wird, hat Augustin nicht abgesehen. Welcher Konflikt daraus erwachsen kann, zeigt - wie mir scheint - der Briefwechsel zwischen Abaelard und Heloisa.

---

[41] Augustin, *De doctrina christiana,* zitiert nach der zweisprachigen Ausgabe: *Œuvres complètes de Saint Augustin,* hg. Péronne et al., Paris 1873, Bd. 6, S. 439ff.

X

Im folgenden muß ich mich darauf beschränken, den ersten Brief Heloisas und Abaelards Erwiderung im Lichte unserer Fragestellung zu interpretieren. Wird hier doch im Gesagten und unterschwellig das Verhältnis von amicitia und agape als ein Konflikt aufgenommen, der möglicherweise der hochkarätigen, von mir nicht übersehenen Deutung des berühmten Textes entging.[42] Meine These ist, daß Heloisa den Anspruch der amicitia, den Andern propter se zu lieben, in Gestalt einer Klage verteidigt, auf die sich Abaelard nicht einläßt: sein pädagogisch gemeinter Rekurs auf den Vorrang der fruitio Dei kann das Anrecht der fruitio hominis zwar dogmatisch verwerfen, aber nicht ohne einen gravierenden Makel, der auf ihn selbst zurückfällt. Indem er sich über den Anspruch Heloisas hinwegsetzt, propter se und nicht nur um eines Nutzens willen - die Institution der Ehe einbegriffen - zu lieben und geliebt zu werden, erniedrigt er die Geliebte zum Instrument des eigenen Heils: um den Preis, ein unvertauschbares Du zum Es, Heloisa als zweite Person zur dritten Person herabzusetzen, so daß ihre tröstende Erhöhung zur ‚Braut Christi' einen bitteren Nachgeschmack hinterläßt. Warum eigentlich - so wäre die Heloisa bewegende, unausgesprochene und von Abaelard nicht beantwortete ‚große Frage' des Paraklet-Buches zu rekonstruieren - soll die fruitio hominis in der Liebe zwischen Mann und Frau nicht selbst zur fruitio Dei führen und dabei das Du als unersetzbar bewahren können, das der große Theologe gleich im ersten Brief mit einem *sie* und später ständig mit einem kollektiven, an die Schwesterschaft des Paraklet gerichtetes *ihr* stillschweigend vertauscht?

Heloisas Brief beginnt mit dem Vorwurf, daß er nicht ihr, sondern einem Dritten einen langen Trostbrief geschrieben habe: „Um ihn zu trösten, machtest Du mich trostlos, um seine Wunden zu schließen, hast Du meine alten Wunden wieder aufgerissen und hast mir neue geschlagen! Ich flehe Dich kniefällig an, heile auch *die* Wunden, die Du selbst geschlagen, wenn es Dein Herz sogar drängt, Wunden zu heilen, die Fremden Fremde schlugen" (S. 77).[43] Der Trost, den er einem Dritten, ihr Fremden, spendete, kann nicht aufwiegen, was er gegenüber den Nonnen, seinen geliebten Töchtern, versäumte, vor allem aber, was er Heloisa selbst schuldete: „den Stand Deiner Schuld an mich darfst Du nicht mehr übersehen. Mich, Deine Einziggeliebte, mich mußt du auszahlen, gewissenhaft auszahlen, wenn Du Deine Schuld an die andächtigen Schwe-

[42] Zuletzt G. v. Graevenitz, „Differenzierung der Differenz - Grundlagen der Autobiographie in Abaelards und Héloises Briefen", in *Festschrift W. Haug und B. Wachinger,* Tübingen 1993, S. 26-45, dessen Analyse der „Logik der grammatischen Rollen" im Paraklet-Buch meine Interpretation aus kommunikativer Sicht - seines Widerspruchs gewärtig - ergänzt.

[43] Zitiert nach: *Abaelard - Die Leidensgeschichte und der Briefwechsel mit Heloisa,* übertragen und hrsg. von E. Borst, Heidelberg [4]1979; lat. Text nach *Petri Abaelardi opera,* hg. V. Cousin, Bd. 1, Paris 1849 (Nachdruck 1970).

stern loswerden willst" (S. 79). Auch ein Akt der Nächstenliebe, sein Brief an einen Dritten, darf einen tiefer begründeten Schuldanspruch (S. 77), die Verpflichtung des Liebesbundes mit Heloisa (S. 80), nicht verleugnen.

Auf diesem Ohr aber stellt sich Abaelard einfach taub. Das Ausbleiben eines Briefes entschuldige, daß er auf ihre eigene Klugheit vertraut habe: für sie als Äbtissin wäre doch „jede weitere Belehrung und Mahnung von meiner Seite völlig überflüssig" (S. 89). Von einer Abgeltung seiner Schuld an „meine Schwester, die Du vordem in der Welt mir schon lieb warst, jetzt in Christo besonders lieb und wert bist" (S. 89), ist weder hier noch später die Rede. Statt dessen übersendet er ihr den erbetenen Psalter, mit der Aufforderung: „Aus ihm bringe dem Herrn ein immerwährendes Gebetsopfer, auf daß er mir meine vielen schweren Übertretungen verzeihe und mich beschütze" (S. 89/90). Es folgt eine weitläufige (dem Briefeingang zufolge überflüssige) Belehrung darüber, was das Gebet der Frauen bei Gott und seinen Heiligen vermag. Sie kann über den kaum verhehlten Heilsegoismus des Schreibers nicht hinwegtäuschen, der hernach krass zutage tritt, wenn er ankündigt, „jetzt zu Dir allein zu reden". Doch was er dann vorbringt, müßte ihn eigentlich beschämen. Er kehrt Heloisas Schuldzuweisung, ohne sie überhaupt zu erwähnen, sogleich und unverfroren mit den Worten um: „ich bin überzeugt, daß Deine Frömmigkeit bei Gott viel vermag, und daß Du mir vor allem schuldest, was sie vermag, zumal jetzt schuldest, da ich in so großer Gefahr stehe" (S. 94). Auf dem Weg zum eigenen Heil, so hört sich das an, ist ein jeder sich selbst der Nächste, ein eklatanter Widerspruch zum biblischen Doppelgebot, das Abaelard verletzt, weil Heloisa in der konkreten Situation - durch seine Schuld, die durch die Strafe der Kastrierung nicht mit gelöscht sein kann - doch gewiß die ihm nächste Person ist.

Der weitere, gewichtigste Vorwurf ist für Abaelard so fatal wie für ihr Liebesverhältnis ruinös: „Beantworte mir nur die eine Frage, wenn Du eine Antwort hast (...) oder ich muß reden, reden von meinem Verdacht, von aller Welt Verdacht! Was Dich zu mir getrieben, es war wohl mehr Leidenschaft als Freundschaft, mehr wollüstige Gier als echte Liebe. Und nun, die Leidenschaft ist tot, und tot auch alles, was Deiner Leidenschaft den Weg zum Ziel hatte bahnen müssen" (S. 83f.).[44] Darauf hat Abaelard in der Tat keine Antwort und auch keine theologische Belehrung, die sie erübrigen würde, hat er die frei sich schenkende Liebe, die sie ihm entgegenbrachte, jemals im selben Maße erwidert? Man müsste dies geradezu verneinen, blickt man auf den ersten Brief: die berechnende Verführung im Anfang, den dubiosen Handel mit dem Onkel Fulbert, das Gleichnis vom zarten Lämmlein und dem heißhungrigen Wolf, die

[44] „dic, inquam, si vales, aut ego quod sentio, imo quod omnes suspicantur dicam. Concupiscentia te mihi potius quam amicitia sociavit, libidinis ardor potius quam amor. Ubi igitur quod desiderabas cessavit, quidquid propter hoc exhibebas pariter evanuit."

Züchtigung im Liebesspiel als „kostbare Salbe“, den „Sinnentaumel“, der ihn sein Lehramt vernachlässigen und Liebeslieder dichten ließ, das Argument vom „herabziehenden Einfluß der Frau“ - all dies fügt sich in die Stilisierung der Geschichte seiner Kalamitäten, als ob er dem kühnen Bekenntnis Heloisas nichts an die Seite zu stellen hätte, das er kommentarlos zitiert: „Ihr sei es das Liebste und für mich Anständigste, wenn sie ‚Geliebte‘ heiße statt ‚Gattin‘. Die freischenkende Liebe solle mich an sie binden (ut me ei sola gratia conservaret) und nicht die drückende Ehefessel“ (S. 30).

„Sola gratia“: hier wird der christliche Begriff der Gnade aufgenommen und subjektiviert, um die antike Freundschaftsformel zu sanktionieren, die Heloisa erstmalig für die Liebe zwischen Mann und Frau beansprucht. Sie lautet in ihrem Brief: „Gott sei mein Zeuge, ich habe je und je in Dir nur Dich gesucht, Dich schlechthin, nicht das Deine, nicht Hab und Gut. Ein festes Eheband, eine Morgengabe - habe ich je danach gefragt. Du bist mein Zeuge, nicht meine Lust“, nicht mein Wille war je mein Ziel, nur Deine volle Befriedigung“ (S. 80/81).[45] Hier muß der Zeuge wiederum schweigen, der erst im fünften Brief zu gestehen vermag: „Meine Liebe hat uns beide mit Sünden umfangen und darf nicht Liebe, darf nur Sinnlichkeit heißen. An Dir sättigte ich meine armselige Lust, und in dieser Sättigung gipfelte meine Liebe“ (S. 140). Doch nicht ohne sich selbst wieder theologisch zu salvieren, indem er Heloisas Formel: „nihil umquam in te nisi te requisivi“ auf Christus als Erlöser umdeutet: „was kann er an Dir finden wollen als Dein Selbst? Der ist der wahre Freund, welcher Dich selber begehrt, nicht aber das Deine“ (S. 139).

Heloisa ist mit dem allem - wie H. Friedrich zurecht hervorhebt - „über die rituelle Liebesdoktrin ihrer Zeit mit der Unterscheidung zwischen hoher und niederer Liebe hinausgewachsen. Sie ist an den Punkt gestoßen, wo solche und andere Unterscheidungen belanglos werden, weil der Adel des Liebens, wenn es echt ist (...), schon in den Sinnen beginnen kann“[46]. Wenn sie sich wehrt, ihre Liebe als eine Selbsttäuschung anzusehen und sich vom unersetzbaren Du in die Rolle eines kontingenten Anderen versetzen zu lassen, vermag sie sich auf die Lehre Abaelards selbst zu berufen: „Ich bin voll schuldig und zugleich - das weißt Du - voll unschuldig; nicht der Erfolg der Tat unterliegt der Ahndung, sondern das Fühlen und Wollen des Täters, und ein billig denkender Richter wertet die Gesinnung, nicht den Vorgang“ (S. 83). Sie kann so weit gehen zu gestehen, daß sie nur ihm zuliebe den Schleier genommen und darum von Gott keinen Lohn zu erwarten habe, ja daß sie ihm sogar in die Hölle vor-

[45] „Nihil umquam (Deus scit) in te nisi te requisivi; te pure, non tua concupiscens. Non matrimonii foedera, non dotes aliquas expectavi, non denique meas voluptates aut voluntates, sed tuas, sicut ipse nosti, adimplere studui.“

[46] H. Friedrich, „Über den Briefwechsel Abélard-Héloise“, in *Romanische Literaturen: Aufsätze I*, Frankfurt 1972, S. 68.

ausgeeilt wäre, wenn er es gewollt hätte: „Ich war doch nicht mehr Herr meiner Selbst, in Dir, nur noch in Dir war es und ist es jetzt mehr als je. Ist mein Selbst nicht bei Dir, so ist es nirgends, und ohne Dich hat es kein Sein und Wesen" (S. 85). Mag dies zunächst ganz häretisch klingen, so dient es letztlich doch wieder dazu, zu begründen, was er ihr schuldig blieb. Denn es geht in eine letzte Frage ein, mit der dieser Brief endet: „Müßtest Du nicht jetzt Gottes Liebe in mir wieder wecken, mit schönerem Recht, als Du vordem des Menschen Wollust in mir wecktest? Eine letzte feierliche Bitte: bedenke Du Deine Verschuldung und öffne Dein Ohr meiner Forderung" (S. 86). Der moderne Leser dürfte bezweifeln, ob Abaelard diese Forderung Heloisas erfüllte. Die tristen Stationen ihrer Resignation brauchen nicht mehr eigens angeführt zu werden, um den Preis zu erkennen, den Abaelard für seine theologische Pädagogik entrichten mußte. Heloisas letzter Brief, „Ihrem unumschränkten Herrn seine insonderheit ergebene Dienerin" überschrieben, beginnt mit dem Versprechen, ihrem Schmerz nicht mehr die Zügel schießen zu lassen: „Du hattest es ja verboten; im Schreiben will ich die Worte meiden, die ich von Mund zu Mund überhaupt nicht meiden könnte" (S. 149) - ein Verzicht, der das Ende des Ich-Du-Verhältnisses besiegelt, der aber in der alsbald sich bildenden Legende der ‚großen Liebenden' keine Spur hinterließ ...

XI

In einer Konferenz über die *Evolution du théâtre* (1904) hat Gide behauptet, ein eigentümlich christliches Drama habe es nie gegeben. Es könne es auch nicht geben, denn die christliche Religion habe ein für alle Menschen verbindliches Ideal errichtet, vor dem die Verschiedenheit menschlicher Charaktere wesenlos werde. Die Figuren des Märtyrerdramas seien zwar wahre Christen, doch nur in dem Maße dramatisch, wie das Christliche vom Nicht-Christlichen in einen Konflikt gezogen werde. Dessen Ausgang sei providentiell vorentschieden, aber nicht mehr darstellbar: an der Schwelle zum Paradies ließen die Personen alle Leidenschaft zurück, die das Drama im Gang hielt. Der letzte Akt entziehe sich der Bühne; er spiele im Himmel, wo allein Goethe seinen *Faust II* folgerichtig enden ließ, während man bei Corneille oder Rotrou diesen ‚sechsten Akt' nur noch ahnen könne, den Zustand der Erlösung, über den dramatisch auch nichts mehr zu sagen wäre.[47]

Als ob er dies als Herausforderung hätte aufnehmen und widerlegen wollen, verfaßte Gides Zeitgenosse Claudel eine Reihe von Dramen, gipfelnd im *Soulier de Satin,* mit der Absicht, im christlichen Glauben selbst eine genuine, bisher unausgeschöpfte Quelle des Tragischen zu entdecken. Es ist dies, aus unse-

[47] A. Gide, *Nouveaux Prétextes,* Paris 1947, S. 22f.

rer Perspektive gesehen, der Versuch, die ‚große Frage' Augustins wieder aufzunehmen und anders zu beantworten. „Utrum frui se homines debeant, an uti, an utrumque": nun soll das Entweder - Oder von Liebe zu Gott und Liebe zwischen Menschen durch eine dritte Möglichkeit, das Ausschöpfen des *an utrumque,* aufgehoben werden. Augustins Alternative forderte einen direkten Heilsweg. Doch ließe sich nicht auch ein indirekter Heilsweg denken, der durch die fruitio hominis zur fruitio Dei, durch die irdische Liebe zur göttlichen Liebe führt - ein Weg, auf dem das privilegierte Du nicht länger zur dritten Person herabgesetzt werden muß, weil es als Du für ein Ich heilsnotwendig ist? Nicht das Verhältnis des Individuums zu seinem Gott, erst eigentlich seine unabdingbare Angewiesenheit auf den Andern, sei es ein bevorzugtes Du, sei es der kontingente Andere, begründet nach Claudel das christliche Drama der Moderne. Dabei kann seine Dramatik noch gesteigert werden, wenn ein geliebtes Du mit einem ungeliebten Dritten konkurriert, wenn das augustinische Beispiel der beiden Nächsten nicht mehr durch das Los zu entscheiden, sondern als Konflikt auszutragen ist.

Ich kann hier wiederum nur die Problematik der zwischenmenschlichen Konstellation anzeigen, einer Heidelberger Dissertation von Helga Meyer folgend, die das Werk in dieser Sicht schon eingehend interpretiert hat.[48] Claudel selbst hatte seine Intention 1944 anläßlich der Uraufführung des *Soulier de Satin* wie folgt umrissen:

> Il y a un profond mystère et une source infinie de tragique dans le fait que nous sommes l'un à l'autre la condition du salut éternel, que nous portons en nous seuls! la clef de l'âme de tel ou tel de nos frères, qui ne peut être sauvé que par nous et à nos propres dépens. D'où dans le *Soulier de Satin,* le rôle si important de Don Camille. Plus que Rodrigue il a besoin de Prouhèze. Il a besoin dans Prouhèze de quelque chose qui est au delà du désir de Rodrigue. Une Prouhèze dégagée de toute attache humaine, de toute préférence, au regard de Dieu, de quoi que ce soit, l'Etoile pure dans le rayon de la Grâce! C'est cette Prouhèze seule qui est la condition de son propre salut, c'est elle dont il a absolument besoin, c'est elle qu'il désire d'un désir intelligent et désespéré, où se mêle à ce qu'il y a de meilleur dans un cœur d'homme, ce qu'il y a de plus animal et ce qu'il y de plus diabolique! une jalousie qui épouse celle de Dieu![49]

Claudels *Soulier de Satin,* großes Welttheater und Gesamtkunstwerk ineins, spielt auf drei Ebenen: einer welthistorischen, der Geschichte des spanischen Imperiums im Zeitalter der Entdeckungen in der Gegenreformation, deren Schauplatz die damalige Welt von Peru über Afrika bis Japan übergreift, einer providentiellen, die das Schicksal der Völker, Religionen und Konfessionen zur Heilsgeschichte überhöht, und einer zwischenmenschlichen, auf der die Perso-

---

[48] H. Meyer, *Das französische Drama des 20. Jahrhundert als Drama der ‚Wiederholung'* (1952, ungedruckt). Aus dem *Soulier de Satin* wird im folgenden zitiert nach: Paul Claudel: *Théâtre,* éd. de la Pléiade, Paris 1948, S. 563-849.

[49] Zitiert ebd., S. 138.

nen in der Angewiesenheit auf den von Gott bestimmten Nächsten ihren Heilsweg suchen. Sie haben dabei ihr vorbestimmtes Geschick gleichwohl in eigener Wahl - der Liebe als acte gratuit - zu übernehmen und, ohne dies von Anbeginn zu wissen, in einer Wiederholung der Passion Christi zu vollenden. Dona Prouhèze, deren unbedingte Liebe zu Don Rodrigue der Heloisas zu Abaelard nicht nachsteht, geht wie die Figur eines Reigens durch die führenden Hände des Richters Don Pélage, ihres ersten Gatten, des Renegaten Don Camille, und ihres Schutzengels, um zu erfahren, wie irdische Liebe ihren Egoismus abstreifen und sich am Ende, in ihrem Opfertod für die Festung Mogador, wie für den einzig Geliebten, in *Charité* verwandeln kann.

Don Pélage stellt sie vor die Alternative, entweder Rodrigue zu folgen und mit dem Ehebruch ihre Gotteskindschaft zu verlieren oder sich von ihm zu trennen. Sie wählt die Trennung, dessen gewiß, daß Abwesenheit das Verlangen ihrer Liebe nur unendlich steigern könne (II, iv). Der Ange gardien prüft sie mit der Frage: „Que dirais-tu si je te demandais entre Dieu et Rodrigue de choisir?" (II, viii). Es ist dies Augustins ‚große Frage', auf die Prouhèze zunächst die Antwort verweigert. Darauf folgt ein Argument, das für Augustin noch undenkbar gewesen wäre. Der Engel nutzt das Gleichnis vom Angelhaken, den er als Fischer in das Herz seines Schützlings gesenkt habe, und gibt ihm einen überraschenden Sinn: „Mais quoi, si tu n'étais pas seulement une prise pour moi, mais une amorce?" Aus der providentiellen Sicht des Engels ist Prouhèze nicht nur seine Beute, sondern zugleich der Köder, um Rodrigue zu fangen: „Cet orgueilleux, il n'y avait pas d'autre moyen de lui faire comprendre le prochain, de le lui entrer dans la chair." Was Augustin den Christen verwehrt hatte: „utrum frui se homines debeant", wird hier in der irdischen Liebe zwischen Mann und Frau zur ersten Bedingung ihres ewigen Heils! Nicht anders als durch die Liebe zu Prouhèze um ihrer selbst willen hätte der hochmütige Rodrigue dazu gebracht werden können, Nächstenliebe als heilsnotwendige Angewiesenheit auf den Andern zu begreifen. Solche Liebe schließt im *Soulier de Satin* Körper und Seele zusammen: „de lui entrer dans la chair" rechtfertigt zugleich die geschlechtliche Liebe, denn Gott - fährt der Engel fort - sieht „cet amour des créatures l'une pour l'autre" mit Wohlgefallen, so daß auch die einzige Umarmung der Liebenden in der Szene der „Ombre double" (II, xiv) als eine verzeihliche Sünde („Le péché aussi sert", S. 721, mit Rückbezug auf Eva) gelten darf. Hat doch diese einmalige Liebeserfüllung mit ihrem ‚Nie wieder!' die Liebenden das verlorene Paradies begreifen lassen und ein unstillbares Verlangen erweckt, das irdische Liebe nicht einlösen könnte. Prouhèze wird am Ende für Rodrigue sterben müssen, um im Namen ihrer Liebe diese zu transzendieren und zur „étoile pure dans le rayon de la grâce" zu werden.

Kann man sich fragen, ob eine solche ‚Evangelisation des Fleisches', wie sie Claudel hier vertritt (S. 723), von seiner Kirche wohl noch abgesegnet werden könnte, so wird sein „renouveau catholique" noch riskanter, wenn er Don Camille ins Spiel bringt und damit die Dialektik der Liebe als heilsnotwendiges Instrument am Fall eines ungeliebten Dritten noch verschärft. Im Verhältnis von Prouhèze zu Camille kehrt die Argumentation des Engels wieder, doch nun als Strategie des unbotmäßigen Renegaten, Prouhèzes Liebe zu erzwingen. Sie hat sich ihm erst mit den Worten verweigert: „Je ne suis pas chargée de vous refaire", worauf er erwidert: „Qu'en savez vous? Mais c'est peut-être moi qui suis chargé de vous défaire" (S. 576). Diese Drohung bewahrheitet sich in der Tat. Als sie ihn nach dem Tod von Don Pélage heiraten mußte und er darunter leidet, nur ihren Körper besitzen, nicht aber ihre Seele erreichen zu können, die unverwandt Rodrigue gehört, stellt er sie vor eine letzte Wahl, der sie nicht entrinnen kann: Rodrigue aufzugeben oder sich Camilles Verdammnis schuldig zu machen: „Mais alors je suis damné, car mon âme ne peut être racheté que par la vôtre (...). Prouhèze, je crois en vous! Prouhèze, je meurs de soif! Ah! cessez d'être une femme et laissez-moi voir enfin sur votre visage ce Dieu que vous êtes impuissante à contenir, et atteindre au fond de votre cœur cette eau dont Dieu a fait le vase" (S. 744).

Kommt dies - mit profanen Augen betrachtet - nicht doch schon dem Tatbestand einer Erpressung ad maiorem Dei gloriam nahe? Ich vermag Claudels eigener Deutung, Camille brauche Prouhèze aus einem tieferen Verlangen als Rodrigue („une jalousie qui épousé celle de Dieu"), nicht zu folgen. Zum einen, weil Camille nicht aus der höheren Sicht des Engels sprechen kann, es sei denn, er wäre in den göttlichen Heilsplan eingeweiht, wovon indes nicht die Rede ist. So muß offen bleiben, ob seine Rede, obschon sie zur Wandlung der Liebe in Charité beiträgt („de vous défaire"), ein Verzweiflungsakt seines Glaubens oder eine infame Anmaßung ist. Zum andern, weil Claudel gerade Camille, dem zum Islam übergetretenen Renegaten, eine erstaunliche Umkehrung seiner Theologie - der heilsnotwendigen Angewiesenheit auf den Andern, der ein privilegiertes Du, aber auch ein ungeliebter Dritter sein kann - in den Mund gelegt hat. Gott selbst sei auf den Menschen, auf das letzte seiner verlorenen Schafe, angewiesen: „Ainsi, moi fini, si je tiens bon, j'arrête la Toute-Puissance, l'Infini souffre en moi limite et résistance, je lui impose ça contre sa nature, je puis être la cause en lui d'un mal et d'une souffrance infinie!" (S. 740).

Schon Blasphemie oder noch Frömmigkeit? Wenn nicht gar eine Theologie der Kontingenz des Allmächtigen? Ich vermag dies nicht zu entscheiden und breche hier ab, im Bewußtsein, mit meinem Beitrag gewiß mehr Fragen offen gelassen als beantwortet zu haben. Mag dies zuguterletzt demonstrieren, daß allen nicht vorentschiedenen Fragen ein Schuß Kontingenz eigen ist.

Hermann Timm

AUGUSTINISMUS ODER DIE BESCHNITTENE LIEBESKONTINGENZ

In der Vorlage von Hans Robert Jauß wird anhand des Parakleten-Buchs aus dem 12. Jahrhundert die Kontingenzfähigkeit des Christentums problematisiert. These: Abaelard, der scholastische Theologe, habe an Heloisa, der von ihm verführten Studentin, die er nach seiner Entmannung ins Kloster steckte, um sie „dem Herrn zu weihen“, das Exempel einer Kontingenz*bewältigung* im ursprünglich schlechten Sinn des Wortes statuiert. Er „vergewaltigte“ sie durch theologische Instrumentalisierung zugunsten des augustinischen „amor Dei intellectualis“. Heloisa dagegen habe sich der heilsegoistischen Ausnutzung ihrer Liebe widersetzt mit dem Argument, nicht irgendetwas an ihm - Leibliches, Seelisches, Geistiges - sondern ihn selbst zu lieben. Sie verlasse die Lesebühne als verstummendes, aber menschlich siegreiches Opfer der Gottesgelehrsamkeit: eine mittelalterliche Vorgestalt auf dem Weg zur „Evangelisation des Fleisches“ (Paul Claudel) in der modernen Individualitätskultur.

Wie wäre es, wenn man den von Jauß erhobenen Befund anders läse? Nicht rezeptionshermeneutisch aus der Perspektive der Neuzeit heraus, sondern poetologisch gewendet, um zwei aus der Antike tradierte Kontingenzbearbeitungsstrategien zu vereinen? *Unio mystica* als *unio literalis*? Der Text käme dann als Synthesis dualer, auf die Geschlechterrollen verteilter Liebestheologien des Christentums zu stehen und würde von der Absicht zeugen, die Enge des augustinischen Intellektualismus zu öffnen für die Fülle des johanneischen Parakletenchristentums. - Die Lektion sähe folgendermaßen aus:

Liebe A. Im „Zelt der Begegnung“ auf dem Sinai sprach Mose mit Gott „von Angesicht zu Angesicht, wie ein Freund mit einem Freunde spricht“ (2. *Mose* 33,11). Das wurde Grundlage der israelitischen Monolatrie: „Höre Israel: Der Herr, unser Gott, ist *einer*. Darum sollst du den Herrn, deinen Gott, lieben von ganzem Herzen, von ganzer Seele und mit all deiner Kraft“ (5. *Mose* 6,4f). Singuläres Pathos für das singuläre Prinzip. Vereint mit dem Eros Platos, Aristoteles' und Plotins ist die zweisame Gottes-Liebe zu Augustin gelangt und hat die Intimität seiner Gebetstheologie inspiriert. Demnach beruht die Kontingenz unseres Menschseins auf der Selbstversprachlichung des Schöpfers der Welt. Unsere Seele ist prädestiniert, dem Unionsdrang der Gottebenbildlichkeit zu folgen, die inferiore Körpersphäre zu transzendieren und sich hineinzuhören ins uranfängliche Ich, ins Soliloquium des „amor Dei, quo Deus se ipsum amat“. „ICH bin, der ICH bin“ (2. *Mose* 3,14). Um dessen teilhaftig zu werden, müssen alle Sinnlichkeiten dieser Welt teleologisierbar sein (*uti* -> *frui*). Es darf ihnen kein Eigenwert zukommen, sonst würde der Eifersuchtskonflikt zwischen dem Monos-Theos und dem „sündigen Fleisch" heraufbeschworen, und der verträgt sich nicht mit der deduktiven Eindeutigkeit der Glaubenswelt. *Soli Deo gloria*! „Martha, Martha, du machst dir Sorgen um viele Dinge. Eines aber ist not, und Maria hat das bessere Teil erwählt" (*Lukas* 10,41).

Der Abaelard des Parakleten-Buchs vertritt dies monastisch-monistische Konzept. Er stilisiert seine Kalamität zur Historie eines Sünders, der von der Vorsehung *per aspera ad astra* geführt wird: von der Fleischeslust zur Gotteslust. Das ist die augustinische Karriere. Anders als in den *Confessiones* gibt es aber im „Parakleten" einen Widerpart, der der Lebensbeichte die Absolution verweigert, weil er etwas Autonomes geltend zu machen hat: einen Erdenrest, zu tragen selig - unbeschadet der binären Gebetstheologie.

Liebe B. Die Problematisierung des Liebesmonotheismus datiert auf das „Doppelgebot" der Synoptiker (*Markus* 12,28-34; *Lukas* 10,25-37; *Matthäus* 22,34-40). Der Schriftgelehrte fragt: Welches ist das erste, beste, oberste Gebot im Gesetz (Thora)? Jesu Antwort: Du sollst „Gott lieben über alles" und „deinen Nächsten wie dich selbst". Motiviert wird die Replik nicht - was im höchsten Maße wünschenswert wäre -, weil in der Asymmetrie des Wortwechsels (nach *einem* wird gefragt - mit zweierlei geantwortet) die Urzeugung des als „Erfüllung der Schrift" verstandenen Christentums erfolgt. Markus, der älteste Evangelist, begnügt sich damit, Jesu Zitatenkollage (5. *Mose* 6,4f. und 3. *Mose* 19,18) aus berufenem Munde zu belobigen: „Trefflich geantwortet, Meister!", sagte der Schriftgelehrte. Lukas benutzt die Doppelung zur Introduktion seiner Parabel vom barmherzigen Samariter. „Der Schriftgelehrte aber wollte sich rechtfertigen und fragte zurück: Wer ist mein Nächster?" Antwort: „Es war einmal ein Mann, der ging von Jerusalem nach Jericho hinab und fiel unter die Räuber (...)." Matthäus schließlich macht das Surplus eigens bewußt und entbindet damit das monismuskritische Potential der Perikope: „‚Du sollst den Herrn, deinen Gott, lieben mit deinem ganzen Herzen und mit deiner ganzen Seele und mit deinem ganzen Denken'. Dies ist das größte und erste Gebot. Das zweite aber ist ihm gleich: ‚Du sollst deinen Nächsten lieben wie dich selbst'. An diesen zwei Geboten hängt das ganze Gesetz und die Propheten". Die Gleichrangigkeit von Gottes- und Nächstenliebe läßt das Reflexivpronomen aus der Nähe horizontaler Konsubjektivität (Ich selbst - Du selbst) aufsteigen in die Vertikalität des theonomen Singulars (Gott über alles). Parataxe plus Hypotaxe. In der Sprachimagination entsteht damit eine Doppelspitze, die keine pyramidische Hierarchisierung der Inkarnationsverhältnisse mehr zuläßt. So hat der solipsistische Prämissengott über die „Schrifterfüllung" sich selbst im Namen der Liebe Konkurrenz gemacht.

Wenn - wie Hans Robert Jauß zitiert - Augustin seine „Doctrina christiana" mit dem Satz beginnt: „Scripturae sacrae plenitudinem et finem esse geminam caritatem, Dei propter seipsum ac proximi propter Deum", um darauf die Utilisierbarkeit des Sinnenlebens zu gründen (Welt gebrauchen, um Gott zu genießen), verfehlt er die Pointe des Doppelgebots: die Emanzipation des ebenerdigen Kontingenzbefalls von der Subsumierbarkeit unter den Ich-Mythos der Metaphysik. Paulus hätte das „propter" einen Rückfall in judenchristliche Beschneidung des Evangeliums genannt: Keine Nächstenliebe um Gottes willen! Und Heloisa würde hinzufügen, der Nächste müsse ja nicht immer ein Gefallener, unter die sündigen Räuber Gefallener sein.

Liebe C. „Paraklet" ist Kennwort für das johanneische „Evangelium des Geistes". Die Perikope vom Doppelgebot der Liebe kommt darin nicht vor. An ihrer Stelle steht die Abschiedsrede des Logos unmittelbar vor Eintritt in die Passion: Christus rekapituliert sein Lebenswerk, um es testamentarisch herzurichten für die Mimesis, die Nachfolge im Geist und in der Wahrheit. „Mein Gebot ist, daß ihr einander lieben sollt, wie ich euch geliebt habe. Keiner hat größere Liebe, als der, der sein Leben hingibt für die Freunde. Ihr seid meine Freunde, wenn ihr tut, was ich euch sage. Ich nenne euch nicht mehr Knechte, denn ein Knecht weiß ja nicht, was sein Herr tut. Euch habe ich meine Freunde genannt, weil ich euch alles, was ich von meinem Vater gehört habe, wissen ließ. Nicht ihr habt mich erwählt, sondern ich habe euch erwählt und dazu bestimmt, daß ihr hingeht und Frucht bringt" (*Johannes* 15,12-16).

Weit über den Liebesbegriff hinaus sind diese Zeilen für die historische Semantik des Christentums zentral geworden, weil sie das alttestamentliche Standardprädikat: Gott „der Herr", abgelesen an einer Befehlsgewalt über Untergebene, deren Folgsamkeit erzwungen werden kann („Knechte"), in die Familiarität eines generisch-genetischen Zusammengehörigkeitsbewußtseins übersetzen: Gott der „Vater". Von der Herr- zur Vatergottheit - ein Metaphernwechsel, auf den die Welt bis heute datiert. Der Initiator muß sein Eigenleben um der anderen willen, denen es zugute kommen soll (Knechtschaft -> Kindschaft) hingeben, aber nur transformationslogisch bedingt, ohne das Absterben des distinkten Fürsichseins zum Selbstzweck zu machen. Die Alternative zum Ich ist nicht das Du, zum Selbst nicht die Entselbstung der „agape", der „dilectio", sondern das Koexistieren von beidem gemäß 3. *Mose* 19,18: „den Nächsten lieben gleich wie dich selbst". Das zu ermöglichen, nennt der Logos die in der Gottesfreundschaft, der „philia", der „amicitia" gründende Mission des Geistes. Um ihretwillen muß das initiatorische Ich vergehen. „Es ist gut für euch, daß ich fortgehe, denn ginge ich nicht fort, könnte der Geist nicht kommen (...), der euch in die ganze Wahrheit führen wird" (*Johannes* 16,7.13) - der Geist der Liebe namens „Paraklet". Was das Doppelgebot der Synoptiker in gleichrangige Teilantworten verlegt, macht Johannes zur Einsicht in die Notwendigkeit, das Schema der egologen Repräsentation des Himmels auf Erden transzendieren zu müssen. Liebe steht für fruchtbringendes Mitwissen um eine amikable Koexistentiabilität von Gott, Welt und Mensch, die die subsumptive Herr-Knecht-Hierarchie hinter sich läßt. Sie konfiguriert also die „gemina caritas“ in charakteristisch anderer Weise als das augustinische „proximum propter Deum amare“.

Mit der Parakletentheologie haben nicht nur die Franziskanerspiritualen den Alleinvertretungsanspruch des „vicarius Christi“ auf dem Stuhl Petri in Rom bestreiten können. Sie hat sich auch angeboten für eine christliche Deutung privatimer Kontingenzerfahrung, um die Überlegenheitsunterstellung der Scholastik in die Schranken zu weisen. Jedenfalls läuft mein Interpretationsvorschlag darauf hinaus, es so einmal mit dem Briefwechsel zwischen Abaelard und Heloisa zu versuchen.

Fazit: *Nomen est omen.* Das Parakleten-Buch verbucht das Transformationspotential des Parakletenchristentums im Widerspruch zur augustinischen Scholastifizierung des Hochmittelalters. Während ER den intellektualistisch halbierten Liebesbegriff, der die Kontingenzen der Sinnlichkeit nur als sündige Fleischeslust wider die „fruitio Dei“ zu denken vermag, inkarniert, vertritt SIE die Theologie einer hierarchiefreien Doppelliebe, die für kontingenzbewältigungsabstinente Wahrnehmung des Nahesten kompetent macht. Das ist keine nietzscheanische Umwertung aller Werte, wohl aber eine Nachbildung dessen, was Augustins „Doctrina christiana“ vergebens erstrebte: die Erfüllung der Evangelisation des Fleisches der Schrift („plenitudo scripturae sacrae“).

Alois Hahn

KONTINGENZ UND KOMMUNIKATION

Vorbemerkung

Der folgende Text wird zunächst die Problematik der Kontingenz behandeln, wie sie sich im Werk Talcott Parsons' stellt, der diesen Begriff (bzw. den Begriff der Doppelkontingenz) in die soziologische Theorie eingeführt hat. Im Anschluß daran werden die Fortentwicklungen vorgestellt, die sich durch die Luhmannsche Systemtheorie für die Behandlung dieser Frage ergeben. Den Schluß des Textes sollen Überlegungen bilden, die auf eigene empirische Forschungen zurückgehen und die Kontingenzen des Verstehens zwischen Ehepartnern behandelten. Es konnte gezeigt werden, wie hier „Konsensfiktionen" als Kontingenzreduktionen fungieren. Es geht also um notwendige Fiktionen als - sit venia verbo - „Konsensdefizitkompensationen".[1] Wir stießen dort auf die Tatsache, daß der Wunsch nach wechselseitiger Übereinstimmung wesentlich höher war als die realen Möglichkeiten der Partner, zu einem Konsens zu gelangen. Gleichwohl führte die Divergenz von Konsensdruck und Konsensressource keineswegs als solche schon unausweichlich zum Konflikt. Im Schlußkapitel dieses Aufsatzes soll nun an diese Forschungsergebnisse anknüpfend generell und theoretisch die Frage aufgeworfen werden, ob nicht Miteinanderleben durch zu hohe Konsensansprüche überfrachtet werden muß und ob nicht vielfach gerade Verzicht auf Konsens oder Übersehen von Dissens die Basis realer Verständigung ist, und zwar nicht nur faktisch, sondern notwendigerweise. Im Hintergrund dieser Überlegungen steht dabei ein Kommunikationsbegriff, der im Anschluß an ältere Konzepte - etwa denen von Bühler - von Luhmann entwickelt worden ist. Kommunikation wird dort als Einheit von Information, Mitteilung und Verstehen aufgefaßt. Von diesen drei Funktionen wendet sich dieser Aufsatz vor allem der letzten zu. Entsprechend soll zunächst einiges Grundsätzliche über die Unmöglichkeit totalen Verstehens ausgeführt werden. Daran schließen sich sodann Erwägungen über Möglichkeit und Grenzen von Konsens an. Erst dann soll erläutert werden, inwiefern Verständigung als Form von sozialer Beziehung relative Stabilität von Interaktionen auch da sichert, wo Herstellung von Konsens gerade als aussichtslos erachtet wird. Verständigung erweist sich insofern als die zentrale Form sozialer Verträglichkeit auf Zeit, als - zumal unter modernen Bedingungen - realer Konsens als knapp zu gelten hat. Knappheit von Konsens ist ge-

[1] R. Eckert/A. Hahn/M. Wolf, *Die ersten Jahre junger Ehen,* Trier 1988.

radezu die Beschreibung für die Kontingenz von Kommunikation. Verständigung soll schließlich als strategische Anstrengung dargestellt werden, die Konsequenzen aus der (vom Standpunkt eines Beobachters) berechtigten oder unberechtigten Annahme zieht, daß rationale Begründungen divergierender Geltungsansprüche von Postulaten entweder nicht verfügbar oder unter gegebenen Umständen nicht wirksam sind. Verständigung ist daher nicht primär an der argumentativen Einlösung von Geltungsansprüchen orientiert, es geht also nicht um die diskursive Demonstration der Verallgemeinerungsfähigkeit einer Behauptung, sondern um die Sicherung oder den Ausschluß bestimmter Handlungen - jedenfalls für einen bestimmten Zeitraum -, weil den konkreten Teilnehmern am Verständigungsprozeß das Resultat der Verständigung akzeptabler erscheint als seine Alternativen. Dabei steht nicht die immanente Vernünftigkeit dieses Ergebnisses zur Debatte, sondern das geringere Übel angesichts gegebener Verhältnisse. Verständigungsprozesse abstrahieren also nicht von der gegebenen Ungleichheit der Beteiligten, ihrer differentiellen Macht oder von ihren sonstigen Unterschieden in Hinsicht auf strategische Ressourcen. Es wird also ausdrücklich behauptet, daß argumentative Verfahren nur in sehr begrenztem Umfang als Generatoren von Kontingenzreduktion fungieren können. Stillschweigend oder ausdrücklich ist zeitliche Begrenzung Verständigungen deshalb typischerweise eigentümlich: Veränderungen der Machtlage, der Interessen oder Umstände können zu Neubewertungen und Verschiebungen der Arrangements führen. In gewisser Weise läßt sich soziale Interaktion als ständiger Verständigungsprozeß interpretieren. Allerdings ist schon aus Gründen des Zeitaufwands damit zu rechnen, daß der Status quo eine überragende Bedeutung hat, nicht weil er an sich besser als andere Zustände wäre, sondern weil er eine Totalität von Verständigungen impliziert. Jede Veränderung fordert eo ipso Aufmerksamkeitsinvestitionen (von anderen Investitionen ganz zu schweigen), die sich nicht gleichzeitig auf alle Aspekte des Status quo beziehen können. Überdies impliziert jede Neuordnung auch unbekannte Folgen, so daß ihre Wirkung für die jeweiligen Interessen nicht von Anfang an durchschaubar ist. Aktuelle Balancen sind insofern mit den „Eigenwerten" der Theorie von Foersters[2] zu vergleichen.

I. Der Begriff der Doppelkontingenz und seine Bedeutung bei Parsons

Der Begriff der Doppelkontingenz ist m.W. von Talcott Parsons in die Soziologie eingeführt worden: Die entscheidende Stelle lautet: "There is a *double contingency* in interaction. On the one hand, Ego's gratifications are contingent on his selection among available alternatives. But in turn, Alter's reaction will

[2] Vgl. H. von Foerster, „Erkenntnistheorien und Selbstorganisation", in S.J. Schmidt (Hg.), *Der Diskurs des Radikalen Konstruktivismus,* Frankfurt a.M. 1987, S. 133-158.

be contingent on Ego's selection and will result from a complementary selection on Alter's part. Because of this double contingency, communication, which is the preoccupation of cultural patterns, could not exist without both generalization from the particularity of the specific situations (which are never identical for Ego and Alter) and stability of meaning which can only be assured by conventions observed by both parties."[3]

Ausgangspunkt der Parsons'schen Handlungstheorie ist die Frage: Wie ist Handlung bzw. Interaktion möglich? Dabei stellt sich zunächst die Frage, wie Ego aus der ihm prinzipiell möglichen Menge von Handlungen eine bestimmte auswählen soll. Das Kriterium könnte die Befriedigung sein, die Ego sich von ihr erwartet. Wenn Ego ohnehin nur eine Möglichkeit zu agieren hätte, bestünde das Problem nicht. Da aber die Zahl der „an sich" möglichen Handlungsweisen beim Menschen nicht z.B. durch Instinkte situationsspezifisch auf eine einzige reduziert wird, muß Ego selbst eine Wahl treffen. Handlung erscheint also in jedem Fall (auch ohne die Einbeziehung eines Partners) als kontingent, insofern sie als Wahlakt sich verwirklicht, nicht aber als Moment purer mechanischer oder biologischer Notwendigkeiten alternativenlos „abläuft". Jede einzelne Handlung stellt eine Verwirklichung *einer* Möglichkeit auf Kosten anderer Möglichkeiten dar. Auch ohne Berücksichtigung eines Partners setzt die Abschätzung der Gratifikationswerte von Handlungen voraus, daß der Handelnde über „Generalisierungen" verfügt, die es ihm ermöglichen, Situationen zu typisieren. In Wirklichkeit sind natürlich zwei Situationen niemals völlig gleich, und zwar nicht erst auf Grund der Differenz der Perspektiven zweier Personen, sondern bereits wegen der sachlichen Nicht-Identität aller Einzelmomente, welche die Situation ausmachen. Um zwei Situationen als gleich ansehen zu können, muß man also von bestimmten Aspekten abstrahieren.

Die Identifikation von sachlich Verschiedenem ist dabei eine Leistung des jeweiligen Systems. Sie kann sich auf einzelne Reize oder auf die Kontexte beziehen, in denen diese auftauchen. In beiden Fällen ist sie nicht risikofrei vorzunehmen. Man könnte zwischen zwei Fällen von Fehlern unterscheiden, die ich als Alpha- bzw. Beta-Fehler bezeichnen möchte: Im ersten Falle geht es um die fälschliche Unterstellung von Selbigkeit, im anderen um die fälschliche Annahme von Verschiedenheit. Den ersten Fehler nützen wir etwa beim Fallenstellen aus: Das von uns getäuschte Tier unterscheidet nicht zwischen dem Wurm, den es zum Leben braucht, und dem, der an einer Angel hängt. Den zweiten Fehlertyp stellt man oft fest, wenn wir durch „an sich" für die Durchführung einer gelernten Handlung irrelevante Umstände gehemmt sind. Man denke etwa an den Examenskandidaten, der vorher alles weiß, aber in der Prüfung versagt. Er behandelt die Übungssituation und den Ernstfall als verschieden, obwohl es gerade darauf ankäme, beide Situationen zu identifizieren. Umgekehrt kann in

[3] T. Parsons/E. Shils, *Toward a General Theory of Action,* Cambridge (Mass.) 1951, S. 16.

anderen Fällen gerade die Identifizierung von nur gespielter Aggression - etwa bei einem Ringkampf - mit einer Ernstfallsituation ganz verheerende Konsequenzen haben. Wenn allerdings jede neue Situation als völlig anders als jede frühere aufgefaßt würde, ließe sich keine stabile Reaktion entwickeln. Es wäre auch kein Lernen möglich. Die Annahme eines wiederholbaren Kontextes ist also für die Selbsterhaltung des Systems in seiner Umwelt unverzichtbar. Um „Wiederholungen" handelt es sich dabei dann aber für das System. Es selbst konstruiert diese Identität zweier Situationen. Grundsätzlich ist jedenfalls die Identität wie die Verschiedenheit von Situationen jeweils relativ zu den Unterscheidungen, die ein System macht. Wenn es etwa nur unterscheidet zwischen „farbig" und „nicht farbig", dann spielt die zwischen „laut" und „leise" keine Rolle. Akustisch differente Kontexte würden folglich als ununterscheidbar erfahren, und zwar selbst dann, wenn diese Differenz entscheidend für die Existenz des in Rede stehenden Systems wäre.

Der Zwang zur Generalisierung verschärft sich entsprechend, wenn sich zwei verschiedene Systeme gleichsinnig auf eine Situation beziehen müssen. Parsons geht nun für menschliches Handeln davon aus, daß sich hier Ego und Alter gegenüberstehen und daß beide für ihre Bedürfnisbefriedigung nicht nur vom eigenen Handeln, sondern auch von dem des jeweiligen Gegenüber abhängig sind. Es besteht ein wechselseitiges „Aufeinander-Angewiesensein".

Ego kann also seine Wahl nicht nur an dem Beitrag orientieren, den die jeweilige Alternative als solche für seine Gratifikationsbilanz hat. Es gilt zugleich die Tatsache einzubeziehen, daß die eigene Gratifikation auch von Handlungen Alters abhängig ist. Alter aber nimmt seine Wahl vor unter Berücksichtigung von Egos Entscheidung. Genau diese Situation kreiert das Problem der Doppelkontingenz, das gelöst werden muß, wenn Interaktion überhaupt stattfinden können soll. Das Dilemma besteht darin, daß Ego, um die Bedeutung seines eigenen Handelns für seine eigene Befriedigung abzuschätzen, eigentlich erst die Einschätzung kennen müßte, die Alter diesen Handlungen zumißt. Das aber kann er natürlich erst wissen, wenn er Alters Antwort kennt. Die aber kann sich erst herausstellen, wenn Ego gehandelt hat. Ego kann also unter Berücksichtigung von Alters Reaktionen erst handeln, wenn Alter bereits einmal auf Egos Handeln geantwortet hat. Für Alter ist die Situation aber analog. Es ergibt sich also an dieser Stelle der Analyse eine paradoxe Lage: A kann erst fragen, wenn er B's Antwort kennt, B's Antwort kann er aber erst kennen, wenn er gefragt hat, also kann er mit dem Fragen gar nicht erst beginnen. Patt! Luhmann spricht in diesem Zusammenhang von einem „Zirkel selbstreferentieller Bestimmung"[4]. Dieser „läßt das Handeln unbestimmt, macht es unbestimmbar. Es handelt sich also nicht um eine bloße Verhaltensabstimmung, nicht um eine Koordination von Interessen und Inten-

---

[4] N. Luhmann, *Soziale Systeme - Grundriß einer allgemeinen Theorie,* Frankfurt a.M. 1984, S. 149.

tionen verschiedener Akteure. Es geht vielmehr um eine Grundbedingung der Möglichkeit sozialen Handelns schlechthin. Ohne Lösung dieses Problems der doppelten Kontingenz kommt kein Handeln zustande, weil die Möglichkeit der Bestimmung fehlt."[5]

Eine Lösung könnte darin bestehen, daß Ego nicht erst in jedem konkreten Einzelfall ausloten müßte, wie Alter reagieren wird, sondern dies bereits vorher wüßte oder sich jedenfalls mit ihm darüber verständigen könnte. Aber woher soll er es wissen? Wie soll er sich mit ihm verständigen? Die Verständigung setzt ein gemeinsames Symbolsystem voraus. Das Vorhersehen von Alters Präferenzen wäre möglich, wenn Alter und Ego über gemeinsame Werte verfügten oder wenn diese jedenfalls unterstellbar wären. Beide Bedingungen sind nun nach der Theorie Parsons' in Gesellschaften gegeben: Diese verfügen in der Tat über eine Kultur, die Wertmuster und Symbolkomplexe einschließt. Insofern also Ego und Alter derselben Gesellschaft angehören, in dieselbe Kultur „hineinsozialisiert" sind, sprechen sie die gleiche Sprache und teilen sie zentrale Werte. Jede Situation, in der unsere beiden Helden einander begegnen, ist bereits „vorentworfen". Sie ist kein Einzelfall, sondern Beispiel für einen Typus. Damit ist zumindest zweierlei gesichert: Einerseits wird die Situationsdefinition gegenüber der Differenz der aktuellen Auffassungen von Ego und Alter immunisiert. Es handelt sich um *gemeinsamen* Sinn. In „Wirklichkeit" erscheint ja nicht einmal ein beliebiger Gegenstand für zwei Menschen gleichzeitig unter demselben Blickwinkel. Aber die Enkulturation ermöglicht es gleichwohl, interindividuelle Wahrnehmungsdifferenzen gegenüber der geteilten Bedeutung außer acht zu lassen.

Neben diesem Aspekt der interindividuellen Gemeinsamkeit der Bedeutung einer kulturell definierten Situation gibt es aber noch einen zweiten Stabilitätsfaktor: Die konkreten Gegebenheiten des Hier und Jetzt mögen zwar vergehen. Sie werden auch niemals in hundertprozentiger Entsprechung wiederkehren. Gleichwohl ermöglicht es die Sprache, konstante Bedeutungen festzuhalten. Es ergibt sich also Stabilität von Sinn (meaning im Sinn von Bedeutung) trotz des ständigen Vergehens der Zeit.

Kultur, so könnte man die Parsons'sche Lösung des Dilemmas der Doppelkontingenz zusammenfassen, ermöglicht die Entparadoxierung der Ausgangslage, in der sich Ego und Alter befänden, wenn sie „ganz allein" wären.

II. Luhmanns Kritik

Für Luhmann ist diese Lösung aber theoretisch unbefriedigend. Im Grunde werde so das Problem nur in die Vergangenheit verschoben. Parsons gehe „mit

[5] ebd.

der Soziologie der ersten Hälfte dieses Jahrhunderts" davon aus, „daß alle Gesellschaften Kultur tradieren und jede Situation daher Kultur immer schon vorfindet."[6] Damit bleibe aber die Antwort auf die Frage ausgespart, wie es denn zur *Herausbildung* von Kultur und Tradition komme. Die Theorie Parsons' gehe von der vorgängig gegebenen Existenz von Kultur aus, „(...) obwohl sie auch deren Entstehung und Funktion zu erklären hätte"[7].

Der zweite Einwand ergibt sich daraus, daß bei Parsons unklar bleibt, wie Ego und Alter denn überhaupt zu ihren Bedürfnissen gelangen, wenn diese sich nicht einfach aus ihrer Natur ergeben, sondern selbst bereits *Folge* von Interaktion und Kommunikation sind. Das Problem - aus Luhmanns kritischer Sicht - ist ja nicht nur die wechselseitige Abhängigkeit der *Befriedigungen* der Bedürfnisse, sondern bereits deren *Entwicklung*. Parsons macht aber gerade die Bedürfnisse zum Ausgangspunkt, aus denen dann erst Interaktion entspringen soll. Es ergibt sich folglich ein weiterer Zirkel, insofern einerseits die Bedürfnisse Interaktion konstituieren, andererseits aber die Bedürfnisse erst das Resultat von Interaktion sind: „Parsons hatte (in einem nicht genau bestimmten Sinn) an Handlungssubjekte gedacht, die sich mit selbstbestimmten (nicht nur: naturgegebenen) Bedürfnissen gegenübertreten und in der Befriedigung ihrer Bedürfnisse voneinander abhängig sind. Diese Problemfassung hat jedoch offene Flanken. Man wird fragen müssen, was eigentlich diese als Ego und Alter bezeichneten Handlungssubjekte (agents, actors) sind, wenn doch das, was an ihnen ‚organism' (später: behavioral systems) und ‚personality' ist, erst im Handlungssystem ausdifferenziert wird, dem System also nicht vorgegeben ist."[8]

III. Luhmanns Lösung des Problems der doppelten Kontingenz

III.1 Hinweis auf die Zeitdimension

Zunächst verweist Luhmann hier auf eine Verengung des Parson'schen Ansatzes hin. Warum soll man die Lösung des Problems der Doppelkontingenz „ausschließlich in schon vorhandenem Konsens, also ausschließlich in der Sozialdimension" suchen? Dazu zwinge nichts. „Es gibt funktionale Äquivalente, zum Beispiel solche der Zeitdimension. Alter bestimmt in einer noch unklaren Situation sein Verhalten versuchsweise zuerst. Er beginnt mit einem freundlichen Blick, einer Geste, einem Geschenk - und wartet ab, ob und wie Ego die vorgeschlagene Situationsdefinition annimmt. Jeder darauf folgende

[6] ebd., S. 150.
[7] ebd.
[8] ebd., S. 151.

Schritt ist dann im Lichte dieses Anfangs eine Handlung mit kontingenzreduzierendem, bestimmenden Effekt - sei es nun positiv oder negativ."[9]

Der theoretische Vorteil dieses Vorgehens liegt darin, daß man nun nicht mehr von einem schon *vor* der ersten Handlung bestehenden Konsens auszugehen braucht. Jede beliebige zufällige Handlung kann den Anfang bilden. Vorausgesetzt werden muß lediglich, daß das auf diese Handlung folgende Handeln Egos (einschließlich dem Nicht-Handeln) von Alter als Antwort aufgefaßt wird: „Mit dieser Erweiterung des Problemlösungsrahmens der Parsonschen Theorie öffnet sich die Theorie zugleich stärker für Zufälle. Wir können anschließen an das ‚order from noise principle' der allgemeinen Systemtheorie. Es braucht gar nicht schon festliegender Wertkonsens zu sein, das Problem der doppelten Kontingenz (das heißt: die leere, geschlossene, unbestimmbare Selbstreferenz) saugt geradezu Zufälle an, sie macht zufallsempfindlich, und wenn es keinen Wertkonsens gäbe, würde man ihn erfinden. Das System entsteht, etsi non daretur Deus."[10]

III.2 Modaltheoretische Fassung des Kontingenzbegriffs

Luhmann versucht den Parson'schen Begriff der Doppelkontingenz derart zu modifizieren, daß er mit der phänomenologischen Theorie der Sinnhaftigkeit und der neueren Systemtheorie verknüpfbar wird. Der Ausgangspunkt für die Luhmann'sche Sinnanalyse, die ihrerseits der Husserl'schen zutiefst verpflichtet ist, war bereits in den Werken der frühen 70er Jahre die Differenz zwischen Aktuellem und Virtuellem. Der Kontingenzbegriff wird dementsprechend auf die Differenz von Möglichem und Notwendigem bezogen: Kontingent ist etwas, daß nicht notwendig so sein muß, wie es tatsächlich ist, war oder sein wird. Wenn etwas als kontingent erlebt oder thematisiert wird, dann geht es um sein mögliches Anderssein. Daß es jetzt regnet, erscheint uns nicht als notwendig. Es hätte auch schneien können. Daß Cäsar über den Rubikon ging, war seine Entscheidung, die auch hätte anders ausfallen können. Daß wir überhaupt leben, versteht sich nicht von selbst usw. Der Terminus Kontingenz in diesem Sinne entspringt der aristotelisch-scholastischen Tradition. Für diese war nur Gott notwendig. Alles geschaffene Sein hätte auch anders geschaffen sein können. Vor allem: es besteht keine Notwendigkeit für seine Existenz. Sie ist in diesem Sinne „zufällig". Allerdings wird dieser theologische Sprachgebrauch bei Luhmann insofern abgeschwächt, als er nicht beliebige Möglichkeiten meint, sondern sozusagen nur „wirkliche" Möglichkeiten: „Kontingent ist etwas, was weder notwendig ist, noch unmöglich ist; was also, so wie es ist

[9] ebd., S. 150.
[10] ebd., S. 150f.

(war, sein wird), sein kann, aber auch anders möglich ist. Der Begriff bezeichnet mithin Gegebenes (Erfahrenes, Erwartetes, Gedachtes, Phantasiertes) im Hinblick auf mögliches Anderssein; er bezeichnet Gegenstände im Horizont möglicher Abwandlungen. Er setzt die gegebene Welt voraus, bezeichnet also nicht das Mögliche überhaupt, sondern das, was von der Realität aus gesehen anders möglich ist."[11]

Wendet man dieses Kontingenzkonzept auf die soziale Sphäre an, so ergibt sich Doppelkontingenz in zweifacher Hinsicht: Alter Egos Handeln erweist sich als eine Selektion aus vielfachen Möglichkeiten, die vollzogen wird vor dem Horizont, daß auch Egos Handeln eine solche Selektion darstellt. Doppelkontingenz hat also einen Handlungsaspekt. Aber gleichzeitig ist mit diesem Terminus auch abgedeckt, daß Ego und Alter die je ihrige Welt auf unterschiedliche Weise *erleben* können: „Soziales ist danach an allem Sinn zugänglich als Problem der Gleichsinnigkeit oder Diskrepanz von Auffassungsperspektiven. Es ist zugleich ein besonderer Anlaß zur selektiven Akkordierung von Handlungen in Systemen, die sich von ihrer Umwelt unterscheiden können."[12]

III.3 Spiegelung und Wechselseitigkeit

Wir haben als Bezugspunkte für Doppelkontingenz Ego und Alter (bzw. Alter Ego) eingesetzt. Das ist insofern mißverständlich, als man glauben könnte, die hier gemeinte Beziehung umfasse Individuen, Personen oder Subjekte in ihrer Totalität. Dagegen ist zunächst zu unterstreichen, daß als Ego und Alter bei Luhmann auch soziale Systeme fungieren können. Aber selbst wenn Ego und Alter einzelne Personen sind, so geht doch in die Beziehung zwischen ihnen niemals ihre ganze konkrete Existenz ein. Es verbietet sich daher, in diesem Zusammenhang von Spiegelung zu sprechen. Das Bild vom Spiegel legt ja die Vorstellung nahe, das Wesen des Kommunikationspartners spiegele sich - wenn auch in vielleicht verzerrter Form - in der Beziehung wieder. Dem aber ist mitnichten so. Für Ego wird nie der andere als solcher sichtbar. Dessen Gesamtkomplexität nimmt in der Beziehung keinesfalls und niemals Gestalt an. Was sichtbar wird, sind einzelne beobachtbare Veränderungen an ihm und durch ihn, die wir dann als Handlung interpretieren. Und das Gleiche gilt für uns selbst. Was sich von uns in der Beziehung wiederfindet, ist allenfalls eine kleine Auswahl aus dem, was wir erleben und sind. Unsere ganze konkrete

---

[11] ebd., S. 152. In diesem Zusammenhang verweist Luhmann auf N. Rescher, *Topics in Philosophical Logic,* Dordrecht 1968, S. 229ff. und J. Elster, *Logic and Society - Contradictions and Possible Worlds*, Chichester 1978, Werke, in denen „possible worlds" als Momente realer Lebenswelten behandelt werden.

[12] ebd., S. 153.

Existenz kann nicht sichtbar „eingebracht“ werden, auch wenn wir das gerne möchten. Und insofern kann man sagen, daß mit einer sozialen Beziehung etwas ganz Neues entsteht, das es vorher nicht gab. Hier werden nicht einfach die Inhalte der beteiligten Bewußtseine abgebildet oder widergespiegelt. Nicht einmal die volle Reziprozität der Perspektiven ist grundsätzlich gewährleistet: Die gleiche Welt kann gleichzeitig völlig verschieden gesehen werden, und es kann den Beteiligten mehr oder weniger bewußt sein, daß das so ist. Gegenüber der vollen Wirklichkeit (der Gesamtkomplexität) der beteiligten Systeme stellt die Beziehung zwischen ihnen eine Selektion dar, die diese Komplexität reduziert. Und mit dieser Reduktion entsteht ein neues System mit eigenen Grenzen, die sich von denen der Systeme, die an ihm teilnehmen, unterscheiden.

> Spricht man von Spiegelung, dann mag man in gewissem Umfange noch einrechnen, daß die Spiegel, die sich wechselseitig spiegeln, vergrößern oder verkleinern oder sonstwie verzerren, eine subjektive Komponente ins Spiel bringen. Die Metapher wird jedoch in dem Maße inadäquat, als die selbstbezügliche Selektion zunimmt; und sie wird vor allem dann inadäquat, wenn man bedenkt, daß der Zerrspiegel die Verzerrung des anderen Spiegels nicht miterfaßt. Das heißt: wenn man diese Metapher auf die Ebene der Beziehung zwischen selbstreferentiell operierenden Systemen übernimmt, löst sie sich auf. Die Spiegel zerbrechen. Ohne diese Metapher kann man aber auch die Reziprozität der Perspektiven nicht denken, und damit entfällt die Vorstellung einer wechselweise sich antezipierenden (zweckvollen) Wechselwirkung. Kurz: es wird fragwürdig, wie man überhaupt noch die Einheit einer Beziehung denken kann, die eine Mehrheit selbstreferentieller Systeme liiert. Die Beziehung wird selbst zur Reduktion von Komplexität. Das aber heißt: sie muß als emergentes System begriffen werden.[13]

Luhmann erwähnt an dieser Stelle nicht ausdrücklich die Autoren, gegen die sich seine Einwände richten. Immerhin könnte man bei den Theorien der Wechselwirkung an Simmel, bei denen der Reziprozität an Gouldner und bei denen der der Spiegelung an Cooley oder Mead denken.

Es scheint mir aber nicht ausgemacht, ob Simmel, wenn er von Wechselwirkung spricht, tatsächlich eine Interaktion der Gesamtkomplexität der beteiligten Systeme impliziert. In seiner Abhandlung über das Geheimnis weist Simmel vielmehr ausdrücklich auf den nur selektiven Charakter hin, den alle kommunikative Wirklichkeit gegenüber den Beständen des Bewußtseins notwendig zeigt. Er unterstreicht sogar, daß es sich nicht nur um eine Auswahl in quantitativer Hinsicht handelt, sondern daß auch die Sinnform, in der sie jeweils gegeben sind, divergiert.[14]

Bei Gouldner wird die Eingeschränktheit der Reziprozität von Leistungen und Perspektiven als Problem zumindest diskutiert.

---

[13] ebd., S. 154.

[14] G. Simmel, *Soziologie,* Berlin ^{4}1958, S. 256.

Und wenn bei Cooley und Mead vom Spiegel die Rede ist, so ist dabei zu bedenken, daß bei ihnen nicht behauptet wird, daß sich die volle Komplexität der Kommunikationspartner in den sozialen Beziehungen widerspiegelt, an denen sie partizipieren. Vielmehr geht es diesen beiden Autoren umgekehrt darum zu zeigen, daß der Begriff, den die Individuen von sich selbst haben, aus dem abgeleitet wird, was ihrer eigenen Interpretation nach in der Beziehung mit anderen wirklich ist. Nicht das Selbst der Individuen spiegelt sich dann in der Beziehung, sondern die Beziehung im Selbst. Und zumindest Mead trägt dem selektiven Charakter dieser Spiegelung dadurch Rechnung, daß er auf die Differenz zwischen der sozialen Person (me) und dem von ihm nicht eingeschlossenen Ich (I) hinweist. Freilich wird diese Differenz nicht als Komplexitätsgefälle beschrieben, sondern als Differenz reflexiver Perspektiven: Das Ich (I) ist die von Alter nicht auszurechnende, insofern sozial inkommensurable je meinige Perspektive auf mich selbst. Als solche bleibt sie für Alter grundsätzlich kontingent, und insofern sie auch für mich selbst nicht vorhersehbar ist, ist mein zukünftiges Ich auch für mein eigenes gegenwärtiges Ich kontingent. Die im Bewußtsein gespiegelte soziale Person wird vom Ich beobachtet. Die diese Beobachtung leitende Differenz entspricht dem, was Luhmann die Sozialdimension nennt: Das Ich „befragt" seine Person, so wie es sie selbst sieht, darauf hin, ob es sie selbst so sieht, wie die anderen sie sehen oder nicht. Im Vordergrund der Aufmerksamkeit des Ich steht dabei allerdings weniger der Konsens oder Dissens der anderen gegenüber der eigenen Perspektive, sondern der eigene Konsens oder Dissens gegenüber der unterstellten Perspektive der anderen. Die Kritik an der Spiegelmetapher scheint mir aber dessen ungeachtet höchst gerechtfertigt.

Trotz der Einwände Luhmanns gegen die Beschreibung der sozialen Beziehung mittels der Spiegelmetapher, des Reziprozitätskonzepts oder der Idee der Wechselwirkung geht auch er davon aus, daß es ganz ohne Wechselseitigkeit nicht geht: „Situationen mit doppelter Kontingenz erfordern gewiß, um Kommunikation überhaupt in Gang bringen zu können, ein Mindestmaß wechselseitiger Beobachtung und ein Mindestmaß an auf Kenntnis gegründeter Erwartungen."[15]

III.4 Begrenztheit des Verstehens

Luhmanns Einwände richten sich also vor allem gegen *emphatische* Begriffe der Wechselseitigkeit. Wenn diese nicht begrenzt wäre, wäre so etwas wie totales Verstehen möglich. Ich könnte mir dann den gesamten Inhalt eines fremden Bewußtseins in dem gleichen Sinne zur Verfügung halten, wie er in diesem

---

[15] Luhmann, ebd., S. 154f.

selbst gegeben ist. Alles, was wir bisher über Sinn und seinen Operationsmodus gehört haben, schließt diese Möglichkeit indessen völlig aus. Andererseits ist aber Verstehen für Luhmann die Voraussetzung dafür, daß Kommunikation überhaupt zustandekommt. Ist das ein Widerspruch? Nein, es handelt sich um Gradunterschiede. Ein Minimum an Reziprozität ist für Kommunikation unumgänglich: „Zugleich ist durch die Komplexität solcher Situationen ausgeschlossen, daß die Beteiligten einander wechselseitig voll verstehen, und zwar verstehen für jede Variante des Systemvollzugs, die jeder für sich ins Auge faßt."[16] Mit dieser Auffassung ist Luhmann natürlich nicht allein, wenn sie auch nicht unwidersprochen sein dürfte. Zumindest Autoren wie Simmel, Lyman und Scott oder Dennis Wrong haben sich stets gegen „oversocialized concepts of man" gewandt. „In der üblichen soziologischen Sprache kann man dies damit ausdrücken, daß der Grad an wechselseitiger Kenntnis, der zur Reproduktion des sozialen Systems erforderlich ist, eine Variable ist, die von System zu System in unterschiedlichem Ausmaß aktualisiert wird, die mit dem Typus des sozialen Systems variiert und die insofern auch von der Typenvielfalt abhängt, die im Laufe der soziokulturellen Evolution entsteht."[17] Man *kann* dies nicht nur so „in der üblichen soziologischen Sprache" ausdrücken, sondern die übliche Soziologie *hat* dies auch so ausgedrückt.

III.5 Personen und black boxes

Wenn Luhmann von *Personen* spricht, sind damit psychische Systeme gemeint, die von anderen psychischen oder sozialen Systemen beobachtet werden.[18] Dabei ist wichtig, sich klarzumachen, daß die volle Komplexität des psychischen Systems der Beobachtung nicht zugänglich ist. Ob es sich bei den einander beobachtenden Systemen nun um Personen oder soziale Systeme handelt, immer stehen sie einander wie black boxes gegenüber, das heißt: Sie sind füreinander nicht voll durchsichtig. Das, was die eine von der anderen sieht, ist niemals deren Gesamtkomplexität, sondern eine Reduktion. Und das wird auch wechselseitig unterstellt. Geht man nun davon aus, daß zwei solcher black boxes sich zufällig treffen, einander beobachten und einander unterstellen, daß sie aufeinander bezogen sind, dann wird ein auf Alters Handlung folgendes Handeln Egos von Alter als Reaktion oder als Antwort interpretiert. Alter kann zwar nicht wissen, warum Ego gerade so und nicht anders handelt, er kann nicht

---

[16] ebd., S. 155.
[17] ebd., S. 155.
[18] „Psychische Systeme, die von anderen psychischen oder von sozialen Systemen beobachtet werden, wollen wir Personen nennen. Der Begriff personales System ist demnach ein Begriff, der eine Beobachterperspektive involviert, wobei Selbstbeobachtung (...) eingeschlossen sein soll" (ebd., S. 15).

einmal sicher sein, daß Ego beim zweiten Mal genauso reagieren wird wie beim ersten Mal. Aber in jedem Fall bildet er diesbezüglich eine Erwartung. Und diese wird ihn bei seiner Anschlußhandlung leiten. Dabei bezieht sich die Erwartung darauf, daß Egos Verhalten tatsächlich als Antwort auf sein, Alters, Handeln intendiert war. Ein dritter Beobachter könnte unter Umständen feststellen, daß das gar nicht der Fall war, daß Ego also ganz unabhängig von Alters Stimulus gehandelt hat. Für die Situation der Doppelkontingenz ist aber die Unterstellung von Antwortverhalten wichtig. Alter kann dann seine Stimuli verändern, wenn er andere Reaktionen erzielen möchte. Er kann damit so lange fortfahren, bis das Ergebnis seinen Absichten entspricht. Er beobachtet unterdessen sowohl sich selbst und sein Verhalten, als auch die Reaktionen Egos. Hätte er es mit einer Trivialmaschine zu tun, so ließe sich nach einer Weile Egos Verhalten ausrechnen. Immer wenn Alter den Stimulus x brächte, wäre die Reaktion y. Ego erschiene dann voll determiniert. Im Umgang mit Personen ist aber eine solche hundertprozentige Korrelation nicht wahrscheinlich. Rein theoretisch wäre daraus auch der Schluß ableitbar, Ego werde durch Alters Tun überhaupt nicht beeinflußt. Dann entfällt aber die Bedingung für Doppelkontingenz. Die Alternative wäre, daß Alter unterstellt, daß Ego sich sehr wohl an ihm orientiert und daß Ego ihm diese Unterstellung unterstellt, aber frei entscheidet, auf welche Weise. Ego wählt also - so unterstellt Alter - aus verschiedenen Möglichkeiten aus, so wie Alter selbst dies auch tut. Dann führt eine relative Konstanz der Reaktionen zwar nicht zur Auffassung, Ego sei völlig berechenbar, es können sich aber doch stabile Erwartungen bilden, die allerdings unter Enttäuschungsvorbehalt stehen und dann modifiziert oder aufgegeben werden können. Alter kann sich zwar auch jetzt nicht am wirklich gemeinten Sinn Egos orientieren, er kann auch nicht dessen Handeln absolut bestimmen. Wenn er das könnte, verlöre Ego ja jede Kontingenz für Alter, und jede Überraschung wäre ausgeschlossen. Das also kann Alter nicht, wohl aber kann Alter sich an *seinen eigenen* Erwartungen orientieren und den Erfahrungen, die er damit gemacht hat. Diese kann er ändern und neue Unterstellungen machen, die dann - jedenfalls bis auf weiteres - vielleicht in besserem Einklang mit seinen Beobachtungen stehen.

Luhmann formuliert das so:

> Die Grundsituation der doppelten Kontingenz ist dann einfach: Zwei black boxes bekommen es, auf Grund welcher Zufälle auch immer, miteinander zu tun. Jede bestimmt ihr eigenes Verhalten durch komplexe selbstreferentielle Operationen innerhalb ihrer Grenzen. Das, was von ihr sichtbar wird, ist deshalb notwendig Reduktion. Jede unterstellt das Gleiche der anderen. Deshalb bleiben die black boxes bei aller Bemühung und bei allem Zeitaufwand (sie selber sind immer schneller!) füreinander undurchsichtig. Selbst wenn sie strikt mechanisch operieren, müssen sie deshalb *im Verhältnis zueinander* Indeterminiertheit und Determinierbarkeit unterstellen. Selbst wenn sie selbst blind operieren, fahren sie *im Verhältnis zueinander* besser, wenn sie sich wechselseitig Determinierbarkeit im System-Umwelt-Verhältnis unterstellen und sich daraufhin beobachten. Der Versuch, den andern zu berechnen, würde

zwangsläufig scheitern. Mit dem Versuch, ihn aus seiner Umwelt heraus zu beeinflussen, kann man Glück haben und Erfahrungen sammeln. Die Unberechenbarkeit wird mit Freiheitkonzessionen aufgefangen (...). Die schwarzen Kästen erzeugen sozusagen Weißheit, wenn sie aufeinandertreffen, jedenfalls ausreichende Transparenz für den Verkehr miteinander. Sie erzeugen durch *ihr bloßes Unterstellen* Realitätsgewißheit, weil dies Unterstellen zu einem Unterstellen des Unterstellens beim Alter Ego führt.[19]

III.6 Handlung, Freiheit und Struktur

Andere Personen bleiben also trotz ihrer Beobachtbarkeit undurchschaubar. Der Grund liegt einerseits darin, daß ihre Binnenzustände von außen nicht transparent gemacht werden können, andererseits darin, daß ihre hohe Komplexität sie unberechenbar macht. Ein Partner kann stets unvorhergesehen handeln. Aber sein Handeln trifft - und je länger ich ihn kenne, desto weniger - niemals in einen erwartungslosen Raum. Jede seiner Handlungen führt nämlich unausweichlich zur Bildung von Erwartungen, und wenn bereits Erwartungen bestehen, zu deren Erfüllung oder Enttäuschung. Das gilt wiederum nicht nur für Personen, sondern auch für soziale Systeme. Alter hat zwar, so unterstelle ich ihm, die Möglichkeit, so oder so zu handeln. Diese Freiheit muß ich ihm konzedieren. Aber mit jeder Handlung legt er sich für mich - jedenfalls momentan - fest, insofern ich ihm diese als seine Wahl zurechne und entsprechend auf ihn bezogene Erwartungen bilde. Die Zurechnung selbst ist dabei eine Leistung des zurechnenden Systems, das etwas als Handlung erlebt. Deshalb können sich sowohl psychische als auch soziale Systeme danach unterscheiden, ob sie ein bestimmtes Verhalten als Handlung anrechnen oder nicht. Aus der Perspektive des erlebenden Systems mag x dann eine Handlung des Systems H sein. Für H selbst handelt es sich aber vielleicht gar nicht um eine Aktualisierung seiner Kontingenz. Er hat sich bloß geräuspert und rechnet sich das nicht zu. Der Beobachter erlebt das als Demonstration von Dissens.

An dieser Stelle wird deutlich, wie trotz Freiheitskonzessionen und Kontingenz dennoch Strukturbildung zustandekommt: Die Zahl der Möglichkeiten des Partners mag unendlich groß sein. Aber was immer er tut oder läßt, er kann nur eine von zwei Alternativen realisieren, nämlich eine Erwartung erfüllen oder enttäuschen. In beiden Fällen beteiligt er sich am Aufbau einer Anschlußerwartung und damit am Aufbau einer Struktur.

Die Erwartung mag zwar „ins Unberechenbare gepflanzt“[20] sein, aber sie wird aufgerichtet. Und der Handelnde weiß, daß seine Handlung dazu führt. Was also aus der Perspektive des Erwartenden auf die Differenz von Erfüllung oder Enttäuschung hinausläuft, erscheint aus der Sicht des Handelnden als

---

[19] ebd., S. 156f.
[20] ebd., S. 160.

Differenz von möglicher Annahme oder Ablehnung seiner Handlung seitens derer, an die sie gerichtet ist. So wie der Erwartende nie sicher sein kann, ob der Partner seine Erwartung erfüllt oder enttäuscht, so der Handelnde nicht, ob seine Handlung angenommen oder abgelehnt wird. Soziale Systeme können aber nur da entstehen, wo diese Differenz von Bedeutung ist: „Das System wird in Gang gebracht und orientiert sich daher zunächst durch die Frage, *ob der Partner eine Kommunikation annehmen oder ablehnen wird*, oder auf Handlung reduziert: *ob eine Handlung ihm nützen oder schaden wird* (...). Dagegen käme kein soziales System in Gang, wenn derjenige, der mit Kommunikation beginnt, nicht wissen kann oder sich nicht dafür interessieren würde, ob sein Partner darauf positiv oder negativ reagiert. Eine in dieser Hinsicht gänzlich unbestimmte Situation würde, wenn nicht jeder Kontakt sogleich abgebrochen wird, zunächst Bemühungen auslösen, die Voraussetzungen für die auf den Partner bezogene Differenz zu klären."[21]

III.7 Sozialdimension von Sinn und soziale Systeme

Die Erfahrung der Kontingenz von Alter Ego wirkt sich sowohl in der Sphäre des Erlebens wie in der des Handelns aus. In vielen Gesellschaften ist zumindest die erste dieser beiden Formen der Kontingenz nicht bewußt oder thematisierbar: In vielen traditionellen Gesellschaften unterstellt man gerade nicht radikale Verschiedenheit der Weltsicht, sondern fundamentale Gleichheit oder doch wenigstens Ähnlichkeit. Gewiß überall weiß man, daß etwa die je eigene Wahrnehmung mit dem Wechsel des räumlichen Standorts variiert, aber die daraus resultierende Differenz wird nicht für weiter problematisch angesehen, da man Austauschbarkeit der Perspektiven unterstellt. Wenn ich an Deiner Stelle wäre, sähe ich dasselbe wie Du. Die „Sozialdimension allen Sinnes: daß man bei jedem Sinn fragen kann, wie er durch andere erfahren und verarbeitet wird"[22], bleibt weitestgehend latent. Konsens der Weltsichten wird als mitlaufende Gewißheit im Horizont der Selbstverständlichkeit erfahren. Erst mit stärkerer sozialer Differenzierung drängt sich die Problematik der Verschiedenheit der Welterfahrung auf. Für die Moderne gar ist charakteristisch, daß die Welt nicht einfach gegeben ist, man folglich nicht nur lediglich mehr oder weniger angemessene Auffassungen davon haben kann, sondern daß die Realität der Welt selbst durch die Art, wie man sie sieht, fundiert wird. „Standortgebundenheit des Denkens" (Mannheim) wird dann zur nahezu unübersteigbaren Barriere des Konsenses. Die räumliche Metapher meint dann die exi-

[21] ebd., S. 160.
[22] ebd., S. 161.

stentielle Unvertauschbarkeit der Perspektiven. Selbst der Nächste kann dann als fremd erlebt werden.

Solange man mit anderen nicht zusammen handeln muß, bleibt es natürlich beim sonst konsequenzenlosen Erleben der Fremdheit fremden Erlebens. Soziale Systeme entstehen indessen erst „dort, wo Handlungen verschiedener psychischer oder sozialer Systeme aufeinander abgestimmt werden müssen, weil für die Selektion der einen Handlung die andere Voraussetzung ist oder umgekehrt"[23].

IV. Verständigung als Strategie

IV.1 Verstehen

Ich gehe von der These der Unmöglichkeit völligen Fremdverstehens aus. Fremdes Bewußtsein ist uns nicht nur direkt unzugänglich, transzendent im Sinne Husserls, es läßt sich auch aus der Introspektion ins eigene Bewußtsein mit geringem phänomenologischen Meditationsaufwand zeigen, daß die sinnhaften Vorgänge im Bewußtsein eines Individuums nicht adäquat kommuniziert werden können. Das, was sich in unseren Gedanken und Vorstellungen abspielt, ist, so wie es sich abspielt, nicht der sprachlichen Wiedergabe fähig. Das Ausgesprochene kann aber so unendlich viele *nicht* ausgesprochene bewußte oder unbewußte Hintergründe und Veranlassungen haben, daß der Schluß vom Gesprochenen auf den Bewußtseinsprozeß, der es entläßt, keineswegs als abspiegelnde Erfassung des letzteren gelten kann. Völlig verschiedene Aktualisierungen des Bewußtseinslebens können zu identischen sprachlichen Resultaten führen. Das gilt auch dann, wenn man die Überlegung nicht allein auf die im engeren Sinne sprachlichen Komponenten der Kommunikation einschränkt, sondern mimische und gestuelle Einbettungen sprachlicher Kundgabe miteinbezieht. Ich kenne keinen Text, der diesen Tatbestand so eindrücklich formuliert wie eine Passage aus Simmels Aufsatz über das Geheimnis[24].

> Unsere tatsächlichen psychologischen Prozesse sind in viel geringerem Grade logisch reguliert, als es nach ihren *Äußerungen* scheint. Achtet man genau auf die Vorstellungen, wie sie in der Zeitreihe kontinuierlich durch unser Bewußtsein gehen, so ist ihr Flackern, ihre Zickzackbewegungen, das Durcheinanderwirbeln sachlich zusammenhangloser Bilder und Ideen, ihre logisch gar nicht zu rechtfertigenden, sozusagen nur probeweisen Verbindungen, - alles dies ist äußerst weit von vernunftmäßiger Normiertheit entfernt; nur werden wir uns dessen nicht häufig bewußt, weil unsere Interessenakzente nur auf dem brauchbaren Teile unseres Vorstellungslebens liegen, weil wir dessen Sprünge, seine Unvernünftigkeiten und sein Chaos, trotz der psychologischen Tatsächlichkeit alles dieses, vor dem einigermaßen Lo-

[23] ebd., S. 161.
[24] Simmel, „Das Geheimnis und die geheime Gesellschaft", in ders., *Soziologie,* S. 259.

gischen oder sonst Wertvollen rasch zu übergehen oder zu überhören pflegen. So ist nun alles, was wir einem Anderen mit Worten oder auf sonstige Weise mitteilen, auch das Subjektivste, Impulsivste, Vertrauteste, eine Auswahl aus jenem seelisch-wirklichen Ganzen, dessen nach Inhalt und Reihenfolge absolut genaue Verlautbarung jeden Menschen - wenn ein paradoxer Ausdruck erlaubt ist, - ins Irrenhaus bringen würde.

Unsere Verlautbarungen sind bereits Darstellungen, Inszenierungen und Vorführungen, ob wir uns dies eigens klar machen oder nicht. Sie sind in jedem Fall eine Auswahl aus der unendlichen Mannigfaltigkeit dessen, was in uns vorgeht. Dabei können die Gesichtspunkte, unter denen diese Selektion zustande kommt, die allerverschiedensten sein. Sie kann von der Absicht gelenkt sein, sich verständlich zu machen. Es kann uns aber auch darum gehen, zwar verständlich zu scheinen, ohne indessen wirklich verstanden zu werden. Unsere Mitteilungen informieren zwar den anderen stets irgendwie über uns, aber warum wir ihm überhaupt etwas mitteilen, warum gerade das und warum gerade jetzt und so, das bleibt prinzipiell unaufklärbar. „Was wir auch sagen mögen, das über die Interjektion und das Mitteilungsminimum hinausgeht: wir stellen damit niemals unmittelbar und getreu dar, was nun wirklich in diesem Zeitabschnitt in uns vorgeht, sondern eine teleologisch gelenkte, aussparende und wieder zusammensetzende Umformung der inneren Wirklichkeit."[25] Nicht erst Verständigung, sondern bereits Verstehen hat deshalb, zumindest möglicherweise, strategische Komponenten: Wir wollen aus bestimmten Gründen so oder so verstanden werden. Dabei ist uns typischerweise manchmal sehr wohl deutlich, daß es nicht reicht, ehrlich und spontan zu sein, um verstanden zu werden. Zwischen unser Bewußtsein und dort aktualisierte Intentionen und das Verstehen ist stets die kommunikative Situation gesetzt. Wer verstanden sein will, muß folglich situativ kontrolliert, mit Rücksicht auf die gegebenen Rahmen und die unterstellten Kenntnisse, Absichten und Werte des Publikums seine Mitteilungen wählen. Das, was Jürgen Habermas den explikativen Diskurs[26] nennt, also eine auf Verständlichkeit der Äußerungen zielende Verdeutlichung, ist notwendig eine stets auch verhüllende Selektion und oft eine Strategie.

Dies also gilt für den, der sich *verständlich machen* will. Analog ist auch derjenige, der *verstehen* will, auf Auswahl angewiesen. Niemals kann er hoffen, sein eigenes Bewußtsein sachlich und zeitlich dem des oder der anderen gleichsam parallel zu führen. Insofern gleicht der Verstehensprozeß nicht zwei hell erleuchteten Zügen, die nebeneinanderherfahren, sondern eher zwei einander begegnenden Fahrzeugen, die für einen Moment optisch verkoppelt sind, um dann wieder in entgegengesetzte Richtungen zu rasen. Jemanden zu verstehen,

---

[25] ebd.

[26] Vgl. J. Habermas, *Theorie des kommunikativen Handelns, Bd. 1: Handlungsrationalität und gesellschaftliche Rationalisierung*, Frankfurt a.M. 1981, S. 44ff.

kann also nur heißen, nicht alles von ihm verstehen zu wollen, sondern sich vielmehr ein Bild von ihm zu machen oder, wie man sich neuerdings wohl ausdrückt, eine Beschreibung. Diese aber ist auch eine Leistung des beschreibenden Bewußtseins. Lassen Sie mich das Gemeinte noch einmal mit Simmel formulieren:

> Da man niemals einen anderen *absolut* kennen kann, - was das Wissen um jeden einzelnen Gedanken und jede Stimmung bedeuten würde, - da man sich aber doch aus den Fragmenten von ihm, in denen allein er uns zugänglich ist, eine personale Einheit formt, so hängt die letztere von dem Teil seiner ab, den unser Standpunkt ihm gegenüber uns zu sehen gestattet. Diese Unterschiede aber entstehen keineswegs nur durch solche der Quantität des Erkennens. Keine psychologische Kenntnis ist ein Abklatsch ihres Objektes, sondern jede ist (...) von den Formen abhängig, die der erkennende Geist mitbringt und in die er das Gegebene aufnimmt.[27]

Auch der Verstehende also ist schon bei der Wahrnehmung des anderen konstruierend wirksam. Die Konstruktion selbst kann ihrerseits strategisch verwendet werden oder bereits strategischen Interessen sich verdanken.

Es ist nun wichtig, sich vor Augen zu halten, daß die angeführten Gegebenheiten nicht einfach bedauerliche Defizite sind, denen ein aufklärerisch angeleiteter Diskurs schon beikommen würde, wenn die Teilnehmer nur hinlänglich guten Willens wären. Vielmehr basiert Gesellschaft als Kommunikation eben auf dieser intersubjektiven Ignoranz. Das, was an Verstehen möglich ist, gründet auf Nicht-Wissen und insofern Nicht-Verstehen. Ein letztes Mal ein Simmelzitat: „Es ist überhaupt kein andrer Verkehr und keine andre Gesellschaft denkbar, als die auf diesem teleologisch bestimmten Nichtwissen des einen um den anderen beruht."[28]

Es handelt sich also bei dem, was man Verstehen nennt, nicht um Einsichten in fremdes Bewußtsein, sondern um Konstruktionen, um Sinnunterstellungen. Deren Funktion besteht vor allem darin, Erwartungen für anschließbare oder anschließende Handlungen zu tragen. Die Divergenz zwischen einem Verstehen und dem wirklich gemeinten Sinn kann uns üblicherweise gar nicht auffallen. Wir lassen diese Frage im normalen Vollzug des gemeinsamen Handelns auch dahingestellt sein oder wir gehen bis auf weiteres davon aus, daß wir mehr oder weniger richtig verstanden haben. Erst inkompatibles Handeln zwingt uns dann zu Umbauten in unseren Verstehenskonstruktionen. Diese mögen genausoweit wie die ursprünglichen Annahmen vom Gemeinten entfernt sein. Aber auch hier können wir bis auf weiteres von der Stabilität der neuen Auffassung ausgehen, bis auch diese sich als unvereinbar mit anschließenden Handlungen oder Informationen, die wir von Dritten erhalten,

[27] Simmel, ebd., S. 257.
[28] ebd., S. 259.

erweist. Dabei ist das Kriterium, das über Kompatibilität oder Inkompatibilität entscheidet, selbst natürlich je nach Kommunikationszusammenhang, Gruppenzugehörigkeit oder individuell-idiosynkratischen Gegebenheiten verschieden. Wie unsere eigenen empirischen Untersuchungen über Verständnisunterstellungen zwischen Ehepartnern zeigen,[29] glauben Ehepartner sehr häufig, daß sie in bestimmten Hinsichten wissen, was der Partner meint und denkt, auch wenn aus der Perspektive der Forschungsbeobachtung davon keine Rede sein kann. Das kann natürlich daran liegen, daß die Kriterien für Verstehen in den jeweiligen Perspektiven andere sind. Dann hätten wir, die Forscher, irrigerweise angenommen, verstanden zu haben, daß unsere Probanden irrigerweise glauben, einander zu verstehen. Aber im Grunde wäre damit nur die Adresse für Verstehensfiktionen ausgetauscht worden. Dafür besteht leider keine Gewähr, daß forschende Beobachtung grundsätzlich schlechter ist als diejenige der Handlungspartner. Wenn Mißverständnisse nur Folge szientifischer Artefakt-Bildung wären, fiele es leichter, auf Wissenschaft zu verzichten.

Trotzdem ist davon auszugehen, daß die Unwahrscheinlichkeit, einen anderen zu verstehen,[30] als solche keineswegs unser alltägliches Bewußtsein bestimmt. Wir gehen im Gegenteil davon aus, daß wir „im allgemeinen" „normale" Handlungspartner sehr wohl verstehen.[31] Wir unterstellen Gemeinsamkeit des Erlebens und Urteilens, ohne diese Gemeinsamkeit jeweils ständig zu überprüfen. Der Grund für die Divergenz interindividuellen Erlebens, nämlich die Transzendenz fremden Bewußtseins und die Eigentümlichkeiten der Sinnhaftigkeit, sind zugleich auch die Basis für das Latentbleiben dieser Divergenzen. Unsere Verstehensfiktionen werden nicht sogleich falsifiziert, weil wir keine direkte Einsicht in den anderen haben. Eine weitere Quelle fälschlicher Verstehensunterstellungen liegt überdies in der normalen Unschärfe unserer Wahrnehmungen. Diese Unschärfe betrifft sowohl die Ereignisse der Welt wie die Wahrnehmung der Wahrnehmung der Welt durch andere. Sie entspringt der Verschiedenheit der Aufmerksamkeit, der Handlungsperspektive, der Art der Beteiligung am Geschehen (z.B. ob als Handelnder oder als Beobachter[32]),

[29] A. Hahn, „Konsensfiktionen in Kleingruppen. Dargestellt am Beispiel von jungen Ehen", in F. Neidhardt (Hg.), *Gruppensoziologie - Perspektiven und Materialien,* Köln 1983, S. 210-232.

[30] Systemtheoretische Begründungen für diese Kalamität finden sich bei Luhmann: „Die Unwahrscheinlichkeit der Kommunikation", in ders., *Soziologische Aufklärung 3 - Soziales System, Gesellschaft, Organisation,* Opladen 1981, S. 11-24. Und längst bevor die Soziologie sich über diese Phänomene gebeugt hat, haben die Dichter sie bemerkt. Vgl. hierzu A. Hahn: „Mißverständnisse und Irreführungen - oder die Logik des Unausgesprochenen bei Marcel Proust", in K. Hölz (Hg.), *Sprache und Sprachen,* Frankfurt a.M./Leipzig 1991, S. 84-100.

[31] Ausführlicher hierzu: A. Schütz/Th. Luckmann, *Strukturen der Lebenswelt,* Neuwied/Darmstadt 1975.

[32] Vgl. hierzu: R.M. Arkin/S. Duval, „Zentrum der Aufmerksamkeit und Kausalattributionen von handelnden Personen und Beobachtern", in W. Herkner (Hg.), *Attribution - Psychologie der Kausalität,* Berlin/Stuttgart/Wien 1980, S. 277-291 und E.E. Jones und R.E. Nisbett, „The Actor

der Unvollständigkeit von Mitteilungen, die stets auf sinngemäße Ergänzungen beim Hörer rechnen und angewiesen sind, der Flexibilität des Gedächtnisses und nicht zuletzt der Vieldeutigkeit der Ereignisse selbst. Wie groß diese ist, zeigt *Goffman*[33] im Anschluß an *Austin*: Selbst ein scheinbar so eindeutiges äußeres Ereignis, wie z.B. daß ein Mann bei Rot über die Straße fährt (daß auch dieses Ereignis nur in unserer Kultur - also durchaus als Folge sozialer Realitätskonstruktionen - eindeutig erscheint, bleibe hier ganz unberücksichtigt), kann für verschiedene Betrachter und den Autofahrer zahlreiche, völlig verschiedene Bedeutungen haben, die für sich genommen alle ganz plausibel sind. *Goffman* zählt allein 23 verständliche Deutungen auf, ohne vollständig zu sein. Insofern diese Vieldeutigkeit eine allgemeine Gegebenheit ist, wird es extrem unwahrscheinlich, daß die von verschiedenen Beobachtern mit jedem äußeren Ereignis verknüpften Deutungen identisch sind.

Handelt es sich überdies nicht allein um äußere Vorkommnisse, sondern um Unterstellung von „inneren" Gegebenheiten wie Gefühlen, Absichten, Überzeugungen, Vorlieben und Abneigungen, so wird es extrem unwahrscheinlich, daß Unterstellung und innere Wirklichkeit voll korrespondieren. Und das nicht etwa lediglich deshalb, weil die Möglichkeit absichtlicher Täuschung, von Lüge[34], Heuchelei, Simulation und Dissimulation niemals auszuschließen ist, sondern aufgrund der prinzipiellen Schwierigkeit, sich über Inneres unmißverständlich zu äußern und weil jede Selbstdarstellung stets selektiv verfährt. Der steigenden Chance fälschlicher Suppositionen entspricht somit die wachsende Unwahrscheinlichkeit der Aufdeckung des Fehlers. Aus diesem Dilemma würde übrigens auch nicht die systematische Unterstellung von Unverständlichkeit des anderen herausführen. Denn auch dieses „Als ob" ließe sich ja nicht überprüfen. Mißtrauen wie Vertrauen sind insofern funktional äquivalent. Sie überspringen beide jenes Problem, das sich bei konsequentem Ernstnehmen der Rätselhaftigkeit von Alter Ego ergäbe: Die Situation würde absurd. Daß für die Soziologie von Talcott Parsons auch für die wissenschaftliche Betrachtung des menschlichen Handelns ein hohes Maß von interindividuellem Konsens Ausgangspunkt der Überlegungen ist, liegt auf der Hand.[35] Aber hier ist diese Verstehensunterstellung natürlich vermeidbar, im realen Leben

---

and the Observer - Divergent Perceptions of the Causes of Behavior", in E.E. Jones et al. (Hg.), *Attribution - Perceiving the Causes of Behavior,* New York 1971.

[33] E. Goffman, *Das Individuum im öffentlichen Austausch - Mikrostudien zur öffentlichen Ordnung,* Frankfurt a.M. 1974, S. 147.

[34] Natürlich ist man Lügnern nicht völlig hilflos ausgeliefert. Aber sicher sein kann man nie. Vgl. hierzu die schöne Arbeit von P. Ekman, *Telling Lies - Clues to Deceit in the Market Place, Politics and Marriage,* New York 1985.

[35] Für eine Soziologie, die gerade vom fiktionalen Charakter solcher Unterstellungen ausgeht, vgl. St.M. Lyman/M.B. Scott, *A Sociology of the Absurd,* New York 1970, S. 1-29. Der Hinweis auf die partielle funktionale Äquivalenz von Vertrauen und Mißtrauen findet sich bei Luhmann, *Vertrauen - Ein Mechanismus der Reduktion sozialer Komplexität,* Stuttgart, 2. erw. Aufl. 1973 (1. Aufl. 1968), S. 78ff.

indessen nicht. In der Soziologie reicht bereits die Unterstellung der Unterstellung.

Nun ist es freilich nicht so, als würden unsere Verstehensannahmen nicht immer wieder Tests unterzogen. Diese ergeben sich daraus, daß eine Verstehensfiktion Erwartungen in bezug auf weiteres Handeln oder Kommunizieren erzeugt. Und die anschließenden Handlungen oder Äußerungen können dann als Enttäuschungen erfahren werden, die zur Korrektur des ursprünglichen Verständnisses Anlaß geben. Aber solche Falsifikationen können sich immer nur auf bestimmte Erwartungen beziehen, andere werden eben nie getestet. Und selbst solche Handlungen, die für einen äußeren Beobachter massiv im Widerspruch zu einer Verstehensunterstellung sind, können je nach Lage von den Betroffenen selbst als kompatibel interpretiert werden.[36] In jedem Falle führt Erwartungsenttäuschung normalerweise lediglich zu einer inhaltlichen Korrektur der in Rede stehenden Erwartungen, nicht aber zum Zweifel an der Verständlichkeit des anderen überhaupt. Man ändert seine Auffassungen vielmehr, gerade weil man an der prinzipiellen Verständlichkeit festhält.

Besonders instruktiv sind in diesem Zusammenhang explizite gemeinsame Anstrengungen zur Aufklärung von Mißverständnissen. Die Vorannahme der Klärbarkeit geht solcher Bemühung schon voraus. Aber gerade die Energie, die man auf das Ausräumen *eines* mutmaßlichen Mißverständnisses wendet, schließt die Beseitigung anderer entdeckter oder unentdeckter Mißverständnisse erst einmal gerade aus. Dabei liegt solchen Versuchen überdies die Unterstellung der Sinnkonstanz des Gemeinten über den Zeitverlauf zugrunde, während ein dritter Beobachter häufig den Eindruck erhält, daß das, was den Beteiligten als Aufklärung eines Mißverständnisses erscheint, in Wirklichkeit eine beiderseitige Änderung von Auffassungen ist. Das Gemeinte selbst ist nicht so fix, wie es scheint. Jede Klärung von Mißverständnissen impliziert also den Verzicht, die Verstehensunterstellung in anderen Punkten zu überprüfen, weil man nicht gleichzeitig mehrere Mißverständnisse bereinigen kann. Dabei ist die Schwierigkeit noch gar nicht berücksichtigt, daß häufig die systematische Untersuchung eines entdeckten Mißverständnisses dazu führen kann, daß man das ursprüngliche zwar nicht beseitigt, aber nicht mehr für eines hält. In diesem Fall würden die Beteiligten von erfolgreicher Klärung sprechen. Denkbar wäre indessen, und das geschieht auch überaus häufig, daß Klärungsversuche dieser Art zur Aufdeckung neuer Mißverständnisse oder Unklarheiten führen, so daß umso mehr Mißverständnisse aufscheinen, je mehr man sich anstrengt, sie los zu werden.

---

[36] Fatale, allerdings extreme Beispiele für die Möglichkeit, selbst massiv aggressive Akte als Liebeszeugnis zu interpretieren, finden sich in: L.C. Wynne et al., „Pseudo-Gemeinschaft in den Familienbeziehungen von Schizophrenen", in G. Bateson et al., *Schizophrenie und Familie*, Frankfurt a.M. 1970, S. 44-80.

Für Gesellschaften ist es deshalb fundamental, daß Kommunikation auch ohne „richtiges" Verstehen funktioniert. Diese an jenes zu binden, würde Kommunikation verunmöglichen. Es reichen allemal Verstehensunterstellungen und fiktive Verständnisse, um die Kommunikation in Gang zu halten. Was zählt, ist nicht, daß *richtig* verstanden wurde, sondern daß *irgend etwas* verstanden wurde und daß man *davon* ausgehen kann, damit es weitergehen kann. Gerade die Unwahrscheinlichkeit des Sich-Verstehens macht Kommunikation zu einer unendlichen Geschichte.

IV.2 Konsens

Wenn schon Verstehen aufgrund der angegebenen Umstände nicht als normaler Vorgang angesehen werden kann, jedenfalls dann nicht, wenn man Verstehen als Kriterium wählt, dann ist Konsens ein noch selteneres Ereignis. Denn hier sind die Voraussetzungen erheblich anspruchsvoller. Konsens im emphatischen Sinne, wie er etwa den Habermas'schen Überlegungen zugrunde liegt, geht ja nicht von zufälliger Parallelität der Auffassungen, sondern von wohlbegründeter Gemeinsamkeit auch moralischer Auffassungen aus. Es geht darum, daß man über diskursive Anstrengungen zur allseitigen Überzeugung der Richtigkeit oder Fundiertheit von Sachaussagen oder Wertansprüchen gelangt. Vorgängiges Verstehen wäre da nur die Minimalbedingung. Aber selbst wenn es prinzipiell möglich wäre, in Wertfragen zu verallgemeinerungsfähigen Übereinstimmungen zu gelangen - dann bliebe ja immer noch die Justierung solcher Überzeugungen in bezug auf gegebene Situationen. Denn was hülfe es schließlich dem Menschen, wenn er den Konsens in abstracto gewönne und im Prinzip, wenn im konkreten Falle unlösbarer Streit in Hinsicht auf die Anwendung bestünde? Daß hier ein Problem besteht, liegt in der Inkommensurabilität des Wirklichen gegenüber aller Theorie und allen allgemeinen moralischen Sätzen begründet. Wirklichkeit entzieht sich insofern immer den szientifischen Netzen, mit denen wir sie einzufangen hoffen. Das liegt unter anderem an der Differenz von situativer Einzigartigkeit und begrifflicher Generalität. Die Fälle sind eben nicht als solche schon im Prinzip in der Theorie vorgesehen, so daß die Subsumption ein bloßer Sortiervorgang wäre, den auch ein mittelmäßiger Computer mechanisch leisten könnte. Subsumption als realer Vorgang der situativen Passung von Regel und Fall ist kreativ.[37]

Kant weist in diesem Zusammenhang auf die Urteilskraft hin als das „Vermögen unter Regeln zu subsumieren, d.i. zu unterscheiden, ob etwas unter ei-

[37] Vgl. hierzu die Überlegungen von H.-G. Gadamer in: *Wahrheit und Methode*, Tübingen ^{2}1965, S. 307ff., wo dieser Gedanke im Zusammenhang der juristischen Hermeneutik auf die Dialektik von Gesetz und Einzelfall angewandt wird.

ner gegebenen Regel (casus datae legis) stehe, oder nicht"[38]. Kant hält sie für ein besonderes „Talent, welches gar nicht belehrt, sondern nur geübt sein will"[39]. Bereits Kant setzt die Urteilskraft als eine Art Wissenswissen ein, das vor dem Horizont von Gelehrsamkeit sich bewähren muß. Aus dieser folgt jedenfalls für die rechte Anwendung des Gelernten noch nichts. Kant sieht im Fehlen dieser Art von Fähigkeit, Wissen auf Wirklichkeit zu beziehen, den Kern der Dummheit, die er offenbar besonders bei Gelehrten nicht selten angetroffen hat: „Der Mangel an Urteilskraft ist eigentlich das, was man Dummheit nennt, und einem solchen Gebrechen ist gar nicht abzuhelfen. Ein stumpfer oder eingeschränkter Kopf, dem es an nichts, als am gehörigen Grade des Verstandes und eigenen Begriffen desselben mangelt, ist durch Erlernung sehr wohl, sogar bis zur Gelehrsamkeit, auszurüsten. Da es aber gemeiniglich alsdann auch an jenem (der secunda Petri) zu fehlen pflegt, so ist es nichts ungewöhnliches, sehr gelehrte Männer anzutreffen, die, im Gebrauche ihrer Wissenschaft, jenen nie zu bessernden Mangel häufig blicken lassen."[40]

Die Problematik, auf die Urteilskraft antwortet, hängt sowohl mit der sachlichen Komplexität der Gegenstände, als auch mit der zeitlich bedingten Variabilität der Umstände und der Unvorhersehbarkeit unserer Handlungspartner zusammen: drei Überraschungsfelder und drei nicht stillzusetzende Generatoren von Widersprüchen. Allerdings sowohl die Komplexität der Sachen, als auch die Differenz der Zeiten und die Unauslotbarkeit der Absichten unserer Mitmenschen sind nicht an sich gegeben und als ahistorisch konstante Schwierigkeit gleichsam der „conditio humana" zuzuschlagen. Sie sind selbst korrelativ zu den jeweils gültigen Wissenssystemen einer Gesellschaft. Die Sachen können als ganz einfach perzipiert, die Menschen als im wesentlichen gleich und die Zeit kann als ewige Wiederholung entworfen werden. Und auch solche Umweltentwürfe sind funktionsfähig. Aber ihre Reichweite ist begrenzt und sie sind, abgesehen von typologisch einfachen Gesellschaften[41], nicht durchzuhalten. Zumindest unter modernen Bedingungen, wo sich diese Lage verschärft, prinzipiell aber in allen Gesellschaften von einiger Komplexität, entspringt die Knappheit der möglichen consensus der fehlenden Kongruenz von Wissen und Situation. Nimmt man hinzu, daß man ja nur in der Philosophie, aber nicht im Leben Zeit genug zum Reden hat, wird es gänzlich utopisch, soziale Verständigung an Konsens zu binden. Selbst der Begriff „utopisch" scheint mir in diesem Fall ein Euphemismus, denn selbst für Utopien müssen wir ja zumindest *prinzipielle* Realisierbarkeit unterstellen.

---

[38] Kant, *Kritik der reinen Vernunft,* Hamburg 1956, S. 193.
[39] ebd., S. 193f.
[40] ebd., S. 194 Fn.
[41] Ich beziehe mich hier auf die entsprechenden Charakterisierungen von Fr.H. Tenbruck, *Geschichte und Gesellschaft,* Berlin 1986, S. 272-296.

IV.3 Verständigung als Kontingenzreduktionsgenerator bzw. als Verstehensdefizitkompensation

Wenn ich recht sehe, hat sich diese Einsicht in Europa zuerst mit Deutlichkeit im Anschluß an die Religionskriege aufgedrängt. Die Kriege selbst sind noch getragen von der Überzeugung, daß Integration nicht ohne Konsens in den wesentlichen Fragen möglich ist. Ohne Konsens kein Friede, deshalb Krieg, um ihn herzustellen! Die moderne Staatlichkeit kehrt indessen die Relationen um: es geht um Verständigung auch ohne Konsens. Gerade weil man sich im wichtigsten nicht einigen kann, muß man sich verständigen. Der Verzicht auf Konsens stiftet Frieden. Daß eine solche Hinnahme nicht einfach war, zeigt die geschichtliche Entwicklung. Daß sie immer noch nicht ganz einfach ist, zeigt auch der Stand der gegenwärtigen Theorie. Verlangt wird schließlich, daß man das duldet, was moralisch eigentlich nicht tolerierbar ist. Die Duldung selbst aber wird durch moralisch nicht hinlänglich legitimierbare Macht erzwungen.[42] Die strategische Leistung besteht also in der Setzung von Einigungszwang überall da, wo Konsens nicht möglich scheint. Zum Konsens kann man sich nicht entschließen, auch nicht zu ihm gezwungen werden, außer vielleicht durch die gewaltlose Gewalt des besseren Arguments, weil man Konsens nur als innere Zustimmung gewähren kann. Das gleiche gilt aber nicht für Verständigung. Sie kann Resultat von Entscheidungen und deshalb auch von äußerem Zwang sein. Formal schließt das natürlich Konsens*deklarationen* ein. Aber während Konsens nur durch neue Einsichten oder Argumente erschüttert werden kann, kann Verständigung aufgrund neuer Machtlagen aufgekündigt werden. Sie ist - wenn auch vielleicht notwendig unausdrücklich - zeitgebunden. Und ihr Rhythmus folgt nicht der Geschwindigkeit des Wissensfortschritts, sondern strategischen Erwägungen. Allerdings kann dann auf dem Boden von Verständigungen und dem durch sie bereiteten Frieden unter Umständen ein Konsens entstehen, der vorher nicht möglich war. Man könnte von einem *Münchhausen-Effekt* solcher Verständigungen sprechen. Wie paradox eine solche Lösung ist, zeigt sich etwa in der Fassung die Pascal ihr - noch unter dem unmittelbaren Eindruck ihrer historischen Neuheit und Ungeheuerlichkeit - gegeben hat:

> Il est juste que ce qui est juste soit suivi, il est nécessaire que le plus fort soit suivi. La justice sans la force est impuissante; la force sans la justice est tyrannique. La justice sans force est contredite, parce qu'il y a toujours des méchants; la force sans la justice est accusée. Il faut donc mettre ensemble la justice et la force (...). La justice est sujette à dispute, la force est très reconnaissable et sans dispute. Ainsi on n'a pu donner la force à la justice, parce que la force a contredit la justice et a dit que c'était elle qui était juste. Et ainsi ne pouvant faire que ce qui est juste fût fort, on a fait que ce qui est fort fût juste. [43]

[42] Bisweilen ist sie auch Folge der ebenfalls moralisch bedenklichen Trägheit.
[43] Pascal, *Pensées* , fr. 298 (éd. Brunschvig). Eine glänzende Analyse dieses Passus findet sich in: E.

Auf der gleichen Ebene liegen natürlich auch die Überlegungen seines Zeitgenossen Hobbes. Das, was man seit Parsons sich in der Soziologie angewöhnt hat, das „Hobbesian Problem" zu nennen, war freilich keinesfalls dasjenige, was Parsons selbst mit seinem Konsens-Theorem glaubte, gelöst zu haben. Die Hobbes'sche Frage war gerade, wie kann man miteinander in Frieden leben, wenn die Individuen aufgrund ihrer unversöhnlichen verinnerlichten Wertüberzeugungen nicht zu einem Konsens finden, wenn im Gegenteil gerade jeder Versuch, zu einem Konsens zu gelangen, den Bürgerkrieg auslöst. Die Parsons'sche „Antwort" durch „gemeinsame Wertüberzeugungen" ist in diesem Kontext ersichtlich nicht eine Lösung, sondern „begging the question". Mir scheint die Hobbes'sche Antwort auf seine eigene Frage in jedem Fall besser zu sein als die von Parsons. Hobbes sagt hier der Sache nach: Durch Verständigung, die durch den Verzicht auf Konsensbildung in Wertfragen hergestellt wird und durch Gewaltmonopole abgesichert ist.[44]

Nun ist die Situation nicht immer so dramatisch wie die im Europa des 17. Jahrhunderts. Physischer Friede ist oft weithin voraussetzbar, wenn man sich auch die Voraussetzungen nicht immer klar macht. Jedenfalls führt jede Bindung des Friedens an Moral und Konsens mit einer gewissen Zwangsläufigkeit zu dessen Gefährdung. Es sind möglicherweise Moralisierung von Fragen und Konsensdruck eng verknüpft. Aber Erhöhung des Konsensdrucks führt stets zur Verschärfung der Konflikte, ebenso wie Moralisierung stets „polemogene" (Julien Freund) Funktionen hat. Im befriedeten Alltag entsteht Konsensdruck häufig deshalb nicht, weil Konsens pauschal unterstellt wird. Konsensunterstellung wirkt hier als Lösung des Problems der Doppelkontingenz, nicht aber faktischer Konsens. Im Kontext der Jurisprudenz heißt eine solche Unterstellung „geltendes" Recht. Unsere eigenen Untersuchungen bei Ehepaaren zeigen Analoges. Verstehen und Konsens werden dort fiktiv[45] angenommen. Auf diese Weise kann der Konsensdruck zwar erhalten bleiben, insofern die Partner Einigkeit für lebenswichtig halten, aber er wird ebenso wenig wie Verstehen ständig getestet. Nur bei Ehepaaren die ihre Ehe wie ein philosophisches Oberseminar organisieren, ist das anders. Doch das geschieht meist erst dann, wenn aus anderen als argumentativen Gründen ein Konflikt bereits ausgebrochen ist. Wenn freilich Dissens im Alltag sichtbar wird, ist Konsensbemühung nur *eine* Antwort. Die Alternative ist auch hier Verständigung. Die Wahl selbst kann *strategisch* getroffen werden. Oft erscheint sie - von außen betrachtet -,

---

Auerbach: „Über Pascals politische Theorie", in ders., *Gesammelte Aufsätze zur romanischen Philologie,* Bern/München 1967, S. 204-221.

[44] Zu dieser ganzen Frage einschlägig und eindringlich immer noch: R. Koselleck, *Kritik und Krise - Eine Studie zur Pathogenese der bürgerlichen Welt,* Frankfurt a.M. 1973 (ursprünglich: 1959).

[45] Zur auch positiven Bedeutung von Fiktionen allgemein vgl.: J.W. Woodard, „The Role of Fictions in Cultural Organizations", in *Transactions of the New York Academy of Science,* II, 6, 1944, S. 311-344.

als wenn sie es wäre, ohne daß eine bewußte Strategie verfolgt würde. Man kann in jedem Fall davon ausgehen, daß auch alles Sich-Verständigen selektiv ist. Am Anfang steht zumeist eine konkrete Einzelstörung, die Aufmerksamkeit auf sich zieht. Die Störung muß nicht notwendigerweise durch einen Widerspruch ausgelöst werden. Viele Widersprüche nehme ich gar nicht wahr, und etliche stören mich nicht, obwohl sie mich vielleicht stören würden, wenn ich sie wahrnähme. Nur selten freilich kann ich hoffen, Widersprüche durch Überzeugung aus der Welt zu schaffen, obwohl selbst häufige Erfahrung diesbezüglichen Scheiterns immer neue Versuche nicht grundsätzlich zu entmutigen scheint, so schmerzlich diese Art von kontrafaktischer Stabilisierung auch ist. Natürlich kann man versuchen, Störungen, wenn man sich nicht gleich entscheidet, sie zu ertragen, durch Beeinflussung fremden Verhaltens abzustellen. Auch hier ist oft Verzicht auf Konsenssuche der beste Weg, zur Verständigung zu kommen. Was in solchen Verständigungsprozessen als Ressource eingesetzt wird, ist je nach sozialer Beziehung verschieden. In Liebesbeziehungen werden andere Mittel eingesetzt als bei Tarifauseinandersetzungen, wenn auch in beiden Fällen Machtfragen eine Rolle spielen. Nur das, worauf sich Macht hier und dort stützt, ist verschieden. In Liebesbeziehungen kann schon die bloße Traurigkeit oder Verstimmtheit hinlänglich sein, den anderen zur Aufgabe der Störung zu veranlassen. Wohlgemerkt, er wird nicht überzeugt, er konsentiert nicht, er läßt bloß ab von seinem Tun. Er kann eventuell so tun, als ob er konsentiere, wenn mich gerade stört, daß er mir nicht zustimmt. Umgekehrt kann ich selbst mir den Anschein geben, nicht gestört zu sein oder nicht mehr gestört zu sein, wenn ich feststelle, daß meine Mittel, die Störung zu beseitigen, nicht ausreichen oder daß meine Sanktionen oder mein Protest zu Resultaten führen, die ich noch schwerer ertrage als die anfängliche Störung. Das zentrale Problem von Machteinsatz in persönlichen Beziehungen liegt eben darin, daß es fast gänzlich unmöglich ist, den anderen zu verletzen, ohne selbst verletzt zu werden, und zwar nicht erst deshalb, weil der andere sich wehrt, sondern die Verletzung selbst hat sozusagen eine doppelte Schneide, mit der sie gleichzeitig ins eigene Fleisch dringt. Konsenssimulation hat allerdings immer auch Kosten. Die Verständigungsstrategien nehmen typischerweise Opportunitätskosten in ihre Rechnung mit auf. Empirische Arbeiten, wie solche Verständigungsprozesse ablaufen, liegen kaum vor. Am besten informiert man sich immer noch durch Introspektion und Romanlektüre.

Auseinandersetzungen um Verständigung laufen etwa bei Tarifverhandlungen schon deshalb anders ab, weil Machtdifferenzen ganz offen in Anschlag gebracht werden können, wenn sie vielleicht auch nicht thematisierbar sind. In keinem Falle aber darf Konsens angestrebt werden, dann käme man eben zu keiner Verständigung. Alle Einigung basiert auf der Grundlage grundsätzlicher Nicht-Einigkeit. So mag z.B. der Gewerkschaftler der Meinung sein, daß Privatbesitz an Kapital ein im Prinzip nachweisbares Unrecht sei, weil es sich hier keineswegs um auch bei herrschaftsfreier Diskussion verallgemeinerbare Ansprüche handelt. Aber auf dieser Ebene wäre eben Konsens nicht möglich. Verständigungen kommen zustande, weil man das dahingestellt sein läßt. Auch hier also setzt das Weiterkommen Verzicht auf Einigung im Fundamentalen voraus. Man kann auch durch langes Nachdenken zu dem Ergebnis kommen, daß Sitzfleisch in einer bestimmten Lage wichtiger als Logik ist, daß man sich nur vorwärtsbewegt, wenn man sich erst einmal nicht bewegt und abwartet. Aussitzen und Ausklammern gelten als Eigenschaften schwacher Geister. Vielleicht hängt das damit zusammen, daß solche Vorwürfe von starken Geistern vorgetragen werden, die sich mit der politisch schwachen Rolle des Geistes de facto abgefunden haben und denen man die Möglichkeit läßt, sich folgenlos darüber zu beklagen. Natürlich bedienen sich auch Verständigungsprozesse immer wieder argumentativer Ressourcen. Dabei kommen auch Appelle an gemeinsame Werte ins Spiel. Aber es geht dann selten um wirkliche Bemühungen um Wertkonsens als vielmehr um Zuordnungen situativer Notwendigkeiten zu bereits bestehendem oder unterstellbarem Wertkonsens. In solchen Fällen wird folglich nicht ein generalisierbarer Anspruch geltend gemacht, als vielmehr der Widerspruch einer Handlung zum Anspruch, den der Handelnde selbst erhebt, und zwar im konkreten Einzelfall. Was geltend gemacht wird, sind also eher zeitlich als sachlich generalisierbare Ansprüche. Sie erwachsen nicht auf dem Boden von Wertkonsens, sondern von Verkettungen von „Commitments" oder Selbsteinlassungen und Selbstfestlegungen. Nicht *daß* der andere tut, was er soll, ist dann entscheidend, sondern daß ich mich bis auf weiteres darauf verlassen kann, daß er tut, was er tut. Wenn man das Luhmannisch ausdrücken will, könnte man vielleicht auch sagen, daß Anschließbarkeit wichtiger ist als Moralität. Im Kontext kontingenztheoretischer Betrachtungen ließe sich das so formulieren: Konsens ist unter Bedingungen hochkontingenter Kommunikationen eine zu knappe Ressource, um deren Fortgang auf sie zu gründen. Kontingenzreduktion muß daher im Normalfall mit weniger aufwendig herzustellenden Verfahren arbeiten, als solchen, wie argumentative Einigungen über divergente Normen sie darstellen. Verständigungen leisten dies jedenfalls teilweise über Unterstellungen und - und das ist ebenso wichtig - über kommunikative Selbstfestlegungen.

V. Kontingenz und Kontingenzverknüpfung

Das kognitive Korrelat für Kontingenz ist Unvorhersehbarkeit. Ein Ereignis mag „objektiv" nach strenger Gesetzmäßigkeit eintreten oder ausbleiben. Wer sich jedoch orientieren will, weiß den Ausgang häufig nicht. Für ihn erscheint als „Zufall", was „an sich" vielleicht gar kein Zufall ist. Angesichts des in diesem Sinne so unendlich großen Bereichs von Zufälligkeiten, mag es rätselhaft erscheinen, wie Ordnung und aufeinander bezogenes Handeln überhaupt möglich sind. Eine Basis, dem Dilemma der Zufälligkeit zu entkommen, besteht - wir sagten es bereits - darin, das Zufällige nicht wie zufällig zu behandeln, sondern an beliebigen Ereignissen Erwartungen zu verankern. Das nächste Ereignis kann dann bereits nicht mehr den gleichen Grad von Überraschung haben: Es ist entweder die Erfüllung oder die Enttäuschung einer Erwartung. Aus der unendlichen Fülle der möglichen Vorkommnisse sind durch diese Behandlung der Kontingenz nur noch zwei Typen übrig geblieben. Durch Erwartung werden also an sich kontingente Ereignisse miteinander verknüpft. Dadurch reduziert sich die Gesamtkontingenz. Diese Leistung basiert darauf, daß zwar jedes Einzelereignis kontingent ist, daß aber, wenn ein Ereignis eingetreten ist, das dann noch Mögliche erheblich eingeschränkt wird. Ob mein freundliches Lächeln erwidert wird, ist völlig offen. Aber wenn das geschieht, dann bietet sich vielleicht die Gelegenheit, zu einem gemeinsamen Spaziergang einzuladen. Und von einem bestimmten Zeitpunkt an ist aus lauter für sich kontingenten Ereignissen eine Situation entstanden, in der nur noch ein Heiratsantrag anschließbar wird, wenn man sich nicht für immer trennen soll.[46] Jeder erfolgreiche Anschluß schließt also unendlich viele Alternativen aus. Was übrig bleibt, kann unvorhersehbar genug sein. Aber die Überraschungen haben nun eine Form. Wenn man erst einmal miteinander Schach spielt - daß es dazu kommt, setzt das Eintreffen einer Fülle von je für sich höchst unwahrscheinlichen Ereignissen voraus - muß man mit vielem nicht mehr rechnen, z.B. nicht damit, daß der Partner die Figuren wie Zinnsoldaten benutzt. Kontingenzen bleiben genug. Ich weiß ja nicht, wie Alter ziehen wird. Aber daß er ziehen wird, davon gehe ich aus. Das Beispiel zeigt noch mehr. Mit jedem weiteren Zug engt sich u.U. der Raum der verbleibenden Möglichkeiten ein. Die Verkettung der Kontingenzen führt zu Notwendigkeiten oder Unausweichlichkeiten. Aus Kontingenzen werden durch Verknüpfungen Konditionierungen: Daß etwas geschieht, mag völlig zufällig oder unwahrscheinlich sein und in jedem Falle davon abhängen, daß vorher bereits etwas anderes passiert ist. Aber *wenn* das passiert ist (ob das der Fall ist, mag höchst zufällig sein), dann kann das Anschlußereignis höchst wahrscheinlich oder notwendig werden. Dieser Wandel des Begriffsverständnisse von „kontingent" läßt sich sehr eindrucksvoll im Englischen beobachten. Einerseits heiß „contingent" „möglich" oder „zufällig". Dann aber auch in der Wendung „contingent on" oder „contingent upon" „abhängig von", „bedingt durch" oder „verbunden mit".

[46] Probleme können sich allerdings dann ergeben, wenn Ego und Alter unterschiedliche Erwartungen in bezug auf die Logik erwartbarer Sequenzen haben. So wird berichtet, daß während des Zweiten Weltkrieges englische Mädchen und amerikanische Soldaten erhebliche Kommunikationsprobleme hatten, weil der Kuß bei den einen in den Initialbereich einer Beziehung, bei den anderen in dessen penultimative Phase gehörte.

Die Kontingenz, mit der nicht nur die Soziologie es zu tun hat, sondern von der wir auch im Alltag normalerweise ausgehen und die uns zu schaffen macht, ist nicht die totale Kontingenz, wie sie vor dem ersten Schöpfungstag bestanden haben mag, sondern es sind jene relativen Kontingenzen, die in der Wahl zwischen Alternativen mit Folgen und Voraussetzungen bestehen. Alle Ordnungen sind durch Zufälliges konstituiert. Und die Zufälligkeiten, mit denen wir zu kämpfen haben, sind die abhängigen Variablen von bereits bestehenden Ordnungen. Es gibt also niemals Kontingenz *oder* Ordnung, sondern der Raum der Kontingenzen, der sich uns öffnet, ist Ordnungsfolge.

Diese allgemeine Überlegung besagt aber noch nichts darüber, ob in einer gegebenen Situation eher die Kontingenz oder die Ordnung im Zentrum der Aufmerksamkeit steht. Beim Schachspielen dürfte in der Regel nicht die Bewunderung darüber im Vordergrund stehen, daß die vorzüglichen Regeln des Spiels eine so bewundernswerte Ordnung ermöglichen. Vielmehr dürfte die Lust und die Last der Entscheidung über den eigenen Zug und das Bewußtsein der Kontingenz der Reaktion des Gegners den Spieler vollauf beschäftigen. Ein zur Schlacht gerüsteter Ritter mag zwar im allgemeinen davon überzeugt sein, daß die Welt ein von Gott wohlgeordneter sittlicher Kosmos ist, im Augenblick des Kampfes wird ihm die Ungewißheit des Ausgangs größere Sorgen machen. Und das scheint generell so zu sein. Im Vollzug von „Spielen", ob es sich nun um Schach oder Krieg, um Ehe oder Forschung handelt, empfinden sich die Handelnden als Bewältiger von Kontingenz, die sie der Umwelt zurechnen. Erst die in einem gewissen Abstand zum Drama stehende entlastete Beobachtung kann darauf aufmerksam werden, wieviel an Kontingenz durch die Spielregeln gerade ausgeschlossen wurde. Der „Spieler" selbst konzentriert sich auf den noch verbleibenden Alternativenreichtum mit seinen Unwägbarkeiten und Risiken. Daß er nicht auch noch die Möglichkeiten bedenken muß, die die Regeln bereits ausgeschlossen haben, läßt ihn eher kalt. Wer sich z.B. fragt, ob ein bestimmtes Lächeln eine Aufforderung zur Intensivierung einer Beziehung ist oder nur eine freundliche Geste, die zu nichts weiter sonst ermuntern will, dem hilft es nicht, sich darüber freuen zu können, daß mit Mord im Moment nicht gerechnet werden muß. Wer über die richtige Antwort auf eine Prüfungsfrage nachdenkt, registriert die Entlastung kaum, die ihm die Prüfungssituation von allen Fragen bietet, die nicht mit dem Prüfungsgegenstand zu tun haben.

Die Präferenz für die Kontingenzperspektive gegenüber der Ordnungsperspektive hängt aber nicht nur von den je unterschiedlichen Einlassungen in Situationen ab, also vor allem davon, ob man als „Spieler" oder als „Kiebitz" daran beteiligt ist. Es läßt sich deutlich auch eine von Gesellschaft zu Gesellschaft unterschiedliche Art der Gewichtsverteilung feststellen. Das gilt einerseits ganz generell in bezug auf die Dramatisierung von Restkontingenz in den gepflegten Semantiken: Die Epochen unterscheiden sich danach, ob sie die

Welt oder die Existenz als trotz aller Aufgeregtheiten und Gefahren im letzten als „geordnet“ thematisieren oder ob die Zufälligkeiten, vielleicht sogar das „Chaos“ zur beherrschenden Selbstbeschreibungsfigur werden und also die in keinem Fall faktisch je fehlende reale Geordnetheit und Ausschließung von Kontingenz für die Selbstthematisierung der Epoche ohne jede ausdrückliche Erwähnung bleibt. Insbesondere unterscheiden sich die sozial dominanten Semantiken auch in Hinsicht darauf, wo Ordnung und wo Kontingenz verortet wird: Die Natur kann als Raum der von Kontingenz entlasteten Gesetzlichkeit oder als dämonisches Überraschungsfeld thematisiert werden, der Mensch als „deinotatos“ oder als eigentlich leicht kalkulierbares Alter Ego. Das Gleiche gilt für die Götter: Sie können als der Hort der Stabilität oder als Zentrum der Unruhe empfunden werden. Und auch wenn Götter fehlen, kann man das als beruhigend oder als bestürzend registrieren.

Es ist üblich, die „Moderne“ als jene Gesellschaftsformation zu sehen, in der sowohl im Alltag als auch in den wissenschaftlichen Reflexionsinstanzen das Bewußtsein der Kontingenz drastischer und allgemeiner thematisiert wird als in allen vormodernen Kulturen. Wenn man das gleichsetzt mit grundsätzlich größerer Angst vor Kontingenz, wird freilich aus einer Halbwahrheit ein schlichter Fehler. Der entscheidende Unterschied scheint eher zu sein, daß die moderne Gesellschaft Kontingenz selbstreferentiell erfährt, als Resultat eigener Strukturentscheidungen, wohingegen vormoderne Gesellschaften Kontingenzen eher fremdreferentiell zugeschrieben haben: Die eine erlebt Kontingenz dann eher als Risiko, die anderen empfinden sie als Gefahr. Daß allerdings auch das eher eine nachträgliche Beschreibung durch uns ist, mag man daran erkennen, daß viele vormoderne Gesellschaften etwa Naturkatastrophen gerade nicht als Naturkontingenz (also als Gefahr) betrachtet, sondern als Folge unsittlichen Handelns, also gerade nicht fremdreferentiell, sondern selbstreferentiell verarbeitet haben.

Umgekehrt zeigt sich auch für die Gegenwart ein keinesfalls schrankenloser Glaube an die Ubiquität von Kontingenz. Daß jede einzelne Einrichtung auch anders gestaltet werden könnte, weiß zwar jeder, genau so aber auch, daß jede Änderung Kosten verursacht. Alles ist zwar änderbar (weil alles je für sich kontingent ist), aber alles ist nicht mit allem kombinierbar. Man muß sich nicht waschen. Aber wenn man gewaschen werden will, muß man sich den Pelz naßmachen lassen. Wir glauben zwar an die Möglichkeit anderer Welten und halten die unserige insofern für kontingent. Wir sind auch nicht mehr der Meinung, daß unsere Welt, wenn schon nicht die einzig mögliche, so doch die beste aller Möglichkeiten ist. Wir wissen aber, daß die Realisierung jeder Möglichkeit Anschlußzwänge schafft. Notwendigkeiten und Kontingenzen stehen nicht im Widerspruch zueinander. Sie sind die zwei Seiten einer Medaille, weil der Unendlichkeit der kontingenten Einzelmöglichkeiten die Knappheit der Möglichkeiten ihrer Verknüpfung korrespondiert.

6. Schluss

Hans Robert Jauß

EPILOG AUF DIE FORSCHUNGSGRUPPE ‚POETIK UND HERMENEUTIK'

„Angesichts einer vollendeten, in ihren Möglichkeiten erfüllten und nunmehr erschöpften Klassik begann im 18. Jahrhundert jene Kritik an ihren ästhetischen Doktrinen, in der sich für uns die Anfänge einer neuen Erfahrung der Kunst verbergen." So lautet der erste Satz im Vorwort zum ersten Kolloquium, mit dem die Gruppe ‚Poetik und Hermeneutik' ihre Arbeit eröffnet und 1963 die Reihe ihrer Publikationen begonnen hat. Sie soll nunmehr mit Band XVII ihren Abschluß finden - nach drei Dezennien ihres Bestehens, der gelungenen Bildung einer eigenen wissenschaftlichen Tradition in Zeitläuften rapiden geschichtlichen Wandels und chronischer kultureller Innovation! Keiner im Kreise ihrer anfänglich zwölf Mitglieder hätte gedacht, keine Stiftung erwartet, daß aus dem Wagnis dieses Anfangs ein Unternehmen von solcher Dauer, daß aus dem beginnenden Dialog zwischen den Disziplinen eine Reihe von siebzehn Bänden hervorgehen könnte, von der man im Rückblick wohl sagen darf, daß sie ein Kapitel der jüngsten Geschichte der Geisteswissenschaften repräsentiert. Der Beschluß der Gruppe, ihr Unternehmen als nunmehr vollendet anzusehen, sollte auch ihrem absehbaren natürlichen Ende zuvorkommen. Wie in Haydns Abschiedssymphonie ein Musiker nach dem andern aufhört und mit seinem Instrument abzieht, verstummte auch hier allmählich immer wieder eine Stimme. Vorab die der dazu geladenen Senioren: Herbert Dieckmann, Werner Krauss, Dmitrij Tschižewskij und Siegfried Kracauer, sodann aus der jüngeren Generation der Gruppe: Günther Buck, Peter Szondi, Max Imdahl, Jakob Taubes, Carl Dahlhaus, Reinhart Herzog, zuletzt Hans Blumenberg. Darum ist es mir als einem der Mitgründer, der an der Seite von Wolfgang Iser so lange und durch manche Krise hindurch den Taktstock führte, bis ihn Karlheinz Stierle und Rainer Warning übernahmen, nunmehr zugefallen, das Zeichen zum Schlußakkord zu geben und die Gruppe zu verabschieden.

Daß im Kreis von ‚Poetik und Hermeneutik' der Stamm der ersten Mitglieder bald ‚Archonten' genannt wurde, mag überraschen, bedenkt man, daß es sich um eine Gruppe von Vierzigjährigen handelte. Sie kamen aus der Studentengeneration der Kriegsheimkehrer und waren gerade auf ihre ersten Lehrstühle gelangt. Sie sahen jetzt die Stunde eines Aufbruchs aus der veralteten Universität gekommen, engagierten sich für die Studienreform und die Neugründungen der Sechziger Jahre. Als die Reformen scheiterten und die Universitäten in eine Dauerkrise verfielen, führten sie extra muros ihr Projekt unbeirrbar zum Erfolg. Sollte der Gruppe nach den drei Dezennien ihres Unternehmens hinfort - wie der eingangs zitierte Satz erwarten läßt – der Status von emeritierten Klassikern zukommen, so in der Einsicht, daß die Möglichkeiten, die das Binom ihres Markenzeichens eröffnet hatte, ausgeschöpft sein dürften, hingegen Anfänge einer neuen Konzeption, um die sich eine jüngere Gruppe hätte bilden können, bisher nicht erkennbar wurden. Dazu würde keineswegs schon ein vorgefaßter und langfristiger Forschungsplan benötigt. ‚Poetik und Hermeneutik' hat damit seinerzeit gerade nicht begonnen, geschweige denn mit einem Manifest, um zu verkünden, was man später einen Paradigmenwechsel nannte. Die Forschungsgruppe hat sich auch in all den Jahren nie zu einem offiziellen Programm verstehen wollen, das ihr Projekt theoretisch und sachlich begründet und den Gang der Arbeit langfristig geregelt hätte. Statt dessen folgte sie ihrem eigenen Brauch, am Ende jedes Kolloquiums eine Debatte über die gegenwärtige wissenschaftliche Situation zu führen, um Desiderata der Forschung von überfachlichem Interesse zu finden und danach Thematik und Problemstellung für das nächste Kolloquium zu bestimmen. Für die Kolloquien selbst wurde eine Arbeitsweise eingeführt, die inzwischen Schule gemacht hat: an die Stelle monologischer Vorträge, die der Diskussion wenig Raum lassen, trat das problemorientierte Gespräch über vorab versandte, studierte und kurz rekapitulierte Vorlagen; die Ergebnisse der Verhandlungen wurden redigiert oder in ergänzenden Voten der dafür kompetenten Teilnehmer ausgearbeitet. Der Gesprächskreis mußte erlauben, daß jeder Teilnehmer in einer zweistündigen Sitzung zu Wort kommen konnte. Die durch Kooptierung gebildete Gruppe der ursprünglich zwölf Archonten lud dazu ebensoviele Gäste zu den einwöchigen, alle zwei Jahre stattfindenden Kolloquien ein .

Das interdisziplinäre Prinzip und die dialogische Arbeitsweise mit ihrer beweglichen, immer wieder zu erneuernden Zielsetzung war die eigentliche Innovation von ‚Poetik und Hermeneutik', die den Richtlinien der üblichen Forschungsförderung schwerlich genügt hätte und wohl auch als Sonderforschungsbereich der DFG kaum denkbar gewesen wäre. Zu ihrem Glück wurde die Gruppe nach einer Anfangsförderung durch die VW-Stiftung aller Sorgen um die materiellen Bedingungen und den freien Spielraum ihrer Arbeit dadurch enthoben, daß ihr 1972 das Patronat der Werner-Reimers-Stiftung in Bad Homburg zuteil wurde. Ein Patronat, denn was sie in dem Haus am Wingertsberg in Bad Homburg fand, war weit mehr als die übliche finanzielle Unterstützung: eine gerade für ihren Arbeitsstil ideale Tagungsstätte, wo in dem zurecht gerühmten, durch sechs Wände eurhythmisch beschwingten Konferenzraum die hohen Glasfenster Drinnen und Draußen, Geist und Natur, vermitteln, wo das Gespräch um den einen großen Tisch oft seine ambulatorischen Lösungen im Park finden kann, wo die Gastlichkeit von der Frühstückstafel bis zur abendlichen Weinrunde im Salon an alles Wünschenswerte gedacht hat, ganz zu schweigen von der technischen Organisation der Tagung, die den Veranstaltern abgenommen ist. Dieses Patronat, erst verkörpert in Konrad Müller, dem ersten Direktor der Stiftung, dann in Konrad von Krosigk, zeichnet eine weitsichtige Generosität in der Förderung der Geisteswissenschaften aus, die in Deutschland kaum ihresgleichen hat; umso schmerzlicher ist es, bei der Abstattung unseres Dankes darum bangen zu müssen, daß sich gerade für die Reimers-Stiftung keine deutsche Institution zu finden scheint, um ihr bedrohtes Weiterbestehen zu sichern. Dann ist hier noch eines zweiten Patrons zu gedenken, Wilhelm Finks, der sich als junger Verleger mutig, opferbereit und unbeirrbar für die Publikation der Reihe engagierte und in Ferdinand Schöningh den Nachfolger fand, der so großzügig war, sein Werk weiterzuführen.

Lag dem Namen der Gruppe vorab auch keine inhaltliche Zielsetzung zugrunde, so erwies sich die rasch erdachte Verknüpfung von Poetik und Hermeneutik in der Folge doch bald als eine überaus fruchtbare Vorgabe für die Form und den neuen Anspruch eines interdisziplinären Gesprächs. Rasch erdacht, denn der durchaus kontingente Anlaß für die Gründung einer Forschungsgruppe war, daß mir der Germanist Clemens Heselhaus bei meiner Berufung nach Gießen anbot, ein gemeinsames ‚Lessing-Institut für Poetik und Literaturkritik‘ auszuhandeln. Mir erschien dies zu eng gefaßt, und ich schlug vor, den Philosophen Hans Blumenberg dafür zu gewinnen. Warum nicht, seiner Kompetenz entsprechend, als Brückenschlag zwischen Poetik und Hermeneutik? So kam nach dem Hinzutreten von Wolfgang Iser die Ausgangskonstellation der ästhetisch und hermeneutisch fundierten Fächer zustande, in welcher Literaturwissenschaft und Philosophie zusammengeführt, dann Geschichts-, Sprach- und Kunstwissenschaft einbezogen, hernach das Spektrum der Disziplinen allmählich auf den ganzen Umkreis der alten philosophischen Fakultät erweitert und schließlich auch Theologie, Soziologie und Jurisprudenz beteiligt wurden, wenn es die Problemstellung erforderte. Dabei ist auch bemerkenswert: die Gründung von ‚Poetik und Hermeneutik‘ mit dem Versuch, den interdisziplinären Dialog zu erneuern, fiel gerade in die Jahre, als dieser in den alten Fakultäten verfiel; die offizielle Hochschulreform hat ihm den Rest gegeben, als sie die dialogische Einheit der philosophischen Fakultät in die Vielheit selbstherrlicher Einheiten von Forschung und Lehre, der sich mehr und mehr isolierenden Fachbereiche, auflöste.

‚Poetik und Hermeneutik‘ wurde zunächst nicht nur hierzulande als zunftwidriger Dilettantismus, sondern auch im Ausland - wie uns Paul de Man attestierte - als eine provokative Verknüpfung von Unvereinbarem angesehen. Poetik galt bei der führenden Literaturtheorie in den USA als genuines Feld der strukturalen Linguistik, Hermeneutik als eine esoterische Lehre der Theologie. Sie zu verknüpfen entsprach zwar durchaus der ästhetischen Fundierung von Hans-Georg Gadamers Hermeneutik, nicht aber dem herrschenden positivistischen Wissenschaftsideal, dem Poetik so fern lag wie Hermeneutik. Sie methodisch zu verknüpfen erforderte, die ästhetische Praxis der herkömmlichen Literatur- und Kunstgeschichte neu zu erschließen, aber auch, in der Interpretation von Texten, Zeugnissen, Gattungs- und Stilbegriffen die historischen Voraussetzungen im Horizont des gegenwärtigen wie des fremd gewordenen Verstehens zu erarbeiten. Dies aber nicht als Selbstzweck, sondern um die eigene Erkenntnis über die Fachgrenzen hinweg zu vermitteln und diskussionsfähig zu machen. Interdisziplinarität meint dann nicht den bloßen Austausch von Ergebnissen und Methoden, sondern die wechselseitige Erhellung der fachspezifischen Zugänge des Verstehens, um aus verschiedener Sicht neue Aspekte einer Sache zu gewinnen, was nicht selten zu einer Problemstellung führen kann, die erst im Spielraum zwischen den Fächern zum Vorschein kommt.

In den Verhandlungen der Gruppe erwies es sich bald als ein Vorzug der Verknüpfung von Poetik und Hermeneutik, daß sie dem interdisziplinären Gespräch eine gemeinsame Basis erbrachte. Es zeigte und bestätigte sich fortan, daß ästhetisches Sinnverstehen keineswegs erst aus exklusivem Fachwissen hervorgeht, sondern schon im primären Umgang mit Literatur und den Künsten allen Disziplinen zugänglich ist, mithin die beste Grundlage fachübergreifender Kommunikation zu bilden vermag. Von der Lebendigkeit, den Spielregeln und auch den Risiken des interdisziplinären Dialogs geben drei polyphon geführte und eigens redigierte Diskussionen die beste Vorstellung: die gemeinsame Interpretation des Apollinaire-Gedichts „Arbre“ (PH II), die divergierende Auslegung von Brechts Keuner-Geschichte „Maßnahmen gegen die Gewalt“ (PH VI) und das Experiment, einen theologischen, einen juristischen und einen literarischen Text jeweils aus fachfremder Perspektive zu interpretieren, um Spezifica der jeweiligen Hermeneutik ans Licht zu bringen und ihre Leistung in der Applikation zu vergleichen (PH XI). Dazu kam ein besonderer Brauch der Gruppe: die vom Gang der Verhandlungen abgerückte Abendsitzung des Kunsthistorikers, in welcher Max Imdahl dazu aufforderte, die historischen Befunde, die erreichten Positionen wie die strittigen Theoreme gemeinsam an der Interpretation eines Gemäldes zu prüfen. Wie hier die Evidenz des ästhetischen Gegenstands zum Richtmaß des Verstehens werden konnte, dank Imdahls besonderer Gabe, zum vielstimmigen Dialog anzuregen und aus ihm herauszuholen, was Kunst an wesentlicher Erfahrung zu erbringen vermag, ist leider nicht aufgezeichnet, doch der Erinnerung unverloren (s. dazu den Nachruf, PH XIV).

Interdisziplinarität gründet im dialogischen Zusammenwirken der Disziplinen, wenn es darum geht, einen Gegenstand aus seinem Begriff, aus seiner Geschichte, aus seinem Zeichencharakter oder aus seiner Form, nämlich philosophisch, historisch, sprachlich oder ästhetisch zu verstehen. Insofern konnte in der Arbeit der Gruppe eine zweite Gesprächsbasis den ästhetischen Zugang vortrefflich ergänzen: das Interesse an Begriffsgeschichte und historischer Semantik. Was eine Diskussion mit eingeführten, wohldefinierten Begriffen im logischen Horizont nicht leisten kann und will, ermöglicht im historischen Horizont das Verstehen von Sinn im Medium seiner Genese und seines Bedeutungswandels. Hermeneutisch gesehen sind dabei ästhetische und geschichtliche Erfahrung verschwistert, sofern das ästhetische Zeugnis vorzüglich und oft allein noch einen Zugang zur Fremdheit des Vergangenen bewahrt, wie andererseits Werke der Kunst in ihrem ereignishaften Sinn erst aus der Geschichte ihrer Entstehung und Wirkung bestimmbar sind. Aus diesen Voraussetzungen dürfte es sich erklären, daß die Vorlagen zu den Kolloquien häufig begriffs- oder problemgeschichtlich fundiert und in den meisten Bänden zu einer historischen Synthese vereint waren, die dank der vielfältigen Kompetenz der Verfasser nicht selten von der Antike und der Bibel durch alle Epochen der europäischen Kultur bis zur Moderne reichte. Aber auch dank des Beitrags der Historiker, beginnend mit Reinhart Koselleck, seiner Historik und seiner Konzeption historischer Grundbegriffe, fortgesetzt mit Arno Borst, seiner beginnenden Ausarbeitung der Geschichte der Lebensformen, und mit Christian Meier, seiner Perspektiven zur Entstehung der Historie, der griechischen Polis und der römischen Republik - einer Triade, wie man sie sich zur Erneuerung des Verständnisses von Antike, Mittelalter und Neuzeit kaum besser hätte wünschen können. Dazu kamen später Jean Starobinski, dessen Kennerschaft mit Ideengeschichte und Psychohistorie nur annähernd umschrieben wäre, Carl Dahlhaus, der führende Musikhistoriker, und Jan Assmann, als Ägyptologe und Religionswissenschaftler gleichermaßen kompetent, die dem Gespräch weitere Horizonte aufgetan haben.

Wollte man die interne Geschichte der Gruppe erzählen, so wäre daran zu erinnern, wie sich mit dem Hinzutreten einer neuen Stimme immer wieder eine andere Gesprächskonstellation gebildet hat, die unerwartete Zugänge zur verhandelten Sache eröffnen, neue Fragen fordern und Zusammenhänge aufdecken konnte, aber auch Kontroversen auslöste, die das ansonsten durchaus herrschaftsfreie Gespräch dramatisierten. So hat zum Beispiel die Intervention von Siegfried Kracauer soziologischen und gesellschaftskritischen Interessen Bahn gebrochen, die - von Jacob Taubes, dem Geist des Widerspruchs in der Gruppe, weiterhin verfochten - schließlich zu der Einladung von Thomas Luckmann und Niklas Luhmann führten, was eine Konfrontation von Wissenssoziologie und Systemtheorie erwarten ließ, der sich deren Protagonisten indes versagten (PH VIII). Für Kontroversen zu sorgen war von Anbeginn die Gesprächsrolle der Philosophen, eröffnet von Hans Blumenberg und Dieter Henrich, wobei es um die Frage ging, ob sich durch Begriffe von begegnender Wirklichkeit Kunst überhaupt begründen lasse, und Blumenberg seine Verteidigung der Möglichkeit einer historischen Phänomenologie mit der für die Gruppe hernach geflügelten Wendung begann: „So ruinös es ist, aus dem Munde von D. Henrich als ‚vorkritisch' prädiziert zu werden ..." (PH I). Nicht weniger denkwürdig blieb die Kontroverse zwischen Jacob Taubes und Hans Blumenberg, die sich an der Wirkungsgeschichte der Gnosis entzündete, näherhin an der Behauptung und Bestreitung ihrer Wiederkehr im Surrealismus, und das Problem der ästhetischen Umwertung der Natur in der Neuzeit hinterließ (PH III).

Mit dem Hinzutreten von Odo Marquard gewann die Philosophie ihren (ist man versucht zu sagen) lachenden Dritten: den so skeptischen wie humorvollen Widerpart, gleichermaßen unentbehrlich, um Differenzen hervorzukehren und Positionen ironisch zuzuspitzen, wie dafür, entfachten Streit auch wieder durch ein treffendes Bonmot zu schlichten. Unvergeßlich die Debatte über das Subjekt der Geschichte, in der er mit der ihm eigenen Meisterschaft der genealogischen Plazierung alle bisher vertretenen Positionen auf die Kategorien der „Entwegten" und der „Unentwegten" zurückführte und dabei die Antagonisten Jürgen Habermas und Hermann Lübbe auf uneingestandene Gemeinsamkeiten verwies wie: „Beide erhalten durch ihre Argumentation die Option auf die Selbstbesetzung, sozusagen den Alleinverwechslungsanspruch" (PH V). Eine Kontroverse zwischen Hermann Lübbe, Dieter Henrich und Günther Buck betraf die „Schwierigkeit der Identität, singular zu bleiben" (PH VIII), eine weitere zwischen Wolfhart Pannenberg und Odo Marquard das Applikationsschicksal von Genesis 3, der Sündenfallgeschichte (PH IX), wechselseitig mit subtiler Ironie ausgetragen, wo die traditionell harte Konfrontation von Philosophie und Theologie zu erwarten war. Wie hier vermochte der poetisch-hermeneutische Dialog auch sonst vermeintlich fundamentale Gegensätze zu überbrücken. So als Jürgen Mittelstraß die Diskursethik durch sein Prinzip einer dialogischen Vernunft retten wollte, während Odo Marquard sie in toto verwarf und seine provisorische Moral auf die Entlastung vom Konsenszwang gründen wollte. Dabei erwies es sich, daß die konstruktivistische und die skeptische Position sich am Ende durchaus zu ergänzen vermochten, war doch für beide die Kritik am Erfahrungsverlust der modernen Welt der tiefere gemeinsame Anlaß, auf die Diskursethik im Zorn zurück- oder mahnend vorauszublicken (PH XI). So wiederum, als das zu dieser Zeit brisante Thema „Individualitat" in das XIII. Kolloquium eingebracht wurde, von Manfred Frank und Anselm Haverkamp unter den gegensätzlichen Positionen der bewußtseinsphilosophischen Hermeneutik und ihrer dekonstruktivistischen Kritik konzipiert. Hier konvergierten die Ansätze im gemeinsamen und weiterführenden Interesse an der Frage, ob mit dem ‚Verschwinden des Subjekts' am Ende der Moderne nicht etwa das Individuum einer neuen Entdeckung wert wäre.

Konfrontationen von Theorien, Methoden oder Schulrichtungen waren bei ‚Poetik und Hermeneutik' nur beiläufig, nicht explizit Gegenstand der Verhandlungen. Zu einer Zeit, als die puren Theoriedebatten und Methodenkämpfe ins Kraut schossen, hielt sich die Gruppe an die für sie selbstverständliche, von Blumenberg anderweitig formulierte Maxime, „daß eine Theorie nicht mehr wert ist als die deskriptiven Leistungen, deren Möglichkeiten sie eröffnet, indem sie einen Gegenstand der begrenzten Perspektive seiner ‚Fachzugehörigkeit‘ entreißt“. Dafür mögen hier nur einige Beispiele aus den früheren Kolloquien stehen. Die vier von Blumenberg eingeführten Wirklichkeitsbegriffe, Henrichs Kategorien der Partialität und Reflexivität moderner Kunst, Marquards Schwundstufen der Geschichtsphilosophie, andererseits aber auch Kosellecks Historik und Bestimmung der ‚Sattelzeit‘, Imdahls Ikonik mit der Unterscheidung von wiedererkennendem und sehendem Sehen, Isers Einführung des Imaginären in die Dichotomie von Fiktion und Realität - all dies waren theoretische Vorgaben, die in den Diskussionen weiterwirkten, in der Applikation auf andere Disziplinen erprobt wurden und nicht selten gerade aus fachfremder Perspektive neue Sehweisen eröffnet haben. Für die Philologen lag ein besonderer Anreiz von ‚Poetik und Hermeneutik‘ darin, daß sich ihnen hier die Chance bot, eine moderne Konzeption ihrer Wissenschaft zu entwickeln, für die es an den Universitäten noch keine Stätte gab. Dort hatte die restaurative Tendenz der Nachkriegsjahre die Aufspaltung der Philologien in Nationalliteraturen - das überholte Erbe des 19. Jahrhunderts - mit der Rückkehr in die alte Institutsherrlichkeit verfestigt und dabei die vermeintlich autonomen Geschichten der europäischen Literaturen so sehr verselbständigt, daß es einer kompensatorischen Wissenschaft des Vergleichs, der Komparatistik, bedurfte, um die disjecta membra der Weltliteratur wieder zusammenzufügen. Dagegen setzte die anfängliche Gruppe der Philologen: Wolfgang Iser, Hans Robert Jauß, Wolfgang Preisendanz, Jurij Striedter und Manfred Fuhrmann die Konzeption einer neuen Literaturwissenschaft, die sie in die von ihnen geleiteten Kolloquien einbrachten und 1966 nach ihrer Berufung an die Universität Konstanz auch institutionell mit der Gründung eines Fachbereichs Literaturwissenschaft (bekannt geworden als ‚Konstanzer Schule‘) verwirklichen konnten. Gemeint war nicht etwa eine im Allgemeinen schwebende Metawissenschaft, sondern eine Verknüpfung von Theorie und Geschichte der Literatur und der Schönen Künste (so der Titel einer von ihnen begründeten Reihe), von Ästhetik und Hermeneutik, von Tradition und Innovation in den Relationen von Produktion, Rezeption und Kommunikation. Den analogen Schritt von der traditionellen Linguistik zur modernen Sprachwissenschaft vertraten sodann Wolf-Dieter Stempel und Harald Weinrich, die im V. und VI. Kolloquium mittels Diskursanalyse und Textlinguistik neue Brücken zwischen Sprache und Literatur zu schlagen wußten.

Interdisziplinarität, anfänglich als unwissenschaftlich verpönt, hat sich seither in der deutschen Hochschullandschaft durchgesetzt, ist in Denkschriften, Satzungen und Institutionen (wie z.B. der Graduiertenkollegs) eingegangen, aber als Passe-partout der Forschungsförderung auch schon wieder in Dilettantismus verfallen. Das oft verfehlte Richtmaß dessen, was das Unternehmen

'Poetik und Hermeneutik' inaugurierte und erprobte, hat Hans Blumenberg einmal auf die prägnanteste Formel gebracht. Die Notwendigkeit interdisziplinärer Forschung sei dann gegeben, wenn „die Sache in der faktischen Grenzziehung der Disziplinen noch nicht zu ihrem Recht gekommen ist und (...) sich erst im Zwischenreich der Fächer neue Aspekte und Problemstellungen ergeben werden" (PH IV). Wenn es gelang, derart eine neue Fragestellung zu finden, was in den ersten Kolloquien leichter erschien und fortschreitend schwieriger wurde, hat 'Poetik und Hermeneutik' immer wieder eine Thematik der Forschung inauguriert, die hernach von andern übernommen wurde, florierte und zur Mode verfiel. So die Frage nach Motiv und Recht des Ästhetischen in der modernen geschichtlichen Welt in den ersten drei Kolloquien, die beim Umbruch der klassischen Ästhetik in der sogenannten 'Sattelzeit' einsetzten und schließlich, nun auf die ganze europäische Tradition zurückgreifend, zu den „nicht mehr schönen Künsten" der ästhetischen Moderne führten (ein Titel, den wir Kracauer verdankten). Die Umwendung der Fragestellung von den mythischen Ursprüngen zu den mythologischen Späthorizonten war der Neueinsatz des IV. Kolloquiums, dem später eine ganze Welle von Veranstaltungen zum Problem der Mythologie folgte. Die eigene Fragestellung konnte aber auch kritisch gegen die Hochkonjunktur eines Begriffs oder einer Theorie gewendet werden, wie die Problematik von Geschichten und Geschichte, Ereignis und Erzählung gegen den Anspruch des Strukturalismus (PH V), wie die Aufarbeitung der Identitätserfahrung und ihrer ästhetischen Artikulation gegen den inflationären Gebrauch des Begriffs Identität (PH VIII), wie der Versuch, mit dem Rückgriff auf die Frage nach den Funktionen des Fiktiven, mithin seinem Gebrauch, den Streit über seinen ontologischen Status zu schlichten (PH X), oder wie die Wiederaufnahme einer Grundfrage der historischen Hermeneutik, der Epochenbildung, um ihre Problematik am Verhältnis von Erfahrung und Erwartung, den Horizonten der geschichtlichen Zeit, aufzuklären (PH XII).

Wenn es der Gruppe in den sechziger und siebziger Jahren noch vor allem darum gehen mußte, eine aus der deutschen Geisteswissenschaft hervorgegangene hermeneutische Position im Kontext der neuen humanwissenschaftlichen Fragestellungen zu behaupten, die sich in Frankreich, Amerika und der Sowjetunion zu Wort meldeten, so ging es seither mehr darum, hermeneutische und poststrukturalistische Positionen der Humanwissenschaften zu vermitteln. Besonders Dekonstruktion und Intertextualität, aber auch Theorie des sprachlichen Handelns und der Pragmasemiotik, und nicht zuletzt neue Ansätze einer historischen und systematischen Anthropologie wurden zum Zentrum neuer Debatten. Schon die Bände über den Mythos in der Polarität von Terror und Spiel (hg. von M. Fuhrmann) und das Komische (hg. von W. Preisendanz und R. Warning) hatten eine anthropologische Perspektive. Diese wird dominant in den späteren Bänden über die Funktionen des Fiktiven (hg. von W. Iser und D. Henrich), das Verhältnis von Epochenschwelle und Epochenbewußtsein (hg. von R. Koselleck und R. Herzog), über „Ende des Individuums - Anfang des Individuums?" (hg. von M. Frank und A. Haverkamp), das Fest (hg. von W. Haug und R. Warning), die Memoria im Spannungsfeld von Gedächtnis, Mnemotechnik, Erinnerung und Vergessen (hg. von A. Haverkamp und R. Lachmann). Um eine Problemstellung von anthropologischer Relevanz ging es auch im Kolloquium „Das Ende. Figuren einer Denkform" (eingebracht von K. Stierle und R. Warning) - ein Thema, das ganz dazu angetan gewesen wäre, das Unternehmen von ‚Poetik und Hermeneutik' würdig abzuschließen.

Wenn es gleichwohl nicht dazu kam, war dies Gerhart von Graevenitz und Odo Marquard zu verdanken, die das ideale Ende von ‚Poetik und Hermeneutik' wieder in Frage stellten, indem sie seine unvermeidliche Kontingenz zum Thema erhoben (PH XVII). Ist dies durchaus dem kontingenten Anfang der Gruppe gemäß, so fehlt in ihrem Programm doch ein einschlägiger Beitrag: das Glück als idealer Aspekt der Kontingenz. Er fehlt nicht zufällig, ist dieses Thema doch eines der ältesten, nicht realisierten, sondern immer weiter aufgeschobenen Projekte der Gruppe. Der Grund liegt auf der Hand: „Kommt dieses Glas zu Fall,/Fahr wohl dann, Glück von Edenhall!" Es ist die unvordenkliche Scheu, vom Glück zu sprechen, solange man in ihm lebt, die stumme Angst vor seinem Zerbrechen, wogegen wohl nur hilft, Fortuna zu überlisten, indem man seinem Unternehmen selbst ein glückliches Ende setzt.

Konstanz, im August 1996

NAMENREGISTER

Abaelard, P. 458, 478, 489, 490
s. auch Heloisa
Abraham 159
Adam 159
Adorno, Th.W. XV, 77,
Agrippa d'Aubigné, Th. 272
Alberti, L.B. 256-258, 274
Albertus Magnus 218 (Anm. 156)
Aldrovandi, U. 254
Alkibiades 288
Anaxagoras 4, 85
Andersen, H.Ch. 352 (Anm. 17)
Anthonius, Hl. 270, 275
Apollinaire, G. 528
Appuhn, H. 269
Archimbaldo, G. (a. Arcimboldo) 274
Aristoteles XI, XIII, 3, 27, 35, 60, 82, 110, 141f., 176 (Anm. 11), 191, 194 (Anm. 71), 212-214, 217 (Anm. 146), 218, 226, 256, 288, 300, 433-435, 404, 412, 417f., 447, 449, 460, 499
Physik 433
Argunth, B. 535
Arnolt, Priester 160
Von der Siebenzahl 160
Arp, H. 248, 251, 405
Assmann, J. 529
Athen 434
Auerbach, E. 470 (Anm. 24), 516 (Anm. 43)
Augsburg 254
Augustinus 87, 152, 175 (Anm. 7), 181, 182 (auch Anm. 37), 194 (Anm. 70), 195, 199 (auch Anm. 87), 203 (auch Anm. 103), 209 (Anm. 119), 214 (auch Anm. 137), 215 (auch Anm. 139, 140 u. 141), 216 (auch Anm. 143), 218, 219 (Anm. 158), 220, 320, 323, 464, 481, 487, 489, 490, 492
Austin, J.L. 16, 511
Athanasius der Große 85, 253

Baader, H. 184 (Anm. 41)
Bachtin, M. (a. Bakhtin) 119, 449
Bacon, F. (Baco von Verulam) 18, 254, 273
Balzac, H. de 435
Bandello, M. 176 (Anm. 14), 189 (Anm. 54)
Barner, W. 370 (Anm. 53)
Barthes, R. 450
Basilius der Große 85
Bataillon, M. 182 (Anm. 37), 184 (Anm. 41), 185 (auch Anm. 45), 188 (Anm. 51), 194 (Anm. 72), 195f. (Anm. 78 u. 80), 203 (Anm. 102)
Bateson, G. 244
Baudelaire, Ch. 443
Beatles 243
Behrens, R. 404 (Anm. 4), 411 (Anm. 22)
Benjamin, W. 443
Bergson, H. 96, 394
Bernard, C. 206
Bernhard von Chartres 161 (Anm. 22)
Berndt, E.R. 201 (Anm. 94), 205 (Anm. 110)
Bianchi, E. 209 (Anm. 121)
Bioy Casares, A. 411 (Anm. 21)
Blanco, M. 412 (Anm. 23)
Bloch, E. 31
Blumenberg, H. XIII, XVI, XVII-XXV, 3 (Anm. 1), 14 (Anm. 14), 55, 66, 70, 82, 93, 173 (Anm. 1), 174 (Anm. 2 u. 4), 175 (Anm. 7), 176 (Anm. 13), 177 (Anm. 15), 179-182 (Anm. 27, 31, 33, 34, 36 u. 37), 195 (Anm. 77), 200 (Anm. 92 u. 93), 202 (Anm. 99), 206 (Anm. 112), 208 (Anm. 116), 214f. (Anm. 135 u.141), 220-223 (Anm. 161-163 u. 165-168), 321, 346, 525, 527, 529-532
Boccaccio, G. 157, 162 (auch Anm. 24), 171-173, 193 (Anm. 67), 205 (auch Anm. 109 u. 110), 206 (Anm. 111), 207, 208 (Anm. 116), 209, 210 (auch Anm. 122)
Dekameron 157 (Anm. 15), 162 (auch Anm. 23)
Boehm, G. 471 (Anm. 25)
Boehner, Ph. 174 (Anm. 3), 197 (Anm. 81)
Boëthius, A.M.T.S. XI, 154 (auch Anm. 7), 155 (auch Anm. 9), 156, 183 (Anm. 38), 213 (Anm. 131), 219 (Anm. 158), 226, 233, 235f., 242, 285f.
Consolatio philosophiae 154f., 286
Bohr, N. 124
Bond, James Bond 440
Borges, J.L. 122, 411, 428f.
Born, J. 344 (Anm. 3)
Borst, A. 529
Bosch, H. 251, 262-283
Boston 245
Bourdieu, P. 368 (auch Anm. 46)
Boutroux, E. XIV
Braudel, F. 56
Brecht, B. 528
Bredekamp, H. 255
Brentano, C. 371f.
Breton, A. 248
Brod, M. 343 (Anm. 1)
Bruegel, P. (d.Ä.) 269f., 278-280

Brunelleschi, F. 258
Bubner, R. 60, 180 (auch Anm. 28), 194 (Anm. 71), 213f. (Anm. 133 u. 135), 404 (Anm. 6)
Buck, G. 388 (Anm. 12), 525, 530
Burckhardt, S. 299 (Anm. 11)
Burkert, W. 346 (Anm. 8), 367 (auch Anm. 45)

Caillois, R. 369 (auch Anm. 49)
Calderón de la Barca, P. 183 (Anm. 39)
Cambrensis, G. 153 (Anm. 5)
De principis instructione 153 (Anm. 5)
Camillo, G. 413
Camões, L. de 362 (Anm. 34)
Camporesi, P. 353 (Anm. 20)
Carrara, E. 209 (Anm. 121)
Carrouges, M. 419 (Anm. 34)
Casanova, G.G. (a. Chevalier de Seingalt) 343, 347 (auch Anm. 11), 348 (auch Anm. 12), 349 (auch Anm. 14), 350-353, 354 (auch Anm. 22), 355, 359-362, 363 (auch Anm. 35), 370, 375
Cäsar 499
Cassirer, E. XXI
Castro Guisasola, F. 196 (Anm. 80), 199 (Anm. 89), 204f. (Anm. 106 u. 110)
Cazotte, J. 420
Cejador y Frauca, J. 177 (Anm. 16)
Cepparello (Figur in Boccaccios *Dekameron*) 162
Certeau, M. de 265
Cervantes Saavedra, M. de 359 (auch Anm. 30)
Charms, D. 410f.
Chaucer, G. 226, 236, 242
Chevalier de Seingalt s. Casanova, G.G.
Chrétiens de Troyes 165, 468
Yvain 165
Christus 258f., 266, 270, 274f., 281
Cicero, M.T. 82, 286, 413, 461, 464
Tusculanae quaestiones 286
Clarke, D.C. 185 (Anm. 45)
Claudel, P. 478, 485, 486 (Anm. 48), 489
Claudius, M. 464
Cohen, H. 480
Cohen, J. 419
Comenius, J.A. 410f., 413, 426f.
Condorcet, M.J.A. 64
Cooley, Ch.H. 501f.
Corneille, P. 451
Cozen, A. 252, 261
Cusanus s. Nikolaus von Kues

Dahlhaus, C. 525, 529
Dante, A. 182, 183 (Anm. 38), 198, 211 (Anm. 125), 219 (auch Anm. 159), 418 (Anm. 32), 470
Danto, A. 8 (Anm. 5)
Darwin, Ch. XIII, 223 (Anm. 167), 448
David 159
Davis, W. 256
Debord, G.-E. 441, 443
Deleuze, G. 312 (Anm. 29)
De Man, P. 17
Demokrit 83
Denifle, H.O. 174 (Anm. 2)
Derrida, J. 17, 216 (Anm. 143), 292, 299 (Anm. 11), 303 (Anm. 21), 313 (Anm. 30)
Desargues, G. 259
Descartes, R. 88, 177 (Anm. 15), 210, 220 (auch Anm. 161 u. 162), 221 (auch Anm. 162, 164 u. 165), 259, 292, 476
Deyermond, A.D. 207f. (Anm. 116)
Diderot, D. 119, 461
Dieckmann, H. 525
Dionysios der Große (Kirchenvater) 85
Döblin, A. 392
Donatello (Donato di Niccolò di Betto Bardi) 258
Doren, A. 195 (Anm. 73), 200 (Anm. 93)
Dostojewski, F. (a. Dostoevskij) 411, 419, 421, 427, 430, 479
Douglas, M. 281
Drach, A. 203 (Anm. 104 u. 106), 395-398, 400, 453
Dresden 251
Droysen, J.G. 392
Dublin 435
Duchamp, M. XIV, 248, 282, 406
Dülmen, R. v. 345 (Anm. 6)
Durkheim, E. 449
Dutton, B. 177 (Anm. 16)

Eberwein, E. 191 (Anm. 64)
Ebstorf *(mappa mundi)* 269
Eich, G. 326 (Anm. 23)
Einstein, A. s. Theorie, Einsteinsche
Eisenstein, S.M. 450
Epikur XIII, 83
Ernst, M. 248-251, 406 (Anm. 11), 407, 419 (Anm. 34)
On Frottage 248
Eschol, Tal von (a. Tal von Eskol) 276
Escorial 267, 277

Farinelli, A. 205 (Anm. 109)
Feuerbach, L. 82, 87

Fichte, I.H. 89
Ficino, M. 263
Fielding, H. 293 (Anm. 3), 306
Fink, W. 527
Fischer, A. 394, 400 (Anm. 35)
Flaubert, G. 397
Flem, L. 348 (Anm. 13), 355 (Anm. 22)
Flora, F. 189 (Anm. 54)
Foerster, H. v. 494
Fontane, Th. 346 (Anm. 7)
Fortunatus 157f., 172
Foucault, M. 31, 58, 350 (Anm. 16)
Fraenger, W. 263
Franckert, H. 279
Frank, M. 216 (Anm. 142), 530, 533
Frank, Ph. 96
Freccero, J. 467 (Anm. 17)
Freud, S. 32, 105, 250, 378, 401, 423 (auch Anm. 40), 448
Freund, J. 516
Frevert, U. 345 (Anm. 6), 366f. (Anm. 42 u. 43), 368
Frick, W. 358 (Anm. 26), 364f. (Anm. 37 u. 40)
Fricke, G. 343 (Anm. 2)
Friedrich, C.D. 282
Friedrich, H. 484
Fuhrmann, M. 176 (Anm. 11), 347 (Anm. 9), 418 (Anm. 30), 462 (Anm. 8), 531f.
Fürbringer, C. 345 (Anm. 6)
Furetière, A. 473

Gadamer, H.-G. 14, 513 (Anm. 37), 528
Gadda, C.E. 397
Galilei, G. 58
Galling, K. 214 (Anm. 135)
Gaurizus, Pomponius 471
Gehlen, A. 105
Gide, A. 485
Gier, A. 177f. (Anm. 17 u. 20)
Gilman, S. 178 (Anm. 20), 185 (Anm. 45), 187 (Anm. 50), 192 (Anm. 64), 197 (Anm. 81), 201-203. (Anm. 94, 97 u. 103), 205 (Anm. 108), 208 (Anm. 116)
Gilson, E. 176 (Anm. 9)
Girard, R. 346 (Anm. 8), 367f.
Gmelin, H. 183 (Anm. 38)
Goethe, J.W. XX, XXIII, 352 (Anm. 17), 359 (Anm. 32), 370 (Anm. 53), 371, 375-377, 453, 477
Goffman, E. 511
Gogol, N.V. (a. Gogol') 410f., 424, 427
Golgotha 270
Gombrich, E. 260
Goodman, N. 260
Göpfert, H.G. 343 (Anm. 2)
Gottfried von Straßburg 169 (auch Anm. 38), 171 (Anm. 39)
Tristan 169 (Anm. 38), 171 (auch Anm. 39)
Gouldner, A.W. 501
Gracián, B. 411 (auch Anm. 23), 416, 418f.
Graevenitz, G. v. 482 (Anm. 42), 533
Grass, G. 389, 390 (Anm. 17), 392 (auch Anm. 19), 393 (Anm. 23), 395
Greber, E. 408 (Anm. 18)
Greenblatt, S. 347 (Anm. 10)
Gregorius, Hl. 268
Greimas, A.J. 307
Grillparzer, F. 377
Griseldis (letzte Novelle in Boccaccios *Dekameron*) 162
Grismer, R.L. 199 (Anm. 89)
Grünewald, M. 271
Guevara, Felipe de 262
Guicciardini, L. 262
Gumbrecht, H.U. 199 (Anm. 86)
Gurewitch, M. 452
Gustav Adolph von Schweden 254

Habermas, J. 457 (Anm. 1), 459 (Anm. 5), 508, 513, 530
Hainhofer, P. 254
Hagenower, N. 271
Hamacher, W. 365 (Anm. 41), 369 (Anm. 48)
Hamann, J.G. 327 (Anm. 26)
Hamlet 162
Handke, P. 326 (Anm. 25)
Hartmann, N. 30, 32, 97,
Hasenclever, W. 396
Haug, W. 145, 198f. (Anm. 82 u. 86), 533
Haverkamp, A. 216 (Anm. 142), 530, 533
Hawking, S. 96
Hebbel, F. 373, 453
Hegel, G.W.F. 15, 31, 47, 89, 449
Heidegger, M. 14f., 90, 259, 292
Heine, H. 383f., 431 (Anm. 48)
Heintel, E. XV
Heisenberg, W. 124
Heitmann, K. 208 (Anm. 116)
Heller, J.L. 199 (Anm. 89)
Heloisa 489, 491
s. auch Abaelard, P.
Hempel, C.G. 18 (Anm. 25)
Hempfer, K.-W. 206 (Anm. 111)
Henrich, D. 529-531, 533
Heraklit 4
Hereford Map 269
Herder, J.G. 327 (Anm. 27)

s'-Hertogenbosch 271
Herzog, R. 216 (Anm. 142), 525, 533
Heselhaus, C. 527
Hess, G. 476 (Anm. 30)
Hintikka, J.K. 14 (Anm. 15)
Hiob 153
Hobbes, Th. 51, 516
Hocke, E.G. 409 (auch Anm. 19)
Hoffmann, E.T.A. 130, 345 (Anm. 5), 372, 379-382, 411
Hofmannsthal, H. v. 376
d'Holbach, P.T. 91
Hölderlin, F. 325 (Anm. 22), 327 (Anm. 28), 340 (Anm. 43)
Holeczek, B. 404-406 (Anm. 5, 7, 11 u. 12)
Hopper, D. 439
Horaz (Horatius Flaccus, Q.) 348f., 302
Humboldt, W. v. 369
Hume, D. 88
Husserl, E. XXIII, 89, 97, 499, 507
Hutchison, P. 406

Imdahl, M. 471f. (Anm. 25 u. 28), 525, 528, 531
Internationale situationniste 441
Isaak 159
Isaiah
s. Jesaja
Iser, W. 294, 525, 527, 531, 533

Jacob 159
Jacobus a Voragine 271
Jäger, W. 212 (Anm. 127)
Jakobson, R. 405, 409
James Bond 440
James, H. 411, 416, 419f.
Jankélévitch, V. 14 (Anm. 16)
Janson, H. 256
Jauß, H.R. XVIIIf., 489f., 531
Jean Paul (J.P.F. Richter) 204 (Anm. 106), 359 (auch Anm. 29), 385 (auch Anm. 4), 386 (Anm. 6), 387f. (auch Anm. 8, 9, 10 u. 13), 389 (Anm. 14), 390, 395
Jerusalem 267, 269
Jesaja 264
Johannes (Evangelist) 323
Johannesoffenbarung 160, 491
Johannes von Hauteville 161 (Anm. 22)
Johannes von Salisbury 161 (Anm. 21)
Johannes Scottus Eriugena 216 (Anm. 143)
Jonas, H. 90, 93
Joyce, J. 435

Kafka, F. 343f. (auch Anm. 1, 3 u. 4), 353 (Anm. 21), 357f. (Anm. 24 u.25), 377, 381
Kahlen, W. 406 (Anm. 15)
Kahn, L. 437
Kant, I. XIII, 18 (Anm. 25), 29, 89, 371, 390, 513f.
Karthaus, U. XIX
Keller, G. 370 (Anm. 50)
Kelly, E. 245, 249, 251, 261
Kepler, J. 259
Kerner, J. 249, 251, 261, 406 (Anm. 11)
s. auch Klecksographie
Kessler, E. 177 (Anm. 15), 208f. (Anm.116 u. 118)
Kierkegaard, S. XIV, 14f.
Kircher, A. 414
Kleist, H. v. 314, 343, 347, 355 (auch Anm. 23), 356f., 358f. (auch Anm. 25, 28 u. 30), 364, 368, 371, 376f., 420, 426
Klemens von Alexandrien 86
Köhler, E. 403 (auch Anm. 3), 411 (Anm. 22)
Kommerell, M. 359 (auch Anm. 29), 374, 387f.
König, J. 253, 261, 274
Konrad IV. 156
Konstanz 148
Kopernikus, N. 259
Körner, Th. 343 (Anm. 2)
Koselleck, R. 63, 78, 349 (Anm. 15), 365 (Anm. 41), 368, 516 (Anm. 44), 529, 531, 533
Koyré, A. 93
Kracauer, S. 466, 525, 529, 532
Krauss, W. 525
Krosigk, K. v. 527
Krüger, L. 113 (Anm. 3)
Kruse, M. 178 (Anm. 20)
Kuala Lumpur 435
Kuhn, Th. 16
Küpper, J. 206 (Anm. 111), 209 (Anm. 119)

La Boétie, E. 458
La Bruyère, J. de 472, 474, 476
Querelle des Anciens et des Modernes 476
Lachmann, R. 186 (Anm. 47), 412 (Anm. 23), 428 (Anm. 46), 533
Lafayette, Mme de 120
Lagos 435
Laktanz (Lactantius, L.C.) 85, 152, 214 (auch Anm. 137)
Lambert, J. 259
Lämmert, E. 370 (Anm. 53)
Lampsonius, D. 280
Lange, K.-P. 412 (Anm. 23), 416 (Anm. 27)
La Rochefoucauld, F. 477
Lasson, A. 30
Las Vegas 148

Laudon, L. 221 (Anm. 165)
Lautréamont, I. (Comte de) 419 (Anm. 34), 429
Lavater, J.C. 326 (Anm. 24)
Lebensztevn, J.-C. 252
Le Corbusier (Ch.E. Jeanneret-Gris) 437
Leeuwenhoek, A. v. 300
Leibniz, G.W. XIf., 29, 88, 194 (Anm. 70), 360 (Anm. 33)
Lem, S. 410 (Anm. 20)
Lenin (Wladimir Iljitsch Uljanow) 45
Leonardo da Vinci 247-249, 251f., 256, 405
Leube, E. 178 (Anm. 20), 184 (Anm. 42)
Lessing, G.E. 291-294, 319, 329 (Anm. 30), 335 (Anm. 37), 383, 451f.
Levi, C. 393
Lewis, C.S. 468
Lida de Malkiel, M.R. 178f. (Anm. 20 u. 24), 183f. (Anm. 40 u. 41), 187 (Anm. 50), 194 (Anm. 70), 196 (Anm. 80), 202-204 (Anm. 97, 102, 103 u. 106)
Link, J. 422 (auch Anm. 38), 423
Lipps, H. 470 (Anm. 23)
Lipsius, J. 242
Lissabon 270, 274
Locke, J. 303f., 429
London 435f.
Los Angeles 438, 440
Lotman, Ju.M. 118
Lovejoy, A.O. 93
Löwith, K. 82f., 321 (auch Anm. 7)
Lübbe, H. XIV, XVIII, 8 (Anm. 6), 105, 117, 181 (Anm. 34), 400, 530
Lüdemann, S. 378
Luckmann, Th. 529
Ludwig, G. 116 (Anm. 5)
Luhmann, N. XII, XIV, 49, 51 (Anm. 5), 65, 244, 386, 493, 496-499, 500 (auch Anm. 11), 501-504, 518, 529
Lukian (Lucianus Samosatensis) 387 (auch Anm. 7)
Lukrez (Titus Lucretius Carus) 83, 256
Lullus, R. 414, 429
Luther, M. 323, 325 (Anm. 19)
Lyman, S.M. 503

Machiavelli, N. 173, 193 (Anm. 68), 210, 211 (Anm. 125 u. 126)
Macho, Th. 428 (Anm. 45)
Mahlow, D. 407 (Anm. 16)
Mailand 258
Makropoulos, M. 180 (Anm. 29), 214 (Anm. 136), 223 (Anm. 168)
Mallarmé, S. 403
Mander, K. van 273, 279f.
Manhattan 441
Mannheim, K. 506
Mantegna, A. 255, 258f.
Marciales, M. 177f. (Anm. 16, 18 u. 22), 202 (Anm. 98)
Marellotti, G. 209 (Anm. 121)
Marin, L. 257
Marquard, O. 15, 32, 42, 347 (Anm. 9), 394, 530f., 533
Marx, K. 45
Marx, W. 116 (Anm. 5)
Masaccio (Tommaso di Ser Giovanni Cassai) 258
Masson, A. 248
Matuschek, S. 417-419 (Anm. 28, 31 u. 35)
McPheeters, D.W. 178 (Anm. 20)
Mead, G.H. 459, 501f.
Meier, Christel 216 (Anm. 143)
Meier, Christian 62, 529
Menéndez Pelayo, M. 177 (Anm. 18), 178 (auch Anm. 23), 179 (Anm. 25), 191f. (Anm. 64), 196 (Anm. 78), 202 (Anm. 95), 204 (Anm. 106), 208 (Anm. 116)
Mengden, L. v. 404 (Anm. 5), 406 (Anm. 14)
Mercier, A. 477
Mérimée, P. 411
Meudon (bei Paris) 249
Mexiko City 435
Meyer, H. 486
Meyer, M. XXIV, 14 (Anm. 15)
Mittelstraß, J. 62, 530
Mohr, M. 406 (Anm. 13)
Molière (J.-B. Poquelin) 120, 376
Mondrian, P. 246
Monod, Ch. XIII
Montaigne, M. de 161 (Anm. 21), 173, 226, 240, 243f., 286-290, 205, 206 (Anm. 111), 210 (auch Anm. 123), 211 (Anm. 126), 212, 458, 461f.
Essais 286, 288, 290
Montesquieu, Ch. de 370 (Anm. 52)
Morgenstern, Chr. XIX
Mörike, K.Ph. 352 (Anm. 17)
Möser, J. 435
Moses 159
Müelich, A. 263
Müller, K. 527
Müller-Salget, K. 359 (Anm. 28)
Murphy, E.A. (Murphy's Law) 155 (auch Anm. 10)
Musil, R. 78, 449

Narcissus 257
The Naked City (Film) 442
Natorp, P. 90

Neumann, G. 343f. (Anm. 1 u. 3), 358f. (Anm. 27 u. 30), 370f. (Anm. 53 u. 54)
Neuschäfer, H.-J. 206 (Anm. 111)
Newton, I. 123, 135
Nietzsche, F. 32, 91, 243f., 14, 193 (Anm. 68), 211 (Anm. 125), 295, 302 (Anm. 20), 321
Nikodemus 335
Nikolaus von Kues (Cusanus) 253, 281
Noah 159
Nordhofen, E. XXI
Novalis (G.R.Ph. Freiherr v. Hardenberg) 327 (Anm. 29), 335f. (Anm. 38 u. 39), 293

Ockham, W. v. 162 (Anm. 24), 174-177 (Anm. 3-7, 9, 10 u. 15), 197 (Anm. 81), 215 (Anm. 141)
Oellers, N. 370 (Anm. 53)
Onetti, J.C. 211 (Anm. 126)
Oppenheim, P. 18 (Anm. 25)
Origenes 85
Osnabrück 435
Ourson and Valentine 279

Pabst, W. 193 (Anm. 67)
Pannenberg, W. 530
Panofsky, E. 259f., 263
Paris 435, 441, 245
Parsons, T. 493-499, 511, 516
Parzival 166
  s. auch Wolfram von Eschenbach
Pascal, B. 50, 105, 477, 515
Pasley, M. 353 (Anm. 21)
Patch, H.R. 191 (Anm. 62), 198 (Anm. 82), 201 (Anm. 93)
Paulus 182 (Anm. 37), 214
Petrarca, F. 162, 173, 207, 208 (Anm. 116), 209 (auch Anm. 118, 119 u. 121), 210, 212
Petronius (Arbiter) 389 (Anm. 14)
Philip II. 277
Philostratus, Flavius 256
Physiologus 159 (auch Anm. 18)
Pirenne, M.H. 260
Platon 3 (Anm. 1), 4f., 89, 303 (Anm. 21), 418, 457 (Anm. 2), 466
Plinius (major) 256
Podro, M. 471 (Anm. 25)
Poe, E.A. 411, 419
Pomponius Gaurizus
  s. Gaurizus, Pomponius
Potocki, J. 411, 420, 425
Preisendanz, W. 174 (Anm. 1), 203f. (Anm. 104 u. 106), 531f.
Priester Arnolt 160
  Von der Siebenzahl 160
Prosalancelot 166 (auch Anm. 33)
Protarchus 434
Ptassek, P. 14 (Anm. 13)
Puškin, A. 411, 420

Quintilian 257, 413, 417

Rabelais, F. 389 (Anm. 14)
Racine, J. 120
Rapp, Ch. 20 (Anm. 27)
Rat, M. 210 (Anm. 123)
Reeves, K. 439
Reichert, K. 226 (Anm. 3)
Rembrandt (R. Harmensz van Rijn) 471
Rescher, N. 500 (Anm. 11)
Ricci, P.G. 209 (Anm. 121)
Richter, H. 248
Ricœur, P. 461
Riedl, R. 421, 422 (auch Anm. 37), 430
Rieger, S. 414f. (Anm. 25 u. 26)
Ritter, H. XXIV
Ritter, J. 194 (Anm. 70)
Rojas, F. de 173, 177 (auch Anm. 16), 182 (Anm. 37), 184 (Anm. 41), 193 (Anm. 67), 207f. (Anm. 116)
Roloff, V. 178 (Anm. 20)
Rom 436
Roman de la Rose 468
Roman de Renart 469
Rorschach, H. 250
Rorty, R. 15-17, 31, 101, 173 (Anm. 1), 181 (Anm. 34)
Rosenzweig, F. 480
Rosolato, B. 405 (Anm. 7), 423, 424 (Anm. 42)
Rousseau, J.J. 461
Rudolf von Ems 156, 198 (Anm. 82)
  Alexander 156
Russel, B. 112 (Anm.1)

Safdie, M. 437
San Paolo 435
Santa Monica 440
Sarbievius, M.C. 411 (auch Anm. 23), 412, 417, 419
Sartre, J.-P. XIV, 94
Saulnier, V.L. 360 (Anm. 33)
Savanarola, G. (a. Savonarola) 262
Scartazzini, G.A. 183 (Anm. 38)
Schabert, I. 371 (Anm. 54)
Schaff, B. 371 (Anm. 54)
Schapiro, M. 246
Scheibe, E. 113 (Anm. 3), 116 (Anm. 6)
Scheible, H. 347f. (Anm. 11 u. 12)
Scheler, M. 95

Schell, J. 394 (Anm. 27)
Schelling, F.W.J. 89
Schelsky, H. XVIII
Schillemeit, J. 344 (Anm. 3)
Schiller, F. v. 343 (auch Anm. 2), 344, 370 (auch Anm. 53), 371, 422, 452
Schilling, J. 407 (Anm. 17)
Schizzano Mandel, A. 178 (Anm. 21)
Schleiermacher, Fr. 335 (Anm. 36), 337
Schmidtke, D. 216 (Anm. 143)
Schnitzler, A. 343, 347, 359 (auch Anm. 31), 360f., 363 (auch Anm. 35), 364 (auch Anm. 36), 373-375, 377f., 382
Schöne, A. 365 (Anm. 41)
Schöningh, F. 527
Schopenhauer, A. 91
Schreber, D.P. 424 (auch Anm. 43)
Schütz, A. 202 (Anm. 100)
Scott, W.R. 503
Scribe, E. 15 (Anm. 18)
Sebastian, Hl. 255
Seel, M. 393
Seghers, A. 399
Segre, C. 207 (Anm. 113)
Seingalt, Chevalier de
s. Casanova, G.G.
Sembdner, H. 355 (Anm. 23)
Seneca (Lucius Annaeus) 155, 184 (Anm. 43), 199 (Anm. 89), 289 (Anm. 2)
Shakespeare, W. 179, 226, 236, 240, 242f., 347 (Anm. 10), 376, 449
Shklovsky, V. 294, 312
Siguença, Fray Joseph de 264, 270, 272
Siger von Brabant 87, 174 (Anm. 2)
Simmel, G. 90, 501, 503, 507, 509
Simon von Cyrene 270
Simonides 413
Sloterdijk, P. 428 (Anm. 45)
Snow, J.T. 177f. (Anm. 16 u. 21)
Solomon 254
Sophokles 292
Speed (Film) 438
Spies, W. 405
Spinoza, B. XIII, 32, 37
Spitzer, L. 185 (Anm. 45), 191f. (Anm. 64)
Starobinski, J. 463, 472f., 476, 529
Stempel, W.-D. 188 (Anm. 51), 206 (Anm. 111), 531
Sterne, L. 396
Stierle, K. 188 (Anm. 51), 199 (Anm. 86), 204 (Anm. 106), 206 (Anm. 111), 347 (Anm. 9), 477 (auch Anm. 33), 525, 533
Stifter, A. 373
Striedter, J. 531
Ströker, E. 112 (Anm. 2), 116 (Anm. 5)
Stuttgart 251
Swift, J. 397
Sykora, Z. 406 (Anm. 13)
Szondi, P. 525

Taeuber, S. 249
Tanning, D. 249
Taubes, J. 525, 529f.
Tempier, E. (Bischof von Paris) 174 (Anm. 2), 220 (Anm. 160)
Tertullian, Q.S.F. 86, 152
Tesauro, E. 411 (auch Anm. 23), 418f.
Teuber, B. 185 (Anm. 45), 188 (Anm. 51)
Thales aus Milet 3 (Anm. 1)
Theodoret von Kyros 86
Theophrast 472
Thibaudet, A. 210 (Anm. 123)
Thomas von Aquin 87, 174f. (Anm. 2 u. 7), 183 (Anm. 38), 217 (auch Anm. 146, 148 u. 149), 218f. (auch Anm. 156, 158 u. 159), 246, 267, 473
Thüring von Ringoltingen 157, 172
Melusine 157f., 172
Toqueville, A. de 370 (Anm. 52)
Toulmin, S. 14 (Anm. 15)
Trabant, J. 413 (Anm. 24)
Trendelenburg, A. 6 (Anm. 3)
Tristan 168, 171
Troeltsch, E. XI, 30
Turner, V. 346 (Anm. 8), 367 (auch Anm. 44), 368
Tschižewskij, D. 427 (Anm. 44), 525

Ulrichs, T. 404
Unruh, F. v. XV
Uppsala 254

Valentine, Ourson and 279
Valéry, P. 403
Vandelli, G. 183 (Anm. 38)
Van Mander, K. 273, 280
Vauvenargues, L. de 465
Venedig 272
Vergil 193 (Anm. 67)
Vernant, J.P. 367 (auch Anm. 45)
Veronica, Hl. 275
Vico, G.B. 413
Victorinus, M. XI, 29
Vitae Patrum 271
Vogt, L. 364 (Anm. 38), 368 (Anm. 46)
Voltaire, F.M. 360 (auch Anm. 33), 363, 375, 397
Voragine, J. de
s. Jakobus a Voragine
Vosskamp, W. 365 (Anm. 41)
Vries, H. de 406

Wagner, H. 97
Wahl, J. 15 (Anm. 19)
Waldenfels, B. 67, 180 (Anm. 30)
Warning, R. 204 (Anm. 106), 525, 532f.
Watzlawick, P. 431 (Anm. 47)
Weber, M. 68
Weinrich, H. 347 (auch Anm. 9), 368 (Anm. 47), 370 (Anm. 52), 531
Wentzlaff-Eggebert, H. 178 (Anm. 20)
Wetz, F.J. XII, XVII, XXII, 180 (Anm. 28), 214 (Anm. 135)
Wheatley, P. 434
Wieland, Ch.M. 383, 452
Wieland, W. 9 (Anm. 7)
Wien 255, 270
Wilder, Th. 341 (Anm. 45), 429f.
Williams, E. 407
Windelband, W. 6 (Anm. 3), 30
Wittgenstein, L. 16, 29, 90
Wittkower, R. 226
Witwe von Ephesus 162
Wolff, Ch. 29, 88
Wolfram von Eschenbach 165
  Parzival 165
Wrong, D. 503

Yvain 165

Zeh, H.D. 116 (Anm. 5)
Zingerle, A. 364 (Anm. 38), 368 (Anm. 46)

SACHREGISTER

Abbildung (image) 256, 277
Abenteuer XIV
Abhängigkeit, schlechthinnige 45
Absicht 404, 407, 409, 422
Absolute, das XIX
Absurde, das 237
Abwandlung 65
accidens
  Zufall (–) 234
acumen 411-413, 415-419
acutezza 411
adynaton 212, 262, 427
Affekt 467, 471
agape 491
Agoraphobia 437
Ähnliche, das 412
Ähnlichkeit 246, 256, 415
  -smuster 428
Aktualismus 46
Akzidens 12
  akzidentelle Akte 423
  Akzidentelle, das (kata symbebekos) II, 424
Aleatorik XIV, 403-405, 407f., 414, 426
  aleatorische Dichtung 451
  aleatorisches Spiel 407
Allegorese
  Kontingenz und – 151
Allgemeine, das
  –, (mittlere) 473
  –, (partikular) 475, 477
Alogon 418, 431
Altar 267f., 271, 274, 281, 434
  -bild 263, 267, 271, 274, 276, 282
Ambiguität 162
Ambivalenz 424, 426, 430
Anagrammatik 408
  –, kabbalistische 408
  anagrammatische Poiesis 409
Anagrammatismus 407, 409
analogia metaphorica 142
Analytik 141
Anästhesie des Herzens 394
Andere, der/die/das 170, 459f., 472
  das Mögliche (andere) 417
Andersheit 466f.
Anekdote 447
Anerkennung 42-44
  Kontingenz- 44
animal rationale 203, 211
Anonymität 440
Anthropie
  Prinzip, anthropisches 127, 138
Anthropologie 473, 476
  –, christliche 467
  –, negative 477
  –, phänomenologische XXI
  –, systematische 532
Antike 472
  antike Gestalt der Charaktere 476
Antipathos 396
Antlitz (divine face) 277
Aphorismus 474
Aphoristik 453
Aporie
  aporetisches Bewußtsein 397
Applikation 14
Arbeit 149
Arbitrarität 407f., 415, 426, 428f., 431
  -ssysteme 429
  arbiträres Spiel der Wortkunst 408
Architektur 73
Argumentation 20
argutezza 411
ars combinatoria 404, 408f., 414
ars memoriae 413f.
Artefakt 73f.
aspect (engl.) 256
  s. auch seeing as
Ästhetik 477
  ästhetische Erfahrung XIII
  ästhetische Existenz 478
athaumastia 418
Aufklärung 63, 292, 294, 332, 430, 464
  aufklärerisches Konzept 293
  -spflichten 37f.
  -spraxis 38
  -ssemantik 293
Aufschreibemechanismus 448
Ausschnitt
  s. Rahmen
Autobiographie 467
automatic writing 248
  s. auch écriture automatique
Automatische, das 406
automaton 404
Automobil 436
Autonomie 238, 241, 344, 351f., 367, 472
Autopoiesis 403, 407
  autopoetisches Prinzip der Aleatorik 408
  autopoetische Variante 404
  Autopoetismus 407
Autorschaft 253
Aventüre 164

bara 321
Barockroman 451
Bauer (peasant) 278
Bedeutung (meaning) 263, 281
Begehren 443
Begründungsdefizit 111, 113, 115
Bekannte, das 412, 416
  bekannt, unbekannt 403, 410, 420, 430
Beliebigkeitskontingenz XIV
Betrachter (beholder, viewer) 266, 270, 277
Bewältigung
  Kontingenz- 39f., 145, 226 (Anm. 4), 339
    - -sbeihilfe 46
    - -skapazität 36
Bewußtsein 134, 137f., 507f.
  –, aporetisches 397
  Kontingenz- XII
Beziehung
  -ssystem 425
  -swahn 421, 424
  Grund-Folge- – 112
  Ursache-Wirkung- – 112
  Weil-darum- – 112
  Wenn-dann- – 112
Bild
  Geschichts- 395
  Reise-er 453
  Selbst- 132, 138
Bildhauerei (sculpture) 256
Biologie
  biologische Strukturbildung 128
black box 503f.
Blick 277, 280f.
Bosch-Epigonen (Boschiads) 280
Böse, das 473, 479
  Banalität des –n 439
Burleske 452f.

causa 422, 431
Chance 157, 289
  -ngleichheit 44
  Lebens- 147
  Spiel- 147
Chaos XIII, 91, 152, 285f., 353, 366, 369, 376, 378f., 381, 407
  –, sinnleeres 427
  -forschung XIII
  -stheorie 126, 128, 134, 137, 407
  –/Kosmos 403
  chaotischer Charakter massendynamischen Geschehens 422
Charakter 465, 467, 469, 471f., 475
  antike Gestalt der –e 476
  moderne Gestalt der –e 476
  Protosemiotik der –e 467, 472

Collage 405, 249
Common sense 141, 149
  s. auch sensus communis
Computer 248
Concettismus 408, 412f., 417
  concettistische Literatur 420
  concettistische Maler 273
  concettistische Metapher 419
  concettistische Rhetorik 412
  concettistische Traktate 411
  concetto 411, 415, 417
contrainte 287
contrappasso 187

Dada 248, 451
Dasein 42
  -senthaltung 42
  -skontingenz 44f.
Deixis 315
Deklinationslehre XIII
Dekonstruktivismus 17, 530, 532
Denkmögliche, das XII
derivé (nach G.-E. Debord) 443
Determination 152, 286
Determinismus 430
Deutung
  -sfreiheit 136
  -swahn 420
devotio moderna 272, 321
Dichtertheologie 319, 326
Dichtung
  –, aleatorische 451
différence 216 (Anm. 143)
Differenz 467, 471, 473
dilectio 491
Dimension
  Sozial- 502, 506
  Zeit- 498
Diskontinuität 409, 411-413, 415f., 419, 426
Diskurs
  –, explikativer 508
  –, herrschaftsfreier 42
  -analyse 531
  -ethik 530
  – -Renovatio 178 (Anm. 22)
disparates (span.) 264
divina providentia 217
doctrina christiana 490, 492
Doppelgebot (der Synoptiker) 490
Doppelkontingenz 493f., 496-500, 504, 516
Dreck (dirt) 281
Du 459, 463
  Ich- – -Verhältnis 460
Duell 343, 345 (auch Anm. 6), 346, 347-349 (auch Anm. 11, 12 u. 14), 350-352, 353

(auch Anm. 19), 354f., 357f., 360, 362f., 364 (auch Anm. 36), 365-369, 370 (auch Anm. 50), 371, 377, 382
– -Gesetze 366
– -Ritual 366f.
dynaton 212, XI

écriture automatique 403f., 406
s. auch automatic writing
Effizienzbedingung 138
Ehre 343, 345 (auch Anm. 6), 346, 347 (auch Anm. 9), 348, 350f., 353-355, 357f., 360, 363, 364 (auch Anm. 38), 365f. (auch Anm. 39), 367, 368 (auch Anm. 46), 369, 370 (auch Anm. 52 u. 53), 371
–n - Ordnung 359
Einbruch 430
Einfühlung 479
Einheit 243
Ordnung/– 241
Einmaligkeit (singularity) 438
Einsteinsche Theorie 114 (Anm. 4)
Eintrittswahrscheinlichkeit 36
Einzigartigkeit (singularity) 438
ekplexis 418
Element, missives 299f., 301 (Anm. 16), 303 (Anm. 21), 312
Emanzipation
-sbeihilfe 44
Voll- 45
Ende 533
endechomenon XI, 212, 214, 417, 427
Endoxon 141
enthusiasmos 418
Enthymema 20, 418
Entmoralisierung 39
Entscheidung 228
Epigrammatik 453
Episteme, klassische 118
Epochenschwelle 533
Ereignis 415f., 420
Ur- – 310
verkettung 307
Erfahrung
–, ästhetische XIII
Gemein- 148
Kontingenz- 35, 40, 114, 146
Zeit- 392
lebenserfahrungsferne Technik 37
Erfindung 247-249, 252, 255, 273
Erinnerungsprozeß 398
Erkenntnistheorie, finitistische 131
Erklärbarkeit 409
Erklärliche, das 416
erklärlich, unerklärlich 403, 420
Erlösung 319, 338
Schöpfungs- 338
erring 254
error 273
Erwartungswert 141
Erzählen
– in der Erzählung 168
Erzählspiel 171
– als Einübung in die Literatur 171
Essai 462
essai (Wortbedeutung) 463
Ethik
–, Kant'sche 480
Diskurs- 530
ethische Charaktere der Antike 476
ethisches Interpretament der 'Charaktere' oder Temperamente 471
Ethos 471
Eucharistie 267, 276
Evangelium nach Johannes 491
Evolution 126, 138
-stheorie 448
Exemplarik
Kontingenz und – 151
Exemplum 206
Existenz 38, 83, 87
Expansion
Produkthaftungs- 37
Zurechnungs- 36
Explikation
explikativer Diskurs 508
Exzentrik
exzentrische Komik 452
exzentrische Optik 386

Faktizität XII, 71, 110f., 116
–, sinnfremde 453
Faktum, kontingentes 89
Farce 384, 452f.
Fatalismus 231
Fatalität 310
Fest 168, 533
Fideismus 240
Fiktion XII, 163, 531
fiktionales Spiel 168
Konsens- 493
Verstehens- 510f.
Fiktive, das 532
Filme
The Naked City 441
Speed 438
Finalismus 421
finalistische Erklärungsmuster 422
Finalität 416
finis 422

Finitismus 124
Erkenntnistheorie, finitistische 131
Theorie, finitistische 138
Fleck (blot) 249, 251f., 274, 281
Flughafen 436, 440
Folge
Grund- - -Beziehung 112
Forschung, physikalische 448
Fortschritt 62
Fortuna XIV, 6, 152 (auch Anm. 1), 226f., 229-231, 233f., 237, 239-242, 286, 289
fortune (franz.) 289
Fotographie 450
freeway 438
Freiheit (liberté) XIII, 70, 77, 286, 288, 430
frei/prädestiniert 403
-skonzession 505
Deutungs- 136
Fremde, das 412
Fremdverstehen 507
Fremde, der 467, 478-480
Freund 480
Freundschaft 458-460, 465, 478, 484
-skult 464
Frömmigkeit 41
fromme Naivität 46
Frottage 248f.
Fügung 410, 421, 426, 430f.
Fürstenlehre 156
futura contingentia XI

Geburtsreligion 337
Gedächtnis 533
Gefährdungshaftung 39, 41
Geheimnis
geheimes Zeichen 421
Geheimnisvolle, das 419
Gehirn-Geist-Beziehung 126, 129, 135
Geist
Gehirn- - -Beziehung 126, 129, 135
Gelassenheit 240
Geld 349, 361, 378f., 382, 433, 439
Universalsignifikant – 381
Gelegenheit
–, Logos bei 12, 17, 20f.
Gemeinerfahrung 148
Gemeinschaft 435
Spieler- 148
Gemeinsinn 141
Geographie 268, 270, 281f., 443
Geometrie 245, 258, 267f., 274, 439
Gerechtigkeit 51
-sanspruch 40
Gesangbuch 46f.
Geschichte 252, 257, 470, 476, 532
geschichtliche Erscheinung 473
geschichtliche Existenz 470
-sbild 395
-sphilosophie 173 (Anm. 1)
-swahrheit 329
Ideen- 529
Natur - - 253f.
Geschichten, die 532
Geschicklichkeitsspiele 145f.
Geschmack 260
Geschwindigkeitsbegrenzung 438
Gesellschaft 435, 473, 476
–, liberale 148
Gestaltbarkeit von – 72
Gesetz 343f., 350, 359, 361, 366, 369
-mäßigkeiten 406f., 414
Duell- – 366
Gesicht
s. Antlitz
Geste 246
Gewalt, höhere 37
Glaube (belief) 280
Gleichheit
Chancen- 44
Gleichzeitigkeit 386
Glück 151, 286
glücklicher Zufall 35
-sfall 464
-sspiel 147f.
Lebens- 42
Kontingenz und – 151
Gnade 484
Gnosis XIX
Goldenes Kalb 276
Gothic Novel 417, 419
Gott 45, 47, 241
Gottesbeweis XI
Götze 252, 267f., 276
Götzendienst 267
Grenze 409f.
gridlock 435f.
s. auch freeway, Transport, Verkehr
Großverbrechen 40
Groteske 462
Grund 3, 11, 407 418, 421, 425
- -Folge-Beziehung 112
Grundlose, das 427
Grundlosigkeit 111
Gut 473, 479, 481

Haftung
haftrechtlich 41
-sfolgen 38
-srisiken 38
Gefährdungs- 39, 41
Hagiographie

hagiographisches Muster 154
Handeln 6-8, 60, 180, 202
–, politisches 64, 461
Handlung 9
-ssinn 35, 41
h-ssinnwidrig 35
Spiel- 147
hazard 289
Hasardeur 366, 369, 373, 377, 379-382
hasard objectif 406
Heiligenlegende 153 (auch Anm. 6)
Hermeneutik XV, 14, 151, 467-469, 471-473, 478, 527, 530, 532
Kontingenz und – 151
Herz
Anästhesie des Herzens 394
Heterogenität 67
Heteronomie
heteronome Rückversicherung 472
Heterotopie 58
Hexis 471
Hinführung 18
Historik 529
Historismus 477
Höhlenmalerei 256
Hölle 262, 265f., 281
Horizont 58
-erweiterung 19
Möglichkeits- 61
Humor 452

Ich-Du-Verhältnis 460
icon, vera 275
Ideengeschichte 529
Identität 532
Idol (idol) 252, 267f., 276
Ikonik 531
Imaginäre, das 531
Imitation
Spiel- 149
Immanenz 243
Imperativ
–, theomimetischer 321
Index 247, 249
Indifferentismus 244
Indifferenz 240
Individualisierung 460
Individualität 459, 467, 471, 530
Individuation 469f.
Individuelle, das 471, 473
Individuum 457, 463, 469-472, 477f., 533
Information 37
ingegnosità 418
ingenium 413
Inkohärenz 426
inkohärente Ereignisse 425
Inkohärente, das 424
Insuffizienz 465
Inszenierung 345, 352f., 363f., 366-371, 374f., 378f.
Integumentum 161
Intention 252
Interaktion 495f., 498
Interdisziplinarität 528
Interferenzproblem 23
Interpretation XV
Intertextualität 532
Invention 247-249, 252, 255, 273
Ironie XV
Welt- 384
Irrtum/Irren
s. error/erring
Islam 276
Isotopiebruch 411f., 419, 426
istoria 257

'je ne sais quoi' 464, 477

Kabbala 408
kabbalistische Anagrammatik 408
Kalkül 157
Kalkulation 407, 409
kalkulierter Zufall 407
Kapitalismus 443
Karte
s. Landkarte
Kausalität 193, 198, 201, 218, 416
-sketten 447
Kausalismus 421
kausalistische Erklärungsmuster 422
Kausalreihe 305
Kausalsequenz 304, 309
Kausalstruktur 111
Kausalzufälligkeit 83
Kindschaft 491
Kino 439
Klecks (blot) 249f., 252, 274, 281
Klecksographie 249
s. auch Kerner, J.
Knechtschaft 491
Kohärenz 416, 423
Koinzidenz 419, 422f., 429-431
Kombination 407
Kombinatorik 405, 408
Komik 383f.
exzentrische – 452
Komische, das 383, 532
Kommunikation 493f.
Komödie 119 (Anm. 3), 202 (Anm. 95), 204 (Anm. 106), 205, 384, 451f.

Zufalls- 398
Komplexitätsreduktion 392, 452
Komplott 422, 424f.
-semantik 423
Konditionierung 519
Konsens 513, 515f.
-fiktion 493
-simulation 517
Konservativismus 44
Konstanzer Schule 531
Konstruktion 72 (Anm. 62), 408
Konstruktivismus 408f.
Kontextualität 67
Kontiguität 416, 431
Kontingenz 6, 35, 41, 110, 113-115, 151, 241f., 286-289, 320f., 334, 343-347, 349, 351f., 354, 357, 358 (auch Anm. 26), 359, 361-363, 364f. (auch Anm. 37 u. 40), 368, 372-375, 377, 382, 403f., 408-410, 416, 420f., 426f., 429, 431, 457, 480f., 488
kontingent Betrachtetes 109
kontingentes Ereignis 410
kontingentes Faktum 89
kontingent Gegebenes 109
kontingente Nebenwirkungen 46
kontingentes Selbst 462
–, absolute 42
–, doppelte 497, 499
–, fingierte 146
–, handlungssinntranszendente 43
–, mikrophysikalische 116
–, negative 407
-anerkennung 44
-bewältigung 35, 39f., 43, 226 (Anm. 4), 339, 413
– –, versicherungspraktische 36
- -sbeihilfe 46
- -skapazitäten 36
- -spraxis 37, 40
- -sspiele 145
-bewußtsein XII
-erfahrung 35, 40f., 114, 146
-fähigkeit 489
-formel 291f., 294
-maximierung 453
-nutzungsmoral 148
-pietät 326
-poesie 326
-poetik 411-413
-präsentation 319
-umgangsmoral 148
-vergegenwärtigung 43, 145
Beliebigkeits- XIV
Daseins- 44f.
Doppel- 493f., 496, 498, 500, 504, 516
Lebens- 45
Schicksals- XIV
– -Gattung 451
– und Allegorese 151
– und Exemplarik 151
– und Freiheit 151
– und Glück 151
– und Hermeneutik 151
– und Notwendigkeit 151
– und Spiel 151
– und Zufall 151
– der Welt 87
Spielen als Einübung in – 167
Kontingente, das 109, 111, 114, 116, 285, 403, 408-410, 420, 424
Kontinuität 409, 430
Konvention 257, 260
Körper 487, 344, 350, 352, 359 (Anm. 30), 362, 364, 367, 377, 380, 382
Korrespondenz 414, 427-429, 431
-figur 409
Kosmos
-denken 173
-theologie 320
Chaos/– 403
Kratyleismus 408
Kreationismus 173
kreationstheologische Opposition XIV
Kreativität 255
Kultur
–, religiöse 45, 148
Lese- 449
Kulturgeschichte, Eigendynamik der 133, 139
Kunst
-kammer 254f., 267, 270, 273
-sammlung 267, 278

Lachen 162
Landkarte 265, 269, 443
Landschaft 252, 265, 269
Laster 467, 470, 473
Leben 149
-schance 147
-sgewohnheit 147
-sglück 42
-skontingenz 45
-sorientierung, religiöse 45
-spraxis, religiöse 40
-srealität 147
-ssinn 147
-sversicherung 36
-szeit XIX, XXIIIf.
lebenserfahrungsferne Technik 37
Legende 153 (Anm. 6)
Heiligen- 153

Legitimation 373, 378
Leib-Seele-Beziehung 129f., 133, 138
Lesen 145
Lesekultur 449
lex naturalis 175 (Anm. 5), 182, 199 (Anm. 87)
librum arbitrium 430
Liberalismus
liberale Gesellschaften 148
Liebe 459, 481, 484, 487
-sbeziehung 458
-sgebot 480
-sspiel 171
s. auch Nächstenliebe
Linguistik, strukurale 527
Literatur
–, religiöse 47
-theorie 527
National- 531
Welt- 531
Erzählspiel als Einübung in die – 171
Logos 323, 491
– bei Gelegenheit 12, 17, 20f.
Lotteriespiel 147, 251
ludus vitalis 150

Magie 409
Mangel 465
Mangelhafte, das 471
Mängel 478f.
-kompensation 45
Manipulation 379-381
Markt 433f.
-platz 439, 441
Materialismus, historischer 150
mâze 156
Mediale, das 299
Meinung 141
Melancholie 162
memoria 431
mesure 156
Metaphorik
–, nautische 56
Spiel- 149
Metaphorologie XIX, XXI
Metaphysikkritik XXII
Metropole 74
Mikrokosmos 254
Mimesis 373, 379-382, 408
Minimalismus 247
Mißverständnis 512
Mitempfinden 130
Mitleid 470, 479
Mitmensch 470, 475, 477, 479, 481
Mnemotechnik 413f.
Modallogik XI
Moderne 252f., 259-261, 279, 435, 439, 471f., 506, 521
moderne Zivilisation 39
–, Klassische 75
moderne Gestalt der Chraktere 476
s. auch supermodernity
Modernisierung 117
Modernitätskritik 75
Mögliche, das (dynaton) XIf., 417
Möglichkeit
-shorizont 61
-ssinn XV
Monismus 131
Monolatrie 489
Monotheismus 117, 173-223, besonders 173 (Anm. 1) u. 194
Moral 478
Kontingenznutzungs- 148
Kontingenzumgangs- 148
Spiel- 147
Zufallsnutzungs- 148
Entmoralisierung 39
Moralist 473
Moralistik 120 (Anm. 4), 476
Mord 441
Motiviertheit 431
Museum 247, 253, 255
Mutationslehre XIII
Mythos XX
Mythologie 532
Privat- 306

Nachahmungsspiel 145
Nächste 459, 479
Nächstenliebe 459, 478, 487
Naivität 394
–, fromme 46
Narration XIV, 280
– in der Malerei 257
Nationalliteratur 531
Natur XIII, 252, 254f., 257, 280, 434, 469, 472f.
– - Geschichte 253f.
Nautik
nautische Metaphorik 56
Nebenwirkungen, kontingente 46
Negation 250
Neugier 263, 273, 278
Neuzeit 63
Nichts 84
Nihilismus 94
Nominalismus 173-223, besonders 173 (Anm. 1) u. 176
Normalisierung 72

Notwendigkeit XIII, XII, 110, 149, 151, 285
-sspiele 149f.
Kontingenz und – 151
Novelle XV
Nuance 475f.

objet trouvé 405
l'obtus 450
Offenbarungstrinität 332
Okkasionelle, das 471
Opfer 346 (auch Anm. 8), 362, 367f., 376-380, 382
Optik, exzentrische 386
Optimierung 25
Oralität 449
Orbis pictus 413
Ordnung 241f., 67, 344f., 350f., 353f., 357f., 362, 364-367, 369, 376-382, 404f., 407, 413f., 421-423, 425, 427-429, 431, 520f.
-sschwund 70, 180
-stypen 67
-sverlust 180
Sinn- 431
Ehren- – 359
–/Einheit 241
Orientierungsproblem 23
Ort/Verortung (placement) 263, 281

Paraklet 491
-enchristentum 489, 492
-entheologie 492
-en-Buch 489f., 492
Parallelismus, psychophysicher 131
Parkplatz (parking lot) 437
Parodie 276
Pathognomik 471
Pathos 471
pentimento 246, 273
perfectibilité 25
Perspektive 235, 257-260, 269, 274
Phänomenologie
phänomenologische Anthropologie XX
–, historische 529
phantasia 413
Phantasie 416
Phantasma 420f., 425, 428
Sinn- 424, 426
Phantastik XII, 409-411, 413, 415f., 418-423, 426-429, 431f.
Zufall der – 413
Philosophie
Geschichts- 173 (Anm. 1)
Zufalls- – 37
Philosophisches Seminar 41
Physiognomie 467
Physiognomik 471
Physik
physikalische Forschung 448
–, klassische 114 (Anm. 4)
Quanten- 123-125, 128, 135f., 138
Pietas 326
Pietät
Kontingenz- 326
Pikareske
pikaresker Roman XV, 384, 451
pithanon 213 (Anm. 130)
Plan 422
Plot 435
Pluralismus XV
Poesie 326
Kontingenz- 326
Poetik
poetischer Realismus 384
poetische Variante 404
–, aristotelische 418
Kontingenz- 412f.
Poiesis 323, 403
–, anagrammatische 409
Politik 44
politisches Handeln 64, 461
Portrait, literarisch 477
Postmoderne 79
potentia absoluta 173 (Anm. 1), 174 (auch Anm. 3), 200, 222
potentia ordinata 174 (Anm. 4), 175, 222
Prädestination 421
prädestiniert, frei/ 403
praescientia 174 (Anm. 3)
Pragmasemiotik 532
Pragmatik 35
Pragmatismus 15
Präszienz XI, 215, 218
Prinzip, anthropisches 127
Privatmythos 306
Produkthaftungsexpansion 37
Protokollstil 395
Protosemiotik 467, 472
Providenz 152, 215, 217, 219, 345-347, 349, 351-354, 358 (auch Anm. 26), 359-363, 364f. (auch Anm. 37 u. 40), 368f., 371-375, 377, 382, 431
Providentialisierung 328
Prozeß 349, 357, 358 (Anm. 25), 371, 381
Psychoanalyse 448
Psychohistorie 529
Psychomachia 468
Psychophysik
Parallelismus, psychophysicher 131
punctum 450

Quantenmechanik 115, 116 (Anm. 5)
Quantenphysik 123-125, 128, 135f., 138
Quantenunbestimmtheit 125, 134, 139

Rahmen (frame) 280
random objectivations 406
Rationalismus 196, 219
Rätsel
  Welt- 88
  – der Weltexistenz 88
  rätselhafte Existenz 87
Raum 58, 74, 258f., 267, 274, 281, 437
ready-made 246, 282
Realismus 260, 279
  –, poetischer 384
Realität 278, 531
  Spiel- 147
Recht 44
  -sfrieden 40
Rede 470
Reduktion
  Komplexitäts- 392, 452
Referenz
  Selbst- 499
Reflexionsverhältnis 47
Reformation 280
Regel 404, 407-409, 414f.
  regelgelenkt 417
  regellos/regelhaft 403
  -anwendung 418
  -fall 404, 407
  -hafte, das 412, 426
Regierungsverbrechen 39
Regie-Theater 453
Reihe (series) 245
  Kausal- 305
Reise
  -bilder 453
  -schilderung 453
Religion 40f., 43f., 45, 47
  religiöse Kultur 44f., 148
  religiöse Lebensorientierung 45
  religiöse Lebenspraxis 40
  religiöse Literatur 47
  -skritik 45
  -skritiker 45
  -stheorie 47
  -sunterricht 44
  -swissenschaft 43
  Geist- 333
  Geburts- 337
Renaissance 178f.
Rendezvous 282, 433
Repetition, fatale 310
Resignationsbeihilfe 44
Resonanz 309
Rezeptionstheorie XV
Rhetorik 12, 311, 411, 417
  rhetorische Terminologie 313
  –, concettistische 412
  –, historiographische 390
  rhetorisches Interpretament der 'Charaktere' oder Temperamente 471
Risiko 36f., 157
  -abdeckung 36
  -management 38
  -trächtigkeit 38
  Haftungs- 38
Ritual 346, 350-354, 356, 359f., 362, 364, 367 (auch Anm. 43), 368-370, 376f., 382
Rolle 459, 466
  -nverhalten 467
  -nspiel 145
Roman
  –, pikaresker XV, 384, 451
  Barock- 451
Romantik 253
Russisches Roulette 149

sagesse 287
Säkularisation XXII
Sammlung
  s. Kunstsammlung
Satire 452
Satirik 387
Sattelzeit 531
Saturn 228f.
Schachspiel 149f.
Schadensausmaß 39
Schema
  Septenar- 159
Schicksal 235, 241, 421, 469f.
  -sgemeinschaft 441
  -skontingenz XIV
  -ssemantik 345, 354, 357, 358 (Anm. 26), 359f., 362, 365, 368, 373f., 376, 379-382
  -sspieler 373f., 378, 380-382
Schmutz (dirt) 281
Schönheit 245f., 258, 283
Schöpfer 45
Schöpfung 319f., 337
  -serlösung 338
  -stheologie 320
Schriftlichkeit 449
Schuld 39
seeing as 256
Seele 487
  Leib- – -Beziehung 129f., 133, 138
Selbst
  selbsttäuschungsfrei 45

-behauptung 173-223, besonders 173 (Anm. 1)
-bilder 132, 138
-ergreifung 45
-konstitution 71, 24
-lauf 11
-mord 238, 449
-referenz 499
-veränderung 42
kontingentes – 462
Selektion 447
selffulfilling prophecy 431
Semantik
Aufklärungs- 293
Komplott- 423
Schicksals- 345, 354, 357, 358 (Anm. 26), 359f., 362, 365, 368, 373-376, 379f., 382
Semiotik 473-475
semiotische Praxis 478
Pragma- 532
Protosemiotik der Charaktere 467, 472
Semiotiker 473
sensus communis 142
s. auch Commone sense
Septenarschema 159
Sequenz
Kausal- 304, 309
Serialität 439
Serie (series) 245, 438
Sexualität 298f., 314f.
sexuelle Umarmung 310
körperlich-sexuelle Verwundung 310
sprachlich-sexuelle Wunde 316
Signifikant
Universal- 381f.
Similarität 416, 427, 431
Simulation 379-382, 476
Konsens- 517
Singulare 478
Singularisierung 476f.
Sinn 35, 141f., 409, 412, 420-422, 429f., 432
sinnlos 410
sinnvoll 410, 421
-entleertheit 431
-fülle 410
-grenze 35
-leere 410, 426
sinnleeres Chaos 427
Sinnentleertheit 431
-ordnung 431
-phantasma 424, 426
-suche 430
-widrigkeit 41
Gemein- 141f.
Gemeinplatz- 142
Geschichts- 142
Handlungs- 35, 41
Lebens- 142, 147
Trug- – 431
sinnfremde Faktizität 453
Skepsis 231, 236
Skeptizismus 240
Solidarität 479
Souveränität 72
Sozialdimension 502, 506
Sozialismus 150
Spektakel 434
Spiegelung 500-502
Spiel XIV, 145, 149, 151, 290, 344, 346, 347 (Anm. 9), 351, 353, 357, 361-364, 366, 367 (auch Anm. 43), 369-372, 376-382, 532
–, fiktionales 168
-chancen 147
-einsatz 149
-ergemeinschaft 148
-handlung 147
-imitation 149
-metaphorik 149
-moral 147
-realität 146, 147
-sucht 149
-tugendtopoi 149
-zufall 148f.
Erzähl- 171
Geschicklichkeits- 145f.
Glücks- 147
Kontingenzbewältigungs- 145
Liebes- 171
Lotterie- 147
Nachahmungs- 145
Notwendigkeits- 149f.
Rollen- 145
Schach- 149f.
Sprach- 16
Zufalls- 147
Zufallsbewältigungs- 145
Zufallserfahrungs- 145
Spiel im Spiel 171
Spielen 145
– als Einübung in Kontingenz 167
Spieler
Schicksals- 373f., 378, 380-382
Spontaneität 246
Sprachspiel 16
Sprechakt 16
Sprichwort 149
Spruchdichtung 453
Stadt 245f., 433-443
-autobahn
s. freeway

Statistik 141, 448
Unfall- 37
Topik der – 142
Stau
s. gridlock
Staunen 10
Stil 273
Protokoll- 395
Stimmige, das 412
Strafe 39
Straftat 39
Strategie 71 (Anm. 59)
Struktur 246, 266, 274, 282, 435, 439, 441
-bildung 505
Wiederholungs- 310
Subjekt
Verschwinden des – 530
subliminal (nach Jakobson) 409
Subsumption 513
Sünde 262, 266, 277
-nfall 314
supermodernity 250 (Anm. 8)
Surrealismus 247f., 451, 530
Syllogistik 18
symbebekos 194 (Anm. 71)
–, kata XI
Symmetrie 250, 266, 278, 282
System 35
systematische Anthropologie 532
–, komplexes 39
-theorie XII, 35, 407, 499, 529
Beziehungs- 425
Korrespondenz- 421

Tableau 477
Tagebuch, literarisch 453
Tanz 343 (Anm. 2), 344
Tatsache
-nwahrheit XI
Täuschung 430
Technik 44f.
Teleologie 4, 285, 451
Temperament (die vier -e) 467, 471
Protosemiotik der -e 467
Terminologie, rhetorische 313
Terror 439, 532
Terrorismus 439
Teufel 273, 276
Textlinguistik 531
thaumaston 417f.
thaumazein 418
Theater
Regie- – 453
Welt- 385
Theatralität 373-375
Theatro della memoria 413
Theodizee XX, 285
Theologie
Dichter- 319, 326
Kosmos- 320
Parakleten- 492
Schöpfungs- 320
Theomimetik
s. Imperativ, theomimetischer
Tod 238, 430
Topik 17, 141f.
– der Statistik 142
Topologie
Semiotik, topologische 473
Topos 19
topisches Wissen 142
Spieltugend- 149
Totalität 77
Tradition 246, 252, 255, 257, 260, 281
Traditionalismus 141, 383
Tragische 201, 203
Tragödie 118f., 204 (Anm. 105), 237, 452
Transport (öffentlicher Nahverkehr) 437
Transzendenz 243
Traum 363, 374, 378f., 382
Trinität
Offenbarungs- 332
Trug
-bild 420
-schluß 424
– -Sinn 431
Tugend 226, 467, 470, 473, 477f.
Spiel-topoi 149
Tychai 471
Typische, das 471
Typologie
Semiotik, typologische 473

Unbegründbare, das 427
Unbekannte, das 412, 414, 416f., 419
unbekannte Ursache 422
unbekannt/bekannt 403, 410, 420, 430
Unbestimmtheit 116
Quanten- 124, 134, 139
Unbewußte, das 251, 448
Unerklärliche, das 416, 419f.
Unerklärlichkeit 409
unerklärlich/erklärlich 403, 420
Unerwartete, das 412, 417
Unfallstatistik 37
Unfug 431
Unheimliche, das 421
Universalsignifikant 381f.
– Geld 381
Unmögliche, das 427

Nicht- – XII
Unordnung 405
–/Ordnung 403
–/Vielfalt 241
Unschärferelation 116
Unsicherheit 70
Unstelligkeit 312f.
Unstimmigkeit 413
Unterbrechung 294-297, 299-301, 307
Unterhaltungswert 149
Unverfügbarkeit 42, 45, 47
Unvorhersehbarkeit 518
Unwahrscheinliche, das 416, 427f.
Urbanismus (urbanism) 434
Urereignis 310
Ursache 110, 113, 404
–, unbekannte 422
– -Wirkungs-Beziehung 112
Urteilskraft 513f.
Utopie 285

Vater
-gottheit 491
-schaft 293f., 296
vera icon 275
Veränderbarkeit 23
Veränderlichkeit 23
Verantwortung 39, 41
Verbrechen 437, 441
Groß- 40
Regierungs- 39
Verfolgungsjagd 440
Vergegenwärtigung
Kontingenz- 145
Verhältnis
Ich-Du- – 460
verisimile 141
Verkehr (traffic) 435, 438, 440
s. auch Transport
s. auch gridlock
Verkürzung (perspektivisch) 259
Vernunftwahrheit XI, 329
Verortung/Ort (placement) 263, 281
Verschwinden des Subjekts 530
Versicherung 25
versicherungspraktisch 38, 41
–e Kontingenzbewältigung 36
-sschutz 38
-swesen 36
Haftpflicht- 37
Lebens- 36
Verständigung 515
Verständlichkeit 508, 512
Verstehen XV, 457, 479, 507f.
–, „richtiges" 513
-sannahme 512
-sfiktionen 510, 512
-sprozeß 508
-sunterstellung 510f.
Fremd- 507
Vertrauen
Welt- 236
Vertraute, das 412
Verzeihen 479
Vielfalt
Unordnung/– 241
Virtualität 414
Vollemanzipation 45
Vollkommene 477
Vollkommenheit 457, 467, 469
-spostulat 460
Vorgriff auf – 457, 467, 478
– auf Vollkommenheit 457, 467, 478
Vorsehung 234
Vorstellung 248, 273

Wahrheit
Geschichts- 329
Vernunft- 329
Vernunft- und Tatsachenwahrheit XI
Wahrscheinlichkeit 141, 213, 416
-sbegriff 141
-srechnung 50
-stheorie 35, 141
Eintritts- 36
Wahrscheinliche, das 417
Wandel 62, 241
Weil-darum-Beziehung 112
Weisheit 240, 287, 329
Welt 259, 263, 265-267, 269, 275, 277-280, 282
–, verkehrte 277
-anschauung 261, 263, 266, 277, 280
-ironie 384
-landschaft 265, 274
-literatur 531
-rätsel 88
-theater 385
-vertrauen 236
-zeit XIX, XXIIIf.
Rätsel der -existenz 88
Kontingenz der – 87
Wenn-dann-Beziehung 112
Wesenszufälligkeit 83
Widersprüche 288
Wiederholung 245, 309, 416, 441
-sstruktur 310
Wilder Mann 278f.
Willensfreiheit 133

Willkür 404f., 417, 429, 285-287
willkürliche Zusammenhänge 414
-akt 407f., 430
Wirklichkeit 66
-sbegriffe 66
Wirkung
-skette 37
Ursache- –s -Beziehung 112
Wirtschaftsleben 449
Wissen
–, gemeinplatzfähiges 141
–, topisches 142
–, wissenschaftliches 141
Wissenschaft 254
-stheorie 109, 111, 112 (Anm. 2), 113
Witz (joke) 254, 278, 299 (auch Anm. 9), 301, 313, 316
Wolken (in A. Mantegnas Hl. Sebastian) 255f.
writing, „automatic" 248
Wunder (miracle, marvel) 253, 255
Wunderbare, das 417f., 421

Zeichen 477
Zeit 266
-dimension 498
-erfahrung 392
-lichkeit 241
Lebens- XIX, XXIIIf.
Welt- XIX, XXIIIf.
Zivilisation, moderne 39

Zufall XIIf., 41, 60, 85, 151, 241, 286f., 289, 384, 403-407, 409-411, 414-416, 418-424, 426, 428-431
–, glücklicher 35
–, kalkulierter 407
–, konservierter 406
–, wiederholender 309
-sausschluß 150
-sbewältigungsspiele 145
-seliminierung 408
-serfahrungsspiele 145
-serzeugung 411
-sfaktor 228
-sgeneration 406
-skomödie 398
-snutzungsmoral 148
-sspiel 147
-stheorie 141f.
-streffen 430
-s - Philosophie 37
Kontingenz und – 151
– der Phantastik 413
Zufall (accidens) 234
Zufällige, das XII, 285
Zufälligkeit 289, 427
Kausal- 83
Wesens- 83
Zurechenbarkeit 39
Zurechnungsexpansion 36, 39, 41
Zynismus 394